포켓 성경낱말사전

정훈성 · 박기원 편집

도서출판 영문

포켓성경 낱말 사전을 펴내면서

어느 분야를 막론하고 그 분야의 문화적 발전 및 지속성 내지는 근원 보존을 위한 사전이 있기 마련입니다. 교계에도 종교, 신학, 성서 등의 사전이 이미 여러 차례 발간되어 온 것도 사실입니다.

영문출판사가 펴낸 최신 포켓성경 낱말 사전은 성경과 신학, 신앙 문제를 해설하고 있습니다. 그 이유는 우리 나라의 문자가 오래 전부터 이두화 되어 모든 계층을 수용하기에 불편이 있기 때문입니다. 따라서 본 사전의 특징은 전문적 해설보다는, 용어 자체를 성경적으로 해석되는 데까지 설명한 것입니다. 성경 항목이 11,000인데 비해 더많은 항목과 그림 자료를 수록하고 있습니다. 포켓용 종합 사전으로 점차 폭을 넓히고 양을 줄여 한국인이 편리하게 성경, 신학, 신앙을 해석할 수 있는 책으로 엮었습니다.

이 책이 성도 여러분에게 기쁨으로 전달되기를 바라는 마음 간절합니다. 앞으로 누락된 부분이나 교정을 요하는 부분은 언제든지 연락해 주시고, 지도해 주시기 바랍니다. 문자 하나로 인하여 상당한 재정을 출혈하더라도 성경과 신앙을 바르게 인도하는 사전이 되기 위해 희생을 감수할 것이며, 언제까지나 성경 곁에서 보좌역을 담당하는 책으로 남을 수 있도록 최선을 다할 것입니다. 감사합니다.

2006년 6월 15일

펴낸이 김수관

일 러 두 기

◈ 항목 수록

1. 성경 항목은 신·구약 성경에 기록된 인명, 지명, 강령, 예언, 사회 제도, 이루어진 사실 등 해설되어야 할 모든 단어를 수록했다.
2. 신학 항목은 신·구약 성경에 직접 기록되지 않았다 하더라도 성경과 신앙 사상에 중요한 개념을 이루는 신학, 교리, 사상, 역사에 관한 항목을 수록했다.
3. 일반 항목은 일상 생활 중에 성경 이해에 도움이 되는 문헌이나 용어를 수록했다.

◈ 항목 배열

ㄱ ㄴ ㄷ ㄹ ㅁ ㅂ ㅅ ㅇ ㅈ ㅊ ㅋ ㅌ ㅍ ㅎ

◈ 문자 및 해설

히브리어, 헬라어, 영어, 한자를 〔 〕안에 기록하고, 뜻을 밝혔다.

◈ 일반 약자(품사)

명: 명사	대: 대명사	형: 형용사	자: 자동사
관: 관형사	부: 부사	감: 감탄사	약: 약자
인: 인명	지: 지명	접: 접미사	타: 타동사
수: 수사	구: 어구	어미: 어미	접두: 접두사

【 참고 서적 】

◈ 성경 부문

성경 전서(개역, 국한문) – 대한성서공회
완벽 성구 대전 – 아가페출판사
성서 백과 대사전 – 성서교재간행사
기독교 대백과 사전 – 기독교문사
대성구 사전 – 혜문사
성서 대백과 사전 – 기독지혜사

새성서 대사전 – 혜문사
성경 인명 지명 사전(오인명) – 백합출판사
최신 성경 인명 지명 사전(김남식) – 한국성서협회
성경 낱말 사전(엄도성·김용일) – 평화사
성서 어휘 사전 – 기독교서회
성경 주석(박윤선) – 영음사
바클레이 주석 – 기독교문사
렌스키 주석 – 백합출판사
칼빈 성경 주석 – 성서교재간행사
기독교 백과 사전 – 문공사
매튜헨리 주석 – 기독교문사
풀핏 성경 주석 – 보문출판사

◈ 신학 부분

성경 총론(G. 쿨만) – 성도출판사
뻘콥 조직 신학 – 기독교문사
교의 신학(박형룡) – 신망애사
장로 직분론(박기원) – 성도출판사
웨스트민스터 신앙고백 해설(정훈성) – 한국복음문서연구회

◈ 어학

흠정역 영문 성경(K. J. V. R. S. V. N. E. B. N. I. V.)
고영민 원어 대사전 – 기독교문사
한영 대사전 – 시사영어사

◈ 기타 부분

현대 국어 사전 – 동신문화사
동·식물 풍습 사전 – 세종문화사
신편 국어 대사전 – 대영출판사
한글학회 편 큰사전 – 을유문화사
한국어 사전 편찬회 한국어사전 – 현문사
이희승 편 국어 대사전 – 민중서림
새국어 사전 – 대영출판사
도안 사전 등

성경 책명 약자

구약 전서

책명	약자
창세기(50)	창
출애굽기(40)	출
레위기(27)	레
민수기(36)	민
신명기(34)	신
여호수아(24)	수
사사기(21)	삿
룻기(4)	룻
사무엘상(31)	삼상
사무엘하(24)	삼하
열왕기상(22)	왕상
열왕기하(25)	왕하
역대상(29)	대상
역대하(36)	대하
에스라(10)	스
느헤미야(13)	느
에스더(10)	에
욥기(42)	욥
시편(150)	시
잠언(31)	잠
전도서(12)	전
아가(8)	아
이사야(66)	사
예레미야(52)	렘
예레미야애가(5)	애
에스겔(48)	겔
다니엘(12)	단
호세아(14)	호
요엘(3)	욜
아모스(9)	암
오바댜(1)	옵
요나(4)	욘
미가(7)	미
나훔(3)	나
하박국(3)	합
스바냐(3)	습
학개(2)	학
스가랴(14)	슥
말라기(4)	말

신약 전서

책명	약자
마태복음(28)	마
마가복음(16)	막
누가복음(24)	눅
요한복음(21)	요
사도행전(28)	행
로마서(16)	롬
고린도전서(16)	고전
고린도후서(13)	고후
갈라디아서(6)	갈
에베소서(6)	엡
빌립보서(4)	빌
골로새서(4)	골
데살로니가전서(5)	살전
데살로니가후서(3)	살후
디모데전서(6)	딤전
디모데후서(4)	딤후
디도서(3)	딛
빌레몬서(1)	몬
히브리서(13)	히
야고보서(5)	약
베드로전서(5)	벧전
베드로후서(3)	벧후
요한일서(5)	요일
요한이서(1)	요이
요한삼서(1)	요삼
유다서(1)	유
요한계시록(22)	계

ㄱ

가[1]명(창 22:17, 마 9:20) ①한가운데서부터 바깥 쪽으로 향해서 끝진 곳. around side end. ②옆, 곁, 부근. by near. ②언저리, 변두리, 가장자리. edge.

가[2]〔可;옳을 가〕명(창 31:30) ①옳음;right. ②좋음;good. ③뜻을 같이 하는 의사 표시; approval.

가감〔加減;더할 가, 감할 감〕명(신 4:2). ①더하거나 뺌; addition and subtraction. ②어떤 기준보다 많거나 적음;more or less.

* 성경은 가감할 수 없다.

가객〔歌客;노래 가, 손 객〕명(시 68:25) ①노래를 잘 부르는 사람;a vocalist. ②노래로 삶을 이어가는 사람;a singer.

* 성도는 하나님을 노래하는 가객이다.

가격〔價格;값 가, 격식 격〕명(마 27:9) ①팔고 사는 물건의 값, 금;price. ②교환 가치의 비율.

* 사람 소년의 값은 은 20, 어른은 은 30이었다.

가결〔可決;옳을 가, 결단할 결〕명(행 15:22)회의에서 내어놓은 안건에 대하여 뜻을 모아 좋다고 결정 지음.

가까와지다 자(욥 33:22, 엡 2:13) → '가까워지다'의 오기 ①가깝게 이르다; become near. ②서로 사이가 좋아지다;become intimate.

* 성도는 그리스도와 가까워지다.

가까이 부(창 12:11, 마 21:1) 시간적으로나 공간적으로 가깝게;near;closely.

* 성도는 선을 가까이 해야 한다.

가까이 아니하다 타(삼상 21:4) 멀리하다. 성도가 가까이 하지 아니할 것은 죄와 부정한 것이다.

가깝다 형(창 19:20, 마 3:2) ①거리가 짧다;near. ②시간의 동안이 짧다;quick. ③사귐의 정분이 두텁다, 친하다; intimate. ④거의 비슷하다; similar.

* 성도는 그리스도와 가깝다.

가끔 부(전 7:22, 눅 8:29) ①동안이 조금씩 뜨게. 드문드문;occaslonal. ②이따금, 어쩌다가.

ㄱ

가나[1] 〔קָנָה = 갈대〕 지 ①「세겜」 남방에서 지중해로 흐르는 강(수 16:8)으로, 「에브라임」과 「므낫세」의 경계를 이룸. ②「두로」 남서편 「아셀」 지파의 성읍(수 19:28).

가나[2] 〔*Κανά* = 갈〕 지 (요 2:1) ①「나사렛」 동북방에 있는 마을. ②예수님께서 물로 포도주를 만드신 곳. ③왕의 신하의 아들을 고치신 곳(요 4:46-50). ④「나다나엘」의 고향(요 21:2).

가나안[1] 〔כְּנַעַן = 자줏빛〕 인 (창 9:18) 「노아」의 아들 「함」의 넷째 아들. 「베니게」 인과 「가나안」 아홉 족속의 조상이 되었다(대상 1:8).

가나안[2] 〔כְּנַעַן = 낮은 땅〕 지 (창 10:19) 함의 넷째 아들 「가나안」과 그 자손의 거주지. ①「시돈」에서부터 「라사」까지(창 10:6, 19). ②「헷」 「기르가스」, 「아모리」, 「가나안」, 「브리스」, 「히위」, 「여부스」의 7족이 거주함(신 7:1). ③「아브라함」과 「이삭」과 「야곱」에게 허락하신 땅(창 12:7). ④「애굽」에 있는 이스라엘 백성을 「모세」를 통해 인도하여 들어가게 하신 땅(출 13:17-22). ⑤「여호수아」가 「모세」를 계승하여 이 땅의 7족을 멸하고 「이스라엘」 12지파에게 나눠 주게 하였고(수 4:1, 18-19). ⑥「여호수아」 별세 후, 370년간의 사사 시대와 390년간의 왕정 시대를 지냈다.
지형: 산악이 많은 편이나 여러 곳에 평원이 있고, 수원이 풍족하여 토지가 비옥하고 기후가 온화하여 감람, 포도, 석류, 무화과, 양맥 등이 풍부하고 가축과 해산물이 풍부하여 젖과 꿀이 흐르는 땅으로 불리워진다. 예수님의 제자 중 「가나안」사람 「시몬」이 있다(마 10:4).

가난 명 (출 23:3) 살림 살이가 구차하고 어려움. 또는 그런 상태. 빈곤. poverty.

가난한 자 명 (출 22:25) 생활이 넉넉하지 못하고 어려운 사람. 아무 것도 없는 사람. 빈자.
* 영적 가난, 죄가 없는 사람은 천국을 차지하게 된다.

가납 명 〔嘉納: 아름다울 가, 드릴 납〕〔하다. 되다〕 ①물건 바치는 것을 고맙게 생각하고 받아들임. acceptance ②간(諫)하거나, 충고하는 말이나 의견을 쾌히 받아 들임. approval.

가늘다 [형](출 26:1) ①길이에 비하여 둘레가 작거나 굵지 않다. narrow. ②기다란 것이 너비가 좁다. slender. 키는 큰 사람이 몸이 너무 가늘어서 보기에 안 좋다. ③흔들림 또는 소리의 울림 등이 약하다.

가능〔可能; 옳을 가, 능할 능〕[명](막 14:36) ①할 수 있음. possibility ②될 수 있음. ③사유상(思惟上) 모순이 없음.↔불가능(不可能).

가다 [자](창 10:30) ①목적지를 향하여 일정(一定)한 곳에서 어느 다른 곳으로 움직이다. come; proceed. ②목표하는 방향으로 움직이다. move; transfer. ③어떤 곳에 다다르다, 도달하다, 이르다. arrive; reach ④학습, 복무 등을 위하여 몸 담고 있는 곳에서 다른 곳으로 자리를 옮기다. leave; start ⑤변함없이 꾸준하다, 계속되다. continue; last ⑥어느 시기에 이르다. come to; [타] 앞으로 나아가다, 걷다. walk.

가다라〔*Ταδαρηνός*=성을 둘렀다〕[지](마 8:28) 「갈릴리」해 동남 6마일 지점 1,200 피트 산상에 있는 마을. ①「데가볼리」의 한 마을. ②귀신을 내어 쫓아 돼지떼에게 들어가게 하신 곳. 주후 31년 대지진 때 무너져 지금은 「움케이스」라는 폐허로 그 산하에 유황성 온천이 흘러 「아랍」인의 온천장으로 일명 〈거라사, 게르게세네스〉.

가담〔גַּעְתָּם=그들의 만짐〕[인](창 36:11) 「에서」의 손자로 「에돔」 사람의 족장.

가데스〔קָדֵשׁ=거룩한 샘〕[지](창 14:7) 본명은 「앤미스밧」 일명 「가데스바네아」(Kadesb-Barnea)(민 32:8, 신 1:2). ①12정탐꾼을 「가나안」에 파견(민 13:). ②「모세」가 바위를 쳐서 물을 솟게 하였고(민 20:1-13), ③12정탐꾼의 보고를 듣고 백성들이 「모세」와 「아론」을 돌로 쳐 죽이려 할 때, 여호와께서 막으셨다. 40년 동안 방랑하다가 다 죽고, 「여호수아」와 「갈렙」 두 사람만 들어가리라 예언하신 곳(민 14:). ④제사 규례를 가르친 곳(민 15:1-31). ⑤「고라」의 무리가 「모세」의 명을 거역하다가 멸망당함(민 16:1-40). ⑥백성들이 또 원망하다가 1만 4천 7백 명이 죽었고(민 16:41-50), ⑦「미리암」이 죽었다(민 20:1). ⑧현재의 이름은 「아덴 가데스」이다.

가데스바네아 지 → 가데스.

가두다 타(창 39:20) ①일정한 곳에 넣어 두고 함부로 드나들지 못하게 하다. lock up. ②물이 일정한 곳에 괴어 있게 하다. standing(water).

가드〔גַּת = 술짜는 틀〕지(수 11:22) 「가사」 북쪽 32km 지점. ①「블레셋」 5개 중요 도시 중의 하나(삼하 1:20). ②다윗의 손에 죽은 골리앗의 고향(수 11:22, 삼상 17:4). ③「엘리」 때에 「블레셋」에게 빼앗긴 언약궤가 이곳에 머무는 동안 모든 사람에게 독종이 전염되어 「에그론」으로 옮겼고(삼상 5:8-10). ④「다윗」이 정복하여 「이스라엘」에 속하게 하였다(대상 18:1). ⑤「다윗」이 「압살롬」의 난을 피하여 다닐 때 생사를 함께 하겠다는 충성된 신하 「잇대」의 고향(삼하 15:18-22). ⑥「솔로몬」의 부왕 「다윗」을 저주한 「시므이」에게 금족령을 내렸으나 위반하고, 이곳에 간 줄 알고 죽인 곳(왕상 2:8, 26, 41, 46). ⑦「르호보암」이 국방성을 건축할 때 이 성을 개수 보강하였다(대하 11:5-10).

가드 모레셋〔גַּת מוֹרֶשֶׁת = 가드의 소유〕지(미 1:14) 「세벨라」에 있은 성읍. 「가드」 부근에 있었기 때문에 생긴 이름이다.

가드 림몬〔גַּת רִמּוֹן = 석류나무 근처 포도주 짜는 곳〕지(수 19:45) ①「단」 지파에 속해 있던 성읍. ②「그핫」 자손에게 분배된 「레위」 족속의 성읍(수 21:24). ③「에브라임」에 속한 땅(대상 6:69) 일명 빌르암, 이블르암(대상 6:70).

가드 헤벨〔גַּת הַחֵפֶר = 굴에 있는 포도주 짜는 틀〕지(수 19:13) 「나사렛」 동북 5km 지점 ①「여호수아」가 「스불론」 지파에게 준 땅. ②선지자 「요나」의 고향(왕하 14:25). 현재 지명 – 엘메스헤드.

가득하다 형(창 6:13) 수효나 분량이 어떤 한정된 수치에 차는 것.

가디〔גַּדִּי = 운이 좋은, 복된〕인(왕하 15:14) 「이스라엘」왕 「므나헴」의 부친.

가라사대 자(창 1:3) 말씀하시기를, 말씀하시되. says that.
* 하나님과 예수님의 말씀을 나타낼 때 사용하였다.

가라앉다 자(습 1:12) ①뜬 것이 밑바닥에 이르다. sink. ②마음이 진정되다. clam down. ③부은 것이 조금씩 내리다. go down. ④바람, 파도 따위가 잠잠해지다. be clamed.

가라지 명(마 13:25) 〈식〉①밭에 난 강아지 풀. ②독보리.

가리키다 [타](창 21:23) ①손가락 등으로 어떤 방향이나 대상 따위를 나타내 보이거나 집어서 말하다. point at. ② '가리켜'로 쓰이어 특별히 지정해서 말하는 대상을 두드러지게 나타낼 때에 쓰임.

가리뼈 갈비뼈의 고어

가릿대 [명](욥 40:18) 쇠갈비의 뼈대. rib bone.(肋骨).

가마 [명](출 16:3) 큰 솥.

가만두다 [타](왕하 14:27) 상관하거나 손을 대지 않고 그대로 두다.

가만히 [부](창 31:20) ①움직이지 않으며. 말없이. motionlessly ②몰래. 남이 모르게 살그머니. secretly.

* 성도는 가만히 다가오는 죄와 사람을 삼가야 한다.

가말리엘 [גַּמְלִיאֵל = 하나님의 갚음] [인](민 1:10) ①「므낫세」의 족장 「브다술」의 아들로 인구 조사의 일부를 담당했다. ②사도 시대에 유명한 「유대」인의 랍비로 사도 「바울」의 은사(행 22:3)요, 사도들이 「예루살렘」에서 전도하다가 잡혀 죽임을 당하게 되었을 때 백성들을 타이르고 사도들을 석방함(행 5:33-40). 전설에는 비밀리 예수를 믿었다고 한다.

가모 [家母 : 집 가, 어미 모] [명](사 24:2) ①한 집안의 주부. ②남에게 자기 어머니를 일컫는 말. my mother. 자당.

가몬 [קָמוֹן = 높은 곳] [지](삿 10:5) 「길르앗」에 있는 성읍. 사사 「야일」을 장사한 곳.

가물 [גָּמוּל = 상주심] [인](대상 24:17) 「다윗」 왕 때에 제비 뽑혀 제사장이 된 사람. 22번째로 뽑힘.

가물 [명](시 32:4) 가물음의 준말.

가물음 [명](렘 17:8) 오래도록 계속하여 비가 오지 않아 땅이 바싹 마른 날씨. a drought. 강우량이 적은 상태.

가뭄 [명](욥 24:19)→가물음.

가미 [גַּרְמִי = 힘센] [지](대상 4:19) 「라합」의 생질 「그일라」의 고향.

가바 [כָּפָה = 언덕] [지](수 18:24) 「팔레스틴」의 한 지방의 이름으로, 보통 「게바」라고 기록되어 있다.

가바다 [*Γαββαθᾶ* = 높은 곳] [지](요 19:13) 「빌라도」가 예수를 심판하던 곳. 근년에 그 근처에서 폭 6치, 장 4자, 둘레 2자의 여러 색석으로 굳어진 장소를 발굴하였는데, 이곳이 「예수」의 심판 받으시던 곳이 아닌가 보고 있다.

가바도기아 [*καππαδοκία* = 멸하다] [지](행 2:9) 「소아시아」의 「토러스」 산맥 북쪽 「로마」에 속한 고을의 하나. 광대한

ㄱ

목장과 좋은 가축이 많고 「유대」인이 많이 거주하여 절기에 「예루살렘」 성전으로 올라가는 사람이 많았다. 「베드로」의 설교를 듣고 믿는 사람이 많았다. 「베드로」의 1차 선교 여행지(벧전 1:1).

가버나움〔*Καφαρναούμ* = 위로의 마을〕지(마 4:13) ① 「갈릴리」해 서북 해안에 있는 큰 성. 예수의 제2고향. ② 「다메섹」에서 「지중해」 방면으로 왕래하는 통로인고로 상업이 번창하여 예수 당시에 가장 번화하였다. 「유대」 인의 회당(눅 7:5)과 「로마」 세관(막 2:14)이 있었다. ③ 「베드로」, 「안드레」, 「야고보」, 「요한」, 「마태」 다섯 제자를 부르셨다(마 4:13-22, 9:). ④백부장의 종, 「베드로」의 장모, 4인이 메고 온 반신불수 등에게 여러 가지 이적을 행하심(마 8:5,14,16, 요 6:55-59). ⑤장차 화 있을 것을 예언(마 11: 23). 그 후 회교도에게 진멸 당하여 자취가 없음. 현재 당시 회당과 베드로의 장모의 집터가 발굴되어 있음.

가버나움 회당 앞 베드로의 집터

가볍게 하다 타(왕상 12:4) 무거운 것을 무겁지 않게 해 주다.

* 그리스도께서 우리의 죄짐을 가볍게 해 주셨다.

가볍다 형 ①무겁지 않다. 무게가 적다. 경하다. light. ②가치나 비중 등이 적다. 중대하지 아니하다. 경하다. undignified. ③언동이나 생각에 무게나 깊이가 없어 신중하지 못하다. 경하다. trivial. ④다루기가 수월하다. 부담이 많지 않다.

가보〔*Κάρπος*〕인(딤후 4:13) 드고아 사람으로 사도 바울의 친구.

가부〔可不; 옳을 가, 아니 부〕명(창 24:50) ①하고자 생각하는 일이 옳은가, 그른가의 여부. right. ②회의에 있어서 표결(表決)의 가(可)와 부(否). 찬성과 반대. 가불가(可不可). pro and con.

가불〔כָּבוּל = 기쁘지 않다〕지(수 19:27) ①「아셀」 지파의 변경에 있는 성읍으로, 지금의 「카불」이다. ②「두로」왕 「히람」에게 성전과 왕궁 건축하는데 협조한 사례로 준 20성읍에 대하여 「히람」

이 불만을 품고 지은 이름이 다(왕상 9:13).

가브리엘〔גַּבְרִיאֵל = 하나님 능력, 하나님의 사람〕인(단 8:16) 천사장으로 3인에게 하나님의 묵시를 전하였다. ①「다니엘」에게 두 번 이상을 보임. ②「사가랴」에게 「엘리사벳」이 수태하여 「세례 요한」을 낳을 것을 예고하고(눅 1:13-19). ③「마리아」에게 「예수」 탄생하실 것을 예고(눅 1:26-33).

가사〔עַזָּה = 견고함〕지(창 10:19)「예루살렘」 서남 72.5km 지점에 있는 「블레셋」 성읍. 「노아」 때부터 있었다. ①「여호수아」가 「가나안」에 들어가 「유다」 지파에게 주었으나 점령 못함(수 11:22). ② 사사 시대에 잠시 취하였다(삿 1:18). ③사사 「삼손」이 「들릴라」에게 힘의 비밀을 토설하여 잡힌 곳(삿 16:21). 「에디오피아」 내시에게 세례를 준 곳(행 8:21-29).

가산〔家產; 집 가, 낳을 산〕명(스 7:26) 한 집안의 재산. 가재(家財). 집 재산. a family property.

가상〔嘉尙; 아름다울 가, 오히려 상〕명(시 104:34) 착하고 귀하게 여기어 칭찬함. 갸륵하게 여김. praise.

가석〔可惜; 옳을 가, 아낄 석〕명(사 13:18) 애특하게 아까움. 가엾음. regrettable.

가세스〔גָּזֵז = 양털 깎는 사람〕인(대상 2:46) 갈렙의 아내(첩)「에바」에게서 난 아들.

가속〔家屬; 집 가, 붙을 속〕명(창 45:11) 집안의 살붙이, folks. 자기 아내를 일컫기도 한다.

가스므〔גַּשְׁמוּ = 소나기〕인(느 6:6) 느 2:19과 6:1,2에는 「게셈」(גֶּשֶׁם)으로 기록된 「아라비아」 사람이라 한다. 「아라비아」 사람이 「유다」를 대적할 때 「산발랏」과 「도비야」와 더불어 「느헤미야」의 「예루살렘」 성벽 개축을 반대하였다.

가슬루힘〔כַּסְלֻחִים = 바닷가 사람〕인(창 10:14) 「함」의 자손으로 「미스라임」의 아들이며, 「블레셋」 인의 조상이다. 그에게서 「갑도림」 족속. 「블레셋」 족속이 나왔다.

가슴 명(출 28:29) ①척추 동물, 특히 포유류의 몸의 앞쪽 상반부로서 그 속에 염통, 허파가 들어 있는 부분. breast. ②절족 동물, 특히 곤충의 머리, 배가 아닌 부분. 흔히 두 세 쌍의 다리가 붙은 부분. chest.

가슴을 치다 구(마 11:17) 가슴을 두드리다. 슬프거나 분할 때 하는 몸짓으로, 죄인이 마지막 날에 취하게 될 행동.

가슴핀 명(출 35:22) 가슴에 다는 장신구. 성막을 짓기 위하여 자원하여 드린 물건 가운데 한 종류.

가시 명(민 33:55) ①식물의 줄기나 잎이나 열매를 싸고 있는 것의 겉면에 바늘 모양으로 뾰족하게 돋아난 부분. 식물이 제 몸을 보호하기 위하여 가지나 잎의 전체 또는 일부분이 변태한 것임. 침(針). thorn. ②물고기의 잔뼈. fish bone. ③미운 사람의 비유. an encumbrance. ④나무나 대 또는 자리 같은 것의 가늘고 뾰족한 거스러미가 살에 박혔을 때의 일컬음. full of prickly. ⑤사람의 마음을 찌르는 것. 즉 남을 공격하는 뜻이나 불평, 불만을 뜻하는 심리나 표현.

가시나무 명(출 22:6) 〈식〉 ① 가시가 돋친 나무를 일반적으로 일컫는 말. thorns.

가시(나무)떨기 명(마 13:7, 막 12:26) 장미과에 속하는 낙엽 활엽 관목. 우리 나라 남부의 산악에 남. 키는 약 2m. 약간 덩굴지고 잎은 세 조각의 복엽(複葉)으로 손바닥 모양이며 가장자리에 톱니가 있고, 뒤의 등은 흰 솜털같은 것으로 덮임.

가시덤불 명(창 3:18) 〈식〉 가시가 많은 넝쿨들이 엉클어진 수풀.

＊인류의 범죄로 땅이 내었다.

가시덩쿨 명(호 9:6)→가시덤불

가시바〔כָּסִפְיָא = 탐내다〕지(스 8:17) 북부「바벨론」의 성읍. 「에스라」가「바벨론」에서 귀화할 때 따라온「레위」인과 「느디님」사람의 거주지.

가시울타리 명(잠 15:19) 가시나무로 집 둘레에 친 울타리. thorn fence.

가시채 명(행 26:14) 가시나무로 만든 채찍. thorn whip.

가신〔家臣; 집 가, 신하 신〕명(창 14:15) 벼슬을 하는 집에 딸려 주인을 섬기는 사람. vassal.

가아스〔גַּעַשׁ = 풍랑〕지(삼하 23:30) 다윗의 용사 힛데의 고향.

가아스 산(=지진)(수 24:30) 「에브라임」산맥 중에 있는 산. ①북편「딤낫세라」에「여호수아」의 무덤이 있다.

가알〔גַּעַל = 갚음〕인(삿 9:26)

「에벳」의 아들로, 「세겜」 인을 모아 기드온의 아들「아비멜렉」을 반역할 것을 도모한 사람.

가야바〔*Kaìáφaς*＝오목하다. 비어 있다〕[인](마 26:3) 예수님 당시(주후 36년까지) 「유대」의 대제사장「안나스」의 사위요, 「사두개」 교인이다. 예수님을 핍박했으며 잡아 안나스에게 보낸 다음 자기가 심문하였다. 그리고 빌라도에게 소추하였다. 주님이 승천한 후에는 제자들을 핍박하였다(행 4:6, 7). 예수님께서 '나사로를 부활시킨 뒤에 한 사람(예수)이 죽어 너희에게 유익한 줄을 생각지 못함이로다(요 11:49-52)'라고 하였다. 이는 성령의 감동으로 한 말이다.

가옥〔家屋：집 가, 집 옥〕[명](레 14:55) 사람이 들어가 살기 위하여 지은 집. house.

가우다〔*Kaûδa*〕[지](행 27:16) 「그레데」 섬 서남에 있는 작은 섬. 「바울」이 「로마」로 갈 때에 풍랑을 만나 이 섬 아래를 지났다. 현재는 「가우도」라고 부름.

가운데[명](창 1:6) ①일정한 선, 입체, 공간 등의 안에서 어느 쪽으로도 치우치지 않는 곳. inside. ②양쪽의 사이. between. ③일이 진행되는 동안. 중(中). during; while. ④둘 이상으로 이루어진 일정한 범위의 안. the inside.

가을[명](출 34:22) ①한 해의 계절 가운데 셋째 철. 여름 다음, 겨울 앞의 철. 절기로는 입추부터 입동 전까지의 동안. 천문학 상으로는 추분부터 동지까지. 기상학 상으로는 9, 10, 11월을 북반구의 가을로 치고, 음력으로는 7, 8, 9월을 말함. 날씨가 대체로 맑고 선선함. 하늘이 높고 오곡이 무르익은 단풍의 계절임. ②농작물을 거둬들이는 일. ①② autumn; fall. ㉾ 갈.

가이〔גִּתִּי〕[지](삼상 17:51) 「블레셋」대장「골리앗」이「다윗」에게 죽는 것을 보고 군대가 도망갈 때에「이스라엘」 군대가 이곳까지 쫓아갔다.

가이난〔*Kaïáμ*＝철공〕[인](눅 3:36) ①「셋」의 계열「에노스」의 아들. 아담의 4대 손이다. ②「아박삿」의 아들이며, 「셈」의 손자.

가이사〔*Kaîσaρ*〕[인](마 22:17) 「로마」 황제 「줄리어스」의 성(姓). 그후 권세가 컸으므로 역대의 성을 「가이사」라 하였다. ①예수 탄생 때의 「아구스도」(눅 2:) ②「요한」이 「요단」 강에서 세례 줄 때 있던 「디베료」(눅 3:1). ③선지자「아가보」가「안디옥」

에서 성령의 감동을 받아 천하에 큰 흉년이 든다고 예언할 때 있던 「글라우디오」(행 11:28). ④바울이 「로마」 옥에 갇혔을 때에 있던 「네로」(행 25:11).

가이사랴〔*Καισάρεια*=털이 많음〕지(행 8:40) 「예루살렘」 서북 113km 「욥바」의 북쪽 48km 지점, 「지중해」 연안의 항구. 「로마」 황제 「가이사 아구스도」를 존경하는 의미로 성 이름을 「가이사랴」라 부르고, 「팔레스틴」을 지배하는 로마의 총독부와 병영을 두어 사도 시대에는 매우 번성하였다. ①백부장 「고넬료」와 집사 「빌립」의 거주지(행 10:1, 21:8). ②「바울」이 「예루살렘」 소요 중에서 이 곳에 이르러 2년간 구금되었던 곳(행 18:22, 21, 26:1). 주후 638년에 회교에 함락되었다. 현재 원형 극장, 신전 등의 잔해가 남아 있다.

가이사랴 빌립보〔*Καισάρεια φίλαπποι*〕지(마 16:13) 갈릴리 호수 요단강의 수원이며, 「헬몬」 산의 남서쪽에 있다. ①구약 시대 「바알갓」(수 11:17) 또는 「바알 헤르몬」(삿 3:3) ②분봉왕 「헤롯 빌립」이 화려하게 확장하고, 「디베료 가이사」를 기념하는 의미에서 「가이사랴」라 하였고, 자기의 이름을 붙여 「빌립보」를 추가하였다. ③「베드로」가 주는 그리스도시요, 살아계신 하나님의 아들이라고 신앙 고백했던 곳(마 16:13-16). 바알신을 섬겼던 장소가 남아 있다.

가이오〔*Γάϊος*〕인(행 19:29) ①「마게도냐」 사람으로 「바울」의 동역자. ②「고린도」 사람으로 「바울」식주인(롬 16:23) 「바울」에게 세례 받은 자(고전 1:14). ③요한 삼서를 받은 자(요삼 1:1), 전기 2인 중의 1인. ④「더베」인, 「바울」을 따라 「아시아」까지 간 사람이다(행 20:4).

가인〔קַיִן=얻음〕인(창 4:2) ①

「아담」의 장자(창 4:1). ② 동생 「아벨」의 제사만 하나님께서 받으시므로 투기하여 죽임. 그러나 하나님은 그를 불쌍히 여기시고 표를 주어 「에덴」 동편 「놋」 땅에 거하게 하셨다(창 4:, 히 11: 4).

가인〔קַיִן = 얻음〕[지] 「유다」 지파의 점령지 「겐」 족속의 거주지로 이 이름을 갖게 되었다(수 15:57, 삿 4:1).

가입〔加入;더할 가, 들 입〕[명] 조직이나 단체 등의 구성원이 되기 위하여 듦. join.(사 14: 1)

가장[1] [부](창 3:1) 아주 매우. 제일. the most; the best.

가장[2]〔家長;집 가, 어른 장〕[명](암 4:1) ①집안의 어른, 가족을 통솔하는 권리가 있음. head of a family. ②'남편'을 높여 일컫는 말. my husband.

가장〔假裝;거짓 가, 꾸밀 장〕[명](고후 11:13) ①임시로 거짓으로 꾸밈. pretence. ②가면으로 장식함. disguise.

가장[4]〔家藏;집 가, 감출 장〕[명](창 31:27) 집에 보관하여 둠. 또는 그 물건. household possesion.

가장자리 [명](출 27:5) 물건의 둘레. 물건의 가를 이룬 선(線). 가. 언저리. edge.

가장 집물〔家藏什物;집 가, 감출 장, 세간 집, 만물 물〕[명](창 31:37) 집안의 모든 세간. [준] 가집(家什) household articles.

가정〔家庭;집 가, 뜰 정〕[명](레 25:45) 부부를 중심으로 어버이와 자녀들이 한데 모여 일상 생활을 하는 집단. 모임. ②집 울 안. 가족이 사는 곳. home.

* 인류 최초의 가정은 아담과 하와다.

가정 총무〔家庭總務;~다 총, 힘쓸 무〕[명](창 39:4) 남의 가정의 일을 맡아보는 직책. 집사.

가져가다 [타](창 27:25) 한 지점에서 다른 한 지점으로 옮겨가다. take.

가져오다 [타](창 18:4) ①다른 한 지점에서 이 지점으로 옮겨오다. bring. ②어떤 결과나 상태를 나타내다. 또는 생기게 하다. bring out.

가족〔家族;집 가, 겨레 족〕[명](창 46:8) 어버이를 중심하여 한 집안을 이루는 사람들. family.

가죽 [명](창 27:16) ①동물의 몸의 껍질을 이루는 질긴 표피. skin. ②짐승의 가죽을 벗겨 다루어서 정제(精製)한 물건. 구두, 가방 등을 만드는 재료로 사용함. leather. 피혁(皮革).

가죽띠 [명](마 3:4) 가죽으로 만

든 허리띠. leather belt.

가죽병[명](시 119:83) 주로 액체나 가루를 담는 것으로, 그 재질이 가죽이며 입구가 좁다.

가죽 부대[명](창 21:14) 가죽으로 만든 자루, 포대.

가죽신[명](겔 16:10) 땅을 디디고 걷기 위하여 발에 신는 물건으로, 가죽으로 만든 신. leather shoes.

가죽옷[명](창 3:21) 사람의 몸을 보호하기 위하여 가죽으로 지은 옷.
* 인류 최초의 옷은 가죽으로 지었다.

가죽 종이[명](딤후 4:13) 글을 쓰거나 책을 만드는데 쓰이는 얇은 가죽 물질.
* 가죽 종이는 성경을 뜻한다.

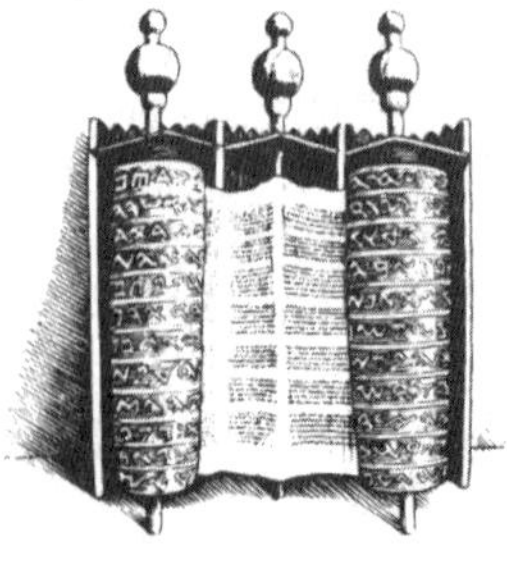

가죽줄[명](행 22:25) 가죽으로 만든 줄.

가중〔家中;집 가, 가운데 중〕[명](창 39:8) ①온 집안. 집안. whole family. ②한 집의 안. 한 가정의 안. inside of house.

가증〔可憎;옳을 가, 미워할 증〕[명](레 7:18) 얄미움. 더러움. hateful.

가증한 일〔可憎~;옳을 가, 미워할 증〕[구](신 17:4) 보기에 괘씸하고 얄미운 일. 하나님을 멀리하고 우상을 섬기는 일과 행음하는 일.

가지[명](창 30:37) ①나무나 풀의 줄기에서 갈라져 뻗은 가는 줄기. 즉 줄기나 잎의 통칭. 관다발이 있는 다년생(多年生) 식물에 관해서도 일컬음. branch. ②근본에서 갈라져 나간 것. branch.

가지다[타](창 1:11) ①손에 잡거나 몸에 지니다. 'ㄹ(-을·-를)'과 함께 쓰이어 '-으로'의 뜻을 나타냄. have. ②'ㄹ 가지고'와 같이 쓰이어 '대상으로 하여'의 뜻을 나타냄. ③제것으로 만들다. 소유하다. own keep. ④어떤 명사들과 함께 쓰이어 그 명사가 나타내는 것에 해당하는 것을 하다. do. ⑤관계나 관련을 맺다. relate. ⑥아이, 새끼, 알 등을 배다. conceive.

가책〔苛責;가혹할 가, 꾸짖을 책〕[명](요 8:9) 가혹하게 책망함. 모질게 꾸짖음.

가축〔家畜;집 가, 기를 축〕[명](창 13:7) 즐기거나 또는 경제 생활에 이용할 목적으로 집에서 기르는 짐승의 총칭. 개, 닭, 돼지, 말, 소, 양 따위. domestic animals; livestock.

가치〔價値;값 가, 값 치〕[명](레 5:15) ①사물이 지니고 있는 의의나 중요성 따위. a worth. ②인간 정신의 목적이 되는 객관성 당위. 진, 선, 미 따위. value; worth. ③인간의 욕구나 관심의 대상이 되는 성질을 좋아하거나 싫어하거나 하는 따위. merit. ④욕망을 충족시키는 재화의 중요 정도.

가편[可便;옳을 가, 편할 편][명](행 26:10) 안건을 결정할 때 찬성하는 쪽.

가하다[형](창 31:30) ①어떤 안건이나 문제가 자기 뜻에 맞아 좋다. good; right. 그 제안을 옳다고 생각한다. ②도리에 맞아 옳다. right.

가할〔גַּחַר =후퇴함〕[인](스 2:47) 「바벨론」 왕 「느부갓살」에게 사로잡혀 「바벨론」으로 갔던 자손 중에서 놓임을 받고 「예루살렘」과 「유다」로 돌아온 사람.

가함〔גַּחַם〕[인](창 22:24) 「아브라함」의 형제 「나홀」의 아들로, 「나홀」의 첩 「르우마」의 소생이다.

각[1]〔各;각각 각〕[관](창 2:19) 각각의. 낱낱의. 따로따로의. each. every.

각[2]〔脚;다리 각〕[명](출 29:17) ①종아리. 다리. leg. ②짐승을 잡아 그 고기를 나눌 때 전체를 몇 등분한 그 부분. a wholesale cut.

각[3]〔角;뿔 각〕[명](출 29:17) 모. corner. 뿔로 만든 나팔. horn.

각각〔各各〕[부](창 32:16) 제각기. 따로따로. each.

각 교회〔各 敎會;각각 각, 가르칠 교, 모일 회〕[명](행 14:23) 교회마다.

교회당

각국〔各國;각각 각, 나라 국〕[명](창 41:54) 나라마다.

각근〔恪勤;정성 각, 부지런할 근〕[명](사 8:15) 조심함. 삼가함.

각기〔各其;각각 각, 그 기〕[부](창 1:11) 저마다. 각각 그대로.

각도〔各道;각각 각, 길 도〕[명](에 9:28) 행정 편의를 위하여 나눈 따로따로의 도. every province.

각도〔刻刀;새길 각, 칼 도〕[명]

(출 32:4) 새김칼. a carving -knipe. 조각도.

각 동〔各洞;각각 각, 고을 동〕명(눅 10:1) 고을마다. 각 고을. village.

각 방〔各方;각각 각, 모 방〕명(렘 49:32) 각 방면, 여러 방면.

각색〔各色;각각 각, 빛 색〕명(마 4:24) ①색다른 여러 가지. 온갖 종류. various(every) kind(s) ②여러 가지 빛깔. various colours.

각성〔各城;각각 각, 성 성〕명(창 41:48) 성마다. 여러 성. every castle.

각양〔各樣;각각 각, 모양 양〕명 여러 가지 모양. variety.

각오〔覺悟;깨달을 각, 깨달을 오〕명(행 21:13) ①도리를 깨달음. understanding of the truth. ②미리 깨달아 마음을 작정함. preparedness ③결심함. 마음을 단단히 먹음. determination.

각읍〔各邑;각각 각, 고을 읍〕명(에 9:28) 각각의 읍, 여러 읍. each〔every〕 village.

각인〔各人;각각 각, 사람 인〕명(창 41:12) 각각의 사람. 각 사람. each one. 개인.

각 족속〔各族屬;각각 각, 겨레 족, 붙을 속〕명(출 32:4) 같은 종족 살붙이에 속하는 무리. 같은 겨레붙이.

각종〔各種;각각 각, 심을 종〕명(창 2:16) ①여러 가지의 종류. each kind. ②갖가지. 여러 가지. all sorts.

각지〔各地;각각 각, 땅 지〕명(시 106:27) ①여러 곳. 각처. various parts of the country. ②여러 지방. various places.

각처〔各處;각각 각, 곳 처〕명(레 23:3) 여러 곳. 모든 곳. various places.

각촌〔各村;각각 각, 마을 촌〕명(눅 9:6) 각각 마을. 마을마다 each village.

각폭〔各幅;각각 각, 폭 폭〕명(출 26:2) 매폭. 폭마다. each width.

각하〔閣下;대궐 각, 아래 하〕명(눅 1:3) 벼슬이 높은 사람에 대한 경칭. your excellency.

간[1]〔肝;간 간〕명(출 29:13) 횡격막의 바로 밑. 복강(腹腔)의 오른쪽 윗부분에 있는 소화관(消化管)에 속한 가장 큰 분비선. 적갈색으로 위(胃)를 반쯤 덮고 있으며, 좌우 두 잎으로 나뉘었는데, 중앙 부근에 담즙(膽汁)을 저장해 두는 푸른 빛깔의 담(膽)이 있음. liver.

* 간을 제단에서 태워 제물로 하나님께 드렸다.

간[2]〔間;사이 간〕명(민 11:20)

간 명(창 6:14) 사방을 둘러 막은 그 선의 안. 칸.

간검〔看儉;볼 간, 검사할 검〕명(출 27:21) 보살펴 검사함.

간격〔間隔;사이 간, 사이 뜰 격〕명(출 28:33) ①그다지 멀지 않게, 서로 떨어져 있는 것들의 공간적인 거리. distance. ②어떤 현상과 현상 사이에 있는 시간적인 동안. interval.

간계〔奸計;간사할 간, 셈할 계〕명(시 83:3) 간사한 꾀, 간사한 계략. trick

간고〔艱苦;어려울 간, 쓸 고〕명(시 53:3) ①가난하여 고생이 됨. 가난과 고생. hardships. ②치뤄 나가기에 힘들고 어려움. 고간(苦艱). suffering.

간곡〔懇曲;간절할 간, 굽을 곡〕명(창 50:21) 간절하고 극진함. cordiality. 부 간곡히.

간곤〔艱困;어려울 간, 곤할 곤〕명(잠 31:5) 군색하고 곤궁함. poverty.

간과〔看過;볼 간, 허물 과〕명(롬 3:25) ①깊이 주의하지 않고, 예사로이 보기만 하고 내버려둠. overlooking. ②대강으로 보아서 빠뜨리고 넘어감.

* 하나님께서 우리의 죄를 간과하지 않으신다.

간교〔奸巧;간사할 간, 공교할 교〕명(창 3:1) 간사하고 교사스러움. 속이는 재주. cunning.

간교〔奸狡;간사할 간, 교활할 교〕명(잠 7:10) 간사하고 교활함.

간구〔懇求;간절할 간, 구할 구〕명(창 25:21) 간절히 구함. earnest request.

간권〔懇勸;간절할 간, 권할 권〕명(왕하 4:8) 웃사람에게 그의 잘못을 간(諫)하여 옳은 일을 하도록 권함. inducement.

간네〔כַּנֵּה〕지(겔 27:23) 「메소포타미아」의 한 성읍으로, 「두로」와 통상을 행한 성읍 중 하나이다. 북 「수리아」의 성읍 「갈래」(암 6:2)와 동일지(同一地)라는 학자도 있으나, 「키퍼트」(Kiepert)는 「티그리스」 강가에 있는 설형 문자로 새겨진 비문 「칸누」(Kannu)로 추정하며 그 위치는 분명하지 않다.

간다게〔$K\alpha\nu\delta\acute{\alpha}\kappa\eta$=노예의 왕〕인(행 8:27) 「구스」 여왕의 호칭. 그의 통치 영역은 「아프리카」 동북 홍해 연안으로 「루비나」, 「센날」, 「이디오피아」의 여러 나라를 합한 것보다 더욱 컸다.

간단〔間斷;사이 간, 끊을 단〕명(습 3:5) ①계속되지 않고 잠시 끊어짐. interruption.

②틈. 쉴 사이. leisure.

간단〔簡單;대쪽 간, 홑 단〕명(히 13:22) ①일이나 차림. 식구. 구성원 등이 간편하고 단출함. ②복잡하거나 어수선하지 않고 쉬움. simplicity. ③줄거리만 간추리어 짤막함. brevity.

간담〔肝膽;간 간, 쓸개 담〕명(수 14:8) ①간과 쓸개. liver and gall. ②속 마음. heart.

간밤 명(삼상 15:16) 지난 밤. 어젯밤. last night.

간부〔姦夫;간사할 간, 지아비 부〕명(레 20:10) 자기 아내가 아닌 여자와 정을 통한 남자. adulterer.

간사〔奸邪;범할 간, 간사할 사〕명(사 32:6) 성질이 간교하고 행실이 나쁨. cunning. slyness.

간사〔奸詐;범할 간, 속일 사〕명(시 32:2) 간사하고 남을 잘 속임. craft and deceit.

간섭〔干涉;방패 간, 건널 섭〕명(창 39:6) ①남의 일에 부당하게 참견함. interference; meddling.

간수〔看守;볼 간, 지킬 수〕명(출 16:23) 죄인을 보살피고 지키는 사람. 건널목을 보살피고 지키는 사람. keeping watch.

간신〔艱辛;어려울 간, 매울 신〕명(사 5:10) 힘들고 고생스러움. hardship.

간악〔姦惡;간사할 간, 악할 악〕명(시 41:6) 간사하고 악독함.

간악〔奸惡;범할 간, 악할 악〕명(시 41:6) 간사스럽고 악독함. wickedness.

간역자〔看役者;볼 간, 역사 역, 놈 자〕명(출 3:7) 건축이나 토목 등의 공사를 감독하는 사람. slave driver.

간역자〔幹役者;줄기 간, 역사 역, 놈 자〕명(대하 24:12) 역사(役事)를 주관하는 사람.

간음〔姦淫;간사할 간, 음란할 음〕명(출 20:14) 부부가 아닌 남녀의 성적(性的) 관계. adultery.

* 예수님께서는 '음욕을 품는 자는 간음한 자'라고 교훈하셨다.

간음자〔姦淫者;간사할 간, 음란할 음, 놈 자〕명(사 57:3) 부부가 아닌 남녀가 성적 관계를 하는 사람. adulterer.

간절〔懇切;정성 간, 끊을 절〕명(신 18:6) 지성스럽고 절실

함. eagerness.

간조〔乾燥;마를 간, 마를 조〕명(신 8:15) 물기나 습기가 없어짐. 메마름. dryness.

간직〔看直;보 간, 곧을 직〕명(출 12:6) 잘 보관하여 둠. keep.

간질〔癎疾;간질 간, 병 질〕명(마 17:15) 지랄병. 발작하면 전신에 경련을 일으키며 의식을 잃고, 거품을 내뿜으며 한참 넘어져 있는 병.

간청〔懇請;간절할 간, 청할 청〕명(창 19:3) 간절히 청함. entreaty.

간칭〔桿稱;지레 간, 일컬을 칭〕명(잠 16:11) 저울의 한 종류.

간품〔看品;볼 간, 물건 품〕명(잠 31:16) 품질의 좋고 나쁨을 살펴봄.

간하다〔諫~;간할 간〕타(전 4:13) 웃사람이나 임금에게 잘못한 일을 고치도록 말하다. remonstrate.

갇히다 피동(창 39:20) 가둠을 당하다. be confined. 구금.

갇힌 자 명(사 42:7) 빠져나갈 수가 없도록 가둠을 당한 사람. 죄인. criminal.

갈가〔קַרְקַע = 밑〕 지 (수 15:3) 유대 남쪽 가데스 바네아 가까이 있는 마을로 국경.

갈게 명(창 3:23) 논밭을 일구어 씨를 뿌리고 김을 메고 가꾸는 일.

* 인류 최초의 생업이다.

갈고리 명(출 26:6) ①끝이 뾰족하고 꼬부라진 물건. 흔히 쇠로 만들어 물건을 끌어당기는 데 씀. a hook; gaff. ② 갈고리쇠에 긴 나무 자루를 박은 무기. a hook.

갈골〔כַּלְכֹּל = 양육함〕인(왕상 4:31) 지혜자의 한 사람인 「마홀」의 아들. 「세라」의 다섯째 아들.

갈골〔קַרְקֹר〕지(삿 8:10) 「요단」 동남 241km 지점에 있는 성. 「기드온」이 「미디안」 왕 「세바」와 「살문나」를 잡아 죽인 곳.

갈그마스〔כַּרְכְּמִישׁ = 미슈의 성벽〕지(대하 35:20) 「알레포」의 북동 120km 지점. 「유브라데」강 오른쪽에 있는 현재의 「지에라불스」의 한 빈촌. ① 주전 717년 「사르곤」 2세에 의해 정복되었다(사 10:9). ②주전 604년 「애굽」왕 「느부갓네살」과 싸워 패하였다.

갈급〔渴急;목마를 갈, 급할 급〕명(시 42:1) 목이 마르듯이 몹시 조급함. impatience. 속이 달아오를 지경으로 몹시 급함.

갈기 명(욥 39:19) 짐승의 목에 난 긴 털. mane.

갈다[1] 타(창 4:12) 땅을 파 뒤집어 농사를 짓는 일. plough.

cultivate ground.

갈다[2] 타(레 16:12) 무딘 물건을 다른 물건에 문질러 뾰족하게 하거나 날을 세우는 일. 빛을 내거나 가루로 만듦. rub. whet. shine.

* 죄인은 슬피 울며 이를 간다.

갈대 명(출 2:3) 〈식〉 포아풀과에 속하는 다년초. 키는 1~3m임. 줄기는 곧고 단단하며 마디가 있고 속이 비었음. 잎은 어긋맞게 나며, 길이 20~50cm로 길고 끝이 뾰족함.

갈대배 명(사 18:2) 갈대로 엮어 안에 물이 스며들지 않도록 역청을 발라 만든 배.

갈대아〔כַּשְׂדִּים=약탈〕지(창 11:28) 「페르샤」 강 사이에 있는 지방. 곧 「바벨」탑을 쌓으려던 「시날」 평지. ①노아의 증손 「니므롯」이 「니느웨」, 「르호보딜」, 「레센」, 「갈라」의 4성을 건설(창 10:11). ②수도 「우르」는 「아브라함」의 출생지(창 11:27-28, 행 7:4). ③그 후 이곳에서 세계를 정복한 4대 강국이 일어났다. ☆「갈대아」(주전 2300-1370), 「앗수르」(1370-600) ☆「바벨론」(주전 606-538), ☆「메대 파사」「갈대아」 인이 「욥」의 재산을 약탈해 간 일이 있다(욥 1:17). ④여호와께서 「갈대아」 인의 노략군을 보내어 「여호야김」과 「유대」를 쳐서 멸하셨고(왕하 24:2), ⑤「유대」 왕 「시드기야」를 잡아 눈을 빼고 구리줄로 결박하여 「바벨론」으로 데려감(왕하 26:6). ⑥「갈대아」 인이 성전의 모든 기구를 깨뜨려 「바벨론」으로 가져감(왕하 25:6-15). ⑦「아하수에로」 왕 때에는 「인도」로부터 「구스」까지 127도를 통치하여 「바사」와 「메대」의 전성시대를 이루었고(에 1:1), ⑧「아하수에로」 왕이 「유대」 인을 모략하던 「하만」을 50규빗되는 장대에 달아 죽인 곳(에 3:6, 7:9-10, 9:22, 10:3).

갈대지팡이 명(사 36:6) 갈대로 만든 지팡이.

갈라〔כֶּלַח=견고〕지(창 10:11) 「니느웨」 동남 30km 지점에 있는 「앗수르」 최고의 성. 「니므롯」이 세운 성이다(창 10:12). 「앗수르」의 최고성의 하나인데, 옛적 「디글랏빌레셀」 왕과 「에살핫돈」 왕과 및 「앗수르」의 다른 왕들이 건축한 굉장하고 화려한 궁궐이 이 성에 있었다.

갈라내다 [타](사 56:3) 구별하여 나누게 하다.

갈라디아〔Γαλατία=젖과 같이 희다〕[지](행 16:6) 「소아시아」 중앙에 있는 한 도시. ①「바울」이 1, 2, 3차 전도 여행에 매번 들려 전도한 곳(행 14:1, 16:1, 18:23). ②「베드로」도 이곳 교회에 서신을 보냈다(벧전 1:1). 주전 270년경에 「꼬을」족이 침입하여 「헬라」 인과 동거하게 되어 지명을 「꼬을헬라」라 하더니 후에 「갈(꼬을)라(헬라)디아」라 개칭하게 되었다. 예수 시대에는 「로마」의 점령지였고, 그 다음에 「터키」의 점령지로 금일에 이르렀다.

갈라디아서 [명](갈) 신약 제9권째 성경이다. 「바울」이 「갈라디아」의 교회에 보낸 서신으로, ①참 복음을 지키도록 하기 위하여, ②그릇된 교훈을 폭로하고 그릇된 교훈을 따름이 죄인 것과 율법의 참 목적은 그리스도를 소개하고 죄를 일깨워 주며, ④성도는 성령을 좇아 행함으로 인하여 성도의 생활이 완전해지는 것을 보여 준다. 많이 쓰인 낱말은 율법 32회 믿음 21회.

갈라서다 [자](행 15:39) 덩어리였던 것이 서로 사이가 떨어지다. split.

갈라지다 [자](창 2:10) 서로 하나이던 것이 각각 따로 되다. separate.

갈랄〔גָּלָל=둥글다〕[인](대상 9:15) ①「시그리」의 손자이며, 「미가」의 네 아들 중 셋째이다. ②「압다」의 조부이며, 「여두둔」의 아들이다(대상 9:16, 느 11:17). 이 두 사람은 모두 「레위」 사람이다.

갈래 [명](사 11:15) 한 사물에서 한 군데로부터 둘 이상으로 갈라져 나간 낱낱의 부분이나 가닥 또는 계통. a piece.

갈래〔קַלַּי=빠름, 불태움〕[인](느 12:20) 「요야김」 시대 「살래」 족속 제사장이며, 족장이다.

갈랫길 [명](겔 21:21) 한 길이 둘 이상의 길로 갈라진 길. 갈림길. fork of the road.

갈레〔כַּלְנֵה〕[지](창 10:10) 혹은 「갈로」(Calno). ①「니므롯」이 「시날」 땅 「유브라데」 강 언덕에 세운 성. ②「간데」라고도 한다(겔 27:23).

갈렙〔כָּלֵב=개〕[인](민 13:30) [1]①「유다」 지파 「여분네」의 아들 12정탐꾼의 한 사람(민 13:6, 34:19). ②「가나안」에 쳐들어갈 것을 주장한 사람은 「여호수아」와 「갈렙」

뿐이었다(민 14:9). ③여호와께 충성을 다하였다(민 14:24, 30, 38, 신 1:36). ④「여호수아」와 「갈렙」만 「가나안」에 들어갈 특권을 얻어 들어갔다(민 14:39). 저의 기업지는 「아나김」의 토지와 「기럇아르바」(헤브론)와 그 근방 성읍인데(수 14:), 「헤브론」에서 「아낙」의 3자를 추방하고 또 「옷니엘」이 「기럇세벨」을 점령한 보상으로 자기 딸 「악사」를 「옷니엘」에게 아내로 주었다(수 15:19, 삿 1:11-15).

[2]「헤스론」의 아들이다(대상 2:18).

갈렙 에브라다〔כָּלֵב אֶפְרָתָה〕[지](대상 2:24) 베들레헴 가까이에 있다. 「헤스론」이 죽은 곳.

갈로〔כַּלְנוֹ〕[지](사 10:9) 「유브라데」 강 북쪽에 있던 「수리아」 성으로써, 「갈레」라고도 했다(창 31:47).

갈르엣〔גַּלְעֵד〕[지](창 31:47) 「야곱」이 「라반」과 언약을 맺은 증거로 쌓은 돌무더기 이름(창 31:4). 「갈」(무덤)과 「에드」(증거)를 합하여 만든 말.

갈리다[피동](렘 10:5) 몇 갈래로 갈라지는 것. be divided.

갈리오〔*Γαλλίων*〕[인](행 18:12) 「네로」 황제의 미움을 받아 죽은 철학자 「세네카」의 동생으로서, 「로마」 황제 「글라우디오」 때에 「아가야」 총독이 되어 「고린도」에 있었다. 「유대」 인들이 「바울」을 끌고 와서 재판을 청할 때, 이 치로써 책하고 축출하였다.

갈릴리〔גָּלִילָה=둥글다〕[지](수 20:7) 구약 시대에는 「요단」의 서쪽 「팔레스틴」의 북부를 보통 「갈릴리」라 하였다(수 20:7, 왕상 9:11, 왕하 15:29, 대상 6:26). ②「이스라엘」 백성이 처음 「가나안」에 들어왔을 때 「스불론」(수 19:10-16), 「아셀」(수 19:24-

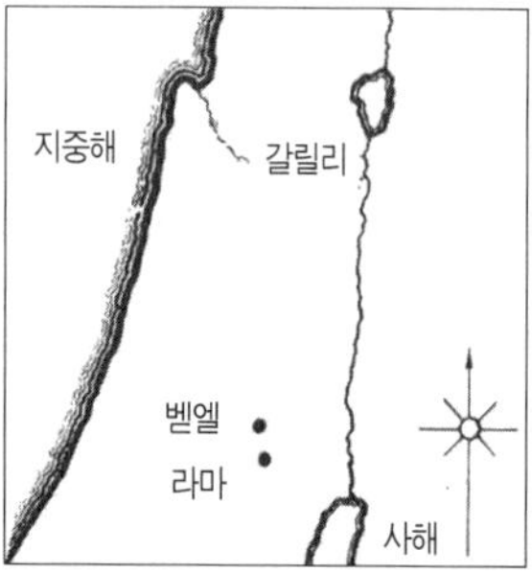

30), 「납달리」(수 19:32-39) 자손들이 제비를 뽑아 차지하였으며, 여러 번 혈투를 하였지만 「가나안」 족속을 완전히 물리치지는 못하였다(삿 30-33) 4, 5:참조). ③예수님이 12제자 중 11제자를 이곳에서 택하셨다. ※ 신약시대에 「팔레스틴」을 3도로 나누어 「갈릴리」의 경계는 東은 「요단」 강과 「갈릴리」해, 西는 지중해, 南은 「사마리아」도, 서북은 「베니게」로써 남북이 80.5km 동서가 25km내지 56.3km 북방은 산지가 많고 남쪽은 평원이다. 토지가 비옥하고 경치가 아름다우며 404개의 중·소도시 및 촌락이 있다.

갈릴리 바다〔Γαλιλαία〕[지](마 4:18) 「갈릴리」 동편에 있는 남북 22.5km 동서 14.5km의 호수이다. ①구약에는 「긴네렛」(수 13:27) ②신약에서는 「게네사렛」(눅 5:1). ③ 「갈릴리」 바다, 「디베랴」 바다(요 6:1), 「단지」 바다(요 6:16-17)라 기록하였다. ④「베드로」, 「안드레」, 「야고보」, 「요한」 4제자를 이 바다에서 불렀다(마 4:18). ⑤풍랑을 잔잔케 함(마 8:26). ⑥이 바다 위에서 일곱 비유를 가르치셨다(마 13:). ⑦바다 위를 걸으심(마 14:22). ⑧부활 후에 이 바닷가에 나타나서 그물을 배 우편에 던지라 하여 많은 고기를 잡음(요 21:). 예수님이 「갈릴리」 바다에서 행한 24회의 이적 가운데 18회를 이 바다에서 행하셨다.

갈림〔גַּלִּים=돌 무더기〕[지](삼상 25:44) 「사울」 왕의 딸 「미갈」의 남편 「말다」의 고향.

갈마들이다 [사동](욥 10:17)가름하여 들이다. 서로서로 대신하여 들이다.

갈망〔渴望;목마를 갈, 바랄 망〕[명](시 42:2) 목이 마르 듯이 간곡하게 바람. eager desire.

갈매기 [명](레 11:16) 갈매기과(鷗科)의 물새. 백구(白鷗) sea-gull.

갈멜산〔כַּרְמֶל=동산〕[지](왕상 18:19)

[1] ① 산의 높이 540미터 「샤론」과 「에스드리엘론」의 두 평원 사이에 높이 솟은 산으로, 석굴이 많고 수목이 울창하며 산 아래 「기손」 강이 흐르고 있다. 양대 평원과 「지중해」까지 내려다 볼 수 있는 아름다운 경치의 산(사 35:2). ②「아셀」 지파의 경내에 있다(수 19:26). ③「여호수아」가 이 산에서 「욕느암」 왕을 격멸(수 12:22). ④「엘리야」가 「바알」과 「아세아」의 선지 850명과 대결하여

격멸(왕상 18:20-40). ⑤「아합」의 아들「아하시야」왕이「엘리야」를 잡으러 50부장과 50명을 두 번 보낸 것을 천화로써 죽임(왕하 1:9- 12). ⑥「엘리야」승천 후,「엘리사」가 잠시 유함(왕하 2:5). ⑦「엘리사」가 이 산에 있다가「수넴」여인을 만나 함께 그 집에 가서 죽은 아이를 다시 살림(왕하 4:25-35).

2「유다」지파의 산곡에 있는 촌락 이름(수 15:55). ①「사울」왕이「아말렉」을 이기고 승전비를 세움(삼상 15:12). ②악인「나발」의 거주지(삼상 25:2-3). ③「웃시아」왕의 포도원이 있다(대하 26:10).

※ 이 이름이 영문 성경에는 있으나, 한글 성경에는 없다.

갈미〔כַּרְמִי = 포도를 만듦〕인 (창 46:9) ①「르우벤」의 아들. ②「아간」의 아비로 유다의 한 족장(수 9:1, 18, 대상 2:7).

갈밭 명 갈대가 많이 난 습지대 갈대밭. reedy marsh.(창 41:2)

갈보리〔*Κρανίον* 해골〕지(마 27:39) ①예수를 십자가에 못 박은 곳(눅 23:22). ②약간 높은 지대인 것 같다(막 15:40 눅 23:49). ③큰 길에서 가까운 성문 밖.

갈빗대 명(창 2:21) 갈비의 낱낱의 뼈대. 늑골. ribs.

갈상자 명(출 2:3) 갈대를 짜 엮어 만든 용기.

갈아 입다 동(창 41:4) 옷을 바꾸어 입다.

갈증〔渴症;목마를 갈, 병 증세 증〕명(사 29:8) ①목 말라 물을 마시고 싶은 느낌. thirist(사 29:8). ②갈급증(渴急症).

갈하다 형(출 17:3) 물을 먹고 싶어하다. 목마르다. thirsty.

감[1] 명(렘 10:9) ①어떤 일을 하거나 무엇을 만드는 재료,

또는 바탕이 되는 사물(事物). material stuff(렘 10:9). ②놀음이나 놀이의 도구. instrument ③어떤 자리에 알맞을 만한 대상자임을 나타내는 말. candidate.

감[2] 〔減;덜 감〕명(창 8:1) 덜어냄. 줄임. reduction.

감각〔感覺;느낄 감, 깨달을 각〕명(왕하 5:26) 일어나는 느낌. sensation. ②감촉되어 깨달음. sense. ③사물을 느껴서 받아들이는 힘. feeling.

감계〔鑑戒;거울 감, 경계할 계〕명(신 28:46) 본받을 만한 가르침.

감금〔監禁;감옥 감, 금할 금〕명(렘 36:5) 가두어 자유를 속박하고 감시함. imprisonment.

감다[1] 타(렘 49:3) 머리나 몸을 물에 담가 씻다. wash.

감다[2] 타(민 24:3) 아래 위의 눈시울을 한데 붙이다. close eyes. 죽음을 뜻한다.

감당〔堪當;견딜 감, 마땅 당〕명(창 32:10) 일을 맡아서 능히 해냄. ability.

감독〔監督;볼 감, 감독할 독〕명(출 1:11) ①보살피어 지휘하고 단속함, 또는 그렇게 하는 사람. superintendent. ②어떤 사람이나 기관(機關)이 다른 사람이나 기관의 행위가 잘못되지 않도록 감시하고, 필요한 경우에는 지휘, 명령, 제재를 하는 일. ③교회를 관할하고 의식을 관장하며, 신도를 보호하고 종교적 임무로 하는 직임자(감독 교회의 교역자－목자)

감독자〔監督者;볼 감, 감독할 독, 놈 자〕명(왕하 22:5) 보살피어 잘못이 없도록 시키는 사람. superintendent.

감동〔感動;느낄 감, 움직일 동〕명(눅 2:27) 깊이 느끼어 마음이 움직임. emotion.

갑돌섬 지(렘 47:4) 「그레데」섬을 일컫는 말. 어떤 이는 애굽 나일의 삼각주라고 하나, 「두로」와 「시돈」과 같이 언급된 것으로 보아 「그레데」 섬으로 해석함이 좋다.

감람〔橄欖;감람나무 감, 감람나무 람〕명〈식〉(창 8:11) 감람나무의 열매. 푸른빛이 나는 타원형의 핵과(核果)로 맛이 좀 쓰고 떫으며, 먹을수록 단맛이 남. 날로 먹기도 하고, 꿀이나 소금에 절이어서도 먹음. 한방에서는 어독(魚毒)을 없애는데 효력이 있다고 하며, 씨에서 짠 기름을 감람유라 함. 간과(諫果). 청과(青果) ②충과(忠果). an olive.

감람나무〔橄欖~;감람나무 감, 감람나무 람〕명〈식〉(신 6:

11) 감람과에 속하는 상록 교목. 잎은 홀수 깃꼴겹잎으로 어긋맞게 나고, 작은 잎은 타원형이며, 가죽처럼 두툼하고 거칢. 봄에 희누른 빛깔의 다섯잎 꽃이 원추 꽃차례로 피며, 열매는 감람이라고 하는데, 양쪽이 뾰족하고 길이 3cm 되는 핵과(核果)임. 열매에서 짜낸 기름은 감람유(橄欖油)라 하여 의식(儀式)에 쓰고, 그 가지와 잎은

평화의 상징으로 삼음.

감람목(위와 같음)(왕상 6:23)

감람산〔הַזֵּיתִים =olive〕㊂(삼하 15:30) 「예루살렘」 동편 높이 2,700피트의 산. 감람나무가 많아서 「감람산」이라 하였다. ①「갈릴리」 봉(행 1:11) ②승천산, 멸망산, 선지산(왕상 11:7, 23:13). ③「겟세마네」 동산(마 26:36) ④「다윗」이 「압살롬」의 난을 이곳에서 피하였다(삼하 15:30, 16:1-30). ⑤예수께서 이 산의 선지봉과 멸망봉 사이로 나귀를 타고 입성(마 21:9). ⑥만찬을 잡수신 후 이산으로 가심(마 26:30).

감람원 명(출 23:11) 감람나무를 심은 동산. olive garden.

감람유 명(눅 7:46) 감람나무에서 얻은 기름. olive oil.

감사〔感謝;느낄 감, 사례할 사〕 명(레 7:12) ①고마움. gratitude ②고맙다고 생각하는 느낌. 고맙게 여김. appreciation ③고마움을 나타내는 사례, 또는 고마운 마음으로 사례함. thanksgiving.

* 사람은 하나님의 은혜에 감사해야 한다.

감사 무지〔感謝無地;느낄 감, 사례할 사, 없을 무, 땅 지〕 명(행 24:3) 감사한 마음을 이루 다 나타낼 길이 없음. boundless gratitude.

감사제〔感謝祭;느낄 감, 사례할 사, 제사 제〕 명(왕상 8:64) 하나님께 받은 은혜를 감사해서 드리는 제사의 한 가지. offerings of thanksgiving.

감사 제물〔感謝祭物;느낄 감, 사례할 사, 제사 제, 만물 물〕 명(대하 29:31) 감사제에 바친 제물(양, 소, 비둘기 등). sacrifice as offerings of thanksgiving.

감삭〔減削;덜 감, 깎을 삭〕명 (민 36:3) 줄임. 뺌. 덜고 깎음. 삭감. reduction.

감소〔減少;덜 감, 적을 소〕명 (레 26:22) ①줄어 듦. ②덜어서 적게 함. decrease.

감시〔監視;볼 감, 볼 시〕명(욥 33:11) 잘못되는 일이 있을까 염려하여 늘 보살핌. 주의하여 지켜봄. surveillance.

감역관〔監役官;볼 감, 역사 역, 벼슬 관〕명(삼하 20:24) 국가나 민족 또는 공공을 위한 큰 일. 토목 건축 공사를 감독하는 관리.

감옥〔監獄;볼 감, 감옥 옥〕명 (느 12:39) ①형벌의 집행에 관한 사무를 맡는 관아(官衙). ②죄인을 가두는 옥. prison. jail.

감정〔感情;느낄 감, 뜻 정〕명 (창 32:20) ①느끼어 움직이는 마음 속 기분이나 생각. emotion. ②사물 현상에 느끼어 움직이는 마음의 작용 중 쾌(快), 불쾌, 기쁨, 슬픔, 노여움 등의 주관적인 의식 현상.

감정〔憾情;한할 감, 뜻 정〕명 (잠 26:24) 마음에 언짢게 여기어 원망하거나 성나는 마음. displeasure.

감찰〔鑑察;거울 감, 살필 찰〕명 (창 16:13) 못된 짓을 못하도록 남의 행동을 감시하여 살핌, 또는 그러한 구실. inspection.

감추다 타(출 2:12) ①겉으로 드러나거나 찾아내지 못하도록 일정한 곳에 숨기다. 숨기어 두다. 가무리다. ②남에게 알리지 아니하다. hide.

감하다 타(창 8:1) 처음의 수나 양에서 줄임.

감화〔感化;느낄 감, 변화할 화〕명(느 2:12) 어떤 사물의 영향으로 마음에 감동을 받아 착하게 됨. good influence.

감히〔敢~;구태어 감〕부(창 18:27) ①죄송스러움이나 두려움을 무릅쓰고. ②주제 넘게. dare.

갑 명(왕하 6:25) 고체량의 단위로써 1회 인용(引用). 스아의 1/6에 해당. 1.2ℓ에 상당하다.

갑도림〔כַּפְתֹּרִים〕인(창 10:14) 「함」의 손자이며, 「미스라임」의 일곱째 아들.

갑돌〔כַּפְתֹּרִים〕지 (신 2:23) ①

「함」의 손자인 「갑도림」의 거주지(창 10:6, 대상 1:12). ②「블레셋」 사람의 원거주지(렘 47:4, 암 9:7). ③「블레셋」 인을 지칭한 이름.

갑바도기아 지(벧전 1:1)→가바도기아

갑배〔גַּבַּי=채집자〕인(느 11:8) 「바벨론」에서 포로로 귀환한 후, 「예루살렘」에 거주한 「베냐민」 사람.

갑본〔גִּבּוֹן=둘러싸다〕지(수 15:40) 「에그론」 부근에 있은 유대 마을.

갑스엘〔קַבְצְאֵל=하나님의 모으심〕지(수 15:21) ①「유대」 평지의 한 지방. ②「다윗」의 용사 「여호야다」의 아들 「브나야」의 고향(삼하 23:20, 대상 11:22). ③「바벨론」에서 이거한 「유대」 인의 거주지(느 11:25).

갑옷〔甲~;갑옷 갑〕명(출 28:32) 옛날 군사들이 싸울 때 적의 창검(槍劍)이나 화살을 막기 위하여 입던 옷. 고대(古代)에는 가죽으로 만들었으나, 그 뒤에 차차 쇠로 만들게 됨. an armour.

갑자기 부(민 12:4) 뜻하지 아니한 때, 급히. 졸지에. 별안간. suddenly.

갑절 명(창 43:15) 어떤 수량이나 분량을 두 번 합친 것. 배(倍). double.

갑주〔甲胄;갑옷 갑, 투구 주〕명(삼상 17:54) 갑옷과 투구. helmet and armour.

갑판〔甲板;갑옷 갑, 널 판〕명(겔 27:6) 큰 배 위의 평평하고 넓은 바닥. deck.

값 명(창 30:18) ①사물이 지니는 의의 또는 값어치. ②물건의 가격. ③대가. 대금. value. worth. cost.

값돈 명(창 44:2) 값을 치룬 돈.

값없이 형(민 11:5) 값을 칠 수 없다. 값을 받지 않고.
* 하나님은 우리에게 은혜를 값없이 주신다.

값지다 형(마 13:46) 값이 많이 나갈 만한 가치가 있다. expensive.

갓[1]〔גָּד=행운〕인(창 30:11) ① ①「야곱」의 일곱째 아들. 「실바」의 초생자. ②「애굽」에서 나온 수는 45,650명(민 1:25) ③「가나안」에 들어간 수는 40,500명(민 26:18). 활과 검술의 전술이 능하다. ②「다윗」 왕 때의 선지자. ①

「다윗」을 견책 3년, 기근 3개월간 적에게 패주, 3일간 온역 중 하나를 택하라고 함(대상 21:2-12). ②다시 「다윗」에게 보내어 타작 마당에 단을 쌓고 번제와 화목제를 드리라고 명하였다(대상 21:18-26).

갓[2]〔גָּדִי〕지(민 34:14) ①본래 「요단」 동편 「길르앗」(삿 19:14, 렘 49:1). ②「갓」 지파가 「모세」에게 청구하여 받은 목축과 농업하기에 좋은 땅.

갓[3] 명(사 65:11) 이방 우상.

갓난아이 명(벧전 2:2) 이제 막 태어난 아이. 신생아. newborn baby.

갓닷〔קַטָּת = 매우 작다〕지(수 19:15) 「스불론」의 성읍.

갓디〔גַּדִּי = 하나님의 군대〕인(민 13:11) 「므낫세」 지파의 대표.

갓디엘〔גַּדִּיאֵל = 하나님의 군대〕인(민 13:10) 「스불론」 사람 「소디」의 아들로, 「모세」 때 「가나안」을 탐지하러 간 사람.

갓몬〔קַדְמֹנִי = 동쪽에 사는 사람〕지(창 15:19) 「가나안」 원주민의 한 종족을 이룬 지방. 「갓몬」 족속.

갓미엘〔קַדְמִיאֵל = 하나님의 사자〕인(스 2:40) 「스룹바벨」과 함께 돌아온 「레위」 인 한 가족의 조상.

갓삼〔גַּזָּם = 자르다〕인(스 2:48) 「바벨론」 왕 「느부갓네살」에게 사로잡혀 「바벨론」으로 갔다 돌아온 「느디님」 사람.

갓씨 명〈식〉(출 16:31) 겨자과에 속하는 식물의 씨.

강[1]〔江;강 강〕명(창 2:10) 넓고 길게 흐르는 내. river.

강[2]〔强;굳셀 강〕접두(민 13:18) 매우 세거나 굳거나 된 것, 단단한 것을 가리킴.

강가 명(민 24:6) 강의 가장자리. 강변.

강간〔强姦;굳셀 강, 간사할 간〕명(창 34:2) 상대방의 의사와 관계없이 힘으로, 억지로 성관계를 함. rape.

강건[1]〔强健;굳셀 강, 굳셀 건〕명(수 14:11) 몸이나 기력 같은 것이 건강하고 튼튼함. robustness.

강건[2]〔康健;평안할 강, 굳셀 건〕명(시 90:10) 기력이 튼튼함을 높이어 일컫는 말. healthiness.

ㄱ

강경〔強硬; 굳셀 강, 굳을 경〕명(신 3:28) 굳세게 꽉 버티어 굽히지 않음. uncompromising.

강국〔強國; 굳셀 강, 나라 국〕명(사 60:22) 강한 나라. strong nation.

강권〔強勸; 굳셀 강, 권할 권〕명(창 33:11) 강력하게 권함. pressing.

강단〔講壇; 익힐 강, 단 단〕명(느 8:4) 강의나 설교를 하는 높은 단. platform. plank.

강대〔強大; 굳셀 강, 큰 대〕명(창18:18) 굳세고 큼. powerfulness.

강도〔強盜; 굳셀 강, 도둑 도〕명(레 6:2) 폭력 또는 협박으로써 남의 물건을 빼앗는 짓. burglar.

강력〔強力; 굳셀 강, 힘 력〕명(고후 10:4) 굳센 힘. 힘이 셈. power.

강렬〔強烈; 굳셀 강, 세찰 렬〕명(출 10:19) 세차고 맹렬함. severity.

강령〔綱領; 벼리 강, 거느릴 령〕명(시 119:160) 일의 으뜸이 되는 줄거리. general principles. 입장·목적·계획·방침 및 운동의 차례·규범 따위를 요약해서 적은 것.

강론〔講論; 익힐 강, 의논할 론〕명(신 6:7) ①학술이나 도의(道義)의 뜻을 풀이하고 토론함. discourse. ②교리를 설명함.

강림〔降臨; 항복할 강, 임할 림〕명(창 11:5) 하나님께서 속세로 내려옴. descent from Heaven.

* 그리스도는 우리를 위하여 강생하셨다.

강물〔江~; 강 강〕명(왕하 5:12) 강에 흐르는 물. 강수(江水). river water.

강박〔強迫; 굳셀 강, 핍박할 박〕명(삿 14:17) 무리하게 남의 의사를 꺾음. duress. threat.

강변〔江邊; 강 강, 가 변〕명(민 22:5) 강물이 흐르는 가. 강가. near river.

강보〔襁褓; 포대기 강, 포대기 보〕명(욥 38:9) 젖먹이를 업을 때 두르는 보. baby's quilt.

강성〔強盛; 굳셀 강, 담을 성〕명(창 26:16) 힘차고 왕성함. vigor.

강수〔江水; 강 강, 물 수〕명(시 36:8) 강물. river water.

강약〔強弱; 굳셀 강, 약할 약〕명(민 13:18) 강하고 약함. strength and weakness.

강장〔強壯; 굳셀 강, 씩씩할 장〕명(왕하 24:16) 기골이 크고 혈기가 왕성함. robustness.

강제〔强制;굳셀 강, 마를 제〕명(행 5:26) 힘으로 으르대어 남의 자유를 억누름. compulsion.

강청〔强請;굳셀 강, 청할 청〕명(왕하 2:17) 억지로 짓궂게 청함. insistence.

강탈〔强奪;굳셀 강, 빼앗을 탈〕명(시 89:22) 억지로 빼앗음. robbery. seizure.

강퍅〔剛愎;굳셀 강, 괴팍할 퍅〕명(출 4:24) ①성미가 깔깔하고 고집이 셈. obstinacy. ②괴팍하고 융통성이 없음. perversness.

강포〔强暴;굳셀 강, 사나울 포〕명(창 6:11) 완강하고 포악함. 우악스럽고 사나움. ferocity.

강포자〔强暴者;굳셀 강, 사나울 포, 놈 자〕명(욥 15:20) 우악스럽고 사나운 사람. 완강하고 포악한 사람.

강하다〔强~;굳셀 강〕형(창 25:23) ①억세고 힘이 있다. strong. ②굳세어서 약하지 않다. robust. ③굳다. 단단하다. firm. ④심하다, 지독하다. vio lent. ⑤굽히지 아니하다. unyielding.

갖다타(마 13:33) 가지다, 가져다가.

갖옷명(창 25:25) 털옷. clothing lined with fur.

갖추다타(창 46:29) ①쓰임에 따라 여러 가지를 골고루 갖게 차리다. possess everything needed. ②몸을 가누어 바로 하다.

같다형(창 3:5) ①서로 다르지 아니하다. similar. ②서로 딴 것이 아니다. same. 같게

갚다타(창 44:4) ①남에게서 빌리거나 꾸거나 빚진 것에 대하여 도로 돌려주다. pay. ②남에게 진 신세나 은혜, 원한 등에 대하여 그에 상당하게 보응하다. repay.

갚음명(레 22:23) 보답함. 되갚는 일. repayment.

개[1] 명(출 11:7) 〈동〉 개과(犬科)에 속하는 짐승. 가축의 일종. 사람을 잘 따르고 성질이 온순하며 영리함. a dog.

개[2]〔個;낱 개〕대(창 24:22) 낱개로 된 물건의 수를 헤아릴 때 쓰는 말. piece.

개가〔凱歌;이길 개, 노래 가〕명(삼하 1:20) ①→개선가(凱旋歌). ②크게 이긴 기쁨이나 큰 성과를 올린 감격에서 나오는 함성. a triumphal song.

개간〔開墾;열 개, 개간할 간〕명 (사 28:24) ①버려둔 거친 땅을 처음으로 일구어서 논밭을 만듦. 개작(開作). 기간(起墾). cultivation. ②바다나 호수를 메워 논밭을 만듦. 일구기. 땅을 일굼. land reclamation.

개구리 명(출 8:2) 〈동〉 양서류(兩棲類). 무미목(無尾目)의 참개구리과, 청개구리과, 무당개구리과, 맹꽁이과에 속하는 동물의 총칭. 올챙이가 자라서 됨.

하나님이 애굽에 내린 열 가지 재앙 중 둘째 번 재앙.
* 개구리는 더러운 것을 상징하기도 한다(계 16:13).

개국〔開國;열 개, 나라 국〕명 (출 9:18) 나라를 새로 세움. establishment of a country.

개동시〔開東時;열 개, 동녘 동, 때 시〕명(창 44:3) 동녘이 밝아오는 때. 새벽녘. dawning time.

개량〔改良;고칠 개, 어질 량〕명 (행 24:3) 나쁜 것을 고쳐 좋게 함. improve.

개미 명(잠 6:6) 〈동〉 개미과에 속하는 곤충을 모두 일컫는 말. ant.

개울 명(욥 6:15) 골짜기에서 하천으로 흘러 내려오는 작은 물줄기. brook.

개유〔開諭;열 개, 깨우칠 유〕명 (호 2:14) 타일러 가르침. admonition.

개의〔介意;끼일 개, 뜻 의〕명 (히 12:2) 마음에 둠. caring about.

개인〔個人;낱 개, 사람 인〕명 (행 3:12) 국가나 사회에 대한 한 사람. individual.

개정〔開廷;열 개, 조정 정〕명 (욥 11:10)〈법〉 법정에서 재판을 시작함.

개창〔疥瘡;옴 개, 부스럼 창〕명 (신 28:27)〈의〉 개선충(疥癬蟲)의 기생에 의하여 생기는 전염성 피부병의 하나. 옴. itch.

개척〔開拓;열 개, 열 척〕명(수 17:15) ①거친 땅을 일구어 논밭을 만듦. reclamation of waste land. ②새로운 분야, 운명, 전도 등을 엶. ③영토를 확장함.

개천 명(창30:38) 좁은내. creek.

개키다 타(요 20:7) 이부자리나 옷 등을 잘 접어서 포개다. fold up.

ㄱ

개펄 명(겔 47:11) 갯가의 개흙이 깔린 질펑한 땅. silt.

개혁〔改革;고칠 개, 가죽 혁〕명(히 9:10) 묵은 제도나 기구 등을 헌법에 저촉되지 않는 범위 안에서, 폭력적이 아닌 헌법적인 방법으로 하는 변혁이나 개조. 혁개(革改). reform.

객〔客;손 객〕명(창 15:13) 손. 찾아온 사람. guest.

객상〔客商;손 객, 장사 상〕명(왕상 10:15) 객지에서 하는 장사. 행상. trade in a strange land.

객실〔客室;손 객, 집 실〕명(삼상 9:22) 손님을 접대하는 방. drawing room.

객점〔客店;손 객, 가게 점〕명(창 42:27) 길가는 손이 음식을 사 먹거나 자던 집. 여관. inn.

거꾸러뜨리다 타(고후 4:9) 거꾸러 엎어지게 하다. overthrow.

거꾸러지다 자(렘 8:12) ①거꾸로 넘어지거나 엎어지다. tumble. ②죽다. die. ③어떤 세력이 꺾이거나 허물어지다. collapse.

거기 대 그 곳. 부(창 2:8) 그 곳에. ㉾ 게. there.

거느리다 타(창 14:14) 아래 사람을 데리고 있다. keep. command.

거닐다 자(창 3:8) 가까운 곳을 한가히 걷다. stroll.

거두다 타(창 8:22) ①농작물 따위를 수확하다. harvest. ②뒤를 보살피다. look after.

거듭 명(삿 5:23) 여러 번, 되풀이. again.

거듭나다 자(요 3:3) 영적으로 새 사람이 되다. 중생(重生). born again.

거라사〔Γερασηνός 작은〕지(막 5:1) 「스불론」의 동네. 예수님께서 돼지떼를 물에 빠지게 하고, 정신병자를 고쳐 주신 곳.

거루 명(행 27:16) → 거룻배. 돛을 달지 않은 작은 배. barge.

거룩하다 형(창 2:3) 구별되다. 하나님과의 관계에서만 성립되는 말이다. holy. 종교 생활의 완벽한 삶.

거룩하신 자 명(잠 9:10) 하나님. God.

거룩한 땅 명(출 3:5) ①시내산. ②가나안 땅. ③벧엘. ④예루살렘.

거룩한 백성〔~百姓;일백 백, 성 성〕명(출 19:6) ①이스라엘. ②구속받은 성도.

거룻줄 명(행 27:32) 거룻배를 묶어 놓을 때 사용하는 줄.

거류인〔居留人;살 거, 머무를 류, 사람 인〕명(출 12:45) 일시적으로 머물러 사는 사람. temporary resident.

거류자〔居留者;살 거, 머무를 류, 놈 자〕명(시 39:12) 일시적으로 머물러 사는 사람. 유 거류인.

거름 명(왕상 14:10) 식물이 잘 자라도록 흙에 주는 양분. 비료. fertilizer.

거름더미 명(삼상 2:8) 거름을 많이 쌓아 놓은 더미. manure heap.

거리 명(창 19:2) 사람이 다닐 수 있는 길. street.

거리낌 명(행 24:16) ①어떤 사물이 딴 사물에 방해가 됨. disturb. ②어떤 사물이 마음에 걸려서 꺼림. keep aloof. 꺼림칙함.

거만〔倨慢;거만할 거, 교만할 만〕명(잠 1:22) 잘난 체하고 으스댐. 겸손하지 않고 남을 업신여김. arrogance.

거만자〔倨慢者;거만할 거, 교만할 만, 놈 자〕명(사 2:12) 겸손하지 않고 남을 업신여기는 사람. everyone who is proud.

거머리 명(잠 30:15) 거머리류의 물벌레. 동물의 피를 빨아먹고 산다. leech. 남에게 붙어 귀찮게 구는 사람을 일컫는다.

거멀못 명(대상 22:3) 나무 그릇 따위의 벌어지거나 터지지 않도록 겹쳐 박은 못. clamp.

거무스름하다 형(아 1:6) 빛깔이 약간 검다. darkish.

거문고 명(왕하 3:15) 〈악〉 국악기로, 여섯줄이 있는 현악기.

거미줄 명(욥 8:14) 거미가 뽑아낸 줄로 친 그물. cobweb.

거민〔居民;살 거, 백성 민〕명(창 23:7) 그 땅에 사는 주민. 국민. habitants.

거반〔居半;살 거, 반 반〕명(눅 10:30) 거지반(居之半). 부 거의. almost.

거부〔巨富;클 거, 부자 부〕명(창 26:13) 큰 부자.

거상〔居喪;살 거, 죽을 상〕명(호 9:4) ①상중(喪中)에 있음. 준 상(喪). being in mourning.

거스리다 타(출 15:17) ①남의 뜻이나 행동 따위에 따르지 않고 반대되는 방향을 잡다. ②천리(天理)나 순리를 벗어나다. ③세(勢) 또는 흐름을 따르지 않고 반대되는 방향을 잡다. go against.

거십〔כְּזִיב=기만적〕지(창 38:5) 「가나안」인 「수아」의 딸이 셋째 아들을 낳은 곳.

거액〔巨額;클 거, 수량 액〕명(고후 8:20) 많은 돈. large sum.

거역〔拒逆;막을 거, 거스릴 역〕명(민 14:9) 명령을 어김. disobedience. 불복종.

거울 명(출 38:8) ①빛의 반사를 이용하여 물체의 형상을 비추어 보는 물건. 옛날에는 구리로 만들었다. mirror. ②본보기나 경계가 될 만한 사실. model.

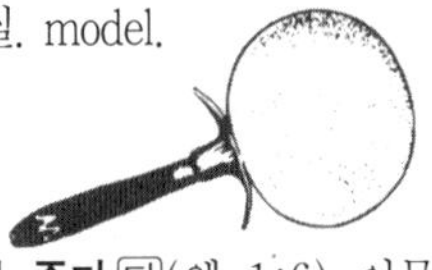

거저 주다 타(엡 1:6) 아무런 대가나 조건없이 유형, 무형적 은혜를 베풀다.

거절〔拒絶;막을 거, 끊을 절〕명(창 39:8) 받아들이지 않고 물리침. refusal.

거접〔居接;살 거, 댈 접〕명(겔 29:11) 잠시동안 머물러 삶. stay for a while.

거제〔擧祭;들 거, 제사 제〕명(레 7:14) 제물을 올려서 제사드림. 구약 성경에서 제물을 높이 들었다가 아래로 내려 놓는 제사법.

거제물〔~物;만물 물〕명(출 29:28) 거제를 드릴 때 사용하는 제물.

거주〔居住;살 거, 머무를 주〕명(행 17:26) 한 곳에 삶. 또는 그 집. residence.

거주지〔居住地;살 거, 머무를 주, 땅 지〕명(겔 34:13) 한 곳에 머물러 사는 땅.

거죽 명(레 13:55) 물체의 겉 부분. 표면. outer surface.

거지 명(막 10:46) 남에게 빌어먹는 사람. 걸인. beggar.

거짓 명(창 21:23) 사실과 어긋남. 꾸밈. 속임. 허위. untruth. falsely.

거짓 그리스도 명(마 24:24) 스스로 그리스도라 하는 자. 이단자.

거짓말 명(출 5:9) 그렇지 않은 것을 그렇다고 꾸며 하는 말. 속이는 말.

거짓말장이 명(욥 34:6) '거짓말쟁이'의 오기. 거짓말을 썩 잘하는 사람.
＊마귀는 거짓말쟁이다.

거짓 맹세〔~盟誓;맹세할 맹, 맹세할 세〕명(호 10:4) 거짓으로 하는 약속.

거짓 선지자〔~先知者;먼저 선, 알 지, 놈 자〕명(마 7:15) 하나님의 계시를 바로 전하지 않고, 백성을 그릇되게 인도하는 사람. 스스로 선지자인 척하면서 속이는 자.

거짓 증거〔~證據;증명할 증, 의거할 거〕명(마 15:19) 사실과 어긋나는 것을 사실인 양 꾸며 말함. 위증. false evidence.

거짓 증인〔~證人;증명할 증, 사람 인〕명(마 26:60) 사실이 아닌 것을 사실인양 만들어 증거하는 사람.

거짓 형제〔~兄弟;맏 형, 아우 제〕명(갈 2:4) 형제가 아닌데도 형제인 척하는 사람.

ㄱ

＊거짓 형제는 이단자이다.

거처〔居處;살 거, 곳 처〕명(창 36:40) 한 자리를 정하여 자리잡고 사는 곳. dwelling place.

거취〔去就;갈 거, 나아갈 취〕명(창 31:20) ①=진퇴(進退) ②어떤 일에 대하여 자신의 입장을 밝혀 취하는 태도. one's course of action.

거치다 자(잠 3:23) 무엇에 걸려서 스치다. 타 ①도중에 잠깐 들리다. 일정한 장소를 경유하다. pass by. ②일정한 시기나 과정을 겪어 지나다. pass. ③진행하는 일에 있어서, 어떤 단계나 과정을 통하다. pass.

거친 들 명(욥 1:19) 농사짓기에 적당하지 않은 들. 박토.

거친 땅 명(삼하 2:24) 쓸모없는 땅. 박토.

거친 말 명(호 7:16) 말을 함부로 하거나 소리 높여 마구 퍼붓는 말, 폭언.

거칠다 형(욥 3:14) 가루, 자료 따위가 곱지 않거나 굵은 상태. coarse.

거침 명(렘 6:21) 어떤 일의 진행이 순조롭지 못하게 걸리거나 막힘. hitch.

거품 명(시 75:8) ①액체가 공기나 기타 기체를 머금어서 속이 비어 둥글게 된 방울. 액체 중의 기포(氣泡). froth. ②입으로 내뿜는 속 빈 침방울. foam.

거하다〔居~;살 거〕자(창 4:16) 어떤 곳에 머물러 살다. dwell.

걱정 명(렘 17:8) ①안심이 되지 못하여 속을 태우는 일. 근심. anxiety. ②아랫 사람의 잘못을 나무라는 말. reprimand.

건강〔健康;굳셀 건, 평안할 강〕명(시 39:13) 몸에 아무런 탈이 없이 튼튼함. 육체와 정신이 정상적으로 활동하는 상태. health.

건건하다 형(렘 17:6) 감칠 맛이 없고 조금 짜기만 하다. little salty.

건과〔愆過;허물 건; 지날 과〕명(대하 33:19) 허물. 잘못. 과실. fault.

건너 명(마 19:1) 맞은 편. opposite side.

건너가다 자(창 32:16) 가로놓인 장애물을 지나서 맞은 편으로 가다. cross.

건너다 자(창 31:21) ①물 위를 넘어서 맞은 편을 가다. ②빈 공간을 사이에 두고 한 편에서 맞은 편으로 가다. ③일정한 시간을 사이에 두고 지나다. ④입에서 입으로, 손에서 손으로 전해지다. conveyed.

건너오다 타(수 22:19) 건너서 이쪽으로 오다. come over.

건너지르다 자(왕상 6:21) 긴 물건의 양쪽 끝을 두 곳에 가로 대어 놓다.

건너편〔~便;편할 편〕명(창 50:10) 마주 대고 있는 저 쪽, 월편. the other side.

건네다 타(창 32:23) 건너가게 하다. cross.

건드리다 타(수 9:19) ①영향을 입도록 움직이거나 부딪치다. touch. ②말이나 행동으로 나쁜 작용이나 자극을 가하다. 건드려서 성을 내게 하다. incite. ③어떤 일에 손을 대다. get in touch with.

건물〔建物;세울 건, 만물 물〕명(겔 41:12) 거주하거나 그 밖의 목적으로 지어 놓은 집. 토지의 정착물인 공작물로서 부동산으로 인정됨. a building.

건설〔建設;세울 건, 베풀 설〕명(시 24:2) ①새로이 세워 만듦. construction. ②조직체나 사업체 따위를 조직하고 꾸림. organization.

건장〔健壯;굳셀 건, 씩씩할 장〕명(창 49:14) 몸이 크고 굳셈. robustness.

건전〔健全;굳셀 건, 온전할 전〕명(마 15:31) ①건실하고 튼튼하고 온전함. soundness. ②아무 탈 없이 건강하고 온전함. health and sound. ③의지가 확고하고 중용을 잃지 않는 상태. 감정에 쏠리지 않고 분별이 있음.

건제〔愆祭;허물 건, 제사 제〕명(레 6:1) 속죄제와 같은 뜻을 가진 구약 시대의 제사의 하나. 사람이 하나님과 사람에게 과실을 범한 경우에 드린다. 제물은 수양이며, 배상물인 경우에는 그것에 20%를 더하여 드린다(레 5:14-19, 7:1-7). 이웃에 대한 과실에 대하여는 먼저 배상을 한 뒤에 건제를 드리도록 규정하고 있다.

건져내다 타(창 32:11) 「건지다」에서 꺼낸다는 뜻을 강조한 말. 건져서 꺼내다.
* 그리스도께서 우리를 죄에서 건져내셨다.

건조〔乾燥;하늘 건, 마를 조〕명(신 8:15) 습기나 물기가 없이 마른 상태.

건지다 타(창 48:16) ①액체에 들어 있는 것을 밖으로 끌어내다. take out of water. ②어려운 경우에 처한 것을 도와서 빠져나오게 하다. rescue. ③투자해서 잃을 뻔한 것을 도로 찾게 되다. 찾아내다. return.

건축〔建築;세울 건, 쌓을 축〕명

ㄱ

(출 38:24) 건물 따위 각종 구조물을 그 목적에 따라 설계하여 세우거나 쌓아 만듦. architecture engineering.

건축자〔建築者;세울 건, 쌓을 축, 놈 자〕명(왕상 5:18) 건축하는 사람. a contractor.

건포도〔乾葡萄;마를 건, 포도 포, 포도 도〕명(민 6:3) 말린 포도. raisins.

건포도병〔乾葡萄餠;마를 건, 포도 포, 포도 도, 떡 병〕명(대상 16:3) 말린 포도를 넣어 만든 떡.

걷게 하다 타(행 3:12) 이동이 부자유한 자에게 걸아갈 수 있도록 해 줌.

걷는 자 명(사 63:1) 거니는 사람.

걷다[1] 타(레 11:42) 다리를 옮겨 앞으로, 뒤로 가다. walk. 일정한 방향으로 나아가다.

걷다[2] 타(민 1:51) 가리운 것, 드리운 것 또는 덮여 있는 것을 치우다. strike. roll up.

걷어치다 타(나 3:5) 늘어진 것이나 덮였거나 펴진 것을 말아서 위로 올리거나 치우다.

걷히다 피동(창 8:13) 구름, 안개 근심하던 일이 해결되다. clear up.

걸다 타(창 41:42) ①물건을 달아매다. hang ②돈을 내놓거나, 약조금을 치르다. bet. pay. ③말이나 시비를 건네다. accost.

걸러내다 타(마 23:24) 필요한 것을 골라내고 필요치 않는 것을 통과하게 하다.

걸리게 하다 타(창 29:25) 올무나 장애물을 설치하여 빠지거나 매여지게 하다.

걸리다 피동(창 22:13) '걸다'의 피동형 자 ①어떤 물체가 무엇에 매달리거나 끼이거나 붙거나 하다. be hooked. ②어떤 물건이나 장소에 멈추어 있다. be stuck. ③법을 어기어 법의 심판을 받게 될 관계에 놓이다. be against(a law). ④병 또는 뜻밖의 재난 따위가 들다. suffer from. ⑤꾸며 놓은 계략에 빠지다. be traped. ⑥어느 정도의 시일이 소용되다. take. ⑦마음에서 떠나지 않고 거리끼다. ⑧관련이 되거나 맞부딪다. involve.

걸상〔~床;평상 상〕(에 1:6) 명 걸터앉는 의자의 하나. stool.

걸식〔乞食;빌 걸, 밥 식〕명(시 37:25) 남에게 빌어서 얻어 먹음. begging.

걸어가다 자(시 17:11) 탈 것에 타지 않고 걸어서 감. walk.

걸음 명(창 9:23) 발을 옮겨 걷는 짓. walking.

걸인〔乞人;빌 걸, 사람 인〕명(요 9:8) 빌어먹는 사람. 거지. beggar.

걸치다 자 타(막 11:7) ①긴 물

건의 중간이 어떤 물체에 얹히고 두 끝이 양쪽에 늘어지다. stretch. ②두 끝이 맞아와서 검치다. hang. ③한 쪽에서 딴 쪽으로 길게 계속하다. range.

걸터 앉다 자(행 20:9) 궁둥이를 어떤 물체에 걸치고 앉다. sit astraddle.

검〔劍;칼 검〕명(마 10:34) 길고 큰 칼. sword.

검다 형(창 30:32) ①빛깔이 먹빛과 같다. black. ②마음에 못된 욕심이 있다. black-hearted.

검불 명(욥 13:25) 마른 풀이나 나뭇잎. dry grass or leaves.

검열〔檢閱;검사할 검, 살필 열〕명(사 13:4) ①검사하여 열람함. inspection. ②언론, 출판, 영화물 등의 사상 통제, 치안 유지를 목적으로 발표하기 이전에 심사하여 발표를 통제하는 일. censorship.

겁〔怯;겁낼 겁〕명(창 32:11) 두려움이나 무서움. cowardice.

겁간〔劫姦;겁탈할 겁, 간사할 간〕명(창 39:13) 힘으로 간음하는 것. 강간. rape.

겁내다〔怯~;겁낼 겁〕타(창 32:11) 두려움을 나타내다.

겁약〔怯弱;겁낼 겁, 약할 약〕명(렘 51:46) 겁이 많아 마음이 약함. faint-heartedness.

겁탈〔劫奪;겁탈할 겁, 빼앗을 탈〕명(삿 9:25) ①남의 것을 강제로 빼앗음. robbery ②강간. rape.

것 명(창 1:24) ①사물이나 현상 또는 성질 따위를 추상적으로 일컫는 말. the fact that. ②사람이나 동물 따위를 얕잡아 일컫는 말. the one.

겉 명(마 23:26) 바깥쪽. outside. surface.

겉사람 명(고후 4:16) 심령을 의식하지 않고 육신의 소욕대로 행위하는 사람. 인간의 육적 본능대로 살아가는 사람. physical being.

겉옷 명삼상 15:27) 주로 외출할 때 옷 위에 걸쳐 입는 것.

겉옷자락 명(삼상 15:27) 겉옷의 길게 드리운 부분.

게난〔קֵינָן=광대한 소유〕인(창 5:9) 예수의 조상 중의 한 사람으로, 「에노스」의 아들.

게네사렛〔Γεννησαρέτ=열 동산〕지(마 14:34) 「갈릴리」 호수 북쪽의 지대로써 비옥한 땅. 예수의 「갈릴리」 전도의 거점이었다(막 6:53). 「가버나움」은 이 지역 북방에 위치. 「갈릴리」 호수를 「게네사렛」 호수로도 부르는 것은 이 지명에서 유래(눅 5:1).

게달[1]〔קֵדָר=검은 천막에서 사는 사람〕인(창 25:13)

[1]「이스마엘」의 둘째 아들(대상 1:29).
[2]「아라비아」인의 종족(사 21:13-17).
[3]큰 양떼의 소유자(사 60:7).

게달[2]〔קֵדָר=흑인〕[지](사 21:17)「아브라함」의 첩「하갈」이 낳은 아들「이스마엘」의 차남「게달」의 자손들이 거주하는 지방이다(창 25: 13). 그들은 검은 털장막에 거주함.

게데스〔קֶדֶשׁ=거룩하다. 성소〕[지](수 15:23) ①「게데스 납달리」(삿 4:6),「갈릴리 게데스」(수 20:7, 21:32),「게데스」(수 12:22, 19:32) 등으로 불리운다. ②「가나안」의 도피성의 하나이다(수 20:7). ③사사「바락」의 출생지(삿 4:6, 10). 그의 군대의 집합 장소가 되었다(삿 4:6, 10).「후레」호의 서북 7km에 있어「로마」시대의 태양신의 신당터로 남아 있고 샘과 물기둥(水槽) 등이 있는데, 현재는「델가데스」이다.

게델[1]〔גֶּתֶר=두렵다. 예배하다〕[인](창 10:23)「셈」의 손자요,「아람」의 아들이다.

게델[2]〔גֶּדֶר=둘러쌓다〕[지](수 12:13) 가나안 사람의 왕성.

게드마〔קֵדְמָה=동편〕[인](창 25:15)「이스마엘」의 아들.

게라[1]〔גֵּרָא=돌아다니다〕[인](창 46:21)「베냐민」의 자손 사사「에훗」의 아버지.

게라[2]〔גֵּרָה〕[명](출 30:13) 한세겔의 20분의 1에 해당하며, 중량의 제일 적은 단위. 약 0.57g(바벨론에서는 24분의 1세겔로 계산하였다.)

게렌합북〔קֶרֶן הַפּוּךְ=아름다운 뿔〕[인](욥 42:14)「욥」이 시험 후에 낳은 셋째 딸, 그 당시 전국에서 가장 아름다움.

게로스〔קֵירֹס=뿔이 돋았다〕[인](스 2:44)「느디님」사람.

게롯김함〔גֵּרוּת כִּמְהָם=김함의 여관〕[지](렘 41:17)「베들레헴」근처에 있는 마을.

게르손〔גֵּרְשׁוֹן=거기 나그네가 되다〕[인](창 46:11) ①「레위」의 장자. ②「갈릴리」와「므낫세」에서 13성읍을 받았다(수 21:6). ③자손들은 장막과 부속물을 관리하는 직책(민 3:25).

게르솜〔גֵּרְשֹׁם=거기 나그네 된〕[인](출 2:22)
[1]「모세」의 장자(출 18:3).
[2]대제사장「요나단」의 부친(삿 18:30).
[3]「에스라」와「바벨론」에서 돌아온「비느하스」의 가족 족장(스 8:2).

게바[1]〔*Κηφᾶς*=반석〕[인]「수리아」어로「게바」는「헬라」어로「베드로」이다.
[1]예수님께서「시몬 베드로」

에게 주신 이름(요 1:42). [2]「바벨론」에 포로가 된 사람의 후손으로, 「스룹바벨」과 함께 돌아온 한 조상(스 2:26).

게바[2]〔גֶּבַע = 언덕〕[지](수 18:24) ①「베냐민」 지파의 성읍(수 18:24, 삼상 13:16, 대상 8:6). ②「아론」 자손의 제사장의 거주지(수 21:17, 대상 9:60). ③「유대」 왕국 북쪽 국경에 있는 성읍(왕상 23:8). ④「블레셋」과 「요나단」이 전쟁하던 곳(삼상 13:3). ⑤「다윗」이 「블레셋」을 격파한 곳(삼하 5:25). ⑥「바벨론」에서 돌아온 후 다시 「베냐민」의 거주지가 됨(스 2:26).

게벨〔גֶּבֶל = 힘 있는 사람〕[인](왕상 4:19) 「솔로몬」 왕의 양식을 관리하던 사람.

게빔〔גֵּבִים = 웅덩이〕[지](사 10:31) 「예루살렘」 북쪽에 있는 「베냐민」 자손의 성읍.

게산〔גֵּישָׁן = 큰 양떼〕[인](대상 2:47) 「야대」의 아들이며 「갈렙」의 자손이다.

게셀〔גֶּזֶר = 분깃〕[지](수 16:3) 「예루살렘」과 「욥바」를 잇는 가도 중간, 「예루살렘」에서 약 30km지점에 위치한 팔레스틴의 성읍. ①「여호수아」가 진멸함(수 10:33). ②「다윗」이 이곳까지 「블레셋」인을 쫓아갔다(삼하 5:25, 대상 20:4). ③「애굽」왕 「바로」가 「솔로몬」 왕에게 준 후, 「솔로몬」이 건축(왕상 9:15-17). ④일명 「벧호론」(수 16:3).

게셈〔גֶּשֶׁם = 강〕[인](느 2:19) 「아라비아」인. 「예루살렘」성곽을 중수할 때, 「느헤미야」를 반대한 자 중의 한 사람(느 6:1). 「가스드」와 동일 인물.

게셋〔כֶּשֶׂד = 왕성하다〕[인](창 22:22) 「나홀」의 아들이며, 「아브라함」의 조카.

게으르다 [형](출 5:8) 일하기를 싫어하고 일을 잘 하지 아니함. 성실하지 않다. lazy.

게으름장이 [명](딛 1:12) '게으름쟁이'의 오기. 게으르고 나태한 사람을 얕잡아 하는 말. an idler.

게으른 자 [명](잠 6:6) 부지런히 일을 하지 아니하는 사람. 가난을 부르는 사람.

게을리하다 [부](잠 18:9) 게으르게. 일을 하지 않고 미루다. lazily.

게하라심〔גֵּיא חֲרָשִׁים = 술객〕[인](대상 4:14) 「요압」의 후예로 수공업가.

게하시〔גֵּיחֲזִי = 계시의 골짜기〕[인](왕하 4:12) ①「엘리사」의 하인(왕하 4:12). ②「엘리사」가 꾸짖은 후, 그와 그 후예는 문둥이가 되었다(왕하 5:15-27). 그 후 왕과 자유롭게 대화한 것을 보아 문둥병이 나은 것으로 추측된다(왕하 8:4-6).

게헨나〔γέεννα〕[지](마 5:29 새번역 참고) ①구약 성서의 힌놈의 골짜기(수 11:30). ②벤 힌 놈의 골짜기(수 15:8). ③어린 아이를 몰록(Moloch)신에게 희생 드리던 곳(왕하 23:16). ④「여호수아」가 이것을 막기 위해 골짜기를 더럽혔다(왕하 23:6). ⑤신약 성서에는 「지옥」과 같은 뜻으로 쓰여졌다(마 5:29, 10:28, 막 9:56).

겐〔קֵינִי〕[지] 「가나안」에 있는 한 지방. 그 주민은 유목민이요, 「모세」의 장인 「이드로」의 거주지인데, 그 자손이 「아랏」 남방 「유다」 황무지에서 「유다」족속과 동거 동화 되었다(창 15:19, 삿 1:16). 지금도 그 후손들이 흩어져 살고 있다(대상 2:55).

겐그레아〔Κεγχρεαί=조, 수수〕[지](행 18:18) 「고린도」 동편에 있는 항구. ①「바울」이 서원(誓願)이 있어 이곳에서 단발한 후, 「에베소」로 건너감. ②「바울」과 신앙의 자매인 「뵈뵈」를 이곳 교회 사역자로 천거(롬 16:1).

겟세마네〔Γεθσημανί=기름틀〕[지](마 26:36) ①「예루살렘」 동쪽 「감람」산 서쪽 중턱에 있는 동산(요 18:1). ②예수께서 자주 제자들과 함께 가셨다(막 14:32, 마 26:36, 눅 22:39). 예수께서 잡히시던 밤에 세 제자와 함께 피땀을 흘리며 기도하시고 잡히신 곳이다(막 14:32), 눅 22:32). 약 2000년 되는 늙은 감람나무 여럿이 있다.

겨[명](욥 21:18) 곡식의 겉껍질.

겨누다[타](시 58:7) ①과녁 따위 목표물을 맞히기 위하여 그 방향과 거리를 바르게 잡다. aim(at). ②어떤 물체의 길이나 넓이 따위를 알기 위하여 대중이 될 만한 다른 물체로써 마주 대어 보고 헤아리다. take the measure.

겨드랑이[명](렘 38:12) 가슴의 양편 옆, 팔 밑의 오목한 곳. armpit.

겨루다[타](창 32:28) 서로 버티어 이기고 짐을 다투다. 승부를 다툼. compete.

ㄱ

겨를 명(창 31:40) 짬. 쉴 틈. 여가. spare time.

겨리 명(삼상 11:7) ①짐승을 짝하여 헤아리는 단위. 두 마리가 한 겨리. ②소나 말, 두 마리가 끄는 큰 쟁기.

겨우 부(신 10:22) 근근히. 가까스로. 매우 어렵게. barely.

겨울 명(창 8:22) 일년의 사계절 중 한 철로 가을 다음, 봄 앞에 드는 추운 철. 24절 후로는 입동부터 입춘까지.

겨자〔씨〕명(마 13:31) 십자화과에 속하는 식물로, 「갈릴리」 평원에 많이 번식하였다. 높이는 4~5m로 씨는 매우 작다. 예수님께서 믿음에 대하여 작은 데서 위대한 성장을 가져오게 하는 비유로 사용하셨다. mustard

격노〔激怒; 과격할 격, 노할 노〕명(신 9:7) 몹시 성냄.

격동〔激動; 격동할 격, 움직일 동〕명(신 32:27) ①심히 움직임. violent. movement. ②몹시 감동함. excitement.

격려〔激勵; 과격할 격, 힘쓸 려〕명(히 10:24) 마음이나 기운을 북돋우며 힘쓰도록 함. encouragement.

격발〔激發; 과격할 격, 필 발〕명(신 4:25) 심하게 일어남. 또는 일으킴. outburst.

격분〔激忿; 과격할 격, 분낼 분〕명(삼하 17:8) 벌컥 치미는 분. wild rage.

격언〔格言; 격식 격, 말씀 언〕명(요 13:12) 사리에 맞아 교훈이 될 만한 짧은 말. proverb.

격절〔隔絶; 막힐 격, 끊을 절〕명(욥 28:4) 사이가 떨어져 연락이 아니 됨. isolation.

격투〔格鬪; 격식 격, 싸움 투〕명(욥 38:23) 서로 맞붙어 싸움. hand-to-hand combat.

격파〔擊破; 칠 격, 깨뜨릴 파〕명(수 11:8) 쳐서 부숨.

격하다〔隔~; 막힐 격〕타(창 35:16) 시간이나 공간적으로 사이를 두다. part.

겪다 타(사 53:3) ①어려운 일이나 경험될 만한 일을 당하여 지내다. experience. ②손님이나 또는 여러 사람에게 음식을 차리어 대접하다. entertain.

견강[1]〔堅强; 굳을 견, 강할 강〕명(창 49:24) 매우 굳세고 힘이 강함. solidity.

견강[2]〔堅剛; 굳을 견, 굳셀 강〕명(창 49:24) 성질이 매우 야무지고 단단함. firmness.

견고〔堅固; 굳을 견, 굳을 고〕명(창 11:3) ①굳세고도 단단함. ②확실함. firmness. 야무짐.

견대〔肩帶; 어깨 견, 띠 대〕명(출 28:7)어깨에 달린 띠. shoulder strap.

견디다 자 타(창 4:13) ①잘 배

겨내다. bear. ②잘 참아 내다. endure. ③물건이 쉽사리 닳아 없어지거나 헤어지지 않고 오래가다. last. ④지지 않다. resist.

견책〔譴責;꾸짖을 견, 꾸짖을 책〕명(신 28:20) ①잘못을 꾸짖고 나무람. rebuke. ②공직자의 잘못에 대하여 다시는 그런 일을 하지 말라고 주의를 시키는 정도로 가하는 가벼운 벌. reprimand.

결과〔結果;맺을 결, 실과 과〕명(시 104:13) ①열매를 맺음. result. ②어떤 행위로 이루어진 결말의 상태. effect. ③〈윤〉내부적 의지:동작의 표현이 되는 외부적 의지·동작 및 그 곳에서 일어나는 영향. 변화. consequence.

결국〔結局;맺을 결, 판 국〕명(시 37:37) 일의 끝장. 일의 귀결되는 마당. end. 부 끝장에 이르러. after all.

결단〔決斷;결단할 결, 끊을 단〕명(창 44:7) 옳고 그름과 착함과 악함을 판결함. judgment.

결단코 부(창 44:7) 마음 먹은 대로 반드시. never. 꼭. 기어이.

결단나다 자(암 3:15) ①사물이나 현상이 아주 해지거나 망가져서, 도무지 여망이 없이 된다. go to ruin. ②살림이 완전히 망하여 거덜나다.

결렬〔決裂;결단할 결, 찢을 렬〕명(시 106:23) ①갈갈이 찢어짐. breaking off. ②의견이 맞지 않아 각각 헤어짐. rupture. break down.

결례〔潔禮;깨끗할 결, 예도 례〕명(레 14:23) 정결케 하는 예식. purification.

결말〔結末;맺을 결, 끝 말〕명(약 5:11) 일을 맺는 끝. 끝장. end.

결박〔結博;맺을 결, 얽을 박〕명(창 22:9) ①두 손을 묶음. binding. ②마음이 시달려 괴로움. evil passions.

결실〔結實;맺을 결, 열매 실〕명(욥 15:34) ①식물이 열매를 맺음, 또는 그 맺은 열매가 여묾. bearing fruit; fruition. ②일의 결과가 보람있게 잘 맺어짐. success.

결실기〔結實期;맺을 결, 열매 실, 기약할 기〕명(행 14:17) 열매를 맺는 시기. 결과기.

결심〔決心;결단할 결, 마음 심〕명(삿 5:15) ①무엇을 하려고 굳게 마음을 결정함, 또는 그 마음. 결의(決意). determination. ②의지 행위(意志

行爲)의 동기(動機) 결정.

결안〔決案; 결단할 결, 책상 안〕 명(마 20:18) 안건을 결정지음. 그 문서. determination.

결의〔決議; 정할 결, 의논할 의〕 명(눅 23:51) 회의에서 의안이나 제의 등의 가부를 결정함, 또는 그 결정. 의결(議決). a decision. 한 뜻으로 정함.

결점〔缺點; 빠질 결, 점 점〕명(레 22:25) 모자라는 점. 흠. defect.

결정〔決定; 결단할 결, 정할 정〕 명(삼상 25:17) ①행동이나 태도가 일정한 방향을 취할 수 있도록 결단하여 작정함, 또는 그렇게 작정한 것이나 그것의 내용. decision.

결탁〔結託; 맺을 결, 받칠 탁〕명(창 44:30) 마음이 서로 맞아 한 속이 되다. collusion.

결핍〔缺乏; 빠질 결, 모자랄 핍〕 명(창 45:11) ①모자라고 아쉬움. shortage. ②있어야 할 것이 없음. lack.

결합〔結合; 맺을 결, 합할 합〕명(대하 20:36) 관계를 맺고 합쳐서 하나로 됨. combination.

결혼〔結婚; 맺을 결, 혼인할 혼〕 명(대하 2:2) 남녀가 정식으로 부부 관계를 맺음. marriage. 혼인.

* 하나님께서 불신자와의 결혼을 금하셨다.

겸〔兼; 겸할 겸〕명(스 7:11) ① 두 명사 사이에 쓰이어, 그 명사들이 표시하는 내용이 서로 어울림을 뜻함. both~and. ②두 가지 이상의 행위나 동작을 아울러 함을 뜻.

겸비〔謙卑; 겸손할 겸, 낮을 비〕 명(출 10:3) 자기를 겸손하게 낮춤. self-abasement.

겸손〔謙遜; 겸손할 겸, 겸손할 손〕명(잠 15:33) 자기를 낮추고 남을 높임. modesty.

겸손한 자〔謙遜~者; 겸손할 겸, 겸손할 손, ~놈 자〕명(욥 22:29) 남을 높이고 스스로 자기를 낮추는 사람. 자기가 죄인임을 깨달은 사람.

겸전〔兼全; 겸할 겸, 온전 전〕명(출 18:21) 여러 가지를 다 갖추어 완전함. perfect in all.

겹 명(출 18:21) 포개어 거듭됨. 넓이나 선이 합하여 이룸. 켜. ditional thing. layer.

겹치다 자(창 41:32) ①여러 개가 서로 덧놓이거나 한데 포개어지다. pile up. ②여러 가지 일이나 현상이 중첩되다. add. 타 ①여럿을 서로 덧놓거나 포개다. 접시를 겹쳐 놓다. ②=겹치다. 홑이불을 겹쳐 깔다.

경[1]〔經; 글 경〕명(약 2:8) ①글. ②하나님 말씀. Bible.

경[2]〔更; 고칠 경〕명(마 14:25)

ㄱ

하룻밤을 다섯으로 나눈 시각의 하나. 초경(8~10), 이경(10~12), 삼경(12~2시), 사경(2~4시), 오경(4~6시).

경각〔頃刻;잠시 경, 새길 각〕명(사 29:5) 눈 깜박이는 동안. 곧 몹시 짧은 동안을 일컫는 말. in a moment.

경각간〔頃刻間; ~사이 간〕명(욥 21:13) 아주 짧은 시간. 삽시간.

경갑〔脛甲;정강이 경, 갑옷 갑〕명(삼상 17:6) 정강이를 보호하기 위하여 만든 갑옷. leg's armor.

경건〔敬虔;공경 경, 정성 건〕명(행 3:12) 공경하는 마음으로 깊이 삼가고 조심함. piety. 하나님을 두려워하는 마음.

* 성결 생활로 봉사하는 것이 경건이다.

경겁[1]〔驚怯;놀랄 경, 겁낼 겁〕명(시 116:11) 놀라서 겁을 냄. awe.

경겁[2]〔驚惕;놀랄 경, 두려울 겁〕명(욥 41:25) 놀라서 두려워 함. fear.

경계〔警戒;경계할 경, 경계할 계〕명(창 47:21) ①불의의 사고가 없도록 미리 마음을 가다듬어 단속함. ②나쁜 짓을 하지 않도록 타일러서 주의시킴. warning. watch.

경계〔境界;지경 경, 지경 계〕명(민 21:13) ①사물의 구별되는 데가 맞닿은 자리. border. ②땅이 서로 이어진 곳. border.

경계표〔境界標;지경 경, 지경 계, 표 표〕명(신 19:14) 경계선에 세운 표. property line.

경고〔警告;경계할 경, 고할 고〕명(출 21:29) ①주의하라고 경계하여 알림. 또는 그 알리는 말. ②운동 경기 등에서 반칙을 했을 경우에 심판이 내리는 주의.

경기〔競技;겨룰 경, 재주 기〕명(딤후 2:5) 서로 재주를 겨룸. contest.

경내〔境內;지경 경, 안 내〕명(출 10:4) 일정한 지경의 안. 구역 안. precincts.

경대〔敬待;공경 경, 기다릴 대〕명(딤전 5:3) 삼가 공경하여 대접함. cordial reception.

경도〔經度;날 경, 법도 도〕명(레 18:19) ①여성의 생리. 월경. menses. ②지구의 씨줄을 나타냄.

경동〔驚動;놀랠 경, 움직일 동〕명(사 14:16) 몹시 놀라 움직임.

경련〔痙攣;심줄 당길 경, 걸릴 련〕명(막 1:26) 근육이 오그라드는 병.

경륜〔經綸;날 경, 낚시줄 륜〕명(엡 1:9) ①일을 조직하여 경영함. management. ②천하를 다스림. ruling. 경험과 능력.

경만〔輕慢;가벼울 경, 업신여길 만〕명(사 28:14) 업신여겨 모욕함. arrogation.

경멸〔輕蔑;가벼울 경, 업신여길 멸〕명(삼상 2:30) 깔보고 업신여김.

경문〔經文;날 경, 글월 문〕명(마 23:5) 기도문. 성경 말씀의 구절. scripture verse.

경문은 출 13:1-10, 11-16, 신 6:4-9, 11:13-21을 깨끗한 양피지에 적어 미간과 왼팔에 달았다. 경문함에는 네 칸으로 나누어 한 구절씩 넣었고, 13세 이상인 이스라엘 남자는 아침 기도 때 달았다.

경박〔輕薄;가벼울 경, 엷을 박〕(삿 9:4) 말과 행동이 가볍고 신중하지 못함. frivolousness.

경배〔敬拜;공경 경, 절 배〕명(창 22:5) 존경하여 겸손히 절함. bowing respectfully.
＊오직 하나님만 경배 받으실 분이다.

경보〔警報;경계할 경, 갚을 보〕명(렘 4:19) ①경계하라는 알림. warning. ②폭풍이나 적기의 닥쳐옴을 알림. alarm.

경비〔警備;경계할 경, 갖출 비〕명(겔 34:4) 만일을 염려하여 미리 방비함. defence.

경비〔經費;날 경, 허비할 비〕명(스 6:4) ①사업을 경영하거나 운영하기 위하여 예산에서 쓰는 돈. 어떤 일을 하는 데 드는 돈. 비용. expense. ②국가 또는 공공 단체가 여러 가지 사업을 경영하며 정책을 실현하는 데 지출하는 비용. 주로 화폐를 말함.

경사〔傾斜;기울어질 경, 비낄 사〕명(행 27:39) 비스듬히 기울어진 정도. slopping.

경사지〔傾斜地;기울어질 경, 비낄 사, 땅 지〕명(수 10:40) 비스듬히 기울어진 땅. slope.

경성〔警醒;경계할 경, 깰 성〕명(시 127:1) ①잠을 깨고 있음. ②정신을 차려 깨닫게 함. guard.

경솔〔輕率;가벼울 경, 거느릴 솔〕명(민 30:6) 말이나 행동이 가벼워 조심성이 없음. rashness.

경쇠명(삼상 18:6)〈악〉→편경. 틀에 옥돌을 달아 뿔망치로 치는 아악기. a chevrone music instrument. 편종과

짝을 이루어 쓰임.

경수〔經水;월경 경, 물 수〕명(창 18:11) 생리, 월경. mense.

경심증〔驚心症;놀랠 경, 마음 심, 병증세 증〕명(신 28:28) 더없이 놀라고 두려워 앓는 병의 모양.

경야〔經夜;지날 경, 밤 야〕명(창 19:2) 밤을 지내는 일. passing a night.

경영〔經營;지날 경, 경영할 영〕명(출 10:10) ①기업이나 사업 등을 계속적으로 해 나감. 또는 그렇게 하기 위한 조직이나 내용. management. ②계획을 세워 집을 이룩함.

경외〔敬畏;공경 경, 두려울 외〕명(창 22:12) 공경하고 두려워 함. 존의. reverence.

경우〔境遇;지경 경, 만날 우〕명(잠 25:11) ①조건이 생긴 때. case. ②부닥친 형편이나 사정. circumstances.

경위〔經緯;글 경, 씨 위〕명(신 19:4) ①피륙의 날과 씨. wara and woof. ②〈지〉경도와 위도. 경선과 위선. longitude and latitude. ③경위(涇渭). ④일이 되어온 내력. details.

경작〔耕作;밭갈 경, 지을 작〕명(창 2:5) 논밭을 갈아 농사를 지음. cultivation.

경쟁〔競爭;다툴 경, 다툴 쟁〕명(창 30:8) 같은 목적으로 서로 겨루어 다툼. contest. competition.

경전〔經典;경서 경, 법 전〕명 하나님의 말씀. 성경. 구약 39권, 신약 27권 합 66권.

경절〔慶節;경사 경, 마디 절〕명(에 8:17) 한 나라의 온 국민이 기념하는 경사스런 날. a joyful holiday.

경점〔更點;지날 경, 점 점〕명(시 90:4) 옛날 밤의 시와 분을 가리키는 것으로, 경은 밤을 다섯으로 나누고, 점은 한 경을 다섯으로 나눈 시각.

경주〔競走;다툴 경, 달릴 주〕명(히 12:1) 일정한 거리를 정하고 동시에 달려 빠름을 다투는 것. race.

경주자〔競走者;다툴 경, 달릴 주, 놈 자〕명(전 9:11) 경주하는 사람. runner.

경중〔輕重;가벼울 경, 무거울 중〕명(신 25:2) 가벼운 것과 무거운 것. 중요한 것과 중요하지 않은 것. relative weight.

경책〔警責;경계할 경, 꾸짖을 책〕명(대하 24:27) 정신을 차리도록 꾸짖음. admonition.

경첩〔輕捷;가벼울 경, 빠를 첩〕

[명](사 18:2) 가뿐하고 민첩함. nimbleness.

경하다〔輕~;가벼울 경〕[형](삼상 18:23) ①가볍다. light. ②말이나 행동거지가 방정맞다. nimble.

경험〔經驗;글 경, 시험할 험〕[명](히 5:13) ①몸소 겪고 치뤄 봄. ②직접 부딪쳐 얻는 기능.

경홀〔輕忽;가벼울 경, 문득 홀〕(고후 1:17) 신중하지 않고 소홀함. carelessness.

경황〔驚惶;놀랠 경, 두려울 황〕[명](렘 8:9) 놀라고 두려워 우왕좌왕함. fear.

곁[명](창 16:7) ①어느 한 군데에 딸린 쪽. ②옆. side.

곁길[명](시 58:3) 바른 길이 아닌 옆길. 잘못 들어선 길.

곁문[명](왕하 25:4) 정문이 아닌 옆문.

계교[1]〔計巧;셈할 계, 공교 교〕[명](삼상 23:9) 여러모로 빈틈없이 생각하여 낸 꾀. design.

계교[2]〔計較;셈할 계, 비교 교〕[명](왕상 1:12) 서로 비교하여 견주어 봄. comparison.

계대〔繼代;이을 계, 대신 대〕[명](민 32:14) 대(代)를 이음. succession.

계략〔計略;셈할 계, 간략할 략〕[명](렘 18:23) 계략이나 모략. stratagem.

계명〔戒命;경계할 계, 목숨 명〕[명](창 26:5) ①하나님의 명령 특히 율법, 십계명. ②도덕상 마땅히 지켜야 할 생활의 조건. commandments.

계명성〔啓明星;열 계, 밝은 명, 별 성〕[명](사 14:12) 새벽에 동쪽 하늘에 반짝이는 별, 금성, 명성, 효성 등으로 불린다. lucifer.

* 계명성은 사단(마귀)을 가리킨다.

계모〔繼母;이을 계, 어미 모〕[명] 친어머니가 죽은 뒤, 들어온 아버지의 후처. 의붓 어머니. 후모. (레 18:8)

계보〔系譜;이을 계, 적을 보〕[명](창 5:1) 집안의 혈통이나 계통을 적은 책. genealogical table.

계산〔計算;셈할 계, 셈할 산〕[명](출 12:4) 셈, 수량을 헤아림. accont. ②약속에 따라 수치(數値)를 구하거나 식을 간단히 함. calculation.

계속〔繼續;이을 계, 이을 속〕[명](수 6:13) ①어떤 행위나 상태가 끊이지 아니하고 잇대어 나아감. ②끊어졌던 이전의 행위나 상태를 다시 이어서 하여 감. continuation. 잇다. 잇대다. 끊이지 않고 잇대어. 연거푸.

계수〔計數;셈할 계, 셀 수〕[명](출 30:12) 수효를 계산함. 또 그 결과의 수 값. calculation.

계수〔桂樹;계수나무 계, 나무 수〕명(아 4:14) 녹나무과에 속하는 상록 교목. 남중국과 동인도에 남. 키 10m 가량이며 특이한 방향(芳香)이 있음. 껍질은 계피(桂皮)라 하여 건위 약재, 과자, 요리 및 향료의 원료로 씀. cinnamon.

계수중〔計數中;셈할 계, 셀 수, 가운데 중〕명(출 30:12) 수효를 셈하고 있는 상태.

계승〔繼承;이을 계, 이을 승〕명(시 45:16) 조상이나 선임자로부터 먼저 한 일을 이어받음. succession.

계시〔啓示;열 계, 보일 시〕명(렘 14:14) 사람의 지혜로 알지 못하는 신비로운 일, 나아갈 길, 감추어진 일을 하나님께서 사람에게 가르쳐 알게 함. revelation.

* 계시에는 자연 계시와 특별 계시가 있다.

계시다형(창 21:20) '있다'의 높임말.

계시록〔啓示錄;열 계, 보일 시, 기록할 록〕대(계 1:22) 성경 66권의 끝 권. 사도 요한이 밧모섬에 유배되었을 때 말세, 환난, 재림, 내세에 대한 하나님의 계시를 기록한 성경.

계약〔契約;맺을 계, 약속할 약〕명(창 26:28) ①일반적인 뜻으로는 사람과 사람 사이의 약속. ②하나님께서 인간을 구원하시기 위하여 인간에게 표시한 특별한 마음의 뜻(창 3:15, 9:15, 19:9, 신 7:6-10).

* 성경은 하나님의 계약 진행을 나타낸 말씀이다.

계의〔計議;셈할 계, 의논할 의〕명(호 10:6) 꾀, 서로 모의함. 계략.

계자〔季子;말째 계, 아들 자〕명(수 6:26) 막내 아들.

계집명(삼상 20:30) ①여자. ②여자를 낮추어서 일컫는 말. 신분이 낮은 사람의 아내를 일컫는 말. female.

계집 아이명(왕하 5:2) 시집가지 아니한 여자 아이. 여아. girl.

계집종명(출 23:12) 여자 종. 비녀(婢女). 비자(婢子). maid-servant.

계책〔計策;셈할 계, 꾀 책〕명(렘 18:11) 용한 꾀와 거기에 따르는 방법. stratagem.

계통〔系統;이을 계, 거느릴 통〕명(민 1:18) ①일정한 체계에 따라 서로 배열되고 서로 관계되어 작용하고 있는 부분들을 통일적 조직. a system. ②일정한 원리나 법칙에 따라, 체계를 세워 벌인 것. a channel. ③순서나 체계. a descent. ④일족(一族) 사이의 핏줄. a lineage.

계피〔桂皮;계수나무 계, 가죽

피〕명(출 30:24) 〈식〉 계수나무 껍질. cassia bark.

계한〔界限;지경 계, 한정 한〕명(욥 38:10) 땅의 경계. 어떤 범위의 한계. boundary.

계획〔計劃;셈할 계, 그을 획〕명(창6:5) 미리 견주어 살피고 생각하여 일의 얽이를 세움, 또는 그 세운 내용. a plan.

고[1] 명(출 26:4) ①옷고름이나 끈 따위를 잡아맬 때 한 가닥의 매듭에서 약간 잡아 빼어 고리처럼 내놓은 것. a loop.

고[2]〔高;높을 고〕(창 6:15)명 높이. height.

고[3]〔故;연고 고〕명(창 11:8) ①때문에. ②연고가 있음.

고가〔雇價;품팔 고, 값 가〕명(렘 22:13) 품삯. wage.

고개 명(대하 20:16) 산이나 언덕을 넘어 다니는 비탈진 높은 곳. a ridge.

고국〔故國;옛 고, 나라 국〕명(룻 2:11) 조상이 살던 고향인 나라. 조국. home land.

고기[1] 명(창1:26) 〈동〉 물고기. 어류. fish.

고기[2] 명(창 9:4) 온갖 동물의 살. 식용육(食用肉).

＊하나님께서 노아 홍수 이후 육식을 허락하셨다.

고나냐〔כָּנַנְיָהוּ=주께서 제정하셨다〕인(대하 31:12) 「유대」 16대 「히스기야」 왕의 명령으로 하나님께 바친 십일조와 예물을 맡아 주관하던 「레위」 사람.

고난〔苦難;쓸 고, 어려울 난〕명(창 31:42) 괴로움과 어려움. 고초(苦楚). distress. 징계, 연단도 있음.

＊성도는 고난을 통하여 주의 율례를 배우게 된다.

고넬료〔*Κεγχρεαί*=뿔〕인(행 10:1) ①「가이사랴」에 주둔한 「이탈리아」 군대의 백부장. ②아마 「로마」인으로 「유대」 인과 친근한 사이였다(행 10:22). ③「욥바」에 있던 「베드로」를 통하여 주의 도리를 듣는 중에 성령을 받았다.

고니야〔כָּנְיָהוּ=주께서 설립하셨다〕인(렘 22:24) 「유대」와 「여호야김」의 아들, 「여고니야」를 줄인 말.

고대[1]〔古代;옛 고, 대신할 대〕명(창 6:4) ①지나간 옛 시대. 고세(古世). 상세(上世). 상대(上代). ancient times. ②역사 역사상 시대 구분의 하나.

고대[2]〔苦待;괴로울 고, 기다릴

대〕명(행 27:29) 애타게 기다림. 몹시 기다림. wait eagerly.

* 성도는 주님의 재림을 고대한다.

고독〔孤獨; 외로울 고, 홀로 독〕명(시 68:6) 홀지고 외로움. solitude.

고드란트 명(막 12:42) 렙돈, 단위가 제일 작은 돈. 무게로는 3.5g. 4분의 1 앗사리온. 마 5:26에는 「호리」로 번역되었다.

고라〔קֹרַח=대머리〕인(창 36:5)

1 「레위」의 증손으로, 「모세」의 종형이다. 오만하고 명예심이 많아 「모세」와 「아론」에게 반역하다가 온 가족이 죽었다(민 16:1-3).

2 「에서」의 아들(창 36:5, 대상 1:25).

3 「헤브론」의 아들(대상 2:43, 12:6).

고라산〔뜨겁다〕지(삼상 30:30) 「시므온」 지파의 산성 「다윗」이 전리품을 보낸 성읍 중의 하나.

고라신〔*χοραζίν*=나무가 많은 곳〕지(마 11:21) 「요단」 강 서쪽 「갈릴리」 해 북쪽에 있는 성읍이었다. 예수께서 전도하고 이적을 많이 행하셨으나 믿지 않으므로, 책망도 하셨다.

고랑 명(시 129:3) 두둑의 사이 골. hollow. 골짜기. valley.

고레〔קוֹרֵא=광고집〕인(대상 9:19)

1 「고라」의 증손. 「여비아삽」의 손자.

2 「레위」 사람, 「입나」의 아들.

고레스 왕〔כּוֹרֶשׁ=태양〕인(대하 36:22) 「파사국」의 초대 왕(주전 546-529)으로, 「바벨론」을 정복한 사람. 「유대」 백성의 귀국을 허락한 사람(사 44:28, 45:1, 대하 36:22, 스 1:1-8, 4:4, 단 1:21, 6:28, 10:1). 원래 「안산」왕 「캄바세」의 아들로, 주전 549년에 「메대」를 멸한 후 「파사」 왕국을 창건하였다.

고루 부(골 4:6) 고르게. 똑같이. 많고 적음이 없이. evenly. 공평하게.

고르 명(겔 45:14) 도량형의 단위. ①액체 용량의 제일 큰 단위. ②고체량으로는 호멜과 같다. 약 425ℓ(스 28:22).

고르다[1] 타(사 28:24) 더하거나 덜함이 없이 똑같이. 울퉁불퉁한 것을 평평하게 함.

고르다[2] 형(삼상 17:40) 많은 것 가운데서 필요한 것을 가려냄. pick out.

ㄱ

고르반 명(막 7:11) 히브리어의 제물을, 헬라어 글자로 소리나는 대로 적은 것으로, 「하나님께 바친 것이니 다른 데 쓸수 없다」(레 1:2, 민 7:13)는 뜻. 효도의 방편으로 삼았다.

고리 명(창 24:30) 긴 물건을 구부려 둥글게 만든 물건. ring.

고리 대금〔高利貸金;높을 고, 이할 리, 빌릴 대, 쇠 금〕명(시 109:11) 부당하게 비싼 이자를 받는 돈. loan at high interest.

* 성경은 고리 대금을 금한다.

고린도〔*Κόρινθος* = 뿔〕지(행 18:1) 「그리스」 반도와 대륙을 연결하는 지협 남단에 있으며 「겐그리아」 항구와 「로마」의 「레기온」 항구를 연결하고, 「지중해」의 동서를 연결하는 묘한 지형으로 상업과 물질적인 번영을 누린 도시요, 잡다한 인종들이 많이 모여 살고 있어 동서 문화와 종교의 혼잡을 이루었다. 「고린도」의 종교 중에 여신 「아프로디트」라는 우상이 있어 600 피트나 되는 산성에 무녀(巫女)가 무려 1,000명이나 있고, 이로 인하여 「고린도」라 하면 음행한 사람의 대명사가 되었다. ①「바울」이 2년을 선교하여 교회를 설립(행 18:1-8). ②교인 전체의 수가 상당히 많은 것으로 예상한다(고전 1:26). ③「바울」의 동역자 「그리스보」(행 18:8), 「가이오」 「에라스도」(롬 16:23), 「스데바나」(고전 1:16) 등의 거주지다.

고린도 사람 명(행 18:8) 「고린도」에서 사는 사람, 「고린도」 출신의 사람.

고린도 인 명(고후 6:11) 고린도 사람.

고린도전서 명(고전) 신약 제7권째 성경이다. 「바울」이 제3차 선교 여행을 하는 중 「에베소」에서 「고린도」 교회에 보낸 기록이다. 「고린도」 교회에 교인들이 일으키는 여러 가지 문제에 대하여 올바른 지도와 분쟁과 파벌주의에 대한 책망, 인간적인 행동의 결과를 가르치고 사도로서 사역의 변호에 있다. 기독교의 그릇된 행위에 대하여 책망하고, 바로잡아 준다.

고린도후서 명(고후) 신약 제8권째 성경이다. 「고린도」 교회에 두 번째 보내는 「바울」의 기록이다. 처음 기록에 대한 결과에 대하여 「고린도」 교인을 위로하고, 「예루살렘」에 있는 가난한 교인을 위하여 헌금을 미리 준비하게 하고 주님의 말씀을 비방하고 헐뜯는 지도자에 대하여 사도의 직분을 바로 지킬 것을 원하였다. 그리스도를 위한 참된 사역의 주제인 '직분'이 18회나 사용되었다.

고멜〔גֹּמֶר＝끝, 마지막〕인
1「노아」의 손자요, 「야벳」의 아들(창 10:2).
2「디볼라인」의 아내로 남편을 배반하였다(호 1:-3:).

고명〔高明;높을 고, 밝은 명〕명(사 32:8) ①뛰어나게 품위가 높고 지혜로움. noble and intelligent. ②식견이 높고 사물에 밝음. 어떤 전공 분야에 대해 조예가 깊음. deep knowledge.

고모〔姑母;시어미 고, 어미 모〕명(레 18:12) 아버지의 누이. aunt.

고모라〔עֲמֹרָה ＝ 물이 많다〕지(창 10:19)「소돔」성과 함께 저지(低地)에 있던 다섯 성읍 중 하나로서, 옛날에는 번영했었다. 도덕적 퇴폐로 인하여 유황불로 멸망(창 19:24-28). 악행을 경계하는 속어가 되고(신 29:23, 사 1:9, 렘 23:14, 롬 9:23), 죄에 대한 경계다 되다(마 10:15, 벧후 2:6).

고물 명(막 4:38) 배의 뒤쪽. 선미. stern.

고민〔苦悶;괴로울 고, 번민할 민〕명(마 26:37) 괴로워서 속을 태움. agony.

고민〔苦憫;괴로울 고, 민망할 민〕명(눅 16:24) 속을 태우고 괴로워 함. pain.

고발〔告發;알릴 고, 필 발〕명(삼상 22:8) 범죄 사실을 관에 알려 수사하게 함. prosecution.

고백〔告白;알릴 고, 흰 백〕명(행 24:14) 숨김없이 사실대로 말함. confession. 죄에 대하여 하나님께 낱낱이 아뢴다. 그리스도를 믿는 대로 말한다.
* 사도신경은 우리의 신앙 고백이다.

고범죄〔故犯罪;연고 고, 범할 범, 허물 죄〕명(시 19:13) 일부러 저지른 죄. deliberate of fence.

고벨화〔~花;꽃 화〕명(아 1:14) 〈식〉 향기로운 꽃이 피며, 주로 중동 지방에서 자란다. camphire.

고불고불 부(아 5:11) 이리저리 꼬부라진 상태.

고빙〔雇聘;품팔 고, 부를 빙〕명(삿 18:4) 학식이나 기술이 많은 사람을 쓰려고 모셔 옴.

invitation. 초빙, 초청.

고사〔固辭;굳을 고, 말씀 사〕명(왕하 5:16) 굳이 사양함. positive refusal.

고사하고〔姑捨~;시어머니 고, 버릴 사〕부(창 27:12) 그만 두고. 더 말할 나위도 없고의 뜻. apart from.

고산〔高山;높을 고, 뫼 산〕명(사 30:25). 높은 산. high mountain.

고산〔גּוֹזָן〕지 북동쪽에서「유브라데」강 중류 쪽으로 흘러 들어오는「가브르」강 상류에 있는「메소보다미아」의 한 옛 부족 국가. 한 지방의 명칭.

고산하불〔גּוֹנְהָבוֹר〕지(왕하 18:11)「유브라데」강 중류에 유입하는「카브르」강 상류에 있는「앗수르」국의 한 지방. ①「앗수르」와「사르곤」2세가「이스라엘」포로를 이곳에 옮겼다(왕하 17:6, 18:11). ②「고산」이라고도 한다(왕하 19:2, 대상 5:26, 사 37:12).

고살〔故殺;연고 고, 죽일 살〕명(민 35:16) 일부러. 고의적으로. 계획하여 사람을 죽임. murder. 계획 살인, 일시적 격정에 의한 살인.

고살자〔故殺者;연고 고, 죽일 살, 놈 자〕명(민 35:16) 일부러 사람을 죽인 사람. murderer.

고삼〔ωσάμ＝나누다〕인(눅 3:28) 그리스도의 족보, 조상 중 한 사람.

고상〔高尙;높을 고, 오히려 상〕명(빌 3:8) 뜻이 높고 거룩함. 지조가 높고 깨끗하며 몸가짐이 점잖고 맑아 속된 것에 굽히거나 휩쓸리지 아니함. nobleness.

고생〔苦生;쓸 고, 날 생〕명(왕상 22:27) ①어렵고 괴로운 가난한 생활. ②힘이 들고 매우 수고함. 애씀. toil.

고세바〔כֹּזֵבָא＝거짓〕지(대상 4:22)「유다」의「세벨라」의 성읍으로, 주로「셀라」의 후손들이 정착해서 살았다.

고센〔גֹּשֶׁן〕지(창 45:10) ①「애굽」의 동북부「카이로」동북 나일강 삼각주「벨레스」부근으로 추측, 이스라엘 백성이「팔레스틴」에서「애굽」으로 옮길 때에 맨 먼저 거주한 땅(창 46:28). ②「여호수가」가 점령한「가나안」남쪽의 지방(수 10:41, 11:16). ③「유다」지파가 점령한 지방으로,「헤브론」남방에 있었다(수 15:51).

고소〔告訴;알릴 고, 하소연할 소〕명(스 4:6) 피해자나 기타 범죄의 이해 관계인이 수사기관에 구두나 서면으로 범죄 사실을 신고하여 벌해 줄 것을 구하는 일. complaint.

고소 사건〔告訴事件;알릴 고, 하소연할 소, 일 사, 사건 건〕[명](행 25:16) 범죄의 피해자가 그 사실을 수사 기관에 신고한 일거리.

고스〔*Kῶς*=양〕[지](행 21:1) 「소아시아」 서남쪽 바다 가운데 있는 섬. 「바울」이 3차 선교 여행 때, 이곳에서 하루 쉬었다.

고스비〔כָּזְבִּי=거짓〕[인](민 25:15) 「미디안」 족장 「수르」의 딸. 「시므온」 지파의 「시므이」와 관계한 죄로 「싯딤」에서 염병이 발생하였다가 「고스비」가 죽은 후 염병이 그쳤다.

고슴도치 [명](사 14:23) 〈동〉 고슴도치과의 동물. 식충류의 한 가지. 몸길이는 20~ 30cm 정도이며, 다리는 짧고, 주둥이는 돼지같이 삐죽함. 등과 몸에 가시가 있음. hedgehog.

고아〔孤兒;외로울 고, 아이 아〕[명](출 22:22). 부모가 없는 아이. orphan.

고아〔גֹּעָה=낮은〕[지](렘 31:39) ①「예루살렘」의 회복에 관하여 언급된 곳. ②「바벨론」의 한 동네(겔 23:23).

고안〔考案;상고할 고, 책상 안〕[명](행 17:29) 연구하고 생각하여 새로운 안을 냄. device.

고앗〔גֹּעָתָה=피곤함〕[지](렘 31:39) 「예루살렘」 근처에 있는 한 지명으로서, 여호와의 성지에 속한 곳이다.

고역〔苦役 ; 쓸 고, 역사 역〕[명] 몹시 힘든 일. hard work(출 1:14).

고요 [명](출 15:16) 조용하고 평화스러움. 정적.

고용〔雇用;품팔 고, 쓸 용〕[명](삼하 10:6) 품삯을 주고 일을 시킴. employment.

고용〔雇傭;품팔 고, 품팔이할 용〕[명](레 25:50) 품삯을 받고 남의 일을 해 줌. being employed.

고용군〔雇傭軍;품팔 고, 품팔이할 용, 군사 군〕[명](렘 46:21) 삯을 받고 일하는 사람. 외인 부대 군인.

고운 가루 [명](민 28:5) 잘 갈아져 부드러운 가루.

고을 [명](창 34:20) 지역을 나눈 행정 구역. 군, 주, 현 등의 총칭. country. 골.

고의〔袴衣;바지 고, 옷 의〕[명](출 28:42) 여름에 바지 대신에 입는 홑 옷. 단고 바지. summer drawers.

고이다 [자](왕상 22:35) 괴다.

넘어지거나 쓰러지지 않게 하기 위하여 밑을 받치다.

고임〔גּוֹיִם〕지(창 14:1)「아브라함」시대에「팔레스틴」에 침입한 동방 연합군에 참가한 일국으로, 그 왕은「디딜」이었다.

고임 왕 인(창 14:1)「고임」의 통치자로서, 그 백성은 싸우기 좋아하는 유목민이다. 설형 문자 비문의「구데이」인데「앗수르」동방 고원 지대이다.

고자〔鼓子;북 고, 아들 자〕명(마 19:12) 생식 능력이 없는 남자의 생식기.

고적〔孤寂;외로울 고, 고요할 적〕명(애 1:13) 외롭고도 쓸쓸함. loneliness.

고직이〔庫直~;창고 고, 곧을 직〕명(스 1:8) 창고를 지키는 사람.

고집〔固執;굳을 고, 잡을 집〕명(느 9:29) 자기의 의견을 굳게 내세워 우김. insistence.
* 성경적 고집은 하나님이 없다고 하는 것이다.

고창병〔蠱脹病;독 고, 부를 창, 병들 병〕명(눅 14:2) 복부 팽대증, 심장, 간장, 염통의 이상으로 생긴다. tympanites.

고초〔苦楚;쓸 고, 아플 초〕명(애 3:19) 괴로움과 쓰라림, 고난, 고생, 고통. distress.

고치다 타(레 14:43) 그릇된 것을 바로잡다. correct. ②못쓰게 된 것을 쓸 수 있게 만들다. mend. ③시간 예정 등을 변경하다.

고토〔故土;옛 고, 흙 토〕명(욥 30:8) 자기의 고향, 고향 땅. native place.

고통〔苦痛;괴로울 고, 아플 통〕명(창 3:16) ①괴롭고 아픔. pain. ②마음의 불만족으로 인하여 생기는 괴로움. agony.

고통중〔苦痛中;괴로울 고, 아플 고, 가운데 중〕명(눅 16:23) 괴롭고 아픈 가운데 있음. be in great pain.

고하다〔告~;알릴 고〕타(창 3:11) ①아뢰다. 여쭙다. tell. ②이르다. inform. ③알리다. 공식적으로 발표하다. announce.

고함〔高喊;높을 고, 소리지를 함〕명(삼상 17:20) 크게 외치거나 부르짖는 목소리. 함성. 다성. shout.

고핫〔קְהָתִי=집회하다〕인(출 6:16)「레위」의 둘째 아들로, 저의 손자「아론」이 대제사장이 된 까닭에 저의 자손은「레위」족속 중에서 높은 지위를 점령하였다. 곧 장막의 가장 신성한 기구의 보관과 운반을 맡고(민 3:22-23, 7:9) 또, 성전에서 음악을 맡게 되었다(대하 20:19, 34:12). →「그핫」.

ㄱ

고해〔苦海;쓸 고, 바다 해〕명 (슥 10:11) 고통이 많은 인간 세상. 괴로움과 근심이 끝없이 많은 이 세상을 바다에 비유한 말. the bitter human world.

고향〔故鄕;연고 고, 시골 향〕명 (창 24:4) 자기가 태어나고 자라난 고장. 시골. native place.

곡〔哭;울 곡〕명(창 27:41) 소리를 내어 욺, 또 그 울음 소리. wailing.

곡〔גּוֹג〕인(대상 5:4) 「마곡」의 왕으로, 「로스」, 「메섹」, 「두발」 등을 치리하다. 북방의 대군을 거느리고 와서 회복한 「이스라엘」을 치되, 여호와의 간섭으로 패할 것이라고 「에스겔」 선지로 예언케 하였다(38:39:).

* 하나님 나라와 그 백성에 대항하여 전쟁을 일으킨다. 반기독자로서 나타나고 있다(계 20:8).

곡간〔穀間;곡식 곡, 사이 간〕명 (마 3:12) 곡식을 쌓아두는 창고. barn.

국물〔穀物;곡식 곡, 만물 물〕명 (창 41:35) 사람의 식량이 되는 곡식을 일컫는 말. cereals.

곡성〔哭聲;울 곡, 소리 성〕명 (출 11:6) 곡하는 소리. wailing. 우는 소리.

곡식〔穀食;곡식 곡, 밥 식〕명 (창 27:28) 쌀, 보리, 콩, 조, 기장, 수수, 밀, 옥수수 등의 총칭. 곡물(穀物). cereals.

곡식단 명(삿 15:5) 곡식을 거두어들일 때 묶은 묶음.

곡식밭 명(신 23:25) 곡식을 심은 밭.

곡읍〔哭泣;울 곡, 울 읍〕명(에 4:3) 소리내어 슬피 욺. wailing.

곡조〔曲調;굽을 곡, 고를 조〕명 (사 23:16) 음악과 가사의 가락. ㊟ 곡(曲). 조(調). tune.

곡초〔穀草;곡식 곡, 풀 초〕명 (출 5:12) 이삭을 떨어 낸 줄기. straws.

곡해〔曲解;굽을 곡, 풀 해〕명 (사 56:5) 사실과 어긋나게 잘못 풀이함. 곱새김. misunderstanding.

곤경〔困境;곤할 곤, 지경 경〕명 (삼하 24:14) 곤란한 처지 또는 사정이나 때. difficulties.

곤고〔困苦;곤할 곤, 쓸 고〕명 (민 11:15) 곤란하고 괴로움. hardships.

곤궁〔困窮;곤할 곤, 다할 궁〕명 (신 24:14) 어렵고 궁함. poverty.

곤두박질 명(행 1:18) 몸이 번드쳐서 갑자기 거꾸로 내리박이는 짓. ㊎ 근두박질(筋

斗撲跌). falling headlong.

곤란〔困難;곤할 곤, 어려울 난〕 명(왕하 19:3, 느 9:37) 몹시 딱하고 어려움. 원 곤난. difficulty.

곤비〔困憊;곤할 곤, 고달플 비〕 명(창 19:11) 피곤하고 기운이 없음. 곤핍. fatigue.

곤욕〔困辱;곤할 곤, 욕될 욕〕명(사 53:7) 심한 모욕. extreme insult.

곤액〔困厄;곤할 곤, 재앙 액〕명(욥 20:22) 매우 어려움을 겪음. 나쁜 일이 겹쳐 괴로움을 당함. 곤란.

곤충〔昆蟲;맏 곤, 벌레 충〕명(레 5:2) 벌레를 일컫는 말. insect.

곤핍〔困乏;곤할 곤, 모자랄 핍〕 명(시 6:6) 피곤하여 기운이 없음. 곤비. fatigue.

곤하다〔困~;피곤할 곤〕형(삼하 17:2) ①기운이 풀리어 느른하여 피곤한 상태. tired. ②졸음이 오거나 술에 취하여 정신을 가눌 길이 없다.

곧 부(창 2:19) ①바로. 즉시. at once. ②다시 말하자면.

곧다 형(출 33:3) ①휘지 않고 똑바르다. straight. ②마음이 바르다. honest.

곧이 듣다 타(겔 13:19) 남의 말을 조금도 의심하지 않고 바로 듣다.

골고다〔*Γολγοθά* = 해골 곳〕지(마 27:33) 옛부터 죄인을 사형하던 곳. 예수님께서 이곳에서 십자가에 못박히셨다.

골라야〔קוֹלָיָה = 하나님의 음성〕 인

1 거짓 선지자, 「아합」의 아버지(렘 29:21).

2 포로 생활에서 돌아와 「예루살렘」에 자리잡은 「베냐민」 지파의 한 족속(느 11:7).

골란〔גּוֹלָן = 추방〕지(신 4:43) 「갈릴리」 해 동북 27km 지점 ①「므낫세」의 성읍으로 「요단」 강 동편 3도 피성 중의 하나(수 20:8). ②「레위」 지파 「게르손」 자손에게 주었다(수 21:27, 대상 6:71).

골로새〔*Κολοσσί* = 버림〕지(골 1:2) 「소아시아」 「부르기아」도 「리고」 강변에 위치. 교회는 「에바브라」가 설립하고 교인 중에는 「빌레몬」, 「오네시모」, 「아킵보」 등이 있다(몬 23, 골 1:7, 4:9, 17). 「바울」이 친히 서신을 보내고 가지는 않았다.

골로새서 명(골) 신약 12번째

성경. 주후 62년경 바울이 로마에 투옥되어 있을 동안 기록하였다. ①인간의 철학에 대한 경고. ②의식주의에 대한 경고. ③천사 숭배 신비주의에 대한 경고를 하였고, 그리스도가 으뜸임을 가르친다.

골리앗〔גָּלְיָת=유랑자〕인(삼상 17:4) ①「블레셋」 사람 거인으로 「다윗」에게 살해되었다(삼상 17:). ②신장이 2미터 90㎝나 되었다 한다(삼하 21:19). 머리에는 놋투구를 쓰고, 몸에는 무게 놋 5천 세겔의 어린 갑(魚鱗甲)을 입고 다리에는 놋경갑을 치고 어깨에는 놋단창을 메었는데, 그 창자루가 베틀채 같고 창날은 철 6백 세겔이었다.

골목 명(잠 7:8) 집과 집 사이로 난 좁다란 길. 큰 길로 뚫린 좁은 길. alley, side street.

골몰〔汨沒;골몰할 골, 빠질 몰〕명(대상 9:33) 한 가지 일에 파묻힘. engrossment. 부 골몰히.

골방〔~房;방 방〕명(왕상 6:5) 안방과 건너방 외에 뒤쪽에 딸린 작은 방. closet.

골수〔骨髓;뼈 골, 골수 수〕명(욥 21:24) ①〈생〉뼈의 중심부인 골강(骨腔)에 가득차 있는 결체질의 물질. 골. marrow. ②마음 속. heart.

골육〔骨肉;뼈 골, 살 육〕명(창 13:8) ①뼈와 살. bone and flesh. ②혈통이 같은 부자, 형제. relatives of the same flesh and blood.

골육 지친〔骨肉之親;뼈 골, 살 육, 갈 지, 친할 친〕명(레 18:60 ①부자, 형제 사이. ②가까운 혈육. relative.

골절〔骨節;뼈 골, 마디 절〕명(욥 4:14) 〈생〉뼈마디. joint.

골짜기 명(창 '4:3) 두 산 사이의 우묵하게 들어간 곳. valley.

골호세〔כָּל־חֹזֶה=모든 것을 보다〕인(느 3:15) 느헤미야 시대에 「유다」 사람으로, 「미스바」 지방을 다스린 사람.

곬 명(사 8:7) 한쪽으로 트인 방향 또는 길. blind lane. ②물이 흘러내리는 길. water way. ③물고기 떼들이 늘 다니는 일정한 길. course.

곰 명(삼상 17:34) 〈동〉 육식동물 곰과(熊科)의 총칭. 몸은 뚱뚱하고 네 발로 다니며 바로 서기도 한다. 헤엄을 치고 나무 타기를 잘하며 물고기를 잡아먹기도 한다.

곰팡 명(학 2:17)→곰팡이

곰팡이 명(수 9:5) 〈식〉 하등균에 속하는 미생물을 모두 일컫는 말로, 음습한 곳에, 음식, 옷, 가루 등에 솜처럼 생김. mould.

곱〔גֹּב = 물구유〕지(삼하 21:18) 「블레셋」 사람의 마을로, 「이스라엘」 백성과 싸우던 곳.

곱다 형(창 18:6) ①마음에 들도록 산뜻하고 아름답다. 또는 소중하고 사랑스럽다. beautiful. ②촉감이 거칠지 않고 보드랍다. ③천의 발이 거칠하지 않고 매우 가늘다. ④가루가 굵지 않고 보드랍다. ⑤마음이나 말씨 등이 상냥하며 순하다. tender.

곱사등 명(레 21:20) 등뼈가 구부러진 지체 장애자. 곱추.

곳 명(창 1:9) 앞, 뒤, 상하 쓰지 않고 비어 있는 점이나 부분. place. 장소.

곳간 명(신 32:34) 물건을 간직하여 두는 곳. 창고. storage.

공[1]〔公;공평할 공〕명(삼하 8:15) 여러 사람을 위하거나 이에 관계되는 일. official.

공[2]〔功;이바지할 공〕명(사 28:21) 어떤 일에 힘써 이바지함.

공[3]〔空;빌 공〕명(창 29:15) ①안이 빈 것. ②하늘, 공중. ③헛됨, 부질없음. ④쓸데없음.

공[4]〔貢;바칠 공〕명(신 20:11) 국민이 관청이나, 종주국에 바치는 것. 주로 값진 물건, 토산물.

공[5] 명(왕상 7:20) 공간이 둥글게 생긴 물건, 구(球). ball. 고무나 가죽으로 둥글게 만든 운동구.

공간〔空間;빌 공, 사이 간〕명(욥 26:7) ①앞뒤, 좌우, 상하로 무한하게 퍼져 있는 빈 곳. 현간(玄間). ②쓰지 않고 비어 있는 곳. space room. ③시간과 함께 물질의 존재를 성립시키는 기초적인 근본 조건.

공갈〔恐喝;두려울 공, 꾸짖을 갈〕명(엡 6:9) 심히 무섭게 으르고 위협함. threat.

공격〔攻擊;공 공, 칠 격〕명(대하 13:12) ①적을 침, 쳐 부숨. 무찌르다. ②남을 넘어뜨리기 위하여 나섬. offensive.

공경〔恭敬;공손 공, 공경 경〕명(출 20:12) 삼가서 예를 차려 높임. respect.

공교하다〔工巧~;장인 공, 공교 교〕형(출 31:4) ①뜻밖에 맞거나 틀리다. unexpected. ②때나 기회가, 좋거나 나쁘다. accidental. ③교묘하다. skill. (출 26:1) 부 공교히.

공구〔恐懼;두려울 공, 두려울 구〕명(신 28:20) 몹시 두려워 함. awe.

ㄱ

공궤〔供饋;받들 공, 보낼 궤〕명(창 45:23) 윗사람에게 정성을 다하여 음식을 드리고 보살펴 드리는 일.

공급〔供給;받들 공, 줄 급〕명(창 27:37) 쓸 것을 대어 줌.

공기〔空氣;빌 공, 기운 기〕명(계 9:2) ①지구의 표면 한 층을 둘러싸고 있는 빛깔이나 냄새가 없이 투명한 기체. air. ②자리에 감도는 기분이나 분위기.

공덕〔功德;공 공, 덕 덕〕명(신 32:4) ①은혜의 덕. grace. ②은혜와 신세. favour and obligation.

공도〔公道;공평할 공, 길 도〕명(창 18:19) ①공평하고 바른 도리. justice. ②떳떳하고 당연한 이치.

공력〔功力;공 공, 힘 력〕명(창 30:30) ①공들이고 애쓰는 힘. endeavour.

공모〔共謀;함께 공, 꾀할 모〕명(삼상 22:8) 두 사람 이상이 어떤 일을 꾀함. conspiracy.

공문〔公文;공변될 공, 글 문〕명(행 9:2) 관청에서 내는 문서. 또는 관청에 보내는 문서. official document.

공물〔貢物;바칠 공, 만물 물〕명(삿 3:15) 국민이 나라에 바치는 물건, 나라가 종주국에 바치는 물건. tribute.

공박〔攻駁;칠 공, 논박할 박〕명(민 20:2) 따지고 캐어 말함. confutation.

공법〔公法;공평할 공, 법 법〕명(암 5:7) 국가와 국가의 관계. 국가와 개인과의 관계 등 권력 관계, 통치 관계, 공익에 관한 사항을 규정지은 법. public.

공변되다 형(호 2:19) 사사롭지 않고 정당하다. 공평하다. 공공하다. impartial.

공복〔公服;공변될 공, 옷 복〕명(왕상 10:5) 관리의 복장. 조의(朝衣). official uniform.

공부〔工夫;장인 공, 지아비 부〕명(전 12:12) 학문과 기술을 닦는 일. 배우고 익힘. study.

공상〔空想;빌 공, 생각 상〕명(전 6:9) 실행할 수 없는 헛된 생각. 사실과 먼 생각. idle fancy.

공성퇴〔攻城槌;칠 공, 성 성, 옥방망이 퇴〕명(겔 4:2) 성벽 또는 성문을 파괴하기 위하여 사용된 기둥 같은 큰 나무. 기둥 머리를 금속으로 씌웠

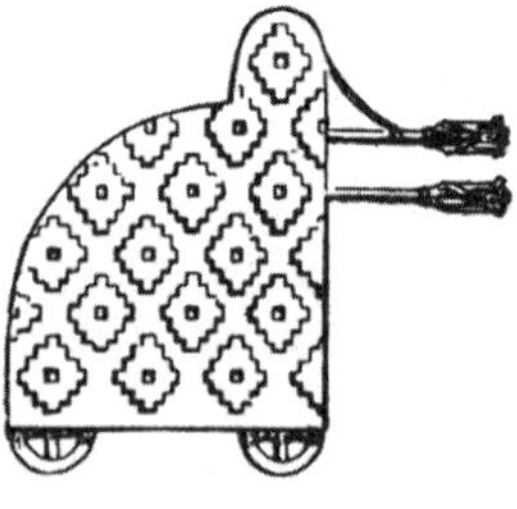

다.

공세〔貢稅;바칠 공, 세금 세〕명(시 72:10) 나라에 바치는 세금. tax.

공수〔空手;빌 공, 손 수〕명(창 31:42) 빈손, 맨손. empty-handed.

공순〔恭順;공손할 공, 순할 순〕명(전 10:4) 고분고분함. submission.

공양〔供養;받들 공, 기를 양〕명(마 25:44) 웃어른에게 음식을 드림. providing one's elders with food.

공역〔工役;장인 공, 역사 역〕명(왕상 7:22) 공장이나 토목·건축 등에 관한 역사(役事). 공사(工事). works.

공연히〔空然~;빌 공, 그러할

연〕부(사 49:4) 괜스레.

공의〔公義;공평할 공, 옳을 의〕명(창 18:25) 선과 악을, 공평하고 의로우신 하나님의 성품 중 하나. to act justly. justice.

공이 명(잠 27:22) 곡식의 껍질을 벗기거나 찧어 가루로 만드는 기구. 방아공이. pestle.

공작[1]〔工作;장인 공, 지을 작〕명(삼상 7:8) ①물건을 만드는 일. construction. ②어떤 목적을 위하여 일을 꾸밈.

공작[2]〔孔雀;구멍 공, 참새 작〕명(왕상 10:22) 〈조〉 순계과(鶉鷄科)의 새. 머리에 10 cm 정도의 벼슬이 있으며, 꼬리가 매우 길고 아름다움. 꼬리를 펴면 큰 부채 모양이 되고, 둥글게 잔무늬가 많다. peacock.

공장〔工匠;장인 공, 장인 장〕명

(왕하 22:5) 물건 만드는 것을 업으로 삼는 사람. craftsman.

공정〔公正;공변될 공, 바를 정〕명(신 1:16) 공평하고 올바름. just and fair.

공주〔公主;공변될 공, 임금 주〕명(삼하 13:18) 임금의 딸. princess.

공중[1]〔空中;빌 공, 가운데 중〕명(창 1:26) ①하늘. air. ②지구 위의 공간, 궁창.

공중[2]〔公衆;공변될 공, 무리 중〕명(행 16:37) 사회의 여러 사람. 일반의 여러 사람. the public.

공직[1] [公直;공변될 공, 곧을 직] 명(잠 12:5) 공평하고 정직함. fairness.

공직[2] [供職;받을 공, 벼슬 직]명(출 39:26) 관청 또는 공공단체의 직무를 맡음. charge.

공판 [公判;공평할 공, 판단할 판]명(시 35:23) 형사 피고인의 유죄·무죄를 판결하는 소송 절차. public trial.

공평 [公平;공변될 공, 평평할 평]명(출 23:6) 한쪽에 기울지 않고 공정함. impartiality.

공포[1] [公布;공변될 공, 베풀 포] 명(출 32:5) ①일반에게 널리 알림. official announcement. ②새 법령을 알림.

공포[2] [恐怖;두려울 공, 두려워할 포]명(사 54:14) 무서움과 두려움. terror.

* 죄가 있으면 공포가 생긴다.

공허 [空虛;빌 공, 빌 허]명(창 1:2) 속이 텅 빔. emptiness.

공회 [公會;공변될 공, 모을 회] 명(왕상 12:20) 공식적인 일로 인하여 모임. official meeting.

공회원 [公會員;공변될 공, 모을 회, 수효 원]명(막 15:43) 공회(公會)에 참석할 구성원. member of council.

공회 의원 [公會議員;공변될 공, 모을 회, 의논할 의, 수효 원] 명(눅 23:50) 유대 「산헤드린」 의회에 나와 토의·결의할 수 있는 권리를 가진 사람.

공효 [功效;공 공, 본받을 효]명(사 32:17) 공을 들인 보람이나 효과. effect.

과거 [過去;지낼 과, 갈 거]명(신 4:42) ①지나간 때. 현재에 앞서는 때. 지난 적. past. ②〈어〉지나간 동작을 나타내는 어법. 보통 "았·었·더"의 보조 어간으로써 나타냄. past tense.

과격 [過激;지낼 과, 과격할 격] 명(잠 15:1) 지나치게 괄괄함. violent.

과녁 명(삼상 20:20) 활이나 총을 쏠 때의 목표. target.

과다 [過多;지낼 과, 많을 다]명

(신 25:3) 너무 많음. excess. 부 과다히.

과도 [過度;지낼 과, 법도 도]명(잠 11:24) 정도에 넘침. excess.

과동 [過冬;지낼 과, 겨울 동]명(사 18:6) 겨울을 남. 월동. 겨우살이. passing the winter.

과목 [果木;과실 과, 나무 목]명(창 1:11) 과실 나무. fruit

tree. → 과수

과부〔寡婦;홀어미 과, 지어미 부〕명(창 38:14) 결혼을 한 뒤 남편이 죽고 홀로된 여자. 미망인.

* 성경에서는 과부와 고아를 돌보도록 가르친다.

과부 친척〔寡婦親戚;홀어미 과, 지어미 부, 친할 친, 겨레 척〕명(딤전 5:16) 홀로 된 여자 친척. widow in ones family.

과수〔果樹;과실 과, 나무 수〕명(아 4:13) 과실 나무. 과목. fruit tree.

과식〔過食;지낼 과, 밥 식〕명(잠 25:16) 지나치게 너무 많이 먹음. overeating.

과실[1]〔果實;과실 과, 열매 실〕명(레 19:24) 열매. 주로 가꾸는 식물에서 나는 식용의 열매(경제에 있어서 이익).

과실[2]〔過失;지낼 과, 잃을 실〕명(창 37:2) ①잘못이나 허물. 과오. fault. ②조심하지 않았거나 일부러 하지 않은 일.

과연〔果然;과실 과, 그럴 연〕부(창 18:21) 알고 보니 정말. really.

과원〔果園;과실 과, 동산 원〕명(전 2:5) 과실 나무를 재배하는 농원. 과수원. orchard.

과원지기〔果園~;과실 과, 동산 원〕명(눅 13:7) 과수원을 관리하고 지키는 사람. gardener.

과자〔菓子;과자 과, 아들 자〕명(출 16:31) 밀가루, 쌀가루, 설탕 따위로 만들어 끼니 밖에 먹는 기호 음식의 총칭. cake.

과장〔誇張;자랑 과, 베풀 장〕명(사 16:6) 실제보다 더 크게 떠벌림. exaggeration.

과하〔過夏;지낼 과, 여름 하〕명(사 18:6) 여름을 남. spending the summer day.

과하다〔過~;지낼 과〕형(창 33:13) 정도가 지나치다. too much.

곽〔廓;둘레 곽〕명(사 26:1) ①둘레. ②큼. ③넓음. 성경에서는 성벽을 말함. walls.

관[1]〔冠;갓 관〕명(출 28:4) 머리에 쓰는 것. 지위에 따라 모양과 종류가 다르다. 또는 의식에 따라 다르다.

관[2]〔棺;널 관〕명(눅 7:14) 시체를 담는 궤. coffin.

관[3]〔管;피리 관〕명(욥 40:18) 〈악〉 ①길이가 길며 속이 빈 둥근 물건. 기체, 액체를 보내는 데 씀. pipe. ②대로 만든 민속 악기의 하나. 관악기. wind instrument.

관계〔關係;상관할 관, 걸릴 계〕명(왕상 12:16) ①둘 이상이 걸림. 얽힘. relation. ②남녀의 성행위. connection.

관념〔關念;상관할 관, 생각 념〕

명(출 7:23) 마음에 두고 잊지 못함. 관심. interest.

관례〔官隷;벼슬 관, 종 례〕명(마 5:25) 관에서 부리는 하인들. 관하인(官下人)

관리[1]〔官吏;벼슬 관, 아전 리〕명(창 41:34) 국가 공무원. 벼슬아치. government official.

관리[2]〔管理;피리 관, 다스릴 리〕명(민 1:50) ①사무를 정리하고 처리함. administration. ②아랫 사람을 부리고 다스림. supervision. ③일을 다스림. control. ④물건을 처리함. charge.

관리장〔官吏長;벼슬 관, 아전 리, 길 장〕명(왕상 4:5) 관직의 장. 대신. chief of the district governors.

관망〔觀望;볼 관, 바랄 망〕명(창 42:1) ①형세를 바라다봄. 어떻게 될는지 지켜봄. observation. ②멀리서 바라다 봄. prospect.

관세〔關稅;관계할 관, 세금 세〕명(마 17:25) 〈법〉국경을 통과하는 상품에 대하여 세관에서 받는 세금. customs.

관속〔官屬;벼슬 관, 엮을 속〕명(눅 12:58) 옛날 지방 관청의 아전(衙前)과 하인.

관심〔關心;관계할 관, 마음 심〕명(사 5:12) 마음에 두고 잊지 못함. interest.

관악〔管樂;피리 관, 풍류 악〕명(시 5:) 〈악〉관악기로 연주하는 음악. pipe music.

관영〔貫盈;꿸 관, 찰 영〕명(창 6:5) 가득 참, 미치지 않은 곳이 없음.
* 죄가 관영하면 심판이 임한다.

관용〔寬容;너그러울 관, 얼굴 용〕명(롐 13:14) 너그럽게 받아들이거나 용서함. tolerance.

관원〔官員;벼슬 관, 수효 원〕명(삿 5:7) 국가 또는 지방 공공 단체의 사무를 담당하는 사람. 공무원. public official.

관원장〔官員長; ~길 장〕명(창 40:2). 어떤 공직 부서의 책임을 맡고 있는 사람.

관유〔灌油;물댈 관, 기름 유〕명(출 25:6) 관제에서 쓰는 기름.

관작〔官爵;벼슬 관, 잔 작〕명(에 6:3). 관직과 작위. official rank and peerage.

관장〔官長;벼슬 관, 길 장〕명(왕상 4:19) 지방을 관할하는 수령을 높여 부르는 말.

관절〔關節;빗장 관, 마디 절〕명(히 4:12) 뼈와 뼈가 결합되는 부분. 사이에 관절강이 있어 두 뼈가 움직일 수 있음. joint.

관정〔官庭;벼슬 관, 마당 정〕명(마 27:27) 관청의 뜰.

garden of a government office.

관제〔灌祭;정성드릴 관, 제사 제〕명 각종의 희생 제사 중 하나로서, 포도주를 부어 드리는 제사법. 이것은 번제와 소제와 함께 드려지는데, 말하자면 보조적인 희생이다. 포도주 외에도 기름과 동물의 피를 쏟아 붓는 경우도 있다.

* 관제는 성도의 순교를 뜻한다(빌 2:17, 딤후 4:6).

관직〔官職;벼슬 관, 맡을 직〕명(사 22:19) 관리의 직제. 또는 직책. government post (service).

관하다〔關~;상관할 관〕자(창 48:7) 대하다. 관계하다. be connected with.

관할〔管轄;맡을 관, 다스릴 할〕명(민 25:5) ①일정한 권한에 의해 통제하거나 지배함, 또는 그 미치는 범위. jurisdiction. ②국가 및 권한에 의해 다루는 사무에 관하여 지역, 사항, 안건상(案件上)의 범위.

관할하〔管轄下; ~아래 하〕명(민 33:1) 관찰하는 아래. under the leadership.

괄리다 타(사 44:12) 일을 하다. 만들다. 행하다. 정하다. 범하다. 등의 뜻이 있는 「히브리」어 「파알-פָּעַל」을 옮긴 말.

괄시〔恝視;소홀히할 괄, 볼 시〕명(왕상 2:16) 푸대접함. 업신여겨 하찮게 대함. cold treatment.

광〔廣;넓을 광〕명(창 6:15) 너비. 면적. width.

광〔鑛;쇳돌 광〕명(욥 28:1) 땅속에 있는 광물을 파내기 위하여 만든 구덩이 또는 굴, 갱(坑). pit.

광경〔光景;빛 광, 빛 경〕명(출 3:3) ①벌어진 일의 형편과 모양. a spectacle. ②좋지 못한 몰골. 볼썽 사나운 꼴. a sight.

광고〔廣告;넓을 광, 알릴 고〕명(렘 50:2) 세상에다 널리 알림. public notice.

광대하다〔廣大~;넓은 광, 큰 대〕형(출 3:8) 넓고 큼. vast.

광막〔廣漠;넓을 광, 아득할 막〕명(사 22:18) 아득하게 넓음. 한없이 너름. vastness.

광명〔光明;빛 광, 밝을 명〕명(창 1:14) ①밝은 빛. ②빛을 내는 물체(해, 달, 별) light.

광석〔鑛石;쇠붙이 광, 돌 석〕명(욥 28:3) 금, 은, 쇠 등이 섞인 돌. ore.

광선〔光線;빛 광, 줄 선〕명(삼하 23:4) 빛. right. 빛의 줄기, 빛살, 빛이 나아가는 길.

광야〔曠野;빌 광, 들 야〕명(창 14:6) 너른 들판, 거친 들. desolate plain.

광음〔光陰;빛 광, 그늘 음〕명(습 2:2) 흘러가는 시간. 세월. time and tide.

광장〔廣場;넓을 광, 마당 장〕명(왕상 22:10) 너른 마당, 너른 빈 터. open place.

광주리 명(창 40:16) 대나 버들 따위로 엮어 만든 큰 그릇. round wicker basket.

광채〔光彩;빛 광, 채석 채〕명(출 34:29) ①눈부신 빛. lustre. ②어두운 속을 비추는 힘. brilliancy. ③뛰어난 모양. eminence.

광패〔狂悖;미칠 광, 거스를 패〕명(전 10:13) 미친 사람처럼 도의에 벗어나는 언행을 가짐. frenzy.

광포〔廣布;넓을 광, 베 포〕명(대상 10:9) ①널리 알림. public proclamation. ②폭이 넓은 베.

광풍〔狂風;미칠 광, 바람 풍〕명(욥 8:2) 휘몰아치는 사나운 바람. violent gale.

광활〔廣闊;넓을 광, 넓을 활〕명(대상 4:40) 훤하게 크고 너름. vastness.

괘념〔掛念;걸 괘, 생각 념〕명(삼하 13:33) 마음에 거리낌을 두고 있지 않음.

괘씸하다 형(대상 21:7) 예절이나 의리가 없어 기분이 좋지 못하다. be insolent.

괭이 명(삼상 13:20) 땅을 파는 농기구의 하나. hoe.

괴롭다 형(신 1:12) 몸이나 마음이 편안하지 아니하여 고생스럽다. painful.

괴수〔魁首;우두머리 괴, 머리 수〕명(왕상 11:24) 나쁜 무리의 두목. 수괴. ringleader.

괴악〔怪惡;괴이할 괴, 악할 악〕명(삼하 13:13) 말과 하는 짓이 이상 야릇하고 매우 악함. wickedness.

괴이〔怪異;괴이할 기, 다를 이〕명(잠 23:33) ①이상 야릇함. mystery. ②알 수 없음.

괴혈병〔壞血病;무너질 괴, 피 혈, 병들 병〕명(레 21:20) 피가 잘 나고 빈혈이 생기는 병. 일반적으로 비타민 C가 부족하여 생김. 성경 원어상으로는 비듬, 헌데, 딱지 등의 뜻도 있다.

굄 명(에 2:15) 받쳐 괴는 일이나 물건. prop.

굉굉〔轟轟;뭇 수레소리 굉〕명(나 3:2) 소리가 몹시 요란함. thunderous.

교〔敎;가르칠 교〕명(행 2:10) ①종교의 준말. religion. ②

가르침. 깨우쳐 주다. instruct.

교계〔較計;비교할 교, 셈할 계〕 명(창 23:15) 맞나 안 맞나 서로 견주어 살핌.

교도〔教導;가르칠 교, 인도할 도〕명(왕상 12:6) 가르쳐 잘 이끌어 줌. instruction.

교만〔驕慢;교만할 교, 게으를 만〕명(레 26:19) 제 스스로가 잘난 체하며 겸손하지 않고 뽐내어 방자함. haughtiness.

* 하나님을 의지하지 않고 제 힘으로 살겠다는 것이 교만이다.

교만한 자〔驕慢~者;~놈 자〕 명(욥 40:, 전 4:4) ①썩 잘됨. ②기이하고 묘함. skill.

교법사〔教法師;가르칠 교, 법 법, 스승 사〕명(눅 5:17) 교리를 가르치는 스승. teachers of the law.

교사〔教師;가르칠 교, 스승 사〕 명(사 43:27) 선생. 학문이나 기술을 가르치는 사람. teacher.

교양〔教養;가르칠 교, 기를 양〕 명(엡 6:4) ①가르치어 기름. ②사회 생활에서 이루어지는 품행, 학식을 배워 닦은 수양. cultivation.

교육〔教育;가르칠 교, 기를 육〕 명(왕하 10:1) 가르치어 지식을 가지게 하는 일. instruction.

교인〔教人;가르칠 교, 사람 인〕 명(마 23:15) 신자, 종교인, 성도. believer.

교자〔轎子;가마 교, 아들 자〕명 (사 66:20) → 가마. 멜빵에 걸어 메고 다니는 탈 것의 한 가지. palanquin.

교전〔交戰;사귈 교, 싸울 전〕명 (창 14:9) 서로 맞붙어 싸움. 전쟁터에서 싸움. engagement.

교접〔交接;사귈 교, 사귈 접〕명 (레 18:23) ①서로 맞닿아서

붙음. intercourse. ②=성교(性交).

교제〔交際;사귈 교, 사이 제〕명 (대하 20:35) 서로 사귐. intercourse.

교중〔教中;가르칠 교, 가운데 중〕명(고전 5:12) 교회 가운데.

교창〔交窓;사귈 교, 창 창〕명 (왕상 6:4) 분합문(分閤門) 위에 가로로 길게 짜서 끼우는 빛받이 창.

교통〔交通;사귈 교, 통할 통〕명 (잠 3:32) ①서로 막힘이 없

이 오가는 일. intercourse. ②사람의 왕래, 화물의 운반, 의사의 전달 따위의 총칭. traffics.

교합〔交合;사귈 교, 합할 합〕[명](레 19:19) ①남녀가 육체적으로 관계. 성교. sexual intercourse. ②포유 동물의 암수가 수정하기 위하여 교접하는 일.

교환〔交換;사귈 교, 바꿀 환〕[명](룻 4:7) 서로 바꿈. exchange.

교활〔狡猾;교활할 교, 교활할 활〕[명](시 105:25) 간사한, 꾀가 많은. cunning.

교회〔敎會;가르칠 교, 모일 회〕[명](마 16:18) ①부름받은 성도의 모음. ②그리스도의 몸(롬 12:5). ③성도. ④예배당을 교회로 부르나, 교회당이어야 한다. 교회는 성도의 모임이며, 건물이 아니다.

교훈〔敎訓;가르칠 교, 가르칠 훈〕[명](신 32:2) 가르치고 타이름. 앞으로 살아가는데 도움이 될 만한 것. instruction.

구걸〔求乞;구할 구, 빌 걸〕[명](시 109:10) 돈이나 먹을 것을 거저 얻으려는 행위. 비럭질. 동냥. begging.

구경〔求景;구할 구, 빛 경〕[명](삼상 17:28) 어떤 대상을 재미있게 봄. seeing a sight.

구경거리〔求景~;구할 구, 빛 경〕[명](겔 28:17) 구경할 만한 흥미가 있는 대상. 구경감.

구니〔גּוּנִי=닮음, 비슷함〕[인]
[1]「납달리」의 부족. 「구니」인의 조상(창 46:24).
[2]「갓」 자손의 족장. 「아하」의 증조(대상 5:15).

구다〔כּוּתָה=불명〕[지](왕하 17:24) 「바벨론」 동북방에 있는 옛 도시. 「앗수르」 왕이 이곳 사람을 「사마리아」로 이주시켜서 살게 하였다. 현재의 이름은 「텔이브라함」이다.

구더기[명](욥 7:5) 파리의 유충. maggot.

구덩이[명](창 14:10) 땅이 움푹 들어간 곳. hollow. ②광물질을 캐기 위하여 판 굴. pit.

구렁[명](잠 23:27) 움푹 패어 들어간 땅. 깊이 빠진 곳. pit. 빠지면 헤어나기 힘든 곳을 말함. depths.

구레네〔*Κυρήνη*=담〕[지](마 27:32) 「애굽」 서쪽 「드리폴리」의 한 지명. 예수의 십자가를 지고 간 「시몬」의 고향이다. 현재의 이름은 「엘그렌나」.

주전 632년에 「헬라」식민지로 창건한 명읍(明邑)이더니, 「알렉산더」 대왕이 죽은 후에는 「애굽」에 속하였고 「유대」인이 많이 살았다.

구레뇨〔*Κυρήνιος*=관할하는 자〕[인](눅 2:2) 「수리아」에 있던 예수님 당시 「로마」의 총독. 그가 인구 조사(호적)할 때 예수님께서 탄생하셨다(눅 2:17).

구로〔劬勞;수고로울 구, 일할 로〕[명](욥 39:16) 힘들여 수고함. efforts.

구류〔拘留;잡을 구, 머무를 류〕[명](사 43:6) 잡아서 가두어 두는 것. detention.

구르〔גּוּר = 바알이 거처하는, 불쌍한 아이〕[지](왕하 9:27) 「예후」가 「유대」 왕 「아하시야」를 친 곳이다. 왕은 여기서 부상하였다.

구르다[자](시 107:27) 데굴데굴 돌며 굴러가다. roll. ②발을 들먹거리다. shake.

구르바알〔גּוּר־בַּעַל=바알의 거주지〕[지](대하 26:7) 「웃시야」가 쳐서 이긴 「아라비아」의 한 지방.

구름[명](창 9:13) 하늘에 올라간 수증기가 엉켜 떠다니는 것. cloud.

구름 기둥[명](출 13:21) 하나님께서 이스라엘 백성을 애굽에서 인도하실 때, 이스라엘 백성 앞에서 가게 하신 세로 선 구름 둥치.
* 구름 기둥은 하나님의 임재를 상징한다.

구름 하늘[명](잠 8:28) 구름 낀 하늘, 창공, 궁창.

구리[명](겔 1:7) 금속 원소의 하나. 붉은 빛깔로 전기가 잘 통한다. 기호 Cu. 원자 번호 29. 원자량 63. 53. 동, 적금. copper.

구리 장색〔~匠色;장인 장, 빛 색〕[명](딤후 4:14) 구리로 물건 만드는 일을 업으로 삼는 사람.

구멍[명](출 28:32) 뚫어지거나 파낸 자리. hole. 허술하고 빈 데가 있음을 일컬음.

구박〔驅迫;몰 구, 핍박할 박〕[명](잠 19:26) 몹시 못 견디게 굶. 몹시 괴롭힘. cruel.

구변〔口辯;입 구, 말 잘할 변〕[명](삼상 16:18) 말솜씨, 언변. eloquence.

구별〔區別;구역 구, 나눌 별〕[명](출 8:22) ①종류에 따라 갈라 놓음. classification. ②차별을 둠. 차별함. discrimination.

구부러지다[자](삿 5:27) 굽어지다. 한 쪽으로 휘어지다. be crooked.

구분〔區分;구역 구, 나눌 분〕[명](창 30:40) 따로 따로 갈라 나눔. division.

구브로〔כִּתִּים = 구리〕[지](행 4:36) ①지중해 동북쪽에 있는 섬. 박해를 피하여 온 사람들이 교회를 세웠다(행 11:19). ②「바나바」와 「나손」의 고향(행 4:36). ③「바울」, 「바나바」, 「마가」 셋이 동반하여 전도함(행 13:4). ④「바나바」와 「마가」가 2차 전도하였다(행 15:39). ⑤사울이 이곳에서 바울로 이름을 바꾸었다. ⑥현재의 이름은 「사이프러스」이다.

구비〔具備; 갖출 구, 갖출 비〕[명](삼하 23:5) 다 갖춤. possessing.

구사〔*Χουζᾶς*〕[인](눅 8:3) 헤롯의 청지기이며, 요안나의 남편이다.

구사야〔קוּשָׁיָהוּ = 하나님이 사랑하신다〕[인](대상 15:17) 「므라리」 자손으로 「다윗」이 음악을 연주하도록 한 「에단」의 아버지.

구산〔כּוּשַׁן〕[인](합 3:7) 「미디안」 사람.

구산 리사다임〔כּוּשַׁן רִשְׁעָתַיִם〕[인](삿 3:8-10) 「이스라엘」을 8년간 압제한 「메소보다미아」 왕이다.

구석[명](삿 19:1) ①겉으로 잘 드러나지 않는 곳. nook. ②모퉁이진 곳 안. 안쪽. corner.

구설〔口舌; 입 구, 혀 설〕[명](시 31:20) 시비하거나 비방하는 말. words of denunciation.

구속〔拘束; 잡을 구, 묶을 속〕[명](고전 7:15) 자유를 억제함. 속박. restriction.

구속〔救贖; 구원할 구, 살 속〕[명](출 6:6) 그리스도가 죄악에서 인류를 건져냄. salvation.

구속자〔救贖者; ~놈 자〕[명](시 19:14) 죄악에서 인류를 구원하신 그리스도(고전 1:30).

구스〔כּוּשׁ = 검다〕[인](창 10:6)
[1]「노아」의 손자. 「함」의 아들(대상 1:8).
[2]「베냐민」 사람으로, 「사울」의 부하. 「다윗」을 미워하던 사람(시 7:).

구스〔כּוּשׁ = 탄 얼굴〕[지](창 2:13) ①에덴 동산의 네 강 유역 중 하나. ②「구스」의 자손들이 살므로 「구스」라 하였다. ③「유대」 왕 「아사」 때에 「구스」인 「세라」가 군대를 거느리고 와서 치려할 때, 여호와께 기도하여 전멸시켰고(대하 14:9-13). ④「히스기야」 왕 때에 「구스」 왕 「더르하가」가 「앗수르」와 싸우려 함(왕하 19:9). ⑤사도 시대에 「구스」 내시가 「빌립」에게 세례를 받았다(행 8:26-39).

구슬 명(아 4:9) 보석붙이로 둥글게 만든 물건. gem.

구슬꿰미 명(아 1:10) 보석붙이로 둥글게 만든 물건을 꿰어둔 꾸러미. gem. jewel.

구습〔舊習;옛 구, 익힐 습〕명(엡 4:22) 옛적 버릇. 옛부터 내려오는 관습. old custom.

구시〔כּוּשִׁי = 하나님을 두려워함〕인(렘 36:14) ①「여후디」의 증조부. ②「스바냐」의 부친(습 1:1).

구아도〔*Κούαρτος* = 넷째〕인(롬 16:23) 「바울」과 함께 「로마」 신자에게 인사한 고린도 신자(롬 16:23). 전설에는 70인 중의 일인이었다 하며, 「베리타스」의 감독이었다고 한다.

구약〔舊約;옛 구, 약속할 약〕명(고후 3:14) 성경 창세기부터 말라기까지의 39권. 오실 메시아를 약속하신 하나님의 말씀. old covenant.

구역〔區域;구역 구, 지경 역〕명(창 36:30) 갈라놓은 지역. district.

구원〔救援;구원할 구, 도울 원〕명(창 45:7) ①하나님의 값없는 은혜로 죄악과 고통에서 건져주심. ②재난, 불행, 외적의 침략으로부터 구원받는 일의 실례가 되고 있다(히 11:7, 출 14:13, 신 20:4, 눅 1:71, 행 7:25).

구원자〔救援者;~놈 자〕명(삿 3:9) 도와서 건져주는 사람으로, 참 구원자는 그리스도시다.

구유 명(창 24:20) 마소의 먹이를 담아 주는 나무통. manger.

구음〔口音;입 구, 소리 음〕명(창 11:1) 말, 언어, 방언. language.

구재〔口才;입 구, 재주 재〕명(눅 21:15) ①말솜씨가 좋음. eloquence. ②노래를 잘함. singing talent.

구전〔口傳;입 구, 전할 전〕명(렘 36:4) 말로 전함. oral instruct.

구제〔救濟;건질 구, 건널 제〕명(신 15:10) 불행이나 재해 등으로 어려운 형편에 빠진 사람을 도와 건져 줌. 이 구제는 구약에도 있었고(잠 19:17), 특히 신약에서의 현저한 사상으로 기쁜 마음으로 자진해서 해야 한다.

* 구제는 은밀하게 하는 것이다(마 6:3).

구조〔救助;건질 구, 도울 조〕명

ㄱ

(수 10:6) 구원하고 도와줌. rescue.

구조〔構造; 얽을 구, 지을 조〕명 (왕하 16:10) 꾸며 만듦. 꾸밈새. structure.

구주〔救主; 건질 구, 임금 주〕명 (눅 1:47) 인류를 죄악에서 구원할 메시아 예수 그리스도. saviour.

구차하다〔苟且; 진실로 구, 또 차〕형(막 12:44) 몹시 가난하고도 궁색하다. destitute.

구축〔驅逐; 몰 구, 쫓을 축〕명 (욥 38:13) 몰아서 내쫓음. expulsion.

구타〔毆打; 때릴 구, 칠 타〕명 (신 17:8) 심하게 때리고 침. 몹시 두들김. blow.

구태여 부(고전 6:1) 애써 짓궂이. 일부러, 짐짓. intentionally.

구푸리다 타(창 50:1) 몸을 앞으로 구부리다.

구하다[1]〔求~; 구할 구〕타(창 23:8) 필요한 것을 손에 넣으려고 찾거나 청하는 것. get look for

구하다[2]〔救; 구원할 구〕타(창 42:19) ①위태롭고 어려운 지경에서 건져내다. endure. ②물건을 주어 어려운 생활 형편을 돕다. rescue. ③병을 잘 고치다. relief.

구합〔苟合; 진실로 구, 합할 합〕명(신 27:20) ①아부함. ②겨우 합치함.

구합〔媾合; 화친할 구, 합할 합〕명(겔 22:10) 성교. sexual intercourse. 남녀가 약속을 맺음.

국[1] 명(삿 6:19) ①고기, 채소 따위를 넣고 물을 많이 부어 끓인 음식. 높 메탕. soup. ②국물.

국[2]〔國; 나라 국〕접미(출 11:3) 나라를 뜻하는 말.

국가〔國家; 나라 국, 집 가〕명 (사 34:12) 나라를 법적으로 부르는 말. 일정한 영토와 국민, 주권이 있어야 한다. state.

국경〔國境; 나라 국, 지경 경〕명 국가와 국가와의 판도를 구획한 경계선. 국계(國界) border. (민 33:37).

국고〔國庫; 나라 국, 창고 고〕명 (대하 8:15) 나라의 창고. 나라의 돈, 재물을 보관하는 곳. national treasury

국고성〔國庫城; ~성 성〕명(출 1:11) 국가의 창고를 건축해 둔 성.

국권〔國權; 나라 국, 권세 권〕명 (단 2:44) 나라의 권력. national rights.

국내〔國內; 나라 국, 안 내〕명 (사 39:2) 나라 안. interior.

국모〔國母; 나라 국, 어미 모〕명 (렘 29:2) 임금의 아내, 왕비(王妃). queen.

국문〔鞫問;문초할 국, 물을 문〕명(왕상 8:32) 중죄인을 문초, 신문하는 일. trial for felony.

국물명(겔 24:10) ①국, 찌개 등의 물. 준 국

국민〔國民;나라 국, 백성 민〕명(창 25:23) 한 나라의 통치권 아래에 있는 사람.

국사〔國事;나라 국, 일 사〕명(단 6:4) 나라의 여러 가지 일. national affairs.

국세〔國稅;나라 국, 세금 세〕명(롬 13:7) 나라에서 경비의 재원을 확보하기 위하여 직접 간접으로 국민으로부터 받아들이는 세금. national tax.

국왕〔國王;나라 국, 임금 왕〕명(시 135:11) 나라의 임금. king.

국중〔國中;나라 국, 가운데 중〕명(창 41:34) 나라 안, 국내

국토〔國土;나라 국, 흙 토〕명(민 32:33) 나라의 영토. land of a country.

군[1]〔君;임금 군〕명(단 10:13) 임금의 족속이나 공있는 신하의 봉작(封爵)의 하나. 대 자네. you.

군[2]〔軍;군사 군〕명(창 10:9) ①일정한 조직, 편제를 가진 군인의 집단. army. ②군인의 별칭.

군[3]〔כּוּן=견고함〕지(대상 18:8) 수리아의 성읍. 「하닷에셀」 왕의 성으로서, 「다윗」이 놋쇠를 많이 취한 곳.

군관〔軍官;군사 군, 벼슬 관〕명(눅 22:4) ①장교. officer. ②군사(軍事)를 맡아보는 관리.

군급〔窘急;군색할 군, 급할 급〕명(삼상 28:15) 일이 막히어 트이지 않아 급함. emergency.

군기〔軍器;군사 군, 그릇 기〕명(대상 12:33) 군대에서 필요로 하는 기구. 유 병기. arms.

군기고〔軍器庫;~창고 고〕명(왕하 20:13) 무기를 쌓아둔 창고.

군대〔軍隊;군사 군, 대 대〕명(창 32:2) 일정한 조직 편제를 가진 군인의 집단. army.

군대 장관〔軍隊長官;~긴 장, 벼슬 관〕명(창 21:22) 군대의 우두머리. commander of army.

군도〔軍刀;군사 군, 칼 도〕명(잠 30:14) ①군인들이 차는 긴 칼. sword. ②전쟁에 쓰는 칼. sabre.

군량〔軍糧; 군사 군, 양식 량〕[명] (왕상 20:27) 군대에서 사용하는 양식. provisions.

군마〔軍馬; 군사 군, 말 마〕[명] (삿 5:22) 군사(軍事)나 전쟁에서 쓰는 마필. military horse.

* 이스라엘 군마는 큰 힘줄을 끊었다. 하나님께서 승리하게 하신다.

군물〔軍物; 군사 군, 만물 물〕[명] (왕하 7:15) 군대에서 쓰는 무기. 깃발 따위의 물품. military supplies.

군박〔窘迫; 군색할 군, 핍박할 박〕[명](애 1:7) ①몹시 가난하여 옹색함. a poor life. ②어려운 고비에 막혀 일의 형세가 급함. ③적에게 공격을 당하여 괴로움을 받음. destitution.

군병〔軍兵; 군사 군, 병사 병〕[명] (마 27:27) 계급이 낮은 하사관 이하의 군인. 군사. soldier.

군복〔軍服; 군사 군, 옷 복〕[명] (삼상 17:38) 군인이 입는 제복. military uniform.

군사〔軍士; 군사 군, 선비 사〕[명] (창 14:10) 군병. 병사. 군인. soldier.

군왕〔君王; 임금 군, 임금 왕〕[명] (시 2:2) 임금. king.

군인〔軍人; 군사 군, 사람 인〕[명] (민 31:21) 육·해·공군 장교, 사병의 총칭. soldier.

군장〔君長; 임금 군, 길 장〕[명] (단 10:13) 군주. 부락의 우두머리. the chiet angels.

군장〔軍長; 군사 군, 길 장〕[명] (수 10:24) 군대를 통솔하는 대장.

군주〔君主; 임금 군, 주인 주〕[명] (사 19:4) 임금. king.

군중[1]〔軍中; 군사 군, 가운데 중〕[명](삼상 29:6) ①진영의 안. in the camp. ②군대의 안. in the army.

군중[2]〔群衆; 무리 군, 무리 중〕[명](신 4:19) ①한 곳에 모인 많은 무리. crowd. ②대중(大衆).

군축〔窘逐; 군색할 군, 쫓을 축〕[명](애 3:43) 남김없이 몰아냄. 샅샅이 쫓아버림. pursuit.

군호〔軍號;군사 군, 이름 호〕명 (삿 20:38) ①군중에서 쓰는 암호. password. ②서로 눈치나 말로써 가만히 내통하는 짓. signal. ③대궐의 순라병이 쓰던 암호.

굳게 부(수 3:17) 단단하게 확실히 firmly.

굳다 형(신 8:15) ①누르는 힘에 그 본래의 모양을 바꾸지 않고 견디는 힘이 세다. solid. ②변하거나 흔들리거나 또는 함락시킬 수 없을 만큼 견딜 힘이 강하다. strong. ③태도나 표정이 긴장되어 딱딱하다. steadfast.

굳세다 형(눅 23:5) ①한 번 먹은 마음이나 뜻을 굽히거나 변함없이 그대로 지니고 나아가다. firm. ②힘차고 튼튼하다. strong.

굳어지다 자(욥 38:30) 굳게 되다. become firm.

굴〔窟;깊을 굴〕명(창 19:30) 땅이나 바위가 깊이 파인 곳. cave.

굴다 자(렘 6:26) →구르다. 제 몸을 중심으로 싸고 데굴데굴 돌아나가다.

굴뚝 명(호 13:3) 불을 땔 때 연기가 나가도록 세운 것. 연통. chimny.

굴러가다 자(수 5:9) 굴러서 앞으로 나가다. roll along.

굴레 명(욥 30:11) ①마소의 목에서 고삐에 걸쳐 얽은 줄. bridle. ②속박. 얽매는 것.

굴리다 타(삼상 14:33) ①굴러가게 하다. roll. ②잘 간수하지 않고 내버려두다. neglect to take care.

굴복[1]〔屈服;굽을 굴, 옷 복〕명 (창 27:29) 굽히어 복종함. 뜻을 굽힘. surrender.

굴복[2]〔屈伏;굽을 굴, 엎드릴 복〕명(시 18:39) 항복하거나 힘에 겨워 꿇어 엎드림. yielding.

굴어지다 자(삼하 20:12) 구르다. 굴러가다. 뒹굴다. 넘어져 있다. 기회를 찾다. 등의 뜻이 있는 「히브리」 어의 번역말.

굴욕〔屈辱;굽을 굴, 욕될 욕〕명 (에 6:13) 남에게 억눌려 업신여김을 받는 수치스러움. humiliation.

굴하다〔屈～;굽을 굴〕자타(욥 19:6) ①몸을 굽히다. ②마음이 약해지다. yield. ③복종하다.

굴혈〔窟穴;굴 굴, 구멍 혈〕명 (시 10:9) 나쁜 짓을 하는 무리들이 모여 있는 곳. den. 소굴.

굵다 형(창 37:34) 부피가 크다. big.

굵은 밀가루 명(왕상 4:22) 밀을 거칠게 간 가루.

굵은 베 명(창 37:34) 옷감의 씨와 날이 굵은 것으로 짠 천. 죽은 자를 곡할 때, 국가의 재앙이 있거나 불행이 오려할 때(왕상 21:27, 느 9:1), 슬픔과 참회의 표로서(마 11:21, 눅 10:13), 또는 압박에 대한 반항으로(에 4:1-4) 이 천을 허리에 두르고 재에 앉아 머리에도 재를 끼얹었다.

굶 동(겔 27:30) 데굴데굴 구름.

굶기다 사동(마 15:32) 굶게 하다. be starved.

굶다 자(고후 11:27) 먹을 것을 먹지 않음. 식사를 거르다. starv.

굽 명(창 49:17) 말·소·양 등의 발톱. hoof. ②그릇의 받침. foot. ③나막신에 달린 발. supports. ④구두의 밑바닥 뒤축에 붙은 부분. heel.

굽〔כּוּב = 가시나무〕지(겔 30:5) 「느부갓네살」 때에 「애굽」과 동맹하였던 지방.

굽다[1] 형(출 23:8) 한쪽으로 휘어져 있다. curved.

굽다[2] 타(창 11:3) 불에 익히거나 또는 약간 타게 하다. roast. 벽돌, 옹기 등을 굽다.

굽어보다 타(욥 30:20) ①고개를 숙이거나 허리를 숙여서 아래를 내려다 봄. 아랫 사람을 도와주려고 살피다.

굽어살피사 타(시 14:2) 아랫 사람을 도우려 살피심.

굽이 명(느 3:19) 휘어서 굽은 곳. 구부러진 곳. curve.

굽히다 타(창 18:2) ①구부리게 하다. 구푸리다. ②뜻을 꺾다.

굿〔כּוּת〕지(왕하 17:30) 「굿」 자손의 나라. 「앗수르」 왕에 의해 「이스라엘」 백성들이 포로로 잡혀간 후, 그 땅에 살게 한 백성. 그 후 남아 있는 자들과 한 민족이 되었는데, 이들이 「사마리아」 사람들이다.

굿고다〔גְגוֹתָחִי = 물 많은 우물, 갈라진 틈〕지(신 10:7) 「가데스」와 「모압」 사이에 있던 「이스라엘」의 유숙지.

궁〔宮; 집 궁〕명(창 12:15) 왕족의 집. palace.

궁구〔窮究; 다할 궁, 궁구할 구〕명(욥 28:3) 속 깊이 연구함. 또는 그 연구. thorough investigation.

궁궐〔宮闕; 집 궁, 대궐 궐〕명(왕하 21:18) 임금이 거처하는 집. royal palace.

궁내〔宮內; 집 궁, 안 내〕명(에 1:8) 대궐의 안.

궁내 대신〔宮內大臣; 집 궁, 안

내, 큰 대, 신하 신]명(왕상 4:6) 벼슬 이름. charge of the palace servants.

궁녀[宮女;집 궁, 계집 녀]명(에 2:3) 나인(內人). 시녀(侍女). lady in waiting.

궁문[宮門;집 궁, 문 문]명(대하 12:10) 궁전의 문, 궐문. palace gate.

궁성[1][宮星;집 궁, 별 성]명(왕하 23:5) 별의 명칭.

궁성[2][宮城;집 궁, 성 성]명(사 13:22) 궁궐을 둘러 싼 성벽. royal castle wall.

궁실[宮室;집 궁, 집 실]명(대상 17:1) 궁전에 있는 방. room of a palace.

궁장[宮墻;집 궁, 담 장]명(애 2:7) →궁성(宮城). royal castle wall.

궁전[宮殿;집 궁, 대궐 전]명(시 48:13) 궁궐. royal palace.

궁정[宮庭;집 궁, 뜰 정]명(왕상 5:9) 대궐 안의 마당. 궐내. court.

궁중[宮中;집 궁, 가운데 중]명(창 45:2) 궁 안. court.

궁창[穹蒼;하늘 궁, 푸를 창]명(창 1:6) 높고 맑게 갠 푸른 하늘. blue sky.

궁핍[窮乏;다할 궁, 모자랄 핍]명(욥 30:3) 몹시 가난하고 어려움. want.

궁핍한 자명(신 15:11) 몹시 가난하고 어려운 사람.

* 성도는 궁핍한 자를 도와야 한다.

궂다형(마 16:3) 나쁘고 언짢다. 날씨가 좋지 않다. bad.

권[權;권세 권]명(요 18:31) 어떤 일을 결정할 수 있는 힘을 가진 것. 권한.

권계[勸戒;권할 권, 경계할 계]명(살전 5:14) 타이르고 조심하게 함. admonition.

권고[1][勸告;권할 권, 알릴 고]명(잠 12:15) 타일러 권함. advice.

권고[2][眷顧;돌아볼 권, 돌아볼 고]명(창 21:1) 돌보아 줌. 귀여워함. favour.

권념[眷念;돌아볼 권, 생각 념]명(창 8:1) 보살펴 생각함. favour.

권능[權能;권세 권, 능할 능]명(창 49:3) 권세와 일을 처리하는 능력. competency.

권능자[權能者;~놈 자]명(막 14:62) 권세와 능력을 가진 자.

* 절대 권능자는 하나님 뿐이다.

권도[權道;권세 권, 길 도]명(고전 7:6) 바른 목적을 달성하기 위한 임기 응변적인 수단과 방법. political expediency.

권력[權力;권세 권, 힘 력]명(왕하 13:8) 남을 강제로 다스릴 수 있는 힘. 공적인 힘을 행사할 수 있는 강력한 힘. authority.

권리〔權利;권세 권, 이할 리〕명(신 21:17) 권세와 이익. 일정한 이익을 주장하고 그것을 누릴 수 있는 자격.

권면〔勸勉;권할 권, 힘쓸 면〕명(스 6:14) 타일러서 힘쓰게 함. encouragement.

권병〔權柄;권세 권, 자루 병〕명(단 4:3) 권력이 있는 정치상의 중요한 지위. power.

권세〔權勢;권세 권, 기세 세〕명(삿 18:7) 권력과 세력. authority.

권세자〔權勢者;～놈 자〕명(롬 8:38) 권력과 세력을 가진 자. heavenly rulers and powers.

권속〔眷屬;돌아볼 권, 엮을 속〕명(창 18:19) 한 집안의 식구. family.

권속 중〔眷屬中;～가운데 중〕명(롬 16:11) 한 집안에 딸린 식구 가운데. in the family.

권영〔權榮;권세 권, 영화 영〕명(대하 2:1) 권세와 영화. authority and prosperity.

권위[1]〔權威;권세 권, 위엄 위〕명(시 93:1) ①권력을 지닌 기관이나 인격, 지위 등이 그 기능의 우위성(優位性)을 공인(公認)시키는 능력. ②일정한 분야나 일반 사회에서 일인자로 인정받고 어떤 영향력을 미칠 수 있는 위신. 또는 그런 대가(大家). ③권력과 위세. power.

권위[2]〔勸慰;권할 권, 위로할 위〕명(롬 12:8) 힘써 위로함. encouragement.

권위자〔勸慰子;～아들 자〕명(행 4:36) 권면하고 위로해 주는 사람. one who encourages.

권유〔勸誘;권할 권, 꾀할 유〕명(렘 20:7) 권하여 타이름. invitation.

권징〔勸懲;권할 권, 징계할 징〕명(욥 7:18) → 권선 징악. 착한 행실을 권장하고 악한 행실을 징계함. promoting virtue and reproving vice.

권하다〔勸～;권할 권〕타(삼상 24:10) 잘 하도록 타이르다. advice.

권한〔權限;권세 권, 한계 한〕명(막 13:34) 법의 규정에 의하여 스스로 처리할 수 있는 범위. 권리. competency

궐〔闕;대궐 궐, 빠질 궐〕명(삿 21:15) ①차례 또는 자리가 빠짐. absence. ②궁궐.

궤〔櫃;함 궤〕명(출 25:10) 나무로 짠 네모진 상자 궤짝. wooden chest

궤계〔詭計;속일 궤, 꾀 계〕명

(민 25:18) 간사스러운 꾀. craft.

궤사〔詭詐;속일 궤, 속일 사〕[명] (시 34:13) 간사한 거짓. fraud.

궤술〔詭術;속일 궤, 꾀 술〕[명] (엡 4:14) 간사한 일을 도모하는 꾀. wily stratagem.

궤휼〔詭譎;속일 궤, 속일 휼〕[명] (욥 5:12) 이상야릇한 속임. wiles.

궤휼자〔詭譎者;~놈 자〕[명](사 24:16) 이상야릇하게 속이는 사람.
* 궤휼자는 사단 마귀이다. traitor.

귀[1] [명](창 35:4) ①얼굴의 좌우에 있어 청각을 맡아 보는 기관. ear. ②넓은 물건의 모퉁이의 끝. corner. ③바늘 구멍.

귀[2]〔貴;귀할 귀〕[명](대상 29:12) 귀하다는 뜻을 나타냄. 값진 것.

귀고리 [명](출 35:22) → 귀걸이 여자의 귀볼에 거는 금, 은, 보석으로 만든 몸치장 고리. earring.
* 지나친 장신구 욕은 우상숭배이다(창 35:4).

귀뚜라미[명](레 11:22) 〈곤〉귀뚜라미과의 곤충. 수컷은 몸이 검은 색이고 암컷은 희누르며, 촉각은 몸보다 길다. cricket.

귀리 [명](사 28:25) 〈식〉포아풀과의 일년생 또는 이년생 재배 식물. 키는 90cm정도. 가지는 사방으로 뻗고 잎은 가늘고 길며 칼집 모양의 자루가 있음. 열매 먹음. 가축의 사료. oat.

귀머거리 [명](출 4:11) 귀먹은 사람. 곧 귀가 어두워서 소리를 잘 듣지 못하는 사람. deaf-mute. 성서에서는 신체적인 귀머거리에 관한 교훈(레 19:14)으로, 영적인 귀머거리(사 6:10) 등이 있다.

귀먹다 [자](막 7:32) ①귀가 어두워서 소리가 잘 들리지 않게 되다. become deaf. ②남의 말을 이해하지 못하다. be difficult to understand.

귀물〔貴物;귀할 귀, 만물 물〕[명] (렘 20:5) 값진 물건. rare.

귀신〔鬼神;귀신 귀, 귀신 신〕[명] (마 7:22) ①죽은 사람의 넋. spirit of dead. ②사람에게 복과 화를 준다고 하는 정령. fierce god(마 4:24). ③마

귀.

귀인〔貴人;귀할 귀, 사람 인〕명 (민 21:18) 존귀한 사람. noble man. sceptre.

귀절〔句節;글귀 구, 마디 절〕명 (행 8:32) → 구절 ①구(句)와 절(節). ②한 토막의 글이나 말. paragraph.

귀정〔歸正;돌아갈 귀, 바를 정〕명(사 1:27) 잘못되어 가던 일이 바른 길로 돌아옴. 자 옳은 길로 돌아와서 끝나다.

귀족〔貴族;귀할 귀, 겨레 족〕명 (민 22:8) ①신분이 높고 가문이 좋은 사람들. nobles. ②사회의 상류층으로 특권을 가진 지배 계급. the aristocracy.

애굽 귀족의 화장

귀중〔貴重;귀할 귀, 무거울 중〕명(삼상 18:30) 귀하고 중함. preciousness.

귀천〔貴賤;귀할 귀, 천할 천〕명 (신 1:17) ①귀한 것과 천한 것. rich and poor. ②신분과 지위의 높고 낮음. high and low.

귀퉁이 명(레 16:18) ①귀의 언저리. the root of the ear. ②모퉁이. corner.

귀하다〔貴~;귀할 귀〕형(삿 5:10) ①신분·지위가 높다. august. ②귀엽다. lovely. ③흔하지 않다. rare. ④값지다. precious. 부 귀히.

귓부리 명(출 29:20)→귓불. 귓바퀴의 아래쪽으로 조금 늘어진 살. 이수. 이타. earlobe.

규례〔規例;법 규, 본보기 례〕명 (출 12;14) 일정한 규칙. rules.

규모〔規模;법 규, 모범 모〕명 (에 1:8) ①본보기가 될 만한 제도. norm. ②일정한 예산의 한도.

규빗〔cubit〕명(창 6:15) 길이의 단위. 작은 규빗은 45cm, 큰 규빗은 약 53cm~55cm.

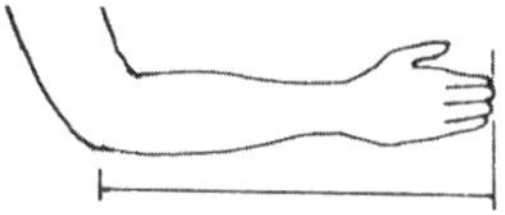

규정〔規定;법 규, 정할 정〕명 (렘 31:35) ①규칙으로 정함. ②법의 조문.

균등〔均等;고를 균, 무리 등〕명 (창 18:25) 고르고 가지런하여 차별이 없음. equality.

그나냐〔כְּנַנְיָה=여호와가 굳게 하셨다〕인(대상 15:22)
1「레위」인의 족장으로, 음악 대장
2「다윗」의 관원 중의 한 사람(대상 26:29).

그나니〔כְּנָנִי=그가 설립하였다〕인(느 9:4) 「느헤미야」

시대에 율법을 낭독하는 것을 도운 「레위」 사람.

그나스〔קְנַז =사냥하다〕[인](창 36:11)
[1]「에돔」 인의 「그나스」 족의 족장.
[2]「갈렙」의 아우 곧, 사사 「옷니엘」의 부친(삿 1:13, 3:9).

그나아나〔כְּנַעֲנָה =분열하다〕[인](왕상 22:11) 「유대」 궁정 예언자인 「시드기야」의 부친.

그낫〔קְנָת =소유〕[지](민 32:42) ①「요단」강 동편에 있는 「므낫세」의 한 성읍. 「노바」가 점령 후 「노바」라고 고침. ② 「그술」과 「아담」 족속이 다시 점령.

그누밧〔גְּנֻבַת =도적〕[인](왕상 11:20) 「애굽」으로 피난 간 「에돔」인 「하닷」과 「바로」의 왕비 「다브네스」의 동생 사이에서 난 사람으로, 궁전에서 「바로」의 아들과 같이 성장하였다.

그늘 [명](삿 9:15) 볕이나 빛이 어떤 물체에 가리어진 곳. shade. 드러나지 아니한 곳.

그니스〔קְנִזִּי =사냥군〕[지](창 15:19) 「가나안」에 있는 한 족속.

그다랴〔גְּדַלְיָהוּ =여호와는 위대함〕[인](렘 38:1)
[1]「바스훌」의 아들. 「예레미야」를 옥에 넣은 방백 중 한 사람.
[2]「아히감」의 아들. 「느부갓네살」의 명령으로 「예레미야」를 보호하고, 「예루살렘」 함락 후 「유대」 총독으로 임명을 받아 현명한 정치를 하였으나 「압살롬」에게 피살되었다(렘 39:14, 40:7, 41:2).

그달랴 [인](스 10:18) 그다랴, 그달리야.

그달리야 [인](왕하 25:22) 「그다랴」, 「그달랴」.

그대 [대](창 12:11) ①친구나 아랫 사람을 높이어 점잖게 일컫는 말 「자네」보다 좀 높인 말. thou. ②애인끼리 서로 쓰는 말.

그대로 [부](창 1:7) 더하거나 고침이 없이 본디 모양대로. as it stands.

그데라〔גְּדֵרָה =돌담을 두른 곳〕[지](수 15:36) ①「유대」 지방 낮은 땅에 있던 도시. ② 이곳 사람들을 「그데라」 사람이라 칭함(대상 12:4). ③ 「다윗」이 「시글락」에 숨어 있을 때 함께 한 용사 중 「요사 밧」의 고향(대상 12: 4). 「베냐민」 땅, 곧 「예루살렘」의 북쪽 8km에 있는 현재의 「제데레」이다.

그데로다임〔גְּדֵרֹתַיִם =두 양울〕[지](수 15:36) 유대 낮은 땅에 있던 12마을 중의 하나.

그데롯〔גְּדֵרוֹת=울타리〕[지](수 15:41) 「유대」 낮은 땅에 있던 성으로써(대하 28:18), 「소렉」 골짜기에 있는 「가드라」인 듯하다.

그데못〔קְדֵמוֹת=동방의 땅〕[지](신 2:26) 고대 「아모리」인의 성읍. ① 「르우벤」 지파의 영지(수 13:18). ② 「레위」인 「므라리」 자손에게 줌(수 21:37, 대상 6:79). 「모세」는 이 광야에서 「헤스본」 왕 「시몬」에게 사자를 보내어 그 땅으로 통과함을 청구한 일이 있다.

그돌〔גְּדוֹר=위대함〕[인](대상 4:4)

[1] 「베냐민」 사람으로, 「사울」의 조상.

[2] 「유다」 사람 「에렛」의 자손(대상 4:18).

그돌〔גְּדוֹר=울타리〕[지](수 15:58) ① 「유다」 서부에 있는 성으로써, 「다윗」의 용사 「요엘라」와 「스바다」의 고향. ② 「시므온」 지파가 「함」 족속을 추방하고 점령한 지방(대상 4:39).

그돌라오멜〔כְּדָרְלָעֹמֶר=여신의 종〕[인](창 14:1) 「엘람」 왕인데, 「아브라함」 때에 동방 연합군 맹주로 이웃 나라들을 유린하던 중 「소돔」과 「고모라」의 왕을 죽였다. 백성을 포로로 잡아갈 때 「롯」도 끼여 있었으며. 「아브라함」이 탈환했다. 「바벨론」의 설형문자 조각에서 「그돌라오멜」과 같은 이름 「구단라가말」을 발견하므로 성경의 기사가 확실하다.

그두라〔קְטוּרָה=향기〕[인](창 25:1) 「아브라함」의 첩인데, 「하갈」과 함께 「사라」 생존시에 취한 듯하다(창 25:1-4). 그의 아들 여섯은 남 「아라비아」인의 조상이 되었다.

그란〔כְּרָן=큰 수양〕[인](창 36:26) 「호리」 족속 「이손」의 아들.

그랄〔גְּרָר=거주지〕[지](창 10:19) ① 「가나안」 남쪽 도시(창 10:19). ② 「아브라함」과 「이삭」이 기근을 피하여 머물렀다(창 26:1-6). ③ 「아비멜렉」과 동맹을 맺었다(창 20:2, 26:1,26). ④ 「아사」 왕은 「구스」군을 이곳까지 추격하였다(대하 14:13). 부근에서 수석겸(燧石鎌)이 많이 발굴된 사실을 보아 옛적에도 지금과 같이 곡식이 많이 생산되었음을 알 수 있다. 지금의 이름은 「델제멘」이다.

그레데〔Κρήτη=버힐〕[지](행 27:7) 「헬라」 남방 「지중해」에 있는 동서 120마일, 남북 6마일의 큰 섬으로, 기후가 좋고 땅이 비옥하여 「유대」인이 많이 산다. ① 「오순절」에 참

례한 자가 있었다(행 2:1). ②「바울」이 「로마」에 갈 때에 들렀다(행 27:7). ③「바울」이 교회를 세우고, 후에 「디도」를 교사로 삼았다(딛 1:5).

그레스게〔*Κρήσκης*＝자라다〕[인](딤후 4:10) 「바울」의 동반자로 「갈라디아」 전도 때 같이 갔다. 「원멘스」 교회를 세웠다고 전해진다.

그렛〔כְּרֵתִי＝수행자〕[지](삼상 30:14) ①「다윗」 왕 때 「블레셋」과 함께 기록되었다(삼하 8:18, 20:23). ②이 성사람과 「사독」과 「나단」과 「브나야」가 「솔로몬」을 「다윗」 왕의 노새에 태워 가지고 「기혼」에 가서 기름을 부어 왕을 삼았다(왕상 1:38, 39).

그루터기[명](출 5:12) 풀이나 나무나 곡식 등을 베어낸 뒤의 남은 뿌리 쪽의 부분. stump.

그룹[인](창 3:24) 영물로 천사를 일컫는다.

그룹[지](스 2:59) 「바벨론」의 한 지방으로, 「스룹바벨」의 영솔하에 포로에서 돌아온 사람 중 이 지방인은 종속과 모계가 파악되지 않음.

그른 자[명](출 2:13) 올바르지 못한 사람. wrong.

그릇[1] [명](창 42:25) 물건을 담는 기구를 모두 일컫는 말. vessel.

그릇[2] [부](레 4:2) 올바르지 못하여 그르게, 틀리게, 잘못하여. wrong.

＊죄성을 가진 인간은 그릇 가기가 쉽다.

그리다[1] [타](수 18:6) ①연필, 펜, 붓 등으로 어떤 모양이나 꼴을 평면 위에 그와 닮게 선이나 빛깔로 나타내다. picture. ②어떤 형상을 일정하게 나타내다. draw. 강강수월래를 하다. ③어떤 현상, 대상 따위를 말로나 글로 나타내다. describe. ④없어진 대상을 회상하거나 상상하다. imagine.

그리다[2]〔קְלִימָא＝방해됨〕[인](느 8:7) 제사장. 「느헤미야」 때 제3차 「바벨론」 포로에서 돌아온 후 이스라엘 총회를 열고 「에스라」가 율법서를 낭독하였을 때 백성에게 율법을 해석하여 깨닫게 한 사람 중 하나.

그리 마옵소서[타](마 16:22) 그렇게 하지 않기를 바라는 말.

그리스도〔*Χριστός*＝기름 부은 자〕[인](마 1:16) 메시아이신 예수님. 하나님께서 약속하신 구세주. 「히브리」 사람에게 있어서 기름 붓는 것은 국왕, 제사장 선지자의 직분을 성별하여 세우는 표였다.
* 그리스도는 왕이요, 대제사장이요, 선지자이시다.

그리스도인 명(행 11:26) 하나님의 부르심을 받고 예수 그리스도를 구주로 믿는 기독교인.

초기 그리스도인의 표시

그리스보〔*Χρίσπος*=굽슬굽슬하다〕인(행 18:8) 「고린도」 회당을 맡은 사람. 「바울」의 전도로 믿고 세례를 받았다.

그리심(산)〔גְּרִזִים〕지(신 11:29) 「요단」 서편 「세겜」의 서편에 있어 복을 비는 산으로 지정되었다. 이 산에서 「시므온」, 「레위」, 「잇사갈」, 「요셉」, 「베냐민」의 6지파를 축복하였다(신 27:12).

그리욧〔קְרִיּוֹת=모이다〕지(렘 48:24) ① 「모압」에 있는 도시. ② 「에돔」 왕의 뼈를 불살라 회를 만들었으므로 여호와께서 그 궁궐을 불사르시겠다고 하셨다(암 2:1, 2).

그리욧 헤스론〔קְרִיּוֹת חֶזְרוֹן=성읍들〕지(수 15:25) 「유대」 남부의 도시로서, 「가룟 유다」의 출신지로도 알려졌다.

그리하다 자(창 6:7) 그렇게 하다.

그림자 명(삿 9:36) 햇빛이나 불빛에 가리어 나타나는 물체의 모양, 음영. shadow.

그릿〔כְּרִית=좁은 골짜기〕지(왕상 17:3) 선지자 「엘리야」가 「아합」 왕을 피하여 숨어 있던 곳.

그마랴〔גְּמַרְיָה=여호와께서 완전케 하심〕인(렘 29:3) ① 「여호야김」 시대의 「유대」 귀족으로서 「예레미야」에게 호의를 가졌던 사람. ② 「힐기야」의 아들이며 「시드기야」의 사신으로, 「바벨론」에 파견되어 그곳에 포로로 잡혀 있는 「유대」 인들에게 보내는 「예레미야」의 편지를 전하였다. ③ 「유대」의 관장으로 「바룩」이 「예레미야」의 경고하는 예언을 저의 방에서 백성에게 낭독하였고, 「여호야김」 왕에게 그 두루마리를 태우지 말라고 간하였다(렘 36:10, 25).

그마림〔גְּמָלִים=슬퍼함〕인(습 1:4). 우상을 섬기던 제사장.

그만 부(출 9:28) 더하지 말고 그 정도까지만. to that extent.

그만두다 타(렘 40:4) 하던 일을 그 정도에서 하지 않고 그치다. 단념하다. stop, quit.

그말리〔גְּמַלִּי = 하나님의 상급〕 인(민 13:12) 「암미엘」의 아들로서, 「단」 지파의 정탐꾼이었다.

그모스〔כְּמוֹשׁ = 정복자〕 인(민 21:29) 「모압」과 「압몬」 사람의 우상(국가신). 「모압」 사람을 「그모스」 사람이라고도 부른다. 이 우상은 「솔로몬」 때에도 숭배되었다(왕상 11:17).

그무엘〔קְמוּאֵל = 하나님의 무리〕 인

1 「나홀」 인의 조상이 된 족장으로서, 그 자손에서 「아람」이 나왔다(창 22:21).

2 「에브라임」의 한 방백이며, 「십단」의 아들(민 34:24).

3 「레위」 사람 중의 하나(대상 27:17).

그물 명(출 27:4) ①물고기나 날짐승 등을 잡기 위하여 실이나 노끈, 새끼, 철사 등으로 여러 코의 구멍이 나게 얽은 물건. a net. ②남을 꾀거나 해치려는 교묘한 수단.

그므엘 인 → 그무엘.

그발(강)〔כְּבָר = 경계〕 지(시 83:7) ①「갈대아」에 있는 강 이름으로 「느부갓네살」이 「여호야김」 왕과 「유대」 백성을 사로잡아 이 강 근처에서 살게 하였으며, 「에스겔」 선지는 이 강에서 계시를 받았다(겔 1:1, 3:15, 10:15, 43:3). ② 「여호수아」가 정복하지 못한 곳인데(수 13:5), 이곳 주민은 조선(造船)과 토목(土木)에 능하였다(왕상 5:18, 겔 27:9).

그발 암모니〔כְּפַר הָעַמּוֹנִי = 암모니 사람의 마을〕 지(수 18:24) 베냐민 사람의 한 마을이며, 벧엘의 북쪽 5km 가볼 아남과 같음.

그비라〔כְּפִירָה = 촌〕 지(수 9:17) 「기브온」의 네 성중의 하나로서, 「스룹바벨」이 「바벨론」에서 돌아올 때 이 성 사람이 동반하였다(스 2:25, 느 7:29).

그살론〔כְּסָלוֹן = 확실하다〕 지(수 15:10) 「유다」의 지역 경계로 「기랏 여아림」에 있던 성읍. 예루살렘 서쪽 16km 지점.

그술〔גְּשׁוּר = 다리〕 지(수 12:5) ①「요단」 동편, 「헤몬산」 남쪽, 「마산」 북쪽에 있는 왕국. ②「므낫세」의 아들 「야일」이 취하였으나 그 주민을 몰아내지 못하였으며(수 13:13), ③「압살롬」이 그의 형 「암논」을 죽이고 이 곳에 피신하여 있었다(삼하 13:38, 15: 8).

그슬롯〔כְּסֻלּוֹת = 산중턱〕 지(수 19:18) 「잇사갈」에 있는 성읍.

그슬리다 사동(겔 20:47) '그슬다'의 사역형. 그스리도록 하다. 그스름을 당하다.

그시스〔קְצִיעַ = 깎는다〕지(수 18:21) 「팔레스타인」의 한 골짜기. 베냐민 지파가 얻은 성읍.

그시아 인(욥 42:14) 「욥」의 딸.

그실〔כְּסִיל = 기름지다〕지(수 15:30) 「팔레스타인」 남쪽 끝에 있는 성읍.

그십〔כְּזִיב = 거짓〕지(창 38:5) 「유대」의 한 성읍. 「셀라」의 출생지.

그우엘〔גְּאוּאֵל = 하나님의 구속하신 자〕인(민 13:15) 「마기」의 아들 「갓」 지파의 정탐꾼.

그윽히 부(시 101:5) → '그윽이'의 오기. 그윽하게. 깊숙하고 으늑하며 고요하게.

그일라[1]〔קְצִילָה = 접시〕인(대상 4:19) 「가미」 사람.

그일라[2]〔קְצִילָה = 요새〕지(수 15:44) ①「유대」 경내에 있는 중요한 성읍. ②「블레셋」에게 빼앗긴 것을 「다윗」이 탈환(삼상 23:1-13). ③「바벨론」에서 귀환한 사람들은 「하사뱌」와 「바왜」의 지휘하에서 「예루살렘」 성 재건에 종사하였다(느 3:17-18). 「헤브론」 서북 13km 지점에 있음. 건하고 아주.

그적거리다 타(삼상 21:13) 글씨나 그림을 멋대로 쓰거나 그리다. scrawl.

그제야 부(창 19:3) 그 때에야 비로소. not until that time.

그치다 자(창 8:2) ①계속되던 움직임이 멈추게 되다. stop. ②어떤 상태나 머물러서 더 이상 나아가지 아니하다. 타 하던 일을 계속하지 아니하다.

그핫〔קְהָת = 모이다〕인(창 46:11) 「고핫」과 같다. ①「레위」의 둘째 아들. ②「모세」의 조부. ③성전에서 하나님 여호와를 찬송하는 일(대하 20 :19, 34:12). 레위의 지파 3분파 중의 하나. 그는 「아므람」 가족, 「이스할」 가족, 「헤브론」 가족, 「웃시엘」 가족 등 네 가족을 낳았다(민 3:27).

그헬라다〔קְהֵלָה = 모임〕지(민 33:22) .광야에서 「이스라엘」이 진쳤던 곳.

극난〔極難; 다할 극, 어려울 난〕명(출 14:25) 매우 어려움. 극히 어려움. very difficult.

극남단〔極南端; 다할 극, 남쪽 녘 남, 끝 단〕명(수 15:1) 남쪽의 끝. south pole.

극단〔極端; 다할 극, 끝 단〕명(수 15:2) ①맨 끝. extremity. ②막다른 지경. the extreme.

극락〔極樂; 다할 극, 즐거울 락〕

명 ①극히 안락함. supreme bliss(시 43:4). ②극락 세계 paradise.

극렬[1]〔極烈;다할 극, 세찰 렬〕명(왕하 3:26) 지극히 열렬함. violence.

극렬[2]〔劇烈;심할 극, 세찰 렬〕명(신 28:59) 지나칠 정도로 과격하고 맹렬함. vehemence.

극북〔極北;다할 극, 북녘 북〕명(겔 48:1) 북쪽의 맨 끝. extreme north.

극북방〔極北方;다할 극, 북녘 북, 모 방〕명(겔 47:17) 최북단 지방. northern boundary.

극상품〔極上品;다할 극, 윗 상, 물건 품〕명(사 5:2) 제일 좋은 물건. 최고급품. the best.

극심〔極甚;다할 극, 심할 심〕명(호 12:14) 몹시 지독함. excessiveness.

극악〔極惡;다할 극, 악할 악〕명(겔 21:25) 지독히 악함. atrocity.

극진〔極盡;다할 극, 다할 진〕명(대상 16:25) 마음과 힘을 다함. utter devotion.

극하다 자(대하 17:5) 아주 심하여 더할 수 없는 데까지 이르다. 끝까지 오다. be utterly exhausted.

극히 부(신 7:26) 대단히 매우, 심히. 극도로. exceedingly.

근〔斤;근 근〕명(요 12:3) 저울로 다는 무게의 중간 단위. 600g.

근래〔近來;가까울 근, 올 래〕명(신 32:17) 가까운 요즈음. 요사이. recent time.

근로〔勤勞;부지런할 근, 일할 로〕명(사 47:15) ①부지런히 일함. ②일정한 시간 안에 일정한 일을 함. laboring.

근린〔近隣;가까울 근, 이웃 린〕명(수 9:16) 가까운 이웃. neighbourhood.

근면〔勤勉;부지런할 근, 힘쓸 면〕명(잠 11:16) 부지런히 힘씀. diligence.

근방[1]〔近方;가까울 근, 모 방〕명(창 14:6) 가까운 곳. 근처. near here.

근방[2]〔近傍;가까울 근, 곁 방〕명(레 3:4) 아주 가까운 곁. neighbourhood.

근본〔根本;뿌리 근, 근본 본〕명(창 3:23) 사물의 본 바탕. foundation.

근시〔近侍;가까울 근, 모실 시〕명(에 4:5) 가까이에서 모심. attendant.

근신〔謹愼;삼가할 근, 삼갈 신〕명(잠 1:4) ①삼가서 조심함. ②반성하여 조심함. ③말과 행동을 삼감. discretion.

근실〔勤實;부지런할 근, 열매 실〕명(시 119:4) 부지런하고 착실함. intelligence and faithfulness.

근심 명(창 6:6) 마음이 괴로워 속을 태우는 일. 걱정.

근심 빛 부(창 40:6) 걱정하는 기색.

근원〔根源;뿌리 근, 근원 원〕명(창 2:10) ①물줄기가 나오기 시작하는 곳. source. ②근본이나 원인. 가장 최고가 되는 것. base.

근읍〔近邑;가까울 근, 고을 읍〕명(행 5:16) 가까운 이웃 마을. near town. 고을.

근일〔近日;가까울 근, 날 일〕명(삼상 25:10) 요사이. 요즈음. one of the days.

근족〔近族;가까울 근, 겨레 족〕명(레 25:25) 가까운 친척. near relative.

근지〔近地;가까울 근, 땅 지〕명(신 1:7) 가까운 곳에 있는 땅. near district.

근채〔根菜;뿌리 근, 나물 채〕명(마 23:23) 당근과에 속하는 풀. 약 30cm의 키. 씨는 양념 재료로 쓰인다. 지금의 성경 지역에서는 볼 수 없다. 애굽산 식물로 알려져 있다. cummin.

근처〔近處;가까울 근, 곳 처〕명(창 14:13) 가까운 곳. 근방. near here.

글 명(신 9:10) ①여러 말이 모여 하나의 완전한 사상을 나타낸 것. sentence. 글월, 문장. ②글자. alphabet.

글라야〔קְלָיָה=주의 집합〕인(스 10:23) 이방인 여자와 결혼한 「유대」인.

글라우디아〔*Κλαυδία*=앉은뱅이〕인(딤후 4:21) 「로마」 부인으로 신자였다. 「바울」이 「로마」 전도 때 믿게 된 듯하다.

글라우디오〔*Κλαύδιος*=유명함〕인(행 11: 28) 「로마」 제4황제, 재위 기간이 바울의 선교 활동의 시기와 같다. ①「브리스길라」와 「아굴라」 내외가 「바울」과 만날 인연을 맺어 주었다(행 18:2). ②「아가보」가 예언한 대로 그 시대에 3년간 흉년이 들었다(행 11:28). 아내 「아크립비나」는 그의 전 남편의 소생인 「네로」를 왕으로 세우기로 공모하고 「글라우디오」를 독살하였다.

글라우디오 루시아〔*Κλαύδιος Λυσίας*〕인(행 23:26) 「예루살렘」에 주둔한 「로마」 천부장. 성문을 지키고 있을 때, 「유대」 사람들이 「바울」을 죽이려는 것을 구원하였다(행 21:31).

글랄〔כְּלָל = 완전한〕인(스 10:30) 「이스라엘」 사람으로, 「마핫모압」의 자손 중 하나. 「바벨론」에서 포로 생활 할 때, 이방인을 아내로 취하여 돌아왔다.

글레멘트〔Κλήμης=온유하다〕 인(빌 4:3) 「바울」의 동역자로서, 「빌립보」 교회에 있었다. 「바울」이 「빌립보」 교회에 서신을 보내어 그를 도우라고 부탁하였다.

글로바〔Κλεοπας〕인(눅 24:18) ①여신도 「마리아」의 남편(요 19:25). ②「엠마오」 길에서 예수님을 만남.

글로애〔Χλοη=푸른 꽃〕인(고전 1:11) 「고린도」의 여성도.

글루배 인(대상 2:9) 「헤스론」의 아들. 「갈렙」의 변형.

글루히〔כְּלוּהוּ=하나님이 기다리신다〕인(스 10:35) 「바니」의 아들로서, 이방 여자와 결혼한 사람.

글룹〔כְּלוּב=새 잡는 장〕인(대상 4:11) 「수하」의 형 「모힐」의 부친. 「에슬리」의 부친.

글리다〔קְלִיטָה=백성이 모이는 곳〕(스 10:23).

1 이방 여자를 취한 「레위」 사람.

2 「에스라」가 율법을 낭독할 때 해석해 준 사람(느 8:7).

3 계약에 조인한 사람 중 하나(느 10:10).

글릴롯〔גְּלִילוֹת=돌로 둘린 곳〕 지(수 18:17) 「베냐민」과 「유대」의 경계선에 있던 성.

글자〔~字;글자 자〕명(출 32:15) 사람의 말을 적는 부호. 문자. character.

긁다 타(레 14:41) ①문지르다. scratch. ②끌어 모으다. rake up. ③헐뜯다. irritate.

금〔金;쇠 금〕명(창 2:11) ①누런 색을 띤 쇠붙이 원소. gold. ②예나 지금이나 귀하게 여기는 쇠붙이. ③「바사」 시대에 금으로 만든 돈이 나왔다(스 2:69).

금가락지 명(약 2:2) 금으로 만든 반지.

금강석〔金剛石;쇠 금, 굳셀 강, 돌 석〕명(렘 17:1) 고급 보석의 하나. 탄소의 동소체인 등축정계(等軸晶系)로서 팔면체의 결정이 많음. 다이아몬드. diamond.

금고〔禁錮;금할 금, 가둘 고〕명(레 13:4) 자유형의 하나로, 일을 시키지 않고 옥에 가두어 두는 형벌. imprisonment.

금고리〔金~;쇠 금〕명(창 24:22) 금으로 만든 고리. gold ring.

금관〔金管;쇠 금, 피리 관〕명(슥 4:12) 〈악〉 금으로 만든 대롱. gold pipe.

금기명〔金器皿;쇠 금, 그릇 기, 그릇 명〕명(왕하 24:13) 금으로 만든 그릇. gold utensil.

금꽃 명(왕상 7:49) 금으로 만든 꽃. 금조화.

금년〔今年;이제 금, 해 년〕명

(왕하 19:29) 올해. this year.

금단〔金壇;쇠 금, 제단 단〕[명] (출 39:38) 금으로 만든 단. gold altar.

금대접〔金大楪;쇠 금, 큰 대, 바래기 접〕[명](스 1:10) 금으로 만든 대접. gold bowl.

금덩이[명](수 7:21) 금뭉치. 금괴. gold nugget.

금독종〔金毒腫;쇠 금, 독할 독, 부스럼 종〕[명](삼상 6:4) 금으로 독종 형상을 만든 것. gold model of tumor.

금돌쩌귀[명](왕상 7:50) 문을 여닫기 위하여 금으로 만든 두 개의 쇠붙이.

금등대〔金燈臺;쇠 금, 등잔 등, 집 대〕[명](대상 28:15) 금으로 만든 등대. gold lamp stand.

금띠[명](계 1:13) 금으로 만든, 허리에 두르는 띠.

금령〔禁令;금할 금, 명령할 령〕[명](레 4:2) 어떤 행위를 금하는 명령. prohibition.

금령중〔禁令中;~가운데 중〕[명] (레 4:2) 못하게 하는 명령 가운데 있음. in the prohibition.

금머리[명](단 2:38) 금으로 만든 머리.

금면류관〔金冕旒冠;쇠 금, 면류관 면, 깃발 류, 갓 관〕[명](에 8:15) 금으로 만든 면류관. a magnificent gold crown.

금물〔金物;쇠 금, 만물 물〕[명] (왕하 25:15) 금으로 만든 모든 물건. everything that was made of gold.

금반〔金盤;쇠 금, 소반 반〕[명] (스 1:9) 금으로 만든 쟁반. gold tray.

금방울[명](출 28:33) 금으로 만든 방울.

금방패〔金防牌;쇠 금, 막을 방, 패 패〕[명](삼하 8:7) 금으로 만든, 칼이나 창을 막는 무기. a gold shield.

금사과[명](잠 25:11) 금으로 만든 사과. 합당한 말을 일컫는다.

금사슬[명](창 41:42) 금으로 만든 목걸이.

금상〔金床;쇠 금, 평상 상〕[명] (왕상 7:48) 금으로 만든 상. a gold table.

금생〔今生;이제 금, 날 생〕[명] (시 17:14) 육신이 살아 있는 이 세상. this world.

금세〔今世;이제 금, 세상 세〕[명] (막 10:30) 금생(今生). this world.

금송아지[명](왕상 12:28) 금으로 만든 송아지 모양, 우상이다.

금수〔禽獸;새 금, 짐승 수〕명 모든 짐승(길짐승, 날짐승) beasts and birds(롬 1:23).

금숟가락 명(민 7:14) 금으로 만든 숟가락.

금시〔今時;이제 금, 때 시〕명 부(삼상 9:13) 이제. 지금. now.

금식〔禁食;금할 금, 밥 식〕명 (삿 20:26) 일정한 계율을 지키기 위하여 또는 어떤 결심을 보이기 위하여 음식을 먹지 않음. fast. 히브리 어로 기도의 어원과 같다.

* 신자가 금식하는 것은 기도하는 것을 뜻한다.

금식일〔禁食日;~날 일〕명(렘 36:6) 음식을 먹지 않는 날. a fast day.

금신〔金神;쇠 금, 귀신 신〕명 (출 32:31) 금으로 만든 우상. a god of gold.

금실 명(출 28:5) 금으로 만든 실.

금예물〔金禮物;쇠 금, 예도 예, 만물 물〕명(출 35:22) 금으로 사례의 뜻을 삼음.

금우상〔金偶像;쇠 금, 짝 우, 형상 상〕명(사 31:7) 금으로 만든 우상.

금잔〔金盞;쇠 금, 잔 잔〕명(대상 28:17) 금으로 만든 술잔.

금장색〔金匠色;쇠 금, 장인 장, 빛 색〕명(느 3:8) 금으로 물건 만드는 것을 업으로 하는 사람. a gold smith.

금장식〔金粧飾;쇠 금, 단장할 장, 꾸밀 식〕명(렘 4:30) 금으로 꾸밈.

금전〔金錢;쇠 금, 돈 전〕명(출 21:21) 쇠붙이로 만든 돈. money.

금쥐 명(삼상 6:4) 금으로 쥐 모양을 만든 것.

금지〔禁止;금할 금, 그칠 지〕명 (창 11:6) 금하여 못하게 함. prohibition.

금테 명 금으로 만들거나 금으로 도금한 테(출 25:11).

금패〔金牌;쇠 금, 패 패〕명(레 8:9) 금으로 만든 상패. gold medal.

금패물〔金佩物;쇠 금, 찰 패, 만물 물〕명(민 31:50) 금으로 만든 패물. 사람의 몸에 차는 귀한 장식품. gold ornament.

금품〔金品;쇠 금, 물건 품〕명 (출 35:22) 돈과 물품. money and other articles.

금하다〔禁~;금할 금〕타(창 23:6) 못하게 말리다. forbid.

금항아리 명(히 9:4) 금으로 만든 항아리.

금향로〔金香爐;쇠 금, 향기 향, 화로 로〕명(히 9:4) 금으로 만든, 향을 피우는 화로. gold incense-burner.

금홀〔金笏;쇠 금, 홀 홀〕명(에 4:11) 금으로 만든 패. 임금의 왕권을 상징한다. 이것을 내밀어 왕궁의 출입을 허락한다.

급〔急;급할 급〕명(창 18:6) 지체할 겨를이 없음. rapidity.

급거〔急遽;급할 급, 바쁠 거〕부(잠 25:8) 급히 서둘러. 급작스럽게. in a hurry.

급속〔急速;급할 급, 빠를 속〕명(신 9:16) ①몹시 급함. ②몹시 빠름. rapid speed.

급절〔急切;급할 급, 끊을 절〕명(사 28:16) 시기나 형편이 매우 급하게 바싹 닥침.

긋다 타(민 34:8) 줄을 그리거나 금을 그리다. 선을 그리다. draw.

긋시아〔קְצִיעָה〕인(욥 42:14) 「욥」이 재앙 후에 낳은 둘째 딸.

긍휼〔矜恤;가엾이 여길 긍, 구제할 휼〕명 불쌍히 여김. 가엾게 여겨 도움. pity.

* 긍휼을 베푸는 분은 하나님 뿐이다(롬 9:16).

기[1]〔記;적을 기〕명(창 1:) 문체의 하나. 사실을 적은 글. record.

기[2]〔旗;기 기〕명(민 1:52) 깃발. 어떤 표지나 상징으로 종이나 헝겊에 부호나 그림을 색깔을 넣어 그려 장대에 붙여 단다. flag.

기[3]〔氣;기운 기〕미(스 9:3) 느낌. 기운을 나타내는 말. breath

기간〔期間;그 기, 사이 간〕명(출 21:19) 그 사이. 그 동안. meantime.

기갈〔飢渴;주릴 기, 목마를 갈〕명(암 8:11) ①배고프고 목마름. ②굶주림과 목마름. starvation.

기꺼이 부(사 60:7) 기쁘게 기껍게. glad.

기경〔起耕;일 기, 갈 경〕명(창 45:6) ①논밭을 갊. ②묵은 땅이나 새 땅을 일구어 논밭을 만듦. cultivation.

기계[1]〔器械;그릇 기, 기계 계〕명(대하 26:15) 그릇, 연장, 기구 등을 모두 일컫는 말. apparatus. instrument.

기계[2]〔機械;기계 기, 기계 계〕명(창 4:22) 사람의 힘을 쓰지 않고 다른 힘을 이용하여 움직이게 짜 맞춘 틀. machine.

기골〔氣骨;기운 기, 뼈 골〕명(욥 20:11) ①원기나 핏기와 몸집. backbone. ②좀처럼 굽히지 않는 씩씩함. spirit.

기괴〔奇怪;기이할 기, 괴이할 괴〕명(렘 5:30) 이상야릇함. mysterious.

기구〔器具;그릇 기, 갖출 구〕명

(창 27:3) 세간, 그릇, 연장의 총칭.

기근〔飢饉;주릴 기, 흉년들 근〕명(창 12:10, 시 37:19) 굶주림. famine.

* 성도에게는 하나님의 말씀의 기근이 더욱 무섭다(암 8:11)

기근 시〔飢饉時;주릴 기, 흉년들 근, 때 시〕명(시 33:19) 굶주릴 때. in times of famine.

기나 지(수 15:22) 「가나안」 남쪽에 있는 고을.

기낫〔גִּינַת〕인(왕상 16:22) 「디브니」의 부친.

기념〔記念;기록할 기, 생각 념〕명(출 12:14) 기억하여 잊지 않음. 사람이나 일을 기억하여, 물건을 남겨 두어서 훗날 회상으로 삼음. commemoration.

기념물〔記念物;～만물 물〕명(레 2:2) ①훗날에 되새기게 하는 물건. ②기념으로 드리는 제물.

* 「이스라엘」 사람은 기념물로 화제를 드렸다.

기념비〔記念碑;～비석 비〕명(삼상 15:12) 기념하여 세운 비석. monument.

기념책〔記念册;～책 책〕명(말 3:16) 오래도록 사적을 전하여 잊지 않도록 기록한 책.

기념 칭호〔記念稱號;～일컬을 칭, 부르짖을 호〕명(호 12:5) 기념하여 일컫는 이름.

기념표〔記念標;～표 표〕명(사 57:8) 기념이 되는 표.

기는 벌레 명(미 7:17) 〈동〉 바닥에 배를 닿아 움직이는, 날거나 뛰지 못하는 몸집이 작은 동물.

기능자〔技能者;재주 기, 능할 능, 놈 자〕명(전 9:11) 기술에 관한 재주와 능력이 있는 사람. a capable man.

기다 자(창 1:24) 배를 바닥에 붙여 움직여 나아감. crawl.

기다리다 타(창 8:10) 사람이나 때가 오기를 바라다. wait for.

* 성도는 그리스도의 재림을 기다린다.

기대〔期待;기약할 기, 기다릴 대〕명(시 37:9) 어떤 일이 이루어지기를 바라고 기다림. waiting.

기도〔祈禱;빌 기, 빌 도〕명(창 20:7) 하나님께 감사와 회개와 소망을 예수님의 이름으

로 아뢰는 것. prayer.
* 기도의 응답은 하나님의 주권적으로 이루어진다.

기도처〔祈禱處; ~곳 처〕명(행 16:13) 기도 드리는 장소.

기돈〔כִּידוֹן=큰 불행〕지(대상 13:9) 「웃사」가 법궤를 만지고 죽은 곳.

기돔〔גִּדְעֹם = 황폐하다〕지(삿 20:45) 「이스라엘」이 「베냐민」을 쳐서 죽인 곳.

기동〔起動; 일 기, 움직일 동〕명(출 21:9) 몸을 일으켜 움직임. ordinary movement.

기둥 명(창 19:26) 물건을 받치거나 버티는 것. pillar. ①구름 기둥과 불기둥(출 13:21-14:19). ②돌기둥(창 28:18, 31:13). ③건물 기둥(삿 16:25).

기둥 머리 명(출 36:38) 기둥의 맨 위.

기둥 받침 명(출 38:31) 기둥의 아래를 받치는 주춧돌. 기둥을 괸 돌. footing stone of a pillar.

기드론〔קִדְרוֹן = 연결하다〕지(삿 1:30) 「예루살렘」과 「감람산」 사이에 있는 시내. ① 「다윗」이 「압살롬」의 난을 피하여 이 시내를 건넘(삼하 15:23). ②「아사」와 「히스기야」는 우상을 이 시내에서 불살랐다(왕상 15:13, 왕하 23:6). ③예수께서 「겟세마네」와 「베다니」를 다니시느라 자주 이 시내를 건넜다(요 18:1).

기드오니〔גִּדְעֹנִי = 용맹하다〕인(민 1:11) 「베냐민」의 자손 「아비단」의 부친.

기드온〔גִּדְעוֹן=베히는 자〕인(삿 6:11) 「이스라엘」의 5대 사사. 「므낫세」 지파 「요아스」의 아들. ① 3백명 군대로 「미디안」을 격멸함(삿 7:3-23). ②「미디안」의 두 왕 「세바」와 「살문나」를 잡아다 죽임(삿 8:12-28). 그는 70여명의 아들이 있었다.

기들리스〔כִּתְלִישׁ=흰 성벽〕지(수 15:40) 「유대」 평지에 있는 한 고을.

기랴다림 지(스 2:25) 기럇 여아림.

기랴다임〔קִרְיָתַיִם=이중 성읍〕지(민 32:37) ①「르우벤」 지

파가 점령한「시혼」의 한 성읍. ②「납달리」 땅에 있는「레위」 자손의 거주지(대상 6:76).

기랏〔קִרְיַת=성읍〕지(수 18:28)「베냐민」 지파가 점령한 성읍 중의 하나→기랏여아림.

기랏 바알〔קִרְיַת בַּעַל=바알의 성읍〕지(수 15:60)「유다」 지파의 점령지인데「기랏 여아림」의 별명.

기랏 산나〔קִרְיַת סַנָּה=종려나무 성읍〕지(수 15:49)「유다」 지파가 점령한 산지의 한 성읍이다.「기랏 세벨」의 오서(誤書)인 것이라 한다.

기랏 세벨〔קִרְיַת סֵפֶר=학자촌〕지(수 15:15)「드빌」의 본명이다.「헤브론」의 서남 20km에 있는데, 현재의「델벳밀섬」으로 본다.「기랏산나」라고도 부른다.「갈렙」이 말하기를 이 성을「악사」를 주어 사위를 삼겠다 하였는데,「옷니엘」이 취하니 말한 대로 시행하였다(삿 11).

기랏 아르바〔קִרְיַת אַרְבַּע=신의 마을〕지(창 23:2)「헤브론」의 옛이름.

기랏 아바〔קִרְיַת אַרְבַּע〕지(느 11:25)「바벨론」 포로에서 돌아온「유다」 자손의 거처 중 하나.

기랏 여아림〔קִרְיַת יְעָרִים=산림의 마을〕지(수 9:17) ①「유다」 지파에게 준 땅이며,「바알레 유다」라고도 한다. ②「블레셋」인이 돌려보낸 법궤가 20년간 이곳에 있다가「다윗」이「예루살렘」으로 옮겨갔었다(삼상 6:21, 7:1).

기랏 후솟〔קִרְיַת חֻצוֹת〕지(민 22:39)「모압」의 성읍.「모압」왕「발락」이「발람」을 인도하여 간「아르논」강과「바알」의 산당 사이에 있다.

기력〔氣力;기운 기, 힘 력〕명(창 49:3) 일을 감당해 나갈 수 있는 힘. 넋. will power.

기록〔記錄;기록할 기, 기록할 록〕명(출 17:14) ①사실을 적은 서류. record. ②사실을 적음. recording.

기롱〔譏弄;나무랄 기, 희롱할 롱〕명(삿 8:5) 속이거나 업신여겨 놀림. scoff.

기룐〔כִּלְיוֹן=낭비하다〕인(룻 1:2)「엘리멜렉」과「나오미」의 아들인데,「모압」으로 피난하여 결혼해 살다가 그곳에서 죽었다.

기르〔קִיר=요새〕지(사 22:6)「카스피」 바다와 흑해 사이에 있는「앗시리아」 지역.

기르가스〔גִּרְגָּשִׁי=진흙 땅에 사는〕지(대상 1:14)「가나안」에 거주하는「함」의 자손들의 땅(창 10:16).

기르다 타(창 14:14) ①동물이나 식물을 자라게 함. breed. ②사람을 가르쳐 냄. train.

기르스〔גִּרְזִי=사막의 땅에 사는〕지(삼상 27:8) 「다윗」이 「사울」을 피하여 「블레셋」 「가드」에서 이 성을 침입하였다.

기름 명(창 4:4) 대개 동물의 살이나 뼈 가죽에 엉켜 있기도 하고 식물의 씨나 열매에서 짜내기도 하며 땅 속으로 뽑아내어 쓰는 것으로, 불에 잘 타며 먹기도 하고 기계에 사용하기도 한다. oil. ①제물(창 4: 4). ②성별 표시용(삼상 10:1). ③식용(왕상 17:14). ④의료용(눅 10:34). ⑤등불용(마 25:3). ⑥화장용(사 61:1-3).

* 제물의 기름은 가장 좋은 것으로 제단 위에 화제(火祭)로 드렸다.

기름 시내 명(욥 29:6) 기름이 많이 흘러나는 모습을 나타낸 말.

기름 붓다 타(출 40:15) 기름을 머리에 부어 왕이나 제사장을 지도자로 세움.

기리다 타(빌 4:8) 좋은 점이나 뛰어난 업적을 추어서 말하다. 찬사, 축사. praise.

기명〔器皿;그릇 기, 그릇 명〕명(민 4:12) 그릇, 기물(器物). tableware.

기명〔記名;기록할 기, 이름 명〕명(수 21:9) 이름을 기록함. signature.

기묘〔奇妙;기이할 기, 묘할 묘〕명(레 8:7) 기이하고 묘함. curiosity.

기묘자〔奇妙者;~놈 자〕명(사 9:6) 기이하고 묘한 사람. wonderful.

* 기묘자는 예수 그리스도이다.

기물〔器物;그릇 기, 만물 물〕명 기명(器皿). tableware. (왕상 10:21).

기뻐하다 자타(창 45:16) 기쁨을 느끼다. 즐거워하다. 반가워하다. be glad.

기별〔寄別;부칠 기, 다를 별〕명(삼하 4:10) 소식을 전함. 알림. 옛날 사람편에 전하는 소식을 말한다. notice.

기병〔騎兵;말탈 기, 병사 병〕명(창 50:9) ①말탄 병정. 마병. ②말타고 싸우는 군사. cavalry man.

기부앗 지(수 18:28) 가나안 14 성읍 중 하나.

기브롯 핫다아와〔קִבְרוֹתהַתַּאֲ=탐욕의 묘실〕지(민 11:34) 「이스라엘」 백성이 출「애굽」하여 메추라기를 많이 탐식하여 여호와께서 진노하시고, 재앙으로 죽여 장사한 지명. 현재의 「시내」산 동북 50km에 있는 「엘웨스에베릭」인 듯하다.

기브아[1]〔גִּבְעָא=구릉〕인(대상 2:49) 「갈렙」의 후손으로 「다윗」 왕 때, 남「유다」에 거한 사람.

기브아[2]〔גִּבְעָא=언덕〕지(수 15:57) ①「유대」 남쪽 도시로서 옛적에 성소가 있던 곳으로, 하나님의 「기브아」라 함(삿 19:6). ②「유대」 산 중에 있는 한 성읍. ③「사울」 왕의 출신지(삼상 11:4). 「예루살렘」에서 북 5km에 있는 「베냐민」 성읍으로, 아직 성벽이 남아 있어 옛 이름을 추억하게 한다. 현재의 이름은 「델엘풀」이라 한다.

기브온〔גִּבְעוֹא=언덕에 세움〕지(수 9:3) 「히위」 족속의 성읍 ①「여호수아」가 「아모리」 족속과 싸울 때 이 성 위에서 해를 머물게 하고 싸워 이겼다(수 10:12-14, 사 28:). ②「사울」이 이 성 사람을 많이 죽인 까닭에 3년간 기근이 있었으므로, 「기브온」 사람들이 「다윗」 왕의 허락을 받아 「사울」의 자손 7명을 죽임(삼하 21:1-6). ③「다윗」이 제사장 「사독」으로 이곳 성막에서 매일 번제를 드리게 함(대상 16:39). ④「솔로몬」이 이곳에서 번제를 드릴 때 하나님께서 지혜·부귀·장수함을 주심(왕상 3:4-10).

기쁘다 형(창 30:13) 마음에 즐거운 느낌이 나다.

기쁨 명(신 28:47) 마음의 즐거운 느낌. gladness.

* 그리스도인은 항상 기쁨의 생활을 한다.

기사[1]〔奇事; 기이할 기, 일 사〕명(출 11:9) 기이한 일. strange thing. 이적. miracle.

기사[2]〔記事; 기록할 기, 일 사〕명(시 77:11) ①사실을 적음. 또는 그 글. description. ②신문에 보도되는 소식. news.

기상〔氣象; 기운 기, 코끼리 상〕명(눅 12:56) ①대기의 상태 및 비, 번개 따위가 일어나는 모든 물리적 현상. atmospheric phenomena. ②타고난 성질과 마음씨. 기질. nature heart.

기색〔氣塞; 기운 기, 막힐 색〕명(창 45:26) 심한 흥분이나 타격으로 숨이 막힘. stum.

기생〔妓生; 기생 기, 날 생〕명(레 19:29) 노래나 춤으로

술자리에 나가 흥을 돕는 것으로 업을 삼는 여자. 기녀.

기세〔氣勢;기운 기, 권세 세〕명(욥 20:11) 남이 두려워할 만한 늠름한 모습.

기손(강)〔גִּזוֹנִי = 뒤틀린〕지(왕상 18:40)「다볼」산에서 발원하여 「지중해」로 흘러가는 강. ①이 강에서「시스라」가「바락」에게 패망(삿 4:12-16). ②「바알」의 선지자「엘리야」에게 살해된 강. ③강우기에는 물이 범람하여 행인의 통행이 불편하다(삿 5:21). 현재는「나할엘무굿다」라 하니, '학살의 강'이라는 뜻이다.

기숙〔寄宿;부칠 기, 잘 숙〕명(시 30:5) 남의 집에 얹혀 삶. lodging.

기술〔技術;재주 기, 꾀 술〕명(행 17:29) ①손재주. technique. ②말이나 일을 꾀 있게 다루는 솜씨.

기스〔קִישׁ = 활〕인(삼상 9:1)
1「사울」왕의 아버지(삼상 9:3).
2「레위」의 증손(대상 23:21).
3「레위」족속「압디」의 아들(대하 29:12).

기스바〔גִּשְׁפָּא = 총애〕인(느 11:21)「이스라엘」사람으로,「느디딤」사람의 두목.

기슬론〔כִּסְלוֹן = 참된 소망〕인(민 34:21)「엘리닷」의 부친으로「베냐민」방백.

기슬르 월〔~月;달 월〕명(느 1:1) 포로 이후「유대」력 9월, 태양력으로 11~12월에 해당됨..

기슬롯 다볼〔כִּסְלֹת תָּבֹר = 다볼산 중턱〕지(수 19:12)「스불론」과「잇사갈」의 경계 목표가 된 성읍.

기슭명(아 4:1) 비탈진 곳의 아랫 부분. foot.

기시〔קִישִׁי = 하나님의 산양〕인(대상 6:44)「므라리」자손의 한 사람.「에단」의 부친.

기시온〔קִשְׁיוֹן = 매우 어렵다〕지(수 19:20)「잇사갈」의 성읍이었으나「레위」지파에 배당되었다.

기식〔氣息;기운 기, 쉴 식〕명(창 6:17) 숨을 내쉬고 들이쉬는 기운. 호흡. breath.

기아〔גִּיחַ = 솟아나는 샘〕지(삼하 2:24)「베냐민」의「기브온」과「얍복」강 가까운 요단의 얕은 여울의 땅.

기악〔妓樂;기생 기, 풍류 악〕명(단 6:18) ①기생과 풍류. ②기생의 풍류. entertainment.

기약〔期約;기약할 기, 묶을 약〕명(시 75:2) 때를 정하고 약속함. promise.

기억〔記憶;기록할 기, 생각할 억〕명(창 9:15) 잊지 않고 외워 둠. memory.

기업〔基業;터 기, 업 업〕명(창 17:8) 대대로 전하여 오는 사업과 재산, 생을 위한 주된 사업.

* 성도는 믿음으로 기업을 받는다.

기오〔*Xíoς*=뱀〕지(행 20:15) 「소아시아」 서해 중에 있는 작은 섬. 「바울」이 3차 선교 여행을 마치고 돌아올 때 이곳에 들렀다.

기와명(눅 5:19) 흙이나 시멘트 등으로 만든 지붕을 이는 물건. tile.

기와 조각명(욥 2:8) 기와가 깨져 작게 된 것.

기외〔其外;그 기, 밖 외〕명(막 12:5) 그 밖, 그 외, 기타. the rest.

기우다타(시 60:2) 깁다. 옷을 깁다.

기운〔氣運;기운 기, 움직일 운〕명(창 25:8) 시세가 돌아가는 형편. tendency.

기울다형(삿 19:8) ①한편으로 쏠리다. lean to. ②해나 달이 저물다. sink. ③형세가 불리하다. decline.

기울어지다자(민 21:15) ①기울게 되다. incline. ②형세가 위태롭게 되다. decline.

기울이다타(창 24:14) ①일정한 기준에서 한편으로 쏠리게 하다. ②어떤 방향으로 향하게 하다. listen to. ③남기지 않고 힘을 다하다. devote to. ④형세가 불리하게 되다.

기윤명(암 5:26) 「앗수르」 전쟁의 신. 「카이와누」에서 온 듯하며, 그 신당 「벹니닙」이 주전 1450년경 「예루살렘」 근처에 있었다는 「애굽」 장관들의 기록이 있다.

기이〔奇異;기이할 기, 다를 이〕명(출 15:11) 이상하고 괴상함. strangeness.

기적〔奇蹟;기이할 기, 자취 적〕명 상식으로 생각할 수 없는 신비로운 일. 하나님의 행하시는 일이나 영물들도 행한다. ①불가사의(출 7:9, 눅 11:4). ②희한한 능(행 19:11). 표적(요 2:11).

기절〔氣絶;기운 기, 끊을 절〕명(삿 4:21) 깜짝 놀라 한 때 정신을 잃음. fainting.

기지〔基址;터 기, 터 지〕명(대상 21:25) 터전. 토대. 기초. site.

기지〔基地;터 기, 땅 지〕명(겔 45:6) 터전. 근거지. 기점. base.

기지개명(암 6:4) 몸을 쭉 펴고 팔 다리를 뻗는 것.

기진〔氣盡;기운 기, 다할 진〕명(렘 48:45) 기력을 다하여 힘이 없어짐. exhaustion.

기초〔基礎;터 기, 주춧돌 초〕명(수 6:26) 사물의 밑바탕, 근본. 바닥. foundation.

기초 돌〔基礎~;터 기, 주춧돌 초〕명(사 28:16) 머릿돌.
* 기초돌은 예수 그리스도시다.

기초 문〔基礎門;~문 문〕명(대하 23:5) 기초가 되는 문. the foundation gate.

기초 석〔基礎石;~돌 석〕명(왕상 5:17) 기둥 밑에 괴는 돌. a stone for the foundation.

기치〔旗幟;기 기, 기 치〕명(아 6:4) ①군중(軍中)에서 쓰는 갖가지의 기. flag. ②태도나 행동을 구별하는 표. attitude.

기타〔其他;그 기, 다를 타〕명(수 22:7) 그것 외에 또 다른 것. the others.

기탄없이〔忌憚~;꺼릴 기, 꺼릴 탄〕부(행 4:13) 꺼림없이. 아무런 거리낌도 없이.

기한〔期限;기약할 기, 한정 한〕명(창 17:21) 미리 정한 때. term.

기호[1]〔旗號;기 기, 이름 호〕명(민 2:2) 깃발의 신호. signaling by flags. 기로 표를 보이는 것.

기호[2]〔記號;기록할 기, 이름 호〕명(출 13:9) 무슨 뜻을 나타내기 위한 표. sign.

기혼〔גִּיחוֹן=시내 흐르다〕지(창 2:13) ①「에덴」 동산에서 흘러 나오는 4대 강 중의 하나인데, 「구스」 땅을 둘렀다. ②「예루살렘」 동문 밖에 「기드론」 골짜기에 있는 성천(聖泉). 「솔로몬」이 여기서 기름부음을 받았고(왕상 1:38, 39), 「히스기야」는 「앗수르」 군의 포위 공격을 막기 위하여 이 샘을 막고 지하 수로를 만들어 성안 「실로암」 못에 인수하였다(대하 32:30, 왕하 20:20). 지금은 「아인싯데 마리암」(마리아의 샘)이라고 부른다.

기회〔機會;기계 기, 모을 회〕명(민 35:20) 어떤 일을 해 나가는데 가장 알맞은 고비. chance. 바라는 그 때. opportunity.

긴네렛〔כִּנֶּרֶת=수금〕지(민 34:11) ①「납달리」 지파의 성읍 「갈릴리」 해 근처의 도시인데, 「게네사렛」이라고 말하는 사람도 있다(수 19:35, 마 14:34, 막 6:53). ②「갈릴리」 호수의 별명(수 11:2).

긴네롯〔כִּנֲּרוֹת=거문고〕지(수 11:2) 「갈릴리」 해안 근처에 있는 성의 이름.

긴느도이〔גִּנְּתוֹי=방어〕인(느 12:4) 「바벨론」에서 「스룹바벨」을 따라 1차로 돌아온 제사장 중의 한 사람.

긴느돈〔גִּנְּתוֹן=덮게〕인(느 10:6) 「긴느도이」와 같음.

긴요〔緊要;요긴할 긴, 구할 요〕

명(대상 9:26) 꼭 필요함. 매우 필요하고 중요함. burning necessity.

긷다 타(창 24:11) 우물이나 내 같은 곳에서 물을 퍼서 그릇에 담다. draw.

길[1] 명(창 3:24) ①사람이나 차 등이 오갈 수 있는 곳. road. ②사람으로서 지켜야 할 도리(시 119:9). morality.

길[2] 명(행 27:28) 사람의 키 만한 길이.

길[3]〔קִיר = 성벽〕지(왕하 16:9) ①「사해」에서 12km되는 산 위에 있는「모압」의 이중 요새 중 하나(사 15:1)인데,「사해」수면보다 약 1,000m가 높다 한다. ②「메소보다미 아」의 성읍으로「수리아」로 옮겨간「아람」사람의 살던 곳(암 9:70).

길갈〔גִּלְגָּל = 굴러가다, 돌고리〕지 1「여리고」동편 3km 지점(신 11:30). ①「가나안」땅에 들어온 후 첫 번 유월절을 지키고 얼마동안「여호수아」의 작전 기지로 정함(수 4:19, 5:10, 9:6, 14:6). ②「사무엘」이 사사직으로 순행(삼상 7:16). ③「사울」왕의 즉위식(삼상 10:8, 11:14, 13:7-12, 5:12). ④「사무엘」이「아말렉」왕「아각」을 죽임(삼상 15:33). ⑤「압살롬」이 죽은 후「다윗」이「예루살렘」에 귀경할 때「유대」인이 이곳까지 출영(삼하 19:15-40). ⑥「바벨론」에서 귀한한「유대인」의 거주지(느 12:29).

2「벧엘」의 북 11km 지점, 해발 790미터의 고지에 있는 성읍. ①「엘리야」가 승천 전에「엘리사」와 함께 이 성에서 출발하였다(왕하 2:1). ②선지 학교 학생들이 흉년에「엘리사」에게 나갈 때「엘리사」가 독기 있는 국의 독을 제거하여 대접함(왕하 4:38-40). ③「호세아」,「아모스」두 선지자가 이 성에 경고함(호 4:15, 9:15, 암 4:4, 5:5).

3「그리심」산과「에발」산에 관련하여 기재됨(신 11:30).「세겜」동남 4km 지점.

길거리 명(잠 1:20) 사람이나 차가 많이 다니는 길. 이리저리 통하는 길. street.

길 곁 명(삼상 4:13) 길 옆. 길가.

길다 형(출 19:13) ①짧지 아니하다. 두 끝이 서로 멀다. ②동안이 뜨다. 시간이 오래되다. long.

길들다 자(약 3:7) ①짐승을 잘 가르쳐 사람의 말을 잘 따르게 하다. ②서투른 일을 잘하게 되다. ③손질을 잘하다.

길들이다 타(호 10:11) ①짐승

을 잘 가르쳐 사람의 말을 잘 따르도록 만듦. ②서투른 일을 잘하게 가르치다. ③손질을 잘하여 윤기가 나게 하다.

길랄래〔גִּלֲלַי = 구르다〕[인](느 12:36) 「바벨론」에서 돌아온 「레위」 사람 중 하나.

길로〔גִּילֹנִי = 큰 기쁨〕[지](삼하 15:12) 「유대」 산 중의 성읍.

길룐 [인](룻 1:2) 「엘리멜렉」과 「나오미」의 아들인데, 「모압」으로 피난하여 결혼하고 살다가 그곳에서 죽었다.

길르압〔גִּלְאָב = 부친의 소망〕[인](삼하 3:3) 「다윗」의 아들.

길르앗〔גִּלְעָד = 강하다〕[인]
[1]「므낫세」의 손자, 「길르앗」 인의 조상(민 26:29).
[2] 사사 「입다」의 부친(삿 11:1).
[3]「갓」의 자손(대상 5:14).

길르앗〔גִּלְעָד = 약대의 봉우리. 거칠다〕[지](창 37:25) ①「요단」 동편에 있는 온 땅(창 37:25, 수 22:9, 삼하 2:9). ②북에는 「얍복」이 있고, 남쪽에는 「와데이 헤스본」이 있다(신 3:10, 왕하 10:33). ③「얍복강」을 경계로 북은 「므낫세」, 남은 「갓」 지파, 또 그 남쪽은 「르우벤」 지파의 영토가 있다(수 13:25). ④「길르앗」 지파의 성읍(삿 10:17, 호 6:8). ⑤「길르앗」에 있는 산(창 31:22, 신 3:12, 아 4:1).

길르앗 라못〔רָמֹת גִּלְעָד〕[지](신 4:43) 「요단」 동쪽에 있는 가장 중요한 도시의 하나. ①도피성. ②「솔로몬」의 대관 장소(옹상 4:13). ③「이스라엘」과 「수리아」의 싸움은 이 도시를 차지하기 위해서였다(왕상 22:3).

길르앗 야베스〔יָבֵשׁ גִּלְעָד〕[지](삼상 11:1) 「요단강」 동쪽의 성읍. 「야베스 길르앗」과 같은 곳.

길리기아〔*Κιλικια* = 돌을 굴림〕[지](행 6:9) 「소아시아」의 동남부 지중해 연안으로 동쪽은 「아마느스」 산맥, 북과 서는 「타우러스」 산맥이 둘러싸여 있다. 「다소」는 도의 수부이며, 바울의 고향이다(행 22:3). 이 도 사람들이 처음에는 「스데반」과 변론하고 훼방하였으나 「바울」이 회개한 후에 여러 교회를 설립하고 2차 선교 여행시에는 「수리아」와 이 도에 있는 교회들을 굳게 하였다(행 15:41).

길리우다 [타](애 4:5) 남에게 길러짐을 받다.

길맛〔כִּלְמַד = 울타리〕[지](겔 27:23) 「메데」의 한 성읍으로, 「두로」와 통상하다.

길 머리 [명](잠 1:21) 길목. 길

어귀. main street.

길바닥 명(애 2:21) 길 위. 길 가운데. on the road.

길보아〔גִּלְבֹּעַ = 들끓는 샘〕지 (삼상 28:4) 「사울」과 그 아들 「요나단」이 전사한 곳.

길쌈 명(마 6:28) 집에서 옷감을 짜내는 일. weaving.

길어내다 자(잠 20:5) 퍼서 내다.

길이[1] 명(출 26:13) 한 끝에서 다른 한 끝까지의 거리. 긴 정도. 장(長). length.

길이[2] 부(시 74:15) 오래도록. forever. 영원함.

길이 있다 부(고후 3:11) 길이 길이. 영원히 있다.

길이 참다 자(롬 2:4) 오랫동안 기다리고 참는 것.

길표〔~標;표지 표〕명(렘 31:21) 길을 찾아가기 쉽도록 알리는 표. sign and the road. 이정표. milestone.

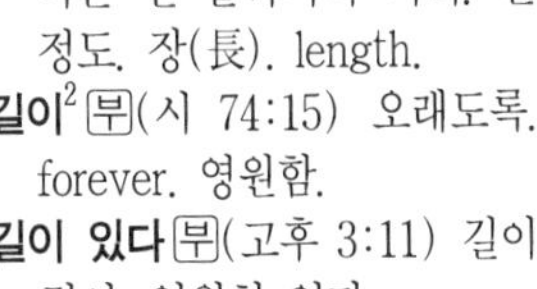

길하다〔吉~;길할 길〕형(창 40:16) 일이 잘 되어가다. be lucky.

길하라셋〔קִיר חֲרַשֶׂת = 질그릇 포대〕지(왕하 3:25) 「모압」의 한 지방.

길하레셋〔קִיר חֲרֶשֶׂת = 토기의 성읍〕지(사 16:7) 모압의 성읍. 길하라셋.

길헤레스〔קִיר חֲרֶשֶׂת = 토기의 성읍〕지(사 16:11) 사해에 튀어나온 「엘리」 산 반도 동남쪽 약 950m의 산 위에 있는 견고한 요새지. 「길헤레스」(사 16:11, 렘 48:31), 「길하레셋」(사 16:7), 「길르 하라셋」(왕하 3:25), 「모압」의 길(사 15:1) 등 여러 가지로 부른다. 현재의 이름은 「일게락」이다.

길흉〔吉凶;길할 길, 흉할 흉〕명(신 18:10) 좋은 일과 나쁜 길. good or ill luck.

김소〔גִּמְזוֹ = 뽕나무의 곳〕지(대하 28:18) 「유다」 서북부의 성읍. 「아하스」의 치세에 「블레셋」 사람에게 점령.

김함〔כִּמְהָם = 큰 욕망〕인(삼하 19:37) 「길르앗」 사람 「바실래」의 아들로, 「다윗」 왕과 함께 「요단」 강을 건너 돌아왔다.

깁발〔גִּבָּר = 큰 용사〕인(스 2:20) 「바벨론」에서 존경을 받은 「이스라엘」사람. 1차 귀환시 「스룹바벨」과 더불어 인솔자의 한 사람.

깁브돈〔גִּבְּתוֹן = 높다, 언덕〕지 (수 19:44) ① 「단」 지파에 속했던 도피성. ② 「레위」 지파에서 차지(수 21:23). ③ 그후 「나답」이 점령했다가 그 신하에게 살해됨(왕상 15:27). ④「블레셋」으로 돌아온지 25년 만에 「오므리」가 점령하였다(왕상 16:15).「룻다」 동북 8km에 있는 현재의 「깃비아」인 듯하다.

깁사임〔קִבְצַיִם=모임, 두 무더기〕지(수 21:22) 「에브라임」에 있는 「레위」인의 성.

깃[1] 명(출 28:32) 옷깃의 준말. collar.

깃[2] 명(욥 39:13) ①새 날개의 털. 깃털. plume. ②화살에 붙인 세 갈래의 깃털. arrow feather.

깃다임〔גִּתַּיִם=두 개의 술틀〕지(삼하 4:3) 「베냐민」의 성읍으로, 에브롯 사람들이 도망친 곳.

깃달디〔גִּדַּלְתִּי=네가 말하였다〕인(대상 25:4) 「헤만」의 아들로, 「다윗」 왕조 악대의 제22반장.

깃대〔旗~; 기 기〕명(사 30:17) 기를 다는 막대기. flag pole.

깃델〔גִּדֵּל=강대하다〕인(스 2:47) 「바벨론」 왕 「느부갓네살」에게 포로가 되었던 사람들 가운데 고향으로 돌아온 자손. ①「느디님」 자손의 대표(스 2:47). ②「솔로몬」의 심복 자손의 대표.

깃들이다 자(시 104:12) ①짐승이 보금자리를 만들어 그 속에 들어 살다. build a nest. ②그 속에 머물러 살다. 자리 잡다. dwell.

깃딤〔כִּתִּים=괴롭게 하다〕인(창 10:4) 「노아」의 증손이요, 「야벳」의 손자인데 저들은 「구브로」 섬에 거주하였다.

깃딤〔כִּתִּים〕지(민 24:24) ①「야벳」의 아들 「야완」의 자손이 점령하고 있던 「구브로」 섬의 옛 이름(창 10:4, 대상 1:7). ②「이사야」가 「베니게」 백성을 가리켜서 「깃딤」이라 하였다(사 23:1). ③「지중해」 연안의 모든 섬과 「히브리」「소아시아」 연안까지 모함(단 11:30)→구브로.

깃딧 명(시편 8, 81, 84편의 표제에 쓰인 악기의 이름으로 수금과 비슷한 것이다.

깊다 형(느 9:11) ①겉에서 속까지, 위에서 아래까지의 거리가 길다. 얕지 않다. deep. ②사귄 정이 두텁다. intimate.

깊은 곳 명(신 32:22) 깊이가 먼 곳, 깊은 데.

* 마지막 깊은 곳은 지옥이다.

깊음 형(창 1:2) 이슥함. deep.

ㄲ

까다 타(사 34:15) ①껍데기를 벗기다. peel. ②알에서 새끼가 나게 하다. hatching(부화시키다).

까다롭다 형(벧전 2:18) ①성미가 너그럽지 못하여 다루기가 힘들다. fastidious. ②일의 조건이 복잡하여 맞추기가 힘든 상태. difficult.

까닭 명(창 20:6) ①일이 생기는 조건이나 원인. 이유. 턱. reason. ②때문.

까마귀 명(창 8:7) 〈동〉까마귀과 까마귀 속에 속하는 새의 총칭. crow.

까부르다 타(룻 3:2) 곡식에 섞인 겨, 티 같은 것을 키로 흔들어 날려 보내다. fan winnow.

깎다 타(창 31:19) ①물건을 엷게 떼어 내다. shave. ②털을 잘라내다. cut.

깔다 타(왕하 9:13) 밑에 펴놓다. 바닥에 펴 벌려 놓다. spread.

깜부기 명(왕상 8:37) 〈식〉 깜부기 균의 기생에 의하여 까맣게 된 밀이나 보리 등의 이삭. smut.

깜짝 부(렘 4:9) 별안간 놀라는 모습. with surprise.

깟씨 명(출 16:31) 〈식〉미나리과에 속하는 일년생 식물. 회색 빛깔의 향기로운 씨는 양념으로 쓰이고 만나로 비유된다. coriander.

깨끗이 부(욥 9:30) 깨끗하게. clean.

깨끗하다 형(창 20:5) ①더럽지 않다. clean. ②말쑥하다. neat. ③마음이 상쾌하다. well, fit.

깨끗한 자 명(삼하 22:27) 깨끗하게 된 사람(의인과 동격인 자).

깨다 자(창 9:24) 잠, 졸음, 꿈에서 벗어나다. wake up.

깨닫다 타(창 16:4) 깨치어 환히 알게 되다. 몰랐던 것을 알게 되다. comprehend.

* 성도는 하나님이 기뻐하시는 뜻을 깨달아야 한다.

깨뜨리다 타(출 32:19) '깨다'를 힘주어 하는 말. 깨지게 하다.

깨물다 타(계 16:6) 깨어지도

록 세게 물다. crunch.

깨어 있다 자(마 24:42) 잠자지 않고 있다.
 * 성도는 그리스도의 재림을 고대하고 깨어 있어야 한다.

깨어지다 자(삼상 2:10) '깨지다'의 원말. ①쪼개지는 것. 부서지는 것. get broken. ②일이 틀어지다. get frustrated.

깨우다 타(왕상 18:27) 잠이나 졸음, 술에서 깨게 하다. waken.

깨우치다 타(사 50:4) 모르는 사리를 깨우쳐 깨닫게 하여 주다. enlighten.

깨우침을 받다 자(레 4:23) 가르침을 받다.

깨치다 타(창 19:9) 깨뜨리다. 깨다. 부수다. break.

꺼리다 타(신 7:26) 싫어하여 피하다. shun.

꺼림 명(잠 30:23) 마음에 거리낌. 마음에 내키지 않음. 염려됨. feel uneasy.

꺼져가는 형(사 42:3) 불이 희미하게 사라져 가는 것을 말함.

꺼지다 자(레 6:13) 불이나 거품 따위가 사라져 없어지다. collapse.

꺼치다 타(아 8:7) 기본 어근은 '꺼지다'로, 꺼지게 하는 것을 말한다.

꺼풀 명(출 20:13) 껍질이나 껍데기의 쌓인 층. a layer of the outer cover.

꺾다 자(출 9:25) 나뭇가지 따위를 부러뜨리다. break.

껍질 명(창 30:37) 알맹이를 둘러싼 거죽. 열매의 바깥 부분. bark.

껴안다 타(창 26:8) 두 팔로 끼어서 안다. embrace.

꼬다 타(출 26:1) 여러 가락을 한데 비비어 서로 엇갈아 한 줄이 되게 하다. twist.

꼬드기다 타(행 43:3) ①남의 마음을 부추기어 움직이게 하다. incite. ②연줄을 튀겨 솟구어 오르게 하다. jerk.

꼬리 명(출 4:4) ①동물의 꽁무니에 길고 가늘게 달린 부분. tail. ②맨 뒤끝.

꼬부라지다 자(눅 13:11) 한 쪽으로 오그라들다. 꾸부렁하다.

꼬불꼬불하다 형(사 27:1) 이리저리 꼬부라진 모양. 꾸불꾸불하다.

꼬집다 타(겔 23:34) ①비틀어 집어 뜯다. pinch. ②남의 흠이나 감정, 비밀을 찔러서 날카롭게 건드리다. finding fault with.

꼭대기 형(창 11:4) 맨 위쪽. top. ②여럿 중의 우두머리. head.

꽂다 타(삼상 26:8) 박아 세우거나 찔러 넣다. 박히게 하다.

insert.

꽃받침 명(출 25:31) 꽃을 받치는 바깥 꽃덮개. calyx.

꽃밭 명(아 5:13) 꽃이 많이 피어 있는 곳. 화원. flower-garden.

꽃술 명(아 7:12) 〈식〉 꽃의 생식 기관. 암술과 수술이 있다. 꽃심. pistil and stamen.

꽹과리 명 〈악〉 놋쇠로 만든 농악기의 하나. 징보다 작다. small gong(고전 3:1).

꾀다 타(창 3:13) 그럴싸하게 남을 속이거나 추켜 세워 자기의 생각대로 끌다. tempt.

꾀임 형(삿 20:31) 꾀어 속임. 유인. temptation.

꾀임을 받아 타(왕하 21:9) 속임을 당하다. 유인되다.

꾀하다 타(창 37:18) 어떤 일을 하려고 뜻을 모으다. 계획하다.

꾸다[1] 타(창 37:6) 꿈을 이루다. dream.

꾸다[2] 타(신 15:6) 잠시 빌려 쓰다. borrow.

꾸러미 명(렘 10:17) ①꾸리어 싼 물건. package. ②꾸려 싼 물건을 헤아리는 단위. a bundle of.

꾸미다 타(창 27:16) ①모양이 나게 매만져 차리다. decorate. ②사실에 없는 것을 거짓으로 둘러대거나 만들다. ③어떤 일을 짜고 꾀하다.

꾸지람 받다 타(히 12:5) 잘못한 일에 대하여 꾸짖음을 받음. 책망을 받음.

꾸짖다 타(창 37:10) 아래 사람의 잘못한 일을 집어내어 나무라다. 책망하다. scold.

꿀 명(창 43:11) 꿀벌이 꽃에서 따다가 모아둔 먹이. honey.

꿀방울 명(아 4:11) 떨어져 나온 꿀의 작은 덩이. a honey drop.

꿀송이 명(잠 16:24) 꿀 덩어리.

꿇다 타(삿 7:5) 무릎을 꾸부려 바닥에 앉다. kneed.

꿇리다 동(창 24:11) 꿇어 앉힘. kneed down.

꿈 명(창 20:6) ①잠자는 동안에 생시와 마찬가지로 여러 가지 일을 봄. dream. ②어떤 바램. vision.

꿈꾸다 자(창 37:5) ①자는 동안에 꿈이 보이다. ②속으로 은근히 바라거나 뜻을 세우다.

꿰다 타(창 24:47) ①가운데 구

멍을 뚫고 꽂다. pass through. ②구멍에 끈이나 실을 지나가게 하다. let pess.

꿰뚫다 타(민 24:8) ①꿰어 통하게 하다. ②마음 속에 잘 알고 있다.

꿰미 명(아 4:9) 구멍 뚫린 물건을 꿰어 묶는 끈이나 꼬챙이. string.

꿰어 매다 타(출 39:17) 꿰미로 풀리지 않게 묶다.

끄다 타(삼하 14:7) ①타는 불을 못 타게 하다. put out. ②밝은 불빛을 어둡게 하다. switch off.

끄르다 타(사 20:2) 맨 것이나 맺은 것을 풀다. untie.

끈 명(창 38:18) 물건을 묶는 줄. string.

끊다 타(창 24:27) ①이어져 있는 것을 잘라 가르다. cut off. ②관계를 떼다. break off. ③목숨을 죽이다. kill.

끊임없이 부(사 34:10) 잇대어 떨어지지 않고 계속되어 나감.

끊지 못함 부(출 30:8) 떼거나 갈라놓을 수 없음.

끊쳐지다 타(출 12:15) 끊어지다. 그치다.

끊치다 자(삿 21:6) 끊어지다. 그치다. 끝나다. break. stop. end.

끌다 타(레 3:7) ①바닥에 대고 잡아당기다. draw. ②수레나 말이나 소 따위를 당겨 움직이게 하거나 부리다. drive. ③길게 뻗쳐 늘이다.

끌어가다 타(레 26:4) 당기어 가다.

끌어 내다 타(창 38:24) 속에 넣었던 것을 당기어 밖으로 내다. pull out.

끌어내리다 타(렘 49:16) 위에 있는 것을 당기어 아래로 내리다. pull down.

끌어들이다 타(창 19:17) 끌어서 안으로 들게 하다. draw in.

끌어올리다 타(행 27:17) 당기어 위로 올라가게 하다. pull up.

끓다 자(욥 41:20) ①액체가 몹시 뜨거워져서 거품이 부글부글 솟아오르다. boil. ②열이 심하여 지나치게 뜨거워지다. heated. ③소화가 안 되어 뱃속에서 소리가 나다. rumble. 속이 뒤집히다. irritated.

끓음 형(창 49:4) 액체가 부글부글 끓고 있는 상태.

끓이다 타(왕하 4:38) 열을 가하여 액체를 끓게 함. →끓임.

끝 명(창 47:21) ①물건의 가운데서 가장 먼 곳. ②일의 나중. end. ③일의 결과. result.

끝나다 자(느 6:15) 일이 다 이루어지다. 시간이 다하여 없다.

끝 날 명(창 6:13) 마지막 날.

* 세상 끝 날은 그리스도가 오시는 날이다.

끝내다 타(삼하 20:18) 일을 다 이루게 하다. 완성.

끝물 명(삿 8:2) 과실, 푸성귀 또는 생선같은 것의 맨 나중에 나오는 차례. the last products of the season.

끝없다 형(시 119:44) 다함이 없다.

끼다[1] 타(삿 16:29) ①제 몸의 벌어진 사이에 넣어 죄어서 빠지지 않게 잡다. ②걸려 있도록 꿰다. ③곁에 두거나 가까이 하다. ④다른 것을 덧붙이거나 겹치다. ⑤남의 힘을 빌다.

끼다[2] 자(욥 2:2) ①수증기, 연기, 안개 구름 같은 것이 펴져 서리다. ②때나 먼지, 이끼, 녹 따위가 생겨나다. ③어떤 표정이나 기미가 어리어 돌다.

~끼리 접미(약 2:4) 함께 패를 지음을 나타내는 말. among.

끼우다 자(창 24:47) 사이에 빠지지 않게 박아 넣다. put in between.

끼쳐 두다 타(삼하 14:7) ①남에게 패나 괴로움을 지우게 하다. ②어떤 일을 남아 있게 하다. ③셈을 덜하고 남기다.

끼치다 타(창 34:30) ①남에게 패나 괴로움을 주다. trouble. ②은혜를 베풀다. ③무엇을 후세에 남게 하다. hand down.

ㄴ

나 대(창 9:16) 말하는 이가 자기 스스로를 가리켜 일컫는 말.

* 성경에서 나, 내가, 나 등은 그리스도 자신을 일컫는 말이다(마 4:19, 계 22:20).

나가게 하다 타(삼하 13:9) 나가도록 만들다.

나가다 자(창 4:16) ①안에서 밖으로 가다. go out. ②속했던 곳에서 물러가다. leave. ③출마하거나 진출하다.

나감향〔螺弁香:소라 라, 뚜껑 감, 향기 향〕명(출 30:34) 향조개 혹은, 다른 연체 동물에서 뽑은 향의 일종으로 분향단에서 태우는 거룩한 향이다. strombus aromatic shell.

나게 하다 자(창 48:4) ①물질이 생기게 하다. ②사람을 태어나게 하다.

나곤〔נָכוֹן=견고함〕지(삼하 6:6) 「웃사」가 법궤를 만지다가 죽은 타작 마당의 이름. 또는 그 소유주의 이름-기돈.

나귀 명(창 12:16) 당나귀. donkey.

나그네 명(창 23:4) ①제 고장을 떠나서 다른 고장에 가 있는 사람. traveller. ②여행 중에 있는 사람. 길손.

나깃수〔Ναρχίσσος=수선화〕인(롬 16:11) 교인으로 바울이 문안함. 「네로」가 즉위할 때, 「아그립바」에게 피살되었다.

나날이 부(삼하 13:4) 날마다. 날로. 매일. day by day.

나누게 하다 자(민 34:29) 갈라지게 하다. 떨어지게 하다.

나누다 타(창 1:4) ①각기 독립되게 여러 부분으로 가르다. divide. ↔합하다. 합치다. ②음식 따위를 함께 먹거나 갈라 먹다. 분배하다. distribute. ③서로 말이나 이야기를 주고받다.

나다 자(창 2:5) ①생기다. come out. ②밖으로 드러나다. ③밖으로 흘러나오다. ④태어나다. ⑤어떤 것이 이루어져 퍼지다.

나다나엘〔Ναθάαήλ=하나님의 선물〕인(요 1:45) ①예수님의 제자(마 10:3). ②「빌립」의 소개로 예수께 나온 사람(요 21:2). 예수께서 참 「이스라엘」 사람이라고 하였다.

나단〔נָתָן=양심, 주는 자〕인

[1]「다윗」 왕이 「예루살렘」에서 낳은 한 아들(삼하 5:14, 눅 3:31).

[2]「다윗」왕 때의 선지자. ①「다윗」이 성전 건축을 설계할 때, 여호와께서 이 사람을 통하여 금지시켰다(삼하 7:4-17). ②「우리아」의 아내를 간통하였을 때, 「다윗」을 꾸짖었다(삼하 12:1-12).

[3]「에스라」가 「바벨론」에서 돌아올 때 무리 중에 있던 우수한「느디님」 사람(스8:16).

[4]그 외에 이 이름을 가진 6인이 있다(삼하 24:36, 왕상 4:5, 대상 2:36, 11:38, 스 10:39, 12:12).

나단멜렉〔נְתַן־מֶלֶךְ = 양심 대로 함〕[인](왕하 23:11) 「요시아」 왕 때의 시종관. 여호와의 전에 들어가는 곳 근처에서 살았다.

나답〔נָדָב = 고상하다〕[인](출 6:23).

[1] ①「아론」의 맏아들(출 23). ②「아비후」와 같이 여호와께 다른 불을 드리고 벌을 받아 죽음(레 10:1-7).

[2] ①「이스라엘」 제1대 왕「여로보암」 1세의 아들로, 후계자가 되어 치세 2년(왕상 15:25). ②부하 「바아사」에게 암살되고 가족도 전멸됨(왕상 15:27).

[3]「여라므엘」의 집 「헤스론」의 가족 중 한 사람(대상 2:28).

[4]「기브온」 사람(대상 8:30, 9:36).

나도 기름 [명](아 1:12) 「히말라야」가 원산지인 「나드」 식물의 뿌리에서 짜낸 값비싼 향유(香油). spikenard.

나도초〔~草;풀 초〕[명](마 4:13) 「히말라야」, 「네팔」이 원산지로 알려진 향기나는 풀의 이름. nardostachys.

나드(나도) [명](아 4:14) 〈식〉 향내가 그윽하고 값이 비싼 향유(香油-요 12:3).

나라 [명](창 10:5) ①국가. Nation. ②어떤 특수한 사물의 세계(계 1:9).

나라 사람 [명](요 18:35) 국민. 백성. 한 세계에 속한 무리.

나루 [명](창 32:22) 강가나 냇가, 좁은 바다목에 배가 건너 다니는 일정한 곳. ferry.

나루턱 [명](수 2:7) 나룻터에서 나룻배를 대는 일정한 자리. ferry point.

나룻배 [명](삼하 19:18) 나루를 건너 다니는 배. 사람이나 짐승, 물건을 건네어 주는 배.

나룻터 명(삼하 15:28) 나루터.

나맥〔裸麥;벌거벗을 나, 보리 맥〕명(출 9:32) 쌀보리. naked barley.

나머지 명(창 14:10) ①어떠한 한도에 차고 남은 부분. 여분. excess

나무 명(창 1:12) ①줄기와 가지가에 단단한 껍질이 있는 다년생 식물. tree. ②집을 짓거나 물건을 만드는데 쓰는 재료. wood.

나무진 명(출 2:3) 나무의 가지나 둥지를 잘라 낸 뒤에 나는 진. 수지.

나무 토막 명(사 44:19) 나무가 여러 개로 잘라진 동강이.

나무하다 자(민 15:32) 땔감을 모으다.

나물 명(출 12:8) ①먹을 수 있는 풀이나 나뭇잎. ②채소를 조리한 반찬.

나발〔נָבָל = 어리석다〕인(삼상 25:3) ①「유다」의 「갈멜」에 살던 인색한 목자. ②그 이름처럼 어리석고 교만하여 「다윗」의 화를 입게 되었으나 아내 「아비가일」의 지혜로 구출됨. ③「나발」이 죽은 후, 그 아내 「아비가일」은 「다윗」의 아내가 됨.

나봇〔נָבוֹת = 뛰어난 사람〕인(왕상 21:1) ①「이스라엘」 근처에 좋은 포도원을 가진 사람으로, 왕비 「이세벨」이 죽였다. ②「나봇」을 죽인 죄로 왕조가 멸망하였다(왕하 9:25, 36 왕상 21:20). ③「나봇」이 거절한 이유는, 세습 재산을 양도할 수 없는 「이스라엘」의 율법을 지킨 것(레 25:23)이다. 그리고 「아합」의 물욕에 경고한 것이다.

나비〔נַחְבִּי = 하나님의 곁에 숨음〕(민 13:14) 「납달리」 사람 「웝시」의 아들(민 13:14) 「가나안」 땅을 탐지하였다.

나비스〔נָפִישׁ = 증거함〕인(창 25:15) 「이스라엘」 족속의 족장의 한 사람.

나쁘다 명(마 6:23) ①됨됨이나 성질 또는 질이 좋지 않다. bad. ②마음이나 하는 짓이 착하지 못하다.

나사〔螺絲;소라 라, 실 사〕명(왕상 6:8) ①나사 못. ②소라처럼 비틀리게 고랑이진 물건. spiral.

나사렛〔*Ναζαρα* = 거룩〕지(마 2:23) 「갈릴리」 도에 있는 성읍으로, 「예루살렘」 북으

로 57마일 지점. 사방에 산이 둘러 있는 둥근 골짜기로 토질은 모래땅으로 되어 있어 비옥하지 못하다. ①예수를 미워서 밀어뜨리려 한 45척의 단애(斷崖)가 있다(눅 4:29). ② 30년간 예수께서 사신 고향(마 2:13-23). ③풍속이 너무나 추잡하고 악하여 예수를 「나사렛」 인이라 하였다(마 2:23). ④오랫동안 복음을 전파했으나 믿지 않고 도리어 2차례나 배척하였다(마 13:57, 눅 4:29).

나사로〔Λαζαρος＝하나님의 도움〕인(눅 16:20)

1 「베다니」의 「마르다」, 「마리아」의 오빠로 죽은지 4일만에 예수께서 살리셨다(요 11:43).

2 예수께서 비유로 가르치실 때 쓴 이름으로, 매일 부자집 문전에서 구걸만 하였으나, 내세에 부자는 지옥에 가고 「나사로」는 천국에 갔다고 하셨다(눅 16:22-23).

나서다 자(수 2:19) ①나타나서다. present oneself. ②구하던 것이 나타나다. come out.

나손〔נַחְשׁוֹן＝점쟁이〕인(출 6:23)

1 「유다」 지파의 족장. 광야에 있을 때 회막 제1일에 예물을 드린 자(민 7:12, 눅 3:32).

2 「구브로」 인. 「예루살렘」 신자로서, 사도들은 은근히 접대하였다(행 21:16).

나시르 사람 명(암 2:11) 「성별된 사람」이란 뜻→나실인.

나실인〔～人;사람 인〕명(민 6:2) 성별하다, 가르다란 뜻이다. ①하나님께 헌신하도록 뽑혀 세움을 받은 사람. ②자원하여 하나님께 헌신하기로 맹세한 사람.

나아가다 자(창 10:11) ①앞으로 향하여 가다. advance. ②병이나 하는 일이 점점 좋아지다. ③높은 자리를 향하여 가다.

나아라[1]〔נַעֲרָח = 배회함〕인(대상 4:5) 「유다」의 후손. 「드고아」의 아버지 「아스훌」의 첩.

나아라[2]〔נַעֲרָה = 처녀〕지(수 16:7) 「에브라임」의 한 경계 이름.

나아란〔נַעֲרָן = 소녀에게 속함〕지(대상 7:28) 「에브라임」의 성읍.

나아래〔נַעֲרַי = 나이 어린 아들〕인(대상 11:37) 「에스베」의 아들이며, 「다윗」의 용사 중 한 사람.

나아마[1]〔נַעֲמָתִי = 유쾌〕인

1「가인」의 후예 「두발가인」의 누이(창 4:22).

2「솔로몬」의 아내이며, 「르호보암」의 모친 「암몬」 사람이다(왕상 14:31).

나아마[2]〔נַעֲמָה = 즐거움〕지(수 15:41) 「유다」 「세베라」에 있던 성읍.

나아만〔נַעֲמָן = 유쾌〕인(창 46:21)

1 ①「베냐민」의 아들, 「애굽」으로 이주 전에 출생(창 46:21). ②혹은 「베라」의 아들이라고 한다(민 26:40).

2「다메섹」 왕 「벤하닷」의 장군(왕하 5:1). 문둥병에 걸렸으나 「이스라엘」 어린 계집종의 말을 듣고, 「엘리사」를 찾아 시키는 대로 하여 깨끗함을 얻음.

나아오다 자(창 6:20) 뒤에서 앞으로 차츰차츰 가까이 오다.

나암〔נַעַם = 아름다움〕인(대상 4:15) 「유다」 지파의 하나인 「야베스」 계통. 「갈렙」의 아들.

나오다 자(창 8:16) ①안에서 밖으로 오다. ②속에서 바깥쪽으로 나타나다. ③어떠한 근원에서 일어나다. ④출생. 태어나다. ⑤있던 곳에서 다른 곳으로 옮기다.

나오미〔נָעֳמִי = 우리의 즐거움〕인(룻 1:2) 「베들레헴」 사람 「엘리멜렉」의 아내, 「룻」의 시어머니. 「말론」과 「기룐」의 모친(룻 1:1, 2). 기근으로 인하여 「모압」 땅에 가서 살았다. 그곳에서 남편과 두 아들을 잃고 며느리 「룻」과 같이 고향으로 돌아왔다. 「보아스」에게 룻을 재혼시키고 그의 아들 「오벳」을 받아 키우며 즐겁게 일생을 마쳤다.

나욧〔נָיוֹת = 거주〕지(왕상 19:18) 「라마」에 있는 「사무엘」의 거주지 「다윗」의 피신지.

나음[1] 부(롬 3:1) 뛰어난 것, 잘.

나음[2] [타](마 14:36) 고침. 치료되다. 완쾌되다.

나이 [명](창 12:4) 사람이 태어나서 살아온 햇수. age.

나인〔*Ναιν*=아름답다, 즐겁다〕[지](눅 7:11) 「갈릴리」에 있는 한 성읍으로, 「나사렛」 동남쪽 9km지점에 있다.

나일강〔יְאֹר=검다〕[지](사 19:7) ① 「애굽」의 사활이 달린 강(렘 46:7, 슥 10:11). ② 「아프리카」 제일, 세계 제2의 큰 강. 길이 6,400km로, 「애굽」 강이라고도 부른다(창 15:18).

나팔수〔喇叭手; 나팔 나, 입벌릴 팔, 손 수〕[명](왕하 11:14) 나팔을 부는 사람. bugler. 「레위」 사람이 불었다(민 10:8).

나팔절〔~節; 마디 절〕[명](레 23:24) 유대력의 제7월 1일에 지키는 절기(민 29:1-6). 노동을 금하고 쉬었다.

나하라임 [지](사 60:1) 「아람」 나라에 있는 한 지방.

나하래〔נַחֲרַי=주께서 택하신 것〕[인](삼하 23:37) 「브에롯」 사람. 「다윗」의 30 용사 중 한 사람.

나하마니〔נַחֲמָנִי=위로함〕[인](느 7:7) 「예수아」와 「스룹바벨」과 같이 「바벨론」에서 돌아온 사람(느 7:7).

나하스〔נָחָשׁ=예언함〕[인](삼상 11:1) ① 「암몬」 왕. 「길르앗 야베스」를 취하다가 「사울」 왕에게 패함. ② 「압살롬」의 군대 장관, 「아마사」의 외조부(삼하 17:25).

나할랄〔נַהֲלָל=목장〕[지](수 19:15) 「하이파」의 끝 동쪽 8km 지점. ① 「스불론」의 성읍. ② 「레위」 지파의 성이 됨(수 21:35). ③ 「가나안」 인에 의해 오랫동안 지배됨(삿 1:30).

나할리엘〔נַחֲלִיאֵל=하나님의 골짜기〕[지](민 21:19) 「광야」 생활 중에 유숙한 지방.

나함〔נַחַם=위로함〕[인](대상 4:19) 「호렛」의 처남 또는 「메렛」의 처남.

나핫〔נַחַת=휴식함〕[인]
[1] 「에서」의 아들, 「르우엘」의 맏아들(창 36:13).
[2] 「사무엘」의 조상 중 한 사람(대상 6:26).
[3] 「레위」사람으로 히스기야 때 십일조 관리자(대하 31:13).

나홀〔נָחוֹר〕[인](창 11:22) ① 「아브라함」의 조부(눅 3:34)이며, 「데라」의 아버지. ② 「아브라함」의 동생(창 11:26)이요, 「브두엘」의 부친.

나훔[1]〔נַחוּם=위로자〕[인](나 1:1)
[1] 예수의 족보에 기재된 「나훔」(눅 3:25).
[2] 「엘고스」 인 「유대」 왕 「히스기야」 때 선지자(나 1:1). 「니느웨」 성이 황무하여질 것

을 예언(나 3:7).

나훔[2] 명 (나)구약 제34권째 성경. 선지자「나훔」의 기록으로,「앗수르」의 수도「니느웨」또한「유다」를 위한 격려의 말씀이기도 하다.「요나」선지자의 외침에 회개한「니느웨」가 죄에 빠짐으로 멸망할 것을 예언하였다. 그러므로 하나님의 심판과 그 심판의 이유를 보여 준다(욘 3:5-7).

나흘 명(삿 11:40) 사일(四日). 넷째 날. 96시간.

낙〔樂;즐거울 낙〕명(창 18:12) ①즐거움. 재미. pleasure. ②위안이 되는 일.

낙개〔*Ναγγαι*=빛나다〕인(눅 3:25)「그리스도」의 족보 중 한 사람.

낙담〔落膽;떨어질 락, 쓸개 담〕명(출 15:15) ①실망하여 갑자기 마음이 상함. discouragement. ②매우 심하게 놀라서 간이 떨어질 듯 함. fright.

낙망〔落望;떨어질 락, 바랄 망〕명(사 42:6) 바라는 일이 안 됨. disappointment.

낙성〔落成;떨어질 락, 이룰 성〕명(느 12:27) 공사의 목적물이 완성됨. completion.

낙성가〔落成歌;~노래 가〕명(시 30:) 건축을 완성하고 불렀던 노래. song of completion.

낙성식〔落成式;~법 식〕명(신 20:5) 집을 다 지어 낙성을 축하하는 의식. completion ceremony.

낙성 예식〔落成禮式;~예도 예, 법 식〕명(단 3:2) 건축 공사가 다 마무리되어 축하하는 예식.

낙심〔落心;떨어질 락, 마음 심〕명(민 32:7) 바라는 일이 이루어지지 않아서 마음이 풀어짐. discouragement.

낙엽〔落葉;떨어질 락, 잎 엽〕명(욥 13:25) 잎이 말라 줄기나 가지에서 떨어짐. 또는 그 잎. fallen leaves.

낙원〔樂園;즐거울 락, 동산 원〕명(눅 23:43) ①걱정 없이 살 수 있는 즐거운 동산. ②하나님께서 택한 백성(성도)을 위하여 예비하신 곳=천국(계 2:7). paradise.

낙태〔落胎;떨어질 락, 아이밸 태〕명(창 31:38) ①태아가 달이 차기 전에 죽어서 나옴. abortion. ②사람의 힘으로 태아를 모체에서 떼어냄.

낙토〔樂土;즐길 락, 흙 토〕명(시 106:24) 살기 좋은 땅.

낙헌〔樂獻;즐길 락, 드릴 헌〕명(레 23:38) 기쁨으로 드림. free will offering.

낙헌 예물〔樂獻禮物;~예도 례, 만물 물〕명(레 22:23) 낙헌제로 드리는 제사의 희생 제물. present of free will offering.

낙헌제〔樂獻祭; ~제사 제〕명 (레 22:18) 자발적이고 즐거운 마음으로 하나님께 예물을 드리는 제사. 서원한 것을 갚는 서원제와 함께 자의(自意)로 예물을 드리는 자원제이다. 낙헌제의 제물은 소, 양, 염소의 흠없는 수컷으로 화목제나 번제로 드렸고, 그 희생 제물이 되는 고기는 이튿날까지 다 먹었다. 제 삼일까지 남았으면 불살라 버려야 했다(레 7:16, 17).

낚다 타 (욥 41:1) 낚시로 고기를 잡다. angle.

낚시 명 (욥 41:1) 물고기를 낚는데 쓰는, 미끼를 끼는 작은 쇠갈고랑이. hook.

난〔亂; 어지러울 란〕명 (행 21:38) 전쟁이나 분쟁으로 세상이 어지러워 백성이 뿔뿔이 흩어지는 사태. 난리. chaos.

난간〔欄干; 난간 란, 방패 간〕명 (신 22:8)〈건〉층계, 다리 등의 가장 자리에 종횡으로 나무나 쇠를 건너 세워 놓은 것. railing.

난 곳 명 (행 2:8) 태어난 고향.

난 땅 명 (겔 16:3) 태어난 고향.

난류〔亂類; 어지러울 란, 같을 류〕명 (삼하 20:1) 불법한 행동을 마구하는 무리. worthless. character.

난리〔亂離; 어지러울 란, 떠날 리〕명 (대하 20:9) 난(亂).

난봉 명 (대하 13:7) 허랑 방탕한 짓. 또는 그 사람. ㊟ 봉. dissipation.

난산〔難産; 어려울 난, 낳을 산〕명 (창 35:17) ①해산이 순조롭지 못하여 고생함. difficult delivery. ②일을 이루기 어려움.

난육〔爛肉; 문드러질 란, 살 육〕명 (레 13:10) 살이 문드러진 것. sore on one's skin.

난장이 명 (레 21:20) '난쟁이'의 오기. 기형적으로 키가 작은 사람. dwarf.

낟가리 명 (출 22:6) 낟알이 붙은 채로 있는 곡식단을 쌓은 더미.

날[1] 명 (창 1:5) ①하루 동안. day. 24시간. ②날씨. weather.

날[2] 명 (출 12:9) 삶지 않은 생것. 익히지 않는 것.

날[3] 명 (레 13:48) 옷감을 짤 때 세로로 놓인 실. 세로 줄.

날[4] 명 (삿 3:22) 칼, 가위, 연장들을 잘 자를 수 있도록 가장 날카롭게 한 부분.

날개 명 (창 1:21) ①새나 곤충 따위의 몸에 붙어서 나는데 작용하는 기관. 나래. wing. ②비행기 동체의 좌우에 붙은 넓은 조각. 나래.

날 것 명 (삼상 2:15) 익히지 않은 음식. uncooked thing.

날다 [자](창 1:20) ①날개를 움직이거나 또는 다른 힘으로 몸이 공중에 뜨다. fly. ②썩 빨리가다. hurry.

날래다 [형](욥 26:13) 움직임이 나는 듯이 빠르고 기운차다.

날리다 [자][타](출 9:8) ①하늘로 날게 하다. let fly. ②짐짓 놓아 달아나게 하다. release.

날마다 [명][부](창 39:10) 그날그날. 매일매일. every day.

날새다 [자](요 21:4) 한 밤을 지내다. 한 날이 밝아오다. day break.

날서다 [자](삿 3:16) 칼, 연장의 날이 날카롭게 되다.

날수〔~數;셀 수〕[명](창 50:3) 날의 수효.

날아가다 [자](시 55:6) ①하늘을 날면서 가다. ②갑자기 날리어 떨어져 나가다. ③어이없이 흩어져 없어지다.

날짐승 [명](전 10:20) 날아다니는 짐승. 새. 조류. fowls.

날짜 [명](대상 29:27) ①어떤 일에 소용되는 날의 수효. date. ②작정한 날. ③날의 차례. 일자.

날치타 [타](시 102:8) 함부로 마구 덤비어 짐짓 기세를 떨치다. rage.

날카롭다 [형](창 4:22) ①끝이 뾰족하다. pointed. ②서슬이 서 있다. 잘 들다. sharp. ③성질 따위가 격렬하다.

낡다 [형](신 29:5) ①물건이 삭거나 헐어서 정도가 오래되다. become old. ②옛 것이 되다.

남[1] [명](창 20:3) ①자기 이외의 다른 사람. 타인. another. ②일가 친척이 아닌 사람.

남[2]〔南;남녘 남〕[명](출 27:9) 남쪽. 북쪽의 반대 방향. south.

남겨 두다 [자](민 9:12) 나머지가 있게 하여 두다. 일부를 떼어 두다.

남기다 [타](창 27:36) ①나머지가 있게 하다. remain; leave ②남아 있게 하다. 처져 있게 하다. leave.

남녀〔男女;사나이 남, 계집 녀〕[명](출 10:9) 남자와 여자. man and woman.

남녀간〔男女間;사나이 남, 계집 녀, 사이 간〕[명][부](출 21:29) ①남자이건 여자이건. son or daughter. man or woman. ②남자와 여자 사이에.

남녀 노비〔~奴婢;종 노, 계집 종 비〕[명](렘 34:9) 남자 종과 여자 종. 부리는 남녀 종.

남녀 노소〔男女老少;사나이 남,

계집 녀, 늙을 노, 젊을 소]명(출 10:9) 모든 사람.
남녀 형제[~兄弟;맏 형, 아우 제]명(수 2:13) 형제 자매.
남다자(창 7:23) ①가지 않고 처지다. ②어떤 한도를 넘어 더 있다.
남단[南端;남녘 남, 끝 단]명(수 18:19) 남쪽 끝. southern-extremity.
남문[南門;남녘 남, 문 문]명(겔 40:28) 남쪽에 있는 문. south gate.
남방[南方;남녘 남, 모 방]명(창 12:9) ①남쪽. 남녘. south. ②남쪽 지방.
남보석[藍寶石;쪽 남, 보배 보, 돌 석]명(출 28:18) 남색 빛을 띤 보석의 하나. 대제사장의 흉패로 찼다. sapphire.
남북[南北;남녘 남, 북녘 북]명(신 3:27) 남쪽과 북쪽. north and south.
남비명(삼상 2:14) →'냄비'의 오기. 솥붙이의 한 가지. 금속제 또는 도기제로 밑은 얕고 위는 열려 있어 뚜껑으로 덮음. pan.
남색[男色;사내 남, 빛 색]명(왕상 14:24) 남자끼리 하는 성행위. 계간. sodomy.
남아[男兒;사내 남, 아이 아]명(욥 3:3) ①남자. man. ②사내 아이. boy.
남자[男子;사내 남, 아들 자]명(창 1:17) ①하나님께서 처음 만드신 사람. ②사나이. 남성. man.
남자답다형(고전 16:13) 사나이답다. 남성적이다.
남자손[男子孫;~손자 손]명(수 17:6) 남자만의 후손. 여자를 뺀 자손.
남정[男丁;사내 남, 고무 정]명(출 10:11) 열다섯 살이 넘은 젊은 남자. a male adult.
남종명(출 20:10) 사내 종.
남짓하다형(사 32:10) 무게, 분량, 수효 따위가 어느 정도보다 조금 더 되다. slightly over.
남창[男娼;사내 남, 창기 창]명(욥 36:14) 남색(男色)을 파는 남자. male prostitute.
남편[男便;사내 남, 편할 편]명(창 3:6) 아내의 배우자. 높부군(夫君). husband.
남편[南便;남녘 남, 편할 편]명(출 26:18) 남쪽을 차지한 편. south part.
남풍[南風;남녘 남, 바람 풍]명(욥 37:17) 남쪽에서 불어오는 바람. south wind.
남향[南向;남녘 남, 향할 향]명(수 15:2) 남쪽으로 향함. south-ward.
남형[男兄;사내 남, 맏 형]명(창 34:11) 남자 형. brother.
납[鑞;백랍 랍]명(출 15:10) 보통 쇠붙이 가운데서 가장 무거운 회색의 푸른 금속 원소. 기호pb. 번호 82. lead.

납달리[1]〔נַפְתָּלִי=경쟁, 씨름〕[인] (창 30:8) 「야곱」의 여섯 째 아들, 곧 「라헬」의 몸종 「빌하」의 둘째 소생이다(창 35:25). ②이 지파의 자손으로 「애굽」에서 나온 자는 53,400명 「가나안」에 들어간 자 45,400명(민 1:42, 26:50). 여 사사 「드보라」와 동역한 사사 「바락」은 이 지파의 자손이다(삿 4:6).

납달리[2]〔נַפְתָּלִי=경쟁, 씨름〕[지] (민 1:15) 「납달리」 지파의 소유지. 동은 「갈릴리」 바다. 「요단」 강. 서는 「아셀고」, 「스불론」, 남은 「잇사갈」 땅이다. ①사사 「바락」이 「납달리」 인을 소집하여 여사사 「드보라」와 함께 「가나안」 왕 「야빈」을 격퇴시킴(삿 4:10). ②「기드온」이 「납달리」, 「아셀」, 「므낫세」 인을 소집하여 「미디안」을 습격(삿 7:23-25). ③「다윗」 왕 즉위식 때 「납달리」 장관 1천 명과 군사 3만 7천 명이 참례함(대상 12:34). ④「요시아」 왕이 이 지방의 우상을 없이함(대하 34:6). ⑤「바아사」 왕 때 「아람」 왕의 습격을 받아(왕상 15:29), ⑥「베가」 왕 때 「앗수르」 왕이 침입하여 많은 백성을 사로 잡아감(왕하 15:26). ⑦주님과 제자들이 여러 차례 이 지방에서 전도하였다(마 4:13-15).

납달리 게데스[지] 「납달리」 지방에 있는 산지 마을→게데스(삿 4:6).

납두힘〔נַפְתֻּחִים=열어 놓음〕[인] (창 10:13) 「미스라임」의 아들.

낫[명](신 16:9) 풀이나 나무, 곡식 등을 베는 연장.

고대 낫

낫다[1] [형](창 29:19) 서로 견주어 좋은 점이 더하다. better.

낫다[2] [자](레 13:18) 병이나 상처 등이 없어져 그전대로 되다. recover.

낭떠러지[명](욥 39:28) 깎아지른 듯한 언덕. cliff.

낭독〔朗讀;밝을 랑, 읽을 독〕[명] (출 24:7). 소리내어 읽음. recitation.

낭실〔廊室;행랑 랑, 집 실〕[명] (왕상 6:3) ①대문 양쪽에 있는 방. 결채. entrance room. ②성경에서 「레위」 인들이 지키는 서쪽 건물의 이름임(대상 26:18).

낭패〔狼狽;이리 랑, 이리 패〕[명] (시 35:4) ①일이 실패됨. ②허둥지둥함. confusion.

낮 명(창 1:5) ①해가 떠 있는 동안. day. ②한 낮.

낮다 형(느 4:13) 높지 않다. low.

낮아지다 자(레 26:41) 낮게 되다.

＊ 성도는 낮아져야 한다.

낮은 자 명(욥 5:11) 천한 사람, 업신 여김을 받는 사람.

낮잠 명(삼하 4:5) 낮에 자는 잠. mid-day nap.

낮추다 타(신 8:2) ①낮게 하다. ②말을 하대하여 쓰다.

낯 명(창 3:8) ①얼굴의 바탕. face.

낯빛 명(단 3:19) 얼굴에 나타나는 표정. 안색.

낱낱이 부(욥 40:11) 하나하나마다. one by one.

낳다 타(창 3:16) ①아이나 새끼를 뱃 속에서 내놓다. bear. ②결과를 나타내다.

내[1] 대(창 1:30) 주격 조사 '가' 앞에 쓰이는 제1인칭 대명사. '나'의 특수형.

내[2]〔內;안 내〕명(레 25:30) 일정한 테두리의 안. within.

내[3] 명(왕상 18:5) 물이 흘러가는 길. 강보다 작고 개울보다는 크다.

내게 하다 타(창 34:30) ①나오게 하다. 나도록 하다. ②바치도록 하다.

내겝 지(수 19:33) 「납달리」의 한 접경.

내기 명(왕하 18:23) 일정한 조건하에서 승부를 겨루는 일. betting.

내다 타(창 1:11) ①나오게 하다. ②안의 것을 밖으로 나오게 하다. put out. ③따로 살게 하다.

내다 보다 타(창 26:8) 안에서 밖을 보거나 멀리 앞을 바라보다. look over.

내던지다 타(창 10:18) ①힘있게 던지다. throw away. ②관계를 끊고 돌아보지 아니하다.

내려가다 자(창 11:7) 높은 곳에서 낮은 곳으로 가다. get down.

내려놓다 타(창 44:11) 위에 있거나 들고 있는 것을 아래에 놓다. put down.

내려오다 자(창 24:45) ①높은 곳에서 낮은 곳으로 향하여 오다. come down. ②서울에서 시골로 떠나오다. come back to the country. ③긴 세월을 지나서 오늘날까지 전하여 오다. descend.

내력〔來歷;올 래, 지날 력〕명(눅 1:2) ①겪어 온 자취. ②내림. history.

내리다 자(창 2:5) ①낮은 데로 향하여 옮기다. go down. ②탈 것에서 내려옴.

내리닫다 자(마 8:32) ①아래로 향하여 뛰다. run down.

②힘차게 마구 달리다.

내밀다 자(창 8:9) ①한쪽 끝이 길쭉하게 나오다. project. ②한쪽으로 도드라지다. 타 ①안에서 앞으로나 밖으로 나가게 하다(창 8:9). ②남에게 미루어 버리다. refer to others.

내부〔內腑;안 내, 장부 부〕명(시 109:18) 체내의 내장 기관 안 속 깊이.

내생〔來生;올 내, 살 생〕명(딤전 4:8) 죽은 후의 생활. future life.

내세〔來世;올 래, 인간 세〕명(막 10:30) 죽은 뒤 영혼이 사는 곳으로 천국과 지옥이 있다.

* 성도는 천국에서 영생을 누린다.

내세우다 타(행 24:13) ①나서게 하다. support. ②나와 서게 하다. ③어떤 의견이나 문제를 내어 놓다. submit 〔offer〕. ④자기의 주장이나 견해를 내놓고 주장하다. insist.

내소〔內所;안 내, 바 소〕명(왕상 6:16) 성소의 안에 있는 장소. 곧 지성소(至聖所). the inner room.

내시〔內侍;안 내, 모실 시〕명(왕상 22:9) 궁중에서 임금을 모시는 관직의 총칭.

내실〔內室;안 내, 집 실〕명(삿 16:9) 안방. 내당(內堂). the inner room.

내어 가다 타(레 14:45) 안에서부터 밖으로 가지고 가다.

내어 놓다 타(창 8:7) ①밖으로 옮겨 놓거나 꺼내 놓다. ②간직한 것을 드러내 보이다.

내어 주다 타(신 32:30) ①가졌던 것을 남에게 건네주다. 꺼내어 주다. ②자리를 물려주다. 내주다.

내어 쫓기다 타(삼하 14:13) 안이나 어떤 곳에서 있지 못하고 쫓김을 당하다.

내어 쫓다 타(창 21:10) 쫓아내다. 물리치다.

내외〔內外;안 내, 밖 외〕명(왕상 6:30) ①안과 밖. inside and outside. ②부부. married couple.

내외소〔內外所;안 내, 밖 외, 처소 소〕명(왕상 6:29) 안쪽과 바깥쪽.

내응〔內應;안 내, 응할 응〕명 비밀히 내부에서 적과 통함. 내통. secret communication (왕하 6:11).

내일〔來日;올 래, 날 일〕명(출 8:10) 오늘의 바로 다음 날. 명일. tomorrow.

내장〔內臟;안 내, 오장 장〕명(출 12:9) 동물의 내부 기관으로 해부학적으로 호흡기, 소화기, 비뇨생식기, 내분비선으로 가른다. internal organ.

내전〔內殿;안 내, 대궐 전〕명

(왕상 8:6) ①왕비(王妃)의 존칭. empress. ②안전 곧 지성소를 말함. the most holy place.

내치다 타(행 7:58) ①못 쓸 것으로 알거나 마음에 맞지 않아 쫓아내다. ②들어서 냅다 던지다. throw away.

내탕고〔內帑庫; 안 내, 나라곳집 탕, 창고 고〕(왕하 20:13) 임금의 사유 재산을 두던 곳간.

냄새 명(창 34:30) ①코로 맡을 수 있는 온갖 기운. 향내 따위. smell. ②경향. 풍기는 기운. 어떤 사물, 분위기 등이 갖는 색채.

냇물 명(사 32:2) 내에 흐르는 물. water in the river.

냉과리 명(시 102:3) 덜 구워져서, 불을 붙이면 연기와 냄새가 나는 숯.

냉수〔冷水; 찰 랭, 물 수〕명(잠 25:13) 찬물. cold water.

너구리 명(시 104:18) 〈동〉개과에 속하는 아시아 특산의 동물. badger.

너그럽다 형(잠 19:6) 마음이 넓고 이해가 있어 감싸주는 성질이 있다.

너울 명(아 4:1) 여자들이 나들이 갈 때 얼굴을 가리는 검은 천. veil.

너풀거리다 자(신 32:11) 거세게 흔들리어 너붓거리다. flutter.

너희 대(창 1:29) 너의 복수.

넉넉하다 형(살전 2:14) 표준한 것보다 남음이 있고 모자라지 않다. enough.

널 명(행 27:44) ①널빤지. 판판하고 넓게 켜 낸 나무 조각. plank. ②관(棺).

널다 타(삼하 17:19) 빨래나 곡식을 말리기 위하여 펼쳐 놓다.

널조각 명(행 27:44) 널빤지의 토막, 널 쪽.

널판〔~板〕명(출 26:15) 널빤지. plank.

넓다 형(창 34:21) 넓이가 크다. wide.

넓이 명(출 25:25) 넓은 정도. width. 면적, 표면의 크기. area.

넓적 다리 명(출 28:42) 다리의 무릎 관절 위 부분. 오금 위 다리. thigh. 대퇴부.

넓히다 타(출 26:18) 넓게 하다. widen.

넘겨두다 타(렘 43:6) 맡기어 두다. 옮겨 두다.

넘겨주다 자(마 10:17) 건네주다. 옮겨 주다.

넘기다 타(신 19:12) ①낮은 데로부터 높은 데로 지나가게 하다. make pass over. ②쓰러지게 하다. overthrow. ③때나 기회를 지나가게 하다. spend. ④권리나 의무를 이쪽에서 저쪽으로 가게 하다. transfer. ⑤재앙을 모면하다. transfer. ⑥일정한 차례에서 다음의 차례로 넘가다. pass over.

넘다 자(창 31:52) ①정도에 벗어나 지나치다. exceed. ②때가 지나가다. elapse. ③낮은 데서 공간이나 물건의 위를 지나다. pass over(수 18:12). ④분수에 지나다. ⑤고비를 지나다. pass. ⑥건너뛰다. jump over.

넘어가다 자(출 12:13) ①쓰러지다. tumble. ②동안이 지나가다. elapse. ③남의 소유가 되다. pass into another's hand. ④이쪽에서 저쪽으로 물건이나 공중을 지나가다. cross.

넘어뜨리다 타(욥 12:19) ①선 물건을 쓰러지게 하다. ②남의 지위나 차지한 권세를 꺾다. ③망하게 하다.

넘어지다 자(레 26:37) ①한쪽으로 쓰러지다. ②승부놀이에서 지거나 망하거나 하다. ③쓰러져 죽다.

넘치게 하다 타(잠 5:16) ①가득 차서 밖으로 흘러나오게 하다. ②표준보다 지나치게 하다.

넘치다 자(민 11:20) ①가득차서 밖으로 흘러나오다. ②어떤 상태가 표준보다 지나다. overflow.

넝쿨 명(시 80:11) 〈식〉→덩굴. 뻗어나가 땅바닥에 퍼지며 다른 물건에 감기어 오르는 식물의 줄기. vine.

넣다 타(창 7:16) ①밖에서 안으로 들여보내다. put in. ②어떤 범위 안에 포함하게 하다. include.

넣어 두다 타(마 27:6) 들게 하여 두다. 보관하다. 간직하다.

네레오〔*Νηρευς*〕(롬 16:15) 「로마」에 있는 신도. 「로마」의 비문에서 발견된 바에 의하면 「빌롤로고」의 아들이다.

네르갈 명(왕하 17:30) 「바벨론」 나라 「구다」 성읍 사람들이 섬기는 우상이다. 전쟁, 염병, 사냥을 맡은 신으로, 화성이 그의 별이다.

네르갈 사레셀〔נֵרְגַל שַׂרְאֶצֶר=네르갈이여 왕을 옹호하소서〕(렘 39:3) 주전 586년 「예루살렘」이 포위되었을 때 「예레미야」를 옥중에서 구출한 「바벨론」의 한 방백.

네리〔*Νηρι*=등불〕인(눅 3:27) 「스룹바벨」의 조부, 예수의 조상 중 한 사람.

네리야〔נֵרִיָּה=하나님의 빛〕인(렘 32:12) 「마세야」의 아들. 「바룩」의 부친.

네모[명](출 27:1) 네 귀가 난 모. 사각 모

네모지다[형](왕상 7:31) 모양이 사각형으로 생기다. 네모나다.

네벡〔נֶפֶג = 싹〕[인](출 6:21)
[1]「레위」 자손 「고핫」의 자손.
[2]「다윗」의 첩이 낳은 아들(삼하 5:15).

네아〔נֵעָה = 배회함〕[지](수 19:13) 「스불론」에 있던 성으로, 위치는 알 수 없다.

네압볼리〔Νεαπολις = 새읍〕[지](행 16:11) 「바울」이 환상을 보고 가서 상륙한 땅.

네피림〔נְפִלִים = 큰 사람, 용사〕[인](창 6:4) 키가 크고 매우 힘이 센 사람이다. 홍수 이후에 「아낙」 자손을 이렇게 불렀는데, 「팔레스틴」 원주민인 듯하다(민 13:13, 신 2:10, 수 11:21).

넬〔נֵר = 등불〕[인](삼성 14:50) ①「아브넬」의 아버지(대상 26:28). ②「기스」의 아버지(대상 8:33, 9:36, 39).

넵도아〔נֶפְתּוֹחַ = 열린 물〕[지](수 15:9) 「유대」와 「베냐민」 경계에 있는 샘 이름(수 18:15). 「예루살렘」의 서북 3km 지점 「욥바」 가도에 있다.

년〔年;해 년〕[명](계 9:15) 해를 재는 단위인 '해'를 뜻한다. year.

년말〔年末;해 년, 끝 말〕[명](삼하 14:26) 한 해의 끝무렵. 세밑, 세말. year-end.

년사〔年事;해 년, 일 사〕[명](시 65:11) 농사가 되어 가는 형편.

년수〔年數;해 년, 셀 수〕[명](레 25:15) 햇수.

연월 일시〔年月日時;해 년, 달 월, 날 일, 때 시〕[명](계 9:15) 아무 해, 아무 달, 아무 날, 아무 시. date and hour.

노[1]〔櫓;노 노〕[명](겔 27:6) 손으로 저어, 물을 헤치어서 배를 나가게 하는 기구. oar.

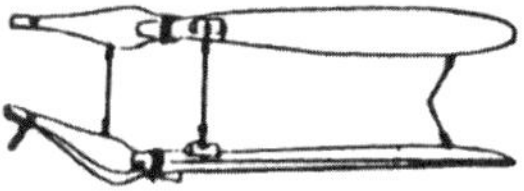

노[2]〔怒;성낼 노〕[명]언짢은 표를 밖으로 내다. 성. 화. angry.(창 27:44).

노[3]〔נֹא = 성읍〕[지](렘 46:25) 「데베스」라고 알려졌던 「애굽」의 도시(겔 30:15). 「카이로」의 남방 650km 지점. 나일강가.

노가〔נֹגַהּ = 맑은 것〕[인](대상 3:7) 「예루살렘」에서 난 「다윗」의 아들.

노경〔老境;늙을 로, 지경 경〕[명](창 21:7) 늙바탕. old age.

노고〔勞苦;수고로울 노, 쓸 고〕[명](전 2:26) 수고롭게 애씀.

toil.

노끈 명(출 28:14) 짧은 노의 토막. 노네끈. piece of cord.

노기〔怒氣;성낼 노. 기운 기〕명 성이 난 얼굴빛이나 감정, 노여운 기색(대하 28:9). anger.

노년〔老年;늙을 로, 해 년〕명(창 24:36) ①늙은 나이. 만년. old age. ②늙은 사람. old man.

노답〔נוֹדָב〕인(대상 5:19) 「르우벤」 자손과 「갓」, 「므낫세」 반지파에게 정복당한 부족.

노동〔勞動;수고로울 로, 움직일 동〕명(레 23:7) ①체력을 써서 일함. toil. work. ②근로자가 노력을 제공함. 육체적 노동과 정신적 노동으로 나눔. labour.

노동자〔勞動者;~놈 자〕명(전 5:12) 임금을 얻기 위해 몸과 마음을 써서 일하는 사람. a working man. 일꾼.

노래 명(창 31:27) ①시(時) psalms. ②곡조를 붙여 부르는 소리나 말. song.

노래하는 자 명(스 2:41) ①노래를 부르는 사람. singers. ②찬양대원.

노래하다 타(출 15:1) 노래를 부르다.

* 진정한 노래는 하나님을 찬양하는 것이다.

노랫거리 명(애 3:14) 노래가 될 만한 재료가 되는 것.

노략〔擄掠;사로잡을 로, 노략질할 략〕명(창 14:12) 떼를 지어 재물을 빼앗아감. plunder.

노략군〔擄掠軍;~군사 군〕명(삼상 13:17) 떼를 지어 재물을 빼앗는 무리. raider.

노략물〔擄掠物;~만물 물〕명(삿 5:30) 떼를 지어 빼앗은 물건. plunder.

노략질〔擄掠~〕명(마 7:15) 남의 것을 노략하는 짓.

노력〔勞力;힘쓸 노, 힘 력〕명(잠 16:16) 힘을 씀. effort.

노루 명(신 12:15)〈동〉 사슴과의 짐승. 사슴과 비슷하나, 수컷에는 세 갈래로 돋은 뿔이 있고 그 아래쪽에 혹이 많음. roe deer.

노릇 명(마 26:68) ①역할이나 구실. role. ②하는 일의 뜻을 나타냄. work.

노리개 명(삼하 1:24) ①금, 은, 주옥 등으로 만든 여자의 패물. trinkets. ②장난감.

노바〔נֹבַח=특출한 사람〕인(민 32:42) 「므낫세」의 자손 「그

낫」을 취하고 자기 이름으로 「노바」라 했다.

노바〔נֹבַח=짖어 댐〕지(민 32:42) 「요단」 강 동쪽 「모압」 지방의 한 지명.

노배〔נוֹבָי=열매가 많이 맺힘〕인(느 10:19) 「이스라엘」 백성이 포로에서 돌아와 반성할 것에 대한 언약을 하나님 앞에서 기록하고 인을 친 족장.

노복〔怒僕;종 노, 종 복〕명(창 26:14) 남자 종. man servant.

노비〔奴婢;종 노, 계집종 비〕명(창 12:16) 남종과 여종의 총칭. male and female servants.

노새명(삼하 13:29)〈동〉 말과(馬科)의 변종(變種). 수나귀와 암말 사이에서 난 잡종임. mule.

노소〔老少;늙을 로, 적을 소〕명(창 19:4) 늙은 사람과 젊은 사람. young and old.

노송나무〔老松~;늙을 로, 솔 송〕명(나 2:3) 〈식〉 소나무과의 교목. 목재로 씀.

노쇠〔老衰;늙을 로, 쇠할 쇠〕명(창 18:12) 늙어서 힘이 점점 떨어짐. senility.

노아〔נֹחַ=위로〕인(창 5:29)
1「아담」의 8대 손. ①「레멕」이 182세에 낳고, 「노아」라 이름하였다. 뜻은 '여호와께서 땅을 저주하심으로 우리가 수고하는 것을 이 아들이 위로한다' 하는 뜻인데, 그것은 그리스도의 오실 표적이다(창 5:28). ②시대가 악하여(눅 17:27) 홍수로 전멸하시고자 하실 때, 의인 「노아」에게 방주를 만들고 피하라고 미리 지시하셨다. 방주를 만들어 그 속에 들어간 후, 40일간 비가 오고 땅속 샘이 터져 나와 지상의 모든 산을 넘쳐 방주 밖에 있는 생물은 다 죽었다. 5개월 후부터 물이 줄기 시작하여 7개월 만에 완전히 물이 빠졌다. 꼭 1년 10일을 방주에서 살았다. 방주가 머문 산은 5,185m의 「아라랏」산이다. 「노아」가 방주에서 나오자 하나님께서는 다시는 물로 멸하지 않기로 약속하시고, 그 표로 무지개를 주셨다. 「노아」는 홍수 뒤에 350년을 더 살았고, 인류의 조상이 되었다. 950세에 세상을 떠났다. 홍수 때 구원받은 사람은 「노 아」 부부, 아들 셋, 며느리 셋 도합 8명이었다(창 9:).
2「므낫세」 지파 중 「슬로브핫」의 둘째 딸(수 17:3).

ㄴ

노아댜〔נוֹעַדְיָה=주께서 자기를 나타내심〕[인](스 8:33)
[1]「레위」 사람. 「에스라」가 「바벨론」에서 찾아 가지고 돌아온 성전의 금은 기구를 달아 받은 사람.
[2]「예루살렘」을 중수할 때 「느헤미야」를 두렵게 하려고 시험한 거짓 여선지자(느 6:14).

노아몬〔נוֹעַמוֹן=아몬신의 거리〕[지](나 3:8) 주전 663년 「아슐바니팔」에게 점령된 「애굽」의 수도 「데베스」를 가리킨다. 카이로 남방 650km 나일강 서안에 있었다.

노여워하다[자](합 3:8) 화가 날 만큼 마음에 분하고 섭섭해하다.

노염〔怒焰;노할 노, 불꽃 염〕[명](창 49:7) 노여움. fury.

노예〔奴隸;종 노, 종 예〕[명](창 43:18) ①종. ②인간으로서의 기본적인 권리, 자유가 인정되지 아니하고 남의 지배 밑에서 강제 노동을 하고 사고 팔 수 있음. ③어떤 특정한 것에 얽매이거나 지배를 받는 사람.

노옹〔老翁;늙을 로, 늙은이 옹〕[명](대하 36:17) 늙은 남자를 높여 일컫는 말. old man.

노유〔老幼;늙을 로, 어릴 유〕[명](수 6:21) 늙은이와 어린이. old and young.

노인〔老人;늙을 로, 사람 인〕[명](창 43:27) 늙은이. 나이 많은 분. old man.

노자〔鸕鶿;더펄새 로, 까마귀 자〕[명](레 11:17) 〈조〉 가마우지. 물고기를 잡아먹는 물새.

노적〔露積;이슬 로, 쌓을 적〕[명](룻 3:7) 집 밖에 곡식, 물건을 쌓아 둠. 야적(野積). stacking in the open air.

노적가리〔露積~;이슬 로, 쌓을 적〕[명](룻 3:7) 한데 쌓아둔 곡식더미. stack of grain in the open air.

노정〔路程;길 로, 한도 정〕[명](출 17:1) 길의 이수(里數). 여행의 경로. distance.

노중〔路中;길 로, 가운데 중〕[명](창 45:24) 길 가운데. 도중(道中). on the journey.

노질〔櫓~;방패 로〕[명](사 33:21) 노를 저어서 배를 나아가게 하는 일. row.

노하〔נֹחָה=쉼〕인(대상 8:2) 「베냐민」의 넷째 아들.

노하다〔怒~;성낼 도〕자(창 18:30) 성내다. get angry.

녹[1]〔祿;녹 록〕명(창 47:22) 벼슬아치에게 주는 봉급. allowance.

녹[2]〔綠;푸를 록〕명(겔 24:6) ①동록(銅綠). 구리에 슬은 푸른 녹. copper-rust. ②쇠붙이가 산화 작용으로 변한 색. rust.

녹다 자(수 2:11) ①높은 온도에 굳어진 것이 물러지거나 물같이 되다. melt. ②결정체가 액체에 풀리다. dissolve.

녹두〔綠豆;푸른빛 록, 콩 두〕명(삼하 17:28) 〈식〉 콩과(荳科)의 일년생 재배 식물. 열매는 녹색이며 식용임. green-beans.

녹로〔轆轤;수레소리 록, 두레박틀 로〕명(렘 18:3) ①고패. 물건을 달아 올렸다 내렸다 하는 줄을 걸치는데 쓰는 도르레 고리. pulley. ②오지 그릇 만드는데 쓰이는 연장. wheel.

녹명〔錄名;기록할 록, 이름 명〕명(민 11:26) 이름을 기록함.

녹보석〔綠寶石;푸를 록, 보배 보, 돌 석〕명(출 28:20) 녹색 내지 엷은 녹색이며, 간혹 노랑색·분홍색·흰색을 띠기도 하는 보석. 취옥(翠玉)은 녹보석의 왕이다. 성경의 겔 28:13에는 청보석, 계 21:20에는 녹옥으로 번역되었다. beryl.

녹색〔綠色;푸를 록, 빛 색〕명(에 1:6) 푸른 색과 누런 색의 혼합색. 풀색. green.

녹옥〔綠玉;푸른빛 록, 구슬 옥〕명(계 21:20) 옥의 한 가지. beryl. →녹보석, 청보석.

녹이다 타(왕상 7:16) ①눈, 얼음 등을 녹게 하다. liquefy. ②고체가 액체로 바뀌다.

녹주옥〔綠珠玉;푸를 록, 구슬 주, 구슬 옥〕명(출 28:17) 옥(녹주석-beryl)의 일종. 에메랄드, 녹옥. 다른 곳에는 황옥이라고 번역되었다(겔 1:16, 10:9).

논단〔論斷;의논할 론, 끊을 단〕명(레 19:16) 논하여 단정을 내림. 뜻을 펴보아 끝을 맺음. conclusion.

논쟁〔論爭;의논할 론, 다툴 쟁〕명(신 19:17) 말로나 글로 사리를 설명하여 다투다. dispute.

논하다〔論~;의논할 론〕타 일의 이치나 도리를 설명하다. reason with(one). ②말이나 글로 다투다. comment on.

놀 명(마 8:24) 바다의 사나운 큰 물결(뱃사람 말). billow.

놀다[1] 자(욥 40:20) ①재미있는 일을 하며 즐기다. amuse

oneself. ②놀이를 하다. play.

놀다[2] 자(마 20:7) ①일을 하지 않고 세월을 보내다. ②일을 하다가 일정한 동안 쉬다. ③사용되지 아니하다. not used.

놀라다 자(창 45:3) ①갑자기 무서움을 느끼다. be surprised. ②뜻밖의 일을 만나서 가슴이 두근거리다. be startled.

놀라움 명(렘 8:15) 놀라는 일. 놀라워 함. startled.

놀랍다 형(레 26:16) ①굉장하고, 훌륭하다. 장하고 갸륵하다. ②놀랄 만하다.

놀래다 타(욥 7:14) 남을 놀라게 하다. surprise.

놀리다 타(창 41:44) ①남을 비웃다. banter. ②쉬게 하다. ③이리저리 움직이다.

놈 명(창 19:9) 사내를 낮추어 일컫는 말.

놉〔נֹף=사당〕지(사 19:13)
1「알렉산드리아」를 건설하기 전에 「애굽」의 제1왕조 「메네스」가 건설한 정수부. 세 선지자가 장차 화려할 것을 예언하였다(사 19:13, 렘 2:16, 46:14, 겔 30:13).
2「사울」 왕 때 제사장 「아히도벨」의 성읍인데, 「다윗」이 「사울」을 피하여 도망하는 도중 이곳 제사장의 후대를 받은 관계로, 「사울」이 그곳 제사장 84인과 그들의 가족을 전멸하였다(삼상 21:1-9, 22:11-19).
3「바벨론」에서 귀환 후, 「레위」 자손과 「베냐민」 자손이 동거하였다(느 11:32).

놋[1] 명(출 25:3) 구리와 아연을 섞어서 만든 쇠붙이. 놋쇠. brass.

놋[2]〔נוֹד=유리하는 땅〕지(창 4:16) 「가인」이 자기 동생을 죽이고 여호와 앞을 쫓겨난 뒤에 살던 「에덴」동편.

놋경갑〔~脛甲;정강이 경, 갑옷 갑〕명(삼상 17:6) 정강이를 보호하기 위하여 놋쇠로 만든 화살이나 칼막이. 놋 정강이 싸개. bronze armor.

놋뱀 명(민 21:9) 놋쇠로 만든 뱀. bronze snake. 그리스도의 구속 상징.

놋산〔~山;뫼 산〕명(슥 6:1) 놋쇠 광산. copper.

놋점장〔~店匠;가게 점, 장인 장〕명(왕상 7:14) 놋쇠로 만든 물건을 파는 사람. a skilled bronze craftsman.

농담〔弄談;희롱할 롱, 말씀 담〕명(창 19:14) 농지거리하는 말. 실없는 말. joke.

농부〔農夫;농사 농, 지아비 부〕명(왕하 25:12) 농사를 업으로 하는 사람. 농사꾼. farmer.

농사〔農事;농사 농, 일 사〕명

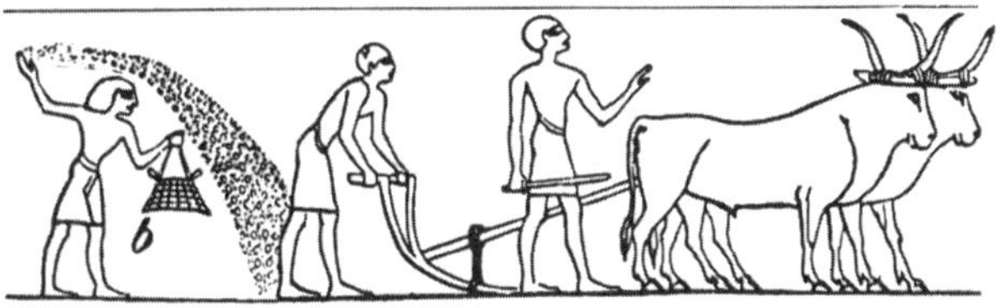

(창 4:2) 곡식을 가꾸는 일. farming.

농업〔農業;농사 농, 업 업〕명 (창 9:20) ①농사 짓는 직업. agriculture. ②땅을 이용하여 유용한 식물을 재배하거나 유용한 동물을 먹이는 유기적 생산업. farming.

농작물〔農作物;농사 농, 지을 작, 만물 물〕명(사 16:9) 곡식 채소 농사일로 얻어지는 모든 것. crop.

높다 형(창 7:19) ①위로 멀다. 위로 향하여 길게 솟아 있다. high. ②남이 우러러 존경할 만한 지위나 신분이 있다. 존귀하다. 지고하다. lofty. ③뛰어나다. 훌륭하다. 널리 알려져 있다. ④정도보다 위일 때 쓰는 말.

높아지다 자(신 28:43) 높게 되다.

높은 데 형(욥 16:19) 높은 곳.

높은 마음 명(롬 11:20) 스스로 잘난 체 하는 마음가짐.

높은 망대 명(삼하 22:3) 높이 솟은 망루. watchtower.

높은 자 명(욥 21:22) 높은 사람. ＊가장 높은 분은 하나님이시다.

높이 명(출 25:20) 높은 정도. 아래에서 위까지의 거리. height.

높이다 타(창 27:38) ①힘을 들여 높게 하다. 올리다. elevate. ②높여 받들다. 존경하다. worship.

높임 명(행 10:44) 높게 함. 존경.

놓다 타(창 15:10) ①일정한 곳에 두다. put. ②잡은 것을 도로 처음처럼 하다. set free. ③불을 지르다. set fire. ④걱정을 풀다. ease. ⑤주사나 침 같은 것을 몸의 적당한 자리에 찌르다. vaccinate. ⑥연락하는 사람을 중간에 두다. employ. ⑦시설하다. 가설하다. install. ⑧덫으로 짐승이 잡히게 장치해 두다. trap. ⑨풀어 주다.

놓치다 타(잠 4:13) 잡거나 얻은 것을 도로 잃다. miss.

뇌〔腦;뇌 뇌〕명(단 2:28) 〈인〉 ①두뇌의 준말. ②척추 부위에 있는 중추 신경부. brain.

뇌물〔賂物;뇌물 뢰, 만물 물〕명 (출 23:8) 자기의 이익을 언기 위하여 권력자에게 몰래 주는 정당하지 못한 재물. bribe.

뇌성〔雷聲;천둥 뢰, 소리 성〕명 (출 9:23) 우뢰 소리. thunder.

누[1]〔樓;다락 루〕명(겔 16:24) 다락. 층집.

누[2]〔累;폐 끼칠 루〕명(삼하 13:25) 정신적으로나 물질적으로 남에게 걸리적거리는 폐, 괴로움. involvement.

누가〔*Λουχας*=빛나다〕인(행 16:10) ①「수리아 안디옥」에서 의학을 공부하고 예수를 믿은 후, 「바울」과 동행하여 다년간 전도 사업에 종사한 사람(골 4:14). ②바울과 전도 여행을 같이 하였다(행 28:16). ③「데오빌로」와 친밀한 교분이 있어(눅 1:3, 행 1:1) 두 번의 서신을 보냈다. 신약 성경 누가복음과 사도행전의 기록자이다. ④주후 100년경 순교한 것으로 알려져 있다.

누가복음 명(눅) 신약 제3권째 성경이다. 공관 복음의 하나로, 죄인의 구세주로 완전한 신성과 인성을 가지신 예수 그리스도 "인자의 온 것은 잃어 버린 자를 찾아 구원하려 하심을 차례대로 기록하였다." 기록자 – 의사 누가.

누각〔樓閣;다락 루, 문설주 각〕명(시 103:3) 높은 다락집. towered mansion.

누구 대(창 3:11) ①알지 못하는 사람. 또는 그 이름을 꼭 집어서 말할 수 없는 그 어떤 사람을 일컫는 대명사. somebody. ②남의 이름을 물을 때 쓰는 대명사. who.

누구든지 부(창 4:15) 누구라고 가려 말한 것 없이 모두. everyone.

누기오〔*Λουχιος*=빛의〕인(롬 16:21) 「구레네」 사람으로 「안디옥」 교회의 교사이며, 「바울」의 친척이다.

누렇다 형(레 13:30) 매우 누르다. '노랗다'의 센말. deep yellow.

누룩 명(출 12:15) 술을 빚거나 가루를 부풀게 하는 재료. 효소. malt.

누룩 없는 떡 명(겔 45:21) 누룩을 넣지 않고 구운 떡. 유월절 떡. 무교병.

누르다 타(욥 33:7) ①힘을 주어 위에서 아래로 내려 밀다. press down. ②꿈쩍 못하게 하다. oppress.

누리다 타(레 26:34) 복을 받고 잘 살다, 즐기다. enjoy.

누명〔陋名;더러울 루, 이름 명〕명(신 22:14) ①억울하게 뒤집어쓰다. false charge. ②지저분한 평판에 오르내리는 이름. ill fame.

누설[1]〔縲洩;포승 루, 줄 설〕[명] (욥 36:8) ①죄인을 결박하는 노끈. 오라. 오랏줄. 포승. policeman's rope.

누설[2]〔漏泄;샐 루, 샐 설〕[명] (수 2:14) ①물이 샘. leakage. ②비밀을 새어 나가게 함. disclosure.

누이 [명] (창 4:22) 한 어버이에서 태어난 사람 중, 남자가 여자를 일컫는 말. sister. 항렬이 같은 여자.

누이다 [타] (삼상 19:13) 눕히다. 사람의 몸이나 긴 물건을 가로되게 놓다. lay down.

누추하다〔陋醜~;더러울 누, 추할 추〕[형] (겔 16:36) 지저분하고 더럽다. squalidness.

눈[1] [명] (창 3:5) 사람이나 동물의 볼 수 있는 감각 기관, 시각. eye.

눈[2] [명] (출 4:6) 공중의 수증기가 찬 기운을 만나 얼어서 땅 위로 내려오는 여섯 모진 흰 결정체. snow.

눈[3]〔נוּן=생선〕[인] (출 33:11) 「에브라임」 자손. 「여호수아」의 아버지.

눈가림 [명] (엡 6:6) 거죽만 꾸미어 남의 눈을 속임. deceit.

눈깜짝일 동안 [구] (잠 12:9) 눈 한 번 깜짝할 짧은 사이.

눈꺼풀 [명] (욥 16:16) 눈알을 덮는 꺼풀. eyelid. 눈까풀.

눈동자〔~瞳子;눈동자 동, 아들 자〕[명] (신 32:10) 눈알의 홍체의 한가운데 있는 광선이 들어가는 작은 구멍. pupil of the eye. 동공. 동자.

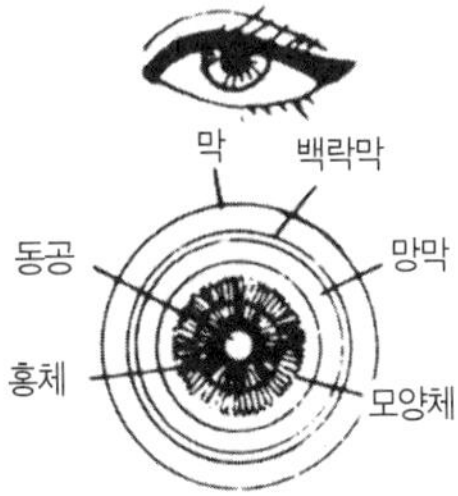

눈멀다 [자] (레 22:22) 시력을 잃다. lose one's sight. 눈이 보이지 아니하다.

눈물 [명] (왕하 20:5) 눈알 바깥면의 위에 있는 눈물샘에서 나는 물. tears.

눈붙이다 [자] (창 31:40) 잠을 잠시 동안 자다.

눈썹 [명] (레 14:9) 두 눈두덩 위에 가로로 모여 난 짧은 털. 미모. brows.

눈 앞 [명] (창 30:41) 눈에 보이는 바로 앞. before one's eye.

눈짓하다 [자] (창 39:7) 눈을 움직이어 어떤 뜻을 상대방에게 전달하거나 나타내다.

눌린 자 [명] (눅 4:18) 억눌림을 받고 있는 사람. 구박을 당하는 사람.

눔바〔*Νυμφα*=신랑의 예물〕[인] (골 4:15) 「라오디게아」의 여성도이며, 그의 집은 예배처소였다.

눕다[자](창 19:4) 등이나 옆구리를 바닥에 대고 몸을 편하게 펴다. lie down.

뉘㊟ '누구'의 준말. whose.

뉘다㊟ '누이다'의 준말.

뉘우치다[타](출 13:17) 잘못을 깨닫고 후회하다. regret.

느고〔נְכוֹ=때림〕[인](대하 35:20) 「애굽」의 제26왕조 제2대 왕으로, 「유브라데」까지 진출하였다. 「므깃도」 전쟁에서 「요시야」를 물리치고 그 후계자 「여호아하스」를 폐위시켰으며, 「여호야김」을 세워 공물을 바치게 하였다.

느고다〔נְקוֹדָא=분별함〕[인](스 2:48) 「느디님」 사람의 선조로 성전에서 일 보던 사람.

느끼다[타](막 6:20) 마음에 깨닫다. experience.

느다냐〔נְתַנְיָה=여호와의 주심〕[인](왕하 25:23)

[1]「유대」 방백 「이스마엘」의 부친.

[2]「다윗」 때 음악대 대장(대상 2:14).

[3] 여후디의 부친(렘 36:14).

느다니야→느다냐.

느다넬〔נְתַנְאֵל=하나님의 선물〕[인]

[1]「잇사갈」 지파의 방백(민 1:8).

[2]「다윗」의 형(대상 2:14).

[3]「다윗」 시대 성문지기 「오벧 에돔」의 아들(대상 26:4)

[4]「레위」 사람(대상 24:6).

[5] 이 외에도 이 이름을 가진 자가 8명이 있다.

느다뱌〔נְדַבְיָה=주께서 원하는 마음을 주셨다〕[인](대상 3:18) 「바벨론」 사로잡혀간 「여고냐」의 아들.

느도바〔נְטוֹפָתִי=물방울〕[지](대상 2:54) ①「예루살렘」 서남 22km 지점. 「갈렙」의 거주지. ②「바벨론」에서 돌아온 백성들이 정착한 고을(스 2:22, 느 7:26). ③포로가 되기 전에는 「갈렙」 족속이 살고 있었다(대상 2:54). ④「다윗」의 용사 중 두 사람이 이곳 출신이다(삼하 23:28). 현재 「벳넷데입」.

느디님〔נְתִינִם=주어진 자들〕[인](대상 9:2) ①「다윗」 때부터 성전의 잡역을 한 사람들. 종이나 포로로, 구약에서는 성전의 종으로 다룸. ②성벽 쌓는데 조력. 잡세를 면제받고 하나님과 새언약을 세우는데 참가(느 10:28).

느무엘〔נְמוּאֵל=하나님께서 할례 주심〕[인](민 26:9)

[1]「르우벤」 지파 「엘리압」의 아들이며, 「나단」과 「아비람」의 형.

2「시므온」 지파 「느무엘」 족속의 족장(민 26:12).

느바욧〔נְבָיוֹת=높은 곳〕지(창 25:13) 「이스마엘」의 장자 북부 「아라비아」의 한 종족.

느발랏〔נְבַלָּט=어리석은 비밀〕지(느 11:34) 「바벨론」 포로 귀환 후, 「베냐민」 자손이 살던 곳.

느밧〔נְבָט=본다〕(왕상 11:26) 「여로보암」 왕의 부친.

느배〔נֵבָי=열매 많이 맺음〕인(느 10:19) 「느헤미야」와 굳게 약속한 사람.

느보[1]〔נְבוֹ=전령관〕인(스 2:29) ①「바벨론」 포로 시대에 이방 여자를 취한 자의 조상. ②「바벨론」과 「앗수르」인이 숭배하는 신(사 46:1).

느보[2]〔נְבוֹ=수성〕지(민 32:3) 「바벨론」 신. 「느보」에서 유래한 이름. 「느보」 성은 「르우벤」 지파가 건설하였다(대상 5:8).

느보산지(민 33:47) 「모세」가 죽기 전에 이 산에 올라가서 「가나안」을 내려다 보았다(신 32:49, 34:1-4). 이 산 북쪽에는 「모세」의 샘 「아인무사」라는 샘이 솟아 작은 시내를 이루고 있다. 산 높이 805m.

느부갓네살〔נְבוּכַדְנֶאצַּר=느보야 그 경계를 지켜라〕인(왕하 24:1) 「갈대아」 왕으로(주전 605~562) 새 「바벨론」 제국 창건자이다. ①「갈그미스」에서 「애굽」 왕 「느고」를 파함(렘 46:2). 「수리아」를 합병함. ②「예루살렘」을 침공하여 「시드기야」를 왕으로 세움(왕하 24:1-8). ③「시드기야」가 배반함으로 주전 588년에 「예루살렘」을 완전히 점령하였다(왕하 25:1). ④「다니엘」이 그의 꿈을 해석한 후, 「다니엘」을 「바벨론」의 치리자로 삼음(단 2:). ⑤그 후 「두라」 평원에 금 우상을 세우고 모든 관민으로 그 우상을 경배하게 함. 경배하지 않은 「이스라엘」의 세 청년을 풀무불에 던졌으나 머리칼 하나도 상하지 않는 것을 보고, 그들을 건져내어 인격을 더욱 높여 주며 하나님을 찬양함(단 3:). ⑥하나님의 진노를 받아 정신병에 걸려 야수의 생활을 함(단 4:33). ⑦정신병이 회복된 후, 하나님을 찬양함(단 4:34).

느부사라단〔נְבוּזַרְאֲדָן=느보가 자손을 줌〕인(왕하 25:8) ①

주전 586년 「예루살렘」 포위시 「느부갓네살」의 근위대장(왕하 25:8-20). ②「예루살렘」 점령 후 「예레미야」를 우대하였다(39:11-14). 「예루살렘」 성전과 왕궁을 모두 불사르고 고관 60명, 백성 745명을 포로로 끌어가고 쓸모없는 자만 남겨 두었다(렘 52:12, 30).

느부사스반〔נְבוּשַׁזְבָּן=느보가 나를 구원함〕[인](렘 39:13) 「느부갓네살」이 「예루살렘」을 포위할 때 환관장의 한 사람.

느부심〔נְפוּסִים=확장함〕[인](스 2:50) 「바벨론」 포로에서 돌아와 성전에서 봉사하는 「느디님」 사람.

느브갓네살 왕→느부갓네살.

느비스심〔נְפִישְׁסִים〕[인](느 7:52) 「바벨론」 제1차 포로 귀환시 특수 귀환자의 한 사람으로 성전 봉사자(스 2:54).

느시야〔נְצִיחַ=현저함〕[인]성전에서 봉사하는 사람

느십〔נְצִיב=수비함〕[지](수 15:43) 「유대」 「세벨라」에 있는 마을.

느아랴〔נְעַרְיָה=여호와의 종〕[인](대상 3:22)
[1]「다윗」의 자손의 족장.
[2]「시므온」 인의 족장(대상 4:42).

느이엘〔נְעִיאֵל=하나님께서 옮기심〕[지](수 19:27) 「아셀」 지파가 사는 성읍.

느헤미야〔נְחֶמְיָה=여호와께 위로를 받음〕[인](스 2:2)
[1] 「유다」 지파 「하가랴」의 아들이다. ①「바사」 궁전에서 「아닥사스다」 1세(주전 465~424)의 신임을 얻어 술 맡은 관원으로 있었다(느 1:1-2:1). ②주전 445년에 「유대」 총독에 임명되어 「예루살렘」에 귀환, 성곽 중수에 매진하여 52일 만에 완수하다(느 6:15-16). ③12년간 「예루살렘」에 유하였다(느 5:14). ④1차 「바벨론」에 다녀와서 성전의 방 하나를 차지하고 있는 「도비야」를 쫓아냄(느 13:6-7). 유대인의 악습을 교정하려고 애썼고 율법을 지켜 안식일을 엄수하였다. 신앙가요, 애국자로서 이교적 문화 속에서 유대 문화를 확립하였다.
[2]「벧술」 지방 절반을 다스리는 자 곧, 「아스북」의 아들로 성곽 일부를 중수하였다(느 3:16).

느헤미야[명](느) 구약 제16권째 성경이다. 「하가랴」의 아들 「느헤미야」의 기록으로, 「에스라」 서가 끝난 후의 12년간의 역사가 전개된다. 「에스라」에 의한 신앙 운동은 당시에 크게 일어났지만, 그 후

예루살렘의 백성들이 매우 약한 상태에 처한 형편. 적들의 괴로움을 받고 있을 때 「예루살렘」 성벽 재건의 허락을 받고 총독의 지위로 돌아온 「느헤미야」의 지도로 어떻게 성벽을 중건하고 백성이 어떻게 본래의 상태로 돌아간 것을 말해 준다.

느헬람〔נֶחֱלָמִי=꿈을 꾼〕㉥(렘 29:24) 「예레미야」가 예언할 때 반대한 거짓 선지자 「스미야」의 고향.

느후스다〔נְחֻשְׁתָּא=구리〕㉦(왕하 24:8) 「엘다단」의 딸로 「여호야긴」 왕의 모친이며, 「여호야김」의 아내이다.

느후스단 명(왕하 18:4) 「예루살렘」 성전에 있던 놋쇠로 만든 뱀의 이름.

느훔〔נְחוּם=불쌍히 여김〕인(느 7:7) 「스룹바벨」의 인도로 「바벨론」에서 돌아온 사람.

늑봉〔勒捧; 새길 륵, 받들 봉〕명(레 6:2) 빚진 사람에게서 돈이나 물건을 억지로 받아냄. compulsory collection.

늑징〔勒徵; 억누를 륵, 부를 징〕명(눅 3:13) 관원이 까닭 없이 돈이나 물건을 징수함. extortion.

늑탈〔勒奪; 억누를 륵, 빼앗을 탈〕명(창 21:25) 폭력이나 위력으로 빼앗음. 강탈. robbery. seizure.

늘 부(창 44:5) 언제든지, 언제나, 자나깨나, 항상. 항시. always.

늘다 자(시 62:10) ①사물의 수량이나 부피 따위가 본디보다 더하여지다. 많아지거나 붇다. increase. ②재주, 솜씨 따위가 더하여지다. progress. ③삶이 넉넉해지다. develop. ④기간이 길어지거나 연장되다. be prolonged.

늘어뜨리다 타(습 3:16) 물건의 한쪽 끝을 아래로 처지게 하다.

늘어지다 자(욥 4:3) ①몹시 피곤하거나 기운이 풀리어 몸을 가누지 못하다. become limp. ②물건이 길어지다. be lengthened. ③물건의 끝이 아래로 처지다. hang. ④기한이 넘게 되다. be prolonged.

늘이다 타(왕상 10:16) ①본디보다 길게 또는 느슨히 처지게 하다. hang down.

늙다 자(창 18:11) ①나이가 많아지다. grow old. ②오래 되다. aged.

늙은이 명(사 47:6) 늙은 사람. 나이 많은 분. 노인. old person.

능〔能; 능할 능〕명(민 14:16) 어떤 일을 이룰 수 있는 힘이나 재주. talent. 기능.

능란하다〔能爛~;능할 능, 빛날 란〕명(사 3:3) 익숙하고 매우 솜씨가 있다. skillful.

능력〔能力;능할 능, 힘 력〕명(창 31:29) ①일을 감당해 낼 수 있는 힘. 능. ability. ②지성, 감정 기억에 정신이 일정한 작용을 할 수 있는 힘. faculty.

능욕〔凌辱;능가할 릉, 욕될 욕〕명(삼하 21:21) ①남을 업신여기어 욕보임. insult. ②여자를 욕보임. 강간. rape.

능치 못하다〔能~;능할 능〕형(창 18:14) 서툴다. 능히 할 수 없다.

능하다〔能~;능할 능〕형(창 47:6) 서투르지 아니하고 익숙하다. skillful.

능히〔能~;능할 능〕부(창 13:16) 익숙하여 홀가분하게. easily.

늦다 자(신 11:14) ①정한 시간에 이르지 못하다. late. ②시간적으로나 정도가 빠르지 아니하다. late, slow.

늦추다 타(행 27:40) ①졸라맨 것을 느슨하게 하다. loosen. ②기한을 연기하다. postpone.

니가노르〔Νιχανωρ=승리자〕인(행 6:5) 「예루살렘」 초대 교회에서 구제와 봉사를 위해 투표로 뽑아 안수하여 세운 일곱 사람 중 하나.

니게르〔Νιγερ=검다〕인(행 13:1) 「안디옥」 교회의 유망한 교사. 「시므온」의 이방적인 별명.

니고데모〔Νιχοδημος=이긴 백성〕인(요 3:1) 바리새 교인이며 「유대」 율법사요, 산헤드린 공회 회원이었다. ①예수께 나아와 중생과 속죄의 이치를 배웠다(요 3:). ②바리새 교인들의 공회에서 예수를 정죄하는 것은 부당하다고 반박하였다(요 7:51). ③「요셉」과 함께 예수의 시체를 찾아다가 장사하였다(요 19:38-42).

니고볼리〔Νιχόπολις=승리의 성〕인(딛 3:12) 「아가야」 서북해안 「마게도냐」의 경계에 있는 성. 「바울」이 「디도」에게 만나자고 약속한 곳.

니골라〔Νιχόλαος=백성의 승리자〕인(행 6:5) 「안디옥」 사람으로 유대교에 들어갔다가 뒤에 기독교로 개종한 희랍 사람. 「예루살렘」 교회에서 선택받은 일곱 봉사자 중 한 사람.

니골라당 [명](계 2:6) 「니골라」를 따르는 무리들. 한 번 믿은 뒤에는 무슨 행동을 해도 죄가 되지 아니한다고 주장한다.

니느웨〔נִינְוֵה = 합의〕[지](창 10:11) 「앗수르」 제국의 최후의 동방 수도(首都). ①「함」의 손자 「니므롯」이 세운 성. ② 인구 60만의 큰 도시로 좌우를 분별 못하는 자가 12만이나 되었다. ③40일 뒤에 망한다는 요나의 외침을 듣고 회개한 도시(욘 3:4-10). ④ 「히스기야」 왕 때에 「앗수르」 왕 「산헤립」이 「예루살렘」을 공격하다가 하룻밤에 군사 십팔만 오천 명을 잃고 돌아가 「니스록」 신묘에 경배하다가 피살됨(왕하 19:35-37). ⑤그 후 「미디안」 인이 쳐서 취하였고, 주전 606년에 「바벨론」에게 멸망되었다. 「나훔」과 「스바냐」가 예언한 대로 되었다(나 3:7, 습 2:13). ⑥ 예수께서 심판할 때에 「니느웨」 사람들이 이 세대의 사람들을 정죄할 것이라고 하셨다(마 12:41).

니도〔*Κνίδος* = 매임〕[지](행 27:7) 「소아시아」 남부에서 「에게」 해로 난 「니도」 반도 서쪽 「이스칸달갑」에 있는 성읍. 「바울」이 「로마」에 갈 때 통과하였다.

느므라〔נִמְרָה = 물이 넉넉함〕[지](민 32:3) 「요단」 강 동쪽에 있던 한 성읍.

니므롯〔נִמְרֹד = 늠름함〕[인](창 10:8) 「함」의 아들 「구스」의 아들이다. 사냥꾼으로 유명하다. 「시날」 4성읍과 「앗수

르」 4성읍을 건축하였다.

니므림〔נִמְרִים=맑은 샘〕지(사 15:6) 「사해」 남단 5km 지점 「모압」 남쪽에 있던 강. 현재의 「와디 누메이라」로 추정된다.

니산월〔~月;달 월〕명(느 2:1) 「바벨론」 포로 생활에서 돌아와 사용한 유대력의 첫달. 태양력으로는 3, 4월.

니스록명(왕하 19:37) 「니느웨」에서 섬기는 「앗수르」 신의 이름. 독수리의 머리를 가진 신이라고도 한다.

~님접미(창 33:10) 남의 이름이나 어떤 명사 밑에 붙여서 존경을 나타내는 말. sir.

님시〔נִמְשִׁי=끌어냄〕인(왕상 19:16) 「예후」의 아버지.

닙산〔נִבְשָׁן=부뚜막〕지(수 15:62) 「유대」 동남부의 성읍. 사해 서안에 있는 「길 베드엘 마가리」로 여겨진다.

닙하스명(왕하 17:31) 「앗수르」 왕. 「사르곤」이 「수리아」에서 「사마리아」로 이주시킨 「아와」 사람들의 신.

ㄷ

다 [부](창 6:17) ①하나도 빼놓지 않고, 남기지 않고, 있는 대로, 모두. all. ②어떠한 것이든. anything. ③거의, 완전히. almost. ④언짢은 감정이나 강조, 또는 조소의 뜻을 나타내는 말. [명] ①생각할 수 있는 한도의 끝. ②있는 것 전부.

다고 [타](잠 30:15) 달라, 다오와 같은 말.

다곤〔דָּגוֹן=큰고기〕[명](삿 16:23) 「블레셋」 사람들이 섬기던 신의 이름. 농사에 관한 신(우상)으로 「바알」의 아버지이다. ①「삼손」이 「가사」 「다곤」 신전 안에서 죽음. ②「아스돗」에 있는 「다곤」 신전에 「블레셋」 사람들이 법궤를 가져다 두었다가 「다곤」이 땅에 넘어짐(삼상 5:1). ③전사한 「사울」의 머리를 「벳산」의 「다곤」 신당에 걸어둠(대상 10:10).

다그몬〔תַּחְכְּמֹנִי=지혜〕[지](삼하 23:8) 「다윗」의 세 용사 중 하나인 「요셉 밧세벳」의 고향.

다냐안〔דָּנָה יַעַן=심판〕[지](삼하 24:6) 「팔레스틴」에 있는 땅인데 「길르앗」과 「시몬」 사이에 있는 것으로 알려지고 있다. 「다윗」의 군대 장관 「요압」이 왕명을 받고 인구 조사차 방문한 바 있다.

다녀가다 [자](행 15:3) 어느 곳에 들렀다가 가다. drop in.

다녀보다 [자](슥 1:11) 왔다 갔다 하면서 살피다.

다니다 [자](창 3:14) ①일정한 곳을 지나가고 지나오고 하다. go to. ②볼 일을 보거나 어떤 목적으로 왔다 갔다 하다. attend.

다니엘[1]〔דָּנִיֵּאלדָּנִאֵל=하나님은 우리의 심판자〕[인](대상 3:1)

1 「다윗」이 「헤브론」에서 낳은 아들 「갈멜」 여인 「아비가일」이 어머니이다(대상 3:1).

2 「유다」 왕족으로 「예루살렘」에서 출생한 선지자. ①주전 605년경 「하나냐」, 「미사엘」, 「아사랴」와 함께 「바벨론」으로 잡혀갔다. 「느부갓네살」 왕의 시동으로 선발되어 3년간 「갈대아」 인의 학문과 방언을 배웠으나, 왕이 주는 포도주나 육식으로 신앙을 더럽히지 않았다(단 1:3-16). ②「느부갓네살」 왕의 잊은 꿈을 알려주고 해몽까지 하였다(단 2:). ③두 번째 꿈을 해석하였다(단 4:). ④그 후 「벨사살」 왕의 연회장 벽에 사람의 손이 나타나 글자 쓴 것을 읽어 주고 그 뜻을 해석한 후, 세 총리 중 하나가 됨(단 5:). ⑤「다리오」왕 때에 「다니엘」을 제1의 위치에 올려 놓으려 하였다. 이것을 시기한 120방백과 치리자 2인이 그를 모략하고자 「다리오」 왕 외에 타인이나 타신에게 경배하는 자는 모두 처벌한다는 영을 내렸다. 「다니엘」은 그것을 알면서도 하루 세 번 「예루살렘」을 향하여 기도하였다. 사자굴에 던짐을 받았으나 하나님께서 지켜주심으로 살아났다. ⑥구약 성경 「다니엘」서를 기록하였다.

2 포로되었다가 「에스라」와 함께 돌아온 「이마다」의 후손(스 8:2)이며 「느헤미야」의 권면을 받아 맹약(盟約)에 인친 자이다(느 10:6).

다니엘[2] 명(단) 구약 제27권째 성경으로, 대선지서에 속한다. 「아람」 어로 기록된 것이 특색이며, 약 72년 동안의 역사적인 사건을 기록한 것이다(여호야김이 즉위한지 3년부터 고레스왕 3년까지 주전 606년~534년경까지). 이방인의 때에 대한 시작, 특성, 과정과 종말에 대하여 기술되었고 성도들이 나라를 얻어 영원할 것을 예언하였다(단 7:17-18).

다닥치다 자(레 5:3) ①마주쳐서 부딪치다. 닿아 닥치다. collide with. ②일이나 사건 등이 바싹 가까이 닥치다.

다단〔דָּתָן=샘에 속한〕인(민 16:1) 「르우벤」 자손으로 「고라」와 함께 「모세」에게 반항하다가 땅 속에 삼키움을 당한 자(신 11:6, 시 106:17).

다대오〔Θασσαίος=칭찬함〕인(마 10:3) 예수님의 12제자 중 하나(막 3:8)「유다」라고도 부른다(눅 6:16, 행 1:13). 전설에는 「수리아」와 「아라비아」, 「메소보다미아」에서 전도하고「페르샤」에서 순교하였다 한다. 신약 유다서의 기록자로 여김.

다드몰〔תַּדְמֹר=종려나무〕지(왕상 9:18)「솔로몬」이 세운 성읍으로「다메섹」동북 200km 지점.「수리아」평원의 비옥한「요아시스」에 있었다.「헬라」와「로마」시대에「팔미라」라 부르던 성이다.「인도」와「퍼시아」에서 「수리아」와 「아라비아」와「애굽」에 내왕하는 중요 교통로에 있었고 고적 발굴에 의하면 매우 번영한 것을 알 수 있다. 현재는「닷물」이라고 한다.

다듬다 타(출 20:25) ①맵시가 나도록 매만지다. make beautiful ②쓸모 없는 부분을 뜯어내다. pick out. ③거친 바닥이나 거죽을 손질하여 고르고 매끈하게 만들다. level.

다라〔דָּרַע=그가 알았다〕인(대상 2:6)「세라」가 낳은「유다」의 아들.

다락 명(왕상 6:5) ①이층처럼 만들어서 물건을 넣어 두는 곳. loft. ②다락 집.

다락문〔~門;문 문〕명(삿 3:23) 다락으로 통하는 문.

다락방〔~房;방 방〕명(삿 3:20) ①다락처럼 만들어서 꾸민 방. upper room. ②2층방. ③예수께서 12제자와 유월절 만찬을 드신「마가 요한」의 2층방(막 14:15).

다락 지붕 명(왕하 23:12) 높은 옥상.

다랄라〔תַּרְאֲלָה=그의 증거한 것〕지(수 18:27)「베냐민」지파가 차지한 영토 서쪽에 있는 성읍.

다량〔多量;많을 다, 분량 량〕명(시 80:5) 많은 수나 부피의 정도. a great deal.

다레아〔תַּאְרֵעַ=속이는 방〕인(대상 8:35)「사울」의 아들「요나단」의 손자이며「미가」의 아들이다(대상 9:41).

다르곤〔דַּרְקוֹן=대단히 빠른 것〕인(스 2:56)「솔로몬」의 종의 이름.

다르다[1] 형(창 4:25) 같지 아니하다. different.

다르다[2]〔דַּרְדַּע=지식의 보배〕인(왕상 4:31)「마홀」의 아들.

다르단〔תַּרְתָּן=총 지휘관〕인(왕하 18:17)「히스기야」왕 때「예루살렘」을 공격한「앗수르」군대의 사령관. 그는 18만 5천명의 전사자를 내고 도망갔다.

다르락〔תַּרְתָּק＝흑암의 영웅〕명 (왕하 17:31) 「앗수르」 왕 사그곤이 「아와」 사람을 「사마리아」로 이주시켰을 때 「아와」 사람이 만들어 섬긴 우사의 이름.

다리 명(출 29:17) 동물의 아래 몸에 붙어서 땅을 디디고 서며 걷거나 뛰거나 하는 작용을 하는 부분. leg.

다리오〔דָּרְיָוֶשׁ＝강포하는 사람〕 인(스 4:5)

1 「바벨론」을 친 메데 사람으로 「아하수에로」의 아들. 62세에 「벨사살」의 뒤를 이어 왕이 되었다(단 5:31.-주전 569~536). 120방백을 감독하는 총리 3인 중 「다니엘」을 그 한 사람으로 삼았고 「다니엘」이 사자굴에서 이적으로 구출된 후 전국에 「이스라엘」의 하나님을 섬기도록 하였다.

2 주전 521년에 대 「바사」 왕으로 선언한 「히스다페스」의 아들로, 역사상 대 전략가의 한 사람이다. 「다리오」가 통치하는 동안에 「유대」 백성은 자유스러운 생활을 하였으며 성전 중수 공사를 계속하였다(스 6:15).

3 「바사」의 마지막 임금 「고노마노」. 주전 330년 「알렉산더」 대왕에게 패망하였다. 이 왕 때에 제사장들을 등록하게 하였다(느 12:22).

다릭 명(대상 29:7) 「바사」 시대에 통용되던 금돈의 단위. 금 8g 정도의 가치 활과 창이 새겨져 있다(스 2:69).

다림 명(왕하 21:13) 수평과 수직을 살피는 것. plumbing.

다림줄 명(암 7:7) 다림볼 때 쓰이는 줄. plumb line.

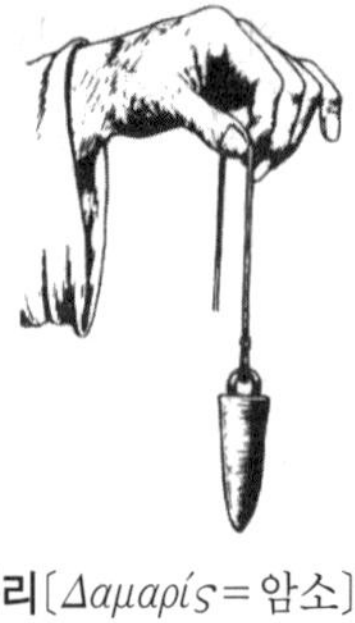

다마리〔*Δαμαρίς*＝암소〕인(행 17:34) 「아덴」에서 바울의 전도로 회개한 여성도.

다만 부(창 34:223) 「오직~그뿐」의 뜻을 나타내는 말. 단지. only.

다말[1]〔תָּמָר＝종려나무〕인(창 38:6)

1 「야곱」의 아들인 「유다」의 며느리. 결혼 후 「유다」의 아들들이 차례로 죽었는데, 「유다」는 실수하여 그와 동침하였

다(대상 2:4).

[2]「다윗」의 딸「압살론」의 누이이다. 매우 아름다운 여자로「다윗」의 큰아들「암논」이 연모하다가 나쁜 일을 저질렀다(삼하 13:1-14).

[3]「다윗」의 아들「압살롬」의 딸(삼하 14:27).

다말[2]〔תָּמָר〕[지](겔 47:19) 사해 남쪽「유대」경계에 있는 성읍.

다메섹〔דַּמֶּשֶׂק=활발〕[지](창 14:15)「수리아」의 수도「레바논」산 동남 고원을 흐르는「바라다」강 부근에 있는 큰 도시. ①「셈」의 아들「우스」가 창건한 성이라 한다(창 15:2). ②「다윗」이 정복(삼하 8:5-6). ③「다윗」죽은 후 다시「수리아」왕조의 수도가 됨(왕상 11:23-25). ④「이사야」와「예레미야」가 멸망할 것을 예언함(사 17:1, 렘 49:27). ⑤신약 시대 성도가 많이 있었음(행 9:)「아래다」Ⅳ세가 통치하던 때「사울」이 성도를 잡으러 가다가 회개하게 되었다(고후 11:32). ⑥「직가」라 하는 거리는 이 성중 동에서 서로 일직선으로 뻗어 있다(행 9:11). ⑦동문 근처에「아나니아」의 집터가 있다(행 9:10).

다메섹 강[명](왕하 5:12) 앗수르 수도 다메섹 동남쪽에서 다메섹을 지나 북서쪽으로 흘러 지중해로 들어가는 강.

다바네스〔תַּחְפַּנְחֵס=흑인의 요새〕[지](렘 2:16) ①「애굽」의 삼각주 동쪽에 있는 성읍. ②「그다랴」가 암살된 후「예레미야」와「유대」사람들이 이곳으로 이주(렘 43:7, 44:1, 46:14). ③「에스겔」이 이 성 멸망을 예언(겔 30:18). 현재는「델데브네」라 부른다.

다밧〔טָפַת=몰약의 기름〕[인](왕상 4:11)「솔로몬」의 딸인데 방백「벤아비나답」의 아내가 되었다.

다베라〔תַּבְעֵרָה=불에 탄다〕[지](민 11:3) ①「이스라엘」백성이 출「애굽」후에 이 곳에 이르러 악담으로 하나님을 원망하여 하나님께서 불로 멸하신 후 이 이름이 되었다(민 11:1-3, 신 9:22). ②「기브롯 핫다아와」(욕심의 무덤)라고도 부른다(민 11:34).

다볼〔תָּבוֹר=채석장〕[지]

[1] ①「이스라엘」평원 동북편 누각처럼 솟아 있는 560m의 높은 산이며 시야가 매우 넓다(시 89:12, 렘 46:18). ②「잇사갈」과「스불론」지경 사이에 있다(수 19:22). ③「바락」이「야빈」과「시스라」를 대적할 때 군대를 모집한 산(삿 4:6). ④북쪽 왕국이「기드온」의 아들들을 죽

이고 배교한 곳(삿 8:18, 호 5:1).

[2]「스불론」의 한 성. 「므라리」 인에게 준 땅(수 19:22, 대상 6:77).

[3] 평원 혹은 「다볼」 상수리나무라 기록되어 있는데, 「벧엘」 근처이다. 「사울」이 「사무엘」에게 기름부음을 받고 이 길로 돌아갔다(삼상 10:3).

다불과〔多不過; 많을 다, 아닐 부, 지낼 과〕[명](고전 14:27) 많더라도 그 이상이 안 됨. at the most.

다브네스〔תַּחְפְּנֵיס〕[인](왕상 11:19) 「솔로몬」과 같은 시대의 「바로」의 왕비.

다브랏〔דָּבְרַת = 순복함〕[지](수 19:12) 「팔레스틴」에 있는 한 지방으로, 「스불론」 자손이 기업으로 받았던 땅.

다브림몬〔טַבְרִמּוֹן = 림몬은 선하다〕[인](왕상 15:18) 「다메섹」왕이며 「벤하닷」의 부친.

다브엘〔טָבְאֵל = 하나님은 선하다〕[인](스 4:7)

[1]「유브라데」 강 서쪽에 있는 「바사」의 한 관리.

[2]「아람」 왕 「르신」과 「이스라엘」 왕 「베가」가 「유대」 왕 「아하스」를 물리치고 왕으로 세우려던 사람의 부친(사 6:5-6).

다블래〔טַרְפְּלָיֵא〕[인](스 4:9) 「앗수르」 왕이 「사마리아」로 이주시킨 종족.

다비다〔*Ταβίθά* = 암사슴〕[인](행 9:36) 「욥바」의 「도르가」라고도 하는 여성도로 선행과 구제 사업을 힘써 칭찬을 받은 사람.

다소[1]〔多少; 많을 다, 적을 소〕[명](레 25:16) 많음과 적음. many or few.

다소[2]〔*Ταρσευς* = 기쁨〕[지](행 9:11) 「소아시아」의 동남 「길리기아」의 수도이며 「바울」의 출생지이다. 문학과 철학으로 저명한 학자가 많이 나왔다.

다소간〔多少間; 많을 다, 적을 소, 사이 간〕[부](삼상 25:36) 많으나 적으나 얼마쯤. more or less.

다시스[1]〔וְתַרְשִׁישָׁה = 전쟁〕[인](대상 1:7)

[1]「베냐민」 자손 중 「여디아엘」의 아들.

[2]「바사」의 일곱 방백 중의 한 사람(에 1:14).

다시스[2]〔תַּרְשִׁישׁ = 예속〕[지](왕상 10:22) 「지중해」 연안에 있는 중요한 무역 시장. ①「욥바」 항에서 자주 선편이 있었다(사 23:1-14). ②「요나」 선지자가 여호와의 명령을 거역하고 「다시스」로 도망하려다가 고기 뱃속에 들어가 3일간 있다가 나왔다(욘 1:3, 4:2).

③「여호사밧」 왕이 「이스라엘」의 「아하시야」 왕과 배를 지어 「다시스」로 보내려 하였으나 여호와께서 그 배를 파선케 하시니 가지 못하였다(왕하 22:48, 대하 20:35-36). ④ 옛날에는 「다시스」를 서단으로 생각하여 「다시스」의 배라 하면 먼 나라를 여행하는 배를 의미하였다(사 66:19, 시 73:10). ⑤은, 철, 납을 수출하였다(렘 10:9, 겔 27:12). ⑥위치는 정확하지 않으나 스페인에 있는 「타르네데서스」라는 설이 유력하다.

다아낙〔תַּעֲנָךְ=모래로 된 땅〕지(수 17:11) 「므깃도」 동남 6km 지점에 있는 지명. ①「가나안」의 한 성읍인데, 「여호수아」가 점령하여 「므낫세」 자손에게 주었으나 「가나안」 사람을 쫓아내지 못하였고(수 12:21, 삿 1:27). ②「이스라엘」 백성은 여사사 「드보라」의 인솔하에 「가나안」 왕 「시스라」와 싸워 이김(삿 5:19). ③「솔로몬」 왕 시대에는 지사 「바아나」의 행정 구역에 들었다(왕상 4:12).

다아낫 실로〔תַּאֲנַת שִׁלֹה=실로에 접근〕지(수 16:6) 「에브라임」 북동 경계에 있는 성읍. 현재 「나볼스」의 동남 11km 지점 「다아나」로 추정.

다윗〔דָּוִיד=사랑받는 자〕인(룻 4:17) 「아브라함」의 14대손 「유대」 지파 이새의 여덟째 아들로서 「유대 베들레헴」에서 출생하였다. ①양을 치는 데 힘이 좋아서 사자나 곰이 침입하면 쳐 죽였다(삼상 17:34-35). ②「사울」의 범죄로 왕의 후보자로 택함을 받았다(삼상 16:). ③물맷돌을 들고 하나님을 의지하고 전장에 나아가 「블레셋」 대장 「골리앗」을 쳐죽이고 승전하였다(삼상 17:). 군대 장관이 됨(삼상 18:). ④「요나단」과 우정이 굳어짐(삼상 23:). ⑤「다윗」은 「사울」을 죽일 기회가 있었으나 죽이지 않음(삼상 24:-26:). ⑥「헤브론」에서 왕이 됨(삼하 7:1-4). ⑦「우리아」의 아내와 범죄하므로 징계를 받고 회개함(삼하 13:). ⑧「압살롬」의 반역을 겪음(삼하 15:, 16:). ⑨인구 조사로 인하여 하나님의 진노를 받음(삼하 24:). ⑩아들 「솔로몬」에게 왕위를 잇게 함(왕상 1:). ⑪성전 건축을 열망함(대상 22:). 70세에 별세, 제위 40년. ⑫성군으로 일컬음을 받으며 그리스도의 족보의 한 사람(마 1:1). ⑬많은 시를 지었다(시편).

다윗 왕 명(삼하 3:31)→다윗.

다윗 성〔~城;재 성〕명(삼하 5

:8) 「다윗」이 쌓은 「예루살렘」 성벽. 「여부스」 사람들이 살던 곳으로 성이 있었다. 지금은 「예루살렘」 남쪽에 가장 오래된 유적으로 남아 있다.

다음 명(창 25:13) ①일정한 차례나 번에서 바로 뒤. next. ②일정한 일이나 시간이 끝난 뒤.

다음 날 명(민 33:3) 오는 날, 내일, 명일. tomorrow.

다자〔多子; 많을 다, 아들 자〕명 (신 33:24) 아들이 많음.

다정〔多情; 많을 다, 뜻 정〕명 (삿 19:3) ①정이 많음. 인정이 많음. inconatancy. ②사귄 정이 두터움. 매우 정다움. close friendship.

다지다 타(민 3:3) ①뒷말이 없도록 다잡아 아귀짓다. settle definitely. ②눌러 단단하게 만들다. harden. ③무른 땅을 단단하게 하다. harden. ④뜻을 굳게 하다. determine.

다치다 타(출 21:22) ①부딪치거나 맞거나 하여 상하다. injure. ②손을 대어서 건드리다. ③건드리거나 손을 대서 손해가 되게 하다. get hurt.

다투다 자(창 13:7) ①서로 옳고 그름을 주장하여 싸우다. dispute. ②승부를 겨루다. 경쟁하다. compete. ③분쟁.

다툼거리 명(시 80:6) 다툼을 일으키는 원인이 되는 것.

다하다 타(창 2:2) ①마치다. finish. ②힘을 다 들이다. exhaust. 자 ①다 없어지다. run out. ②끝이 나다. finish.

다하스〔תַּחַשׁ = 너구리〕인(창 22:24) 「르우마」에게서 낳은 「나홀」의 아들로서, 「아람」족의 조상이다.

다한〔תַּחַן = 야영〕인(민 26:35) ①「에브라임」족속으로 「다한」 인의 조상. ②앞에서 말한 「다한」의 제4대손(대상 7:25).

다핫[1]〔תַּחַת = 아래에 있는 것〕지 (민 33:26) 광야에서 「이스라엘」 민족이 유숙한 곳.

다핫[2]〔תַּחַת = 하부〕인(대상 6:24)

1 「그핫」 족속이며, 「이스할」의 아들, 「우리엘」과 「스바냐」의 아버지.

2 「에브라임」 지파의 사람

으로 「스델라」 종족 「베렛」의 아들(대상 7:20).

다행〔多幸; 많을 다, 다행할 행〕 [명](행 26:2) ①운수가 좋음. great fortune. ②뜻밖에 잘 됨. good-luck. [부] 다행히.

다호마스[명](레 11:16)〈조〉 새의 하나. 가증한 것으로 먹지 못하게 되어 있다. 히브리 원문의 뜻은 '찢고 얼굴을 할퀴다'이므로 독수리의 일종으로 여겨진다. 어떤 이는 올빼미라고도 한다.

닥치다[자](삿 20:48) 어떤 일이나 물건이 가까이 바싹 다다르다. close at hand.

닦다[타](레 6:28) ①문지르거나 훔치거나 씻어서 깨끗하게 하다. polish. ②윤기가 흐르도록 문지르다. ③터나 길 따위를 고르고 평평하게 다져 만들다. ④기초나 토대를 새로이 개척하여 튼튼히 마련하다. ⑤힘써 연구하여 배워 익혀 잘 깨닫도록 하다.

단[1] [명](창 37:7) 곡식, 땔나무, 푸성귀 등의 묶음. bundle.

단[2]〔壇; 단 단〕[명](창 8:20) ①높직하게 만들어 놓은 자리. platform. ②흙이나 돌로 쌓아 올려 제사를 지내는 곳. altar.

단[3]〔דָּן = 재판장〕[인](창 30:6) ①「야곱」의 아내 「라헬」의 시녀 「빌하」가 낳은 「야곱」의 아들. ②「야곱」은 길의 뱀이요, 첩경의 독사라고 축복하였다(창 49:17). ③출애굽 때 장정 6만 여명이었다(민 1:39). ④모세의 축복을 받음(신 33:22). ⑤일곱째로 기업을 받았다(수 19:40-46). ⑥「팔레스틴」 남북의 경계를 말할 때에 「단」에서부터 「브엘세바」까지라고 하였다(수 19:47, 삿 18:29). ⑦이 족속은 자치적 정신이 강하고 민첩하고 용감하여 항상 칭송을 받았다(창 49:16, 신 33:22) ⑧「삼손」은 「단」 지파의 자손이다. ⑨계시록에는 단지파의 수가 없다(계 7:5-8).

단[4]〔דָּן = 심판〕[지](신 33:22) ①「이스라엘」 북쪽 경계 지방에 있던 성(삿 18:29). ②원래는 「레셈」 혹은 「라이스」이던 것을 딴 족속이 점령함으로 「단」이라 하였다(삿 17:). ③현재의 이름은 「가데이」이다.

단나〔דַּנָּה = 낮은 땅〕[지](수 15:49) 「유대」 지방 산지에 있던 성읍. 「헤브론」에서 13km

지점.

단단하다 [형] 무르지 아니하고 매우 굳다. [부] 단단히(욥 41:24).

단련〔鍛鍊;쇠부릴 단, 쇠부릴 련〕[명](욥 23:10) ①몸과 마음을 닦아 익숙하게 함. discipline. ②쇠붙이를 불에 달구어 두드림. temper.

단물 [명](약 3:11) ①민물, 담수. fresh water. ②단맛이 있는 물. sweet water. ③실속이 있는 부분.

단번〔單番;홑 단, 차례 번〕[명](수 10:42) 단 한 차례. only once.

단비 [명](신 32:2) 꼭 필요할 때 알맞게 오는 비. 감우(甘雨). beneficial rain.

단산〔斷産;끊을 단, 낳을 산〕[명](히 11:11) ①아이 낳던 여자가 아이를 낳지 않게 됨. ②아이 낳는 것을 끊음. stopping conception.

단속〔團束;둥글 단, 묶을 속〕[명](출 21:29) ①주의를 기울여 다잡거나 보살핌. crackdown. ②규칙이나 규정, 법령 따위를 지키도록 통제함. control.

단쇠 [명](겔 1:4) 빛난 물질을 표현한 말로 그 정확한 것을 알 수 없다. 빛난 보석으로 알려져 있다(호박).

단식〔斷食;끊을 단, 먹을 식〕[명](행 10:30) 먹는 일을 끊음. 곡기를 놓음. 금식. fast.

단신〔單身;홑 단, 몸 신〕[명](출 21:3) 홑 몸. single handed.

단언〔斷言;끊을 단, 말씀 언〕[명](고전 15:31) 딱 잘라서 하는 말. assertion. 단정지어 하는 말.

단장〔丹粧;붉을 단, 단장할 단〕[명](벧전 3:3) 얼굴에 분, 연지 등을 발라서 곱게 하고 머리나 옷차림 등을 맵시 나게 곱게 꾸밈. decoration.

단장품〔丹粧~;붉을 단, 단장할 장〕[명](출 33:5) 곱게, 아름답게 꾸미다.

단정[1]〔端正;끝 단, 바를 정〕[명](롬 13:13) 얌전하고 바름. 얌전하고 조촐함. decency.

단정[2]〔斷定;끊을 단, 정할 정〕[명](레 13:59) ①딱 잘라서 결정함. ②판단. judgement.

단정코〔斷定~;끊을 단, 정할 정〕[부](민 14:35) 딱 잘라서 말할 수 있게. 꼭. decidedly.

단창〔短槍;짧을 단, 창 창〕[명](수 8:18) 짧은 창. short spear.

단촉〔短促;짧을 단, 재촉할 촉〕[명](시 89:45) ①앞으로 다가올 시일이 가까움. 매우 바삭 다가섬. ②음성이 짧고 급

함. urgency.

단축〔短縮;짧을 단, 오그라질 축〕명(고전 7:29) ①짧게 줄어듦. ②짧게 줄임. shortening.

단풍〔丹楓;붉을 단, 단풍나무 풍〕명(겔 31:8) 〈식〉①단풍나무. maple. ②늦가을에 붉게 물든 나뭇잎. red leaves.

단풍나무〔丹楓~;붉을 단, 단풍나무 풍〕명(겔 31:8) 〈식〉 단풍과에 속하는 나무의 총칭. maple.

단후멧〔תַּנְחֻמֶת=선물, 위안〕인(왕하 25:23) 「느보아」 사람으로서, 「스라야」의 부친.

닫다 타(창 7:16) 열린 문이나 뚜껑, 덮개를 도로 제자리에 가게 하다. shut.

달[1] 명(창 7:11) 한 해를 12로 나눈 것의 하나. 30~31일. month.

달[2] 명(창 37:9) 하나님의 창조물 제3일에 만든 광명. moon. 위성의 하나.

달게 받다 타(잠 15:32) 받아야 할 것으로 여기고 거리낌 없이 받다.

달구다 타(겔 24:11) 쇠나 돌같은 것을 불을 대어 몹시 뜨겁게 하다. make heat.

달다[1] 형(창 23:16) 무게를 헤아리다. weigh.

달다[2] 형(출 15:25) ①꿀이나 설탕의 맛과 같다. sugary. ②입맛이 당기어 아주 좋다. have a good.

달다[3] 타(민 21:8) ①높이 늘어뜨리다. hang. ②물건에 다리를 만들어 붙이다. attach. ③해석을 붙이다. annotate.

달다[4] 자(겔 1:4) ①몹시 뜨거워지다. get hot. ②마음이 타다. fret. 안타깝다.

달라다 타(욥 6:22) 남에게 무엇을 주기를 요구하거나 청하다. ask for.

달라붙다 자(눅 11:53) ①어떤 물건이 끈기 있게 바싹 붙다. stick to. ②가까이 덤벼 대들다. challenge. ③끈기 있게 어떤 일에 열중하다. adhere to.

달란트[1] 명(출 25:39) 무게의 최대 단위. ①구약에서는 약 33.75kg. ②신약에서는 40.9kg(국가에 따라 다소 다르다).

달란트[2] 명(대상 29:4) 돈의 단위. 금은 은의 15배, 은은 3,000세겔의 무게 6,000드라크마의 가치.

달려가다 자(창 18:7) 뛰어가다. run.

달려들다 자(창 43:18) 와락 덤벼들거나 매달리다. jump on.

달리다[1] 자(출 29:13) ①뛰어가다. run. 빨리 가다. ②급히 몰다(출 9:23)(마차나 수레).

달리다[2] 자(민 13:23) ①가지나 열매 따위가 붙어 있다. hang. ②사람이나 일에 붙어 있다. care.

달리다굼 명(막 5:41) 「아람」어 예수님께서 「야이로」의 딸을 살리실 때 하신 말씀. '소녀야… 일어나라'의 뜻.

달마누다〔*Δαλμανουθά*=과부〕 지(막 8:10) 「갈릴리」 바다 서편 「막달라」 근처. 예수께서 4천명을 먹이신 후에 배 타고 가신 곳.

달마디아〔*Δαλματία*=꺼진 등, 밝지 않음〕지(딤후 4:10) 「아드리아」 바다 동해안에 있는 「일루리곤」도의 일부인데 「바울」이 「디도」를 파견한 지방. 바울도 전도하였다(롬 15:19). 현재 「알바니아」에 속함.

달매〔תַּלְמַי=밭고랑〕인(민 13:22)

1 「헤브론」에 살던 「아낙」인의 자손(수 15:14, 삿 1:10).

2 「그술」 왕으로, 「다윗」의 아내(압살롬의 모친) 「마아가」의 부친(삼하 3:3, 13:37, 대상 3:2).

달몬〔טַלְמוֹן=포로〕인(대상 9:17)

1 성전 문지기의 한 사람으로 그가 세운 가족의 이름(대상 9:17).

2 「스룹바벨」과 함께 포로 귀환 때에 돌아온 자손(스 2:42, 느 7:45).

달문 → 달몬

달본〔דַּלְפוֹן=진실함〕인(에 9:7) 「하만」의 아들.

달시스〔תַּרְשִׁישׁ=금속의 정령〕인(창 10:4) 「노아」의 아들 「야벳」의 손자이며 「야완」의 아들(대상 1:7).

달아나다 자(창 14:10) ①도망치듯 빨리 내닫다. speed. ⓢ 내빼다. ②본래 있었던 것이 사라져 없어지거나 떨어지다. become ragged.

달음질 명(삼하 18:27) ①급히 달리는 발걸음. ②달음박질.

달팽이 명(시 58:8) 〈동〉 달팽이과에 속하는 연체동물의 총칭. 우렁이와 비슷한데 나사형 껍질이 납작하게 되었고 두껍지 아니함. snail.

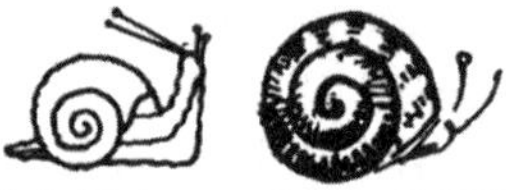

달하다〔達~;통달할 달〕자타(출 3:9) ①뜻을 이루다. attain. ②어떠한 곳에 닿아서 이르다. reach. ③복을 누리다. enjoy.

닭 명(느 5:18) 〈조〉 꿩과의 새. 집에서 기르는 육축. hen;cock.

닳게 하다 사동(욥 14:19) ①어떠한 것에 갈려서 작아지도록 하다. ②액체같은 것이 좋아들게 하다.

담[1] 명(창 49:22) 집의 둘레나 일정한 공간을 둘러막기 위하여 돌이나 벽돌 등으로 높이 쌓아 올린 것. wall.

담[2]〔毯;담요 담〕명(아 3:10) 짐승의 털을 물에 빨아 짓이겨서 편편하고 두툼하게 만든 조각. 담요의 재료로 쓰임.

담구멍 명(렘 2:34) 담에 뚫린 구멍.

담군〔擔軍;멜 담, 군사 군〕명(왕상 5:15) 무거운 물건을 운반하는 것을 맡은 사람. carrier.

담그다 타(레 11:32) ①액체 속에 넣어 두다. soak. ②잠기게 하다.

담다 타(창 43:11) 물건을 그릇 속에 넣다. put in.

담당〔擔當;멜 담, 마땅 당〕명(출 18:22) 어떤 일을 맡음. charge.

담대〔膽大;쓸개 담, 큰 대〕명(출 14:8) 겁이 없이 용기가 대단함. 담력이 큼. bold. 부 담대히.

담력〔膽力;쓸개 담, 힘 력〕명(대하 25:11) 겁이 없고 매우 용감스런 기운. pluck.

담론〔談論;말씀 담, 의논할 론〕명서로 이야기를 주고받으면서 의논함. talk(삼상 12:7).

담무스 명(겔 8:14) 고대「바벨론」부터 섬겨오는 남신. 봄 식물을 보호하는 신으로, 풍요의 여신「아쉬타르」의 남편.

담보〔擔保;멜 담, 보호할 보〕명(창 43:9) ①맡아서 보증함. custody. ②보증물로 맡기는 것. security.

담부〔擔負;멜 담, 질 부〕명(대하 34:13) 등에 지고 어깨에 멤.

담즙〔膽汁;쓸개 담, 진액 즙〕명(애 3:5) 간장에서 분비되는 소화액. bile.

담책〔擔責;멜 담, 꾸짖을 책〕명(삿 19:20) ①담당한 책임. charge. ②담임. 책임을 지고 맡아 봄.

담화〔談話;말씀 담, 말씀 화〕명(삼상 9:25) ①주고받는 말. 이야기. talk. ②어떤 일에 대하여 개인이나 공적으로 밝히는 말.

담황옥〔淡黃玉;맑을 담, 누루 황, 구슬 옥〕명(계 21:20) 옥(玉)의 한 종류. topaz. 새「예루살렘」성곽의 아홉째 기초석.

답답하다〔沓沓~;합할 답, 합할 답〕형(창 32:7) ①병·근심으로 가슴속이 갑갑하다. heavy. ②숨이 막힐 듯하여 괴롭다. unpleasant ③시원한 느낌이 없다. irritating.

답례〔答禮;대답할 답, 예도 례〕 명(대하 9:12) 남에게 받은 예를 도로 갚음. return salute.

담바옷〔טַבָּעוֹת=좋은 시간〕인(스 2:43) 「느딤」 사람 가운데 한 사람.

담베셋〔דַּבֶּשֶׁת =낙타의 혹〕지(수 19:11) 「스불론」 서쪽에 있는 지방.

답밧〔טַבַּת =경축함〕지(삿 7:22) 「요단강」 동편 한 지방.

답부아[1]〔תַּפּוּחַ=사과〕인(대상 2 :43) 「겔렙」의 자손 「히브론」의 둘째 아들.

답부아[1]〔תַּפּוּחַ=사과, 생기를 넣어주는 자〕지
1「에브라임」과 「므낫세」의 경계에 있은 「가나안」 사람의 성읍(수 16:8, 9, 17:8).
2「유다」의 「세벨라」 평지에 있던 성읍(수 15:34).

답장〔答狀;대답할 답, 편지 장〕 명(대하 2:11) 회답의 편지. answer.

답조〔答詔;대답할 답, 조서 조〕 명(스 5:5) 응답의 조서.

닷드내〔תַּתְּנַי〕인(스 5:3) 「유브라데」 서해안 관할구의 「파사」 총독으로 성전 재건을 간섭하였다(스 6:6).

닷딤후시〔תַּחְדּוּשִׁי〕지(사하 24:6) 「다윗」의 명을 받아 「요압」이 방문한 땅.

닷새명(민 11:19) ①다섯 날. ②달의 다섯째 되는 날.

당[1]〔堂;집 당〕명(민 16:1) ①당집. 신을 섬기기 위하여 만든 집. ②대청. ③절(寺).

당[2]〔黨;무리 당〕명(삼상 5:2) ①무리. faction. ②인척. relations. ③정당. political party.

당[3]〔當;마땅할 당〕명(창 31:41) 입게됨을 일컫는 말. 당하다.

당국자〔當局者;마땅 당, 판 국, 놈 자〕명(요 7:26) 그 일을 맡아보는 자리에 있는 사람. a person in authority.

당기다타(삼하 22:35) ①끌어서 가까이 오게 하다. pull. ②줄을 팽팽하게 하다. draw. ③일정이나 시간을 예정보다 짧게 하다.

당당히〔堂堂~;집 당, 집 당〕부(엡 3:12) 매우 의젓하고 어연 번듯하게. 버젓하고 바르게. fairly.

당돌히〔唐突~;당나라 당, 부딪칠 돌〕부(막 15:43) ①조금도 꺼리거나 어려워함이 없이 올차고 다부지게. rudely. ②웃사람에게 대하는 태도가 아니꼽고 건방지게.

당세〔當世;마땅 당, 인간 세〕명(창 6:9) 그 시대나 세상. present day.

당시〔當時;마땅 당, 때 시〕명(창 6:4) 일이 생긴 그 때.

that time.

당신〔當身;마땅 당, 몸 신〕명 (창 16:5) ①웃어른을 극히 높혀 일컬을 때 쓰는 제 삼인칭 대명사. he. she. ②"하오" 할 자리에 상대되는 사람을 일컫는 제2인칭 대명사. you.

당아새〔塘鵝~;못 당, 거위 아〕명(레 11:18) 〈조〉 구약 성경에 부정한 것으로 규정한 새의 이름. 먹지 못하는 새. 영어 성경에 '사다새'로 번역한 곳도 있다.

당연〔當然;마땅할 당, 그를 연〕명(삿 6:30) 마땅함. 이치로 보아 마땅히 그러할 것임. as a matter of course.

당원〔黨員;무리 당, 사람 원〕명 당에 가입한 사람. 당을 구성하고 있는 사람. member of the party.

당일〔當日;마땅할 당, 날 일〕명 (창 17:26) 일이 생긴 바로 그 날. the said day.

당장〔當場;마땅할 당, 마당 장〕명(출 21:20) 일이 생긴 바로. 그 곳. on the spot.

당처〔當處;마땅할 당, 곳 처〕명 (삿 7:21) 일이 생긴 그 곳. actual spot.

당첨〔當籤;마땅할 당, 제비 첨〕명(대상 26:14) 제비에 뽑힘.

당치않다 형(왕하 9:12) 마땅하지 아니하다.

당파〔黨波;무리 당, 물갈림 파〕명(행 5:17) 당안의 나누어진 갈래. faction.

당하다〔當~;마땅할 당〕자(창 7:23) ①어떠한 처지나 시기에 이르러 있다. face. ②어떠한 일을 만나거나 겪다. ③감당하다. undertake.

당황〔唐慌;당황할 당, 황홀할 황〕명(사 32:10) 놀라서 어찌할 줄을 모름.

닻 명(행 27:13) 배를 멈추어 서게 하는 기구. 줄에 갈고리가 달려 있어 물에 던지게 되어 있음. anchor.

닿다 자(창 28:12) ①서로 접(接)하다. touch. ②가서 이르다. reach. ③맺어지다. be in connected with.

대강〔大綱;큰 대, 벼리 강〕부 (대하 12:7) 세밀하지 아니한 정도로 대충. 대개. 대략. 약(約). roughly.

대강이 명(삼하 3:8) 머리의 낮춘 말.

대군[1]〔大君;큰 대, 임금 군〕명 (단 12:1) 중전이 낳은 왕자.

prince.

대군[2][大軍;큰 대, 군사 군]명(왕하 18:17) 많은 병사의 군대. big army.

대궐[大闕;큰 대, 대궐 궐]명(에 2:19) 임금이 거처하는 집. 궁궐. imperial palace.

대금[貸金;빌릴 대, 쇠 금]명(시 15:5) ①꾸어준 돈. loan. ②돈놀이를 함. 또는 그 돈. lending money.

대낮명(욥 5:14) 환히 밝은 낮. daylight.

대노[大怒;큰 대, 성낼 로]명(출 32:19) 몹시 화를 냄. wild rage.

대단하다[大端~;큰 대, 끝 단]형(삼상 26:21) ①매우 심하다. severe. ②크고도 많다. many. ③아주 중요하다. serious.

대답[對答;대신 대, 대답할 답]명(창 18:9) 물음이나 부름 등에 응하는 말. answer.

대대[代代;대신 대, 대신 대]명(창 17:9) 거듭된 세대. 세세(世世). successive generations.

대대 후손[代代後孫;대신 대, 대신 대, 뒤 후, 손자 손]명(창 17:7) 자손의 끝까지. future generations.

대략[大略;큰 대, 간략할 략]명(창 2:4) 대강. 대충. outline.

대로[大路;큰 대, 길 로]명(민 20:17) 폭이 넓은 길. 큰 길. high road.

대로조(창 1:11) ①어떤 말이 뜻하는 그 모양과 같이, 그 상태로. as. ②어떤 뜻에 따라.

대리석[大理石;큰 대, 이치 리, 돌 석]명(에 1:6) 석회암이 변하여 된 매끄럽고 아름다운 돌. marble.

대맥[大麥;큰 대, 보리 맥]명(사 28:25) 보리. barley.

대머리명(레 13:40) ①머리털이 많이 빠지어 벗어진 머리. baldhead. ②일의 제일 중요한 부분. essence.

대면[對面;대할 대, 낯 면]명(창 32:20) 서로 얼굴을 마주봄. meeting.

대문[大門;큰 대, 문 문]명(삼상 21:13) 집의 정문. main gate.

대변[大便;큰 대, 똥 변]명(신 23:13) 사람의 똥. excrement.

대부분[大部分;큰 대, 거느릴 부, 나눌 분]명(마 21:8) 절반이 넘는 수효나 분량. the majority.

대사〔大事;큰 대, 일 사〕명(시 71:19) ①큰 일. great thing. ②속 대례(大禮). 일생에 중요한 의식. important ceremony.

대상〔隊商;떼 대, 장사 상〕명(사 21:13) 사막 지방에서 볼 수 있는 낙타를 끌고 떼지어 다니며 장사하는 무리. caravan merchant.

대서〔代書;대신 대, 글 서〕명(롬 16:22) 대신하여 쓴 글씨. 대필. writing for another.

대성 통곡〔大聲痛哭;큰 대, 소리 성, 아플 통, 울 곡〕명(삿 21:2) 크게 소리내어 슬피 움.

대소〔大小;큰 대, 작을 소〕명(창 19:11) 크고 작음. large and small.

대소간〔大小間;~사이 간〕명(삼상 22:15) 큰 것이나 작은 것을 아울러.

대소사〔大小事;~일 사〕명(삼상 20:2) 큰 일과 작은 일. great and small affairs. 모든 일.

대속〔代贖;대신할 대, 바꿀 속〕명(출 13:13) 값을 지불하고 형벌과 죄에서 구원함.
* 그리스도는 우리의 죄를 대속하셨다.

대속물〔代贖物;~만물 물〕명(욥 33:24) 예수 그리스도의 몸, 어린양-죄와 형벌을 구하기 위하여 내는 값이나 물건. ransom.

대승〔戴勝;일 대, 이길 승〕명〈조〉(레 11:19) 후투티, 먹지 못하게 규정된 새. hoopoe.

대신[1]〔大臣;큰 대, 신하 신〕명(창 12:15) 왕이 다스리는 나라의 으뜸 벼슬. minister.

대신[2]〔代身;대신 대, 몸 신〕명(창 2:21) ①남을 대리함. vicariousness. ②어떤 것을 딴 것으로 바꿈.

대싸리 명(욥 30:4) 명아주과에 속하는 일년초. 씨는 지부자라고 하여 약재로 쓰임. broom.

대야 명(출 27:3) 얼굴이나 손을 씻을 때 쓰는 둥글고 넓적한 물그릇. 세면기. washbasin.

대언〔代言;대신 대, 말씀 언〕명(겔 37:4) 남 대신으로 말함. speaking for another.

ㄷ

대언자〔代言者;~놈 자〕명(출 7:1) 남을 대신하여 말해 주는 사람. speaker for another.

대연〔大宴;큰 대, 잔치 연〕명(창 21:8) 큰 잔치. grand feast.

대왕〔大王;큰 대, 임금 왕〕명(왕하 18:9) ①왕의 높임말. king. ②선왕의 높임말. 특히 뛰어나고 훌륭한 왕을 이르는 말.

대우〔待遇;기다릴 대, 만날 우〕명(창 34:31) 예의를 갖추어 대함. treatment.

대인〔大人;큰 대, 사람 인〕명(삼하 3:38) ①어른, 성인, adult. ②벼슬이 높은 사람. higher officials. ③거인. ④남의 부친을 높이는 말.

대작〔大作;큰 대, 지을 작〕명(욥 1:4) 바람소리, 아우성소리, 바람, 구름, 파도 따위가 크게 일어남.

대장〔大將;큰 대, 장수 장〕명(왕상 9:22) ①군인의 가장 높은 계급. ②한 무리의 우두머리. 수령.

대장군〔大將軍;큰 대, 장수 장, 군사 군〕명(삿 5:14) 큰 장군.

대장부〔大丈夫;큰 대, 어른 장, 지아비 부〕명(민 13:33) 늠름하고 씩씩한 사나이를 이르는 말. brave man.

대장장이 명(왕하 24:14) 쇠를 달궈서 온갖 기구와 연장 만드는 일을 하는 사람. smith.

대저〔大抵;큰 대, 막을 저〕부(레 25:3) 대체로 보아서, 무릇. 대개. generally.

대적〔對敵;대할 대, 대적할 적〕명(창 14:20) ①적을 마주 대함. 적과 맞섬. contention. ②적이나 어떤 세력과 맞서 겨룸. facing the enemy.

대전〔大殿;큰 대, 대궐 전〕명(대하 3:5) ①임금이 거처하는 궁전. ②임금을 높이는 말.

대접[1]〔大楪;큰 대, 바래기 접〕명(출 25:29) 위가 넓적하고 아래가 편평하며 높이가 낮은 그릇의 하나. large bowl.

대접[2]〔待接;기다릴 대, 댈 접〕명(창 12:18) ①마땅한 예로서 대함. reception. ②음식을 차려 접대함. entertainment.

대제사장〔大祭司長;큰 대, 제사 제, 맡을 사, 길 장〕명(레 21:10) 「레위」 자손 중에서 하나님께 제사하는 일을 맡은 직분을 가진 사람들의 우두머리. high priest.

대주재〔大主宰;큰 대, 주인 주, 재상 재〕명(미 4:13) 하나님. 주 예수 그리스도. lord. 큰 임금.

대진〔對陣;대할 대, 진할 진〕명(수 10:5) 마주 진(陣)을 침.

대질〔對質;대할 대, 바탕 질〕명(욥 9:32) 두 사람의 말이 어긋날 때 딴 사람 앞에서 대면시켜 따짐. 무릎 맞춤. confrontation.

대척〔對斥;대할 대, 쫓을 척〕명(창 31:36) ①서로 등지는 일. ②어떤 일에 대하여 정반대 되는 일. antipodism.

대추나무 명(욥 1:12) 갈매나무과에 속하는 나무. 열매는 손가락 마디만 하고 붉다. jujube.

대취〔大醉;큰 대, 취할 취〕명(삼상 25:36) 술이 몹시 취함. 만취. dead drunkenness.

대패 명(사 44:13) 목공 공구의 하나. 나무를 곱게 밀어 깎는 연장. plane.

대표〔代表;대신할 대, 겉 표〕명(민 1:44) 여러 사람이나 단체를 대신하여 책임을 지고 나서는 일 또는 그 사람. representation.

대풍〔大風;큰 대, 바람 풍〕명(욥 1:19) 큰바람, 몹시 세게 부는 바람. strong wind.

대하다〔對~;대할 대〕자타(창 15:10) ①앞에 두고 마주 보다. face. ②관계를 맺어 상대하다. associate with. ③접대하거나 상대하다. receive. ④비교하여 견주어 보다. compare with.

대항〔對抗;대할 대, 대항할 항〕명(레 26:23) ①서로 맞서 싸움. rivalry. ②어떤 힘에 대하여 그것을 막는 운동을 일으킴. counteraction.

대해〔大海;큰 대, 바다 해〕명 ①지중해. Mediterranean sea. ②큰 바다. ocean. (민 34:6)

대해변〔大海邊;~가 변〕명(수 9:1) 지중해의 변두리.

대회〔大會;큰 대, 모을 회〕명 (레 23:36) ①여러 사람의 모임. 성대한 집회. rally. ② 큰 집회. general meeting.

대회향〔大茴香;큰 대, 회향 회, 향기 향〕명(사 28:25) 목란과에 속하는 나무 또는 떨기나무의 열매. 흥분, 구충제로 각기에 씀. fennel.

더둘로〔Τερτυλλοι=거짓말쟁이〕인(행 24:1) 「예루살렘」에 있던 「로마」 변호사로, 「유대」인이 「바울」을 총독 「벨릭스」에게 고소할 때 이 사람은 천하에 산재한 「유대」인을 요란케 하고 「나사렛」 당의 괴수요, 성전을 더럽게 한 자라고 무고했다(행 24:1-6).

더듬다 타(출 10:21) 잘 보이지 않는 것을 손으로 만져보며 찾다. grope about.

더디 부(수 10:6) 느리게. slow.

더디다 형(출 22:29) 움직이는 시간이 오래 걸리다. be slow.

더디오〔Τερτιος=제3〕인(롬 16:22) 로마서를 대필한 사람.

더러[1] 부(출 16:20) 얼마쯤, 이따금. some. occasionally.

더러[2] 조(창 3:1) 같은 끼리나 아래 사람에게 '에게 대하여'의 뜻으로 쓰인다.

더러움 명(스 9:11) 더러워진 일, 더러워진 자국. ㊣ 더럼.

더미 명(대하 31:6) 많이 모여 쌓인 큰 덩어리. pile.

더베〔Δερβη=소나무의 일종〕지(행 14:6) 「소아시아」 중부 「루가오니아」의 성읍. 바울이 1, 2차 전도 여행에서 방문한 곳.

더불어 부(차 8:16) ①함께. 같이. ②상대로 하여. with. together.

더욱 부(창 3:14) 오히려. 더하게. 점점. 더. more.

더웁게 하다 타(욥 39:14) 덥게 하다.

더위 명(창 8:22) 여름철의 몹시 더운 기운. heat.

더위잡다 타(욥 2:7) 높은 데로 오르려고 무엇을 끌어 잡다. clutches at.

더하다 자타(창 3:16) ①있는 것에 더 보태다. add. ②처음보다 심하여 지다. worse.

덕〔德;큰 덕〕명(잠 22:11) ① 공정하고 포용성 있는 마음이나 품성. virtue. ②도덕적 이상 또는 법칙에 좇아 확실히 의지를 결정할 수 있는 인격적 능력. 의무적 선(善) 행위를 선택, 실행하는 습관. 윤리학상 가장 중요한 개념의 하나임. ③덕택, 덕분.

덕행〔德行;큰 덕, 행할 행〕명 (잠 31:29) 어질고 착한 행실. 덕성스러운 행실. virtuous.

던지다 타(창 37:20) ①물건을 들어 공중을 향하여 힘껏 내어 보내다. throw. ②아래로 떨어지게 하다(물건 폭탄). ③버리다. 뛰어들다. give up. ④소문을 일으키다. give rumor.

덜다 타(빌 2:28) 적게 하다. 죽게 하다. deduct.

덜되다 형(딤전 5:9) ①다 되지 아니하다. ②사람의 됨됨이가 나쁘다.

덜하다 타(레 22:23) 줄이다. 더 적게 하다. 자 전보다 심하여지지 아니하다. 견주어 보아 한 쪽이 적다.

덤불 명(창 3:18) 어수선하게 엉크러진 수풀. thicket.

덥다 형(삼상 11:9) ①기온이 높은 기운을 느낀다. ②체온 또는 문제의 열이 높다.

덧입다 타(고후 5:2) 더 껴입다.

덧뿌리다 자타(마 13:25) 거듭 더하여. 흩어 날리다.

* 원수(마귀)가 마음밭에 가라지(그릇된 교훈)를 덧뿌리다.

덩굴 명(왕하 4:39) 물건에 감기거나 땅바닥에 퍼져서 뻗어나가는 식물의 줄기. creeper. 넝쿨의 바른 말.

덩어리 명(삿 7:13) 크게 뭉쳐진 덩이. lump.

덩이 명(출 9:24) 작게 뭉쳐진 것. 그것을 세는 단위. lump.

덫 명(수 23:13) 짐승을 꾀어 잡는 기구. snare.

덮개 명(출 26:14) ①뚜껑. cover. ②잘 때 덮는 이불 따위. coverlet.

덮다 타(창 9:14) ①무엇을 씌워 없어 안보이게 하다. cover. ②가리워 감추다. shut.

덮어 주다 자(잠 17:9) 어떤 문제를 가리워 주다. 따지지 아니하고 모르는 체하다.

덮이다 피동(창 7:10) '덮다'의 피동형.

덮치다 자타(호 8:1) ①들이닥쳐 위에서 겹쳐 누르거나, 또는 들이닥쳐 휩싸서 치다. hold down. ②여러 가지 일이 한꺼번에 닥치다. be pressed for business.

데가볼리〔Δεχαπολις＝열 성읍〕지(마 4:25) 「갈릴리」해 동방 「요단」강 좌우에 있는 지방인데, 「헬라」의 식민지 열 도시로 성립되어 「수리아」 총독 지배하에 있었다. 이곳은 「유대」 지방이었지만 이방인이 많이 살았다. 그러므로 율법에 금지되 돼지를 많이 먹였다(마 8:30).

데겔 명(단 5:25) 무게를 다는 세겔의 「아람」 말. 「벨사살」 왕의 연회 때 벽에 나타난 문자 중 한 부분. 저울질되었다는 뜻으로 도덕적인 모자람을 나타낸다.

데나리온 [명](마 18:28) 신약 시대에 쓰이던 은돈. 그때 하루의 품삯(마 20:2).

데다 [자](출 21:25) 불이나 뜨거운 것에 살갗을 다치다. 화상을 입다. get burnt.

데라[1]〔תֶּרַח=표백〕[인](창 11:24) [1]「나홀」의 아들.
[2]「아브라함」과 「하란」「나홀」의 아버지(창 11:26). 본래 「갈대아·우르」에서 우상을 섬기다가 주전 1918년 경에 자손을 거느리고 「하란」에 이거하여 205세에 별세하였다(당시 아브라함의 나이 75세)(수 24:2, 3, 눅 3:34).

데라[2]〔תֶּרַח=산양〕[지](민 33:27) 「이스라엘」 백성이 「애굽」에서 나와 광야를 지날 때 진을 친 곳으로 그 위치는 알 수 없다.

데레스〔תֶּרֶשׁ=엄중한〕[인](에 2:21) 「바사」 왕 「아하수에로」 때의 문지기.

데려가다 [타](창 5:24) 함께 거느리고 가다. take with.

데려오다 [타](창 39:17) 함께 거느리고 오다. bring back.

데리다 [타](창 11:31) 손아랫 사람이나 동물 따위를 같이 있게 하거나 거느리고 다니다. take with.

데마[1]〔תֵּימָא=다스리는 자〕[인]
[1]「이스마엘」 아들(창25:15).
[2]「바벨론」 포로에서 돌아온 「느디님」 사람 중 하나(스 2:53).
[3]「바울」의 친구 「데살로니가」에서의 동역자 「바울」이 두 번째 옥에 갇혔을 때 고향으로 돌아갔다(딤후 4:10, 몬 24).

데마[2]〔תֵּימָא=오른쪽, 크게 두려워 함〕[지](욥 6:19) 「이스라엘」의 후손의 거주지. 「페시아」 만에서 「아가바」 만에 통하는 고대의 중요한 통상로에 연하여 있는 비옥한 땅(사 21:14, 대상 10:30, 렘 25:23). 현재도 「데마」라 부른다.

데만[1]〔תֵּימָן=오른손에 있는 것〕[인](창 36:11) 「엘리바스」의 아들이며, 「에서」의 손자(대상 1:36).

데만[2]〔תֵּימָן=오른손에 있는 것〕[지](창 36:15) ①「욥」의 친구 「엘리바스」의 고향(욥 2:11). ②「예레미야」는 이 곳 사람이 지혜롭다 하였다(렘 49:7). 「아모스」는 그 도성 「보스라」와 함께 기록하였다(암 1:12).

데메드리오〔Δημήτριος=백성의 어머니〕[인](행 19:24) [1]「에베소」 사람으로 은장색 「아데미」 우상을 만들어 이익을 보다가 「바울」의 전도 때문에 영업에 방해가 되자 동업자들을 충동하여 소동을 일으켰다.
[2]사도 「요한」이 추천한 초대교회 신자(요삼 12).

데므니〔תֵּימְנִי=남방〕[인](대상 4:6) 「나아리」의 아들로서 「나아라」의 소생으로 잡계에 속한다.

데바〔טֶבַח=몸을 보호하는 자〕[인](창 22:24) 「나홀」의 첩 「루우마」가 낳은 아들.

데베스〔תֵּבֵץ=진흙〕[지](삿 9:50) 「세겜」 부근에 있는 성인데, 「기드온」의 아들 「아비멜렉」이 이 성을 점령하였다. 그 성의 망대를 공격할 때에 한 여인이 그 위에서 맷돌 윗짝을 던져 두개골이 깨어져 죽으므로 「이스라엘」이 퇴각하였다(삼하 11:21). 「나보스」에서 동북 16km 지점. 현재의 「도바스」로 여긴다.

데벳스 → 데베스

데벳월 [명](에 2:16) 유대력으로 10월, 태양력 1~2월.

데살로니가〔Θεσσαλονίκη=하나님의 승리〕[지](행 17:1) 「마게도냐」의 한 성. ①자유 시로서, 시장이 모든 일을 처리하였다(행 17:6-8). ②「바울」이 2차 전도 때 「실라」와 「디모데」와 함께 교회를 설립하였다. ③「바울」에게 「빌립 보」 교우들이 몇 차례 비용을 보내왔다(빌 4:16). ④「아리스고」의 고향(행 27:2). ⑤「유대」인들이 「바울」을 핍박하므로 「베뢰아」로 피난하였다(행 17:1-10). 지금의 「살로니가」로 그리스에 소속이다.

데살로니가전서〔~前書;앞 전, 글 서〕[명](살전) 신약 제 13권째 성경이다. 「바울」이 기록하였다. 교회의 바른 인식과 박해와 그리스도의 재림을 기다릴 것을 교훈하였다. 주제 : 주의 강림과 위로.

데살로니가후서〔~後書; 뒤 후, 글 서〕[명](살후) 신약 제 14권째 성경이다. 「바울」이 기록하였다. 주의 날이 가까워 오므로 핍박을 견디어 믿음을 지킬 것을 교훈하였다. 주제 : 주의 날.

데오빌로〔Θεόφιλος=하나님의 벗〕[인](눅 1:3) 누가복음과 사도행전의 수신인. 「누가」와 친근한 사이.

데우다 [타](출 21:25) 찬 것을 따뜻하게 하다. warm.

데해〔דְּהָיֵא〕[인](스 4:9) 「사마리아」에 식민으로 이주시킨 백성.

델라〔תֶּלַח=갈라진 틈〕[인](대상 7:25) 「에브라임」의 한 족장.

델렘[1]〔טֶלֶם=압제함〕[인](스 10:24) 이방인 아내를 얻은 문지기.

델렘[2]〔טֶלֶם=산양〕[지](수 15:24) 「유대」 남쪽에 있었던 성읍.

델멜라〔תֵּל מֶלַח=소금 무더기〕[지](스 2:59) 「바벨론」에 있던 「이스라엘」 포로의 식민지였다(느 7:16).

델아빕〔תֵּל אָבִיב=호수의 언덕〕[지](겔 3:15) 「그발」 강가에 있는 지방으로서, 「유대」인 포로가 살고 있었다.

델하르사〔תֵּל חַרְשָׁא=수풀의 언덕〕[지](스 2:59) 「바벨론」에 사로잡혀 간 「이스라엘」 포로의 거주지.

도[1]〔道;길 도〕[명](창 18:19) ①마땅히 지켜야 할 도리, 근본이 되는 것. truth. ②길. road.

도[2]〔道;길 도〕[명](왕상 20:14) 지방 행정 구역의 하나. province.

도[3]〔度;법도 도〕[명](왕하 20:9) ①각도의 단위. ②해시계의 눈금.

도가니 [명](시 12:6) 쇠붙이를 녹이는데 쓰는 흑연으로 만든 그릇. melting-pot.

도갈마〔תּוֹגַרְמָה〕 [인](창 10:3) 「노아」의 증손이며, 「야벳」의 손자.

도갈마〔תּוֹגַרְמָה〕[지](겔 27:14) 「아라랏」 북방에 있는 한 지방인데 「두로」 상인은 이 곳에서 말과 노새를 수입하였다.

도겐〔תֹּכֶן=알맞는 분량〕[지](대상 4:32) 「시므온」의 한 촌락이며 위치는 분명치 않다.

도고〔禱告;빌 도, 알릴 고〕[명](딤전 2:1) 남을 위하여 간구하는 기도. prayer to God for neighbours.

도끼 [명](신 19:5) 나무를 찍거나 패는 연장의 하나. axe.

도끼질 [명](삼하 12:31) 도끼로 나무를 찍거나 패는 일.

도다님〔דֹּדָנִים=떨어짐〕[인](창 10:4) 「야완」의 아들이요, 「야벳」의 손자, 「노아」의 증손이다.

도다와후〔דּוֹדָוָהוּ=하나님의 사랑〕[인](대하 20:37) 「마래사」 사람인데 「여호사밧」

왕의 배가 난파할 것을 예언한 엘리에셀의 부친이다.

도단〔*Θωμας*＝누운 물〕지(창 37:17) ①「야곱」의 아들들이 양을 치던 곳으로,「요셉」이 형들에게 붙잡혀 팔린 곳(창 37:17-36). ②예언자「엘리사」가 살던 곳이다(왕하 6:13-19).「제닌」의 서남 8 km「에스드라엘론」에서「지중해」에 통하는 옛 통상로에 연하여 30미터의 높은 언덕 위에 있는 견고한 요새. 현재 이름은「델도다」이다.

도대〔דּוֹדַי＝하나님의 사랑을 받은 자〕인(삼하 23:9)「아호아」사람으로「이스라엘」자손의 이월 반장이었다(대상 27:4).

도도〔דּוֹדוֹ＝사랑함〕인(삿 10:1) ①사사 중의 한 사람으로「돌라」의 조부. ②「다윗」의 용사 중 한 사람으로「엘르아살」의 부친(삼하 23:9, 대상 11:12). ③「다윗」의 용사「엘하난」의 부친(삼하 23:24, 대상 11:26).

도랑 명(삼상 18:32) 매우 좁고 작은 개울. ditch.

도랑물 명(잠 5:16) 도랑에 흐르는 물이나 고인 물. water of the ditch.

도략〔韜略;칼집 도, 간략할 략〕명(잠 8:14) 기이하고 묘한 꾀. 전쟁을 위한 전략, 위장술 등이 포함된다.

도량〔度量;법도 도, 분량 량〕명(욥 11:9) ①너그러운 마음과 깊은 생각. generosity. ②일을 알고 잘 다루는 품성. managing ability.

도량형〔度量衡;～저울대 형〕명(레 19:35) 길이와 부피, 무게를 헤아리는 단위를 모두 일컫는 말. weights and measures.

도로[1] 부(창 38:19) 먼저와 다름없이. as ever;before.

도로[2]〔道路;길 도, 길 로〕명(레 26:22) 사람이나 차가 다닐 수 있도록 만든 길. road.

도륙〔屠戮;죽일 도, 죽일 륙〕명(출 32:27) 모두 무찔러 죽임. 옳고 그름을 분거나 가리지 않고 지다 죽임. slaughter.

도르가〔*Δορχας*＝노루〕인(행 9:36)「욥바」에 있는 신도 죽은 것을「베드로」가 소생시켰다.「다비다」라고도 부른다.

도리〔道理;길 도, 도리 도〕명(창 19:31) ①사람이 지켜야 할 바른 길. reason. ②사물의 정당한 이치. truth.

도리깨 명(사 28:27) ①곡식의 낟알을 두들겨서 떠는 농기구의 하나. flail. ②쇠로 만들어 병기로도 사용하였다.

도리어 부(창 49:19) ①오히려. ②차라리. on the contrary.

도마〔Θωμας＝쌍동이〕인(마 10:3) ①12제자의 한 사람(눅 6:15. 막 3:18). ②요한복음에는 「디두모」란 이름으로 쓰여졌다(요 11:16, 20:24, 21:2). ③주의 부활하심을 의심하다가 그 못 자리를 보고 믿었다(요 20:24). 전설에 「인도」에 가서 전도하다가 순교하였다고 한다.

도마뱀 명(레 11:29) 〈동〉 도마뱀과의 동물을 모두 가리키는 말. lizard.

도말〔塗抹;바를 도, 지울 말〕명(출 17:14) 겉에 무엇을 발라서 본래의 모습이 드러나지 않게 함. paint out.

* 그리스도는 우리의 죄를 도말하셨다.

도망〔逃亡;도망할 도, 망할 망〕명(창 14:10) ①몰래 피해 달아남. escape. ②쫓기어 달아남. 줄행랑. flight.

도모〔圖謀;그림 도, 꾀 모〕명(삼하 14:13) 일을 이루기 위해 수단과 방법을 꾀함.

도무지 부(민 6:5) ①이러니 저러니 할 것 없이 아주. ②이러고 저러고 할 것 없이 모두. ③도대체. at all.

도바도니야〔טוֹבאֲדוֹנִיָּה＝주 여호와는 선하시다〕인(대하 17:8) 「이스라엘」 백성을 가르치기 위하여 「여호사밧」이 임명하여 「유대」로 보낸 「레위」 사람.

도백〔道伯;길 도, 맏 백〕명(단 3:2) ①지방 행정 도의 장관을 일컫는 말. ②지금의 도지사를 예스럽게 일컫는 말. governor.

도벨〔תֹּפֶל＝황폐, 석회〕지(신 1:1) 「이스라엘」 백성이 「바란」 광야에서 유숙한 곳. 「모세」가 출애굽 2세들에게 율법을 일러 주었다. 사해 동남 24km 지점으로 알려져 있다.

도벳〔תֹּפֶת＝불사르는 곳〕지(왕하 23:10) ①「힌놈」의 아들의 골짜기와 「기드온」 골짜기가 합하는 곳의 명칭인데 본래는 미려한 곳이었으나 「바알」에게 제사하면서 더러운 곳이 되었다(대하 28:3, 33:6, 렘 32:35). ②「요시야」 왕이 쓰레기통을 만들었다(사 30:33). ③「예레미야」가 도륙의 골짜기라고 예언(렘 7:31, 19:6). 십자군 때 피를 많이 흘렸다 한다.

도보〔徒步;무리 도, 걸음 보〕명(민 20:19) 탈 것을 타지 않고 걸어감. 보행. walk.

도비야〔טוֹבִיָּה=여호와는 선하시다〕인(대하 17:8)
1「여호사밧」 왕이 「유대」 각지에 율법을 가르치기 위하여 파견한「레위」 인 중 한 사람.
2「유대」인과 혼혈한「암몬」 인으로 「산발랏」에게 붙어 「느헤미야」가「예루살렘」 성을 중수할 때 방문, 방해한 사람(느 2:10, 19).「예루살렘」 성전에 들어가 한 방을 차지하고 있는 것을「느헤미야」가 축출하였다(느 13:4).
3「바벨론」에서 귀환한 족속의 한 족장(스 2:60, 느 7:62).
4「바벨론」에 남아 있는 포로의 예물과 헌금을 가지고 「예루살렘」에 돌아온 사람(슥 6:10).

도살〔屠殺;죽일 도, 죽일 살〕명(약 5:5) ①마구 죽임. 도륙. slaughter. ②가축을 허가 없이 잡아 죽임. slaughter.

도살장〔屠殺場;~마당 장〕명(사 34:7) 소나 돼지같은 것을 도살하는 곳. slaughter house.

도성〔都城;도읍 도, 재 성〕명(창 36:32) ①서울. capital city ②도읍 둘레에 둘린 성곽. capital castle.

도성 인신〔道性人身;길 도, 성품 성, 사람 인, 몸 신〕명(요 1:1)「로고스」라 하며, 하나님이 사람의 형상으로 오신 것을 일컫는 말.
* 도성 인신하신 이는 예수 그리스도 우리의 구주이시다.

도수〔都數;도읍 도, 셀 수〕명(삼하 24:2) 모두 합한 수효. 도합(都合). total.

도수장〔屠獸場;죽일 도, 짐승 수, 마당 장〕명(사 53:7) 가축 따위의 짐승을 잡는 곳. butchery.

도시〔都市;도읍 도, 저자 시〕명(막 6:56) 사람이 많이 모여 살고 번잡한 곳. 도회지. urban area.

도아〔תּוֹחַ=겸손함〕인(대상 6:34)「레위」 족속「그핫」의 자손.

도엑〔דֹּאֵג=걱정함〕인(삼상 21:7)「에돔」 사람인데,「사울」의 목자장이다.「아히멜렉」이「다윗」을 우대함을 보고 「사울」에게 고발하고,「사울」의 명령에 의하여「아히멜렉」과「놉」 땅 제사장 등 85인을 죽인 사람(삼상 22:9-22).

도와 주다 타(신 28:31) 도움을 주다. 남을 위하여 힘써 주다. cooperation.

도우〔תֹּעוּ=웃는 것〕인(대상 18:9)「하맛」 왕으로서,「다윗」 왕에게 문안한 사람.

도읍〔都邑;도읍 도, 고을 읍〕명 (수 13:10) ①서울. capital. ②약간 작은 시.

도이〔דּוֹיִי = 방황하다〕인(삼하 8:9) 「다윗」이 「하닷에셀」의 군대를 격파하였다는 소식을 듣고 아들 「요람」을 보내어 「다윗」 왕에게 문안한 「하맛」 왕(대상 18:9).

도임〔到任;이를 도, 맡길 임〕명 (행 25:1) 지방관(地方官)이 임소에 다다름. 부임(赴任). arrive at one's new post.

도장〔圖章;그림 도, 글 장〕명 (창 38:18) 개인, 단체, 관직 등이 이름을 나무, 뿔 등에 새겨서 증거로 삼는데 쓰는 물건. 인(印). seal.

도적〔盜賊;도둑 도, 도둑 적〕명 (출 22:2) 남의 물건을 훔치거나 빼앗는 일. 도둑. robber.

도적질〔盜賊~;도둑 도, 도둑 적〕명(창 30:33) 남의 물건을 훔치거나 빼앗거나 하는 행위의 짓. thief.

도주〔逃走;달아날 도, 달아날 주〕명(행 7:29) 도망하여 달아남. escape.

도포〔道袍;길 도, 도포 포〕명 (욥 29:14) 옛날 보통 때의 예복으로 입던 웃옷. ceremonial dress.

도피〔逃避;달아날 도, 피할 피〕명(민 35:12) ①피해서 달아남. escape. refuge. ②적극적인 투쟁에서 빠져나옴.

도피성〔逃避城;달아날 도, 피할 피, 재 성〕명(민 35:6) 사람을 과실로 죽인 자가 피하도록 만든 성. city of refuge.

도합〔都合;도읍 도, 합할 합〕명 (창 46:27) 모두 한데 합한 셈, 합계.

도후〔תֹּחוּ = 쇠약함〕인(삼상 1:1) 「사무엘」의 조상 중 하나.

독[1] 명(욜 2:24) 간장, 술, 김치 따위를 담가두는데 쓰는 오지나 질그릇. jar.

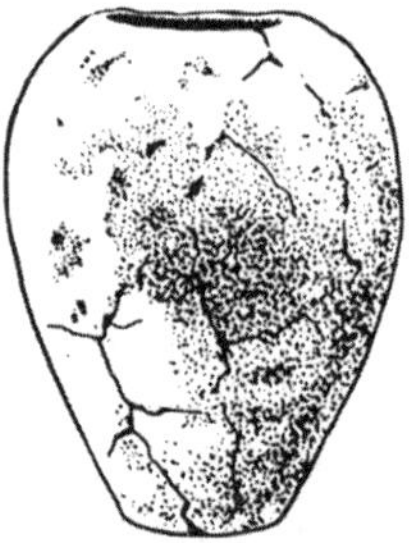

독[2]〔毒;독할 독〕명(신 32:24) ①목숨을 해치는 성분. poison.

독사〔毒蛇;독사 독, 뱀 사〕명 (창 49:17)〈동〉 독이 있는 뱀. viper.

독생〔獨生;홀로 독, 날 생〕명 (요 1:18) 스스로 계신 그리스도의 탄생.

독생자〔獨生子;~아들 자〕명

(요 1:14) 예수 그리스도. 하나님의 아들. the only Father's Son.

독수리 명(출 19:4) 〈조〉 독수리과에 속하는 새. 매. 수리와 비슷하다. eagle.

독실〔篤實;두터울 독, 열매 실〕명(창 42:11) ①정성스럽게 참되어 거짓이 없어 극진함. sincerity. ②인정이 있고 친절함. warm. hearted.

독자〔獨子;홀로 독, 아들 자〕명(창 22:2) 외아들. only son.

독종〔毒腫;독할 독, 부스럼 종〕명(출 9:9) 몹시 악성인 부스럼. malignant tumor.

독주〔毒酒;독할 독, 술 주〕명(레 10:9) ①매우 독한 술. strong spirit. ②독을 탄 술. poisoned liquor.

독처〔獨處;홀로 독, 곳 처〕명(창 2:18) 홀로 삶. 독거. solitary life.

독촉〔督促;감독할 독, 재촉할 촉〕명(출 5:13) 조급하게 조름. 재촉함. pressing.

독핫〔תָּקְהַת〕인(대하 34:22) 「하스라」의 손자.

돈 명(창 17:13) 금전, 화폐, money. 주화가 나오기 전에는 교환 가치를 인정한 것을 물물 교환하였다. 주화 이후 지폐가 발행되었다.

돈뭉치 명(창 42:35) 뭉칫돈, 액수가 많은 돈. large sum of money.

돈 바꾸는 사람 귀(요 2:14) 서로 종류가 다른 돈을 바꾸어 주는 것을 일로 삼는 사람.

돋다 자(창 19:23) ①해, 달 따위가 솟아오르다. rise. ②살에 우둘투둘한 것이 올라오다. form(레 13:2). ③싹 따위가 생겨 나오다. bud out.

돋아나다 자(슥 6:2) 싹이나 순 따위가 새로 나오다.

돋우다 타(사 40:4) ①높아지게 하다. raise. ②심지를 끌어올리다. turn up. ③성이 나게 만들다. provoke. ④싸움을 하게 만들다. incite.

돌[1] 명(창 11:3) 바위가 부서져 작게 된 것으로 모래보다 크다. stone.

돌[2]〔דּוֹר = 산다, 포위〕지(수 11:2) ①「갈멜산」 반도 남쪽 17km 지점. 「가나안」의 한 성읍. 12왕의 연합군이 「여호수아」를 대적하였으나 여호와께서 도우시므로 전멸되었다. ②「아셀」 지파에 속하였다가 「므낫세」 지파에게 주었다. 그러나 원주민들은 축출하지 못하고 조공만 받았다(수 17:11, 삿 1:27). ③「솔로몬」 왕의 식물을 공급하는 성읍 중의 하나인데, 그 성의 주관자는 「솔로몬」의 사위 「벤아네나답」이다(왕상 4:11). 현재는 「탄두라」이다.

돌감람나무〔~橄欖~ : 감람나무 감, 감람나무 람〕명(롬 11:17) 〈식〉 야생하는 감람나무. 이방인을 뜻한다. a wild olive tree.

* 성도의 믿기 전 상태가 돌감람나무와 같다.

돌격〔突擊: 부딪칠 돌, 칠 격〕명(출 19:22) ①불시에 덤비어 침. sudden assault. ②돌진하여 공격함. charge.

돌구덩이 명(사 14:19) 돌이 깊게 파인 곳. hollow.

돌기둥 명(창 35:14) 돌을 깎아 다듬어서 세운 기둥. 석주(石柱). a stone. pillar.

돌다 자(창 3:24) ①물체가 중심을 축으로 하여 둥글게 움직이다. turn around. ②무엇을 중심으로 하여 원을 그리며 움직이다. make a round. ③가까운 길을 두고 먼 길을 가다. go far round.

돌단 명(신 27:5) 돌을 쌓아 올린 제단. stone platform.

돌담 명(잠 24:31) 돌로 쌓은 담. stone wall.

돌라〔תּוֹלָע = 벌레〕인(창 46:13) 1「잇사갈」의 아들이며, 「돌라」 족속의 조상이다(민 26:23). ②「잇사갈」 지파 「부아」의 아들로서, 「아히멜렉」 다음의 사사가 되어 23년간 「이스라엘」을 다스렸다(삿 10:1-2).

돌랏〔תּוֹלָד = 후손〕지(대상 4:29) 「시므온」 자손이 살던 고을.

돌레마이〔*Πτολεμαΐς* = 상무〕지(행 21:7) ①「지중해」 연안 「악고」만 북단에 있는 성읍으로서 구약 시대에 「악고」라 불렀다(삿 1:31). ②「바울」이 최후의 「예루살렘」 길을 갈 때에 여기에 상륙하였다. 현재의 이름 「악카라」이다.

돌려대다 타(마 5:39) 돌려서 서로 맞닿게 하다. turn and offer.

돌려보내다 타(창 20:7) ①가

져온 것을 도로 보내다. return. ②찾아 온 사람을 그냥 보내다. send back.

돌려 생각하다 타(행 28:6) 처음 생각과는 달리 고쳐 생각하다.

돌로 치다 타(출 8:26) 구약 시대의 사형 집행의 한 방법.

돌리다[1] 자(창 27:13) ①돌아가게 하다. ②면하게 하다. ③정상적으로 돌아오게 하다. ④노염이 풀리다. 또 풀게 하다.

돌리다[2] 타(신 1:7) ①돌게 하다. turn. ②다른 쪽으로 방향을 바꾸다. change the direction. ③마음을 달리 먹다. change one's mind.

돌무더기 명(수 7:26) 돌덩이가 모여 쌓인 것. pile of stone.

돌 밭 명(마 13:5) 흙이 적고 돌이 많은 밭. rocky ground.

돌보아 주다 타(눅 10:34) 뒤를 보살펴 주다.

돌비〔～碑; 비석 비〕명(고후 3:3) 돌을 다듬어서 만든 비. 석비. stone tablet.

돌아가다 자(창 3:19) ①사물이 본디 있었던 자리로 다시 가다. go back. ②둥글게 움직이다. turn. ③가까운 길을 두고 먼길로 가다. take a round-about way.

돌아다니다 자(레 19:16) ①여기저기 쏘아 다니다. ②널리 유행하다.

돌아보다 자(창 3:19) ①뒤로 고개를 돌리어 보다. look back. ②살펴보다. 돌보다. regard. ③지난 일을 회상하다. recollect. ④순시하다. 순찰하다. go the round of.

돌아서다 자(수 7:8) ①뒤를 향하여 서다. ②남과 등지다.

돌아오다 자(창 8:9) ①다시 오다. come back. ②되돌아오다. return.

돌이키다 타(창 9:23) ①뉘우쳐 생각하다. reflection. ②고개나 몸을 돌리다. turn one's face. ③처음 상태로 돌아가게 하다. recover.

돌입〔突入; 부딪칠 돌, 들 입〕명(삿 20:37) 마구 뛰어 들어감. inrush.

돌질 명(출 17:4) 돌멩이질.

돌쩌귀 명(왕상 7:50) 문짝을 문설주에 달아 여닫게 하는 쇠붙이. hinge.

돌치다 타(출 14:2) 돌리다. turn. change.

돌파〔突破; 부딪칠 돌, 깨질 파〕명(출 19:21) ①무찔러 깨뜨림. 뚫어 깨뜨림. breaking through. ②곤란, 장애 따위를 헤치고 나아감. surmounting a difficulty. ③어느 기준을 넘음. passing.

돌판〔~板;널 판〕[명](출 24:12) 넓적하게 다듬은 돌.

돌 항아리[명](요 2:6) 돌로 만든 항아리.

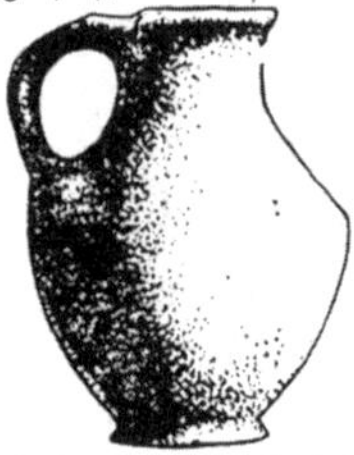

돐[명](왕하 4:16) →'돌'의 오기. 어느 한 해가 돌아온 그 날. 1주년. full year.

돕〔טוֹב =좋은 땅〕[지](삿 11:3) ①「바산」의 남 「길르앗」 동에 있는 한 지방. 「입다」가 사사되기 전에 이복 동생들에게 축출당하여 이곳에 피신하였다가 「길르앗」 장로들의 청함을 받아 사사가 되었다. ②이 성 사람들이 「암몬」을 도와 「다윗」을 대적하다가 패주하였다(삼하 10:6-14). 현재의 이름은 「데이베」이다.

돕가〔דָּפְקָה =공작석〕[지](민 33:13) 「이스라엘」 백성이 유하던 곳. 「홍해」와 「시내」 산 사이에 있는 지방이다.

돕다[타](창 2:18) ①힘을 보내다. 조력하다. help. ②위험을 벗어나게 하다. save. ③구원하다. relieve. ④후원하다. support. ⑤이끌어 잘못됨이 없게 하다. stand by.

동[1]〔銅;구리 동〕[명](민 31:22) 구리. copper.

동[2]〔東;동녘 동〕[명](창 12:8) 동쪽. east.

동거〔同居;같을 동, 살 거〕[명](창 13:6) ①집이나 한 방에서 같이 삶. live in the same house. ②가족이 아닌 사람이 어떤 가족과 같은 집에서 함께 삶. live with another family. 동서(同棲).

동관〔同官;한가지 동, 벼슬 관〕[명](마 18:28) 같은 관청에서 일하는 같은 등급의 관리. fellow official.

동국〔東國;동녘 동, 나라 국〕[명](창 25:6) 동쪽에 있는 나라. eastern country.

동남[1]〔東南;동녘 동, 남녘 남〕[명](왕상 7:39) ①동쪽과 남쪽. east and south. ②동쪽과 남쪽의 중간이 되는 방위. south-east.

동남[2]〔童男;아이 동, 사내 남〕[명](욜 3:3) 사내 아이. 소년. 동자(童子). boy.

동남방〔東南方;동녘 동, 남녘 남, 모 방〕[명](대하 4:10) 동쪽과 남쪽 사이의 방위. 동남간. south-east.

동네[명](대상 18:1) ①여러 사

람이 모여 사는 마을. ②각기 자기가 사는 집의 근처.

동녀〔童女;아이 동, 계집 녀〕명 (왕상 1:3) 계집 아이. 소녀. girl.

동독〔董督;바로잡을 동, 감독할 독〕명(왕상 5:16) 감시하며 독촉함. super intendance.

동등〔同等;한가지 동, 무리 등〕명(사 40:25) ①같은 등급. ②자격이나 수완 입장이 같음. same rank. equal.

동록〔銅綠;구리 동, 푸를 록〕명 (마 6:19) 구리에 슬은 푸른 녹. ㉾ 녹. copper-rust.

동료〔同僚;한가지 동, 동료 료〕명(스 4:7) 같은 일자리에 있는 사람. colleague.

동류〔同類;한가지 동, 같은 류〕명(시 45:7) 같은 무리. 동배(同輩). ②같은 종류. 동종(同種). same class.

동리〔洞里;골 동, 마을 리〕명 (삼상 6:18) 마을. village.

동맹〔同盟;한가지 동, 맹세할 맹〕명(창 14:5)〈사〉 같은 목적이나 이익을 위하여 같이 행동하려는 일. alliance.

동무〔同務;한가지 동, 힘쓸 무〕명(왕상 20:35) ①벗. 친구. friend. ②뜻을 같이하고 가깝게 지내는 벗. companion. ③어떤 일을 같이 하는데 서로 짝이 되는 사람. comrade.

동문〔東門;동녘 동, 문 문〕명 (겔 10:19) 동쪽을 향하여 난 문. 동쪽에 있는 문. eastern gate.

동문간〔東門間;~사이 간〕명 (겔 40:10) 동쪽에 출입문이 있는 곳.

동문지기〔東門直~;동녘 동, 문 문, 곧을 직〕명(대하 31:14) 동쪽 문을 지키는 사람. guarder at the East Gate.

동물〔動物;움직일 동, 만물 물〕명(창 8:19) 하나님께서 창조하신 숨쉬고, 움직이고, 번식하는 모든 것을 일컫는 말. animal.

동방〔東方;동녘 동, 모 방〕명 (창 2:8) 동쪽. east.

동복〔同腹;한가지 동, 배 복〕명 (신 13:6) 한 어머니의 배에서 난 사람. uterine brothers.

동북〔東北;동녘 동, 북녘 북〕명 (단 11:44) ①동쪽과 북쪽의 한가운데 쪽. north-east. ②동쪽과 북쪽. east and north.

동사〔同事;한가지 동, 일 사〕명 (삼상 14:45) ①공동으로 일을 경영함. joint enterprise. ②같은 일. 함께 일함.

동산[1] 명(창 2:8) 언덕이나 작은 숲. garden.

동산[2]〔東山;동녘 동, 뫼 산〕명 (왕하 9:27) 동쪽에 있는 산.

동산길 명(렘 39:4) 동산으로 나 있는 길.

ㄷ

동산 정자〔東山亭子;동녘 동, 뫼 산, 정자 정, 아들 자〕명지 동쪽 산에 있는 울타리가 둘러 있는 정원을 뜻한다. 그러나 이곳은 「에스드라 엘론」 평원 남쪽 끝에 있던 작은 성읍인데, 헬라 이름은 「기네아」(왕하 9:27).

동산지기 명(요 20:15) 동산을 지키고 관리하는 사람. gardener.

동생〔同生;한가지 동, 날 생〕명(창 22:20) ①아우나 손아래 누이. ②같은 항렬에서 자기보다 나이가 적은 사람. younger brother(sister).

동서[1]〔同婿;한가지 동, 사위 서〕명(룻 1:15) 자매의 남편끼리 또는 형제의 아내끼리 서로 일컫는 말.

동서[2]〔東西;동녘 동, 서녘 서〕명(신 3:72) 동쪽과 서쪽. east and west.

동서 남북〔東西南北;~ 남녘 남, 북녘 북〕명(창 13:14) 사방. 동쪽과 서쪽과 남쪽과 북쪽. four directions.

동서편〔東西便;~ 편할 편〕명(수 11:3) 동쪽과 서쪽. east and west.

동시〔同時;한가지 동, 때 시〕명(출 3:3) ①같은 때. same time. ②같은 시기. 같은 시대. same period.

동심〔動心;움직일 동, 마음 심〕명(삼후 2:2) 마음이 움직임. being inclined.

동안 명(창 8:22) 어느 때로부터 어느 때까지의 사이. while.

동양〔東洋;동녘 동, 큰 바다 양〕명(왕상 4:30) 우랄 산맥, 카스피해, 흑해, 지중해, 홍해 동쪽 지역. 아시아. the Orient.

동업자〔同業者;한가지 동, 일할 업, 놈 자〕명(눅 5:10) 한가지 사업을 위하여 함께 일하는 사람들.

동여매다 타(겔 3:25) ①흩어지거나 벗어나지 않게 묶다. ②어떤 규약으로 행동을 제한하다. 속박. shackles.

동역자〔同役者;한가지 동, 역사 역, 놈 자〕명(롬 16:3) 같은 목적의 일을 하는 사람. fellow workers.

동이 명(수 9:15) 질그릇의 한 가지. 항아리보다 작다. round jar.

동이다 타(왕상 18:46) ①묶어 매다. bind. ②졸라매다. fasten.

동일〔同一;한가지 동, 한 일〕명(출 12:49) 똑같음. 서로 같음. 평등함. same equal.

동일〔同日;한가지 동, 날 일〕명(레 22:28) 같은 날. same day.

동자〔瞳子;눈동자 동, 아들 자〕

명(신 32:10) 눈동자. apple of the eye.

동작〔動作;움직일 동, 지을 작〕 명(삼하 5:24) 어떤 일을 하기 위하여 몸의 움직임. 거동. action. 인간의 신체 또는 기계의 움직임. 동물의 행동.

동정〔同情;한가지 동, 뜻 정〕명(욥 29:24) 남의 어려움을 가엽게 여김. 남의 어려움에 도움을 베풂. compassion.

동족〔同族;한가지 동, 겨레 족〕 명(창 23:11) 같은 겨레붙이. 동일한 종족. same clan.

동족 중〔同族中;~ 가운데 중〕 명(갈 1: 14) 한겨레 가운데. in the same clan.

동종〔同宗;한가지 동, 마루 종〕 명(대상 15:17) 같은 종파. 성과 본이 같은 일가.

동참〔同參;한가지 동, 참가할 참〕명(사 63:9) 같이 참예함. worshipping together.

동철〔銅鐵;구리 동, 쇠 철〕명(창 4:22) 구리와 쇠. copper and iron.

동침〔同寢;한가지 동, 잠잘 침〕 명(창 4:1) ①부부가 한자리에서 함께 잠. ②부부 아닌 남녀가 한 자리에서 함께 잠. 동금(同衾). sleep together.

동트다 자(창 19:15) 동쪽 하늘이 밝아 날이 새다. dawn.

동편〔東便;동녘 동, 편할 편〕명(창 2:14) 동쪽 방면. the east side.

동포〔同胞;한가지 동, 태의 포〕 명(출 2:13) ①형제. brothers. ②한 국민. 한 겨레. brethren.

동풍〔東風;동녘 동, 바람 풍〕명(창 41:6) 동쪽에서 불어오는 바람. east wind.

동하다〔動~;움직일 동〕자(레 11:10) ①움직이다. move. ②느끼다. feel. ③마음이 끌리다. stimulate.

동해〔東海;동녘 동, 바다 해〕명(겔 47:18) ①동쪽의 바다. the East Sea. ②사해(死海) the Dead Sea.

동행〔同行;한가지 동, 행할 행〕 명(창 5:22) 길을 같이 감. going together.

동향〔東向;동녘 동, 향할 향〕명(겔 11:1) 동쪽을 향함. eastern exposure.

돛 명(사 33:23) 돛대에 달아, 바람의 힘을 받아 배가 가도록 넓게 만든 것. sail.

돛대 명(잠 23:34) 돛을 달기 위하여 배에 세운 기둥.

mast.

돼지 [명](레 11:7)〈동〉 멧돼지과에 속하는 가축. 굽이 갈라져 있으나 새김질을 못하므로 구약에서는 먹지 못하게 하였다. 지금도 「이스라엘」 사람과 「아랍」 사람들은 먹지 아니한다.

되 [명](신 25:15) 곡식, 액체, 가루 따위의 분량을 되는 그릇, 또는 그 분량을 헤아리는 단위.

되다[1] [자](창 1:5) ①때가 오다. come. ②어떤 모양이 이루어지다. 만들어지다. ③어떠한 신분이나 지위를 얻다. become. ④변하다. turn. ⑤일이 이루어지다. succeed. ⑥어떤 목표에 미치다. reach.

되다[2] [타](출 16:18) 말(斗)이나 되(升)로 곡식이나 액체, 가루 등을 헤아리다.

두건〔頭巾; 머리 두, 수건 건〕[명](출 39:28) 상중(喪中)에 머리에 쓰는 건(巾). mourner's hempen cap.

두골〔頭骨; 머리 두, 뼈 골〕[명](삿 9:53) 머리뼈. 두개골. cranium.

두기고〔*Τύχικοσ* = 유쾌함〕[인](행 20:4) 「로마」에 거주하는 「아시아」 사람으로, 「바울」과 친한 사이였다. ①「바울」이 「고린도」에서 「예루살렘」으로 올라갈 때 동행하였다. ②「아시아」로 보내는 편지 곧 「에베소」, 「골로새」, 「디모데 전서」를 가지고 갔다(엡 6:21, 골 4:7, 딤후 4:12). ③「바울」은 그를 「그레데」로 보내어 「디도」를 동반하여 「니고볼리」로 오게 하였다(딛 3:12).

두껍다 [형](왕상 6:36) 두께가 크다. 엷지 아니하다. thick.

두께 [명](출 26:24) 넓적한 물건의 높이. 두꺼운 정도. thickness.

두다 [타](창 1:17) ①정한 곳에 놓다. put. ②머무르게 하다. station(창 3:24). ③마음 속에 간직하다. cherish. ④사이를 띄우다.

두더쥐 [명](사 2:20)〈동〉 두더지. 두더지과에 속하는 젖먹이동물을 모두 일컫는 말. 쥐와 비슷하고 땅굴을 뚫고 다닌다. 눈의 기능은 거의 없으나 귀, 코가 예민하다. mole.

두둑 [명](겔 17:7) ①농토의 경계를 이루는 두둑하게 된 언덕. levee. ②곡식을 심기 위하여 땅을 갈아서 골을 켠 우둑한 곳. ridge.

두드리다 [타](삿 19:22) 여러 번 때리다. 자꾸 툭툭 치다.

knock.

두 때 명(단 12:7) 말세에 택한 백성이 시련 속에서 양육 받는 한 기간.

두라〔דּוּרָא=성벽〕지(단 3:1) 「바벨론」 남쪽 9.6km 지점에 있는 평원 「느부갓네살」 왕이 황금 우상을 세운 곳이다.

두락〔斗落;말 두, 떨어질 락〕명(레 27:16) 농토의 면적을 나타내는 단위, 마지기.

두란노〔*Τύραννος*=주권〕인(행 19:9) 「에베소」의 수사학자(修辭學者)로 추정. 「바울」이 회당을 떠난 뒤에 이 「두란노」 서원에서 설교하였다.

두란노 서원〔~書院;글 서, 집 원〕명(행 19:9) 「에베소」에 있는 한 장소. 옛날 서당과 유사하며 자유로운 강론, 토론장으로 활용된 것으로 여긴다. 주인의 이름을 따라 부른 것으로 짐작된다. 「바울」이 「유대」인의 회당에서 3개월간 머물렀다. 반대하는 자가 많아 이곳으로 옮겨 2년 동안 하루도 쉬지 않고 말씀을 전하였다.

두려움 명(출 15:4) 두려운 느낌. fearful.

두려워하다 타(창 3:10) ①하나님을 공경하고 어려워하다. 경외하다. reverence. ②두려운 마음을 느끼다. be afraid.

* 하나님을 두려워하는 것은 무서워서가 아니라 경외하는 마음에서이다.

두렵건대 조(신 4:16) 이말 다음에 일어나는 일에 두려움을 미리 다짐해 두는 말.

두렵게 하다 타(레 26:6) 무섭게 하다. 겁이 나게 하다.

두렵다 형(창 43:12) ①마음에 꺼리어 무섭다. 겁이 나다. be afraid. ②무서운 마음이 있다. 어렵다. fearful. ③염려스럽다. anxious.

두령〔頭領;머리 두, 거느릴 령〕명(민 1:4) 여러 사람을 거느리는 우두머리가 되는 사람. 두목. leader.

두로〔עֹור=바위〕지(수 19:29) 지중해 동쪽 연안 「베니게」에 있던 항구. ①「아셀」 지파에게 분배된 지역이었으나 점령하지 못했다(삿 1:31-32). ②「다윗」 궁과 「솔로몬」성전 건축 때 기술자와 재료를 구하였다(삼하 5:11, 왕상 5:7). ③「아합」 왕이 취한 「이세벨」은 「두로」 왕의 왕녀이다(왕상 21:23-26). ④조개 종류에서 취한 자색 염료를 생산하여 무역이 잘 되었다(겔 27:16). ⑤예언자들이 망할 것을 예언한 그대로 되었다(사 23:1,

렘 47:4, 슥 9:4). ⑥예수님께서 가나안 여인의 딸에게 들어간 귀신을 쫓아내심(마 15:21-28). ⑦「바울」 7일간 머물러 있을 때 성령의 감동을 받은 이곳 사람들이 「바울」에게 「예루살렘」으로 가는 것을 막았다(행 21:2-7).

두루 [부](창 3:24) 빠짐없이. 골고루. all.

두루마기 [명](계 6:11) 외투처럼 길게 생긴 겉옷. 예복으로, 외출할 때 입는다. mantle.

두루마리 [명](민 5:23) 가죽이나 종이를 가로 길게 이어서 돌돌 말은 물건.

두루마리 책 [명](렘 36:2) 하나님의 말씀을 기록한 두루마리(히 10:7).

두루미 [명](렘 8:7)〈조〉 두루미과에 속하는 다리, 목, 부리가 길고 물고기, 곤충 등을 잡아먹는 새. 학. sacred crane.

두르다 [타](출 25:11) ①밖으로 싸서 안이 보이지 않도록 가리다. envelope. ②원을 그리며 돌리다. ③둘러막다. ④이치에 그럴 듯하게 하여 남을 속이다. cajole.

두마[1]〔דּוּמָה = 침묵〕[지](창 25:14) 「이스마엘」의 여섯째 아들.

두마[2]〔דּוּמָה = 안정, 정적〕[지](수 15:52) 「유다」 산악에 있는 성읍. 「헤브론」에서 약 8km에 위치한다. 석굴묘, 성터, 성벽 등 유적이 남아 있으며 현재의 이름 「옛도메」.

두 마음 [명](약 4:8) 하나님을 섬기는 마음과 세상을 사랑하는 마음.

두멍 [명](출 30:19) 물을 길어 붓고 쓰는 큰 독. 큰 통. cauldron.

두목〔頭目;머리 두, 눈 목〕[명](출 16:22) 우두머리. boss. 두령.

두문 불출〔杜門不出;막을 두, 문 문, 아닐 불, 날 출〕[명](느 6:10) 집에만 있고 밖에 나가지 아니함. keeping indoors.

두발[1]〔頭髮;머리 두, 터럭 발〕[명](렘 48:37) 머리털. hair.

두발[2]〔תּוּבַל = 지도함〕[인](창 10:2) 「노아」의 셋째 아들인 「야벳」의 다섯째 아들.

두발[3]〔תּוּבַל = 지도〕[지](사 66:19) 「노아」의 셋째 아들 「야벳」의 다섯째 아들이 살던 땅, 그 부족 국가.

두발가인〔תּוּבַל קַיִן〕[인](창 4:22) 「셀라」가 낳은 「레멕」의 아들. 기계를 만드는 사람들의 조상이 되었다.

두아디라〔Θυάτιρα=희생〕지 (행 16:14) ①「소아시아」「루디아」 도에 있는 성읍으로, 「빌립보」의 여신도 「루디아」의 고향이다. ②「소아시아」 일곱 교회 중의 하나(계 4:11, 2:18). ③음행, 간음, 사탄, 우상 숭배로 인하여 심하게 책망을 들었다(계 2:20-24). 현재는 「터키」에 있는 「아카사」이다.

두어 관(겔 13:19) 둘 가량의 수효를 나타내는 말. about two.

두엇 형(왕상 11:17) 둘 가량. about two.

두텁다 형(욥 15:26) 정의나 인정이 많다. 사랑이 깊다. affectionate.

두호〔斗護;말 두, 보호할 호〕명 (출 23:3) 남을 두둔하여 보호함. patronage.

둔하다〔鈍~;둔할 둔〕형(출 4:10) 영리하지 못하고 더디다. stupid.

둘러가다 자(행 28:13) 가까운 곳을 두고 멀리 돌아서 가다.

둘러 감다 타(행 27:17) 돌려서 감다.

둘러보다 타(삼상 17:42) 주위를 두루 살펴보다. look about, patrol.

둘러서다 자(창 37:7) 여러 사람이 어떤 곳의 둘레에 둥글게 서다. surround.

둘러싸다 타(수 7:9) 빙 둘러서 에워싸다. envelop.

둘러엎다 타(마 21:12) ①들어 부수어서 엎어버리다. destroy. ②하던 일을 중단하고 떠엎어 버리다. give up.

둘러치다 타(시 3:6) ①에워싸다. ②병풍 휘장 따위를 안이 보이지 않게 가리다. ③휘둘러서 세차게 내던지다.

둘레 명(겔 1:18) 물건을 가로 둘린 테두리. 바깥 언저리. border.

둘째 사망 명(계 21:8) 불과 유황으로 불타는 못을 상징하는 말로, 영적인 영원한 죽음을 뜻한다.

둠밈 명(출 28:30) 하나님의 뜻을 묻기 위하여 우림과 함께 사용되었던 물건이다. 제사장의 흉패 안에 넣어 가슴 위에 있게 하여 그것으로 질문에 대한 해답으로 '하라' '하지 말라' 판별을 하였다(삼상 23:9-12, 30:7-8).

둥글다 형(출 16:14) ①동그라미나 공과 같이 모가 없이 중심에서 거리가 똑같다. round. ②모가 없이 원만하다. perfect.

뒤 명(창 18:10) ①등이 있는 쪽. 후면. rear. ②그늘. 배후. 보이지 않는 곳. back. ③이 다음의 때. 장래. afterwards.

④일에 있어서 나중, 다음, 결과, 자취, 흔적, track.

뒤끝 [명](삼하 2:23) ①일의 맨 나중. ②어떤 일이 있은 바로 그 뒤.

뒤꿈치 [명](욥 18:9) 발뒤꿈치. heel.

뒤대다 [타](호 4:2) 뒤를 돌보아 주다. serve.

뒤따르다 [타](창 37:17) ①뒤를 따르다. ②먼저 사람의 뜻이나 사업 같은 것을 이어 받아 계속하다.

뒤떨어지다 [자](삼상 30:9) ①뒤에 처지다. fall behind. ②뒤에 남아 있다. get behind. ③시대에 맞지 아니하다. 수준에 이르지 못하다.

뒤져 보다 [타](창 31:37) 샅샅이 뒤져서 찾아 보다. ransack.

뒤집다 [타](욥 12:15) ①안과 겉을 바꾸다. turn inside out. ②위가 밑으로 되고, 밑이 위로 되게 하다. turn upside down. ③일의 차례를 바꾸다. reverse. ④어떤 일이나 상태를 아주 돌리어 틀어지게 하다. 아주 딴 판으로 바꾸어 놓다.

뒤척 [부](욥 7:4) '뒤척거리다'의 흉내말.

뒷걸음 [명](창 9:23) 발을 뒤로 떼어놓으며 걷는 걸음. moving backward.

뒷다리 [명](레 7:32) 짐승의 몸 뒤에 있는 다리. hind leg.

뒷 뜰 [명](겔 41:15) → '뒤뜰'의 오기. 집 뒤쪽에 있는 뜰. back garden.

뒷발 [명](수 11:9) 네 발 짐승의 몸 뒤에 있는 발. hind legs.

뒷발질 [명](행 26:14) 뒷발로 차는 짓. kicking with a hind leg.

뒷산 [명](삼하 13:34) 마을이나 집 뒤에 있는 산.

드고아[1] 〔תְּקוֹעַ = 나팔 소리〕[인](대상 2:24) 「베들레헴」 남쪽 성읍에 사는 주민 「아스훌」의 아들.

드고아[2] 〔תְּקוֹעַ = 나팔 소리〕[지](삼하 14:2) 「베들레헴」 남쪽 8km 지점에 높이 822m의 언덕 위에 있는 「유대」의 성읍. ①「아모스」 선지의 고향(암 1:1). ②「여호사밧」이 「드고아」 뜰에서 백성들과 같이 여호와를 찬송할 때에 여호와께서 복병을 두어 「유대」를 치러 온 모든 적병을 진멸하셨다(대하 20:20-23). ③「요압」이 지혜로운 「드고아」 여인을 시켜 「다윗」에게 청하여 「압살롬」을 돌아오게 하였다(삼상 14:2, 21). ④「다윗」의 용사 중 「이라」의 고향(삼하 23:26). ⑤「르호보암」은 이 성을 요새지로 건축(대하 11:6). ⑥「바벨론」에서 돌아온 후 「예루살렘」을 중수할 때 이 성 사람들도 협력하였다(느 3:5, 27). 현재의 「굴벳 데구아」이다.

드다〔Θευδᾶς=칭찬〕[인](행 5:36) 「유대」인으로 율법을 반대하고 도당을 모집하였다가 대 「헤롯」 말년에 망하였다.

드단[1]〔דְּדָן〕[인](창 10:7)
[1] 아브라함의 후처 「그두라」의 소생 「욕산」의 아들(대상 1:32).
[2] 「함」의 손자요, 「구스」의 아들(창 10:7). 「아라비아」 사람의 조상.

드단[2]〔דְּדָן〕[지](사 21:13) 남 「아라비아」 드단 자손의 거주지.

드디어[부](왕하 4:25) 무엇으로 말미암아, 마침내, 그 결과로, 결국. at last.

드라고닛〔Τραχωνῖτις=거친 땅〕[지](눅 3:1) 「다메섹」 남쪽에 있는 땅으로서, 「헤롯」의 아우 「빌립」이 관할하던 지방. 「시리아」에 있는 한 지방. 「다메섹」 남방.

드라빔[명](창 31:19) 사람의 모양으로 된 가정신으로 섬겼다. 그 크기가 작아서 도둑맞기도 하였다. 그것을 두므로 행운이 깃들 것으로 믿었다. 사사 시대를 지나면서 그 크기가 사람의 크기만 했다. 그것이 대중 우상이 되었다(삿 17:5, 삼상 19:13, 16).

드라크마[명](눅 15:8) 돈의 단위를 나타냄. 신약 시대의 「헬라」 돈이었다. 일반 노동자의 품삯.

드러나다[자](창 1:9) ①겉으로 보이게 나타나다. appear. ②감춘 것이 발각되다. be discovered. ③알려지지 않은 사실이 알려지다. become known.

드러내다[타](레 20:18) 드러나게 하다.

드로비모〔Τρόφιμος=교양이 있는 사람〕[인](행 20:4) ①「에베소」에 살던 신자(행 21:29) ②「바울」과 동행하여 「예루살렘」에 동행 도중 병으로 인하여 「밀레도」에 두었다(딤후 4:20). ③「바울」과 동행하여 「아시아」에 갔다(행 20:4). ④「바울」이 이 사람을 데리고 성전에 들어가서 성소를 더럽혔다는 무고를 당하였다(행 21:28, 29).

드로아〔Τρωάς=관통〕[지](행 16:8) 「소아시아」 서북 「무시아」 도에 있어 「마게도냐」로 건너가는 항구. ①「바울」이 「마게도냐」 인의 환상을 보고 「유럽」 전도의 첫출발이었다(행 16:8, 9). ②「바울」이

「디모데」에게 편지하면서 「드로아」, 「가보」의 집에 둔 겉옷과 가죽에 쓴 책을 가지고 오라고 부탁하였다(딤후 4:13). 「터키」사람들은 「콘스탄티노플」이라 부른다.

ㄷ

드루배나〔Τρύφαινα=예민〕인(롬 16:12) 「로마」의 여성도로 주를 위하여 수고한 자.

드루보사〔ρυφῶσα=인(롬 16:12) 「로마」의 여성도 「루배루나」의 자매인 듯하다.

드루실라〔Δρυσλλχα=이슬이 내림〕인(행 24:24) 「헤롯 아그립바」의 막내딸인데, 아주 아름다운 여자이다. 「고멕키네」왕자와 약혼하였다가 그가 「유대」교를 신봉치 않는다고 파혼하고 「에메섹」왕 「아시숙」에게 출가하였다가 「벨릭스」가 「유대」를 통치하매 「아시숙」을 버리고 「벨릭스」를 섬겼다. 「바울」이 「가이사랴」에서 「벨릭스」와 이 여자 앞에서 전도하였다.

드루엘〔דְּעוּאֵל=하나님의 부르심〕인(민 1:14) 「갓」 지파 사람으로서, 「이스라엘」의 방백 「엘리아삽」의 부친.

드리다 타(창 4:3) '주다'의 높임말. 바치는 것을 뜻한다.

드리우다 타(출 26:9) ①어떤 물체를 위에서 아래로 처지게 늘이다. hang down. ② 아랫 사람에게 교훈을 하다. give a lesson.

드만〔תֵּימָן=남쪽의 땅〕지(욥 1:9)→데만.

드발리야〔טְבַלְיָהוּ=여호와는 성결하심〕인(대상 26:11) 「레위」 지파 「므라」의 자손, 「호사」의 셋째 아들. 「다윗」 때 성문지기 반장을 한 사람.

드보라〔דְּבוֹרָה=벌〕인(창 35:8)

1 「메소보다미아」에서 데리고 온 「이삭」의 아내 「르비가」의 유모.

2 「랍비돗」의 아내, 여사사. 군대 장관 「시스라」가 「이스라엘」을 학대하고 침략했을 때 「드보라」는 「바락」을 격려하여 그와 함께 싸워서 「가나안」 군사를 물리쳤다. 이 승리가 '드보라의 노래'라는 아름다운 시의 제목이 되었다(삿 5:).

드빌[1]〔דְּבִיר=수집함〕인(수 10:3) 「아모리」 사람 「에글론」왕, 「막게디」에서 「여호수아」에게 패하여 살해되었다.

드빌[2]〔דְּבִיר=지성소〕지(수 10:38) ①「유대」 남부에 있는 도시로서(대상 6:58) 고대 문화의 중심지였으며, 「갈렙」이 지휘하는 「유대」 족속이 진군할 때에 「옷니엘」이 점령했다(수 15:15, 삿 1:

11). 본 이름은「기랏세벨」이다. 현재의 이름은「텔벳밀심」.「헤브론」서남 20km 지점에 위치한다. ②「유대」동북에 있는 도시로서「예루살렘」과「여리고」사이에 있다(수 15:7). ③「유다」산지에 있던 성읍.「갓」지방의 마을(수 13:26).

드합느헤스〔תַּחְפַּנְחֵס = 유혹〕[지](겔 30:18)「애굽」동북쪽에 있는, 하나님께서 저주하신 성읍.

드힌나〔תְּחִנָּה = 자비함〕[인](대상 4:12)「유다」지파의 잡계「글릅」의 자손「에스돈」의 아들.「이르나하스」의 부친이다.

득남〔得男;얻을 득, 사내 남〕[명](창 4:1) 아들을 낳음. 생남(生男). the birth of a son.

득의〔得意;얻을 득, 뜻 의〕[명](창 40:14) 바라는 일이 이루어지다. satisfaction.

득죄〔得罪;얻을 득, 허물 죄〕[명](창 39:9) 남에게 대한 큰 잘못으로 죄를 얻음. committing.

든든하다[형](삼상 25:28) ①약하지 아니하고 굳세다. strong. ②무르지 아니하고 굳다. firm. ③속이 배서 여무지다. 속이 차서 실속이 있다. solid. ④마음이 허술하지 아니하고 미덥다. reliable.

든든히 서다[자](삼상 20:31) 흔들리거나 무너지지 아니하고 굳게 서다.

든든히 세우다[타](행 20:32) 넘어지지 아니하도록 굳게 세우다.

든든히 지키다[타](행 16:23) 들어오지 못하도록, 나가지 못하도록 단단히 지키다.

든든히 채우다[타](행 16:24) ①손이나 발에 형틀을 굳게 차게 하다. ②자물쇠로 굳게 잠

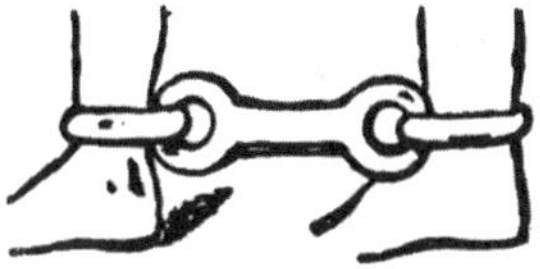

가서 열지 못하게 하다.

든든히 하다[자](잠 4:26) 움직이거나 넘어지지 아니하도록 단단하게 하다.

듣기[명](겔 3:27) 남의 말을 올바르게 알아듣고 이해하는 일. hearing.

* 마귀에게 속한 자는 하나님의 말씀 듣기를 싫어 한다.

듣다[타](창 3:8) ①귀청이 울려서 소리를 느끼다. hear. ②칭찬이나 꾸지람을 받다. receive. ③이르는 말대로 따라하다. ④허락하다. 승인하다. approval.

들[명](창 2:5) 평평하고 넓은

땅. 벌판. 평야. field.

들가시 [명](삿 8:7) 〈식〉 야생하는 떨기나무. thorns of the wilderness.

들 감람나무 [명] 〈식〉 (느 8:15) 야생하는 감람나무. wild olive.

들개 [명](사 13:22) 〈동〉 키우는 주인이 없이 제멋대로 돌아다니는 개, 야견. stray dog.

들길 [명](삼하 18:23) 들에 난 길, 야로. path.

들나귀 [명](창 16:12) 〈동〉 키우는 주인이 없이 멋대로 돌아다니며 자라는 나귀. wild donkey.

들나무 [명](렘 7:20) 들에서 자라는 나무. trees of the field.

들노루 [명](삼하 2:18) 〈동〉 야생하는 노루. 빠른 노루를 뜻한다. wild roe.

들다[1] [타](창 3:22) ①손에 가지다. have. ②물건을 위로 올리다. raise. ③어떠한 사실이나 예를 들어 말하다. give an example.

들다[2] [자](창 26:1) ①절기나 풍년 흉년이 돌아오다. set in. ②마음에 아주 맞다. be satisfied with. ③안에 담거나 포함되거나 하다. hold. ④거처할 곳을 정하고 거기 있게 되다. dwell.

들라살〔תְּלַאשָּׂר〕[지](왕하 19:12) 「메소보다미아」 북부에 있던 성읍. 「앗수르」 왕 「산헤립」의 선왕들이 공략했던 성들 가운데 하나. 이곳은 「에덴」 족이 살던 곳.

들라야〔דְּלָיָה = 여호와께서 구원하셨다〕[인](대상 3:24) ①「다윗」 왕의 후손. ②제23반 제사장들의 조상(대상 24:18). ③「여호야김」 왕이 선지자 「예레미야」의 예언이 기록된 두루마리를 불태우려 할 때에 만류한 「스마야」의 아들(렘 36:12, 25). ④「바벨론」 포로에서 돌아온 한 가족의 조상(스 2:60). ⑤「므헤다벨」의 손자, 「스마야」의 부친.

들라임〔טְלָאִים = 어린 양〕[지](삼상 15:4) 「사울」이 「아말렉」과 싸우기 위하여 그의 군대를 계수하고 정렬한 곳.

들레다 [자](수 6:10) 야단스럽게 떠들다(마 12:19). make a noise.

들려가다 [타](행 21:35) 들리어 가다.

들려주다 [타](호 7:12) 듣도록 하여 주다. be audible.

들리다[1] [자](창 18:21) 듣게 되

다. be audible.

들리다[2] [피동](민 31:6) 남에게 들음을 당하다. be lifted. [사동] 남을 시켜서 들게 하다.

들리다[3] [자](마 11:18) 나쁜 귀신이 들러붙거나 병이 덮치다. be possessed by.

들리다[4] [자](행 20:15) 지나는 길에 잠깐 거치다. drop in. 들르다.

들릴라〔דְּלִילָה = 약하다〕[인](삿 16:4) 「블레셋」 사람으로 「소렉」 골짜기에 살던 아름다운 여자. 한 때 「삼손」의 애인. 「블레셋」 사람의 부탁을 받아 「삼손」의 힘의 비밀을 탐지하여 알려준 대가로 은 1,100을 받았다.

들메다 [타](행 12:8) 신이 벗겨지지 아니하게 끈으로 신을 발에 동여매다.

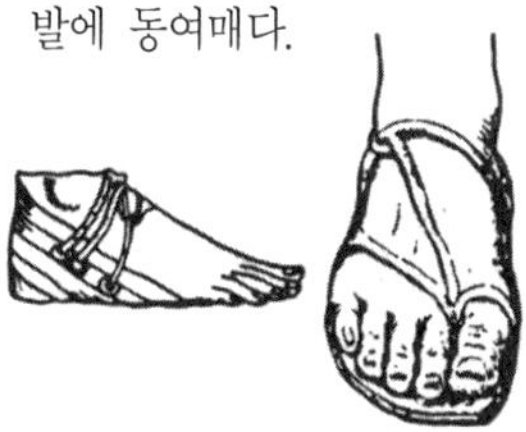

들보 [명](왕상 6:6) 두 기둥을 가로질러 걸치는 나무. crossbeam.

들사람 [명](창 25:27) 주로 들이나 산에서 활동하는 사람.

들소 [명](민 23:22) 〈동〉 소과에 속하는 야생종을 일컫는 말. 힘이 강함. wild ox.

들송아지 [명](시 29:6) 〈동〉 메이지 않은 송아지. 자유스럽게 뛰노는 송아지. wild calf.

들양 [명](사 13:21) 〈동〉 키우는 양이 아닌 야생하는 양. wild sheep.

들어가다 [자](창 6:18) ①밖에서 안으로 향하여 가다. enter. ②틈에 끼이다. join.

들어내다 [타](사 22:6) 물건을 들어서 밖으로 내어놓다. lift out.

들어맞다 [자](겔 37:7) 틀리지 않고 꼭 맞다.

들어 보다[1] [자](수 5:13) 멀리 바라보다. see.

들어 보다[2] [타](렘 2:31) 소리나 말을 귀담아 들음. listen.

들어붓다 [자](신 28:60) ①옮겨 쏟다. pour into. ②비가 퍼붓듯이 세차게 쏟아지다. pour down.

들어서다 [자](수 3:8) ①밖에서 안으로 다가서다. step in. ②어떤 테두리 안에 자리잡다. come up to.

들어오다 [자](창 19:2) ①밖에서 안쪽으로 향해 오다. come in. ②어떤 자리에 끼려고 오다. join.

들어올리다 [자](겔 3:12) 손으로 들어서 위로 올림. pulling up.

들어주다[1] [타](행 18:14) 말이나 청원하는 것을 듣고 허락하거나 원을 풀어주다. grant.

들어주다² 자(겔 30:25) 높이 올려주다. pulling up.

들여가다 타(대상 9:28) ①밖에 있는 것을 안쪽으로 가져가다. carry in. ②물건을 사서 집으로 가져가다.

들여놓다 타(출 26:33) 안으로 가져다 놓다. bring in.

들여다 대다 타(삼상 6:19) 안쪽으로 가서 닫게 하다. anchorage.

들여다 보다 타(행 27:39) ①안을 엿보다. look in. ②가까이에서 자세히 보다. look into.

들여보내다 타(마 20:1) 안으로나 속으로 들어가게 하다. send in.

들여오다 타(레 10:18) 안으로 가져오다. take in.

들염소 명(삼상 24:2) 〈동〉 임자 없이 야생하는 염소. wild goat.

들 외 명(왕하 4:39) 〈식〉 심어 가꾸지 않았으나 들에서 자생하여 열린 오이. wild cucumber.

들이다 타(창 12:15) ①들어오게 하거나 들어가도록 하다. let in. ②일에 대하여 비용을 내거나 힘을 쓰다. spend. ③부릴 사람을 집에 있게 하다. employ.

들이던지다 타(왕하 13:21) 안으로나 아래로 내던지다. throw in.

들이밀다 타(아 5:4) ①안으로나 한 쪽을 향하여 밀거나 들여보내다. drive in. ②함부로 냅다 밀다. push violently〈디밀다. 내밀다〉.

들이키다 타(왕상 7:31) 안쪽으로 다그다. draw closer.

들짐승 명(창 2:19) 들에서 사는 짐승. wild animal. 야생동물.

들창〔~窓;창 창〕명(잠 7:6) 벽에 위쪽으로 자그맣게 낸 창. small window.

들창문〔~窓門;창 창, 문 문〕명(고후 11:33) 들 창. small window.

들추다 타(렘 13:26) ①끄집어 드러내다. reveal. ②찾으려고 뒤지다. ransack.

들키다 자(잠 6:31) 숨기려던 일이나 물건이 남의 눈에 띄어 알려지다. be found out.

들포도〔~葡萄;포도 포, 포도 도〕명(사 5:2) 〈식〉 야생 포도. 머루. wild vine.

들풀 명(마 6:30) 〈식〉 자생하여 가꾸지 않은 풀. wild grass.

등 명(출 33:23) ①사람이나 동물의 가슴이나 배의 반대쪽. back. ②물건의 밑바닥의 반대쪽. upper side.

등[1]〔燈;등잔 등〕명(출 27:20) 불이 켜져 어두운 곳을 밝게 하는 기구. lamp.

등[2]〔等;무리 등〕명(레 6:3) ① 그밖에도 같은 무리의 것이 있는 가운데서 한 예로서 보이는 뜻으로 나타내는 말. and so on. ②여럿의 뜻을 나타내는 말.

등경〔燈檠;등잔 등, 도지개 경〕명(마 5:15) 등잔을 올려놓거나 걸어 두는 틀. lamp stand.

등대[1]〔燈臺;등잔 등, 집 대〕명(출 25:31) 밤중에 뱃길의 위험한 곳을 비추어 주거나 목표로 삼게 하기 위하여 등불을 켜 놓은 대. lighthouse.

등대[1]〔等待;무리 등, 기다릴 대〕명(막 3:9) 미리 마련하거나 갖추어 두고 기다리게 함. waiting.

등등하다〔騰騰~;오를 등, 오를 등〕형(행 9:1) 기세를 뽐내는 모양이나 마음에 느낀 것을 나타내는 태도가 아주 높다. wild.

등록〔登錄;오를 등, 기록할 록〕명(시 87:6) ①문서에 올림. ②일정한 법률 사실이나 법률 관계를 행정 관청 장부에 기재하는 일. registration.

등불〔燈~;등잔 등〕명(출 27:20) ①등에 켠 불. light. ②등잔불.

등불 빛 명(렘 25:10) 등잔불에서 비취는 빛.

등사〔謄寫;베낄 등, 베낄 사〕명(신 17:8) 원본과 같이 옮겨 베낌. copy. 복사. 모사.

등상[1]〔凳床;걸상 등, 평상 상〕명(대상 28:2) 발판이나 걸상으로 쓰게 된 나무로 만든 세간. stool.

등상[2]〔凳牀;걸상 등, 평상 상〕명(사 66:1) 발판이나 걸상으로 만든 세간.

등유〔燈油;등잔 등, 기름 유〕명(출 25:6) 등불을 켜는 데 쓰는 기름. lamp-oil.

등잔〔燈盞;등잔 등, 술잔 잔〕명(출 25:37) 기름을 담아 불을 켜는 그릇. oil cup for a lamp.

등잔불〔燈盞~;등잔 등, 술잔 잔〕명(레 24:2) 등잔에 켠 불. 등불. lamp light.

등지다 자(출 23:27) 남과 서로 사이가 틀어져서 돌아서다. 배반하다. be estranged from. 타 무엇을 등뒤에 두어 의지하다. lean one's back on.

등한하다〔等閑~;무리 등, 한가할 한〕형(히 2:3) 마음에 두지 아니하고 예사로 여기다.

디과〔תִּקְוָה=희망〕인(왕하 22:14) ①「요시야」왕 때 여선지자「훌다」의 남편「살롬」의 아버지. ②「에스라」가 이방인과 혼인을 금할 때 반대하던 사람인「야스야」의 아버지(스 10:15).

디글라〔דִּקְלָה=종려나무〕인(창 10:27)「셈」의 후손.「욕단」의 아들.

디글랏 빌레셀〔תִּגְלַת פִּלְאֶסֶר=내 능력은 니놈 신이다〕인(왕하 15:29)「앗수르」왕「불」과 같은 사람.「앗수르」신왕조의 창시자. 18년간 재임(주전 724년 이전).「수리아」안디옥을 점령(주전 743년경)하고 육군 본영을 두었다(사 10:9, 37:13).「이스라엘」을 칠 기색이 보이자「므나헴」왕은 은 1,000달란트를 주어 화친하였으나「베가」왕 때에 이르러「이욘」,「납달리」등 8고을을 점령하고 그 곳 백성을「앗수르」로 이주시켰다(왕하 15:19, 29).

디나[1]〔דִּינָה=살피다〕인(창 30:21)「야곱」의 아내「레아」가 낳은 딸. ①「세겜」왕「하몰」의 아들「세겜」에게 능욕당한 것을「야곱」의 아들들이 복수하였다(창 30:21, 34). ②이 사건은「야곱」에게 고통을 주었다(창 34:30, 40:5-).

디나[2]〔דִּינָה=살피다〕지(스 4:9)「에스라」시대 서기관「심새」의 이름이 알려지지 않은 동료의 출신지.

디달〔תִּדְעָל=두려워함〕인(창 14:1) 여러 유목민의 족속 중「고임」족속의 왕.「그돌라오멜」과 동맹하였다. 고고학적 발굴로 설형 문자 토판에 남아 있는「그렘」왕「두도그라」와 동일 인물로 추정하고 있다.

디도〔Τίτος=공경〕인(고후 2:13)「헬라」인. ①「바울」이「예루살렘」공회에 갈 때에 동행(갈 2:3). ②순회 전도시에도 동행하여 고락을 같이하였다(고후 7:13-15). ③「고린도」에서 전도하고 그 다음「그레데」섬에서 목사로 다년간 시무하다가 종신하였는데,「바울」서신을 받을 때는 주후 65년경이었다(딛 1:5).

디도서〔~書;글 서〕명(딛) 바울이 기록한 목회 서신 중 하나. 신약 전서 17권째 성경으로, 신자의 경건 생활에 대하여 실제로 선행을 보여 주는데 목적을 두었다. 조직 교회의 직분론을 상술하였다.

디도 유스도〔*Τιτιος Ἰοῦστος*〕인(행 18:7) 「고린도」에 있는 「로마」 시민으로 「바울」의 전도로 믿게 되었다. 「바울」이 「유대」인 회당에서 떠나게 되었을 때에 자기 집을 제공하여 복음을 전하게 하였다.

디두모〔*Δίδυμος*=쌍동이〕인(요 11:16) 「히브리」 이름 「도마」와 같은 뜻으로, 「도마」의 별명이다(요 20:24, 21:2).

디딤판〔~板;널 판〕명(겔 41:25) 발로 디디기 위하여 놓은 판. step-boards.

디라스〔תִּירָס=파괴자〕인(창 10:2) 「노아」의 자손이며 「야벳」의 7아들 중 막내. 소아시아 연안에 거주하는 「에라스킨」 사람을 지칭하는 것으로 추정.

디랏〔תִּרְעָי=문〕지(대상 2:55) 「에게」 바다의 섬들. 그 연안 지방, 혹은 「드레스」라고도 하다. 바울의 출생지인 「길리기아 다소」 혹은 「다시스」라고도 함.

디르사〔תִּרְצָה=상쾌함, 기뻐하는 것〕인(민 26:33) 「므낫세」 자손 「슬로보핫」의 다섯 딸 중 막내.

디르사〔תִּרְצָה=즐거움〕지(수 12:24) ①「여호수아」가 점령하여 「에브라임」 자손에게 준 성읍. ②화려한 것으로 유명하다(아 6:4). ③「여로보암」 1세로부터 「오므리」에 이르기까지 「이스라엘」 왕국의 수도이었다(왕상 14:17, 15:21, 33). ④「므나헴」의 혁명의 근거지이었다(왕하 15:14). 현재는 「멜엘바라」라고 부르고 있으며, 「나블스」의 동북 11km 지점.

디르사 나무 명(사 44:14) 〈식〉 우상의 재료가 되는 나무들은 결국 땔감 밖에 되지 않는 것임을 비웃으며 비난하는데 쓰인 나무의 이름으로, 큰 나무를 가리키는 것임에는 틀림없으나 실삼나무(cypress)인지 상수리나무인지(70인역) 분명치 않다. holmtree.

디르하가〔תִּרְהָקָה〕인(왕하 19:9) 「이디오피아」 인으로서 「애굽」의 마지막 왕이었다. 왕이 되기 전에 유대왕 「히스기야」를 돕기 위해서 「앗수르」 왕 「산헤립」을 치러 출동하였다(사 37:9).

디르하나〔תִּרְחֲנָה=겸손〕인(대상 2:48) 「갈렙」의 첩 「마아가」가 낳은 아들.

디리아〔תִּירְיָא=두려워함〕인 (대상 4:16) 「유대」 족속 「여할렐엘」의 아들.

디매오〔*Τιμαίεος*=존경〕인(막 10:46) 소경 「바디매오」의 아버지. 예수님께서 「여리고」를 지나가시다가 고쳐 주셨다.

ㄷ

디모나〔דִּימֹנָה〕인(수 15:22)「유다」 남부에 있는 성읍으로, 「디몬」과 같은 곳.

디모데〔*Τιμόθεος*=하나님을 공경함〕인(행 16:1) 「소아시아의 「루가오니아」 사람. ①모친 「유니게」와 외조모 「로이스」는 다 경건한 신자로, 「디모데」를 어릴 때부터 성경으로 잘 가르쳐 모든 사람에게 칭찬을 듣는 모범 청년이 되었다(딤후 1:5, 3:15). ②주후 48년에 「바울」이 「루스드라」에 처음 갔을 때에 믿고 51년 두 번째 전도시에 전도하기로 결심하고 할례를 행함(행 16:1-3). ③장로들의 안수식으로 목사직을 받음(딤전 4:14). ④「바울」과 함께 「소아시아」, 「헬라」, 「마게도냐」, 「로마」 등지에 순회전도하니 「바울」이 그를 가리켜 나와 함께 수고하는 자라 하였고(롬 16:21). ⑤내 귀하고 신실한 아들이라고 하였다(고전 4:17). ⑥「바울」과 함께 「로마」 옥에 갇혔다가 놓임(히 13:23). ⑦「바울」의 후임으로 「에베소」에서 사역하였다(딤전 1:3). 주후 64년 「바울」이 출옥하면서 「빌립보」에 있을 때 「디모데」전서를 보내고 67년 재차 투옥되어 최후로 「소아시아」에 있는 그에게 「디모데」 후서를 보내었다.

디모데전서〔~前書;앞 전, 글 서〕명(딤전) 바울이 기록한 목회서신 중 하나. 신약 전서 제15권째 성경이다. 거짓 교사들을 경고하고 건전한 교리와 교회 정치를 위한 교훈, 교회의 올바른 질서를 교훈하였다.

디모데후서〔~後書; 뒤 후, 글 서〕명(딤후) 「바울」이 기록한 목회 서신의 하나. 신약 전서 제16권째 성경이다. 타락한 배교 시대에 그리스도의 참된 종이 가야할 바른 길을 제시하였고, 성경의 영감과 교훈에 대하여 가르쳤다.

디몬[1]〔*Τιμων*=휴식〕인(행 6:5) 「예루살렘」 교회에서 구제 사무를 맡아보기 위하여 택한 일곱 사람 중의 한 사람. 집사로 불리움.

디몬[2]〔דִּימוֹן=피 흐른다〕지 (사 15:19) 「모압」에 있는 작은 강. 시내.

디밧〔דִּיפַת〕인(대상 1:6) 「노아」의 아들 「야벳」의 손자. 「고멜」의 아들이다 (창 10:3).

디베랴〔Τιβερίας=지키다〕[지](요 6:1) 「갈릴리」 호수 서안에 있는 도시 중 하나. 주후 20년경에 「헤롯 안디바」가 세운 곳인데, 당시 황제의 경의를 표하기 위해서 「디베랴」라는 이름을 붙였고 호수는 「디베랴」 호수라 부르게 되었다(요 6:1, 21:1).

디베랴 바다〔Τιβερίαδος=좋은 관찰〕[지](요 21:1) 「갈릴리」 호수를 일컫는 말. 「헤롯 안디바」가 로마 황제 「디베료」를 기리기 위하여 지은 성읍의 이름을 따서 부르게 되었다. 예수님께서 바다를 잠잠케 하시고 물 위로 걸어가신 곳도 이곳이다. 예수님께서 이 바닷가를 두루 다니시며 전도하였다. 예수님이 부활하셨으나, 제자들은 이 바다에 고기를 잡으러 갔다.

디베료〔Τιβέριος=좋은 관찰〕[인](눅 3:1) 「로마」 제2대 황제 주후 12년 「아구스도」에 의해 지방의 군통치자로 임명되었다가 「아구스도」가 죽은 후 「로마」 황제로 즉위하였다(주후 14년). 처음에는 인정을 베풀더니 점점 포학하여 천문학자와 격물학자를 전부 축출하고 자기를 비방하는 자는 경중을 물론하고 다 죽였다. 또 영을 내려 자기를 하나님 섬기듯하였다. 제위 22년 6개월 될 때 술에 취하여 자는 가운데 시위대장 「몰포」가 찔러 죽였다. 「요한」이 「요단」 강에서 회개의 세례를 베풀던 때는 그의 즉위 15년경이었다.

디본〔דִּיבוֹן=파리한〕[지](민 21:30)

[1] 「모압」의 작은 성읍인데 「시혼」에게 점령당하였고, (사 15:9) 후에 「갓」 지파에

게 분급되었으므로「디본갓」이라 부르다가(민 33:45) 후에 다시 모압에게 귀속되었다(렘 48:18, 22).

[2]「유대」의 성읍으로서(느 11:25)「바벨론」에서 돌아온 뒤에「유다」자손의 일부가 살던 곳이다. 수도는「네게브」.

디본 갓〔דִּיבֹן גָּד=갓의 황폐〕[지](민 33:45) ①「모압」의 성읍으로「아르논」강 북의 두 개의 작은 언덕 위에 걸쳐 건설하였다. ②출애굽한「이스라엘」백성의 유숙지. ③「유다」남방의 한 성읍(느 11:25). 주후 1868년에「클레인」이 폐허에서 유명한 비문(碑文)을 발견하였다. 현재는「디반」이라 부른다.

디브니〔תִּבְנִי〕[인](왕상 16:21)「시므리」왕 대신「이스라엘」사람들이 왕을 삼으려 했던「기낫」의 아들.「디브니」가 패하여 죽으므로「오므리」가 왕이 되었다.

디브리〔תִּכְלִי〕[인](레 24:11)「단」지파「슬로밋」의 아버지.

디브핫〔דִבְחַת =살륙하다〕[지](대상 18:8)「소바」왕「하닷에셀」의 성읍.「다윗」이 여기서 많은 놋을 취하였다.

디블라〔דִּבְלָח =기름지다〕[지](겔 6:14)「가나안」북쪽에 있는 곳으로 당시「수리아」의 한 지방.「디불라」또는「리불라」라고도 표기된다.

디블라임〔דִּבְלִים=두 가지 무화과 과자〕[인](호 1:3) 예언자「호세아」의 아내「고멜」의 아버지.

디사합〔דִּי זָהָב=금이 많은 땅〕[지](신 1:1)「숩」맞은 편에 있는「아라비아」광야의 한 지방.

디산[인](창 36:21)「호리」족속「세일」의 자손이며 족장이다.

디셉〔תִּשְׁבִּי〕[지](왕상 17:1)「길르앗」에 있던 선지자「엘리야」의 출생지.

디손〔דִּישֹׁן=살진 것〕[인]

[1]「세일」의 자손이며,「호리」족속의 족장(창 36:21).

[2]「세일」의 아들(대상 1:38).

[3]「아나」의 아들이요, 하므란의 아버지(대상 1:41).

디스〔תִּיצִר〕[인](대상 11:45)「시므리」의 아들「요하」가 살던 곳.「요하」는「에디아엘」의 아우이다.

디오드레베〔*Διοτρεφης*=양육받음〕[인](요삼 9)「가이오」의 교회원 그의 지위를 이용하여 형제를 대접하지 않고 형제와 장로들과 싸웠다(요삼 1, 10). 교회의 제도를 인정하지 아니하였다.

디오스구로[명](행 28:11)「바

울」이 「말타」에서 탄 「알렉산드리아」 배의 이름. 곡식 운반선.

딘하바〔דִּנְהָבָה=과실의 곳〕지 (창 36:32) 「에돔」 왕 「벨라」의 도성.

딜론〔תִּילוֹן=유명한 선물〕인 (대상 4:20) 「유대」 족의 잡계 「시몬」의 아들.

딜르안〔דִּלְעָן=돌출하다〕지 (수 15:38) 「유대」, 「세벨라」에 있는 성읍.

딤나[1]〔תִּמְנָע〕인(창 36:12)

1 「에서」의 아들 「엘리바스」의 첩으로 「아말렉」을 낳음.

2 「셀라」의 딸이요, 「로단」의 누이(창 36:22).

3 「엘리바스」의 아들 중 하나(대상 1:36).

딤나[2]〔תִּמְנָה=정하다. 분깃〕지 (창 38:12)

1 「다말」의 친정 동네. 그는 창녀복을 하고 시아버지 「유다」를 유혹하여 장성한 「셀라」를 자기에게 주지 아니한 앙갚음을 하였다. 이로 인하여 「베레스」를 낳았다(창 38:14).

2 ①「유다」 북단 산지 성읍으로 「벳세메스」와 「에그론」 사이에 있던 「단」 지파의 성읍(수 15:10). ②「삼손」 시대에 「블레셋」 인이 점령하였다(삿 14:1). ③한때 「웃시야」가 차지하였다(대하 26:6). ④「아하스」 시대에 다시 「블레셋」에 빼앗겼다(대하 28: 18). ⑤「레위」 사람의 거주지(수 15:38). ⑥「삼손」의 처의 고향(삿 14:1,5).

딤낫세라〔תִּמְנַת סֶרַח=열매 많은 부분〕지(수 19:50) 「벧엘」 서북 16km 「에브라임」 산지 「아기스」 북에 있는 여호수아가 기업으로 받은 땅. ①「여호수아」를 장사한 곳(수 19:50, 24:50). ②「딤낫헤레스」라고도 한다(삿 2:9). 현재의 지명은 「굴벳배보내」인데, 남쪽 언덕 위에 「여호수아」의 굴무덤이라고 전해진 곳이 있다.

딤낫 헤레스〔תִּמְנַת חֶרֶס=태양의 딤나〕지(삿 2:9)→딤낫세라.

딥사〔תִּפְסַח=여울목, 나루터〕지 (왕상 4:24) 「유브라데」 강 중류의 서해안에 위치한 지역 「솔로몬」 때 북방 국경.

ㄸ

따다 [타](창 3:6) 무엇에 붙어 있거나 매달려 있는 것을 잡아떼다. pick.

따뜻하다 [형](왕상 1:1) ①덥지 않을 정도로 온도가 알맞다. ②감정이나 분위기가 쌀쌀하지 아니하고 친근하고 포근하다. warm.

따라 가다 [타](창 24:6) ①남의 뒤를 좇아가다. follow. ②남이 하는 짓이나 되는 일을 좇아 하다. take after.

따라 다니다 [타](행 8:13) ①남의 뒤를 좇아 다니다. ②뒤를 좇듯 붙어 다니다.

따라 미치다 [타](신 19:8) 뒤를 좇아가 따라 이르다.

따라 오다 [타](수 20:5) 남의 뒤를 좇아서 오다.

따로 [부](창 21:28) 한데 뒤섞이지 아니하고 떨어져서 서로 다르게. 별도로.

따로 세우다 [타](스 8:24) 한데 뒤섞이지 아니하도록 골라서 세움.

따로 있다 [형](고후 6:17) 어떤 무리에서 나와서 별도로 있다.

따르다[1] [타](창 1:26) ①남의 뒤를 좇아가다. 좇다. follow. ②남이 하는 일을 본뜨다. imitate. ③남을 사모하여 붙좇다. adore.

따르다[2] [타](레 14:15) 액체를 기울여서 붓거나 쏟다. pour.

따름 [명](대하 2:6) 그 뿐의 뜻을 나타내는 말. only.

따먹다 [타](창 3:6) 따서 먹다. pluck and eat.

* 선악과를 따먹음으로 죄가 세상에 들어왔다.

따오기 [명](레 11:18)〈조〉 따오기과에 속하는 새. 몸은 해오라기 같다. 성경에는 부정한 새로, 먹지 못했다. crested ibis.

딱지 [명](레 13:2) 다쳐서 상하였거나 또는 헌데가 난 자리에 피나 진물이나 고름이 나와 말라 붙은 껍질. scab.

딸 [명](창 6:1) 여자로 태어난 자식. daughter.

땀 명(창 3:19) 사람 또는 동물의 피부에 나타나는 진액. 덥거나 긴장되었을 때 나온다. sweat.

* 사람이 범죄하므로 땀을 흘리게 되었다.

땅 명(창 1:2) ①하나님의 창조물. land. 바다를 제외한 지구의 겉면. earth. ②농사를 지을 수 있는 곳을 두루 일컫는 말. soil.

땅 값 명(창 23:15) 땅을 사고 팔 때 주고받는 돈.

땅 끝 명(신 33:17) 지구의 끝이나, 실제로는 온 지구 위.

땋다 타 머리털이나 실같은 것을 어긋나게 엮어 한 가닥으로 하다. braid(출 28:14).

때 명(창 2:2) ①시간의 어떤 점이나 부분. time. ②그 당시. days. ③어떤 경우. occasion.

때다 타(삼하 24:22) 아궁이에 불을 넣다. burn.

때때로 부(대하 24:11) 가끔. 이따금. now and then.

때리다 타(출 5:14) 맨손으로, 또는 손에 쥔 것으로 치다. strike.

때마다 조(고전 15:30) 때를 하나도 빼지 않고 낱낱이 모두의 뜻. every time.

때문 명(눅 5:19) 어떤 원인, 이유, 목적, 결과, 이익 따위를 나타내는 말. reason.

땜 명(사 41:7) ①깨어지거나 뚫어진 곳을 때워 고치는 일. ②떨어진 곳을 깁는 일. ③한 부분만 고치는 일. tinkering. 땜질.

떠가다 자(사 57:13) 하늘이나 물 위를 떠서 가다.

떠나가다 자(창 26:16) 본디 자리를 떠서 옮겨가다.

떠나다 자(창 2:24) ①다른 곳을 향하여 옮겨가다. leave. ②어떠한 일과 관계를 끊다. part from. ③없어지거나 사라지다. be away from. ④죽다. die.

떠내다 타(전 10:9) ①액체의 얼마를 떠서 내다. ②나무 같은 것을 흙과 함께 파내다. dig up. ③살이나 다른 고체의 얼마를 도려내다. cut off.

떠내려가다 자(히 2:1) 물 위에 둥둥 떠서 물을 따라 내려가다.

떠다니다 자(창 7:18) 하늘이나 물 위로 떠서 오고 가고 하다. float. 떠돌다.

떠들다[1] 자(출 32:17) ①시끄럽게 지껄이다. make a noise. ②소문이나 여론 따위가 굉장히 크게 나다. be talked about. ③매우 술렁거리다. be alarmed. ④소동을 일으키다. make a fuss.

떠들다[2] 타(왕상 13:29) 덮이거나 가린 것을 조금 걷어 쳐

ㄸ

들다. raise.

떠메다 자(사 46:1) ①땅에 닿지 않도록 쳐들어서 어깨에 메다. lift up and shoulder it. ②어떤 일이나 책임 따위를 전적으로 맡아지다. take charge of.

떠오르다 자(창 7:17) ①가라앉았던 것이 솟아서 위로 오르다. ②해나 달이 뜨다. rise to the surface. ③생각이 나다. recall.

떡 명(창 14:18) 곡식 가루를 시루에 앉혀 찌거나 굽거나 혹은 번철에 부쳐서 익히거나 빚어서 만든 모든 음식의 이름. rice-cake.

떡을 떼다 귀(행 2:42) 초대교회 성도의 교제의 실제.

떨기 명(욥 38:31) 풀이나 나무 같은 것이 하나의 뿌리에서 여러 개의 줄기가 나와 더부룩하게 되어 있는 그 전체. cluster.

떨기나무 명(창 21:15) 〈식〉 키 2~3m의 나무로, 밑동에서 줄기가 많이 나는 나무. shrub.

떨다[1] 자타(창 27:33) 분하거나 무섭거나 몹시 추울 때, 몸의 한 부분이 벌벌 흔들리다. tremble. 위협을 느끼다.

떨다[2] 타(신 24:20) ①붙었던 것을 떼어 내다. clear. ②먼지를 털어 내다. shake.

떨리다 자(삼상 4:13) 두렵거나 분하거나 매우 추워서 몸의 한 부분이 흔들리거나 경련이 일어나다.

떨림 명(출 15:15) ①두려움. 공포. fearful, terror. ②진동. shock.

떨어뜨리다 타(삼하 18:11) ①위에 있던 것을 아래로 내려지게 하다. let fall. ②붙었던 것을 떨어지게 하다. ③고개를 푹 숙이다. fall down.

떨어버리다 타(사 52:2) 먼지를 털어 없애다. 어떤 생각이나 시름 따위를 없애다.

떨어지다 자(레 11:37) ①해, 달, 벼락 등 어떤 물체가 위에서 아래로 내려지다. fall. ②질병이나 습관 또는 어떤 물체에 붙었던 것이나 달렸던 것이 따로 되어 갈라지거나 없어지다. come off; be shaken off. ③형세나 수준 등이 낮아지다. 또는 못해지다. go down. ④옷이나 신 따위가 헤어지다. be worn out.

떨어치다 타(사 33:9) 세게 힘을 들여서 떨어지게 하다.

떨치다[1] 자(시 35:23) ①위세나 명성이나 용맹 같은 것이 널리 퍼지다. make well known. ②소리가 높게 울리다. sound loud.

떨치다[2] 타(삿 16:20) 세게 흔들거나 털어서 떨어지게 하다. shake off.

떼[1] 명(창 18:7) 목적과 행동을 함께 하느라고 한데 많이 몰린 것. group. 또는 그 무리.

떼[2] 명(왕상 5:9) 뗏목. raft.

떼다 타(창 21:8) ①붙었던 것을 떨어지게 하다. take away. ②사이나 동안을 멀어지게 하다. separate. ③갈라내다. deduct. 나누다. ④주었던 권리나 지위를 빼앗다. dismiss. ⑤계속되던 것을 끊다. wean. ⑥봉한 것을 뜯다. unseal.

또 부(창 1:14) ①같은 짓을 거듭하여서. again. and. ②「그뿐 아니라 다시 더」의 뜻. too, also. ③그래도. or.

또한 부(창 20:5) ①마찬가지로, 한가지로, 역시, also, too. ②그 위에 더.

똥 명(출 29:14) 사람이나 짐승이 먹은 음식물이 소화가 되어 항문을 통해서 내보낸 찌끼. 분(糞). 배설물. excrement.

뚜껑 명(창 8:13) 물건이나 그릇의 아가리를 덮는 기구. 덮개. cap.

뚜렷하다 형(아 6:10) 엉클어지거나 흐리지 아니하고 똑똑하고 분명하다. distinct.

뚝뚝 부(아 5:13) ①큰 물건이나 물방울 따위가 잇달아 떨어져서 나는 소리. 또는 그 모양. ②단단한 물건을 계속 두드리는 소리. ③큰 물건이 부러져 나는 소리.

뚫다 타(출 21:6) ①구멍을 내다. bore. ②막힌 것을 헤치거나 갈라 통하게 하다. open. ③장애나 난관 등을 헤치다. put throw. ④어떤 일을 위한 길을 찾아내다. master.

뚫어지다 자(학 1:6) ①구멍이나 틈이 생기어지다. ②길이 통하여지다. ③이치를 통하게 되다. ④어느 곬을 찾게 되다.

뛰놀다 자(출 32:6) 이리 뛰고 저리 뛰면서 놀다. gambol.

뛰다[1] 자타(레 11:21) ①몸을 날리어 달음질치다. run. ②몸을 위로 솟게 하다. jump.

뛰다[2] 자(왕하 9:33) ①물방울 진흙덩이 같은 것이 뛰어 흩어지다. spatter. ②가슴이 두근두근하다. ③물가가 오르다.

뛰어가다 자(욥 39:18) 달음질하여 빨리 가다. run.

뛰어나다 자(창 49:26) 여럿 가운데서 훨씬 낫다. 우수하다. be superior to.

뛰어나오다 자(신 33:22) 몸을 솟구치면서 빨리 달려서 밖으로 나오다.
뛰어내리다 자(마 4:6) 몸을 솟구쳐 위에서 아래로 내리다. leap down from.
뛰어넘다 타(삼하 22:30) 몸을 솟구쳐 높거나 넓은 물건의 위로 넘다. jump over.
뛰어들어가다 자(욥 2:9) 빨리 달려서 안으로 가다.
뛰어오르다 자(행 19:16) ①몸을 솟치어 높은 곳으로 오르다. ②값이나 지위 따위가 갑자기 많이 오르다.
뛰어일어나다 자(막 10:50) 갑자기 자리를 박차고 일어나다. spring up.
뜨거운 기운 명(계 7:16) 차지 않고 몹시 더운 열. scorching heat.
뜨거워지다 자(호 7:7) 점점 열이 올라 뜨겁게 되다.
뜨겁게 하다 타(겔 24:11) 열을 가하여 뜨거워지도록 하다.
뜨겁다 형(출 16:21) 열이 몹시 높다. hot.
뜨게 하다[1] 타(창 30:36) 사이나 동안을 떼어 놓다.
뜨게 하다[2] 타(창 9:14) 감긴 것을 열어 보이게 하다. open one's eye.
뜨다[1] 타(삿 9:33) ①해나 달이 솟아오르다. rise. ②물 위에 있다. 공중에 있다. float.
뜨다[2] 타(민 24:4) 감았던 눈을 벌리다.
뜨다[3] 타(출 29:17) ①전체에서 일부를 떼어 내다. cut. ②많은 양에서 일부를 덜다. scoop. ③죽은 짐승의 몸뚱이를 일정한 크기로 떼어내다. carve in several parts.
뜨다[4] 타(창 27:39) 옮기거나 사라지다.
뜨뜻하다 형(대하 32:21) ①뜨겁지 않을 정도로 알맞게 덥다. warm. ②정신적인 자극으로 낯이 좀 화끈하다.
뜨인 돌 명(단 2:34) 공중에 솟구쳐 올라 있는 돌.
뜯기다 피동(창 29:7) ①빼앗기거나 뜯음을 당하다. ②짐승에게 꼴을 뜯어 먹게 하다.
뜯다 타(스 9:3) ①전체에서 일부분을 조각조각 떼어내다. pull out. ②붙거나 닫히거나 막힌 것을 떼거나 찢거나 헐다. tear off. ③돈이나 재물을 얻거나 억지로 빼앗아내다. extort. ④남의 약점이나 흠집을 애써 잡아내다.
뜯어먹다 타(창 40:19) ①다른 것에 붙은 것을 떼어서 먹다. nibble. ②남의 돈이나 재물 따위를 억지로 조금씩 빼앗아 먹다. extort. ③어떤 것을 생활 수단의 대상으로 하여 거기서 생기는 것으로 생활하다. live on.

뜰 명(출 27:9) 집안에 있는 마당. yard.

뜰 문〔~門:문 문〕명(출 27:16) 뜰로 통하는 문.

뜰 안 명(대하 24:21) 뜰의 안. 정원의 안.

뜻 명(창 23:8) ①어떠한 것을 하겠다고 속으로 먹은 마음. will. ②말이나 글에 가진 속내. 의미. meaning. ③어떤 일이나 행동이 가지는 중요성, 의의. purpose.

뜻대로 부(신 17:10) ①마음먹은 대로, 생각한 바와 같이. as expected;one's own way. ②의미와 같이. like the meaning.

* 모든 일은 하나님의 뜻대로 이루어진다.

뜻밖에 부(눅 21:34) 생각하지 아니한 때나 경우에, 의외에. unexpectedly.

뜻없다 형(삼하 15:11) 무의미하다. 가치가 없다.

뜻하다 타(창 48:11) ①장차 하고자 하는 일을 뜻을 세워서 마음에 지니다. plan. ②언어나 문장 등이 어떤 사상을 표현하다. mean.

띄다 자(행 27:39) 뜨이다. 타 띄우다.

띄우다 타(대하 2:16) ①물이나 공중에 뜨게 하다. float. ②시간적, 공간적으로 사이를 뜨게 하다. ③편지를 부치거나 전해 줄 인편을 보내다. send.

띠 명(출 12:11) ①허리를 둘러매는 끈. belt. ②띠와 같이 좁고 기다랗게 생긴 것.

띠다 타(출 12:11) ①띠나 끈을 허리에 두르다. tie the girdle. ②어떤 물건을 몸에 지니다. carry;be armed with. ③직책 등을 맡아 지니다. be charged with. ④빛깔이나 색채 따위를 가지다. be tinged with. ⑤감정·표정·기운·성질 등을 조금 나타내다. look angry.

띠우다 타(겔 16:10) 떨어지게 하다. 사이를 내다.

ㄹ

라가 명(마 5:22) 쓸모 없고 보잘 것 없는 자에게 업신여기어 쓰는 말. 예수님 당시 유대인이 쓰는 욕. 미련한 놈. 바보. 천치.

라갈〔רָכָל = 장사, 팔고 삼〕지(삼상 30:29) 「유다」 남쪽에 있는 성읍으로, 「다윗」이 「아말렉」에서 뺏은 선물을 보냈다. 70인 역에는 「갈멜」로 되어 있다.

라겜〔רֶקֶם = 비었다〕인(대상 7:16) 「므낫세」 지파 「마길」의 넷째 아들.

라기스〔לָכִישׁ〕지(수 10:3) ① 「가나안」의 한 성읍으로, 「여호수아」가 점령하여 「유다」 지파에게 주었다(수 15:39). ② 「르호보암」은 이 곳을 견고한 요새로 지켰다(대하 14:9). ③ 「아마샤」가 피살된 곳(왕하 14:19). ④ 「앗수르」 왕 「산헤립」이 포위하여 「히스기야」에게 조공받을 것을 조약하였다(왕하 18:12, 14). ⑤ 「느부갓네살」이 점령하여 불살랐다(렘 34:7). ⑥ 「바벨론」에서 귀환 후 다시 입주한 듯하나 자세하지 않다(느 11:3).

라단〔לַעְדָּן = 즐거움〕인(대상 7:26)
1 한 「에브라임」 사람, 「다한」의 아들.
2 「게르손」 자손으로, 「레위」인의 조상(대상 23:7, 9).

라마[1]〔רָמָה = 높은 곳〕지(수 18:25).
1 ① 「베냐민」 북쪽 성읍. ② 「라헬」이 자식을 위하여 애통한 곳(렘 31:15, 마 2:18). ③ 「예레미야」가 「바벨론」으로 잡혀 가다가 계시를 받은 곳(렘 40:1).
2 ① 「에브라임」 산중의 한 성읍으로, 여사사 「드보라」의 고향(삿 4:5). ② 「사무엘」의 고향이며 그 무덤이 있는 곳이다(삼상 7:17, 25:1).
3 「납달리」의 요해 도시로 과실 재배로 유명함(수 19:36).
4 「두로」 부근에 있는 「아셀」의 성읍(수 19:29).
5 「길르앗라못」의 성읍으로 「이스라엘」 왕 「요람」이 「아람」 왕 「하사엘」과 싸우다가 상한 곳이다(왕하 8:29).

라마[2] 부(마 27:46) '어떠한 이유로'의 「아람」 말. '엘리 엘리라마 사박다니' 예수님께서 십자가 상에서 하신 일곱 말씀 가운데 한 마디.

라마다임소빔〔רָמָתַיִם = 쉽사람의 두 높은 언덕〕지(삼상 1:1) 「에브라임」 산중에 있는 마을. 선지자 「사무엘」의 출생지. 줄여 「라마」라고도 부른다(삼상 2:11). 신약에는 「아리마대」라고 기록되어 있다(마 27:57).→라마.

라맘〔לַחְמָם = 빛의 곳, 도망하여 피신하는 곳〕지(수 15:40) 「유대」 남쪽 「세베라」에 있던 마을. 「헤브론」의 서북쪽에 있다.

라맛 레히〔רָמַת לְחִי = 턱 뼈의 산〕지(삿 15:17) 「삼손」이 나귀의 턱 뼈로 「블레셋」 사람 천 명을 죽이고 그곳 이름을 「라맛 레히」라고 불렀다.

라맛 미스베〔רָמַת מִצְפֶּה = 높은 곳, 망대〕지(수 13:26) 「길르앗」의 성읍. 「길르앗」의 「미스바」와 같음. 「갓」의 경계가 되는 지방.

라먀〔לְמָח = 높은 곳, 여호와는 높다〕인(스 10:25) 「에스라」 때 이방 여인을 취하고 포로 생활에서 돌아온 「바로스」의 자손 중 하나.

라멕〔לֶמֶךְ = 능력 있는 것〕인(창 4:18)

1 「가인」의 후손 「므두사엘」의 아들. 그는 「아다」와 「씰라」를 아내로 취하여 일부다처주의를 시작한 자이다. 「라멕」의 아들들은 문명의 창시자이며 기술의 발명자가 되었다. 「라멕」이 그 아내들 앞에서 부른 '검은 노래'는 구약에 보존된 가장 오래된 노래 중의 하나다(창 4:23).

2 「셋」의 계통의 7대 손으로서 「노아」의 아버지이다(창 5:25, 대상 1:3). 이 사람은 경건하다. 눅 3:36에는 「레멕」이라고 번역하였다.

라못〔רָאמוֹת = 높은 언덕〕지(수 20:8)

1 「길르앗」에 있는 「갓」 지파에 속한 성읍. 「길르앗 라못」이라고도 한다(신 4:43).

2 「다윗」이 「아멜렉」을 완전히 물리치고 탈취물을 보낸 「네겝」 지방의 한 성읍(삼상 30:27).

3 「잇사갈」에 있던 「레위」 사람 「게르손」 자손이 살던 마을(대상 6:73).

4 ①「유다」 남부의 성읍(삼상 3:27). ②「솔로몬」 왕은 이 성에 장관 한 사람을 주재시켰다(왕상 4:13, 19). ③「아람」과의 전쟁터(왕상 22:3) →길르앗 라못. 현재의 위치는 두 가지 설이 있으니 「에드이」 서남 15km. 현재의 「레뭇」과 동일시하고 다시 그 서남 15km의 「엘호슨」을 드는

학자도 있다.

라바〔רָפָא = 그가 치료함〕인(대상 8:2)
1「베냐민」의 다섯째 아들 「야곱」과 함께 「애굽」으로 내려간 식구 중에는 없다(창 46:21).
2「사울」의 아들 「요나단」의 자손(대상 8:33-37). 「르바야」라고도 한다(대상 9:43).

라빠〔רַבָּה〕지(수 15:60) 「예루살렘」 서쪽 높은 지대에 있는 마을 → 랍바.

라반〔לָבָן = 흰빛〕인(창 24:29) ①「브두엘」의 아들이요, 「리브가」의 오라비요, 「야곱」의 외숙이며 장인이다(창 28:5, 29:21-30). ②「하란」에 거하며 많은 양떼를 가졌으나 욕심이 많고 인색하고 교활하여 자기 사위 「야곱」을 열 번이나 속여 이익을 보려다가 도리어 당하였다(창 30:-31:).

라반〔לָבָן = 흰빛〕지(신 1:1) 「시내」와 「가데스 바네아」 사이에 있는 출애굽 「이스라엘」 백성이 머문 곳. 「립나」와 동일지.

라부〔רָפוּא = 위로〕인(민 13:9) 「바란」 광야에서 「가나안」 땅을 탐지하러 보낸 「베냐민」 지파의 대표. 「발디」의 아버지.

라사〔לֶשַׁע = 물이 솟아나는 곳, 지혜〕지(창 10:19) 「유다」 남방 경계. 위치는 분명하지 않으나, 사해 서쪽 「소돔」과 「고모라」 근처에 온천이 있다. 「갈리호애」와 같은 곳으로 여기다.

라새아〔*Λασαια* = 돌〕지(행 27:8) 「그레데」 섬 남쪽에 있는 미항 동쪽 8km 지점에 있었던 작은 성읍.

라아다〔לַעְדָּה = 질서〕인(대상 4:21) 「유다」의 후손 「셀라」의 아들이요, 「마레사」의 아버지.

라아마〔רַעְמָה = 요동〕인(창 10:7) ①「노아」의 후손으로 「구스」의 아들이며 「스바」와 「드단」의 부친(대상 1:9). ②「스바」와 함께 「두로」와 통상하는 사람으로 알려졌다(겔 27:22).

라아먀〔רַעַמְיָה = 요동하다〕인(느 7:7) 「바벨론」 포로 생활에서 이방 여인을 취했던 「바로느」 자손 중의 한 사람.

라아사〔רַעְמְשַׁע = 사자〕지(사 10:30) 「앗수르」 군이 「예루살렘」으로 진군하는 길의 묘사에 기록된 성읍이다. 「예루살렘」 북쪽 2km에 있는 「엘이사위예」와 같은 곳으로 여긴다.

라암세스〔רַעְמְסֵס = 태양신은 그를 낳았다〕지(창 47:11) 「바로」가 「야곱」에게 기업으로 준 땅. 「애굽」 동북부 「고셴」 지방에 위치함. → 라암셋.

라암셋〔רַעְמְסֵס〕[지](출 1:11) ①「애굽」의 동북부 「고셴」 지방의 한 성읍의 이름. 「이스라엘」 백성의 노역으로 건설된 「애굽」 국고성. 「바로 라암셋」을 기념하기 위하여 축성한 것으로, 「이스마이라」의 서쪽 32km 지점에 위치함. 현재의 「델엘레다베」와 같은 곳으로 여긴다. ②「이스라엘」 백성의 출애굽을 이곳에서 시작하였다(출 12:37). ③→ 라암세스.

라엘〔לָאֵל = 하나님께 속한 자〕[인](민 3:24) 「게르손」 자손의 족장. 「엘리아삽」의 아버지.

라오디게아〔*Λαοδίκεια* = 의인〕[지](골 2:1) 「소아시아」 「부루기아」의 수도이며 「골로새」에서 서쪽으로 25km지점. ①「바울」의 전도로 복음이 들어감. ②「요한」이 계시를 받아 이웃 6교회와 함께 권면하였다(계 1:11). 지금은 폐허지이다.

라이사〔לַיְשָׁה = 사자〕[지](사 10:30) 「예루살렘」 북쪽에 있는 성읍.

라이스〔לַיִשׁ = 강한 자〕[인](삼상 25:44) 「사울」 왕이 「다윗」에게 준 딸 「미갈」을 준 「발디」의 아버지.

라이스〔לַיִשׁ = 사자〕[지](삿 18:7) 「이스라엘」 북쪽 국경선에 있는 성읍. 「단」 지파가 점령한 땅.

라함〔רַחַם = 긍휼하심〕[인](대상 2:44) 「갈렙」의 자손. 「세마」의 아들이며, 「요르그암」의 아버지.

라합[1]〔רָחָב = 넓다〕[인](수 2:1) 「여리고」에 있는 「가나안」인 기생 ①「여호수아」가 파견한 정탐꾼을 숨겨 주어 화를 면하게 함. ②「여리고」가 함락할 때 그의 일가는 구조되었다(수 6:17). ③「유다」 지파 「살몬」의 아내가 되어 「예수님」의 족보에 오르게 되었다. ④믿음으로 산 사람 중의 하나로 본이 되었다(히 11:31, 약 2:25).

라합[2]〔רָהָב〕[지](욥 9:13) 지역은 확실하지 않으나 하나님의 진노를 받는 곳으로 지칭되었다. 멸망할 「애굽」을 상징적으로 일컬었다(사 30:7).

라핫〔לַהַד = 진실하게 됨〕[인](대상 4:2) 「유다」의 자손 「소라」 사람 「야핫」의 아들.

라헤로이〔לַחַי רֹאִי = 살아계신 하나님이 나를 보심〕[지](창 24:62) 「리브가」가 약대를 타고 갈 때에 「이삭」이 나와 맞이한 곳.

라헬〔רָחֵל = 암양〕[인](창 29:6) 「브두엘」의 아들 「라반」의 둘

짹 딸로 언니 「레아」와 같이 야곱의 아내가 되었다. ①그는 「요셉」과 「베냐민」을 낳았다. ②「가나안」으로 가던 도중에 「에브랏」 근처에서 베냐민을 난산하고 죽어 그 곳에 장사되었다(창 35:16).

라호미〔לַחְמִי=먹을 것이 많다〕[인](삼하 21:19) 「가드」 사람. 「골리앗」의 동생.

락갓〔רַקַּת=바닷가〕[지](수 19:35) 「납달리」 사람의 성읍.

락곤〔רַקּוֹן=가늘다〕[지](수 19:46) 「단」 지파의 한 성읍. 연안 평야에 있었다.

락굼〔רַקּוּם=포가 놓인 곳〕[지](수 19:33) 「납달리」 지파의 성읍.

람〔רָם=높이 들었다〕[인](룻 4:19)

[1]「야곱」의 넷째 아들. 「유다」의 증손자. 누가복음에는 「아니」라고 하였다(눅 3:33).

[2]「헤스론」의 아들(대상 2:9).

[3]「헤스론」의 손자이며, 「여라므엘」의 아들.

[4]「욥」의 친구 「엘리후」의 조상(욥 32:2).

랍바〔רַבָּה=큰 성읍, 수도〕[지](신 3:11)

[1]①「얍복」강 상류 60~90m 언덕. 비옥한 「아데이안」 북안에 건설된 난공 불락의 요새지. ②「바산」 왕 「옥」의 철침대가 남아 있는 곳. 그 크기는 길이가 4.8m, 너비가 2.15m나 된다(신 3:11). ③「암몬」의 수도(삼하 12:26). ④「우리아」가 이 성을 공격하다 죽고 「다윗」과 「요압」이 점령(삼하 11:1, 12:26)하였으나 얼마 안 되어 다시 빼앗겼다(삼하 17:27).

[2]「유대」 남방에 있는 성읍 「예루살렘」 서쪽 10km 지점. 「아둘람」 굴에서 서남에 위치한 것으로 알려져 있다. 현재의 지명은 「루바」라 한다. →라빠.

랍바 성〔~城;재 성〕[지](암 1:14) 선지자 「아모스」가 멸망하리라고 예언한 성의 이름. 「암몬」의 수도.

랍비[명](마 23:7) 「유대」 인들이 말씀을 가르치는 선생을 부르는 존대어.

* 진정한 랍비는 그리스도이시다.

랍비돗〔לַפִּידוֹת=번개〕[인](삿 4:4) 여사사 「드보라」의 남편.

랍빗〔רַבִּית=많다〕[지](수 19:20) 「잇사갈」의 성읍. 「다브

랏」의 성읍. 「다브랏」과 같다.

랍사게〔רַבְשָׁקֵה = 대장〕인(왕하 18:17) 「앗수르」 왕 「산헤립」의 세 장군 중 한 사람. 왕의 명령을 받아 「예루살렘」을 침공하였다. 오만 불손한 말로 위협하였으나 하나님께서 「히스기야」 왕의 기도를 들으시사 그의 군사 18만 5천을 밤사이에 멸망하였다(왕하 19:).

랍사리스〔רַב־סָרִיס = 장관〕인(왕하 18:17) 「랍사게」와 함께 「앗수르」 왕 「산헤립」의 3 장군 중의 한 사람으로, 대군을 거느리고 「예루살렘」에 와서 「히스기야」의 대신들에게 말하는 것만 「랍사게」가 대표로 하고, 다른 사람은 시종을 함께 하였다.

랍오니명(요 20:16) 선생님 → 랍비.

랏대〔רַדַּי = 주께서 넓히심〕인(대상 2:14) 「이새」의 다섯째 아들이며, 「다윗」의 형.

랏사론〔שָׁרוֹן = 큰 돌〕지(수 12:18) 「가나안」에 있은 한 성읍.

레가〔לֵכָה = 여행〕인(대상 4:21) 「유다」의 아들로서, 「셀라」의 자손. 「에르」의 아들.

레갑〔רֵכָב = 기병, 약대를 타는 자〕인(삼하 4:2)

1 「림몬」의 아들로서 형제가 협력하여 「이스보셋」을 죽였다.

2 「겐」 족속의 조상(대상 2:55).

3 「벧학게렘」 지방을 다스리는 「말기야」의 아버지(느 3:14).

레겜[1]〔רֶקֶם = 잡색, 공허함〕인(민 31:8).

1 「이스라엘」 사람에게 살해된 「미디안」의 왕.

2 「헤브론」과 관련되어 있는 「갈렙」의 가족의 한 조상(대상 2:43).

3 「길르앗」에 있는 「마길」의 한 가족의 조상(대상 7:16).

레겜[2]〔רֶקֶם = 친구〕인(대상 2:47) 「유다」 사람. 「야대」의 아들.

레겜[3] 지(수 18:37) 「베냐민」의 성읍.

레겜멜렉〔רֶגֶם מֶלֶךְ = 왕의 친구〕인(슥 7:2) 「바벨론」에서 포로 생활을 하다가 돌아온 한 「이스라엘」 사람의 이름.

레기온〔Ῥήγιον = 파괴〕지(행 28:13) 「이탈리아」 반도 서남단에 있던 고대 「희랍」의 식민지였다. 큰 도시로 「피타고라스」 철학의 중심지였다. 「바울」 일행이 탄 배가 하루 쉬어간 곳.

레멕〔רֶמֶךְ = 강하다〕인(눅 3:

36) 「아담」의 9대손. 노아의 아버지. →라멕.

레멧〔רֶמֶת=높은 곳〕지(시 19:21) 「잇사갈」의 한 성읍. 「라못」, 「야르뭇」과 같은 곳.

레바〔רֶבַע=사분의 일〕인(민 31:8) ①「미디안」 다섯 왕 가운데 하나. ②「에브라임」의 자손 「브리아」의 아들.

레바논〔לְבָנוֹן=흰산〕지(신 1:7) 「이스라엘」 북쪽에 솟은 수리아의 산맥. 그 가운데 있는 유명한 산으로 사철 봉우리에 흰 눈이 덮여 있어 이 이름을 가지고 있다. 구약에 71회나 기록되었다. ①「솔로몬」 왕이 성전과 궁전을 지을 때 이 산에서 나는 백향목을 많이 썼다(왕상 5:6). 그리고 배의 돛대 제목으로도 썼다(겔 72:5). ②「여호수아」가 점령하지 못하였다(수 13:5). 현재의 이름은 「재벨립난」이다.

레사〔'Pησά〕인(눅 3:27) 예수님의 족보에 있는 한 사람.

레센〔לֶשֶׁם=억제함〕지(창 10:12) ①「니므롯」이 건설한 「니느웨」와 「갈라」 사이 「티그리스」강 유역에 잇는 「앗수르」 성읍. ②「팔레스타인」 북부에 있던 마을. 「라이스」와 같은 곳(삿 18:7, 수 19:47). 「단」 지파가 점령한 곳.

레셉[1]〔לֶשֶׁף=불 꽃〕인(대상 7:25) 「에브라임」 자손 「브리아」의 아들.

레셉[2]〔רֶשֶׁף=구은 돌〕지(왕하 19:12) 「앗수르」 왕의 점령지. 「앗수르」 비문에 「레사바」라 기재되어 있는 것으로 보아 「팔미라」와 「유브라데」강 사이에 있는 현재의 「루사아바」로 짐작된다.

레아〔לֵאָה=암소〕인(창 29:16) ①「라반」의 장녀로, 「라헬」과 자매간이다. 「라반」이 기만하여 「야곱」에게 시집을 보냈다(창 29:23). ②아들 여섯(르우벤, 시므온, 유다, 잇사갈, 스불론), 딸 하나(디나)를 낳았다(창 29:31-35, 30:18-21). ③「가나안」에서 죽어 「막벨라」 굴에 안장되였다(창 49:31).

레위〔לֵוִי=친함〕인(창 29:34)

[1] 「레아」가 낳은 「야곱」의 셋째 아들로, 「레위」 지파의 조상이다. 그의 후손 「아론」의 자손들은 제사장과 성전 봉사자가 되었다.

[2] 예수의 선조 중 한 사람으로, 「멜기」의 아들이다(눅 3:29).

[3] 예수의 선조 중 한 사람으로, 「시므온」의 아들이다(눅 3:29).

[4] 「알패오」의 아들 세리 「마태」와 동일 인물(막 2:14, 눅 5:27-29).

레위기 명(레) 구약 제3권째 성경이다. 「모세」가 기록한 5경의 하나. 하나님께서 출애굽기 25장 22절을 통하여 약속하신 것을 어떻게 이루어 주시는 것과 성결에 대한 교훈과 제사장들의 바른 사역을 규정지어 주고, 예수 그리스도께서 구주로 오심과 구속의 사역을 이루신다는 예언적 말씀(유형)을 하였다. 하나님께 드리는 예배의 특별한 방법을 상세하게 기록하였다.

레위 사람 명(출 4:14) 「레위」족을 일컫는 말. 「다윗」 때는 성전 노래대, 성막 수위, 예수님 때는 귀족을 일컬었다.

레위인〔~人;사람 인〕명(민 1:47) → 레위. 레위 사람.

레이〔רֵעִי=친구〕인(왕상 1:8) 「다윗」의 신실한 신하. 「다윗」의 아들. 「아도니야」가 「다윗」 대신으로 왕이 되려고 계교를 꾸밀 때에, 「레이」는 「다윗」에게 충성을 다하였다.

레판〔*'Ρομφά*=예비〕인(행 7:43) 「이스라엘」 백성이 「애굽」과 광야에서 숭배하던 우상(행 7:43). ② 「히브리」 어로 「기윤」인데, 70인의 「헬라」 역에 「레판」으로 되어 있다(암 5:26).

레히〔לֶחִי=턱뼈〕지(삿 15:9) ① 「삼손」이 나귀의 턱뼈로 「블레셋」 군인 일천명을 죽인 장소(삿 15:14-19). ② 「삼손」이 매우 목이 마를 때, 하나님께서 샘물을 내어 마시게 한 곳. 「소라」의 동남 3km 지점 현재의 「굴벳싯삭」으로 짐작된다.

렙돈 명(막 12:42) 쇠돈 가운데서 가장 작은 돈. 반(½) 고드란트, 한 과부가 연보한 돈.

로가〔רָהֲגָה=풍족한 비〕인(대상 7:34) 「아셀」 지파 「소멜」의 아들이며 족장이다.

로글림〔רֹגְלִים=옷감 바래는 곳〕지(삼하 17:27) 「길르앗」의 성읍. 「바살」의 고향.

로단〔לוֹטָן=굴에서 사는 자〕인(창 36:20) 「호리」의 자손 「세일」의 맏아들. 족장이다.

로데〔*'Ρόδη*=장미꽃〕인(행 12:13) 「요한 마가」의 모친 「마리아」의 집에서 부리던 여종. 「베드로」가 옥에서 나와 찾아와서 문을 두드릴 때, 「베드로」인 것을 알고 알렸다.

로데발〔לֹא דְבָר=목장이 없음〕지(삼하 17:27) 「요단」 강 동편 「마하나임」 근처에 있는 지명. 「요나단」의 아들 「므비보셋」을 보호하고 「다윗」을 선대한 「마길」의 고향이다.

로뎀 나무 명(왕상 19:4) 〈식〉 중동지방 광야에서 자라는 나무. 키는 크지 않으나 사막에서 약간의 그늘을 만들어 준다. 욥기 30:4에는 댑싸리 나무로 번역되었는데, 그 모양이 비슷하기 때문인 것으로 본다. juniper. broom.

로도〔Ῥόδος=장미〕지(행 21:1) 「소아시아」 남서안에 있는 섬으로, 그 섬에 같은 이름의 항구가 있다. 「수리아」나 「애굽」에서 「로마」로 항해하는 도중에 들르는 중요한 곳이다. 「바울」은 3차 선교 여행중 「드로아」에서 「가이사랴」로 여행하는 도중에 이 항구에 들렀었다. 이곳에는 30m나 되는 황동 우상이 있다. 이것을 만드는데 20년이나 걸렸다고 한다. 선박은 그 밑으로 지나간다.

로드〔לֹד=자손〕지(스 2:33) 「샤론」 평원의 남쪽 접경 지대에 있는 「베냐민」 성읍의 하나. 「욥바」에서 동남으로 18km 거리에 있다. 해안에서 「예루살렘」으로 가는 중요 도로변에 있다. 「엘바알」의 아들이 세웠다(대상 8:12)→룻.

로드발〔לוֹ דְבָר=목장이 없다〕지(삼하 9:4) 「마하나임」 동편에 있는 성읍으로, 「요나단」의 외아들 「므비보셋」이 피난하였던 「길르앗」의 성(삼하 17:20)→드빌.

로루하마〔לֹא רֻחָמָה=자비를 받지 못한 자〕인(호 1:6) 「호세아」가 부정한 아내 「고멜」의 몸에서 태어난 딸에게 지어준 상징적인 이름.

로마〔Ῥώμη=세력〕지(요 19:20) ①「로마」 제국의 수도. ②고대 제국에 있어서 정치, 문화의 서구 중심지요, 사도시대 이후에는 기독교 중심지로 유명하다. ③예수님 당시 동으로는 「유브라데」 강, 서로는 「라인」 강, 남으로는 「지중해」를 건너 「아프리카」 주의 북부 일대 곧 「나일」 강까지 이르러 전성시대를 이루었다. ④국민 생활은 극도로 사치하였다. ⑤「바울」이 「로마」 옥에서 2년간 전도하였다(행 28:). ⑥「에베소」, 「빌립보」, 「골로새」, 「디모데후」, 「빌레몬」, 다섯 성경을 기록한 곳. ⑦「네로」 황제 때 「베드로」와 「바울」이 순교한 곳이다.

로마

로마서[명](롬) 사도 「바울」의 기록으로, 신약 전서 6권째 성경이다. 믿음으로 의롭다 함을 얻는 진리를 교훈하고 있다. 유대인의 배교로 이방인이 구원받는 양자의 원리를 보여 주는 교리서이다. 의롭다-17회, 믿음-37회, 그리스도-39회 사용되었다.

로스〔רֹאשׁ=우두머리〕[인](창 46:21)
[1]「베냐민」의 아들.
[2] 북방「마곡」 땅에 사는 사람,「곡」이라고도 한다(겔 38:2).

로암 디에셀〔רוֹמַמְתִּי עֶזֶר=내가 도움을 얻겠다〕[인](대상 25:4) 성전에서 나팔부는 자로서「헤만」의 아들.「다윗」때 성전에서 제금과 비파수금을 잡은 찬양악대원.

로암 미〔לֹא עַמִּי=내 백성이 아니다〕[인](호 1:9) 「고멜」이 낳은「호세아」의 둘째 아들에게 상징적으로 준 이름(호 2:23).

로이스〔Λωΐς=유쾌〕[인](딤후 1:5) 「유니게」의 어머니.「디모데」의 외할머니.

록[명](레 14:10) 액체의 양을 나타내는 단위. 약 0.6ℓ

롯[1]〔לוֹט=가리웠다〕[인](창 11:27) 「아브라함」의 조카이며,「하란」의 아들.「아브라함」을 따라「가나안」으로 이주하였다. ①「롯」은 아름다운「소돔」 평원을 택하여 삼촌과 헤어졌다(창 11:27, 13:10-12). ②「소돔」 성이 악하여 하나님이 유황불로 멸망시킬 때, 의인「롯」의 가족만 구원받았는데 그의 아내는 재물을 돌아보다가 소금 기둥이 되었다(창 19:, 눅 17:32). ③「소돔」에서 나온「롯」은「소알」에 있다가 두려워 산에 올라가 굴에 거하였다(창 19:30). ④「롯」의 두 딸이「롯」의 씨를 받아「모압」과「암몬」 족속을 이루게 되었다.

롯[2]〔לוֹט〕[지](대상 8:12) ①「베냐민」 지파「세멧」이 세운 성읍. ②「바벨론」에서 돌아온 후에 다시 거주하였다(스 2:23, 느 7:37, 11:35). ③「베드로」는 여기서「애니아」를 고쳤다(행 9:33).→로드.

지금은「룻다」라고 부르는데,「욥바」 서남쪽 18km 지점,「샤론」 평야에 있다.

루가오니아〔Λυχαονία=양의 가슴〕[지](행 14:6) 소아시아 중부에 위치하며「갈라디아」 남에 있는 산악이 험준하고 성품이 사나운 고을.「바울」은 위험을 무릅쓰고 핍박 중에서「루스드라」와「더베」와 그 근방에 교회를 세웠다. 현재의「터키」국,「카라마니카」 도에 편입되어 있다.

루기아〔Λυχία=매우 덥다〕지(행 27:5) 「소아시아」 서남쪽 해변에 있는 작은 도시. 이웃에 「무라」와 「바다라」 두 성이 있다.

루기오〔Λούχιος=빛〕인(행 13:1)

1「구레네」 사람으로 초기 「안디옥」 교회의 교사이며, 예언자.

2「바울」 사도가 나의 친척이라고 말한 신자(롬 16:21). 이 두 사람을 동일인이라고 말하는 학자도 있다.→누기오.

루디아〔Λυδία=생산〕인(행 16:14) ①「두아디라」 출신으로, 자주 장사를 하던 여자. 「바울」이 「빌립보」에서 전도할 때 믿게 된 사람이다. 「바울」의 일행을 강권하여 자기 집에 유하게 하였다. ②「루디아」는 실상 그 출신지를 말하는 것이고, 원이름은 「유오디아」가 아니면 「순두게」였다고 말하는 학자도 있다(빌 4:1).

루딤〔לוּדִים〕인(창 10:13) 「함」의 손자이며, 「미스라임」의 맏아들. 「노아」의 증손자이다.

루마〔רוּמָה=고상함〕지(왕하 23:36) 「여호야김」의 외조부의 출신지.

루빔〔לוּבִים〕지(나 3:9) 「애굽」의 서북쪽 「아프리카」에 있는 건조한 지방. 현재의 「리비아」 이곳 사람들은 「애굽」과 「구스」와 같이 선민을 괴롭혔다(대하 12:2-3).→흡.

루사니아〔Λυσανιας=비애〕인(눅 3:1) 세례 「요한」 때 「아빌레네」의 분봉왕. 「디베료 가이사」 제15년에 제위.

루스〔לוּז=편도 나무〕지(창 28:19)

1「에브라임」과 「베냐민」의 경계를 이루는 곳에 있으며 나중에 「벧엘」이라고 부르던 성읍.

2「야곱」이 「밧단·아람」 처가에서 떠나 「가나안」으로 돌아오는 길에 다시 이곳에 이르러 단을 쌓고 「엘벧엘」이라 일컬었다(창 35:6).

3「에브라임」 인에게 쫓겨난 「벧엘」 인이 「헷」 사람 땅에 건설한 성읍(삿 1:26).

루스드라〔Λύστρα=양의 무리〕지(행 14:6) 「소아시아」의 「루가오니아」의 한 성읍. 「더베」와 「이고니온」 중간 지점에 있다. ①「디모데」의 고향. ②「바울」이 「바나바」와 전도 여행 중, 들러 앉은뱅이를 고쳤다. 그곳 주민들은 하나님이 내려 오셨다고 생각하고 제사를 드리려고 하는 것을 중지하게 한 일이 있다.

③그들은 얼마 안 되어 「바울」을 돌로 쳐, 죽은 줄 알고 성밖에 내치매 일어나 「바나바」와 함께 「더베」로 갔다(행 14:6, 20, 16:1).

루시아〔*λυσίας*〕[인](행 24:22) 「예루살렘」에 주둔한 로마 군인의 천부장. 「바울」을 「유대」인의 손에서 구했다(행 23:26)→글라우디오 루시아.

루포〔*'Ρουφος*=붉다〕[인](막 15:21)
[1]「구레네」 「시몬」의 아들로 「알렉산더」와 형제간.
[2]「바울」이 문안한 「로마」 신자(롬 16:13).

루하마〔רֻחָמָה=불쌍히 여기는 자〕[인](호 2:1) 여호와께서 주신 상징적인 이름. 하나님을 버리고 다른 사람과 음행한 「이스라엘」의 죄를 사하여 하나님과의 관계가 호전된 것을 보여 주는 위로의 말씀(호 1:10-11).

루힛〔לוּחִית=판자로 만듦〕[지](사 15:5) 사해 남부의 동쪽 「호로나임」 부근에 있던 「모압」 자손의 성읍 예언에 인용되었다(렘 48:5).

룹〔לוּחִית〕[지](대하 16:8) 「유다」 「아사」왕 때 「구스」 사람과 함께 「유다」를 치러 온 지방.

룻[1]〔רוּת=자손〕[인](창 16:22)
[1]「노아」의 손자이며, 「셈」의 아들.
[2]「모압」 여자로 「유대」 인 「나오미」의 아들, 「말론」의 아내가 되었다. 룻기의 주인공으로 시어머니에 대한 효성이 지극하였다. 「보아스」에게 개가하여 「오벳」을 낳았다. 다윗의 증조모요, 예수님의 족보에 오른 이방 여자(마 1:5).

룻[2]〔רוּת〕[지](사 66:19) 「이사야」의 예언에 인용된 지방. 뿔과 활을 당기는 자라 하였다.

룻기[명](룻) 구약 제8권째 성경이다. 기록자는 확실하지 않으나, 「사무엘」이라고 하는 사람이 많다. 사사 시대 동안에 빛이 되었던 사람들의 생활에 대하여 우리에게 통찰력을 갖게 하고 효도와 「다윗」의 혈통을 보여 주며 특별히 하나님을 섬기도록 선택받은 사람이 받는 복을 보여 준다.

룻다〔*Λύδδα*=장식〕[지](행 9:32) 「욥바」에서 동으로 15km.

구약에는 「롯」이라고 기록되어 있는 「베냐민」의 성읍. 「베드로」가 이곳에서 「예니아」의 중풍병을 고쳤다(행 9:35).

루두시〔לְטוּשִׁם〕인(창 25:3) 「드단」의 자손이며, 「루드시」 족속과 형제간이다.

르말랴〔רְמַלְיָהוּ = 주께서 높아지셨다〕인(왕하 15:25) 「이스라엘」 왕 「브가히야」의 장관이며 왕을 배반한 「베가」의 아버지.

르말리야 인(사 7:1)→르말랴.

르무엘〔לְמוֹאֵל = 하나님께 속함〕인(잠 31:4) 잠언 31장의 작가로 시인이요 왕이다. 고고학적인 발굴에서 「팔레스틴」 동방 「아라비아」 족속의 「맛사」의 왕으로 해석한다.

르바〔רְטָאִי〕인(수 12:4) 「바산」 왕 「옥」의 조상.

르바나〔לְבָנָה = 달, 향료〕인(느 7:47) 「바벨론」 포로 후, 「느디님」인의 한 분파의 족장. 특별 귀환자.

로바야〔רְפָיָה = 주께서 고치시다〕인(대상 3:21)

1 「다윗」의 자손(대상 3:21).

2 「시므온」의 자손으로, 군대장(대상 4:42).

3 「잇사갈」의 한 부족의 조상 이름(대상 7:2).

4 「사울」의 자손(대상 9:43).

5 「예루살렘」 성을 수축한 사람 중의 하나(느 3:9).

로바엘〔רְפָאֵל = 하나님께서 낫게 하시다〕인(대상 26:7) 둘째 성전의 문지기로 「스마야」의 아들.

르바옷〔לְבָאוֹת = 숫 사자〕지(수 15:31) 「시므온」의 한 성으로서, 「유대」 남방의 경계성.

르바임〔רְפָאִים〕지(신 2:11) ① 「예루살렘」 남쪽에서 「베들레헴」 방향으로 있는 넓고 기름진 고지 평원(수 18:16). ② 「다윗」이 「블레셋」 인을 격파한 곳(삼하 5:18, 23:13, 대상 11:15, 14:9).

르바임〔רְפָאִים = 거인들〕인(신 2:11) 「바산」 왕 「옥」의 조상→르바(신 3:11).

르보나〔לְבֹנָה = 유황〕지(삿 21:19) 「실로」의 북편에 있는 성읍. 「세겜」으로 가는 길에 있다.

르비딤〔רְפִידִים = 평야〕지(출 17:1) ① 「시내」 광야와 「신」 광야 사이에 있던 「이스라엘」의 유숙지(출 19:2, 민 33:14). ② 「모세」가 바위를 쳐서 물을 나게 한 곳. ③ 「아말렉」과 전쟁하여 이긴 곳. ④ 천부장, 백부장, 오십부장, 십부장 등 조직을 하게 된 곳으로, 현재의 「와디페이라」로 여긴다. 과거의 흔적이 남아 있다.

르손〔רְזוֹן=중요하고 고귀함〕[인](왕상 11:23) 「엘리아다」의 아들로서, 그 주인 「소바」 왕 「하닷에셀」에게서 도망한 자. 「솔로몬」 시대에 있어서 「이스라엘」의 강적이었다.

르신〔רְצִין〕[인](왕하 15:37)
[1] 「다메섹」 「아람」 왕으로, 「이스라엘」 왕 「베가」와 동맹하여 「앗수르」의 멍에에서 벗어나려다가 오히려 잡혀 죽었다(왕하 16:5, 6, 사 7:1-9).
[2] 「바벨론」 포로에서 귀환한 「느디님」 사람(느 2:48, 7, 50).

르아야〔רְאָיָה=주께서 보시다〕[인](대상 4:2)
[1] 「유다」의 한 부족의 조상 「소발」의 아들.
[2] 「르우벤」의 자손으로, 「미가」의 아들(대상 5:5).

르엘라야〔רְאֵלָיָה=하나님께서 멸망케 하는 사람〕[인](스 2:2) 「스룹바벨」과 같이 「바벨론」에서 돌아온 한 「이스라엘」 사람. 12인솔자 중 한 사람.

르우〔רְעוּ=벗〕[인](창 11:18) 「셈」의 6대손이며, 「아브라함」의 고조부. 예수의 조상 중의 한 사람으로, 「벨렉」의 아들(눅 3:35).

르우마〔רְאוּמָה=높음〕[인](창 22:24) 「아브라함」 동생 「나홀」의 첩.

르우벤[1]〔רְאוּבֵן=나의 괴로움을 권고하셨다〕[인](창 29:32) 「레아」가 낳은 「야곱」의 맏아들. ①서모 「빌하」를 간통한 죄로 장자의 권리와 유업을 잃었다(창 35:22). ②동생들이 「요셉」을 죽이려 할 때 구해 줌(창 37:18-23). ③그 지파의 자손인 「다단」, 「아비람」, 「온」이 작당하여 「모세」를 반항하다가 망하였다(민 16:1-35). ④백성이 나태하여 사사 「드보라」에게 책망을 받았다(삿 5:10). ⑤주전 740년 「앗수르」로 포로가 되어갈 때 이 지파가 제일 많았다(대상 5:6-10, 계 7:5).

르우벤[2]〔רְאוּבֵן〕[지](겔 48:7) 출애굽한 「르우벤」 지파에게 분배된 지역. 요단강 동편 도피성 「베셀」은 사해 부근에 있었다(신 4:43). 현재의 지역은 「요르단」 국에 속한다.

르우엘〔רְעוּאֵל=하나님의 친구〕[인](창 36:4)
[1] 「에돔」 족속의 조상, 「에서」의 아들.
[2] 「모세」의 장인이요, 「미디안」의 제사장(출 2:18, 민 10:29).

르움미〔רְאֻמִּים〕[인](창 25:3) 「욕산」의 아들 「드단」의 자손→ 르두심.

르하뱌〔רְחַבְיָהוּ＝주의 확장〕인(대상 23:17)「레위」족속 족장으로,「엘리에셀」의 아들.

르하빔〔לְהָבִים〕인(창 10:13)「미스라임」의 아들.

르호보딜〔רְחֹבֹת עִיר＝도시의 넓은 곳〕지(창 10:11)「니므롯」이 건설한「앗수르」의 한 성읍.

르호보암〔רְחַבְעָם＝백성을 반성케 함〕인(왕상 11:43) ①「솔로몬」의 왕비「모압」여인「나아마의 소생으로,「솔로몬」별세 후「세겜」에서 즉위하였다. ②열 지파의 대표자들이 선왕 때보다 세금을 경감하여 주기를 청할 때, 젊은 중신들의 말을 좇아 허락지 아니하므로 열 지파가 배반하고 따로 나아가「여로보암」을 왕으로 나라를 세우니 그 나라가「이스라엘」이다.「르호보암」은 두 지파만 다스렸으니 이것이「유대」국이다(왕 12 :1-24). 17년 동안 통치하였다. 성전과 왕궁의 기물을「애굽」에 빼앗겼고 북조「이스라엘」과 늘 전쟁을 하였다.

르호봇〔רְחֹבוֹת＝넓은 곳〕지(창 26:22) ①「이삭」이「그랄」골짜기에서 세 번째 판 우물.「브엘세바」에서 서남 32km 지점. ②「유브라데」강변의 한 성읍이니, 고대「에돔」왕의 한 사람인「사울」의 고향(창 36:37, 대상 1:48).

르홉[1]〔רְחֹב＝넓다〕인
1「소바」왕「하닷에셀」의 아버지(삼하 8:3).
2 유력한「레위」인(느 10:11).

르홉[2]〔רְחֹב＝광장〕지(민 13:21)
1「요단」강 상류의 땅.「가나안」정탐꾼의 활동 북방 한계선.
2「아셀」의 성읍.「레위」지파「게르손」자손에게 양여(수 19:28, 대상 6:75).
3「이스라엘」최북단에 있는 성읍으로,「단」부근인 듯하다(삼하 10:8).
4 삿 18:28의「베드르홉」과 같은 곳으로 여김.

르훔〔רְחוּם＝인자함, 불쌍히 여김〕인(스 2:2)
1「스룹바벨」과 함께 돌아온 포로 지도자 중의 한 사람(느 7:7).
2「예루살렘」을 재건하고 있던「유대」인을 모반자라고「아닥사스다」왕에게 고발한「사마리아」의「바사」관원으로, 그는 왕명에 의한 권력으로 재건 공사를 중지시켰다(스 4:8).
3「예루살렘」성 수축을 원조한「레위」사람(느 3:17).
4 계약에 인을 찍은 한「유대」인 가족의 수령(느 10: 25).
5「스룹바벨」과 함께 돌아

온 한 제사장(느 12:3).

리노〔Λίνος=사자 같음〕인(딤후 4:21) 「로마」 교우로서 「디모데」에게 문안한 신자.

리밧〔רִיפַת〕인(창 10:3) 「고멜」의 아들, 노아의 증손자.

리베〔רִיבַי〕인(삼하 23:29) 「베냐민」 지파 사람 「기브아」 출신으로, 다윗의 37용사 중의 한 사람. 「잇대」의 아버지.

리버디노 회당〔Λιβερτινος=자유인〕명(행 6:9) 「폼페이우스」의 전쟁 때 「로마」에 포로로 갔다가 자유인으로 인정을 받고 돌아온 유대인의 무리가 모이는 회당. 「스데반」과 논쟁하였다.

리브가〔רִבְקָה=그물 끈〕인(창 22:23) 「이삭」의 아내. 하나님께 기도하여 쌍둥이를 낳았다. 「에서」와 「야곱」의 어머니로, 「야곱」을 사랑하여 이삭의 축복을 받게 하였다(창 25:28, 27:).

리블라〔רִבְלָה=벌거숭이의 곳〕지(민 34:11) 여호와께서 「모세」에게 약속하신 땅의 동쪽 「하살에논」과 「갈릴리」 호수 중간에 있던 성읍. 「가나안」의 경계.

리비아〔לוּבִים=바다 중심〕지(단 11:43) 「아프리카」의 북부 「애굽」의 서편에 있는 대부분 사막 지대의 국가. ①옛 이름은 「룹」이다(대하 12:2-4). 「구스」와 같이 「애굽」을 도와 「유대」를 쳤다. ② 예수님 당시에는 유대인들이 많이 살았다. ③「오순절」을 지키러 왔다가 성령 강림하는 것과 사도들이 각국 방언으로 말하는 것을 보았다(행 2:10). 2차 대전 후 1956년 「이태리」에서 독립하였다.

리비야 명(행 2:10)→리비아.

리스바〔רִצְפָּה=뜨거운 돌〕인(삼하 3:7) 「아야」의 딸이자 「사울」의 첩으로, 「알모니」와 「므비보셋」을 낳았다. 비극의 여인이다(삼하 21:1-11).

리스위〔יִשְׁוִי=같은 것〕인(삼상 14:49) 「야노힘」의 몸에서 난 「사울」의 아들.

리시아〔רִצְיָא=즐거움〕인(대상 7:39) 「아셀」의 자손으로 「울라」의 아들이며, 족장이다.

리워야단〔לִוְיָתָן=비틀다, 꼬다〕명(사 27:1) 괴물의 이름. 뱀, 용, 악어 등으로 해석하기도 한다.

릭히〔לִקְחִי=한 부분〕인(대상 7:19) 「므낫세」 사람 「시미다」의 아들. 「세겜」의 동생.

린나〔רִנָּה=찬송, 외침〕인(대상 4:20) 「시몬」의 아들로서, 「갈렙」의 조상.

림모노〔רִמּוֹנוֹ〕인(대상 6:77) 「므라리」 자손의 남은 자.

「스불론」 지파 사람.

림몬[1] [명](왕하 5:18) 「수리아」 장군 「나아만」과 「다메섹」왕이 섬긴 우상→바알.

림몬[2] 〔רִמּוֹן=나무 이름, 석류〕 [인](삼하 4:2) 「베냐민」 족속 「에브롯」 사람. 「바아나」와 「레갑」의 아버지.

림몬[3] 〔רִמּוֹן=석류〕[지](수 15:32)

[1] ①「유대」 남부에 있던 「시므온」의 성읍(대상 4:32). 「에느림몬」이라고도 부른다. ②「예루살렘」의 남쪽 「림몬」(슥 14:10). ③「엔림몬」이라고도 불렀다(느 11:29).

[2] 「스불론」의 성읍으로서, 「레위」인의 성읍이 되었다(수 19:13, 대상 6:77).

[3] 600명의 「베냐민」 인이 숨었던 「림몬」의 바위(삿 20:45, 47, 21:13).

림몬 베레스 〔רִמֹּן פֶּרֶץ=림몬신이 부수다〕[지](민 33:19) 광야에 있던 「이스라엘」 백성의 유숙지 「립나」에 가기 전에 머문 곳.

립나 〔לִבְנָה=흰빛〕[지](민 33:20)

[1] 광야에 있는 동안 「이스라엘」 인이 유숙하던 곳.

[2] ①「가나안」 인의 요해 도시로서, 「여호수아」가 점령하여(수 10:29) 「유다」에게 준 땅이다(수 15:42). ②「요시야」 왕의 모친의 고향이다(왕하 23:31).

[3] 「하맛」 지방 「오렌테」 강 동안에 있는 한 성읍으로, 군사 요새지다. ①「바로느고」가 「여호아하스」를 가두었던 곳(왕하 23:32). ②「느부갓네살」이 「시드기야」 왕의 목전에서 그 아들들을 죽이고 ③두 눈을 빼고 귀인들을 죽인 곳이다(왕하 23:33, 25:6, 렘 39:5, 52:9-27).

립니 〔לִבְנִי=향료〕[인](출 6:17)

[1] 「레위」 지파에서 분파된 「립니」 족속의 조상으로, 「라단」이라고도 부른다(민 3:18-21, 대상 23:7).

[2] 「므라리」의 자손인 다른 「레위」인이다(대상 6:29).

릿마 〔רִתְמָה=금작화〕[지](민 33:18) 출애굽한 「이스라엘」 사람들이 광야에서 머문 곳.

릿사 〔רִסָּה〕[지](민 33:21) 「이스라엘」 사람들이 「애굽」에서 나와 광야에서 진 치고 유숙한 곳.

ㅁ

마가〔*Μαρκοδ*=광채나다, 의젓하다〕인(행 12:12) 「라틴」어로 마르카스이다. 「마가」의 「히브리」 이름이 「요한」이므로, 대개 「마가 요한」이라고 부른다. ①신약 성경 제2복음서의 저작자로서, 상당한 재산이 있고 넓은 다락방이 있으므로 예수님께서 최후의 만찬을 이곳에서 가지셨다(눅 22:12-13). ②예수께서 잡혀가실 때 베 홑이불을 쓰고 따라가다가 악당들에게 잡히자 홑이불을 벗어버리고 나체로 도망했다(막 14:51-52). ③예수께서 승천하신 후에 사도와 문도 등 120명이 그 집에서 10일간 기도하는 중에 성령이 임하셨다(행 1:13-15, 2:1, 12:12). ④「바나바」와 「바울」이 흉년 구제금을 가지고 「예루살렘」에 갔다가 돌아올 때에 「마가」를 데리고 「안디옥」에 와서 있었다(행 12:25). ⑤「바울」과 그 외숙 「바나바」를 따라 전도차 「구브로」 섬 「버가」 성까지 갔다가 돌아간고로 「바울」이 무리하게 여겨 제2차 선교 여행시에는 데리고 가기를 원치않아 「바나바」가 따로 데리고 「구브로」로 갔다(골 4:10, 행 13:13, 15:, 36:40). ⑥「바울」과 함께 전도하다가 옥에 갇혔다(골 4:10) ⑦「베드로」와 함께 「바벨론」에 가서 전도하였다(벧전 5:13). ⑧「바울」이 두 번째 옥에 갇혔을 때는 「디모데」와 같이 「서아시아」의 「에베소」에서 전도한 듯하다(딤후 4:11). ※ 초대 교부의 전설에 의하면 그는 「베드로」의 동행자로 「베드로」가 「아람」 어로 설교하면 「마가」는 「희랍」 어와 「라틴」 어로 통역하였으며, 「베드로」의 비서로 통신 사무를 담당하였다고 한다. 주후 64년 「베드로」가 순교당한 후에 그는 「애굽」으로 가서 전도하였으며 마침내 「알렉산드리아」 교회를 세우고 전도하다가 순교하였다 한다. 4월 25일은 마가의 기념일이다.

마가단〔*Μαγαδά*=망대〕지(마 15:39) ①「갈릴리」 해 「가버나움」에서 4천명을 먹이신 후, 이곳에서 쉬셨다(마 15:39). ②「막달라 마리아」의 거주지(마 27:56). 영문 성경에는 「막달라」라고 하였다.

마가복음 [명](막) 「바울」과 「바나바」와 함께 전도한 마가의 기록으로, 신약 제2권 째 성경이다. 로마인을 위하여 기록된 것으로 알려져 있다. 그리스도를 하나님의 종으로 묘사하였다. 섬기려 오신 그리스도의 사역을 기록하였고, 곧 이란 말을 40회나 사용하였다.

마가스〔מָקַץ＝먼 곳〕[지](왕상 4:9) 「세벨라」에 있던 성읍. 「솔로몬」 행정구 12중 제2구 군량을 두었던 곳.

마게도냐〔*Μακεδόα*＝숭배〕[지](행 16:9) 「헬라」 북반부 「빌립보」, 「데살로니가」, 「뵈뢰아」 등이 모두 그 지방이다. ②「로마」에게 멸망당하고, 네 지방으로 분할되었다(행 16:12). ③「바울」이 그 지방에 와서 「네아볼리」, 「빌립보」, 「아볼로니아」, 「데살로니가」, 「뵈뢰아」 등에 교회를 설립하였다(행 16:19).

마곡[1]〔מָגוֹג＝확장〕[인](창 10:2) ①「야벳」의 둘째 아들(창 10:2, 대상 1:5). ②「에스겔」은 「곡」을 「마곡」 땅의 왕이라 하고, 「메섹」과 「두발」의 임금이라 하였다(겔 38:2, 39:6). ③「곡」과 「마곡」이 사탄에게 유혹되어 최후 전쟁할 것을 상징적으로 표시하였다(계 20:8-10).

마곡[2]〔מָגוֹג〕[지] 「마곡」의 후손들이 살던 곳. 아시아 북쪽.

마골밉사빕〔מָגוֹר מִסָּבִיב〕[인](렘 20:3) 「예레미야」를 거짓 선지자라고 괴롭힌 성전 제사장 「바스훌」에게 상징적으로 붙인 이름.

마광〔磨光；갈 마, 빛 광〕[명](사 49:2) 옥이나 돌 등을 갈아서 광을 냄. burnishing.

마구〔馬廐；말 마, 마구간 구〕[명](눅 13:15) 말을 기르는 곳. 마구간. stall.

마귀〔魔鬼；마귀 마, 귀신 귀〕[명](신 32:17) 사단의 부하, 악귀를 부리는 자. 요사스럽고 못된 잡귀의 총칭. devil.

마귀적〔魔鬼的；마귀 마, 귀신 귀, 적실할 적〕[형](약 3:15) 마귀에 속한, 마귀의 상태를 이룬 것을 나타냄. demonic.

마기〔מָכִי＝상심하는 것〕[인](민 13:15) 「가나안」 땅을 탐지하려 보낸 「갓」 지파의 족장. 「그우엘」의 아버지.

마길[1]〔מָכִיר＝판다〕[인](창 50:23). [1]①「므낫세」의 장자(수 17:1). ②그 족속은 「마길」 족속이며 싸움을 좋아하였다(삿 5:14). ③「아모리」 사람의 「길르앗」을 점령하였다(민 32:39, 수 13:31). ④「마김」은

「길르앗」의 아비라고 하였으나(민 26:29), 관사(冠詞)가 있는 것을 보아(수 17:1) 지명이라고 해석해야 옳을 것이다.

[2] 「요단」 동쪽 「로드발」(Lodebal)의 주민 「암미엘」의 아들이며, 「사울」 왕가가 몰락한 후 「이스보셋」과 「므비보셋」을 보호하였다. 또 「압살롬」에게 쫓겨난 「다윗」 왕을 원조하였다(삼하 17:27).

마길[2] 〔מָכִיר=판다〕[지](삿 5:14) 여사사 「드보라」가 시로써 「마길」에서 다스리는 자들이 내려왔다고 노래하였다.

마나엔 〔$\mu\alpha\nu\alpha\eta\nu$=위로자〕[인](행 13:1) 「바나바」와 「바울」과 더불어 「안디옥」 교회를 섬긴 교사이다. 「헤롯 안디바스」의 젖동생이었다고 한다. 그는 「헤롯」이 왕이 되리라고 예언했으며, 왕궁에서 총애를 받았다고 한다.

마나핫[1] 〔מָנַחַת=샘물〕[인](창 36:23) 「호리」 족속 「호발」의 아들.

마나핫[2] 〔מָנַחַת=휴식함〕[지](대상 8:6) 「유대」 지경에 있는 성읍으로, 「베냐민」 족속 중 일부가 이곳으로 이주하였다.

마네 [명](왕상 10:17) 귀금속의 무게 단위 약 570g, 「바벨론」에서는 60세겔에 해당된다. 에스겔 45장 12절에는 50세겔이 한 마네. 신약의 므나와 같이 본다(눅 19:3).

마노 〔瑪瑙;옥돌 마, 화반석 노〕[명](대상 29:2) 석영·담백석·옥수의 혼합물. 단석, 문석. agate.

마노아 〔מָנוֹחַ=휴식〕[인](삿 13:2) 「삼손」의 아버지. ①그가 들에 있을 때 「삼손」 출생을 주의 사자가 예고(삿 13:13-33). ②부부가 「삼손」이 「블레셋」 여자 취하는 것을 반대하였다(삿 14:2-4).

마늘 [명](민 11:5)〈식〉 백합과에 속하는 식물. 줄기를 먹을 수 있고 뿌리는 양념으로 사용된다. garlic.

마당 [명](창 50:11) 집 앞이나 뒤, 어느 일정한 곳에 평평하고 단단하게 다져 놓은 땅. garden.

마당질 [명](삼하 24:22) 기구를 쓰거나 두드리어서 곡식의 이삭을 터는 일. 타작, 탈곡. threshing.

마대 〔מָדַי=측량〕[인](창 10:2)

「노아」의 손자. 「야벳」의 셋째 아들.

마돈〔מָדוֹן=다툼〕지(수 11:1) 「가나안」의 한 성읍. 부족 나라.

마드렛〔מַטְרֵד=고통〕인(창 36:39) 「하달」 왕의 처 「므다벨」의 어머니. 메사합의 손녀.

마드리〔מַטְרִי=하나님의 비〕인(삼상 10:21) 「베냐민」 지파의 가족. 「사울」의 가문.

마디 명(삿 19:29) ①대, 나무, 갈대 등의 줄기에서 잎이나 가지가 나는 동그랗고 잘록한 부분. ②길다란 물체에서 같은 간격으로 볼록 도드라지거나 잘록 들어간 곳. knot. ③맞닿은 곳. 뼈마디. 관절. joint. ④말이나 글 또는 노래 곡조의 한 토막. a phrase.

마땅하다 형(신 12:2) ①어떤 행동이나 대상 등이 일정한 조건에 맞게 어울리다. suitable. ②마음에 들어 좋다. satisfactory. ③이치나 형편에 맞아 옳다. 당연하다. deserved.

마라[1]〔מָרָא=괴롭다〕인(룻 1:20) 「나오미」가 자기를 부른 이름. 인생의 괴로움을 묘사하였다.

마라[2]〔מָרָה=쓰다〕지(출 15:23) ①「모세」가 물을 달게 만든 샘의 이름. ②「홍해」를 건넌 후 「이스라엘」이 처음 숙소로 정했던 곳(민 33:8-9). ③「수에즈」 운하에서 9km 지점. 지금의 「아윤무사」(모세의 샘)과 같은 곳으로 여긴다. 이 샘물은 검은 색을 띠고 있으며 마시면 속이 메슥하고 구토하게 된다고 한다.

마랄라〔מַרְצֲלָה=두려워함〕지(수 19:11) 「스불론」 지파의 경계를 이루고 있던 성읍.

마레사[1]〔מָרֵאשָׁה=소유〕인(대상 2:42) 「갈렙」의 손자요, 「헤브론」의 아버지.

마레사[2]〔מָרֵאשָׁה=소유〕지(수 15:44) ①「유대」 평지 「세벨라」에 있던 난공 불락의 성읍. ②선지자 「미가」는 이 「마레사」 인을 견책하였다(미 1:15). ③「르호보암」이 요새를 쌓음(대하 11:8). ④「아사」가 여기서 「이디오피아」의 「세라」의 군대와 싸워 승리했다(대하 14:8). ⑤선지자 「엘리에셀」의 출생지(대하 20:37).

마롯〔מָרוֹת=쓴 것〕지(미 1:12) 「유다」 평지에 있던 성읍.

마루 명(왕상 6:15) ①집채 안이나 그 밖의 곳에 바닥과 사이를 두고 널빤지를 깔아 놓은 칸(間). floor. ②길게 등성이가 이루어진 지붕이나 산의 꼭대기. ridge.

마루턱 명(삼하 15:32) 산마루

나 용마루에 두드러진 턱. ridge.

마르다[1] [타](창 8:7) ①물기가 날아가 없어지다. dry. ②살이 빠지다. ③점점 줄어들어 없어지다.

마르다[2] 〔*Μάρθα*＝숙녀〕[인](눅 10:38) ①「나사로」의 누이이며 「마리아」의 언니로, 「베다니」에서 살았다(요 11:1). ②동생 「마리아」와 함께 예수님을 지극히 공경하였으며 활동적인 여자였다. 예수께서 그 집에 오셨을 때 너무 대접하기에만 서둘렀기 때문에 간곡히 훈계하셨다(눅 10:41-42). ③「시몬」의 집에서 잔치가 있을 때는 잠자코 기쁘게 봉사하였다(요 12:1-3). ④문둥이 「시몬」의 아내인 듯하다(마 26:6, 요 12:2).

※ 그가 살던 집터가 「베다니」에 지금도 남아 있다.

마르스나〔מַרְסְנָא〕[인](에 1:14) 「아하수에로」 왕의 잔치에 초대받은 「바사」와 「메데」의 일곱 방백 중 하나.

마리 [명](민 15:11) 동물이나 물고기를 헤아리는 말.

마리아〔*Μαριάμ*＝높다〕[인](마 1:16) 「히브리」 어로 「미리암」이다.

[1] 예수의 모친 「마리아」. ①「요셉」과 약혼하고 동거하기 전에 성령으로 잉태하였다(눅 1:27). ②약혼자 「요셉」의 관대한 이해로 파혼당하지 않고 해산할 날을 기다리다가 때마침 국세 조사가 있어 「요셉」과 함께 「베들레헴」에 갔다가 「예수」를 낳았다(눅 2:1). ③「헤롯」 왕의 유아 학살을 피하여 「애굽」으로 피난갔었다(마 2:13). ④「헤롯」이 죽은 후에 「나사렛」으로 돌아왔다(마 2:19). ⑤「마리아」는 평소 예수의 인격의 신뢰성에 유의하고 있었다(눅 2:51, 요 2:10-12). ⑥예수 12세 때 유월절을 지키러 「예루살렘」에 갔다가 예수를 잃고 찾느라고 애썼다(눅 2:44-45). ⑦「가나」 혼인 잔치에 예수와 같이 갔다(요 2:3-5). ⑧다른 아들들을 데리고 예수를 만나러 갔다가 당한 일(마 12:40-50). ⑨예수가 십자가에 못 박힘을 목도함(요 19:25-27). ⑩예수 떠난 후 「요한」의 봉양을 얼마 동안 받았다(요 19:27). ⑪「마가」의 다

나사렛에 있는 마리아의 우물

락방에 120문도가 모였을 때 참예함(행 1:14).

[2]「막달라 마리아」. ①「갈릴리」 호수 서쪽「막달라」 지경에 사는 여자로서 일찍이 일곱 사귀에 들렸던 것을 예수에게 고침을 받고 주를 따르게 되었다(누 8:2-3). ②예수의 십자가를 끝까지 지켰다(요 19:25). ③예수의 무덤을 지켜보았다(막 15:47). ④예수의 시체에 바를 향유를 가지고 새벽에 예수의 무덤에 가서 부활하신 예수님을 만나고 이 사실을 제자들에게 전하였다(막 16:9, 요 20:11-18).

[3]「마르다」의 동생 「마리아」. 「베다니」에 사는 「마르다」의 동생이며 「나사로」의 누이였다(요 11:1). 활동적인 언니 「마르다」에 비해 조용한 성격이며 예수의 교훈 듣기를 좋아하고 잘 이해하였다.

[4]「야곱」과 「요셉」의 어머니 「마리아」. ①예수를 섬긴 여자의 이름 중에 기록되어 있으며 끝까지 십자가 앞에 있었다(마 27:55). ②「글로바」의 아내와 동일시되어 있다(요 19:25). ③그는 「막달라 마리아」와 같이 예수의 장례를 목도하였다(막 15:47). ④부활의 아침에도 무덤에 같이 갔었다(막 16:1).

[5]「요한 마가」의 모친 「마리아」. ①그 집은 「예루살렘」에 있었으며 그리스도인의 집회 장소가 되었다(행 12:12). ②「마가」는 「바나바」의 조카이므로 「마리아」와 「바나바」는 남매 간이었을 것이다(골 4:10).

[6]「바울」이 문안한 「마리아」. 「로마」에 살던 한 신자(롬 16:6).

마문〔馬門;말 마, 문 문〕[명](대하 23:15) 「예루살렘」의 성문으로 「기드론」 골짜기로 통하는 문. 왕족들의 말의 출입구. horse gate. 「느헤미야」가 이 성문을 복원하였다.

마므레[1]〔מַמְרֵא〕[인](창 14:13) 「아모리」 사람의 추장이며 「아브라함」의 동맹자.

마므레[2]〔מַמְרֵא=강한〕[지](창 13:18) 「헤브론」 북쪽의 땅. 「아브라함」은 이곳에서 장막을 치고 살았다(창 14:13, 18:1). 「막벨라」 뒤에 위치했으며 「이삭」이 산 곳이기도 하다.

마병〔馬兵;말 마, 병사 병〕[명]

(출 14:9) 말을 타고 싸우는 군인. 기병. cavalry.

마병대〔馬兵隊; 말 마, 병사 병, 떼 대〕명(사 21:7) 말을 타고 싸우는 부대. 기병대. cavalry squadron.

마살〔מָשָׁל = 간청〕지(대상 6:74) 「아셀」 지파의 성읍이었으나, 「레위」 사람의 성읍.

마세야〔מַחְסֵיָה = 피난처는 여호와시다〕인(렘 32:12) 「바룩」의 할아버지이며, 「네리야」의 아버지.

마술〔魔術; 마귀 마, 꾀 술〕명(나 3:4) 요술. 사람의 눈을 흐리게 하는 야릇한 술법. witch craft.

마술사〔魔術師; 마귀 마, 꾀 술, 스승 사〕명(사 8:19) 마술을 업으로 삼는 사람. 요술쟁이. juggler.

마스〔מַשׁ = 끌어내다〕인(창 10:23) 「셈」의 손자이며 「아람」의 넷째 아들.

마스길명(시 32:제목) 교훈.

마스레가〔מַשְׂרֵקָה = 좋은 포도밭〕인(창 36:36) 「에돔」을 다스리던 「삼라」의 고향(대상 1:47).

마아가[1]〔מַעֲכָה = 억누르다, 압제〕인(창 22:24).

1「아브라함」의 동생 「나홀」이 그 첩 「르우마」에게서 낳은 아들.

2「그술」 왕 「달매」의 딸로서, 「다윗」의 아내가 되어 「압살롬」을 낳았다(삼하 3:3, 대상 3:2).

3①「압살롬」의 딸이며 「르호보암」의 아내(왕상 15:2, 대하 11:20). ②「유대」 왕 「아사」의 어머니(왕상 15:2, 10, 13). ③「아사」 왕 때 우상 숭배에 빠졌기 때문에 폐위되었다(왕상 15:13).

4「가드」 왕 「아기스」의 아버지(왕상 2:39). 「마곡」이라고도 부른다(삼상 27:2).

5「아사」 왕의 모친(대하 15:16).

6「기브온」 사람 「여이엘」의 아내(대상 8:29).

이 외에도 여럿이 있다.

마아가[2]〔מַעֲכָה〕지(삼하 10:6) 「헬몬」산과 「그술」(Geshur) 사이. 「갈릴리」 호수와 「요단」 상류의 동쪽에 있는 「아람」의 작은 나라. ①「마아갓」 족속이 살고 있었다(신 3:14). ②「다윗」의 30용사 중 「엘리벨」의 고향(삼하 10:6, 23:34, 대상 19:6). ③오랫동안 독립을 유지하였다(수 13:13). ④그들은 「암몬」 사람과 동행하여 「다윗」 왕에게 대적하였다(삼하 10:6, 대상 19:6).

마아갓〔מַעֲכָתִי〕지(신 3:14) 「마아가」 국의 영토 전역. 주민 중 「아람」 인을 「마아갓」 인이라 부른다. 오랫동안 독립을 유지하였다(수 13:13).→「마아가」.

마아대〔מַעֲדַי=상쾌한 것〕[인](스 10:34)「바니」자손 중 하나.

마아댜〔מַעַדְיָה=상쾌한〕[인](느 12:5)「바벨론」에서「예수아」와「스룹바벨」과 함께 돌아온 제사장의 한 사람.

마아랏〔מַעֲרָת=평지〕[지](수 15:59)「유대」남부의 성읍인데「마롯」과 같은 곳.

마아새〔מַעֲשַׂי=주의 일〕[인](대상 9:12)「아디엘」의 아들이요, 제사장이다.

마아세야〔מַעֲשֵׂיָה=여호와의 역사〕[인](대상 15:18)

[1]「오벧에돔」의 집에서 옮겨올 때 악사로 예식에 참여했던「레위」인(대상 15:18-20).

[2]「요아스」왕의 즉위를 협력한 백부장(대하 23:1).

[3]「유대」왕「아하스」의 아들로「에브라임」의 용사「시그리」에게 피살되었다(대하 28:7).

[4]「요시야」왕 때「예루살렘」성전 수리 감독관(대하 34:8).

[5]「에스라」가 율법을 낭독할 때 그 우편에 섰던 제사장(느 8:4).

이 외에 12인이 더 있다(대하 26:11, 스 10:18, 느 3:23, 8:7, 10:25, 11:5, 7, 12:11, 렘 29:21, 32:12, 35:4).

마아스〔מַעַץ=성내는 자〕[인](대상 2:27)「여라므엘」의 손자이며,「람」의 아들.

마아시야〔מַעַזְיָה=여호와의 구원〕[인](대상 24:18)

[1]「다윗」시대 제24반 제사장.

[2] 계약에 조인한 대표자 제사장(느 10:8).

마앗〔*Maάθ*=끊는 것〕[인](눅 3:26)「예수」의 족보 중 한 사람.

마애〔מָעַי=불쌍히 여기는 자〕[인](느 12:36) 예루살렘 중수 때「레위」사람으로 악대원.

마옥〔מָעוֹךְ=압제하는 자〕[인](삼상 27:2)「가드」왕「아기스」의 아버지.

마온〔מָעוֹן=주민〕[지](수 15:55)

[1] ①「갈멜」,「십」과 함께 기록되어 온「유대」고을(수 15:55). ②「나발」의 고향(삼상 23:1). ③「다윗」이 은신하였던 곳(삼상 23:24, 25:1).

[2]「이스라엘」을 대적한「마논」사람(삿 10:12)은 아마도「패트라」의 동남쪽 순례자 가도에 있는 지금의「마안」의 주민이었을 것이다.

마을 명(마 14:15) 여러 집이 모여 사는 곳. 촌락. 동리. 동네. village.

마음 명(창 6:5) ①심령. spirit. ②의식, 감정, 생각 따위의 정신적인 작용의 총체. mind. ③시비 선악을 판단하는 힘. mentality. ④기분. 느낌. mood. ⑤뜻. 의지(意志). 속. will. ⑥인정(人情). consideration. ⑦성의(誠意).

마음먹다 타(고전 4:6) 무엇을 하겠다는 뜻이나 생각을 가지다.

마음 판〔~板;널 판〕명(잠 3:3) 심령. spirit.

마주 부(창 15:10) 서로 똑바로 향하여. opposite.

마주치다 자(삼하 18:9) ①서로 정면으로 부딪치다. collide. ②눈길이 서로 맞다. meet with. ③뜻하지 않게 만나다. meet (face) with. ④어떤 처지나 경우에 부닥치다.

마지막 명(삼하 23:1) 시간상으로나 순서상으로 맨 끝. last. 최후.

마지막 날 명(요 6:39) 예수님이 재림하는 날. 세상 끝날. 심판날.

마지못하여 형(행 28:19) 긴하지 아니하거나 마음에는 없으나 사정에 의하여 그렇게 아니하려야 아니할 수 없다. 부득이하다. unavoidably.

마지아니하다 조동(전 4:8) 소망이나 의지를 나타내는 동사 밑에 붙어, 충심으로 그렇게 함을 강조할 때 쓰는 말. cannot help ~ing.

마차〔馬車;말 마, 수레 차〕명(왕상 18:44) 말이 끄는 수레. carriage.

마치[1] 부(신 2:22) 비유하는 말 앞에 쓰며 '바로', '영락없이', '거의 비슷하게' 등의 뜻을 나타냄. as if.

마치[2] 명(사 41:7) ①두드리거나 박는 데 쓰는 쇠로 만든 작은 손연장의 일종. 쇠뭉치에 자루가 달려 있음. a small hammer. ②→망치.

마치다 자(창 2:2) 마지막으로 끝나다. finish. 타 마지막으로 끝내다.

마침 부(창 19:1) ①어떤 기회에 알맞게. luckily. ②공교롭게도 바로. just in time.

마침내 부(창 12:5) 마지막에는, 급기야. 필경. 드디어. 기어이. at last.

마태〔*Μαθθαίος*=하나님의 선물〕인(마 9:9) 12사도 중 하나. 마태복음의 저자이다. ①본명은 「레위」(막 2:14, 눅 5:27). ②부친은 「알패오」

ㅁ

(막 32:2). ③세관에서 일을 보던 중 예수님의 부르심을 받아 곧 주를 따랐다(마 9:9, 막 2:14, 눅 5:27). ④나중에 사도가 되었다(마 10:3, 막 6:15, 행 1:13).

마태복음 명(마) 신약의 첫번째 성경이다. 세리로서 예수님의 제자가 된 「마태」의 기록으로, 구약 성경을 60회 이상 인용하여 예수님께서 메시아이심과 왕 되심을 증명하였다. 율법의 완성과 그리스도인의 실제 생활의 원리를 가르쳤고 천국에 대하여 보여준다. 「유대」인들이 그리스도를 거절하였으나 성경(예언) 대로 이루어진 구속사역의 완성과 그리스도인의 참 임무를 부여하고 있다(마 28:19-20).

마필〔馬匹; 말 마, 짝 필〕명(사 2:7) 말. horse.

마하나임〔מַחֲנַיִם=하나님의 군대, 천사의 두 무리〕인(창 32:2) ①「야곱」이 하나님의 사자를 만났던 곳. ②「레위」인의 성읍(수 13:26, 21:38). ③「사울」의 아들 「이스보셋」 왕국의 도성이 되었다(삼하 2:8). 「압살롬」 반란시 「다윗」의 근거지(삼하 17:24). ④이곳 여자들은 춤을 잘 추었다. 현재의 「마하네」 부근으로 알려져 있다.

마하낫〔מָנַחְתִּי〕인(대상 2:54) 「마나핫」을 한글 성경에 잘못 옮긴 것이다. →마나핫.

마하네단〔מַחֲנֵה־דָן=단의 진영〕지(삿 13:25) ①「길르앗야림」 서쪽에 있었다고 하며 「삼손」이 감동받은 곳. ②「단」 지파의 가족 600명이 「블레셋」 인에게 쫓겨서 「팔레스틴」 북쪽으로 이동하였을 때의 진지(삿 18:13).

마하래〔מַהֲרַי=급하고 맹렬함〕인(삼하 23:28) 「세라」 족속 「느도바」 사람으로, 「다윗」의 30용사 중의 한 용사.

마하시옷〔מַחֲזִיאוֹת=관찰력〕인(대상 25:4) 「레위」 자손 「헤마」의 아들로 「다윗」 왕 때 나팔수의 한 사람. 그는 14형제 중 막내. 그리고 12인의 자식을 두었다.

마하위〔מַחֲוִים〕지(대상 11:46) 「엘리엘」과 「엘리암」의 출신지.

마할랄렐〔מַהֲלַלְאֵל=하나님을 찬양하다〕인(창 5:12)

1「아담」의 5대 손(눅 3:37).

2「예루살렘」 때 「유다」의 자손(느 11:4).

마할랏〔מַחֲלַת=동정심〕인(창 28:9)

1「에서」의 처 「이스마엘」의 딸.

2「르호보암」의 처로서, 「다

윗」의 아들 「여리못」의 딸 (대하 11:18).

마핫〔מַחַת = 물리치다〕인(대상 6:35)

1「사무엘」의 조상.

2「히스기야」 시대 「레위」 사람(대하 31:13).

마헬살랄하스바스〔מַהֵר שָׁלָל = 급히 빼으리라〕인(사 8:1) 「다메섹」과 「사마리아」에 비운의 날이 올 것을 나타내기 위하여 「이사야」의 둘째 아들의 상징적 이름.

마홀〔מָחוֹל = 쇠약한 것〕인(왕상 4:31) 지혜가 많은 「헤만」, 「갈골」, 「다르다」 세 현인의 아버지.

마흘리〔מַחְלִי〕인(출 6:19)

1「므라리」의 아들로, 「레위」 족속의 족장(민 3:20, 33, 대상 6:19).

2「무시」의 아들 「레위」 자손의 족장(대상 23:23, 24:30).→「말리」.

막〔幕: 장막 막〕명(출 26:7) 천이나 가죽으로 비바람을 가릴 정도로 지은 집. hut. 천막.

막게다〔מַקֵּדָה = 목자의 숙소〕지(수 10:10) 「세벨라」에 있던 「가나안」 사람의 성읍. ①「여호수아」가 「가나안」 5명의 왕을 여기까지 추격해 가서 굴에 숨어 있는 것을 죽였다. ②점령 후에는 「유대」의 영토가 되었다(수 10:16, 15:41).

막나드배〔מַכְנַדְבַי = 무엇이 하나님의 너그러움과 같은가〕인(스 10:40) 「바벨론」에서 돌아온 「바니」 자손의 하나.

막다 타(창 6:14) ①통하지 못하게 하다. stop. ②앞이 트이지 않도록 둘러싸다. wall up. ③어떤 행동을 못하게 하다. 말리다. block. ④어떤 현상이 일어나지 못하게 하다. prevent. ⑤버티어 지키다. defend. ⑥어떤 일을 미치지 못하게 하다. prevent. ⑦끝을 맺다. close.

막달라〔*Μαγδαληνή* = 탑〕지(마 27:56) 「마리아」의 출신지로 알려져 있다→「마가단」.

막대 명(삼하 23:21) 막대기.

막대기 명(레 27:32) 기름하고 가는 나무나 대의 토막. stick.

막데스〔מַכְתֵּשׁ = 죽음의 무더기〕지(습 1:11) 「예루살렘」의 한 지명. 상인들이 살던 곳.

막디엘〔מַגְדִּיאֵל = 하나님의 선물〕인(창 36:43) 「에서」의 후손으로 한 족속의 족장.

막반내〔מַכְבַּנַּי = 튼튼한〕인(대상 12:13) 「갓」 사람 중에서 「다윗」 왕에게 돌아온 11용사 중의 한 사람.

막베나〔מַכְבֵּנָא = 사슬, 혹〕지(대상 2:49) 「팔레스틴」에

ㅁ

있었던 지방 이름. 「갑본」과 같은 곳.

막벨라〔מַכְפֵּלָה=두겹의 땅〕지 (창 23:9) ①「아브라함」이 자기와 가족들의 무덤을 삼으려고 「헷」 족속 「에브론」에게서 산 땅(창 23:17-18). ②「아브라함」, 「이삭」, 「리브가」, 「레아」, 「야곱」이 다 여기서 매장하였다. 현재는 그 위에 회교의 사원이 있다.

막비스〔מַגְבִּישׁ=강하게 하는 것〕지(스 2:30) 「바벨론」 포로에서 돌아온 가족, 그들은 156명이나 되었다.

박비아스〔מַגְפִּיעָשׁ=회집〕인 (느 10:20) 「바벨론」에서 돌아와 성문 계약에 조인한 대표자 중 한 사람.

막심하다〔莫甚~;말 막, 매우 심〕형(시 119:107) 더할 나위 없이 몹시 심하다. tremendous.

막헬롯〔מַקְהֵלוֹת=백성들이 모이는 곳〕지(민 33:25) 광야에 있었던 한 지방으로 출애굽 한 「이스라엘」 백성이 머문 곳.

막히다 자(벧전 3:7) ①어려운 문제에 부딪혀 진행이 순조롭지 않거나 잘 풀려지지 아니하다. be stuck for. ②꼼짝 못하게 죄어들어 하려던 것을 못하게 되다. be stopped.

만고〔萬古;일만 만, 옛 고〕명 (유 25) ①오랜 옛날. perpetuity. ②한없는 세월. eternity.

만국〔萬國;일만 만, 나라 국〕명 (신 28:25) 세계의 모든 나라. all nations.

만국인〔萬國人;~사람 인〕명 (욥 1:16) 이 세상 모든 나라의 사람. all nations people.

만군〔萬軍;일만 만, 군사 군〕명 (삼상 1:3) 많은 군사. thousands of troops.

만기〔滿期;찰 만, 기약할 기〕명 (삼상 18:26) 기한이 참.

만나 명(출 16:31) 「이스라엘」 백성이 출애굽하여 광야에서 먹은 양식. 서리 같이 고운 가루(민 11:7-8), 은혜로 주신 식량.

만나다 자타(창 4:14) ①오거나 가서 마주 대하여 보다. meet. ②때를 당하다. be time for. ③무슨 일을 당하다. suffer. ④인연으로 어떤 관계를 맺게 되다.

만대〔萬代;일만 만, 대신 대〕명 (사 41:4) 아주 오랜 세대. all-ages.

만들다 타(창 1:7) ①힘이나 기술 등을 들여서 목적하는 사물이나 그 무엇을 이루다. make. ②글, 문서 따위를 짜서 짓다. compose.

만류〔挽留;당길 만, 머무를 류〕명(창 24:56) 붙잡고 말림.

detention.

만만〔萬萬;일만 만, 일만 만〕명(신 33:17) 만에 만을 곱함과 같이 아주 많은 수를 말함. 무한정의 큰 수.

만 명〔萬名;일만 만, 이름 명〕명(삼하 18:3) 일만 명의 사람. 다수의 사람.

만물〔萬物;일만 만, 만물 물〕명(창 2:1) 이 세상에 있는 모든 것. 수많은 물건. all creations.

만민〔萬民;일만 만, 백성 민〕명(창 18:18) 모든 백성. 모든 사람. the whole nation.

만민중〔萬民中;일만 만, 백성 민, 가운데 중〕명(사 63:3) 온 백성 가운데.

만방〔萬邦;일만 만, 나라 방〕명(대상 16:28) 여러 나라. 모든 나라. all countries.

만사〔萬事;일만 만, 일 사〕명(삼하 23:5) 온갖 일. 모든 일. all things.

만삭〔滿朔;찰 만, 초하루 삭〕명(욥 39:2) 아이 낳을 달이 참. 또는 그 달. the month of parturiency.

만삭되지 못하여 난 자 명(고전 15:8) 아이 낳을 달을 채우지 못하고 난 사람. 조산아. 또는 유산된 아이. untimely birth.

만상〔萬象;일만 만, 코끼리 상〕명(시 33:6) 모든 물건의 드러난 형상. all visible things. 만유(萬有).

만세[1]〔萬世;일만 만, 인간 세〕명(시 45:17) 영원한 세월. 아주 오래된 시대. all ages.

만세[2]〔萬歲;일만 만, 해 세〕명(삼성 10:24) ①만년(萬年). ②영원히 삶.

만세수〔萬歲壽;일만 만, 해 세, 목숨 수〕명(왕상 1:31) 오랜 세월을 삶. 장수.

만세전〔萬歲前;일만 만, 해 세, 앞 전〕명(잠 8:23) 영원 전. 세상이 있기 전. before the world began.

만안〔萬安;일만 만, 평안 안〕명(스 5:7) 매우 편안함. peacefulness.

만왕〔萬王;일만 만, 임금 왕〕명(시 72:11) 수많은 왕. kings.

만유〔萬有;일만 만, 있을 유〕명(대상 29:11) 이 세상에 있는 모든 물건. 만상. all things under sun.

만인〔萬人;일만 만, 사람 인〕명(시 91:7) 매우 많은 사람. 헤아릴 수 없는 사람. everyone.

만일〔萬一;일만 만, 한 일〕명(창 18:26) ①행여나 하는. ②만 가지 가운데 하나 정도로 아주 적은 양.

만주의 주〔萬主~主;일만 만, 임금 주〕명(딤전 6:15) 예수 그리스도. 많은 임금 중의 임금. 참된 임금.

만지다 [타](창 3:3) ①여기 저기 손을 대어 주무르거나 문지르다. finger. ②다루거나 손질하다. handle.

만찬〔晩餐;저녁 만, 밥 찬〕[명](고전 11:20) ①하루 중의 중요한 식사를 가리키며, 손님을 초대한 저녁 식사. supper. ②최후의 만찬. last supper

만찬석〔晩餐席;저녁 만, 밥 찬, 자리 석〕[명](요 21:20) 저녁 식사를 베푼 자리.

만큼 [명](창 3:6) 앞 말과 거의 같은 수량이나 정도 as…as. [조] 거의 같은 한도를 나타내는 조사.

만홀〔漫忽;교만할 만, 문득 홀〕(사 1:4) 등한하고 소홀함. carelessness.

만회〔挽回;당길 만, 돌아올 회〕[명](대하 36:16) 바로 잡아 회복함. recovery.

많다 [형](창 13:6) 사물의 수효나 분량 정도가 어느 표준을 넘다. 적지 않다. many.

맏 [명](마 22:25) 차례의 첫 번. eldest.

맏딸 [명](삼상 14:49) 맏이가 되는 딸, 큰 딸, 장녀. first daughter.

맏물 [명](신 26:2) 곡식, 과일, 원두, 푸성귀, 해산물 등에서 그 해 들어 제일 먼저 거두어들인 것. 햇것. 선출(先出).

맏아들 [명](창 22:21) 맏이가 되는 아들. 장자. 장남. first son.

맏이 [명](마 22:25) 여러 형제나 자매 중 가장 손위. eldest.

맏형〔~兄;맏 형〕[명](욥 1:13) 제일 윗 형. eldest brother.

말[1] [명](창 3:17) 사람의 뜻과 생각을 나타내는 소리. language. 언어. 언사.

말[2]〔末;끝 말〕[명](창 42:15) 끝을 나타내는 말. end.

말[3] [명](창 47:17)〈동〉 말과에 속하는 짐승을 모두 일컬음. horse. 힘이 세고 잘 달린다.

말[4] [명](잠 20:10) 곡식, 액체, 가루 따위의 분량을 되는데 쓰는 그릇. 그 수의 양. 되의 열 갑절.

말감[1]〔מַלְכָּם =저희의 왕〕[인](대상 8:9) 「베냐민」 지파 「사하라임」의 아들.

말감[2]〔מַלְכָּם =저희의 왕〕[명] 「암몬」 사람이 섬기는 우상. 밀곰, 몰렉과 같다(렘 49:1).

말갛다 [형](왕상 14:10) 조금도 다른 것의 섞임이 없이 맑다. pure.

말거리 명(시 44:14) ①말썽거리. ②이야기의 재료. topic.

말게 하다 타(고전 4:6) 하지 못하도록 막다.

말고〔*Μάλχος*=권고자, 왕의 권세〕인(요 18:10) 대제사장의 종으로, 예수님을 잡으러 「겟세마네」에 온 무리들에 끼어 있다가 「베드로」의 칼에 귀를 잘리었다. 예수님께서 고쳐 주셨다.

말굴레 명(계 14:20) 말에 씌우는 굴레. 목에서 고삐에 걸쳐 얽은 줄. bridle.

말굽 명(창 49:17) 말의 발톱. horse-hoof.

말굽 소리 명(삿 5:22) 말이 걸을 때 내는 소리.

말기람〔מַלְכִּירָם=우리 왕은 높다〕인(대상 3:18) 「여호야김」의 손자이며, 사로잡혀간 「여고냐」의 아들.

말기수아〔מַלְכִּישׁוּעַ=여호와는 부요하다〕인(삼상 14:49) 「사울」 왕의 아들. 「요나단」의 동생.

말기야〔מַלְכִּיָּה=나의 왕은 야웨〕인(대상 6:40)

1 「레위」 지파 「게르손」 족속 「시므이」의 아버지.

2 제사장으로, 「바스훌」의 아버지(렘 38:1).

3 「아론」의 자손으로, 「다윗」 시대 제5반차 성전 봉사자(대상 24:9).

4 왕의 아들이요, 「예레미야」를 던졌던 구덩이의 주인(렘 38:6).

말기엘〔מַלְכִּיאֵל=하나님은 나의 왕〕인(창 46:17) 「아셀」의 자손으로 「말기엘」 인의 조상(민 26:45, 대상 7:31).

말다툼 명(딤후 2:14) 말로써 옳고 그름을 가리는 다툼. 말시비. 입다툼. 언쟁. 말싸움. dispute.

말뚝 명(출 27:19) 땅에 박는 몽둥이. stake.

말라〔מַחְלָה=질병〕인(민 26:33)

1 「므낫세」 지파 「슬로브핫」의 다섯 딸 중 맏이. 남형제가 없으므로 사촌과 결혼하여 상속을 받게 된 특이한 예(민 27:1, 36:1).

2 「마길」의 누이 「함몰레겟」이 낳은 아들(대상 7:18).

말라기[1]〔מַלְאָכִי=나의 사자〕인(말 1:1) ①구약 시대의 선지자. ②구약 「말라기」의 기록자.

말라기[2] 명(말) 구약 제39권째의 성경. 선지자 「말라기」의 예언으로, 포로에서 돌아온 「이스라엘」 백성의 경건치 못한 생활, 이방인과의 잡혼, 하나님을 무시하는 생활, 십일조를 드리지 않는 것 등을 책망하고 회개할 것을 촉구하였다. 백성들의 궁극적인

ㅁ

구원은 하나님의 은혜로 말미암아 되어지는 것을 예언하였다.

말로디〔מַלּוֹתִי = 나의 충만한 것〕인(대상 25:4) 「헤만」의 아들인데, 「다윗」 시대에 노래로 봉사한 사람.

말론〔מַחְלוֹן = 병약자〕인(룻 1:2) 「엘리멜렉」과 「나오미」 사이에서 난 아들. 「룻」의 남편으로, 「모압」에서 죽었다.

말루기〔מַלּוּכִי = 큰 소유〕인(느 12:14) 「바벨론」에서 돌아온 제사장 「요나안」의 조상.

말룩〔מַלּוּךְ = 통치함, 권고함〕인(대상 6:44)

1 「레위」 자손, 「므라리」 족속, 「압디」의 아버지, 「하샤바」의 아들(대상 6:45).

2 「바벨론」에서 돌아온 「바니」의 자손 중, 한 사람(스 10:29).

3 「하림」의 동료 중, 한 사람(느 10:27).

이 외에도 많은 「말룩」이 있다(느 10:4, 12:2, 14).

말리〔מַחְלִי = 질병〕인

1 「므라리」의 아들로서, 「레위」인 가족의 창립자가 되었다(민 3:33, 26:58).

2 「무시」의 아들이며, 「말리」의 손자(대상 6:47, 23:23).

말문〔~門; 문 문〕명(렘 31:40) 「예루살렘」성의 문. 말의 출입구. 「기드론」 시내로 통하는 문.

말미 명(느 13:6) 일에 매인 사람이 얻은 겨를. 짬. 휴가. leave.

말미암다 자(창 4:1) ①원인이나 인연으로 되다. come from. ②관계하다. be due to. ③거치어 오다. owe to.

말석〔末席; 끝 말, 자리 석〕명(눅 14:9) ①맨 끝자리. bottom. ②일터에서나 모임에서의 지위의 끝. lowest seat. ③자기를 낮추어서 말하는 자리. my seat.

말세〔末世; 끝 말, 인간 세〕명(신 31:29) ①예수님의 재림이 가까워 오는 세상. 세상 끝날. ②나빠져만 가는 세상. corrupt age.

말씀 명(창 3:3) ①예수 그리스도(요 1:1). ②성경. ③하나님께서 역사하시는 능력. ④상대방을 높이어 그의 말을 일컬음. word. ⑤웃어른에게 하는 제 말.

말일〔末日; 끝 말, 날 일〕명(사 2:2) 그 달의 마지막 날. last.

말폭〔末幅; 끝 말, 베 폭〕명(출 26:4). 휘장 끝.

맑다 형(왕상 5:11) ①더러움이 섞이지 않고 깨끗하다. ②날씨가 밝다. clear.

맛 명(출 16:31) ①혀를 자극하여 감각을 일으키는 요소가 되는 사물의 성질. taste. ②

어떤 사물, 현상에서 느껴지는 느낌.

맛다나〔מַתָּנָה=선물〕[지](민 21:18) 「알논」 강과 「모압」 평원 사이에 있던 지방이며, 출애굽한 「이스라엘」 백성이 머문 곳.

맛다냐〔מַתַּנְיָה=여호와의 선물〕[인]

[1]「시드기야」 왕의 본명.

[2]「아삽」의 증손(대상 9:15, 느 11:22).

[3]이방인을 아내로 취한 사람(느 10:26-27).

[4]성전 문지기(느 12:25).

맛다니야〔מַתַּנְיָה〕[인](왕하 24:17) 「시드기야」 왕의 다른 이름.

맛다다〔*Ματταθίας*=선물〕[인](눅 3:31) 예수님의 족보 중 한 사람. 「다윗」의 손자.

맛다다아〔*Ματταθίας*=여호와의 선물〕[인](눅 3:25) 예수님의 족보 중에 나오는 사람 2명(눅 3:26).

맛단〔מַתָּן=한 선물〕[인](왕하 11:8)

[1]「바알」의 제사장.

[2]「유대」 사람 「스바냐」의 아버지(렘 38:1).

[3]예수님의 족보 중 한 사람. 「요셉」의 할아버지(마 1:15).

맛닷〔*Μαθθάτ*=선물〕[인](눅 3:24) 예수님의 족보 중에 나오는 사람 2명(눅 3:29).

맛닷다〔מַתַּתָּה〕[인](스 10:33) 「하숨」 자손 중의 한 사람.

맛드네〔מַתְּנַי=관대함〕[인](스 10:33)

[1]「하숨」의 아들(이방인 아내와 이혼).

[2]「바니」의 아들(스 10:37).

[3]제사장(느 12:19).

맛디댜〔מַתִּתְיָה=하나님의 선물〕[인](대상 9:31).

[1]「고라」 자손 「살룸」의 맏아들. 성전에서 냄비에 지지는 일을 하였다.

[2]「에스라」가 백성들에게 율법을 읽어줄 때, 오른편에 섰던 한 사람(느 8:4).

맛디디아〔מַתִּתְיָה〕[인](대상 16:5) 「다윗」 시대 성전 악대 「아삽」 조의 비파와 수금을 연주하는 사람.

맛디디야〔מַתִּתְיָה=여호와의 선물〕[인](대상 15:18)

[1]「다윗」 왕 때, 법궤를 옮겨올 때의 악사. 제12반의 악사(대상 25:3, 21).

[2]「느보」 자손(스 10:43).

맛디아〔*Ματθίας*=하나님이 주심〕[인](행 1:23) 「가룟 유다」 대신 뽑힌 제자. 예수님의 행적에 대하여 잘 알고 있는 자. 사도로 칭함을 받았다.

맛만나〔מַדְמַנָּה=거름더미〕[지](수 15:31) 「유다」 남부 「네게브」에 있던 「갈렙」 자손의 성읍.

맛메나〔מַדְמֵנָה = 거름더미〕지 (사 10:31) 「예루살렘」 북쪽 「아나돗」과 「게빔」 사이에 있던 「베냐민」의 한 성읍.

맛멘〔מַדְמֵן = 거름더미〕지(렘 48:2) 「모압」의 한 성읍.

맛보다 타(삼상 14:24) ①음식의 맛을 알기 위하여 먼저 조금 먹어 보다. ②몸소 겪어 보다.

맛사[1]〔מַסָּה = 들어 올림〕인(창 25:14) 「이스마엘」의 일곱째 아들. 북 「아라비아」 족속을 말한다.

맛사[2]〔מַסָּה = 시험하다〕지(출 17:7) 「모세」가 반석을 쳐 물을 나게 하였다. 그 곳 이름을 「맛사」라 불렀다. 또 다른 이름은 「므리바」이다.

망〔網;그물 망〕명(신 25:4) 그물 모양으로 만들어 가려두거나 치거나 하는 물건의 총칭. muzzle. net.

망대〔望臺;바랄 망, 집 대〕명(창 35:21) 적의 동정을 살펴보는 높은 대. 망루. watch-tower.

망령되다〔妄靈~;망령될 망, 신령 령〕형(수 7:15) 늙거나 정신이 흐려서 말과 행동이 정상을 벗어나다. dotage.

망령되이 부(출 20:7) 망령되게.

망매〔茫昧;망망할 망, 어두울 매〕명(욥 8:9) 견문이나 식견이 없어 세상 일을 잘 모른다.

망명〔亡命;망할 망, 목숨 명〕명(삼상 29:3) 정치적인 이유로 자기 나라에 살지 못하고 남의 나라에 몸을 피함. flee from one's own country.

망사〔網紗;그물 망, 깁 사〕명(사 3:18) 그물같이 성기게 짠 깁. gauze.

망자 존대〔妄自尊大;망령될 망, 스스로 자, 높을 존, 큰 대〕명(시 38:16) 두서없이 함부로 제가 잘난 체함. self-conceit.

망탄〔妄誕;망령될 망, 낳을 탄〕명(렘 16:19) 터무니없는 거짓말. whopping lie.

망하다〔亡~;망할 망〕자(출 10:7) 조직체나 사물이 깨어져서 없어지거나 못쓰게 되다. be ruined. 형 몹시 고약하다. wretched.

맞다 자(신 33:12) 마치다. 끝이 나다.

맡기다 타(창 32:16) ①자기가 할 일을 남에게 부탁하다. 위임하다. entrust. ②물건을 나에게 보관시키다. deposit.

맡다[1] [타](창 24:2) ①어떤 일을 책임지고 담당하다. take charge. ②어떤 물건을 받아 보관하다. keep. ③증명, 면허, 인가 등을 받다. get. ④어떤 사물, 자리 따위를 차지하다. undertake. ⑤부탁, 위임, 주문 따위를 받다.

맡다[2] [타](창 27:27) 냄새를 코로 들이마시다. smell.

매[1] [명](출 5:16) 사람이나 짐승을 때리는 막대기. 회초리. whip.

매[2] [명](욥 31:10) 맷돌. millstone.

매[3] [명](레 11:14)〈조〉 매과에 속하는 사나운 새의 총칭. 수리에 비하여 몸이 작고 부리가 짧고, 발, 발가락이 가늘다. 성경에서 가증히 여기는 새. 먹지 못함. hawk.

매[4]〔每;매양 매〕[명](출 26:2) 어떠한 명사 앞에 붙어 '마다' '각각'의 뜻을 나타냄. every.

매끄럽다 [형](삼상 17:40) ①거칠지 아니하고 반들반들하다. smooth. ②성질이 바르다.

매년〔每年;매양 매, 해 년〕[명](출 23:14) 해마다. 매년. 매해. every year.

매년제〔每年祭;매양 매, 해 년, 제사 제〕[명](삼상 1:21) 해마다 거르지 않고 하나님께 드리는 제사.

매다 [타](창 28:38) 풀리지 않게 끈으로 잡아 동여 묶다. tie.

매단〔每壇;매양 매, 단 단〕[명] 제사를 드리는 단마다. every altar(민 23:2).

매맞다 [자](고전 4:11) 때리는 매에 얻어맞음을 당하다.

* 성도가 징계를 당할 때 쓰는 말.

매매〔賣買;팔 매, 살 매〕[명](창 34:10) 물건을 사고 파는 일. buying and selling.

매매 증서〔賣買證書;~증거할 증, 글 서〕[명](렘 32:11) 물건을 사고 판 것을 증명하는 서류.

매명〔每名;매양 매, 이름 명〕[명](출 16:16) 각 사람. 한 사람 한 사람. everyone.

매방〔每房;매양 매, 방 방〕[명](겔 40:7) 방마다. 각 방. every room.

매복〔埋伏;묻을 매, 엎드릴 복〕[명](수 8:4) ①일정한 곳에 숨어 있음. lie concealed. ②복병.

매사〔每事;매양 매, 일 사〕[명][부](사 19:14) 일마다. 모든 일. every thing.

매양〔每樣;매양 매, 모양 양〕[부] (막 11:129) 번번이. 언제든지. 늘. 전과 같이. always.

매우[부](수 13:1) 정도보다 퍽 지나치게. 대단히. exceedingly.

매이다[자](창 27:40) ①어떠한 억제나 구속을 당하는 형편에 놓이다. be bound. ②어떠한 의무 관계에 처하다. [피동] ①매어지다. be bound up. ②남에게 걸려 딸리다. depend on.

ㅁ

매인〔每人;매양 매, 사람 인〕[명][부] 사람마다. 매명(每名). each man. (출 12:3).

매일〔每日;매양 매, 날 일〕[명] (출 5:19) 날마다. every day.

매장〔埋葬;묻을 매, 장사 장〕[명] (왕상 2:34) ①시체를 땅에다 묻음. bury. ②못된 짓을 한 사람을 사회에서 몰아냄. banish from. society.

매장지〔埋葬地;～땅 지〕[명](창 23:4) 장사할 땅. 묘지. 장지(葬地). burial ground.

매제〔妹弟;누이 매, 아우 제〕[명] (대상 3:19) 손아래 누이의 남편. one's younger sister's husband.

매주일〔每週日;매양 매, 돌 주, 날 일〕[명](고전 16:2) 이레마다. every week.

매질[명](막 13:9) ①매로 때리는 일. whipping. ②방망이로 치는 일.

매폭〔每幅;매양 매, 베 폭〕[명][부] (출 36:9) 폭마다. every width.

맥〔脈;맥 맥〕[명](삼하 4:1) ①피가 흐르는 줄기. blood vessel. ②맥박이 뛰는 자리. pulse.

맥추〔麥秋;보리 맥, 가을 추〕[명] (창 30:14) 보리가 익은 철. 보리 가을. the wheat harvest season.

맥추절〔麥秋節;～마디 절〕[명] (출 23:16) 유대인이 지키는 절기의 하나. 밀, 보리를 거두어 드린 후에 지키는 절기로 유월절 후 49일. 그래서 칠칠절이라고도 한다. the harvest festival.

맨나중[명][부](고전 15:8) 제일 뒤에. the every end.

맨발[명](삼하 15:30) 아무 것도 신지 아니한 발. bare feet.

맵시[명](삼하 1924) 곱게 매만진 모양. good figure.

맷돌[명](출 11:5) 곡식을 가는 데 쓰는 기구. millstone.

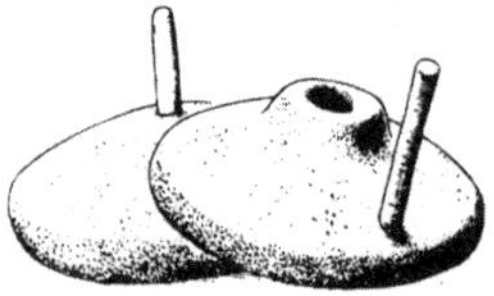

맷돌질[명](전 12:3) 맷돌로 곡식을 가는 일. grinding.

맹렬하다〔猛烈~;사나울 맹, 매울 렬〕형(창 49:7) 기세가 매우 사납고 세차다. violent. 부 맹렬히.

맹사〔猛士;사나울 맹, 선비 사〕명(렘 48:14) 힘세고 용맹한 무사. a man of courageous.

맹세〔盟誓;맹세할 맹, 맹세할 세〕명(창 14:22) ①신 앞에서 약속함. 서약함. an oath. ②장래를 두고 약속함. pledge.

맹수〔猛獸;사나울 맹, 짐승 수〕명(고전 15:32) 성질이 사나운 짐승. fierce animal.

맹약〔盟約;맹세할 맹, 약속할 약〕명(수 9:20) ①맹세하여 굳게 맺은 약속. pledge. ②동맹국 사이의 조약. treaty.

맺다 타(창 1:11) ①나무나 풀이 열매를 이루다. bear. ②끈으로 얽어 매듭지게 하다. tie. ③약속을 굳게 하다. contract. ④인연이나 관계를 짓다. form.

머금다 타(시 45:2) ①입 속에 넣고 다물다. keep in one's mouth. ②어떤 감정이나 생각 따위를 품다. bear in mind. ③눈에 눈물이 괴게 하다. be filled with tears.

머리 명(창 3:15) ①사람이나 동물의 목 위의 부분. head. ②조직의 우두머리. chief. ③물건의 꼭대기. top. ④일의 시작. beginning. ⑤두뇌, 사고력. brain. ⑥사상, 의식을 이르는 말. thought.

머리맡 명(왕상 19:6) 누울 때 머리를 두는 곳. 그 윗자리.

머리카락 명(왕하 14:11) 머리에 난 털의 낱개. hair.

머리터럭 명(행 27:34) 머리털. hair.

머리털 명(레 13:40) 머리에 난 털. 두발. hair.

머리편 명(요 20:12) 머리를 향한 쪽.

머릿돌 명(시 118:22) ①예수 그리스도. ②건축물의 기초가 되는 돌. corner-stone.

머릿짓 명(요 13:24) 고개를 끄덕여서 상대방에게 의사를 전달함.

머물다 자(창 8:4) ①움직이다가 중도에 그치다. stop. ②나아가다가 잠시 멈추다. stay. 머무르다.

머뭇머뭇하다 자타(왕상 18:21) 행동이나 말을 정확하게 하지 않고 망설이다.

먹 명(렘 36:18) 벼루에 물을 붓고 갈아서 글씨를 쓰거나 그림을 그리는 데 쓰는 검은 물감. ink-stick.

먹다 타(창 2:9) ①음식 등을 씹어 삼키다. eat. ②재물을 따거나 받거나 하여 자기 것으로 하거나 차지하다. embezzle. ③마음, 뜻, 생각 따

ㅁ

위를 품다. intend. ④어떤 나이게 이르다. grow older. ⑤공포심이나 위압감을 느끼다. fear.

먹음직하다 [형](창 3:6) 음식이 보기에 맛이 있을 듯하다.

먹이 [명](창 42:27) ①먹을 양식. 먹을 거리. food. ②짐승의 사료. fodder.

먹이다 [타](창 29:2) ①음식을 먹게 하다. ②물이나 술 따위를 마시게 하다. give food to. ③짐승 따위를 기르다. feed.

먹줄 [명](슥 1:16) 목공이 나무에 줄을 칠 때 먹통에서 나오게 하여 쓰는 실. inked string.

먼 데 [명](사 33:13) 거리가 먼 곳. a far-off place.

먼저 [부](창 11:28) 시간적으로 앞서서.

먼지 [명](사 40:15) 공기 속에 섞이어 날리거나 또는 물건 위에 쌓이는, 아주 가벼운 티끌. dust.

멀다[1] [형](민 9:10) ①서로 사이가 많이 떨어져 있다. far. ②시간적으로 사이가 크다. remote future. ③서로의 사이가 서먹하다. distant.

멀다[2] [자](신 15:21) 눈이 보이지 아니하게 되다. 시력을 잃다. go blind.

멀리 [부](창 22:4) 시간적, 공간적으로 사이가 아주 떨어지게. far away.

멈추다 [자][타](창 29:35) ①움직이거나 하던 일을 그치다. stop. ②비나 눈이 내리다가 그치다. hold up.

멍에 [명](창 27:40) ①끌기 위하여 말이나 소의 목에 다는 기구. yoke. ②행동에 구속을 받거나 무거운 짐을 진 것을 비유하여 하는 말.

멍에를 같이 한 자 [구](빌 4:3) 그리스도인. 같은 목적을 하고 가는 자.

멍에를 메우다 [구](호 10:11) 짐을 넘겨주다. 전가하다.

멍엣목 [명](겔 34:27) '멍에목'의 오기. 장대 같은 멍에. 상징적으로 고난.

멍엣소 [명](렘 51:23) 소에 씌우는 멍에.

메[1] [명](사 44:12) 어떤 물건을 치거나 박을 때 쓰는 나무나 쇠로 만든 방망이. maul.

메[2] [명](렘 18:2) 산을 예스럽게 일컫는 말. mountain.

메고 가다 [자](행 5:6) ①물건을 어깨에 지고 가다. ②책임, 임무 따위를 맡다.

메네 [명](단 5:25) 「느부갓네살」왕이 「예루살렘」 성전에서 가져온 금은 기명으로, 술 마시고 자기의 우상을 찬양할 때 「벨사살」이 앉은 맞은편 벽에 쓰여진 이상한 글자. 하나님께서 왕을 헤아리고, 달아보고 나누어보듯 살피신다는 뜻.

메는 틀 명(민 4:12) 장대를 걸쳐놓은 것으로, 물건을 올려놓거나 메어 두는 틀.

메다 자(창 9:23) ①물건을 어깨 위에 올려놓다. ②책임과 임무 따위를 맡다. carry on the shoulder.

메닷〔מֵידָד〕인(민 11:26) 「엘닷」과 함께 진중에서 예언한 사람.

메대〔מָדָאָה=헤아림〕지(단 5:31) 산이 많은 나라로서, 북은 「가스피」 해. 동은 사막, 남은 파사, 서쪽으로 「앗수르」, 「알메니아」가 있다. ①「앗수르」 왕은 「사마리아」를 쳐서 취한 후 그 백성을 포로로 잡아 「메대」로 끌고 왔다(왕하 17:6). ②「이사야」는 「메대」가 「바벨론」을 멸망시킬 것을 예언하였다(사 13:17). ③「메대」 인 「다리오」 왕 때 「다니엘」이 사자굴 속에 들어갔다가 나왔다(단 5:31-6:23). ④이 지방에 거주하는 「유대」인들이 600여 마일되는 「예루살렘」에 절기를 지키러 왔다가 오순절 성령강림을 목도하였다(행 2:9). ⑤「메대」 인은 은을 돌아보지 않으며 금을 기뻐하지 않는다고 하였다(사 13:7).

메덱암마〔מֶתֶג הָאַמָּה=도성의 고삐〕지(삼하 8:1) 「다윗」이 「블레셋」을쳐서 뺏은 성읍. 「가드」 근처인 듯 하다.

메드바〔מֵידְבָא=흐르는 물〕지(민 21:30) ①「요단」 동쪽 고지대에 있는 중요한 성읍. ②「르우벤」 지파가 차지함(수 13:9, 16). ③「요압」이 이곳에서 「암몬」 인과 그 연합군을 격파하였다(대상 19:7-15).

메뚜기 명(출 10:4)〈곤〉 메뚜기과에 속하는 곤충을 일컫는 말. 곡식에 해를 끼친다. 어떤 것은 먹을 수도 있다. locust.

메랍〔מֵרַב=증대함〕인(삼상 14:49) ①「사울」의 맏딸(삼상 17:25). ②「사울」은 약속을 어기고 「메랍」을 「므홀랏」 사람 「아드리엘」에게 주었다(삼상 18:19). ③그 아들 5명은 「기브온」 사람에게 살해되었다(삼상 21:8).

메레스〔מֶרֶס=슬픔〕인(에 1:

14) 「아하수에로」의 여러 박사 중의 한 사람.

메렛〔מֶרֶד = 역적〕[인](대상 4:17) 「에스라」의 아들이며, 「비디아」의 남편이다.

메로놋〔מֵרֹנֹתִי〕[지](대상 27:30) ①「다윗」 왕의 나귀를 맡았던 「에드야」의 출신지. ②「바벨론」에서 돌아와 성벽을 중수한 「야돈」의 출신지.

메로스〔מֵרוֹז = 물러가다〕[지](삿 5:23) 「벳산」의 북서 5km 지점. 이곳 주민들의 비애국적 태도는 「드보라」의 노래 가운데서 알 수 있다.

메롬〔מֵרוֹם〕[지](수 11:5) 「여호수아」가 북부 「가나안」 연합군을 격파한 곳이다(수 11:5, 7). 「갈릴리」 호수 북방 16km 현재의 「후레」 호수와 같이 여김. 수면의 길이 6.5km 폭 4.5km의 삼각형으로 수심 3~5km. 「지중해」 수면보다 2.1m 높다.

메마르다[형](시 68:6) 땅이 물기가 없고 기름지지 아니하다. 박토. 비유적으로 씀. sterile.

메바앗〔מֵיפַעַת = 이름난 곳〕[지](수 13:18) 「모압」 대지에 있던 성읍으로, 「르우벤」 인에게 배당되어 「레위」 인의 성읍이 되었다. 후에 「모압」 인에게 빼앗겼다.

메사[1]〔מֵשָׁא = 큰 고통〕[인](왕하 3:4) 주전 9세기의 「모압」 왕인데 「모압」의 중흥의 위업을 기록한 비석이 주후 1868년에 「드본」의 옛터에서 발굴되었다. 그것은 「메사」의 비석 또는 「모압」의 비석이라고 알려졌는데, 높이 1m 폭 60cm 지름 35cm의 현무암으로 된 것이다. ①주전 880년에 「오므리」가 「모압」을 정복한 일. ②주전 885년경 「아합」 시대에 「메사」가 「이스라엘」 백성을 「모압」 경내에서 추방한 일. ③「아합」의 죽음을 기회로 「메사」는 「이스라엘」에 예속함을 거부한 일(왕하 1:1, 3:5). ④「여호람」과 저의 동맹국이 「메사」를 정복하려 함에 도리어 손해를 준 일(왕하 3:6-27) 등을 추측하게 되었다.

메사[2] [지](창 10:30) 「욕단」의 자손이 살던 땅의 경계. 「아라비아」의 일부인 듯하다.

메사합〔מֵי זָהָב〕[인](창 36:39) 「에돔」왕 「하달」의 처 「므헤다벨」의 조부(대상 1:50).

메삭〔מֵישַׁךְ = 누구냐〕[인](단 1:7) ①「다니엘」의 세 친구 중 하나인 「미사엘」에게 준 이름(단 2:49, 3:14). ②포로생활을 하면서도 오직 하나님만을 의지하고 권력에 끌려 포도주를 마시거나 부정한 고기를 먹는 일이 없었다. 풀무불에 들어갈지라도 우상에게 절하지 않았다(단 1:8, 15, 3:19-30).

메섹[1] 〔מֶשֶׁךְ = 빼앗음〕인(창 10:2) 「야벳」의 아들인데, 대개는 「두발」과 함께 기록되어 있다(대상 1:5).

메섹[2] 지(창 10:2) 「야벳」의 아들 「메섹」, 「두발」과 그의 자손들이 거주하던 땅(대상 1:5, 시 120:5).

메소밥〔מְשׁוֹבָב = 상 주었다〕인(대상 4:34) 「히스기야」 왕 때 「시므온」 사람의 한 방백.

메소보다미아〔נְרַםנַהֲרַיִם = 강 사이의 땅〕지(창 24:10) →'메소포타미아'의 오기. 「유브라데스」 강과 「티그리스」 강 사이에 있는 고원인데, 「히브리」 어로 「아랍」 고원이라 한다. 「아담」의 「에덴」, 「노아」 대의 「아라랏」 산, 「바벨」탑 모두 이 지방에서 가깝다. ① 「아브라함」의 조부 「홀」로부터 「라반」까지의 고향이며, 「야곱」이 형에게 쫓겨 이곳에 와서 21년간 외숙을 위하여 봉사하고 두 딸을 취하여 11남 1녀를 낳았다(창 29:21-30:24). ② 「발람」과 「구산리사다임」이 거하던 곳(신 23:4, 삿 3:8). ③ 「요압」이 「암몬」 동맹국을 물리쳤다(대상 19:6). ④오순절에 이 곳에서 온 사람도 성령 강림을 목격하였다(행 2:9). 현재의 「이라크」국.

메시야〔מָשִׁיחַ = 기름부음〕명(요 1:41) 예수 그리스도. ① 기름부음 받은 자라는 뜻이며, 대제사장에 의하여 사용되었다(레 4:3, 16, 6:15). ②왕(삼상 24:6). ③족장(시 5:9-12). ④예언자(시 105:8-15). ⑤속죄자가 되기 위하여 하나님으로부터 기름부음을 받은 자(단 9:25, 시 2:2, 눅 23:2, 39). 구약은 모두 「메시야」 예언으로 되어 있다.

메얄곤〔מֵי הַיַּרְקוֹן = 푸른 들〕지(수 19:46) 「단」 지파의 성읍.

메어치다 타(왕하 8:12) 어깨 위로 휘둘러서 땅에 내리치다.

메우다[1] 타(창 26:15) 구멍이나 파진 곳을 무엇을 넣거나 채워서 막게 하다. fill up.

메우다[2] 타(신 28:48) 말이나 소의 목에 멍에를 메게 하다. yoke. 짐을 지우다.

메질군 명(사 41:7) 때리는 사람. 깡패. 폭행자.

메추라기 명(출 16:13)〈조〉 꿩과의 새. ㉾ 메추리. quail.

ㅁ

멘나〔Μεννά=큰 고통〕[인](눅 3:31) 「다윗」의 증손자. 예수님의 족보에 있는 한 사람.

멜기〔Μελχί=왕〕[인]
[1] 예수의 족보 중 한 사람인데 「스룹바벨」의 증조부이다(눅 3:24).
[2] 「요셉」의 고조부(눅 3:28).

멜기세덱〔מַלְכִּי־צֶדֶק=의의 왕〕[인](창 14:18) ①「아브라함」 시대의 「예루살렘」 제사장. ②후대에 이상적인 왕의 전형이 되어 이러한 왕은 「멜기세덱」의 반차를 좇은 "영원하 제사장"이라고 칭하게 되었다(시 110:4). ③「히브리」서에서 그의 특이한 지위를 묘사하고 그리스도의 우월성을 논하고 있다(히 5:6-10, 7:).

멜레아〔Μελεά=충만〕[인](눅 3:31) 예수님의 족보 중의 한 사람. 「다윗」의 고손자.

멜렉〔מֶלֶךְ=권하는 사람〕[인](대상 8:35) 「요나단」의 손자이며, 「미가」의 아들(대상 9:41).

멜리데〔Μελίτη=꿀이 흐름〕[지](행 28:1) 「시실리」 섬 남쪽 95km 지점에 있으며, 지금도 「멜리데」라고 부른다. ①「바울」 일행이 파선하여 상륙한 섬(행 28:1). ②「바울」이 독사에 물렸으나 아무렇지도 않고, 추장 「보블리오」의 부친의 병을 고쳐주므로 써 매우 호감을 사게 되었다. 이 섬에서 겨울을 나고 섬사람들과 작별하였다.

멧부리[명](겔 34:6) 산의 봉우리나 등성이의 가장 높은 꼭대기. peak.

멧비둘기[명](시 74:19) 〈조〉 산비둘기.

며느리[명](창 38:11) 아들의 아내. 자부. daughter-in-law.

며칠[명](창 24:55) 몇 일. 얼마의 날. some days.

멱통[명](레 1:16) 산멱통의 준말. 산 동물의 목구멍. throat of a living animal.

면〔面;낯 면〕[명](왕상 7:31) ①얼굴. ②겉쪽. surface.

면대〔面對;낯 면, 대할 대〕[명](요이 12) 서로 얼굴을 대함. facing each other.

면려〔勉勵;힘쓸 면, 힘쓸 려〕[명](왕하 18:32) 힘써 함. 힘쓰게 함.

면류관〔冕旒冠;면류관 면, 깃발 류, 갓 관〕[명](삼하 1:10) 임금이 정복을 갖추는 관. crown.

면박[1]〔面帕;낯 면, 비단 박〕[명](창 24:65) 얼굴을 가리우는 수건. scarf to cover one's face.

면박[2]〔面駁;낯 면, 얼룩얼룩할 박〕[명](욥 21:3) 마주보고 꾸짖어 나무람. abusing to one's face.

면제〔免除;면할 면, 덜 제〕명 (신 15:1) ①책임을 면함. exemption. ②채무를 면함.

면제년〔免除年;~해 년〕명(신 15:2) 매 7년마다 채무를 면제하여 주는 해.

면죄〔免罪;면할 면, 허물 죄〕명 (출 34:7) 죄를 면함. acpuittal.

면책〔面責;낯 면, 꾸짖을 책〕명 (시 80:16) 마주 대하여서 책망함. personal reproof.

면하다〔免~;면할 면〕타(창 4:15) ①벗어나다. escape. ②피하다. avoid. ③허락을 받다. be allowed. ④그 일을 아니하게 되다. be exempted.

멸망〔滅亡;멸할 멸, 망할 망〕명 (창 19:15) 망하여 없어짐. downfall.

멸망산〔滅亡山;~뫼 산〕명(왕하 23:13) 「예루살렘」 앞에 있는 산. 망하여 없어진 산.

멸망자〔滅亡者;~놈 자〕명(시 35:17) 망해 없어진 사람.

멸시〔蔑視;업신여길 멸, 볼 시〕명(창 16:4) 업신여겨봄. 낮추어 봄. looking down upon.

멸절〔滅絶;멸할 멸, 끊을 절〕명 (창 6:17) 멸망하여 끊어져 없어짐. extinction.

멸하다〔滅~;멸망 멸〕자(창 6:13) 멸망하다. 없어지다. 타 없애 버리다. perish.

명[1]〔命;목숨 명〕명(창 2:16) ①목숨. one's natural span of life. ②명령.

명[2]〔名;이름 명〕명(요삼 14) 사람의 수효를 나타내는 말. number of persons.

명년〔明年;밝을 명, 해 년〕명 (창 17:21) 내년 next year.

명랑〔明朗;밝을 명, 밝을 랑〕명 (욥 25:5) 밝고 쾌활함. brightness.

명령〔命令;목숨 명, 명령할 령〕명(창 26:5) 윗사람이 시키는 분부. 높 하명. command.

명령자〔命令者;~놈 자〕명(사 55:4) 명령을 하는 사람. commander.

명록〔名錄;이름 명, 기록할 록〕명(느 2:20) 기념물 또는 기록.

명목〔名目;이름 명, 눈 목〕명 (민 4:32) ①사물의 이름. 명칭. appellation. ②구실. 핑계. 이유. pretext.

명백〔明白;밝을 명, 흰 백〕명 (단 6:22) 아주 뚜렷함. 매우 분명함. clearness.

명부〔명부;이름 명, 장부 부〕명 (딤전 5:9) 이름을 적은 장부 책. register of names.

명분〔名分;이름 명, 나눌 분〕명 (창 25:31) ①장자가 가지는 권한(갈 4:5). ②도덕상 구별된 명의에 따라 반드시 지켜야 할 행위의 한계. moral duty.

명성〔名聲;이름 명, 소리 성〕명 (민 14:15) 세상에 떨친 이름. fame.

명수〔名數;이름 명, 셀 수〕명 (민 1:2) 사람의 수효. number of persons.

명심〔銘心;새길 명, 마음 심〕명 (신 4:39) 마음에 깊이 새겨 둠. keeping in mind.

ㅁ

명예〔名譽;이름 명, 기릴 예〕명 (신 26:19) ①자랑. glory. ②이름이 뛰어난 평판. honour. ③체면. dignity.

명의〔名義;이름 명, 옳을 의〕명 (에 8:8) ①명분과 의리. ②문서상의 이름. name.

명의 하〔名義下;~아래 하〕명 (창 48:6) ①이름 아래. ②명분 아래. under the name.

명절〔名節;이름 명, 마디 절〕명 (호 2:11) ①축하하는 날. gala day. ②명예와 절조. honour and integrity.

명절일〔名節日;~날 일〕명(호 9:5) 이름 있는 날. 축일.

명정〔命定;목숨 명, 정할 정〕명 (사 41:4) 명령하시고 작정하심.

명주〔明紬;밝을 명, 명주 주〕명 (겔 16:10) 누에고치에서 뽑은 실로 짠 천. silks.

명철〔明哲;밝을 명, 밝을 철〕명 (창 41:33) 재주 있고 사리에 밝음. wisdom. 부 명철히.

명철자〔明哲者;~놈 자〕명(전 9:11) ①재주 있고 사리에 밝은 사람. wise man. ②지혜로운 자.

명칭[1]〔皿稱;그릇 명, 일컬을 칭〕명(잠 16:11) 저울의 한 종류.

명칭[2]〔名稱;이름 명, 일컬을 칭〕명(시 102:12) 사물을 부르는 이름. name.

명하〔名下;이름 명, 아래 하〕명 (요삼 15) 이름 아래. under the name.

명하다〔命~;목숨 명〕타(창 2:16) ①명령하다. 임명하다. order appoint. ②명명(命名)하다. name.

몇[1] 명(창 27:44) 확실하지 않은 수효를 부를 때 쓰는 말. some.

몇[2] 관 얼마 되지 않는 수.

모[1] 명(출 27:1) 날카로운 가장자리. angle. 물건의 귀난 곳.

모[2] 명(겔 4:9) 염. 비스듬히.

모[3]〔母;어미 모〕명(창 37:10) 어머니. 모친. mother.

모계〔謀計;꾀 모, 셈할 계〕명 (렘 19:7) 계책이나 모략. stratagem.

모년〔暮年;저물 모, 해 년〕명 (욥 42:12) ①늙은 나이. 노년. old age. ②늙은이. old man.

모독〔冒瀆;무릅쓸 모, 더럽힐 독〕[명](눅 12:10) 언행으로 더럽혀 욕되게 함. profanity.

모두[부](창 41:8) 일정한 일이나 수효. all. 합쳐서 전부.

모든[관](창 1:21) 여러 가지의. 전부. all.

모든 사람(자)[수][관](삼하 13:9) 일정한 사람. 전부.

모래[명](창 22:17) 잘게 부스러진 돌. 사(砂). sand.

모략〔謀略;꾀할 모, 간략할 략〕[명](신 32:28) 남을 해치려는 속임수나 꾀. strategy.

모레[1]〔מוֹרֶה=점치는 자〕[지](창 12:16)
[1]「아브라함」이 장막을 쳤던「세겜」부근의「모레」상수리나무로 기록되어 있다(신 11:30).
[2]「미디안」사람이 진을 쳤던「모레」산(삿 7:1).

모레[2][명](삼상 20:12) 내일의 다음 날. the day after tomorrow.

모레셋〔מוֹרַשְׁתִּי〕[지](렘 26:18) ①「유대」서남부「세헤라」에 있다. ②「미가」선지자의 고향(미 1:1). 현재의「텔산다한나」와 같은 곳으로 여김.

모르다[타](창 42:7) ①알지 못하다. ②깨치지 못하다. do not know.

모르드개〔מָרְדֳּכַי〕[인](스 2:2)「바벨론」신「마르닥」에서 유래된 이름으로 추측된다.
[1]「에스더」의 사촌 오빠이며, 양아버지(에 2:7). ①「베냐민」지파 사람으로 가족은「여고니아」와 같이 포로가 되었다(에 2:5-6). ②「아하수에로」왕 암살 음모를 미연에 방지하고「하만」이 재상으로 있을 때 그에게 절하지 않았다(에 3:2). ③「하만」이「유대」인을 죽일 계교를 꾸몄지만,「모르드개」는「에스더」와 협력하여 마침내「하만」의 계교를 방지하였다(에 6:1-11).
[2]「스룹바벨」과 같이 돌아온 사람(느 7:7).

모리아〔מֹרִיָּה=높은〕[지](창 22:2) ①「이삭」을 하나님께 제사하려던 산. ②후세에는 성전의 언덕을「모리아」산이라고 불렀다(대하 3:1).「솔로몬」이 성전을 세웠다.

모만〔侮慢;업신여길 모, 교만할 만〕[명](잠 29:8) 남을 업신여기고 저만 잘난 체 함. insult.

모맥〔麰麥;보리 모, 보리 맥〕[명](수 3:15) 밀과 보리. wheat and barley.

모면〔謀免;꾀 모, 면할 면〕[명](왕상 15:22) 꾀를 내서 벗어남. 어려운 고비에서 겨우 벗어남. escape.

모반〔謀叛;꾀 모, 모반할 반〕[명]

(삼하 15:31) 국가 전복을 꾀함. 자기 나라를 배반하고 반역함. rebellion.

모발〔毛髮;털 모, 터럭 발〕명 (레 13:33) 머리털과 몸에 난 털의 총칭. hair.

모본〔模本;모범 모, 밑 본〕명 (행 20:35) ①본보기. example. ②모형. mould. ③모방. imitation.

모사[1]〔謀士;꾀 모, 선비 사〕명 (삼하 15:12) 온갖 꾀를 잘 내는 사람. strategist.

모사[2]〔מוֹצָא=밖으로 나감〕인 (대상 2:46)

1 「갈렙」의 아들(에바의 소생).

2 사울의 후손(대상 8:36, 37).

모사[3]〔מֹצָה=나감〕지(수 18:26) 「베냐민」에 있던 한 성읍. 「예루살렘」 서쪽 「베밑미세」의 폐허지로 여김.

모살〔謀殺;꾀 모, 죽일 살〕명 (출 21:14) 미리 꾀하여 사람을 죽임. murder.

모세〔מֹשֶׁה=물에서 건져냄〕인 (출 2:10) 통속적인 설명으로는 '건져내다'로 되어 있지만, 사실은 "아들"이라는 뜻일 것이다.

「모세」는 「이스라엘」 백성을 「애굽」의 노예 생활에서부터 구출하여 약속한 땅 「가나안」에 인도한 위대한 종교 지도자이며 정치가이다(애굽에서 주전 1290년경 나옴). 「모세」는 「레위」 족속 「아므람」과 「요게벳」 사잉에서 났으며 「미리암」과 「아론」의 동생이다. 당시 「애굽」의 박해로 갈대 상자에 넣어 「나일」 강물에 띄웠는데 마침 「애굽」의 왕녀가 발견하고 데려다가 양자를 삼고 「모세」의 어머니 「요게벳」은 유모로 들어가 「바로」의 궁전에서 40년간 양육받으며 「애굽」의 학술에 통달(행 7:22).

하루는 동족인 「히브리」 사람 하나가 「애굽」 인에게 맞는 것을 보고 의분이 일어나서 때려죽이고 「미디안」 광야로 도망했다(출 2:11-15). 「미디안」 제사장 「이드로」의 집에 거하면서 그 딸 「십보라」와 결혼하여 「게르솜」, 「엘리에셀」 두 아들을 얻고 40년을 지냈다(출 2:23, 18:3-4).

그가 80세 되던 해 어느 날 「호렙」 산(일명 시내산)에서 떨기나무 불꽃 가운데

나타나신 여호와로부터 민족 해방의 사명을 받고 「애굽」에 들어가 「히브리」 인들을 노예 생활에서부터 해방시킨 것이다(출 12:51).

광야 생활 40년에 온갖 고생을 겪으면서도 놀랄만한 위대한 영도력으로 민족을 일깨워 주었고 인도했다. 그 동안에 홍해의 이적도 일어나고 바위를 쳐서 물도 나게 하였으며 모든 병고를 여호와의 권능을 빌어 해결해 주었다. 시내산에서 십계명을 받고 하나님과 「이스라엘」 사이에 언약이 맺어져서 「이스라엘」 백성들은 이때부터 이 율법이 생활의 원칙으로 되었다.

「이스라엘」 백성들은 마침내 「가나안」에 들어갔으나 「모세」는 들어가지 못하고 멀리 「비스가」 산 꼭대기에서 「가나안」 땅을 바라보다가 죽어 거기에 매장하였다(신 34:1-5, 6).

모세라〔מוֹסֵרָה=사슬, 징계의 곳〕[지](신 10:6) 「아론」을 장사한 곳(민 33:38).

모세롯〔מֹסֵרוֹת〕[지](민 33:30) 「신」 광야에서 「이스라엘」 백성이 진쳤던 곳.

모셔 서다 [타](대하 7:6) 받들어 함께 있다.

모숨 [명](겔 8:3) 가늘고 긴 물건이 한줌 안에 드는 수효.

모시다 [타](창 18:8) 윗사람이나 존경하는 이를 받들다. accompany.

모신〔謀臣;꾀할 모, 신하 신〕[명](삼상 22:14) 모사를 잘 하는 신하. strategist.

모아댜〔מוֹעַדְיָה=하나님의 장식〕[인](느 12:17) 「스룹바벨」과 함께 「바벨론」에서 돌아온 제사장.

모아 들이다 [타](렘 21:4) 여럿이 한 곳으로 오게 하다.

모압[1]〔מוֹאָב=아비의 소생〕[인](창 19:37) 「롯」의 아들. 모압족의 조상. ①「이스라엘」이 홍해를 건널 당시에는 큰 세력을 가지고 있었다(출 15:15). ②그들은 「암몬」 족속과 더불어 「요단」 동쪽 지역에 있는 한 종족을 멸망시켰다(신 2:10, 19:21).

모압[2]〔מוֹאָב〕[지](창 36:35) 「요단」 동편에 있는 고원 지대이다. 남은 「에돔」, 동은 「아라비아」 사막, 서는 「사해」, 북은 「요단」 평야로 이루어진 나라였다. 차츰 「아르논」 강과 「헤스본」 강으로 이동되었다. 「사해」 수면보다 131미터나 높은 고지대이다. ①「롯」의 아들 「모압」의 후손이 산다(창 19:37). ②「이스라엘」이 홍해를 건널 당시에는 큰 세력을 가지고 있었다

(출 15:15). ③그들은 「암몬」 족속과 더불어 「요단」 동쪽 지역에 있는 한 종족을 멸망시켰다(신 2:10, 19:21). ④「이스라엘」 백성이 도착하기 조금 전 「아모리」 왕 「시혼」이 이 땅을 「아르논」까지 모조리 빼앗았다(민 21:13-15, 26:30). ⑤그들은 「이스라엘」과 친절한 사이였으므로 「모세」는 「모압」을 치지 않았다(신 2:9). ⑥그러나 「모압」 왕은 「발람」을 「이스라엘」 진중에 보내어 저주하게 했다(민 22:24, 수 24:9). ⑦이 일로 인해서 「모압」 인은 10대 후손에 이르기까지 여호와의 회중에 드는 것이 금지되었다(신 23:3-6, 느 13:1). ⑧「이스라엘」 백성이 「요단」을 건너기 전 마지막 진쳤던 곳이 「모압」 평지에 있는 「싯딤」이었다(민 22:1, 수 3:1). ⑨그들은 거기 머물고 있는 동안 「모압」과 「미디안」 사람들의 딸들이 「이스라엘」을 타락하게 했다(민 25:, 호 9:16). ⑩사사 시대에 「모압」 왕 「에글론」이 침입하여 18년간 다스리다가 왼손잡이 「에훗」에게 죽음을 당했다(삿 3:12-30). ⑪「모압」 여인 「룻」은 시어머니를 잘 공경한 효부로서 예수의 조상이 되엇다(룻 1:22, 4:3, 13-17, 마 1:1-16). ⑫「사울」을 피한 「다윗」은 그 양친을 「모압」 왕에게 의탁했다(삼상 14:47). ⑬「다윗」이 왕이 되자 「모압」으로부터 곡물을 받아들였다. ⑭「엘리사」가 죽은 해에 「모압」 인들이 「이스라엘」 침입을 감행하였다(왕하 13:20). ⑮예언자들은 종종 「모압」 족속을 하나님 나라의 원수의 전형으로서 비난했다(사 15:, 16:, 25:10, 렘 9:26, 25:21, 27:3, 48:, 겔 25:8-11:, 암 2:1-2, 습 2:8-11).

모압 길〔מוֹאָב〕지(사 15:1) 「모압」에 있는 한 성읍. 「이사야」가 망하여 황폐할 것을 예언하였다.

모압 여인 명(룻 1:22) 「나오미」의 며느리. 「다윗」 왕의 증조모.

모양〔貌樣; 얼굴 모, 모양 양〕명(창 1:26) 사람이나 물건의 겉에 나타나는 꼴. 됨됨이. state.

모욕〔侮辱; 업신여길 모, 욕될 욕〕명(렘 19:8) 깔보고 욕되게 함. insult.

모우님〔מְעוּנִים〕인(대상 4:41) 「유대」 남쪽에 있던 「에돔」 근처의 족속. ①「여호사밧」 때 「모압」 인과 결탁하여 「유대」를 침략하다 패함(대하 20:1). ②「히스기야」 때 「시므온」 지파에게 패함.

모으다 타(창 12:5) ①여럿을 한 곳으로 오게 하다. gather. ②많이 벌어 가지다. save.

모음 명(미 4:12) 모이게 함.

모의〔謀議;꾀 모, 의논할 의〕명(창 49:6) 어떠한 일을 꾀하고 의논함. consultation.

모이는 곳 명(계 18:2) 한 군데로 모아드는 곳.

모이다 자(창 1:9) 여럿이 한 곳으로 오다. 집합하다.

모임 명(시 35:15) 여러 사람이 어떤 목적으로 한 곳에 모이는 일. 회(會).

모자라다 자형(요 2:3) 어떤 표준이나 수효에 미치지 못하다. 부족하다. be short.

모지다 형(렘 9:26) ①모양이 둥글지 않고 모가 있다. pointed. ②성질이나 일 또는 물건이 모난 데가 있다.

모집〔募集;모을 모, 모을 집〕명(삼상 28:1) 널리 알리어 사람이나 사물을 뽑아 모음. invitation, collection.

모친〔母親;어미 모, 친할 친〕명 창 24:67) 어머니. mother.

모태〔母胎;어미 모, 아이밸 태〕명(민 12:12) ①어머니의 태 안. mother's womb. ②사물의 발생 근거. 일의 맨 처음. beginning.

모퉁이 명(출 25:26) ①구부러지거나 꺾이어 돌아간 자리. corner. ②구석진 곳. nook.

모퉁이 누〔~樓;누각 누〕명(느 3:31) 성곽 구부러진 곳에 높이 세운 망대.

모퉁이 돌 명(시 144:12) 집을 짓거나 성을 쌓을 때 구부러진 곳에 두는 돌로 그리스도를 일컫는다(벧전 2:6-7).

모해〔謀害;꾀할 모, 해칠 해〕명(삼하 25:5) 속임수나 꾀를 써서 남을 해침. doing harm to.

모형[1]〔模形;모범 모, 형상 형〕명(수 22:28) ①똑같은 모양의 물건을 만들기 위한 틀. mould. ②물건의 원형대로 작게 만든 본. miniature.

모형[2]〔模型;모범 모, 모양 형〕명(히 8:5) 모형(模形).

목[1] 명(창 27:16) ①머리와 몸의 사이를 잇댄 잘록한 부분. neck. ②목구멍. ③목소리.

목[2]〔木;나무 목〕명(레 26:13) 나무. wood.

목거리 명(출 35:22) →'목걸이'의 오기. necklace.

목걸이 명(시 73:6) 목에 거는 장신물의 총칭. necklace.

목격자〔目擊者;눈 목, 칠 격, 놈 자〕명(눅 1:2) 눈으로 직접 본 사람. eye-witness.

목공〔木工;나무 목, 장인 공〕명(사 41:7) ①나무로 물건을 만드는 사람. 또는 그 일. wood worker. wood work.

ㅁ

②목수. carpenter.

목구멍 명(시 5:9) 입 속의 깊숙한 안 쪽. 입속에서 기도(氣道)와 식도(食道)로 통하는 곳. ㉾ 목. throat.

목기〔木器;나무 목, 그릇 기〕명(레 11:32) 나무 그릇. wooden vessel.

목도〔目睹;눈 목, 볼 도〕명(사 44:21) 몸소 직접 봄. 목격. observation.

목도리 명(사 3:22) 추위를 막기 위하여, 또는 모양을 내려고 목에 두르는 물건. muffler.

목마르다 형(출 17:3) ①물을 마시고 싶다. thirst. ②주기를 매우 바라다. thirst for.

목 매다 자타(삼하 17:23) '목을 매어 달다'의 준말.

목 매달다 자타(민 25:4) 죽으려고, 또는 죽이려고 목을 줄게 걸어 매어 달다. red colt. hang oneself.

목 매어 죽다 자(마 27:5) 목을 매고 스스로 목숨을 끊다.

목 매어 죽이다 타(행 15:20) 목을 매어서 목숨을 끊어지게 하다.

목백〔牧伯;칠 목, 맏 백〕명(스 1:8) 지방 관리의 이름(목사, 牧使).

목 베다 타(삼하 4:7) 목을 자르다.

목사〔牧師;먹일 목, 스승 사〕명(엡 4:11) 보호하고 가르치는 뜻을 가진 목사는 하나님의 사자로, 교회의 교역자로, 양떼(교인)를 위하여 하나님의 말씀을 가르치고 세속에 물들지 아니하도록 격려하며 지역 내의 다른 목사와 같이 공동 복음 사역을 하는 사람. reverend, pastor.

목상〔木像;나무 목, 형상 상〕명(레 26:1) ①나무로 만든 우상. wooden idol. ②나무로 만든 사람의 형상 조각. wooden imaged.

목석〔木石;나무 목, 돌 석〕명(신 4:28) ①나무와 돌. trees and stones. ②감정이나 인정이 둔한 사람. insensible person.

목소리 명(출 23:21) ①음성. voice. ②음색. tone.

목수〔木手;나무 목, 손 수〕명(삼하 5:11) 나무를 잘 다루는 집이나 물건을 만드는 사람. 목공(木工). carpenter.

목숨 명(창 12:13) 살아 있는 힘. 생명.

목엽〔木葉;나무 목, 잎 엽〕명(사 33:9) 나뭇잎. leaves.

목욕〔沐浴;머리감을 목, 목욕할 욕〕명(출 2:5) 머리를 감고 몸을 씻는 일. bathing.

목욕장〔沐浴場;~ 마당 장〕명(아 4:2) 목욕을 하는 장소.

목욕통〔沐浴桶;~통 통〕명(시

60:8) 머리를 감고 씻을 수 있는 통. washbowl.

목이 곧다 자(출 33:9) 교만한 자, 하나님을 섬길 줄 모르는 자의 태도.

목자〔牧者;칠 목, 놈 자〕명(창 13:7) ①양을 치는 사람. shepherd. ②목회자. minister.

* 우리의 참 목자는 예수 그리스도시다(요 10:14).

목자장〔牧者長;먹일 목, 놈 자, 길 장〕명(삼상 21:7) ①양 치는 사람의 우두머리. ②그리스도(벧전 5:4).

목장〔牧場;기를 목, 마당 장〕명(삼하 7:8) 말·소·양 등을 놓아 기르는 넓은 들이나 산 같은 초지(草地). pasture.

목적〔目的;눈 목, 적실할 적〕명(수 22:24) ①일을 이루려는 목표. purpose. ②의지에 따라 행위를 규정하는 방향. end.

목전〔目前;눈 목, 앞 전〕명(창 38:7) ①눈 앞. under one's nose. ②지금. 당장. this moment.

목축〔牧畜;기를 목, 기를 축〕명(창 34:5) 가축을 기름. cattle breeding.

몫 명(신 21:17) 여럿으로 분배하여 가지는 각 부분. share.

몰각〔沒覺;빠질 몰, 깨달을 각〕명(사 56:11) 무지하여 깨달음이 없음.

몰다 타 ①짐승 따위를 바라는 곳으로 가게 하다. drive. ②한데 모으거나 합치다. gather(창 33:13).

몰라다〔מוֹלָדָה=출생〕지(수 15:26) ①「유대」 남쪽에 있는 성읍. ②포로 귀환 후에도 「유대」 자손의 거주지가 되었다(느 11:26). ③「시므온」의 성이라고 부르며 「브엘세바」와 함께 기록되어 있다.

몰래 부(잠 9:17) 남이 모르도록 가만히. secretly.

몰렉 명(레 18:21) 「암몬」 사람의 국가신 「밀곰, 말감」과 같다(왕상 11:5, 삼하 12:30-31). 「몰록」이라고도 부른다(행 7:34). 「유대」 왕국 후기 역사에 많이 언급되는데 장자를 불에 태워 「몰렉」에게 바쳤다. 「예루살렘」 「힌놈」의 골짜기에 이 제단이 있었다.

몰록 명(왕상 11:7) 「암몬」 사람의 국가신 우상. 맏아들을 불에 태워 바친다. →몰렉.

몰리다 자(창 47:20) ①여럿이 한쪽으로 쏠려 뭉치다. be driven to get. ②일이 꿀려 매우 바빠지다. be pressed.

몰릿〔מוֹלִיד=그가 생산하다〕[인] (대상 2:29) 「에라벨」의 자손으로, 「아비술」의 아들.

몰사〔沒死; 빠질 몰, 죽을 사〕[명] (삼하 17:16) 모두 죽음. extinction.

몰살〔沒殺; 빠질 몰, 죽일 살〕[명] (수 11:6) 모두 죽임. annihilation.

몰수〔沒數; 빠질 몰, 셀 수〕[명] (창 47:14) 수량의 전부. the whole.

몰약〔沒藥; 빠질 몰, 약 약〕[명] (창 37:25) 〈식〉 감람과에 속하는 관목. 겹잎으로 되었고 네 잎 꽃이 핀다. 아라비아와 아프리카에 퍼져 있다. 즙은 향수와 의료품으로 쓰인다. 동방박사가 아기 예수님께 이것을 드렸다(마 2:12). 예수님의 장례에 사용되었다(요 19:39).

몰약산〔沒藥山; ~뫼 산〕[명] (아 4:6) 몰약이 나는 산.

몸[명] (창 2:24) ①사람이나 동물의 머리에서 발까지 딸린 모든 것을 일컫는 말. body. 육체. 육신. ②물건의 원 등걸. body of.

몸값[명] (왕하 12:4) 팔려온 몸의 값어치. ransom.

몹시[부] (마 8:6) 심히. 매우. very.

못[1] [명] (대하 3:9) 쇠나 대로 뾰족하게 만들어 걸쳐 박는 데 쓰는 물건. nail.

못[2] [명] (출 7:19) 넓고 깊게 패인 땅에 늘 물이 고이어 있는 곳. pond. 지(池).

못되다[형] (레 7:18) ①일정한 수량이나 한도가 되지 못하다. short. ②악하거나 모진 성질을 가지고 있다. vicious.

못 박다[자] (삼상 31:10) ①물건에 못이 들어박히게 하다. ②남의 마음에 상처를 입히다.

못 박히다[피동] (요 19:20) 못 박음을 당하다.

못본 체하다[자] (레 20:4) ①보았으면서도 보지 아니한 것처럼 감추다. ②상관하지 아니하다.

못 속[명] (욥 40:21) 연못 안.

못 자국[명] (요 20:25) 못을 박음으로 남은 흠. the scar of the nail.

못하다[형] (창 8:9) 서로 비교하여 질이나, 양이나, 정도가 다른 것보다 낮다. 떨어지다. inferior to.

몽둥이[명] (욥 41:29) 조금 굵고

긴 막대기. club.

몽사〔夢事;꿈 몽, 일 사〕명(렘 23:27) 꿈에서 본 일. dream.

몽설〔夢泄;꿈 몽, 샐 설〕명(신 23:10) 자다가 저절로 정액이 사출됨. 몽정. 설정. wet dream.

몽조〔夢兆;꿈 몽, 조짐 조〕명(창 40:5) 꿈자리. dream.

몽치 명(마 26:47) 짧고 단단한 몽둥이. club.

몽학 선생〔蒙學先生;어릴 몽, 배울 학, 먼저 선, 날 생〕명(갈 3:24) 어린 아이나 가르칠 만한 선생. 몽학 훈장. teacher who can teach only children. 율법을 일컫는 말. 그리스도의 안내자.

묘[1]〔廟;사당 묘〕명(삿 9:4) 제사 지내는 사당.

묘[2]〔墓;무덤 묘〕명(창 35:20) 사람의 무덤. 묘지. grave.

묘비〔墓碑;무덤 묘, 비석 비〕명(창 35:20) 무덤 앞에 세우는 비석. 비(碑). tomb-stone.

묘성〔昴星;별이름 묘, 별 성〕명(욥 9:9) 이십팔수의 열여덟째 별자리의 별들(명확하지 않음).

묘실〔墓室;무덤 묘, 집 실〕명(창 23:6) 시체를 두는 곳.

묘지〔墓地;무덤 묘, 땅 지〕명(왕하 20:6) ①무덤이 있는 근처의 땅. graveyard. ②장지(葬地).

묘책〔妙策;묘할 묘, 꾀 책〕명(시 64:6) 아주 묘한 꾀. 묘계. ingenious trick.

묘하다〔妙~;묘할 묘〕형(렘 6:2) ①이상스럽다. strange. ②말할 수 없이 기이하다. mysterious. ③뛰어나게 잘 되다. excellent.

무겁다 형(출 1:11) ①무게가 있다. 가볍지 않다. heavy. ②언행이 신중하다. prudent. ③병이나 죄가 심하거나 많다. serious. ④부담이나 책임이 중대하다. heavy.

무고〔無故;없을 무, 연고 고〕명(삼상 19:5) ①별다른 연고가 없음. without relation. ②아무 사고 없이 편안함. peace. 부 무고히.

무관〔無關;없을 무, 상관할 관〕명(욥 33:14) 아무런 관계가 없음. unrelated.

무교〔無酵;없을 무, 술밑 교〕명(출 29:2) 누룩이 없음. 누룩을 넣지 않음. no yeast.

무교병〔無酵餠;~떡 병〕명(창 19:3) 누룩을 넣지 않고 만든 빵. bread of no yeast.

무교 전병〔無酵煎餠;~지질 전, 떡 병〕명(출 29:2) 누룩을 넣지 않고 넓게 지진 지지미. bread of no yeast baked in an oven.

무교절〔無酵節;~마디 절〕명(출 12:17) 구약의 절기 중

ㅁ

의 하나. 집안에 누룩을 없애고 누룩을 넣지 아니한 떡을 먹으며 지낸다. → 유월절. the festival of unleavened bread.

무교절일〔無酵節日; ~날 일〕명(눅 22:7) 누룩 넣지 않은 떡을 먹는 절기. the Festival of Unleavened Bread.

무궁〔無窮; 없을 무, 다할 궁〕명(욥 36:5) ①한이 없음. 공간 또는 시간이 끝이 없음. infinity. ②끝없이 영원히 계속함. eternity.

ㅁ

무기고〔武器庫; 호반 무, 그릇 기, 창고 고〕명(시 39:2) 전쟁에 쓰는 기구를 간직하여 두는 창고. arsenal.

무남 독녀〔無男獨女; 없을 무, 사내 남, 홀로 독, 계집 녀〕명(삿 11:34) 아들이 없는 집안의 외동 딸. only daughter.

무녀〔巫女; 무당 무, 계집 녀〕명(사 57:3) 굿하고 점치는 여자. 무당. sorcerer.

무능〔無能; 없을 무, 능할 능〕명(사 40:29) 재능이 없음. lack of ability. 능력이 없음.

무늬 명(창 30:37) 물건 거죽에 어룽진 모양. pattern; figure.

무당〔巫堂; 무당 무, 집 당〕명(출 22:18) 점치고 굿을 하는 신들린 여자.

무더기 명(창 31:46) 수북하게 쌓은 물건 더미. heap.

무덤 명(민 19:16) 시체를 묻어 놓은 곳. grave.

무도〔舞蹈; 춤출 무, 밟을 도〕명(삿 21:21) ①춤을 춤. ②음악에 맞추어서 춤을 추는 서양풍의 춤. dance.

무디다 형(삼상 13:21) ①끝이나 날이 날카롭지 못하다. blunt. ②느끼고 깨닫는 힘이 부족하다. dull. ③말씨가 느리고 뚝뚝하다. blunt.

무라〔Μύρα = 몰약, 불사르다〕지(행 27:5) 「소아시아」「루기아」도 남안에 있는 성읍으로, 「바울」이 「로마」로 가는 길에 들렀던 곳이다.

무력〔無力; 없을 무, 힘 력〕명(신 32:36) 힘이 없음. powerlessness.

무례〔無禮; 없을 무, 예도 례〕명(시 31:18) 예의를 차리지 못함. 예의에 어긋남. 실례. rudeness.

무론〔無論; 없을 무, 의논할 론〕명(창 14:23) 물론. of course. 원문상으로는 '무엇이든지, 전체'의 뜻이 있다.

무론 남녀〔無論男女; ~사내 남, 계집 녀〕명(출 36:6) 남자나 여자나 할 것 없이 모두.

무론 노소〔無論老少; ~늙을 로, 적을 소〕명(창 19:4) 늙은이나 젊은이나 할 것 없이 모두.

무론 대소〔無論大小; ~큰 대, 작을 소〕명(창 19:11) 크고 작고를 막론하고 모두.

무론 사생〔無論死生; ~죽을 사, 날 생〕명(삼하 15:21) 죽고 사는 것을 가리지 않고.

무료〔無料; 없을 무, 헤아릴 료〕명(시 44:12) 요금이 필요 없음. 공짜. free of charge.

무르다[1] 타(레 25:14) 샀던 물건을 도로 주고 값으로 치른 돈을 찾다. send back.

무르다[2] 자(겔 24:5) 굳은 물건이 푹 익어 물렁물렁하게 되다. mellow.

무릅쓰다 타(창 31:40) 어려움이나 억누르는 것을 참고 견디다. risk; brave.

무릇 부(창 4:14) 헤아려. 생각하건데. generally.

무릎 명(창 30:3) 정강이와 넓적다리 사이에 있는 관절의 앞쪽. knee.

무리[1] 명(창 11:6) 한 동아리를 이룬 사람 또는 짐승의 떼. group.

무리[2]〔無理; 없을 무, 이치 리〕명(시 35:19) ①억지로 우겨댐. compulsion. ②이치에 맞지 않음. unreasonableness.

무망〔無妄; 없을 무, 망령될 망〕명(신 32:4) 뜻하지 아니함. 뜻하지 아니하다. 엉겁결에. unexpectedly.

무명〔無名; 없을 무, 이름 명〕명(고후 6:9) ①세상에 이름이 알려져 있지 않음. unknown. ②이름이 없음. nameless. ③명의나 명문이 붙어 있지 않음. causeless.

무법〔無法; 없을 무, 법 법〕명(벧전 4:3) ①법이 없음. illegality. ②도리에 어긋남. rude.

무사[1]〔武士; 호반 무, 선비 사〕명(수 17:1) 무사(武事)를 익히어 그 방면에 종사하는 사람. 또는 그 계급. warrior.

무사[2]〔無事; 없을 무, 일 사〕명(삼상 20:21) ①아무 일이 없음. safety. ②사고가 없음. without a hitch.

무색〔無色; 없을 무, 빛 색〕명(욥 29:24) ①아무 색깔이 없음. colourless. ②부끄러워 볼 낯이 없음. feeling shame.

무섭다 형(마 21:26) ①마음에 두려운 느낌이 있다. fearful. ②남이 놀랄 만큼 사람이 영악하다. fierce.

무성〔茂盛; 성할 무, 성할 성〕명(창 41:5) 초목이 우거짐. dense.

무소〔誣訴; 무고할 무, 하소연할 소〕명(눅 3:14) 없는 일을 꾸미어 소송을 제기함. false accusation.

무소 불능〔無所不能; 없을 무, 바 소, 아닐 불, 능할 능〕명

ㅁ

(욥 42:2) 능하지 않은 것이 없음. omnipotence.

무쇠 명(사 48:4) 잡물이 섞인 쇠. rigid iron.

무수〔無數;없을 무, 셀 수〕명(출 8:3) 한이 없는 수. numberless. 셀 수 없이 많은 수효.

무수히 부(출 8:3) 한없이.

무술람〔מְשֻׁלָּם=상주었다〕인(대상 9:8) 「모술람」과 같은 사람.

ㅁ

무시[1]〔無視;없을 무, 볼 시〕명(시 73:20) 존재를 알아 주지 않음. 업신여김. setting at naught.

무시[2]〔無時;없을 무, 때 시〕명(레 16:2) 일정한 때가 없음. 무상시(無常時). 언제나.

무시[3]〔מוּשִׁי〕인(출 6:19) 「므라리」 족속에 속하는 「레위」 지파의 「무시」 인의 조상.

무시아〔Μυσία=죄인〕지(행 16:7) 「소아시아」 서북부 「바울」이 2차 선교 여행 때 지난 곳. 「프로폰트」 해 남쪽에 있는 곳.

무식〔無識;없을 무, 알 식〕명(욥 34:35) 아는 것이 없음. 식견이 없음. ignorance.

무신〔無信;없을 무, 믿을 신〕명(신 32:20) ①신의, 신용이 없음. unfaithfulness. ②소식이 없음. 서신·통신·왕래가 없음. hearing nothing.

무실레못〔מְשִׁלֵּמוֹת=저희들의 원수같은 사람들〕인(대하 28:12)

1 제사장 「마아새」의 고조부.

2 「베레갸」의 아버지 「에브라임」 자손의 족장.

무심중〔無心中;없을 무, 마음 심, 가운데 중〕명부(레 5:4) 마음을 쓰지 않는 가운데. 무심결에. in an unguarded moment.

무안〔無顔;없을 무, 얼굴 안〕명(시 70:2) 면목이 없음. 부끄러움. 부끄러워서 볼 낯이 없음. shame.

무엇이든지 부(창 39:23) 가릴 것 없이 모두.

무여지다 타(미 1:16) 커지다. 확산되다. 넓어지다. 증가하다. 번지다 등의 뜻으로 쓰이는 말.

무역〔貿易;무역할 무, 바꿀 역〕명(창 42:34) ①팔고 사고 교환하는 일. ②외국과 장사 거래를 함. foreign trade.

무역자〔貿易者;~놈 자〕명(사 23:8) ①팔고 사고 교환하는 일을 하는 사람. ②외국과 장사 거래를 하는 사람.

무역품〔貿易品;~물건 품〕명(겔 27:33) 사고 팔고 교환하는 물품. merchandise.

무용[1]〔無用;없을 무, 쓸 용〕명(전 10:11) 소용이 없음.

uselessness.

무용[2]〔武勇;호반 무, 날랠 용〕명(삼상 16:18) 무예와 용맹. bravery.

무익〔無益;없을 무, 더할 익〕명(에 3:8) 아무 이로운 것이 없음. futility.

무인 지경〔無人之境;없을 무, 사람 인, 갈 지, 지경 경〕명(레 16:22) 사람이 전혀 없는 곳. uninhabited region.

무자〔無子;없을 무, 아들 자〕명(창 15:2) ①아들이 없음. without a son. ②무자식. 아들이나 딸이 전혀 없음. childless.

무자비〔無慈悲;없을 무, 사랑 자, 슬플 비〕명(롬 1:31) 자비스러운 마음이 없음. mercilessness.

무장〔武裝;호반 무, 꾸밀 장〕명(민 31:5) ①전쟁 때에 하는 군인의 몸차림. equipment. ②전쟁 준비로 하는 장비. armament.

무저갱〔無底坑;없을 무, 밑 저, 구덩이 갱〕명(눅 8:31) 지옥. 음부. 사단과 그의 족속이 벌받아 영원히 거하는 곳. bottomless pit.

무정〔無情;없을 무, 뜻 정〕명(욥 6:10) 정이 없음. 인정이나 동정심이 없음. heartlessness. 마귀의 자손이 하는 행동.

무죄〔無罪;없을 무, 허물 죄〕명(출 23:7) 허물이나 잘못이 없음. faultlessness.

무죄자〔無罪者;~놈 자〕명(신 21:9) 죄가 없는 사람. 예수 그리스도. 구속받은 성도.

무지〔無知;없을 무, 알 지〕명(욥 38:2) ①아는 것이 없음. 지식이 없음. ignorance. ②어리석음. stupidity. ③하는 짓이 미련스럽고 사나움. harsh and wild.

무지개명(창 9:13) 공중에 떠 있는 물방울이 햇빛을 받아 태양과 반대 방향 하늘에 나타나는 7가지 원형의 현상. rainbow.

무지러지다자(겔 29:18) 물건 끝이 닳거나 잘라져 없어지다. wear out.

무지 무각〔無知無覺;~없을 무, 깨달을 각〕명(시 82:5) 아는 것도, 깨달음도 없음. stupidity.

무찌르다타(삼하 22:38) ①닥치는 대로 남김 없이 막 죽이다. slaughter. ②마구 쳐들어가다. attack.

무한〔無限;없을 무, 한정 한〕명(욥 37:23) 한이 없음. 끝이 없음. infinity.

무할례〔無割禮;없을 무, 나눌 할, 예도 례〕명(롬 2:25) 할례를 받지 않음. uncircumcised.

무할례당〔無割禮黨;~무리 당〕 명(엡 2:11) 할례를 받지 않은 무리. the uncircumcised.

무할례시〔無割禮時;~때 시〕명(롬 4:10) 할례를 받지 않았을 때. 영적으로 믿기 전.

무할례자〔無割禮者;~놈 자〕명(행 11:3) 할례를 받지 아니한 사람. 이방인.

무함〔誣陷;무고할 무, 빠질 함〕 명(출 23:1) 없는 일을 꾸며 남을 함정에 몰아 넣음. slander.

무화과〔無花果;없을 무, 꽃 화, 과실 과〕명(창 3:7) 〈식〉 무화과나무의 열매. fig.

무화과나무〔無花果~;없을 무, 꽃 화, 과실 과〕명(창 3:7) 〈식〉 뽕나무과에 딸린 낙엽 활엽 관목. 높이 3m 정도, 잎은 광란형으로 3~5갈래로 갈라진 손바닥 형태임.

무화과 뭉치〔無花果~;없을 무, 꽃 화, 과실 과〕명(삼상 25:18) 무화과를 눌러 만든 과자.

무화과병〔無花果餠;~떡 병〕명(대상 12:40) 무화과로 만든 떡.

무효〔無效;없을 무, 본받을 효〕 명(민 6:12) ①효과·효력·효험이 없음. ineffectiveness. ②법률상 행위의 효과가 없음. invalidity.

무흠〔無欠;없을 무, 하품 흠〕대(히 8:7) 흠이 없음. flawlessness.

묵다 자(레 25:22) ①오래되다. be time honoured. ②머무르다.

묵도〔默禱;잠잠할 묵, 빌 도〕명(창 24:25) 가만히 속으로 빎. silent prayer.

묵묵히〔默默~;잠잠할 묵, 잠잠할 묵〕부(창 24:21) 잠잠함. 말이 없이. silent.

묵상〔默想;잠잠할 묵, 생각 상〕 명(창 24:63) 정신을 모아 잠잠히 생각하고 기도함. silent prayer.

묵시〔默示;잠잠할 묵, 보일 시〕 명(삼하 7:17) 하나님이 성령으로 나타나시어 일러줌. revelation.

묵인〔默認;잠잠할 묵, 인정할 인〕명(행 14:16) 모르는 척하고 슬며시 말없이 하도록 함. tacit approval.

묶다 타(창 37:7) ①단을 지어 잡아매다. bind up. ②몸을 얽어매다. arrest. ③한군데로 합하다. bundle.

문〔門;문 문〕명(창 4:7) 여닫게 해 놓은 물건. door. 드나드는 곳.

문간〔門間;문 문, 사이 간〕명 (겔 40:7) 대문이 있는 곳. 현관. entrance.

문기둥 명(출 38:30) 문설주, 출입구.

문둥병〔～病;병들 병〕명(출 4:6) 나균으로 말미암아 생기는 만성 전염병. 잠복기가 긴 것이 특징. 나병. 한센 씨병. leprosy.

문둥병자〔～病者;병들 병, 놈 자〕명(삼하 3:29) 문둥병이 걸린 사람. 문둥이. leper.

문둥병 환자〔～病患者;병들 병, 근심 환, 놈 자〕명(민 5:2) 문둥병을 앓고 있는 사람. leper.

문둥이 명(왕하 7:3)→문둥병자. leper.

문둥 환자〔～患者;근심 환, 놈 자〕명(레 13:44)→문둥병 환자. leper.

문득 부(마 2:9) 생각이 갑자기. 홀연히. suddenly.

문란〔紊亂;어지러울 문, 어지러울 란〕명(레 18:23) 도덕이나 질서가 얽히어서 어지러움. disorder.

문루〔門樓;문 문, 다락 루〕명 (삼하 18:33) 문 위에 세운 다락집. look-out on a gate.

문벌〔門閥;문 문, 문벌 벌〕명 (고전 1:26) 대대로 내려오는 그 집 안의 지체. 가세(家世). lineage.

문벽〔門壁;문 문, 바람 벽〕명 (겔 41:4) 벽기둥.

문빗장 명(신 33:25) 문을 잠글 적에 가로지르는 쇠장대나 나무때기.

문설주〔門楔柱;문 문, 쐐기 설, 기둥 주〕명(출 21:6) 문짝을 끼워 달려고 중방과 문지방 사이 문의 양편에 세운 기둥. gate posts.

문안〔問安;물을 문, 평안 안〕명 (출 18:7) 안부의 말씀을 여쭘. inquiry.

문의〔問議;물을 문, 의논한 의〕명(막 9:10) 물어보고 의논함. inquiry and consultation.

문자〔文字;글 문, 글자 자〕명 (스 4:7) 말의 소리나 뜻을 표시하는 시각적 기호. 글자. letter.

문장〔門帳;문 문, 휘장 장〕명 (출 26:37) 문과 창문에 쳐서 늘어뜨리는 휘장. curtain.

문장 기둥 명(출 38:31) 휘장 또는 천막을 칠 때 받치는 기둥.

문제〔問題;물을 문, 제목 제〕명 (왕상 10:1) ①대답을 얻기 위한 물음. question. ②당면한 연구 사항. subject. ③사태의 의문 가운데 있는 일. in one's family.

문중〔門中;문 문, 가운데 중〕명

ㅁ

(행 4:6) 일가끼리의 가까운 집안. 문안. near relatives.

문지기 명(삼하 18:26) 문을 지키는 사람. gate keeper.

문지방〔門地枋;문 문, 땅 지, 막을 방〕명(삿 19:27) 문 아래 두 문설주 사이에 가로놓은 나무. threshold.

문짝 명(삿 16:3) 여닫게 된 문의 한짝. door.

문채〔紋彩;무늬 문, 채색 채〕명(잠 7:16) ①문장의 광채. beautiful style. ②무늬. pattern.

문턱 명(습 1:9) 문짝의 밑이 닿는 문지방의 웃머리. threshold.

문통 명(겔 40:6) 현관. entrance ball.

문틀 명(아 5:4) 닫는 문의 틈 바구니. chink between parts of doors.

문하〔門下;문 문, 아래 하〕명(행 22:3) ①스승의 아래. private school. ②스승 아래 가르침을 받는 사람. 문하생. disciple. ③문객이 드나드는 권세 있는 집. influential family.

묻다[1] 타(창 1:3) 모르는 일에 대하여 남에게 대답을 구하다. ask.

묻다[2] 타(창 35:4) ①물건을 다른 물건 속에 넣어 안 보이게 하다. bury. ②일을 숨기어 감추다. cover.

물[1] 명(창 1:2) 산소와 수소의 화합물. water.

물[1]〔物;만물 물〕명(겔 13:21) 물건·사람의 감관으로써 감식할 수 있는 사람 이외의 유형의 모든 것. thing.

물 가 명(민 24:6) 물이 있는 곳의 가장자리.

물건〔物件;만물 물, 물건 건〕명(창 31:7) 사람의 감관으로 감식할 수 있는 사람 이외의 유형 모든 것. thing. ②소유할 수 있는 것. object. ③제 구실을 하는 것. 뛰어난 것. something.

물결 명(삼하 25:2) 물이 움직이어 일어나는 무늬. 수파(水波). wave.

물고기 명(창 1:21) 〈동〉 물에서 사는 아가미와 지느러미가 있는 고기를 일컫는 말. fish.

물구유 명(창 30:38) 짐승에서 물을 담아 먹이는 통.

물다 타(창 49:17) 잇발 사이에 넣고 누르다. bite.

물 대다 타(신 11:10) 물을 논에 들어오게 하다.

물동이 명(요 4:28) 물을 담는 동이. water-jar.

▲ 가사 지구에서 발굴된 물동이

물돼지 명(겔 16:10) <동> 돌고래. dolphin.

물두멍 명(출 30:18) 물을 길어 붓고 쓰는 큰 가마. 큰 독. cauldron.

물론〔勿論; 말 물, 의논할 논〕명(레 17:5) 말할 것도 없음. 무론(無論). of course.

물매 명(삿 20:16) 돌팔매질을 하기 위하여 쓰는 기구. sling.

물매군 명(왕하 3:25)→'물매꾼'의 오기. 물맷돌을 던지는 사람. 투석꾼.

물맷돌 명(욥 41:28) 자갈, 작은 돌. slingstones.

물목〔物目; 만물 물, 눈 목〕명(출 38:21) 물건의 목록. list of articles.

물병〔~甁; 병 병〕명(삼상 26:11) 물을 넣는데 쓰는 병. water-bottle.

물산〔物產; 만물 물, 낳을 산〕명(민 35:3) 생기어 나는 물건. product.

물샘 명(출 15:7) 땅에서 물이 솟아 나오는 자리. 샘. spring.

물음 명(요 16:30) 묻는 일, 묻는 말. 질문. question.

물품〔物品; 만물 물, 물건 품〕명(창 14:21) 쓸만한 가치가 있는 물건. article.

물항아리 명(창 24:14) 물을 넣는데 쓰는 항아리. water-jar.

물화〔物貨; 만물 물, 재물 화〕명(느 10:31) 물품과 재물. goods.

뭅빔〔מֻפִּים=갈망〕인(창 46:21) 「야곱」의 손자. 「베냐민」의 아들로서 한 종족의 조상.

뭇[1] 관(출 20:18) 많은 수효를 나타내는 말.

뭇[2] 명(신 24:19) 곡식이나 장작 그리고 잎나무를 작게 묶은 단. bundle.

뭇람벤 명(시 9) 시편 9편의 제목. 아들의 죽음이란 곡에 맞추어 부르라는 뜻.

뭇 백성〔~百姓;일백 백, 성 성〕 명(왕하 1:18) 여러 국민. 많은 시민. many common people.

뭉치 명(창 42:35) 덩이. bundle.

뭉치다 자(삼상 28:24) 여럿이 한데 뭉쳐서 한 덩이가 되다. lump.

뭉키다 자(욥 41:22) 여럿이 뭉치어 한 덩이가 되다. lump.

뭍 명(창 1:9) 땅. 육지. land.

므게랏〔מְכֵרָתִי〕지(대상 11:36) 위치는 알 수 없음.

므고나〔מְכוֹנָה=견고한 자리〕지(느 11:28) 「시글랏」 부근에 있던 「유대」 성읍으로, 포로 귀환민들이 이곳에 살았다.

므깃도〔מְגִדּוֹ〕지(수 12:21) ①「여호수아」가 「가나안」으로부터 빼앗아 「므낫세」에게 주었다(수 17:11). ②「가나안」이 여전히 차지하고 있었다(사 1:27). ③「솔로몬」 시대에 「이스라엘」 영토가 되었다(왕상 4:12, 9:15). ④「유대」 왕 「아하시야」가 「구르」에서 「예후」에게 공격을 받고 도망하다가 이곳에서 죽었다(왕하 8:27). 「애굽」에서 「다메섹」으로 통하는 통로로서 「나사렛」으로부터 18 km 지점에 있다.

므나 명(눅 19:13) 돈의 단위.

므나헴〔מְנַחֵם=위로자〕인(왕하 15:14) 「이스라엘」의 16대 왕이며, 「가디」의 아들이다(주전 771~760). ①군대 장관직에 있다가 「사마리아」에 올라가 「살룸」 왕을 죽이고 왕위를 탈취하였다(왕하 15:14). ②성격이 횡폭하고 잔인하였기 때문에 적이 많이 생기고 친 「애굽」 파와 친 「앗수르」 파가 생겨 싸움이 심하였다(호 7:11). ③이때를 기회로 「디글랏빌레셀」 3세가 침입하려 하자 그에게 은 천 달란트를 주고 보호국이 되기를 간청하여 위기를 모면하였다(왕하 15:19-20).

므낫세[1]〔מְנַשֶּׁה=잊어 버림〕인(창 41:51)

1「요셉」의 아들(창 46:20). ①「이스라엘」 12부족을 말할 때에 「므낫세」와 「에브라임」을 구별하지 않고 「요셉」 족이라고만 하는 전승(창 49:22)과 그들 둘을 구별해서 하는 전승도 있다(신 33:13-17). ②「므낫세」 대신에 「마길」 족속을 치는 전승도 있다(삿 5:14). ③「므낫세」가 차지한 땅은 「요단」 강 동서에 있으므로 각각 「므낫세」 반지파라고도 부른다(민 34:13-55). ④「마길」과 「야일」이 「므낫세」의 아들로 되어 있는 것은 삿 5:14에 「마길」이 동반부의 일족이기 때문

이다(민 32: 39: 41). ⑤동반부의 땅을 「길르앗」, 서쪽 땅을 「세겜」이라고도 한다(수 17:2). ⑥사사 「기드온」은 서반부 출신(삿 6:15)이며 「입다」와(삿 6:15) 「엘리야」(왕상 17:1)는 동반부 출신이다.

2 「유다」 왕(주전 687-642). 부왕 「히스기야」와는 반대로 악정을 행하고 바알 숭배를 장려하여 자기 아들까지 희생 제물로 바쳤다. 대하 33:10-20을 보면 「므낫세」가 「앗수르」 사람에게 잡혀 「바벨론」으로 가서 하나님께 참회하고 기도하고 다시 돌아와서 우상을 폐지하고 참 하나님께 돌아왔다고 한다.

므낫세[2]〔מְנַשֶּׁה〕지(신 3:13)

1 「요단」 동편에 있는 본래 「길르앗」의 일부와 「바산」 왕의 온 나라이던 것을 목축과 농업에 적합한 땅이기 때문에 「요셉」의 아들 「므낫세」의 반지파가 「모세」에게 청구하여 배당받은 땅이다(신 3:13). 동과 북은 「수리아」, 서는 「요단」 강을 격하여 「납달리」 접경, 남은 「갓」 지방이다. 도피성 「골란」은 남방에 있다.

2 「요단」 서편에 있다. 동은 「요단」, 서는 「지중해」, 남은 「에브라임」, 북은 「잇사갈」이다. 남방에 유명한 「세겜」 성이 있고, 이 성 동편에는 저주하는 「에발」 산이 있고, 서편에는 축복하는 「그리심」 산이 있다. 이 땅은 「므낫세」의 다른 반지파가 「여호수아」에게서 분배받은 땅이다(수 17:7-13). 예수 당시에는 「사마리아」 도에 속하였고, 지금은 「이스라엘」 중심부이다.

므누홋〔מְנֻחוֹת〕인(대상 2:52) 「소발」의 자손. 「기럇여아림」 가문의 사람.

므니 명(사 65:11) 우상, 운명의 신.

므단〔מְדָן=분쟁〕인(창 25:2) 「아브라함」의 후처 「그두라」가 낳은 아들로서 「아라비아」의 한 부족의 조상이다.

므두셀라〔מְתוּשֶׁלַח=대 확장〕인(창 5:21) 성경에 나타난 사람 중 가장 오래 산 사람. 「셋」의 6대손 「에녹」의 아들, 「노아」의 조부이다. 그는 969세를 살았다(눅 3:37).

므두사엘〔מְתוּשָׁאֵל〕인(창 4:18) 「가인」의 고손자.

므라다임〔מְרָתַיִם=거역하는 반역〕지(렘 50:21) 「바벨론」을 가리키는 말. 옛 남부 「바벨론」의 이름.

므라리〔מְרָרִי=쓰다〕인(창 46:16)

1 「레위」의 셋째 아들(출 6:)

2 「므라리」 족의 시조(민 3:

17, 4:29).
3「이다말」의 지휘하에 성막의 목제 부분을 맡아 운반하였다(민 4:29-33).
4그들의 성읍은 「르우벤」, 「갓」, 「스불론」의 영내에 있으며 12고을이었다(수 21:7, 34-40).
5「다윗」 왕 때 성전 음악가 「에단」은 「므라리」의 자손이었다(대상 6:44).

므라야〔מְרָיָה=그가 높여졌다〕 인(느 12:12) 「스라야」 족속 중 제사장의 족장이 되었던 사람.

므라욧〔מְרָיוֹת=반역, 고통〕인(대상 6:6)
1「아히둡」의 조상으로 제사장(대상 6:7, 52).
2「아히둡」의 아들(대상 9:11). 느 12:15에는 「므라욧」 족속이라고 기록되어 있다.

므레못〔מְרֵמוֹת=높아진〕인(스 8:33)
1「우리아」의 아들로 제사장이다. 「에스라」가 「바벨론」에서 가져온 금, 은 기명을 저울로 달아 기록하고 또 「느헤미야」의 감독하에 「예루살렘」 중수하는 일부분을 담당한 자이다(스 8:33, 느 3:4, 21).
2「에스라」의 명령으로 이방인 처를 버린 자 중의 일인이다(스 10:36).
3「느헤미야」와 함께 언약에 날인한 한 제사장이다(느 10:5, 12:3).

므로닥명(렘 50:2) 「바벨론」 제국이 섬기는 우상. 「마르독」을 가리킨다. 「느부갓네살」 왕, 「앗수르」, 「바사」 왕, 「고레스」도 이 신을 섬겼다.

므로닥빌라단〔מְרֹאדַךְ בַּלְאֲדָן〕인(사 39:1) 「발라단」의 아들이며 「바벨론」 왕이다. 「히스기야」 왕이 병들었다 하는 소식을 듣고 편지와 예물을 보냈다(왕하 20:12). 그 목적은 「바벨론」, 「유대」, 「애굽」이 연맹하여 「앗수르」의 강성하는 세력을 저지하고 자국의 독립을 견고하게 하려는데 있었다. 그러나 「앗수르」 왕이 침입하여 저를 왕에서 축출하였다가 7년 후에 복귀시켰으나 9개월 후에 아주 패망하였다(주전 702년).

므리바〔מְרִיבָה=다투다〕지(출 17:7)
1「르비딤」 근처에 있었는데 「이스라엘」 사람은 이곳에서 물이 없어서 「모세」를 원망하였고, 「모세」는 하나님의 명령으로 반석을 쳐서 물을 내었다. 이 사건과 관련하여 지은 이름으로 「맛사」(시험하라)라고도 불렀다.
2「신」 광야 「가데스바네아」 근방에 있었던 곳(민 20

:1-13). ①이것은 단지 「므리바」(시 95:8). ②또는 「므리바」의 물(신 33:8, 민 20:13, 시 81:8, 106:32). ③「므리바 가데스」의 물(민 27:14, 신 35:51). ④「므리못 가데스」(겔 47:19, 48:28) 등으로 기록되어 있다. 이것은 확실히 「브엘세바」 남쪽 현재의 「아인 가데스」 샘이다.

므리바 가데스〔מְרִיבָה קָדֵשׁ = 바알의 영웅〕[지](겔 48:28) 「가데스바네아」의 샘을 가리키며 「이스라엘」의 남경(南境)에 있다. 「가데스 므리바」 또는 「므리바」와 같은 곳(민 20:13).

므리봇 가데스〔מְרִיבוֹת קָדֵשׁ〕[지](겔 27:19) 「신」 광야에 있는 샘. 「므리바 가데스」와 같은 곳(표기의 차이).

므립 바알〔מְרִיב בַּעַל = 바알의 영웅〕[인](대상 8:34) 「요나단」의 외아들이며 후에 「므비보셋」이라고 불렀다(대상 9:40).

므무간〔מְהִיטַן = 권세, 박사〕[인](에 1:14) 「아하수에로」 왕 때 「바사」와 「메대」의 7방백 중의 한 사람.

므바앗〔מֵיפַעַת = 높음〕[지](수 21:37) 「모압」의 성읍. 「메바앗」과 같은 곳.

므분내〔מְבֻנַּי = 하나님이 지으셨다〕[인](삼하 23:27) 「후사」 사람이며 다윗의 30용사 중의 하나.

므비보셋〔מְפִיבֹשֶׁת = 부끄러움을 없애는 자〕[인](삼하 4:4) 본래는 「므립바알」(바알의 영웅)이라고 불렀다(대상 8:34). 바알이라는 신의 이름이 싫어서 「므비보셋」이라고 고쳤다. 「요나단」의 아들인데 「다윗」이 왕위에 오른 뒤 그 옛 친구의 아들 「므비보셋」을 찾아 원래의 「요나단」의 재산을 다 주었다. 나중에 「압살롬」의 반역 행동에 관련했다는 혐의를 받았으나 그의 진실함이 드러나서 여전히 「다윗」의 후대를 받았다(삼하 9:6, 16:1-4, 19:24-30).

므세사벨〔מְשֵׁיזַבְאֵל = 하나님의 구원〕[인](느 3:4) 포로 생활 후의 「유대」인 가족의 이름(느 10:21).

므셀레먀〔מְשֶׁלֶמְיָה = 여호와께서 갚아 주심〕[인](대상 9:21) 성전 문지기를 맡고 있던 「고핫」 인인 「레위」 사람의 조상(대상 26:1).

므소바〔מְצֹבָיָה〕[인](대상 11:47) 「다윗」의 용사 「야아시엘」의 고향.

므술람〔מְשֻׁלָּם = 상을 주었다〕[인](왕하 22:3)

[1] 「요시야」 왕 시대의 서기관 「사반」의 조부.

ㅁ

2 「스룹바벨」의 아들(대상 3:19).
3 세 사람의 「베냐민」 사람(대상 8:17, 느 11:7, 대상 9:8).
4 「갓」 사람(대상 5:13).
5 제사장 「힐기야」의 부친(대상 9:11).
6 제사장(대상 9:12).
7 「고핫」 인으로서 「요시야」 시대에 성전 수리 감독자(대하 34:12).
8 「에스라」와 함께 「예루살렘」으로 돌아온 「레위」 인을 찾던 「바벨론」의 여러 족장 중의 한 사람(느 8:4).

므술레멧〔מְשֻׁלֶּמֶת=상 주다〕인(왕하 21:19) 「므낫세」 왕의 왕비이며 「아몬」 왕의 모친.

므실레못〔מְשִׁלֵּמוֹת=보답, 보상〕인(느 11:13)
1 「에브라임」의 수령(대하 28:12).
2 제사장 가족의 족장(대상 9:12).

므실레밋〔מְשִׁלֵּמִית=보상, 보답〕인(대상 9:12) 「마아새」의 시조이며 「임멜」의 아들.

므아라〔מְשִׁלֵּמִית=동굴〕지(수 13:4) 「시돈」에 속한 굴이 있는 지방의 명칭.

므오노대〔מְעוֹנֹתַי=하나님의 거처〕인(대상 4:14) 「그나스」 인의 족속으로서 「옷니엘」의 아들.

므오노님〔מְעוֹנְנִים=무당〕지(삿 9:37) 「팔레스틴」의 한 평야.

므우님〔בְּנֵי־מְעוּנִים〕인(스 2:50) 「바벨론」에서 돌아온 느디님 자손. 「모우님」 사람으로도 번역되었다(느 7:50).

므헤다벨〔מְהֵיטַבְאֵל=하나님은 은혜를 주심〕인(창 36:39)
1 「에돔」 왕 「하달」의 아내.
2 거짓 예언자 「스마야」의 조상(느 6:10).

므홀랏〔מְחֹלָתִי〕지(삼상 18:19) 「사울」의 맏사위 「아드리엘」의 고향.

므후만〔מְהוּמָן=믿을 만한 사람〕인(에 1:10) 「아하수에로」의 7종무관 중의 한 사람.

므후야엘〔מְחוּיָאֵל=하나님은 살려 주심〕인(창 4:18) 「가인」의 증손이며 「므두사엘」의 아버지.

므히다〔מְחִידָה=유명한, 귀한 것〕인(스 2:52) 「바벨론」에서 돌아온 「느디님」 사람.

므힐〔מְחִיר=상급〕인(대상 4:11) 「유다」 자손 「글룹」의 아들.

믈라댜〔מְלַטְיָה=여호와는 근원이시다〕인(느 3:7) 「예루살렘」 성벽을 수리한 「기드온」의 사람 이름.

미가[1]〔מִיכָה=누가 여호와와 같으랴〕인(삿 17:1)
1 사사 시대에 「에브라임」 산지에 살던 사람. 집안에다

은전 200을 들여 우상을 만들어 놓고 「레위」인 나그네 한 사람을 제사장으로 삼았다. 후일 「단」 지파가 북쪽으로 이주할 때 제사장을 억지로 끌고 갔고 우상도 빼어갔다(삿 17:13). 이것도 「단」 지파 성소의 유래가 되기도 한다(삿 8:29-34).

2 「르우벤」 지파의 한 족장(대상 5:5).

3 「므비보셋」의 아들(삼하 9:12, 5:5)

4 「웃시엘」의 아들. 「고핫」의 제사장(대상 23:20).

5 「압돈」의 아비(왕하 22:12, 대하 34:20).

6 「이사야」와 같은 시대의 예언자로 「미가」서의 저자. 「블레셋」 지경의 「모라셋」 출신(미 1:1). ※ 북극 「이스라엘」이 멸망하기 직전부터 예언하여 그의 활동 기간은 주전 725-700경이다.

미가[2] 명(미) 구약 제33권째 성경. 선지자 「미가」의 기록으로, 「이스라엘」과 「유대」에 대한 예언. 피할 수 없는 하나님의 심판과 그리스도로 말미암은 은혜로운 회복에 대하여 예언하였다.

미가야〔מִיכָיָה=누가 여호와와 같으랴〕인(왕상 22:8)

1 「이믈라」의 아들, 「아합」 왕 때의 예언자(대하 18:7). 그는 「아합」에게 불리워 「수리아」와 전쟁에 「이스라엘」이 승전하리라고 아첨하는 예언자들의 말에 반대하여 「이스라엘」이 패전하리라고 기탄없이 예언하였기 때문에 투옥되었으나 「이스라엘」의 운명은 그 예언대로 들어맞았다.

2 「여호사밧」 시대의 한 방백(대하 17:7).

3 「여호야김」 시대의 「유다」의 지도자(렘 11:12).

4 「요시야」 왕이 성전에서 얻은 율법책에 대하여 여호와께 묻기 위하여 보낸 사람 중의 한 사람. 「악볼」의 부친(왕하 22:12)인데 대하 34:20에는 「미가」라 하였다.

5 「르호보암」의 처. 「아비야」의 모친(대하 13:2)인데 대하 11:20에는 「마아가」라 하였다.

6 「아삽」의 후예(느 12:35).

7 「느헤미야」가 「예루살렘」 성을 봉헌식할 때 나팔을 분 제사장 중의 한 사람(느 12:41).

8 「예레미야」의 예언서를 「시드기야」 왕가에 모인 일반 관원에게 포고한 사람(렘 36:11-13).

미가엘〔מִיכָאֵל=하나님 같은 자〕인(민 13:13)

[1] 정탐꾼으로 뽑힌 「아셀」 지파 「스둘」의 부친.
[2] 두 사람의 「갓」 사람(대상 5:13).
[3] 「레위」 사람(대상 6:40).
[4] 「잇사갈」 사람(대상 7:3).
[5] 「베냐민」 사람(대상 8:16).
[6] 「므낫세」 사람(대상 12:20).
[7] 「다윗」의 한 관원으로 「오므리」의 부친(대상 27:18).
[8] 「여호사밧」의 아들(대하 21:2).
[9] 「스바다」의 자손(스 8:8).
[10] 천사장 「미가엘」(유 9).

미각〔味覺;맛 미, 깨달을 각〕[명] (욥 6:30) 혀의 미신경(味神經)이 달고, 시고, 짜고, 맵고, 쓴맛을 느껴서 아는 감각. palate.

미간〔眉間;눈썹 미, 사이 간〕[명] (출 13:9) 두 눈썹 사이. 양미간. middle of the forehead.

미갈〔מִיכַל=누가 하나님 같을꼬〕[인](삼상 14:49) ①「사울」 왕의 작은 딸. ②「다윗」의 용맹에 반하여 그를 사랑하였다(삼상 18:20). ③「사울」은 이것을 기회로 「다윗」을 죽이려 하였으나 「미갈」이 더욱 「다윗」을 사랑하므로 「다윗」은 무사하였다(삼상 18:25, 19:11). ④「다윗」이 망명한 후, 「사울」은 「미갈」을 「갈림」에 사는 「발디」에게 시집보냈다(삼상 25:44). ⑤「다윗」이 왕위에 오른 후 공주와 결혼하는 것이 유리하기 때문에 다시 데려다가 아내를 삼기는 하였으나 「아비갈」, 「아히노암」 등의 여자들과 결혼하였기 때문에 전과 같은 애정은 없었다(삼하 3:14). ⑥법궤를 모시는 날 「다윗」이 기뻐 춤추는 것을 보고 비웃었기 때문에 이 형벌로 「미갈」은 종신 임신하지 못하였다(삼하 6:16-20, 22-24).

미구〔未久;아닐 미, 오래 구〕[명] (시 106:13) 오래되지 않은 동안. before long.

미그론〔מִגְרוֹן=험한 곳, 단층〕[지](삼상 14:2)
[1] 「사울」의 진지. 「개바」 부근에 있었다(삼상 14:2).
[2] 「앗수르」 군대의 진로가 되리라고 말한 성읍(사 10:28). 「믹마스」 북쪽 2km 지점. 지금의 「막룬」.

미그리〔מִכְרִי=값〕[인](대상 9:8) 「베냐민」 사람으로, 「바벨론」에서 돌아온 「엘라」의 할아버지.

미글롯〔מִקְלוֹת=멸시하다〕[인] (대상 8:32)
[1] 「기브론」 부근에 살던 「베냐민」 가족의 조상(대상 9:37).
[2] 「다윗」을 섬기던 관원(대

상 27:4).

미냐민〔מִנְיָמִין=오른쪽에, 행운이〕[인](대하 31:15)
[1]「히스기야」 왕 시대, 한 「레위」 사람.
[2]「요야김」 제사장 때, 한 족장(느 12:17).
[3]「예루살렘」 성벽 낙성식 때 나팔을 분 제사장의 한 사람(느 12:41).

미덴〔מִתְנִי〕[지](대상 11:43) 「다윗」의 30용사 중 하나인 「요사밧」의 출신지.

미동〔美童;아름다울 미, 아이 동〕[명](신 23:17) ①음탕한 우상 숭배하는 데 바쳐진 남자. 남자 창기. ②남색의 상대가 되어 당하는 남자. sodomite. ③일반적인 말로 잘 생긴 사내 아이. handsome boy.

미들레네〔*Μιτυλήνη*=종말〕[지](행 20:14) 「소아시아」 본토에서 서쪽으로 17km 떨어진 「에게」 바다의 한 섬. 「레보」의 수도이며 「바울」이 찾아갔을 때에는 「로마」의 「아시아」현에 속해 있었고 주전 63년 「폼베이」 시대의 자치권을 얻었다.

미드레닷〔מִתְרְדָת=미드라에 의해 주어진 자〕[인](스 4:7)
[1]「바사」의 창고 관리인(스 1:8).
[2]「아닥사스다」Ⅱ세 「론기마느스」의 한 관리(스 4:7) →「미드라르닷」

미드르닷〔מִתְרְדָת=미드라(바사의 광명신)에 의해 주어진 자〕[인](스 1:8)
[1]「바사」 왕 「고레스」가 저를 명하여 성전 기구를 「유대」 방백 「세스바살」에게 내어주게 하였다.
[2]「아닥사스다」 왕 때에 「사마리아」에 주둔한 「바사」의 장관이니 그 동료와 함께 왕에게 상소하여 성전 건축 공사를 방해하려 하였다(스 4:7).

미디안[1]〔מִדְיָן=다툼〕[인](창 25:2) 「아브라함」의 후처 「그두라」가 낳은 넷째 아들(대상 1:32)로, 「미디안」 인의 조상이다. 「아가바」만 부근은 「아라비아」 광야가 그 중심지로 되어 있었다(창 37:25-28).

미디안[2]〔מִדְיָן=다툼〕[지](창 25:2) ①「아브라함」의 후처 「그두라」의 아들 「미디안」 후손의 거주지. ②거민은 유목민으로 낙타와 양을 많이 기르고 이웃 나라 「에돔」, 「모압」, 「암몬」, 「유대」 등과 무역하였고 혹시는 「요단」을 건너 「유대」 국을 자주 침입하였다. ③「요셉」이 「미디안」 인에게 팔렸다(창 37:28). ④「모세」가 「애굽」 인을 살해하고 이곳에 망명하여 40년을 유하는 중, 이곳 제사장의 딸을 취하였다(출 2:15, 21, 행 7:29). ⑤「이스라엘」 백성이 이곳 여자와 행음한 것을 「아론」의 손자 「비느하스」는 격분하여 「시므리」와 「고스비」의 두 남녀를 창으로 찔러 죽이고 여호와께서는 염병을 내리어 2만 4천명을 죽이셨다(민 25:6-15). ⑥「미디안」 인들이 「이스라엘」 백성을 유혹하여 죄악에 빠지게 하므로 「이스라엘」 인들이 격분하여 복수전을 일으켜 「미디안」의 남자들을 다 죽이고 또 다섯 왕을 죽이고 여자들과 아이들을 사로잡아 양, 소 등 모든 재물을 탈취하고 성읍과 촌락을 불질렀다(민 31:7-10). ⑦수백년 후에 다시 세력을 길러 가지고 「이스라엘」을 침략하여 7년간 학정을 하였다(삿 6:1). ⑧사사 「기드온」이 일어나서 3백명 군사로 「미디안」을 격퇴하고 「오렙」 두 방백을 죽인 후, 다시 침입하지 않았다(삿 7:5-25, 8:28).

미래〔未來;아닐 미, 올 래〕명 (전 9:1) 아직 돌아오지 않은 앞날. 장래. future.

미려골〔尾閭骨;꼬리 미, 이문 려, 뼈 골〕명(레 3:9) 꽁무니 뼈, 미저골 backbone.

미련명(삼상 25:25) 어리석고 둔함. 바보. stupidity.

미련한 자명(잠 1:7) 어리석은 사람. 하나님이 없다고 하는 사람.

미르마〔מִרְמָה=교활한 말〕인 (대상 8:10) 「베냐민」 사람 「사하라임」의 아들.

미리부(창 46:28) 앞서서, 어떤 일이 아직 생기기 전에. before hand.

미리암〔מִרְיָם=높다〕인(출 15:20) ①「아므람」과 「요게벳」의 딸로서 「아론」과 「모세」의 누이다(민 15:59, 출 7:7). ②어린 「모세」를 구하려고 애를 썼다(출 2:4, 8). ③「홍해」를 건널 때는 승리의 노래를 부르며 춤을 추었다(출 15:20). 「모세」를 시기, 힐난한 까닭에 벌을 받아 문둥병에 걸린 것을 「모세」가 기도하여 나았다(민 12:1-15, 신 24:9). 「가데스」에 진쳤을 때에 죽어 장사하였다(민 20:).

• 「미리암」은 「히브리」 어 발음이며, 「헬라」 어로는 「마리아」이다.

미말〔微末;작을 미, 끝 말〕명 (고전 4:9) 아주 작음. very little.

미명〔未明;아닐 미, 밝을 명〕(삿 19:25) 날이 밝을 무렵. early dawn.

미문〔美門;아름다울 미, 문 문〕 명(행 3:2) 「예루살렘」 성전의 동편 문.

미쁘다 형(행 13:34) 믿음성이 있다. 미덥다. reliable.

미사〔מִישָׁא = 두려워함〕인(창 36:13) 「에돔」 인의 족장 「르우엘」의 아들→「맛사」

미사엘〔מִישָׁאֵל = 누가 하나님 될 수 있으랴〕인(출 6:22)
1「모세」와 「아론」의 숙부. 「웃시엘」의 아들. 거룩하지 못한 불을 드림으로 징계를 받아 죽은 「나답」과 「아비후」의 시체를 성막에서 옮기는 일을 도운 사람(출 6:22, 레 10:4).
2「에스라」가 율법책을 낭독할 때 그 좌편에 섰던 자(느 8:4).
3「다니엘」의 세 친구 중 하나인데 환관장이 「메삭」이라고 고쳤다(단 1:6, 7).

미살〔מִצְעָר = 작다〕지(수 19:26) 「헬몬」 산과 「요단」 강 사이에 있던 작은 언덕이라고 한다(시 42:6).

미삼〔מִשְׁעָם = 검사〕인(대상 8:12) 「베냐민」 사람 「엘바알」의 아들.

미석〔美石;아름다울 미, 돌 석〕 명(눅 21:5) 아름다운 돌. pretty stone.

미스갑〔סְגָאב = 안전, 산지〕지(렘 48:1) 「모압」 땅에 있던 성읍. 「느보」와 「기랴다임」 두 성읍을 포함한 지방의 이름.

미스라〔מִשְׁרָעִי = 확장하다〕인(대상 2:53) 포로 후의 「기럇여아림」의 가족으로서 「홀」의 아들이며, 「갈렙」의 조상이다.

미스라임〔מִצְרַיִם = 두 개의 땅〕인 ①「함」의 자손(창 10:6-13). ②「솔로몬」이 말을 수입한 곳(왕상 10:28, 대하 1:17).
※「애굽」이라 번역한 곳도 있고, 「앗수리아」 비문에는 무스리(Musri)라고 쓰여 있다. 그러므로 말의 명산지인 「가바도기아」의 「무스리」라고 본다. 또, 왕하 7:6에 「헷」 사람과 연합하여 「이스라엘」을 침입한 「애굽」 왕도 「소아시아」의 「무스린」 왕을 가리키는 것이라고 볼 수 있다.

미스르봇 마임〔מִשְׂרְפוֹת מַיִם = 온천〕지(수 11:8) 「두로」와 「악고」 중간에 있는 지방으로, 「여호수아」에게 쫓긴 「가나안」 인의 분견대가 도망할 때 지나간 곳이다.

미스마〔מִשְׁמָע=들음, 순종〕인 (창 25:14)
1「이스라엘」인의 씨족(氏族)의 조상(대상 1:30).
2「시므온」인의 조상(대상 4:25).

미스만나〔מִשְׁמַנָּה=기름지다, 비만〕인(대상 12:10)「다윗」이「사울」왕을 피하여「시글락」에 숨어 있을 때 귀순한 용사.「갓」사람.

미스바〔מִצְפָּה=망대〕지(창 31:49)「길르앗」북부「팔레스틴」,「유대」서남부의 평야에 있던 몇 도시의 이름. ①「베냐민」지파에 속하였다(수 18:26). ②「사무엘」도 여러 차례 이곳에 들려 집회를 가졌다(삿 21:1, 3, 삼상 7:5, 16, 10:17). ③「아사」왕은 이 성의 방위를 튼튼히 하였다(왕상 15:22). ④「그다랴」가 여기서 피살되었다(렘 40:6, 15, 41:1-16).
1「얍복」강 북쪽「라반」의 돌무더기 이름(창 31:49).
2「요단」동편「길르앗」의 성읍「미스벳」과 같은 곳(삿 10:17, 호 5:1).
3「헬몬」부근의 땅(수 11:3, 8).
4「예루살렘」북쪽「베냐민」의 성읍「미스베」와 같음.

미스발〔מִסְפָּר=글을 씀, 집필, 수효〕인(스 2:2)「스룹바벨」과 함께 포로 귀환민을 지도한 사람(느 7:7).

미스베〔מִצְפֶּה=감찰, 살피다〕지(수 15:38)
1①「야곱」이 처자와 양떼를 거느리고 장인「라반」을 작별치 않고 떠나 왔더니「라반」이 좇아와서 언약하고 경계표를 쌓은 돌무더기인데「라반」은「여갈사하두다」라 하고,「야곱」은「갈르엣」또는「미스바」라 하고, 그 뜻은 '감찰한다'함이다(창 31:48, 49). ②그후 이곳은「이스라엘」의 요새지가 되고 여호와께 기도하는 성지가 되었다. 사사「입다」는「암몬」자손과 싸우려 할 때에 이곳에 진을 치고 여호와께 고하고 나아가 싸워 승전하였다(삿 10:17, 11:11, 29:34).
2「헬몬」산 아래「히위」족의 거주지.「하솔」왕「야빈」에게 속한 북방 동맹군이「여호수아」를 대적하여 싸우다가「미스바」골짜기에서 전멸을 당하였다(수 11:1-9).
3「유대」의 서남방「세빌라」지방의 한 작은 성읍(수 15:38)인데, 지금의「텔·에·사피」인 듯하고 탐험가의 말에 의하여「가드」와 동일시한다.
4①「베냐민」의 한 성읍(수

18:26, 호 5:1). ②「사무엘」이 이곳에서 백성을 다스리는 중 모든 지파를 소집하여 추첨으로 「사울」 왕을 택하였고(삼상 7:5-16, 10:17-24). ③「아사」 왕이 「라마」에서 석재를 가져다가 성을 쌓고(왕상 15:22, 대하 16:6). ④「예루살렘」이 함락된 후 「갈대아」 장관 「그달리야」가 주둔하고 있다가 「느다냐」의 아들 「이스마엘」에게 죽임을 당한 곳이요(왕하 25:25, 렘 40:8, 41:16). ⑤「바벨론」에서 돌아온 후는 이 지방이 중요 도시가 되었고(느 3:7, 15, 19) 「마카비」 시대에는 「세리우카스」에 대한 항쟁의 근거지가 되었다.
[5]「모압」의 한 도시니 「다윗」이 이 성으로 「모압」 왕을 찾아가서 자기의 양친을 부탁하였다(삼상 22:3).

미스베렛〔מִסְפֶּרֶת＝집필, 글을 씀〕[인](느 7:7) 「스룹바벨」과 함께 포로 귀환민을 지도한 사람. →「미스발」.

미야민〔מִיָּמִן＝오른쪽, 행운〕[인](대상 24:9)
[1] 제사장의 제6반의 조상인데, 이 이름은 그 가족을 대표하는 말로도 쓰여진다(느 10:7).
[2]「바로스」의 아들(스 10:25).

미약〔微弱;작을 미, 약할 약〕[명](삿 6:6) 작고 약함. 보잘 것이 없음. insignificance.

미운 물건[명](렘 16:18) 우상. 가증스러운 것. 우상 숭배. 몹시 싫어하는 것.

미움[명](신 21:15) 밉게 여기는 마음. 증오. hatred.

미워하다[타](창 26:27) 미워하는 생각을 가지다. 밉게 여기다. 밉게 보다. hate.

미장이〔靡匠～;쓰러질 미, 장인 장〕[명](왕하 22:6) 집을 지을 때 벽 등에 흙 따위를 바르는 일을 하는 사람. 토공. 미장공. plasterer.

미지근하다[형](계 3:16) ①약간 더운 듯하다. lukewarm. ②행동이나 태도가 어줍고 분명하지 않다. halfhearted.

미천〔微賤;작을 미, 천할 천〕(욥 40:4) 신분이 보잘 것 없고 비천함. obscurity.

미치광이[명](삼상 21:14) 미친 사람. mad man.

미치다[1] [자](신 28:28) 정신에 이상이 생기어 하는 짓이 보통과 다르다. go mad.

미치다[2] [자](창 21:2) 한정한 곳에 다다르다. reach. 이르다. 도달하다.

미치지 못하다[타](히 4:1) 부족하다. 미달하다.

미항〔美港;아름다울 미, 항구 항〕[지](행 27:8) 「그레데」 섬

ㅁ

남해안에 있는 작은 항구. 「바울」이 「로마」로 갈 때에 이곳에 정박하자 선장이 듣지 않고 「뵈닉스」로 가다가 풍랑을 만나 큰 고생을 하였다(행 27:8-11).

미혹〔迷惑; 미혹할 미, 미혹할 혹〕명(신 4:19) ①마음이 흐려져 무엇에 홀림. bewitchery. ②정신이 헛갈리어 헤맴. perplexity.

믹네야〔מִקְנֵיָהוּ = 주의 것〕인(대상 15:18) 「레위」 인으로서, 성전 음악대원(대상 15:21).

믹다렐〔מִגְדַּל־אֵל = 하나님의 탑〕지(수 19:38) 「납달리」의 성읍인데 「게데스」의 북 5 km, 「굴벳엘메지델」의 서북 8km에 있는 「메지델이스림」일 것으로 여김.

막달갓〔מִגְדַּל־גָּד = 갓(행복의 신)의 탑〕지(수 15:37) 「유다」 서남쪽에 있는 성읍. 「아시게론」 동쪽 4km 지점. 지금의 「넬메지델」일 것이다. 과수원으로 둘러 쌓인 성읍.

믹담〔מִכְתָּם = 속죄의 시〕지(시 56) 시편의 제목.

믹돌〔מִגְדֹּל = 망대, 탑〕지(출 14:2)

1 「이스라엘」이 「홍해」를 건너 근처에 있는 마을(민 33:7). 「아나시타스」의 파피리에는 '세티 1세의 믹돌'이란 말이 쓰여 있다. 아마 「딤사」 호수와 「핏델」 호수 중간에 있는 「세라피움」일 것이다.

2 ①「애굽」의 한 성읍인데, 「유다」인이 거주하였다(렘 44:1, 46:14). ②「애굽」의 남쪽 경계 「스에네」와 대차적으로 북쪽 경계 도시로 되어 있다(겔 29:10, 30:6).

믹마스〔מִכְמָשׂ = 그모스의 곳〕지(삼상 13:2) ①「예루살렘」 북쪽 11km 지점에 있는 지금의 「묵마스 와디」에 있는 도시이다(삿 10:28). ②골짜기 건너로 남쪽 언덕 위에 있는 「베냐민」의 「게바」를 바라볼 수 있다. 「사울」이 이곳에 진을 쳤으나 「블레셋」 사람에게 패전하였다(삼상 13:23).

믹므다〔מִכְמְתָת = 적갈색, 정복자〕지(수 16:6) 「세겜」 동쪽에 있는 「에브라임」과 「므낫세」의 경계선(수 17:7).

믹므닷지(수 17:7)→믹므다.

민간〔民間; 백성 민, 사이 간〕명(대하 19:4) 관이나 군에 대한 일반 국민의 사회. civilian.

민니[1]〔מִנִּי〕인(렘 51:27) 「아라랏」과 「아스그나스」와 함께 「바벨론」의 습격자로 기록되어 있는 백성.

민니[2]〔מִנִּי〕지(렘 51:27) 「울마야」 호와 「반」 호 사이에 있는 지방, 「아라랏」의 한 지방.

민닛〔מִנִּית = 분배〕지(사 11:33) 사사 「입다」가 점령한 「암몬」 인의 성읍으로, 밀의 산지로 유명하다.

민답〔悶沓;번민할 민, 논 답〕명(겔 3:15) 걱정으로 가슴이 답답함. 민울. anxiety.

민란〔民亂;백성 민, 어지러울 란〕명(마 27:24) 국민들이 들고 일어남. 민요(民擾). riot.

민망〔憫惘;민망할 민, 실심할 망〕명(욜 1:18) 답답하고 딱하여 걱정스러움.

민수기 명(민) 구약 제4권째 성경이다. 「모세」 5경의 하나로, 「모세」의 기록이다. 「출애굽」한 「이스라엘」 백성들이 광야에서 두 번이나 인구 조사를 하였기 때문에 붙여진 이름이다. 하나님께 대한 「이스라엘」 백성들의 불신앙 때문에 40년 동안의 광야 생활의 여정을 기록하는 데에 있다. 2차에 걸친 인구 조사는 역사적으로는 그 자손들이 서로 연합하도록 하는 데에 목적이 있다.

민요〔民擾;백성 민, 어지러울 요〕명(마 26:5) 백성들이 들고 일어난 난리. 민란 소요. riot.

민장〔民長;백성 민, 길 장〕명(느 4:14) 백성의 우두머리.

민족〔民族;백성 민, 겨레 족〕명(창 12:2) 말과 풍속이 같으며 독특한 문화를 가지는 겨레. race.

민중〔民衆;백성 민, 겨레 중〕명(신 20:1) 많은 사람의 무리. people.

민첩〔敏捷;민첩할 민, 빠를 첩〕명 빠르고 익숙함. alacrity. (사 32:4).

민회〔民會;백성 민, 모을 회〕명(행 19:39) 어떤 지역 안에서, 주민이 자치를 목적으로 조직한 회. people's association.

ㅁ

믿게 하다 타(출 4:5) 믿음을 가지도록 만들다.

믿는 도리 명(히 3:1) 그리스도, 복음, 하나님의 말씀.

믿다 타(창 15:6) ①꼭 그렇게 여겨 의심하지 않다. believe. ②마음을 붙이고 든든하게 여기다. trust. ③종교에 대한 신앙을 가지다. believe in. ④남의 힘을 입어 마음을 내다. rely upon.

믿음 명(합 2:4) ①믿는 마음. 신앙. faith. ②받아들이는 것. ③맡기는 것. ④강한 의지.

믿지 아니하는 자 구(고전 6:6) 그리스도를 믿지 아니하는 불신자. 멸망받을 자. 사단의 자식.

밀[1] 명(출 9:32) 〈식〉 ①포아풀과의 일년생 풀. wheat. ②밀

의 열매. wheat. 소맥(小麥).

밀[2]〔密〕명(시 68:2) 꿀 찌꺼기를 끓여서 짜낸 기름. 밀납. wax. 초.

밀가〔מִלְכָּה=여왕〕인(창 11:29)
1「하란」의 딸로서「하란」의 형제의 처라고 기록되어 있으나, 사실은 한 형제「나홀」의 처가 되어 8형제를 낳은 중「리브가」의 아버지「브두엘」이 있다(창 22:20, 24:15, 24:47).
2「슬로브핫」의 딸(민 26:33, 27:1, 36:11, 수 17:3).

밀가루 명(출 29:2) 참밀의 가루, 소맥분. wheat flour.

밀곰 명(왕상 11:5) 뜻은 왕이며,「암몬」사람의 국가신. 우상.

밀랄래〔מִלֲלַי=웅변, 말 잘하는 사람〕인(느 12:36)「레위」사람으로 음악 대원.

밀레도〔Μίλητος=피난민〕지(행 20:15)「소아시아」서해안에 있는 요항(要港)으로서, 옛날「아니오니아」국의 수도였으며,「에베소」다음으로 번화한 곳이었다. ①「바울」이「에베소」교회의 장로들을 청하여 권면을 한 곳이다(행 20:17-35). ②「드루비모」는 병으로 인하여 이곳에 남아 있었다(딤후 4:20).

밀로〔מִלּוֹא=토성, 가득함〕지(삿 9:6)
1 ①원래「예루살렘」동쪽 언덕에 있는「시온」의「여부스」인의 성터의 일부였다고 추측(삼하 5:9, 대상 11:8). ②「솔로몬」과「히스기야」가 이 성을 수축하였다(오아상 9:15, 대하 32:5).
2「밀로」의 집이라 한 것은「세겜」에 있는 보루(堡壘)였었다(삿 9:6).

밀밭 명(마 12:1) 밀을 심은 밭.

밀실〔密室;빽빽할 밀, 집 실〕명(욥 9:9) 비밀로 사용하는 방. secret room.

밀어 다니다 타(레 11:42) 떠돌아 다니다. 이리저리 다니다. 방랑자.

밀접〔密接;빽빽할 밀, 댈 접〕명(시 119:31) ①아주 가까운 관계 있음. intimacy. ②썩 가깝게 맞닿음. closeness.

밀치다 타(창 19:9) 힘껏 밀다. 밀어 뜨리다. push away.

밉다 형(출 5:21) 생김새나 언행 따위가 마음에 들지 않고 싫다. hateful.

밉살〔מִבְעָר=요해〕인(창 36:42) 「에돔」의 한 족장.

밉삼〔מִבְשָׂם=기쁨, 향내〕인(창 25:13)

1「이스마엘」인 중의 한 사람(대상 1:29).

2「시므온」사람(대상 4:25).

밉할〔מִבְחָר=선택〕인(대상 11:38) 「하그리」의 아들. 「다윗」의 큰 용사 중 한 사람.

밋가〔מִתְקָה=상쾌, 단 샘〕지(민 33:28) 광야에 있던 「이스라엘」인의 한 야영지.

밋딘〔מִדִּין=넓어짐〕지(수 15:61) 「유대」 평야 지방에 있던 한 도시로, 위치가 불명하다.

밋사〔מִזָּה=공포, 즐거움〕인(대상 1:37) 「에서」의 자손 「미사」와 같은 사람.

및 접(창 9:15) 또. 와. 그리고. 그 밖의. and.

밑 명(창 24:2) ①무엇이 있는 자리의 아래 속이나 아래 쪽. bottom. ②일의 근본. root. ③밑동. 아래.

밑받침 명(겔 43:14) 밑에 받치는 물건. underlay.

밑층〔~層;겹 층〕명(욘 1:5) 맨 아래 층, 하층.

밑판〔~板;널 판〕명(출 25:31) 밑에 대는 판, 또는 밑이 되는 판. bottom board.

밑편〔~便;편할 편〕명(왕상 7:31)아래 쪽, 밑부분.

ㅁ

ㅂ

바구니 명 (마 16:9) 대나 싸리로 둥글고 깊게 엮어 만든 그릇. basket.

바기엘〔פַּגְעִיאֵל=하나님과 만남, ~의 행운〕 인 (민 1:13) 「모세」가 「시내」 광야에서 백성 수를 조사할 때 「아셀」 지파의 두령으로 뽑혀 협조한 자이다.

바깥 명 (출 26:35) 밖이 되는 곳. 외(外). exterior.

바깥 뜰 명 (에 6:4) 집 밖에 있는 뜰.

바꾸다 타 (창 23:17) ①서로 주고받다. 교환하다. change. ②변화시키다. ③대신하다.

바나바〔βαρναβας=권위자, 위로의 아들〕 인 (행 4:36) 기독교 최초 개종자의 한 사람이다. 「레위」 사람으로, 본명은 「요세」이다. 성품이 온유하고 재능이 다양하여 당시 사람들이 「바나바」를 권위자라고 불렀다. ①성령 받은 후에 토지를 팔아서 사도들에게 바쳐 구제 사업에 쓰게 하였다(행 4:36-37). ②「사울」이 회개한 후 「예루살렘」에 가서 교우들을 만나고자 하나 모두 핍박자로 알고 두려워 만나지 않을 때에 「바나바」가 데리고 가서 잘 소개하였다(행 9:26-27). ③5년 후 「예루살렘」 교회는 「안디옥」 교회가 왕성하다는 소식을 듣고 「바나바」를 시찰차 파송했다(행 11:22). ④「다소」에 가서 「바울」을 데리고 「안디옥」에 와서 같이 전도하여 대부흥을 일으켰다(행 11:25-26). ⑤주후 45년 「바울」과 「안디옥」 교회에서 헌금을 가지고 「예루살렘」에 갔다가 오는 길에 생질 「마가」를 데리고 왔다(행 11:30, 12:25). ⑥「바울」과 함께 이방인 선교사로 피택되어 「소아시아」 선교 여행을 하였다(행 13:2-14). ⑦「수리아」 여러 교회에서 할례에 관한 질문이 많아 이 문제를 묻기 위하여 「바울」과 함께 「예루살렘」 교회를 다녀왔다(행 15:30). ⑧2차 선교 여행에서 「바울」은 「실라」를 데리고 「수리아」와 「길리기아」 방면으로 가고, 「바나바」는 「마가」를 데리고 「구브로」로 갔다(행 15:36-41).

바누엘〔Φανουήλ=하나님의 얼굴〕인 (눅 2:36) 예수님 탄생 당시의 예언자. 「안나」의 아버지.

바늘 명 (마 19:24) 한 끝은 뾰족하고 한 끝에 귀가 있어 실을 꿰어 옷 따위를 꿰매거나 시치는데 쓰는 가느다란 강철로 만든 침(針). needle.

바늘귀 명 (막 10:25) 바늘 머리에 뚫린 실을 꿰는 구멍. needle's eye(마 19:24).

바니〔בָּנִי=세우는 자, 자손〕인 (삼하 23:16)
1 「갓」 지파 「다윗」의 30용사 중 한 사람(삼하 23:36).
2 「레위」인 「에스라」가 율법을 가르친 후에 백성이 예배드릴 때에 기도를 인도한 사람 중 한 사람(느 9:4-5).
※ 그 외에 7인이 있다(대상 6:46, 9:4, 스 2:10, 10:38, 느 3:17, 10:14, 11:22).

바다 명 (창 1:10) ①지구 표면의 염분 섞인 물로 덮인 부분. sea. ②넓은 곳이나 넓음을 가리키는 말.

바다라〔Πάταρα=통역〕자 (행 21:1) 「소아시아」 「루시아」 도의 항구. 「로도」 섬 대안에 있는데, 지금은 수심이 얕아 배가 정박하지 못한다. 「바울」이 3차 선교 여행 회로에 이곳에서 배를 타고 「베니게」로 건너갔다(행 21:2).
※ 우상 「아폴로」와 「파다레우스」를 섬기는 중심지로 유명한 신당이 있었다.

바다풀 명 (욘 2:5) 바다 속에서 자라는 풀. 해초(海草). seaweeds.

바닥 명 (민 5:17) ①물건의 밑이 되는 부분. bottom. ②일 또는 물건의 다 된 끝. rock. bottom.

바닷가 명 (창 10:5) 바다의 가장 자리. sea shore. 해변.

바닷길 명 (대하 8:18) 뱃길. 해로. 항로. searoute.

바닷물 명 (출 14:21) 바다에 있는 물. 해수(海水). water of sea.

바대〔Πάρθοι〕자 (행 2:9) 「미디안」 동편에 있던 나라로 「인도」로부터 「티그리스」 강 사이에 있다. 주민은 무술에 능하여 강대국이었으며 주전 256년에 「페르샤」로부터 독립하여 5백년간 태평하게 지내다가 「로마」와 오랫동안 항쟁하였고, 지금은 「이라크」의 한 지방이 되었다. 이 지방 사람들이 오순절에 「예루살렘」에 와서 성령 강림하는 것을 참관하였다(행 2:9).

바돈〔פָּדוֹן=구속〕인 (스2:44) 「솔로몬」 왕의 신복이었던 「느디님」 사람.

바돌로매〔βαρθολομαίος=돌로

매의 아들] 인 (마 10:3) 예수의 12 사도 중의 한 사람. 일반적으로 「나다나엘」과 같은 사람이라고 생각한다. 사도의 명부에는 언제나 「빌립」과 함께 기록되어 있다. (막 3:18, 롬 6:14).

바둑판〔~板;널 판〕 명 (왕상 7:17) 바둑두는 판.

바드랍빔〔בַּת־רַבִּים = 다수의 딸〕 자 (아 7:4) 「요단」 강 동편 「헤스본」의 성문 이름.

바드로바〔*Πατροβας* = 아비의 생명〕(롬 16:14) 「로마」에 있는 성도. 「바울」이 문안하였다.

바드로스〔פַּתְרוֹס = 남방의 땅〕 자 (사 11:11) 「애굽」어의 「바도레스」를 음역(音譯)한 것으로 「애굽」을 가리킨다. ①「예레미야」는 「애굽」과 이곳에 있는 「유대」인을 저주하였다(렘 44:1). ②「이사야」는 「유대」인이 「애굽」과 「바드로」와 「구스」에서 귀환할 것을 예언하였다. ③ 「에스겔」은 포로된 「애굽」인이 이곳에 귀환할 것을 예언하였다(겔 29:14, 30:14).

바드루심[1]〔פַּתְרֻסִים = 남쪽땅의 사람들〕 인 (창 10:14) 「함」의 손자이며, 「미스라임」의 아들.

바드루심[2] 자 (대상 1:12) 「므스라임」「애굽」 자손의 거주지(창 7:18).

바디 명 (삿 16:14) 베틀에 딸린 물건의 하나로, 대오리를 만들어 베실을 낱낱이 꿰어 짜는 기구. reed.

바디매오〔*βαρτιμαιος* = 디매오의 아들〕 인 (막 10:46) 예수께서 「여리고」 성 근처를 지나 가신다는 말을 듣고 뛰어나와 구원을 청한 소경으로, 눈고침을 받았다.

바라〔פָּרָה = 암소〕 자 (수 18:23) 「베냐민」의 성읍인데, 「예루살렘」 동북 8㎞의 「와데이바리」에 있는 「굴벳바라」로 추측한다.

바라갸〔*βαραχιας* = 주의 복〕 인 (마 23:35) 「요시야」 왕이 성전 제단 사이에서 죽인 「사가랴」의 부친인데(눅 11:51) 대하 24:21-22에는 「사가랴」를 「스가랴」라 하고, 「스가랴」의 아버지를 「여호야다」라 하였다.

바라겔〔בָּרַכְאֵל = 하나님이 축복하심〕 인 (욥 32:2) 「욥」의 친구 「람」 사람. 「엘리후」의 아버지.

바라다 타 (창 50:17) 생각대로 또는 소원대로 되기를 원하다. expect.

바라바〔*βαραββας* = 그의 아들〕 인 (마 27:16) 난을 일으켜 살인죄로 예수와 동시에 잡힌 사람인데 「빌라도」가 예수와 그를 가리키며 누구를 놓아 주기를 원하느냐고 군중에게 물어 보았다. 그 이유는 예수를 놓아주려는 마음이 은근히 있었다고 말하는 사람도 있다.

바라보다 타 (창 13:10) ①떨어져 있는 곳을 건너보다. see. ②무슨 일에 간섭하지 않고 남만 쳐다보다. look on. ③은근히 제 처지가 되기를 바라며 있다. expect.

바락〔בָּרָק=번개〕 인 (삿 4:6) 「납달리」 지파 「아비노암」의 아들.
②여사사 「드보라」와 함께 「이스라엘」의 사사가 되어 「가나안」을 격멸하고 「드보라」와 함께 노래를 지어 하나님을 찬송하였다. 그들의 치하에서 「이스라엘」은 40년간 태평을 누리었다(히 11:32).

바란〔פָּארָן=빛난 땅〕 자 (창 21:21) ①「애굽」과 「미디안」 사이에 「가데스」와 「신」 평야를 포함하고 있는 들(왕상 11:18). ②좁은 뜻으로는 「신」 평야를 제외한 남쪽을 가리킨다(민 13:21, 20:1). ③현재의 「에디」(표백(漂白)의 들)인데 석회석으로 된 높은 지대이다. 「아브라함」에게 쫓겨난 「이스마엘」의 피난처였다. ④「이스라엘」 사람의 숙박소(민 10:12). ⑤여기에서 탐정을 파견했다(민 13:3, 26).

바람 명 (창 8:1) ①기압의 변화로 일어나는 대기의 움직임. wind. ②들뜬 행동. fast life.

바로[1] 부 (레 26:13) ①곧. 즉시. just. ②바르고 곧게. rightly.

바로[2]〔פַּרְעֹה=태양, 큰 집〕 인 (창 12:15) 「애굽」 왕의 통칭인데, 성경 중의 기록된 「바로」는 12인이다.

1 「아브라함」 때의 「바로」. 「아브라함」의 아내 「사라」를 취하려다가 여호와께서 징계하심으로 돌려 보낸다(창 12:15-20).

2 ①「요셉」 때의 「바로」, 곧 「히그소스」 조 마지막 왕 「아브히스」인 듯하다(주전 186-1850). 어떤 날 두 가지 꿈을 꾸고 해몽을 못하여 번민 중에 술맡은 관원장의 소개로 옥중에 있는 「히브리」 소년 「요셉」을 불러 내어 해몽하니 정확히 판단하는지라. 「바로」는 「요셉」의 명철이 하나님께로부터 난 줄을 알고 소년 「요셉」을 총리대신에 임명하여 7년의 흉년을 잘 해결하였다(창 41:). ②「가나안」에서 흉년으로 사경을 헤매는 「요셉」의 가족 70명을 오라하여 기름진 「고센」 땅을 주어 정착하게 하고

ㅂ

(창 46:27, 47:6-11). ③「야곱」 별세 후 모든 신하와 장로를 「가나안」 장지까지 보내고 병거와 기병으로 「요셉」을 호종(扈從)하게 하니, 그 장례가 국장이나 다름없이 장엄하게 거행하였다(창 50:7, 11).

3「모세」 출생시의 「바로」. 「이스라엘」 백성의 번성함을 시기하여 핍박을 하고 노예화 시키고 남자를 낳으면 죽이라고 산파에게 명령하였다. 그때에 「모세」가 출생하였다(출 1:-2:).

4「출애굽」 시의 「바로」. ①「모세」와 「아론」이 하나님의 명령을 받고 「바로」에게 찾아가 「이스라엘」 백성을 놓아 달라고 사정하는 것을 거절하다가 열 가지의 큰 재앙을 당하고 나서 출발을 허락하여 「이스라엘」 백성은 자기들의 모든 재산과 「애굽」인의 금, 은까지 빼앗아 가지고 출발하였다(출 8:~12:). ②「이스라엘」 백성 「출애굽」 후 약속을 위반하고 군사를 거느리고 추격하다가 「홍해」에서 전멸하였다(출 14:1-20).

5「유대」인 「레멘」의 처 「미디안」의 부친(대상 4:18).

6「솔로몬」의 장인(왕상 3:1).

7「솔로몬」의 대적 「하닷」의 동서(대상 11:14-19).

8「르호보암」을 치던 「시삭」(대하 12:2).

9「이스라엘」 왕 「호세아」 때의 「소」(왕하 17:4).

10「히스기야」 왕 때의 「바로」(왕하 18:21).

11「애굽」 26왕조 제 2대왕(주전 609~597) 「느고」 2세 「수에즈」 운하를 제일 먼저 계획한 사람. ①「므깃도」 평원에서 「유대」와 싸워 「요시아」를 죽임(왕하 29:23-33, 대하 35:20-22). ②「여호아하스」를 폐위하고 그 형제 「엘리야김」을 「여호야김」이라 개명하여 왕을 삼고 조공을 받아들였다(대하 36:4). ③주전 605년 새 「바벨론」 왕 「느부갓네살」에게 참패하여 「수리아」 전토를 빼앗겼다(렘 46:).

12「시드기야」 왕과 「예레미야」 때의 「호브라」(렘 37:5, 44:30).

바로느고〔פַּרְעֹה נְכֹה〕 인 (왕하 23:29) 「애굽」 26왕조의 제2대왕 16년동안 재임. 「수에즈」 운하를 제일 먼저 계획한 사람.→「바로」 11과 같음.

바로스〔פַּרְעֹשׁ = 벼룩〕 인 (스 2:3)

1「스룹바벨」과 함께 돌아온 사람.

[2]성문 계약에 날인한 사람 (느 10:14).

바로잡다[타] (갈 6:1) ①굽은 것을 곧게 하다. make straight ②그르칠 염려가 있는 것을 지도하다. correct.

바로 행하다[자] (삼상 6:12) 곧게 가다. 올바르게 살다.

바로 호브라〔פַּרְעֹה חָפְרַע〕[인] (렘 44:30) 「예레미야」 때의 애굽의 왕.

바루아〔פָּרוּחַ=꽃이 피다〕[인] (왕상 4:17) 「여호사밧」의 아버지. 「솔로몬」 왕의 식물을 맡은 사람.

바룩〔בָּרוּךְ=축복 받은 자〕[인] (느 3:20)

[1]① 「네리야」의 아들. 「예레미야」의 벗(렘 32:12). ② 「예레미야」의 서기(렘 36:4). ③「여호야김」 앞에서 예언서를 읽었고 위험을 무릅쓰고 「예레미야」를 도왔다(렘 36:23). ④「그다랴」가 죽은 후 그가 「예레미야」에게 권하여 「유대」의 남은 백성이 「애굽」에 가는 것을 반대한 것으로 비난을 받고 있다(렘 43:3).

[2]「삽배」의 아들(느 3:20).

[3]「하시야」의 손자 「골호세」의 아들(느 11:5).

바르고스〔בַּרְקוֹס=고스(에돔 신의 아들)〕[인] (스2:53) 「스룹바벨」과 같이 「바벨론」에서 돌아온 「느디님」 사람의 조상(느 7: 55).

바르낙〔פַּרְנַךְ=섬세함〕[인] (als 34:25) 「모세」 시대의 「스블론」 사람인 「엘리사반」의 아버지.

바르다[1] [형] (창 24:48) ①도리에 맞다. right ②틀리거나 비뚤어지지 않고 곧다. straight ③정직하다. honest.

바르다[2] [타] (출 12:7) ①풀이나 물 같은 액체를 묻히다. paint. ②종이 따위를 풀칠하여 딴 것에 붙이다. stick.

바르발〔פַּרְפַּר=빠르다〕[자] (왕하 5:12) 「나아만」이 「다메섹」의 하천의 하나(왕하 5:1-12). 추측으로는 「다메섹」 남쪽 9km 지점을 흐르는 「나할 아와지」(Nahrel-Awaj)로 추측된다. 현재는 「다메섹」 강.

바르실래〔בַּרְזִלַּי=강한 쇠(철)〕[인] (느 2:61) ①「에스라」와 「느헤미야」 때의 제사장 중 일인. ②처는 「길르앗」 여자요, 장인의 이름도 똑같은 「바르실 래」이다. ③「이스라엘」 계보 중에 기록하지 않았으므로 부정하게 여겨 제사장의 직분을 행치 못하게 되었다(스 2:6-62, 느 7:63-64).

바르와임〔פַּרְוַיִם〕[자] (대하 3:6) 「솔로몬」이 지은 성전의 천장을 도장한 정금의 산지(대하 3:6). 소재는 「아라비아」인 듯하다.

바르훔〔בַּחֲרֻמִי〕 지 (삼하 23:31) 「다윗」의 30용사 중 한 사람인 「아스마웻」의 고향(삼하 23 :31). 위치는 알 수 없다.

바리[1] 명 (왕하 5:17) 소나 말에 잔뜩 실은 짐을 헤아리는 말. load.

바리[2] 명 (렘 52:19) 그릇의 하나. 위가 좁고 가운데 배가 나왔으며 뚜껑에 꼭지가 있다. brass bowel for woman's meal.

바리새인〔～人 ; 사람 인〕 명 (마 3:7) 하나님을 두려워하는 분리주의자(갈 6:13). 유대교의 일파. 그에 속한 사람. 자유주의자인 사두개파와 숙명론적인 엣세네파와 같이 유대 3대 당파의 하나로 극단적 율법주의자이다. 회당에서 가르치며 메시야를 대망하였다. 내세에 대하여 의인의 부활과 악인의 심판음부를 믿었다(행 23:6). 율법을 잘 지키기 위하여 유전(탈무드)을 지켰다. (막 7:5-8, 마 23:).

바리야〔בָּרִיחַ = 도망자〕 인 (대상 3:22) 「다윗」의 자손 「스마야」의 아들

바마〔בָּמָה = 높은 곳, 신당〕 지 (겔 20:29) 우상 예배가 행해진 곳.

바마스다〔פַּרְמַשְׁתָּא = 고대의 「바사」 어로 제1의 사람〕 인 (에 9:9) 「하만」의 일곱째 아들.

바메나〔*Παρμεναδ* = 확고함〕 인 (행 6:5) 「예루살렘」 교회 구제를 위하여 뽑은 일곱 사람 중 하나.

바못〔בָּמוֹת = 높은 곳〕 지 (민 21:19) ①「이스라엘」 백성이 광야에서 진쳤던 곳(민 21:19-20). ②「아모리」 사람 「시혼」의 한 성읍인데, 「모세」가 고취하여 「르우벤」 지파에게 분배하였다(수 13:7).

바못바알〔בָּמוֹת בַּעַל = 바알의 산당〕 지 (수 13:17) 「모압」 왕 「발락」이 「발람」을 데리고 올라가 「이스라엘」 진영의 일부를 내려다 보게 한 곳. 「바못」과 같은 곳.

바벨〔בָּבֶל = 언어를 혼잡케 함〕 지 (창 10:10) 「시날」 평지에 「니므롯」이 세운 성읍인데, 「노아」의 자손들이 다음의 홍수를 피하기 위하여 하늘까지 닿는 돌탑을 쌓으므로 여호와께서 언어를 혼잡게 하여 통솔력을 중지시키므로 중지하여 이름을 「바벨」이라 하였다(창 11:1-9). 이 탑은 8층까지 건설되었는

데, 1층은 장 광이 각각 6백 척이나 되는 넓은 정금으로 만든 「벨」이라는 높이 40척의 어마어마한 신상이 있었다.

바벨론〔בָּבֶל=신들의 문〕지(왕하 17:24) 국명 겸 도시의 이름으로, 「로마」인들이 부르던 「갈대아」 인의 영토(렘 24:5, 25:2, 겔 12:13). ①「함」의 손자 「니므롯」이 건설한 나라로서 「사날」 평원인 듯하다(창 10:10, 11:2). ②「느부갓네살」 왕 때에 국력이 강성하여 「유대」국을 멸하고 국민을 포로로 잡아갔다(왕하 25:8-12) ③「다니엘」과 세 청년이 그때에 왕궁에서 시종하였다(단 1:7).

※ 국토는 장 360마일, 광 90마일의 대평원으로, 동은 「티그리스」 강, 서는 「아라비아」 사막, 남은 「페르샤」 바다, 북은 「앗수르」 국으로 땅이 비옥하고 기후가 열대성에 속하여 1년 2회 수확을 한다. 「바벨론」 성은 주위 54마일, 높이 300척, 폭 75척, 성곽은 2중, 성문은 100개인데, 모두 구리로 만들었다. 홍수 후에 쌓은 「바벨」탑이 이곳에 있다.

바보〔Παφοι=대문〕지(행 13:6) 「구브로」 섬 서남방 16km 지점에 있는 「구브로」의 수도. 「바울」이 1차 선교 여행 때 「바예수」를 꾸짖고 총독 「서기오 바울」에게 전도하여 신자를 만든 곳(행 13:11).

바사〔פָּרַס〕지(대하 36:22) 구약 시대에 나타난 「바사」는 동은 「갈마니야」, 서는 「수사」, 남은 「바사」만, 북은 「메대」를 경계로 삼은 국토다. ①「느부갓네살」 때 약탈하여간 성전 기명과 사로잡아 갔던 백성을 「고레스」 2세 때 돌려보냄(스 1:8-11). ②「다리오」는 「다니엘」을 사자굴에 넣음(단 6:16). ③「에스더」가 「아하수에로」의 왕후가 됨(에 2:16-17). ④「유대」 방백들의 고소를 받고 「아닥사스다」 1세는 성전 역사를 중지시킴(스 4:8, 23). ⑤「아닥사스다」 2세는 「에스라」에게 조서를 내려 누구든지 「예루살렘」에 돌아가고 싶은 사람은 재산을 다 가지고 가서 하나님을 섬기라고 함(스 7:1). ⑥「다리오」 3세는 제사장들을 등록함(느 12:).

※ 지금의 「이란」 국으로, 석유의 생산이 풍부하다. 그 채굴권이 영국에 있어 항상 분쟁이 있다. 미신 종교로 「조로아스터」 교가 있다.

바사바〔βασαββαι = 명세의 아들〕[인](행 1:23)

[1]「요셉」 또는 「유스도」라 하는 사람으로, 「예루살렘」 교회의 유능한 인물이었다. 「가룟 유다」 후임을 선택할 때 후보자로 추천되었으나 낙선되었다(행 1:23-26).

[2] 일명 「유다」. 「예루살렘」 공회에서 결정한 규례를 가지고 「바울」과 「바나바」와 함께 「안디옥」에 갔다(행 15:22).

바삭〔פָּסָךְ = 분배자〕[인](대상 7:33) 「아셀」 족의 자손, 「야브렛」의 맏아들.

바산〔בָּשָׁן = 평탄한 땅〕[지](민 21:33) 동은 「하우란」 산악, 서는 「갈릴리」 호수, 남은 「길르앗」, 북은 「헬몬」 산 사이에 펼쳐진 광대한 지역이다. ①땅이 비옥하여 목축에 알맞은 곳이다(시 22:12, 암 4:1, 신 32:14). ②백향목이 우거진 지대이며 중심 곡창 지대이다(사 2:13, 겔 27:6, 스 11:2). ③「바산」의 왕 「옥」이 「모세」의 백성과 싸워 패하였다(민 21:33-35, 신 3:1-7). ④땅은 「므낫세」 반지파에게 분배되었다(신 3:13). ⑤북쪽 「아르곱」 지방에는 높은 성과 철문으로 방비한 60개 도시가 있었다(신 3:4).

바산다다〔פַּרְשַׁנְדָּתָא = 기도로 얻은 이〕[인](에 9:7) 「하만」의 큰 아들.

바세아〔פָּסֵחַ = 절뚝거리는〕[인]

[1]「유다」의 후손(대상 4: 12).

[2]「요야다」의 아버지(느 3:6).

[3]「스룹바벨」과 함께 돌아온 「느디님」 족의 선조(스 2:49, 느 7:51).

바스담밈〔פַּס דַּמִּים = 피의 경계〕[지](대상 11:13) 「유다」 지파의 성읍. 「에베스담밈」과 동일.

바스맛〔בָּשְׂמַת = 향기〕[인](창 26:34)

[1]「에서」의 아내로서, 「헷」 족속 「엘론」의 딸.

[2]「에서」의 다른 한 아내로서 「이스마엘」의 딸(창 28:9,

36:3, 17).

[3]「솔로몬」의 딸로「아히마아스」의 처가 되었다(왕상 4:15).

바스훌〔פַּשְׁחוּר = 평화〕[인](대상 9:12)

[1]「예루살렘」 함락 직전(주전 586)의 왕「시드기야」를 모신 고관. 예언자「예레미야」를 반대한 사람(렘 21:1, 시 38:).「시드기야」 왕에게「바벨론」에 사자를 보내 항복하라고 권고한「예레미야」를 매국노라고 비난하였다. 왕에게「예레미야」를 죽이라고 권고하였으나 뜻대로 이루어지지 않는 것을 보고 물 없는 웅덩이에 집어넣어 죽이려고 하였다.

[2]「여호야김」 왕 때 성전 제사장이던「임멜」의 아들. 이교 신앙으로 전락되어가는 백성들의 멸망을 예언하는「예레미야」를 차꼬에 채웠으나 놓아주자,「예레미야」는 그 이름「바스훌」(평화)을 고쳐「끌밋사빕」(공포에 둘러 쌓이리라)이라고 별명을 지어 주고「바벨론」에 잡혀가서 거기서 죽게 되리라고 예언하였다(렘 20:1-6).

[3]「그다랴」의 아버지(렘 38:1).

[4] 제사장 가족의 선조(스 2:38, 10:22).

[5]「느헤미야」 때에 조인한 제사장(느 10:3).

바슬룻〔בַּצְלוּת = 벌거벗김〕[인](스 2:52)「솔로몬」의 궁전에서 봉사한 신복의 한 조상. 그의 자손은「바벨론」에서 돌아온「느디님」 사람의 조상(느 7:54).

바슬릿〔בַּצְלִית = 벗김〕[인](느 7:54)→마실룻과 같음.

바실래〔בַּרְזִלַּי = 강한, 철(쇠)〕[인](삼하 17:27)

[1]「길르앗」의 추장. ①「다윗」이「압살롬」의 난을 피하여 망명했을 때「다윗」과 그 군대에 식량을 공급한「길르앗」의 추장(삼하 17:27). ②「압살롬」이 죽은 후「다윗」이「요단」 강을 건너면서 여생을 궁중에서 같이 보내자고 하였으나 사례하고 초청을 사절(삼하 19:31, 왕상 2:7). ③「다윗」이 죽을 때「바실래」의 자손에게 친절하라고 유언(왕상 2:7). ④그 후손에 대하여 스 2:61, 느 7:63에 언급되었다.

[2]「아드리엘」의 아버지(삼하 21:8).「아드리엘」은「사울」 왕의 사위.「미갈」의 남편인 듯하다(삼상 2:8).

바아나〔בַּצְנָא = 고통(슬픔)의 아들〕[인](삼하 4:2)

[1]「베냐민」 사람. 형제「레갑」과 함께「이스보셋」을 죽

ㅂ

였고, 「다윗」의 총애를 받고 자랐으나 그 행위가 염치없고 악하므로 「다윗」은 그를 사형에 처하고 시체를 쪼개었다(삼하 4:2-12).
2 그밖에 5인이 있다(왕상 4:12, 16, 삼하 23:29, 느 3:4, 10:27).

바아라〔בַּעֲרָא = 어리석은〕인 (대상 8:8) 「베냐민」 사람 「사하라임」의 두 아내 중 하나.

바아래〔בַּעֲרָא = 신의 계시〕인 (삼하 23:35) 「아람」 사람으로, 다윗의 30용사 중의 하나.

바아사〔בַּעְשָׁא = 바알은 태양, 용감함〕인(왕상 15:16) 「잇사갈」 지파 「아히야」의 아들. 「나답」과 「여로보암」의 온 가족을 죽이고 왕위에 올라 24년간 통치(주전 906-883) 하였으나 악행이 많으므로 여호와께서 「여로보암」처럼 파멸될 것을 선언(왕상 15:27, 16:1-4).

바아세야〔בַּעֲשֵׂיָה = 여호와는 대담하심〕인(대상 6:40) 「레위」 사람 「그핫」의 자손. 「말기야」의 아들이며 「미가엘」의 아버지.

바알[1] 명(민 22:41) 우상의 이름. 말의 뜻은 주 혹은, 소유자이다. 「가나안」 및 「수리아」에서 주신으로 섬김을 받은 남성의 신이다. 토지의 생산력과 가축의 번식력을 주관하는 신으로, 농경인들 사이에 널리 섬겨졌다. 「이스라엘」 민족은 「가나안」 정착 초기부터 「바알」 신앙의 영향을 받게 되었다. 그 이유는 「이스라엘」 백성이 유목 생활에서 농경 생활을 옮긴데 원인이 있을 것이다. ①「여호수아」가 죽은 후에 「이스라엘」 백성이 바알을 섬기다가 여호와의 진노를 받아 원수의 압제하에 8년간 고생하다가 「옷니엘」을 보내 구원하게 하셨다(삿 2:11-15, 3:8- 11). ② 사사 「기드온」은 바알의 단을 부셔버리고 백성들로부터 「여룹바알」(바알과 싸운 사람)이란 별명을 얻었다(삿 6:25-32). ③「아합」 왕이 「엣바알」의 딸 「이세벨」을 아내로 맞으면서 「바알」이 「이스라엘」 종교계에 큰 혼란을 일으키다가 「엘리야」를 통한 여호와 신과의 대결이 있었다(왕상 16:-18:). ④「이스라엘」 왕 「예후」는 바알선지 대회를 소집하여 신당에 들여보낸 후, 80인의 군사를 시켜 모조리 죽이게 하고 바알 신당을 변소로 만들었다(왕하 10:18-27). ⑤「유대」 왕 「므낫세」 때에는 바알의 단을 성전 안에까지 쌓고 숭배하였다(왕하 21:4). ⑥「요시야」

왕은 그것을 전부 헐어 버렸다(왕하 23:4-6). ⑦「예레미야」때 가정 옥상에까지 침투하여 여호와께서「바벨론」에게 화를 입을 것을 예언하셨다(렘 32:28-29).

바알[2]〔בַּעַל = 주인〕[인](대상 5:5)
[1]「르우벤」 자손「미가」의 손자.「르아야」의 아들.
[2]「기브온」 사람.「여이엘」의 아들(대상 8:30, 9:36).

바알[3] [지](대상 4:33)「유다」남방에 있는「시므온」의 성읍인데,「브알롯」또는「바알랏 브엘」이라 불렀다(수 15:24, 19:8).

바알갓〔בַּעֲלָת = 행운의 바알〕[지](수 11:17)「레바논」골짜기에 바알신을 숭배하던 성(수 11:17, 12:7, 13:15)「가나안」의 북단으로, 신약 시대의「가이사랴 빌립보」혹은「하스베야」와 같은 곳으로 보는 사람이 있다.

바알다말〔בַּעַל תָּמָר = 종려나무의 바알〕[지](삿 20:33)「기브아」근처에 있는 마을.

바알라〔בַּעֲלָה = 여주인, 점유자〕[지](수 15:9).
[1]「유다」남쪽 변경(수 15:9, 10, 대상 13:6, 수 15:29).
[2]「유다」북편에 있는데, 일명「기랏여아림」이다(대상 13:6).

바알랏〔בַּעֲלָת = 여주인들〕[지](수 19:44) ①「단」지파의 성읍. ②「솔로몬」에 의해 재건된 요새(왕상 9:18).

바알랏 브엘〔בַּעֲלַת בְּאֵר = 우물의 여주인들〕[지](수 19:8)「시므온」 지파에게 분배된 땅.「마라」라고도 부른다.

바알레 유다〔בַּעַל יְהוּדָה = 유다의 바알〕[지](삼하 6:2)「유다」의 성읍.「기랏여아림」바알랏과 같은 곳.

바알리스〔בַּעֲלִיס = 높음의 아들〕[인](렘 40:14)「그다랴」때의「암몬」사람의 왕.

바알므온〔בַּעַל מְעוֹן = 거주지의 주〕[지](민 32:38) ①「모압」고원에「르우벤」지파가 세운 성읍. ②「벳바알므온」(수 13:17).「벳므온」(렘 48:23).「브온」(민 32:3) 등 3성과 동일한 듯하다. ③「에스겔」은 이 성을 가리켜 영화로운 성읍이라 하였다(겔 25:9).

바알부라심〔בַּעַל פְּרָצִים=깨어진 곳의 바알〕[지](대상 14:11)→바알브라심.

바알브라심 [지](삼하 5:20) 「다윗」이 「이스라엘」 왕이 된 후, 맨 처음 「블레셋」 군을 이곳에서 파하고 말하기를 여호와께서 내 대적을, 물을 흩음같이 흩으셨다 하여 지은 이름(삼하 5:20-32, 대상 14:11).

바알브릿 [명](삿 8:33) 「계약의 주」란 뜻을 가진 「세겜」 사람들이 섬기던 우상(삿 9:4).

바알 브올[1] [명](민 25:3) 「브올」 산에서 섬기던 우상. 「이스라엘」 사람들이 「싯딤」에 진을 쳤을 때 「모압」 여자들과 행음하고 「바알 브올」을 섬겼다.

바알 브올[2]〔בַּעַל פְּעוֹר=브올의 바알〕[지](호 9:10) 「모압」의 성읍. 「이스라엘」 백성이 우상을 섬긴 곳→바알 브올.

바알살리사〔בַּעַל שָׁלְשָׁה=살리사(삼분지 일)의 주〕[지](왕하 4:42) 「에브라임」의 성읍. 「살리사」, 「길갈」 근처의 마을.

바알세불 [명](마 10:25) 귀신의 왕. 사단의 별명. 예수님께서 눈멀고 벙어리 된 자를 고쳤을 때, 「바리새」인들이 「바알세불」을 힘입어 병을 고쳤다고 하였다.

바알세붑〔בַּעַל זְבוּל=파리의 왕〕[명](왕하 1:2) 「블레셋」 땅 「에그론」에서 숭배하던 파리신. 일명 똥신.

바알스본〔בַּעַל צְפוֹן=북쪽의 주〕[지](출 14:2) 「이스라엘」 백성이 출애굽하여 홍해를 건너기 전에 머문 곳. 「나일」 강 동편. 「비하롯」 근처(출 14:9).

바알 하난〔בַּעַל חָנָן=은혜의 주〕[인](창 36:38)

[1] 「에돔」의 7대 왕(대상 1:49).

[2] 「다윗」의 감람나무와 뽕나무를 맡은 「게달」 사람(대상 27:28).

바알하몬〔בַּעַל הָמוֹן=군중의 주〕[지](아 8:11) 「솔로몬」의 포도원이 있다. 세금으로 은 1천을 받는다.

바알하솔〔בַּעַל חָצוֹר=마을의 주〕[지](삼하 13:23) 「예루살렘」 서북 24km 지점. 「압살롬」의 목장이 있던 곳이며, 「암논」을 죽인 마을.

바알헤르몬〔בַּעַל הֶרְמוֹן=헤르몬의 주〕[지](삿 3:3) 「바알갓」과 같은 곳으로 여김(대상 5:23).

바예수〔*Βαριησους*=예수의 아들〕[인](행 13:6) 「구브로」에 있는 거짓 선지자 「박수」. 「바울」이 「서기오 바울」에게 전도할 때 방해하다가 「바울」에게 책망을 받고 소경이 됨(행 13:6-11).

바왜〔בַּוַּי = 희망자〕[인](느 3:18) 「느헤미야」 시대의 「그일라」 반지역을 다스린 「유다」 사람 「헤나닷」의 아들.

바요나〔בַּר יוֹנָה = 요나의 아들〕[인](마 16:17) 「시몬 베드로」의 다른 이름.

바우〔פָּעוּ = 우는 소리〕[지](창 36:39) 「에돔」 왕 「하달」의 도성으로, 「바이」와 같은 곳.

바울〔*Παυλος* = 작은 자〕[인](행 13:9)

[1] **출생과 교육** : 「길리기아」의 「다소」 출신으로, 「가말리엘」 문하에서 율법의 엄한 교훈을 받았다. ①열심있는 자이며(행 22:3). ②청결한 양심으로 선조 때부터 섬기던 하나님을 섬기고(딤후 1:3). ③할례를 받았고 자랑할만한 「베냐민」 지파요, 율법으로는 바리새인이요, 열심히는 교회를 선두에서 핍박하던 사람이니 바리새인의 입장에서 볼 때에는 도무지 결점이 없는 사람이었다(빌 3:5-6). ④조상의 유전에 대하여 더욱 열심이 있었다(갈 1:14). ⑤나면서부터 「로마」의 시민권을 가졌다(행 22:26-28).

[2] **성격** : 논리의 힘과 종교적 능력의 결합 즉, 이성과 영력이 일치된 것이 특색이다. ①결점이 있다면 너무 성급하여 후회하는 일이 있었던 점(행 15:39, 23:4-5). ②자기 몸에 가시가 있다고 말한 것은 성격의 나무람 같다(고후 12:7).

[3] **회개** : ①기독교인들이 율법을 경히 여기고 성전을 모독한다고 생각했었다(행 6:31). ②「스데반」 죽이는 일에 가담한 것은 의분심에서였다(행 7:5-4:3). ③그후 기독교인을 본격적으로 박해하기 위하여 「다메섹」으로 향하였다(행 9:1-2). ④「다메섹」 도상에서 그리스도의 음성을 듣고 회개하여 기독교인이 되었다(행 9:1, 22:4, 26:9).

[4] **선교 활동** : ①공중 앞에서 회개한 사실을 간증하고 전화된 마음을 수습하고 앞날을 위한 준비로 「아라비아」에 은퇴하여 더욱 힘을 얻고 돌아와 「유대」인에게 예수가 기다리던 그리스도임을 전파

하였다(갈 1:16-18, 행 9: 22). ②「수리아」, 「길리기아」에 가서 전도한 것으로 본다(갈 1:21-24, 행 11:25-26). ③1차 선교 여행에서 「바나바」와 함께 「마가」를 데리고 「안디옥」에서 출발하여 「구브로」 섬을 경유 「소아시아」 중남부 지방의 「유대」인 회당을 순방하면서 거기를 발판으로 선교하였다. 이 선교 활동 중 이방인 회심자와 「유대」인의 율법과의 관계에 있어 문제가 야기되어 「유대」교의 전통을 고집하는 자들의 반대에 부딪쳐 이 문제 해결을 위하여 「예루살렘」에 올라가 「예루살렘」 회의 때 이방인 선교에 관한 문제 협정을 지었다(행 13:4-14:28, 15:1-21). ④2차 선교 여행은 「실라」를 데리고 「안디옥」을 출발하여 「드로아」 바다를 건너 「유럽」 땅에 들어가 「마게도냐」 지방의 「고린도」에 이르러 1년 반 동안 머물렀다가 그 후에 「에베소」를 지나 「예루살렘」을 방문하고 「안디옥」으로 돌아왔다(행 15:40-18:22). ⑤3차 선교 여행은 「부르기아」 지방을 지나 「에베소」에 도착하여 거기서 3년 동안 머물러 있으면서 그 부근에서 선교하였다. 그 후 다시 「유럽」으로 건너가 「마게도냐」에서 「고린도」로 가서 다시 「예루살렘」으로 갔다. 이 선교 여행에서 「지중해」 연안에 몇 개의 교회가 설립되었고 신약 성경에 편집된 편지(바울 서신)도 많이 썼다(행 18:23-21:14). ⑥3차 선교 여행을 끝내고 「예루살렘」에 도착한 「바울」은 반대파인 율법주의자들의 선동과 모략으로 입건되어 「가이사랴」에 2년간 감금을 당하였다. 그러나 그것이 인연이 되어 「바울」은 총독 「벨릭스」, 「베스도」, 그리고 「아그립바」 왕 앞에서 자신을 변명할 기회를 얻게 되었다. 그 후 「로마」 황제 「가이사」에게 상소하여 「지중해」를 건너 「로마」로 갔다(행 21:17-24:27).

5 인물 : 「헬라」 문화의 교육을 받았으며 「로마」의 시민권을 가지고 있었다. ①「지중해」 연안에서 많은 박해를 받아가면서 선교하였다(고후 11:23-28). ②복음의 진리에 대한 확신을 가지고 30여 년간 선교사로서 눈부신 활동을 하였다(고전 9:10). ③건강이 좋지 못했고 용모도 보잘 것 없었다(고후 10: 10, 12:7). ④분주한 선교 활동을 하면서 천막 깁는 것으로 생계를 유지했다(행 18:3).

⑤인간적으로 적지 않은 결함도 있었지만 풍부한 신앙이 그 모두를 가릴 수 있었다. 「바울」은 분주하고 고난이 많은 선교사의 생애 속에서도 주의 복음을 널리 전파하였다(빌 4:11-13, 6:4- 10).
[6] **사상** : ①「바울」의 선교 중심 사상은 십자가의 그리스도였다(고전 2:2). ②그는 항상 율법주의자와의 대결에서 인간 스스로의 행위에 의하여 구원이 주어지는 것이 아니고 오직 믿음으로써만 구원을 얻는다고 주장하였다(롬 1:17, 3:21-28, 갈 2:16). ③그리스도와 함께 죽고 그리스도와 함께 사는 은혜를 전파하였다. 이 복음의 진리는 성령을 통해서만 이루어진다고 주장하였다. 고로 성령이 사람들을 사랑의 생활로 이끌어낸다고 역설하였다(갈 5:22).
[7] **기록한 성경** : 신약 성경 가운데. ①로마서. ②고린도전서. ③고린도후서. ④갈라디아서. ⑤에베소서. ⑥빌립보서. ⑦골로새서. ⑧데살로니가전서. ⑨데살로니가후서. ⑩디모데전서. ⑪디모데후서. ⑫디도서. ⑬빌레몬서이며, 히브리서도 바울의 기록으로 보는 학자가 많다. 믿음으로 구원을 얻음과 교회의 질서 교리와 훈계 생활 중심으로 되어 있다.

바위 [명](민 23:9) 부피가 아주 큰 돌. 암석. rock.

바이〔פָּעִי〕[지](대상 1:50) 「에돔」 왕 「하닷」의 도읍지. 「바우」와 같은 곳.

바잇 [명](사 15:2) 고유 명사로 기재하였으므로 해석에 어려움이 있다. 어떤 이는 「모압」의 한 고을로 해석하기도 하고, 산당으로 해석하는 이도 있다. 어떤 이는 「딸」로 해석하여 "「디본」의 딸은 산당에 올라가서"라고 번역하기도 한다.

바지 [명](겔 44:18) 아랫도리에 입는 옷. trousers.

바치다 [타](출 5:18) ①웃어른께 올리다. offer. ②세금이나 공납금 따위를 내다. pay. ③목숨을 내놓다. sacrifice.

바퀴 [명](출 14:25) 돌리기 위하여 둥글게 만든 물건을 일컫는 말. wheel.

바퀴 축〔~軸;굴레 축〕[명](왕상 7:32) 바퀴가 잘 돌아가도록 끼운 굴레.

바탕[1] [명](창 30:35) ①타고난 성질이나 체질. 또는 재질(才質). tendency. ②물건의 재료, 또는 그 품질.

바탕[2] [명](창 21:16) ①무슨 일을 한 차례 끝내는 동안. for a time. ②활을 쏘아 살이 이

ㅂ

르는 거리. shooting range.

바트 명(사 5:10) 용량의 단위. 밧과 같음.

바하룸〔בַּחֲרֻומִי = 젊은이에 속한〕지(대상 11:33) 「다윗」의 용사 「아스마웻」의 고향. 「바후림」과 같은 곳.

바핫모압〔פַּחַת מוֹאָב = 모압의 통치자〕인(스 2:6) 「스룹바벨」과 같이 「바벨론」에서 돌아온 한 가문의 조상 「예수아」 가문과 「요압」 가문으로 나누인다.

바후림〔בַּחֻרִים = 젊은이의 마을〕지(삼하 3:16) ①「다윗」을 저주한 「시므이」와 「다윗」의 용사 「아스마웻」의 고향(삼하 16:5, 23:31). ②「다윗」의 밀정 「요나단」과 「아히마아스」가 「압살롬」을 피하여 이곳에 왔을 때 사람이 자기 우물에 숨겨 주었다. 「예루살렘」 동북 4km의 「라스에 장비」, 또는 2.4km 「부게단」이라 한다.

박 명(왕상 6:18) 〈식〉박과의 일년생 재배 식물. gourd. 바가지.

박격〔迫擊; 핍박할 박, 칠 격〕명(창 49:19) 대들어 몰아냄. close attack.

박넝쿨 명(욘 4:6) 박의 덩굴.

박다 타(삿 4:21) ①두들기거나, 꽂거나, 틀거나 하여 들어가게 하다. drive into. ②인쇄하다. print. ③사진을 찍다. take a photograph.

박대〔薄待; 엷을 박, 기다릴 대〕명(창 31:50) 아무렇게나 인정없이 대접하고 대우함. ill treatment.

박멸〔撲滅; 칠 박, 멸할 멸〕명(시 89:23) 짓두드려서 없애 버림. eradication.

박몰〔撲沒; 배댈 박, 빠질 몰〕명(대상 9:33) 타사에 상념치 않고 한 가지 일에 몰두함.

박박갈〔בַּקְבַּקַּר = 부지런한 조사자〕인(대상 9:15) 「레위」 사람 「마가」의 아들. 「시그리」의 손자. 「아삽」의 증손. 「느도바」 사람의 마을에서 살았다.

박부갸〔בַּקְבֻּקְיָה = 병(瓶), 여호와께서 비게 하심〕인(느 11:17) 「레위」 지파 「아삽」의 가족 중의 한 사람. 「바벨론」에서 귀환 후 성전에서 예배 의식을 도왔고, 또 곡간을 지키는 일을 맡았다(느 12:9, 25).

박북〔בַּקְבּוּק = 그릇(瓶)〕인(스 2:51) 「바벨론」에서 돌아온 「느디님」 사람의 한 조상.

박사〔博士; 넓을 박, 선비 사〕명(창 41:8) 일정한 학문을 전공하여 낸 논문을 심사하여 대학에서 수여하는 가장 높은 학위. 식견자. doctor.

박사장〔博士長; 넓을 박, 선비

사, 길 장]명(렘 39:3) 박사 중의 우두머리.

박석[礴石;박석 박, 돌 석]명 (대하 7:3) 돌이름.

박수[1] 명(출 7:11) 마술사. 남자무당. sorcerer.

박수[2][拍手;손뼉칠 박, 손 수] 명(왕하 11:12) 손뼉을 침. hand clapping.

박수장[~長;어른 장]명(단 4:9) 다니엘에게 가장 뛰어난 사람으로 칭찬하여 한 말.

박장[拍掌;손뼉칠 박, 손바닥 장]명(욥 27:33) 손바닥을 침. hand clapping.

박재[雹災;누리 박, 재앙 재]명 (계 16:21) 우박이 농작물에 끼치는 재앙. hail disaster.

박쥐 명(레 11:19) 〈동〉박쥐과의 새. 몸과 머리는 쥐와 같고, 앞다리가 날개와 같이 변형되었으며, 낮에는 어두운 곳에 있다. 땅거미 때부터 나돌아다님. 시력은 둔하나 감촉은 예민함. bat.

박탈[剝奪;벗길 박, 빼앗을 탈] 명(사 10:2) ①남의 재물이나 권리를 빼앗음. deprivation. ②이미 지닌 권리의 전부, 혹은 일부를 상실시킴.

박하[薄荷;엷을 박, 연꽃 하]명 (마 23:23) 〈식〉 꿀풀과의 다년생풀. 영생이. 약제로 쓰임. peppermint.

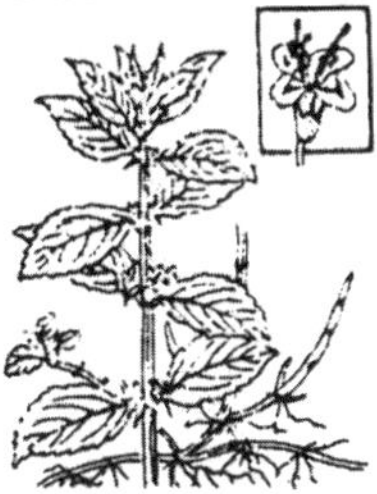

박하다[薄~;엷을 박]형(민 21:5) 미약하다. 가볍다. 인색하다. stingy. 남을 위한 마음이 적다. heartless.

박해[迫害;핍박할 박, 해할 해] 명(민 25:17) 핍박하여 해롭게 함. 괴롭힘. perrsecution.

밖 명(창 9:22) ①무슨 태나 금을 넘어선 바깥쪽. outside. ②겉으로 드러난 부분. exterior. ③가리킨 둘레 안에 들지 않은 것. the rest.

반[1][半;반 반]명(창 24:22) 절반. 이분의 일. half.

반[2][班;나눌 반]명(대상 22:4) ①벌려서 선 자리나 그 차례. order. ②어떤 공통점을 가지고 조직된 사람들의 집단. ③한 학년을 한 교실의 수용 인원 단위로 나눈 명칭. class.

ㅂ

반구〔斑鳩;얼룩 반, 비둘기 구〕 명(아 2:12) 〈조〉 산비둘기. dove.

반달〔半~;반 반〕명(사 3:18) ①한 달의 절반. half a month. ②음력 8~9일 경의 절반만 둥근 달. half a moon.

ㅂ

반달 장식〔~粧飾;단장할 장, 꾸밀 식〕명 반달 모양을 한 겉모습을 꾸미는 물건. 머리 쓰게.

반대〔反對;돌이킬 반, 대할 대〕 명(스 10:15) ①사물이 아주 맞서서 다름. opposition. ②남의 말이나 의견을 뒤집어 거스림. objection.

반드시 부(창 9:5) 꼭, 틀림없이. without fail.

반듯하다 형(출 27:1) ①어디가 기울거나 비뚤어지지 않다. ②아무 흠점이 없다. perfect. ③생김새가 반반하다.

반분〔半分;반 반, 나눌 분〕명 (출 21:35) ①절반으로 나눔. dividing into halves. ②절반 분량. half.

반석〔磐石;반석 반, 돌 석〕명 (창 49:24) ①넓고 평평한 큰 돌. huge rock. ②굳어서 매우 든든함.

반세겔 명(출 30:13) 10게라. 2드라크마. 성전의 세. 공물.

반수〔半數;반 반, 셀 수〕명(출 30:23) 수의 절반. 절반되는 수.

반시〔半時;반 반, 때 시〕명(계 8:1) ①한 시간의 절반. half an hour. ②반 시간.

반역〔叛逆;배반할 반, 거스릴 역〕명(삼하 15:12) 배반하고 꾀함. treason.

반역자〔叛逆者;~놈 자〕명(잠 24:21) 반역하는 사람. 반민.

반열〔班列;반열 반, 베풀 렬〕명 (대상 9:23) 신분, 등급, 품계의 차례. 원 반렬. social standing.

반원형〔半圓形;반 반, 둥글 원, 형상 형〕명(왕상 7:31) 반원으로 된 모양. semicircle. 반 둥근 모양.

반일경〔半日耕;반 반, 날 일, 갈 경〕명(삼상 14:14) 한나절 갈 수 있는 밭고랑. 경작 면적.

반장〔班長;나눌 반, 길 장〕명 (대상 26:12) 반의 우두머리. squad leader.

반점〔斑點;얼룩질 반, 점 점〕명 (렘 13:23) 얼룩진 점. spot.

반죽 명(창 18:6) 가루에 물을

조금 섞어서 이겨 개는 일. 또는 그 물건. dough.

반죽 그릇 명(출 8:3) 가루를 반죽할 때 쓰는 그릇.

반지〔斑指;얼룩 반, 손가락 지〕 명(창 41:42) 한 짝으로만 끼게 된 가락지. ring.

임금의 반지는 도장이 새겨져 있다.

반지파〔半支派;반 반, 가지 지, 물갈래 파〕명(민 34:13) 한 종족(지파)의 절반. one-half tribe.

반차〔班次;나눌 반, 다음 차〕명 (대상 24:1) 차례, 반열. in turn.

반척〔半尺;반 반, 자 척〕명(겔 43:17) 한자의 절반.

반포[1]〔頒布;펼 반, 베 포〕명(출 33:19) 세상에 펴서 널리 알림. promulgation.

반포[2]〔班布;얼룩질 반, 베 포〕 명(출 28:4) 반물빛의 실과 흰실을 섞어 짠 수건감의 폭이 좁은 무명. 반베.

반포자〔頒布者;펼 반, 베 포, 놈 자〕명(딤후 1:11) 세상에 널리 알리는 사람. spostle. 전도자.

반폭〔半幅;반 반, 베 폭〕명(출 26:12) 한폭의 절반.

반항〔反抗;돌이킬 반, 대항할 항〕명(시 78:40) 순종하지 아니하고 반대하며 거스림. resistance.

받다[1] 타(창 3:14) ①주는 것을 가지다. receive. ②위에서 내려오는 것을 아래에서 잡다. catch.

받다[2] 타(출 21:28) 뿔 따위로 세차게 부딪치다. gore.

받들다 타(창 40:13) ①공경하고 모시다. respect. ②밑을 잘 들어올리다. raise. ③높이 들다. lift up.

받치다 타(왕상 7:25) ①다른 물건으로 괴다. ②'받다'의 힘준 말

자 ①밑바닥이 베기다. ②기운이 치밀다.

받침 명(출 25:31) 물건의 밑바닥을 괴는 물건. support.

발 명(창 18:4) 다리 끝에 달려 땅을 디디게 된 부분. foot. ②물건의 아래에 길게 붙은 다리. leg.

발가락 명(단 2:41) 발의 앞쪽에 갈라져 있는 부분. toe.

발각〔發覺;필 발, 깨달을 각〕명 (사 16:3) 드러나 알게 됨. 들킴.

발견〔發見;필 발, 볼 견〕명(창 31:32) 세상 사람에게 알려지지 않은 사물을 맨 먼저 찾

ㅂ

아냄. discovery.

발교〔醱酵;술괼 발, 술괼 교(효)〕명(출 12:34) 밀가루 반죽시 누룩을 넣어 부풀게 하는 것. 발효의 원말.

발꿈치 명(창 3:15) 발바닥의 뒤쪽 부분. heels.

발뒤꿈치 명(욥 18:9) 발꿈치의 발바닥 부분. 이 외의 뒤쪽부분. heels.

발등상〔~凳床;걸상 등, 평상 상〕명(대상 28:2) 발을 올려놓는 받침. 지배, 주권적 행사를 뜻한다.

포로나 노예를 발등상을 하였다.

발디〔פַּלְטִי=구원〕인(민 13:9) 1「모세」가 「바란」 광야에서 「가나안」을 정탐하기 위하여 보낸 12인의 정탐꾼 중 「베냐민」 지파 대표자(민 13:1-9).

2「갈림」 사람. 「라이스」의 아들. ①「사울」이 「다윗」에게 아내로 준 딸 「미갈」을 뺏어 이 사람에게 주었다(삼상 25:44). ②「다윗」이 왕이 된 후에 다시 뺏어 왔다(삼하 3:15).

발디 지(삼하 23:26) 「다윗」의 30용사 중 「헬레스」의 고향.

발디엘〔פַּלְטִיאֵל=하나님이 구원하심〕인(민 34:26) 「잇사갈」 지파의 족장 「앗산」의 아들. 「가나안」 땅을 분배할 때 「잇사갈」 지파의 대표로 택함받은 족장. →「발디」.

발라〔בָּלָה=나의 먹은〕지(수 19:3) 「팔레스틴」의 서남방에 있는 성. 「발하」와 같고(대상 4:29) 또, 「바알라」로(수 15:29) 여기는 사람도 있다.

발라단〔בַּלְאֲדָן=하나님은 아들을 주셨다〕인(왕하 20:12) 「유다」와 「히스기야」 시대의 「바벨론」 왕 「므로닥발라단」.

발락〔בָּלָק=멸하는 자, 공허〕인(민 22:2) 「십볼」의 아들이며 「모압」 왕이다. 「발람」을 매수하여 「이스라엘」을 저주하려 했던 자(수 22:9 삿 11:25, 6:5, 계 12:14).

발랄〔פָּלָל=판단, 심판〕인(느 3:25) 「바벨론」에서 돌아와 「예루살렘」 성을 중수할 때 도운 「욱새」의 아들.

발람〔בִּלְעָם=백성의 주〕인(민 22:5) ①「베돌」 성 「아몬」 강변에 사는 「브올」의 아들로 선지자. ②「모압」 왕 「발락」이 「이스라엘」을 저주하려고 청할 때 물욕에 끌려가다가 타고 가던 나귀에게 책망을 받고 천사의 견책도 받았다(민 22:28-33, 벧후 2:15). ③「모압」에 이르러 여호와의 지시 대로 3차에 걸쳐 「이스라엘」을 축복하였다(민 23:1-24:9). ④「발락」이 화가 나서 질책할 때 「발람」의 대답이 당신이 그 집의 은, 금을 가득히 채워서 내게 줄찌라도 나는 여호와의 말씀을 어기고 선악간 임의로 행하지 못하고 여호와께서 말씀하신 대로 말하리라고 하였다(민 24:10-13). ⑤그 후 「이스라엘」 자손을 범죄하게 하는 일이 있어 「모세」가 「미디안」 5왕을 죽일 때, 「발람」도 죽였다(민 25:1-9, 31 :8, 16, 17, 계 2:14).

발론〔פְּלוֹנִי〕지(대상 27:10) 「유다」 남방 「헤브론」과 「브엘세바」 중간에 있는 작은 마을. 「다윗」의 30용사 중 「헤레스」와 「아히야」의 고향. 대상 11:27에는 「불론」으로 되어 있다.

발루〔פַּלּוּא=구별된〕인(창 46:9) 「르우벤」의 자손으로, 그 지파 족장 중의 한 사람이다(출 6:14).

발명〔發明;필 발, 밝을 명〕명(행 19:33) ①전에 없던 것을 처음 생각해 내거나 만들어 내는 일. invention. ②경사(經史)의 뜻을 깨달아 밝힘. clarification. ③죄가 없음을 변명함. pleading.

발목 명(겔 47:3) 다리와 발이 이어진 관절 부분.

발목걸이 명(민 31:50) →'발목고리'의 오기. 발목에 거는 고리.

발목 사슬 명(사 30:2) 죄인의 발목에 두른 쇠고리 줄.

발목 힘줄 명(창 49:6) 발목에 있는 핏줄.

발 밑 명(합 3:5) 발 아래.

발바닥 명(레 11:27) 발 아래쪽 평평한 부분.

발분〔發忿;필 발, 분할 분〕명(시 85:5) 분을 내다. 성내다. 화내다.

발생〔發生;필 발, 날 생〕명(레 13:14) ①생겨남. 태어남. birth. ②일어남. occurrence.

발설〔發說;필 발, 말씀 설〕명(욥 10:1) 입 밖에 말을 내어 남이 알게 함. announcement.

발소리 명(왕상 14:6) 걸음을 걸을 때 발이 땅에 닿아 나는 소리.

발 아래 명(출 24:10) 발 밑.

발언〔發言;필 발, 말씀 언〕명(욥 32:6) 의견을 폄. 말을 꺼냄. 발설. speaking.

발원〔發源;필 발, 근원 원〕명(창 2:10) 물의 근원. 강이

ㅂ

시작되는 곳.

발육〔發育;필 발, 기를 육〕[명](시 92:12) 발달되어 자람. 발생하여 성장함. growth.

발자취[명](욥 13:27) ①발로 밟은 흔적. ②발을 옮겨 걸어간 그 종적. track.

발치[명](룻 3:4) 누웠을 때 발을 뻗는 곳.

발 털[명](사 7:20) 발에 난 털.

발톱[명](삼상 17:37) 발가락 끝을 보호하기 위하여 생긴 뿔과 같이 단단한 물질. toe-nails.

발포〔發布;필 발, 베 포〕[명](사 10:1) 세상에 널리 폄.

발표〔發表;필 발, 겉 표〕[명](시 78:2) 세상에 널리 드러내어 알림. announcement.

발하다〔發~;필 발〕[자](창 30:2) ①생겨서 드러나다. come in to being. ②떠나다. leave. ③시작하다. originate.

발행〔發行;필 발, 행할 행〕[명](창 13:3) ①길을 떠나감. departure. ②출판물·지폐·채권 따위를 박아냄. publication.

밝다[1] [형](창 3:3) ①어둡지 아니하다. bright. ②분명하다. clear. ③환하게 잘 알다. be familiar with.

밝다[2] [자](삼상 29:10) 날이 새다. break.

밝히다[타](창 21:19) ①밝게 하다. make bright. ②일을 분명하게 하다. make clear. ③밤을 지새우다. sit up all night.

밟다[타](신 11:24) ①발로 디디거나 누르다. tread. ②발자국을 따라가다. follow. ③물건 위에 발을 옮겨 놓고 누르다. trample. ④예전 사람이 한 대로 하다. go through. ⑤일을 차례 대로 하다. go through.

밤[1] [명](창 1:5) 해가 진 뒤로부터 해뜨기 전까지의 동안. night.

밤[2] [명](사 6:13) 〈식〉밤나무의

열매. chestnut.

밤나무[명](사 6:13) 〈식〉 밤이 열리는 나무. 율목(栗木). chestnut-tree.

밤낮[명](민 9:21) 밤과 낮. 언제나.

밤마다[명][부](시 92:2) 매일 밤. 밤이면 언제든지.

밤빌리아〔*Παμθυλία*=잡종〕[지](행 2:10) 「소아시아」 남쪽

해안 지방. 「루기아」와 「길리기아」 사이에 있다. 길이 약 130km, 폭 약 50km, 북은 도적이 많기로 유명한 「타우러스」 산, 주후 74년 「로마」 영토화. 이 이름은 「도리아」 족 세파 중의 하나인 「밤빌리아」는 「바사마」, 「게도나」, 「수리 아」, 「버가모」, 「로마」 등의 지배 아래 있었다. ①「바울」과 「바나바」는 1차 선교여행을 「구브로」에서 「버가」로 다녀 「안디옥」으로 간 듯하다. 여기서 「마가」가 따로 나갔다(행 13:13). ②돌아오는 길에 「이탈리아」에서 배를 타기 전 「버가」에서 전도한 듯하다(행 14:25). ③「밤빌리아」의 「유다」인들이 「예루살렘」에 올라와 오순절에 참여(행 2:10).

밤새 早(출 14:20) 밤을 새우다. all night.

밤이슬 명(아 5:2) 밤에 내리는 이슬. night dew.

밤중〔~中;가운데 중〕명(출 11:4) 깊은 밤. 밤의 한 가운데.

밥 명(민 14:9) ①먹이. prey. ②음식. meal. ③욕망의 희생물. 차지되는 모가치 물건의 한 부분. one's share.

밥상〔~床;평상 상〕명(시 69:22) 음식을 차려 놓는데 쓰는 소반. dinning table.

밧 명(왕상 7:26) 액체의 양을 되는 단위.

밧단〔פַּדָּן=평야〕지(창 48:7) 「메소포타미아」 야곱이 잠시 있던 곳. 「밧단아람」과 같은 곳.

밧단 아람〔פַּדַּן־אֲרָם=아람의 평야〕지(창 25:20) 「메소포타미아」라고 불리우는 지방과 같으며, 「아브라함」의 친척이 살고 있던 「하란」 부근의 한 지방을 말한다(창 28:2, 5, 7, 31:18, 35:9, 26, 46:15, 48:7). 「유브라데스」 강 상류 지역. 「야곱」이 이곳에서 잠시 살았다.

밧모〔*Πάτμος*=송진〕지(계 1:9) 「소아시아」의 「카리아」 서편에 있는 한 섬(島)인데 지금의 「파티노」다. 남북이 약 16km, 동서 10km, 주위 약 60km, 사도 「요한」이 「도미시안」 황제 때 이곳으로 정배 당하여 "계시의 굴"에서 18개월간 지내며 계시록의 환상을 보았다(계 1:3, 9). 옛날의 유형지이나 한때는 수도원이 건설되어(크리스토폴러스가 1088년에 지음) 「요한」의 시체라는 미이라가 그 수도원에 있다.

밧세바〔בַּת־שֶׁבַע=맹세의 딸〕인(삼하 11:3) ①「암미엘」의 딸이며, 「다윗」의 장군. 「헷」 사람. 「우리아」의 아내(삼하

ㅂ

11:3, 12:24). 「다윗」과 간음한 여자. ②「다윗」은 「밧세바」를 욕심내어 충신 「우리아」를 위험한 전지로 보내어 죽게 하고 「밧세바」를 아내로 삼았다(삼하 11:2-5). ③첫 아이는 하나님께서 치심으로 죽었고 「솔로몬」, 「시므아」, 「소밥」, 「나단」 등을 낳았다(대상 3:5). ④「다윗」 말년에 왕위를 둘러싸고 복잡한 경쟁이 있을 때 「밧세바」는 예언자 「나단」의 후원을 얻어 반대파인 「아도니야」 파와 겨루어 「솔로몬」을 계승자로 올려놓는데 성공하였다(왕상 1:11-31). ⑤그러나 「아도니야」를 위한 중재에는 실패하였다(왕상 2:19).

밧수아 인(대상 3:5) 밧세바와 같은 사람.

방〔房:방 방〕명(창 24:31) 사람이 거처하기 위해 집안에 만들어진 간. room.

방관〔傍觀:곁 방, 볼 관〕명(욥 1:12) 상관하지 않고 곁에서 보고만 있음. 좌시(坐視). standing by idly.

방금〔方今:모 방, 이제 금〕부(눅 22:60) 바로. 이제. 방장. just now.

방도〔方道:모 방, 길 도〕명(빌 1:18) 일을 치뤄갈 길. 일에 대한 방법과 도리. means.

방망이 명(삿 4:21) 무엇을 두드리거나 다듬는데 쓰는 기구. club.

방면〔方面:모 방, 낯 면〕명(렘 31:39) ①어떤 방향의 지방. direction. ②생각하거나 뜻 두는 데. field.

방문〔訪問:찾을 방, 물을 문〕명(왕하 8:29) 남을 찾아 봄. visit.

방백〔方伯:모 방, 맏 백〕명(창 17:20) 지방 관청의 수령. 도지사. 지방 장관.

방법〔方法:모 방, 법 법〕명(출 30:32) 일을 치뤄내는 솜씨와 법. 차례. method.

방불〔彷彿:방황할 방, 비슷할 불〕명 그럴듯하게 비슷함. 거의 같음. close resemblance.

방비〔防備:막을 방, 갖출 비〕명(왕하 6:10) ①미리 막아서 지킴. defense. ②지키는데 쓰는 물건.

방석[1]〔方席:모 방, 자리 석〕명(잠 31:22) 깔고 앉는 작은 자리. cushion.

방석[2]〔放釋:놓을 방, 풀 석〕명(시 105:20) 놓아 줌. 죄수를 풀어 주는 것. release. 석방.

방성 대곡〔放聲大哭:놓을 방, 소리 성, 큰 대, 울 곡〕명(창 21:16) 크게 소리르 지르면서 욺. crying out.

방술〔方術:모 방, 꾀 술〕명(시

58:5) ①방법과 기술. ②신선의 술법. wizardry.

방식〔方式;모 방, 법 식〕명(수 6:15) 정해진 형식. formula. 법식.

방 안명(신 32:25) 방의 안.·실내.

방어〔防禦;막을 방, 막을 어〕명(왕하 11:6) 남이 쳐들어오는 것을 막아냄. defence.

방언〔方言;모 방, 말씀 언〕명(창 10:5) 말. 나라 또는 지방 말. 사투리. dialect.

방울명(출 28:33) ①쇠붙이로 둥글게 만들어 흔들면 소리가 나는 물건. bell. ②구슬같이 된 물의 덩어리. drop.

방임〔放任;놓을 방, 맡길 임〕명(엡 4:19) 되는 대로 내버려 둠. 간섭하지 않고 내버려 둠. non-interference.

방자〔放恣;놓을 방, 방자할 자〕명(출 32:25) 삼가지 않고 제멋대로. impudence.

방장〔方將;모 방, 장차 장〕부(마 9:18) ①방금. 지금. ②곧. 장차.

방종〔放縱;놓을 방, 기리 종〕명(민 15:39) 꺼림이 없이 함부로 행동함. self-indulgence.

방주〔方舟;모 방, 배 주〕명(창 6:14) 네모난 배. 노아가 만들어 홍수를 피한 배. ark.

방책〔方策;모 방, 꾀 책〕명(삿 20:7) 방법과 꾀. plan.

방축〔防築;막을 방, 쌓을 축〕명(잠 17:4) 물을 막기 위하여 쌓은 둑. 방죽. dike.

방축물〔防築物;막을 방, 쌓을 축, 만물 물〕명(레 11:36) 방죽을 쌓은 물건.

방침〔方針;모 방, 바늘 침〕명(출 18:19) ①일을 처리할 방향과 계획. policy. ②방위를 가리키는 지남침.

방탕〔放蕩;놓을 방, 방탕할 탕〕명(신 21:20) 주색에 빠져 난봉을 부림. dissipation.

방패〔防牌;막을 방, 방 붙일 패〕명(창 15:1) 창·칼·화살 따

위를 막아내던 무기. shield.

방해〔妨害;거리낄 방, 해할 해〕명(스 4:4) 헤살을 놓아 해를 끼침. disturbance.

방향〔方向;모 방, 향할 향〕명(신 1:7) 향하는 쪽. 방위(方位). direction. ②생각이 향하는 곳. 의향. intention.

방황〔彷徨;방황할 방, 방황할 황〕명(창 21:14) 일정한 방향이 없이 떠돌아다님. 갈 바를 몰라 이리저리 헤맴. wandering.

밭 명(창 2:5) 물을 대지 않고 식물을 심어서 가꾸는 땅. field.

밭 갈다 타(출 34:21) 밭에 흙을 파 뒤집어 곡식을 심도록

함. plowing.

밭고랑 명(시 65:10) 밭 이랑 사이의 홈이 진 곳. furrow.

밭머리 명(창 23:9) 밭이랑의 두 쪽 끝이 되는 곳.

밭이랑 명(호 10:4) 밭의 흙을 높이어서 만든 것.

배[1] 명(창 3:14) 몸의 일부로 가슴과 엉덩이뼈 사이에 있는 곳. abdomen.

배[2]〔倍;갑절 배〕명(창 43:13) 갑절. 곱. double.

배[3] 명(창 49:13) 나무나 쇠로 만들어 물 위에 떠다니며 사람이나 물건을 나르는 물건. 선박. ship.

배꼽 명(아 7:2) 탯줄이 떨어지면서 배에 생긴 자리. belly.

배꼽줄 명(겔 16:4) 탯줄. umbilical cord.

배 기호〔~記號;쓸 기, 이름 호〕명(행 28:11) 배의 이름.

배다 타(창 30:38) ①뱃속에 아이, 새끼 또는 알을 가지다. conceive. ②식물의 이삭이 잎이나 껍질 속에 생기다. swell with.

배도〔背道;등 배, 길 도〕명(살후 2:3) 도리에 어그러짐. immorality. 진리를 버림. 불신.

배도자〔背道者;~놈 자〕명(시 101:3) 도리에 어긋난 사람. 믿다가 믿음을 버린 사람. 이단자.

배반〔背叛·反;등 배, 배반할 반·돌아올 반〕명(창 14:4) 신의를 저버리고 등지고 돌아섬. betrayal.

배상〔賠償;배상할 배, 갚을 상〕명(출 21:19) 남에게 끼친 손해를 물어줌. reparation.

배석자〔陪席者;따를 배, 자리 석, 놈 자〕명(행 25:12) 자리를 같이 한 사람.

배설〔排設;밀칠 배, 베풀 설〕명(창 21:8) 의식에 쓰는 여러 가지 설비를 차려 놓음. 진설(陳設). arrangement.

배설물〔排泄物;밀칠 배, 샐 설, 만물 물〕명(신 23:13) 안에서 밖으로 새게 하여 내보낸 물질. 똥. 대변.

백색〔白色;흰 백, 빛 색〕명(에 1:6) 흰 빛깔. white.

배식〔陪食;따를 배, 밥 식〕명(창 43:32) 같이 음식을 먹음. 귀인을 모시고 먹음.

배약〔背約;등 배, 약속할 약〕명

(레 26:25) 약속을 어김. breach of promise.

배양〔培養;북돋을 배, 기를 양〕명(암 7:14) ①식물을 북돋아 기름. cultivation. ②인재를 길러냄. education.

배역〔背逆;등 배, 거스릴 역〕명(수 22:18) 은혜를 배신함.

배우다 타(신 4:10) ①가르침을 받다. learn. ②남이 하는 일을 보고, 그와 같이 하다. imitate. ③학문을 닦다. study.

배종〔陪從;따를 배, 따를 종〕명(대상 27:32) 임금을 모시어 뒤따름. attendance.

배척〔排斥;물리칠 배, 쫓을 척〕명(왕하 18:7) 물리쳐서 밀어 내침. rejection.

배필〔配匹;아내 배, 짝 필〕명(창 2:18) 부부로서의 알맞은 짝. spouse.

배회〔徘徊;배회할 배, 배회할 회〕명(창 24:65) 어떤 곳을 중심으로 어슬렁거리며 이리저리 돌아다님. loitering.

백곡〔百穀;일백 백, 곡식 곡〕명(시 144:13) 온갖 곡식. all kinds of grain.

백골〔白骨;흰 백, 뼈 골〕명(겔 32:27) 죽은 사람의 흰 뼈. skeleton.

백관〔百官;일백 백, 벼슬 관〕명(시 105:22) 모든 벼슬아치. all government officials. 모든 관직자. 전 공무원.

백단목〔白檀木;흰 백, 박달나무 단, 나무 목〕명(왕상 10:11) 〈식〉나무의 이름. 아직 어떤 나무인지 밝혀지지 않았다. 「솔로몬」이 「오빌」과 「레바논」에서 수입하여, 계단과 손잡이, 그리고 악기를 만들었다. 열대 지방이 원산인 백단향이라고 하는 이도 있다. 70인 역에는 다듬지 않는 나무로 번역하였다. almug.

백마〔白馬;흰 백, 말 마〕명(슥 1:8) 〈동〉털빛이 흰 말. white horse.

백마노〔白瑪瑙;흰 백, 마노 마, 마노 노〕명(출 28:19) 보석의 하나. 중심 부분에 흰색과 갈색을 띤 옥으로, 「애굽」에 많이 난다. agate.

백막〔白膜;흰 백, 꺼풀 막〕명(레 21:20) 눈알의 거죽을 싼 얇은 막. sclera. 흰창.

백목〔白木;흰 백, 나무 목〕명(사 19:9) 무명. white cotton.

백발〔白髮;흰 백, 터럭 발〕명 (신 32:25) 하얗게 센 머리털. white hair. 하얀 머리털.

백발 노옹〔白髮老翁;흰 백, 터럭 발, 늙을 노, 노인 옹〕명 (대하 36:17) 머리털이 허옇게 센 늙은 남자.

백부장〔百夫長;일백 백, 지아비 부, 길 장〕명(출 18:21) 백 명의 사람을 거느리는 우두머리. 백 명 부하를 둔 군인의 지휘관.

ㅂ

백색〔白色;흰 백, 빛 색〕명(에 1:6) 흰 빛깔. 준 백(白). white.

백석〔白石;흰 백, 돌 석〕명(에 1:6) 흰 돌. white stone.

백성〔百姓;일백 백, 성 성〕명 (창 9:19) ①국민. people. ②문벌이 높지 않는 보통 사람. common people.

백성 중〔百姓中;일백 백, 성 성, 가운데 중〕명(수 5:4) 국민 가운데. in the people.

백수〔白首;흰 백, 머리 수〕명 (시 71:18) 허옇게 센머리. 백발. 늙음. 노령. white hair.

백숙모〔伯叔母;맏 백, 아재비 숙, 어미 모〕명(레 18:14) 아버지의 맏형의 아내. 큰 어머니. uncle's wife.

백숙부〔伯叔父;맏 백, 아재비 숙, 아비 부〕명(레 20:20) 아버지의 맏형. 큰아버지. father's eldest brother.

백주〔白晝;흰 백, 낮 주〕명(신 28:29) 대낮. broad daylight.

백철〔白鐵;흰 백, 쇠 철〕명(겔 27:19) 빛나는 쇠. 윤이 나고 반들반들한 쇠.

백체〔百體;일백 백, 몸 체〕명 (욥 10:8) 온 몸.

백탁 병자〔白濁病者;흰 백, 흐릴 탁, 병들 병, 놈 자〕명(삼하 3:29) 소변이 뿌옇고 걸쭉한 병이 든 사람.

백합화〔白合花;일백 백, 합할 합, 꽃 화〕명(왕상 7:19) 〈식〉 나리꽃. lily. 성경에서는 아름다움, 향기. 성도를 가리킨다.

백향목〔柏香木;잣 백, 향기 향, 나무 목〕명(레 14:4) 나무 이름. cedar. 「레바논」이 주산지며, 「다윗」과 「솔로몬」이 수입하여 궁전과 성전을 지었다.

백향목 궁〔柏香木宮;잣 백, 향기 향, 나무 목, 집 궁〕명(삼하 7:2) 백향목으로 만든 궁전.「다윗」궁을 일컫는 말. a palace built of cedar.

뱀 명(창 3:1) 〈동〉파충류의 한 무리. 손발은 없고 배로 다니며 길다. snake.

뱃속 명(욥 20:14) 배 안, 복중(腹中), inside of the stomach.

뱉다 타(민 12:14) ①입 밖으로 내보내다. spit out. ②차지했던 것을 도로 내놓다. give up.

버가〔Πέργη=망대〕지(행 13:13)「소아시아」남쪽에 위치하는「밤빌리아」의 고대 도시. 해안에서 13km 내륙에 있다. ①「바울」은「바나바」와 함께 1차 선교 여행 때 이곳에 상륙하여 내륙의「비시디아」의「안디옥」에 도착하였다(행 13:13-14). ②귀로에 다시 이곳에 들러 전도하였다(행 14:25) ※「아데미」여신의 전각이 그 가까운 언덕에 있었다. 지금 이름은「물타나」읍이다.

버가모〔Πέργαμος=높여 짐, 성〕지(계 1:11)「소아시아」서부에 있는「무시아」의 도시.「에에게」바다 연안에서 24km 내륙에 있다.「앗탈루스」왕족의 수도로서, 주전 3-2세기에 문화 도시로 번성했고「유네스미」2세(주전 197-159)가 도서관을 창설한 것으로 유명하다. ①「소아시아」7교회의 하나가 있는 곳(계 1:11, 2:12). ②이교의 신전이 많이 있으며 특히「제우스」신전이 넓이 30평방 미터, 제단의 높이 12m나 되는 거대한 것으로, '사단의 위'는 이 신전을 가리키는 것으로 생각된다(계 2:13). ※「로마」"황제 예배 신전"이 세워져 기독교에 있어서는 초대 교회로부터 싸움의 도시였다. 초기의 순교자「안디바」가 여기서 순교했다.

버금 명(창 41:43) 다음 차례. 두 번째. next.

버니게〔Βερνίχη=승리자〕인(행 25:13)「팔레스틴」왕「헤롯 아그립바」1세의 딸. 두 번이나 남편을 갈아치우고 오빠「헤롯 아그립바」2세와의 사이에 남매간 불륜의 관계를 맺었다는 혐의를 받았다.「바울」이「가이사랴」에서 총독「베스도」에게 재판을 받았을 때 그녀도「아그립바」2세와 함께 임석(臨席)하고「바울」이 사형이나 결박을 당할만한 죄가 없다고 생각한 사람 중의 하나였다(행 25:13, 23, 26:30). 그녀는 또 후에「로마」황제가 된「디도」의 첩이 되었다.

버드나무 명(창 30:37) 〈식〉① 버들. willow. ②수양버들.

ㅂ

버들 명(레 23:40) 버들과(楊柳科)의 낙엽 교목. 물가나 길옆에 흔히 나고 습지에 잘 자람. 버드나무. willow.

버러지 명(롬 1:23) 벌레. insect.

버릇 명(출 21:29) ①마음이나 몸에 배어 굳어 버린 성질이나 짓. habit. ②어른에게 대하여 차려야 할 예절. manners. ③한쪽으로 치우치게 쏠리는 먹는 것이나 취미. propensity.

버시〔Περσίς=전복〕인(롬 16:12) 「로마」에 있는 신도. 주님을 위하여 많이 힘쓴 사람.

버짐 명(레 21:20) 피부병의 한 가지. psoriasis.

버터 명(창 18:8) 우유 속의 지방을 분리하여 적당히 발효시켜 소금으로 간을 맞추고 응고시킨 식품. butter. 음식을 요리하는데 사용하는 기름.

버팀대 명(왕상 7:35) 물건이 쓰러지지 않도록 버티어 세우는 나무나 도구. prop.

번〔番;차례 번〕명(창 18:32) 차례. one's turn.

번갈다 자(왕상 5:14) 차례를 돌려가다. take turns.

번개 명(출 19:16) 구름을 가진 공중 전기가 방전할 때 생기는 불빛. lightening.

번갯불 명(시 78:48) 공중 전기가 방전할 때 나는 불꽃. lightning flashes.

번갯빛 명(욥 36:30) 구름을 가진 공중 전기가 방전할 때 생기는 빛.

번거롭다 형(욥 4:13) ①일의 갈피가 어수선하고 복잡하다. troublesome. ②조용하지 못하고 어수선하다. noisy.

번뇌〔煩惱;괴로와할 번, 괴로와할 뇌〕명(삿 16:16) 마음이 시달려 괴로움. 원 번노. evil passions.

번민[1]〔煩悶;괴로와할 번, 번민할 민〕명(창 41:8) 마음이 답답하고 괴로워함. anguish.

번민[2]〔煩憫;번거로울 번, 괴로워할 민〕명(삼상 1:6) 안달하다. 애태우다. torment.

번병〔番兵;차례 번, 군사 병〕명(삿 7:19) 파수 당번이 되어 근무하는 병사. 보초병. sentry.

번성[1]〔蕃盛;번성할 번, 성할 성〕명(창 1:20) ①초목이 무성하게 자람. growing luxuriantly. ②자손이 늘어서 퍼짐.

번성[2]〔繁盛;번성 번, 성할 성〕명(레 26:9) 한창 늘어서 잘 되어 성함. 증가함. prosperity.

번식〔繁殖;번성할 번, 번식할 식〕명(창 48:16) 붇고 늘어서 많이 퍼짐. 불어남. breeding.

번역〔飜譯;풀 번, 통변할 역〕명

(마 1:23) 한 나라의 말로 된 글의 내용을 다른 말로 옮김. ㊟ 역(譯). translation.

번제〔燔祭;구울 번, 제사 제〕 명(창 8:20) 구약 시대 하나님께 드리는 제사법의 하나로, 희생의 제물을 불에 태워 드렸다. 제물에 대하여는 드리는 사람의 형편에 따라 양이나 비둘기를 택했다. 짐승의 머리 위에 손을 얹고 성소 입구 제단 북쪽에서 잡아 각을 뜨고 피를 뿌리고 내장과 다리를 씻어 제물 전부를 제단 위에서 불태워 드렸다(출 29:38-42, 민 28:32). sacrifices burned whole.

번제단〔燔祭壇;~제단 단〕명 (출 30:28) 번제를 드리는 단.

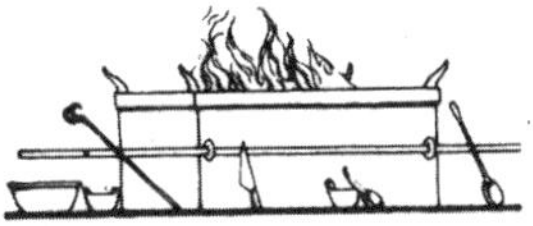

번제물〔燔祭物;~만물 물〕명 (출 10:25) 번제에 쓰이는 제물. 1년 된 흠 없는 수양, 비둘기 등.

번제소〔燔祭所;~바 소〕명(레 4:29) 번제 드리는 제물을 잡는 장소. 성소 북쪽.

번조〔煩燥;번거로울 번, 마를 조〕명(사 8:21) 화가 치밀거나, 불쾌하거나 조바심이 날 때 손과 발을 가만히 두지 못하고 놀리는 짓.

번창〔繁昌;많을 번, 창성할 창〕 명(시 115:14) 한창 잘되어 성함. prosperity.

번철〔燔鐵;구울 번, 쇠 철〕명 (레 2:5) 지짐질하는데 쓰는 솥뚜껑 모양의 무쇠 그릇. cooking plate.

번폐〔煩弊;번거로울 번, 폐단 폐〕명(말 1:13) 번거로움과 폐단. troublesome abuses.

번홍화〔番紅花;차례 번, 붉을 홍, 꽃 화〕명(아 4:14)〈식〉 「솔로몬」이 노래한 꽃, 「크로커스」로 알려져 있다. 붓꽃과에 속하는 다년초. 아시아 서부가 원산지. 꽃의 암술에는 노란 가루가 많고 이것 음식의 색과 맛을 내는데 쓰였고 약품에도 사용되었다.

벌[1](출 23:28)〈곤〉명 벌목(目)에 속한 곤충을 모두 일컫는 말. 나뭇가지에 집을 짓고 사는 것과 땅속에 집을 짓고 사는 것도 있다. 꼬리에 침을 가지고 있다. bee.

벌[2]〔罰;벌줄 벌〕명(창 4:15) 죄를 지은 사람에게 괴로움을 주어서 징계하고 억누르는 일. punishment.

벌거벗다 자(창 2:25) 옷을 입지 아니하여 알몸이 되다.

ㅂ

strip oneself bare.

벌금〔罰金;죄 벌, 쇠 금〕명(출 21:22) ①재산형의 하나. ②징계로서 내게 하는 돈. penalty.

벌레 명(출 16:20) 〈곤〉 곤충을 비롯해 기생충과 같은 하등 동물. 몸이 썩 작음. insect.

벌목〔伐木;칠 벌, 나무 목〕명(신 19:5) 나무를 벰. felling.

벌 받다 자(신 18:19) 잘못을 해서 벌을 당하다. be punished.

벌써 부(창 43:10) ①이미 오래 전에. long time ago. ②예상보다 빠르게. already.

벌어지다 자(민 24:6) ①갈라져서 사이가 뜨다. open. ②활짝 펴서 넓게 열리다. become wide. ③일이 생기어 터지다. break out.

벌이 명(행 19:24) 먹고 살기 위하여 일을 하고 돈을 버는 일. earning.

벌하다〔罰~;벌줄 벌〕타(레 18:25) 벌을 주다. 처벌하다.

범과〔犯過;범할 범, 허물 과〕명(레 5:5) 법을 어김. 잘못을 범함. committing a fault.

범람〔氾濫;뜰 범, 넘칠 람〕명(시 32:6) 물이 넘쳐 흐름. overflow.

범백〔凡百;무릇 범, 일백 백〕명(대하 8:16) ①모든 사물. all things. ②상궤(常軌)를 벗어나지 않는 언행. one's manners.

범법〔犯法;범할 범, 법 법〕명(잠 28:21) 법을 어김. 범과. violation of the law.

범사〔凡事;무릇 범, 일 사〕명(창 24:1) ①모든 일. all things. ②평범한 일. 보통 일. ordinary matter.

범인[1]〔凡人;무릇 범, 사람 인〕명(시 82:7) 평범한 사람. 범부(凡夫). ordinary. man.

범인[2]〔犯人;범할 범, 사람 인〕명(욥 24:24) 죄를 범한 사람. 범죄인.

범죄〔犯罪;범할 범, 허물 죄〕명(창 20:6) 죄를 지음. 또는 지은 죄. crime.

범죄자〔犯罪者;~자〕명(욥 24:19) 죄를 범한 사람. sinner.

범죄하다〔犯罪~;범할 범, 허물 죄〕명(창 20:6) 죄를 짓다. 법을 어기다. commit. violate.

범하다〔犯~;범할 범〕타(창 20:9) ①도리에 벗어난 짓을 하다. commit. ②규칙이나 법률 따위에 위반한 짓을 하다. violate. ③여자의 정조를 유린하다. violate.

법〔法;법 법〕명(출 12:49) ①방법. method. ②규칙. regulation. ③예의와 도리. courtesy. ④〈법〉 사람이 서로 사회 생활을 해 나감에 있어 그 이해(利害)를 조정하고 그 사회의 질서를 유지하기 위하여 국가가 정한 규율. 법률. law.

법관〔法官;법 법, 벼슬 관〕[명](창 19:9) 법률에 의거한 민사(民事) 및 형사(刑事)상의 재판을 맡아 보는 공무원. judicial officer.

법궤〔法櫃;법 법, 함 궤〕[명](레 16:2) 하나님이 두 돌 비에 친히 쓰신 십계명과 광야에서 먹었던 만나 그리고 아론의 싹 난 지팡이가 들어 있는 궤. 언약궤. 황금궤. covenant box.

법도〔法度;법 법, 법도 도〕[명](창 26:5) 사람이 생활상에 지켜야 할 예의. 이치. 법과 제도. laws and institutions.

법령〔法令;법 법, 명령할 령〕[명](사 10:1) 법률과 명령. laws and ordinances.

법률〔法律;법 법, 법 률〕[명](민 31:21) 법과 지켜야 할 규율. 강제력을 갖는 사회 생활의 규범. law.

법률사〔法律士;~선비 사〕[명](단 3:2) 법과 율례를 잘 아는 사람. 또는 그 직책. magistrate.

법막〔法幕;법 법, 장막 막〕[명](대하 24:6) 성막. 지성소 입구 휘장. tabernacle.

법정〔法廷;법 법, 조정 정〕[명](약 2:6) 송사(訟事)의 심리를 하고 판결하는 곳. 재판정. court.

법칙〔法則;법 법, 법칙 칙〕[명](시 62:제하) 반드시 지켜야만 하는 규범. law and rule.

벗[명](왕상 4:5) ①마음이 서로 통하여 사귄 사람. 친구. friend. ②뜻을 같이 하는 사람. comrade.

벗다[타](창 3:7) ①모자, 옷 등을 몸에서 떼어내다. take off. ②책임이나 누명 등을 면하다. be cleared of. ③빚을 갚다. get out of debt. ④졌던 짐을 내려놓다. be released of. ⑤벌레 따위가 껍질을 갉아 내다. cast off.

벗어나다[자타](삼상 27:1) ①일정한 범위나 한계(限界). 밖으로 빠져나다. ②어려운 일에서 헤어나다. get out of. ③자유롭게 되다. free oneself from. ④이치나 규율에 어그러지다. be contrary to. ⑤남의 눈에 들지 못하다. be out of favor in one's eyes.

벗어 메다[자](겔 4:7) 드러내다. 벗기다.

벙벙하다 형(렘 14:9) ①얼빠진 사람처럼 아무 말이 없다. dumbfounded. ②물이 넓게 밀려오거나 흘러가지 못하여 가득 차 있다. ㉠ 벙하다.

벙어리 명(출 4:11) 소리를 듣지 못하고, 말을 못하는 사람. a deaf mute.

베 명(창 37:34) 실로 짠 감. hemp cloth.

베가[1] 명(출 38:26) 무게 또는 돈의 단위.

베가[2]〔פֶּקַח = 눈을 뜸〕인(왕하 15:25) 「이스라엘」 왕 「르말랴」의 아들(주전 735-733). 「브가히야」의 연대장인데 왕을 죽이고 왕위를 빼앗았다. ①「유대」 왕 「아하스」를 자기들의 동맹에 가담시키려 했으나 거절당하자 「다비엘」을 「유대」 왕으로 세우려 했다(사 7:6). ②그 결과 「스로에후라임」 동맹군이 「유대」에 침입했다(왕하 16:5), 사 7:1, 대하 28:5). ③「유대」는 이로 인하여 패망하여 「앗수리아」에 원조를 청했다(왕하 16:7). ④「디글랏 빌레셀」은 「다메섹」을 돌파하여 「르신」을 죽였다(왕하 16:9). ⑤「이스라엘」을 침략하여 「갈릴리」의 모든 사람을 포로로 잡아갔다(왕하 15:29). ⑥「앗수리아」 포로는 「베가」 치세 때에 생긴 사건이다. 그는 「엘라」의 아들 「호세아」에게 죽임을 당했다 한다(왕하 15:30). ⑦「베가」는 악을 행했다는 세평을 받았으며, 예언자 「호세아」는 그의 치세의 종교적 암흑을 그리고 있다(호 4:6-7).

베개 명(창 28:11) 누울 때에 머리를 고이는 물건. pillow.

베겔〔בֶּכֶר = 어린 약대〕인(창 46:21)

1「베냐민」의 아들. 그 족속의 족장(대상 7:8).

2「에브라임」 지파의 한 족속의 조상(민 26:35).

베고랏〔בְּכוֹרַת = 맏이, 초태생의 후손(종가 종손)〕인(삼상 9:1) 「베냐민」 지파 「기스」의 증조부 「사울」 왕의 고조부.

베냐민[1]〔בִּנְיָמִין = 행복(오른손)의 아들〕인(창 35:18)

1「라헬」에게서 낳은 「야곱」의 막내 아들. 「요셉」의 친동생. ①「라헬」이 그를 난산하고 죽을 때 이름을 「베노니」(슬픔의 아들)라 불렀으나 「야곱」은 그 이름이 불길하다 하여 「베냐민」이라고 했다. 「유대」인은 오른손을 중요시했다(창 48:14). ②초기 문헌에는 「요셉」이 없어진 후, 「야곱」의 귀여움을 받았다(창 46:21). ③「베냐민」 지파는 억센 군사를 가지

고 있었다(대하 14:8). ④「이스라엘」 첫 왕 「사울」이 「베냐민」 지파다(삼하 2:9-15). ⑤사도 「바울」도 「베냐민」 지파였다(빌 3:5).
[2]「빌한」의 아들. 「베냐민」의 자손 중 한 사람(대상 7:10).
[3]「하림」의 아들. 외국 여인과 결혼한 사람(스 10:32).
[4]「예루살렘」 한 성문의 이름(렘 20:2, 37:13, 38:7, 슥 14:10).

베냐민[2] [지](수 18:11-28) 「야곱」의 열두째 아들 「베냐민」 지파가 분배받은 땅. 동은 「요단」 강, 서는 「단」, 남은 「유대」, 북은 「에브라임」인데, 「벧엘」, 「예루살렘」, 「아이」, 「여리고」, 「길갈」 등이 이 땅에 있다(겔 48:22). 예수님 당시에는 「유대」에 속했으며, 현재는 「이스라엘」의 한 지방.

베노니〔בֶּן־אוֹנִי=내 슬픔의 아들〕[인](창 35:18) 「야곱」의 아내 「라헬」이 난산으로 죽음에 직면하여 부른 아들의 이름인데, 「야곱」이 「베냐민」이라고 고쳤다. → 베냐민.

베니게〔*Φοινικη*=종려〕[지](행 11:19) 「지중해」 동북 연안에 있는 오늘의 「레바논」. 「갈멜」 산 북쪽 약 200km, 사방 30km의 토지. 평야가 적고 토양이 박하여 농사에는 부적당. 「두로」, 「시돈」, 「비부로스」 등 좋은 항구를 가지고 있는 「레바논」 산맥의 목재로 배를 만들어 「지중해」「흑해」를 중심한 해상 무역과 식민지 활동에 종사. ①「대서양」까지 "열국의 시장"이 되었다(사 23:3). ②「엣바알」의 딸 「이세벨」이 「이스라엘」 왕 「아합」의 악한 아내였다(왕상 16:31). ③「솔로몬」 시대에 성전 건축의 목재, 석재 기술자를 파견(삼하 5:11, 왕상 5:9, 17, 18). ④「베니게」의 종교가 흘러 들어가 압도적인 세력을 확보, 「엘리야」선지의 출현을 촉진하는 큰 원인이 되었다(왕상 16:29).

베다[1] [타](창 17:11) 날이 있는 연장으로 물건을 끊어서 자르다. cut.

베다[2] [타](삿 16:19) 베게 위에 머리를 얹다. 고개를 받치다. pillow on.

베다[3]〔בֶּטַח=확신〕[지](삼하 8:8) ①「소바」 왕 「하닷에셀」의 수도인데 「다윗」이 「소바」와 「수리아」를 격파하고 이곳에서 많은 놋을 빼앗아 왔다(삼하 8:8). ②「디브핫」과 같은 곳으로 여김.

베다니〔*Βηθανια*=괴롬의 집,

종려나무의 집〕[지](마 21:17)

[1]「예루살렘」에서 약 6km. ①「여리고」행 길가.「감람」산 남동의 한촌(요 11:18). ②지금도「나사로」동네라고 부른다(막 11:1, 눅 19:29). ③「마르다」,「마리아」,「나사로」의 동네로「나사로」를 살리신 곳(요 11:1). ④문둥이「시몬」의 집에서 대접을 받으실 때에 어떤 여인이 귀한 향유를 가지고 와서 주님의 머리에 부었던 일이 이곳에서 일어났다(마 26:6, 막 14:3).

[2]「요단」강 건너편「베다니」(요 1:28).「요한」이 세례 준 곳(요 3:23).「여리고」남동 11km지점.「요단」강의 중요한 나루터.

베단〔בְּדָן=심판의 아들〕[인](삼상 12:11) 사사「바락」의 다른 이름→「바락」

베데르 산〔בֶּתֶר=험한〕[지](아 2:17)「예루살렘」서남 10km 지점에 있는 산.

베데스다〔Βηθεσδά=자비의 집〕[지](요 5:2) 양문 가까이 있는 샘솟는 못(池)으로 알려졌는데 행각 다섯이 있어 여러 가지 병자들이 물이 동하기를 기다렸는데 예수님께서는 38년 된 병자를 여기서 고쳐주셨다(요 38:2).

※1888년에 찾은 4세기에 지었던 성「마리아 프로뮌디카」회당 폐허에 있는 못을 가리켜「베데스다」라 한다. 지금도 예수님이 이적 행하신 퇴색된 벽화를 볼 수 있다. 이 샘은 길이 9m의 바위를 파서 만든 큰 웅덩이인데 동서 16.7m, 넓이 3.8m로서 동쪽에는 24단의 돌층계를 내려와 못에 이르게 되었다. 대개 이것을「베데스다」못으로 생각한다.

베덴〔בְּדָן=비자(榧子)〕[지](수 19:25)「아셀」에 있는 마을.

베델리엄[명](창 2:12) 보석의 일종으로 보는 것이 옳다. 진주로 번역된 곳도 있다(민 11:7).

베드라바〔בֵּיתרָפָא=고침의 아들, 거인의 집〕[인](대상 4:12)「유대」지파「레가」사람「드힌나」의 아들.

베드로〔Πέτρος=반석〕[인](마 4:18)

[1]신분:「벳세다」사람「요나」의 아들.「안드레」의 형제인

베드로는 어부이였다.

데 본명은 「시몬」이다. 수리아 어로 「게바」이다. 「게바」를 번역하면 「베드로」다. 즉 「반석」이라는 뜻이다. 「갈릴리」 바다에서 어업을 하다가 주님의 부르심을 받고 가족과 생업을 버리고 주를 따라 12제자 중 수위를 차지했고 「야고보」와 「요한」으로 더불어 주께 친근하였으며 그의 행적과 공로가 지대하다(요 1:41-44, 마 10:2, 마 17:1, 막 5:37, 막 14:33).

[2] 인간상 : 그 성격은 정열적, 충동적이고 확고한 결심과 순간적인 주저와의 중간에서 동요로 인해 많은 실패가 전해지고 있다. 배반하지 않는다고 선두에서 맹세하고도 주님을 세 번씩이나 부인한 것이 그 예이다(막 14:54, 77-72, 마 16:22, 갈 2:12). ①바다 위를 걸어 주님께 가다가 풍랑을 보고 무서워함(마 14:29-30). ②타인보다 먼저 주님을 「메시야」라고 말하고 「베드로」라는 이름을 얻음(마 16:16-18). ③주께서 십자가에 고난을 받으실 것을 예언하실 때 그러지 말라고 하다가 책망을 받음(마 16:22). ④변화산에 올라가서 장막 셋을 지어 하나는 주님께서, 하나는 「모세」를 위하여, 또 하나는 「엘리야」를 주고 내려가지 말고 여기서 그대로 살자고 하였다(마 17:4). ⑤주께서 영생을 가르치실 때 "우리는 어디로 갑니까?"하고 물어 보았다(요 6:67). ⑥주님의 명령에 의하여 낚시에 물린 고기 입에서 나온 돈을 가져다가 성전세를 바침(마 17:24-26). ⑦「요한」과 함께 가서 유월절 잔치를 예비함(눅 22:8). "주여 내 발뿐 아니라 머리도 씻어 주소서"함(요 13:9). ⑧다 주를 버릴지라도 나는 주를 버리지 않겠다 함(마 26:33). ⑨검으로 대제사장의 종 「말고」의 귀를 베임(요 18:10). ⑩주님을 세 번 모른다고 부인하고 통곡함(눅 22:62).

[3] 교훈 : 순수한 일신론(一神論)을 주장하고, 「유대」인과 이방인을 다 책하였으며 그리스도께서 이방인을 교화시키라는 명령을 내리셨다고 하였다. 사도 중 대표적인 방언자로, 성령의 역사를 받으라고 하였다.

[4] 선교생활 : 예수께서 십자가에 죽으셨다가 부활 후 40일간에 11차 나타나시는 중 「베드로」는 7차 만났다. 「마가」의 다락방에 모여 기도하는 중 「가룟 유다」 후임을 택하는 일을 주장하였고,

ㅂ

오순절에 성령을 받은 후 전도를 시작했다. ①하루 3천의 신자를 얻고 기사와 이적을 많이 나타냈으며, 신도들이 유무 상통하여 성전에 모이기를 힘쓰고 떡을 메고 하나님을 찬송하였다(행 1:12-2:). ②성전 미문에서 나면서 앉은뱅이 된 자를 고침(행 3:1-7). ③「솔로몬」 행각에서 전도할 때 하루에 남자만 5천 신도가 더하였다(행 3:11-26, 4: 4). ④제사장과 「사두개」인들이 「베드로」를 잡아 「안나스」와 「가야바」와 「요한」과 「알렉산더」와 대제사장의 족속들 앞에서 담대히 "천하 인간의 다른 이름으로는 구원을 얻지 못한다"고 증거하였다. 그들이 다시 예수를 전하지 말라고 경계할 때 「베드로」와 「요한」이 "하나님 앞에서 너희 말 듣는 것이 하나님 말씀 듣는 것보다 옳으냐?"고 반문하자 형벌 할 핑계를 얻지 못하고 공갈하여 놓아 주었다(행 4:1-22). ⑤「아나니아」와 「삽비라」가 토지를 팔아 일부를 감추고 성령을 속이는 것을 「베드로」가 책망하자 당장 엎드려 죽었다(행 5:1-11). ⑥허다한 병자를 고칠 때에 병자들은 「베드로」의 그림자라도 병자 위에 지나가기를 바람(행 5:15-16). ⑦옥에 갇혔을 때 천사가 놓아 줌(행 5:18-19). ⑧「사마리아」에 「요한」과 함께 가서 신도들의 성령받을 일을 위하여 기도한 후 성령을 받았다. 「시몬」이 그 성령의 권능을 은으로 사고자 할 때 "네가 은과 함께 망하리라" 고 책하였다(행 8:14-20). ⑨「룻다」에서 8년 된 중풍환자 「애니아」를 고쳐주고, 「욥바」에서 죽은 「다비다」를 다시 살렸다(행 9:32-43). ⑩「가이사랴」에 있는 백부장 「고넬료」에게 전도함으로 이방 선교의 첫 문을 열었다(행 10:7). ⑪「안디옥」에서 「헤롯」이 「야고보」를 죽이고 또 「베드로」를 죽이려고 옥에 가두었을 때 천사가 나타나서 석방시킴(행 12 :1-17) ⑫그 후 「소아시아」에 가서 전도함(벧전 1:1).

[5] 서신 : 「베드로」전·후서를 기록하였다. 그후의 사적은 성경에서는 더 찾아 볼 수 없으나 전설에 의하면 「바울」과 같이 「로마」에서 전도하다가 박해를 피하여 가던 중 주님이 나타나서 일깨워 주므로 다시 「로마」로 가서 순교하였다 한다.

베드로전서 [명](벧전) 신약 제 21권째 성경이다. 예수님의 제자 「베드로」의 기록으로 고난을 당하는 그리스도인들을 위로하며 신앙의 용기를 주는 데에 목적이 있다. 현재의 고난은 앞으로 있을 더 큰 박해에 대하여 대비시키고 있다. 장차 임할 놀라운 소망을 성도들에게 보여 주고, 그리스도의 모본을 따르도록 한다. 남편, 아내, 종, 장로, 시민 등 모든 사람에게 그들의 의무를 잘 감당하도록 권고하고 원수들에게 공격을 받을 만한 여지를 주지 않도록 권고한다.

베드로후서 [명](벧후) 신약 제22권째 성경이다. 「베드로」가 흩어져 있는 성도들을 위한 두 번째 기록으로, 내부의 거짓 교사의 교훈에 대한 분별과 대항하도록 신자들을 강하게 훈련하는 데에 목적이 있다. 예수님을 부인하는 것과 주님의 재림을 조롱하는 거짓 교사들을 삼가고 은혜 안에서 자라도록 말한다. 그리스도의 재림. 주의 날을 기억하고 거룩한 생활을 하도록 권고한다.

베드르홉〔בֵּית רְחֹב=넓은 곳〕 [지](삿 18:28) ①「단」 지파의 일부가 「가나안」 북방으로 진출하여 점령한 「라이스」 근처에 있는 땅. ②「암몬」인이 그 거민을 이용하여 「다윗」을 대적하였다(삼하 10:6, 8). ③「르홉」과 같으며 지금 이름은 「후닌」이다(민 13:21).

베드야〔בֵּדְיָה=여호와의 보호〕 [인](스 10:35) 「바벨론」에서 돌아온 「바니」의 자손.

베들레 아브라〔בֵּית לְעַפְרָה=티끌의 집〕 [지](미 1:10) 「블레셋」, 「가드」 부근에 있었던 성읍.

베들레헴〔בֵּית לֶחֶם=떡 집〕 [지](창 35:19) 옛 이름은 「에브라다」이다.

[1]「예루살렘」 남방 8km 지점. 「예수님」이 탄생하신 곳.

①「미가」서에는 「에브라다」라 불렀다(미 5:2). ②이 이름은 씨족 이름이다(대상 2:19, 48:7). ③「룻」의 시아버지 고향이다. 「다윗」이 도망해 다닐 때, 「블레셋」 군대가 주둔했다(대상 11:17-19). ④「아사헬」이 이곳에 묻혔고 「다윗」의 용사 「엘하닥」의 출생지이다(삼하 23:24, 21:19). ⑤「르호보암」이 「예루살렘」 방어를 위해 이곳을 요새화 했다(대하 11:6). ⑥「그다랴」를 죽인 자들이 여

기 대피했다(렘 41:17). ⑦「메시야」가 날 곳이란 「미가」의 예언이 성취되었다(마 2:6, 미 5:2). ⑧주전 586년 「유대」인들이 「애굽」으로 도망할 때 「베들레헴」 근처에서 피난처를 찾았다(렘 41:17).

2 ①「스불론」의 「베들레헴」(수 19:15). ②「나사렛」 서북 10km 지점의 「베일 람」인데, 사사 「입산」의 고향이었던 것같다(사 12:8-10). 사사는 거의 다 북쪽에서 났다.

ㅂ

베띠 명(렘 13:1) 베로 허리를 묶기 위하여 만든 띠. hemp cloth belt.

베라〔בֶּרַע=선물〕인(창 14:2) 「아브라함」 시대의 「소돔」 왕. 「그돌라오멜」이 침략하였다.

베레갸〔בֶּרֶכְיָה=여호와께서 복주심〕인(대상 3:20)

1 예언자 「스가랴」의 부친(눅 1:17).

2 「다윗」 시대의 사람으로서 여호와의 회막에서 찬송하는 직무를 맡았다(대상 6:39, 15:16).

3 「다윗」 시대의 「레위」인 중 한 사람(대상 15:23).

4 「이스라엘」 왕 「베가」 시대의 한 씨족의 우두머리(대하 28:12).

5 「스룹바벨」의 아들(대상 3:20).

6 「레위」인 「아사」의 아들(대상 9:16).

7 「느헤미야」 시대의 성전 문을 수리한 사람(느 3:4, 30, 6:18).

베레스[1]〔בְּרֶץ=나누임, 갈라짐〕명(단 5:28) 「바벨론」 최후의 왕 「벨사살」이 본 의문의 문자.

베레스[2]〔בֶּרֶץ=분열됨〕인

1 「유다」가 「다말」에게서 낳은 아들 「세라」와 쌍둥이(창 38:29). 예수님의 족보에 있는 사람(마 1:3).

2 「므낫세」 자손 「마길」의 아들(대상 7:16).

베레스 웃사〔פֶּרֶץ עֻזָּא=웃사가 터짐, 웃사가 위반함〕지(삼하 6:8) 하나님의 언약궤를 「예루살렘」으로 옮겨 「수리아」를 치고 이곳에서 많은 놋을 빼앗아 왔다. 「브로다」와 같은 곳으로 여기며, 현재의 「베이롯」으로 여긴다. 이곳에 암석에서 판 우물이 남아 있다.

베롯〔בֵּרֹתִי〕지(대상 11:39) 「베냐민」의 성읍. 「요압」의 병기 잡은 자 「나하렛」의 출신지(참고:브에롯).

베뢰아〔*Περαία*=너머의 땅〕지(행 17:10) 「데살로니가」서편 18마일 지점. 「마게도냐」

의 도시.

베로데〔בֵּרוֹתָה = 우물〕지(삼하 8:8) 「소바」 왕 「하닷에셀」에게 속해 있던 「수리아」의 성읍. 「다윗」이 「소바」와 갈 때 궤가 넘어지려는 것을 「웃사」가 손을 대었기 때문에 죽었다. 「다윗」이 붙인 이름.

베레야〔בֶּרֶכְיָהוּ = 여호와 복 주심〕인(대상 15:17) 「베레갸」

베렛〔בֶּרֶד = 우박〕인(대상 7:20) 「에브라임」 손자이며 「스텔라」의 아들.

베렛 지(창 16:14) 「가데스」 부근의 성읍. 「브엘라 헤로이」 우물과 함께 언급된 곳. 「수르」 사막에 있는 한 장소. 도시. ①제2차 선교 여행 때 「데살로니가」를 나온 「바울」이 이곳에 와서 전도하여 성공하였다(행 17:10-14). ②「바울」 당시는 매우 번영했다. 후에 「바울」의 동반자가 된 「소바더」는 이 도시 출신이다(행 20:4). 현재의 「베리아」인데, 주민 중에는 「터키」인이 많다.

베리〔בֵּרִי = 우물에〕인(대상 7:36) 「아셀」 족의 자손. 「소바」의 아들이며 족장.

베림〔הַבֵּרִים〕지(삼하 20:14) 「아벨」과 「벧마아가」 사람들과 같이 「요압」을 따른 사람들이 살던 곳.

베배〔בֵּבָי = 아버지다운〕인(스 8:11) 「스룹바벨」과 같이 「바벨론」에서 돌아온 사람의 조상.

베새〔בֵּסַי = 짓밟음〕인(스 2:17)

1「느디님」 사람 「베세」 사람의 조상.

2 계약서에 도장 찍은 사람(느 10:18).

베섹〔בֶּזֶק = 갈라진 틈, 빛남〕지(삿 1:4) ①「유다」 자손이 「브리스」인 1만명을 쳐죽인 곳이다(삿 1:5). ②「사울」이 「길르앗 야베스」를 구원하기 위하여 진군할 때 군대를 사열한 곳(삼상 11:8). 「나불스」의 동북 20km에 있는 현재의 「굴벳이브직」이다.

베셀[1]〔בֶּצֶר = 성체, 요해〕인(대상 7:37) 「야셀」 족 「소바」의 아들로 족장.

베셀[2] 지(신 4:43) 「르우벤」 지파를 위한 도피성. 「모압」의 고원 지대에 있었다. 「레위」 사람들에게 주었다(수 20:8, 21:36, 대상 6:78).

베스도〔φηστος = 명절, 기쁨〕인(행 24:27) ①「벨릭스」의 뒤를 이어 「유대」 총독이 되었다(60-62, 행 24:22). ②단기 재직에는 훌륭한 행정관이었다. 「바울」이 경의를 표했다(행 26:24). ③「바울」의 무죄함을 알았으나 「산헤드린」 재판을 제의. 「바울」은 「유대」인의 억지에 양보할까 염려하여 「가이사」에게 호소. 「베스도」가 이를 허락하였다(행 25:). ④「아그립바」는 「바울」이 「가이사」에게 호소하지 아니하였더라면 놓을 수 있었다고 했다(행 26:32).

베실 명(출 26:1) 삼 껍질을 가늘게 갈라서 만든 실. 마사(麻糸). hemp yarn.

베옷 명(레 13:47) 베로 지은 옷. 무명옷.

베짱이 명(레 11:22) 〈곤〉 여칫과의 날아다니는 벌레. grass hopper.

베틀 명(욥 7:6) 베를 짜는 틀. 직조기. loom.

베틀채 명(삼상 17:7) 베를 짤 때 날줄을 올렸다 내렸다 하는 장치에 딸린 나뭇가지.

베풀다 타(창 19:3) ①무슨 일을 펴서 열다. 차려놓다. 늘어놓다. hold. ②은혜를 입히다. grant. ③물건이나 돈을 주다. give.

벤〔בֵּן = 아들〕인(대상 15:18) 「다윗」 왕 때, 성전에서 음악을 관리한 사람.

벤 게벨〔בֶּן־גֶּבֶר = 게벨의 아들〕인(왕상 4:13) 「솔로몬」 왕 때 「길르앗 라못」의 지방 장관.

벤 데겔〔בֶּן־דֶּקֶר = 데겔의 아들〕인(왕상 4:9) 「솔로몬」 왕의 12식량 장관 중의 한 사람이다. 이 장관들은 왕과 왕실을 위하여 식물을 예비하되 각기 1년에 한 달씩 식물을 예비하였다. 「벤데겔」은 「마가스」, 「사알빔」, 「벳세메스」, 「엘론 벧하난」 등의 전 지역을 담당했다.

벤 소헷〔בֶּן־זוֹחֵת = 소헷의 아들〕인(대상 4:20) 「유다」 사람 「이시」의 아들.

벤 아비나답〔בֶּן־אֲבִינָדָב = 아비나답의 아들〕인(왕상 4:11) 「솔로몬」의 딸 「다밧」의 남편으로 12장관 중의 한 사람.

벤 암미〔בֶּן עַמִּי = 내 근친의 아들〕인(창 19:38) 롯의 작은 딸의 아들. 「암몬」 족의 조상.

벤 하난〔בֶּן־חָנָן = 은혜로운 분의 아들〕인(대상 4:2) 「유다」 사람 「야베스」 계통의 「시몬」의 아들.

벤 하닷〔בֶּן־הֲדַד = 하닷(神)의 아들〕인(왕상 15:18) 「하닷」은 서부 「아시아」에서 섬기던 "폭풍의 신" 「아람」 시대의 「다메섹」 세 왕의 이름이기도 하다.

1 「벤하닷」 1세. 「유다」 왕 「아사」가 「예루살렘」 궁전과 성전의 금과 보물을 보내어 「이스라엘」 왕 「바아사」(주전 871-884)를 칠 것을 요청.

「이스라엘」의 동북 변경을 약탈케 했다(왕상 15:17, 대하 10:2).

2「벤하닷」 2세. 1세의 아들. 유능한 군민 정치인. 「이스라엘」 왕 「아합」과 싸워 패하고 (주전856-855) 「다메섹」에 「유대」인 상가를 허락했다 (왕상 20:26-34). 「이스라엘」 왕 「아합」과 동맹하여 「앗수르」의 세력을 막는 데는 성공했으나 「오런터스」 강 전쟁에 패하고 「하사엘」에게 피살 당했다(왕하 8:15).

3「벤하닷」 3세(주전 812-770 재위) 「하사엘」의 아들로 저의 후계자(왕하 13:3, 25). 「요아스」 왕이 세 번 쳐서 패하였다.

벤 하일〔בֶּן־חַיִל=용사의 아들〕인(대하 17:7) 「이스라엘」의 방백 이름.

벤 헤셋〔בֶּן־חֶסֶד=헤셋의 아들〕인「솔로몬」 식량을 맡은 12장관의 하나. 제3구인 「아룹봇」을 주관하였다. 이 관장은 왕과 왕실을 위하여 일년에 한 달의 식물을 예비하였다(왕상 4:10).

벤 훌〔בֶּן־חוּר=훌의 아들〕인(왕상 4:8) 「솔로몬」의 식량을 맡은 12관장 중 하나. 제1구인 「에브라임」을 주장하였다. 이 관장은 왕과 왕실을 위하여 일년에 한 달의 식물을 예비하였다.

벧 가델〔בֵּית גָּדֵר=돌담의 집〕지(대상 2:51) 「유다」의 성읍. 「가델」과 같은 곳(수 12:13).

벧 가물〔בֵּית גָּמוּל=낙타의 집〕지(렘 48:23) 「모압」의 성읍. 「디본」 동편에 있던 곳으로 여김.

벧 갈〔בֵּית כַּר=양의 집〕지(삼상 7:11) 「이스라엘」 백성이 「사무엘」의 지도로, 「블레셋」 사람을 몰아낸 곳. 「블레셋」 평원의 「유다」 성읍.

벧 길갈〔בֵּית גִּלְגָּל=환상 입석의 집〕지(느 12:29) 「여리고」 부근의 성읍. 「길갈」과 같은 곳으로, 「예루살렘」 성벽 낙성식에 참가한 일부 사람들이 살던 곳.

벧 니므라〔בֵּית נִמְרָה=표범의 집〕지(민 32:36) 「요단」 동쪽 10km 지점. 「사해」 북으로 16km, 재건되어 요새화된 곳. 「모압」 동리. 「르우벤」에게 준 곳(수 13:27).

벧 다곤〔בֵּית דָּגוֹן=다곤(곡물신)의 집〕지

1「세벨라」에 있던 「유다」의 성읍(수 15:41).

2「아셀」의 변경에 있는 성읍(수 19:27). 「아고」의 동남 9km에 있는데 두 곳 다 「다곤」 신을 숭배하는 곳임은 그 명칭을 보아 알 수 있

다.

벧 담부아〔בֵּית תַּפּוּחַ = 사과의 집〕㉠(수 15:53) 「유다」 남부의 성읍. 「헤브론」의 서 북쪽 5km 「엘뎀바」와 같은 곳.

벧 디불라다임〔בֵּית דִּבְלָתַיִם = 두 무화과 과자의 집〕㉠(렘 48:22) 「예레미야」가 멸망할 것을 예언한 「모압」의 성읍. 「알몬 디불라다임」과 같은 곳(민 33:46). 「메사」 왕이 건축하였다.

벧 르바옷〔בֵּית לְבָאוֹת = 암사자의 집〕㉠(수 19:6) 「사르헨」 근처에 있던 「시므온」의 성읍. 「벧비리」와 같은 곳(대상 4:31).

벧 르홉〔בֵּית רְחֹב = 넓은 집〕㉠(삼하 10:6) 「단」 지역의 성읍. 베드르홉과 같은 곳(삿 18:28). 주민은 「암몬」 사람과 한 패가 되어 「다윗」에게 대적하였다(삼하 10:6). 「르홉」이라고도 불리운다(삼하 10:8).

벧 마아가〔בֵּית מַעֲכָה = 마아가의 집〕㉠(삼하 20:14) 「헤르몬」 산 기슭. 「단」의 서편 6km에 있는 한 성읍인데 비옥한 땅이다. ①「다윗」의 용사 「요압」이 「다윗」을 대적하는 「세바」를 잡으려고 이 도(道)의 「아벨」 성까지 갔다(삼하 20:14-22). ②「애굽」의 「도도모스」 3세가 점령한 「팔레스틴」의 109성 중의 하나인 옛 성읍. 「벤하닷」의 공격을 받았다(왕상 15:20). ③주전 734년경에 「디글랏 빌레셀」 3세가 이 성 백성을 포로하여 갔다(왕하 15:29).

벧 말가봇〔הַמַּרְכָּבוֹת = 전차(병거)의 집〕㉠(수 19:5) 「시므온」 땅 「세벨라」의 평지에 있는 마을(대상 4:31).

벧 메르학〔בֵּית מֶרְחָק = 성 끝의 집〕㉠(삼하 15:17) 「다윗」이 「압살롬」의 반란을 피하여 첫번 유한 곳이다.

벧 므온〔בֵּית מְעוֹן = 도피의 집〕㉠(렘 48:23) 「모압」의 성읍. 「바알므온」과 같은 곳(민 32:38).

벧 바라〔בֵּית בָּרָה = 도선장, 건네는 집〕㉠(삿 7:24) 「기드온」이 「에브라임」을 시켜 「미디안」 장관 「오렙」과 「스엡」을 사로잡아 왔다(삿 7:24-26). 이곳은 「요단」 강 동안에 있어 「요단」 강을 건너는 나루터다. 현재의 「아바라」이다.

벧 바세스〔בֵּית פַּצֵּץ = 분산의 장소〕㉠(수 19:21) 「잇사갈」의 지파가 차지한 땅의 성읍. 「엔간님」, 「엔하닷」과 가까운 곳.

벧 바알 므온〔בֵּית בַּעַל מְעוֹן = 바알 므온의 신전〕㉠(수 13:17) ①「모압」의 성읍인 것

을 「르우벤」 지파가 차지하였다. ②처음에는 「바알 므온」이라 하였다(민 32:38). ③ 「이스라엘」 백성이 「벧」자를 가하고, 「바알」 2자를 빼서 「벧므온」이라 함(렘 32:3). ④또 간단히 「온」이라고 하였다(민 32:3).

벧 벨렛〔בֵּית חֶלֶט=피난의 집〕지(수 15:27) ①「유대」 남부의 고을(수 15:27). ②포로 귀환 후에 차지하였다(느 11:25). 「가사」의 남쪽 25km 지점. 지금의 「텔 화라」이다. 최근 유물이 많이 발견되었다.

벧 브올〔בֵּית פְּעוֹר=브올 신전〕지(신 3:29) ①「모압」 땅. 「르우벤」의 영토(수 13:20). ②「느보」 산 북쪽 8km 지점. 「비스가」 산맥 가까운 곳인데, 그 맞은 편에 「이스라엘」이 진을 쳤다(신 3:29). ③「모세」의 묘지가 이 근처에 있으리라 생각된다(신 34:6).

벧 비리〔בֵּית בִּרְאִי=나의 창조의 집〕지(대상 4:31) 「시므온」 지파가 차지한 땅의 성읍. 「벧르바옷」과 같은 곳(수 19:6).

벧산〔בֵּיתשָׁן=안전의 집〕지(삼상 31:10) 「요단」 계곡 「얄룻」 강 남안에 있는 성읍. 「사울」왕의 시체를 이 성벽에 못박았다. 「벧스안」과 같은 곳.

벧 세메스〔בֵּית שֶׁמֶשׁ=태양의 집〕지(수 15:10)

1「예루살렘」의 남 3km 지점. 지금의 「아이셈스」(태양의 샘). 「사마슈」(태양신) 숭배가 「팔레스틴」에서 행하여진 곳으로 이 지명을 가지게 되었다. ①「소렉」 골짜기에 있는 「유다」의 동리(수 19:41에는 이스세메스). ②「아론」 자손에게 준 땅(수 21:16). ③「블레셋」 사람들이 돌려보낸 법궤를 「에그론」에서 이곳으로 가져왔을 때 주민들이 불평하여 벌을 받았다(삼상 6:). ④「이스라엘」의 「요아스」 왕이(주전 801-786) 「유다」 왕 「아마샤」를 사로잡은 곳(왕하 14: 11, 대하 25:23). ⑤「아하스」 때 「블레셋」에게 빼앗긴 고을 중의 하나(대하 28:18). 발굴된 도자기로 보아 주전 2000-600년까지 주민이 살았으며 견고한 요새였으나 마침내 「느부갓네살」 2세의 군대에게 멸망된 듯하다.

2「잇사갈」의 고을(수 19:22).

3「납달리」의 고을(수 19:38).

4「애굽」의 도시로서, 태양 숭배의 중심지(렘 43:13).

벧술〔בֵּית צוּר=바위집〕㉞(수 15:58) ①「아얄론」 남쪽 「헤브론」의 산간 동리(대상 2:45). ②「르호보암」이 강화한 요새로서, 포로 후기까지 존속(느 3:16, 대하 11:7). 「헤브론」 북으로 6km 지점으로, 옛날에는 「유대」국에서 가장 강한 성이었으나 지금은 작은 마을이다. 「마카비」 시대에도 요새로서 주전 165년 「루시아」의 「희랍」 군을 이곳에서 격파하였다. 「블레셋」이 서해안에서 이곳 중부 고지로 침입하려고 자주 정탐했다.

벧 스안〔בֵּית שְׁאָן=안전의 집〕㉞(수 17:11) ①「잇사갈」의 경내지만 「므낫세」에게 속한 요새지다(수 17:11, 삿 1:27). ②「사울」과 그 아들이 「블레셋」과 싸우다가 이곳을 빼앗기고 또 그들도 다 이곳에서 전사하였다. 이곳의 이름을 「벧산」이라고도 한다(삼상 31:10). 「갈릴리」 호수 남쪽 18km 지점. 「요단」 강 서쪽 6.4km되는 지금의 「베산」이다.

벧 싯다〔בֵּית הַשִּׁטָּה=아카시아 나무의 곳〕㉞(삿 7:22) 「미디안」의 군대가 「기드온」에게 패하여 이곳으로 도망하였다.

벧 아낫〔בֵּית עֲנָת=아낫(여신)의 신전〕㉞(수 19:38) 「가나안」. 「수리아」에서 예배된 여신 「아낫」에서 명명이 된 옛 동리. 「납달리」 영토가 되었다(삿 1:3). 「가데스」의 서쪽 9km 「아이니아」 남쪽 6km에 있는 「델엠굴베」이다.

벧 아놋〔בֵּית עֲנוֹת=아낫의 신전〕㉞(수 15:59) 「헤브론」 북쪽 15km에 있는 「유다」의 성읍.

벧 아라바〔בֵּית עֲרָבָה=아라바(저지;低地)의 집〕㉞(수 15:6)

1「유다」와 「베냐민」의 경계, 「요단」 평원에 있는 성읍(수 18:22).

2「유대」 광야에 있던 성읍(수 15:61).

벧 아벨〔בֵּית אַרְבֵאל=아벨의 집〕㉞(호 10:14) 「샬만」에게 파괴당한 성읍(호 10:14). 「길르앗」의 「일밧」과 같은 곳일 것이다. 「벧스안」의 동쪽 30km 지점에 있다.

벧 아스마웻〔בֵּית עַזְמָוֶת=죽음의 힘의 집〕㉞(느 7:28) 「바벨론」에서 돌아온 사람들이 정착한 곳. 「예루살렘」 근처 「아스마웻」과 같은 곳.

벧 아웬〔בֵּית אָוֶן=사막의 집, 우상의 집〕㉞(수 7:2) ①「벧엘」 동편, 「아이」 가까운 곳(수 7:2). ②광야 가까운 곳(수 18:12). ③「아얄론」 가는 길(삼상 14:23). ④「믹마스」 서북(삼상 13:5)

※ 현재의 위치는 분명치 않다. 의미가 나쁜 것으로 보아, 「벧엘」(하나님의 집)을 비유적으로 「호세아」가 쓴 듯하다 (호 4:15, 5:8, 10:5).

벧 에던〔בֵּית עֵדֶן = 환란의 집〕 地(암 1:5) 「아람」(수리아)의 중요 도시.

벧 에멕〔בֵּית הָעֵמֶק = 평원의 집〕 地(수 19:27) 「아셀」의 성읍. 「아크레」 평야에 있었다. 「악고」의 동북쪽 11km 「암가」와 같은 곳.

벧엘〔בֵּית אֵל = 하나님의 집〕 地 (창 12:8)

1 성경에 「예루살렘」 다음으로 가장 많이 나오는 곳. 고고학적 발굴로 보면 「벧엘」에는 그 이웃 「아이」성이 망한 후, 주전 21세기부터 사람이 살아왔다. 「벧엘」은 「예루살렘」 북편 「세겜」 쪽으로 19km, 「실로」 남방 29km, 「아이」 서편 3km 지점의 동산 꼭대기에 서 있는 오늘의 「베이틴」 동네이다.

우물 넷이 있어 동네에 좋은 물을 공급한다. 옛날에는 마을 남쪽에 반석을 파고 만든 저수지까지 있었다. 「벧엘」은 「라기스」보다 먼저 「이스라엘」에게 점령되었으며 본래 이름은 루스(Luz)였다. 「벧엘」의 기원에 대해서는 몇 가지의 기록이 있다. ① 「아브라함」이 여기 천막을 치고 그의 첫 「팔레스틴」에 제단을 쌓았다(창 12:8). ② 동쪽 언덕에서 「여리고」 성이 보인다. 「롯」이 여기서 들을 바라보고 욕심에 찬 선택을 한 듯하다(창 13:). ③ 「야곱」이 「에서」를 피해 「하란」으로 가는 길에 하나님의 역사를 꿈에 본 후, "하나님의 집"이라고 이름지었다(창 28:19). ④「야곱」이 하나님께 충성을 맹세하고 이 제단을 쌓았다(창 28:11-22). ⑤ 「야곱」이 「세겜」을 떠나 「벧엘」에 와서 제단을 쌓고 「엘 벧엘」이라 하고 돌기둥을 세웠다(창 35:1-7, 14, 28:18 -22). ⑥「밧단아람」에서 돌아오는 길에 여기서 하나님의 은총에 대하여 확증을 얻고 「야곱」이 그곳을 「벧엘」이라 했다(창 28:19, 13, 15). ⑦주전 14세기에 「베냐민」에게 망했다(수 18:22). ⑧「에브라임」에게 망했다(대상 7:28). ⑨「길갈」에 있던 법궤를 이 곳으로 옮겨 왔다(삿 20:27). ⑩「벧엘」을 성소로 삼았다(삼상 10:3). ⑪여사사 「드보라」가 「벧엘」에 살며 재판했다(삿 4:5). ⑫백성들의 정신 문제를 고문해 주기 위하여 늙은 선지자 「사무엘」이 해마다 이곳을 순행했다(삼상 7:16). ⑬「사울」왕은 「벧엘」 사람으로 군대를 뽑았다(삼상 13:2). ⑭「다윗」은 전리품의 한 부분을 「벧엘」에 보냈다(삼상 30: 27). ⑮「여로보암」(주전 922-901)이 「예루살렘」에 대항하여 이 곳에 성소를 지었다(왕상 12:29, 32-33). ⑯금송아지 둘을 만들어 세우니 북쪽에 제일 큰 성소가 되었다(암 7:10). ⑰「예후」의 제도에도 그 금송아지를 건드리지 않았다(왕하 10: 29). ⑱「요시야」도 「바알」 신당만 정리했다(왕하 23: 15). ⑲「엘리야」가 그 금송아지에 대하여 침묵하였다는 사실이 이상하다(왕하 2:1-3). ⑳그곳에 선지 학교가 흥왕했으나 「엘리야」가 죽은 후 「엘리사」가 모욕을 당했다(왕하 2:23-25). ㉑그러나 「아모스」, 「호세아」는 무서운 비난을 퍼부었다(암 3:14, 4:4, 5:5, 7:4-17, 호 4:15, 5:8). ㉒「앗수르」 왕이 이주시킨 제사장들도 「벧엘」에서 사람을 가르쳤다. 「유다」 왕 「아비야」가 「벧엘」을 빼앗고 「여로보암」의 우상숭배를 끝냈다(대하 13:19). ㉓「에스라」, 「느헤미야」 때의 사람들이 포로 후 「벧엘」에 돌아왔으나 발전이 미약했다(스 2:28, 느 7:32).
ㅇ「베스파시안」이 「예루살렘」으로 진군할 때에 함락시킨 산간 동네 중 하나였다.
[2]「유다」의 동네. 위치 불명. 「브둘」, 「벧엘」, 「브두엘」 등 여러 이름으로 나타나 있다(수 19:3, 삼상 30:22, 대상 4:30).

벧 여시못〔בֵּית הַיְשִׁימוֹת = 황야(사막)의 집〕[지](민 33:49) ①「이스라엘」이 진쳤던 「사해」 가까운 진지(수 12:3). ②「모압」의 성읍(민 33:49). ③한때 「르우벤」이 차지했으나 다시 「모압」에게 빼앗김(수 13:20, 겔 25:9). 「사해」 동북에 있는 「수와이메」란 옛터와 우물이 그 자리가 아닌가 본다.

벧 하란〔בֵּית הָרָן = 높은 곳, 산당의 집〕[지](민 32:36) ①「갓」지파 경내에 있는 성읍(수 13:27-벧아람). ②「헤롯」의 탄생 연회를 이곳 궁전에서 행하였다(마 14:6-12). 「여리고」 대안 9km 지점. 현재 「텔엘라메」와 같은 곳.

벧 하람 [지](수 13:27)→벧 하란

벧 학게렘〔בֵּית הַכֶּרֶם = 포도의

집〕지(느 3:14)「베들레헴」 동남쪽 6km 지점. 현재의「제벨 엘후레디스」.「드고슈」부근에 있었던「유다」의 성읍(렘 6:1).

벧 호글라〔בֵּית חָגְלָה=자고새(메추라기)의 집〕지(수 15:6)「유다」의 동북경에 있는「베냐민」의 도읍(수 18:19, 21).「사해」북쪽 가까이「요단」의 서쪽 현재의「아인 하지라」와 같은 곳.

벧 호론〔בֵּית חֹרוֹן=호론 신의 집, 굴 집〕지(수 10:10) ①「아얄론」평야에서「기브온」과「예루살렘」으로 가는 두 산성 동리로「에브라임」의 딸「세에라」가 세운 곳(대상 7:24)으로 "위쪽 벧호론"(베잇 울벧엘포카), "아랫 벧 호론"(베잇 울벧타타)으로 알려짐. 그 간격은 약 4km, 해발 각각 525와 375m이다. ②오랫동안 역사적 전투가 적지 않아「여호수아」가「가나안」을 쳐부수었다(수 10:10-14). ③「솔로몬」이 요새를 만들었다(대하 8:5, 왕상 9:17). ④「애굽」왕「시삭」이 이 길로 침입했고,「마카비」시대에는「수리아」대장의 군대를 여기서 격파. 5년 후「로마」군대를 격파시켰다(「베냐민」,「에브라임」경계(수 16:3-5, 18:13-14). ⑤「에브라임」땅이었다(수 21:22).

벨〔בֵּל=주(主)〕인(사 46:1)「바벨론」의 우상「마르둑」의 히브리 이름.「바벨론」은 세 수호신을 섬겼는데, 아누는 태양으로 하늘을, 벨은 공중과 땅을 아아는 땅속과 물나라를 다스렸다.「메소포타미아」의 지배적 신(렘 50:2, 51:44).

벨드사살〔בֵּלְטְשַׁאצַּר=왕의 생명을 지켜주소서〕인(단 1:7)「다니엘」에게 주어진「바벨론」의 이교적인 이름(단 2:26). 이름을 바뀌었으나「다니엘」의 신앙을 바뀌지 않았다.

벨라[1]〔בֶּלַע=멸망, 삼킴〕인(창 36:32)

1「에돔」왕「브올」의 아들(대상 1:43).

2「베냐민」의 아들(창 46:21).

3「르우벤」사람「아스알」의 아들(대상 5:8).

벨라[2] 지(창 14:2)

1「사해」부근에 있던 성으로,「시날」의 연합군에게 약탈을 당한 5성 중의 하나이다.「소갈」과 동일시한다.

2「르우벤」의 자손의 거주지(민 26:38).

벨렉〔פֶּלֶג=나누임, 흐르는 물〕인(창 10:25)「에벨」의 아들

(창 11:16-19, 대상 1:19, 25, 눅 3:35). 그 때에 갈라졌다는 「라나」는 「욕단」 부족이 북방의 「에벨」 족속으로부터 갈라져서 「아라비아」로 이동한 것을 가리키는 것같다. 어떤 학자는 「유브라데」 강과 「가블」 강이 합류되는 곳에 있는 「활가」라고 말하기도 한다.

벨렛[1]〔פֶּלֶט=해방, 자유〕[인](대상 2:47)

[1]「유다」 사람 「갈렙」 자손 「야대」의 아들.

[2]「다윗」의 용사 「베냐민」 사람 「아스마웻」의 아들(대상 12:3).

벨렛[2]〔פֶּלֶת=신속, 빠름〕[인](민 16:1)

[1]「르우벤」 자손 「온」의 아들.

[2]「유다」 자손 「요나단」의 아들(대상 2:33).

벨리알〔בְּלִיַּעַל=사악한 신, 무가치〕[명](삼상 2:12) 구약성경에는 아들, 딸, 자녀들, 사람 등의 접두어와 결합하여 극악한, 비루한 사람을 가리킨다(삼상 2:12, 10:27, 삿 19:22). 신약에서는 「바울」이 사단과 같은 뜻으로 사용했다(고후 6:15).

벨릭스〔Φηλιξ=즐겁다, 행복〕[인](행 23:24) 제11대 「유대」 총독(주후 52:60). 「바울」이 마지막 「예루살렘」 방문시 체포되었을 때의 총독으로 「바울」을 심문하였다(행 23:24-24:27). 「로마」 황제 「글라우디오」의 신하 「팔라스」의 동생으로 황족을 섬기는 노예로부터 자유인이 되어 「유대」 총독에까지 승진했다. 그는 폭정을 하여 제사장을 죽이고 고소 사건의 재판에도 부정을 하였다. 그는 세 번이나 이혼을 했다. 그의 셋째 아내는 「아그립바」 1세의 딸로서 강제로 그 남편과 이혼시키고 자기의 아내로 삼았다. 그는 「가이사랴」에서 「바울」을 심문하여 「바울」이 부죄한 것을 알면서도 뇌물을 받을 목적으로 재판을 연기하여 「가이사랴」 시민에게 소송을 당하여 「로마」에 재판을 받기 위해 소환을 당했으나 그의 동생 「팔라스」의 청에 의해 「네로」 황제의 용서를 받았다.

벨사살〔בֵּלְשַׁאצַּר=벨이여 왕을 지키소서〕[인](단 5:2) 「바벨론」 어로 「벨살우술」(Belsarusur)이다. 「갈대아」 사람의 왕조 곧, 새 「바벨론」 왕조의 최후의 왕이다(단 5:1, 17, 18). 「바벨론」의 비문을 보면 「나보니도스」(전 550-539)의 장자로 되어 있다. 그는 왕이라 불리지 않고 왕의 아들이라 불리었다. 성서에는 「느부갓네살」의 아들로 되어 있으나(단 5:11-13) 그것은 그의 어머니가 「느부갓네살」의 딸이었기 때문인 듯하다. 다니엘 5장에 보면 그는 「바벨론」 함락 때에 죽었다.

그는 우상을 즐겨 섬겼고 귀인 천명을 초대하여 부정한 잔치를 할 때에 맞은편 벽에 이상한 손이 나타나 글을 쓴다. 쓴 글 "메네 메네 데겔 우바르 신"을 「바벨론」 학자 아무도 알지 못하였고 오직 「다니엘」이 해석한 것은 유명한 이야기다.

벳바게〔$B\eta\theta\beta\alpha\tau\eta$=무화과의 집〕지(마 21:1) 「베다니」 근처. 「감람」 산 동쪽 「예루살렘」에서 「여리고」로 가는 길가 동리이다. 예수께서 이곳에서 나귀 새끼를 타시고 「예루살렘」에 입성하셨다(막 11:1-7). 「벧바게」라 표기하는 것이 통일성이 있다.

벳브올〔בֵּית פְּעוֹר=브올의 신전〕지(신 4:46) 「모압」의 산성읍. 「벧브올」과 같은 곳.

벳산〔בֵּית שָׁן=조용한 집〕지(삼하 21:12) 「요단」 유역의 성읍. 「벧산」과 같은 곳.

벳새다〔$B\eta\theta\sigma\alpha\acute{\iota}\delta\sigma$=어부의 집〕지(마 11:21) 「갈릴리」 동북쪽 「가버나움」 근처에 있는 어부 마을. ①「베드로」, 「안드레」, 「빌립」이 살던 위 마을. ②예수께서 자주 다니시며 이적을 많이 행하였으나 민심이 완악하여 믿지 아니하므로 '화 있으리라' 책망하셨다(마 11:21, 막 8:22). ③떡 다섯 개와 물고기 두 마리를 내어놓은 아이가 살던 동네(요 6:8 참조). 「로마」 황제 「아구스도」의 딸 「벳세대율리오」의 이름을 취한 것이다.

벳술〔בֵּיתצוּר=암석의 집〕인(대상 2:45) 「마온」의 아들.

벼룩 명(삼상 24:14) 〈곤〉 벼룩목에 속하는 곤충을 이르는 말. 벌레의 피를 잘 빨아먹으며 높이 뛴다. flea.

벼리다 타(삼상 13:20) 무디어진 쇠붙이 연장을 불에 달구어 두드려서 날카롭게 만들다. temper and sharpen.

벽〔壁;벽 벽〕명(출 14:22) 집의 둘레 또는 방의 칸막이를 하기 위하여 막은 것. 바람벽. wall.

벽돌〔壁~;벽돌 벽〕명(창 11:3) 흙을 구워 만든 건축 재료. 연와. brick.

벽돌 가마 명(나 3:14) 벽돌을 굽는 가마.

벽돌 구이 명(삼하 12:31) 벽돌을 가마에 넣어 구워내는 일.

벽력〔霹靂;벼락 벽, 벼락 력〕[명](사 29:6) 벼락. thunder.

벽옥〔碧玉;푸를 벽, 구슬 옥〕[명](출 28:20) 푸른 옥. jasper.

변〔邊;가 변〕[명](겔 18:8) 변리, 돈을 빌려 주고 일정 비율을 받는 돈. interest.

변개〔變改;변할 변, 고칠 개〕[명](레 27:10) 바꾸어 고침. 변경. change.

변경〔邊境;가 변, 지경 경〕[명](민 20:23) 나라의 경계가 되는 곳. 변방. 국경선. frontier.

변동〔變動;변할 변, 움직일 동〕[명](히 12:27) 변하여 움직임. change.

변론〔辯論;말 잘할 변, 의논할 론〕[명](삼하 19:9) ①옳고 그름을 따짐. debate. ②소송 당사자가 법정에서 하는 주장과 진술. oral proceedings.

변리〔邊利;가 변, 이할 리〕[명](출 22:25) 변돈에서 느는 이자. interest.

변명〔辯明;말 잘할 변, 밝을 명〕[명](욥 13:6) ①옳고 그름을 가려 밝힘. ②무죄함을 밝힘. exculpation.

변박〔辨駁;분별할 변, 논박할 박〕=(辯駁;말 잘할 변, 논박할 박)[명](욥 24:25) 옳고 그름을 가려서 잘못된 것을 꾸짖으면서 말함. refutation.

변방〔邊方;가 변, 모 방〕[명](민 20:16) 국경. 경계선. 변경(邊境). frontier.

변백〔辨白;분별할 변, 흰 백〕[명](욥 13:35) 변명(辯明). exculpation.

변별〔辨別;분별한 변, 다를 별〕[명](욥 12:11) 시비·선악을 분별함. 식별. 분별. discrimination.

변사〔辯士;말 잘할 변, 선비 사〕[명](행 24:1) ①연설을 잘하는 사람. 또는 연설을 하는 사람. eloquent speaker. ②말솜씨가 아주 능한 사람. good talker.

변소〔便所;똥 오줌 변, 바 소〕[명](신 23:12) 똥·오줌을 누는 곳, 뒷간. 화장실. toilet room.

변역〔變易;변할 변, 바꿀 역〕[명](창 31:7) 변하여 바뀜. 바꿈. mutation.

변장〔變裝;변할 변, 꾸밀 장〕[명](삼상 28:8) 옷차림이나 모양을 다르게 꾸밈. disguise.

변쟁〔辯爭;말 잘할 변, 다툴 쟁〕[명](욥 33:13) 말로 서로 다툼. complaint.

변죽〔邊~;가 변〕명(왕상 7:28) 그릇 따위의 가장자리. brim.

변하다〔變~;변할 변〕자타(창 4:5) ①전과 다르게 되다. change. ②일이나 물건이 바뀌다. get renewed. ③얼굴빛이나 상호 따위가 달라지다. change.
* 하나님의 말씀은 영원히 변하지 아니한다.

변형〔變形;변할 변, 형상 형〕명(왕상 20:38) ①변하여 달라진 모양. modification. ②형태를 달라지게 함.

변호〔辯護;말 잘할 변, 보호할 호〕명(시 9:4) ①남에게 이롭도록 변명함. ②법정에서 상대방의 공격에 대한 방어. defence.

변화〔變化;변할 변, 화할 화〕명(욥 38:14) 변하여 다르게 됨. change.

별 명(창 1:16) 하나님께서 해와 달과 함께 만드신 것. 밤하늘에 반짝이는 수많은 것. 성(星). star.

별궁〔別宮;다를 별, 집 궁〕명(왕하 15:5) 왕이나 왕세자의 혼례 때에 비(妃)를 맞아들이던 궁전.

별떨기 명(사 13:10) 별의 이름. 삼성, 오리온 좌를 가리킨다.

별다르다 형(히 7:15) 유난히 다르다. of a parlicular kind.

별명〔別名;다를 별, 이름 명〕명(창 25:30) 본 이름 외에 그 사람의 생김새나 버릇 따위로 지어 부르는 딴 이름. nickname.

별미〔別味;다를 별, 맛 미〕명(창 27:4) 특별히 좋은 맛. 또는 그 음식. special taste. special food.

별세〔別世;다를 별, 인간 세〕명(눅 9:31) 이 세상을 떠남. 죽음. death.

별식〔別食;다를 별, 밥 식〕명(잠 18:8) 별다르게 만든 좋은 음식. rare dish. 특식.

별실〔別室;다를 별, 집 실〕명(삼하 20:3) ①작은 방. ②특별히 따로 된 방. special room.

병[1]〔病;병들 병〕명(창 48:1) ①생활 기능의 장해로 생물체의 온몸 또는 일부분의 생리적으로 이상이 생겨 고통을 느끼게 되는 현상. disease. ②온갖 일이나 물건에 생기는 탈. 고장. trouble. ③좋지 못한 버릇. bad habit.

병[2]〔甁;병 병〕명(출 25:29) 아가리가 좁게 만들어 액체나 가루를 담는데 쓰는 그릇. bottle.

병거〔兵車;병사 병, 수레 거〈차〉〕명(창 50:9) 전쟁을 할 때 말이 끄는 수레. 전차.

ㅂ

chariot.

병거성〔兵車城;병사 병, 수레 거, 재 성〕[명](왕상 9:19) 전차 부대 주둔지.

병고〔兵庫;병사 병, 창고 고〕[명](렘 50:25) 무기를 간직하여 두는 창고. 무기고. arsenal.

병기〔兵器;병사 병, 그릇 기〕[명](신 1:41) 전쟁 때 쓰는 무

기. arms.

병들다 [자](창 48:1) 몸에 병이 생기다. 탈이 나다. get sick.

병법〔兵法;군사 병, 법 법〕[명](삼하 17:8) 전쟁 때 군대를 운용하는 방법. 전술. tactics.

병상〔病床;병들 병, 평상 상〕[명](욥 33:19) 병든 사람이 누워있는 침상. sick bed.

병색〔病色;병들 병, 빛 색〕[명](레 13:5) 병으로 앓는 기색이나 얼굴빛. sick appearance.

병신〔病身;병들 병, 몸 신〕[명](눅 14:13) ①병든 몸. sick body. ②신체의 한 부분이 온전하지 못한 사람. invalid. ③재주나 지력이 변변하지 못한 사람을 빗대어 하는 말. ④제 형태를 제대로 갖추지 못하거나 제 구실을 다하지 못하는 사물.

병인〔病人;병들 병, 사람 인〕[명](사 10:18) 병을 앓는 사람. invalid.

병자〔病者;병들 병, 놈 자〕[명](막 1:32) 병인(病人). invalid.

병정〔兵丁;병사 병, 고무 정〕[명](대하 13:17) 군인. 병역에 복무하는 장정. soldier.

병중〔病中;병들 병, 가운데 중〕[명](시 41:3) ①병을 앓는 동안. during one's illness. ②현재 병으로 누워 있음. in sick-bed.

병행〔竝行;나란할 병, 행할 행〕[명](전 7:14) ①나란히 함께 감. going side by side. ②두 가지 일을 한꺼번에 치르거나 행함.

볕 [명](삼하 4:5) 햇빛으로 말미암아 나는 따뜻하고 밝은 기운. sunshine.

보[1]〔洑;보 보〈돌아 흐를, 스며들〉〕[명](잠 21:1) 물을 잡아 두는 곳. small irrigation reservoir.

보[2]〔保;보호할 보〕[명](행 17:9) ①책임지고 틀림이 없음을 증명함. ②채무자가 채무를 이행하지 않을 경우 대신하여 채무 이행을 부담하는 일. 보증. security.

보[3]〔褓;포대기 보〕[명](민 4:6) 보자기. wrapping cloth.

보[4]〔報;갚을 보〕[명](삼하 18:31) 알리다. 여쭈다. 갚다. requite.

보[5]〔補;기울 보〕[명](잠 10:17) 돕다. mend;repair.

보게렛하스바임〔פֹּכֶרֶתהַצְּבָיִים =산양을 동여매는 자〕[인](스 2:57) 「바벨론」에서 돌아온 「솔로몬」의 종의 후손 중 하나(느 7:59).

보계〔譜系;계보 보, 이을 계〕[명](대상 4:33) 혈연·사제 관계 및 종교의 전통 등의 계통을 도표로 나타낸 것. 보첩(譜牒). genealogical table.

보고[1]〔寶庫;보배 보, 창고 고〕[명](신 28:12) ①재물을 쌓아두는 창고. treasure house. ②훌륭한 재화(財貨)가 나는 곳. resources.

보고[2]〔報告;갚을 보, 알릴 고〕[명](민 13:27) 감독하는 지위에 있는 사람에게 일의 내용이나 결과를 말이나 글로 알림. report.

보관〔保管;보호할 보, 맡을 관〕[명](신 17:18) 맡은 물건을 잘 간직하여 보살핌. custody.

보그루〔בֹּכְרוּ =처음 나다〕[명](대상 8:38) 「베냐민」 사람. 「요나단」의 후손 「아셀」의 아들.

보금자리 [명](민 24:21) ①새가 깃들이는 둥우리. nest. ②포근하고 아늑한 집. house.

보김〔בֹּכִים =우는 자들〕[지](삿 2:1) 「벧엘」 부근의 성읍. 여호와의 사자가 이곳에서 「이스라엘」을 책망하매 백성들이 운 곳(삿 2:5)이 되어 이름하게 되었다.

보내다 [타](창 12:20) ①무엇을 한 곳에서 다른 곳으로 가게 하다. send. ②물건을 부쳐 주다. ③시간을 지나가게 하다. spend. ④자기 의사를 전하기 위하여 어떤 동작이나 표정을 하다.

보다 [타](창 1:4) ①눈을 통하여 알다. see. ②일을 맡아 하다. attend to. ③무엇을 지키다. watch. ④시험을 치르다. examine. ⑤두루 살피다. take. ⑥자손을 낳거나 며느리, 사위를 얻어 들이다. get. ⑦좋은 때를 만나다. greet.

보답〔報答;갚을 보, 대답할 답〕[명](신 32:6) 남의 두터운 호의나 은혜를 갚음. ecompense.

보디발〔פּוֹטִיפַר=태양신이 주는 자〕인(창 37:36) ①「요셉」을 「미디안」 사람에게서 노예로 산 애굽의 고관. ②그는 「요셉」의 인격을 존중하여 매우 후대했으나 그 부인의 거짓말을 듣고 죄없는 「요셉」을 옥에 가두었다(창 39:1).

보디베라〔פּוֹטִי פֶּרַע=태양신에 속한 자〕인(창 41:45) 「애굽」의 「온」 땅의 제사장인데, 그 딸 「아스낫」을 「요셉」에게 아내로 주었다(창 41:45-50). 이것으로 말미암아 「요셉」은 「애굽」의 귀족과 인척 관계를 맺었다.

보디올〔*Ποτίολοι*=샘물〕지(행 28:13) 「이탈리」의 항구. 「바울」은 여기에 상륙하였다. 「나폴리」 서쪽 11km 지점. 현재의 「폿촐리」. 온천으로 유명하며, 원래는 「희랍」의 식민지였고 이름도 「디케알키아」라 불렀는데, 「로마」인들이 점령하여 주전 194년에 「보디올」이라 개칭하였다. 열방 제국과의 교통상 중요 도시이다.

보라 명(창 3:22) 보아라! 자! (원문에는 놀라는 뜻이 있다)만일, 그러므로 등의 뜻도 포함되어 있다.

보리다〔פּוֹרָתָא=장식품〕인(에 9:8) 「아하수에로」 왕의 총리대신이었던 「하만」의 아들.

보르기오 베스도〔*Πόρχιος*=돼지〕(행 24:27) 「벨릭스」의 후임으로 온 「유대」의 「로마」 총독.

보름 명(잠 7:20) 열 다섯날 동안. fifteen days.

보리 명(창 24:25) 〈식〉오곡의 하나. 포아풀과의 재배 식물. barley.

보리떡 명(삿 7:13) 보릿가루로 만든 떡.

보물〔寶物;보배 보, 만물 물〕명(창 24:53) 보배로운 물건. treasure.

보물고〔寶物庫; ~창고 고〕명(왕하 20:13) 보배로운 물건을 잘 간수해 두는 곳.

보발군〔步發軍;걸음 보, 필 발, 군사 군〕명(대하 30:6, 렘 51:31) 급한 공문을 걸어서 전송하던 사람. 전령(傳令).

보배 명(신 33:19) 귀하고 중한 물건. 소중한 물건. treasure.

보배롭다 형(신 26:18) 보배로

삼을 만한 가치가 있다. 매우 귀중하다. precious.

보배합〔~盒;합 합〕명(마 2:11) 보배를 담은 그릇. 보석함.

보병〔步兵;걸음 보, 군사 병〕명(삿 20:2) 걸어서 전쟁을 하는 군인. 육군 병과. 보군. 보졸. infantry.

보복〔報復;갚을 보, 다시 복〕명(삼상 18:25) 앙갚음. revenge.

보블리오〔*Πόπλιος*=평민〕인(행 28:7)「멜리데」섬의 주인.「로마」로 가던「바울」일행이「지중해」에서 폭풍을 만나 나중에 표착한 곳이「멜리데」섬인데, 그들은「바울」일행을 환대하고「바울」은 그의 아버지 병을 고쳤다(행 28:7-8).

보살피다 타(대상 23:4) 뒤를 돌아보아 주다. look after.

보석〔寶石;보배 보, 돌 석〕명(출 25:7)〈광〉아름다운 빛깔·광택을 갖고 투명도가 크고, 내구성이 있으며 희귀하게 산출된 광물. 다이아몬드, 에메랄드, 사파이어 등 보통 진주, 산호 등 무기 광물이 아닌 것도 포함함. precious stone.

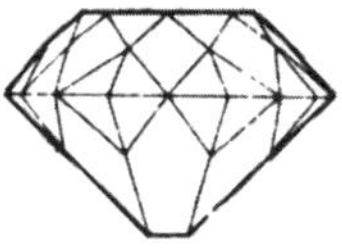

보세스〔בּוֹצֵץ=빛나는 자〕지(삼상 14:4)「믹마스」의 서남쪽 2km 지점에 있는「와디에수웨니」북안에 있는 암석 벼랑→세네.

보수[1]〔報酬;갚을 보, 술 갚을 수〕명(창 29:15) 일한 대가나 고마운데 대한 갚음. remuneration.

보수[2]〔報讐;갚을 보, 원수 수〕명(민 35:12) 앙갚음. revenge.

보수일〔報讐日;~날 일〕명(렘 46:10) 앙갚음을 하는 날. revenge day.

보수자〔報讐者;~놈 자〕명(신 19:6) 앙갚음하는 사람. man who has one's revenge.

보스갓〔בָּצְקַת=산당, 높은 곳〕지(수 15:39)「라기스」에 가까운 평지에 있던「유다」의 성읍.

보스라〔בָּצְרָה=요해, 요새〕지(창 36:33)

1「에돔」의 수도(사 34:6, 63:1, 렘 49:13, 암 1:12). 사해의 동남쪽 40km 떨어진 현재의「엘브라세」.

2 ①「모압」의 마을로, 아마「베셀」과 같은 곳일 것이다(렘 48:24). ②도피처의 하나였다(수 20:1).

보습 명(삼상 13:20) 쟁기나 극젱이의 술바닥에 맞추는 삽

모양의 쇳조각.

보아너게〔*Βοανηργές*=우뢰의 아들〕인(막 3:17) ①예수께서 그의 제자「야고보」와「요한」형제에게 붙인 별명. ② '우뢰의 아들'이라고 설명되나 어원적으로는 소동, 흥분, 분노의 아들로 해석된다. 이는 이들 형제가 과격한 성격을 가지고 또 열렬한 구변을 가진 때문이라고 생각된다. 어느 날 예수님을 따라「사마리아」를 지날 때 영접하지 아니한다고 하늘에서 불을 내려 멸하자고 예수님께 청했다가 책망을 받은 적이 있다(눅 9:53-54).

보아스〔בֹּעַז=신속, 유력자〕인(룻 2:1)

1「베들레헴」의 부유한 지주. ①「나오미」의 남편인「엘리멜렉」의 친척「룻」을 취하여 그 증손으로「다윗」왕을 낳고 예수의 조상으로 족보에 기록되어 있다(룻 4 :13, 17, 21, 마 1:5, 눅 3: 32).

2「솔로몬」왕궁에 놋기둥 두 개가 있는데, 그 하나의 이름을「보아스」라 하였다(왕상 7:21).

보암직하다 형(창 3:6) 볼 만한 값어치가 있다. 볼 만하다. worth seeing.

보양〔保養;보호할 보, 기를 양〕명(엡 5:29) 몸과 마음을 보살펴 잘 기름. preservation of health.

보응〔報應;갚을 보, 응할 응〕명(출 32:34) 선악의 행위에 대한 되갚음. retribution.

보인〔保人;보호할 보, 사람 인〕명(욥 16:19) 보(保) 서는 사람, 보증인. guarantor.

보자기 명(민 4:6) 물건을 싸는 작은 보. cloth-wrapper.

보잘것없다 형(학 2:3) 볼 만한 값어치가 없다. insignificant (학 2:3).

보장〔保障;보호할 보, 가로막을 장〕명(신 32:38) 거리낌이 되지 아니하도록 틀림없음을 책임짐. guarantee.

보전〔保全;보호할 보, 온전 전〕명(창 32:30) 보호하여 안전하게 함. integrity.

보조[1]〔步調;걸음 보, 고를 조〕명(고후 12:18) ①많은 사람의 걸음 걸이의 속도. pace. ② 여러 사람이 함께 행동하는 주의. 또는 그 방침. acting in concert.

보조[2]〔補助;기울 보, 도울 조〕명(느 7:70) 모자라는 것을 도와줌. assistance.

보존〔保存;보호할 보, 있을 존〕명(창 6:19) 잘 지니고 있어 잃지 않도록 함. preservation.

보좌〔寶座;보배 보, 자리 좌〕명(창 41:40) 임금이 앉는 자리. royal seat.

보주〔保主;보호할 보, 임금 주〕명(욥 17:3) 보증서 주시는 이. 담보물.

보증〔保證;보호할 보, 증명할 증〕명(시 119:122) 틀림없음을 책임짐. assurance.

보증물〔保證物;~만물 물〕명(욥 17:3) 틀림없음을 책임지는 담보로 내어놓는 물건.

보충〔補充;기울 보, 가득할 충〕명(창 31:39) 모자람을 보태어 채움. supplement.

보통〔普通;넓을 보, 통할 통〕명(신 3:11) 널리 일반에게 통함. 특별하지 아니하고 예사로움. ordinariness.

보하다[1]〔報~;갚을 보〕타(삼하 18:31) ①기별하거나 알리다. inform. ②갚다. 보답하다.

보하다[2]〔補~;기울 보〕자타(삼하 18:31) 영양분이나 보약을 먹어 몸의 기운을 돕다. invigorate.

보한〔בֹּהַן=엄지손가락〕인(수 15:6) 「르우벤」의 아들.

보한의 돌명(수 18:17) 「베냐민」 지파와 「유다」 지파의 경계에 세운 돌.

보행〔步行;걸음 보, 행할 행〕명(출 12:37) 걸어감. walking.

보행자〔步行者;~놈 자〕명(민 11:21) 걸어서 가는 사람. walker.

보혜사〔保惠師;보호할 보, 은혜 혜, 스승 사〕명(요 14:16) 성령. Holy Spirit. 중보자. 위로자. 변호자(요 2:1). Comforter

보호〔保護;보호할 보, 보호할 호〕명(출 23:20) 잘 보살펴 돌봄. protection.

보호자〔保護者;~놈 자〕명(민 14:9) 잘 보살펴 돌보아 주는 사람. protector.

보화〔寶貨;보배 보, 재물 화〕명(잠 1:13) 보배로운 물건. 보물. treasure.

복〔福;복 복〕명(창 1:22) 하나님의 은혜.
*하나님께서 택하시고 구원에 이르게 하심.

복구〔復舊;회복할 복, 옛 구〕명(사 44:26) 예전 상태로 회복함. restoration.

복락〔福樂;복 복, 즐거울 락〕명(시 36:8) 행복과 즐거움. happiness and pleasure.

복록〔福祿;복 복, 녹 록〕명(욥 21:16) 복과 녹. one's fortune and fief.

복명〔復命;다시 복, 목숨 명〕명 (왕하 22:9) 사명을 띤 사람이 일을 마치고 돌아와 아룀. report.

복발〔復發;다시 복, 필 발〕명 (레 13:57) 근심이나 설움이 다시 일어남. recurrence.

복병〔伏兵;엎드릴 복, 병사 병〕명(수 8:2) 적을 기습하기 위하여 군사를 숨겨둠. 또는 숨어있는 그 군사. ambush.

복술〔卜術;점칠 복, 꾀 술〕명 (레 19:26) 점쟁이. 점을 치는 술법. art of divination.

복술자〔卜術者;～놈 자〕명(신 18:10) 점쟁이. diviner.

복스럽다 형(딛 2:13) 복이 있어 보이다.

복역〔服役;옷 복, 역사 역〕명 (스 9:9) ①공역 또는 병역에 복무함. service. ②징역을 치름. servitude.

복음〔福音;복 복, 소리 음〕명 (마 4:23) 그리스도 예수. 믿음으로 구원을 얻는 소식.

복장〔服裝;옷 복, 꾸밀 장〕명 (창 49:11) 옷차림. dress.

복종〔服從;옷 복, 따를 종〕명 (창 16:9) 남의 명령 또는 의사를 좇음. obedience.

복중〔腹中;배 복, 가운데 중〕명 (창 25:23) 뱃속. inside of stomach.

복직〔復職;회복할 복, 맡을 직〕명(창 41:13) 이전 직업을 회복함. reinstatement.

볶다 타(레 2:14) 마른 물건을 그릇에 담아 불에 익히다. roast. ②음식에 물이나 기름을 치고 익히다. fry. ③성가시게 굴다. bully.

본곳〔本～;밑 본〕명(수 4:18) 본 고장. 처음 자리.

본국〔本國;근본 본, 나라 국〕명 (출 12:19) ①자기가 난 나라. one's native country. ②자기의 국적이 있는 나라. one's home country.

본궁〔本宮;근본 본, 집 궁〕명 (삼하 20:3) 임금이 거하는 주되는 궁전.

본기업〔本基業;밑 본, 터 기, 일 업〕명(느 11:13) 처음 분배된 땅. 열두 지파에게 나누어 준 가나안 땅. 그들의 거주지.

본남편〔本男便;밑 본, 사내 남, 편할 편〕명(호 2:7) 처음 혼인한 본디의 남편. 본서방.

본능〔本能;밑 본, 능할 능〕명 (유 10) 교육이나 훈련에 의하지 않고 선천적으로 갖고 있는 동작이나 운동. instinct.

본도〔Ποντοι＝바다〕지(행 2:9) 「소아시아」 북부 「흑해」에 연한 험준한 지방. 본래는 독립국이었으나, 오랫동안 「로마」 대장 「봄베」에게 정복을 당하였고 그후 「터키」의 영토로 오늘에 이르렀다. ①「유대」인들이 많이 거주하는 곳으로, 오순절에 「예루살렘」에 올라왔다가 성령강림하는 것을 이곳 거민들이 목격하였다. ②「본도」 사람들이 돌아가서 교회를 설립하였는데, 그 중에는 「바울」의 동역자인 「아굴라」와 같은 신도가 있었다(행 18:2). ③「베드로」가 이 지방에 헤어져 있는 「유대」인에게 서신을 보냈다(벧전 1:1).

본동네 명(마 9:1) 자기가 사는 동네를 일컫는 말. 간이 국한문 성경에는 本洞里로 되어 있다.

본디오〔Ποντιος=다리〕지(눅 3:1) 예수를 심문하고 정죄한 「빌라도」의 고향.

본디오 빌라도〔Ποντιος Πιλατος〕인(눅 3:1) 정치적 생명을 위하여 예수님을 죽이도록 유대인에게 내어준 사람(행 4:27-, 요 19:17)→빌라도.

본래〔本來;밑 본, 올 래〕명(출 4:10) 처음부터. 본디. originally.

본물〔本物;밑 본, 만물 물〕명(레 6:5) 본디 그대로의 물건. something in its original form.

본받다〔本～;근본 본〕타(출 23:24) ～의 것을 본보기로 하여 그대로 따라하다. model.

본방언〔本方言;밑 본, 모 방, 말씀 언〕명(행 1:19) 본디 자기가 쓰는 말. 그 지방 언어.

본부〔本夫;밑 본, 지아비 부〕명(렘 3:1) 본남편. 본서방.

본분〔本分;밑 본, 나눌 분〕명(창 38:8) ①자기에게 알맞은 신분. one's place. ②마땅히 행하여야 할 직분. duty.
＊성도의 본분은 그리스도를 전하는 것이다.

본성[1]〔本性;밑 본, 성품 성〕명(롬 2:14) 타고난 성질, 성품. real nature.
＊인간의 본성은 악하다.

본성[2]〔本城;밑 본, 재 성〕명(삼상 28:3) ①자기가 거주하는 성. ②처음부터 거주하는 성.

본성읍〔本城邑;～고을 읍〕명(신 19:12) 자기가 사는 고을. town.

본수〔本數;밑 본, 셀 수〕명(창 43:21) 본래의 수.

본심〔本心;밑 본, 마음 심〕명(애 3:33) 본디부터 가지고 있는 마음. 본마음. original purpose.

본이름 명(창 28:19) 처음 이름.

본자손〔本子孫;밑 본, 아들 자, 손자 손〕명(마 8:12) 원 후손. 상징적으로는 왕권.

본전〔本錢;밑 본, 돈 전〕명(마

ㅂ

25:27) ①사업하는 밑천이 되는 돈. principal. ②변리가 붙지 않은 밑돈. 원금.

본족〔本族;밑 본, 겨레 족〕명 (레 25:41) 본래의 족속. 본래의 친족. original clan.

본족속〔本族屬;~붙을 속〕명 (대상 12:30) 원뿌리, 본디 친족.

본주〔本主;밑 본, 임금 주〕명 (레 27:24) 처음 주인. 원래 소유자. original owner.

본지경〔本地境;밑 본, 땅 지, 곳 경〕명(욥 3:6) 본디 살던 고장. 원래의 지역.

본질〔本質;밑 본, 바탕 질〕명 (갈 4:8) 본래의 성질. 본바탕. intrinsic nature.

본질상〔本質上;~위 상〕명(갈 4:8) 인간이 무엇이냐고 규정짓는 말. 성질, 본성 등이 포함되어 있다.

본집 명(삼상 15:34) 아버지의 집.

본처〔本處;밑 본, 곳 처〕명(삼상 5:11) ①본고장. ②이곳. this place.

본처〔本妻;밑 본, 아내 처〕명 (창 28:9) 본아내. lawful wife.

본체〔本體;밑 본, 몸 체〕명(빌 2:6) ①참 모습이나 형체. true form. ②현상의 밑바탕을 이룬 실체. substance.

본토〔本土;밑 본, 흙 토〕명(창 11:28) ①선조 때부터 살던 곳. 본향. this place. ②섬에 대하여 그에 소속된 육지. mainland.

본토인〔本土人;~사람 인〕명 (창 12:48) 원래부터 살던 사람. 원주민. native.

본향〔本鄕;밑 본, 시골 향〕명 (민 22:5) 본디의 고향. 시조가 태어난 땅. ancestral home.

볼 명(신 10:3) ①뺨의 한 복판. cheek. ②좁고 기름한 물건의 너비. width.

볼기 명(신 14:5) 뒤쪽 허리 아래, 허벅다리 위의 양쪽으로 살이 불둑한 부분. 엉덩이. buttocks.

볼모 명(왕하 14:4) ①담보로 상대편에 물건을 잡혀 두는 일. security. ②나라 사이에 침범하지 않겠다는 서약으로 왕자를 상대국에 맡겨 두던 일. 인질. hostage.

볼지어다 자타(출 7:1) 기본어근 '보다'에서 나와, 주의를 기울여 보라는 뜻이다. '정탐하다, 노려보다'는 뜻도 있다.

봄비 명(슥 10:1) 봄에 오는 비. spring rain.

볼터이요 자타(계 1:7) 보게 되리라. 보게 된다.

봉사〔奉事;받들 봉, 일 사〕명 (창 29:18) 모든 종류의 일을 하다. 시중들다.

봉사자〔奉仕者; ~놈 자〕명(사 61:6) ①남의 뜻을 받들어 섬기는 사람. ②남을 위하여 자기를 돌보지 아니하고 희생하는 사람.
* 성도는 주를 위한 봉사자.

봉쇄〔封鎖; 봉할 봉, 쇠사슬 쇄〕명(렘 13:19) ①봉하여서 잠금. sealing up. ②외부와의 연락을 끊음. blocking up. ③전쟁에서 한쪽 나라가 상대편의 통로를 차단하여 버림. blockade.

봉안〔奉安; 받들 봉, 평안 안〕명(대상 28:2) ①받들어 모심. ②편히 쉬게 함. enshrinement.

봉양〔奉養; 받들 봉, 기를 양〕명(창 45:11) 부모나 조부모를 받들어 모심. supporting one's parents.

봉양자〔奉養者; ~놈 자〕명(룻 4:15) 부모나 조부모를 받들어 모시는 사람.

봉우리 명(창 8:5) 산봉우리. peak.

봉적〔逢賊; 만날 봉, 도둑 적〕명(출 22:7) 도둑을 만남.

봉하다〔封~; 봉할 봉〕타(왕하 12:10) ①열지 못하게 단단히 붙이다. seal. ②넣어두어 있게 하다. 입을 다물다. hold one's tongue.

봉함〔封緘; 봉할 봉, 봉할 함〕명(사 8:16) 편지를 봉투에 넣고 봉함. sealing.

봉헌〔奉獻; 받들 봉, 드릴 헌〕명(민 7:10) 물건을 받들어 드림. dedication.

봉헌식〔奉獻式; ~법 식〕명(스 6:16) 바치는 예식. 하나님께 바치는 예식.

봉헌 예물〔奉獻禮物; ~예도 례, 만물 물〕명(민 7:84) 봉헌식에 바치는 예물.

뵈닉스〔$\Phi o\iota\nu\iota\zeta$=종려나무〕인(행 27:12) 「그레데」 섬 남쪽에 있는 항구. 「바울」이 「로마」로 호송되어 가는 도중, 이 항구에서 겨울을 지내려고 항해하다가 파선하고 고생하였다(행 27:18-21).

뵈다 타(단 5:27) 웃어른을 대하여 보다. humbly see.

뵈뵈〔$\Phi \alpha\iota\beta\eta$=순결, 빛남〕인(롬 16:1) 「바울」이 「로마」 교회에 소개한 「고린도」 교우 중 하나인 「겐그리아」의 여집사. 「바울」을 포함한 여러 사람의 보호자가 되어 성도들의 합당한 예로 후대하였다. 그는 지위와 재산이 있는 사람인 것같다. 「로마」서를 전한 사람인 듯하다.

뵈옵다 타(창 4:14) '뵈다'를 겸손하게 일컫는 말.

부〔富; 부자 부〕명(삼상 25:2) ①재산이 많음. ②부귀. ③특정한 경제 주체에 딸린 재물의 총계.

ㅂ

* 그리스도를 소유함이 진정 한 부다.

부겔로〔Φυγελοδ=망명객〕[인] (딤후 1:15) 「바울」을 버린 소아시아 사람의 하나.

부고〔府庫;마을 부, 창고 고〕[명] (에 3:9) 곳집. 창고. warehouse.

부과〔賦課;부세 부, 과목 과〕[명] (왕하 23:35) 세금이나 부담금 따위를 매기어 부담하게 함. imposition.

* 성도에게 부과된 임무는 전도와 봉사이다.

부귀〔富貴;부자 부, 귀할 귀〕[명] (대하 17:5) 재산이 많고 지위가 높음. riches and honours.

부근〔附近;붙을 부, 가까울 근〕[명](눅 3:3) 가까운 언저리 근처. neighbourhood.

부끄럽다 [형](창 2:25) ①양심에 거리껴 남을 대할 낯이 없다. be disgraceful. ②스스러움을 느껴 수줍다.

부녀〔婦女;지어미 부, 계집 녀〕[명](창 14:16) ①부인. woman. ②일반 여자. womenfolk.

부논〔פּוּנֹן=광산 구덩이〕[지](민 33:42) 「이스라엘」 백성이 출「애굽」 시에 진쳤던 곳. 지금의 「벨론후난」과 같은 곳.

부느엘〔פְּנוּאֵל〕[지](왕상 12:25) 「이스라엘」 왕 「여로보암」이 건축한 성읍. 「브누엘」과 같은 곳.

부니〔פְּנוּאֵל〕[인](민 26:23) 「레위」 인으로 「이스라엘」 자손이 모여 금식하며 죄를 자복, 율법책을 낭독할 때 여호와께 경배하며 부르짖은 사람 (느 9:4).

부당〔不當;아닌가 부, 마땅 당〕[명](렘 26:16) 이치에 어그러짐. injustice. [부] 부당히

부대[1]〔部隊;나눌 부, 대 대〕[명] (삼상 13:23) ①일부의 군대. unit. ②집단적 행동을 취하는 무리.

부대[2]〔負袋;질 부, 자루 대〕[명] (레 11:32) 큰 자루. 포대. bag.

부대[3]〔富大;부자 부, 큰 대〕[명] (신 32:15) 몸집이 뚱뚱하고 큼.

부데〔Πουδηδ=소심한, 수줍어하다〕[인](딤후 4:21) 「바울」이 마지막 옥에 갇혔을 때에 「로마」에 있던 신자로서 「디모데」에게 문안하였다. 전설에 의하면 70인 중의 한 사람이었다 하며, 「바울」을 따라 「로마」에서 순교하였다고 전해진다.

부드럽다 [형](시 65:10) ①거세지 않고 물러서 매끈매끈하다. soft. ②딱딱하지 않고 곱고 순하다. very weak.

부득불〔不得不;아닌가 부, 얻을

득, 아닐 불〕부(고전 9:16) 하는 수 없이. 불가불. inevitably.

부득이〔不得~;아닌가 부, 얻을 득〕부(삼상 13:12) 마지못하여 하는 수 없이. unavoidably.

부들 명(사 35:7) 〈식〉 부들과의 다년생 풀. 샛노란 화분(花粉)은 지혈제(止血劑)로 쓰고, 잎은 자리를 매는데 씀. 향포(香蒲). cattail.

부디엘〔פּוּטִיאֵל=하나님은 나의 풍족〕인(출 6:25) 「아론」의 아들 「엘르아살」의 장인.

부딪히는 돌 명(롬 9:32) 그리스도 하나님의 아들(창 3:15, 사 8:14, 롬 9:33).

부라〔פֻּרָה=아름다움, 가지〕인(삿 7:10) 「기드온」의 부하로 「미디안」과 싸우기 전에 여호와의 명령대로 먼저 그 부하인 「부라」를 데리고 적진에 가서 정탐하고 돌아와서 앞서 선발한 3백 명의 군대에게 나팔과 항아리를 들려 밤중에 적진에 침입하여 나팔을 불고 항아리를 부수어 적을 물리쳤다(삿 7:10-11, 19-23).

부락〔部落;나눌 부, 떨어질 락〕명(창 25:16) 시골에서 집이 많이 모여 있는 큰 마을. village.

부러워하다 자(잠 3:31) 부럽게 생각하다. envy.

부러지다 자(삼상 4:18) 꺾여서 잘라지다. get broken.

부로〔Πυρρος=분홍빛〕인(행 20:4) 「바울」의 최후 「예루살렘」 여행에 동반한 「베뢰아」 사람 「소바더」의 아들.

부로닥발라단〔בְּרֹאדַךְ בַּלְאֲדָן=말덕은 아들을 준다〕인(왕하 20:12) 「바벨론」 왕으로, 「말덕발이데나」 2세를 가리킨다. 남부 「바벨론」에서 「갈대아」 인의 세습 군왕으로 「비드야긴」을 수도로 한 「앗수르」의 강적이었다. 주전 721년에 「바벨론」을 점령하고 왕이 된 후 「히스기야」에게 친선 사절을 보냈다. 이것은 「앗수르」를 견제하는 정책에서 나온 것이다(왕하 20:12, 사 39:1 므로닥발라단). 주전 710년에 「사르곤」 2세에게 패하여 「엘람」으로 도망하였다가 7년 후에 돌아와 다시 왕위에 올랐으나 9개월 후에 쫓겨나「엘람」서편「나깃도」에 피하여 있다가 그곳에서 죽은 듯하다.

부르 명(에 3:7) 제비를 뽑음. 추첨.

부르다[1] 타(창 3:9) ①남을 오라고 하다. call. ②노래를 하다. sing. ③소리를 내어 외치다. shout. ④일컫다. name.

부르다[2] 형(창 24:19) ①뱃속이 차서 가득하다. full. ②속이 차서 퉁퉁하다. inflated.

부르짖다 자(창 41:55) 소리를 높여 하소연하거나 주장하다. shout.

부르트다 자(신 8:4) ①살가죽이 들뜨고 물집이 생기다. get a blister. ②벨레에 물려 살이 부어 오르다. swell up.

부름 명(행 10:29) 어떤 일을 이루기 위하여 불러들임. call.

부리다[1] 타(레 25:39) ①일을 시키다. keep a person work. ②사람을 쓰다. employ. ③재주를 피우다. play a trick.

부리다[2] 타(창 24:32) ①짐을 내려놓다. unload. ②활시위를 벗겨 놓다. unstring.

부림 명(에 9:26)「히브리」달력으로 아달월(마지막 달, 태양력으로는 2, 3월) 14, 15일에 거행하는「유대」축제의 이름. 주전 473년「바사」제국 안에 있던 유대인을 전멸하려던「하만」의 악한 계획에서 구함 받은 것을 기념하는 절기. 부림절(에 9:15~52).

부림일 명(에 9:31)→부림.

부명〔父命;아비 부, 목숨 명〕명(창 50:12) 아버지의 분부. 아버지의 가르침. father's instruction.

부모〔父母;아비 부, 어미 모〕명(창 2:24) 아버지와 어머니. 어버이. 양친. parents.

부복〔俯伏;숙일 부, 엎드릴 복〕명(시 72:11) 굽어 엎드림. prostration.

부분〔部分;나눌 부, 나눌 분〕명(민 18:29) 전체 속의 한쪽. part.

부분적〔部分的;～적실할 적〕명 관(고전 13 :9) 전체 가운데의 한 부분의 것. partial.

부비〔浮費;뜰 부, 허비할 비〕명(누 10:35) 일에 드는 비용. expense.

부삽〔～鍤;가래 삽〕명(출 27:3) 숯불이나 재 따위를 담아 옮기는데 쓰는 삽. fire-shovel.

부상〔負傷;질 부, 상할 상〕명(왕상 22:34) 몸에 상처를 입음. 다침. wound.

부상자〔負傷者;～놈 자〕명(렘 37:10) 몸에 상처를 입은 사람. 다친 사람. wounded man.

부서뜨리다 타(욥 16:12) "부

스러뜨리다"의 준말. 마구 부서지게 하다. break down.

부성〔富盛;부자 부, 성할 성〕명(에 5:11) 넉넉하고 성함. 부하고 번성함.

부세〔賦稅;부세 부, 세금 세〕명(스 4:13) 세금액을 매기어서 물림. taxation.

부속〔附屬;붙을 부, 붙을 속〕명(민 25:3) 어떠한 데에 딸려 붙음. attachment.

부속품〔附屬品;~물건 품〕명(민 1:50) 주 되는 일이나 물건에 딸려 붙은 것.

부수다 타(출 32:20) 여러 조각이 나게 두드려 깨뜨리다. break.

부스[1]〔בּוּז=멸시함〕인(창 22:21)
1「아브라함」의 형제 「나홀」의 처 「밀가」가 낳은 둘째 아들.
2「갓」의 자손 「아비하일」의 7대 조부(대상 5:14).

부스[2]〔בּוּז〕지(욥 32:2) 북「아라비아」의 한 지방(렘 25:23)으로, 「욥」을 찾아온 친구 「엘리후」의 고향.

부스러기 명(시 147:17) 잘게 부스러진 찌꺼기. bits.

부시〔בּוּזִי=멸시〕인(겔 1:3) 「에스겔」 선지자의 아버지.

부심 명(사 40:24) 입으로 불다. 바람이 일다.

부싯돌 명(수 5:2) 석영돌의 하나로, 강철로 치면 불이 일어나므로 그 위에 부싯깃을 놓고 부시로 쳐서 불을 일으키는데 사용함. flint.

부아〔פּוּעָה=입〕인(출 1:15)
1「애굽」에 살던 「이스라엘」 산파. 바로의 영을 어기고 「이스라엘」 백성의 사내 아이가 출생할 때 살렸다.
2「잇사갈」 사람 「도도」의 아들. 사사 「돌라」의 아버지(삿 10:1).

부엉이 명(레 11:17) 〈조〉올빼미과의 새. 낮에는 수풀에 숨고 밤에 나와 들쥐 등의 작은 짐승을 잡아먹음. owl.

부엌 명(겔 46:23) 음식을 만드는 곳. 취사장. kitchen.

부여조〔父與祖;아비 부, 더불 여, 할아비 조〕명(창 49:29) 어버이 선조.

부역〔賦役;부세 부, 역사 역〕명(느 5:18) 국가나 공공 단체가 국민에게 의무적으로 책임 지우는 노역(勞役). compulsory labour service.

부와〔פֻּוָּה〕인(창 46:13) 「애

굽」에 내려간 「잇사갈」의 아들.

부왕〔父王;아비 부, 임금 왕〕[명](왕하 14:5) 아버지인 임금.

부요〔富饒;부자 부, 넉넉할 요〕[명](시 104:24) 재물을 넉넉히 가짐. wealth.

부유스름하다 [형](레 13:39) 빛이 진하지 않고 부옇다. misty.

부윤〔府尹;마을 부, 맏 윤〕[명](왕상 22:26) 한 부(府)의 행정 사무를 맡아 보던 으뜸 벼슬.

부음을 받다 [타](레 21:10) 왕이나 제사장이나 왕으로 세움을 받다.

부의〔賻儀;부의 부, 법 의〕[명](겔 24:17) 초상난 집에 부조로 보내는 돈이나 물건. 또는 그 일. good or gifts to aid in a funeral.

부인〔否認;아니 부, 인정할 인〕[명](레 6:2) 그러하지 않다고 보거나 주장함. denial.

부자[1]〔富者;부자 부, 놈 자〕[명](출 30:15) 재산이 넉넉한 사람. rich man.

부자[2]〔父子;아비 부, 아들 자〕[명](암 2:7) 아버지와 아들. father and son.

부자간〔父子間;～사이 간〕[명](렘 13:14) 아버지와 아들 사이.

부정[1]〔不淨;아닌가 부, 깨끗할 정〕[명](창 7:2) ①깨끗하지 못함. dirtiness. ②정결하지 못하다.

부정[2]〔不正;아닌가 부, 바를 정〕[명](미 6:11) ①바르지 않음. injustice. ②옳지 못한 짓. wrong. ③법률에서 벗어남. ④정직하지 않음. dishonesty. ⑤온당하지 않음. impropriety.

부정당〔不正當;아닌가 부, 바를 정, 마땅 당〕[명](출 23:2) 정당하지 아니함.

부제사장〔副祭司長;버금 부, 제사 제, 맡을 사, 길 장〕[명](왕하 25:18) 제사장에 버금가는 사람.

부조〔扶助;도울 부, 도울 조〕[명](행 11:29) ①도와줌. help. ②잔칫집이나 상가 따위에 물건이나 돈을 보냄. gift of money.

부족〔不足;아닌가 부, 발 족〕[명](창 18:28) 모자람. 넉넉하지 못함. shortage.

부종〔附從;붙을 부, 따를 종〕명 (신 11:22) 달라붙어 따르다. 바싹 뒤따르다.

부지[1]〔不知;아닌가 부, 알 지〕명(창 34:25) 알지 못함. ignorance.

부지[2]〔扶持;부축할 부, 버틸 지〕명(대하 18:34) 배겨남. 버티어 나감. endurance.

부지깽이 명(사 7:4) 불을 땔 때, 불을 헤치거나 거두어 넣거나 끌어당기는데 쓰는 막대기. pocker.

부지런하다 형(신 6:7) 일을 꾸준히 열심히 하다. diligent.

부지중〔不知中;아닌가 부, 알 지, 가운데 중〕명(창 34:25) 알지 못하는 사이.

부추 명(민 11:5) 〈식〉달래과에 속하는 다년생 풀. 마늘 비슷한 냄새가 나며 식용. leek.

부치다[1] 타(레 2:5) 넓은 철판에 기름을 바르고 음식물을 익히어 만들다. griddle.

부치다[2] 타(삼하 11:14) 물건이나 편지 등을 상대에게로 보내다. send.

부치다[3] 자(대상 29:8) ①회부(回附)하다. 간주하다. ②의탁하다. 맡기다.

부친〔父親;아비 부, 친할 친〕명 (창 24:23) 아버지. father.

부탁〔付託;부탁할 부, 부탁할 탁〕명(창 28:1) 남에게 당부함. 남에게 맡김. request.

부터 조(창 2:10) 시작의 뜻을 나타내는 보조사. from.

부패〔腐敗;썩을 부, 패할 패〕명 (출 32:7) ①썩어서 결단나서 쓸모없게 됨. putrefaction. ②정신이 타락하여 생기가 없어짐. corruption.

부풀다 자(욥 11:2) ①살, 가죽이 부르터 오르다. swell. ②부푸러기가 일어나다. have fuzz.

부하〔部下;떼 부, 아래 하〕명 (삿 7:10) 지위상으로 본 아랫 사람. 명령을 받아서 일하는 사람. ㊌ 휘하. subordinate.

부하다〔富;부할 부〕형(삼상 25:2) 가진 것이 많다. 살림이 넉넉하다. 재산이 많다.

부형〔父兄;아비 부, 맏 형〕명 (창 37:10) 아버지와 형. father and brother.

부활〔復活;다시 부, 살 활〕명 (마 22:23) ①죽었다가 다시 살아남. resurrection. ②쇠하였다가 다시 일어남.

부활시〔復活時;~ 때 시〕명(눅 14:14) 죽었다가 다시 살아날 때. revival.

부흥〔復興;다시 부, 일 흥〕명 (합 3:2) ①일단 쇠잔한 것이 다시 일어남. 또는 다시 일어나게 함. revival. ②재건함. reconstruction.

ㅂ

북[1] 명(창 31:27) 〈악〉 타악기의 하나. drum.

북[2] 명(욥 7:6) ①베를 짤 때 씨줄을 넣는 통. shuttle. ②재봉틀의 아래 실패통. spindle.

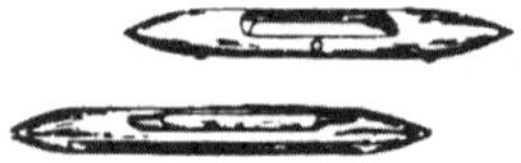

북[3] 명(사 5:6) 풀과 나무의 뿌리를 싸고 있는 흙.

북[4]〔北;북녘 북〕명(수 18:18) 북쪽. 남쪽의 반대쪽. north.

북극〔北極;북녘 북, 다할 극〕명(사 14:13) 지축의 북쪽 끝 또는 그 연장선이 닿는 천구(天球)의 북쪽 끝. North Pole.

북기〔בֻּקִּי=시험하심〕인(민 34:22)
1 「단」 지파의 족장. 「요글리」의 아들.
2 「아비수아」의 아들(대상 6:5). 제사장 「웃시」의 아버지. 「아론」의 5대손.

북기야〔בֻּקִּיָּהוּ=황폐해짐. 시험함〕인(대상 25:4) 「레위」 사람 「헤만」의 아들. 「다윗」 왕 때 제6성전 봉사 반장이며, 음악 봉사자.

북두성〔北斗星;북녘 북, 말 두, 별 성〕명(욥 9:9) 북쪽 하늘에 국자 모양으로 벌려 있는 일곱 개의 별. 원 북두칠성. Great Dipper.

북문〔北門;북녘 북, 문 문〕명(겔 8:14) 북쪽으로 낸 문. north gate.

북방〔北方;북녘 북, 모 방〕명(수 11:2) 북쪽. 북쪽지방. north.

북편〔北便;북녘 북, 편할 편〕명(출 26:20) 북쪽. north.

북풍〔北風;북녘 북, 바람 풍〕명(잠 25:23) 북쪽에서 불어오는 바람. north wind.

북향〔北向;북녘 북, 향할 향〕명(수 18:17) 북쪽으로 향함. facing north.

분[1]〔忿;분할 분〕명(창 4:5) 분한 마음. 원분심(忿心). indignation.

분[2]〔分;나눌 분〕명(신 19:3) ①나눔. divide. ②몫.

분간〔分揀;나눌 분, 가릴 간〕명(삼하 14:17) 가리어 헤아림. discernment.

분격〔忿激;분할 분, 과격할 격〕명(욥 36:18) 몹시 성냄. infuriation.

분기[1]〔憤氣;분할 분, 기운 기〕명(눅 6:11) 분한 기운. 원통한 생각. anger.

분기[2]〔忿氣;성낼 분, 기운 기〕

명(창 49:7) 분한 기운을 나타냄. 격노. rage.

분깃〔分～;나눌 분〕명(창 14:24) 나누어진 물건의 한 몫. share.

분냄명(갈 5:20) 분노. 격분. 우상 숭배와 같은 악에 속하는 일.

분노〔忿怒;분할 분, 노할 노=憤怒;분할 분, 노할 노〕명(창 27:45) 분하여 몹시 성을 냄. rage.

분니〔בּוּנִּי=세움, 일으킴〕인(느 9:4)

1「레위」 인으로 「이스라엘」 자손이 모여 금식하며 죄를 자복하고, 율법책을 낭독하여 여호와께 경배하며 부르짖은 자 중의 한 사람.

2「느헤미야」와의 계약서에 인친 자 「레위」 사람(느 10:15).

3「레위」 인 「스마야」의 고조부. 「예루살렘」에 거주하는 자 두목 중의 한 사람(느 11:15).

분란〔紛亂;어지러울 분, 어지러울 란〕명(행 19:32) 어수선하고 야단스러움. trouble.

분량〔分量;나눌 분, 분량 량〕명(창 49:28) 부피나 수효가 많고 적은 정도. quantity.

분리〔分離;나눌 분, 떠날 리〕명(느 13:3) 갈라서 떼어놓음 또는 따로 떨어짐. separation.

분명〔分明;나눌 분, 밝을 명〕명(창 26:28) ①밝고 똑똑함. clearness. ②틀림없이 확실하게. being evident. ③사람됨이 똑똑함. being smart.

분문〔糞門;똥 분, 문 문〕명(느 2:13) 「예루살렘」 성문 힌놈 골짜기로 통하는 문의 이름. dung gate. 두담 샛문. 하시드문과 동일.

분반〔分班;나눌 분, 나눌 반〕명

(스 6:18) 여러 반으로 나눔.

분발〔奮發;떨칠 분, 필 발〕명(사 42:13) 마음과 힘을 다하여 떨쳐 일어남. strenuous efforts.

분방〔分房;나눌 분, 방 방〕명(고전 7:5) 같은 방에 살지 않고 다른 방을 사용함.

분배〔分配;나눌 분, 짝 배〕명

(레 7:10) 몫을 고르게 나누어 줌. distribution.

분벽〔粉壁;가리 분, 벽 벽〕명 (단 5:5) 하얗게 꾸민 벽. white wall.

분변〔分辨;나눌 분, 분변할 변〕명(신 1:39) 사물이 같지 않은 것을 알아냄. 분별. 변별. discrimination.

분별〔分別;나눌 분, 나눌 별〕명 (창 27:23) ①사물의 이치를 가려서 앎. discrimination. ②종류에 따라 나누어 가름. classification.

ㅂ

분복〔分福;나눌 분, 복 복〕명 (전 2:10) 각자 타고난 복. one's lot.

분봉왕〔分封王;나눌 분, 봉할 봉, 임금 왕〕명(마 14:1) 한 나라를 나누어 그 하나를 다스리는 사람. 분할한 왕국의 지배자. king of enfeofment. 대국의 지방 장관도 분봉왕이라고 불렀다. →「헤롯」.

분부〔吩咐;분부할 분, 분부할 부〕명(삼하 13:28) 아랫 사람에게 명령을 내림. order. 또 그 명령.

분수〔分數;나눌 분, 셀 수〕명 (민 16:3) ①자기 신분에 알맞은 정도. one's circumstance. ②타고난 운수. one's lot.

분연〔奮然;떨칠 분, 그럴 연〕명 (대하 25:10) 떨치고 힘을 내어 일어나는 꿋꿋한 모양. resolutely. 부 분연히.

분외〔分外;나눌 분, 밖 외〕명 (잠 17:7) 제 분수의 밖. 분수에 지나는 일. beyond one's lot.

분요〔紛擾;어지러울 분, 요란할 요〕명(삼상 28:15) 어수선하고 야단스러움. 분란. trouble.

분의〔分誼;나눌 분, 바른길 의〕명(수 22:25) ①옳고 바른 도리. justice. ②제 분수에 알맞은 도리. duty.

분쟁〔紛爭;어지러울 분, 다툴 쟁〕명(민 27:14) 말썽을 일으키거나 엉클어져 다툼. dispute.

분정〔分定;나눌 분, 정할 정〕명 (신 4:19) 나누어 정함.

분주〔奔走;달릴 분, 달릴 주〕명 (대하 23:12) 아주 바쁨. being busy. 부 분주히.

분천〔噴泉;뿜을 분, 샘 천〕명 (신 8:7) 힘있게 솟아오르는 샘. fountain.

분초〔분초;나눌 분, 초 초〕명 (욥 7:18) 시계의 분과 초. 곧 매우 짧은 시간. moment.

분토〔糞土;똥 분, 흙 토〕명(사 5:25) 썩은 흙. black earth.

분파〔分波;나눌 분, 물갈래 파〕명(수 18:10) 여러 갈래로 나누어짐. 또는 그 갈래. sect.

분하다〔憤~;분할 분=忿~;

분할 분〕[형](창 4:5) ①억울하고 원통하다. mortifying. ②될 듯한 일이 되지 않아 섭섭하고 아깝다. regrettable. [부] 분히.

분한〔憤恨, 忿恨;분할 분, 한될 한〕[명](신 29:33) 분하고 한되는 일. 매우 분한 원통하고 한이 되는 일. rancour.

분향〔焚香;불사를 분, 향기 향〕[명](출 25:6) 향을 피움. 향을 불에 태움. incense-burning.

분향단〔焚香壇;～제단 단〕[명](출 30:27) 향을 피우는 단. altar for burning incense.

붇다 [자](창 7:20) 부피나 수효가 늘어나다. swell.

불[1] [명](창 19:24) ①물질이 빛과 열을 내며 타는 모양. fire. ②등불. light. ③세차게 일어나는 기세나 정욕. burning passion.

불[2] [명](왕상 6:38) 비오는 달이란 뜻으로, 「가나안」의 달력 이름. 태양력. 10월～11월.

불[3]〔פּוּל=힘샘〕[인](왕하 15:19) 「앗수르」왕 「디글랏 빌레셀」3세의 「바벨론」의 호칭.

불가〔不可;아닐 불, 옳을 가〕[명](창 18:25) 옳지 않음. being wrong.

불가불〔不可不;～아닐 불〕[부](눅 14:18) 않을 도리가 없이 마땅히. 부득불. necessarily.

불가 승수〔不可勝數;아닐 불, 옳을 가, 이길 승, 셀 수〕[명](대하 12:3) 하도 수가 많아서 셀 수가 없음. being innumerable.

불결〔不潔;아닐 불, 깨끗할 결〕[명](레 15:19) 깨끗하지 않고 더러움. uncleanliness.

불결기〔不潔期;～기약할 기〕[명](레 15:25) 깨끗하지 않고 더러운 기한(월경하는 동안).

불공평〔不公平;아닐 불, 공평할 공, 평평할 평〕[명](시 82:2) 공평하지 않음. unjustice. 한쪽으로 기울다.

불과〔不過;아닐 불, 지낼 과〕[부](사 7:4) 그 정도나 수량에 지나지 못함을 가리키는 말. only.

불구[1]〔不久;아닐 불, 오랠 구〕[명](사 10:25) 오래 되지 않음. being not long.

불구[2]〔不具;아닐 불, 갖출 구〕 명(마 15:30) ①몸의 한 부분이 온전하지 못함. deformity. ②편지 끝에 불비(不備)의 뜻보다 조금 낮게 쓰는 말. yours truely.

불구자〔不具者;~놈 자〕명(마 15:30) 병든 몸. sick body. ②모양을 온전히 제대로 갖추지 못한 물건이나 사람. invalid.

불그스름하다 형(레 13:19) 붉다. reddish.

ㅂ

불기둥 명(출 13:21) 불이 기둥처럼 솟은 모양. 하나님께서 「이스라엘」 사람들을 인도하실 때 나타내셨다.

불길〔不吉;아닐 불, 길할 길〕명(수 23:15) 재수나 운수가 좋지 않음. inauspiciousness.

불꽃 명(출 3:2) ①타는 불에서 일어나는 붉은 기운. flame. ②쇠붙이나 돌이 부딪힐 때 일어나는 불빛. ③전기가 방전할 때 일어나는 불빛. spark.

불다[1] 자(창 8:1) 바람이 일어나다. blow.

불다[2] 타(출 19:13) ①입에서 숨기운을 내어 보내다. exhale. ②관악기에 입을 대어 입김으로 소리를 내다. blow. ③지은 죄를 사실대로 자백하다. confess.

불덩이 명(출 9:24) 덩이로 되어 있는 불타고 있는 숯불. fireball. 불덩어리

불똥 명(출 25:38) ①심지가 타고 들어갈 때 찌꺼기 덩이. ②타는 물건에서 튀어나오는 작은 불덩이. spark.

불똥 그릇 명(출 25:38) 불똥을 담는 그릇. tray.

불량〔不良;아닐 불, 어질 량〕명(삼상 25:17) ①좋지 못함. inferiority. ②착하지 못함. depraved.

불량자〔不良者;~놈 자〕명(삼상 2:12) ①행실이 나쁜 사람. rowdy. ②좋지 못한 사람.

불러내다 타(삿 16:25) 불러서 나오게 하다. call.

불만〔不滿;아닐 불, 찰 만〕명(유 16) 만족하지 아니함. dissatisfaction.

불말 명(왕하 2:11) 불수레를 끄는 말. 영역 성경에는 불과 말로 나오는 곳도 있다. 구약 성경에서 불은 하나님의 나타나심을 가리킬 때가 많다.

불못 명(계 20:14) 지옥을 가리킴. hell. 불과 유황으로 타는 못(계 21:8).

불뱀 명(민 21:6) 사막 독사들의 이름. poisonous snake.

불법〔不法;아닐 불, 법 법〕명(욥 13:33) 법에 어긋남. unlawfulness. 하나님의 뜻에 어긋남.

불법자〔不法者; ~놈 자〕명(눅 22:37) 법을 지키지 않는 사람. criminal. 마귀. 불신자.

불병거〔不兵車; 병정 병, 수레 거〕명(왕하 6:17) 불처럼 보이는 싸움 수레(환상을 보았기 때문에 실제의 것이 아님).

불붙다 자(계 18:9) 불이 붙어 타다. catch fire.

불빛 명(눅 22:56) ①타는 불의 빛. flame. ②화광(火光)같이 밝고도 붉은 빛. flame colour.

불사르다 타(민 19:5) 불에 태워 없애다. lay in ashes.

불선〔不善; 아닐 불, 착할 선〕명(시 36:4) ①착하지 않거나 좋지 못함. evil. ②잘하지 못함. clumsiness.

불수레 명(왕하 2:11) 불로 된 수레. chariot of fire.

불순종〔不順從; 아닐 불, 순할 순, 좇을 종〕명(엡 2:2) 수종하지 아니함. disobedience.

불시험〔不試驗; 시험할 시, 시험할 험〕명(벧전 4:12) 불에 달구는 것과 같은 고통스러운 시험. painful test.

불신자〔不信者; 아닐 불, 믿을 신, 놈 자〕명(고전 10:27) 하나님을 믿지 않는 사람. unbeliever. 사단에 속한 자.

불쌍하다 형(출 2:6) 가엾고 애처롭다. pitiful.

불쑥 부(사 30:13) ①갑자기 쑥 내미는 모양. all of a sudden. ②앞뒤 생각없이 함부로 말을 하는 모양. abruptly.

불안〔不安; 아닐 불, 편할 안〕명(시 38:8) ①평안하지 못함. uneasiness. ②사회의 질서가 바로 잡히지 않아 뒤숭숭함. unrest.

불알 명(레 21:20) 〈생〉 남성의 생식기의 한 부분. 음낭 속에 들어 있어 정충을 조성하는 기관. testicles.

불어나다 자(창 7:20) 본디보다 크거나 많아지다. increase.

불어넣다 타(창 2:7) 입에서 숨 기운을 내어 들어가게 하다.

불어 들이다 타(출 10:13) 바람이 일어 들어 오게 하다.

불완전〔不完全; 아닐 불, 완전할 완, 온전 전〕명(레 21:18) 완전하지 못함. defect.

불월〔~月; 달 월〕명(왕상 6:38) 「가나안」 달력의 이름으로, 양력 10월~11월에 해당함.

불의〔不義; 아닐 불, 옳을 의〕명(출 18:21) 의리에 어긋남. 옳지 않음. injustice.

불의자〔不義者; ~ 놈 자〕명(욥 31:3) 의리에 어그러지는 일을 하는 사람. one who does wrong.

ㅂ

불일듯하다 [형](롬 1:27) 어떠한 형세가 불이 일어나듯이 성하고 빠르다.

불집게 [명](출 25:38) 부집게. 부젓가락.

불쬐다 [자](막 14:54) 불 가까이 가서 더운 기운을 받다.

불쾌〔不快;아닐 불, 쾌활할 쾌〕[명](삼상 18:8) ①마음이 유쾌하지 않음. displeasure. ②기분이 나쁨. bad feeling.

불타다 [자](민 16:39) ①불이 붙어서 타다. burn. ②어떤 정열이나 감정이 용솟음치다. aflame.

불티 [명](욥 5:7) 타는 불에서 튀는 아주 작은 불똥. sparks.

불편〔不便;아닐 불, 편할 편〕[명](행 27:12) ①편하지 못하고 거북스러움. discomfort. ②병으로 몸이 편하지 못함. inconvenience.

불평〔不平;아닐 불, 평평할 평〕[명](창 37:4) ①불만이 있어 못마땅하게 여김. complaint. ②병으로 몸이 불편함. discomfort. ③공평하지 아니함. unfairness.

불합〔不合;아닐 불, 합할 합〕[명](신 23:14) ①물건이나 일이 뜻에 맞지 않음. dissatisfaction. ②정의(情誼)가 서로 맞지 않음. disagreement.

불호〔不好;아닐 불, 좋을 호〕[명](민 13:19) 좋아하지 않음. dislike.

불화〔不和;아닐 불, 화목할 화〕[명](마 10:35) 사이가 좋지 못함. discord.

붉다 [형](창 25:25) 빛깔이 핏빛과 같다. red.

붉은 옷 [명](삼하 1:24) 옷의 색깔이 핏빛과 같다. 상징적으로 왕의 옷.

붓[1] [명](시 45:1) 글씨를 쓰거나 그림을 그릴 때 쓰는 문구(文具). 털붓. writing brush.

붓[2]〔פּוּט〕[인](창 10:6) ①「함」의 넷째 아들(민 3:9, 대상 1: 8). ②「붓」인은 용감하고 활에 능하여 인근 나라에 용병으로 나아갔다(겔 27:10, 렘 46:9). ③고대에는 「붓」의 자손이 「이디오피아」의 동남 「소말린랜드」에 거주한 것으로 생각하였으나, 70인역 「헬라」 성경에는 「리비아」에 거한다고 하였다.

붓[3] [지](대상 2:53) 방패 잡은 「구스」인과 「붓」인이여 나오라(겔 27:10). 「바사」와 「룻」과 「붓」이 병정이 되었다(겔 27:10). 붓 인명 참조. 「아프리카」 동맹국.

붓다 [자](창 24:20) 쏟아 넣다. pour into.

붕우〔朋友;벗 붕, 벗 우〕[명](시 122:8) 벗. 친구. friend.

붙다 [자](출 9:9) ①서로 마주

닿다. come in touch with. ②맞닿아 떨어지지 아니하다. stick to. ③딸리다. belong to. ④의지하다. depend on. ⑤불이 옮아 댕기다. catch fire. ⑥좇아 따르다. join. ⑦어떤 물체나 대상에 바싹 가까이 하다. stand close to. ⑧시험 따위에 뽑히다. pass. ⑨일거리 따위에 손을 대거나 시작하다. set about. ⑩주가 되는 것에 딸린다.

붙들다 타(창 21:18) ①손으로 꽉 잡다(쥐다). catch. ②남을 못가게 말리다. detain. ③도와주다. help. ④달아나는 것을 잡다. seize.

붙박이 명(왕상 6:4) 한 곳에 정한 대로 박혀 있어서 움직임이 없는 상태. fixture.

붙이다 타(창 9:2) ①붙게 하다. attach. ②사이에 들어 어울리게 만들다. arrange. ③이름을 지어 달다. give a name. ④딸리게 하다.

붙잡다 타(삼상 14:13) ①손으로 붙들어 쥐다. seize. ②달아나지 못하게 붙들어 잡다. detain. ③벌이할 자리를 얻다. 붙여 잡다. got a job. ④떠나지 못하게 말리다. hold.

붙접다 타(시 101:3) 바싹 뒤따르다. 따라가 미치다. 달라붙다. 힘써 좇아가다. 굳게 결합하다. 확고히 머물다.

붙좇다 타(룻 1:14) 공경하는 마음으로 섬기며 따르다. follow. 히브리어 원문에 '붙잡다'와 같다.

브가히야〔פְּקַחְיָה = 여호와께서 눈을 뜨게 하심〕인(왕하 15:22) 「이스라엘」 왕 「므나헴」(B.C. 737-736)의 아들. 그의 2년간 치세 중에는 「앗수르」에게 조공을 바쳤다. 그는 자기의 신하 「베가」에게 살해되었다.

브곳〔פְּקוֹד = 방문〕지(렘 50:21)

1 「갈대아」의 상징적인 이름.

2 「바벨론」 동남 「우구누」 강 어구에 살았던 「부구두」 사람으로 여긴다(겔 23:23).

브나〔בּוּנָה = 거만, 오만〕인(대상 2:25) 「유다」 사람 「여라므엘」의 둘째 아들.

브나야〔בְּנָיָה = 여호와께서 세워주심〕인(삼하 8:18)

1 ①제사장 가족 「여호야다」의 아들(대상 27:5). ②「다윗」의 호위대장 용감한 무사(삼하 20:23, 23:20). ③「모압」과 「애굽」 용사들을 이기고 「다윗」의 신임을 받았으나 「요압」과의 쟁패가 심하더니 「아도니야」의 실패로 「브나야」가 「요압」을 처형하고 그 자리를 차지하여

사령관이 되었다(왕상 2:28-35).

[2] 30명 용사 중 하나인 「비라돈」 사람(삼하 23:30).

[3] 「시므온」 방백(대상 4:36).

[4] 「다윗」 때 비파 탄 「레위」인(대상 15:18-20).

[5] 법궤 앞에서 나팔 분 제사장(대상 15:24).

[6] 「야하시엘」의 조상(대하 20:14).

[7] 「히스기야」 때 성전을 돌본 「레위」 인(대하 31:13).

[8] 「블라댜」의 아버지(겔 11:11-13).

[9] 외국 여인과 혼인한 「이스라엘」 사람들 4명의 이름(스 10:25).

브네브락〔בְּנֵי־בְרַק = 우뢰의 아들들〕[지](수 19:45) 「단」 지파의 성읍으로, 「욥바」의 동남 6km 지점. 현재의 「이분이브락」과 같은 곳.

브네야 아간〔בְּנֵי יַעֲקָן = 야아간의 아들들〕[인](민 33:31) 출애굽한 「이스라엘」 사람들의 유숙지. 「브에론·브네야 아간」과 같은 곳(신 10:6).

브노〔בְּנוֹ = 그의 자식〕[인](대상 24:26) 「레위」 사람. 「므라리」 자손 「야아시야」의 아들.

브누엘〔פְּנוּאֵל = 하나님의 얼굴〕[인](대상 4:4)

[1] 「유다」 사람으로, 「그돌」의 아버지.

[2] 「베냐민」 사람으로, 「사삭」의 아들→브누엘.

브누엘 [지](삿 8:8) ①「얍복」과 「숙곳」 사이에 있어 군사상 중요한 지점으로, 나루터이므로 수비하는 망대가 있다. 「기드온」이 「미디안」과 싸우러 갈 때에 이 성 사람에게 떡을 구하였다가 거절을 당하고 이기고 돌아올 때에 그 망대를 헐고 그 성 사람들을 죽였다(삿 8:4, 8, 17). ②「여로보암」은 견고한 요새를 삼았다(왕상 12:15, 부느엘).

브니누〔בְּנִינוּ = 우리 아들〕[인](느 10:13) 「바벨론」에서 돌아와 「느헤미야」와 함께 언약(율법)을 엄수할 것을 도장 찍은 사람.

브니엘〔פְּנוּאֵל = 하나님의 얼굴〕[지](창 32:31) ①「요단」 동쪽. 「얍복」 강 언덕. 「야곱」이 천사와 씨름해서 이긴 곳(창 32:30). ②하나님의 얼굴을 뵈온 곳이라 하여 「야곱」이 명명. 옛적 이곳의 성소와 유관하다고 본다. 「브니엘」은 「기드온」이 무너뜨린 산성에 관련되어 나온다(삿 8:8). ③「숙곳」 동쪽 높은 지대에 있었다. 여러 해 후에 「여로보암」이 이곳을 요새화하였다(왕상 12:35). 위치 불명. 「툴룰다할」이라는 설과 「에벨오사」라는 이도 있다.

브닌나〔פְּנִנָּה = 산호〕인(삼상 1:2) 「에브라임」 사람 「엘가나」의 첩. 「한나」가 아이를 낳지 못했기 때문에 얻었다.

브다술〔פְּדָהצוּר = 바위신이 구해내심〕인(민 1:10) 출애굽 광야 시대 「므낫세」 지파의 대표.

브다야〔פְּדָיָה = 하나님은 속량해 주심〕인

1「므낫세」 지파의 관원 「요엘」의 부친(대상 27:20).

2「루마」인 「여호야김」 왕의 외조부(왕하 23:36).

3「에스라」가 강론할 때에 그 좌편에 섰던 사람 중 한 사람인데 제사장인 듯하다(느 8:4).

4「레위」 인으로, 「느헤미야」가 곡간을 감독하기 위하여 선택한 사람 중 한 사람이다(느 13:13).

※ 이 외에 3인이 있다(대상 3:18, 느 3:25, 11:7).

브다헬〔פְּדַהְאֵל = 하나님이 보존하심〕인(민 34:28) 「납달리」 지파의 족장 「암미훗」의 아들.

브다히야〔פְּתַחְיָה = 하나님이 (태를) 열어주심〕인(대상 24:16)

1「아론」의 자손으로, 제사장 반열의 열 아홉째 사람(대상 24:16).

2 이방 여자와 결혼한 사람(스 10:23).

3「유다」 지파의 「세라」 족으로, 「바사」 왕의 신하가 되어 「이스라엘」 백성에 관한 사무를 취급한 사람이다(느 11:24).

브단〔בְּדָן = 재판의 아들, 혹은 「단」의 아들〕인(대상 7:17)

1「므낫세」 지파 「울람」의 아들(대상 7:17).

2 사사 「바락」의 별명. 70인역에는 「바락」이라 하였고, 삼상 12:11에는 「베단」이라 하였다.

브닷〔בְּדַד = 분리, 부분〕인(창 36:35) 「에돔」 왕 「하닷」의 아버지.

브도님〔בְּטֹנִים = 비자(榧子)〕지(수 13:26) 「요단」 강 동쪽 「갓」의 성읍. 「길르앗」 북쪽으로 지금의 「부테인」 지방과 같다.

브돌〔פְּתוֹר = 꿈의 해석〕지(민 22:5) 「이스라엘」을 저주하라는 「발락」의 꾀임을 받은 「발람」의 고향이다(신 23:4). 「유브라데」 강 서쪽 96 km 지점.

브두엘〔בְּתוּאֵל = 하나님의 사람〕인(창 22:22)

1「아브라함」의 조카이며 「리브가」와 「라반」의 아버지다. 상부 「메소포타미아」에 살고

있었다(창 25:20).

2 선지자 「요엘」의 아버지.

브두엘〔פְּתוּאֵל=하나님의 집〕지(대상 4:30) 「유다」의 남부에 있던 「시므온」 지파의 마을.

브둘〔בְּתוּל = 하나님의 집〕지(수 19:4) 「유다」 남부 「시므온」의 성읍. 「브두엘」과 같은 곳.

브드나도〔*Φυρτουνατος*=행운〕인(고전 16:17) ①「고린도」 교회의 신도. 「스데바나」와 「아가이고」와 같이 「에베소」에 있는 「바울」을 방문한 사람(고전 16:17). ②그들이 「고린도」 교회의 사정을 전하여 「바울」의 안부를 물은 것을 감사하여 「바울」은 또 이들을 알아주라고 권한다(고전 16:18).

브라가〔בְּרָכָה=축복, 찬양〕지(대상 12:3) 「유대」의 남쪽 「드고아」에서 서쪽으로 6km 지점. 현재의 「쿨벳드 베렉트」이다. 「여호사밧」이 「암몬」과 「모압」을 격멸하고 도와주신 여호와께 감사드린 장소다(대하 20:26).

브라심(산, 山)〔פְּרָצִים=돌파〕지(사 28:21) 「예루살렘」 부근에서 「다윗」이 「블레셋」 사람을 격파한 장소인 「바알브라심」과 같은 곳(삼하 5:20, 대상 14:11)→「바알브라심」.

브라야〔בְּרָאיָה=여호와께서 창조하심〕인(대상 8:21) 「베냐민」 사람 「시므이」의 아들.

브라이도리온명(막 15:16) 「빌라도」가 집무하는 관저의 이름.

브로고로〔*Πρόχρος*=지휘자, 지도자〕인(행 6:5) 「예루살렘」 교회의 「희랍」계 과부들을 돕기 위해 사도들이 뽑은 7인 중의 한 사람.

브로다〔בְּרוֹתָה=우물들〕지(겔 47:16) 「하맛」 부근의 「수리아」 성읍.

브루기아〔*Φρυγία*=박토〕지(행 2:10) 「인도」, 「유럽」말을 쓰는 「아리아」 족으로, 「마게도냐」에서 「소아시아」로 옮겨왔다. 「브루기아」의 다섯 도시는 「이고니온」, 「라오디게아」, 「골로새」, 「히에라폴리스」, 「비시디아」, 「안디옥」이다. 「브루기아」 전도의 효과가 좋아 교회가 일찍부터 흥왕하여 제2세기 기독교 비문들이 많이 발굴되었다. ①이 지방에 사는 「유대」인들이 오순절에 「예루살렘」에 올라와 성령 강림을 목격했다. ②「바울」이 제3차 선교여행시 이곳을 통과하였다(행 16:6, 18:23).

브루다〔פְּרוּדָא=분리, 격리〕인(스 2:55) 「솔로몬」의 신복의 자손 중의 하나. 느 7:57에는 「브리다」라고 기록되어 있다.

브리다〔פְּרִידָא = 분리〕[인](느 7:57) 「브루다」와 같은 사람.

브리스〔פְּרִזִּי = 마음에 속한〕[인][지](창 13:7) 「가나안」 원주민. 「유대」 산지에 있는 성읍.

브리스가〔*Πρίσχα* = 늙다, 고풍〕[인](롬 16:3) ①「바울」의 동역자 「아굴라」의 아내로서 남편보다 먼저 쓰인 것으로 보아 초대 교회의 유력한 지도자인 것같다(행 18:18, 롬 16:3, 딤후 4:19). ②행 18:18에 「브리스길라」라 한 것으로 보아 「로마」 태생인 것 같다.

브리스길라〔*Πρίσχιλλα* = 작은 노부인〕[인](행 18:2) 「브리스가」와 같은 사람.

브리아〔בְּרִיעָה = 뛰어난 자, 재앙(불운)을 받음〕[인](창 46:17)

[1]「아셀」의 아들(민 26:44, 대상 7:30).

[2]「에브라임」의 제3자로 두 형이 「가드」인에게 피살된 후, 낳았으므로 부친이 이 이름을 주었다(대상 7:21-23).

[3]「베냐민」 지파 「엘바알」의 아들로 「아얄론」 족장이 되어 「가드」 인을 축출하였다(대상 8:12-14).

[4]「레위」 지파 「게르손」 자손 「시므이」의 아들. 「다윗」 때 사람(대상 23:10-11).

브베〔בֵּבַי = 아버지다운〕[인](스 2:11)

[1]「스룹바벨」과 함께 「바벨론」의 포로에서 귀환한 백성의 선조(스 2:11).

[2]성문 계약에 조인한 사람의 하나(느 7:16).

브사렐〔בְּצַלְאֵל = 하나님의 그늘(보호)〕[인](출 31:2)

[1]①성막치는 감독(대상 2:20, 대하 1:5). ②특별한 은혜로 성막치는데 감독할 은혜를 받았다. ③그는 성전 기구에 대한 책임도 맡았다.

[2]「바핫 모합」의 아들. 이방 여인과 혼인한 사람(스 10:30).

브소드야〔בְּסוֹדְיָה = 여호와의 비밀을 아는 자〕[인](느 3:6) 「바벨론」에서 돌아와 「예루살렘」 성 옛문을 중수한 「므술람」의 부친이다.

브솔〔בְּשׂוֹר = 냉천(찬샘)〕[지](삼상 30:9) 「시글락」 남쪽에 있는 작은 시내. 「가사」 남으로 「지중해」로 들어간다. ①「사울」이 「아말렉」을 칠 때에 이 시내를 건넜다(삼상 15:5). ②그 후 또 「아말렉」이 「시글락」을 쳐서 불사르고, 「다윗」의 두 처를 포로하여 갔으므로 그를 추격할 때에 용사 4백 명을 거느리고 이 시내를 건너가서 모든 것을 다시 찾고 두 아내를 구원하여 가지고 이 시내에 돌아와서 피곤하여 남겨두었던 2백 명을 반가이 만났다(삼상 30:1-25).

브아랴〔בְּעַלְיָה = 여호와는 주되심〕인(대상 12:5) 「베냐민」 사람으로 「다윗」의 용사 중 한 사람.

브알롯〔בְּעָלוֹת = 우물들〕지(수 15:24)
1 「유대」 남부에 있는 성읍.
2 「시므온」의 성읍 중의 「바알랏브엘」과 같다 한다(수 19:8). 「바알랏브엘」과 같은 곳으로 여긴다.

브에라〔בְּאֵרָא = 우물들〕지(수 9:17) ① 「그비라」, 「기럇여아림」과 같이 나오는 「기브온」 고을(수 9:17, 스 2:25, 느 7:29). ② 「베냐민」 지파 사람 「이스보셋」을 죽인 「레갑」의 고향(수 18:25, 삼하 4:2).
※ 「예루살렘」에서 북으로 16km 지점의 「비레」가 그 옛터라 한다.

브에롯 브네야아간〔בְּאֵרוֹת בְּנֵי־יַעֲקָן = 야아간의 아들들의 우물〕지(신 10:6) 출애굽한 「이스라엘」 백성들이 광야에서 머문 곳.

브에리〔בְּאֵרִי = 우물에 속한 자〕인(창 26:34)
1 「에서」의 아내 「헷」사람 「유딧」의 아버지.
2 선지자 「호세아」의 아버지(호 1:1).

브에스드라〔בְּעֶשְׁתְּרָה = 아스다롯의 궁〕지(수 21:27) ① 「레위」 족속 「게르손」의 거주지. ② 「아스다롯」과 같은 곳(대상 6:71).

브엘〔בְּאֵר = 우물〕지(창 24:62)
1 「이스라엘」 백성의 한 진지로서 백성들이 물을 마시고 노래를 지어 불렀다(민 21:16-17).
2 「기드온」의 아들 「요담」이 그 형 「아비멜렉」을 피하여 숨었던 곳이다(삿 9:21).

브엘라해로이〔בְּאֵר לַחַי רֹאִי = 나를 감찰하는 살아 계신 이의 우물〕지(창 16:14) ① 「하갈」이 하나님을 뵙고 그 명령대로 「아브라함」에게로 돌아간 곳. ② 「이삭」이 「리브가」를 만난 곳(창 24:62). 「브엘세바」 서남 약 80km 지점 「아인무웨일레」인 듯. 「수리아」 「애굽」 대로상에 우물이 여럿 있는데, 「아라비아」 사람들은 그것을 「하갈」의 우물이라 불렀다.

브엘랴다〔בְּעַלְיָדָע = 주는 아심〕인(대상 14:7) 「예루살렘」에서 태어난 「다윗」의 아들. 삼하 5:16에는 「에랴다」, 대상 3:8에는 「엘리아다」로 되어 있다.

브엘세바〔בְּאֵר שֶׁבַע=일곱 우물, 언약의 우물〕지(창 21:14) ①「아브라함」이 체류(창 21:31). ②「하갈」을 내보낸 「아비멜렉」과 맹세한 곳(창 21:14). ③후기에 「이삭」이 산 곳(창 26:23). ④「세바」를 찾은 곳(창 26:33). ⑤「유다」 지파에게 주었으나 「시므온」에게 넘겼다(수 15:28, 19:2). ⑥중요한 성소로 「하갈」, 「이삭」, 「야곱」, 「엘리야」에게 하나님이 나타나신 곳(창 21:17, 46:2, 왕상 19:5). ⑦「팔레스틴」 남쪽 경계를 가리킨 「헤브론」 서남 55km 지점(삿 20:1, 삼상 3:20, 대상 21:2, 대하 30:5).

브엘엘림〔בְּאֵר אֵלִים=용사들의 우물〕지(사 15:8) 「모압」에 있는 우물. 브엘 1과 같은 곳(민 16:17).

브온〔בְּעֹן=주거지〕지(민 32:3) 「모압」 평원의 한 성읍. 「바알므온」, 「벧므온」과 같은 곳이며, 「메드바」의 남서쪽 8km 지점에 있는 지금의 「마인」으로 여긴다.

브올[1] 명(민 25:18) 「모압」에서 섬기던 우상의 이름. 「바알브올」이라고도 부른다.

브올[2]〔בְּעוֹר=등불〕인(창 36:32)

1 「에돔」 왕 「벨라」의 아버지.

2 「발람」의 아버지(민 22:5).

브올[3] 지(민 23:28)

1 「발락」이 「발람」을 데리고 올라갔던 「요단」 동쪽 「모압」 땅의 「여시몬」 광야를 굽어보는 산.

2 「느보」 봉우리들 중 하나라 한다. 「브올」은 「바알브올」 신이다(민 25:18, 31:16, 수 22:17).

※「희랍」 70인 역에서 「브올」은 「베들레헴」에서 멀지 않은 곳에 있다고 했는데, 오늘의 「컬벳 파굴」인 듯하다.

브울래대〔פְּעֻלְּתַי=여호와 상급이심〕인(대상 26:5) 「오벧에돔」의 여덟째 아들 「다윗」 왕 때 문지기였다.

블라댜〔פְּלַטְיָה=여호와 구원하심〕인(대상 3:21)

1 포로 후, 「다윗」 가에 속한 후손 중 하나.

2 「예루살렘」 함락 전 친 「애굽」파에 속하고, 「바벨론」에 반기를 들어 「예루살렘」 함락을 일찍이 오게 한 지도자의 하나로 「에스겔」이 그의 죽음을 예언(겔 11:1-3).

3 「히스기야」 왕 시대에 「세일」 산 밑에 살던 「시므온」 사람(대상 4:42).

ㅂ

[4]「느헤미야」 밑에서 율법 준수 서약에 서약인을 찍은 제사장의 한 사람(느 10:22).

블라스도〔Βλάστος = 새싹〕[인](행 12:20)「헤롯 아그립바」 1세의 침소를 맡은 신하.「두로」와「시돈」 사람들을 주선하여 왕을 볼 수 있게 하였다.

블라야〔פְּלָיָה = 여호와는 놀라우신 이〕[인](대상 3:24)

[1]「유대」 사람「다윗」의 후손「엘료에네」의 일곱 아들 중 셋째.

[2]「레위」 사람「여호람」의 아들(느 11:12).

블레곤〔φλέγων = 간절〕[인](롬 16:14)「로마」에 있는 성도.

블레셋〔פְּלֶשֶׁת = 나그네, 외국인, 방랑자의 땅〕[지](창 1:14)「이스라엘」 민족이「가나안」 침입 이래 적대국으로서 여러 가지 복잡한 관계를 가졌던 민족. 이 민족은 주전 1200년경「소아시아」의 서남해안「에게해」 바다 여러 섬으로부터 지중해 연안을 소란케 하고「애굽」까지 그 세력을 뻗친 해양 민족이다. ①「그레데」(갑돌) 섬에서 나왔다고 전한다(신 2:23, 암 2:7). ②이 민족은 비「셈」족으로서 할례를 행치 않는다(삼상 17:36). ③「이스라엘」 민족이「애굽」에서 나올 때는 강한「블레셋」 때문에 길을 멀리 돌아서 가기도 했다(출 17:36). ④「이스라엘」 민족이「가나안」에 들어갈 때「블레셋」도 같이 들어가 강대한 5대 도시(가사, 아스글론, 아스돗, 에그론, 갓)와 동맹을 맺어「이스라엘」을 위협했다. ⑤한때 지배적인 위치에 있다가「다윗」 왕 시대에는「이스라엘」의 예속적 위치에 놓여 있었다(삼하 8:1, 21:5). ⑥「이스라엘」 왕국 분열 때 독립을 꾀하였으나 실패하여 공물(貢物)을 바치게 되었고, 나중에「앗수르」의「사르곤」 왕에 의하여 정복되었다(사 20:1). ⑦「블레셋」 사람의 종교는「이스라엘」 사람과는 달리「가나안」의 종교를 혼합하여「셈」계의 신「다곤」을 섬긴다(삿 16:23).

※ 주전 1190년「애굽」에서「라암셋」 3세에게 패배 당하여「팔레스틴」의「갈멜」 산 이남의 연안 평원에 정착했다. 이 지방이「블레셋」이라 불리게 되고 또한,「가나안」 전토가「팔레스틴」이라 불리게 된 점도 이「블레셋」 사람에 의해서 기원한다. 그들의 우상은 「마루나」(물고기의 신, 혹은「아스다롯」) 등을 예배한다.

블렛〔פְּלֵתִי〕[지](삼하 8:18) 「다윗」의 병사의 친위병 외국인 출신지. 「다윗」 왕 때 「브나야」가 이 지역을 관할하였다. 이곳 사람들은 「그렛」 사람과 함께 「솔로몬」을 「다윗」의 노새에 태우고 「기혼」에 가서 왕을 삼았다(왕상 1:38, 39).

블론〔פְּלֹנִי = 이런 사람〕[지](대상 11:27) 「다윗」의 용사 「헬레스」와 「아하야」의 출신지(삼하 23:26절의 「발디」의 잘못 옮겨 쓴 것으로 보는 사람도 있다).

데베 근처에서 발견된 비석.
이스라엘의 이름이 기록되어 있다.

비[1] [명](창 2:5) 찬 공기 속의 수증기가 엉겨 된 구름이 점점 성장하여 그 물방울이 결합하고 커져서 떨어지는 현상. rain.

비[2] [명](사 14:23) 먼지나 쓰레기를 쓸어내는 기구. broom.

비[3]〔碑;비석 비〕[명](창 35:20) ①끼친 은혜나 공적을 기념하기 위하여 돌에 새겨 세운 것. monument. ②묘비(墓碑)의 준말. tomb-stone.

비결〔秘訣;비밀 비, 결단할 결〕[명](빌 4:12) 드러나지 않은 자기만의 뛰어난 방법. secret.

비골〔פִּיכֹל = 위대한, 강한〕[인](창 21:22) ①「그랄」 왕 「아비멜렉」의 군대 장관으로서, 왕과 함께 「아브라함」에게 와서 우호 조약을 맺고 그 땅 이름을 「브엘세바」라 하였다(창 21:22-32). ②그 후 그 두 사람은 다시 「이삭」을 찾아와서 우호 조약을 맺었다.

비교〔比較;견줄 비, 비교 교〕[명](삿 8:2) 서로 견주어 봄. comparison.

비굴〔卑屈;낮을 비, 굽을 굴〕[명](시 107:39) 사람이 줏대가 없고 하는 짓이 천함. 못남. meanness.

비그리〔בִּכְרִי = 젊음〕[인](삼하 20:1) 「베냐민」 사람. 「유대」 왕조를 반역한 「세바」의 아버지.

비그웨〔בִּגְוַי = 행복〕인(스 2:2)
1「바벨론」에서 「스룹바벨」과 함께 돌아온 지도자.
2「느헤미야」 시대의 사람으로 언약에 조인한 사람(느 10:16).
3「바벨론」에서 돌아온 백성의 한 가족의 조상(스 2:14).

비기다 자(출 20:23) ①견주어 보다. compare. ②승부가 안 나다. end in a tie. ③줄 것과 받을 것을 서로 엇셈하다. set off.

비논〔פִּינֹן = 광산 굴〕인(창 36:41) 「에서」의 자손으로, 「에돔」 사람의 한 족장.

비누 명(렘 2:22) 때를 씻어 내는데 쓰이는 물건. soap.

비느아〔בִּנְעָא = 터져 나옴〕인(대상 8:37) 「요나단」의 후손 「모사」의 아들.

비느하스〔פִּינְחָס = 흑인〕인(출 6:25)
1「아론」의 손자이며, 「엘르아살」의 아들(수 24:33). ①「에브라임」 산지를 얻어 부자가 다 거기 묻혔다. 아버지의 뒤를 이어 대제사장이 되었다(출 6:25, 대상 6:4, 50). ②「고라」 족 「레위」 인들을 감독(대상 9:20). ③우상 숭배하는 「미디안」 여인을 회막에 데리고 들어온 두 「이스라엘」 사람을 한꺼번에 창으로 죽였다(민 25:, 시 106:3). ④제사장으로 「미디안」 정복에 참가(민 10:8, 31:6). ⑤포로 후 「비느하스」 자손이란 제자직이 생겼다.
2「엘리」의 둘째 아들, 불의를 행하여 백성들의 원성이 높았고, 「블레셋」 사람과 싸워 법궤를 빼앗기던 그 전쟁에서 죽고 그 소식을 들은 부친과 아내도 죽었다(삼상 1:3, 2:34, 4:4, 11, 17).
3 제사장 「엘르아살」의 아버지. 「바벨론」에서 귀환할 때 「에스라」가 가지고 온 은, 금과 기명을 달아 받고 책에 기록한 자이다(스 8:31-34).

비늘 명(레 11:9) ①파충류·어류 따위의 피부를 덮고 있는 얇고 단단하게 된 보호 조직. scale(레 11:9). ②물고기의 비늘과 비슷하게 생긴 물건. scales.

비다 형(창 37:24) 속에 든 것이 없다. empty. 차 있지 않다.

비단〔緋緞; 비단 비, 비단 단〕명(계 18:12) 명주실로 짠 광택이 나는 피륙의 총칭. silk fabric.

비단 방석〔緋緞方席; ~모 방, 자리 석〕명(암 3:12) 명주실로 짠 피륙으로 만든 깔고 앉는 자리. silk seat. silk cushion.

비돈〔פִּיתוֹן = 순진한〕인(대상 8:35) 「요나단」의 후손 「므빕바알」의 손자이며, 「미가」의 맏아들.

비돔〔פִּתֹם = 아툼신의 집〕지(출 1:11) 「라암셋」 2세가 「애굽」 「고센」에 「이스라엘」을 시켜 세웠던 국고성 중의 하나. 「나일」 강 운하 언덕에 사방을 토성으로 두르고, 그 안에 「아툼」 신당을 세우고, 크고 작은 지하실이 있어 곡식을 저장했다. 성벽은 짚 섞인 벽돌로 쌓았고 짚 없는 벽돌도 섞여 있다. 현재의 「텔엘 마스쿠타」.

비두니아〔*Βιθυνία* = 복종〕지(행 16:7) 「흑해」 남안 「보르기아」 북쪽에 있는 지방. 「바울」이 이곳에 전도코자 하였으나 성령이 허락하지 않으시고, 밤에 환상 중에 「마게도냐」 인이 나타나 「마게도냐」를 와 도우라 하므로 「마게도냐」로 건너갔다(행 16:6-12). 이 지방에 유명한 사실 세 가지가 있다. ①「베드로」가 서신을 보내었다. ②주후 106년에 「로마」 총독 「불리니」가 양선한 신자들을 핍박하는 사실을 「드라야노」 황제에게 장서로 고발하였다. ③주후 325년에 도내 「나이쓰」 성에 감독 장로 318인이 공의회로 모여 신경을 작정하였다. 삼격 일신(삼위일체) 하나님에 대하여 작정하였다.

비둔〔肥鈍; 살질 비, 무딜 둔〕명(삿 3:17) 지나치게 살이 찌거나 옷을 두껍게 입어서 동작이 둔함. dullness.

비둘기명(창 8:8) 〈조〉비둘기과에 속하는 새의 총칭. 크기는 중형으로 그 종류가 많음. 평화를 상징하는 새로 여김. dove.

비드론〔בִּתְרוֹן〕지(삼하 2:29) 「아라바나 요르단」 골짜기에 있는 한 지역.

비디아〔בִּתְיָה = 여호와의 딸〕인(대상 4:18) 「바로」의 딸로 「유다」 지파 「베렛」의 아내. 「유대」 고전에 그는 「모세」의 양모라 하였다. 그의 본명 「빗」과 「여호와」의 약칭 「야」를 합하여 「빛야」라 옮김이 맞는데, 「비디야」라 옮긴 것은 잘못이라고 한다. 그러나 장음으로 옮기면 틀렸다고만 할 수 없다. 그에 대한 상세한 기록은 없으나, 여호와를 잘 신봉하는 중에서 「유대」 인에게 출가하고 이름도 이같이 고친 것으로 생각된다.

비라돈〔פִּרְעָתוֹן=산꼭대기〕[지](삿 12:13) ①마지막 사사 「압돈」의 고향(사 12:15). ②「다윗」의 장사 중 하나인 「브나야」의 고향(삼하 23:30, 대상 11:31, 27:14). 「에브라임」 산지에 있던 「나볼러스」(세겜)에서 서남 8km 지점 「파라돈」인 듯하다.

비람〔פִּרְאָם=야생나귀〕[인](수 10:3) ①「벧호론」에서 「여호수아」에게 패하고 후에 죽임을 당한 「야르뭇」 왕. ②「아모리」 다섯 왕 중의 하나(수 10:16-27).

비로소[부](창 4:26) 마침내. 처음으로. for the first time.

비록[부](창 29:15) 아무리 그렇다 하나. even if.

비루[1]〔鄙陋;더러울 비, 더러울 루〕[명](삼하 16:7) 마음이 고상하지 못하고, 하는 짓이 더러움. meanness.

비루[2]〔卑陋;낮을 비, 더러울 루〕[명](욥 34:18) ①낮고 좁음. 더러움. meanness. ②말이나 행동이 천하고 더러움.

비루먹다[자](레 22:22) 개, 나귀, 말 등이 피부병에 걸리다. suffer from mange.

비류〔匪類;도둑 비, 무리 류〕[명](삿 19:22) 도둑의 무리. 건달. 깡패. 비적. bandit.

비르사〔בִּרְשַׁע=두꺼운, 강한〕[인](창 14:2) 「아브람」 시대에의 「고모라」 왕.

바르사잇〔בִּרְזוֹת=상처들〕[인](대상 7:31) 「아셀」 자손 「말기엘」의 아들.

비몽 사몽〔非夢似夢;아닐 비, 꿈 몽, 닮을 사, 꿈 몽〕[명](행 10:10) 꿈인지 아닌지 어렴풋한 상태. dreamy state.

비밀〔秘密;비밀 비, 빽빽할 밀〕[명](삼상 18:22) ①남몰래 알고 알리지 않는 일. secrecy. ②남몰래 함. privacy. ③공개하지 않음. non-publicity.

비방〔誹謗;비방할 비, 헐뜯을 방〕[명](민 12:1) 남을 헐뜯어서 욕함. slander.

비베셋〔פִּי בֶסֶת=고양이 여신전〕[지](겔 30:17) 「카이로」의 동북 48km 지점. 「나일」강의 지류 「벨숩」 동편에 있는 「텔바스다」의 폐허. 「바스텟」이란 고양이를 신성한 짐승이라 하는 여신이다. 「에스겔」은 이곳과 「아웬」의 소년들은 칼에 엎드려지고 거인을 포로가 되겠다고 예언하였다.

비비다[타](민 22:25) ①맞대어서 서로 문지르다. rub. ②한데 뒤섞어서 버무리다. mix. ③구멍을 뚫으려고 송곳 따위를 대고 이리저리 돌리다. drill.

비빈〔妃嬪;비 비, 지어미 빈〕[명](에 2:14) 왕비와 왕이 취한 궁녀. queen and royal concubine.

비사[1]〔比辭;견줄 비, 말씀 사〕명(요 16:25) 비유로 쓰는 말. simile.

비사[2]〔譬詞;비유할 비, 말씀 사〕명(욥 27:1) 비유로 쓰는 말. simile.

비상〔非常;아닐 비, 항상 상〕명(사 28:21) ①심상하지 않음. uncommonness. ②보통과 다름. emergency. ③평범하지 아니함. extraordinary.

비석〔碑石;비석 비, 돌 석〕명(삼하 18:18) 돌로 만든 비빗돌. tombstone.

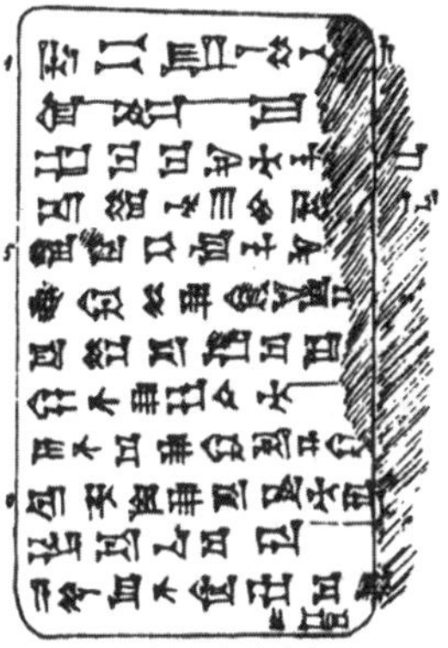

세겜에서 발견된
설형 문자 비석

비소[1]〔鼻笑;코 비, 웃을 소〕명(겔 23:32) 비웃는 웃음. 코웃음. sneering.

비소[2]〔誹笑;비방할 비, 웃을 소〕명(욥 27:23) 비웃음. scornful smile.

비손〔פִּישֹׁן=흐르는 물〕지(창 2:11) 「에덴」 동산에서 흘러 나오는 네 강 중의 하나.

비스가〔פִּסְגָּה=뾰죽한 곳〕지(민 23:14) 「사해」 동북 「모압」 땅 바위로 된 「아바림」산 맨 꼭대기. ①성지와 「요단」 동쪽 사막이 내려다 보인다(민 21:20). ②「발람」이 여기에서 제단을 쌓았다. ③「모세」가 묻힌 곳이다(신 3:27, 34:). 「르우벤」 지파 영토로 「비스가」 산과 「느보」 산 같은 곳이란 학자도 있고, 「비스가」, 「느보」의 서북쪽에 있는 산이란 주장도 있다. 현재의 「아랍」 안내인은 「모세」가 「비스가」 산에서 바라보았고, 「느보」산에서 잠들었다고 말한다.

비스다〔בִּזְתָא=이중의 선물〕인(에 1:10) 「아하수에로」 왕의 일곱 신하 중 하나.

비스바〔פִּסְפָּה=확장〕인(대상 7:38) 「아셀」 자손 「에델」의 아들로 족장.

비스요다〔בִּזְיוֹתְיָה=여호와의 멸시〕지(수 15:28) 「유다」 남부 「브엘세바」 부근의 성읍.

비슬람〔בִּשְׁלָם=평화의 아들〕인(스 4:7) 「스룹바벨」의 지도로 포로에서 돌아올 때 「팔레스틴」에 있던 「바사」 왕 「아닥사스다」의 관리 성전 재건을 방해하였다.

비슷하다 형(왕상 12:32) 거의 같다. 닮은 점이 많다. similar.

비시디아〔Πισιδια〕지(행 13:14) 「소아시아」 남부에 있는 산악 지방. 오늘의 「아나토리아 터키」로서 「밤빌리아」 평원 북쪽에 있는 길이 약 190km, 넓이 약 80km의 지방. B.C. 25년 이래 「로마」의 식민지화. 「바울」이 첫 번 선교여행에 두 차례나 이곳을 지났다(행 14:24). 「바울」 예배당이 있는 것은 이 전설 까닭이다. 그가 어느 곳에서 전도했다는 기록은 없으나 「콘스탄틴」(주후 323-377) 이후부터 「비시디아」 교회는 왕성하였다.

비싸다 형(요 12:3) 상품의 값이 정도에 지나치게 너무 많다. expensive.

비용〔費用;허비할 비, 쓸 용〕명(출 38:24) 물건을 사는 데 드는 돈. 어떤 일을 하는 데 쓰이는 돈. expense.

비우다 타(빌 2:7) 안의 것을 치우거나 쏟거나 해서 치우다. 비게 하다. empty.

비웃다 타(왕상 9:8) 빈정거려 웃다. 업신여겨 웃다. scorn.

비위〔脾胃;지라 비, 밥통 위〕명(딤전 5:23) ①지라와 밥통. spleen and stomach. ②음식이나 사물에 대하여 좋고 언짢음을 느끼는 기분. liking. ③싫은 것을 잘 참아내는 힘. patience.

비유〔譬喩;비유할 비, 깨우칠 유=比喩;견줄 비, 비유할 유〕명(시 49:4) 어떠한 사물이나 관념을 그와 비슷한 사물이나 관념을 끌어내어 설명하는 일. simile.

비자[1]〔婢子;계집종 비, 아들 자〕명 여자 종. female servant (창 24:61).

비자[2]〔榧子;비자 비, 아들 자〕명(창 43:11) 비자나무의 익은 열매. 살충제로 쓰임. 특히 촌충에 유효함. torreya nut.

비쭉이다 타(시 22:7) 비웃거나 마음이 마땅하지 않을 때 입을 쑥 내미는 모양을 하다. pout.

비천〔卑賤;낮을 비, 천할 천〕명(욥 14:21) 신분이 낮고 천함. humbleness.

비추다 타(출 13:21) ①빛을 보내어 밝게 만들다. light on. ②맞대어 보다. compare with. ③넌지시 깨우쳐 주다.

비취옥〔翡翠玉;비취 비, 비푸를 취, 구슬 옥〕명(계 21:20) 연한 녹색을 띤 옥의 일종인 보석. nephrite.

비탈 명(민 21:15) 기울어 경사

진 곳. slope.

비탈길 명(삼상 9:11) 한 쪽이 기울어진 길. 언덕길. sloping.

비틀거리다 자타(욥 12:25) 발을 제대로 옮기지 못하고 자꾸 쓰러질 듯이 걷다. totter.

비틀다 타(레 1:15) 바싹 꼬면서 힘있게 틀다. twist.

비파〔琵琶;비파 비, 비파 파〕명(삼상 10:5)〈악〉현악기의 하나. 둥근 몸에 자루는 곧고, 네 기둥이 있음. lute.

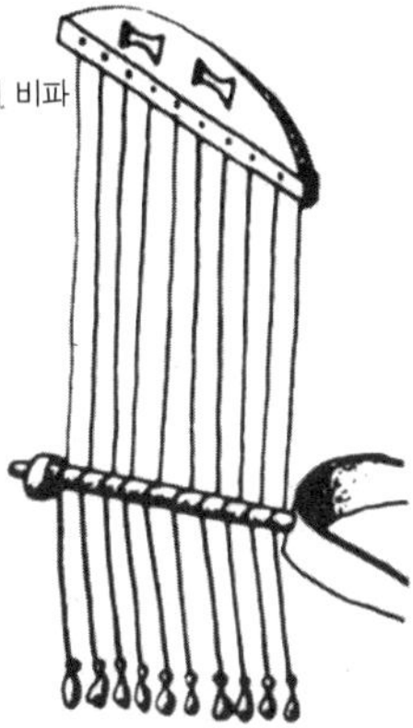
고대 비파

비판〔批判;칠 비, 판단할 판〕명(마 7:2) 좋고 나쁨, 옳고 그름을 가려 정함. criticism.

비하다〔比~;견줄 비〕타(아 1:9) 비교하다. compare.

비하히롯〔פִּי־הַחִירוֹת=여신 히롯의 신전〕지(출 14:2) ①「이스라엘」이 홍해를 건너기 전 「애굽」 땅에서 마지막 진쳤던 곳(민 33:7, 8). ②「믹돌」과 「홍해」 사이요, 「바알스본」 가까운 곳이다(출 14:9). 민 33:8에는 「하히롯」인데 위치는 불명.

빅다〔בִּגְתָא=신의 은사〕인(에 1:10) 「아하수에로」 왕의 일곱 신하 중 하나. 「빅단」과 같은 사람.

빅다나〔בִּגְתָנָא=신의 선물〕인(에 6:2) 빅단과 같은 사람.

빅단〔בִּגְתָן=하나님의 선물〕인(에 2:21) 「데레스」와 공모하여 「아하수에로」 왕을 모살하려다가 「모르드개」의 고발로 미수하고 나무에 매달려 처형되었다(에 2:21-23).

빈곤〔貧困;가난 빈, 곤할 곤〕명(잠 14:21) 가난하여 살기가 어려움. poverty.

빈궁[1]〔貧窮;가난 빈, 다할 궁〕명(신 24:15) 가난하여 살기가 궁색함. destitution.

빈궁[2]〔嬪宮;지어미 빈, 집 궁〕명(단 5:2) 왕세자의 비(妃).

빈누이〔בִּנּוּי=건물, 세움〕인
1「바벨론」에서 돌아온 가족의 선조 「바니」와 같은 사람(느 7:15).
2「바벨론」에서 돌아온 「바핫모압」의 아들(스 10:30).
3「바니」 자손의 한 가장(스 10:38).
4「에스라」 시대의 「레위」 사람 (스 8:33).

[5]「헤나닷」의 아들. 성벽을 중수한 사람(느 3:24).
[6]「스룹바벨」과 함께 「바벨론」에서 돌아온 「레위」 사람(느 12:8).

빈 들[명](욥 39:4) 너른 들. 너른 벌판. 광야. wide plain.

빈 땅[명](겔 36:10) 농사도 짓지 않고 집이 세워져 있지 않은 땅. 아무 것도 없는 땅.

빈민〔貧民;가난 빈, 백성 민〕[명](욥 29:12) 가난한 백성. the poor.

빈부〔貧富;가난 빈, 부자 부〕[명](룻 3:10) 가난함과 부유함. poor and rich.

빈약〔貧弱;가난 빈, 약할 약〕[명](시 41:1) ①보잘것없음. poorness. ②가난하고 힘이 없음. meagerness.

빈장〔嬪嬙;아내 빈, 궁녀 장〕[명](왕상 11:3) 임금의 수청을 들던 궁녀.

빈천〔貧賤;가난 빈, 천할 천〕[명](왕하 24:14) 가난하고 천함. poverty and meanness.

빈핍〔貧乏;가난 빈, 모자랄 핍〕[명](삼상 2:8) 가난하여 아무것도 없어 어려움. poverty.

빈한〔貧寒;가난 빈, 찰 한〕[명](레 25:35) 가난하여 집안이 쓸쓸함. destitution.

빌가〔בִּלְגָּה=유쾌함〕[인](대상 24:14)
[1]「다윗」 시대의 제사장. 제15반열의 장.
[2]「스룹바벨」과 같이 「바벨론」에서 돌아온 제사장. 족장. 「빌가」가족(느 12:5, 8).

빌개〔בִּלְגַּי=광휘〕[인](느 10:8) 「느헤미야」 시대의 제사장. 「스룹바벨」과 같이 「바벨론」에서 돌아온 「빌가」와 같은 사람(느 12:5, 8).

빌다[1] [타](창 27:36) ①소원대로 되도록 기도를 드리다. pray. ②잘못의 용서를 청하다. beg a person's pardon.

빌다[2] [타](왕하 4:3) ①남의 물건을 돌려주기로 하고 얻어다가 쓰다. ②남의 도움을 입다. get one's aid.

빌다스〔פִּלְדָּשׁ=거미, 불꽃〕[인](창 22:22) 「아브라함」의 동생 「나홀」의 아들로, 「밀가」가 낳았다.

빌닷〔בִּלְדַּד=논쟁의 아들〕[인](욥 2:11) 「욥」의 세 친구 중의 하나. 「아브라함」의 직계 후예이며, 「아라비아」 동방 「수아」 인이다(창 25:2, 대상 1:32). ②세상에 지혜있는 자로 동정이 부족한 자의 표본이다. 「욥」의 고통을 논하기를 너와 네 자녀가 당하는 고통은 중한 죄악을 범한 까닭이라고 단언하였다. 이에 대하여 「욥」이 그렇지 않다고 답변하자 침묵해 버렸다(욥 8:, 18:, 25:).

빌대〔פִּלְטַי=구해내심〕인(느 12:17) 「요야김」 때의 제사장. 「모아다」 족속의 족장.

빌라델비아〔Φιλαδέλφεια=형제 아우〕지(겐 1:11)

1「사데」에서 4km 동쪽의 「소아시아」, 「루디아」 성읍. 「소아시아」 고원 지대와 「서머나」 사이의 중요한 산업 도시. 주전 138년 이전에 「버가모」 왕 「아탈저스 빌라델버스」가 세운 것으로 언제 교회가 시작되었는지 알 수 없으나, 계시록에는 일곱 교회의 하나로 나타난다(계 3:7-13). 일찍이 순교자가 생겼고 1300년 이후 대감독 구역이 되었다.

2「요단」 동쪽 30km 지점에 있는 「데가볼리」의 중요 도시로, 「요르단」의 서울(성경에는 기재되지 않았다)→「데가볼리」.

빌라도〔Πιλατος=창을 가짐〕인(마 27:2) 「본디오 빌라도」는 「유다」, 「사마리아」, 「에돔」을 다스린 「로마」의 다섯째 총독(주후 26-36). 창을 잘 쓴다 하여 「빌라도」라 불렀다. 「유대」인에게 도전 「로마」 군대를 「예루살렘」의 「헤롯」 궁으로 옮겼고, 「예루살렘」에 황제 화상이 있는 군기를 꽂고 경배케 하고 「유대」인과 「사마리아」 인을 학살했다. 그의 제일 큰 과오는 「예수」를 못박은 일이다. 「산헤드린」의 밤회의에서 결박했으나, 사형권은 총독에게 있다. ①고소 사실을 변명하지 않는 예수를 이상히 여겼다(막 15:5). ②「갈릴리」 사람으로 분봉왕 「헤롯」에게 보냈다(눅 23:6-12). ③「헤롯」은 다시 「빌라도」에게 되돌려 보냈다(눅 23:6-12). ④「빌라도」는 유월절 특사로 예수를 석방하려 했으나 군중의 동요를 두려워하여 아내의 경고에도 불구하고 정치 재판으로 사형 선고를 내려 죽이게 했다(마 27:19, 19:17). ⑤「누가」에 의하면 그는 예수가 「유대」인의 왕임을 공공연하게 용인했다(눅 23:3).

빌레도〔Φίλητος=사랑〕(딤후 2:17) 부활에 대한 거짓 가르침으로 신자들에게 해를 끼친 사람들 중 하나로, '부활은 정치적인 것이요, 육체적이 아니다' 라고 하였다.

빌레몬〔Φιλήμων=애정있는 사람〕인(몬 1:1) 「골로새」 인으로 「바울」의 전도를 받아 유력한 신도가 되었다. 그에게는 「오네시모」라는 종이 있는데, 주인에게 과실을 범하고 도주하여 「로마」에 있는 중 「바울」의 전도로 신자가 되었고 「바울」의 신실한 제자가 되어 동거하다가 주인에게 돌려보내며 서신까지 보냈다(몬 1:10-11). 아내는 「압비아」. 아들은 「아깁보」. 전설에 의하면 후에 감독이 되었다가 「네로」의 박해로 온 가족이 돌에 맞아 순교했다고 한다.

빌레몬서 명(몬) 신약 제18권째 성경이다. 「골로새」의 그리스도인 「빌레몬」에게 보낸 「바울」의 기록으로 진실한 그리스도인의 재치와 예절에 관한 이상적인 모본을 보여주고 있다. 「골로새」 지방의 부유한 신자 「빌레몬」의 종 「오네시모」가 도망하여 로마에서 「바울」의 전도로 신자가 된 후, 「바울」은 「빌레몬」과 「오네시모」를 위하여 중재하는 일을 하였다.

빌롤로고〔Φιλόλογος = 학문을 사랑하는 자〕인(롬 16:15) 「로마」에 있는 성도로 「바울」의 문안을 받았다.

빌르암〔בִּלְעָם = 멸하다〕지(대상 6:70) 「므낫세」 지파에게 준 성읍.

빌리다 타(눅 6:34) ①도로 받기로 하고 남에게 물건을 내어주다. lend. ②도움을 얻다. be aided.

빌립〔Φίλιπποι = 말을 사랑하는 자〕인(마 10:3)

1 사도 「빌립」. ①열두 사도 중 한 사람(마 10:3, 막 3:18, 눅 6:14, 행 1:13). ②「벳새다」 출신(요 1:44). ③「나다나엘」을 인도(요 1:45). ④요한복음에 자주 언급되었다(요 1:44, 6:5, 12:21, 14:8).

2 전도자 「빌립」. ①「예루살렘」 교회에서 피선된 일곱 집사 중의 일인(행 6:1-6). ②「사마리아」에 전도하고 「이디오피아」 고관을 개종시켰다(행 8:). 그에게는 네 딸이 있었는데 그들도 전도한 것으로 생각된다.

3 「헤롯 빌립」 1세. 「헤롯」 대왕의 아들 중의 하나 「헤로디아」는 「빌립」의 이복형 「헤롯 안디바」의 아내였는데, 다음엔 다른 이복형 「헤롯 빌립」의 아내가 되었다. 그래서 「헤로디아」는 「세례 요한」의 비난을 받았다(막 6:17, 마 14:3).

4 「헤롯 빌립」 2세(주전 4~주후 34) 「헤롯」 대왕의 아들중의 하나로 탁월한 인물로 지방 영주(눅 3:1). 「가이사랴 빌립보」와 「율리아스」 시를 창설. 「헤로디아」의 딸 「살로메」와 결혼했다.

빌립보〔Φίλιππήσιος = 말〕지(행 16:12) ①「바울」과 「실라」가 2차 선교 여행시에 이곳에 첫발을 디뎌 「구라파」 전도의 문을 여는 첫 발이 되었다. 그 첫 열매의 교인이 자주 장사하는 「루디아」라는 여신도다(행 16:14). ②「바울」과 「실라」가 귀신들린 여 점쟁이에게서 귀신을 내쫓아 고쳐 주었다. 주인이 자기의 수입이 없어진 것을 원통히 여겨 군중을 충동하여 송사하여 법관에게 매를 맞고 옥에 갇혔다. 이 감옥에서 「바울」과 「실라」가 기도하고 찬송할 때 지진이 나서 문고리가 벗겨지고 문이 스스로 열려 놀라 자결하려는 간수에게 전도하고 온 가족에게 복음을 전하였다(행 16:16-34). ③그 후 「바울」이 또 한 번 들렀다(행 20:1). ④이곳 교인들은 「바울」을 대단히 존경하였으며, 「바울」에게 받은 신앙을 감사하여 「마게도냐」를 떠날 때와 「데살로니가」에 있을 때에 여러 차례 도와주었다(빌 4:15-16). ⑤「로마」 옥에 갇혔을 때에는 「에바브로 디도」를 통하여 위문품을 보냈으므로 감사의 서신을 보냈다(빌 4:18).

○「마게도냐」 동쪽 언덕 위에 자리잡은 요새 도시. 주전 168년에 「로마」령. 「빌립보」 교회는 「바울」이 2차 선교 여행 때 세웠다. 「유대」인이 적어 강가에서 혹은, 「루디아」의 집에서 예배를 드렸다. 주후 117년 「안디옥」 감독 「이그나티우스」가 「로마」로 순교하러 가는 길에 「빌립보」에서 후대를 받았다.

ㅂ

빌립보서 명(빌) 신약 전서 제11번째 성경. 「바울」의 기록으로, 「빌립보」 교인들에게 감사하며 주님과 함께 동행하는 성도들에게 격려와 거짓 스승에 대한 경고, 주안에서 기뻐하며 기도와 감사생활을 하도록 권면하였다. 「기쁨」을 18회나 사용하였다.

빌립보 교회 유적

빌산〔בִּלְשָׁן＝혀의 아들〕[인](스 2:2) 「스룹바벨」과 더불어 「바벨론」에서 돌아온 「유대」인의 지도자.

빌어먹다 [자타](시 109:10) 남에게 구걸하여 거저 얻어먹다. live as a begging.

빌하[1]〔בִּלְהָה＝어리석은, 유순한〕[인](창 29:29)
[1] 「라헬」의 종으로, 「야곱」의 첩이 되어 「단」과 「납달리」를 낳아 「야곱」에게 주었고, 「야곱」의 장자 「르우벤」이 저를 간통하였다(창 29:29, 30:4-8, 35:22).
[2] 「느헤미야」와 함께 계약에 날인한 사람(느 10:24).

빌하[2] [지](대상 4:29) 「시므온」 자손의 성읍. 「바알라」, 「빌라」와 같은 곳.

빌한〔בִּלְהָן＝얌전, 단순〕[인](창 36:27)
[1] 「에셀」의 아들. 호리족의 장(대상 1:42).
[2] 「베냐민」의 후손 「여디아엘」의 아들. 유명한 7형제의 아버지(대상 7:10).

빔할〔בִּמְהָל＝인내, 할례의 아들〕[인](대상 7:33) 「아셀」 사람 「야불렛」의 아들.

빗갈〔בִּדְקַר＝관통의 아들〕[인](왕하 9:25) 「이스라엘」 왕 「예후」의 장관.

빗장 [명](신 3:5) 문을 잠글 적에 가로지르는 나무 토막이나 장대. 문빗장.

빙거〔憑據; 의지할 빙, 의거할 거〕[명](눅 6:7) 사실의 증명이 될만한 근거. evidence.

빙물〔聘物; 찾을 빙, 만물 물〕[명](창 34:12) 남의 집을 방문할 때에 가지고 가는 예물. 선물. present.

빙자〔憑藉; 의지할 빙, 빙자할 자〕[명](출 35:29) ①남의 힘을 빌어서 의지함. dependence. ②내세워서 핑계함. making a pretence of.

빙폐〔聘幣; 부를 빙, 비단 폐〕[명](출 22:16) 공경하는 뜻으로 보내는 예물. present.

빚 [명](왕하 4:7) 남에게 꾸어 쓴 돈이나 외상값 따위, 갚아야 할 돈. debt.

빚다 [타](사 5:22) ①가루를 반죽하고 소를 싸서 만두, 송편, 경단 따위를 만들다. knead. ②술을 담그다. brew.

빚지다 [자](삼상 22:2) ①남에게 돈이나 물건 따위를 꾸어 쓰다. run into debt. ②남에게 신세를 지다.

빛 [명](창 1:3) 하나님의 창조물. 밝게 보이는 것. 밝게 보이게 하는 것. 광명. light. 빛깔. color.
＊하나님은 빛이시다.

빛나다 [자](출 39:28) ①빛이 환하게 드러나다. shine. ②훌륭하게 드러나다. be bright.

ㅃ

빠뜨리다 타(출 21:27) ①나쁜 곳에 빠지게 되다. entrap. ②지닌 것을 부주의로 잃다. lose. ③넣기를 잃다. omit.

빠르다 타(삼하 1:23) ①행동이 더디지 않고 속도가 크다. ②어떤 과정이나 하는 동안이 짧다. ③때가 아직 오지 아니하다. 이르다. ④차례가 앞이다. ⑤날쌔다.

빠지다 자(창 14:10) ①구덩이나 물 속에 떨어져 들어가다. fall into. ②한 동아리에 끼지 못하다. get left out.

빨다[1] 타(창 49:11) 더러운 것을 씻어 깨끗하게 하다. wash.

빨다[2] 타(신 32:13) ①입을 대고 입속으로 당겨 들어오게 하다. sip. ②속으로 배거나 스며들게 하다. absorb. ③물 같은 것을 겉으로 뽑아 내다. suck.

빨래 명(막 9:3) 더러운 것을 깨끗하게 물에 빠는 일. washing.

빨리 부(삿 5:22) 빠르게. 냉큼. quickly.

빵 명(호 7:4) 가루를 주원료로 하여 맛을 내는 것과 부풀게 하는 것을 섞어 반죽하여 굽거나 찐 음식.

빻다 타(왕하 23:6) 짓찧어서 가루로 만들다. pulverize.

빼다 타(창 41:42) 박힌 물건을 겉으로 나오게 하다. pull out.

빼앗다 타(창 14:11) ①남의 것을 힘으로써 제 것으로 삼다. rob a person of. ②남의 하는 일을 가로채다. deprive a person of. 준 뺏다.

빼어나다 자(삼상 16:12) 여럿 가운데 뛰어나게 잘나다. distinguish oneself.

빽빽하다 형(출 19:9) ①가뜩 들어서서 사이가 촘촘하다. dense. ↔성기다. ②소견이 좁아서 시원한 맛이 없다. narrowminded.

뺨 명(왕상 22:24) ①얼굴의 양 옆. 속 뺨따귀·귀싸대기·cheek. ②물건의 두 쪽 볼의 넓이. width.

빼터 명(창 18:8) →버터.

뻔뻔하다 형(겔 2:4) 잘못이 있어도 부끄러운 줄을 모르다.

brazen.

뻔하다[형](시 73:2) 까딱하면 그렇게 될 형편에 다다랐으나 그렇게 되지 아니하였음을 나타내는 말. come near ~ing.

뻗다[자](시 80:11) ①나무가지 덩굴들이 바깥쪽으로 길게 자라다. ②힘이 어디까지 미치다. [타] ①꼬부렸던 것을 펴서 바르게 하다. ②어떤 것에 미치게 손 따위를 내밀다.

뼈[명](창 2:23) 〈생〉 척추 동물의 근육을 붙이어 몸집을 구성하고 지탱하는 물질. bone.

뼘[명](출 28:16) 엄지손가락과 다른 손가락의 잔뜩 벌린 거리. span.

뽐내다[자](욥 31:29) 잰 체하다. 잘난 체하다. boast.

뽑다[자](레 16:9) ①박힌 것을 잡아 당기어 빼내다. pull out. ②가려내다. select.

뽑히다[1] [자](신 28:63) 뽑아지다. 빠지다.

뽑히다[2] [피동](수 7:14) ①뽑힘을 당하다. be pulled out. ②여럿 중에서 가리어 냄을 당하다. be chosen.

뽕나무[명](삼하 5:24) 〈식〉뽕나뭇과의 낙엽, 활엽, 교목, 잎은 누에의 먹이가 됨. mulberry tree.

뾰족하다[형](욥 16:9) 물체의 끝이 날카롭고 빨다. sharp pointed.

뿌리[명](신 29:18) 〈식〉①식물을 떠받치고 땅 속의 수분이나 양분을 빨아올리는 식물의 밑둥 땅 속에 박힌 부분.

②사물의 근본. root.

뿌리다[자][타](창 47:23) ①물이나 물건을 흩다. water. ②빗방울이 날려 흩어 떨어지다. sprinkle.

뿐[형](창 6:5) 다만 어떠하거나, 어찌할 따름이라는 뜻을 나타내는 말. merely.

뿔[명](창 22:13) ①소·염소·사슴 따위의 연체 동물의 머리에 난 단단하고 뾰족한 물질. 각(角). ②모든 물건의 머리 부분이나 겉으로 불쑥 나온 부분. horn.

뿔[פּוּל][지](사 66:19) 「애굽」에 인접된 「리비아」의 한 지방. 그 주민.

뿜다[타](유 13) ①속의 물기가 겉으로 스며 나오다. ooze out. ②속에 있는 것을 바깥으로 불어 내어 보내다. spout. ③입으로 물을 뿜어내어 물건을 추기다. spray water.

쁄라[명](사 62:4) 뜻은 결혼한 여자. 「시온」의 회복과 하나님의 사랑을 나타냄.

ㅅ

사가랴〔זְכַרְיָה=여호와는 기억하신다〕인(왕하 14:29)
[1]「여로보암」 2세의 아들. ①「이스라엘」 끝왕 14대 왕이었다(왕하 14:29). ②이 왕조는 「호세아」가 예언한 것보다 빨리 끝났다(호 1:4, 왕하 10:11 비교). ③「사가랴」의 치세는 포악하였고, 「살룸」의 반역으로 인하여 6개월로 끝났다(왕하 15:8). 그가 죽은 후 북조 「이스라엘」의 역사는 혼란 시대에 접어들었다.
[2]「히스기야」의 어머니인 「아비」 또는 「아비야」의 아버지(왕하 18:2, 대하 29:1).
[3] 예수께서 마 23:35와 눅 11:51에 말씀하신 선지자 「사가랴」(대하 24:20).
[4] 제사장 사가랴. ①세례 「요한」의 아버지(눅 1:5). ②그는 「아비야」 반열에 속하였다(대상 24:10). ③그 반열에 배치된 기간 중 성전에서 봉사하였다. ④누가복음의 이야기로 보아서 그는 「예루살렘」의 타락한 귀족적 사두개파와는 타협하지 않은 것을 알 수 있다. 그는 성령에 감동되어 찬미하였다(눅 1:68-79). 이 노래는 「베네딕투스」(Benedictus)로 널리 알려졌다.

사갈〔שָׂכָר=짐, 노역〕인(대상 11:35)
[1]「하랄」 사람으로서 「다윗」의 용사 「아히암」의 부친이다. 삼하 23:33에는 「사랄」로 되어 있다.
[2]「오벧에돔」의 넷째 아들이다(대상 26:4). 그는 「다윗」 시대의 성전 문지기 「반차」의 조상이다.

사갸〔שָׂכְיָה=방황〕인(대상 8:10) 「베냐민」 사람 「사하라임」의 아들.

사거리〔四~; 넉 사〕명(잠 8:2) 네거리. cross road.

사건〔事件; 일 사, 물건 건〕명(민 25:18) ①일어난 일이나 일거리. event. ②뜻밖에 일어난 일.

사게〔שָׁגֵא=방황〕인(대상 11:34) 「다윗」의 용사. 「요나단」의 아버지.

사경[1]〔四更; 넉 사, 고칠 갱〕명(마 14:25) 해가 진 후부터 해가 뜰 때까지 하룻밤을 다섯 등분한 네 번째 시각. 새벽 2~4시 사이.

사경[2](四境;넉 사, 지경 경)명(시 105:31) 주위의 완전 경계. four boundaries.

사경 내(四境內;~안 내)명(신 16:4) ①사방 경계 지역 안. in the four boundaries. ②나라 안. in one's land.

사고(事故;일 사, 연고 고)명(수 20:4) ①뜻밖에 일어난 탈. accident. ②일의 원인. cause of a matter. ③어떤 일에 대한 까닭. reason.

사곡(邪曲;간사할 사, 굽을 곡)명(신 32:5) 요사하고 바르지 못함. 품행이 바르지 못함.

사공(沙工;모래 사, 장인 공)명(왕상 9:27) 배를 운전하는 사람. 뱃사공. boatman.

사과(沙果;모래 사, 과실 과)명(잠 25:11) 사과나무의 열매. 명과. apple.

사관[1](史官;역사 사, 벼슬 관)명(삼하 8:16) 관리의 하나. the commander of the army. 궁중에 앉아서 왕과 그 주변에서 일어나는 모든 행적을 기록하는 고급 관리로서, 왕의 국사 처리에 고문도 했다(왕상 4:3, 왕하 18:18).

사관[2](舍館;집 사, 집 관)명(눅 2:27) 객지에 머무를 때 한 집에 몸을 붙이는 일. 또는 그 집. ㊒ 하숙. boarding.

사귀(邪鬼;간사할 사, 귀신 귀)명(슥 13:2) 요사스런 귀신. evil spirit.

사귀다자타(히 10:33) 서로 가까이 하여 얼굴을 익히고 사이좋게 지내다.

사금(砂金;모래 사, 쇠 금)명(욥 28:6) ①자갈이나 모래와 함께 강의 바닥이나 해안에 침적된 것. placer gold. ②모래처럼 자디잔 금(金).

사기[1](事機;일 사, 기계 기)명(삼하 15:11) 일의 중요한 고비. important moment.

사기[2](詐欺;속일 사, 속일 기)명(수 7:11) 거짓으로 사람을 속여 해롭게 함. fraud.

사기[3](史記;역사 사, 기록할 기)명 역사적인 사실을 기록한 책.

사나운 짐승명(욥 28:8) 히브리어에서는 '위엄있는 것들'의 뜻으로, 사자와 같은 사나운 짐승으로 언급했다. 욥 41:34에는 혼돈을 상징하는 악어로 인용했다.

사납다형(합 1:6) 성질, 행동이 모질고 억세다.

사내명(민 31:17) 남자를 강하게 표현한 말.

사냥명(창 10:9) 총이나 다른 기구로 짐승을 잡는 일. 수렵.

사냥개명(잠 30:31) 사냥할 때 쓰기 위하여 길들인 개. 어질지 못하고 피동적인 사람의 은어.

사냥물〔~物;만물 물〕명(겔 13:21) 사냥으로 잡는 짐승.

사노아〔זָנוֹחַ=늪지대〕지

1 「유대」 「세벨라」에 있었던 동네(수 15:34, 느 3:13, 11:30). 「소라」 동남 5km 지점에 있다. 현재의 「사누아」인 듯하다.

2 「유대」 산지에 있던 산촌으로 「헤브론」 남서쪽 20km 지점에 있다(수 15:56, 대상 4:18).

사는 날 명(수 24:31) 이 세상에 있는 동안.

사다 타(창 17:23) ①남의 것을 값을 주고 제 것으로 만들다. buy. ②곡식을 팔아 돈으로 바꾸어 가지다. exchange money.

사닥다리 명(창 28:12) 높은 곳을 올라갈 때 디디고 오르게 만든 기구. 준(사다리. ladder.

사단〔שָׂטָן=대적〕명(욥 1:6) 하나님의 뜻을 거역하고 사람을 미혹하는 영물을 일컫는 말. 「신약 중에서의 사단」 ①시험하는 자(막 1:13). ②곡식 중에 가라지를 뿌리고 간 자(마 13:25). ③악한 사상을 일으키는 자(요 13:27). ④궤계하는 자(고후 2:11). ⑤이 세상의 신(고후 4:4). ⑥순종치 않는 자 중에서 노력하는 자(엡 2:3). ⑦교만하여 자긍하는 자(딤전 3:6). ⑧우는 사자같이 삼킬 자를 찾는 자(벧전 5:8). ⑨처음부터 범죄한 자이다(요일 3:8). 「구약 성서 중에서의 사단」 ①소유물을 치는 자(욥 1:12). ②뼈와 살을 치는 자(욥 2:7). ③여호와 사자의 좌우에 서서 그를 대적하는 자(슥 3:1). ④「이스라엘」을 격동하고, 「다윗」을 격동한 자(대상 21:1). 이상과 같이 사단이 비록 능력이 있으나 하나님께서 불허하시면 한 사람이라도 괴롭게 못하고(계 20:7-8) 대심판 날에는 악인과 함께 영원한 불에 들어간다(마 35:41).

사당〔祠堂;사당 사, 집 당〕명(왕상 16:32) 신주를 보존해 놓은 집. shrine.

사대〔四代;녁 사, 이을 대〕명(창 15:16) 자기로부터 증손까지.

사데〔Σαρδεις=남은 물건〕지(계 1:11) 「소아시아」 서쪽 해안에 있던 「루디아」의 수도로서, 「서머나」 동쪽 약 80km 지점. 「트몰러스」 산 북쪽 기슭 「헐머스」 평야 남단에 자리잡고 있다. 주전 1200년경에 세워진 난공 불락의 요새 지대였다. 세월이 흘러감에 따라 상업 도시로 번영하였으며, 직물과 귀금속 생산지로 이름난 곳이다. 주전 6세기 두 차례에 걸쳐 파괴되었다. 이곳에는 여신 「시빌리」의 신전이 있었고 부도덕한 제사 의식이 거행되었다. 「사데 교회」가 "살아 있는 것 같으나 죽은 자"라는 경고를 받게 되었던 것도 이같은 밀의 종교(密儀宗教)의 부도덕한 영향을 받고 있었기 때문이다(계 3:1). 지금은 「서머나」 「빌라델비아」 철도의 정거장 부근 폐허에 세워진 한 촌에 그 이름이 붙어 있을 뿐이다.

사데 회당 앞 뜰의 폐허

사도〔使徒;부릴 사, 무리 도〕명 (마 10:2) 예수님이 복음을 전파하기 위하여 친히 세우신 열두 제자. twelve apostles. 후에 가룟 유다 대신 맛디아를 선출하였다. 바울을 사도의 반열에 넣는다. 예수의 동생 야고보, 바나바, 마가 요한도 사도라 일컬을 수 있다. 예수님의 구속 사역의 증인으로 부름을 받아 증거한 자들이다(눅 24:48, 행 1:8, 고전 9:1, 갈 1:19, 고전 15:17).

사도 교부〔Padres Apostolic〕 명 정통적인 입장에서 초기 기독교의 주요한 문서들을 집필한 사도 이후의 저자들을 가리키는 총칭.

사도 시대 명 예수님과 함께 활동하던 원사도들과(주후 30-33) 주후 100년 「요한」의 임종 시까지를 사도 시대라 한다. Apostolic Age.

사도신경 명 ①서방 교회에서 사용되던 신앙에 관한 신경으로서, 어떤 증거나 설명도 없이 간단하고도 긍정적이며 기독교 신앙을 가장 절실하게 고백한 신앙 고백서다. ②이것의 설명은 「칼빈」의 기독교 강요에 폭넓게 설명되고 있다. ③내용은 하나님, 그리스도, 성령, 인간, 영생, 부활 등을 강조하고 있다. The Apostles Creed.

사도직 명(롬 1:5) 예수님의 사역과 고난, 부활과 승천을 목격한 자로서, 「예수」께서 직접 제자로 부른 사람을 사도라 한다(행 1:25). 「바울」은 자기의 사도직을 주님으로부터 직접 받은 것이라고 주장한다.

사도행전 [명](행) 신약 제5권째 성경이다. 의사 「누가」의 기록으로, 주님의 사역에 대한 계속적인 기록이다. 주님의 부활 사건과 마지막 부탁, 승천, 성령 강림으로 처음 교회가 설립되고, 성도의 참된 교제, 복음 사역의 기록이다. 처음에는 베드로를 중심한 사역이며, 16장 이후는 바울의 사역이다. 성령의 역사하심이 교회를 통하여 나타난다.

사독 〔צָדוֹק = 공평, 의롭다〕 [인] (대상 6:4-15)

[1] ①「다윗」의 신하 「사독」 「예루살렘」 대제사장 「아론」의 아들. 「엘르아살」의 후손이라고 하였으나 확실치 않다(대상 50-53, 24:6). ②그는 처음에 「사울」을 따른 자이었으나 「아론」의 집 군대장관 22명과 함께 「헤브론」에서 「다윗」을 따르게 되었다(대상 12:28). ③그 후 「아비아달」과 함께 「다윗」을 충성스럽게 따랐다. 「압살롬」이 반란을 일으켰을 때는 「레위」 사람과 함께 법궤를 메고 「다윗」을 좇았으나 「다윗」의 명령으로 「예루살렘」으로 돌아가 「다윗」의 연락 책임을 졌다(삼하 15:1-17:29). ④「아비아달」이 「다윗」의 제4왕자 「아도니야」를 지지하였을 때 「사독」은 「다윗」이 「밧세바」에게서 낳은 왕자 「솔로몬」을 지지하여 그에게 기름 부어 왕위를 계승하게 하였다(왕상 1:39). ⑤이로 인해 「아비아달」은 추방을 당하고 「사독」은 제일 유력한 제사 가족이 되어 「마카비」 시대까지 대제사장 직을 독점하게 되었다. 「사독」의 아들 「아히마아스」는 「솔로몬」 왕의 딸 「바스맛」을 아내로 삼았으며, 「납달리」의 관장 직을 누렸다(왕상 4:15).

[2] 대제사장 「사독」의 집 후손으로 「아히둡」의 손자이며, 제사장의 한 사람(대상 9:11, 느 11:11, 대상 6:12).

[3] 「유다」 왕 「요담」의 외조부(왕하 15:33).

[4] 「바아나」의 아들로서 「느헤미야」를 도와 「예루살렘」 성을 중수하였다(느 3:4).

[5] 제사장 「임멜」의 아들로서 「예루살렘」 성벽의 일부 마문(馬門) 근처를 수리하였다(느 3:29).

[6] 학사 「에스라」가 「이스라엘」의 부패한 풍속, 도덕, 종교의 개혁을 강조하였을 때 감동하고 계약서에 조인한 백성의 지도자의 한 사람(느

10:21).
7「느헤미야」로부터 창고지기로 임명받은 사람(느 13:13).
8「마리아」의 남편 「요셉」의 조상. 예수의 족보에 나타남(마 1:14).

사두개인〔~人;사람 인〕명(마 22:23) 유대교의 당파 중의 하나. 주전 2세기 경부터 그 세력이 왕성해졌다. 종교적으로 보수적 사상을 주장하였고, 왕조에 대해서 비판적이었던 바리새파와 대립되었다. 그들은 부활, 천사, 영생, 영혼 등에 대해서 믿지 않았다(막 12:18, 행 23:8). 그 이름의 유래는 정확하지 않으나 「사독」 제사장의 이름을 따서 생긴 것으로 보는 사람이 많다. 「마카비」의 반란 때 일어난 단체이다.

사드락〔שַׁדְרַךְ=달신의 명령〕인(단 1:7, 2:49) 「다니엘」의 세 친구 중의 한 사람인 「하나냐」에게 지어준 「바벨론」식의 이름.

사라〔שָׂרָה=공주〕인(창 11:29) 「아브라함」의 아내로서 처음에는 「사래」라고 불렀으나 「사라」로 이름을 고쳤다(창 17:15). ②본래 「아브라함」의 이복 누이동생이었는데, 「아브라함」의 아내가 되어 「갈대아 우르」에서 인생을 출발하여 죽을 때까지 오랜 생애를 통하여 「아브라함」의 좋은 반려자가 되었다. 「사라」는 미모가 아리따운 여자였다. 「애굽」에 내려갔다가 그 아름다움 때문에 「애굽」 왕 「바로」의 궁에 불려 들어 갔던 일도 있다(창 12:10-20, 20:1-5). ③신약 성서에는 「사라」를 경건한 아내의 표본으로 삼았다(벧전 3:6). ④믿음으로 산 신앙 인물의 본보기로 예시되었다(히 11: 11). ⑤그는 아이를 낳지 못하였으나 하나님의 특별한 약속대로 고령에 이르러 「이삭」을 낳아 「이스라엘」 자손의 조상이 되었다(창 11:30, 20:1-2, 사 51:2). ⑥「사라」는 그의 계집 종 「하갈」을 「아브라함」에게 주어 「이스마 엘」을 낳게 했으나, 후일 가정 불화로 「하갈」과 「이스마엘」은 추방을 당했다(창 11:). ⑦「바울」은 이 사건을 「갈라디아」 서에 인용하여 하나님의 약속 아래서 된 그리스도인의 자유에 대한 비유로 들었다(갈 4:21-31). ⑧「사라」는 죽어 「막벨라」 굴에 묻혔다(창 22:).

사라지다 자(출 3:2) 모양이나 자취가 없어지다. disappear.

사랄〔שָׁרָר=힘센, 확고〕인(삼

하 23:33) 「다윗」의 30용사 중 한 사람인 「아히암」의 부친으로서 「아랄」 사람.

사람 명(창 1:26-27) ①하나님의 형상으로 특별 창조됨. ②하나님의 특별 복을 받되 만물을 다스릴 영장의 권한을 받았다(창 1:28). ③「아담」이 처음 사람이며, 그의 아내는 「하와」이다. 그들은 범죄한 후, 「에덴」에서 쫓겨나 땀 흘리며 고통 중에 자녀를 낳아 번성하게 되었다(창 3:-4). ④사람은 육과 영으로 구분하며 육은 흙(먼지)으로 구성된다(창 2:7, 3:19, 18:27). 영의 하나님과 교제하는 성품이며 죽지 아니한다. ⑤사람은 하나님의 아들로 하나님을 영화롭게 하며 그의 영광을 위한 자들이다(눅 3:38, 사 43:7). ⑥사람에게 인격과 인권이 동등하다(창 1:28). ⑦구약에서 사람은 '육'에 속한 '먼지와 재'에 불과함(창 2:7, 3:19, 18:27). ⑧신약의 사람은 하나님의 아들로서(눅 3:38). ⑨위를 보고 똑바로 서서 걸으며 고도로 발달된 지능과 이성과 언어를 가진 동물. ⑩〈법〉권리·의무의 주체인 인격자.

사랍〔שָׂרָף = 불타는 뱀〕인(대상 4:22) 「셀라」의 자손 「모압」을 다스린 사람이라는 말도 있다.

사랑 명(창 22:2) 일반적인 뜻은 love. ①아끼고 위하는 따뜻한 인정을 베푸는 일, 또는 그 마음. ②마음에 드는 이성을 몹시 따르고 그리워하는 일. 또는 그러한 마음. 연애(戀愛). ③일정한 사물(事物)에 대하여 몹시 즐기거나 좋아하는 마음.

1 하나님은 사랑이시다(요일 4:8). 하나님의 사랑은 희생의 사랑으로 없어지지 아니한다(고전 13:13). 하나님의 사랑은 예수 그리스도를 통하여 이 세상에 나타났으며, 보이셨고 이루셨다. 또한 그 사랑은 지금도 계속되고 있다. 구원과 성취.

2 기독교의 근본 사상은 사랑이다(요 3:16). 「아가페 사랑」

3 구약에는 일반적인 사랑을 「아하바」로 표기하였는데, 남녀나 가족의 정신적인 사랑 등을 의미한다(창 25:28).

ㅅ

4 이 외에 「에로스」로 표기 한 것은, 동물적 성애를 의미한다.

사래〔שָׂרַי = 영귀헌화〕인(창 11:29) 「사라」의 옛 이름. 그밖에 또 한 사람이 있다(스 10:40).

사레셀〔שַׂרְאֶצֶר = 왕을 수호함〕인(왕하 19:37) ①「앗수르」왕 「산헤립」의 아들. 그의 형 「아드람멜렉」과 공모하여 「니스록」 신전에서 부왕을 죽였다(사 37:38). ②예언자 「스가랴」 시대의 사람으로, 「벧엘」에서 예언자 「스가랴」를 찾아와 은혜를 구한 사람(스 7:2).

ㅅ

사렙다〔Σαρεπτα = 부어 넣음〕인(눅 4:26) 「베니게」 서해안 「시돈」 남방 13km 지점 산꼭대기에 있다. ①옛 이름은 「사르밧」이라 하였고, 신약 시대에는 「헬라」 인들이 「헬라」어 음역으로 「사렙다」로 고쳤다. ②여기서 유리를 만들었다. 그래서 「사렙다」(부어 넣음)라는 이름이 붙었는지 모른다. 예언자 「엘리야」가 흉년이 들었을 때 이곳 한 과부의 집에서 유숙하였고, 그 아들이 죽었을 때 살려 주었다(왕상 17:8-14).

사례〔謝禮;사례할 사, 예도 례〕명(잠 31:28) 고마운 뜻을 상대자에게 나타내는 인사. thank.

사례물〔謝禮物;～만물 물〕명(사 1:23) 고마운 뜻을 나타내는 선물. present.

사로잡다 타(창 14:12) 산채로 잡다. catch alive. 생포하다.

사론〔שָׁרוֹן = 평지〕지(사 35:2) 「지중해」 동쪽 연안 「욥바」로부터 「갈멜」산까지 이르는 사이에 펼쳐진 평야로서 남북 80km, 동서 90km이다. ①북부 지방은 상수리나무 숲이 우거진 곳(사 35:2). ②남부 지방은 비옥한 농경지다(사 65:10). ③들에는 이른 봄에 아름다운 꽃이 만발하여 흡사 화원같다. ④이곳에 「다윗」의 목장이 있었다(대상 27:29). ⑤신약에는 행 9:35에 한번 나와 있다.

사루헨〔שָׁרוּחֶן = 은총의 집〕지(수 19:6) 「유대」 남부에 있던 「시므온」의 성읍. 「브엘세바」 서쪽 25km, 「가사」 남동 25km 지점(대상 4:31-사아라임).

※「힉소스」 왕조가 「애굽」에서 쫓겨나 「팔레스틴」에서 「애굽」 남북으로 통하는 중요한 통로에 자리잡은 요새.

사르곤〔סַרְגוֹן = 왕은 미쁘시다〕인(사 20:1) 「앗수르」의 왕으로 성서와 관계 있는 사람은 「사르곤」 2세(B.C. 722-

705). 그의 이름은 사 20:1에 기록되어 있다. 그는 「살만에셀」 5세가 「사마리아」를 포위하고 있던 중 죽게 되자 그 뒤를 이어 왕위에 올라 「사마리아」 공격을 계속하여 주전 721년 「사마리아」를 함락하고 많은 주민을 포로로 잡아갔다(왕하 17:). 「앗수르」 왕조의 가장 유력한 왕중의 한 사람으로 왕위에 있을 때 수도를 「아슐」에서 「갈라」(니므롯)로 옮겼다가 또 「니느웨」 북쪽 16km 지점이 있는 「물사르킨」(콜사밧)에 도시를 건설하고 수도로 정하였다. 주전 711년 「앗수르」 군대를 「팔레스틴」에 보내어 「므로닥발라단」과 「히스기야」의 음모를 분쇄하고 「므로닥」을 「바벨론」에서 추방한 후 「바벨론」의 구주로 환영을 받고 왕이 되었으나 주전 705년 암살을 당하였고 그 뒤를 「산헤립」이 이었다.

사르다 타(창 38:24) 곡식을 까부른 뒤에 싸라기를 따로 흔들어 떨어뜨리다. winnow. ①불을 붙여 피우다. make fire. ②태워 없애다. burn.

사르단〔צָרְתָן=냉각의〕지(수 3:16) 「여리고」 북방 20km 지점. 「요단」 강 기슭에 있던 성읍. ①「여호수아」가 「요단」 강을 건널 때 기적적으로 강을 건넜던 곳. ②「솔로몬」 시대에는 장관 「바아나」의 관할 구역이었다(왕상 4:12). ③성전 건축을 위해 이곳에서 구리를 녹이는 주조소를 만들었다(왕상 2:45, 대하 4:17).
※ 주전 6세기경 정복되어 다른 「요르단」 도시와 함께 쇠망하였고, 오늘의 「텔 에스사이디예」가 그 옛터인 것 같다. 「요단」 골짜기의 「사르단」은 「팔레스틴」의 「단」과 「브엘세바」같이 경계표 노릇을 했다.

사르밧〔צָרְפַת=녹이는 곳〕지(왕상 17:9) 「시돈」 남쪽 「베니게」의 성읍. 「사렙다」와 같은 곳.

사리〔事理;일 사, 이치 리〕명(전 8:1) 일의 도리. 사물의 이치. reason.

사릿〔שָׂרִיד=남은 자, 피난처〕지(수 19:10) 「스불론」 변경에 있는 마을. 「나사렛」 서남쪽 「애스드랠론」 평야 북쪽에 위치한 「텔사롯」일 가능성이 있다(수 19:12).

사마[1]〔שָׁמָא=청취자〕인(대상 7:37) 「아셀」 지파 사람 「소파」의 아들.

사마[2]〔שָׁמָע=그가 들으신다〕인(대상 11:44) 「다윗」의 용사중 한 사람으로 「호담」의 아들.

사마리아〔שֹׁמְרוֹן = 살핌〕지(왕상 13:12) 「사마리아」 도(道)와 「사마리아」 성이 있다. ①「사마리아」 성은 「세겜」 북방 11km지점, 91m 높이의 언덕 위에 있었는데 현재는 「세바스티에」라는 곳으로 보잘 것 없는 동네가 되었다. ②「디르사」에 수도를 정하였던 「오므리」 왕(아합왕의 아버지)이 「세멜」이라는 사람으로부터 이 산을 사서 그 소유주의 이름을 따서 「사마리아」라고 하였다(왕상 16:23-24). ③「사마리아」 도는 옛날 「여호수아」가 「가나안」을 쳐서 취하여 12지파에게 분할해 줄 때 「에브라임」 「단」 「므낫세」 반지파에게 준 땅이 곧 예수님 당시의 「사마리아」다. ④「여호수아」 때부터 「솔로몬」 왕 때까지는 통일 국가를 이루었다. 「솔로몬」 왕이 죽은 후에 남북 두 국으로 분립되어 남에는 「유다」 「베냐민」 두 지파가 「솔로몬」의 아들 「르호보암」을 왕으로 삼은 「유대」국이 건설되었고, 북에는 기타 열 지파가 「느밧」의 아들 「여호보암」으로 왕을 삼은 「이스라엘」 국이 건설되어 250여년 간을 내려왔다. ⑤「앗수르」 왕 「살만에셀」이 「이스라엘」 국을 쳐서 취하였다. 이 때에 「살만에셀」은 「이스라엘」 백성을 포로로 다른 지방에 옮기고 「앗수르」 국민을 「사마리아」에 옮겼다(왕하 17:3-6, 22). ⑥그 다음에는 「마게도냐」 「알렉산더」 대왕이 점령하여 또 「사마리아」인을 축출하고 자기 국민을 「사마리아」 도에 이사하니 자연히 상혼 혼혈(相婚混血)이 되어 버렸다. ⑦그때부터 「유대」 인들은 「사마리아」를 이방시하고 그 주민을 이족시하였다. ⑧그러므로 「유대」인들이 「바벨론」에서 귀환하여 「예루살렘」 성전을 건축할 때 「사마리아」 인들이 협력하기를 원하여도 거절하였다. 「사마리아」 인들은 이방시하는 「유대」 인들에게 원한을 품고 「바사」 국의 인사들에게 뇌물을 주어 「예루살렘」 성전 건축을 방해하였고, 일방적으로는 「그리심」 산에 따로 성전을 건축하고 「예루살렘」 성전을 반대하게 되었다(스 4:1-6). ⑨이러한 두 가지 원인으로 「유대」 인과 「사마리아」 인간에는 피차 반목 질시하게 되고, 「유대」 인이 그 지역에 가지도 않고 그곳 주민과는 상종도 하지 않으므로 「갈릴리」 도를 갈 때는 「사마리아」 도를 통과하지 않고 멀리 「요단」 강으로 돌아다녔다. ⑩예수께서는 그것을 관계치 않으시고 통과하시다가 「수가」성에 있는 「야곱」의 우물가에서 「사마리아」 여인을 만나 생수의 원리를 가르쳐 주셨다(요 4:3-14). ⑪선한 「사마리아」 인의 비유를 든 고(눅 10:30-37). ⑫문둥병자 열 명을 고쳐 주었을 때, 다 가버리고 「사마리아」 사람 하나만 와서 감사함으로 그를 칭찬하셨다(눅 17:11-19). ⑬그래서 예수를 「사마리아」 인이라고 욕한 사람이 있다(요 8:48). ⑭「스데반」의 순교 후, 「예루살렘」 교회가 핍박을 만나 교인들이 사방에 흩어지는 중에 이 「사마리아」 도에도 들어가서 교회 설립의 기초가 되었다(행 8:1). ⑮「바알」과 「아세라」의 선지 850인과 「엘리야」 선지가 거짓 신과 참 하나님의 대결을 벌였던 「갈멜」 산이 있다(왕상 12:19-40). ⑯「요셉」이 팔린 「도단」 산(창 37:17)과 축복하는 「그리심」 산과 저주하는 「에발」 산이 있다(신 11:20).

▲ 사마리아 두루마리 성경

사막〔沙漠;모래 사, 아득할 막〕 명지(레 11:30) 넓은 모래 벌판이 이루어지고 암석이 노출하여 있는 불모의 지역. desert.

사망〔死亡;죽을 사, 망할 망〕명(출 12:30) 사람의 죽음. 서거. death.

사망의 그늘 명(암 5:8) '깊은 어두움, 혹은 음부' '위험한 고통'을 뜻할 때 사용된 말(욥 3:5, 10:21, 38:17, 시 44:19, 사 9:2). shadow of death.

사망자〔死亡者;~놈 자〕명(시 88:5) 죽은 사람. the dead.

사면〔四面;넉 사, 낯 면〕명(창 35:5) 사방. all sides.

사명〔使命;부릴 사, 목숨 명〕명(행 20:24) ①주어진 바 임무. duty. ②사신이 받은 명령. mission.

사모[1]〔思慕;생각 사, 사모 모〕 명(창 3:16) ①그리워하는 마음. yearning. ②우러러 받들다. admiration.

ㅅ

※ 창 3:16절의 원문은 여자의 마음대로 하려고 하나로 번역함이 옳다.

사모[2]〔紗帽;깁 사, 모자 모〕명 (사 61:10) ①관복을 입을 때 쓰던 사(紗)로 짠 모자. ②구식 혼례에 쓰인 예모.

사모[3]〔*Σαμος*=높은 봉우리〕지 (행 2:15) 「에베소」 남서 지점에 있는 「에게」 바다의 작은 섬으로, 「바울」이 제3차 선교 여행을 끝내고 돌아오는 길에 들렀던 곳이다. 동서 43km, 남북 22km, 인구 69,000명 가량인데 대부분이 「희랍」 사람이다. 이 섬에는 많은 「유대」 인들이 살고 있으며 포도주, 감람유, 담배, 오렌지, 건포도 등이 이 섬의 주요 특산물이다.

사모드라게〔*Σαμοθραχη*=드라게의 높은 봉우리〕지(행 16:11) 「소아시아」의 「드로가」에서 「마게도냐」의 「네압볼리」로 가는 「에게」 해상에 있는 작은 섬. 도시는 섬의 북쪽에 있다. 「바울」이 제2차 선교 여행에 들렀던 곳으로 1600m의 웅장한 봉우리는 항해하는 사람의 눈에 현저한 목표가 되며 현재 주민은 3,500가량인데 거의 다 「희랍」 인들이다.

사무〔事務;일 사, 힘쓸 무〕명 (창 39:22) 주로 문서를 맡아 다루는 업무. office work.

사무 감독〔事務監督;~볼 감, 감독할 독〕명(대상 29:6) 문서를 다루는 사람의 행동이나 실적을 지켜봄.

사무엘〔שְׁמוּאֵל=하나님께 구하여 얻다〕인(삼상 1:20) 사사 시대에서 왕정 시대로 옮기는 과도기에 있던 「이스라엘」의 마지막 사사이며, 선지자와 제사장을 겸한 사람이다. ①「에브라임」 산지 「라마다임소빔」에 거주하는 「엘가나」의 처 「한나」가 하나님께 간구하여 낳은 아들(삼상 1:1, 10:20). ②젖을 뗀 후에 서원한 대로 「실로」의 제사장 「엘리」에게 부탁하여 여호와께 바칠 의도를 밝혔다(삼상 1:24, 28). ③밤에 잘 때에 여호와께서 「사무엘」을 세 번이나 불러 그와 함께 하시겠다 하시매 그 말이 하나도 어김없이 온 「이스라엘」은 「사무엘」을 여호와께서 보낸 선지자인 줄 알게 되었다(삼상 3:). ④「엘리」가 죽은 후에 「사무엘」이 제사장 겸 사사가 되었다(삼상 4:18). ⑤온 「이스라엘」 중 「아스다롯」과 「사알」 등의 우상을 없애고 오직 여호와만 섬기게 했다(삼상 7:4). ⑥「블레셋」을 쳐서 이기고 전에 빼앗겼던 「에그론」에서

「가드」까지 다시 찾았다(삼상 7:5-14). ⑦「사무엘」이 연로하여 두 아들에게 정권을 맡겼더니 그 두 아들이 불량하여 민원이 일어나 백성들이 왕 세워주기를 원하여 여호와의 지시 대로 「사울」에게 기름을 부어 왕을 세웠다(삼상 10:1). ⑧「사울」이 「블레셋」과 싸우러 나가려 할 때 「사무엘」이 더디 온다고 자기가 몸소 여호와께 번제 드린 것이 망령된 행동이라고 견책하였다(삼상 13:8-15). ⑨그 후 「사울」이 「아말렉」과 싸울 때에 여호와께서 인축(人畜)을 진멸하라고 하신 명령을 거역하고 적 왕을 사로잡고 우량한 소와 양은 여호와께 제사하려고 남겼다는 말을 들었다. 「사무엘」이 「사울」에게 "순종이 제사보다 낫다"고 책망하고 왕위가 타인에게 옮길 것을 예고하고, 「아말렉」 왕 「아각」을 쳐 죽인 후 「라마」로 가서 죽는 날까지 「사울」을 만나지 않았다(삼상 15:). ⑩얼마 후에 여호와의 명을 받아 「이새」의 집에 가서 그의 막내 「다윗」에게 기름을 부어 왕이 될 준비를 시켰다(삼상 16:1-13). ⑪「다윗」이 찾아와서 「사울」이 자기를 해하려는 실정을 말하매 데리고 「나욧」에 가 있는 중, 「다윗」은 「사울」을 피하여 다시 「요나단」에게 갔다(삼상 19:18, 20:1). ⑫「사무엘」은 「라마」로 가 있다가 별세하니 「이스라엘」 마지막 사사로 40년간 「이스라엘」 백성을 치리하였다(삼상 25:1, 행 13:20). ⑬「블레셋」이 「이스라엘」을 치려할 때 「사울」이 변장하고 무녀를 찾아가니 「사무엘」이 영으로 나타나 왕위는 「다윗」에게 갈 것과 「이스라엘」과 「사울」은 「블레셋」에게 망할 것을 말하였다(삼상 28:11, 16:19).
※「사무엘」은 사는 날 동안 「이스라엘」을 위하여 일했으며 강한 「블레셋」과 여호와를 중심으로 대항하며 국가를 다스린 흠이 없는 선지자이다.

사무엘 상 명(삼상) 구약 제9권째 성경이다. 「히브리」 어 성

ㅅ

경에는 형태적으로 사무엘 한 권의 책이다. 기록한 사람은 알려져 있지 않으나 사사 시대가 끝난 후에도 「이스라엘」 역사는 계속되었다는 것과 특별히 왕국의 탄생을 보여 주고 왕의 치적, 윤리적인 목적으로 선과 악에 대한 실례를 들어 규정지어 주고 있다. 「사무엘」의 출생과 「사울」 왕의 죽음까지의 역사적 기록이다.

사무엘 하 [명](삼하) 구약 제10권째 성경이다. 「다윗」 왕의 통치 기간인 40년 동안의 모든 사건을 기록한 역사서이다. 하나님이 「사울」 왕의 사망에서부터 솔로몬 왕이 통치할 때까지 「이스라엘」 역사를 계속 시킴과 이스라엘의 가장 큰 힘과 영광스러운 통치 기간 동안 군주국이 굳게 제정되었음을 나타내 주는 데 있다.

사무치다 [자](삼상 5:12) 속까지 깊이 미치어 닿다. touch the heart.

사믈라〔שַׂמְלָה = 외투〕[인](대상 1:47, 48) 「마스레가」 출신 「에돔」 왕이다. 창 36: 37:에는 「삼라」로 되어 있다.

사믈래〔שַׂמְלַי = 여호와는 보상자〕[인](스 2:46) 「바벨론」에서 돌아온 「느디님」 사람의 조상 중 하나.

사밀[1]〔שָׁמִיר = 가시 울타리〕[인](대상 24:24) 「레위」 지파 「미가」의 아들.

사밀[2]〔שָׁמִיר = 예리한 끝, 보석〕[지](삿 10:1) ①「에브라임」 산지에 있는 한 성읍으로, 사사 「돌라」의 거주지요, 매장지이다. ②「유다」 지파에 있던 성읍(수 15:48).

사박다니 [명](마 27:46) 예수님께서 십자가에 달리셨을 때 하신 말씀 중 한 마디로 '버리십니까?'의 「아랍」 말.

사반[1]〔שָׁפָן = 너구리〕[인](왕하 22:3) 「아실리아」의 아들로서 「요시아」 왕의 서기관. ① 성전에서 제사장 「힐기야」가 발견한 율법책(십계명)을 왕 앞에 가지고 가서 읽었다(왕하 34:8-21). ②왕은 그 말씀의 뜻을 물으려고 여선지 「훌다」에게 보냈다(렘 26:24). ③그의 자손은 여호와를 섬기며 예언자들의 벗이었다(왕하 22:12-14, 대하 34:20-22). ④「아히감」 「그마랴」 「엘라사」는 그의 아들이다(렘 26:23, 36:2, 25, 29:3). ⑤렘 36:11-12의 「미가야」와 「바벨론」 사람이 「유다」 지사로 임명한 「그달야」는 「사반」의 손자였다(렘 40:11).

사반[2] [명](레 11:5) 〈동〉 너구리, 들오소리의 일종. shaphan.

사발〔沙鉢;모래 사, 바리때 발〕명(렘 35:5) 사기로 된 밥그릇. bowl.

사밤〔Shapham〕인(대상 5:12) 「갓」 사람.

사밧〔זָבְדִי=살폈다 함〕인(민 13:5)
1 「가나안」을 탐지한 12인 중 「시므온」 지파의 대표자.
2 선지자 「엘리사」의 부친(왕상 19:16).
이 외에 3인이 있다(대상 3:22, 5:12, 27:29).

사방〔四方;넉 사, 모 방〕명(창 19:4) ①동서 남북의 총칭. four directions. ②여러 곳. 사면. all sides.

사배〔四倍;넷 사, 곱 배〕명(삼하 12:6) 네 갑절. 남의 것을 변상하는 범위.

사본[1]〔寫本;베낄 사, 근본 본〕명 옮기어 베낌. 또는 그 문서나 책. written copy.

사본[2]〔צָפוֹן=북쪽〕지(수 13:27) 「갓」 지파의 성읍.

사분〔四分;넉 사, 나눌 분〕수(창 47:24) 넷으로 나눔.

사붓〔זָבוּד=주어지다〕인(왕상 4:5) 「나단」의 아들로서 「솔로몬」 왕의 친구이며 대신이었다. 대상 2:36의 「사밧」과 동일인인 듯하다.

사브낫바네아〔צָפְנַת פַּעְנֵחַ=하나님께서 말씀하심. 하나님은 살아계심〕인(창 41:45) 「요셉」이 「바로」의 꿈을 해석하고 받은 이름인데, 「유대」인들은 비밀을 드러내는 자라고 함.

사브대〔שַׁבְּתַי=안식일에 난 자〕인(느 8:7, 11:16) 「삽브대」

사빌〔שָׁפִיר=아름다운〕지(미 1:11) 「에브라임」의 한 성읍. 「아스글론」 동북방 약 11km 지점, 지금의 「에스사벨」일 듯.

사사[1]〔私事;사사 사, 일 사〕명(잠 23:4) 사사로운 일. personal. affairs.

사사[2]〔士師;선비 사, 스승 사〕명(민 25:5) 구약 시대의 선지직·제사장직·왕직을 겸한 사람. 「이스라엘」 백성이 「출애굽」하여 「가나안」을 정복한 후부터 왕국을 건설할 때까지 백성들을 다스린 판관, 지도자이다. 열두 명의 사사가 있었다.

사사[3]〔זָזָא=공포, 투사〕인(대상 2:33) 「요나단」의 아들이며, 「벨렛」의 동생이다. 이는 「유대」 족 「헤스론」의 장자 「여라므엘」 자손이다.

사사기명(삿) 구약 제7권째 성경이다. 「여호수아」의 죽음부터 「삼손」의 죽음까지 약 300년 동안의 사건을 기록한 역사서로, 그 기록자는 밝혀져 있지 않다. 「가나안」 땅에 돌아간 「이스라엘」 백성의 생활상. 하나님을 잘 섬길 때에는 평안하였고 우상을 섬길 때에는 어려움을 당한 교훈을 통해서 하나님의 진노의 사실을 알려 주고 있다. 사사들은 왕을 세우기 전 「이스라엘」 백성의 지도자로, 재판관으로, 하나님의 세우심을 받아 일했다.

사사롭다〔私私~;사사 사, 사사 사〕[형](사 58:14) 공적이 아니고 개인적인 성질을 띠고 있다. personal.

사사 시대〔Judge, Peplod 야〕[명] 「이스라엘」 백성이 「가나안」 땅에 들어간 연대를 기준해 볼 때 B.C. 1200~1020년까지 약 180년으로 짐작된다. 그 근거로는 사사들의 치세 기간을 합산한 것이다.

사삭〔שָׁשַׁק = 습격자, 욕망〕[인](대상 8:14, 25) 「베냐민」 지파 「브리아」의 아들로서 족장이며, 두목이다.

사상〔思想;생각 사, 생각 상〕[명](대상 28:9) ①생각. ②판단과 추리를 거쳐서 생긴 의식 내용. ③통일 있는 판단의 체계. ④사회 및 인생에 대한 일정한 견해. thought.

사새〔שָׁשַׁי = 희끄무레한〕[인](스 10:40) 「바니」의 자손. 「바벨론」 포로에서 귀환 후 「에스라」의 권고에 따라 이방인 아내와 이혼한 사람이다.

사생자〔私生子;사사 사, 날 생, 놈 자〕[명](신 23:2) 법률상 부부가 아닌 사람에게서 난 사람(아이). 서자, 서출, 사생아.

사술〔邪術;간사할 사, 꾀 술〕[명](민 23:23) 요사스럽고 못된 술법. black magic.

사슬[명](창 41:42) ①쇠고리를 이은 줄. [원] 쇠사슬. chain. ②자유의 구속을 뜻함. restriction.

사슴[명](창 49:21) 〈동〉 사슴과의 짐승. 털빛은 대개 갈색. 수컷은 골질의 뿔이 한 쌍 있으며, 봄철에 자라남. 성질은 온순하며 숲에 삶. deer.

사시〔四時;넷 사, 때 시〕[명](창 1:14) 봄·여름·가을·겨울의 네 철. four seasons.

사신[1]〔邪神; 간사할 사, 귀신 신〕 명(삼상 15:23) 재앙을 내린다는 요사스러운 귀신. evil spirit.

사신[2]〔使臣; 하여금 사, 신하 신〕 명(수 9:4) 임금이나 국가의 사명을 받고 외국에 가는 신하. envoy.

사실〔事實; 일 사, 열매 실〕명 (레 6:2) ①실제로 어느 때, 어느 곳에 있는 일. fact. ②자연계에 나타난 객관적 현상 또는 경험. ③법률상의 효과를 발생하는 현상.

사심 형(삼상 1:26) 살아 계심.

사아난〔צַאֲנָן = 무리의 장소〕지 (미 1:11) 「유다」 지파에 있는 성읍.

사아난님〔צַעֲנַנִּים = 옮기는 천막〕지(수 19:33) 「요단」 강 서편 「게데스」에 가까운 성읍으로, 「납달리」의 변경이다. 「모세」의 장인 「호밥」의 자손 「헤벨」의 장막을 친 곳.

사아라임〔שַׁעֲרַיִם = 이중 문〕지 (삼상 17:51-52) 「다윗」이 「블레셋」을 쳐서 그 대장 「골리앗」을 죽이자, 그 군대가 도망하다가 죽어 넘어진 자가 이곳에서부터 「가드」와 「에그론」까지 쌓였다.

사아스가스〔שַׁעַשְׁגַז〕인(에 2:14) 「아하수에로」 궁의 비빈을 주관하는 내시.

사아완〔זַעֲוָן = 혼란한〕인(창 36:27, 대상 1:42) 「에셀」의 자녀.

사악〔邪惡; 간사할 사, 악할 악〕 명(삼하 23:6) 간교하고 도리에 어긋나고 악독스러움. wickedness.

사알랍빈〔שַׁעֲרַבִּים = 여우의 굴〕 지(수 19:42) 「아모리」 사람의 성읍. 「단」 지파에게 배정된 땅이나 「솔로몬」 왕 때까지 점령하지 못했다. 「엠마오」 북쪽 3km 지점. 지금의 「셀비드」인 듯.

사알림〔שַׁעֲלִים = 여우〕지(삼상 9:4) 「기스」가 나귀를 잃고 나귀를 찾으러 그 아들 「사울」을 보내어 이곳까지 왔으나 찾지 못하였다.

사알본〔שַׁעַלְבֹנִי〕지(삼하 23:32) 「다윗」의 30용사 중 한 사람인 「엘리아바」의 고향.

사알빔〔שַׁעַלְבִים = 여우의 굴〕 지(삿 1:35) 「아모리」 사람의 성읍 「단」 지파가 점령하려 했으나 뜻을 이루지 못했다.

사압〔שַׁעַף = 연합, 친교〕인(대상 2:47)

1「야대」의 아들(대상 2:47).

2「마아가」에서 난 「갈렙」의 아들(대상 2:49).

사양〔辭讓; 말씀 사, 사양 양〕명 (눅 14:18) 받을 것을 겸사하여 안 받거나 남에게 내어

ㅅ

줌. declination. 겸사.

사업〔事業;일 사, 업 업〕명(잠 22:29) ①일. activity. ②어떤 목적을 가지고 계획적으로 운영하는 일. enterprise. ③영리를 목적으로 계속하여 행하는 경제적인 일.

사역〔使役;부릴 사, 역사 역〕명(수 16:10) ①일을 부리어서 시킴. employment. ②남으로 하여금 하게 하는 동작. causative.

사역자〔使役者;~놈 자〕명(삼상 27:12) 일 시킴을 당하는 자.

사연〔事緣;일 사, 인연 연〕명(민 27:5) 일의 사정과 까닭. full story.

ㅅ

사욕[1]〔私慾;사사 사, 욕심 욕〕명(미 7:3) 자기의 이익만 차리는 욕심. selfish desire.

사욕[2]〔邪慾;간사할 사, 욕심 욕〕명(골 3:5) 간사스럽고 바르지 못한 욕망. lust.

사용〔使用;하여금 사, 쓸 용〕명(레 19:36) ①물건을 이용. use. ②사람을 부림. employment.

사울〔שָׁאוּל=희망, 크다〕인(삼상 9:1-31)

1「이스라엘」 통일 왕국 시대의 첫째 왕(주전 1020~1000) 자기 아버지 「기스」의 잃어 버린 나귀를 찾아 나왔다가 「사무엘」을 만나 기름 부음을 받고 왕이 되었다. ① 그 하나는 호의적인 기록으로 「사울」은 하나님의 뜻을 따라 왕이 되었다는 것이며(삼상 9:1-10:16). ②다른 하나의 비판적인 기록은 백성들이 자기들의 왕을 구하는 것은 하나님께 대한 반역이라고 말하고 있다(삼상 8:4-22, 10:17-27, 12). 왕이 된 「사울」은 수도를 「기브아」에 정하고, 「모압」, 「암몬」, 「에돔」, 「블레셋」, 「아말렉」 등 「이스라엘」 나라 접경에 있는 부족과 싸워 승리를 얻고 왕국의 기초를 튼튼히 세웠다. 그러나 얼마 후에는 여호와의 섭리를 망각하고 하나님의 뜻을 어기는 오만 불손한 행위를 거듭하게 되어 하나님과 「사무엘」 선지의 눈에 거슬리게 되었다(삼상 13:8-14, 15:). 이때부터 「사울」의 행동은 정상적인 궤도를 벗어나게 되었다. 충신 「다윗」에 대한 질투심이 증대하여 「다윗」의 생명을 노린 것이 그의 신임을 잃은 가장 큰 계기가 되었다(삼상 10:14, 18:10, 19:10, 22:10-18). 인기는 「사울」에게서 「다윗」에게로 점점 옮겨갔다(삼상 16:). 그는 「이스라엘」 역사의 과도기를 그린 왕으로서 그의 최후는

비참하였다. 「블레셋」 사람들과의 전쟁에서 그의 세 아들을 잃고 자신도 큰 상처를 입었으며, 「길보아」 산에서 자살하였다(삼상 31:). 역대기에는 「사울」이 하나님의 버림받은 왕이라 해서 그의 죽음의 기록 외에는 아무 것도 기록되지 않았다(대상 10:).

[2] 「에돔」 왕 「사울」 「유브라데」 강변 「르호봇」 인이다(창 36:37).

[3] 「레위」의 자손 중 「웃시야」의 아들(대상 6:42).

[4] 「야곱」의 차자 「시므온」의 아들로서 「가나안」 여인의 소생(창 46:10).

[5] 사도 「바울」의 믿기 전의 이름(행 7:28, 8:1, 9:1).

[6] 「안디옥」 교회에 있었던 예언자의 이름(행 13:1).

사워사〔שַׁוְשָׁא = 고결함〕[인](대상 18:18) ①「다윗」 왕의 외교를 위해 채용했다가 서기관으로 삼았다. 이 사람은 「이스라엘」 사람이 아니고 외국인이었던 것 같다. ②다른 곳에서는 「스와」, 「스라야」, 「시사」로 나와 있다(삼하 20:25, 8:17, 왕상 4:3).

사웨〔שָׁוֵה = 평지, 넓은 골짜기〕[지](창 14:17) ①「아브라함」이 동방 연합군인 「그돌라 오멜」과 그와 함께 한 왕들을 파하고 돌아올 때에 「소돔」 왕과 만난 곳이다. ②왕의 골짜기라고도 하는데 「압살롬」이 기념비를 세운 곳이다(삼하 18:18). 힌놈의 골짜기로 현재의 「와디엘라바」가 아닌가 한다.

사웨 가랴다임〔שָׁוֵה קִרְיָתַיִם = 평원〕[지](창 14:5) 「그돌라오멜」이 「에밈」을 진압시켰던 곳으로, 「트랜스 요르단」에 있다.

사위[1] [명](창 19:12) 딸의 남편. Son-in Law.

사위[2]〔詐僞;속일 사, 거짓 위〕[명](호 4:2) 거짓말로 사람을 속임. deception.

사위다 [자](계 8:7) 불에 태워 재가 되다. a fire go out.

사유[1]〔私有;사사 사, 있을 유〕[명](대상 29:3) 개인의 소유, 혹은 사사로이 가짐. private forest.

사유[2]〔赦宥;용서할 사, 죄사할 유〕[명](왕상 8:39) 죄를 용서하여 줌. 사죄함. forgiving.

사이 [명](창 3:8) ①표시와 표시의 중간. between. ②동안. interval. ③간격. gap. ④틈. space. ⑤사귀는 정분. relations.

사일〔צָעִיר = 작은〕[지](왕하 8:21) 성읍 이름. 「여호람」이 「에돔」 사람과 싸운 곳.

ㅅ

사자[1]〔嗣子;이을 사, 아들 자〕명(삼하 14:7) 대를 잇는 아들. heir.

사자[2]〔使者;하여금 사, 놈 자〕명(창 16:7) 어떠한 임무를 띠고 심부름하는 사람. messenger.

사자[3]〔獅子;사자 사, 아들 자〕명(창 49:9) 〈동〉 고양이과의 맹수. 백수의 왕이라고 일컬음. lion.

사자굴〔獅子窟;~굴 굴〕명(단 6:7) 사자를 넣어둔 굴. a pit of lions.

사적〔事蹟;일 사, 자취 적〕명(창 6:9) 사건의 자취. 사실의 형적. trace.

사정[1]〔事情;일 사, 뜻 정〕명(창 40:14) ①일의 형편. circumstance. ②딱한 처지를 하소연하여 도움을 비는 일.

사정[2]〔私情;사사 사, 뜻 정〕명(고전 2:11) ①사사로운 정. 개인의 정. personal feeling. ②자기만의 편의를 얻자는 마음. self-interest.

사죄[1]〔赦罪;용서할 사, 허물 죄〕명(사 33:24) ①죄를 용서함. absolution.
＊그리스도를 믿으므로 사죄함을 받는다.

사죄[2]〔死罪;죽을 사, 허물 죄〕명(행 25:11) ①사형에 처할 범죄. capital offence. ②죽음에 해당할 만큼 무거운 죄.

사지[1]〔四指;넉 사, 손가락 지〕명(렘 52:21) 네 손가락. four fingers.

사지[2]〔死地;죽을 사, 땅 지〕명(잠 5:5) ①죽을 곳. place of death. ②살아 나올 길이 없는 곳. jaws of death.

사척〔四尺;넉 사, 자 척〕명(겔 41:5) 넉 자. four feets.

사체〔死體;죽을 사, 몸 체〕명(창 15:11) 죽은 시체. 주검. 송장. dead body.

사촌〔四寸;넉 사, 마디 촌〕명(레 25:49) 아버지 형제의 아들·딸. cousin.

사취〔詐取;속일 사, 가질 취〕명(호 12:7) 거짓으로 속여서 남의 것을 빼앗음. fraud.

사치〔奢侈;사치 사, 사치 치〕명(잠 19:10) 지나치게 향락적인 소비를 함. luxury.

사태〔沙汰;모래 사, 미끄러질 태〕명(민 23:3) ①비로 인하여 산비탈이 무너지는 현상. land-slip. ②사람이나 물건이 한꺼번에 주체할 수 없이 많이 몰려나옴을 가리키는 말. flood.

사통〔私通;사사 사, 통할 통〕명

(겔 16:32) ①부부 아닌 남녀가 몰래 정을 통함. adultery. ②공사(公事)에 관하여 사사로이 편지 따위가 왕래하거나 그러한 편지. private correspondence.

사특〔邪慝;간사할 사, 사특할 특〕명(삼하 22:27) 못되고 악함. viciousness.

사하다〔赦~;용서할 사〕명(출 23:21) 용서하다. 죄를 사하다. pardon.

사하라임〔שַׁחֲרַיִם=두 단서〕인(대상 8:8) 「베냐민」 지파의 후손. 아내 셋이 있었다.

사하수마〔שַׁחֲצוּמָה=높은 곳〕지(수 19:22) 「잇사갈」 지파의 성읍.

사함〔זָהַם=싫어함〕인(대하 11:19) 「르호보암」의 아들.

사해〔DEAD SEA〕지(창 14:3) 「요단」 골짜기 남단에 있는 염도가 매우 높은 바다로서 「염해」라 부른다(민 34:3, 신 3:17, 수 3:16). 「아라바」 바다 '평지의 바다' 「동해」 등으로 기록되고 있으며(왕하 14:25), 「롯」의 바다라고도 한다. 내륙 지방에 있으면서도 지중해 표면에서 1300피트나 깊은 곳이며 길이 약 80km, 넓이 17.6km~4km까지의 좁은 호수다. 이 바다는 「소돔」과 「고모라」가 유황불로 멸망 당할 때에 형성되었다고 한다.

사해 사본〔DEAD SEA SCROUS〕명 사해 근처에 존속하고 있었던 고대 종교 사본 수집물의 총칭.

사형〔死刑;죽일 사, 형벌 형〕명(마 26:66) 〈법〉범인의 생명을 빼앗는 형벌. capital punishment.

사형 선고〔死刑宣告;~베풀 선, 고할 고〕명(고후 1:9) 죽을

사해 사본이 발견된 쿰란

ㅅ

죄를 지은 사람에게 그 벌로 죽이라고 법관이 판결하는 것.

사화〔私和;사사 사, 화목할 화〕 명(마 5:25) ①서로 원한을 풀어 잘 지내게 함. reconciliation. ②송사(訟事)를 화해함. private settlement.

사환〔使喚;하여금 사, 부를 환〕 명(창 22:3) 심부름을 하는 사람. servant.

사흘 명(창 30:36) ①세 날. three days. ②초사흘.

삭개〔זַכַּי =순결〕인(스 2:9)「바벨론」에서 돌아온 한 자손의 가문.

삭개오〔*Ζαχχαιος*=의로운 사람〕인(눅 19:1-10) ①「여리고」 성의 세리장(세무서장)으로 키가 작았다. ②부정 축재로 큰 부자가 되었으나 그의 직업과 그의 불의한 행동 때문에 동족들의 멸시를 받게 되었다. ③예수께서 「여리고」를 지나가실 때에 「삭개오」도 군중들 틈에 끼여 예수를 만나려 했으나 키가 작으므로 뜻을 이루지 못하고 있다가 마침 옆에 있던 뽕나무 위에 올라가 예수를 보았다. ④이때 예수께서 그 뽕나무 아래 발을 멈추시고 삭개오를 불러 내려 그의 집에 묵어 가시겠다고 하였다. ⑤그날 밤 삭개오는 예수님의 말씀에 감동 받아 철저하게 회개하고 자기가 지금까지 축적한 재산 중에 남을 억울하게 한 것이 있으면 4배나 갚겠노라고 군중 앞에서 선포하였다. 그 집에 구원의 축복이 임하게 된 것이다.

삭굴〔זַכּוּר =순결〕인(민 13:4)
1「바란」 광야에서 「가나안」 땅을 탐지하러 「모세」에 의해 파송되었던 「르우벤」 지파의 대표 「삼무아」의 부친이다(민 13:4).
2「시므온」의 자손 「미스마」의 아들이다(대상 4:26).
3「레위」인 「므라리」의 자손 「야아시야」의 아들이다(대상 24:27).
그 외 4사람이 있다(대상 25:2, 10, 느 12:35, 3:2, 10:12, 13:13).

삭다 자(사 22:25) 물건이 오래되어 썩은 것처럼 되다.

삭도〔削刀;깎을 삭, 칼 도〕명

(민 6:5) 머리털을 깎는데 쓰는 칼. razor for shaving a head.

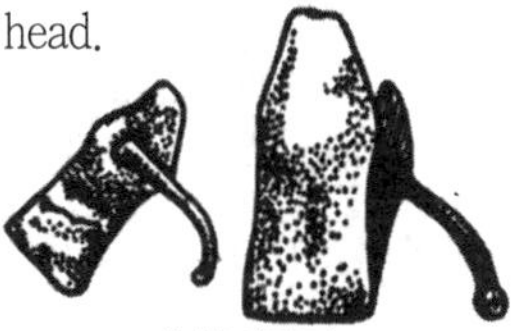

고대 삭도(면도)

삭발〔削髮;깎을 삭, 터럭 발〕명 (렘 47:5) 머리털을 깎음. hair cutting.

삭제〔削除;깎을 삭, 덜 제〕명 (민 27:4) ①깎아서 없앰. elimination. ②지워버림. cancellation.

삯 명(창 30:32) ①일을 한데 대하여 보수로 주는 돈이나 물건. wages. ②임금. wages.

삯군 명(레 25:53) →'삯꾼'의 오기. 일을 한 대가로 돈을 받는 사람. hired.

산〔山;뫼 산〕명(창 7:19) ①육지의 표면이 주위의 땅보다 훨씬 높이 솟은 부분. mountain. ②산소. graveyard.

산골〔山~;뫼 산〕명(삼상 23:14) 궁벽한 산 속. 두메. 산간. remote place in the mountain.

산기〔産期;낳을 산, 기약할 기〕명(삼상 4:19) 밴 아이를 낳는 시기. time of parturition.

산기슭 명(출 19:17) 산의 아래 부분.

산꼭대기 명(출 17:9) 산의 맨 위.

산당〔山堂;뫼 산, 집 당〕명(레 26:30) ①산신(山神)을 보호하는 사당. 산신당 place of worship on the hill. ②히브리 어로 '바아마아'(높은 곳)를 뜻한다. 그러나 산당은 우상을 섬기는 곳이 되었다. 가나안 사람들의 것을 이스라엘 사람들이 본따서 종교적 타락을 가져왔다. 선지자들의 비난을 받았고 왕의 금령을 받았다(대하 21:11, 왕하 22:52).

산란〔散亂;흩을 산, 어지러울 란〕명(신 28:65) ①흩어져 어지러움. dispersion. ②정신이 어수선함. disorder.

산록〔山麓;뫼 산, 산줄기 록〕명 (신 3:17) 산기슭. foot of mountain.

산문〔産門;낳을 산, 문 문〕명 (호 13:13) 해산하는 여자의 음부. vulva.

산물〔產物;낳을 산, 만물 물〕명 (레 25:19) 그 지방에서 생산되는 물건. produce.

산발랏〔סַנְבַלַּט=하나님께서 생명을 주심〕인(느 13:28) ①「벳호론」의 주민이며 「호론」 사람이라고 불리었다(느 2:10). ②「조세퍼스」는 그를 「사마리아」 인이라고 불렀다. 아마 「사마리아」 여자와 「앗시리아」 남자 사이에 태어난 혼혈아인 듯하다. 그

ㅅ

는 「사마리아」에서 세력이 대단하였다(느 4:1). ③ 「산발랏」의 딸에게 장가든 제사장은 면직되었다.

산비둘기〔山~;뫼 산〕명(창 15:9) 〈동〉 비둘기과에 딸린 새. 전신은 담회색. 머리, 목, 배는 회백색. pigeon.

산비탈〔山~;뫼 산〕명(삼하 16:13) 기슭이 몹시 기울어진 곳. steep mountain slope.

산산나〔סַנְסַנָּה=종려 가지〕지(수 15:31) 「유대」의 남쪽에 있는 성읍.

산산이〔散散~;흩을 산, 흩을 산〕부(삼상 2:10) 여지없이 흩어지거나 깨어진 모양. in pieces.

산상〔山上;뫼 산, 웃 상〕명(신 9:10) ①산 위. top of a mountain. ②뫼 쓰는 일에 하는 곳.

산상 설교명(마 5:-7:) 예수님께서 「가버나움」 산 위에서 교훈하신 말씀을 일컫는 말. 산상 보훈이라고도 한다. 「어거스틴」이 주석할 때 사용하였다. sermon of the mount.

산성〔山城;뫼 산, 재 성〕명(민 13:19) 산에 쌓은 성.

산악〔山岳;뫼 산, 큰산 악(山嶽;뫼 산, 메뿌리 악〕명(계 16:20) 크고 작은 모든 산. mountains.

산양〔山羊;뫼 산, 양 양〕명(신

14:5) 〈동〉 염소. 영양(羚羊).

산업〔產業;낳을 산, 업 업〕명(창 47:27) 생산업과 생산 과정을 이루는 사업의 총칭. industry.

산울명(대상 4:23) 산 나무를 심어서 된 울타리. 원 산울타리. living hedge.

산 자〔~者;놈 자〕명(창 3:20) 살아 있는 모든 사람.

산제사〔祭祀;제사 제, 제사 사〕명(롬 12:1) 그리스도를 믿고 따르는 성도의 성결하고도 바른 일상 생활.

산중〔山中;뫼 산, 가운데 중〕명(대하 27:4) 산 속. mountain recess.

산지〔山地;뫼 산, 땅 지〕명(민 13:17) ①산이 많은 땅. mountainous district. ②뫼를 쓰기에 적당한 땅. place suitable for a graveyard.

산채로형(민 16:30) 살아 있는 그대로.

산파〔產婆;낳을 산, 할미 파〕명(창 35:17) 아이를 낳을 때 아이를 받고 산모를 구호하는 일을 업으로 하는 여자. 조산원. midwife.

산헤드린 명 주후 70년까지 존속했던 「예루살렘」 공회로서 「유대」 최고의 관청. 「유대」인들은 의회라 불렀다. sanhedrin.

산헤립〔סַנְחֵרִיב = 하나님께서 형제를 더해 주신다〕인(왕하 19:35-37) 「앗수르」 왕 「사르곤」 2세의 아들. ①그 부친 「사르곤」이 살해되므로 「앗수르」가 왕위에 올랐다(주전 705-681). ②「바벨론」, 「엘람」을 정복하고 주전 701년 서방 여러 나라를 원정하기 시작했다. ③「유다」 왕 「히스기야」는 「애굽」에 원정을 청하여 「앗수르」에 도전했다(왕하 18:7). ④「산헤립」은 「유다」를 공격하여 46도시를 점령하고 20만 여명을 포로로 데려갔다. ⑤「예루살렘」 포위 작전 때 열병이 생겨 전쟁을 포기하였다. ⑥주전 681년 「니느웨」에서 그의 두 아들의 손에 암살 당하였다.

산혈〔産血;낳을 산, 피 혈〕명(레 12:4) 아이를 낳을 때 나오는 피. loss of blood.

산호〔珊瑚;산호 산, 산호 호〕명(욥 28:18) 산호충의 몸을 싸고 있는 석회질의 뼈. 외피를 벗기어 장식용으로 씀. coral.

살[1] 명(창 2:21) ①동물체를 이루는 근육 조직의 하나. 피부에 덮여 있어 뼈를 싸는 골격근으로 이루어진 부분. ②과실의 껍질과 씨 사이의 연한 부분.

살[2] 명(창 21:16) 화살. arrow.

살구 명(출 25:33) 〈식〉 살구나무의 열매, 씨는 약재로 씀. apricot. 살구의 영적 의미는 깨우는 자, 지키는 자이다. 부활의 표상을 상징했으며 성전의 금 촛대, 잔을 이 꽃 모양으로 만들었다(출 25:32-38).

살구나무 명(창 30:37) 〈식〉 앵두과의 낙엽 교목. 봄에 붉으스레한 다섯 잎의 꽃이 핌.

살기〔殺氣;죽일 살, 기운 기〕명(행 9:1) ①죽일 기운. violent temper. ②거칠고 무시무시한 기운. blood thirstiness.

살다 명(창 3:20) ①목숨을 이어나가다. be live. ②목숨을 이어나가려고 활동을 하다. live. ③일정한 곳에 집을 짓고 살림하다. dwell.

살라〔Σαλα = 보내다, 활〕인(눅 3:35) ①「알박삿」의 아들이며 예수 그리스도의 조상의 한 사람. ②구약에서는 「셀라」라고 하였다(창 10:24).

살라미〔Σαλαμις=던짐〕㉠(행 13:5) 「지중해」 동부에 있는 「구브로」 섬 동쪽 끝에 위치한 항구. 「구브로」 섬의 수도이며, 상업 도시이다. 「바울」과 「바나바」가 1차 선교 여행에 이곳 「유대」인 거리에서 전도하였다(행 13:5). 이곳에 첫발을 디딘 원인은 ①「유대」인이 많음이요. ②「바나바」의 고향이다. 「헤롯」 왕이 이곳에서 구리를 채광해 오기 때문에 「유대」인이 이곳에 많이 정착하게 되었다. 전설에 의하면 「바나바」가 이곳에서 전도하다가 「유대」인의 폭동으로 순교하였다 한다.

살라지다 타(시 78:63) 삼키거나 먹어 버리다의 뜻.

살랍〔צָלָף=상처〕인(느 3:30) 「하눈」의 아버지.

살래〔סַלַּי=위로 올려진〕인(느 11:8) 「베냐민」 족속 중 「바벨론」에서 돌아온 사람.

살레겟〔שַׁלֶּכֶת=떨어짐〕지(대상 26:16) 「예루살렘」 성전의 서편 돌담에 있는 큰 길로 통한 문으로, 성전의 쓰레기를 버리는 곳이다.

살레셀〔שַׁרְאֶצֶר=불의 왕〕인(사 38:37) ①「산헤립」의 패역한 아들(왕하 19:37). ②「벧엘」 사람이 찾아와 은혜를 구한 사람(슥 7:2).

살렘〔שָׁלֵם=평화〕지(창 14:18, 히 7:1)

1 「멜기세덱」이 제사장과 왕으로 있는 도성이다. 그는 「아브라함」이 「그돌라 오멜」과 그와 함께 한 왕들을 쳐서 이기고 돌아올 때 「아브라함」을 영접하고 축복하였다. 「예루살렘」의 고대 명칭인 듯하다(시 76:2).

2 세례 「요한」이 세례 베풀었던 곳으로, 「애논」에서 가까운 「요단」 서쪽 땅이다(요 1:28, 3:23, 26, 10:40). 「나볼러스」 동쪽 「살림」(Salim)이라고 말하는 사람도 있다.

살려 주다 타(수 2:13) 죽게 된 사람을 용서하거나 구하여 살게 해주다. Jet live. save.

살로메〔Σαλωμη=평화〕인(막 15:40)

1 예수를 따르던 여인 중의 한 사람. ①예수의 십자가 수난 현장을 지켜보았으며, 부활하신 아침 일찍이 무덤을 찾아갔다(막 16:1). ②「세베대」의 아내이며, 「야고보」와 「요한」의 어머니라고 생각된다(마 27:56).

2 「헤로디아」의 딸로 「헤롯」 왕의 생일 축하를 위한

연회석 상에서 춤을 추어 「헤롯」 왕의 마음을 기쁘게 하였으며 그 값으로 세례 「요한」의 목을 베어달라고 해서 「요한」이 그때 죽었다(마 14:). 그는 「헤롯」 왕의 동생 「헤롯 빌립」의 처 「헤로디아」의 딸이다.

살루[1]〔סַלּוּ=경멸, 올라감〕인
1 「베냐민」 지파 「므슬람」의 아들(대상 9:7, 느 11:7).
2 「스룹바벨」과 함께 「바벨론」에서 돌아온 제사장, 족장(느 12:7).

살루[2]〔סָלוּא=높이 올려짐〕인 (민 25:14) 「미디안」 여자와 함께 죽임을 당한 「시므리」의 아버지.

살룬〔שַׁלּוּן=보람〕인(느 3:15) 「골로새」의 아들.

살룸〔שַׁלּוּם = 보응〕인(왕하 15:10)
1 「이스라엘」 왕으로 「야베스」의 아들이다. 무정부 상태로 있을 때에 「스가랴」를 죽이고 왕위로 올랐다가 1개월 후에 「므나헴」에게 살해되었다(왕하 15:10-15).
2 대제사장 「사독」 족속의 한 사람으로 「에스라」의 조상이며 「솔로몬」 왕 때의 제사장 「아사랴」의 5대손이다(대상 6:12).
3 「딤와」의 아들. 여선지 「훌다」의 남편으로 「요시야」 왕 때 성전 예복을 주관한 자이다(왕하 22:14, 대하 34:22).
4 「예루살렘」 지방 절반을 다스리는 자 「할로헤스」의 아들. ①그는 딸과 함께 「예루살렘」 성의 일부분을 중수한 자이다(느 3:12). ②「유대」 국 「요시야」 왕의 넷째 아들이다(대상 3:15).
5 이 외에 8인이 있다(대상 2:40, 4:25, 7:13, 9:17, 대하 28:12, 렘 32:7, 스 10:24, 42).

살륙〔殺戮;죽일 살, 죽일 륙〕명 (삼상 4:10) 무엇을 빙자하고 사람을 마구 찔러 죽임. 살육. slaughter.

살륙죄〔殺戮罪; ~허물 죄〕명 (호 5:2) 사람을 마구 찔러 죽인 죄.

살르가〔סַלְכָה=방랑〕지(신 3:10) 「반산」의 동쪽에 있던 「옥」의 성읍.

살리사〔שָׁלִשָׁה =제3의 땅〕지 (삼상 9:4) 「기스」가 나귀를 잃고 그 아들 「사울」을 이곳까지 보내어 찾지 못한 곳.

살림 명(눅 15:12) 한 집을 꾸리고 살아가는 일. 또는 그 형편. livelihood.

살마〔שַׁלְמָא=강한〕인(대상 2:11)→「살몬」.

살만〔שַׁלְמַן=우상〕인(호 10:14) 「벧아벨」을 훼파한 사람의 이름인데, 「살만에셀」이

ㅅ

란 이름을 줄인 동일인이라는 주장과 「호세아」 시대의 「모압」 왕 「살만」과 동일인이란 두 가지 주장이 있다.

살만에셀〔שַׁלְמַנְאֶסֶר = 살만신(神)이 제일〕[인](왕하 17:3) 「앗수르」 음으로 「술마누아사리두」 곧 "술만 신의 머리가 되신다"라는 뜻이다. 「앗수르」 왕은 5명인데, 성서에 나오는 왕은 「살만에셀」 3세와 5세 두 사람이다.

[1]「살만에셀」 3세(주전 859-824). 구약에 그 이름은 기록되지 않았으나 다른 기록에 보면, 주전 853년 「칼칼」에서 「아합」 왕과 그의 동맹군인 「다메섹」, 「벤하닷」의 군사와 싸웠다. 이때 하는 수 없이 퇴군하였으나, 주전 814년 「수리아」를 공격했을 때에는 「예후」가 조공을 바쳤다.

[2]「살만에셀」 5세(주전 727-722). 북왕국 「이스라엘」을 멸망시킨 왕. 북왕국의 마지막 왕 「호세아」가 처음에는 「살만에셀」에게 조공을 바쳤으나 「애굽」 왕과 동맹하고 「앗수르」를 배반하니 「살만에셀」은 「이스라엘」의 수도 「사마리아」를 3년간이나 포위하였다. 「호세아」 왕과 백성들을 사로잡아 갔다고 기록되어 있으나(왕하 17:3-6, 18:9-11), 사실은 「살만에셀」은 도중에 죽고 후계자인 「사르곤」 2세가 주전 722년 12월 「사마리아」를 함락시켰다.

살매〔שַׁלְמַי = 보답자〕[인](느 7:48) 「느디님」 조상의 한 사람.

살모나〔צַלְמֹנָה = 그늘진〕[지](민 33:41) 「이스라엘」 백성이 「아라바」에서 머물던 곳.

살모네〔*Σαγμώνη* = 흘러간다〕[지](행 27:7) 「지중해」 동북 끝에 있는 곶(海山甲)으로서, 지금의 「시데로」 곶이라고 한다. 「바울」이 「로마」로 압송되어 갈 때에 강한 서북풍을 만나 고생한 곳이다.

살몬[1]〔שַׂלְמוֹן = 그늘진〕[인](룻 4:20) ①「나손」의 아들로서 「여리고」의 기생 「라합」과 결혼하여 「보아스」를 낳았다. ②예수님의 족보에 있다(마 1:4-5, 눅 3:32). ③「갈렙」의 아들 「살마」가 「베들레헴」에 관련되어 있는 것은 「살몬」이 그와 동일인임을 암시한다(대상 2:51, 54).

살몬[2]〔צַלְמוֹן = 그늘진〕[지](사 68:14) 「요단」 강 동편 눈 덮인 산을 가리키는 듯하다.

살몬산〔שַׁלְמוֹן = 그늘진 산〕[지](삿 9:48) 「세겜」 부근 삼림이 우거진 산.

살문나〔צַלְמֻנָּע = 보호하심을 배

척함〕인(삿 8:5-21) 「기드온」에게 잡혀 죽은 「미디안」의 왕.

살스김〔שַׂרְסְכִים=흑인 노예의 왕〕인(렘 39:3) 「느부갓네살」 군대의 환관장.

살아나다 자(왕상 17:22) ①죽게된 생명이 다시 살게 되다. revive. ②꺼지게 된 불이 도로 일어나다. flame up again. ③몹시 어려운 고비를 벗어나다. be relieved from hardship.

살인〔殺人;죽일 살, 사람 인〕명(출 20:13) 사람을 죽임. homicide.

살인자〔殺人者;~놈 자〕명(민 31:9) 사람을 죽인 사람. killer.

※ 마귀는 살인자다.

살인죄〔殺人罪;죽일 살, 사람 인, 허물 죄〕명(민 35:31) 사람을 죽인 죄.

살쩍 명(삿 4:22) 관자놀이와 귀 사이에 난 털. sideburns.

살창〔~窓;창 창〕명(삿 5:28) 나무를 좁고 가늘게 만들거나 쇠를 여러 개 박아서 만든 창문. latticed window.

살피다 타(출 1:16) ①자세히 알아보다. watch. ②깊게 생각하다. judge.

살해〔殺害;죽일 살, 해할 해〕명(에 8:7) 남의 목숨을 죽임. murder.

삶 명(신 5:33) ①살아 숨쉬는 것. life. ②살아가는 일. living.

삶다 타(출 12:9) ①물에 넣고 끓이다. boil. ②달래거나 꾀어서 반대하던 사람을 고분고분하게 만들다. appease.

삼[1] 명(출 9:31)〈식〉 의복이나 실을 만드는 삼과의 일년생 식물. 대마. 마. hemp.

삼[2] 명(출 9:31) 등불의 심지. flax.

삼가다 자타(출 10:10) ①매사를 조심성 있게 경계하다. be cautions. ②겸손한 태도로. respect.

삼갈〔שַׁמְגַּר=술 따르는 사람〕인(삿 3:31) ①「이스라엘」의 사사로서 「블레셋」 사람과의 싸움에서 소채찍을 사용하여 「이스라엘」을 구하였다. ②그러나 「드보라」의 노래 내용에는 「이스라엘」을 해롭게 한 사람으로 기록되었다(삿 5:6).

삼갈느보〔שַׁמְגַּרְנְבוֹ=느보의 검〕인(렘 39:3) 「유다」 왕 「시드기야」 9년 10월 싸움에 참전한 「느부갓네살」 군대의 한 방백.

삼격 일신〔三格一神=삼위일체〕명(아버지와 아들과 성령이 각각 제 신격으로 영원토록 하나의 실재(實在)로서 존재한다는 성경에 근거한

복음주의 학설. trinity.

삼겹 명(전 4:12) 셋이 포개어 짐.

삼경〔三更;석 삼, 시각 경〕명(눅 12:38) 하룻밤을 오경으로 나눈 셋째. 밤 11시부터 오전 1시까지의 사이. midnight.

삼관〔三舘;석 삼, 집 관, *Τρεῖς Ταβερναλ*=세 휴게소〕지(행 28:15) 「로마」의 남동 「압비아」 가도(街道)에 있는 휴게소. 「바울」이 「로마」로 갈 때 「로마」에 있는 형제들이 나와 「바울」을 영접한 곳.

삼구〔三區;석 삼, 구역 구〕명(신 19:3) 세 구역. three parts.

삼다 타(창 6:2) ①자기와 어떤 관계를 맺게 하다. make a something of a person. ②무엇이 되게 하다. use～as.

삼대〔三代;석 삼, 이을 대〕명(창 50:23) 자기부터 손자까지.

삼라〔שַׂמְלָה=옷〕인(창 36:36, 대상 1:47) 「에돔」의 왕 이름.

삼림〔森林;수풀 삼, 수풀 림〕명(신 19:5) 나무가 울창한 숲.

삼마〔שַׁמָּה=장식, 명성〕인(창 36:3)

1「에서」의 손자. 「이스라엘」의 외손으로 「에돔」 족장이다(창 36:4, 13, 17).

2 ①「이새」의 제3자요, 「다윗」의 형이다(삼상 10:9, 17:3). ②「시므아」라고도 한다(대상 2:13).

3「다윗」의 30용사 중의 한 사람으로서, 「하랄」인 「아게」의 아들이다(삼하 23:11, 33).

4 역시 「다윗」의 용사 중 한 사람으로 「하롯」인 이다(삼하 23:25). 대상 11:25에는 「하롤」인 「삼훗」이라 하고, 대상 27:7에는 「이스라」인 「삼훗」이라 하였다.

삼매〔שַׁמַּי=황폐한〕인

1「유다」 지파 「여라므엘」 사람 「오남」의 아들 「나답」과 「아비술」의 아버지(대상 2:28).

2「유다」 지파 「레겜」의 아들(대상 2:44).

3「유다」 지파 「이스마」 사람 「에스라」의 손자이며 「메렛」의 아들(대상 4:17).

삼무아〔שַׁמּוּעַ=명성〕인

1「가나안」을 정탐하러 간 12인 중 「르우벤」 지파의 대표자다(민 13:4).

2「예루살렘」에서 「밧세바」가 「다윗」에게 낳아 준 아들로서 「시므아」라고도 한다(삼하 5:14, 대상 3:5).

3「레위」인 「여두둔」의 자손(느 11:17).

4 대제사장 「요야김」 때의

한 제사장으로서 「빌간」 족속의 족장(느 12:18).

삼문〔三門;석 삼, 문 문〕명(렘 38:13) 셋째 문, 세 문.

삼사대〔三四代;석 삼, 넉 사, 이을 대〕명(출 20:5) 조상의 죄를 이어받는 대수. 할아버지로부터 손자에 이르기까지.

삼성〔參星;석 삼, 별 성〕명(욥 9:9) 오리온 자리에 있는 별. 이십팔숙의 스물 한 번째에 있는 별이름.

삼손〔שִׁמְשׁוֹן=태양과 같다〕인(삿 13:2) 「이스라엘」 사사 중 가장 특색 있는 사람. ①「소라」 땅, 「단」 지파, 「마노아」의 아들. 출생 전에 천사가 그 모친에게 생산할 것을 예보하는 동시에 태모는 독주를 마시지 말고 아이는 머리에 삭도를 대지 말 것을 부탁하고 이 아이가 자라서 「이스라엘」을 「블레셋」의 손에서 구원하겠다고 하였다(삿 13:2-5). ②그가 출생하여 장성하여 가며 여호와의 신에 감동하여 힘이 강하게 되어, 「딤나」에서 사자를 만나 맨손으로 찢어 죽였다(삿 14:5-6). ③「아스글론」에 가서 30명을 죽이고 의복 30벌을 빼어다가 수수께끼를 맞춘 사람에게 주었다(삿 14:19-20). ④여우 3백 마리를 잡아 꼬리에 횃불을 매어 「블레셋」인의 밭에 들여보내어 곡식을 사루어 아내 빼앗긴 것을 복수하였다(삿 15:1-6). ⑤「블레셋」이 「레히」에 진을 치고 「유대」를 치려하매 「유대」인이 두려워 「삼손」을 결박하고 「블레셋」인에게 내어 주었다. 그때에 여호와의 권능이 「삼손」에게 임하여 결박한 줄이 불탄 삼 같이 끊어지니 나귀 턱뼈를 취하여 「블레셋」인 1천명을 죽였다(삿 15:9-15). ⑥「가사」에 가서 기생의 집에서 자더니 그 곳 사람들이 죽이려 하매, 밤중에 성 문짝을 떼어 버리고 「헤브론」 산꼭대기에 올라갔다(삿 16:11-3). ⑦「소렉」 골짜기의 애인 「들릴라」를 사랑하며 그 집에 유하는 중 「블레셋」 군이 그 여자를 꾀어 한 번은 칡으로, 한 번은 쓰지 않은 새 줄로 결박한 것을 실같이 끊었다(삿 16:4-12).

⑧그러나 그 여자는 굴하지 않고 부절히 「삼손」의 힘이

나오는 비결을 재촉하므로 「삼손」은 마침내 자기의 극비밀인 삭도를 머리에 대지 말라는 천사의 부탁을 알려 주었다. 그래서 그는 「블레셋」인에게 잡혀 두 눈이 뽑히고 결박당하여 옥에 갇혀 맷돌을 돌리게 되었다(삿 16:15-21). ⑨「블레셋」 방백들은 자기들의 대적을 잡은 축하연을 열고 「삼손」을 불러내어 재주를 부리게 하고 조롱하니 이 자리의 관중은 수천명에 달하였다. 이때에 「삼손」은 여호와께 간구하여 강한 힘을 다시 얻어 가지고 연석 중앙의 기둥을 껴안고 몸을 굽히니 그 집이 무너져 그 안에 있던 관중이 전멸하였다. 「삼손」이 죽을 때에 죽인 자가 살았을 때에 죽인 자 보다 많았다. 이 소식을 들은 가족이 그 시체를 「마노아」 장지에 장사하였다(삿 16:23-30). ⑩그는 「이스라엘」의 사사로 20년을 지내는 동안에 그 위대한 힘으로 대적 「블레셋」을 시시로 격퇴시켰으나 여자에게 미혹되어 자기의 귀중한 비밀을 토설함으로 말미암아 일신의 고생은 물론, 국가 민족에 대하여 보다 더 아름다운 업적을 나타내지 못하였다. 그러나 사도는 그의 신앙을 칭찬하였다(히 11:32).

삼숨밈〔זַמְזֻמִּים＝소음을 내는 족속들〕인(신 2:20) 거인들이 사는 나라의 민족 이름. 고대 「암몬」에서 「모세」 이전에 살고 있었다.

삼스레〔שַׁמְשְׁרַי＝영웅, 용맹〕인(대상 8:26, 28) 「베냐민」 지파 「여로함」의 아들로서 족장이며, 두목이다.

삼실 명(삿 16:9) 삼으로 된 실.

삼야〔三夜;석 삼, 밤 야〕명(욘 1:17) 세 밤. 「요나」가 고기 뱃속에 있는 기간.

삼 오라기 명(사 1:31) 삼의 토막.

삼촌〔三寸;석 삼, 마디 촌〕명(레 25:49) ①세 치. three in inches. ②아버지의 형제들. uncle.

삼층〔三層;석 삼, 층 층〕명(창 6:16) 위로 셋째 층. third floor.

삼층루〔三層樓;～다락 루〕명

(행 20:9) 삼층 다락.

삼키다 타(창 41:7) ①목구멍으로 넘기다. gulp down. ②감추어 자기의 소유로 만들다. embezzle.

삼현금〔三絃琴;석 삼, 줄 현, 거문고 금〕명(단 3:5) 〈악〉 줄 셋을 메어 만든 거문고. three-stringed harp.

삼훗〔שַׁמְהוּת〕인(대상 27:8) 「이스라」 사람 「다윗」의 지휘관 사무엘하 23:25의 「삼마」 대상 11:27의 「삼몬」과 같은 인물인 듯하다.→「삼마」

삽[1]〔插;가래 삽〕명(신 23:13) 땅을 파고 흙을 떠내는데 쓰는 연장의 한 가지. shovel.

삽[2]〔סַף=문지방〕인(삼하 21:18, 대상 20:4) 몸집이 장대한 「블레셋」 군인으로서 「곱」 전쟁에서 「십부개」에게 피살됨. 「십배」라고도 함.

삽다〔סַבְתָּא〕인(창 10:7, 대상 1:9) 「함」의 손자, 「구스」의 셋째 아들.

삽드가〔סַבְתְּכָא〕인(창 10:7) 「구스」의 아들. 「함」의 손자.

삽디〔זַבְדִּי=여호와의 선물〕인
1 「세라」의 아들이며, 「아간」의 할아버지다(수 7:1).
2 그 외 3인이 있다(대상 8:19, 27:27, 느 11:17).

삽디엘〔זַבְדִּיאֵל=하나님의 선물〕인(느 11:14) 「하그돌림」의 아들이며, 감독.

삽배〔זַבַּי=은사, 순결〕인(스 10:28)
1 「베배」의 자손으로, 「에스라」의 권고에 따라 이방인 아내와 이혼한 사람이다(스 10:28).
2 성벽 수리 공사를 한 「바룩」의 부친이다(느 3:20).

삽브대〔שַׁבְּתַי=안식일에 태어난〕인(스 10:15) 「바벨론」 포로에서 귀환한 백성에게 율법을 가르쳐 준 「레위」 방백이며 바깥 일을 다스리는 유사(有司)였다(느 8:7, 11:16).

삽비라〔Σαπφιρα=아름다운, 즐거움〕인(행 5:7-11) 「예루살렘」 교회 신도 「아나니아」의 아내로서, 토지를 팔아 하나님께 드리겠다던 약속을 어기고 거짓말을 하다가 죽은 사람.

삿두〔זַתּוּא=귀여운, 즐거운〕인(스 2:8, 10:27, 느 7:13, 10:14) 「바벨론」 포로에서 귀환한 족장.

상[1]〔上;위 상〕명(창 6:16) ①위. 상부. upside. ②가장 잘 함. 가장 빼어나다. first class.

상[2]〔床;평상 상〕명(출 25:23) 소반, 책상, 평상 등 상의 총칭. 하나님께서 베푸시는 잔치를 상(床)이라고 표현함.

상[3]〔賞;상줄 상〕명(룻 2:12)

ㅅ

잘한 일을 칭찬하여 주는 표적. prize.

상[4]〔像;형상 상〕명(출 34:13) 광선의 반사 굴절로 인해 생기는 물체의 형상. figure.

상가〔喪家;복입을 상, 집 가〕명(렘 16:5) ①초상난 집. house of mourning. ②상제의 집. house of mourner.

상거〔相距;서로 상, 떨어질 거〕명(창 32:16) 서로 떨어진 거리. distance.

상고[1]〔商賈;장사 상, 장사 고〕명(창 23:16) 장사를 하는 사람. 장수. 상인. seller.

상고[2]〔上古;위 상, 옛 고〕명(왕하 19:25) ①오랜 옛날. ancient times. ②〈역〉역사의 시대구분의 한 가지.

상고[3]〔詳考;상세할 상, 상고할 고〕명(신 4:32) 자세히 참고함. 자세하게 검토함. careful consideration.

상관[1]〔上官;위 상, 벼슬 관〕명(행 16:20) 윗자리의 관리. higher officer.

상관[2]〔相關;서로 상, 관계할 관〕명(창 19:5) ①서로 관련을 가짐. correlation. ②남의 일에 간섭함. involvement.

상급〔賞給;상줄 상, 줄 급〕명(창 15:1) 상으로 줌. 또는 그 물건. awarding a prize.

상납[1]〔上納;위 상, 드릴 납〕명(창 47:24) ①조세 따위를 바치던 일. payment to the authorities. ②하급자가 상급자에게 부정한 제물을 바침.

상납[2]〔上鑞;위 상, 백랍 랍〕명(민 31:22) 금속 원소의 하나. 은백색 광택이 있고 도금 및 합금에 씀. 주석. tin.

상달〔上達;위 상, 통달할 달〕명(출 2:23) 윗사람에게 말이나 글로 여쭈어 알게 하다. report.

상당〔相當;서로 상, 마땅할 당〕명(레 5:15) ①어지간함. considerable. ②제 분수에 알맞음. proper. 부 상당히.

상대〔相對;서로 상, 대할 대〕명(마 18:15) ①서로 관계함. relation. ②다른 것의 제한을 받아 그것과의 제한을 받아 그것과 함께 변화함. ③서로 마주 대함. relativity.

상대편〔相對便;~편할 편〕명(출 22:9) 상대가 되는 편. 맞은 편. the other party.

상등〔上等;위 상, 무리 등〕명(출 30:23) 높은 등급. superiority.

상론〔相論;서로 상, 의논할 론〕명(마 22:15) ①서로 의논함. ②관상 보는데 대한 논평.

상륙〔上陸;위 상, 뭍 육〕명(행 18:22) 배에서 내리어 육지로 올라옴. landing.

상면〔上面;위 상, 낯 면〕명(출

30:3) 위쪽의 겉바닥. surface.

상번제〔常燔祭;항상 상, 구울 번, 제사 제〕명(민 28:3) 제단에서 계속적으로 제물을 태우는 제사. the daily burnt offering. 일명 화제(火祭)라고도 한다. 제물의 일부는 제사장이 가졌다(민 28:6).

상복〔喪服;죽을 상, 옷 복〕명(삼하 14:2) 상제로 있는 동안 입는 예복. 소복. mourning dress.

상사〔喪事;죽을 상, 일 사〕명(창 24:67) 초상이 난 일. mourning.

상상〔想像;생각할 상, 형상 상〕명(신 31:21) ①미루어 생각함. ②이미 아는 사실이나 관념을 재료로 하여 새 사실, 새 관념을 만드는 작용. imagination.

상석〔上席;위 상, 자리 석〕명(마 23:6) ①위 되는 벼슬자리. higher seat. ②윗자리. 상좌. top seat.

상소〔上疏;위 상, 상소 소〕명(행 25:26) 임금에게 글을 올림. petition to the throne.

상속〔相續;서로 상, 이을 속〕명(신 18:8) ①이어받음. succession. ②유산을 계승하는 일. inheritance.

상속권〔相續權;~권세 권〕명(렘 32:8) 상속을 받기 전 상속 혹은 상속 개시 후에 상속인이 상속의 효과에 대하여 가진 기득권. right of inheritance.

상속 산업〔相續産業;~낳을 산, 업 업〕명(신 18:8) 이어받은 산업.

* 성도의 상속 산업은 신앙이다.

상속자〔相續者;~놈 자〕명(창 15:2) 상속을 받는 사람의 법률상의 호칭. 상속인. inheritor.

상수리 명(창 13:18) 〈식〉 상수리나무의 열매. oak.

상수리나무 명(창 12:6) 〈식〉 참나뭇과의 다년생 낙엽 교목. 참나무. oak-tree.

상실〔喪失;복입을 상, 잃을 실〕명(롬 1:28) 불행하게도 잃어 버림. loss.

상심〔傷心;상할 상, 마음 심〕명(시 147:3) 마음을 상함. 걱정함. grief.

상아〔象牙;코끼리 상, 어금니 아〕명(왕상 10:18) 코끼리의 어금니. ivory. 상아로 「솔로몬」 왕의 왕좌를 만들었고 (왕상 10:18, 대하 9:21), 「아합」의 궁전을 장식했으며(왕상 22:39), 「두로」의 배(船)는 갑판을 꾸몄다(겔 27 :6).

상아궁〔象牙宮;～집 궁〕[명](왕상 22:39) 상아로 만든 궁전. 상아로 장식된 궁전. palace decorated with ivory.

상아 기명〔象牙器皿;～그릇 기, 그릇 명〕[명](계 18:12) 상아로 만든 그릇. all kinds of objects made of ivory.

상약〔相約;서로 상, 약속할 약〕[명](삿 20:38) 서로 약속함. engagement.

상업〔商業;장사 상, 업 업〕[명](마 22:5) 상품을 사고 팔아 이익을 얻는 영업. commerce.

상업차〔商業次;～차례 차〕[명](마 22:5) 상품을 사고 팔기 위하여 떠나는 일. 장삿길.

상여〔喪輿;복입을 상, 가마 여〕[명](삼하 3:31) 시체를 나르는 제구. bier.

상의〔相議;서로 상, 의논할 의〕[명](삿 19:30) 서로 의논함. consultation.

상자〔箱子;상자 상, 아들 자〕[명](출 2:3) 나무나 대 또는 종이 따위로 만든 통. box.

상전〔上典;위 상, 법 전〕[명](출 21:4) 종에 대하여 주인을 이르는 말. one's master.

상제〔喪制;복입을 상, 억제할 제〕[명](삼하 14:2) 상중에 있는 사람. chief mourner.

상종〔相從;서로 상, 따를 종〕[명](삿 18:28) 서로 의좋게 지냄. association.

상좌〔上座;위 상, 자리 좌〕[명](마 23:6) 윗자리. 높은 자리. top seat.

상주〔喪主;복입을 상, 주인 주〕[명](삼하 14:2) 주장이 되는 상제. chief mourner.

상주다〔賞～;상줄 상〕[타](삼하 22:21) 칭찬하여 상을 주다.

상직군〔上直軍;위 상, 곧을 직, 군사 군〕[명](욥 27:18) 당직을 맡아서 하는 사람. watchman.

상직막〔上直幕;～천막 막〕[명](사 1:8) 하인들이 숙직을 하는 막. watchman's hut.

상책〔上策;위 상, 꾀 책〕[명](삼상 27:1) 제일 좋은 꾀. 상수(上數). best plan.

상처〔傷處;상할 상, 곳 처〕[명](왕하 22:35) 다친 자리. 흉터. wound.

상천 하지〔上天下地;위 상, 하늘 천, 아래 하, 땅 지〕[명](신 4:39) 온 천지. in heaven and on earth.

상층〔上層;위 상, 층 층〕명(겔 42:5) 위층. up-stair.

상쾌〔爽快;시원할 상, 쾌활할 쾌〕명(삼상 16:23) 기분이 시원하고 매우 거뜬함. refreshingness.

상태〔狀態;모양 상, 태도 태〕명(행 26:4) 현재의 모양이나 되어 있는 형편. condition.

상품〔商品;장사 상, 물건 품〕명(욥 41:6) 〈경〉①팔고 사는 물건. ②매매의 목적으로 되는 재화. goods.

상품물〔上品物;위 상, 물건 품, 만물 물〕명(신 33:15) 제일 좋은 물건. the best goods.

상하다〔傷~;상처 상〕자타(창 3:15) ①다치거나 헐어지거나 깨어지거나 썩다. be damaged. ②근심·슬픔·노여움 따위로 마음이 언짢게 되다. be distressed.

상한〔傷寒;상처 상, 찰 한〕명(신 28:22) ①추위로 생기는 급한 열병. cold. ②방사가 너무 지나치거나 성욕을 억지로 눌렀을 때 생기는 병의 한 가지.

상합〔相合;서로 상, 합할 합〕명(엡 4:16) 의견이 서로 맞음. coincidence.

상해〔傷害;상처 상, 해할 해〕명(시 31:4) 남의 몸에 상처를 내어 해롭게 함. wound.

상황〔狀況;형상 상, 하물며 황〕명(담 9:18) 형편과 모양. condition.

새[1] 명(창 1:20) 〈조〉①날짐승의 통칭. bird. ②사이. between.

새[2] 관(창 8:11) 낡지 않은. 새로운. new.

새 계명 명(요 13:34) 서로 사랑하라.

새기다 타(출 20:4) ①물건의 바탕에 글·그림 또는 무슨 형상 따위를 파다. carve. ②마음속에 단단히 가지다. take to heart. 타 소·양 따위 반추동물이 먹은 것을 되돌려서 씹다. ruminate.

새김질 명(레 11:3) 소·양이 먹은 것을 도로 입으로 내어서 다시 잘게 씹어 삼키는 짓. 반추. rumination.

새끼 명(창 15:9) 짐승의 어린 것.

새끼손가락 명(왕상 12:10) 손가락 중에 제일 작은 것. little finger.

새 노래 명(시 33:3) 새로운 노래. new song.

새다[1] 자(삿 5:4) ①틈에서 흘러나오다. leak. ②비밀이 드러나다. be disclosed. ③밤이 가고 날이 밝아 오다. dawn.

새다[2] 타(창 32:24) 밤이 다하도록.

새로 입교한 자 구(딤전 3:6) 신입 교인.

새롭다 형(신 24:5) ①본디 새

ㅅ

것이 그대로 있다. new. ②지나간 일이 다시 생각되어 마음에 새삼스럽다. fresh.

새 마음 명(삼상 10:9) 회개한 마음. 뉘우친 마음. 새롭게 된 마음.

새매 명(레 11:16)〈조〉 작은 올빼미 또는 쏙독새로 여긴다. 부정한 새. nighthawk.

새 문 명(렘 36:10) 성전 문.

새벽 명(출 14:24) 밤이 거의 지나고 날이 밝을 녘. dawn.

새벽 별 명(욥 3:9) 새벽 하늘에 있는 별. morning star.

새벽 빛 명(호 6:3) 먼동이 틀 때 비치는 빛.

새 사람 명(엡 4:24) 예수 그리스도를 믿으므로 과거를 회개하고 새로운 삶을 시작하는 사람. 참된 그리스도인. new self.

새 생명〔~生命;날 생, 목숨 명〕명(롬 6:4) 새로운 목숨. new life.

새 언약〔~言約;말씀 언, 맹세할 약〕명(렘 31:31) 그리스도로 말미암은 구원. 예수님.

새 예루살렘 명(계 3:12) 천국, 구속받은 성도가 살 곳.

새품 명(사 34:13)〈식〉 찔레. 가시덩굴. brier.

색〔色;빛 색〕명(잠 6:25) ①빛깔. colour. ②성(性) 행위. carnal pleasure.

색욕〔色慾;빛 색, 욕심 욕〕명(살전 4:5) 남녀간에 성에 대한 욕심. sexual desire.

색점〔色點;빛 색, 점 점〕명(레 13:2) 색이 있는 점. 피부점.

샘 명(창 7:11) 물이 땅에서 나오는 자리. 샘터. spring.

샘 근원〔~根源;뿌리 근, 근원 원〕명 샘이 흘러나오는 곳(사 41:18).

샘문 명(느 2:14) 「바벨론」 포로에서 돌아와 세운 성벽의 문으로 「기드론」 골짜기를 따라 「실로암」 못에 이르는 곳에 있는 듯하다. 「골호세」의 아들이 중수하였다.

샘물 명(창 16:7) 우물. 솟는 물. spring water.

샛문〔~門;문 문〕명(렘 39:4) 정문 외에 따로 만든 작은 문. side gate.

샛별 명(벧후 1:19) 새벽에 동쪽 하늘에서 찬란하게 반짝이는 별. 곧 금성. 명성. morning star.

생〔生;날 생〕명(막 2:21) 삶.

생명. living.

생각 명(창 6:5) ①의견. ②의도. intention. ③느낌. ④사고(思考). ⑤사상(思想). ⑥깨달음. ⑦기대. ⑧판단. ⑨상상. ⑩각오. ⑪사려.

생것〔生~;날 생〕명(시 58:9) 날 것. 익지 않은 것. rawness.

생겨나다 자(삼하 7:27) 생기어나다.

생과부〔生寡婦;날 생, 적을 과, 지어미 부〕명(삼하 20:3) ①남편과 생이별한 여자. grass widow. ②갓 결혼하였거나 약혼만 하였다가 배우자가 죽은 여자.

생기〔生氣;날 생, 기운 기〕명(창 2:7) 싱싱하고 힘찬 기운. vitality.

생기다 타(신 25:1) ①없던 것이 있게 되다. come into being. ②제 손에 들어오다. come into one's possession.

생남〔生男;날 생, 사내 남〕명(렘 20:15) 아들을 낳음. 득남. delivery of a boy.

생도〔生徒;날 생, 무리 도〕명(왕하 2:3) 〈교〉①학교에서 교육을 받는 사람. student. ②군의 교육 기관. 특히 사관학교에서 교육을 받는 사람. school boy.

생령〔生靈;날 생, 신령 령〕명(창 2:7) 생명(生命). life.

생명〔生命;날 생, 목숨 명〕명(창 1:30) ①목숨. life. ②생물 또는 사물의 존립·유지의 원동력. soul.

생명길 명(잠 2:19) 올바로 가는 길. 사는 길.

생명나무〔生命~;날 생, 목숨 명〕명(창 2:9) 「에덴」 동산에 있었던 나무. 먹으면 영생함. tree that gives life.

생명수〔生命水;~물 수〕명(계 7:17) 하나님의 말씀. God blessing.

생명싸개〔生命~;날 생, 목숨 명〕명(삼상 25:29) 인간의 생명을 감싸 지키는 것. 주의 품. 「생명책」이란 고대 변형어.

생명의 도 명(행 7:38) 산 말씀. 예수 그리스도. 구속의 복음 진리. living oracles.

생명의 주 명(행 3:15) 예수 그리스도.

생명책 명(시 69:28) 하나님이 정하신 구원받을 자를 기록한 책. book of life.

생물〔生物;날 생, 만물 물〕명(창 1:20) 생명을 가지고 살아가는 모든 것. 곧 동물과 식물의 총칭. living thing.

생베〔生~;날 생〕명(마 9:16). 빨지 아니한 베, 생포(生布). unbleached cloth.

생산〔生産;날 생, 낳을 산〕명(창 16:1) ①아이를 낳음. bear. ②물건을 만들어 냄.

ㅅ

industry.

생선〔生鮮;날 생, 생선 선〕명 (민 11:5) 〈동〉 말리거나 절이지 않은, 잡은 그대로의 물고기. fresh fish.

생선문〔生鮮門;~문 문〕명(대하 33:14) 「예루살렘」 성곽 북쪽에 난 문의 이름. the Fish Gate.

생소〔生疏;날 생, 트일 소, 生踈;날 생, 성길 소〕명(사 28:11) ①친하지 못함. unfamiliarity. ②서툴음. unskillfulness.

생수〔生水;날 생, 물 수〕명(아 4:15) 샘. 구멍에서 나오는 물. 생명수. fresh water.

ㅅ

생시〔生時;날 생, 때 시〕명(시 49:18) ①태어난 시간. birth hour. ②잠자지 않는 동안. waking hours. ③살아 있는 동안. life time.

생업〔生業;날 생, 업 업〕명(창 47:3) 살아가기 위한 직업. occupation.

생육〔生育;날 생, 기를 육〕명 (창 1:22) 낳아서 기름. bringing up.

생일〔生日;날 생, 날 일〕명(욥 1:4) 태어난 날, 또는 해마다의 그 달의 그 날. birthday.

생장〔生長;날 생, 길 장〕명(창 17:23) 나서 자람. growth.

생전〔生前;날 생, 앞 전〕명(창 25:6) 살아 있는 동안. 죽기 전. life time.

생존〔生存;날 생, 있을 존〕명 (창 43:27) 살아 있음. existence.

생존 세계〔生存世界;~인간 세, 지경 계〕명(사 38:11) 살아 있는 이 세상. this world.

생질〔甥姪;생질 생, 조카 질〕명 (창 29:12) 누이의 아들. nephew.

생축〔牲畜;희생 생, 기를 축〕명 (창 34:23) 재물로 쓰는 가축. livestock.

생포도〔生葡萄;날 생, 포도 포, 포도 도〕명(민 6:3) 〈식〉 말리거나 즙을 짜지 않은 포도. grape.

생활〔生活;날 생, 살 활〕명(창 27:40) ①살아나감. living. ②살림을 함. livelihood.

생활비〔生活費;~허비할 비〕명 (막 12:44) 생활에 필요한 모든 비용. living expenses.

생황〔笙簧;생황 생, 피리 황〕명 (단 3:5) 〈악〉 아악에 쓰이는 관악기의 하나. 둥근 나무통 위에 17개의 가는 관을 세워 놓고 나무통 옆에 붙은 구멍으로 입김을 불어 넣어 소리를 냄.

서〔西;서녘 서〕명(창 12:8) 서쪽. west.

서광〔瑞光;경사스러울 서, 빛 광〕명(사 21:4) ①상서로운 빛. auspicious colour. ②길

한 일의 조짐. good omen.

서기〔書記;글 서, 기록할 기〕명 (왕하 12:10) ①회의 같은데서 기록을 맡아 보는 사람. clerk. ②각 관청의 아래 벼슬.

서기관〔書記官;~벼슬 관〕명 (삼하 8:17) 성경을 옮겨 쓴 학자. 신약 시대에서는 율법사라고 불렀다(마 22:35).

서기오 바울〔*Σέργιος Πάνλος* =그물〕인(행 13:7) 「바울」이 제1차 선교 여행 때 「구브로」 섬에서 만난 그 섬의 총독. 「바울」의 전도를 받고 신자가 되었다.

※ 최근 그 섬에서 발견된 비문과 화폐에 그의 이름이 들어 있다고 한다.

서기장〔書記長;글 서, 기록할 기, 길 장〕명(행 19:35) 회의 같은 데서 기록을 맡아 보는 사람 중에 우두머리.

서까래명(왕상 6:9) 도리에서 처마 끝까지 건너지른 나무. rafter.

서너 가지관(암 1:3) 셋이나 넷 가량. few.

서늘하다형(창 3:8) ①몹시 선선하다. cool. ②갑자기 놀라서 마음 속에 찬 기운이 좀 나는 듯하다. have a thrill of horror.

서다자(창 18:2) ①곧은 자세로 있다. stand. ②움직이던 것이 멈추다. stop. ③초목·기둥 같은 것이 땅에 수직으로 박혀 있다. stand.

서로부(창 11:3) 함께, 다같이. 명 쌍방. each other.

서리명(출 16:14) 공중의 수증기가 기온이 빙점 이하로 내릴 때 지표에 접촉해서 얼어 붙은 흰 가루. hoar frost.

서리다자(욥 8:17) ①김이 엉기어 축축하다. condence. ②기가 꺾이다. be discouraged.

서머나〔*Σμυρνα* =몰약성〕지 (계 2:8-12) 「소아시아」 서

해안 「헬메안」 만 내에 있는 성으로, 「에베소」에서 북으로 36마일 지점에 「에게」 바다를 향해 위치한 유명한 항구 도시이다. 화재와 지진으로 여러 번 파괴되었고, 외적의 침략으로 거의 폐허되었으나 「알렉산더」 대왕이 점령한 후 재건하였다. 그 후 이 성은 다시 건축되어 유명한 도시가 되었다. 이곳에 있던 「유대」인 개종자들에 의하여 교회가 설립되었고, 그들은 「로마」의 황제 예배를 끝까지 반대하였다. 그로 인하여 많은 박해를 받았으나, 끝까지 굴하지 않았다. 계시록에 소개되는 「소아시아」 일곱 교회 중의 하나로서 다른 교회는 모두 책망을 받았으나, 「빌라델피아」 교회와 이 교회는 칭찬을 받았으며 죽도록 충성하라는 권면을 받았다(계 2:8-12). 주후 160년경 교회가 핍박을 받았을 때에 10여 세 되는 소년 「차반익」을 맹수의 굴에 던졌으나 조금도 두려워하지 않는 것을 보고 이것은 수령의 유혹이라 하여 「서머나」의 초대 감독인 「폴리갑」을 잡아다가 죽이려고 체포하였을 때 나이 86세였다. 그의 덕망을 보고 예수만 부인하면 살려주겠다고 하였으나, "86년간 나를 배반하지 않은 예수를 내가 배반할 수 없다" 고 대답하고 화형 당하였다.

서머인〔*Σεμειν*=들어 주심〕인(눅 3:26) 예수님의 족보 중 한 사람.

서명〔署名;관청 서, 이름 명〕명(욥 31:35) 서류 따위에 책임을 밝히기 위하여 직접 이름을 적어 넣음. signature.

서모〔庶母;뭇 서, 어미 모〕명(창 35:22) 아버지의 첩. one's father's concubine.

서바나〔*Σπανια*=토끼〕지(롬 15:23) ①현재의 「스페인」. 「바울」 당시는 철저히 「로마」화 되어 있었다(롬 15:24). ②「바울」이 순교 전에 왜 「서바나」에 갔었는지는 알 수 없다. 그러나 로마서에 두 번 기록하고 있다(롬 15:28).

서방〔西方;서녘 서, 모 방〕명(신 33:23) 서쪽. 서쪽 방향. western districts.

서약〔誓約;맹서할 서, 약속할 약〕명(민 30:2) 맹세하고 약속함. oath.

서원[1]〔書院;글 서, 집 원〕명(행 19:9) 선비들이 모여서 학문을 강론하던 곳. academy.

서원[2]〔誓願;맹세할 서, 원할 원〕명(창 28:20) ①맹세하여 소원을 세움. vow. ②하나님께 드리는 헌물 또는 약속.

vow to the Lord.

서원물〔誓願物; ~만물 물〕명 (레 27:9) 하나님께 서원하며 바치는 물건.

서원자〔誓願者; ~놈 자〕명(레 27:8) 하나님 앞에 서약한 사람. man who made the vow to the Lord.

서원제〔誓願祭; ~제사 제〕명 (레 22:18) 하나님께 맹세하며 드리는 제사. a burnt offering as fulfillment of vow.

서자〔庶子; 뭇 서, 아들 자〕명 (창 25:6) 첩에서 난 아들. child born of a concubine.

서적〔書籍; 글 서, 서적 적〕명 (스 6:1) 책, 도서, 서책. books.

서쪽명(눅 12:54) 해가 지는 방향. 비바람이 이는 방향. west.

서책〔書册; 글 서, 책 책〕명(단 9:2) 서적. books.

서판〔書板; 글 서, 널 판〕명(사 8:1) 글씨 쓸 때 종이 밑에 까는 널빤지. underlaying board.

서편〔西便; 서녘 서, 편할 편〕명 (출 3:1) 서쪽 편. west.

서풍〔西風; 서녘 서, 바람 풍〕명 (출 10:19) 서쪽에서 불어오는 바람. west wind.

서해〔西海; 서녘 서, 바다 해=지중해〕명(신 11:24) ①「팔레스틴」의 서쪽 바다 곧 「지중해」를 가리키는 말이다 (욜 2:20, 스 14:8). ②구약에서는 「서해」, 「대해」, 「상해」라고 하여 대개 「이스라엘」 국경을 삼았다(민 34:6, 출 23:31). ③이 바다 가운데 있는 「구브로」 섬을 비롯하여 「소아시아」, 「마게도냐」, 「로마」, 「서바나」, 「애굽」 등에 복음이 전파되었다(행 13:4, 롬 15:28).

서향〔西向; 서녘 서, 향할 향〕명 (겔 48:21) 동쪽에서 서쪽을 바라보고 있음.

석〔石; 돌 석〕명(단 5:4) ①돌. stone. ②섬. 대두 열 말(학 2:16).

석가래명(전 10:18) 서까래. rafter.

석달명(창 38:24) 3개월.

석류〔石榴; 돌 석, 석류 류〕명 (출 28:33) 〈식〉 석류나무의 열매. 맛이 시고 닮. pomegranate. 대제사장의 제복 겉옷 가장자리에 석류를 수놓아 장식했다. 성전 기둥 머리에도 조각했다(왕상 7:18).

석류나무명(삼상 14:2) 〈식〉

석류나무과에 속하는 낙엽 교목.

석류석〔石榴石;돌 석, 석류 류, 돌 석〕명(출 28:18)〈광〉철·망간·마그네슘·칼슘·알루미늄을 포함한 규산염 광물의 하나로서, 적·녹·흑갈색을 띠고 광택을 가진 보석. 대제사장의 흉패로 사용했으며, '홍보석'이라고도 한다(겔 27:6).

석류즙〔石榴汁;~진액 즙〕명(아 8:2) 석류 열매를 짠 액. pomegranate wine.

석상〔石像;돌 석, 형상 상〕명(레 26:1) 돌로 만든 사람이나 동물의 형상. 돌로 만든 우상. stone image.

ㅅ

석쇠명(레 6:9) 고기 따위를 굽는 기구. 적쇠. grill.

석수〔石手;돌 석, 손 수〕명(삼하 5:11) 돌을 전문으로 다루는 사람. 석공. stone mason.

석양〔夕陽;저녁 석, 볕 양〕명(수 10:26) 서쪽에 넘어가는 해. 낙조. setting sun.

석청〔石淸;돌 석, 맑을 청〕명(마 3:4) 산 속의 나무나 돌 사이에 벌이 모아둔 꿀. 석밀. wild honey.

석회〔石灰;돌 석, 재 회〕명(신 27:2) ①생석회와 소석회의 총칭. plaster. ②탄산칼슘·시멘트·유리 제조용·비료 따위로 쓰임. lime.

섞다타(출 16:31) ①두 가지 이상의 것을 함께 합치다. mix. ②휘저어 합치다. ③한 동작에 다른 동작을 함께 나타내다.

섞여 살다타(민 11:4) 원주민에 다른 지방 사람이나 타국 사람이 들어와 살다.

섞이다피동(창 30:40) 서로 섞이어지다.

선〔善;착할 선〕명(창 4:7) 착하고 올바름. 어질고 좋음. goodness. 그리스도 자신이 선이시다(요 10:11).

* 그리스도를 닮은 성도의 생활이 선이다.

선가〔船價;배 선, 값 가〕명(욘 1:3) 배를 타거나 배로 물건을 실어 옮긴 값. 선비(船費). boat-fare.

선객〔船客;배 선, 손 객〕명(계 18:17) 배를 탄 손님. ship passenger.

선견〔先見;먼저 선, 볼 견〕명(사 30:10) 일이 일어나기 전에 먼저 앎. foresight.

선견자〔先見者;~놈 자〕명(삼상 9:9) 하나님의 계시로 닥쳐올 일을 미리 말하고, 백성들을 선도하는 사람. 선지자. holy man.

선고〔宣告;베풀 선, 알릴 고〕명(렘 25:13) ①공포하여 널리 알림. declaration. ②재판 판결을 내림. sentence.

선대〔善待;착할 선, 기다릴 대〕명(민 10:29) 잘 대접함. hospitality.

선동〔煽動;부추길 선, 움직일 동〕명(삼상 22:8) 주로 감정에 호소하여 대중을 일정한 행동으로 몰아 넣음. agitation.

선두〔先頭;먼저 선, 머리 두〕명(대하 20:27) 첫머리. van.

선량〔善良;착할 선, 어질 량〕명(신 6:18) 착하고 어짊. 성질이 착하고 온순함. goodness.

선물〔膳物;반찬 선, 만물 물〕명(창 30:20) 남에게 선사로 주는 물건. present.

선봉〔先鋒;먼저 선, 끝 봉〕명(신 3:18) 맨 앞장을 섬. 군대의 앞장. van guard.

선비 명(고전 1:20) ①예전에 학식은 있으나 벼슬을 하지 않은 사람. ②학덕을 갖춘 사람의 예스러운 일컬음. ③어질고 순한 사람을 비유하는 말. scholar.

선사〔膳賜;반찬 선, 줄 사〕명(삼상 30:26) 남에게 선물을 줌. present.

선생〔先生;먼저 선, 날 생〕명(왕하 2:3) ①스승. 가르치는 사람. teacher. ②학식에 능한 사람. ③일반적인 높임말. sir.

선생님 명〔先生~〕(마 8:19) 제자가 스승을 부르는 말. 예수 그리스도.

선악〔善惡;착할 선, 악할 악〕명(창 2:9) 착함과 악함. good and evil.

선악간〔善惡間;~사이 간〕명(창 31:24) 선과 악의 사이. 부 선하거나 악하거나.

선악을 알게 하는 나무 명(창 2:9) 하나님께서 「에덴」 동산에 두신 특별한 두 나무 중 하나. 이 나무의 실과를 먹는 날에는 정령 죽으리라고 하셨으나, 아담과 하와가 그 실과를 먹었다. tree of knowledge.

선언〔宣言;베풀 선, 말씀 언〕명(신 30:18) 방침이나 주장 따위를 널리 공포함. declaration.

선영〔先塋;먼저 선, 무덤 영〕명(창 47:30) 조상의 무덤이 있는 곳. 선산. ancestral graveyard.

선왕〔先王;먼저 선, 임금 왕〕명(렘 34:5) ①선대(先代)의 임금. late king. ②옛날의 성왕(聖王). royal ancestor.

선인[1]〔先人;먼저 선, 사람 인〕명(신 19:14) ①돌아가신 아버지. 선친. my late father. ②앞 세대의 사람. predecessor.

선인[2]〔善人;착할 선, 사람 인〕명(시 125:4) 착한 사람. 선

ㅅ

량한 사람. 마음이 바른 사람. good man.

선인[3][船人; 배 선, 사람 인] 명 (계 18:7) ①뱃사공. boatman. ②뱃사람. sailor.

선장[船長; 배 선, 길 장] 명 (겔 27:8) 선원과 배 안의 사무를 지휘·통솔하는 사람. captain.

선전[宣傳; 베풀 선, 전할 전] 명 (느 6:7) ①어떤 일이나 주의·사상을 널리 이해시켜 공감을 얻도록 알리는 일. 그 방법. propaganda. ②어떤 상품에 대하여 팔리도록 힘쓰는 일. advertisement. ③말하여 널리 전함. propaganda.

선정[選定; 가릴 선, 정할 정] 명 (수 18:4) 가려내거나 골라서 정함. selection.

선조[先祖; 먼저 선, 할아비 조] 명 (창 46:34) 핏줄을 이어받은 윗대의 조상. ancestor.

선종[善終; 착할 선, 마칠 종] 명 (욥 29:18) 좋게 끝을 맺음. 좋게 숨을 거둠.

선주[船主; 배 선, 주인 주] 명 (행 27:11) 배의 임자. ship owner.

선지[先知; 먼저 선, 알 지] 명 (합 1:12) ①앞일을 미리 알아차림. foreboding. ②하나님의 계시로 닥쳐올 일을 미리 알고 백성들을 선도하는 사람. 선견자.

선지자[先知者; ~놈 자] 명 (창 20:7) 하나님의 계시로 닥쳐올 일을 미리 알아 백성들을 선도하는 사람.

설정[泄精; 샐 설, 정할 정] 명 (창 38:9) 정액이 나옴. 정액을 사출함. 몽설. let the semen spill.

설주[楔柱; 문설주 설, 기둥 주] 명 (출 12:7) 문설주. gate posts.

설치[設置; 베풀 설, 둘 치] 명 (왕상 8:21) 마련하여 둠. 설립. 세움. establishment.

설혹[設或; 베풀 설, 혹 혹] 명 부 (창 24:41) ①그렇다 치더라도 even if. ②가령. 설령. if.

섬 명 (에 10:1) 물(바다) 가운데 들어간 육지. island.

섬기다 타 (창 14:4) ①모시어 받들다. serve. ②힘써 거들어 주다. wait on.

섬돌 명 (왕상 7:6) 오르내리기 위하여 만든 돌층계. stone step.

섭리[攝理; 당길 섭, 다스릴 리] 명 (욥 42:3) 창조 때부터 영원까지 피조물 전체를 돌보시는 하나님의 은혜. providence.

섭섭하다 형 (왕상 1:6) ①마음에 끌려 서로 헤어지기가 어렵다. ②줄거나 없어진 것이 아까워서 애틋하다. ③기대에 어그러져 마음에 서운하거나 불만스럽다. disappointed.

섭정〔攝政;끌어잡을 섭, 정사 정〕명(왕상 22:47) 임금이 나이 어리거나 기타의 이유로 정치를 못할 때, 임금을 대신하여 정치를 함. regency.

섭정왕〔攝政王;~임금 왕〕명(왕상 22: 47) 임금이 없는 나라에 대신 정치를 해 주는 이웃 왕. regent.

성[1] 명(고전 13:5) 상해나 모욕을 받고 유쾌하지 않은 충동이 왈칵 일어나는 노여운 감정. 높 역정(逆情). anger.

성[2]〔城;재 성〕명(창 4:17) 적군을 막기 위하여 높이 쌓아 올린 큰 담. castle.

성결〔聖潔;거룩할 성, 깨끗할 결〕명(출 15:13) 거룩하고 깨끗함. sanctity and purity.

성경〔聖經;거룩할 성, 글 경〕명(마 21:42) ①하나님의 말씀. ②성령의 감동으로 하나님의 말씀을 기록한 책. 구약 39권, 신약 27권 모두 66권이다. Bible.

성공〔成功;이룰 성, 공 공〕명(전 10:10) ①목적 또는 뜻한 바가 이루어짐. success. ②사회적인 지위를 얻음. attain a social position.

성곽〔城郭;재 성, 넓을 곽〕명(신 1:28) ①성의 둘레. enclosure. ②내성과 외성의 전부. ③성(城). castle.

성굽이 명(대하 26:9) 성곽 모퉁이.

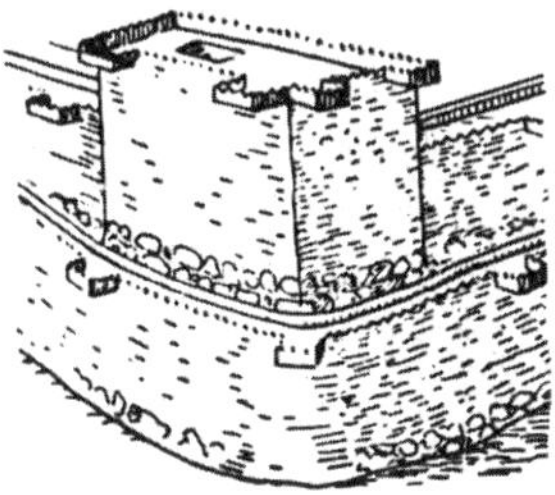

성급하다〔性急~;성품 성, 급할 급〕형(합 1:6) 성질이 몹시 급하다. quick tempered. 부 성급히.

성내〔城內;재 성, 안 내〕명(레 25:29) 성의 안쪽. 성안. 성중(城中). inside of a castle.

성도〔聖徒;거룩할 성, 무리 도〕명(신 33:2) 하나님이 택하신 자. 그리스도인. believer.

성령〔聖靈;거룩할 성, 신령 령〕명(마 1:18) 하나님. 신격의 하나. 주의 영. 보혜사. Holy Spirit.

성례전 명하나님의 은총과 구원의 상징으로, 신자들에게 베푸는 종교 의식. sacrament.

성루[1]〔城壘;재 성, 진 루〕명(나 3:8) ①성 바깥 둘레의 흙담. rampart. ②적을 막기 위하여 성 밖에 임시로 만든 소규

ㅅ

모의 요새. 성보(城堡). fortress.

성루[2]〔城樓;재 성, 다락 루〕명(합 2:1) 성문 위에 세운 누각. watch tower.

성립〔成立;이룰 성, 설 립〕명(잠 15:22) 일이나 물건이 이루어짐. completion.

성막〔聖幕;거룩할 성, 장막 막〕명(출 26:1) 성전을 짓기까지의 임시 성전. 이동에 편리하도록 천이나 나무로 조립하였다. the Sacred Tent. 성막을 중심으로 생활하였다.

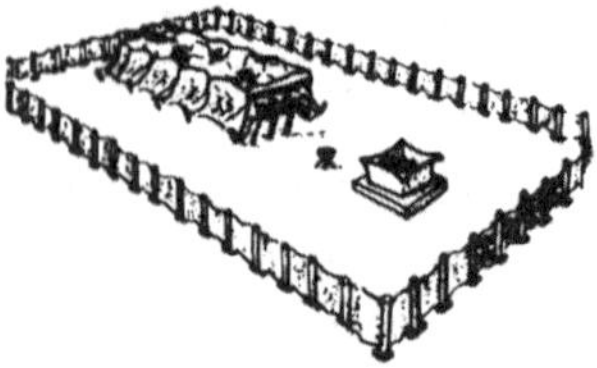

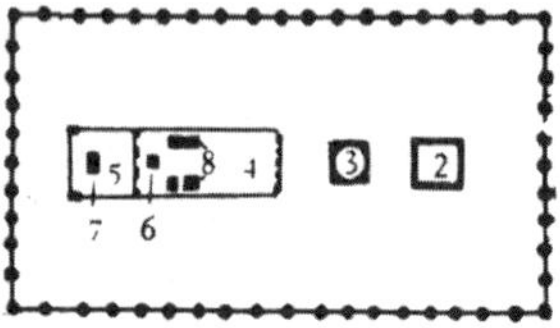

① 출입문 ② 제단
③ 물두멍 ④ 성소
⑤ 지성소 ⑥ 향단
⑦ 언약궤(법궤)
⑧ 촛대와 떡상(진설병)

성막문〔聖幕門;거룩할 성, 장막 막, 문 문〕명(출 26:36) 성막의 출입구. the entrance of the Sacred Tent.

성문〔城門;재 성, 문 문〕명(창 19:1) 성곽의 문. castle gate.

성문루〔城門樓;~다락 루〕명(삼하 18:24) 성문 위에 지은 누각.

성물〔聖物;거룩할 성, 만물 물〕명(출 28:38) 하나님을 위하여 구별된 물건.

성민〔聖民;거룩할 성, 백성 민〕명(신 7:6) 택하신 백성. 구약은 이스라엘 민족, 신약에서는 성도. God's own special people.

성 밖 명(레 14:40) 성의 바깥. 성외(城外).

성벽〔城壁;재 성, 벽 벽〕명(레 25:29) 성곽의 벽. castle wall.

성별〔聖別;거룩할 성, 다를 별〕명(느 3:1) 거룩하게 구별함.

성사〔成事;이룰 성, 일 사〕명(사 48:5) 일을 이룸. accomplishment.

성산〔聖山;거룩할 성, 뫼 산〕명(시 3:4) 시온산. 상징적으로는 천국. sacred hill.

성소〔聖所;거룩할 성, 바 소〕명(출 15:17) 성막과 성전의 지성소 앞 향단이 있는 곳. 지역으로는 「벧엘」, 「길갈」, 「예루살렘」 등을 말할 수 있다.

성소장〔聖所帳;~휘장 장〕명(레 4:6) 성소 안에 가로 친 휘장.

성신〔聖神;거룩할 성, 귀신 신〕

명(대상 12:18) 성령. Holy Spirit.

성실〔誠實;정성 성, 열매 실〕명(창 24:27) 정성스럽고 참되어 거짓이 없음. sincerity.

성심〔誠心;정성 성, 마음 심〕명(창 47:29) 정성스러운 마음. sincerity.

성안 명(신 31:12) 성내. 성중.

성욕〔性慾;성품 성, 욕심 욕〕명(렘 2:24) 성교를 하고자 하는 욕망. 정욕. sexual desire.

성육신 명(요 1:14) 예수님께서 육신을 입고 오심을 뜻함. incarnation.

성읍〔城邑;재 성, 고을 읍〕명(창 13:12) 고을. town.

성읍문〔城邑門;～문 문〕명(신 22:15) 성읍을 드나드는 문. town gate.

성의〔聖衣;거룩할 성, 옷 의〕명(출 29:29) ①제사장의 예복. ②구속받은 성도가 입을 세마포. holy garment.

성일〔聖日;거룩할 성, 날 일〕명(출 31:14) ①하나님이 천지 창조를 이루신 것을 기념하는 날. 안식일. the day of rest. ②하나님께 예배하는 성스러운 날. 주일.

성전〔聖殿;거룩할 성, 대궐 전〕명(왕하 16:18) ①하나님께 제사드리는 곳. holy temple. ②예수 그리스도(요 2:19, 21). ③그리스도인(고전 3:16).

성전고〔聖殿庫;～창고 고〕명(마 27:6) 성전에 딸린 창고, 기물을 보관하는. temple treasury.

성정〔性情;성품 성, 뜻 정〕명(행 14:15) ①사람이 본디 가지고 있는 본성. nature and heart nature. ②성질과 마음씨.

성중〔城中;재 성, 가운데 중〕명(창 18:24) 성안, 성내. inside a castle.

성지〔聖地;거룩할 성, 땅 지〕명(렘 31:40) ①하나님을 위하여 쓰일 구별된 곳. ②성경에 나오는 장소. ③「예루살렘」.

성체 명(삿 9:50-54) 성의 최종 수비 시설. 성전이 딸린

ㅅ

궁전 수비. citadel.

성첩〔城堞;재 성, 성가퀴 첩〕명(사 54:12) 성 위에 나지막하게 쌓은 담. 여기에 의지하여 몸을 숨기고 적을 쏘거나 침. 성가퀴. wall on the top of a castle.

성취〔成就;이룰 성, 나아갈 취〕명(사 53:10) 일을 목적대로 이룸. accomplishment.

성탄절명 예수님께서 육신을 입고 오신 날을 축하하는 날. 양력 12월 25일로 지킨다. christmas.

성태〔成胎;이룰 성, 아이 밸 태〕명(창 30:2) 아이를 뱀. 잉태. 임신. 수태됨. pregnancy.

ㅅ

성패〔聖牌;거룩할 성, 패 패〕명(출 29:6) "여호와의 성결"이라고 쓴 패를 제사장의 관 위에 매었던 것. the sacred. sign of dedication.

성품[1]〔性品;성품 성, 물건 품〕명(왕상 2:4) 성질과 됨됨이. personality.

성품[2]〔性稟;성품 성, 줄 품〕명(신 2:30) 성정(性情). nature and heart nature.

성하다[1] 형(왕상 13:6) ①상한 데 없이 본래대로 온전하다. intact. ②병이 없다. healthy.

성하다[2]〔盛～;성할 성〕형(창 22:17) ①초목이 무성하다. thick. ②사회·국가가 번창하다. prosperous.

성호〔聖號;거룩할 성, 이름 호〕명(레 20:3) 거룩하신 하나님의 이름. holy name.

성회〔聖會;거룩할 성, 모을 회〕명(출 12:6) 거룩한 집회, 성도들이 예배에 모임. to meet for worship.

섶명(사 9:5) 섶나무의 준말.

섶나무명(사 9:19) 〈식〉 잎나무·풋나무·물거리 등의 통칭. brushwood.

세[1]〔稅;세금 세〕명(민 31:37) 조세. 세금. tax.

세[2]〔貰;빌릴 세〕명(출 22:15) 물건을 빌어쓰고 그 값으로 주는 돈. hire.

세[3]〔歲;해 세〕명(창 5:3) 숫자 다음에 쓰이어, 나이를 나타내는 말. years ago.

세겔[1] 명(창 23:15) 무게. 돈의 단위.

세겔[2]〔זֵכֶר = 기억하다〕인(대상 8:31) 「베냐민」 지파 「여이엘」의 아들. 대상 9:37에는 「스가랴」로 되어 있다. →스가랴

세겜[1]〔שְׁכֶם =어깨〕인(창 33:19) 1「히위」 사람 「하몰」의 아들. ①「야곱」의 딸 「디나」를 강간하였다. ②「디나」의 오

빠 「시므온」과 「레위」가 묘략을 꾸며 「세겜」과 그의 아비 「하몰」, 그리고 그 성의 모든 남자를 죽이고 많은 재물을 약탈하였다.

[2] 「길르앗」의 자손(민 26:31, 수 17:2).

[3] 「스미다」의 아들(대상 7:19).

세겜[2] 〔שְׁכֶם = 일부분, 어깨〕[지] (창 12:1-7) 북 「팔레스틴」의 주산맥인 「에발」 산과 「그리심」 산 사이에 있는 한 성읍으로서, 「예루살렘」에서 북으로 36마일이다. ①「아브라 함」이 여호와의 지시를 받고 「하란」을 떠나 이곳에 이르렀을 때, 여호와께서 다시 나타나시어 이 땅을 네 자손에게 주시겠다고 허락하시므로 「아브라함」이 단을 쌓았다(창 12:1-7). ②「야곱」이 외숙 「라반」의 집을 떠나 이 성 사람 「하몰」의 땅을 사서 경작할 때에, 「세겜」 사람에게 「야곱」의 딸 「디나」가 욕을 당했다(창 33:18-20, 행 7:16, 창 34:25-29). ③「요셉」의 형들이 이 곳에서 양을 칠 때, 「야곱」이 그 아들들의 안부를 알기 위하여 「요셉」을 보내었다(창 37:12-13). ④「요셉」의 유골을 「애굽」에서 가져다가 이곳에서 장사하였다(수 24:32). ⑤토지 분배는 「에브라임」 지파에게 주었다(수 17:7). ⑥「여호수아」가 「에발」 산에 단을 쌓은 후, 이 곳에 민중을 모으고 율법책을 낭독하여 들려주었다(수 24:1, 25). ⑦「이스라엘」이 이곳에 모여 「르호보암」을 왕을 삼으려다가 10지파가 배신하고, 「여로보암」을 왕을 삼았다(왕상 12:1, 16, 20). ⑧「여로보암」이 이 성을 쌓고 수도를 삼았다(왕상 12:25).

※「로마」 시대에는 「니가볼리」라 하였고 「터키」 시대에는 「니볼루」라 하였다.

세계[1] 〔世系;인간 세, 이을 계〕 [명](창 10:32) 대대의 계통. 계보. 족보. lineage.

세계[2] 〔世界;인간 세, 지경 계〕

[명](출 19:5) ①온 세상. the world. ②전 인류 사회. all the countries. ③동류의 한 무리. 같은 끼리. circle.

세계상〔世界上;～위 상〕[명](욥 37:12) 온 세상에. everywhere throughout the world. 지구상.

세공업〔細工業;가늘 세, 장인 공, 업 업〕[명](계 18:22) 자질구레한 물건을 만드는 수공업. workmanship.

세공업자〔細工業者;～놈 자〕[명](계 18:22) 작은 물건을 만드는 것을 업으로 삼는 사람. workman.

세관〔稅關;세금 세, 관계할 관〕[명](마 9:9) 외국과 거래하는 물건을 조사하고 그것에 대한 세금을 받는 정부의 기관. custom-house. customs.

세구〔שֶׂכוּ=망대〕[지](삼상 19:22) 「사울」이 「다윗」을 잡으려고 「라마」로 사람을 보내었으나 그곳에 이르자 잡으러 간 사람들이 예언을 하고 잡지 않았다. 「사울」이 직접 가서 잡으려 하였으나, 「사울」도 그곳에서 예언을 하였다.

세군도〔*Σεκουνδο*=제2〕[인](행 20:4) 「데살로니가」 인으로, 「바울」을 따라 「아시아」까지 간 사람 중의 한 사람이다.

세금〔稅金;세금 세, 쇠 금〕[인](스 6:8) 조세의 돈. tax.

세나〔*Ζηνας*=요부의 선물〕[인](딛 3:13) 「바울」의 친구로서 율법자.

세낫살〔שֶׁנְאַצַּר=신이여 아들을 지켜 주시오〕[인](대상 3:18) 「바벨론」으로 잡혀간 「유다」 왕 「여고냐」의 넷째 아들. 「스룹바벨」의 삼촌. 「세스바살」과 같은 사람으로 여김.

세네〔סֶנֶּה=아카시아〕[지](삼상 14:4) 「믹마스」 남쪽 3km 지점에 있는 지금도 「아카시아」 골짜기라 하며, 이곳에 험한 바위 2개가 있다. 그중에 하나의 이름이 「세네」로서 「요나단」이 「블레셋」을 치기 위하여 이곳에 가려 하였다.

세단〔זֵיתָן=감람나무〕[인](대상 7:10) 「빌한」의 아들.

세달〔שֵׁתָר=별〕[인](에 1:10) 「아하수에로」왕 때에 「바사」와 「메대」의 일곱 방백의 한 사람이다.

세담〔זֵתָם=감람〕[인](대상 23:8) 「라단」의 아들이다. 그의 형제들과 같이 여호와의 고간을 맡아 관리한 족장이다.

세대〔世代;인간 세, 이을 대〕[명](창 7:1) ①여러 대. generations. ②한 시대(약 30년)의 사람들. generation.

세라〔זֶרַח=바위〕[인](창 36:13)

1 ①「다말」에게서 난 「유다」의 아들로 쌍둥이 중의 형이 된다(창 38:30, 46:12). ②그는 「유다」지파의 「세라」인의 조상이다(민 26:20).

2 「에서」의 자손 「르우엘」의 아들로 「에돔」인의 족장이 되었다(창 36:17, 대상 1:37).

3 창 36:13, 17에 기록된 「에돔」왕 「요밥」의 아버지 「세라」와 동일인으로 본다(대상 1:44).

4 「시므온」의 아들 「시므온」의 가문 또는 민족의 조상으로 생각한다(민 26:13).

5 두 「레위」사람의 이름(대상 4:24).

6 「이디오피아」사람으로 「유다」왕 「아사」 때 일백만의 대군과 300의 병거를 거느리고 「유다」를 침략했다가 실패한 사람.

7 「다윗」용사 중 한 사람(대상 27:11).

세라[1]〔שֶׂרַח = 풍부함〕인(창 46:17) 「아셀」의 딸.

세라[2]〔*Ζαρα* = 새벽〕인(마 1:3) 예수님의 족보에 있는 사람.

세레뱌〔שֵׁרֵבְיָה = 여호와의 열〕인(스 8:18)

1 「에스라」와 같이 돌아온 「레위」사람의 족장.

2 「에스라」가 율법을 낭독할 때 옆에 있은 사람.

3 「스룹바벨」과 함께 돌아온 사람.

세레스[1]〔שֶׁרֶשׁ = 뿌리〕인(대상 7:16) 「므낫세」지파 「마길」과 「마아가」의 아들.

세레스[2]〔זֶרֶשׁ〕인(에 5:10) ① 「하만」의 아내로서 「모르드개」를 50규빗되는 나무에 달아 죽이라고 말하였다. ②또 「하만」에게 당신이 그 앞에서 굴욕을 당하기 시작하였으니 능히 저를 이기지 못하리라 하였다(에 6:13).

세렛[1]〔סֶרֶד = 두려움〕인(창 46:14) 「스불론」의 아들.

세렛[2]〔סֶרֶד〕지(민 21:12) 「이스라엘」 백성이 광야에서 진쳤던 곳인데 「사해」에 들어가는 「아르논」강 상류에 있는 「와데이에슬단」과 동일시한다(신 2:13-14).

세렛사할〔צֶרֶת הַשַּׁחַר = 아침의 광채〕지(수 13:19) 「르우벤」 지파의 성읍으로, 아침 햇살을 맨 처음 볼 수 있다는 데서 이 이름이 생겼다고 한다. 사해의 동안에 있는 지금의 「자라트」와 같은 곳으로 여긴다.

세력〔勢力; 권세 세, 힘 력〕명(출 14:27) ①권세의 힘. influence. ②일을 하는데 필요한 힘. energy.

세례〔洗禮; 씻을 세, 예도 례〕명(마 3:6) 자신이 죄인임을 깨닫고 구주이신 예수님을 믿은 후, 그리스도인이 됨을 여러 사람 앞에 공포하는 표. 교인이 되는 의식.

세례 요한〔*Ιωαννης*=하나님이 사랑하는 자〕[인](마 3:1) ①제사장 「사가랴」의 아들. 어머니는 「엘리사벳」이다(눅 1:8-13, 57:63). ②광야에서 메뚜기와 돌꿀을 먹고 지냈으며, 요단 강에서 회계의 표로 세례를 주었다(마 3:). ③예수님의 길을 예비한 자(마 3:7-9). ④예수님께 세례를 베풀었다(마 3:13-17). ⑤「헤롯」의 죄를 책망하여 목 베임을 당했다(마 14:).

세르〔צֵר=좁은〕[지](수 19:35) 「납달리」에 있던 성읍. 위치 불명.

세리〔稅吏;세금 세, 아전 리〕[명](마 5:46) 세금을 거두는 관리. tax collector.

세리장〔稅吏長;~길 장〕[명](눅 19:2) 세무행정에 종사하는 관리의 우두머리. chief tax collector.

세마[1]〔שֶׁמַע=주님은 들어 주신다〕[인](대상 2:43)

[1]「갈렙」의 자손. 「헤브론」의 아들.

[2]「르우벤」 지파 족장 「벨라」의 조부(대상 5:8).

[3]「베냐민」 지파 「엘바알」의 아들 「가드」 시민을 쫓아냄(대상 8:13).

세마[2]〔שְׁמַע=시랑(豺狼)〕[지](수 15:26) 「유대」 서남쪽의 성읍.

세마포〔細麻布;가늘 세, 삼 마, 베 포〕[명](창 41:42) ①올이 고운 삼베. fine linen robe. ②예복과 장례 때 시신을 쌓다(요 19:40). ③성도의 하늘나라 예복(계 19:8, 14).

세마포장〔細麻布帳;~휘장 장〕[명](출 27:9) 세마로 만든 휘장. enclosure of fine linen.

세말〔歲末;해 세, 끝 말〕[명](신 11:12) 한 해의 마지막 때. 세밑. 세모. 연말. year-end.

세메벨〔שֶׁמְאֵבֶר=영웅적 빛남〕[인](창 14:2) 「스보임」의 왕으로, 「소돔」, 「고모라」, 「아드마」, 「소알」의 왕들과 동맹하여 「시날」, 「엘라살」, 「엘람」, 「고임」 등 4개국을 상대하여 싸우다가 패전하였다.

세멜〔שֶׁמֶר=술 찌꺼기〕[인](왕상 16:24) 「이스라엘」 왕 「오므리」가 수도 「사마리아」를 건설하기 위하여 사들인 「사마리아」의 언덕 산을 소유했던 사람의 이름이다. 「사마리아」라는 이름의 기원을 여기서 찾을 수 있다.

세멧〔שֶׁמֶד=파괴〕[인](대상 8:12) 「베냐민」 자손 「엘바알」의 아들.

세미〔細微;가늘 세, 작을 미〕[명]

아주 가늘고 작음. minuteness(출 16:14).

세바[1]〔זֶבַח = 일곱〕인(삿 8:5) [1]「미디안」 왕으로, 「살문나」와 함께 「기드온」에게 살해되었다(시 83:11).

[2]「갓」 지파 「아비하일」의 아들로서, 「바산」에 거주했다(대상 5:13, 6).

[3]「베냐민」 지파 「비그리」의 아들. 「압살롬」의 난이 진정되고 「다윗」의 위가 회복될 때, 10지파와 「유다」 지파 사이에 시비가 일어났다. 「세바」가 나팔을 불어 10지파를 소집하고 「다윗」을 따를 필요가 없다 하고, 외쳐 돌려보내고 자기는 「벧마아가 아벨」에 가서 있었다. 「다윗」의 장군 「요압」과 「아비새」의 형제가 따라가서 그 성을 포위하자 그 성에 있는 지혜있는 여인 하나가 「세바」의 머리를 베어 성 위에서 「요압」에게 던졌다(삼하 20:1-22).

세바[2]〔שֶׁבַע = 풍부〕지(창 26:33) 「시므온」의 성읍. 「브엘세바」와 같은 곳.

세베대〔Ζεβεδαιος = 여호와의 주심〕인(마 4:21) 「갈릴리」 어부의 한 사람. 예수의 제자 「야고보」와 「요한」의 아버지. 그의 아내 「살로매」가 많은 재물을 가지고 예수를 섬겼다는 사실로 보아 그는 상당한 재산가였다고 생각한다(막 1:20).

세벨〔שֶׁבֶר = 곡식〕인(대상 2:48) 「갈렙」의 첩 「마아가」의 소생.

세벨산〔שֶׁפֶר = 아름다움, 우아〕지(민 33:23, 24) 「아라비아」 광야에 있는 산 이름.

세삭〔שֵׁשַׁךְ = 왕의 집〕지(렘 25:26, 51:41) 「바벨론」의 다른 명칭.

세산〔שֵׁשָׁן = 백합〕인(대상 2:31) 「이시」의 아들.

세상〔世上; 인간 세, 위 상〕명(창 5:24) ①사람이 살고 있는 온누리. 사회. world. ②사람이 살고 있는 동안. life. ③나라를 다스리는 동안. reign.

세상적〔世上的; 인간 세, 위 상, 적실할 적〕부(약 3:15) 신앙적이 아님. 세상에 속한. 세상에 젖은. belong to the world.

세새〔שֵׁשַׁי = 희끄무레한〕인(민 13:22) 「아낙」 자손 중 한 사람.

세세〔世世; 인간 세, 인간 세〕명(사 34:10) 대대(代代) successive generations.

세세 무궁〔世世無窮; 인간 세, 인간 세, 없을 무, 다할 궁〕명(롬 16:27) 영원토록 끝이 없음. the forever.

세세하다〔細細~; 가늘 세, 가늘

세][형](삼상 3:18) ①아주 자세하다. minute. ②잘디잘아 보잘것없다. trifling. ③매우 가늘다. very thin.

세속[世俗;인간 세, 풍속 속][명](약 1:27) 세상의 풍속. common customs.

세스바살[שֵׁשְׁבַּצַּר=불에 절하는 자][인](스 1:8) 「유다」의 장관으로 「바벨론」 포로에서 돌아올 때에, 「고레스」 왕의 명령으로 성전 기물을 접수받은 사람. 대상 3:18에 나오는 「세낫살」과 동일인인 듯하다.

세아 [명](창 18:6) 곡식을 되는 단위(삼상 25:18) 반오멜 14.17ℓ에 해당함.

세약[細弱;가늘 세, 약할 약][명](창 41:6) 가늘고 약함. 아주 연약함. thin.

세에라[שֶׁאֱרָה=혈연 관계][인](대상 7:24) 「에브라임」의 딸.

세우다 [타](창 9:10) ①서게 하다. stand. ②움직임을 멈추게 하다. stop. ③뜻이 자리잡게 하다. ④날카롭게 하다. sharpen. ⑤일 따위를 성취하다.

세월[歲月;해 세, 달 월][명](창 4:3) 흘러가는 세월. time and tide.

세일[1][שֵׂעִיר=털보][인](창 36:20) 「에돔」 땅에 살았던 「호리」 족속의 조상(대상 1:38).

세일[2][שֵׂעִיר=털이 깊음][지]

[1] 「에서」의 후예 「에돔」 전체를 가리킴(창 14:6).

[2] 「예루살렘」 서쪽에 있는 유다 지파에게 분배된 산등성이(수 15:10) 「기랏 여아림」의 서쪽에 있다.

세일산[שֵׂעִיר=험한 산][지](창 36:8)

[1] ① 「아브라함」 시대에 「엘람」 왕 「그돌라오멜」이 이 산에서 「호리」 족속을 정복하였다(창 14:5-6). ② 「에서」의 자손 「에돔」 족속은 이 「호리」 족속을 내어쫓고 거주지를 삼았다(창 33:14, 민 24:18, 신 1:44, 수 24:4). ③오랜 후에 「유다」 왕 「여호사밧」 때에 이 산 주민과 「암몬」과 「모압」의 연합군이 「유

에돔의 후예가 건설한 페트라 요새

다」를 치러 온 것을 여호와께서 진멸하여 주셨다(대하 20:22, 23). ④이 땅이 「발람」과 「모세」와 「드보라」, 「바락」의 시에 올라 있다(민 24:18, 신 32:3, 삿 5:4). ⑤「이사야」와 「에스겔」 두 선지의 예언에 들어 있다(사 21:11, 겔 25:8).

세입금〔歲入金;해 세, 들 입, 쇠 금〕명(왕상 10:14) 일년 동안이나 한 회계 년도 사이의 총 수입금.

세초〔歲初;해 세, 첫 초〕명(신 11:12) ①새해의 첫날. New Year's Day. ②연초. 연시. beginning of the year.

세켜 명(왕상 6:36) 포개어진 물건의 층. 삼층.

세탁〔洗濯;씻을 세, 빨래할 탁〕명(사 36:2) 빨래. laundry.

세탁업자〔洗濯業者;~업 업, 놈 자〕명(사 36:2) 세탁을 업으로 하는 사람. laundryman.

센〔שֵׁן=이빨〕지(삼상 7:12) 「사무엘」이 「블레셋」에 대한 전승을 기념키 위해 「미스바」와 「센」 사이에 돌을 세우고 이름을 「에벤에셀」이라 하니, 이는 '여호와께서 여기까지 우리를 도우셨다'는 뜻이 있다.

셀라[1] 명(시 3:2) 「높인다」란 뜻. 시편에 71회 사용. 하박국에 3회 사용되었다. 노랫소리나 국악의 소리를 높이라는 부호.

셀라[2]〔שֵׁלָה=무기, 기도〕인(창 10:24)

[1]「셈」의 손자 「아르박삿」의 아들. 「살라」와 같은 사람(눅 3:35).

[2]「유다」의 아들(창 38:5).

셀라[3]〔סֶלַע=바위〕지(민 26:20)

[1]①이 바위는 「아그랍빔」 비탈에 있어 「아모리」인의 경계가 되었고(삿 1:36, 사 16:1, 렘 49:16, 욥 3). ②「유다」왕 「아마샤」는 이 땅을 공략한 후, 그 이름을 「욕드엘」이라고 고치고 그 자손 1만 명을 「염곡」에서 죽이고 1만 명은 이 바위 꼭대기에서 밀어 떨어뜨려 죽였다(왕하 14:7, 대하 25:12).

[2]「베냐민」의 한 성읍으로, 「기스」와 「사울」과 그 아들들의 거주지요, 또 장지이다(수 18:28, 삼하 21:13-14).

[3] 왕의 동산 근처에 있는 못(池)으로, 「느헤미야」 때에 「살룬」이 이 못가에 있는 성벽을 중수하였다(느 3:15).

셀라하마느곳〔שֵׁלָהַמְנִגוֹת=분리하는 바위〕지(삼상 32:24-29) 「다윗」이 「사울」을 피하여 이 곳을 알고 와서 포위하였을 때, 「블레셋」의 침입이 있어 저절로 포위망이 풀렸다. 「다윗」이 그 뜻으로 지은 이름이다.

셀레먀〔שֶׁלֶמְיָה=여호와께서 보응하심〕인(대상 26:14)
1「바니」의 자손에 같은 이름 두 사람이 다 이방 여자를 취하였으므로 「에스라」가 버리라고 권면하였다(스 10:39, 41).
2「예루살렘」 성을 중수하는데 조력한 「하나니아」의 부친이다(느 3:30).
3①「느헤미야」가 십일조 책임자로 지정한 3인 중 한 제사장이니, 「레위」인에게 나눠주는 직분이다(느 13:13).
※ 이 외에 5인이 있다(대상 28:14, 렘 36:14, 26, 37:13, 38:1).

셀레스〔שֶׁלֶשׁ=3조<triad>〕인(대상 7:35) 「아셀」 자손 「헬만」의 아들.

셀렉〔צֶלֶק=갈라진 곳〕인(삼하 23:37) 「다윗」의 30용사 중 한 사람으로, 「암몬」인이다.

셀렙〔שֶׁלֶף=끌어냄〕인(창 10:26) 「셈」의 자손 「욕단」의 아들. 남부 「아라비아」인.

셀렛〔סֶלֶד=높임〕인(대상 2:30) 「여라므엘」의 자손 「나답」의 아들.

셀롯〔ζηλωτης〕인(눅 6:15) 「베드로」가 아닌 「시몬」의 다른 이름.

셀사〔צֶלְצַח=바위〕지(삼상 10:2) 「베냐민」 경계에 있는 성읍. 이 곳에 「라헬」의 분묘가 있다. 「사울」이 그 부친의 나귀를 찾으려고 다니다가 「사무엘」 선지에게 물어보러 갔다가, 의외에 왕으로 기름부음을 받고, 「사무엘」 선지의 지시대로 「셀사」 성 「라헬」의 잃은 나귀를 찾아가지고 돌아왔다.

셈〔שֵׁם=높은 지위〕인(창 5:32) 「노아」의 장자. 「히브리」인의 조상이 되었으므로 존경하여 항상 「함」과 「야벳」보다 먼저 부른다. 98세 때에 부친을 따라 방주에 들어가 홍수를 피하고 방주에서 나온 후, 그 부친이 술에 취하여 나체로 누운 것을 「야벳」과 함께 옷을 가지고 뒷걸음으로 가서 하체를 덮어준 것으로, 그 부친의 축복을 받고 600세에 별세하였다(창 7:13, 9:10, 27, 11:10-11). 「셈」의 자손은 「아시아」 주를 비롯하여 「히브리」, 「수리아」, 「갈대아」, 「아라비아」, 「아라미」, 「페르샤」 등으로 산재해 있으며, 그들의 문자를 「셈」 문자라 칭하고 「함」의 자손 중에서도 이 문자를 사용한다고 한다.

ㅅ

셈하다 [타](눅 16:2) 계산하다.

셉나〔שֶׁבְנָא=온유〕[인](왕하 18:18) ①「유다」왕 「히스기야」의 국고를 맡고 궁을 차지한 사람으로 이방인이다(사 22:15-19). ②자기를 위하여 호화로운 묘실을 만들었으므로 「이사야」가 여호와의 명령을 받고 이것을 지적하여 책망하고 「엘리야김」으로 대신하는 것이 하나님의 뜻에 합당하다고 하였다. 그는 친「애굽」파가 되었다고 추측하며 후에 서기관이 되었다고 기재된 인물이 이 사람인지 다른 사람인지 명백하지 않다(왕하 18:26, 37, 19:2, 사 36:3, 11, 23, 37:2).

셋〔שֵׁת=대신 둠〕[인](창 4:25) 「아벨」을 대신하여 출생한 「아담」의 셋째 아들. 형 「가인」의 장자의 직분을 가지게 되었고, 하나님을 섬기는 자의 시조가 되었다. 「셋」의 후손으로 그리스도께서 탄생하셨다(눅 3:38).

셋돈 [명](마 22:19) 세로 나가는 돈. 임대료.

셋집〔貰~;빌릴 세〕[명](행 28:30) 세를 내고 빌어서 사는 집. house to lend.

소[1] [명](창 12:16)〈동〉 우제목(偶蹄目)에 속하는 반추류의 큰 가축. 몸은 크고 다리는 짧음. 농사짓는데 꼭 필요한 짐승. cattle.

소[2]〔סוֹא〕[인](왕하 17:4) 「애굽」 왕으로, 「이스라엘」 왕 「호세아」가 사자를 보내어 원조를 청하였다. 저를 「애굽」의 제 25왕조(에디오피아系)의 창건자(주전 712-700년)라 하지만 확실하지 않다.

소견〔所見;바 소, 볼 견〕[명](신 12:8) 사물을 보고 가지는 바의 의견이나 생각. one's views.

소경 [명](출 4:11) 눈이 보이지 않는 사람. 맹인. 봉사. blind-man.

소고[1]〔小鼓;작을 소, 북 고〕[명](출 15:20) 〈악〉 두 개의 채로 치는 작은 북. small drum.

소고[2]〔שׂוֹכֹה=연한 가지〕[인](대상 4:18) 「유다」 사람 「갈

렙」의 자손 중, 「메렛」의 아내 「여후디야」가 낳은 「헤멜」의 후손. 「소고」 가문을 이루었다.

소고[3] 〔שׂוֹכֹה=가지〕[지](출 15:35)

[1]「유다」의 한 성읍. ①「블레셋」이 「이스라엘」과 싸우려고 먼저 이 곳에 모여 「에베스담엠」에 진을 치고 싸우다가, 그 대장 「골리앗」이 「다윗」의 물매돌에 맞아 죽었다(삼상 4:7, 10). ②「솔로몬」 왕궁에 식물을 공급하는 곳으로 「베헤셋」이 주관하였다(왕상 4:10). ③「르호보암」시대에 국방성으로 삼았다(대하 11:5, 7). ④「아하스」왕 때 「블레셋」이 다시 취하였다(대하 28:18). [2]「유다」 산지의 한 성읍(수 15:48).

소금[1] [명](창 19:26) 염화나트륨이 주성분인 백색이고 짠맛을 띤 결정체. 양념으로 많이 씀. salt.

소금[2] [명](마 5:13) 구속 받은 성도. 그리스도인.

소금 구덩이 [명](습 2:9) 황폐한 곳을 뜻한다.

소금 기둥 [명](창 19:26) ①소금으로 된 기둥. pillar of salt. ②「소돔」과 「고모라」 멸망할 때, 「롯」(Lot)의 아내가 도망하다가 뒤를 돌아보므로 소금 기둥이 되었다.

※ 현재 「사해」 남서안 절벽에 있다.

소금 언약〔~言約;말씀 언, 약속할 약〕[명](민 18:19) 불변하시는 하나님의 언약을 일컫는 말. all the special contributions.

소나기 [명](욥 24:8) 여름철에 갑자기 퍼붓는 큰 비. shower.

소나무 [명](사 41:19) 〈식〉 ①소나무과의 상록 교목. pine. ②육송(陸松). pine tree.

소낙비 [명](시 72:6) 소나기를 강조한 말.

소녀〔少女;젊을 소, 계집 녀〕[명](창 24:14) ①나이가 어린 여자 아이. little girl. ②속이 좁고 행실과 말함이 떳떳하지 아니한 여자. small minded-woman.

소년〔少年;젊을 소, 해 년〕[명](창 4:23) 나이가 어린 사내 아이. boy.

소대〔סוֹטַי〕인(스 2:55) 「솔로몬」의 신복의 자손 「바벨론」에서 돌아온 자손.

소도〔小刀;작을 소, 칼 도〕명 작은 칼. small knife(렘 36:23).

소돔〔סְדֹם〕지(창 10:19) ①「요단」 평지에 있었던 저지의 다섯 마을 중의 하나로 비옥한 땅. 「롯」이 이 부근에 천막을 치고 후에 이 마을에 정주하게 되었다(창 13:11-13, 18:20). ②동방에 있는 다섯 왕이 결탁을 하여 이 마을을 공략하였다(창 14:1). ③시민들의 죄가 지나치므로 하나님께서 하늘로부터 유황불을 내려 보내 멸망하게 하였다(창 19:24-28). ④그래서 「소돔」과 「고모라」는 죄에 대한 심판의 본보기가 되었다(암 4:11, 신 29:23, 사 13:19, 렘 49:18, 50:40, 습 2:9, 마 10:15, 롬 9:29).
※ 이 마을의 위치는 「사해」 동남쪽이었는데, 지금은 바다 가운데 매몰된 곳이다.

소동〔騷動;시끄러울 소, 움직일 동〕명(민 24:17) 여럿이 떠들어 댐. 야단법석. tumult. ②난동. strife. ③사건이나 큰 변. disturbance. ④규모가 작은 폭동. riot. ⑤학교 따위의 스트라이크. strike.

소득〔所得;바 소, 얻을 득〕명(레 6:17) ①자기 소유가 됨. gains. ②생긴 이익. income. ③생산에 관계한 사람이 일정 기간에 받는 보수. earnings.

소다 명(잠 25:20)〈화〉 금속 나트륨과 화합하여 된 염. soda. 질산칼륨.

소디〔סוֹדִי = 하나님의 친면〕인(민 13:10) 「가나안」 땅을 탐지하러 보낸 「스블론」 지파의 대표 「갓디엘」의 아버지.

소라〔צָרְעָה〕지(수 15:33) ①「유대」의 「쉐펠라」에 있는 도시로서, 「단」 지파가 북쪽

브엘세바에서 소돔으로 가는 길

으로 이민하기 전에 여기에 속한 땅이다(삿 18:2-11). ②「삼손」의 아버지 「마노아」의 고향으로, 「삼손」은 「소라」와 「에스다올」 중간에 매장되었다(수 15:33, 삿 13:2, 25, 16:31). ③「르호보암」이 요새로 견고케 했다(대하 11:10). ④포로 이후, 다시 식민지로 만들었다(느 11:29). 「예루살렘」 서쪽 24km 지점 해발 300m 산 위에 있는데 「소렉」 계곡을 향해 내려가면 「베레시메아」가 있다. 해안에서 「예루살렘」으로 가는 요긴한 길목에 있으며 전략상 중요한 지점이다.

소란〔騷亂;시끄러울 소, 어지러울 란〕명(눅 21:9) 시끄럽고 수선함. disturbance.

소렉〔שֹׂרֵק = 포도 골짜기〕지(삿 16:4) ①「유대」의 「쉐펠라」 동과 서를 가르는 계곡의 하나로 「에라」 계곡의 북쪽, 「아얄론」 계곡의 남쪽에 있다. 「삼손」과 관계가 깊은 곳으로 그의 아버지 집이 있던 「딤나」가 다 이 계곡 근방에 있었다(삿 13:2, 14:1). ②또 이 계곡에 「삼손」이 열렬하게 사랑한 「들릴라」의 집도 있었다(삿 16:4). 부근에서 가장 큰 도시는 「베데시멘」이다. 이 계곡은 「지중해」안 「욥바」로부터 「예루살렘」으로 가는 통로가 있다.

소로〔小路;작을 소, 길 로〕명(삿 5:6) 작은 길. 협로. lane.

소리 명(창 3:10) ①사람이나 동물의 발성기에서 나는 울림. voice. ②물체가 떨리어 나는 음. sound. ③말. words. ④노래. song.

소망〔所望;바 소, 바랄 망〕명(룻 1:12) 라마, 하나님(시 39:7).

* 인간은 구원을 소망한다(롬 8:24, 35-39).

소맥〔小麥;작을 소, 보리 맥〕명(사 28:25) 〈식〉 밀. wheat.

소멜〔שֹׁמֵר = 지키는 자〕인(왕하 12:21)

1「요아스」 왕을 모반(謀反)하여 밀로궁에서 죽인 신복〔여호사비드〕의 아버지이다. 그러나 대하 24:26에는 「모압」 여인 「시므릿」이라고 불리어 어머니로 되어 있다. 2「아셀」 사람 「헤벨」의 아들(대상 7:32).

소멸[1]〔消滅;사라질 소, 멸망할

멸〕명(민 14:33) 사라져 없어짐. 지워 없앰. extinction.

소멸[2]〔燒滅;불태울 소, 멸망할 멸〕명(민 16:35) 타서 없어짐. 태워 없앰. destruction by fire.

소문〔所聞;바 소, 들을 문〕명(창 45:16) 널리 떠도는 말. rumour.

소바[1]〔צוֹבָא=저주〕인(대상 7:35) 「아셀」 지파 「헬렘」의 아들.

소바[2]〔צוֹבָה=주거〕지(삼상 14:47) 「아람」 사람의 한 왕국. 「사울」, 「다윗」, 「솔로몬」 제왕과 싸운 곳이다. 「다메섹」과 「하마레」 사이에 있었으며, 「하압소라」라고도 불렀다(삼상 14:47, 삼하 8:3, 10:6-8, 왕상 11:23, 왕하 8:3). 시편에 「아람소바」라고 표기한 곳도 있다(시 60편).

소바더〔Σώπατρος=건전한 출생〕인(행 20:4) 「바울」이 3차 선교 여행을 마치고 돌아올 때 「예루살렘」으로 데리고 온 「베뢰아」인(행 20:14). 롬 16:21에 기재된 「소시바더」와 동일한 사람으로 알고 있다.

소바아람 사람 인(삼하 10:6) 「암몬」 자손이 고용한 사람.

소박〔שׁוֹבָךְ=확장〕인(삼하 10:16) 「소바」 왕 「하닷에셀」의 군대 장관.

소반〔小盤;작을 소, 쟁반 반〕명(마 14:8) 음식을 놓고 먹는 상. small dining table.

소발[1]〔צֹפַר=흘러나는 새싹〕인(창 36:20)

1 「욥」의 세 친구 중 한 사람으로, 「나아마」 사람(욥 2:11, 11:1, 42:9). 「욥」의 고난에 대해서 「엘리바스」와 「빌닷」과 함께 고난의 응보설을 가지고 「욥」을 설득시키려고 하였다. 「헬라」어 성경에는 「소발」을 「미네아」 왕이라 하였다. 그렇다면 그는 「아라비아」 추장일 것이다.

2 「호리」 족속의 족장(창 36:20).

소발[2]〔שׁוֹבָל=방랑, 새싹〕인

1 「호리」 족속 「세일」의 자손(창 36:20).

2 「갈렙」의 자손 「훌」의 아들(대상 2:50).

3 「유다」의 아들, 「르아야」의 아버지(대상 4:1). 털이 많고, 수다떠는 자(욥 2:11).

소밥〔שׁוֹבָב=반역하는 자〕인(삼하 5:14)

1 「다윗」 왕이 「예루살렘」에서 낳은 아들 중의 하나.

2 예수의 조상 중 「헤스론」의 아들 「갈렙」의 차자이다(대상 2:18).

소배〔שֹׁבַי=포로〕인(대상 6:26)

ㅅ

[1] 「엘가나」의 아들. 「나핫」의 아버지.
[2] 「스룹바벨」과 함께 「바벨론」에서 돌아온 사람(스 2:42).

소베렛〔סֹפֶרֶת = 서기〕[인](느 7:57) 「솔로몬」의 신복의 자손. 스 2:55에는 관사와 같이 번역했기 때문에, 「하소베」가 된다.

소베바〔צֹבֵבָה = 천천히 걷는〕[인](대상 4:8) 「유다」 사람 「고스」의 아들.

소벡〔שׁוֹבֵק = 버림〕[인](느 10:24) 「바벨론」에서 돌아와 계약서에 날인한 44명 중 한 족장.

ㅅ

소변〔小便; 작을 소, 오줌 변〕[명](왕하 18:27) 오줌. urine.

소비〔שֹׁבִי = 포로〕[인](삼하 17:27) 「암몬」 족속에 속한 「랍바」 사람 「라하스」의 아들.

소빔〔צֹפִים = 파수자〕[지](민 23:14) 「발락」이 「이스라엘」을 보이려고 「발람」을 데리고 갔던 「비스가」 산정.

소산〔所產; 바 소, 낳을 산〕[명](창 3:17) 생산되는 모든 것. product.

소산님[명] 시편 45, 69의 제목. 백합화와 같이 생긴 악기의 이름인지 확실하지는 않으나 왕상 7:20, 아 2:16에는 백합화라고 번역되어 있다.

소산님에듯[명](시 80:)→소산님. 시편 60에는 수산에듯으로 되어 있다. 풀기 어려운 말이다.

소산물〔所產物; 바 소, 낳을 산, 만물 물〕[명](욥 31:39) 그 곳에서 생산되는 온갖 물건. ㊟ 소산. product.

소산지〔所產地; ~땅 지〕[명](신 8:8) 생겨나는 바의 땅. fertile land.

소생[1]〔所生; 바 소, 날 생〕[명](창 21:9) 자기가 낳은 자녀. one's own child.

소생[2]〔蘇生; 깨날 소, 날 생〕[명](창 45:27) 거의 죽어가다가 다시 살아남. 회생. revival.

소성〔蘇醒; 깨날 소, 술깰 성〕[명](시 19:7) 까무러쳤다가 다시 깨어남. revival.

소소하다〔蕭蕭~; 쓸쓸할 소, 쓸쓸할 소〕[형](욥 39:25) 바람이나 빗소리가 쓸쓸하다. desolate.

소속〔所屬; 바 소, 붙을 속〕[명](창 45:11) 어떠한 기관이나 단체에 딸려 있음. 또는 그 사람이나 물건. belonging.

소송〔訴訟; 하소연할 소, 송사할 송〕[명](출 18:19) ①〈법〉법률상의 판결을 법원에 요구하는 절차. lawsuit. ②〈제〉백성끼리의 분쟁의 판결을 관청에 호소하던 일. suit.

소송장〔訴訟狀; ~문서 장〕[명](욥 31:35) 법률상의 판결을 법원에 요구하는 서류.

소수〔少數;적을 소, 셀 수〕명(신 26:5) 수효가 적음. minority.

소스데네〔*Σωσθενης*=권세를 힘입어 평안함〕인(행 18:12-17) 「고린도」에 있는 「유대」인 회당의 회당장. 본래 이 자리에 있던 「그리스보」가 개종한 후, 후임으로 있은 듯하다. 총독 「갈리오」는 「바울」에 대하여 고소한 「유대」인의 고소를 기각했다. 「유대」인들은 「소스데네」가 무능해서 그렇다고 「갈리오」 앞에서 잡아 때렸다. 고전 1:1에 나오는 「소스데네」와 동일한 사람인 듯하다. 만약 그렇다면 그리스도교로 개종한 사람이다.

소시〔少時;젊을 소, 때 시〕명(시 25:7) 젊을 때. one's youth.

소시바더〔*Σωσίπατρος*=아버지를 건짐〕인(롬 16:21)

소식〔消息;끌 소, 쉴 식〕명(창 29:13) ①안부. regards. ②형편, 상태. circumstances. ③편지 소식. letter, news.

소아[1]〔小兒;작을 소, 아이 아〕명(사상 15:3) 어린이. child.

소아[2]〔צֶרַע=부한〕인(겔 23:23) 「앗수르」 비문의 "수투"일 듯. 「앗수르」, 「바벨론」 사람들과 같이 나오는 유목민으로, 「디그리스」 동편에 산 백성인 듯하다.

소안〔צֹעַן=낮은 땅〕지(시 78:12) 「애굽」 「델라」 북동부에 있는 옛 도시(사 19:11, 13:4, 겔 3:144). 민 13:22에 보면, 이 도시는 「헤브론」보다 7년 후에 건설되었다. 그것은 「힉소스」 왕조가 이 도시를 재건하였다는 증거가 된다. 「힉소스」 제2 왕조의 수도이었는데, 「라메스」, 「다니스」, 「아리바스」 등의 별명을 가지고 있다.

소알〔צוֹעַר=작은(小)〕지(창 13:10, 14:8) ①「요단」 평지에 있는 도시로서, 원명은 「벨라」였다. ②「소돔」과 「고모라」가 멸망했을 때, 「롯」이 잠시 피난했던 곳이다(창 19:20-23). ③「이사야」, 「예레미야」 시대에도 존속했으며, 「모압」에 있던 도시로 되어 있다(사 15:5, 렘 48:34). ④여호와께서 「모세」를 「비스가」 산 꼭대기에 올라가게 하여 「가나안」 4방을 보이실 때 마지막으로 이 성까지 보이셨다(신 34:3). 현재 「사해」 동남단의 해저에 매몰된 도시로 생각된다.

소요〔騷擾;시끄러울 소, 어지러울 요〕명(욥 3:17) 여러 사람이 떠들어 어수선한 상태. 소란. 폭동. disturbance.

ㅅ

소욕〔所欲;바 소, 하고자할 욕〕명(시 10:3) 하고 싶은 마음. 하고 싶은 일. one's wishes.

소용〔所用;바 소, 쓸 용〕명(출 5:7) 쓰일 곳. need. 쓰임. necessity.

소원〔所願;바 소, 원할 원〕명(창 4:7) 바라는 바, 원하는 일. desire.

소위[1]〔所爲;바 소, 하 위〕명(창 31:28) ①소행. conduct. ②하는 짓. deed.

소위[2]〔所謂;바 소, 이를 위〕부(막 10:42). 이른바. 말하고자 하는 바. so-called.

소유〔所有;바 소, 있을 유〕명(창 12:5) ①자기 몫으로 가진 물건. possession. ②〈법〉 물건을 전면적, 일반적으로 지배하는 일.

ㅅ

소유물〔所有物;~만물 물〕명(창 31:18) 〈법〉소유권이 있는 물건. possessions.

소유주〔所有主;~주인 주〕명(욥 31:39) 소유권을 가진 사람. 주인. owner.

소유지〔所有地;~땅 지〕명(수 1:15) 가진 땅, 자기의 땅. one's land.

소읍〔小邑;작을 소, 고을 읍〕명(행 21:39) 자연 부락들의 소재지가 되는 작은 고을. small town.

소임〔所任;바 소, 맡길 임〕명(행 24:27) ①맡은 직책. one's duty. ②적은 임무, 하급 직원. undering.

소자〔小子;작을 소, 아들 자〕대(창 43:29) ①부모에게 자기를 낮추어 일컫는 말. ②제자를 사랑스럽게 일컫는 말. dear disciple. 손아랫 사람을 일컫는 말. you.

소제[1]〔掃除;쓸 소, 덜 제〕명(사 14:23) 깨끗이 쓸고 닦아서 먼지 따위가 없게 함. cleaning.

소제[2]〔素祭;흴 소, 제사 제〕명(출 29:41) 성결한 생애를 하나님께 약속하는 표시로써 한 홉의 밀가루와 기름과 유향을 불태우고 떡을 구워 놓고 드린 제사. grain offerings.

소제물〔素祭物;~만물 물〕명(레 2:3) 소제 드릴 때 드리는 제물.

소주〔燒酒;불사를 소, 술 주〕명(눅 1:15) 알콜에 물과 향료를 섞어서 얻는 희석식 술. distilled liquor.

소집〔召集;부를 소, 모을 집〕명(민 10:2) ①불러서 모음. call. ②의회를 열려고 의원들을 모음. convention.

소청〔所請;바 소, 청할 청〕명(스 6:9) 남에게 무슨 일을 청함. request.

소출〔所出;바 소, 날 출〕명(창 41:47) 논밭에서 거둔 곡식. 또는 그 수확량. crops.

소쿠리명(삿 6:19) 대나 싸리

로 엮어 테가 있게 만든 그릇. bamboo basket.

소탕〔掃蕩;쓸 소, 쓸어 버릴 탕〕명(사 28:17) 휩쓸어 없애 버림. cleaning up.

소할〔צֹחַר=고결함〕인(창 23:8) 야곱의 둘째 아들 「시므온」의 아들로, 그 지파 족장 중의 한 사람.

소함〔שֹׁהַם=보석의 일종〕인(대상 24:27) 「레위」 지파 「므라리」 자손. 「야아시야」의 아들.

소합향〔蘇合香;차조기 소, 합할 합, 향기 향〕명(출 30:34) 인도에서 나는 향의 하나. stacte. 구약 성막의 증거의 궤 앞에 배설하는 특별한 향료였다.

소행〔所行;바 소, 행할 행〕명(욥 36:9) 이미 해 놓은 일이나 짓. one's doing.

소향〔所向;바 소, 향할 향〕명(사 47:15) 목표하고 가는 곳. one's destination.
※ 성도의 소향은 하늘나라.

소헬렛〔זֹחֶלֶת=뱀의 돌〕지(왕상 1:9) 「에느로겔」 근방에 있으며, 「아도니아」 반역에 참가하여 양과 소를 잡고 자기 동생들과 왕의 신하를 청하여 대연을 베풀었다.

소헷〔זוֹחֵת=비만한〕인(대상 4:20) 「유다」 지파 「이시」의 아들 옹기장이가 되어 수풀과 산울 가운데 거하는 자로 왕과 함께 거하여 왕의 일을 하였다.

소혈〔巢穴;보금자리 소, 구멍 혈〕명(렘 25:38) 부랑자들의 소굴. den.

소화〔燒火;불사를 소, 불 화〕명(출 12:10) 불사름. burning.

소회향〔小茴香;작을 소, 회향 회, 향기 향〕명(사 28:25) 〈한〉 요통 등의 약으로 쓰이는 회향 중의 하나. herb.

속[1] 명(창 3:19) ①안 깊숙한 곳. interior. ②깊이 중심을 이룬 유행. core.

속[2]〔屬;붙을 속〕명(창 14:23) 딸린 것. belongings.

속[3]〔俗;풍속 속〕명(레 10:10) 풍속 또는 고상하지 못하고 속된 것을 일컫는다.

속[4]〔贖;바꿀 속〕명(출 21:30) 대갚음을 바침. 죄를 지었을 때 벌 대신 다른 것으로 그것의 대갚음을 함.

속건〔贖愆;바꿀 속, 허물 건〕명(레 6:6) 죄과를 용서받는 것. payment.

속건제〔贖愆祭;~제사 제〕명(레 5:6) 거룩한 것이나 소유권에 대해서 하나님의 율법을 모르고 범한 허물을 용서받기 위해서 하나님께 드리는 제사. repayment offering.

속건제물〔贖愆祭物;~만물

물]명(레 14:13) 속건제를 지낼 때 드리는 제물.

속다자(마 2:16) ①다른 사람의 꾐에 빠져 손해를 보다. be tricked. ②거짓을 진실로 잘못 알다. be deceived. ③속아서 괴로움을 당하다. suffer.

속담[俗談;풍속 속, 말씀 담]명(창 10:9) ①옛부터 내려오는 민간의 격언. proverb. ②속된 이야기. common saying.

속되다[俗~;풍속 속]형(레 10:10) ①고상하지 못하고 저속하다. vulgar. ②세속에 물들었다. be worldly.

※ 성도는 세속의 옷을 벗어야 한다.

속량[贖良;바칠 속, 어질 량]명(레 25:48) ①종을 풀어 주어서 자유인이 되게 하는 것을 의미한다. 그 대가에는 금전뿐만 아니라 대신 일을 하거나 생명을 제공하는 경우도 있었다. 구약에서는 하나님께 대한 범죄를 없애기 위하여 송아지와 양을 잡아 그 피를 제단에 뿌리고 고기를 불살라 대가로 지불했다(출 29:1-28, 레 4:20-35). emancipation of slaves.

※ 예수 그리스도는 많은 사람의 죄에 대한 속량의 희생제물로(요일 2:2) 자기의 생명을 주려고 이 땅에 오셨다.

속량물[贖良物;~만물 물]명(사 43:3) 종의 신분을 풀어서 자유인이 되게 하기 위하여 교환하는 물질. 금전, 송아지, 양 등.

※ 예수님은 우리 죄인의 속량물이 되셨다.

속박[束縛;묶을 속, 얽을 박]명(욥 36:13) ①몸을 자유롭지 못하게 강압적으로 얽어맴. ②포박. 굴레. shackles. ③자유를 빼앗거나 제한함. 구속. restraint.

속사람명(롬 7:22) 거듭난 그리스도인의 심성.

속살명(왕하 6:30) 옷으로 가려진 살.

속살거리다자(사 8:19) 작은 음성으로 자꾸 속닥이다. whisper.

속속히[速速~;빠를 속, 빠를 속]부(사 5:19) 재빨리. 매우 빨리. 속도감 있게. rapidly.

속신[贖身;바꿀 속, 몸 신]명(출 21:8) 속량.

속이다타(창 27:12) '속다'의 사역형. 거짓을 진실처럼 알다. deceive.

속전[贖錢;바꿀 속, 돈 전]명(출 21:11) 죄를 벗기 위하여 바치는 돈. 속금(贖金). ransom.

※ 예수님은 우리의 속전이

되심.

속죄〔贖罪;바칠 속, 허물 죄〕(출 29:36) ①재물을 내고 죄를 면하는 일. atonement. ②〈기〉예수님이 인류의 죄를 대신하여 십자가에 달려 죽음으로써 인류의 모든 죄를 대신하신 일. ③지은 죄를 전에 세운 공로로써 비기어서 없앰. the atonement.

속죄금〔贖罪金;~쇠 금〕명(출 21:30) 속전

속죄물〔贖罪物;~만물 물〕명(출 29:33) 속량물.

속죄소〔贖罪所;~바 소〕명(출 25:17) 속죄의 제사를 드리는 곳. 성막 또는 성전 지성소에 안치된 거룩한 궤 뚜껑이며 속죄의 의식을 행할 때 거기에 피를 붓는다(출 25:17-22, 37:6-9).

속죄일〔贖罪日;~날 일〕명(레 23:28) 하나님께 속죄하는 날. day of the atonement. 유대교 제삿날의 하나로, 매년 티쉬리달(thisri月:제7월인데, 태양력으로는 9~10월경) 10일을 속죄일로 정하고 이날을 금식하며 대제사장은 희생제를 드렸다(레 16:1-34, 민 29:7-11).

속죄제〔贖罪祭;~제사 제〕명(출 29:14) 사람이 부지중에 지은 죄를 속하기 위하여 드리는 제사. offerings for unintentional. sins. 여러 가지 희생 제사 중에서도 가장 중요하고 기본적인 제사가 속죄이다(대하 29:, 스 6:17, 느 10:33). 속죄제를 드리는 법은 사람의 형편과 처지에 따라 매우 치밀하게 만들어졌다(레 4: 35). 신약 히브리서는 예수 그리스도의 죽으심은 우리 죄를 위한 속죄제의 제물이 되셨다는데 초점을 두고 있다(히 9:28, 10:12).

속죄 제물〔贖罪祭物;~만물 물〕명(레 5:8) 속죄제를 드릴 때 바치는 제물. 대제사장이 1년에 한 번 드리는 대속죄일에는 수송아지, 백성들을 위하여는 염소를 드렸다(레 16:11-19).

속죄 제육〔贖罪祭肉;~살 육〕명(레 10:19) 형벌을 대속하고 정결케 하기 위하여 드리는 제물.

속하다[1]〔贖~;바꿀 속〕명(출 21:30) 죄를 씻기 위하여 물건을 대신하여 바치다.

속하다[2]〔屬~;붙을 속〕자(창 14:23) 매이거나 소속되다. belong to.

속하다[3]〔速~;빠를 속〕형(창 18:6) 매우 빠르다. fast.

손[1] 명(창 3:22) ①사람의 팔목에 달린 부분. hand. ②인체 좌우의 어깨로부터 나온 부

분. 곧 손과 팔의 총칭. arm.

손[2] 명(왕상 1:41) ①남의 집에 와서 임시로 묵는 사람. guest. ②주인을 찾아 온 사람. visitor.

손가락 명(출 29:12) 손에 달려 있는 다섯 개의 길쭉한 가락으로서 물건을 집는 역할을 함. fingers.

손녀〔孫女;손자 손, 계집 녀〕명(창 36:14) 아들이나 딸의 딸. grand daughter.

손님 명(마 9:15) 방문객을 높여서 부르는 말. guest.
※ 성도는 손님 대접을 극진히 해야 한다.

손맥〔~脈;맥 맥〕명(삼하 4:1) 손목과 같은 원어를 손맥이라 번역하였다. 손을 쥐고 있는 상태가 아니고 편 상태를 가리키는 말로, 힘이 풀렸음을 뜻한다.

손목 명(신 6:8) 손과 팔에 연결된 관절. wrist.

손상〔損傷;덜 손, 상할 상〕명(레 19:27) 떨어져 헌 것이 되거나 부딪쳐 깨어진 것. damage.

손수 명(출 35:25) 친히 나서서 일하는 것. 자기 손으로.

손수건〔~手巾;손 수, 수건 건〕명(행 19:12) 주머니에 넣거나 가지고 다니는 자그만 수건. handkerchief.

손실〔損失;덜 손, 잃을 실〕명(삼상 25:21) ①없어져 적어짐. damage. ②장사를 하다가 손해를 봄. loss.

손자〔孫子;손자 손, 아들 자〕명(창 11:31) 자녀의 아들. grandson.

손할례당〔損割禮黨;덜 손, 나눌 할, 예도 례, 무리 당〕명(빌 3:2) 몸을 상하여 할례 받은 것을 자랑하는 당파. the circumcision. 갈 5:12에는 거세로 보기 쉬우나, 역시 할례로 봄이 옳다.

손해〔損害;덜 손, 해할 해〕명(출 21:19) ①이익을 얻지 못하고 재물이 전보다 적어짐. loss. ②타인으로부터 해를 받음. damage.

솔개 명(창 15:11)〈조〉수리과의 매과에 속하는 육식 날짐승. 소리개. kite.

솔기 명(왕상 22:34) 옷을 지을 때 폭을 맞대고 꿰맨 줄. 봉제선. seam.

솔로몬〔שְׁלֹמֹה = 평화롭다〕인(삼하 5:14)

1. 신상. ①「다윗」 왕이 「우리아」의 아내 「밧세바」를 취

하여 낳은 아들로서, 「예루살렘」에서 낳았다(대상 3:5). ②「다윗」은 자기 생애에 너무나 파란 곡절이 많았기 때문에 그 아들 「솔로몬」의 치세에는 평안할 것을 기원하여 이름을 「솔로몬」이라 하였다(대상 22:9). ③21세에 「이스라엘」 제3대 왕으로 취임하여 40년간 통치하였다(주전 961-922). ④왕 취임 후 첫번 제사 때, 하나님께서 꿈속에 나타나 "무엇을 주기를 원하느냐" 물으실 때, 지혜를 구하였다. 하나님께서 가상히 여기사 부귀까지 겸하여 주었다(왕상 3:3-15). ⑤두 여인이 와서 송사한 사건이 있었다. 산 아이가 자기 아이라고 서로 주장할 때에 칼을 가져다가 쪼개서 반씩 나누어 가지겠냐고 물어 그 표정을 보고 아이의 어머니를 찾아 준 유명한 재판이 있다(왕상 3:15-28).

2. 정치. ①아버지 「다윗」의 사업을 계승하여 민족 통일의 과업을 완수하고 인근 모든 민족들을 통합하여 통치하였다. ②왕위 계승하는 문제에 있어서 그의 형 「아도니야」와 상당한 분쟁이 있었다(왕상 1:-2:). ③「솔로몬」 치세의 초기에는 하나님을 두려워하고 백성을 바르게 재판하려고 노력하였다(왕상 3:9). ④그가 왕위에 있을 때 이룩한 업적은 성전을 건축하고 왕궁을 지은 일인데 이 건축을 위한 비용을 얻기 위해서 외국 무역을 장려하고 군대를 확충하여 「팔레스틴」의 비(非)「이스라엘」 족속을 거의 정복하였다(왕상 1:-11:, 대하 1:-9:). ⑤그가 경영하는 국가 사업비가 엄청나게 많이 들어갔으며, 많은 궁녀를 두고 지나치게 호화로운 생활을 하였기 때문에 목축 내지는 상공업 만으로는 도저히 그 비용을 충당할 수 없게 되었다. 그래서 국민에게는 많은 세금을 받아들이고 강제 노동을 실시하였다. 이것이 그 나라 분열의 원인이 되었다. ⑥따라서 「솔로몬」은 「이스라엘」 왕국의 건설자인 동시에, 사상 최대의 호화로운 생활을 누렸으며 「다윗」 왕의 뜻을 어기

고 국가 분열의 요인을 만들게 되었다. 그러나 그의 정치적 현명에 대해서는 후대에 두고두고 예찬을 받았다. 마 12:24에 「솔로몬」의 지혜를 배우라고 하였다.

3. 저서. 또 그의 문학적인 소질이 풍부하여 구약의 전도서, 잠언, 아가서, 시편의 일부를 기록하였다 한다. 「솔로몬」의 지혜서가 있다. 「솔로몬」의 지혜에 대하여 잘못 전해진 것을 변명하기 위한 기록이 「알렉산드리아」에 사는 한 「유대」인을 통하여 저술되었는데, 이 책 내용은 「유대」의 지혜 문학에 속하는 체제적으로 볼 때에 현실적인 처세술을 가장 현대적으로 분석한 책이다. 1-9장까지는 철학적 교훈적인 문학이 많고 10-19장에는 역사적인 서술로 되어 있다. 「유대」교의 전통적인 「솔로몬」의 사상을 확립시키자는 데 기초를 둔 내용으로, 「바울」 서신과 「히브리」 서의 저자들에게 영향을 끼친 바 크다고 생각된다.

4. 유적. 「예루살렘」의 「헤롯」 성전 안에 이방인의 뜰 동편. 지붕이 있는 주랑(柱廊)의 일부에 「솔로몬」 성전을 회상하며 "「솔로몬」의 행각"이라고 붙인 이름이 있다(요 10:23, 행 3:11, 5:12). 국태 민안하게 되자, 여호와의 뜻을 망각하고 「애굽」 「바로」의 왕녀를 비롯한 이방 여자를 약 1천여 명이나 비빈(妃嬪)으로 모아드릴 뿐 아니라, 이방신 곧 「시돈」의 여신 "아스다롯" 「암몬」의 "밀곱과 몰록" 「모압」의 "그모스" 등을 끌어드려 섬김으로 여호와께서 진노하사 그 아들의 대에 나라를 분열하겠다 하시고 「솔로몬」 왕국에 복속하였던 「에돔」과 「수리아」로 반란을 일으키게 하였다(왕상 11:1-25). 「솔로몬」은 21세에 즉위하여 60세에 별세하니 그의 치세 기간은 40년이었다. 「르호보암」이 계위(繼位)하였다(대하 9:30-31).

솔로몬 행각 명(요 10:23) 「예루살렘」에 있었던 「헤롯」 성전의 유개 주랑(有蓋柱廊). solomon's porch.

솜 명(잠 31:19) 목화의 삭과(蒴果) 속에 있는 흰 섬유를 따서 씨를 뽑아낸 물건. cotton.

솜뭉치 명(잠 31:19) 솜을 뚤뚤 말거나 엉키게 하여 뭉쳐 놓은 덩이. cotton bundle.

솟다 자(사 35:6) 솟아오르다. raise. ②끓어오르다. boil up. ③샘물 따위가 터져 나오다.

spring.

솟쳐내다 타(시 57:20) 높이 올라가도록 채내다. raise.

송곳 명(출 21:6) 나무나 쇠에 구멍을 뚫는 기구로서, 끝이 뾰족하고 자루가 있는 연장. gimlet.

송구〔悚懼;두려워할 송, 두려울 구〕명(욥 2:6) 두렵고 미안한 마음. being sorry.

송사〔訟事;송사할 송, 일 사〕명(출 23:2) 소송〔訴訟〕. suit.

송아지 명(창 18:7) 새끼 소. calf.

송아지 예배〔~禮拜;인사 례, 절 배〕명(출 32:4) ①「애굽」에서 나온「이스라엘」백성들이 금송아지를 만들어 하나님으로 섬겼다(신 9:16, 행 7:41). ②「여로보암」왕 때「예루살렘」성전에 가지 못하도록「벧엘」에 금송아지를 만들어 세우고 예배하게 하였다(왕상 11:46, 12:29). 선지자들은 송아지 예배가 우상 숭배이며 하나님의 노여움을 사는 행위라고 공박하였다(호 8:5, 왕하 10:29).

송이 명(창 40:10) 꽃이나 열매 따위가 모여 달린 한 꼭지. cluster.

송이꿀 명(시 19:10) 다른 당분을 섞지 않은 순수하고 질이 좋은 꿀. the purest honey.

송장 명(왕하 19:35) 사람의 시체. dead body.

송축〔頌祝;칭송할 송, 빌 축〕명(왕상 8:15) 경사가 있을 때 축복을 보냄. blessing.

솥 명(레 2:7) 쇠나 양은으로 만든 그릇으로써 음식을 만들 때 사용. iron pot.

쇠똥 명(겔 4:15) ①쇠를 불에 달구어 불릴 때에 튀어나는 부스러기. iron slag. ②소의 똥. cattle dung.

쇠망〔衰亡;쇠할 쇠, 망할 망〕명(시 21:16) 쇠퇴하여 멸망함. ruin.

쇠멸〔衰滅;쇠할 쇠, 멸할 멸〕명(사 21:16) 쇠망(衰亡). ruin.

쇠미〔衰微;쇠할 쇠, 작을 미〕명(민 24:22) 쇠하고 잔약하고 희미하여짐. decline.

쇠스랑 명(삼상 13:21) 서너 개의 쇠발에 나무 자루를 낀 갈퀴 모양의 농구. (×)소스랑. forked rake.

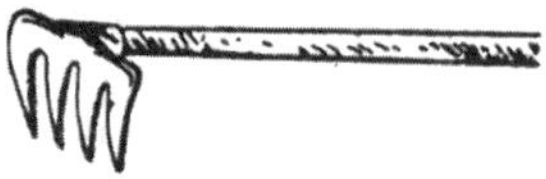

쇠약〔衰弱;쇠할 쇠, 약할 약〕명 (창 47:13) 힘이 쇠하여 약해짐. weakness.

쇠잔〔衰殘;쇠할 쇠, 남을 잔〕명 (레 26:39) ①힘이 빠져 거의 죽게 됨. being worn-out. ②쇠하여 없어짐. wane.

쇠진〔衰盡;쇠할 쇠, 다할 진〕명 (습 2:11) 쇠하여 아주 없어짐. 곧 송두리째 망하여 버림. ruin.

쇠패〔衰敗;쇠할 쇠, 패할 패〕명 (잠 5:11) ①늙어서 기력이 쇠하여짐. senile decay. ②쇠하여 패망함. decline.

쇠하다〔衰~;쇠할 쇠〕자(출 18:18) ①힘이 차차 줄어지다. 약해지다. grow weak. ②세력이 적어지다. be run down.

수[1] 명(창 6:19) 생물의 남성. male.

수[2]〔壽;목숨 수〕명(창 25:8) ①나이 age. ②사는 기간. 오래 삶. longevity.

수[3]〔繡;수놓을 수〕명(출 26:1) 헝겊에다 색실로 그림이나 글씨를 놓음. embroidery.

수[4]〔數;셀 수〕명(창 16:7) 셀 수 있는 물건의 많고 적음. number.

수가〔Συχαρ=마지막〕지(요 4:5-6) ①「사마리아」 도의 한 동리로서 「야곱」의 우물이 있다(요 4:5-6). ②「야곱」과 조상의 분묘가 있는데 예수께서 지나가시다가 그 우물에 물 길러 나온 「사마리아」 여인을 만나서 생수의 원리를 설명하고 전도한 곳(요 4:39-41).

수갓〔שׂוּכָתִים〕인(대상 2:55) 「유다」 「야베스」에 살던 세 서기관 가족 중의 하나. 「레갑」 자손→「소고」.

수건〔手巾;손 수, 수건 건〕명 (출 34:33) 얼굴이나 몸을 닦기 위하여 폭보다 길이를 길게 만든 헝겊 조각. towel.

수고〔受苦;받을 수, 괴로울 고〕명(창 3:16) 힘쓰고 애써 일하는 것. troublesome.

수공물〔手工物;손 수, 장인 공, 만물 물〕명(시 115:4) 손으로 만든 공예품. 물건. handicraft.

수구〔水口;물 수, 입 구〕명(삼하 5:8) 물이 흘러나가는 곳.

outlet.

수군거리다 자타(시 41:7) 남이 알아듣지 못하게 나지막한 소리로 가만히 말하다. 쑤군거리다. talk in whispers. 부 수군수군.

수궁〔守宮;지킬 수, 집 궁〕명(레 11:30)〈동〉도마뱀붙잇과의 동물. 도마뱀과 비슷하나 허리가 납작하며 머리는 3각형. 꼬리는 뭉툭함. 벽호(壁虎). 도마뱀붙이. gecko.

수금[1]〔竪琴;세울 수, 거문고 금〕명(창 4:21)〈악〉거문고 중의 한 악기. harp.

▼ 우르의 수금

수금[2]〔囚禁;가둘 수, 금할 금〕명(시 68:6) 죄인을 가두어 두는 것.

수나귀 명(창 45:23)〈동〉수당나귀. 말과에 속한 짐승으로 말보다 작은 것인데, 이것이 수컷. donkey.

수납〔收納;거둘 수, 드릴 납〕명(왕하 22:4) 받아들여서 바침. receipt.

수넴〔שׁוּנֵם=두 휴식처〕지(수 19:18) ①「잇사갈」지파의 경내「므레」산록「다볼」산의 서남 8km지점에 있다(수 19:18). ②「길보아」전쟁 전에「블레셋」군대에 전지였다(삼상 28:4). ③이 성은 미인이 많은 곳으로서「다윗」왕의 말년에 시봉한 여자「아비삭」의 고향이다(왕상 1:3-4). ④「엘리사」 선지를 잘 대접한 여인의 거주지이다. 「엘리사」가 이 성에 들어왔을 때 영접하여 후대하고 그 후부터는 올 때마다 자기 집에 유숙하게 하기 위하여 따로 방을 짓고 또,「엘리사」에게 필요한 도구까지 준비하여 주었다. 그래서「엘리사」는 답례로 아들을 낳게 해 주었고, 얼마 안 되어 그 아들이 죽었다.「엘리사」는 그 아이를 다시 살려주고, 그 후 7년간 흉년으로 인하여「블레셋」에 가서 있는 동안에 잃었던 재산을 회복하여 주었다(왕하 4:8-37, 8:1-6). 현재의 이름은「솔람」이다.

수년〔數年;셀 수, 해 년〕명(왕상 17:1) 두 서너 해, 사 오 년. several years.

수니〔שׁוּנִי=조용한〕인(창 46:16)「갓」의 아들.

수다〔數多;셀 수, 많을 다〕명(수 11:4) ①수가 많음. great number. ②쓸데없는 말수나 말이 많음. talkativeness. 부

수다히.

수단〔手段;손 수, 조각 단〕[명](신 32:27) 일을 처리하는 솜씨. means.

수델라〔שׁוּתֶלַח=찢는 소리〕[인] [1]「에브라임」의 아들로서, 「수델라」 가족의 조상(민 26:35, 대상 7:20).
[2]「에브라임」의 자손 「사밧」의 아들(대상 7:21).

수도〔水道;물 수, 길 도〕[명](왕하 18:17) 강물을 끌어 음료수를 제공하거나 더러운 물을 흘러내어 보내는 시설. ditch that brings water.

수도구〔水道口;~입 구〕[명](사 36:2) 물을 흘러보내는 시설의 입구. entrance of a ditch that brings water.

수두〔首頭;머리 수, 머리 두〕[명](민 10:14) 어떤 일에 앞장서 있는 사람. leader.

수라구사〔Συργχουσαι=비밀〕[지](행 28:12) 「바울」이 「로마」로 호송되는 항해 중에 들렀던 항구. 「시실리」 섬의 항구 도시로서, 주전 8세기 경부터 개항한 곳이다.

수렁 [명](시 40:2) 곤죽이 된 진흙과 개흙이 많이 괸 웅덩이. 빠지기만 하면 자꾸 들어가기만 함. swamp.

수레 [명](창 41:43) 바퀴를 달아 굴러가게 만든 기구. wagon. 성경에 화물용과 전시용(戰時用) 두 가지가 있었다. 화물용은 목재를 두 필의 소가 끌었다(삼상 6:7, 삼하 6:3-4). 곡식 운반(암 2:13). 사람 승거(창 45:19, 25) 우편용 등으로 사용했다. 전시용은 두 필의 말이 끌었고, 병거로도 번역된다(창 41:43, 46:49, 왕하 5:9, 행 8:29).

수로〔水路;물 수, 길 로〕[명](사 18:2) 물 길. 뱃길. water-course.

수로보니게〔Συροθοινίχισσα=붉다〕[지](마 15:21-29, 막 7:24-30) 「팔레스틴」의 북방을 차지하고 있는 「수리아」 지방 중에서 「지중해」 연안 쪽에 있는 「베니게」를 가리킨다. 북「아프리카」 「리비아」의 「베니게」와 구별하기 위하여 이렇게 부른다. 「두로」와 「시돈」같은 도시도 있고 좋은 항구가 있어 통상과 무역이 성행한 곳이다. 한 여인이 자기 병을 고쳐달라고 예수께 간구하매, 그의 특출한 믿음을 보시고 고쳐주셨다.

수르[1]〔צוּר=바위〕[인](민 25:

15)

[1]「미디안」의 한 두령으로서 「시혼」과 동행하였거나, 아니면 예속된 사람으로 「고스비」라 하는 여인의 부친이다. 「미디안」인이 「이스라엘」 백성을 음행케 하였으므로 「모세」가 「미디안」을 치던 전장에서 죽었다(민 25:18, 수 13:21).

[2]「베냐민」인 「여아엘」의 아들이다(대상 8:30). 영문 성경에는 「수르」와 「술」이 같은데, 국어 성경에는 다르게 번역하였다.

수르[2]〔צוּר = 바위〕[지](출 15:22) 「애굽」 어로는 「헤뎁」(성벽), 「히브리」 어로는 「에담」이다. 「스에즈」와 「벨슘」 사이에 「애굽」 측에서 「아시아」인의 침입을 막기 위하여 방어벽을 쌓았던 까닭에 이 이름을 가지게 되었다. ①「이스라엘」 백성이 「홍해」를 건너 첫 번 이곳에 진을 쳤다가 물이 없어 「라마」로 갔다(출 15:22, 13:2). ②「사울」 왕과 「다윗」은 「아말렉」 사람을 이곳까지 쳐서 물리쳤다(삼상 15:7, 27:8). ③옛적 「사라」의 여종 「하갈」이 도망하여 이 곳에 이르렀을 때 여호와의 사자가 나타나 주인에게 돌아가 복종하라 하였다(창 16:6-9). ④「아브라함」이 이곳 근방 「그랄」에 정착하였다(창 20:1). ⑤「이스마엘」이 이곳에 거주하였다(창 25:18).

수리[1]〔受理;받을 수, 이치 리〕[명](사 1:23) 의뢰 받아서 처리함. acceptance.

수리[2]〔修理;닭을 수, 이치 리〕[명](왕하 12:5) 고장난 곳이나 낡은 곳을 손보아 고침. repair.

수리삿대〔צוּרִישַׁדָּי = 그 반석은 전능자이다〕[인](민 1:6, 2:12) 광야 시대 「시므온」 지파의 족장 「슬루미엘」의 부친.

수리아〔אֲרָם = 높은 곳〕[지](마 4:24) 「유다」 북부에 있는 큰 나라로서 「유브라데」 강 「지중해」 「길리기아」까지를 경계로 하고 「다메섹」, 「안디옥」, 「실루기아」, 「발라무」, 「라오디게아」 등 큰 나라가 있다. ①국체는 여러 약소 국가들이 모인 합중국같고, 주권자는 「다메섹」 국이다. ②「소바」 왕 「하닷에셀」과 동맹하여 「다윗」을 대적하다가 도리어 패전하였다(삼하 8:5). ③「솔로몬」 왕 말년까지 복속하였고 「솔로몬」 왕 말년 「소바」 왕 「르손」이 이탈하여 독립하였다(왕상 11:23, 25). ④「하닷」 왕 때에 여러 차례 「사마리아」를 포위하였으나 언제나 패전하였다(왕하 16:7). ⑤그 후 「하사엘」이 「수리아」 「아람」 왕이 되어 「이스라엘」을 괴롭히다가 「요아스」 왕에게 패하였다(왕하 13:22-25). ⑥ 「르신」이 「이스라엘」과 동맹하여 「유다」를 치매 「유다」 왕 「아하스」는 「앗수르」 왕 「디글랏 빌레셀」에게 구원을 청하니 즉시 대군을 동원하여 「수리아」를 쳐서 「앗수르」 국의 속령을 삼았다(사 7:1-6, 왕하 16:7-6). ⑦예수께서 「갈릴리」에 두루 다니시며 복음을 전하시고 모든 병을 고치시니 그 소문이 「수리아」 온 땅에 가득해 전해졌다(마 4:23-24).

※「바벨론」, 「바사」, 「마게도냐」, 「로마」, 「터키」 등 여러 나라에 전속하였다가 제1차 세계 대전 후에 「불란서」의 위임 통치를 받고 제2차 대전 후에 완전한 독립국이 되어 국호를 「씨리아」라 하고, 수도를 「다메섹」에 정하였다.

수리엘〔צוּרִיאֵל=그 반석은 하나님이시다〕인(민 3:35) 「아비하일」의 아들.

수마노〔水瑪瑙;물 수, 옥돌 마, 화반석 노〕명(욥 28:16) 아름다운 광택이 나는 석영(石英) 중의 하나. 홍(紅), 흑(黑), 백(白)의 세 가지 빛깔이 있다.

수만〔數萬;셀 수, 일만 만〕명(유 14) 상당히 많은 수효.

수만명〔數萬名;~이름 명〕명(단 11:12) 상당히 많은 사람.

수말 명(렘 5:8) 말의 수컷. stallion.

수맛〔שֻׁמָתִי=마늘〕지(대상 2:53) 「기럇여아림」 족속이 사는 한 마을.

수면〔水面;물 수, 낯 면〕명(창 1:2) 물의 맨 윗면. 물의 표면. surface of the water.

수목〔樹木;나무 수, 나무 목〕명(창 23:17) 살아 있는 나무. tree.

수문〔水門;물 수, 문 문〕명(느 3:26) ①「예루살렘」 성의 동측 문. the Water Gate. ②저수지나 수로에 설치하여 수량을 조절하는 문. 물문. sluice.

수바〔סוּפָה=회오리바람〕지(민 21:14) 「요단」 동편에 있는 땅으로서, 확실한 위치는 알 수 없다.

수바엘〔שׁוּבָאֵל=하나님이여 돌아오십시오〕인(대상 24:20)→「스브엘」

수박 명(민 11:5) 〈식〉 박과의 일년생 덩굴풀. 열매는 크고 둥글며, 겉은 갈대 빛임. 수분이 많고 단맛이 있음. watermelon.

수보〔修補;닦을 수, 기울 보〕명 (느 4:7) 갖추지 않은 데를 더하고, 허름한 데를 기움. repairing.

수비대〔守備隊;지킬 수, 갖출 비, 떼 대〕명(삼상 13:3) 〈군〉 수비 경계를 위하여 배치된 군대. garrison.

수산〔שׁוּשַׁן=백합〕지(느 1:1) 「엘람」 왕국의 옛 도시. 「파사」만 북으로 240km 지점, 「칼라」 강 언덕에 자리잡고 있다. 「파사」 만의 수로가 편리하여 옛날부터 번영하였으며, 특히 고레스 왕에 의하여 「파사」 제국의 세 수도 중의 하나로 되었고 여기에 겨울궁(宮)을 세웠다(단 8:2). 「수산」 궁은 「에스더」 서의 무대이기도 하다. 「다리오」 왕의 궁전 터와 귀중한 「하므라비」 법전이 발굴되었다. 현재의 「스스」.

수산나〔*Σουσάννα*=백합화〕인 (눅 8:3) 자기의 소유물로서 봉사하며 예수님께 수종들던 여신도.

수산에룻 명(시 60) 시편 60편의 제목.

수색[1]〔愁色;근심 수, 빛 색〕명 (삼상 1:18) 그늘진 얼굴. 근심스러운 기색.

수색[2]〔搜索;찾을 수, 찾을 색〕명(삼상 26:20) ①더듬어서 찾음. grope. ②〈법〉 형사 소송법상 피의자나 피고인 또는 증거물을 찾기 위하여 사람의 몸, 물건, 주택 등을 조사하는 강제 처분. search.

수석〔首席;머리 수, 자리 석〕명 (삼상 9:22) 맨 윗자리 또는 맨 윗사람. top seat.

수선화〔水仙花;물 수, 신선 선, 꽃 화〕명(아 2:1) 〈식〉수선과의 다년생 풀. 온대 지방 물가에 절로 남. 흰꽃이 핌. daffodil.

수소 명(출 29:1, 레 23:18) 〈화〉 소의 수컷. bull. 기호 H로 나타내는 화학 원소 중 한 가지.

수송아지 명(레 1:5, 민 7:15) 〈동〉 엇송아지. 아직 다 자라지 못한 송아지. a male calf.

수수께끼 명(삿 14:12) ①사물을 비유하여 그 말의 뜻을 알아맞히는 놀이. riddle. ②이상하고 신기하여 짐작할 수 없는 일. mystery.

수스〔זוּזִים=비옥〕지(창 14:5) 「팔레스틴」 경계 「암몬」의 원주민이 살던 지방.

수습〔收拾;거둘 수, 주울 습〕명

(렘 10:17) ①흩어진 물건을 주워 거둠. gathering. ②산란한 것을 정리하거나 진정시킴. control.

수시〔סוּסִי = 마부〕[인](민 13:11) 「갓디」의 아버지.

수심〔愁心;근심 수, 마음 심〕[명](욥 7:13) 근심하는 마음, 또는 근심하는 일. worry.

수아[1]〔שׁוּחַ = 외지(外地)〕[인](창 25:2, 대상 1:32) 아브라함의 후처 「그두라」가 낳은 아들. 「아라비아」 족속의 조상(욥 2:11, 18:1, 25:1, 43:9).

수아[2]〔סוּחַ = 쓸어버림〕[인](대상 7:36) 「아셀」 사람 「소바」의 아들.

수아[3]〔שׁוּעָא = 부귀〕[인]

[1] 「아셀」 지파 「헤넬」의 딸(대상 7:32).

[2] 「가나안」 사람으로, 그의 딸은 「유다」의 아내가 되었다(창 38:2, 대상 2:2).

수아[4]〔שׁוּחִי = 우물〕[지](욥 2:11) 「욥」의 친구 「빌닷」의 고향으로서 「슈히」라고도 한다.

수알[1]〔שׁוּעָל = 여우〕[인](대상 7:36) 「아셀」 지파 「소바」의 아들.

수알[2]〔צוּעָר = 적음〕[인](민 1:8, 2:5) 「느다넬」의 아버지.

수알[3]〔שׁוּעָל = 여우〕[지](삼상 13:7) 「베냐민」 지파가 살던 곳.

수양버들〔垂楊~;늘어질 수, 버물 물〕[명](스 6:9) 확보하여 들 양〕[명](겔 17:5)〈식〉 버들나뭇과의 낙엽 교목. 봄에 잎보다 먼저 암자록색의 꽃이 자웅이 주로 핌. [준] 수양. weeping willow.

수에네〔סְוֵנֵה = 시장(市場)〕[지](겔 29:10) 「애굽」의 남방 「나일」 강 제1폭포의 동쪽 언덕 「에레반진」 섬 대안에 있어 「이디오피아」에 대한 중요한 국경 요새지(겔 30:6). 이곳은 현재의 「아스완 에레반진」 섬인데, 옛날 「파사」 시대에 많은 「유대」인이 이곳에 정착하여 하나님을 섬겼으며, 「팔레스틴」과도 긴밀한 연락을 가졌던 것같다. 이곳에서 "파피루스"가 발견되었다.

수염〔鬚髥;수염 수, 구레나룻 염〕[명](레 13:29) ①코밑·턱·뺨에 나는 털. [준] 염. beard. ②벼 따위의 낟알 끝에 난 꺼끄러기. awn.

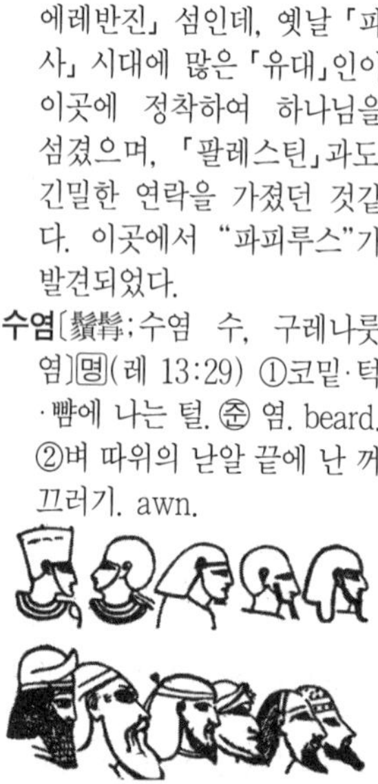

수욕〔羞辱;부끄러워할 수, 욕될 욕〕[명](창 34:14) 수치와 욕을 당함. humiliation.

수용물〔需用物;쓸 수, 쓸 용, 만

써야 할 물건.

수운〔輸運;보낼 수, 움직일 운〕명(왕상 5:9) 물건 운반. 화물 운반. transport.

수원[1]〔水源;물 수, 근원 원〕명(시 78:15) 흐르는 물의 근원. source of a stream.

수원[2]〔隨員;따를 수, 사람 원〕명(왕상 10:2) ①수행원. attendant. ②〈법〉 외교 사절과 같이 오는 사람. suite.

수은제〔酬恩祭;술 권할 수, 은혜 은, 제사 제〕명(레 3:1-17) 가축을 제물로 하여 하나님과 사람 사이의 평화를 위하여 드리는 제사의 하나(레 7:11-21). 이 제사는 감사제(레 7:12), 서원제(레 7:16), 자원제(레 7:16) 등 세 종류가 있었다. 칠칠절(오순절) 같은 때에 행해졌다(레 23:19).

수응〔酬應;술 권할 수, 응할 응〕명(창 34:11) 다른 사람의 부탁을 들어줌. meeting the demands of others.

수인〔數人;셀 수, 사람 인〕명(창 33:15) 몇 사람. 여러 사람. several person.

수입〔收入;거둘 수, 들 입〕명(학 1:6) ①금품을 거두어들임. earnings. ②금전을 벌어들이는 일. 소득. earning.

수일〔數日;셀 수, 날 일〕명(창 29:20) 여러 날. several days.

수장〔收藏;거둘 수, 감출 장〕명(신 16:13) 거두어 들여 깊이 간직함. ㊌ 비장. garnering.

수장절〔收藏節;~마디 절〕명(출 23:16) 유태인의 절기의 하나. the Harvest Festival.→초막절.

수전절〔修殿節;닦을 수, 대궐 전, 마디 절〕명(요 10:22) 봉헌 의식, 낙성식 등의 말로 쓰인다. 주전 168년 「헬라」「수리아」의 「안디오커스 에피파네스」 시대에 성전에 우상을 두어 더럽힌 것을 「유다」「마카비」가 제단을 다시 쌓고 성전을 정결케 하였다. 주전 165년 재봉한 것을 기념하는 절기이다. 「유대」력 슬래우월(12월~1월) 25일부터 8일간 계속되는 축일은 「히스기야」 왕이 성전을 성결케 한 사실과 연관된다(대하 29:17).

수절〔守節;지킬 수, 마디 절〕명(창 38:11) ①절개를 지킴. maintaining one's integrity. ②정절을 지킴. preserve chastity.

수정〔水晶;물 수, 수정 정〕명(욥 28:18) 〈광〉석영의 육각 기둥꼴의 결정체. crystal. 대제사장의 흉패로 사용되었다(출 30:10).

ㅅ

수족[1]〔水族;물 수, 겨레 족〕명(욥 26:5) 물 속에 사는 동물. atic animal.

수족[2]〔手足;손 수, 발 족〕명(창 41:44) ①손과 발. hand and feet. ②요긴하게 부리는 사람. right hand man.

수종〔隨從;따를 수, 따를 종〕명(창 40:4) ①㉯시종. chamberlain. ②따라 다니는 하인. servant.

수종자〔隨從者;~놈 자〕명(출 33:11) ①시중드는 사람. man who is one's helper. ②따라 다니는 하인.

수중[1]〔水中;물 수, 가운데 중〕명(레 11:12) 물 속. underwater.

수중[2]〔手中;손 수, 가운데 중〕명(창 16:6) ①손 안. in the hands. ②자기가 부릴 수 있는 세력 범위. in one's possession.

수직〔守直;지킬 수, 곧을 직〕명(민 3:8) 맡아 지키는.

수척〔瘦瘠;여윌 수, 파리할 척〕명(시 6:2) 몸이 야위어 깡마름. emaciation.

수천〔數千;셀 수, 일천 천〕명(삼상 29:2) 천의 몇 갑절이 되는 수효. several thousands.

수축〔修築;닦을 수, 쌓을 축〕명(왕상 11:27) ①방축 따위의 헐어진 데를 고쳐 쌓음. ②집을 고쳐 지음. repair.

수치〔羞恥;부끄러워할 수, 부끄러워할 치〕명(창 20:16) 부끄러움. shame. 「이스라엘」 백성이 하나님의 은총을 입지 못하고 수치로 여긴 몇 가지 일은 아이를 배지 못한 것(창 30:23), 과부(사 54:4), 적군에게 모욕당하는 것(시 69:19), 하체가 드러나는 일(사 3:18) 등이다.

수컷 명(출 12:5) 짐승의 수놈. male.

수탐〔搜探;찾을 수, 찾을 탐〕명(창 44:12) 수사하여 샅샅이 알아봄. search.

수태〔受胎;받을 수, 아이 밸 태〕명(눅 1:7) 아이를 뱀. 잉태. impregnation.

수풀 명(창 13:18) ①나무가 무성한 곳. forest. ②풀·나무·덩굴이 엉킨 곳. bush. ㉾ 숲.

수하[1]〔手下;손 수, 아래 하〕명(창 16:9) 아랫사람.

수하[2]〔שׁוּחָה=우물〕인(대상 4:11) 「유다」의 아들 「훌」의 자손, 「글룹」의 아우. 「후사」와 같은 사람.

수한〔壽限;목숨 수, 한정 한〕명(삼하 7:12) 하늘에서 받은 수명. 타고난 수명의 한도. span of life.

수함〔שׁוּחָם=우물을 파는 자〕인(민 26:42) 「단」의 아들로서 「수함」 족속의 조상. 「후심」으로 된 곳도 있다(창 46:23).

수호장〔守護長;지킬 수, 보호할 호, 길 장〕명 지키어 보호하는 사람 중의 우두머리. leader of protecting.

수확〔收穫;거둘 수, 거둘 확〕명 (사 32:11) 농작물을 거두어들임. 또는 그 소출. harvest.

수효〔數爻;셀 수, 사귈 효〕명 (출 5:8) 물건의 수. number.

숙곳〔סֻכּוֹת = 작은 양 우리〕지 (출 12:37)

1 「애굽」 탈출 이후 「이스라엘」 백성이 처음으로 진을 쳤던 곳(출 30:20, 민 33:5-6). 「애굽」 말 "스꾸"의 음역인 듯. 일명 「비돔」인데, 전자는 정치적 명칭이요, 후자는 종교적 명칭이라 한다.

2 「요단」 강 동쪽 땅이며 「얍복」 강이 「요단」 평야에서 남쪽으로 흘러내리는 부근에 있었다. ①처음에는 「헤스본」 왕 「시혼」의 영토이었으나 「이스라엘」 백성이 들어온 후에는 「갓」 자손의 땅이 되었다(수 13:27). ②「야곱」이 그의 아들을 위해 작은 양 우리(숙곳)를 만들었는데, 그 이름을 따서 「숙곳」이라 한 것 같다(창 33:17). ③「기드온」이 적군을 추격하여 이곳까지 왔다(삿 8:5-6). ④이 부근에 「솔로몬」의 주조소(주물 공장)가 있었다(왕상 7:46).

숙곳브놋 명(왕하 17:30) 「사마리아」에 옮겨온 「바벨론」 사람의 우상으로 여긴다. 그 말의 뜻은 '소녀들의 성막(오두막)'으로 번역할 수 있다. 「브놋」은 「바벨론」의 주신 「말둑」의 아내 「비니두」로 여기는 사람도 있다. 우상과 매음 행위는 항상 뒤따랐으므로 문자적인 해석으로 매춘을 위한 장소로 보여진다.

숙부〔叔父;아재비 숙, 아비 부〕명(삼상 10:14) 아버지의 동생. 작은 아버지. uncle.

숙소〔宿所;묵을 숙, 바 소〕명 (출 4:24) 머물러 침식을 하는 곳. one's address.

순〔筍;죽순 순〕명(민 17:8) 식물의 새싹. sprout.

순간〔瞬間;잠깐 순, 사이 간〕명 (수 8:19) 잠시 동안.

순결〔純潔;순수할 순, 깨끗할 결〕명(출 27:20) 아주 깨끗함. purity.

순교자 명 복음(그리스도)을 위하여 목숨을 바친 사람. martyr.

순금〔純金;순절할 순, 쇠 금〕명 (욥 28:19) 〈광〉 다른 금속이 섞이지 않은 황금. pure

ㅅ

gold.

순두게〔Ευντυχη=행운〕인(빌 4:2) 「빌립보」 교회의 여신도로서, 「유오디아」와 불화한 일이 있어서 「바울」이 주 안에서 한 마음되라고 권면하였다.

순례자 명(창 47:9) 종교적인 목적으로 성지를 순례하는 사람. pilgrimage.

순리〔順理;순할 순, 이치 리〕명(롬 1:26) 도리에 순종함. 또는 순조로운 이치. reason.

순복〔順服;순할 순, 옷 복〕명(삼하 22:45) 순순히 복종함. obedience.

순산〔順産;순할 순, 낳을 산〕명(사 66:8) 아무런 탈 없이 순조롭게 아이를 낳음. easy delivery.

ㅅ

순서〔順序;순할 순, 차례 서〕명(민 2:17) 정하여져 있는 차례. order.

순식간〔瞬息間;잠깐 순, 쉴 식, 사이 간〕명(출 33:5) 눈을 한 번 깜짝하거나 짧게 한번 숨 쉴 동안 만한. 아주 짧은 동안. brief instant.

순적〔順適;순할 순, 맞을 적〕명(창 24:12) ①거스르지 않고 좇으며 사람의 마음에 들도록 함. ②순조롭게 진행됨. proceeding smoothly. ③태연자약한 모양.

순전〔純全;순수할 순, 온전 전〕명(레 13:24) 다른 성분이 섞이지 않고 한 가지만 있음. purity. 부 순전히.

순정〔純情;순수할 순, 뜻 정〕명(대하 4:21) 정직하고 거짓 없는 순수한 사랑. pure heart.

순종〔順從;순할 순, 따를 종〕명(창 26:5) 시키는 대로 복종함. submission.

순진〔純眞;순수할 순, 참 진〕명(롬 16:18) 꾸밈없는 마음. naiue.

순찰〔巡察;순행할 순, 살필 찰〕명(창 41:45) 돌아다니면서 일어나는 일들을 살핌. round of inspection.

순찰자〔巡察者;~놈 자〕명(단 4:13) 순찰하는 사람.

순청색〔純青色;순수할 수, 푸를 청, 빛 색〕명(민 4:6) 다른 색이 섞이지 않고 순수하게 푸른색. pure blue.

순하다〔順~;순할 순〕형(레 26:41) ①성질이 부드럽다. gentle. ②맛이 부드럽다. mild. ③일이 쉽고도 마음대로 잘 되다. easy.

순행〔巡行;순행할 순, 행할 행〕명(대하 17:9) 이곳 저곳 돌아다님(巡). circuit.

순회〔巡廻;순행할 순, 돌 회〕명(삼상 7:16) 여러 곳으로 돌아다님. tour.

숟가락 명(출 25:29) 밥이나 국

따위를 떠먹는 기구. ㊟ 숟갈. ㊦ 수저. spoon.

술[1] [명](창 9:24) 알콜이 있어 마시면 취하는 음료의 총칭. alcoholic drink.

술[2] [명](민 15:38) 여자의 옷 따위에 장식으로 다는 여러 가닥의 실. tassel.

술[3] 〔צוּר〕[인](수 13:21)→수르

술[4] 〔שׁוּר=성벽〕[지](창 16:7) ①「애굽」어 hetem(헤템=성벽)의 역어(譯語)인데, "에담"은 그 음역(音譯)이다(출 13:20). ②「애굽」의 동북경에 있는 광야(삼상 15:7, 27:8). ③「하갈」의 유랑과 「아브라함」의 이주. 「이스마엘」의 거주와 관련되어 있다(창 16:7, 20:1, 25:18). ④「이스라엘」 사람은 「홍해」를 건넌 후 이 광야로 들어갔다(출 15:22). ※「아시아」 인종의 침입을 방지하기 위하여 「페르슘」으로부터 「수에즈」에 이르는 반도를 횡단하는 방어벽(防禦壁)을 설치한 데서부터 「술」 또는 「에담」이라 불리었다. →수르

술객〔術客;꾀 술, 손 객〕[명](창 41:8) 음양·점술에 정통한 사람. 술가(術家). diviner.

술람미〔שׁוּלַמִּית〕[지](아 6:13) 「수넴」과 동일함.

술법〔術法;꾀 술, 법 법〕[명](출 7:11)〈민〉 음양과 복술 따위에 관한 실현 방법. 괴이한 재주와 법. magical tricks.

술사〔術士;꾀 술, 선비 사〕[명](수 13:22) ①어떤 특기를 가진 사람. diviner. ②술책을 잘 꾸미는 사람. schemer.

술수〔術數;꾀 술, 셀 수〕[명](레 19:26) 술법. 술책. 잔꾀. magical tricks.

술틀 [명](느 13:15) 포도주를 만들기 위하여 포도를 넣고 발로 밟아 짜는 큰 통(애 1:15). 성경에는 포도즙 틀, 즙틀이라고 했다(사 16:10, 63:2, 계 14:19).

숨 [명](출 8:15) ①사람이나 동물이 코나 입으로 공기를 들이마시고 내쉬는 기운. breath. ②푸성귀 따위의 생생한 기운. freshness.

숨기다 [타](창 18:17) 나타나지 않게 감추다. hide.

숨다 [자](창 3:8) 보이지 않게 몸을 감추다. hide oneself.

숩[1] 〔צוּף=아들, 꿀벌집〕[인](삼상 1:1) 「사무엘」의 선조 「소베」와 같은 사람.

숩[2] 〔סוּף=갈대〕[지](신 1:11) 「요단」 저녁 「아라바」 광야 맞은편에 있는데, 「모세」가 이 부근에서 「이스라엘」 백성에게 율법을 두 번 반포하였다.

ㅅ

숩빔〔שֻׁפִּים = 뱀〕인(대상 7:12)
1「베냐민」 자손「일」의 아들(대상 7:15).
2「다윗」 왕 때의「예루살렘」 서문「살레겟」의 문지기(대상 26:16).

숩사람〔סֻכִּיִּים = 장막의 사람〕인(대하 12:3) 「에디오피아」(구스)의 굴에서 사는 사람.

숭배〔崇拜;높을 숭, 절 배〕명(출 23:24) ①높이어 우러러 공경함. admiration. ②종교적 대상을 숭배하고 귀의하는 심적 태도와 외적 표현의 총칭. worship.

숭배자〔崇拜者;~놈 자〕명(엡 5:5) 높이 우러러 공경하는 사람.

숭상〔崇尙;높을 숭, 오히려 상〕명(시 31:6) 높여 소중하게 여김. respect.

숯 명(삼하 22:9) 나무를 숯가마 속에서 구워 낸 검은 덩어리. charcoal.

숯불 명(삼하 14:7) 숯을 피운 불. charcoal fire.

숱하다 형(겔 17:3) ①물건의 분량이나 부피가 많다. much. ②흔하다. 썩 많다. plentiful.

쉽다 형(창 26:10) ①어렵지 않다. easy. ②간단하고 빨리 이룰 수 있다. simple. ③가능성이 많다. apt to.

스가가〔סְכָכָה = 닫혀진 곳, 울타리〕지(수 15:61) 「유다」 광야에 있던 성읍.

스가냐〔שְׁכַנְיָה = 여호와께서 거하심〕인(대상 24:11)
1「아론」의 자손으로, 저의 족속이「다윗」 왕 시대에 증가되었고, 「다윗」이 배정한 24제사장 반열 중 제10반이 되었다(대상 24:11).
2「솔로몬」의 자손으로, 「스룹바벨」의 5대 손인 듯하다(대상 3:21-22).
3「에스라」와 함께 「바벨론」에서 귀환한「삿두」의 자손「야하시엘」의 아들(스 8:5).
4「엘람」의 자손 중「여히엘」의 아들로서, 그와 그 형제들이 이방 여자를 취한 죄를 자복하며 그 아내들을 버리겠다고「에스라」에게 언명하였다(스 10:2-3).
5 이 외에 4인이 있다(대하 31:15, 느 3:29, 6:18, 12:3).

스가랴[1]〔זְכַרְיָה = 여호와께서 기억하심〕인(왕하 14:29)
1「유다」 왕「요아스」를 보필한 제사장「여호야다」의 아들. 그는 선지자로서 여호와의 보내심을 받은 자로 백성들의 죄를 경책할 때「요아스」 왕은 그의 부친「여호야다」의 은공을 생각지 않고「스가랴」를 성전 뜰 안에서

돌로 쳐 죽였다(대하 24:20-21). 마 23:35에 「바가랴」의 아들 「사가랴」라 한 것은 두 이름을 가졌었는지? 발음의 관계인지? 확실히 알 수는 없다.

② 「이스라엘」 왕 「여로보암」 2세의 아들로서 저가 「이스라엘」의 왕이 되어 6개월 통치하다가 「살룸」에게 맞아 죽었다(왕하 15:8-10).

③ ①12소선지 중의 일인으로 「베레갸」의 아들이다. 「다리오」 왕 2년에 여호와의 계시를 받아 예언하는 중 예수께서 나귀 타고 「예루살렘」에 올라가실 것을 예언하였다(슥 1:1). ②그는 「바벨론」에 포로 되어 있다가 돌아와서 성전 건축할 때에 「학개」 선지와 함께 역사를 맡은 「유대」인 장로들을 권면하여 공사가 형통하므로 「다리오」 왕 6년에 필역하였다(스 6:14-15).

④ 「이스라엘」 백성이 「바벨론」에 포로되어 있다가 돌아와서 「에스라」가 「모세」의 율법책을 낭독할 때, 강단 저편에 섰던 선지자 중의 한 사람이다(느 8:4).

⑤ 「바벨론」에서 「유다」에 돌아온 자 중 이방 여자를 취한 사람(스 10:26).

⑥ 「웃시아」 왕을 보필하던 자(대하 26:5).

⑦ 이 외에 2인이 있다(대상 26:2, 11).

스가랴[2] 명(슥) 구약 제38권째 성경이다. 선지자 「스가랴」의 기록으로 성전 건축을 격려하고 메시야를 소개한다. 그리스도의 재림에 관해서도 계시하였다.

스가리야〔זְכַרְיָה = 여호와께서 기억하심〕인(왕하 18:2) 「히스기야」 왕의 외조부.

스게와〔Σκευας = 소망〕인(행 19:14) 「에베소」에 있던 「유대」인 제사장으로서 그의 일곱 아들이 「바울」을 만나 「바울」이 악귀 쫓아내는 것을 보고 그들도 예수의 이름으로 악귀를 쫓아내려 하였으나 도리어 악귀에게 억눌리게 되었다.

스구디아〔Σκυθης = 초가〕지(골 3:11) 이 지방의 위치에 대하여 「흑해」로부터 중앙 「아시아」까지 라고 하는 설이 있으나, 「바울」의 언사를 보면 문명국인을 가리킴이 아니고 야만인을 가리킨 것이다.

소굽〔שְׂגוּב = 높여진 자〕인(수 6:26) 「벧엘」 사람 「히엘」의 막내 아들로서, 그의 부친이 「여리고」를 건축하고 문을 세울 때 그가 죽었다(왕상 16:34). 이것은 「여호수아」의 예언이 응함이다.

스나아〔סְנָאָה=증오, 가시울타리〕인(스 2:35) 「바벨론」 포로에서 돌아온 사람 이름(느 7:38) 「하스아나」와 같은 사람.

스난〔צְנָן=풍성한 땅〕지(수 15:37) 「유다」의 한 성읍. 「사아난」과 같은 곳(미 1:11).

스닐〔שְׂנִיר=흰산〕지(신 3:9) 「헬몬」 산을 「아모리」 인들을 「스닐」이라 부른다(아 4:8, 겔 27:5).

스다구〔Στάχυς=이삭〕인(롬 16:9) 「바울」이 「로마」에 있을 때 친하게 지내던 교인.

스다디온 명(계 14:20) 거리를 재는 로마 리수(里數)로 한 스다디온은 180m에 해당된다. 30스다디온이 10여리로 번역된 곳도 있다(요 16:19).

스달보스내〔שְׁתַרבּ זְנַי=밝은 별〕인(스 5:3) 「바사」 관할 내 「유다」의 강 서편 총독(스 6:6, 13).

스담〔זֵתָם=감람나무〕인(대상 26:22) 「세담」과 동일인 「레위」 사람 「여히엘리」의 아들.

스닷〔צְדָד=비탈진 곳〕지(민 34:8) 「다메섹」 북방 100km 지점, 「이스라엘」의 북쪽 경계 「헬몬」 산 동쪽의 성읍(겔 47:15).

스데바나〔Στεθανας'ο=면류관〕인(고전 1:16) 「바울」에게 세례를 받고 「아가야」의 처음 익은 열매로 성도들에게 공급하기로 약속했던 성도로서, 주후 59년에 「보나드도」와 「아가이고」와 함께 「에베소」에 가서 「바울」을 반가히 만났다(고전 16:15-18).

스데반〔Στεθανας=면류관〕인(행 6:5) 「예루살렘」 교회에서 뽑은 일곱 집사 중 한 사람으로, 기독교 최초의 순교

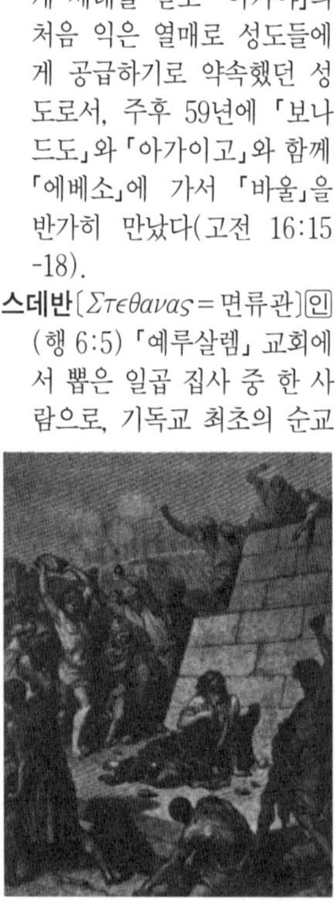

자. ①빈민 구제 사업을 위해 활동하며 때로는 설교도 했다(행 6:). ②그는 「헬라」어을 잘하는 헬레니스트로서 신앙이 돈독하고 성령이 충만한 사람이다. 말을 잘하고 이적 행하는 은사도 받았으며, 일곱 집사 중에 가장 뛰어난 사람이다. ③구약의 역사에 근거하여 「유대」교의 성전 예배를 비판하고 예수가 「메시야」이심을 증거하였다. 이로 인해 그는 「모세」의 율법을 반대하고 하나님을 모독하였다는 위증자들의 모함으로 「예루살렘」 근처에서 돌에 맞아 순교하였다. ④돌에 맞아 죽는 마당에서, 예수님이 하신 기도를 연상케 하여 마지막으로 하나님의 부르심을 받았다(행 7:). ⑤「스데반」의 최후를 목격한 「바울」은 얼마 후 「다메섹」으로 가는 길에서 회개하였는데, 아마도 「스데반」의 죽음에서 받은 최후의 인상이 크게 작용되었을 것이다(행 7:59-8:1). ⑥「예루살렘」 초대교회는 「스데반」의 박해 사건을 계기로 해서 지방으로 퍼져나가게 되었다.

스데울〔שְׁדֵיאוּר = 빛의 사람〕인 (민 1:5) 「모세」를 도운 사람. 광야 시대 「르우벤」 지파의 족장 「엘리숩」의 아버지 (민 7:30, 35, 10:18).

스도이고〔*Στοίχος* = 행낭〕인 (행 17:18) 아덴에서 「바울」과 변론한 철학자. 「헬라」 철학의 일파로서 바리새적인 교리가 많고 기독교와 같은 점도 있으나 아주 상반된 점이 있다. 그들의 교리는 ①오만으로 도(道)의 기간(基幹)을 삼고 ②인생에게 행복을 주는 것은 오직 지식 뿐이다. ③인생의 재해는 실상이 아니요, 각인의 상상에 연계되고 ④어진 사람은 희락과 비애에 동심(動心)치 않고 인내와 엄격으로 실행하여 세정에 빠지지 않는다고 하였다.

※ 그러나 하나님의 유일무이(唯一無二)하심과 그 말씀으로 세계를 창조하심과 그 뜻대로 만물을 치리하심을 믿는다. 당시 「아덴」에는 이 학파가 많았다.

스둘〔סְתוּר = 감추어진〕인(민 13:13) 「아셀」 지파의 두령 「미가엘」의 아들.

스라야〔שְׂרָיָה = 여호와의 군사〕인(삼하 8:17)

1 「시드기야」 왕과 함께 「바벨론」에 간 시종장. 「예레미야」가 부탁하기를 「바벨론」에 가거든 "이 땅을 멸하여 영영 황폐하리라"하고, 이 책을 다 읽은 후에 「유브라데」

강에 던지며, "「바벨론」이 재앙으로 인하여 이같이 침륜하고 일어나지 못하리라"하고 경고하라 하였다(렘 51:59-64).

[2]「예루살렘」 대제사장이며 「에스라」의 조상으로, 「립나」에서 「느부갓네살」에게 피살되었다(왕하 25:18-21, 렘 52:24-27, 대상 6:14-15, 스 3:2, 7:1).

[3] 서기관 「바룩」과 선지자 「예레미야」를 잡으라고 「여호야김」이 보낸 사람 중의 한 사람(렘 36:26).

[4]「힐기야」의 아들로서 제사장인데 「바벨론」에서 귀환 후 성전을 맡은 자이다(느 11:11, 대상 9:11).

[5]「다윗」 왕의 서기관 「사워사」와 같은 사람(삼하 8:17).

[6]「그나스」의 아들 「요압」의 아버지(대상 4:13).

[7] 이 외에도 여럿이 있다.

스라히야〔זְרַחְיָה = 여호와께서 일으키셨다〕[인](대상 6:6)

[1]「웃시」의 아들(대상 6:6, 스 7:4).

[2]「바벨론」에서 귀환할 때 남자 200명을 데리고 온 족장 「엘 여호네」의 아버지이다(스 8:4).

스랍〔שְׂרָפִים = 불타는 자, 고귀한〕[명](사 6:2-6) 여호와를 곁에서 모시는 세 쌍의 날개를 가진 천사.

스러지다 [자] (출 16:21) 모양이나 자취가 점점 희미해져 가다가 없어지다.

스레다〔צְרֵדָה = 서늘함〕[지](왕상 11:26) ①「여로보암」의 출신지이며 「에브라임」의 성읍. ②「요단」 저지에 있던 성읍으로, 성전의 놋그릇을 만들었던 곳이다(대하 4:17). 왕상 7:46의 「사르단」과 동일지이다.

스레라〔צְרֵרָתָה = 차가운〕[지](삿 7:22) 「기드온」에게 패한 「미디안」 군대가 이 지방의 「벧싯다」에 도망하였다. 「요단」 골짜기의 성읍 「사르단」과 같은 곳.

스롤〔צְרוֹר = 묶음〕[인](삼상 9:1) 「아비엘」의 부친 「기스」의 조부 「베냐민」 사람.

스루아〔צְרוּעָה = 문둥병에 걸린〕[인](왕상 11:26) 「여로보암」의 어머니.

스루야〔צְרוּיָה = 빛나는 자〕[인](삼상 26:6)

[1]「다윗」 왕의 누이로서 「요압」, 「아비새」, 「아사헬」의 어머니(삼하 2:13, 18, 17:25, 왕상 1:7, 대상 2:10).

[2]「여로보암」 1세의 어머니(왕상 11:6).

스룩〔שְׂרוּג = 힘, 활〕[인](창 11:20) 「아브라함」의 증조부

(누 3:35).

스룹바벨〔זְרֻבָּבֶל = 바벨론에서 낳았다〕인(대상 3:19) 「다윗」의 후예 「브다야」(스알디엘)의 아들로서 「바사」인들은 「세스바살」이라고 부른다. 「바벨론」 포로 시에 생장하여 그곳에서 양을 치다가 「바사」 왕 「고레스」가 「유대」인을 석방하여 고국으로 귀환시킬 때, 인솔자가 되어 「느부갓네살」이 약탈하여 갔던 성전 기명을 찾아 가지고 5만 명의 동족을 인솔하여 고국에 돌아와 성전과 성곽을 재건하였다(스 1-5). 주전 536년경이다.

성곽과 성전 재건

스르디스〔Σύρτις = 모래톱〕지(행 27:17) 「리비아」 안에 있는 바닷가 이름. 얕은 모래 바닥이 자주 변하므로 항해자들이 매우 두려워함.

스리〔צְרִי = 향유〕인(대상 25:3). 「이스리」와 같은 사람. 「다윗」 시대의 악사 「여두 둔」의 아들.

스마〔שֶׁמַע = 그는 들어주심〕인(느 8:4) 「에스라」가 수문 광장에서 성경을 읽을 때 그의 오른쪽에 섰던 사람.

스마가〔סְמַכְיָהוּ = 여호와께서 지속하신다〕인(대상 26:7) 「오벧에돔」의 자손. 「스마야」의 아들로서 용사.

스마라임〔צְמָרַיִם = 이중 봉우리〕지(수 18:22) 「벧엘」 가까운 「베냐민」 성읍.

스마랴[1]〔שְׁמַרְיָהוּ = 여호와께서 보호하심〕인(대상 12:5) 「다윗」이 「사울」에게 쫓겨 「시글락」에 숨어 있을 때 그를 도우러 온 용사의 한 사람이다.

스마랴[2]〔שְׁמַרְיָה = 여호와께서 보호하신다〕인(대하 11:19).

1 「르호보암」 왕의 아들.

2 「에스라」 시대의 「하림」의 아들(스 10:32).

3 「에스라」 시대의 「빈누이」의 아들(스 10:41).

스마아〔שְׁמָעָה = 명성〕인(대상 12:3) 「베냐민」 사람 「기브아」 출신으로, 「다윗」을 도운 사람.

스마야〔שְׁמַעְיָה = 여호와는 들어주심〕인(왕상 12:2)

1 「르호보암」 왕 시대의 선지자(대하 11:2).

2 「스가냐」의 아들(대상 3:22).

3 「시므온」 지파의 한 족장

(대상 4:37).

4「르우벤」 지파 「요엘」의 아들(대상 5:4).

5「예루살렘」에 거주한 「레위」 사람 「므라리」 자손이며, 「핫숩」의 아들(대상 9:14).

6「레위」 사람으로 「오바댜」의 부친(대상 9:16).

7「레위」 사람 「느다넬」의 아들이며 서기관이다. 「다윗」 시대에 제사장의 24반차의 순서를 기록했다(대상 24:6).

8 이 외 많은 사람이 있다(대상 15:8, 대상 26:4, 대하 17:8, 대하 29:14, 대하 31:15, 대하 35:9, 스 8:13 등).

ㅅ

스말〔צְמָרִי = 양털〕지(창 10:18) 「가나안」의 자손 중 한 족속이 거주하는 성읍. 「베니게」 남방에 있다(대상 1:16). 「애굽」이 「팔레스틴」과 「수리아」를 점령하였을 때 이 성에 총독이 주재하였더니 후에 쇠패하였다.

스무엘〔שְׁמוּאֵל = 하나님의 이름〕인(민 34:20)

1 토지 분배 보조원으로 뽑힌 「시므온」 사람(민 34:20).

2「잇사갈」 자손 「돌라」의 아들(대상 7:2).

스미닛〔שְׁמִינִית = 여덟째(제8)〕명 시편 6편과 12편의 악조. 여덟 번째 음으로 해석된다.

스미다[1] 자(겔 47:2) ①액체가 물에 배어들다. soak into. ②기체가 안으로 흘러들다. infiltrate.

스미다[2]〔שְׁמִידָע = 지혜의 명성〕인(민 26:32) 「길르앗」의 자손.

스미라〔זְמִירָה = 노래〕인(대상 7:8) 「베냐민」 사람 「베겔」의 아들.

스미라못〔שְׁמִירָמוֹת = 최고의 명성〕인(대상 15:18)

1「레위」 사람으로서, 「다윗」이 「오벧에돔」의 집에서 여호와의 궤를 모셔올 때 비파를 탄 악사이다(대상 15:20).

2「여호사밧」 왕이 백성에게 율법을 가르치도록 파송한 사람 중의 한 사람이다(대하 17:8).

스바[1]〔שְׁבָא = 남자〕인(창 10:7)

1「함」의 손자로 「구스」의 아들(대상 1:9).

2「욕단」의 아들(창 10:28).

3「아브라함」의 아내 「그두라」가 낳은 「욕산」의 아들(창 25:3, 대상 1:32).

스바[2]〔שְׁבָא = 남자〕지(왕상 10:1-13) 남부 「아라비아」 백성과 「홍해」를 건너 「아비시니아」에 식민한 백성들을 통털어 부르는 이름이다. ①「시바」의 여왕이 「솔로몬」의 지혜를 시험하기 위하여 찾아온 일이 있다(대하 9:1-9, 마 12:42). ②그곳 대상(隊商)들은 자기 나라의 황금, 보석, 향료와 「인도」 「아프리카」 등의 기물을 「베니게」와 여러 지방에 무역하고 있다(욥 6:19, 시 72:10, 사 60:6, 렘 6:20, 겔 27:22).

스바냐[1]〔צְפַנְיָה = 하나님이 숨기시다〕[인](렘 21:1)

[1]「예레미야」 시대의 제사장(렘 21:1).

[2]「요시야」 시대의 선지자. 「히스기야」의 현손이요, 「구시」의 아들로 구약 성경 「스바냐」의 기록자(습 1:1). 「스구디아」의 침입을 예언하였고 「므낫세」의 정책을 공격하고 심판이 임할 것을 경고하였다.

[3]「바벨론」 포로에서 돌아온 「요시아」의 아버지(슥 6:10, 14).

[4]「헤만」의 선조, 「다윗」의 아들 「우리엘」과 같은 사람(대상 6:36).

스바냐[2]〔צְפַנְיָה = 하나님은 강력하심〕[인]

[1]「다윗」 시대의 성전악사(대상 15:24).

[2]「레위」 사람으로 「에스라」 시대에 서약에 도장을 찍은 사람(느 10:10).

[3]「바벨론」에서 돌아온 제사장, 「스가냐」와 같은 사람(느 10:4).

스바냐[3] [명](습) 구약 제36권째 성경이다. 선지자 「스바냐」의 기록으로, 장차 「유다」에게 임할 하나님의 심판에 대하여 그리고 믿음이 약하여 남은 자들의 처신에 대하여 경고하고 「바벨론」 침략을 예시하였다. 여호와의 날 20회 사용.

스바니야 [인](왕하 25:18) 「예레미야」 시대의 제사장 → 「스바냐」와 같은 사람.

스바다〔צְפָתָה = 망루〕[지](대하 14:10) 「유다」 지파가 살고 있는 「마레사」 근처 골짜기 「사본」과 같은 곳. 「구스」의 군대를 격파한 곳.

스바댜〔שְׁפַטְיָהוּ = 여호와의 선물〕[인](삼하 3:4)

[1]「다윗」이 「헤브론」에서 낳은 다섯째 아들로서 「아비달」의 소생이다(삼하 3:4).

[2]「다윗」의 30용사 두목 중의 한 사람(대상 12:5-7).

[3]「다윗」 왕 때의 문지기 「고라」 족속 중 셋째(대상 26:2).

[4]「여호사밧」 왕 때에 왕에게 속한 모든 일을 관리하는 자인데 「유다」 지파의 어른 「이스마엘」의 아들(대하 19:11).

[5]「예레미야」 선지의 경고

를 들은 자 중의 한 사람(렘 38:1).

6 그 외에 7인이 있다(스 2:4, 57, 10:20, 대상 3:3, 8:15, 17, 9:8).

스바랏〔סְפָרַד〕지(옵 1:20) 「유대」인이 포로되어 간 곳. 「앗수르」 비문 중에 있는 「사바다」이다. 그 위치는 「앗수르」 동북방인 듯한데, 「유대」 전설에는 이것을 「서바나」라 하므로 지금 「서바나」에 살고 있는 「유대」인들이 자칭 「스비딤」이라 한다.

스바림〔שְׁבָרִים = 파괴〕지(수 7:5) 「아이」 부근에 있던 채석장.

스발〔סְפָר = 수를 세어 봄〕지(창 10:30) 「아라비아」의 성읍. 「욕단」 사람의 경계.

스발와임〔סְפַרְוַיִם〕지(왕하 17:23)

1 「바벨론」 북으로 55km 지점에 있는 현재의 「압합바」로서, 「앗수르」 왕 「사르곤」 2세가 「사마리아」를 점령한 후 이곳 사람으로 식민하였다. 운하를 격한 2개의 시가로 되어 있다(왕하 17:24, 31).

2 「앗수르」에게 멸망당한 「수리아」의 한 마을로서, 「살만에셀」 5세에게 멸망한 「사바라」인으로 「하맛」과 「다메섹」이 여기에 있다(왕하 18:34, 19:13, 사 36:19, 37:13).

3 「스가랴」 시대 「요시야」의 아버지(슥 6:10).

4 이외 여럿이 있음.

스밤〔שְׂבָם = 주위, 향〕지(민 32:3)

1 「습마」라고도 부른다. 「요단」 동편에 있는 「모압」의 성읍으로 「헤스본」과 가깝고 포도의 생산지로 널리 알려져 있다(민 32:3, 38, 수 13:19, 사 68:-9, 렘 48:32). 「르우벤」 지파의 점령지.

2 「가나안」 북동 경계의 성읍(민 34:10, 11).

스밧〔צְפַת = 망루〕지(삿 1:17) 「유대」 남부에 있는 「가나안」 족속의 성읍. 「호르마」라고도 한다.

스밧월〔~月 ; 달 월〕명(슥 1:7) 히브리 달력에 있어서 11월(태양력은 1~2월에 해당).

스보[1]〔שְׁפוֹ = 벌거벗음〕인(창 36:23) 「호리」 족속 「세일」 자손 「소발」의 자녀.

스보[2]〔צְפוֹ = 파수대〕인(창 36:11, 15) 「에돔」 자손 「셀리바스」의 셋째 아들.

스보임〔צְבֹעִים = 영양〕지

1 ① 「사해」 남단 부근에 있던 도시(창 10:19, 14:2, 8). ② 「소돔」 「고모라」와 함께 멸망한 도시(창 10:19, 25, 신 29:23, 호 11:8).

2 「베냐민」의 도시로 「스보

임」 골짜기에 있는 듯하다(삼상 13:18, 느 11:34). 이 골짜기는 「여리고」와 「예루살렘」 사이에 있었다고 생각된다. 「여리고」에서 약 7.5 km 떨어진 「와디암 다바아」라고 이름한 곳인 듯하다.

스본〔צְפוֹן = 겨울의, 어두운〕[인](민 26:15, 민 25:15) 「갓」 지파 「스본」 사람의 조상. 「시뵨」과 같은 사람(창 46:15).

스부반〔שְׁפוּפָן = 뱀〕[인](대상 8:5) 「벨라」의 아들.

스부밤〔שְׁפוּפָם = 뱀〕[인](민 26:39) 「베냐민」의 아들.

스불〔זְבֻל = 거주지〕[인](삿 9:28) 「아비멜렉」의 장관으로서 「가알」의 반란을 분쇄한 지장(삿 9:26-41).

스불론[1]〔זְבוּלוּן = 후한 선물〕[인](창 30:20)

[1] 「야곱」의 열째 아들이지만 「레아」의 몸에서 난 아들로는 여섯째가 된다(창 35:23, 출 1:3).

[2] 「스불론」 지파의 조상이다(민 1:9, 신 27:13, 33:18).

스불론[2]〔זְבוּלוּן = 동거〕[지](창 30:20) ①「야곱」의 제10자 「스불론」의 땅. ②「납달리」 「아셀」 「잇사갈」 등에 둘러 있는 12성읍이다(수 19:10-16). ③「야곱」이 축복하기를 「스불론」은 해변에 거하리니, 그 지경이 「시돈」까지라 하였다(창 49:13). ④「모세」가 축복하기를 「스불론」이여 너는 기뻐하라 하였다(신 33:18). ⑤예수께서 「나사렛」을 떠나 「스불론」과 「납달리」 지경에 있는 해변 「가버나움」에 사셨으니, 이는 「이사야」의 예언이 응하였다(마 4:13-15, 사 9:1-2).

스브엘〔שְׁבוּאֵל = 하나님께 붙잡힘〕[인](대상 23:16)

[1] 「게르솜」의 아들(대상 26:24).

[2] 「헤만」의 아들(대상 25:4).

스비〔צְפִי = 파수〕[인](대상 1:36) 「스보」와 같은 사람.

스비내〔זְבִינָא = 속량된 자〕[인](스 10:43) 「느보」의 자손 중 한 사람으로서 「바벨론」 포로에서 귀환 후, 「에스라」의 권고로 이방인 아내와 이혼함.

스비다〔זְבִידָה = 주어진〕[인](왕하 23:36) 「여호야김」 왕의 어머니. 「보다야」의 딸.

스스로 [부](창 24:65) ①저절로. 누구의 지시를 받지 않고. for oneself. [명] 자기 자신. oneself.

스승 [명](대상 25:8) 자신을 옳은 길로 이끌어주고 가르쳐 주는 사람. master.

스아 명(창 18:6) 도량형으로서 곡식을 되는 히브리인의 단위. 약 7.6ℓ.

스아랴〔שְׁעַרְיָה=여호와께서 평가하신다〕인(대상 8:38, 9:44) 「아셀」의 아들.

스알〔שְׁאָל=구함〕인(스 10:29) 이방 여인과 혼인한 사람.

스알디엘〔שְׁאַלְתִּיאֵל=하나님께 청구하다〕인(대상 3:17)
1 「여호야긴」 왕의 맏아들.
2 「스룹바벨」의 아버지(스 3:2).

스알야숩〔שְׁאָר יָשׁוּב=끼친 자여 돌아 오라〕인(사 7:3) 적은 수가 오지만 반드시 돌아올 사람이 있을 것을 알고 「이사야」가 지어준 상징적 이름(사 8:18, 10:20).

스엡〔זְאֵב=이리〕인(삿 7:25) 「미디안」 두 방백 중 한 사람인데 「기드온」의 사자가 포도주 틀에서 죽임.

스오림〔שְׂעֹרִים=보리〕인(대상 24:1, 6, 8) 「아론」의 자손. 「다윗」 때에 성전 봉사 제4 반열에 뽑힌 제사장 족장이다.

스올〔שְׁאוֹל=음부〕명(욘 2:2) 죽은 자의 거주지를 가리키는 말로, 악마의 거주지를 뜻한다. 신약에서는 무저갱, 지옥 음부 등으로 표현했다(눅 8:31, 계 9:1, 2).

스와〔שְׁוָא=자기 만족을 주는〕인(삼하 20:25)
1 「다윗」의 중신의 한 사람으로 서기관이 되어 공문서의 전부를 관장했다. 대상 18:16에는 「사워사」로 되어 있다.
2 「유다」 지파 「갈렙」의 아들(대상 2:49).

스이라〔שְׂעִירָה=무성한 구릉〕지(삿 3:26) 사사 「에훗」이 「모압」 왕 「에글론」을 죽이고 이곳으로 도망하였다.

스하랴〔שְׁחַרְיָה=여호와는 새벽이라〕인(대상 8:26) 「여로함」의 아들로서 형제들과 같이 대대로 족장이며 두목이다. 「예루살렘」에서 거주하였다.

스할〔צֹחַר=하얀 것〕인(창 46:10)
1 「시므온」의 아들(출 6:15).
2 이 외 2인이 있다(창 23:8, 대상 4:7).

슬기 명(잠 15:5) ①사리를 밝게 다스리는 재능. sagacity. ②사리나 말의 내용을 깨닫는 재주. intelligence.

슬기롭다 형(출 35:25) 지혜롭다. 슬기가 있다. sagacious.

슬다 자(약 5:3)
1 쇠붙이에 녹이 생기다. rust.
2 푸성귀들이 누래지다.

ㅅ

wither.
[3] 헌데 따위의 딱지나 소름이 끼친 흔적이 없어지다. vanish.
[4] 빨래의 센풀을 손으로 만져 죽이다. soften.
[타] 물고기나 벌레가 알을 깔기다. oviposit.

슬로못[1]〔שְׁלֹית = 평화〕[인](대상 24:22)
[1]「레위」 사람 「이스할」의 아들(대상 24:22).
[2]「모세」의 아들 「엘레에셀」의 자손(대상 26:25, 26, 28).

슬로못[2]〔שְׁלֹמוֹת = 평화〕[인](대상 24:22) 「슬로밋」과 동일인.

슬로미〔שְׁלֹמִי = 평화스러운〕[인](민 34:27) 「아셀」 지파의 족장으로서 「아히룻」의 아버지.

슬로밋〔שְׁלֹמִית = 평화〕[인](레 24:11)
[1]「단」 지파 「디브리」의 딸. 그의 아들이 여호와의 이름을 훼방하며 저주하다가 「모세」 앞에서 죽음을 당했다(레 24:11-16).
[2]「레위」인 「고핫」 족속 「이스할」의 아들로서 족장이며 「슬로못」이라고도 하였다(대상 23:18, 24:22).
[3]「모세」의 아들 「엘리에셀」의 자손으로 그와 그의 형제를 「다윗」이 명하여 헌납한 보물을 주관하게 하였다(대상 26:25-26). 「히브리」 본문에는 「슬로못」이다.
[4] 그 외에 4인이 있다(대상 3:19, 23:9, 대하 11:20, 스 8:10).

슬로브핫〔צְלָפְחָד = 갈라진 틈〕[인](민 36:2-7) ①「므낫세」 자손인데 그의 유아(遺兒)가 다 여자인 까닭에 여자의 상속권을 승인하는 기회를 주었다(민 26:33, 27:1-7, 수 17:3, 대상 7:15). ②율법에는 여자의 상속인은 같은 족속 내에서 결혼하는 것이 요구되었다.

슬루미엘〔שְׁלֻמִיאֵל = 하나님은 평화이심〕[인](민 1:6) 「시므온」지파의 족장으로서 「수리삿대」의 아들(민 2:12, 7:36, 10:19).

슬프다 [형](창 42:38) ①낙심이 되고 괴롭다. sad. ②원통하고 분하다. sorrowful.

슬하〔膝下; 무릎 슬, 아래 하〕[명](창 50:23) 어버이 곁에. 부모의 그늘에. protection of one's parents.

습격〔襲擊; 덮을 습, 칠 격〕[명](수 11:7) 예고 없이 갑자기 적을 공격함. attack.

습관〔習慣; 익힐 습, 버릇 관〕[명] 버릇. 어떤 행동이나 의식의 형태가 고정되어 언제나 같은 형태가 무의식 중에 나타나는 것. habit(삼상 2:13).
습기〔濕氣;젖을 습, 기운 기〕명(욥 37:11) 축축하게 물기운이 있는 것. damp.
승객〔乘客;탈 승, 손 객〕명(겔 27:34) 차에 탄 사람. passenger.
승낙〔承諾;이을 승, 승낙할 낙〕명(몬 1:14) ①청하는 바를 들어줌. 수락. consent. ②〈법〉 신입(申込)에 의하여 계약을 성립시킴. acceptance.
승리〔勝利;이길 승, 이할 리〕명(삼상 26:25) 싸움에 이김. 경쟁에 이김. victory.
승리자〔勝利者;~놈 자〕명(사 49:24) 싸움에서 이긴 사람.
승인〔承認;이을 승, 인정할 인〕명(창 18:15) ①옳다고 인정하여 승낙함. approval. ②들어줌. consent.
승전〔勝戰;이길 승, 싸움 전〕명(시 45:4) 전쟁에 이김. victory.
승전자〔勝戰歌;~노래 가〕명(출 32:18) 전쟁에서 이긴 후, 기쁘고 의기 양양하게 부르는 노래. song of victory.
승하다〔勝~;이길 승〕타(민 12:3) ①이기다. win. ②낫다. 뛰어나다. superior to.
승천〔昇天;오를 승, 하늘 천〕명(왕하 2:11) ①하늘에 올라감. ascension. ②〈기〉천국으로 올라감. death of a christian.
시[1]〔詩;글 시〕명(대하 29:27) 〈문〉 ①문학의 한 부분. 자연·인생 등의 모든 사물에 대하여 일어나는 정서·감흥·상상·사상 등을 일종의 효율적으로 표현, 서술한 것. poetry. ② 끝에 운자(韻字)를 달아 짓는 글. 한 시.
시[2]〔時;때 시〕명(마 8:13) ①시간의 단위. 하루의 1/24. hour. ②사람의 난 시각. ③때. time.
시각〔時刻;때 시, 새길 각〕명(신 16:6) ①시간. 때. time. ②짧은 시간. moment.
시간〔時間;때 시, 사이 간〕명(삼상 20:35) ①때의 사이. 시각과 시각 사이. time. ②시각. 시한. fixed. ③〈철〉과거·현재·미래의 무한한 연속. time.
시골명(삼상 6:18) ①고향. one's home town. ②서울에서 떨어져 있는 마을이나 지방. country.
시그리〔זִכְרִי=기억, 유명한〕인(출 6:21) 「고라」의 형제. 「레위」의 증손 외 11명이 있음.
시글락〔צִקְלַג=굴곡〕지(수 15:31) ①「시므온」 지파에게 준 땅인데, 후에 「유다」 지파에 속했다. ②「사울」 왕 시대에는 「블레셋」 군대에게 점령되어 있었는데, 「사울」의 손을 피해 달아난 「다윗」이 거기 피신해 있었다. 여기를 근거로 해서 「아말렉」 군대와 싸웠다(삼상 27:). ③그 후 「사울」이 죽었다는 소식이 들릴 때까지 머물러 있었다(삼하 1:1). ④포로 귀환 후 다시 「유다」의 마을로 부흥했다(느 11:28).

시기[1]〔時機;때 시, 베틀 기〕명 (롬 13:11) 알맞은 기회. 때. opportunity.

시기[2]〔時期;때 시, 때 기〕명(수 3:15) 정해진 때. time.

시기[3]〔猜忌;시기할 시, 꺼릴 기〕명(창 26:14) 샘이 나서 미워함. 남이 잘되어 가는 것을 싫어함. jealousy.

시기오놋〔שִׁגְיֹנוֹת〕명(합 3:1) 「식가욘」의 복수형.

시나〔זִינָא〕인(대상 23:10) 「레위」 지파 중 「게르손」의 자손 「시므이」의 아들 「시사」와 같은 사람.

시날〔שִׁנְעָר〕지(창 10:10) 「바벨론」을 구약 성서에서 「시날」이라고 불렀다(창 11:2, 15:, 1:1, 사 11:11, 슥 5:11, 단 1:2). 옛날 「니므롯」이 「시날」 땅을 다스렸다고 하였는데, 그 때의 「바벨」은 「바벨론」을 말한다.

시납〔שִׁנְאָב = 아버지의 이〕인 (창 14:2) 「가나안」의 왕.

시내[1]〔市內;저자 시, 안 내〕명 (마 8:33) 도시 안쪽. 시중(市中). in the city.

시내[2] 명(창 32:23) 골짜기나 평지에서 흐르는 과히 크지 않은 내. 하천. stream.

시내산〔סִינַי = 가시나무 숲〕지 (출 16:1) 「홍해」 북에 돌출한 시나이 반도 안에 있는 산. ①「이스라엘」 백성이 이 산에서 1년간 유하는 동안 여호와께서 「모세」를 불러 십계명과 율법을 주셨다(출 20:1-17). ②「모세」가 「시내」산에 올라가 있는 동안 백성들이 금송아지를 만들어 놓고 경배한 일이 있다(출 32:4, 행 7:30-36). ③백성의 수를 조사한 일, 「아비후」가 거룩하지 못한 불로 분향하므로 멸망받은 일, 「모세」가 성막을 처음 친 곳이 전부 이 산이다(민 1:18, 레 10:1-2, 출 26:30). ④「엘리야」 선지가 「이세벨」을 피해 40일 만에 이 산에 이르렀다(왕상 19:8).

1859년 독일 학자 「디신딥」이 이 산 중 한 사원에서 교본 성경을 발견하였는데 주후 300년경에 초한 것으로 현재에 전래하는 최고의 「시내」 사본인데, 「소련」의 「베드로그라드」 「헬라」 교회당에 보관되어 있다.

시냇물 명(왕상 17:4) 시내로 흐르는 물. stream.

시녀〔侍女; 모실 시, 계집 녀〕명 (창 29:24) ①궁녀. lady in waiting. ②가까이 있어 시중드는 여자. waiting made.

시님〔סִינִים〕지(사 49:8-12) 「애굽」의 「스에네」를 가리킴이라 하나 확실하지 않다. 다만 여호와께서 「이사야」를 통하여 은혜의 때와 구원의 날에 혹은 원방에서 혹은, 북방과 서방에서 혹은, 「시님」 땅에서 돌아오리라고 예언하셨다.

시다 형(렘 31:29) 식초와 같은 맛이 있다. sour.

시대〔時代; 때 시, 대신할 대〕명 (출 1:6) ①시간을 역사적으로 나눈 한 기간. 꽤 오랜 기간. period. ②어떤 사물의 기년상(紀年上)의 위치, 연대. age. ③그 당시 times. ④시간이 경과하여 고색 창연한 것.

시돈〔צִידוֹן = 어장, 노락물〕명 (창 10:19) 고대 「베니게」의 옛 도시로 상업이 번창했다. 「두로」와 함께 동 「지중해」 연안에서 제일 큰 항구이다. 현재는 그곳을 「사이다」라고 한다. ①통상과 함께 「시돈」의 종교(아스다롯 여신)가 「이스라엘」 나라에 침투했다. ② 또 「아합」 왕은 「시돈」 왕 「엣바알」의 딸 「이세벨」과 결혼하여 바알 신 숭배를 공인하고 장려하려 하였다(왕상 16:31-33, 18:17-40). ③ 포로 시대가 지난 후 제2 신전을 다시 재건할 때, 「시돈」에서 좋은 백향목을 실어 왔다(스 3:7). ④주전 351년 「시돈」사람들은 「바사」에 반항하였으나 뜻을 이루지 못하게 되자, 스스로 이 도시를 불살라 버렸다. 그 때 그 비참한 광경은 오래도록 사람들의 기억에 남아 후일담으로 전해 내려왔고, 예수님께서도 이 세상 종말에 있을 비유를 이 사건을 들어 말씀하셨다(마 11:21). ⑤「로마」 시대에는 「두로」와 함께 자유 도시가 되었고 예수의 선교와 사도들이 선교 활동에 관계되었던 곳이기도 하다 (막 3:8, 7:31, 눅 6:17, 행

12:20, 27:3).

시드기야〔צִדְקִיָּהוּ = 여호와는 정의로우시다〕인

1 「요시야」의 막내 아들로서 「유대」국의 마지막 왕(주후 568-587). ①본명은 「맛다냐」였던 것을 「예루살렘」이 「바벨론」에게 멸망한 후에 「느부갓네살」이 왕위에 오르면서 이 이름으로 고쳐 주었다(왕하 24:17-20, 대하 36:12-13). ②즉위 초에 「바벨론」에 대하여 귀순할 서약을 하였으나 3년 후에 이웃 왕들과 동맹하여 「바벨론」 배척 음모를 꾸미다가 「예레미야」에게 비난을 받았다(렘 27:과 겔 27:21 비교). ③이 일로 인하여 1차 「바벨론」에 소환된 것 같으나, 오히려 친 「애굽」 정책을 계속하니 「애굽」 군이 출동하여 「예루살렘」을 포위한 「바벨론」 군대를 1차 격퇴하였다. 후에 재차 포위를 받아 6개월 만에 「예루살렘」은 파괴되고 도망쳤던 「시드기야」는 잡혀 비참한 상태로 「느부갓네살」 앞에 끌려가서 그 자식들을 죽이는 것을 보고 자기는 눈 빼임을 당하였다(렘 51:59, 왕하 25:1-7, 렘 32:-34:, 겔 12:10-14).

2 「아합」의 4백 선지 중의 한 사람으로, 「수리아」와 싸울 것을 「여호사밧」에게 진언하였고, 「미가야」 선지는 그를 거짓 선지라고 면책하였으나 「아합」 왕은 그의 말을 용납한 까닭에 「길르앗 라못」 공략에 실패하였다(왕상 22:5-17, 29-35).

3 「여호야긴」 시대의 선지자로 「마아세야」의 아들인데, 「예레미야」가 그에게서 거짓 선지라는 비난을 받았다. 그래서 「예레미야」는 예언하기를 「느부갓네살」이 저를 불로 사르리라 하였다(렘 29:21-23).

4 「하나냐」의 아들로, 「여호야김」 왕 때에 「유대」 방백이다(렘 36:12).

5 방백 「느헤미야」 후에 직

시돈에 있는 십자군성

ㅅ

접 언약에 날인한 자이다(느 10:1).

시드래〔שִׁטְרַי=여호와는 보호이심〕[인](대상 27:29) 「다윗」을 섬긴 감독 중 한 사람. 출신지인 「사론」에서 소떼를 맡아 봄.

시드리〔סִתְרִי=여호와는 보호이심〕[인](출 6:22) 「레위」 지파 「고핫」의 손자 「웃시엘」의 아들.

시들다[자](사 40:8) ①거의 마르게 되다. wither. ②기운이 빠져 풀이 죽다. be dejected. ③기세가 줄어져 없어지다. be out of spirit.

시라〔סִרָה=물러섬〕[지](삼하 3:26) 「헤브론」 부근의 우물. 「요압」의 사자가 「아브넬」을 쫓아가 이 우물가에서 데리고 온 것을, 「요압」이 저를 죽였다. 지금은 「아인사라」라 한다.

시랑〔豺狼;승냥이 시, 이리 랑〕[명](시 44:19) <동> 승냥이와 이리. jackal and wolf.

시련〔試鍊;시험할 시, 불릴 련〕[명](잠 27:21) ①신앙이나 결심 등을 시험해 보는 일. ordeal. ②시험적으로 곤란을 부과하여 심신의 힘을 단련함. trial.

시룐〔שִׂרְיוֹן=갑옷〕[지](신 3:9) 「시돈」 인이 부르는 「헬몬」 산(신 29:6).

시립〔侍立;모실 시, 설 립〕[명](왕상 10:5) 웃어른을 모시고 일어섬.

시모〔媤母;시집 시, 어미 모〕[명](룻 1:14) 남편의 어머니. 시어머니. one's husband's mother.

시몬〔שִׁמְעוֹן=들음〕[인](대상 4:20)

[1] 예수의 제자 가운데 한 사람. 별명은 「게바」, 「베드로」 항 참조.

[2] 역시 예수의 제자 중 한 사람으로 「가나안」 인(마 10:4).

[3] 예수의 동생(마 13:55).

[4] 바리새 교인이니 그가 예수를 초대할 때에 한 여인이 향유를 가지고 와서 예수의 발에 부은 것을 보고 심중에 의아하매, 예수께서 2명의 빚진 자 비유로 가르치셨다(눅 7:36-47).

[5] 「베다니」에 거하는 문둥이 「시몬」이니, 그가 예수님을 초대할 때 한 여인이 옥합에 고귀한 기름을 담아 가지고 와서 예수의 머리에 부음을 보고 제자들이 시비하였

다(막 14:3-9).

[6]「구레네」「시몬」으로, 억지로 예수의 십자가를 지고 「골고다」까지 간 사람이다(마 27:32-33).

[7]「가룟 유다」의 아버지(요 6:71).

[8]「욥바」인 피장이 「시몬」으로,「베드로」가 그 집에 있을 때에 「가이사랴」의 백부장 「고넬료」의 청함을 받았다(행 10:5-6).

[9]「사마리아」에서 요술하는 「시몬」으로, 요술로 모든 사람에게 숭배를 받더니,「빌립」에게서 천국 복음을 듣고 믿어 세례를 받은 후「빌립」을 따랐다(행 8:9-13).

[10] 구약 중에 있는「암논」의 아버지(대상 4:20).

시무〔視務;볼 시, 힘쓸 무〕[명](창 39:11) 일을 맡아 근무함. attending to business.

시므란〔זִמְרָן = 찬양하는〕[인](창 25:2, 대상 1:32) 「아브라함」의 후처 「그두라」에게서 난 아들로서「아라비아」인의 조상.

시므랏〔שִׁמְרָת = 감시〕[인](대상 8:21) 「베냐민」 지파「아얄론」 거민「시므이」의 아들.

시므론[1]〔זִמְרָן = 파수〕[인](창 46:13)

[1]「잇사갈」의 넷째 아들(창 46:13).

[2]「시므론」 사람의 조상(민 26:24).

시므론[2]〔זִמְרָן = 파수〕[지](수 11:1) ①「가나안」의 수도. ②「시므론」 왕이「하솔」 왕「야빈」에게 원병을 청하여「이스라엘」 백성들을 못 들어오게 했다(수 12:20). ③후년「스불론」 지파에게 점령 당하였다(수 19:15).

시므론 므론〔שִׁמְרוֹן מְראוֹן〕[지](수 12:20)「시므론」과 같은 곳.

시므리[1]〔שִׁמְרִי = 어린 양〕[인](민 25:14)

[1] 북 왕국「이스라엘」의 왕(B.C. 876)이 되어 7일 천하를 하였던 사람. 본래「엘라」 왕의 심복이었는데,「엘라」 왕을 죽이고 왕위에 올랐으나 왕가의 일족을 모조리 학살했다.「이스라엘」은「오므리」를 왕으로 세워「다르사」에서「시므리」를 포위하였다.「시므리」는 궁궐에 불을 지르고 자살하였다(왕상 16:8-20, 왕하 9:31).

[2]「시므온」의 족장.「비느하스」에게 죽었다(민 25:6-14).

[3]「세라」의 아들.「아간」의 조부(대상 2:6).

[4]「베냐민」 사람(대상 8:26).

시므리[2]〔שִׁמְרִי = 여호와는 지켜

주심〕[인](대상 4:37)
[1]「시므온」 사람 「스미야」의 아들(대상 4:37).
[2]「다윗」의 용사 「여디아엘」의 아버지(대상 11:45).
[3]「레위」 사람 중 ①「므라리」 자손 「호사」의 아들(대상 26:10). ②「엘리사반」의 자손으로 성전을 정결케 한 지도자(대하 29:13).

시므리[3] [지](렘 25:25) 「디그리스」 강 지방. 이곳 주민은 「메데」와 함께 망할 것을 「예레미야」가 예언하였다.

시므릿〔שִׁמְרִית = 하나님은 지켜 주심〕[인](대하 24:26) 「요아스」 왕을 살해한 「여호사밧」의 어머니.

시므아〔שִׁמְאָה = 빛남〕[인](삼하 13:3)
[1] ①「이새」의 셋째 아들로서 「다윗」의 형(대상 2:13). ②「암논」에게 「압살롬」의 누이 「다말」의 강간할 궤계를 가르쳐 준 「요나답」의 부친(삼하 13:3). ③일명 「삼마」라고도 부른다(삼상 16:9, 17:13).
[2]「레위」 자손 중 한 사람(대상 6:30).
[3]「솔로몬」 왕 때 성가대원 중의 한 사람(대상 6:39).
[4]「미글롯」의 아들(대상 8:32).

시므암〔שִׁמְאָם = 명성, 소문〕[인](대상 9:38) 「베냐민」 사람. 「미그롯」의 아들. 「시므아」와 같은 사람.

시므앗〔שִׁמְעָת = 보고, 명성〕[인](왕하 12:21) 「요아스」 왕을 죽인 「사밧」(요사갈)의 어머니(대하 24:26).

시므온[1]〔שִׁמְעוֹן = 하나님의 응답, 듣다〕[인](창 29:33)
[1] ①「레아」가 낳은 「야곱」의 둘째 아들. ②성품이 잔인하여 「요셉」을 다른 형제보다 더 미워하였다(창 37:20). ③누이 「디나」의 치욕을 씻으려고 「세겜」 인을 과도히 학살하고 부친 「야곱」의 책망과 저주를 받았다(창 34:25-30, 49:5-7). ④「애굽」에서 나올 때에 그 자손이 59,300명이었으나 「가나안」에 들어갈 때에는 겨우 22,000명이었다(민 1:23, 26:14). ⑤「모세」가 임종시 12지파를 축복할 때, 이 지파는 빠졌다(신 33:). ⑥「가나안」에 들어가서 토지를 분배할 때 겨우 「유다」 지파의 남은 땅을 차지하였을 뿐이다(수 19:1).
[2]「예루살렘」에 있는 유명한 성도로서 그리스도를 보기 전에는 죽지 않는다 하더니, 과연 아기 예수께서 그 부모에게 안겨 오는 것을 보고 반가히 받아 안고, 하나님

을 찬송하고 그 부모를 축복하였다(눅 2:25-34). 그 부친은 유명한 자유주의자 「힐렐」이라 하고, 그의 아들은 「바울」의 선생 「가말리엘」이라 하는 설이 있다.
3「안디옥」 교회의 선지자요, 교사로서 「니게르」라고도 한다(행 13:1).
4 예수의 족보 중 한 사람(눅 3:30).
5 이 외에도 여러 사람이 있다.

시므온[2]〔שִׁמְעוֹן = 들으심〕지 (민 25:14) 「야곱」의 둘째 아들 「시므온」의 거주지로서, 저희는 무슨 이유에서인지 「여호수아」가 첫 번 땅을 나누어 줄 때는 제비 뽑는데 넣어 주지 않아 빠졌고, 두 번째 나눌 때 「유다」 지파가 받은 분깃 중에 남반부의 13성을 얻어가졌다. 이 지방에는 유명한 「브엘세바」, 「시글락」, 「호르마」 등이 있다. 「솔로몬」 왕 후에 남북으로 분열될 때 「르호보암」이 「유다」 온 집과 「베냐민」 지파를 모았다 하고, 그 남방임에도 불구하고 이 지파를 부르지 않는 것으로 보아 전혀 피차에 동족의 관념이 없이 지낸 것으로 보여진다.

시므이〔שִׁמְעִי = 여호와는 들어주심〕인(삼하 16:5)
1「베냐민」 지파 「게라」의 아들. 「사울」 왕에게 충성을 다하고 「다윗」이 왕위에 오르자 항상 반역자로 간주하였으며, 「압살롬」의 난 때에 「다윗」을 저주하였다. 「다윗」이 개선할 때 시종 「아비새」가 「시므이」 죽이기를 왕께 간청했으나, 「다윗」이 허락지 않아 위기를 모면하였다. 후대 「솔로몬」 왕 때에 과실을 범하여 처형되었다(삼하 16:5-13, 19:18-23, 왕상 2:35-46).
2「다윗」 왕의 신하 중의 하나로, 「아도니야」의 반란에 가담하지 않고 끝까지 「다윗」을 섬긴 사람으로 「솔로몬」의 관장이 되었다(왕상 1:8).
3 그 밖에 13인이 있다(민 3:8, 대상 3:19, 4:26, 5:4, 6:29, 8:21, 25:17, 27:27, 대하 29:14, 31:12, 스 10:23, 33, 에 2:5).

시민〔市民; 저자 시, 백성 민〕명 (행 21:39) ①시(市)의 주민. citizen. ②〈정〉국정에 참여할 지위에 있는 사람. 공민(公民). people.

시민권〔市民權; ~권세 권〕명 (행 22:28) ①시민으로서의 행동·사상·재산·신앙의 자유가 보장되며, 거주하는 토지나 국가의 정치에 참여할 수 있는 권리. citizenship. ②

ㅅ

시민이나 국민으로서의 권리. personal right.

시바[1]〔צִיבָא=식물, 갈라진〕[인](삼하 9:2)
[1]「사울」의 신하. ①「사울」이 죽은 뒤에 「다윗」은 「사울」 왕가에 남아 있던 사람들에게 많은 혜택을 주었는데, 「시바」의 충고를 듣고 「요나단」의 아들 「므비보셋」을 대우하여 「시바」로 그에게 수종들게 하였다. ②그 후 「시바」가 「므비보셋」이 반역할 생각이 있다고 거짓 고발하므로, 「다윗」은 「므비보셋」의 소유를 「시바」에게 주었다(삼하 16:1-14). ③그러나 이것이 무근한 사실로 밝혀지자 그 땅을 다시 「므비보셋」에게 주었다(삼하 19:24-30).
[2]「유다」 자손 「여할렐렐」의 아들(대상 4:16).

시바[2] [지](시 72:10) 「스바」와 같은 곳(렘 6:20).

시방〔時方;때 시, 모 방〕[명][부](삼하 12:23) 지금. now.

시본〔צִפְיוֹן=지켜봄〕[인](창 46:16) 「갓」의 아들. 「스본」 가족의 선조. 「스본」 참고.

시부〔媤父;시집 시, 아비 부〕[명](창 38:13) 남편의 아버지. father in law.

시브(월;月)[명](왕상 6:1, 37) 「유대」 달력 제2월로서 양력 4~5월에 해당.

시브라임〔סִבְרַיִם=이중의 희망〕[지](겔 47:16) 「수리아」의 성읍으로서, 「다메섹」과 「하맛」 사이.

시브론〔זִפְרֹן=향기로운 냄새〕[지](민 34:9) 「팔레스틴」 북쪽에 있는 성읍.

시브온〔צִבְעוֹן=얼룩색〕[인](창 36:2)
[1]「에서」의 아내 「오홀리바마」의 할아버지(창 36:14).
[2]「호리」 족속 「세일」의 아들(창 36:20, 대상 1:38).

시비[1]〔是非;옳을 시, 아닐 비〕[명](신 25:1) ①잘잘못. right and wrong. ②옳고 그름을 따지는 말다툼. dispute.

시비[2]〔שִׁפְעִי=많은〕[인](대상 4:37) 「시므온」 사람 「알론」의 아들로서 족장이다.

시비아〔צִבְיָא=영양〕[인](왕하 12:1) 「요아스」 왕의 어머니.

시비야〔צִבְיָה=암양〕[인](대상 8:9, 왕하 12:2, 대하 24:1) 「유다」 왕 「요아스」의 모친. 「브엘세바」에 거주했다.

시사[1]〔時事;때 시, 일 사〕[명](대상 29:30) ①그때그때 생기는 여러 가지 세상 일. events of the day. ②현대의 사회 사상.

시사[2]〔שִׁיזָא=열렬히 사랑함〕[인](대상 4:37)
[1]「레위」 지파 「시므이」의

아들(대상 23:10-11).
[2]「시므리」 자손 「시비」의 아들로서 「시므온」 족의 족장(대상 4:37).
[3]「르호보암」과 「압살롬」의 딸 「마아간」 사이에서 난 아들(대하 11:20).

시사[3]〔שִׁיזָא = 빛남, 구별〕[인](왕상 4:3)
[1]「솔로몬」의 서기관 「엘리호렙」의 아버지→「사워사」(대상 18:16).
[2]「르우벤」 자손의 두목 「아디나」의 아버지(대상 11:42).

시삭〔שִׁישַׁק = 현저함〕[인](왕상 14:25) ①「애굽」의 왕 「여로보암」이 「솔로몬」을 피하여 그에게 가서 「솔로몬」이 죽기까지 거기 있었다(왕상 11:40). ②그 후 「르호보암」 왕 때에 그가 「예루살렘」을 침입하여 성전과 왕궁에 있는 보물을 빼앗아갔다.

시세〔時勢;때 시, 권세 세〕[명](대상 12:32) ①당시의 형세. tide of the times. ②그 때의 물건 값. current price.

시스〔צִיץ = 꽃 고개〕[지](대하 20:14-19) 「엔게디」에 있는 한 고개의 이름으로, 「모압」과 「암몬」이 「유다」를 치러 올 때에 이 고개에서 접전하려 하였으나 「레위」인 「야하시엘」이 신의 감동함을 받아, 「여호사밧」 왕에게 싸우지 말고 여호와의 구원을 보라고 예언한 것이 응하였다. 현재의 이름은 「와디후사시」이다.

시스라〔סִיסְרָא = 전장을 배열함〕[인](삿 4:2)
[1]「하솔」 왕 「야빈」의 군대 장관. ①「드보라」와 「바락」의 군사에게 패하여 달아나다가 「야엘」에게 암살되었다(삿 4:12-24). ②그러나 다른 곳에는 「시스라」 자신이 독립한 왕인 것처럼 되어 있다(삿 5:28, 30, 삼상 12:9).
[2]「스룹바벨」의 인솔 하에 귀국한 「느디님」 사람의 일가의 이름(스 2:53, 느 7:55).

시스매〔סִסְמַי = 태양〕[인](대상 2:40) 「엘르아사」의 아들. 「살룸」의 아버지.

시신[1]〔侍臣;모실 시, 신하 신〕[명](왕하 22:12) 가까이서 임금을 모시는 신하. 근신(近臣). attendant.

시신[2]〔屍身;죽을 시, 몸 신〕[명](행 5:6) 죽은 사람의 몸. 송장. corpse.

시아[1]〔זִיעַ = 운동〕[인](대상 5:13) 「바산」에 거하는 「갓」 자손 중의 한 사람. 「아비하일」의 아들.

시아[2]〔סִיעָא = 모임〕[인](느 7:47) 포로에서 돌아온 「느디

님」 사람의 조상. 「시하아」와 같은 사람.

시아하〔סִיעֲהָא=모임, 의회〕인 (스 2:44) 「느디님」 사람이며, 「솔로몬」 신복의 한 조상이다. 그 자손은 「스룹바벨」과 같이 포로에서 귀환했다 「시아²」와 같은 사람.

시어미 명(미 7:6) 시어머니. 남편의 어머니(媤母).

시온¹〔שִׂיאֹן=봉우리〕지(삼하 5:6-9) ①본래 「예루살렘」의 「기드론」과 「두로뵈온」 두 골짜기 사이에 솟은 절벽으로 된 남쪽 봉우리이다. 그 후에는 동쪽 등성이를 「시온」이라 불렀고, 「예루살렘」을 찬칭(讚稱)하여 「시온」성이라 불렀다(시 126:1, 사 1:26, 10:24). ②옛날 「다윗」이 이 곳을 쳐서 수도로 삼고 정치적 중심지로 만들었다(왕상 8:1, 대상 11:5, 대하 5:2). ③그리고 법궤를 이곳으로 옮겨 종교적 중심지로 삼았다(삼하 6:12-18). ④「다윗」은 산등성이에 있는 「여부스」 사람 「아라우나」의 타작 마당을 사서 제단을 쌓았으며 후일에 「솔로몬」이 그곳에 성전을 세웠다(삼하 24:18, 왕상 8:1). ⑤「시온」은 "거룩한 자" "여호와의 산"으로 불렀으며, 시적인 표현으로 흔히 사용하였다(시 2:6, 9:11, 24:3, 132:13, 48:2, 69:35, 76:2, 133:3, 사 2:3, 3:16, 4:3, 52:1, 60:14). ⑥"시온의 딸"이란 말은, 「예루살렘」 주민의 시적 표현이다(시 9:14, 사 1:8, 37:32, 아 3:11, 슥 2:10). ⑦신약 성서에는 하늘에 있는 하나님 도성의 상징적인 용어로도 사용되었다(히 12:22, 계 14:1).

시온²〔צִיּוֹן=폐허〕지(수 19:19) 「잇사갈」 지파의 성읍.

시올〔צִיעֹר=적음〕지(수 15:54) 「유다」 지파의 성읍(산지에 있음).

시완(월;月)명(에 8:9) 「바벨론」 달력의 제3월. 포로 후 「유다」에서 사용하던 역서의 3월의 명칭이 되었다. 양력으로는 5~6월에 해당된다.

시원하다 형(욥 32:20) ①마음이 상쾌하다. refreshing.

시위¹ 명(시 11:2) 화살을 꿰어 당기는 줄. 활시위. bowstring.

시위²〔侍衛;모실 시, 호위할 위〕명(왕상 14:28) 임금을 호위하는 일. royal bodyguards.

시위대〔侍衛隊;～떼 대〕명(삼하 23:23) 임금을 호위하는 군대. army of the royal bodyguards.

시위대장〔侍衛隊長;～길 장〕명(창 37:36) 임금을 호위하던 군대의 장. captain of the palace guard.

시위대 장관〔侍衛大長官;～벼슬 관〕명(렘 52:14) 임금을 호위하는 군대의 우두머리. commander of king's army.

시위병〔侍衛兵;～군사 병〕명(막 6:27) 임금을 모시어 호위하는 군인. guard.

시위소〔侍衛所;～바 소〕명(왕상 14:28) 시위병이 근무하는 장소. guardroom.

시위자〔侍衛者;～놈 자〕명(삼상 22:17) 임금님을 모시어 호위하는 사람. guard.

시위청〔侍衛廳;～관청 청〕명(느 3:25) 임금님을 모시어 호위하는 관청. court of the guard.

시인[1]〔詩人;글 시, 사람 인〕명(민 21:27) 시를 전문적으로 짓는 사람. 높 시백(詩伯). poet.

시인[2]〔是認;이 시, 인정할 인〕명(마 10:32) 어떤 내용이나 사실이 옳다고 인정함. approval.

시일〔時日;때 시, 날 일〕명(호 2:13) 때와 날. 하루 이상의 시간. date.

시작〔始作;처음 시, 지을 작〕명(창 6:1) 처음으로 함. beginning.

시작점〔始作點;～점 점〕명(욥 26:14) 처음으로 한 곳.

시장[1]〔市場;저자 시, 마당 장〕명(사 23:3) 여러 가지 상품을 사고 파는 곳. fair.

시장[2] 명 배가 고픔. hunger (마 12:1).

시절〔時節;때 시, 마디 절〕명(시 1:3) ①철. season. ②때. 기회. chance. ③사람의 한 평생을 나눈 한 동안. times.

시제〔施濟;베풀 시, 구제할 제〕명(잠 21:26) 구제를 베풂.

시조〔始祖;비로소 시, 할아버지 조〕명(사 43:27) ①한 족속의 맨 처음이 되는 조상. 유 태조. founder. ②어떤 학문, 기술 등의 길을 처음 연 사람. father.

시종[1]〔始終;비로소 시, 마칠 종〕명(대상 29:29) ①시작과 끝. beginning and end. ②항상. 종시(終始). always.

시종[2]〔侍從;모실 시, 따를 종〕명(창 45:1) ①〈제〉임금을 모시고 있던 시종원의 한 벼슬. chamberlain. ②왕의 침실과 거실을 감독하는 환관이었다. 후궁들을 돌보는 관계로 고자를 채용했다(행

ㅅ

12:20).

시종장〔侍從長; ~길 장〕[명](렘 51:59) 임금을 모시는 사람 중의 우두머리. leader of the chamberlain.

시집[명](민 36:3) 남편의 직계 가족이 사는 집. 시댁(媤宅). one's husband's home.

시체〔屍體; 죽을 시, 몸 체〕[명](창 23:3) 숨이 끊어져 죽은 몸뚱이. 송장. corpse.

시초〔始初; 비로소 시, 처음 초〕[명](사 18:2) 맨 처음. 애초. beginning.

시편[명](시) 구약 제17권째 성경이다. 하나님을 찬양하는 노래와 기도로 약 13명의 기록자가 있다. 전 150편을 5권으로 나누어 편집하였다. 「모세」가 2편, 「다윗」이 73편, 「레위」 사람이 12편, 「고라」 자손이 10편, 「솔로몬」이 2편, 「헤만」이 1편, 그 밖에 2편과 95편이 신약에서 다윗의 시로 인용되었다(행 4:25, 히 4:7).

시하〔צִחָא = 가뭄〕[인](스 2:43)
[1] 「솔로몬」의 한 신하의 조상(느 7:46).
[2] 「오벨」에 사는 「느디님」 두목 중 한 사람(느 11:21).

시행〔施行; 베풀 시, 행할 행〕[명](출 21:11) 실행에 옮김. carrying out.

시험〔試驗; 시험할 시, 증험할 험〕[명](창 22:1) ①어떤 사물의 성질, 능력 정도 등에 관하여 실지로 증험하여 봄. experiment. ②〈기〉 성도에게 오는 시험은 두 가지로 해석된다. 첫째는, 유혹을 받는 일이다. 마귀가 「아담」을 꾀고 예수님을 시험하는 것과 같이 성도를 시험한다. 둘째는, 신앙의 연단이다. 이기는 자는 승리의 면류관을 차지하게 된다.

시험적〔試驗的; ~적실할 적〕[명](삼상 17:39) 시험 삼아 하는 것.

시혼〔סִיחוֹן = 청소하다〕[인](민 21:21) 「아모리」 왕 「요단」 동쪽을 점령하고 「헤스본」을 수도로 정하였다. 「모세」가 영도한 「이스라엘」 백성들이 그곳을 지나려 했으나, 「아모리」 사람들이 길을 막고 지나가지 못하게 하여 「야하스」에서 싸움이 벌어졌다(시 135:11, 136:19-20).

시홀〔שִׁיחוֹר = 흙탕〕[지](수 13:3) ①「여호수아」가 「가나안」에 들어가 얻은 땅의 남방 경계를 이 강으로 삼았다. ②「다윗」 왕도 이 강에서부터 「하맛」 어귀까지의 「이스라엘」 백성을 소집하고 의론한 후 「기럇여아림」에 있는 법궤를 옮겨 왔다(대상 13:5). ③여러 곳에 「애굽」의 「시홀」 시내라 하였으나, 사 23:3에는 「시홀」은 곧 「나일」 강임을 명시하였다.

시홀림낫〔שִׁיחֹר לִבְנָת = 유리강〕 지(수 19:26) 「아셀」 지방의 남쪽에 있는 강으로서, 「갈 멜」 산의 정남방에서 발원하여 「지중해」로 흘러가는 「나할에젤가」 강으로 추측된다.

시후〔時候; 때 시, 기후 후〕명(레 26:4) 사계절의 절기. season.

식〔式; 법 식〕명(행 7:44) ①이미 관습이 된 전례. fashion. ②의식. ceremony. ③삼단논법을 조직하는 판단의 종류. mood.

식가욘 명(시 7:) 음악 용어. 시편 제7편의 곡조. 급격한 변화가 있는 리듬의 정열적인 노래를 표시.

식구〔食口; 밥 식, 입 구〕명(창 47:12) 같은 집에 살며 끼니를 함께 하는 사람. family.

식굿〔סִכּוּת = 증오〕명(암 5:26) 「이스라엘」 백성이 광야에서 섬긴 「앗수르」의 신으로 목성(木星)신을 가리킨다. 몰록신으로 해석된다. 「스데반」의 변론 참조(행 7:43).

식그론〔שִׁכְּרוֹן = 과음〕지(수 15:11) 「유다」 북방 국경 지대의 성읍.

식량〔食量; 밥 식, 분량 량〕명(출 12:4) 먹을 양식. provisions.

식료〔食料; 밥 식, 헤아릴 료〕명(창 39:6) 음식에 들어가는 재료. food.

식료품〔食料品; ~물건 품〕명(시 132:15) 식료가 되는 물품. foodstuffs.

식물[1]〔食物; 밥 식, 만물 물〕명(창 1:29) 먹을 수 있는 물건. food.

식물[2]〔植物; 심을 식, 만물 물〕명(욥 8:16)〈생〉 생물계에서 동물과 둘로 크게 구분되는 일군의 생물의 총칭. 그 종류 및 형태는 23만 여 종에 이름. vegetation.

식민지〔植民地; 심을 식, 백성 민, 땅 지〕명(행 16:12) ①식민한 사람들에 의하여 개척된 국외의 영역. ②새로 속령으로 된 지역. colony.

식사〔食事; 밥 식, 일 사〕명(룻 2:14) 여러 가지 음식을 먹는 일. 또는 그 음식. meal.

식양〔式樣; 법 식, 모양 양〕명(출 25:9) 일정한 모양과 격식.

식언〔食言; 밥 식, 말씀 언〕명(민 23:19) 약속한 말을 위반하고 지키지 않음. breaking a promise.

식욕〔食慾; 밥 식, 욕심낼 욕〕명(잠 16:26) 음식을 먹고 싶어하는 욕망. appetite.

식음〔食飮;밥 식, 마실 음〕명(행 9:9) 먹고 마시는 것.

식주인〔食主人;밥 식, 주인 주, 사람 인〕명(롬 16:23) 나그네를 치르고 밥을 파는 그 집 주인. proprietor of an inn.

식탁〔食卓;밥 식, 높을 탁〕명(창 19:3) 여러 사람이 식사할 때에 음식물을 벌여 놓는데 쓰이는 큰 탁자. dining table.

식후〔食後;밥 식, 뒤 후〕명(고전 11:25) 식사를 마친 뒤. after a meal.

신[1] 명(출 3:5) 발에 신고 걷는데 쓰이는 물건을 총칭. shoes.

신[2]〔信;믿을 신〕명(사 26:2) ①거짓이 없음. 성실함. faith. ②의심하지 않음. trust. ③신앙심. piety. ④소식. 통신. correspondence.

신[3]〔神;귀신 신〕명(창 1:2) ①하나님. God. ②조욕의 대상으로서 초인간적인 또는 초자연적 위력을 가지는 존재. god.

바벨론에서 섬기던 신

신[4]〔腎;콩팥 신〕명(신 23:1) ①신장. kidney. ②남자의 외부 생식기. penis.

신[5]〔צִן〕지(민 13:21) ①「팔레스틴」의 남쪽 「아라비아」 사막의 서쪽 「사해」와 「아가바」 만 사이에 있는 광야인데 「이스라엘」 백성이 「출애굽」하여 표류하는 중, 이곳에 이르렀을 때에 「미리암」이 죽었다(민 20:1, 27:14). ②「모세」는 「므리바」 물가에서 여호와의 명령을 거역하였다(민 27:14). ③「가나안」에 들어간 「유다」 지파 기업지의 남단에 있다(수 15:1).

신[6]〔סִין=습기, 늪〕지(출 16:1)
[1]「이스라엘」 백성이 「홍해」를 건너서 네 번째 머무른 「엘림」과 「시내」 산 사이에 있는 광야인데, 백성들이 먹을 것이 없어 굶어 죽겠다고 「모세」를 원망할 때 여호와께서 「만나」와 메추라기를 내려주시기 시작하였다(출 16:1, 13).
[2] 옛날 「애굽」의 국경 요새지로서, 지금의 「벨숨」 못과 동일시한다(겔 30:15-16).

신고〔辛苦;매울 신, 쓸 고〕명(창 35:16) 대단히 괴로움. 또는 그것을 당함. hardships.

신궁〔神宮;귀신 신, 집 궁〕명(욜 3:5) 신전. 귀신을 모신 집. temple.

신기〔神奇;귀신 신, 기이할 기〕 명(벧후 1:3) 이상하고도 신통한 것. marvelous.

신낭〔腎囊;콩팥 신, 주머니 낭〕 명(신 23:1) 고환. 포유류의 음낭 속에 있는 공 모양의 기관. 좌우 한 쌍이 있으며, 정자를 만들고 남성 호르몬을 분비한다.

신당〔神堂;귀신 신, 집 당〕명(삿 9:27) 귀신을 신령으로 모신 당집. shrine.

신들메 명(창 14:23) 신이 벗어지지 않도록 신을 끈으로 동여매는 일. ㉾ 들메. tying straw sandals to one's feet.

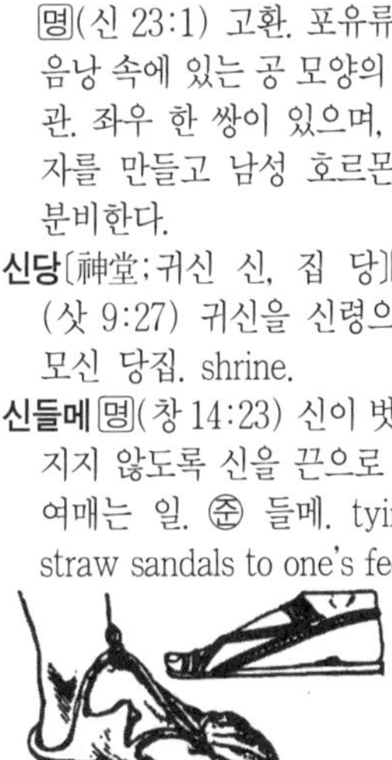

신랑〔新郞;새 신, 밝을 랑〕명(시 19:5) 새로 결혼한 남자. bridegroom.

신령〔神靈;귀신 신, 신령 령〕명(대상 25:1) ①〈민〉풍습으로 섬기는 모든 신. deities. ②신통하고 영묘함. divinity.

신령한 몸 명(고전 15:44) 거듭난 사람. 성도. spiritual body.

신뢰〔信賴;믿을 신, 힘입을 뢰〕 명(대하 20:20) 믿고 맡김. reliance.

신명기 명(신) 구약 제5권째 성경이다. 「모세」의 기록으로 하나님의 언약을 믿도록 강권적인 권면과 가나안 땅에 들어갈 준비를 하도록 하였다. 하나님께서 요구하는 것이 무엇인지 알고 따르도록 하였다. 율법을 지키라(177회 사용), 거듭 당부한다.

신묘 막측〔神妙莫測;귀신 신, 묘할 묘, 없을 막, 측량할 측〕 명(시 139:14) 신통하고 묘하여 측량할 수 없음. strange and wonderful.

신문〔訊問;물을 신, 물을 문〕명(삿 8:14) 〈법〉증인·감정인 또는 피고에 대하여 구두로 사건을 캐물어 조사하는 일. questioning.

신문소〔訊問所;~바 소〕명(행 25:23) 신문하는 곳. audience hall.

신민〔臣民;신하 신, 백성 민〕명(출 1:9) 군주국에 있어서 관원과 국민. subject.

신복[1]〔臣服;신하 신, 옷 복〕명(왕하 17:3) 신하가 되어서 복종함. honest submission.

신복[2]〔臣僕;신하 신, 종 복〕명

(창 20:8) 임금을 섬기는 벼슬자리에 있는 사람. 신하. vassal.

신부〔新婦;새 신, 지어미 부〕명 (아 4:8) 결혼한지 얼마 안 되는 새색시. bride.

신사〔神社;귀신 신, 모실 사〕명 (롬 2:22) 귀신을 모신 신당. shrine.

신사적〔紳士的;～적실할 적〕명 (행 17:11) 예절 바르고 남의 입장을 존중하는 모양. gentle.

신상〔神像;귀신 신, 형상 상〕명 (창 35:2) 신령을 그린 그림이나 돌 또는 나무로 새긴 형상. 우상. god's image. idol.

ㅅ

신선〔新鮮;새 신, 고울 선〕명 (시 92:10) 새롭고 산뜻함. freshness.

신설〔伸雪;펼 신, 눈 설〕명(삼상 25:39) 원통함을 풀고 부끄러운 일을 씻어 버림. 원 신원설치(伸寃雪恥).

신성〔神性;귀신 신, 성품 성〕명 (롬 1:20) ①신의 성격. divinity. ②마음. 정신. spirit.

신속〔迅速;빠를 신, 빠를 속〕명 (스 6:8) 몹시 빠름. quickness. 부 신속히.

신실〔信實;믿을 신, 열매 실〕명 (레 6:2) 믿음성이 있고 꾸밈이 없음. 거짓이 없음. sincerity.

신앙〔信仰;믿을 신, 우러러볼 앙〕명(빌 1:27) ①종교의 교리를 마음으로 믿고 받드는 것. faith. ②어떤 사람의 덕이나 주의를 믿고 우러러 봄. belife.

신원〔伸寃;펼 신, 원통할 원〕명 (신 10:18) 가슴에 맺힌 원한을 풀어 버림. satisfaction of one's grudge.

신음〔呻吟;앓을 신, 앓을 음〕명 (출 6:5) ①괴로와서 끙끙거리는 소리를 냄. moaning. ②몹시 앓음. being very sick.

신임〔信任;믿을 신, 맡길 임〕명 (왕하 21:6) 믿고 일을 맡김. confidence.

신자〔信者;믿을 신, 놈 자〕명 (행 10:45) 믿음을 가진 사람. 종교인. believer.

* 그리스도인이 참 신자.

신장〔身長;몸 신, 길 장〕명(민 13:32) 키. 몸 길이. stature height.

신접〔神接;귀신 신, 댈 접〕명 (레 19:31) 신령이 몸에 접함. contact with a god.

신접자〔神接者;～놈 자〕명(신 18:11) 신령이 몸에 접한 사람. man who has contact with a god. 무당 등.

신청〔信聽;믿을 신, 들을 청〕명 (잠 29:12) 곧이 들음. 믿고 들음. taking for truth.

신칙〔申飭; 납 신, 삼갈 칙〕[명] (출 19:21) 단단히 타일러서 경계함. admonition.

신풍나무 [명](창 30:37)〈식〉플라타너스 등의 나무. plane tree.

신하〔臣下; 신하 신, 아래 하〕[명] (창 37:36) 임금을 섬기는 벼슬자리에 있는 사람. vassal.

신호〔信號; 믿을 신, 이름 호〕[명] (민 31:6) ①일정한 부호를 써서 떨어져 있는 곳에서 서로 의사를 통하는 방법. signal. ②미리 약속한 방법으로 어떤 일을 알리는 것. signaling.

신화〔神話; 귀신 신, 말씀 화〕[명] (딤전 1:4) 사람의 지혜가 아직 열리지 못한 아주 오랜 옛날에 신(神)을 중심으로 한 이야기. myth.

신후〔身後; 몸 신, 뒤 후〕[명](전 6:12) 죽은 뒤. after death.

신후사〔身後事; ~일 사〕[명](전 3:22) 죽고 난 뒷일. 곧 장사(葬事) 지내는 일. funeral.

싣다 [타](창 37:25) ①짐을 운반할 목적으로 수레 따위에 올려놓다. load. ②간행물에 글 따위를 나게 하다. print. ③어느 바닥에 물이 괴게 하다.

실 [명](창 14:23) ①고치·솜·삼·털 등의 동식물의 섬유를 길고 가늘게 자아 겹으로 꼰 것. ②실과 같이 가늘고 긴 것. thread.

실과〔實果; 열매 실, 과실 과〕[명] (창 2:16) ①먹을 수 있는 초목의 열매. fruit. ②열매로 된 과자. 과일. fruit. cake.

실라[1]〔Σιλας = 생각〕[인](행 15:22) 초대 교회의 중요한 지도자적인 인물. ①「예루살렘」 교회에서 결정된 사실을 「안디옥」 교회에 전달했을 때 특사로 갔으며, 「바울」과 「바나바」를 따라다녔다. ②그는 「로마」의 시민권을 가진 것 같다(행 16:36). ③「바울」의 2차 선교 여행 때는 「바울」의 좋은 동반자가 되었다(행 16:19). ④「바울」의 편지에 나타나는 「실루아노」는 「실라」의 「라틴」식 이름이다(고후 1:19, 살전 1:1, 살후 1:1).

실라[2]〔סִלָּא = 길, 광주리〕[지](왕하 12:20) 「예루살렘」 근처의 성읍. 「요아스」가 신복에게 살해된 곳.

실렘〔שִׁלֵּם = 보답, 응보〕[인](창 46:24) 「납달리」의 아들.

실로[1]〔שִׁילֹה = 안식의 장소〕[인] (창 49:10) 「실로」가 오실 때까지라 한 말씀이 있어 난해의 구절이라 한다. 이것을 세 가지로 해석하면, ①「실로」 땅으로 생각하여 「이스라엘」이 「가나안」을 정복 직후 그곳에 성막을 두었던 곳이라 하고 ②그의 성격은 세상의 평화로운 특질을 나타내시는 「메시야」(구주)의 이름이라 하고 ③저에게 속한 자 또는 "그가 저의 것이 됨이라"는 뜻을 가져 「메시야」를 가리킴이라 한다. 「수리아」 번역에서는 ③의 견해를 채택하여 그것(곧 주권)이 저의 것이 된 자가 오시기까지라고 읽는다.

실로[2]〔שִׁילֹה〕[지](수 18:1) ①「에브라임」에 있는 유명한 성읍 곧, 종교의 중심지로 「이스라엘」 자손이 모여 회막을 세우고 「여호수아」가 매 지파의 3인씩 뽑아 땅을 분배케 하였다(18:1-10). ②「베냐민」 사람이 이곳 여자를 약탈하여 아내를 삼은 일이 있다(삿 21:16-23). ③「엘리」와 「사무엘」 시대에는 성막을 간이한 성전으로 개조한 것으로 추측한다(삼상 1:9). ④이 성전은 후에 「블레셋」에게 파괴를 당하고 법궤를 빼앗기므로 「이스라엘」 백성에게 큰 충격을 주었다(삼상 4:, 렘 7:12-16, 26:6, 26:6, 9). ⑤후일에 「실로」는 재건되었다(렘 41:5). ⑥「여로보암」의 왕 될 것을 예언하던 선지자 「아히야」의 출신지이다(왕상 11:29, 14:2).
※「벧엘」에서 동북 15km 지점 동편에 높이 379미터 되는 언덕 위에 있는데, 지금의 「세이룬」과 동일시 한다.

실로[3]〔實~ ; 열매 실〕[부](창 20:12) 진실로. 실지로. really.

실로아〔שְׁלֹחַ = 배수관〕[지](사 8:5-7) 「예루살렘」 동남부에 있는 못 이름. 이 물은 언덕 허리에 설치한 수관을 통하여 「실로아」 못에 흘러 들어가는데, 「히스기야」 왕은 「앗수르」의 공격을 막기 위하여 터널을 파고 「기혼」의 샘물을 이 못에 끌어들였다(왕하 20:20). 그리고 이 못 물은 다시 흘러서 아래 있는 옛 못(古池)과 아래 못(下池)에 흘러들어간다(사 22:9-11). 이 못은 장이 16m요, 광이 5.4m이다. 신약의 「실로암」 못(요 9:7). 「실로암」 탑(눅 13:4)과 같은 곳.

실로암〔*Ειλωαμ* = 보냄을 받았다〕[지](눅 13:4) ①옛 이름은 「실로아」 또는 「셀라」이다. ②「예루살렘」 동남쪽에 있는 못(池)으로서, 「히스기야」 왕이 「앗수르」의 「산헤립」의 공격에 대비하여 「기혼」의 샘으로부터 성내에 있는 「실로암」 못까지 지하도를 뚫어서 물을 끌어 왔다(왕하 20:20, 대하 32:30). ③그때까지는 천천히 흐르는 「실로아」의 물이라고 표현한 것 같이 동남 모퉁이를 돌아서 옛 「실로암」 못까지 천천히 흘러들어간다(사 8:6). ④「실로암」 못은 넓이가 16~5.4m. 못 물은 아래 쪽에 있는 "옛 못" 또는 "윗 못"에 대하여 상대적으로 불리는 "아래 못"으로 흘러들어갔다(사 7:3, 왕하 18:17, 사 22:9, 11). ⑤신약 성서의 예수님 당시도 「실로암」 망대가 무너져서 사람이 죽었다는 말이 있다(눅 13:4). ⑥날 때부터 소경된 사람의 눈에 진흙에다 침을 뱉어 발라준 다음 「실로암」에 가서 씻으라고 해서 눈을 뜨게 한 이적으로 알려졌다(요 9:7).

실루기아〔*Εελευκεια*＝흰 빛〕지 (행 13:4) 북쪽 지중해에 들어가는 「아론드」 강 북안에 있는 항구로, 「안디옥」에서 북으로 8km이다. 옛적 「수리아」 왕 「실루기스」가 창건하고 자기 이름으로 성 이름을 삼아, 그의 분묘도 이곳에 있다. 「바울」과 「바나바」가 제2차 선교 여행 시에 이곳에서 배를 타고 「구브로」로 갔다. 지금은 옛터만 남아 있는데, 두 돌기둥이 있어 근세인이 말하기를 하나는 「바울」의 기둥, 하나는 「바나바」의 기둥이라 한다.

실루아노〔*Σιλουανός*〕인(고후 1:19) 「실라」의 라틴형 이름(살전 1:1, 살후 1:1, 벧전 5:12).

실르대〔צִלְּתַי＝그늘, 여호와의 보호〕인(대상 8:20) ①「베냐민」 지파 「시므이」의 아들이다. ②「므낫세」의 천부장으로, 「시글락」에서 「다윗」에게 귀순한 용사 중 한 사람이다(대상 12:20).

실리다 타(창 45:23) 물건을 짐승이나 운반 수단에 올려 놓다.

실망〔失望; 잃을 실, 바랄 망〕명(욥 31:16) 희망을 잃어 버림. 낙심함. disappointment.

실바〔זִלְפָּה＝한방울〕인(창 29:24, 30:9-13) 「레아」의 몸종으로, 「야곱」의 첩이 되어 「갓」과 「아셀」을 낳았다.

실사〔שִׁלְשָׁה＝삼인조〕인(대상 7:37) 「아셀」 지파 「소바」의 아들. 방백의 한 사람으로, 용사이며 족장.

ㅅ

실상〔實狀; 열매 실, 모양 상〕명(신 9:4) ①실제의 형편. actual state of affairs. ②있는 그대로를 드러냄. real circumstance.

실색〔失色; 잃을 실, 빛 색〕명놀라서 얼굴색이 변하는 것(사 29:22).

실수〔失手; 잃을 실, 손 수〕명(전 5:6) ①잘못된 일. mistake. ②실례(失禮). impoliteness.

실심〔失心; 잃을 실, 마음 심〕명(렘 4:9) 근심 걱정으로 인해 맥이 빠짐. dispiritedness.

실정〔實情; 열매 실, 뜻 정〕명(에 2:23) ①실제의 사정. real state of things. ②진실한 정의. true friendship.

실족〔失足; 잃을 실, 발 족〕명(신 32:35) ①발을 잘못 디딤. false step. ②행동을 잘못함. mistake.

실패〔失敗; 잃을 실, 패할 패〕명(롬 11:1) 일이 목적대로 되지 않고 헛되이 됨. failure.

실하다〔實~; 열매 실〕형(창 30:41) ①튼튼하다. sturdy. ②속이 옹골지다. substantial.

실행[1]〔失行; 잃을 실, 행할 행〕명(민 5:12) ①도의에 어그러진 좋지 못한 행동을 함. misdeed. ②〈심〉 의식과 운동 능력에 장해가 없고 소기의 운동의 일부 또는 전부가 실패하거나 불능에 빠지는 일.

실행[2]〔實行; 열매 실, 행할 행〕명(민 23:19) 실제로 행함. practice.

실히〔שִׁלְחִי = 용사〕인(왕상 22:42) 「여호사밧」 왕의 외조부이며 「아스바」의 아버지(대하 22:31).

실힘〔שִׁלְחִים = 무장된 사람〕지(수 15:32) 「유대」 남부 「시므온」의 성읍.

싫다 형(레 26:44) ①마음에 언짢다. disagreeable. ②마음에 하고 싶지 않다. unwilling.

심다 타(창 8:22) ①초목의 뿌리를 땅 속에 묻고 흙을 덮다. plant. ②씨앗을 뿌리다. sow.

심령〔心靈; 마음 심, 신령 령〕명(왕하 5:26) ①육체와는 따로 떨어져 있다고 생각되는 마음의 주체. spirit. ②마음 속의 영혼. 마음의 주체. soul.

심리〔審理; 살필 심, 다스릴 리〕명(왕상 3:28) ①재판에 필요한 모든 조사를 함. trial. ②사실이나 사건의 연유 경과를 자세히 조사함.

심마〔שִׁמְעָה = 상담, 숙고〕인(대상 6:20) 「레위」 지파 「게르손」 자손.

1「하얏」의 아들(대상 6:20).

[2]「시므이」의 아들(대상 6:42).
[3]「요아」의 아버지(대하 29:12).

심문〔審問;살필 심, 물을 문〕[명](욥 14:3) 자세히 따져 물음. interrogation.

심문권〔審問權;~권세 권〕[명](겔 23:24) 자세히 따져 묻는 권리. right of interrogation.

심방〔尋訪;찾을 심, 찾을 방〕[명](갈 1:18) 방문하여 찾아 봄. call.

심복〔心腹;마음 심, 배 복〕[명](몬 1:12) ①가슴과 배. breast and belly. ②매우 긴하여 없지 못할 사물. ③매우 친밀한 사람. 심복 지인. confidant.

심비〔心碑;마음 심, 비석 비〕[명](고후 3:3) 마음의 비석. monument that was written on human hearts.

심사〔心思;마음 심, 생각 사〕[명](삿 5:15) 마음을 쓰는 본새. 좋지 않은 마음보. disposition.

심상〔尋常;찾을 심, 항상 상〕[명](잠 14:8) 대수롭지 않고 예사스러움. commonness.

심새〔שִׁמְשַׁי=태양의 아들〕[인](스 4:8)「수리아」에 주재했던「바사」의 서기관. 귀환한「유대」인이 무너진「예루살렘」성벽 돌담을 수리하려 할 때 이 일을 반대한 사람 가운데 한 사람으로, 이 일을「아닥사스다」왕에게 상소하여「다리오」제2년까지 공사가 중단되었다(스 4:9-23).

심술〔心術;마음 심, 꾀 술〕[명](대하 36:8) 온당하지 않게 고집을 부리는 마음. cross-grained.

심원〔心願;마음 심, 원할 원〕[명](단 6:1) 마음속 깊이 바람 또는 바라는 일. one's heart's desire.

심장[1]〔心腸;마음 심, 창자 장〕[명](시 7:9) 마음의 속내. heart.

심장[2]〔心臟;마음 심, 오장 장〕[명](삼하 18:14) ①염통. heart. ②뻔뻔스러움을 비유하는 말. brazen. ③가장 중요한 곳. heart.

심정〔心情;마음 심, 뜻 정〕[명](삼상 1:15) ①사람의 마음에 품은 생각과 감정. feelings. ②마음씨. disposition. ③마음의 정황.

심중〔心中;마음 심, 가운데 중〕[명](창 17:17) 마음속. [유] 뇌리. in the heart.

심지[1] [명](마 12:20) ①등불에 기름을 빨아 올려 불을 켜게 된 헝겊이거나 종이로 만든 물건. wick. ②남포·폭탄 따위를 터뜨리기 위해 불을 달게 되어 있는 줄. fuse.

심지[2]〔心志;마음 심, 뜻 지〕명(사 26:3) 마음에 지니는 뜻. 마음과 뜻. will.

심지어〔甚至於;심할 심, 이를 지, 어조사 어〕부(신 12:31) 심하면. 심하게는. what is worse.

심판〔審判;살필 심, 판단할 판〕명(창 18:25) ①일반적인 뜻은 잘한 것과 잘못한 것을 헤아리고 살펴서 가름하는 일. trial.
②〈기〉 성경의 가르침은 하나님께서 믿지 않는 죄인과 사단을 지옥에 던지는 것과 마지막 심판이다. 그때 성도는 새 「예루살렘」에서 주님을 모시고 영원히 살게 된다. 하나님의 구속 사역의 완성은 심판이다(요 3:31).

심판대〔審判臺;~집 대〕명(롬 14:10) 심판하는 자리. 구약에서는 사사, 왕, 제사장들이 재판할 때 앉았다(출 18:13, 왕상 7:7). 마지막 심판대는 어린 양의 백보좌 앞이다.

심판자〔審判者;~놈 자〕명(욥 23:7) ①사건을 헤아리고 판단하는 사람. ②인간의 선악을 심판하시는 하나님. God.
* 하나님은 의로운 심판자시다.

심판장〔審判長;~길 장〕명(시 50:6) 하나님. God.

심하다〔甚~;매우 심〕형(창 12:10) 정도가 지나치다. severe.

심화〔心火;마음 심, 불 화〕명(삼하 13:2) ①분통이 터져 일어나는 울화. passion.
②〈한〉 마음이 답답하고 화가 나는 병.

십[1]〔זִיחָ = 녹임〕인(대상 2:42)
1「갈렙」의 손자, 「메사」의 아들(대상 2:42).
2「유다」 자손 「여할렐렐」의 아들(대상 4:16).

십[2]〔זִיף = 정련소〕지(수 15:24) 「유다」 최남단. 「헤브론」 남동의 성읍. ①「헤브론」 동남방. 동으로 「십」 광야가 있고 고대에는 관목이 무성했으며, 「다윗」이 「사울」 왕을 피하여 이 지방에 숨어 있는 것을 지방민이 밀고 했던 일이 있다(삼상 23:14-24, 26:1-2). ②「르호보암」 왕이 이 곳을 요새화하였다(대하 11:8).

십계〔十誡;열 십, 경계할 계〕명(출 34:28) 모세가 시내산에서 하나님으로부터 친히 받은 인간이 살아가면서 지켜야 할 열 가지 법(행위에 관한 법). the Ten Commandments.

십계명〔十誡命;~목숨 명〕명(신 4:13) 열 가지 신자의 도덕법. 십계. Commandments.

십단〔שִׁפְטָן = 심판을 행함〕[인](민 34:24) 「에브라임」 자손의 족장. 「그무엘」의 아버지.

십마〔צִימָה = 춥다〕[지](민 32:38) ①「요단」 동쪽 「헤스본」 가까운 곳에 있었던 「모압」의 도시로서, 「르우벤」 족속에게 분배되었던 땅이다(수 13:19). ②포도의 산지로서 유명하다(사 16:8, 렘 48:32).

십못〔שִׁפְמוֹת = 풍요〕[지](삼상 30:28) 「유대」의 한 성읍으로, 「다윗」이 「아말렉」에게서 포로되었던 두 아내와 빼앗겼던 모든 물건을 탈환하고 적의 많은 물건을 빼앗아다가, 이 성 장로들에게 선물로 보냈다.

십배〔שִׁפַּי = 문지방〕[인](대상 20:4) 「블레셋」의 용사 「거인」 자손. 「삽」과 같은 사람. 「다윗」이 「블레셋」 사람과 「게셀」에서 전쟁할 때, 「후사」 사람 「십브개」에게 피살된 「블레셋」 거인의 자손.

십보라〔צִפֹּרָה = 한 작은 새〕[인](출 2:21-22) 「미디안」 제사장 「이드로」의 딸이며 「모세」의 아내로서, 두 아들을 낳았다(출 4:20-26, 18:2).

십볼〔צִפּוֹר = 작은 새〕[인](민 22:2) 「모압」 왕 「발락」의 아버지. 「발람」을 매수하여 이스라엘을 저주하게 함.

십볼렛〔סִבֹּלֶת = 옥수수, 이삭, 개울〕[명](삿 12:1-6) 「길르앗」 사람들이 「요단」 강가에서 도망가는 「에브라임」 사람들을 붙잡기 위하여 사용했던 낱말. 「에브라임」 사람은 「십볼렛」이라고 발음하기가 어려웠다. 그래서 나루터에서 이 말을 발음하도록 하여 「에브라임」 사람을 가려내었다.

십부장〔十夫長;열 십, 지아비 부, 길 장〕[명](출 18:21) 군대에서 10명의 부하를 담당하는 사람. leader of tens.

십분 일〔十分一;열 십, 나눌 분, 한 일〕[명](창 14:20) 열 등분한 것 중 하나. 「아브라함」이 「멜기세덱」에게 십분 일을 주었다. 십일조.

십브개〔סִבְּכַי = 여호와의 숲〕[인](대상 11:29) ①「후삿」 사람으로, 「다윗」의 용사 중 한 사람이다(대상 20:4). ②「블레셋」의 장대한 거인 「삽」을 죽

ㅅ

임으로 그 이름이 유명해졌다(삼하 21:18). ③8월을 차지한 장관이 되었다(대상 27:11). 삼하 23:27에는 「므분내」라 하였다.

십브라〔שִׁפְרָה = 아름다운〕[인](출 1:15-21) 「애굽」의 조산부로서, 「히브리」인의 산파역을 맡았다. 「바로」의 명령을 무서워하지 않고 「히브리」 사람들이 낳은 사내아이를 죽이지 않고 살렸다.

14만 4천[수](계 7:4) 구속받은 성도를 상징하는 수효. 12지파×12사도×1000.

십여리〔十餘里;열 십, 남을 여, 마을 리〕[명](요 6:19) 십리 남짓. 4km 조금 지나서.

12 방백〔十二方伯;열 십, 두 이, 모 방, 맏 백〕[명](창 25: 16) 「이스라엘」 열 두 아들들 자손으로 이루어진 종족들의 우두머리. the ancestors of twelve tribes.

12 지파〔十二支派;열 십, 두 이, 지탱할 지, 물갈래 파〕[명](창 49:28) 이스라엘 열 두 아들을 조상으로 하는 파. the twelve.

십일조〔十一條;열 십, 한 일, 가지 조〕[명](민 18:21) 자신에게 주어진 모든 수입의 10분의 1을 하나님께 감사한 마음으로 드리는 일. tithe. 「유대」인들이 드린 것은 일년 동안 모은 농산물, 가축 등이었고, 전리품도 십일조로 바쳤다(창 14:20, 28:22, 삼상 8:15-17).

십자가〔十字架;열 십, 글자 자, 시렁 가〕[명](마 10:38) ①옛날 중동과 서양에서 사형의 틀로 사용하던 +자 꼴의 형틀. 갈대아, 로마, 그리스 사이에서 이 제도가 생겼다 한다. cross. ②〈기〉 예수님께서 인류의 죄를 대속케 하실 때, 달리신 형틀. Holy Cross. ③기독교의 상징이며, 또한 죄악의 짐을 지고 그 어렵고 험한 길을 가신 주님의 길을 사랑과 봉사와 헌신함으로 이겨 나가자는 상징과 교훈임. one's cross.

십현금〔十絃琴;열 십, 줄 현, 거문고 금〕[명](시 92:1) 〈악〉 줄이 열 개 있는 거문고.

싯나〔שִׂטְנָה = 대적함〕[지](창 26:21) 「이삭」이 우물을 판 「그랄」 지방으로서, 「이삭」의 목자와 「그랄」의 목자가 다투었다.

싯딤[1]〔שִׂדִּים = 평원, 들판〕[지](창 14:3) 「소돔」과 「고모라」의 평원 지대(창 14:8-10).

싯딤[2]〔צִדִּים = 편, 쪽〕[지](수 19:35) 「납달리」 지파의 성읍.

싯딤[3]〔שִׁטִּים = 아카시아 나무〕[지](창 14:8-12) 「여리고」

대안 「요단」 강의 동 11km 지점. 지금의 「굴벳엘그후렌」이라 한다. 「아브라함」 당시에 「엘람」 왕 「그돌라오멜」이 이 골짜기에서 「소돔」 「고모라」의 모든 재물을 약탈하고 「아브라함」의 조카 「롯」을 포로하여 갔으며, 이 골짜기에는 역청 구덩이가 많았다.

[1] 「모압」 성읍. ①전 명은 「아벨싯딤」이다. ②「요단」 동편에서 「이스라엘」 백성의 최후 진지로, 여기서 백성들이 「발람」의 계교에 빠져 「모압」 여자와 간음을 행하고 또 우상에게 제사하게 되어 여호와께서 진노하여 열병을 내리시니 2만 4천 명이 죽었다(민 22-25:9, 미 6:5). ③이곳에서 「여호수아」가 두 명의 정탐꾼을 「여리고」에 보냈다(수 2:1).

[2] 「예루살렘」 서쪽의 골짜기(욜 3:18).

싯딤나무 [명](신 10:3) 〈식〉 '쉿타'라는 말의 파생어로, 아카시아 나무를 가리킨다. 조각목이라 한 곳도 있다(출 25:10).

싱겁다 [형](욥 6:6) ①짜지 않다. not salted enough. ②술이 독하지 않다. mild.

ㅆ

싸개 명(출 38:17) 물건을 싸는 종이나 헝겊. 또는 얇은 금속. wrapper.

싸다 타(출 12:34) ①보자기나 종이 따위로 물건을 안에 넣고 둘러 말아서 보이지 않게 하다. wrap. ②보살펴 주다. protect.

싸매다 타(욥 5:18) 헝겊 따위로 싸서 묶다. tie up.

싸우다 자(창 14:2) 서로 이기기를 다투다. fight.

싹 명(시 65:10) ①식물의 씨에서 돋아난 첫 잎과 줄기. sprout. ②사물의 근원이나 시초. origin.

ㅆ

쌍동이 명(창 25:24) →'쌍둥이'의 오기. 한 태에서 난 두 아이. twin.

쌍쌍이〔雙雙~ ; 짝 쌍, 짝 쌍〕부(사 21:7) 둘씩 둘씩 짝을 지은 모양. by twos.

쌍태〔雙胎 ; 짝 쌍, 아이밸 태〕명(창 38:27) 한 배 안의 두 태아. twin fetus.

쌓다 타(창 4:17) ①물건을 포개 놓다. pile up. ②여러 번 거듭하다. repeat. ③기술, 경험 등을 거듭하여 기르다. accumulate. ④기초를 세우다. build.

써레 명(삼하 12:31) 갈아 놓은 논이나 밭의 바닥을 고르게 하는 농기구. harrow.

써레질 명(삼하 12:31) 써레로 논바닥을 고르게 하거나 흙덩이를 깨는 일. harrowing.

썩다 자(민 12:12) ①물기를 가진 물질이 바깥 공기를 쐬어 본디의 바탕이 변하여지다. rot. ②좋은 재주를 가지고도 마음대로 발휘하지 못하다. get rusty.

썰다 타(레 6:21) 물건을 잘게 토막내어 베다. cut.

쏘다[1] 명(잠 25:20) →'소다'의 오기. 금속 나트륨과 화합하여 된 염. soda. 질산칼륨.

쏘다[2] 타(창 21:20) ①화살이나 총알을 일정한 목표를 향하여 발사하다. shoot. ②벌레 따위가 살에 찌르다. sting. ③듣는 이가 따끔하게 느낄 만한 말로 자극을 주다. criticize.

쏟다 타(창 42:35) ①물건을 거꾸로 붓다. pour out. ②나오게 하다. empty. ③마음을 기울이다. devote.

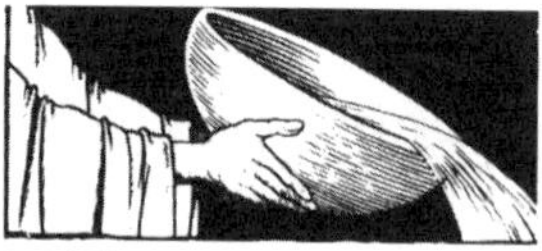

쐬다 타(출 19:13) ①바람, 연

기 따위를 몸이나 얼굴에 받다. expose oneself to. ②자기 물건의 가치가 있고 없고를 남에게 평가받아 보다.

쑤다 타(창 25:29) 풀, 죽 같은 것을 익게 하다.

쑤시다 자(욥 30:17) 바늘로 찌르는 것처럼 아프다. pick. 타 ①구멍 같은 데를 찌르다. poke. ②가만히 있는 것을 건드려 버르집다. poke into.

쑥[1] 명(신 29:18)〈식〉 ①국화과(菊科)의 다년생 풀. mugwort. ②다북쑥(준말).

쑥[2] 명(계 8:11) 셋째 천사가 나팔을 불 때 강과 물샘에 떨어진 별의 이름. 쓴맛을 나타내는 것으로, 재앙을 뜻한다.

쓰다[1] 타(출 31:18) ①글씨를 그리다. write. ②글을 짓다. compose. ③글자로 나타내다. describe.

쓰다[2] 형(출 12:8) ①맛이 소태와 같다. bitter. ②입맛이 없다. have a poor appetite. ③마음에 언짢은 느낌이 있다. unpleasant. ④괴롭다. painful.

쓰다[3] 타(레 16:4) ①모자 따위를 머리에 얹다. put on. ②머리가 보이지 않도록 이불 따위를 덮다. pull over.

쓰다[4] 타(창 22:3) ①사용하다. ②사람을 부리다. employ. ③돈을 없애다. 돈을 들이다. spend. ④무슨 일 따위에 마음이나 또는 힘을 기울이다. exercise. ⑤물건을 만드는 원료를 삼다. use. 속 써먹다. ⑥약을 먹이다. administer. ⑦어떤 수단이나 방법을 적용하다. apply. 미인계를~. ⑧권리나 권세 따위를 부리다. influence.

쓰러지다 자(삿 5:27) 쌓여 있거나 서 있던 것이 한 쪽으로 쏠리어 넘어지다. fall.

쓰레 명(욥 39:10) '써레'의 북한어. harrow.

쓰스〔Ζεύς＝인류의 왕으로서 아버지〕명(행 14:12) 「헬라」인과 「로마」인이 숭배하는 괴수 모양의 신으로서 「헬라」에서는 「쓰스＝제우스」라고 부르며, 「로마」에서는 「허메＝주피터」라고 한다. 「바울」과 「바나바」가 「루스드라」에서 나면서부터 앉은 방이었던 사람을 일으키는 기적을 보고, 「바울」을 「허메」라 부르고 「바나바」를 「쓰스」라 불렀다. 「바울」과 「바나바」는 우리는 똑같은 사람이며 이 기적을 하나님께서 행하신 것이요, 사람을 신이라고 부르는 것은 망령된 언사라고 가르쳐 주고 예수를 믿도록 권고하였다(행 14:8-15).

쓰스 신당〔~神堂; 귀신 신, 집 당〕명 쓰스 신을 섬기는 사당.

쓰스의 쌍동 아들 명(행 28:11 난외주) 바울이 「로마」로 갈 때 타고다닌 배의 이름. 「디오스구로」라고도 한다.

쓴 물 [명](약 3:11) 소태와 같이 쓰디쓴 물.

쓸개 [명](욥 16:13) 〈인〉 간장(肝臟)에서 나오는 담즙(膽汁)을 일시적으로 담아 두는 엷은 주머니. 담(膽). gall-bladder.

쓸개 포도 [명](신 32:32) 독성이 있는 포도를 형용하는 말. 나쁜 포도.

쓸다 [자](눅 15:8) ① 비로 쓰레기를 한데 모아 없애다. sweep. ②제 앞 일을 깨끗이 해치우다. clear.

쓸데없다 [형](욥 13:4) 쓰일 곳이 없다. of no use. 필요 없다.

쓸 만하다 [형](잠 25:4) 사용할 수 있는 정도를 나타내는 말.

쓸어버리다 [타](창 6:7) 쓸어서 치워버리다.

씌우다 [타](출 29:6) ①머리에 쓰게 하다. put on. ②허물을 남에게 돌리다. impute.

씨[1] [명](창 1:11) ①식물의 눈이 트는 근본. seed. ②과실의 핵(核). kernel. ③생물이 발생되는 근본. stock. ④사물이 발생하는 근본 종자. 씨앗. cause.

씨[2] [명](레 13:48) 베를 짤 때 가로로 넣는 실. woof.

씨름 [명](엡 6:12) 서로 마주 잡고 넘어뜨리는 것으로, 이기고 짐을 가름하는 힘겨루기. wrestling.

씨종 [명](레 19:20) 대대로 내려가며 종노릇하는 사람. man of the servant lass.

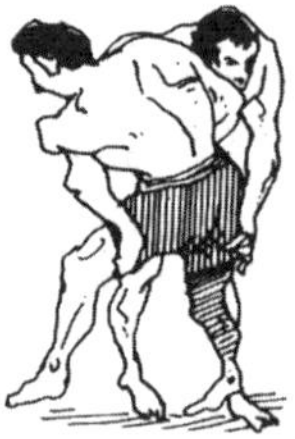

씰라〔צִלָּה = 그늘, 보호〕[인](창 4:19) 「므두엘」의 아들 「라멕」의 두 아내 중의 하나로 「두발가인」을 낳은 여자.

씹다 [타](욥 30:3) ①음식 따위를 입에 넣고 이로 여러 번 자꾸 깨물어, 잘게 자르거나 부드럽게 갈다. chew. ②타인을 좋지 않게 말하다. speak ill of.

씹볼렛 [명](삿 12:6) 말의 뜻은 강으로 흐름, 또는 이삭. 사사 「입다」가 인솔하는 「길르앗」 사람이 싸움에 져 도망가는 「에브라임」 사람을 가려낼 때 발음하게 한 낱말.

씻다 [타](창 18:4) ①물 따위로 문질러서 더러운 것을 없게 하다. wash. ②누명을 벗다. vindicate.

씻어 버리다 [타](왕하 21:13) ①씻어서 더러운 것을 깨끗하게 만들다. ②누명 따위를 벗어 버리다.

* 성도는 그리스도의 보혈로 죄를 씻어 버렸다.

ㅇ

아 감(눅 4:34) ①놀람, 당황, 초조 등을 나타내거나 또는 급한 때에 내는 소리. ②상대자의 소리. ③아아. ④아하.

아가 명(아) 구약 제22권째 성경이다. 지혜의 왕「솔로몬」의 노래로, 결혼과 사랑의 연모를 하나님께 찬양하는 데 있다. 문자적으로의 해석은「솔로몬」과 그의 신부와의 대화이며, 비유적인 해석으로는「이스라엘」을 위한 하나님의 사랑이다. 예표적인 해석으로는 그리스도와 교회와의 사랑을 나타내는 데에 있다. 이 예표적인 해석 방법은 기독교 초기부터 오늘에 이른다.

아까 부(삼하 13:16) 조금 전에. a while ago.

아가리 명(겔 38:4) ①입. mouth. ②안으로 통하는 입구. muzzle.

아가미 명(욥 41:2) 〈동〉물 속에 사는 수서동물(水棲動物)의 숨쉬는 기관. gill.

아가보〔*Αγαβος*=사랑하는 자〕 인(행 11:27) ①「예루살렘」교회의 예언자. ②장차 세계에 큰 기근이 있을 것을 예언(행 11:28). ③「안디옥」에서「예루살렘」에 구제 금을 보냈다. 그리고「가이샤랴」의「바울」을 찾아가「예루살렘」에서「바울」이 잡힐 것도 예언했다(행 21:10).

아가야〔*'Αχαια*=형제〕 인(행 18:12) ①현재「그리스」의 남반부로 예수 당시에는「로마」국이 점령하여 한 도를 만들고「고린도」를 수도로 삼아「갈리오」총독이 치리하였다. ②「스데바나」의 고향(고전 16:15). ③이곳 신도들이「마게도냐」인과 함께 연보하여「예루살렘」의 가난한 성도를 구제하였다(롬 15:26).

아가이고〔*'Αγαπη*=아가야에 속한 자〕 인(고전 16:17)「바울」의 친애하는 신도로서,「스데바나」와「브드나도」와 함께「에베소」에 갔을 때「바울」이 반가워하였다.

아가페〔*αγαπη*=하나님은 사랑이시다〕 명(요일 4:8) ①신약 성경에 나타난 유일한 사랑의 표현으로서, 절대적이고 이타적인 사랑을 말함. ②예수님처럼 친구를 위하여 목숨을 버릴 수 있는 사랑.
*「아가페」는 하나님만이 하실 수 있는 사랑이다.

아각〔אֲגַג=난폭하다〕[인](민 24:7)
[1] 민 24:7의 「아각」은 「곡」을 잘못 쓴 것이라 추측하고 있다.
[2] ①「아말렉」 왕으로 「사울」이 그의 군대를 격파할 때, 「사울」이 그의 생명만은 아꼈다(삼상 15:8-9). ②「사무엘」이 그는 「이스라엘」의 생명을 많이 죽인 자라 하여 찍어 죽였다(삼상 15:33).

아각〔אֲגַג=난폭하다, 호전적〕[인](삼상 15:8)
[1] 「아말렉」 사람의 왕(삼상 15:9-23).
[2] 「하만」의 출신 부족(에 3:1).

아간[1]〔עָכָן=곤란〕[인](수 7:1) ①「유다」 지파 「갈미」의 아들. ②그가 「여리고」 점령으로 얻은 전리품을 감추었기 때문에 「이스라엘」 군대가 「아이」에게 패하였다(수 7:1). ③이 사실을 자백하자 그와 그 가족을 「아골」 골짜기에서 돌로 쳐서 죽이고 시체를 불살라 버렸다(수 7:8-26).

아간[2]〔עֲקָן=꾀임, 씨름함〕[인](창 36:27) 「호리」 족속 「세일」의 자손, 「에셀」의 아들. 「야아간」과 같은 사람.

아갈〔עָכָר=괴로움〕[인](대상 2:7) 「유다」 지파 「가르미」의 아들.

아게〔אָגֵא=도망자〕[인](삼하 23:11) 「다윗」의 세 용사 중 한 사람인 「삼마」의 아버지.

아겔다마〔*Ακελδαμα*=피밭〕[지](행 1:19) 「가룟 유다」가 예수를 판 돈으로 산 밭. 지금은 그 소재를 알지 못하나, 전설에 의하면 「예루살렘」 서남 힌놈의 골짜기 아래 있는 「학에둠」으로 여기며, 「실로암」에서 가깝다.

아골〔עָכוֹר=괴로움〕[지](수 7:21-26, 호 2:15). 「여리고」 근방에 있는 골짜기인데 「아간」이 노략물을 도적한 죄로 인하여 「아이」 성을 공격할 때 「이스라엘」이 패전하므로 「여호수아」가 그 「아간」과 그 가족을 이곳에서 돌로 쳐서 죽였다.

아구 [명](창 29:2) 아귀. 어떤 물체의 입구가 열려지는 곳.

아구리 [명](슥 5:8) 아가리.

아구사도〔*Αυγουστος*〕[명](행 27:1) 「바울」을 「로마」로 압송하는 백부장 「율리오」가 소속한 부대 이름.

아구스도〔*Αὐγουστοι*=신성한, 왕다운〕[인](눅 2:1) 주전 19년에 즉위하여 예수님 탄생 직전에 호적령을 내렸다. 「요셉」과 「마리아」가 「베들레헴」으로 호적하러 갔다.

아굴〔אָגוּר = 고용인, 채집자〕인 (잠 30:1) 「야게」의 아들. 잠언 30장을 기록한 사람.

아굴라〔'Ακύλα = 수리〕인(행 18:1-3) 「브리스길라」의 남편. 북부 「소아시아」「본도」에서 출생한 「유대」인. ①아내와 같이 「로마」에서 살다가 「글라우디오」의 유대인 박해에 못 견디고 「고린도」에 왔었다. 여기에서 「바울」을 만나 같이 천막 짓는 일을 하면서 기독교 선교 운동에 가담했다. ②그러나 「아굴라」 부부가 「로마」에서 교인이 되었는지는 분명치 않다. 「바울」과 함께 「에베소」로 옮겨 그 가정의 집을 교회로 제공하여 예배를 드렸다(행 18:, 롬 16:3, 고전 16:19, 딤후 4:19).

아궁이 명(애 5:10) 불을 때기 위하여 꾸며 만든 구멍. fireplace.

아그랍빔〔עַקְרַבִּים = 전갈〕지 (수 15:3, 민 34:4) 「사해」 남단과 「신」 광야 사이에 있는 비탈. 「유다」 남방 경계표 중의 하나.

아그립바〔Αγρίππαι = 독자〕인 ①「헤롯 아그립바」 1세(주전 10-주후 44) 「아리스도불러스」의 아들. 대 「헤롯」과 「마리암」 1세의 손자. 행 12:1에는 단지 「헤롯」 왕으로 나와 있다. 청년 시절에 「로마」에 가서 교육을 받았고 「디베랴」 시장을 맡아 있다가 「갈리굴라」로부터 숙부 「빌립」의 영토를 다스릴 왕으로 임명되었다. 39년에는 「갈리야」, 41년에는 「사마리아」, 「유대」를 통치. 그 지배 영역은 「헤롯」 대왕과 비등하게 되었고, 44년에 죽었다. 그는 「유대」인의 환심을 얻기 위하여 그리스도 교도를 박해하였고 「야곱」을 참수시켰으며, 「베드로」를 투옥했다(행 12:1-19).

②「헤롯 아그립바」 2세(주후 30-100) 「헤롯 아그립바」 1세의 아들 역시 「로마」에서 교육을 받았다. 53년에 「칼키우스」 왕에 임명. 53년에 「갈리야」의 일부를 그 영토에 가입시켰다. 「유대」 왕으로서 아버지의 왕위는 계승하지 못했다. 그는 누이 「베니게」와 함께 총독 「베스도」를 축하하려고 「가이사랴」에 갔을 때 거기서 감금된 「바울」 심문에 배석했다(행 25:13:32). 「예루살렘」 함락 후에도 누이 「베니게」와 함께 「로마」로 갔고 100년경에 사망했다. 그는 「헤롯」 가의 마지막 왕이요, 성품이 악한 자

였다.

아기 명(룻 4:16) ①어린 아이. baby. ②딸이나 며느리를 일컫는 말. young daughter. ③사람을 어리게 여겨 하는 말. baby.

아끼다 타(창 22:12) ①함부로 쓰지 않고 귀중하게 생각하다. spare. ②마음에 들어 알뜰하게 생각하다. value.

아기스〔אָכִישׁ=뱀 부리는 사람〕인(삼상 21:10) ①「블레셋」 지경에 있는 「가드」 왕으로, 「다윗」이 「사울」을 피하여 다닐 때 「두 번」 그에게 가서 보호를 받았다(삼상 27:2, 왕상 2:39). ②「다윗」과 그 군대를 받아들이고 또 남방의 「시글락」을 주니 그곳에 1년 4개월 간 유하였다) 삼상 27:5-7). ③그러나 「블레셋」과 「사울」의 결전 시에는 「블레셋」의 다른 왕들의 반대로 그 싸움에 참가하지 않았다(삼상 29:).

아기죽거리다 자(사 3:16) 다리를 자유로이 쓰지 못하고 억지로 걷다. toddle.

아나〔עֲנָה=말솜씨, 응답〕인

1「에서」의 처 「오홀리바마」의 모친으로, 「히위」 족속이다. 그가 광야에서 온천을 발견하였는데, 그 온천은 「헬라」 인과 「로마」 인이 잘 알고 대 「헤롯」이 임종시에 치료한 「사해」 동편 「칼리」호온천인 듯하다(삼 36:2, 14, 24).

2「에돔」 땅 「호리」 족속의 자손이요, 「시브온」의 형제이며 족장이다(창 36:20).

아나냐[1]〔עֲנַנְיָה=여호와께서 보호하심〕인(느 3:23) 「마아세야」의 아버지이며, 「아사랴」의 조부.

아나냐[2]〔עֲנַנְיָה=여호와께서 보호하심〕지(느 11:32) 포로 귀환 후, 「베냐민」 사람이 거주한 성읍.

아나니〔עֲנָנִי=비구름〕인(대상 3:24) 「바벨론」 귀환 후에 살았던 「엘료에네」의 아들.

아나니아〔Ἀνανίας=여호와는 은혜로우심〕인(행 5:1)

1 초대 「예루살렘」 교회 교인으로, 자기 소유를 팔아 다 바치기로 약속하고 일부를 감추어 두고 전부라고 속여 하나님을 속인 벌로 급사한 사람(행 5:1-6).

2「다메섹」에 사는 그리스도 교인. 회심한 「바울」에게 세례를 준 사람(행 9:10-17).

3「바울」이 「예루살렘」에서 잡혔을 때의 대제사장. 「바울」을 「벨릭스」에게 소송한 사람(행 23:2, 24:1). 그는 「유대」 반란시에 친 「로마」 파로 몰려 「유대」인의 손에

죽었다.

아나돗[1] 〔עֲנָתוֹת = 응답〕인(대상 7:6)
1「베냐민」의 손자요, 「베겔」의 아들이요, 족장이며 용사이다(대상 7:6-9).
2「느헤미야」와의 약조에 날인한 방백이다(느 10:19).

아나돗[2] 〔עֲנָתוֹת = 응답〕지(수 21 :18) 「모세」가 「레위」인에게 준 「베냐민」의 동네. ①「예루살렘」 북쪽 4km 지점에 있는 마을로서 대제사장 「아비아달」의 소유지다(왕상 2:26). ②「예레미야」의 출신지(렘 1:1, 11:21-23).

아나밈 〔עֲנָמִים = 암석인들〕인(창 10:6, 13, 대상 1:11) 「함」의 둘째 아들.

아나야〔עֲנָיָה = 여호와께서 응답하심〕인(느 8:4, 10:22) 포로에서 귀환 후 백성의 죄를 회개하고 자숙할 것을 맹세하는 동시에, 이를 성문 체약하고 날인한 족장 중의 한 사람이다.

아나하랏〔עֲנָהֲרַת = 움푹한 길〕지(수 19:19) 「잇사갈」 지파의 성읍. 모래 구릉의 동편. 지금의 「엔나우라」인 듯하다.

아낙[1] 〔עֲנוֹק = 거인〕인(민 13:22, 신 2:10) ①「팔레스틴」의 서남부 고지에 살던 「아나킴」(ana kim) 거인족의 조상. ②그러나 「여호수아」가 「가나안」에 들어가서 「가사」 「가드」 「아스돗」에 피란한 약간명을 제외하고는 모조리 진멸하였다(수 11:22).

아낙[2] 〔עֲנוֹק = 긴목〕지(민 13:22-23) 「모세」가 「가나안」에 정탐꾼을 보냈을 때 본, 가장 장대한 족속의 거주지.

아난〔עָנָן = 구름〕인(느 10:26) 포로에서 귀환 후 백성의 죄를 회개하고 자숙할 것을 성문 체약하여 날인한 족장 중의 한 사람이다.

아남멜렉〔עֲנַמֶּלֶךְ = 왕의 형상〕명(왕하 17:31) 「스발와임」 사람들의 우상 이름.

아납 〔עֲנָב = 포도송이, 포도가 많은 곳〕지(수 11:21) 「유대」 남부의 성읍으로서, 「아낙」 자손의 거주지.

아낫〔עֲנָת = 응답〕인(삿 3:31) 제3대 사사 「삼갈」의 아버지.

아내 명(창 2:24) 부부 중 남자에 대해 여자를 일컫는 말. 처. 마누라. wife.

아넬〔עָנֵר = 새싹, 폭포〕인(창 14:13-24) 「헤브론」 인의 세 족장 중의 한 사람이다. 「아브라함」과 동맹하여 침략해 온 네 왕을 반격하여 포로된 「아브라함」의 조카 「롯」을 찾아왔다.

아넴〔עָנֵם = 두 샘들〕지(대상 6:73) 「잇사갈」 지파에 있는 성읍.

아눕〔עָנוּב=함께 묶여 진〕인 (대상 4:8) 「유다」 자손 「고스」의 아들.

아니〔Αρνί=높은 땅〕인(눅 3:33) 「야곱」의 아들 「유다」의 증손자.

아니암〔אֲנִיעָם=백성의 슬픔〕인(대상 7:19) 「미스다」의 아들.

아님〔עָנִים=샘들〕지(수 15:50) 「헤브론」 남방 18km 지점에 있던 「유다」 산지의 성읍으로, 지금의 「구웨인 엣-타타」인 듯하다.

아다〔עָדָה=아름답다〕인(창 4:19)

1 「라멕」의 처요, 「야발」과 「유발」의 모친이다.

2 「에서」의 처요, 「엘리바스」의 모친이다(창 36:10). 창 26:34에는 「유딧」이라 하였다.

아다다〔עַדְעָדָה=축제일〕지(수 15:22) 「유다」 지파의 남부 「브엘세바」 남동에 있는 성읍. 「아로엘」과 같은 곳.

아다라〔עֲטָרָה=왕관〕인(대상 2:26) 「여라브엘」의 둘째 아내로 「오남」의 어머니.

아다롯〔עֲטָרוֹת=왕관〕지(민 32:3)

1 「요단」 강 동편 「길르앗」 곧 「갓」 지파가 건설한 곳(민 32:34).

2 「므낫세」와 「에브라임」의 남방에 있는 성(수 8:13, 16:2, 5, 7).

3 「요압」의 본향이다(대상 2:54).

아다롯벳요압〔עַטְרוֹת בֵּית יוֹאָב=요압의 울타리〕지(대상 2:54) 「살마」 자손이 살던 「유대」의 마을.

아다롯 소반〔עַטְרוֹת שׁוֹפָן〕지(민 32:35) 「모압」의 성읍인데 「갓」 지파가 점령하여 재건함.

아다롯 앗달〔עַטְרוֹת־אַדָּר=타작 마당의 울타리〕지(수 16:5, 18:13) 「에브라임」과 「베냐민」 접경에 있던 성읍. 「아다롯」과 같은 곳.

아다림〔אֲתָרִים=지나간 자취〕지(민 21:1) 「팔레스틴」 남부의 「시내」 반도 광야의 한 지방.

아다마〔אֲדָמָה=붉은 땅〕지(수 19:36) 「긴네렛」 서안 「납달리」 사람의 성읍.

아다미네겝〔אֲדָמִי הַנֶּקֶב=좁은 길의 붉은 곳〕지(수 19:33) 「아다미」 고개. 「납달리」의 성읍. 「디베랴」 서남 8km 지점 「엘다미」인 듯하다.

아다야〔עֲדָיָה=여호와께서 즐거워하심〕인(왕하 22:1)

1 「요시야」 왕의 외조부(왕하 22:1).

2 「여호야다」를 협조하여

「요아스」를 「유대」 왕으로 세운 백부장 「마아세야」의 아버지(대하 23:1).

③ 제사장 「여로함」의 아들로 제사장이며, 족장 242인과 함께 「바벨론」에서 귀환한 자(대상 9:12, 느 11:12).

④ 그 밖에 5인이 있다(대상 6:41, 8:21, 스 10:29, 39, 느 11:5).

아닥〔עֲתָךְ = 숙소, 여관〕지(삼상 3:1-5, 17-20, 26-30). 「유대」의 한 성읍이니, 「다윗」 부재시 「아말렉」이 「다윗」의 두 아내와 모든 여인을 포로로 잡아가고 물건을 탈취하여 간 것을 「다윗」이 반격하여 모든 것을 다시 찾아오는 길에 탈취한 많은 물건을 「아닥」 장로들에게 선사하였다.

아닥사스다〔אַרְתַּחְשַׁשְׂתָּא = 대왕〕인

① 「바사」 왕으로 「아하수에로」의 아들. ①「에스라」를 「예루살렘」으로 보내어 「유대」인의 생활을 재건하도록 했다(스 7:1, 8:1). ②13년 후 「느헤미야」를 「예루살렘」으로 보내어 성을 재건케 했다(느 2:1, 5:14, 13:6). 「고레스」를 제외하고는 「아닥사스다」와 같이 「바사」 국에 훌륭한 왕은 없다.

② 「아닥셀구세스」 2세로서 「다리오」 2세의 장자인데, 「므네몬」이라고도 한다. 즉위 7년에 학사 「에스라」가 「바벨론」에서 율법책을 가지고 「예루살렘」에 귀환하였다(스 7:1-8:1).

아달 명(스 6:15) 「유대」력으로 12월, 태양력으로는 3월.

아달랴〔עֲתַלְיָה = 여호와는 크심〕인(대상 8:26)

① 「유대」 왕 「여호람」의 왕비. 「이스라엘」 왕 「아합」의 딸로 그 어미 「이세벨」의 피를 받아 잔인한 성격의 소유자이다. ①「아하시야」 왕이 죽은 후 그 왕자를 다 죽이고 스스로 왕위에 올라 7년간 재위(주전 845-839) 한 「유대」 왕 중 유일의 여왕이었다(왕하 8:26, 27, 11:1, 대하 21:16, 22:2). ②제사장 「여호야다」가 왕자 「요아스」를 세워 왕을 삼으니 국민이 즐거이 만세를 불렀다. 이것을 안 「아달랴」는 반역이라 외치다가 백부장 들에게 끌려나가 죽임을 당하였다(왕하 11:1-16, 대하 22:-23:).

② 「여로함」의 아들(대상 8:36).

③ 「여사야」의 부친(스 8:7).

④ 「아하수에로」 왕의 신하 「하만」의 한 아들이다(스 9:8).

아달리야〔אֲדַלְיָא = 영예로운〕

[인](스 8:7) 「하만」의 다섯째 아들.

아담[1]〔אָדָם =사람, 붉다〕[인](눅 3:38) 하나님께서 창조하신 첫 사람이요, 천하 인류의 조상이다. ②하나님이 흙을 빚어 만들었다(창 2:9). ③「아담」은 하나님의 형상대로 지음 받았다(창 1:26). ④성경은 「아담」의 범죄로 죄와 사망이 세상에 들어왔다고 증거한다(롬 5:12).

아담[2](둘째)〔אָדָם =붉다〕[인](고전 15:45-49) 첫 아담은 죄를 가져왔지만, 이에 비하여 둘째 아담은 은혜로 죄를 사해 주셨다. 그리스도 예수를 일컫는 말(롬 5:12-21).

아담[3]〔אָדָם〕[지](수 3:16) 「요단」 동쪽 「모압」 땅에 있는 지명으로, 「여리고」의 북동에 있다. 「여호수아」가 이끄는 「이스라엘」이 「요단」 강을 건널 때 이 지점에서 「요단」 강 물이 막히어 「이스라엘」은 도보로 건널 수가 있었다.

아담[3]〔雅談; 맑을 아, 맑을 담〕[명](창 39:6) 말쑥하고 담담함. 우아(優雅). refinement.

아닷〔אָטָד = 가시나무〕[지](창 15:11) 「요단」 강 서편에 있는 타작 마당. 「야곱」의 상여를 놓고 크게 애통한 곳으로, 「아벨 미스라임」이라 하였다.

아데마〔*Αρτεμᾶι*=아데미의 선물〕[인](딛 3:12) 「바울」의 동역자의 한 사람으로, 「두기고」와 같이 「디도」에게 그의 서신을 가지고 갔다.

아데미〔*Αρτεμιι*=큰 어머니, 모신(母神)〕[명](행 19:34) 「로마」 사람과 「헬라」 사람들이 섬기는 여신. 그들의 신화로 아비는 「쓰스」, 어미는 「래도네」라 하고 쌍둥이 자매는 「아폴로」라고 부른다. 「수리아」 사람들은 「애다누」라고 불렀다. 주전 656년경 「알렉산더」 대왕 때 불에 타 없어진 것을 후에 「데미트

리오」가 가정신으로 섬기도록 만들어 팔았다. 이 우상을 만든 장소는 「에베소 옛돈」으로 알려져 있다.

아덴〔*Aθῆναι* = 도착〕[지](행 17:16-34) 수호 여신 「아데나」에서 온 이름으로, 현재는 「희랍」의 수도. 옛적부터 「헬라」국의 제일 유명한 성이었다. 「바울」이 2차 선교 여행지에 이르러 보니 우상 숭배(처녀신)가 너무 심하여 알지 못하는 신의 단까지 있으므로 매일 거리에서 「유대」인 「헬라」인을 막론하고 만나는 대로 변론하였다. 유명한 철학사 「에비구레오」와 「스도이고」와 쟁론하고 「아레오바고」 회의소에서 부활의 진리를 전하매, 관원인 「디오누시오」와 「다마리」 여사와 여러 사람이 신종하였다(행 17:16-34).

※「바울」 당시 이 성에는 「플라톤」의 이상주의, 「에피큐러스」의 향락주의 「스토익」의 금욕주의가 유행하여 교회를 세우지 못했었다. 성경에는 없으나 전설에 의하면 그 후에 이 성에 교회가 왕성하여 위에 기록한 「디오누시오」가 제1대 감독이 되었다 하며 「콘스탄티노블」의 함락 후부터 「헬라」 교의 중심지가 되었다 한다. 「미넬바」 여신의 청동상과 「파이슬로」 묘 등 세계적으로 유명한 고적이 많이 있다.

아델〔אַטֵר = 닫은, 묶은〕[인](스 2:16)

[1]「히스기야」라고 하는 「아델」인데, 그의 자손 98명이 포로에서 돌아왔다(느 7:21).

[2]「스룹바벨」과 같이 포로에서 귀환한 성전 문지기 자손의 한 조상이다(스 2:42, 느 7:45).

[3]포로 귀환 후, 맹약에 날인한 족장의 한 사람이다(느 10:17).

아도나이[명](창 15:2, 8) 하나님은 통치하시는 주. 여호와. 「이스라엘」 사람들은 「여호와」를 「아도나이」라 읽는다.

아도니감〔אֲדֹנִיקָם = 나의 주님이 높이 들었다〕[인](스 2:13)

①「에스라」 때에 「유대」인의 한 가족의 두령으로 그의 자손 666인이 「스룹바벨」을

따라 「예루살렘」에 귀환했다(느 7:18). ②남아 있던 자는 「에스라」와 함께 귀환하였다(스 8:13).

아도니람〔אֲדֹנִירָם=나의 주님은 높으심〕[인](삼하 20:24) 「아도람」과 같은 사람.

아도니베섹〔אֲדֹנִי־בֶזֶק=베섹은 나의 주〕[인](삿 1:3-7) 「가나안」의 한 성 「베섹」의 왕인데, 「유대」 족속에게 정복을 당하여 도망하다가 잡혀 수족의 엄지 가락을 잘리우고 탄식하기를 "옛적에 70왕의 수족의 엄지 가락을 찍었더니 하나님이 나의 행한 대로 갚으셨다"하였다. 「예루살렘」에 끌려가 있다가 거기서 죽었다.

아도니세덱〔אֲדֹנִי־צֶדֶק=주께서는 의로우시다〕[인](수 10:1-27) 「여호수아」가 「가나안」에 들어갈 때에 「예루살렘」에 있었다. 「이스라엘」이 「기브온」과 화친하였다는 소식을 듣고 다른 네 왕과 결탁하여 「여호수아」를 대적하다가 패하여 「막게다」 굴에 숨은 것을 끌어내어 목을 밟아 죽인 후, 그 시체를 나무에 달았다가 내려 그가 숨었던 굴에 장사하였다.

아도니야〔אֲדֹנִיָּהוּ=여호와 나의 주〕[인](삼하 3:4)

[1] 「다윗」의 넷째 아들로서, 「학깃」의 아들(삼하 3:4). ①형 「압살롬」이 죽고 왕위 계승 문제로 「솔로몬」과 다투었다. ②「요압」 장군과 「아비아달」 제사장이 「아도니야」를 지원했으나 결국 「나단」은 「밧세바」를 시켜 「다윗」으로 하여금 「솔로몬」을 계승자로 임명. 「솔로몬」이 왕이 되었다. ③「아도니야」는 일시 목숨을 건졌으나, 마침내 죽임을 당했다(왕상 1:5-2:25).

[2] 「여호사밧」 3년에 율법 교사로 「유대」 각처에 파송된 「레위」 사람(대하 17:8).

[3] 「느헤미야」와 함께 맹약에 날인한 제사장 중의 한 사람(느 10:16).

아도라임〔אֲדוֹרַיִם=두 더미〕[지](대하 11:9) 「유다」 남부의 성읍으로, 「르호보암」이 견고하게 한 요새.

아도람〔אֲדוֹרָם=나의 주님은 높으심〕[인](삼하 20:24) 「다윗」, 「솔로몬」, 「르호보암」 3대를 섬긴 관리의 감독으로, 「르호보암」이 「이스라엘」의 지파가 자기를 배반하고 떠나가니, 「르호보암」은 그들을 유세(諭稅)하기 위하여 그를 보냈더니 거기서 돌에 맞아 죽었다(왕상 12:18).

아둘람〔עֲדֻלָּם=격리된 곳〕[지](창 38:1) ①옛날 「유다」의

친구 「히라」의 고향. ②「가나안」 31성 중의 하나로, 「유다」 지파의 소유(수 12:15, 수 15:35). ③이 성 부근에 회석벽의 굴이 많아 「다윗」이 「사울」 왕을 피하여 이 굴에 숨었을 때 그의 친구와 가족들이 찾아왔다(삼상 22:1-2). ④「다윗」의 용사 3인이 이곳에서 위험을 무릅쓰고 「베들레헴」 우물 물을 길어 왔고(삼하 23:14-17, 대상 11:15-19). ⑤「르호보암」이 건축한 국방성 중의 하나(대하 11:7). ⑥「바벨론」에서 귀환 후에 다시 「유다」 족속이 거주하였다(느 11:30).

아둠밈〔אֲדֻמִּים = 붉은 곳〕지(수 15:7) ①「예루살렘」에서 「여리고」로 가는 도로 중간에 「유다」와 「베냐민」의 경계에 있다(수 18:17). ②그 부근의 암석이 적색이므로 "피 고개"라 하며, 지금의 이름은 「달앗엣둠」이라 한다. 예수께서 이곳에서 착한 「사마리아」인의 비유를 들려주셨다 한다(눅 10:30-36).

아드나[1]〔עַדְנָה = 즐거움〕인(대상 12:20)

1「므낫세」 사람으로, 「다윗」을 따른 용사(대상 12:20).

2「유다」 사람으로, 「여호사밧」 왕 때 천부장(대하 17:14).

아드나[2]〔עַדְנָה = 즐거움〕인(느 12:15) 「바벨론」에서 돌아온 「하림」 족속의 제사장. 족장.

아드라뭇데노〔*Αδραυττηνόι* = 죽음의 공해〕지(행 27:2) 「소아시아」의 「무시아」도 서해안 「앗소」에서 동으로 약 40km 되는 곳에 있는 항구. 「바울」이 「가이사랴」에서 이 곳 배를 타고 「로마」로 갔다.

아드람멜렉[1]〔אַדְרַמֶּלֶךְ = 왕의 명예〕명(왕하 17:31) 「사마리아」에 옮겨온 「스발와임」 사람들이 섬기던 신(神). 아이들을 불에 태워 번제로 드렸다.

아드람멜렉[2]〔אַדְרַמֶּלֶךְ = 아드는 왕〕인(왕하 19:37). 「앗수르」 왕 「산헤립」의 아들로, 그 형제 「사레셀」과 함께 「니스록」 전각에서 제사하던 부왕을 죽이고 「아라랏」 땅으로 도망하였다.

아드리아 바다〔*Αδρίαι* = 법정〕지(행 27:27). 「헬라」(그레데)와 「이탈리아」(시시리) 사이에 있는 바다로 「바울」이 「로마」로 갈 때에 이 바다에서 파선하여 크게 고생하였으나 주님의 보호로 상하지 않고 구원함을 얻어 「멜리데」 섬에 상륙하였다(행 28:

1).

아드리엘〔עַדְרִיאֵל = 하나님은 나의 도우심〕[인](삼하 18:19) 「므홀랏」 사람으로 「다윗」과 약혼했던 「사울」의 딸 「메랍」에게 장가간 사람. 그의 다섯 아들들은 「기브온」 사람에게 교살 당함(삼하 21:8).

아드마〔אַדְמָה = 붉은 땅〕[지](신 29:23) ①「요단」 저지(低地)에 있는 5도읍의 하나(창 14:2, 8). ②「가나안」 사람의 동부 경계선(창 10:19). ③「소돔」과 「고모라」의 멸망 당시 「스보임」과 함께 멸망했다.

아도마다〔אַדְמָתָא = 하나님이 주신〕[인](에 1:14) 「아하수에로」의 7방백 중 한 사람.

아득하다 [형](출 14:3) ①끝없이 멀다. far away. ②매우 오래 되어서 정신이 조금 까무러질 듯하다. dim past.

아들 [명](창 4:17) 자식 중 남자. son.

아들래[1]〔עַדְלַי = 하나님의 공의〕[인](대상 27:29) 「다윗」 왕의 소떼를 맡았던 「사밧」의 아버지.

아들래[2]〔עַתְלַי = 거주지〕[지](스 10:28) 「바벨론」에서 이방 여인을 아내로 취하여 돌아와 「에스라」의 권고로 이혼한 사람.

아들의 명분 [구](갈 4:5) 그리스도로 말미암아 죄사함을 받은 이방 신자. 성도의 신분 변화를 뜻한다.

아디나〔עֲדִינָא = 장식, 가냘픈〕[인](대상 11:42) 「다윗」의 용사중 한 사람. 「르우벤」 사람 「시사」의 아들.

아디노〔עֲדִינָא = 장식〕[인](삼하 23:8) 「에센」 출신으로서 「다윗」의 용사 「요셉 밧세벳」과 동일인인 듯하다.

아디다임〔עֲדִיתַיִם = 이중의 장식품〕[지](수 15:36) 「유다」 지파에 있는 성읍.

아디엘〔עֲדִיאֵל = 하나님의 장식품〕[인](대상 4:26)

[1] 「시므온」 사람의 족장(대상 4:36).

[2] 제사장 「야세라」의 아들로 족장(대상 9:12).

[3] 「다윗」의 곳간을 맡은 「아스마웻」의 아버지(대상 27:25)

아딘〔עָדִין = 부드러운, 섬세한〕[인](느 10:16)

[1] 「바벨론」에서 돌아온 한 가장(스 2:15, 8:6).

[2] 「바벨론」에서 돌아와 율법을 잘 지키기로 서약 날인한 사람 중 하나(느 10:16-17). [1]과 같은 사람으로 여기는 이도 있다.

아라〔אָרַח = 여행자, 나그네〕[인](대상 7:39)

[1]「아셀」 지파에 속한 사람(대상 7:39).

[2]「바벨론」에서 돌아온 한 두목(스 2:5, 느 6:18).

아라랏 산〔אֲרָרָט=창조, 거룩한 땅〕[지](창 8:4)

[1] ①「바벨론」 북방「알메니아」 국의「앗시스」 산(해발 5,185m)으로, 홍수 때「노아」의 방주가 정박하였던 산이다. ②「앗수르」 왕「산헤립」을 죽인 두 아들이 이 지방으로 도망하였다(왕하 19:37, 사 37:38).

○ 이 산을「바사」 인은「구이누」(노아의 산)라 하고, 「터키」 인은「아그리다」(험한 산)라 하는데, 그 중복에는 본래「알굴」이라는 동리가 있다가 지진으로 일부가 파괴되어 매몰되었다. 전설에「노아」가 그 동리에서 포도를 재배하였다 하며 그 아래「난짓여완」이라고 하는 곳에「노아」의 분묘가 있다 한다.

[2]「아르메니아」 동부 고원지대(왕하 19:37, 사 37:38, 렘 51:27).

아라바〔עֲרָבָה=거친 들〕[지](신 1:1) ①넓은 의미로는「갈릴리」 호수 남쪽에서「요단」 골짜기를 지나「사해」를 넘어「아가바」 만까지 이르는 깊은 지대를 가리킨다.「사해」는 이 지대에 있었기 때문에「아라바」해라고도 부른다(수 11:2). ②좁은 의미로는「사해」 남쪽으로부터「에시온게벨」까지 메마른 사막 지대를 가리켰다. 이곳에는 광산이 발견되어 있다. 신명기 8:9은 이곳을 가리키고 있는 것 같다.「솔로몬」 시대에는 철과 동이 나온 것으로 생각한다.

아라비아〔עֲרָב=광야, 사막〕[지](삼하 24:16) 세계에서 제일 큰 반도로서 사막이 대부분이다.「홍해」,「페르샤」,「인도양」에 둘러 쌓여 있다. 그 지방 족속은「아말렉」,「호림」,「이스라엘」,「에돔」,「미디안」,「모압」,「암몬」 등 제 족속이다. 회교의 교조「모하멧」은「아브라함」의 서자「이스마엘」의 후손이다.「에돔」 족은「야곱」의 형「에서」의 족속(창 36:9)인데, 일찍이「에서」가「이스마엘」의 딸을 취하였으니「에돔」 족과「이스마엘」 족은 동족이 되었다.「에서」가「이스라엘」과 관계된 것은「솔로몬」 왕이「아라비아」 여러 왕에게서 금을 받고(대하 9:14) ②「여호사밧」왕이「아라비아」 인에게서 국세로 수양과 수염소 각각 7천 7백씩을 받고(대하 17:11). ③「여호람」

왕 때에 「아라비아」 인의 침략을 당하고(대하 21:16-17). ④「웃시야」 왕이 「아라비아」를 정벌하였고(대하 26:7). ⑤오순절 성령 강림시에 「아라비아」 인이 참관하였고(행 2:11). ⑥「바울」이 초신자 때에 「아라비아」에 가서 3년간 있었다(갈 1:17-18).

○ 회교의 교조 「모하멧」이 출생한 「멕카」가 「아라비아」에 있어 전세계 회교 신자들은 일생에 「멕카」에 한 번 가 보는 것을 최대의 소망으로 삼고 있다. 현재 이 반도 내에는 「예멘」, 「아 덴」, 「오만」, 「사우디아라비아」 등 여러 나라가 있다.

아라우나〔אֲרַוְנָה = 송아지〕인 (삼하 24:16, 대상 21:25=오르난) 「여부스」 인으로 「다윗」 왕에게 자기 소유인 「예루살렘」의 「모리아」 산을 판 사람이다. 그 산은 후에 성전을 건축하는 기지가 되었다(삼하 24:16-24, 대상 21:25-도르난).

아란〔אֲרָן = 야생의 염소〕인(창 36:28) 「에돔」의 자손, 「디산」의 아들(대상 1:42).

아랄〔אֲרָרִי = 산지의 사람〕지 (삼하 23:33) 「다윗」의 30용사 중 「아히임」의 고향.

아람[1]〔אֲרָם = 고원〕인(창 10:22)

1 「셈」의 아들. 「아람」 사람의 조상(창 10:22).

2 「아브라함」의 형제 「나홀」의 손자(창 22:21).

3 「메소보다미아」 북부 및 「수리아」에 살던 「셈」 족의 종족. 또한 그들이 거주하던 지역을 가리킴(민 23:7, 호 12:12).

4 「아셀」의 자손인 「소멜」의 아들(대상 7:34).

5 예수의 선조 중의 한 사람으로, 한글 번역에는 「람」으로 되어 있다(마 1:3-4).

아람[2]〔אֲרָם = 고원〕지(창 10:22) ①「셈」의 다섯째 아들. 「아람」 자손의 거주지인데, 그 지역은 「지중해」에서 「유브라데」 강까지이다(창 25:20, 28:2). ②「다메섹」을 수도로 하였으나 통일 국가를 형성하지 못하였는데, 그 중에 중요한 지방은 「메소포타미아」이다(창 24:10). ③「발락」에게 팔려 「이스라엘」을 저주하려던 「발람」의 고향이다(민 23:7). ④사사 시대 초대에 그 왕 「구산리사다임」이 「이스라엘」을 8년간 압제하다가 사사 「옷니엘」에게 격퇴를 당하였다(삿 3:8, 10). ⑤그 후 다시 유력한 국가를 형성하였다가 「다윗」에게 파멸을 당하여 수도 「다메섹」에는 「이스라엘」의 수비대가 주둔하고 조공을 바치게 되었다(삼하 8:5-6). ⑥「솔로몬」 말년에 「다메섹」을 「르손」에게 잃었다(왕상 11:25). ⑦「아랍」인은 상업의 재능을 가지고 있어 각지에 통상하는 중 저희 언어를 동방 세계의 국제 통용어가 되게 하였다(왕하 18:26, 사 36:11, 스 4:7, 단 2:4). ⑧신약 시대에 「아람」 어가 「팔레스틴」 일반에게 통용되었다(막 5:41 → 달리다굼, 7:11 → 고르반, 14:36 → 아바, 15:22 → 골고다, 행 1:19 → 아겔다마). 제1차 세계 대전 후에 「아랍」 12국이라 함은 「아랍」 어를 사용하는 「이스라엘」, 「레바논」, 「트란스욜단」, 「시리아」, 「이락」, 「아라비아」 기타 나라이다.

아람 나하라임〔אֲרַם נַהֲרַיִם = 두 강의 아람〕지(대상 19:6) ①「메소포타미아」 북부 지방(신 23:4). ②시편 제69편의 제목.

아람마아가〔אֲרַם מַעֲכָה = 마아가의 아람〕지(대상 19:6) 「갈릴리」 바다 동북 지방의 땅으로서, 「그술」 접경.

아람소바〔אֲרַם צוֹבָה = 소바의 아람〕지(시 60) 「다메섹」 동부의 「오론레스」 강과 「유브라데스」 강 사이의 지역. 시 60편의 제목.

아랍〔אֲרָב = 잠복〕지(수 15:52) 「유다」의 산간에 있는 성읍. 「다윗」의 30용사 중 「바아래」의 고향(삼하 23:35). 「헤브론」 남서 11km 지점에 있다.

아랏[1]〔עֲרָד = 들나귀, 도망자〕인(대상 8:15) 「베냐인」 사람 「브리아」의 아들로 족장.

아랏[2]〔עֲרָד = 들나귀, 도망자〕지(민 21:3) ①「가나안」의 31왕국 중의 하나(수 12:14). ②「이스라엘」이 「아다림」 길로 온다 함을 듣고 나아와 치매, 「이스라엘」이 여호와의 능력을 의지하여 그 성읍을 멸하고 그 이름을 「호르마」라 고쳤다.

아래 명(창 1:7) ①물건의 땅으로 향한 쪽. 바닥이 되는 쪽. lower part. ②물건의 머리와 반대되는 쪽. foot. ③낮은 쪽. 못한 쪽. below. ④나이가 젊음. younger. ⑤다음. following. ⑥밑. under.

아래못 명(사 22:9) 「히스기야」 왕이 방위와 관련하여 기록한 못으로, 「실로암」 못과 같음. 「예루살렘」의 못. 「기혼」 샘 가까이에 '윗못'이 있다(왕하 18:17, 사 7:3).

아래샘 명(수 15:19) 「갈렙」이 딸 「악사」(사위-옷니엘)에게 준 우물(삿 1:15).

ㅇ

아래짝 [명](욥 41:24) 한 쌍으로 된 물건의 밑에 있는 짝.

아레다〔Αρέται = 유쾌〕[인](고후 11:32) 「아라비아」 왕. 「다메섹」을 관할할 때에 「다메섹」 방백이 「바울」을 잡으려 하매 광주리를 타고 성을 내려 피신하였다.

아레오바고〔Αρειος πάγος = 귀신 산〕[인](행 17:19) 「헬라」 수도 「아덴」에 있는 고등 재판소인데 건물은 없이 산 위에 공설운동장과 같이 계단으로 좌석을 만들고 원고 피고를 중앙에 세우고 재판관이 심문 판결하는 곳으로 「바울」이 잡혀가서 변론하였다.

아렉〔אַרְכִּי = 긴(長)〕[지](수 16:2) 「에렉」, 「요단」 유역의 성읍.

아렐리〔אַרְאֵלִי = 영웅의 아들〕[인](창 46:16) 「갓」의 아들로서 한 족속의 조상(민 26:17).

아로디〔עֲרֹדִי = 내 자손〕[인](창 46:16) 「갓」의 아들 「아로디」 가의 조상→아롯.

아로새기다 [타](왕상 6:18) ①묘하게 재주를 이용하여 새기다. engrave. ②명심하다. impress.

아로엘〔עֲרוֹעֵר = 에워 쌓인〕[지](민 32:34) 「사해」 동쪽 「아르논」 강변에 있는 동리인데, 「아모리」 왕 「시혼」이 치리하는 곳. 후에 「르우벤」 지파의 거주지가 되었으며, 지금은 폐허가 되었으나 옛 우물이 남아 있다.

아론〔אַהֲרוֹן = 고상〕[인](출 6:20-23) ①주전 1574년에 출생. 부모는 「아므람」과 「요게벳」. 누이는 「미리암」, 동생은 「모세」, 아내는 「엘리세바」, 아들은 「나답」, 「아비후」, 「엘르아살」, 「이다말」 등 4형제다. ②83세에 여호와의 명령으로 그 동생 「모세」의 대변인이 되어 「모세」와 함께 「애굽」 왕 「바로」에게 10여차를 왕래하여 10재앙을 내리게 하므로 동족 「이스라엘」 백성을 강퍅한 「바로」로부터 구출하는데 성공하였다(출 7:10, 20, 8:8, 25, 9:10, 27, 10:3, 6, 12:31). ③「이스라엘」 백성이 「애굽」에서 나와 「홍해」를 건넌 후 여호와께서 그를 세워 제사장을 삼았으니 곧, 「이스라엘」의 제1대 제사장이요, 그 아들들도 제사장으로 삼았다(레 8:12-13). ④그러나 그 아들 「나답」과 「아비후」가 제사드리지 아니하여 여호와의 진노를 받아 즉사하고 그 동생 「엘르아살」과 「이다말」이 대신하여 제사장이 되었다(레 10:1-7). ⑤광야에서 40년간 유랑할 때에 「아말렉」과의 전쟁에서 「모세」가 손을 들면 승리하고 손을 내리면 패전하므로 「아론」과 「훌」이 「모세」의 팔을 들어 주었다(출 24:9-11). ⑥두 아들과 70장로와 함께 「모세」를 따라 「시내」 산에 올라가 하나님의 영광을 보았다(출 24:9-11). ⑦두 아들이 천벌로 즉사함을 보았으나 원망하지 않았고(레 10:3), 민중의 불의한 청원을 허락하여 금송아지 우상을 만들었으며(출 32:4, 행 7:40), 「미리암」과 함께 「모세」를 원망하고(민 12:1) 「므리바」에서 「모세」와 함께 반석을 쳐서 물을 낸고로(민 20:10-11) 「가나안」에 들어가지 못하고 123세에 하나님의 명령에 따라 「호르」 산에 올라가서 죽으매 민중이 3일간 애곡하였다(민 20:28-29).
※ 지금은 그 묘소에 회교 사원을 건축하였다 한다.

아롯[1]〔אֲרוֹד = 야생 나귀〕인(민 26:17) 「갓」의 아들로서 한 종족의 조상. 창 46:16에는 「아로디」로 되어 있다.

아롯[2] 지(민 26:17) 「유다」 남동쪽에 있는 성읍. 「후새」의 아들 「바아나」의 관할 구역.

아롱지다 자(창 30:32) 아롱아롱한 무늬가 생기다. variegated. 형 아롱아롱한 무늬가 있다. be variegated.

아뢰다 타(신 26:5) 윗사람에게 말씀드려 알리다. tell a superior.

아루마〔אֲרוּמָה = 높은 곳〕지(삿 9:41) 「세겜」 근처 「나블러스」에서 동남으로 6km 지점에 있는 지방으로서 「기드온」의 아들 「아비멜렉」의 거주지.

아룹봇〔אֲרֻבּוֹת = 뜰〕지(왕상 4:10) 「므낫세」 지파에 속한 성읍.

아르〔עָר = 성읍〕지(민 21:15, 28) 「모압」의 한 성읍으로 「사해」의 동쪽 4km 지점에 있고, 지금 이름은 「랍바」이다. 옛적에 여호와께서 「롯」에게 기업으로 주신 성읍이다.

아르곱[1]〔אַרְגֹּב〕인(왕하 15:25) 「브가히야」를 호위하다가 반역자 「베가」에게 왕과 함께 죽은 사람.

아르곱[2]〔אַרְגֹּב = 돌 많은 땅〕지(신 3:4) ①「요단」 강 동편 「바산」 국의 한 지방인데, 견고한 성 60을 가지고 있었다 한다(신 13:14, 왕상 4:13). ②신약 시대에는 「드라고닛」이라 하는데, 「헤롯 빌립」이 관할하는 지방이다(눅 3:1).

아르난〔אַרְנָן = 재빠른〕인(대상 3:21) 「다윗」의 자손 「르바야」의 아들.

아르논 강〔אַרְנוֹן = 급류〕지(민 21:13) ①「아라비아」 산에서 발원하여 「모압」, 「아몰」 사이를 흘러 「사해」로 들어가는 현재의 「모압」 강이다(신 2:36). ②이 강 연안에는 미류와 화초가 무성하다. 「발락」이 이 강가에까지 가서 「발람」을 영접하였다(민 22:36, 신 23:31).

아르돈〔אַרְדּוֹן = 곱추〕인(대상 2:18) 「갈렙」의 아내 「아수바」가 낳은 아들.

아르바[1]〔אַרְבַּע = 넷〕인(수 14:15) 「기랏아르바」(헤브론)의 창설자. 「아낙」의 아버지. 「아낙」 사람 중에 가장 힘센 사람.

아르바[2]〔אַרְבַּע = 바알의 힘〕지(삼하 23:31) 「다윗」의 30용사 중 「아비알본」의 고향.

아르박삿〔אַרְפַּכְשַׁד = 영역〕인(창 10:22) 「셈」의 셋째 아들로서 「그숫」인. 「그숫」은 갈대아인의 땅이라는 뜻이다. →「아박삿」(눅 3:36). 「아브라함」의 조상(대상 1:17-24).

아르밧〔אַרְפָּד = 침상〕지(왕하 18:34) 「수리아」 국 「하맛」에서 가깝고(사 10:9, 렘 49:23), 「아렛보」의 북쪽 32km 지점에 있는 견고한 성으로 「디글랏빌레셀」 3세에게 2년간 포위를 당하였던 일이 있다.

아르사〔אַרְצָא = 견고한〕인(왕상 16:9) 「이스라엘」의 왕 「에라」의 궁내 대신. 그 집에서 왕이 암살 당했다.

아르왓〔אַרְוַד = 피난처〕지(창 10:18) 「트로폴리」의 북쪽 56km 지점. 육지에서 3km 떨어져 있는 암석으로 된 작은 섬에 건설된 「베니게」의 도시로, 주민은 항해에 능하고 강한 군병으로 유명하다(대상 1:16, 겔 27:8, 11). 현재의 「레바논」 국 「루앗」.

아름다운 땅 명(민 14:7) 「가나안」 땅을 일컫는 말.

아름답다 형(창 2:9) ①예쁘고 곱다. beautiful. ②사물의 됨됨이가 기쁨과 만족한 느낌을 줄 만하다. lovely.

아릇〔אַרְדְּ = 고양이처럼 굽은 등〕인(창 46:21) ①「베냐민」의 아들. ②「베냐민」의 아들의 자손.

아리다다〔אֲרִידָתָא = 강한〕인(에 9:8) 「유대」인의 적 「하만」의 열 아들 중 여섯째.

아리땁다 형(창 12:11) 마음이나 몸가짐이 썩 아름답다. charming.

아리대〔אֲרִידַי = 환희〕인(에 9:9) 「유대」인의 적 「하만」의 열 아들 중 아홉째.

아리마대〔*Ἀριμαθαία* = 높이 있

음〕지(마 27:57) 「예루살렘」 서북 22마일에 있는 성. ①예수의 시체를 자기의 새 무덤 안에 안장한 「요셉」의 고향이요. ②「사무엘」 선지의 출생지 「라마」인 듯하다(삼상 1:19).

아리새〔אֲרִיסַי〕인(에 9:9) 「유대」인의 적 「하만」의 여덟째 아들.

아리스다고〔*Ἀρίσταρχος*＝선한 정치, 최선의 지배자〕인(행 19:29) ①「데살로니가」인으로, 「에베소」에서 「아데미」 여신 숭배자들에게 잡혀 연회장에 들어갔다. ②「바울」과 함께 「로마」에 동행하고(행 27:2), ③「바울」과 함께 갇히고(골 4:10), 「바울」과 동고(同苦)한 사람(몬 24).

아리스도볼로〔*Ἀριστόβουλος*＝참된 권면〕인(롬 16:10) 「로마」에 사는 신도.

아리에〔אַרְיֵה＝하나님의 용광로〕인 「이스라엘」 왕과 같이 호위소에서 「베가」에게 죽임을 당한 사람(왕하 15:25).

아리엘[1]〔אֲרִאֵל＝하나님의 사자〕인

1 「모압」인으로, 그 두 아들이 「브나냐」에게 죽임을 당했다(대상 11:22, 삼하 23:20).

2 「에스라」와 함께 「예루살렘」에 귀환한 족장 중의 한 사람(스 8:16).

아리엘[2]〔אֲרִאֵל〕지(사 29:1-7) 「예루살렘」의 상징적인 옛 이름. 옛 이름 「우루살렘」과 관련된 말로, 「우리엘」(하나님의 도성)이라고 읽는 말.

아리옥〔אַרְיוֹךְ＝달신(月神)의 종〕인(창 14:1)

1 「엘라사」 왕(창 14:1-9).

2 「느부갓네살」 왕의 시위대 장관인데, 왕이 꿈꾼 것을 인하여 모든 박사들을 죽이려 할 때, 그가 그 일을 「다니엘」에게 알게 하였다(단 2:14). 악의 세력의 최종 패배의 장소. 상징적인 명칭.

아마겟돈〔*Ἁρμαγεδών*＝전쟁마당〕지(계 16:16) 「므깃도」의 별명. 종말적인 전쟁터.

아마나〔אֲמָנָה＝끊임없는 흐름〕지(아 4:8) 「안티 레바논」의 남쪽 부분으로 추측되며, 여기서 「아바나」 강이 발원한다. 「아바나」와 같음.

아마랴〔אֲמַרְיָה＝여호와께서 약속하심〕인(대상 23:19)

1 「다윗」 왕 때 24반 제사장의 반장 중의 한 사람. 이 이름으로 반 이름을 삼았다(대상 24:14).

2 「유대」 왕 「여호사밧」 때의 대제사장으로, 왕의 정치와 종교의 개혁 사업에 협조

ㅇ

하여 성공케 하였다(대하 19:11).

[3] 그 밖에 9인이 있다(대상 6:7, 10, 습 1:1, 스 10:42, 느 11:4, 느 10:3, 느 12:2, 느 12:13, 대하 31:14).

아마사〔עֲמָשָׂא =무거운 짐진 자〕[인]

[1] 「다윗」의 누이 「아비가일」의 아들(삼하 17:25). 「압살롬」이 그를 「요압」 대신으로 반군의 장관을 삼았더니, 「압살롬」이 죽은 후에 「다윗」을 신봉했으나 얼마 안 되어 「요압」에게 피살되었다(삼하 20:14-10).

[2] 「에브라임」 자손의 두령 중 한 사람(대상 28:12).

아마새〔עֲמָשַׂי =무거운 짐진 자〕[인](대상 6:25)

[1] 「레위」 사람 「그핫」의 자손 중 「엘가나」의 아들(왕상 6:25, 35, 36).

[2] 「히스기야」 때 「레위」 사람 「그핫」의 자손으로, 성결케 하기 위하여 일어난 「마핫」의 아버지(대하 29:12).

[3] 「다윗」이 「오벳에돔」의 집에서 법궤를 옮겨올 때 그 앞에서 나팔을 불던 제사장 중의 한 사람이다(대상 15:24).

[4] 「다윗」을 섬기기로 맹세한 「유다」와 「베냐민」의 30 용사로, 「다윗」의 군대 장관이 된 사람(대상 12:16-18).

아마샤〔אֲמַצְיָה =여호와께서 힘이 있음〕[인](왕하 12:21)

[1] 「유대」국의 제9대 왕(주전 838-810). ①「요아스」 왕의 아들이다(왕하 12:20-21, 왕하 14:2, 대하 25: 25). ②그는 부왕을 암살한 자를 처형할 때 당시의 관습에 의하여 하지 않고 가족 연좌를 고치고 그 아들들을 사하여 주었다(신 24: 16, 왕하 14:6). ③「에돔」 정복에 성공하고 용기를 얻어 「이스라엘」에 침입하였다가 실패하고 도리어 「이스라엘」에게 예속하게 되었다. 그래서 마침내 내란이 일어나 흉인에게 쓰러졌다(왕하 12: 21, 13:12, 14:1-22, 대하 25:).

[2] 「여로보암」 2세 때 「벧엘」 단에서 봉사하던 제사장으로, 그가 왕에게 선지자 「아모스」를 무고하여 「유대」로 추방하자고 권고하였다(왕상 12:25-38, 암 7:10).

[3] 그 밖에 2인이 있다(대상 4:34, 6:45). (아마시야).

아마시야[1]〔עֲמַסְיָה =여호와는 강하시다〕[인](대상 4:34)

[1] 「시므온」 족속 「요사」의 아버지(대상 4:34).

[2] 「레위」 족속 「므라리」 가계의 사람(대상 6:45).

아마시야[2]〔עֲמַסְיָה〕[인](대하 17

:16). 「유다」 왕 「여호사밧」의 군대장.

아말〔עָמָל=노고〕인(대상 7:35). 「아셀」 지파 「헬렘」의 아들.

아말렉[1]〔עֲמָלֵק=골짜기에 사는 자〕인(창 36:12) ①「에서」의 손자로서 첩 「딤나」의 소생. ②「에돔」과 「애굽」 사이에 거주하던 족속(민 24:20, 삿 3:13).

아말렉[2]〔עֲמָלֵק=호전적인, 골짜기에 사는 자〕지(창 14:7) 「팔레스틴」 남방 광야에서 「시내」 반도까지의 땅. ①「엘람」 왕 「그돌라오멜」에게 정복당한 일이 있다. ②「에서」 자손의 거주지(창 26:16). ③「이스라엘」 백성이 「애굽」에서 나와 「르비딤」에 있을 때에 「아말렉」과 대적하여 「모세」가 팔을 들어 격파하였다(출 17:8-16). ④「가나안」에 갔던 12정탐꾼 중 10인이 불신의 보고를 하여 이 일을 진실로 들은 「이스라엘」 군중이 「모세」와 「아론」을 원망하고 반항하므로 여호와께서 노하여 그 백성을 40년간 더 방랑하게 하던 중, 이 족속에게 격멸을 당하였다(민 14:45). ⑤「발람」 선지는 "지금은 「아말렉」이 열방 중에 으뜸이나 종말에는 멸망하리라"고 예언하였다(민 24:20). ⑥사사 시대에 「미디안」과 동맹하여 「이스라엘」에 쳐들어와 7년을 괴롭히다가 「기드온」이 일어나 모두 격멸하였다(삿 6:3, 7, 1:19-21). ⑦「사울」 왕에게 한때 격멸함을 당하였다(삼상 15:7-8). ⑧「다윗」이 「블레셋」에 있다가 「시글락」에 갔을 때 「아말렉」이 「시글락」에 침입하여 온 성을 불사르고 부녀들을 사로잡아 가던 중, 자기의 처자들도 잡혀갔으므로 「다윗」이 4백명 군사를 거느리고 추격하여 자기의 처자와 약탈당하였던 모든 물건을 도로 찾아올 뿐 아니라 「아말렉」 인의 우양을 노략하여 그 친구 「유대」 장로들에게 보냈다(삼상 30:1-20). 지금은 「이스라엘」나라 지역에 들어있다.

아맘〔אֲמָם=모이는 곳〕지(수 15:26) 남부 「유대」의 성읍.

아맛〔עַמְעָד=머무는 곳〕지(수 19:26) 「아셀」 지파의 성읍.

아맛새〔עֲמַשְׁסַי=전리품 운반〕인(느 11:12) 「임멜」의 가계에 속하는 제사장.

아멘〔אָמֵן=진실하다. 소원입니다〕명(신 27:15) ①그리스도 예수의 별명(계 3:14). ②기도 끝에 하는 말로, '그와 같이 이루어 지기를 소원합니다'의 뜻으로 사용됨(계 1:

6, 고전 14:16, 롬 6:27). ③동감의 뜻으로 사용됨(왕상 1:36). ④맹세의 표시로 사용됨(민 5:22). ⑤그리스도를 의지함(고후 1:20). ⑥옳음을 나타내는 확인(마 11:9, 26). ⑦동의를 나타냄(계 1:7).

아모리〔אֱמֹרִי = 산중 사람〕지 (창 10:16) ①기원은 「함」의 아들 「가나안」이 「아모리」 족속의 조상 등 11족속의 조상을 낳았다. 함에서부터이다. ②「이스라엘」이 「그레못」 광야에서 「가나안」으로 진행 중 그 왕 「시혼」에게 그 도로로 통과함을 청하였더니 불응할 뿐 아니라 오히려 군사를 끌고 나와 대적하다가 「이스라엘」에게 대패하여 크게 살육을 당하였는데 그 도성은 「헤스본」이다(민 21:21-26, 신 2:26-36). ③「요단」 강을 건넌 후에 이 땅의 5왕이 「기브온」에 모여 「이스라엘」을 칠 때 여호와께서 우박으로 멸살하고, 5왕이 「막게다」 굴에 숨은 것을 「여호수아」가 따라가서 끌어내 죽였다(수 10:1-21). ④고고학 상으로 조기 청동기 시대(B.C. 2,500-2,000)를 「아모리」 인의 문화의 시대라 부르고, 그 민족은 「요단」 강 동서 양편에서 유력한 지위를 차지하고 있었다(창 15:16, 신 31:4, 민 13:29, 수 9:10). ⑤「히위」 족속, 「여부스」 족속 등도 「아모리」 족속을 이름으로 부르고 있었는데, 그 민족을 가리켜 키는 백향목 같고 강하기는 상수리나무 같다고 하였다(창 34:2와 48:22 비교, 수 15:63과 10:5 비교, 암 2:9). ⑥「아이」 성이 그 지방에 있다(수 7:2, 7).

아모스[1]〔עָמוֹס = 무거운 짐진 자〕인(암 1:1) 주전 8세기의 「이스라엘」의 예언자. ①그는 「베들레헴」 남쪽 10km 지점. 돌 많은 「드고아」의 목자 겸 뽕나무를 재배했었다(암 7:14). ②그는 고향 「유대」를 떠나 북왕국 「이스라엘」의 「벧엘」에서 당시의 왕 「여로보암」 2세의 정치와 종교적 타락을 공박했었다(암 7:7-9). 그의 활동은 단시일인 것같다. 「아모스」 서의 저자.

아모스[2]〔אָמוֹץ = 무거운 짐진 사람〕인(사 1:1)

1 선지자 「이사야」의 아버지(사 2:1, 13:1, 20:2).

2 「맛다디아」의 아버지이며, 「나훔」의 아들(눅 3:25).

3 「므낫세」의 아들(마 1:10, 눅 3:23).

4 예수의 족보 중 한 사람

(눅 3:25).

아모스[3] 명(암) 구약 제29권째 성경이다. 선지자 「아모스」(소를 치던 목자)의 북쪽 「이스라엘」 왕국을 향한 경고와 예언이다. 「예후」의 증손인 「여로보암」Ⅱ세가 「이스라엘」을 다스릴 때, 우상숭배와 향락, 환락, 방탕, 강탈, 뇌물, 부정의 죄에 대하여 하나님의 심판을 피할 수 없다는 경고를 하였다. 그러나 주위에 있는 이방 민족이 먼저 심판을 받게 되고, 그 후에 「이스라엘」을 다시 회복하실 것을 예언하였다. 「유다」도 포함된 예언이다.

아목〔עָמוֹק = 기술자〕인(느 12:7, 20). 「스룹바벨」과 「요아김」 시대의 제사장의 가족.

아몬〔אָמוֹן = 일하는 자, 믿을 수 있는 자〕인(왕하 21:19)
1 「유대」국 12대 왕으로 예수님의 족보에 든 사람(마 1:10). 2년간 통치.
2 「미가야」를 잡아 끌고 간 사람(왕상 22:26).
3 「솔로몬」의 신복의 자손(느 7:59).

아무든지 대조(출 16:19) 누구라고 꼭 이름을 지정하지 아니하는 대명사에 무엇이나 가리지 아니하는 뜻을 나타내는 조사가 붙어, 한 사람 이상을 지정하지 아니하고 누구나, 누구이든, 어떤 사람이든의 뜻을 나타낸다. 모든 사람.

아무 뜻 없이 구(삼하 15:11) 어떠한 뜻을 가지지 않고. 무의미하게.

아무쪼록 부(고전 9:22) 될 수 있는 대로. by all means.

아문〔衙門; 마을 아, 문 문〕명 옛 상급의 관청. 관청의 총칭. superior(마 26:3). government office.

아므라벨〔אַמְרָפֶל = 강한 백성〕인(창 14:1) ①「시날」 왕. ②「아므라벨」은 「바벨론」 왕 「하므라비」라는 설도 있으나, 「하므라비」가 「엘람」 왕이나 「랄사」 왕과 연합하여 서방을 침략한 증거가 없다. 그는 여러 나라를 침략하고 「이스라엘」에도 침략해 들어왔었다(창 14:1-9).

아므람〔עַמְרָם = 고귀한 백성〕인(출 6:18)
1 「레위」 자손으로, 「모세」의 부친이다(출 6:18-20).
2 「바니」의 아들(스 10:34).

아미〔אָמִי = 신뢰할 수 있는〕인(느 2:57) 「솔로몬」의 신복의 자손 「아몬」과 같은 사람.

아미나답〔*Αμιναδαςβ* = 고귀한 혈족〕인(마 1:4) 「야곱」의 아들 「유다」의 5대 손이요,

ㅇ

「다윗」의 7대 조부이다(마 1:4). 룻 4:19, 대상 2:10-15에는 「암미나답」이라 하였다.

아밋대〔אֲמִתַּי = 진실한〕인(왕하 14:25) 「이스라엘」 왕 「여로보암」 2세 때에 선지자 「요나」의 부친. 「드헤벨」 사람이다(욘 1:1).

아바〔ἀββᾶ = 아버지〕명(막 14:36, 롬 8:15, 갈 4:6) 아람어로 「아버지」이며 신약성경에 세 번 나온다. 「아바아버지」는 하나님을 간곡히 부르며 자기를 낮추는 겸손한 자세를 표현한 말이다.

아빠 명(사 8:4) 아버지(어린이의 말).

아바나 강〔אֲבָנָה = 돌이 많다. 영속하는〕지(왕하 5:12) 「다메섹」에서 28km 지점에서 발원한 「빠라다」 강이 흘러내리며 7줄기로 갈라진 강중 하나가 「다메섹」 성중을 통과하니, 이것이 곧 「아바나」 강인데 현재는 「빠니아」 강이라고 부른다.

아바돈〔Ἀβαδδών = 파괴자. 멸망〕인(계 9:11) 「히브리」 어의 무저갱의 왕이며, 「헬라」 어로는 「아블루온」이다.

아바림 산〔עֲבָרִים = 저편, 외지〕지(민 27:12) 「요단」 강 동편 「모압」 경내에 있는 산맥으로, 「모세」가 올라가 「가나안」 온 땅을 바라보았다 하는 「느보」 산 앞에 있어 「요단」 강을 건너 「여리고」가 보인다.

아바삭〔אֲפַרְסָיֵא〕인(스 5:6) 「앗수르」 부족.

아바삿〔אֲפַרְסְתָיֵא〕인(스 4:9) 「사마리아」 식민지로 옮겨진 백성을 이르는 말.

아바새〔אֲפַרְסָתְיֵא〕인(스 4:9) 「앗수르」의 한 부족.

아박다〔אֲבַגְתָא = 행복한, 번영〕인(스 1:10) 「아하수에로」 왕의 7인 시종관 중 한 사람.

아박삿〔Ἀρφαξάδ〕인(눅 3:36) 「셈」의 셋째 아들. 예수님의 선조. 창 10:22의 「아르박삿」과 같은 사람.

아반〔אַחְבָּן = 지혜 있는 자의 형제〕인(대상 2:29) 「유다」 지파 「아비술」의 아들.

아버지 명 ①영적인 면에서는 하나님을 일컫는다(마 6:9, 갈 4:6). ②「이스라엘」 사람으로는 「아브라함」을 가리킨다(눅 16:24, 요 8:39, 창 17:4). ③제사장에게도 불렀다(삿 18:19, 왕하 2:12). ④남자 어버이. father.

아버지의 형제 명(민 27:4) 삼촌, 큰 아버지, 작은 아버지.

아버지 하나님 명(눅 6:36) 삼격 일신(삼위 일체) 하나님 중 성부 하나님을 가리키는 말.

아베가〔אֲפֵקָה = 강함〕인(수

15:33) 「유다」 산골에 있는 성읍. 「헤브론」 부근에 있다.

아벡〔אֲפִיק = 강한 요새〕[지](수 12:18)

[1]「헤스론」에 가까운 곳으로 「가나안」 왕이 살던 땅(수 12:18). 「예루살렘」 서북 50km 지점 「이스라엘」 부근.

[2]「팔레스틴」 북방 「그발」에 가까운 동리(수 13:4). 「시돈」에 속했으며, 「므라리」와 「아모리」 사람의 지경.

[3]「아셀」 지파에 속한 「아그레」 평원에 있는 동리(수 19:30, 삿 1:31).

[4]「에스골」에 가까운 「잇사갈」 지파에 속한 땅으로, 「블레셋」 군대가 모였던 곳이다(삼상 29:1). 「갈릴리」 해 동편 6km 지점, 「다메섹」 가도상의 고을이다(왕상 20:26, 30, 왕하 13:17).

[5]「미스바」 부근의 성읍(삼상 4:1).

아벨[1]〔הֶבֶל = 생기〕[인](창 4:8)

①「아담」과 「하와」가 낳은 둘째 아들. 목자. 여호와께서 그 형 「가인」의 제사는 받지 않으시고, 「아벨」의 제사만 기쁘게 받으시니 「가인」이 시기하여 「아벨」을 쳐죽였다. ②예수께서 바리새인과 서기관을 책망하여 의인 「아벨」의 피로부터 지상에서 흘린 의혈이 다 너희에게 돌아가리라고 하셨다(마 23 :35).

아벨[2]〔אָבֵל = 강가의 초원〕[지](삼하 20:14) 「가나안」 북부의 마을. 지혜로 유명했다.

아벨그라밈〔אָבֵל כְּרָמִים = 평원에 있는 여러 포도원〕[지](삿 11:33) 「모압」 땅 「민닛」 근처로, 사사 「입다」가 「암몬」을 쳐서 20성읍을 취하고 또, 이 성까지 쳐서 크게 도륙하고 항복 받았다.

아벨레〔Ἀπελλῆς = 흑색〕[인](롬 16:10) 「바울」이 문안한 「로마」에 있는 성도.

아벨마임〔אָבֵל מַיִם = 수초장(水草場)〕[지](대하 16:4) 북국 「이스라엘」 성읍으로, 「아람」 왕 「벤하닷」이 「유대」 왕 「아사」의 청으로 진격하여 취한 성읍이다.

아벨므홀라〔אָבֵל מְחֹלָה = 춤추는 곳〕[지](삿 7:22) 「요단」 유역의 성읍. 선지자 「엘리사」의 고향(왕상 19:16).

아벨미스라임〔אָבֵל מִצְרַיִם = 애굽인이 곡(哭)함〕[인](창 50:11) 「요셉」과 그 형제와 「애굽」인들이 「야곱」을 「막벨라」 굴에 장사하고 울었다 하여 「가나안」 인이 지은 이름이다. 이전 이름은 「아닷」.

아벨벧마아가(마벨벳마아가)〔אָבֵל בֵּית מַעֲכָה = 벧마아가 부근의 초원(목장)〕[지](왕상 15:20) 「이스라엘」 북쪽 중요 성읍의 하나. ①「벤하닷」의 침공을 받았고, ②「앗수르」 왕 「디글랏 빌레셀」이 침공해서 주민을 사로 잡아갔다(왕하 15:29).

아벨싯딤〔אָבֵל שִׁטִּים = 아카시아 언덕〕[지](민 33:49) 「여리고」 대안 「요단」 강의 동쪽 11km 지점에 위치한 「모압」의 성읍. 「싯딤」 항 [1] 참조.

아벳느고〔עֲבֵד נְגוֹ = 니고의 종〕[인](단 1:7) 「다니엘」과 같이 포로된 「아사랴」에게 「바벨론」 왕의 환관장이 지어준 이름.

아볼로〔*Aπολλως* = 침략자〕[인](행 18:24) 「알렉산드리아」 출신의 「유대」인으로 성경에 능통한 세례 「요한」의 제자이었다. 그는 열심히 전도하였고, 「고린도」 교회는 그로 인하여 분열이 생겼다(고전 1:12). 「바울」의 협력자.

아볼로니아〔*Aπολλωνία* = 파괴〕[지](행 17:1) 「마게도냐」의 마을. 「엑나티아」 가도에 인접해 있으며, 「암비볼리」에서 서쪽으로 약 50km 떨어진 곳. 「바울」은 두 번째 선교 여행 때에 이곳을 통과했다.

아볼루온〔*Aπολλύων* = 아폴로신, 사단〕[인](계 9:11) 「아바돈」의 「헬라」 어 번역. 무저갱의 사자의 이름.

아브넬〔אַבְנֵר = 부친은 등불〕[인](삼상 14:50) 「사울」의 숙부 「넬」의 아들이요, 「사울」의 종제로 「사울」의 군대 장관이다. ①「다윗」이 「골리앗」을 죽이고 그 머리를 가지고 돌아올 때, 그가 「다윗」을 「사울」 앞에 인도하였다(삼상 17:57). ②「다윗」이 「사울」의 진중에서 창과 물병을 가지고 가는 것을 모르고 자다가 「다윗」에게 책망을 받았다(삼상 26:12-16). ③「사울」이 죽은 후 그 아들 「이스보셋」을 왕위에 올리고 「다윗」과 싸웠으니, 이것은 「아브넬」과 「요압」의 대전이었다(삼하 2:12-17). ④「이스보셋」을 배반하고 「다윗」에게 귀순했으나, 「요압」이 그를 죽였다. 「다윗」은 그를 위하여 애가를 지었다(삼하 3:3-34).

아브라함〔אַבְרָהָם = 열국의 아

버지〕인(창 11:26) ①부친은 「데라」, 아우는 「나홀」과 「하란」. ②구명 「아브람」을 여호와께서 「아브라함」이라 고쳐 주셨다(창 17:5). ③「노아」의 12대손으로 「갈대아 우르」에서 출생하였다(주전 1996). 얼마 후 「메소포타미아 하란」에 이거하는 중에 부친상을 당하고, 여호와께서 "내가 지시하는 당으로 가라. 크게 창대케 하고 복의 근원이 되게 하리라"하시니 그 말씀을 순종하여 아내 「사라」와 조카 「롯」을 데리고 「가나안」 땅으로 갔다(창 12:). ④흉년으로 인하여 잠시 「애굽」에 가 있는 중 아내를 누이라 고 속인 일이 있다(창 12:13). ⑤「가나안」에 다시 돌아왔을 때 노복과 우양이 많으므로 「롯」을 분가시켰다(창 13:8-13). ⑥「롯」이 거주하는 지방에 전쟁이 일어나 「롯」이 포로 되었다 하는 말을 듣고 「아브라함」이 좇아가 「롯」과 재물을 찾아 가지고 오는 중에 「살렘」 왕이요, 하나님의 제사장인 「멜기세덱」의 축복을 받고 그에게 소득의 10분의 1을 바치니 이것이 십일조의 규례가 되었다(창 14:9-20). ⑦그 후 하나님께서 나타나사 그 자손이 하늘의 별같이, 땅의 티끌같이 번창할 것

과 「애굽」에서 4백년간 고난당할 것을 예언하셨다(창 13:16, 15 :5, 22:17, 15:13). ⑧「사라」가 생산치 못하여 그의 종 「하갈」을 취하여 「이스마엘」을 낳으니 이 사람이 「아라비아」인의 시조요, 회교의 교조 「모하멧」의 시조이다. 「사라」의 생산할 것과 그 아들의 이름을 「이삭」이라 할 것 그리고 할례법을 창설하였다(창 17:8-10, 19). ⑨부지 중에 천사를 대접하여 「소돔」의 멸망에서부터 「롯」을 구하였다(창 18:1-8, 20:32). ⑩백세에 아들 「이삭」을 낳았다(창 21:1-14). ⑪여호와께서 「이삭」을 제물로 바치라 하여 「아브라함」의 신앙을 시험하셨다(창 22:1-19). ⑫「사라」가 죽은 후 며느리 「리브가」를 얻고 175세에 별세하니, 「이삭」과 「이스마엘」이 그 모친 「사라」를 장사한 「막벨라」 굴에 합장하였다(창 24:67, 25:-10).

아브람〔אַבְרָם = 높은 아버지〕인(창 11:26) 「아브라함」의 옛 이름.

아브로나〔עַבְרֹנָה = 통로〕지(민 33:34-35) 「애굽」에서

나온 「이스라엘」 백성이 머문 곳. 홍해 연안 「아가바」만 부근. 「에시온게벨」과 가까운 곳.

아비[1] 명(창 9:18) 아버지. father.

아비[2]〔אֲבִי =내 아버지〕인(왕하 18:2) 「유다」 왕 「히스기야」의 어머니로, 「스가랴」의 딸.

아비가일〔אֲבִיגַיִל =내 아버지께서 기뻐하신다〕인(삼상 25:3)

1 본래 농부였던 「나발」의 아내(삼상 25:14). ①「나발」이 곧 죽고 「아비가일」은 「다윗」의 아내가 되었다(삼상 25:39-42). ②「헤브론」에서 아들을 낳았는데 이름은 「길르압」이다(삼하 3:3).

2 「다윗」의 이복 누이 「아마사」의 어머니(삼하 19:25, 대상 2:16). 「아비갈」과 같은 사람.

아비갈 인(삼하 17:25) 「다윗」 왕의 이복 누이 「아비가일」을 잘못 표기한 것.

아비나답〔אֲבִינָדָב =내 아버지는 존귀함〕인(삼상 7:1)

1 「기럇여아림」 근방에 거주하는 「유다」 지파 자손으로 「블레셋」인이 돌려보낸 법궤가 그의 집에 20년간 있다가 「다윗」이 찾아오는 도중, 그의 아들 「웃사」가 손을 대므로 여호와께서 치시니 궤 곁에서 죽었다(삼상 7:1-2, 삼하 6:3-7, 대상 13:7).

2 「이새」의 제2자요, 「다윗」의 형으로, 「블레셋」 전장에서 「사울」을 위하여 싸웠다(삼상 16:8, 17:13, 대상 2:13).

3 「사울」의 아들로, 그 형제 「요나단」과 「말기수」와 함께 「길보아」 전장에서 「블레셋」인에게 피살되었다(삼상 31:2, 대상 8:38, 9:39, 10:2).

아비노암〔אֲבִינֹעַם =내 아버지는 환희〕인(삿 4:6) 사사 「바락」의 아버지 「납달리」 「가데스」 사람.

아비다〔אֲבִידָע =지식의 아버지〕인(창 25:4) 「아브라함」과 「그두라」의 소생. 「미디안」의 아들.

아비단〔אֲבִידָן =하나님은 심판이시다〕인(민 1:11) 「시내」 광야에서 「이스라엘」 백성을 헤아릴 때 「베냐민」 지파의 족장으로 뽑힌 사람.

아비달〔אֲבִיטַל =아버지 하나님은 이슬이시다〕인(삼하 3:4, 대상 3:3) 「다윗」의 아내 중 한 사람.

아비둡〔אֲבִיטוּב =선함의 아버지〕인(대상 8:11) 「베냐민」 사람 「에훗」의 아내. 「후심」에게서 난 아들.

아비람〔אֲבִירָם =내 아버지는

고상함]인(민 16:1)
1「고라」와 「다단」과 공모하여 「모세」와 「아론」을 반항한 죄로 여호와의 치심을 받아 저들의 가족들과 함께 땅의 삼킨바 되었다(민 16:1-3, 25-33).
2「벧엘」 사람 「히엘」의 장자인데, 그의 부친이 「여리고」 성을 건축하려고 기초를 닦을 때 죽었다(왕상 16 :34). 이것은 「여호수아」의 예언이 응하였다(수 6:26).

아비마엘〔אֲבִימָאֵל＝내 아버지는 하나님이시다〕인(창 10:28) 「셈」 족 「욕단」의 아들. 종족이나 지명을 나타내는 일도 있다(대상 1:22).

아비멜렉〔אֲבִימֶלֶךְ＝아버지와 왕〕인(창 20:2)
1「그랄」 왕으로 「아브라함」의 아내 「사라」를 취하여 궁녀를 삼으려 하다가 여호와께서 금지하심으로 「사라」를 돌려보내고 「아브라함」과 평화 조약을 체결하였다(창 20:1-21:).
2「이삭」 때의 「그랄」 왕이니 그도 역시 「이삭」의 처 「리브가」를 취하려다가 중지하고, 우물로 인하여 분쟁이 있던 것도 화해하고 우호조약을 체결하였다(창 26:1-11, 23:31).
3「기드온」의 아들로서 첩의 소생이다. 그 부친이 죽은 후에 그가 자기의 형제 70인을 죽이고 왕이 되어 3년간 「이스라엘」을 치리하였다. 형제 70인이 살해를 당하는 중에서 모면한 「요담」이 비유로 「세겜」 사람을 경고하였으나, 후에 「세겜」 사람들이 「가알」을 의뢰하므로 「아비멜렉」이 추격하여 그를 죽이고 성을 헐고 「세겜」 망대에 있는 사람 1천명을 불살라 「데베스」를 치다가 한 여인이 던지는 맷돌에 맞아 죽었다(삿 8:31, 9:5-26, 45-54, 삼하 11:21).
4「다윗」 때의 세 제사장으로, 「아비아달」의 아들이다(대상 18:16). 그러나 삼하 8:17에는 「아비아달」의 아들 「아히멜렉」이라 하고, 삼상 22:20에는 「아히멜렉」의 아들 「아비아달」이라 하였으니 그 기록이 혼잡되었다.

아비삭〔אֲבִישַׁג＝아버지는 방랑자〕인(왕상 1:1-4) ①「수넴」의 아름다운 여자로, 「다윗」의 품에 두기 위하여 구해온 여자다. ②「다윗」이 죽은 후에 「다윗」의 제4자 「아도니야」가 자기 아내로 주기를 청원하는 것을 「솔로몬」이 불의의 청이므로 허락하지 않고 「아도니야」를 죽였다(왕상 2:16-25).

아비살롬〔אֲבִישָׁלוֹם = 평화의 아버지〕[인](왕상 15:2, 10) 「르호보암」의 장인. 「압살롬」의 다른 이름.

아비새〔אֲבִישַׁי = 내 아버지는 이새〕[인](삼하 2:78, 17:25, 대상 2:16) 「다윗」의 이복 누이 「수루아」의 아들. 「요압」과 「아사헬」의 형제로 함께 일생을 통하여 「다윗」가에 충성을 다하였다(삼하 17:25, 대상 2:16). 그의 행적을 살펴보면 ①「다윗」과 함께 「사울」의 진에 이르러 「사울」이 자는 것을 보고 죽이려 할 때, 「다윗」이 만류했다(삼상 26:8-9). ②동생 「아사헬」을 죽인 「아브넬」을 「요압」과 함께 죽였다(삼하 3:30). ③「염곡」에서 「에돔」인 1만 8천명을 죽임(삼하 8:13, 대상 18:12). ④「암몬」과의 싸움에서 승전함(삼하 10:10, 대상 19:11). ⑤「다윗」이 「압살롬」의 반역을 피할 때 「시므이」가 저주하는 것을 그가 죽이려 했으나 「다윗」이 또 만류했다(삼하 16:9-14). ⑥「요압」과 「잇대」와 함께 군대 3분지 1씩을 맡아 가지고 나가 「압살롬」의 난을 평정함(삼하 18:1-15). ⑦그 형 「요압」과 함께 「세바」를 추격하여 「아벨」에 이르러 그 성을 포위하자 그 성의 지혜로운 여자 하나가 「세바」의 머리를 베어 성 위에서 던져 주므로 성공했다(삼하 20:6-22). ⑧「블레셋」과의 전쟁에서 「이스비브놉」이 「다윗」을 죽이려 하는 것을 「아비새」가 저를 죽이고 「다윗」을 구원하였다(삼하 21:15-17). ⑨그가 혼자 창으로 3백인을 죽이고, 3인의 용사 중 으뜸이 되었다(삼하 23:18, 대상 11:20).

아비수아〔אֲבִישׁוּעַ = 부귀의 아버지〕[인]
[1]「아론」의 후예 「비느하스」의 아들(대상 6:4).
[2]「베냐민」 사람 「벨라」의 아들(대상 8:4).

아비술〔אֲבִישׁוּר = 벽의 아버지〕[인](대상 2:28-29) 「유다」 사람 「삼매」의 아들.

아비아〔אֲבִיָּה = 노력하다. 항쟁하다〕[인](삼상 9:1) 「베냐민」 지파의 유지 「기스」의 아버지.

아비아달〔אֶבְיָתָר = 살아계신 아버지〕[인](삼하 15:24-36) 「놉」의 제사장 「아히멜렉」의 아들. ①부친이 「다윗」을 보호했기 때문에 「놉」의 제사장들은 「사울」에게 살해되었다. 이때 「아비아달」만이 도망하여 살았다. 「다윗」 즉위시에 「사독」과 함께 제사장으로 임명. ②「다윗」의 왕 계승시에 「아도니야」를 지지한 탓으로 「솔로몬」으로부터 추방 당했다(왕상 2:26-27).

아비아삽〔אֲבִיאָסָף = 아버지는 모으심〕인(출 6:24) 「레위」 지파 「고라」의 아들이며 「고라」 족의 족장.

아비알본〔אֲבִי־עַלְבוֹן = 힘의 아버지〕인(삼하 23:31) 「다윗」의 30용사 중 한 사람으로, 「아르바」 사람 「아비엘」과 같은 사람.

아비야〔אֲבִיָּה = 여호와는 아버지시다〕인(삼상 8:2)

1 「사무엘」의 차자(삼상 8:2).

2 「유다」 왕 「르호보암」의 아들. 모친은 「압살롬」의 딸 「마아가」. 왕상 15:31에는 「아비얌」으로 기록되어 있다. 그는 「이스라엘」 왕 「여로보암」과 싸웠다(왕상 15:7).

3 북 「이스라엘」 왕 「여로보암」 1세의 아들(왕상 14:1).

4 「유다」 왕 「아하스」의 아내. 「히스기야」 왕의 모친(대하 29:1).

5 「아론」의 자손으로, 「다윗」 시대에 제8대 제사장(대상 24:10). 세례 「요한」의 부친 「사가랴」는 「아비야」 반열에 속했었다(눅 1:5).

6 그 밖에 3인이 있다(대상 7:8, 느 10:7, 12:4).

아비얌〔אֲבִיָּם = 내 아버지는 여호와〕인(왕상 14:31) 「르호보암」의 아들. 「아비야」와 같은 사람(왕상 15:1-8).

아비에셀〔אֲבִיעֶזֶר = 하나님은 도우신다〕인(수 17:2)

1 ① 「므낫세」 지파 「함몰레겟」의 아들(대상 7:17-18). ② 「므낫세」 지파 중의 가장 적은 족속 중의 하나이며, 그 자손은 「오브라」에 거주한다(삿 6:24, 8:32). ③사사 「기드온」은 이 족속의 자손이다(삿 6:11).

2 「다윗」의 30용사 중 한 사람으로, 「베냐민」 지파 사람이다. 그가 9월 아홉째 반열의 장관으로 2만 4천인을 인솔하였다(삼하 23:27, 대상 27:12).

아비에셀〔אֲבִיעֶזֶר = 하나님은 도우신다〕지(삿 6:11) 사사 「기드온」의 부친의 거주지.

아비엘〔אֲבִיאֵל = 내 아버지는 하나님이시다〕인(삼상 9:1)

1 「기스」의 부친이며, 「사울」 왕의 조부이다. 또 「사울」왕의 총사령관 「아브넬」의 조부이다(삼상 14:51).

2 「다윗」의 30용사 중 한 사람으로(대상 11:32), 삼하 23:31의 「아비알본」과 동일인이다.

아비하일〔אֲבִיחַיִל = 내 아버지는 전능하시다〕인(민 3:35)

ㅇ

[1]「레위」 지파 「므라리」 족속의 족장이 되어 장막 북편에 진을 친 「수리엘」의 부친(민 3:35).

[2]「솔로몬」의 아들 「르호보암」 왕의 장모로서, 「다윗」의 장형 「엘리압」의 딸이다(대하 11:18).

[3]「에스더」의 부친이며 「모르드개」의 삼촌이다(에 2:15, 9:29).

[4] 그 밖에 2인이 있다(대상 2:29, 5:14).

아비 형제의 아들 [명](민 36:11) 사촌(四寸).

아비후〔אֲבִיהוּא = 그는 내 아버지〕[인](출 6:23) 「아론」의 차자로서 제사장이 되어 그 형 「나답」과 함께 불결한 불로 하나님께 제사하므로 멸망함을 받았다(대상 24:1).

아비훗〔אֲבִיהוּד = 아버지의 영광〕[인](대상 8:3)

[1]「베냐민」 사람 「벨라」의 셋째 아들.

[2]「스룹바벨」의 아들. 예수님의 선조(마 1:13).

아빅〔אֲבִיק = 강한 요새지〕[지](삿 1:31) ①「아셀」 지파의 성읍. ②「블레셋」과의 전쟁터(삼상 4:1, 29:1), 「아벡」과 같은 곳.

아빌레네〔*Αβιληνή* = 황무지〕[지](눅 3:1) 「유대」국 북방 「안디레바논」 산 동쪽에 있는 한 나라로 「루사니아」가 분봉왕이 되어 관할하였다. 지금은 「시리아」 국이 되었다. 그 경내 「아윌라」 동리에서 「아담」의 아들 「아벨」이 살해를 당하였는데, 그 분묘가 지금까지 그 동리 산 위에 있다 한다.

아빕(월月)[명](출 13:4, 신 16:1) 「가나안」 계의 월력 이름. 「유대」 월력으로 정월에 해당하고, 태양력으로는 3~4월. 「바벨론」 포로에서 돌아온 후에는 '니산'월이라 했다. 유월절이 들어 있는 달이다.

아사[1]〔אָסָא = 치료〕[인](왕상 15:8) ①「르호보암」의 손자로 「유대」의 제3대 왕이다. ②41년간 재위 중 여호와 보시기에 정직하고 온전히 행하여 모든 우상을 불살라 없이 하고, 모친 「마아가」가 우상을 만들었다고 태후의 위를 폐하기까지 하였다(왕상 15:9-13). ③「이스라엘」 왕 「바아사」가 와서 치기 위하여 「라마」 성을 건축하려고 하는 것을 「아람」 왕 「벤하닷」에게 청병하여 가지고 반격하여 격퇴시켰다. 「아사」는 「라마」 성을 건축하려던 재료를 가져다가 「베냐민」에 「게바」와 「미스바」의 두 성을 건축하였다(왕상 15:16-22).

아사²〔אָסָא〕[지](대상 7:28) 「에브라임」 분깃의 경계. 「가사」와 같은 곳으로 여긴다.

아사냐〔אֲזַנְיָה = 여호와께서 들으시는 자〕[인](느 10:9) 「느헤미야」 시대 때 「레위」 사람으로 서약에 도장을 찍은 사람.

아사랴〔עֲזַרְיָהוּ = 여호와께서 그를 도우신다〕[인]〈아사리아〉 이 이름을 가진 자가 약 30인이나 되나 대표적인 사람만 소개한다.

[1] 「솔로몬」 왕 때에 이 이름을 가진 사람이 3인이 있었으니, 선지 「나단」의 아들과 제사장 2인 곧 「사독」의 아들과 「요하난」의 아들이다(왕상 4:2, 5, 대상 6:10).

[2] 「오뎃」의 아들로 「아사」 왕 때의 선지자. 「아사」 왕이 그의 예언을 따라 일평생 온전히 여호와를 섬겼다(대하 15:).

[3] 「여호사밧」 왕의 한 아들(대하 21:1-2).

[4] 「아달랴」 여왕 때 제사장 「여호야다」와 언약한 백부장 「여로함」의 아들과 「오벳」의 아들이 있었다(대하 23:1).

[5] 「웃시야」 왕의 별명(왕하 15:1).

[6] 「웃시야」 왕 때의 제사장으로 왕이 성전에 들어가 분향하려는 것을 그가 제사장 80인을 데리고 따라 들어가 제사는 왕이 하는 일이 아니라고 막을 때 왕이 노하여 향로를 들어 던지려 하자 여호와께서 「웃시야」 왕을 쳐서 그 이마에 문둥병이 발하게 하였다(대하 26:17-20).

[7] 「아하스」 왕 때 「에브라임」 자손의 두목으로, 「이스라엘」 왕 「베가」가 「유대」를 점령하고 약탈한 물건과 포로된 자를 그가 전부 돌려보내게 하였다(대하 28:12-15).

[8] 「요시야」 왕 때에 서기관 「사반」의 부친(왕하 22:3).

[9] 「히스기야」 왕 때 제사장으로 그때에 백성들이 십일조와 예물을 많이 바쳐 큰 더미를 이루자 그가 왕의 명령을 받들어 「레위」 인과 「아론」의 자손들에게 나눠주어 그 생활을 윤택하게 하였다(대하 31:3-16).

[10] 「다니엘」의 세 친구 중 한 사람으로, 「느부갓네살」이 「갈대아」 어로 「아벳느고」라고 고쳐 주었다. 그의 사적은 「사드락」과 「메삭」 항을 보라(단 1:).

[11] 「예루살렘」 성의 중수 공사를 담당한 제사장 중의 한 사람이다(느 3:23-24).

[12] 「이스라엘」 백성이 「바벨론」에서 귀환할 때 「스룹바

벨」과 함께 인도한 자이다(느 7:7).

13 한 「레위」 사람으로 「에스라」를 도와 백성에게 율법을 가르쳐 준 사람이다(느 8:7).

14 「느헤미야」와의 맹약에 날인한 자 중 한 사람인데(느 10:2), 「예루살렘」 성 낙성식에 찬조한 자와 동일인인 듯하다(느 12:33).

아사렐[1]〔עֲזַרְאֵל = 하나님께 바르게 선 자〕인(대상 12:6)

1 「레위」 인으로 노래 부르는 자(대상 25:2).

2 「다윗」의 30용사 중 두목이다(대상 12:6).

3 「헤만」의 아들로, 궁전 악사였다(대상 25:18). 대상 25:4에는 「웃시엘」로 되어 있다.

4 「여로함」의 아들이다(대상 27:22, 23).

5 「아맛새」의 부친으로, 제사장이다(느 11:13).

6 「아삽」의 아들이며, 「스가랴」의 형제이다(느 12:36).

아사렐[2]〔אֲשַׂרְאֵל = 하나님이 결박한 자〕인(대상 4:16) 「유다」 자손 「여할렐렐」의 아들.

아사렐라〔אֲשַׂרְאֵלָה = 하나님께 바르게 선 자〕인(대상 25:2) 「아삽」의 아들로, 「다윗」 왕의 세 악대의 지휘자 중 한 사람으로 봉사하였다. 대상 25:14에는 「여사렐라」라고 하였다.

아사리아 인(왕상 4:2) 「아사랴」와 같은 사람.

아사셀 명(레 16:8) 말의 뜻은 '하나님께 대한 거만 방자한 자'로, 광야의 마신(魔神)이다. 속죄일에 뽑은 염소 두 마리 중 하나는 하나님께 바치고, 다른 하나는 「아사셀 양」으로 광야로 보내었다.

아사스〔עָזָז = 강한〕인(대상 5:8) 「르우벤」 사람 「벨라」의 아버지.

아사시야〔עֲזַזְיָהוּ = 여호와께서 강하게 하셨다〕인(대상 15:21) 「레위」 지파 사람으로, 성전에서 봉사하는 음악사.

2 「다윗」이 「이스라엘」 지파를 관할하는 자를 정할 때 「에브라임」 지파의 관장이 된 「호세아」의 아버지이다(대상 27:20).

3 「히스기야」 시대의 성전 감독자의 한 사람이다. 성전에 바친 예물과 십일조를 관리했다(대하 31:13).

아사야〔עֲשָׂיָה = 여호와께서 하심〕인(왕하 22:12)

1 「요시야」 왕의 시신(侍臣)(대하 34:20).

2 「시므온」의 족장이며, 「그돌」 목장 점령을 하는 공을 세운 사람(대상 4:36).

3 「레위」의 아들 「므라리」

자손(대상 6:30).

아사헬〔עֲשָׂהאֵל = 하나님의 만드심〕[인](삼하 2:18)

[1]「다윗」의 누이 「스루야」의 아들. 「요압」과 「아비새」의 동생. ①그는 걸음이 빠르기로 유명했다. 30용사 중 한 사람이다(삼하 23:24). ②군대 장관 중의 한 사람이다(대상 27:7). ③「아브넬」에게 죽임을 당했다(삼하 2:18-23). ④그 형 「요압」이 그 원수를 갚아 주었다(삼하 3:27).

[2]「여호사밧」 때 백성을 가르친 사람(대하 17:8).

[3]「히스기야」 때 십일조와 헌물을 받은 사람(대하 31:13).

[4]「요나단」의 아버지. 「에스라」의 이방 여인 버리는 정책에 반대한 사람(스 10:15).

아산〔אָשָׁן = 연기〕[지](수 15:42) ①「유다」 서남부 평야에 있는 「유다」에 속했던 땅. ②나중에 「시므온」에게 분할됨(수 19:7, 대상 4:32). ③최후에 「레위」 인의 땅이 되었다(대상 6:59).

아살〔אָצַל = 고귀하다〕[지](슥 14:5) 「예루살렘」에서 가까운 마을.

아살랴〔אֲצַלְיָהוּ = 여호와께서 보존하셨다〕[인](대하 34:8) 「유다」 왕 「요시야」의 서기관. 「사반」의 아버지.

아살리야〔אֲצַלְיָהוּ = 여호와는 나누어 두셨다〕[인](왕하 22:3) 서기관 「사반」의 아버지 「아살랴」(대하 34:8).

아삽〔אָסָף = 모아 쌓는 자〕[인](왕하 18:18)

[1]「다윗」의 3악사 중의 한 사람. ①성전에서 찬송하는 찬양대 대장이며, 선지자인 「레위」인이요, 「베레갸」의 아들이다(대상 6:31, 39, 대하 29:30). ②그가 지은 시가 시편 중에 12편이 있다(시 50, 73-83:). ③그의 시는 모두 예언적 의사가 포함되었다. 그의 자손과 제자들은 성전에서 봉사하는 직무를 가지고 있다(대하 29:13-30, 35:15).

[2]「히스기야」 왕의 서기관 「요아」의 부친이다(왕하 18:18, 36:3-22).

[3]「바사」 왕의 신하로, 「유대」에 있는 왕의 삼림을 감독하는 자다(느 2:8).

[4]「레위」 인의 두목 「맛다냐」의 증조부이다(대상 9:15, 느 11:17).

아세가〔עֲזֵקָה = 갈라진 틈〕[지](수 10:10) ①「유대」 서남부에 있는 성읍으로, 「베들레헴」에서 27km 지점에 있다. 「여호수아」는 「기브온」에서 「가나안」 인을 이곳까지 추격하였다(수 10:14). 「다윗」이 이곳에서 「블레셋」의 「골리앗」을 죽였다(삼상 17:1-49). ②「르호보암」이 이 성을 굳게 하여 요새지로 삼았다(대하 11:9). ③「바벨론」 군대와 치열한 접전 끝에 함락되었다(렘 34:7). ④「바벨론」에서 귀환 후, 다시 이곳에 거주하였다(느 11:30).

아세라〔אֲשֵׁרָה = 운명〕[인](출 34:13, 왕상 18:19) 「페니기아」의 우상. 「사마리아」에 세운 나무로 된 세 개의 우상 「벧엘」과 「예루살렘」 성전에도 있었다(왕하 21:37, 23:15). 이는 여신상이며, 행복의 신으로 섬겼다.

아셀[1]〔אָצֵל = 기쁨〕[인](창 30:15) 「야곱」의 제8자로 첩 「실바」의 소생이다. ②「야곱」은 그에게 축복하기를 "나는 식물은 기름지고 그가 왕의 진수를 공궤하리라"하였다(창 49:20). ③「모세」는 축복하기를 "저는 자손의 복을 받으며 그 형제에게 기쁨이 되며 그 발이 항상 기름에 잠기리라"하였다(신 33:24). ④「애굽」에서 나올 때에 그의 자손 수는 41,500명이었는데, 「가나안」에 들어갈 때는 53,400명이 되었다(민 1:40, 26:47). ⑤「가나안」에 들어가서 기업지를 받을 때에 「지중해」변 가장 기름진 땅을 얻었다. 아기 예수를 보고 기뻐하던 여선지 「안나」는 이 지파 「바누엘」의 딸이다(눅 2:36).

아셀[2]〔אָשֵׁר = 고귀한〕[인](대상 8:37) 「요나단」의 자손.

아셀[3]〔אָשֵׁר = 쾌락〕[지](민 1:13) ①「야곱」의 제8자 「아셀」 지파의 거주지. ②「이스라엘」의 서북편 「지중해」변 기름진 곳이다(수 19:24-34). ③토지가 비옥하고 경치가 아름답고, 남방에는 「갈멜」 산이 있으며 「지중해」 변에는 「두로」항이 있다. 예수 당시에는 「갈릴리」 도에 속하였고, 지금은 「이스라엘」 국 판도 안에 들었다. 「야곱」과 「모세」의 축복과 같이 되었다(창 49:20, 신 33:24-25).

아소도〔אַשְׁדּוֹד = 요새 축출〕[지](수 15:47). 「유대」국 서남 「지중해」변 「가사」 북에 있어 「애굽」에서 「유대」국에 들어오는 관문이다. ①「여호수아」가 이 성을 「유다」 지파에게 주었으나 오랫동안 취하지 못하였다. ②「웃시야」 왕이 정복하여 견고한 산성을 쌓았다(대하 26:6). ③「느헤미야」 시대에 「유대」인이 이곳 여자들을 취하여 낳은 자식들이 「유대」 방언을 알지 못하여「느헤미야」가 책망하였다(느 13:23-26). ④집사「빌립」이「가사」에서「이디오피아」내시에게 전도하고 이 성에 머물러 복음을 전하였다(행 8:40).

아소르〔*Αζώρ*=돕는 사람〕인(마 1:13) 예수님의 족보 중 한 사람.

아수바〔עֲזוּבָה=파멸〕인
1「여호사밧」의 어머니(왕상 22:42).
2「갈렙」의 아내(대상 2:18).

아순그리도〔*Ἀσύγκριτος*=비교할 수 없다〕인(롬 16:14)「로마」에 있는 성도.

아술〔אֲשׁוּרִי=아술에 속한 자〕인(삼하 2:9)「블레셋」한 지방의 사람.

아스갓〔עַזְגָּד=힘이 강한〕인(스 2:12)
1「스룹바벨」과 같이 포로에서 귀환한 자손의 조상(스 2:12).
2「느헤미야」때「바벨론」포로에서 귀환 후, 서약에 날인한 족장 중의 한 사람(느 10:15).

아스겔론〔אַשְׁקְלוֹן=털 가시나무〕지(렘 47:5, 7)「블레셋」다섯 도시 중의 하나.「아스글론」과 같은 곳.

아스그나스〔אַשְׁכְּנַז〕인(창 10:3)「야벳」의 자손「고멜」의 아들(대상 1:6).

아스글론〔אַשְׁקְלוֹן=떨기나무〕지(삿 1:1-19, 14:19)「가사」의 북쪽 27km 지점.「블레셋」5대 도시 중의 하나인「아스가란」이다. ①얼마 동안「유대」에 속하여 있었다. ②「삼손」때부터「다윗」때까지「블레셋」이 점령하고 있었고(삼상 6:17, 삼하 10:20). ③그 후 선지자들은 이 성이 장차 멸망할 것을 예언하였다(암 1:8, 렘 25:20, 47:5, 습 2:4, 7, 슥 9:5).
※ 이 성은「지중해」에 임하여 있고, 그 뒤에는 토지가 비옥하여 포도와 파를 많이 생산하므로 유명하다.

아스나[1]〔אַסְנָה=가시나무〕인(스 2:50)「바벨론」에서 돌아온「느디님」사람.

아스나[2]〔אַשְׁנָה=전능하신〕지(수 15:33)「유다」족속이 사는 남부의 두 성읍.

아스낫〔אָסְנַת=애굽 여신 느잇에게 속한 자〕인(창 4:45)「온」의 제사장「보디베라」의 딸로「요셉」의 처가 되어「에브라임」과「므낫세」를 낳았다(창 41:15-52, 46:20).

아스놋 다볼〔אַזְנוֹת תָּבוֹר=다볼의 귀〕지(수 19:34)「다볼」산 부근의 성읍.

아스다롯[1]〔עַשְׁתָּרוֹת=여신의 장소〕지(신 1:4) ①「이스라

엘」 백성이 「바산」 왕 「옥」에게서 빼앗아 「게르손」 자손에게 준 성읍(수 9:10, 12:4, 13:12, 31, 대상 6:71). ② 「르바임」 사람이 살던 「아스드롯 가르나임」과 같은 땅이다(창 4:5). 현재 「갈릴리」 바다 동 33km 지점, 「텔아스달」이다.

아스다롯[2] [명](삿 2:13) 「가나안」 주민이 섬기는 여신의 이름. 「바알」은 남신으로 같이 섬겼다(삼상 7:3, 12:10, 렘 7:18, 삿 10:6).

아스돗〔אַשְׁדּוֹד = 견고한 곳, 진(陣)〕[지](수 11:22) 신약 시대 이름은 「아소도」이니, 「유다」 지파가 「여호수아」에게서 분배받은 성읍.

아스드랏〔עַשְׁתְּרָתִי〕[인](대상 11:44) 「웃시야」의 고향.

아스드롯 가르나임〔עַשְׁתְּרוֹת קַרְנַיִם = 쌍봉〕[지](창 14:5) 「아브라함」의 조카 「롯」을 사로 잡아갔던 「엘람」 왕 「그돌라오멜」이 「르바」 족속을 치던 곳.

아스리감〔עַזְרִיקָם = 원수에 대한 도움〕[인](대상 3:23)
[1] 「다윗」의 자손 「스룹바벨」의 셋째 아들(대상 3:23).
[2] 「베냐민」 사람(대상 8:38, 9:44).
[3] 「유다」 「아하스」 왕의 궁내 대신(대하 28:7).
[4] 「데위」 사람(대상 9:14, 느 11:15).

아스리엘[1]〔אַשְׂרִיאֵל = 하나님의 맹세〕[인](민 26:31) 「므낫세」의 아들(수 17:2, 대상 7:14).

아스리엘[2]〔עַזְרִיאֵל = 하나님의 도움〕[인](대상 5:24)
[1] 「므낫세」 반 지파의 족장(대상 5:24).
[2] 「다윗」 시대의 「납달리」 관원장(대상 27:19).
[3] 「예레미야」 시대 「스라야」의 아버지(렘 36:26).

아스마웻〔עַזְמָוֶת = 죽음의 강〕[인](삼하 23:31)
[1] 「다윗」의 30용사 중 「바로훔」 사람(삼하 23:31).
[2] 「다윗」의 용사 「여시엘」의 아버지(대상 12:3).
[3] 「다윗」의 곳간을 맡은 사람(대상 27:25).
[4] 「베냐민」 사람 「여호야다」의 아들(대상 8:36, 9:42).

아스마웻〔עַזְמָוֶת = 죽음의 강〕[지](느 12:29) 「예루살렘」 북북동에 있는 성읍. 「벧아스마웻」과 같은 곳(느 7:28).

아스몬〔עַצְמוֹן = 강한〕[지](민 34:4-5) 「팔레스틴」 남쪽 경계에 있는 성읍. 「가데스바네아」 부근에 있다.

아스바다〔אַסְפָּתָא = 거룩한 말(聖馬)에 의해서 주어진 것〕

[인](에 9:7) 「하만」의 셋째 아들.

아스베아〔אַשְׁבֵּעַ=내가 탄원하다〕[지](대상 4:21) 세마포 짜는 자의 집.

아스벨〔אַשְׁבֵּל=하나님의 의견〕[인](창 46:21) 「베냐민」의 아들. 그에게서 나온 가족(대상 8:1).

아스부나스〔אַשְׁפְּנַז=말의 코〕[인](단 1:3) 「바벨론」 왕 「느부갓네살」의 왕궁 환관장.

아스북〔עַזְבּוּק=함께 황폐된, 용서〕[인](느 3:16) 「벧술」 지방 절반을 다스린 「느헤미야」의 아버지.

아스왓〔עַשְׁוָת=만든〕[인](대상 7:33) 「아셀」의 자손 「야블렛」의 아들.

아스훌〔אַשְׁחוּר=검다〕[인](대상 2:24) 「유다」 사람 「드고아」의 아버지. 「헤스론」이 「갈렙 에브라다」에서 죽은 뒤, 「아비야」의 유복자(대상 4:5).

아시마〔אֲשִׁימָא=하늘〕[명](왕하 17:30) 「수리아」의 「하맛」 사람들이 섬기는 여신. 가정신으로 예배하였다.

아시사〔עֲזִיזָא=강한〕[인](스 10:27) 「바벨론」 포로에서 이방인 아내를 취하여 「유대」로 돌아왔다가 이혼한 사람 중 한 사람.

아시아〔*Aσία*=해 돋는 나라, 중앙〕[지](행 2:9) 성경 중에 「아시아」는 「아시아」 주 전체를 가리킨 말이 아니고 「소아시아」 반도를 가리킨 이름이다. ①오순절에 성령 강림함을 참관한 「아시아」인들이 돌아가 여러 곳에 교회를 설립함(행 2:9). ②「베드로」는 「본도」, 「갈라디아」, 「가바도기아」, 「아시아」, 「비두니 아」 등 교회에 서신을 보냈다(벧전 1:1). ③사도 「요한」은 「에베소」, 「서머나」, 「버가모」, 「두아디라」, 「사데」, 「빌라델피아」, 「라오디게아」 이 7교회에 묵시를 보냈다.

아시엘[1]〔עֲזִיאֵל=하나님에 의해 창조된〕[인](대상 4:35) 「시므온」 사람의 한 족장.

아시엘[2]〔עֲשִׂיאֵל=하나님은 나의 힘〕[인](대상 15:20) 「데위」 사람으로, 「야아시엘」과 같은 사람(대상 15:18).

아아 [감](왕하 6:5) 아, 아하.

아야[1]〔אַיָּה=대머리 독수리〕[인](창 36:24)

[1] 「호리」 사람, 「세일」의 아들인 「시므온」의 아들로 「아나」의 형제. 나귀를 치다가 온천을 발견하였다(대상 1:40).

[2] 「사울」의 첩 「리스바」의 아버지(삼하 3:7, 21:8-11).

아야[2]〔עַיָּה=폐허〕[지](느 11:31) 「벧엘」 남동의 성읍. 「아

ㅇ

이」와 같은 곳.

아얄론〔אַיָּלוֹן=사슴의 언덕〕 [지](수 10:12)

[1]「유다」 서북부 평지에 있던「아모리」 사람의 성읍.「여호수아」의 승리의 노래에 처음 나타나는데, 이 골짜기 위에 달이 머물렀다고 하였다(수 10:12-13). ①「단」 지파의 경내에 있는 「레위」인의 거주지(수 19:42, 21:24, 대상 6:69). ②후에 「베냐민」지파에 속하였다(대상 8: 13). ③나중에「유대」 지파에 속하여 있는 중에 「르호보암」이 요새지로 삼았다(대상 11: 10). ④「여호수아」가 점령한 후에도「아모리」 족속이 거주하고 있었다(삿 1:35). ⑤「사울」 시대에는「요나단」이「블레셋」인을 이곳까지 추격하였다(삼상 14:21). ⑥「아하스」 시대에는 「블레셋」에게 빼앗겼다(대하 28:18).

[2]「스불론」의 성읍. 사사「엘론」이 장사된 곳(삿 12: 12).

아얏〔עַיָּה=폐허〕[지](사 10:28)「아야」,「아이」와 같은 곳.

아얠렛사할 [명](시 22:) 시편 22편의 제목. 곡조의 이름으로 사슴이란 곡조로 여긴다.

아와〔עַוָּא=지방〕[지](왕하 17: 24)「앗수르」 군대에 정복된「수리아」의 성읍.「아렘포」부근「유브라데」 강변. 이곳 사람들은 후에「사마리아」로 옮겼다(왕하 18:34).

아우 [명](창 4:2) 동생. younger brother.

아우르다 [타](시 81:2) ①여럿이 한 덩어리나 한 판을 이루다. put together. ②여럿이 모여 조화를 이루다.

아울러 [부] ①여럿이 한데 합하여. ②그것과 함께(출 12:8).

아웬〔אָוֶן=악, 미혹, 우상〕[지](겔 30:17)

[1] 겔 30:17에 있는 것은 창 41:50의「온」과 동일시 하는데, 현재「카이로」 동북 11km 지점.「나일」 강 동안에 있는「엘마다리에」다.

[2] 호 10:18의 「아웬」의 산당이라 한 것은 우상의 신당이라 읽을 것인데, 이것은「벧엘」 곧, 하나님의 집에 대하여 반대적 이름으로 주어진 호 4:15, 10:5에 있는「벧아웬」(우상의 집)이라고 부르는 것과 같다.

[3] 암 1:5의 「아웬」은 자기가 두「레바논」 산 사이에 있는 「수리아」 분지(盆地)를 가리킴. 이곳에서 태양을 숭배한다.

아위〔עַוִּי=사막부락민〕[인](신 2:23) 가나안 원주민(수 13:3)으로,「블레셋」에 흡수됨.

아윔〔עַוִּים=폐허, 촌락들〕[지]

(수 18:23) 「베냐민」 지파의 성읍. 「아이」[2]와 같은 곳.

아윗〔עֲוִית=폐허, 오두막 마을〕[지](창 36:35) 「에돔」의 성읍. 「하닷」의 수도.

아이[1] [명](창 25:22) 어린이. child.

아이[2]〔עַי=폐허〕[지](창 12:8)
[1] 「벧엘」의 동남 3km지점에 있어 「가나안」의 요새지. ①「아브라함」은 「가나안」에 들어가 「벧엘」과 「아이」 사이에 장막을 쳤다(창 13:). ②「여호수아」는 이 성을 쳤으나 「아간」의 범죄로 실패하고, 「아간」을 징벌한 후 두 번째 쳐서 점령하였다(수 7:2-5, 8:1-29). ③그 싸움의 결과로 황폐해졌던 것은 「이사야」 시대에 재건하였고, 후에 「앗수르」 군대의 침입을 당하였다(시 10:28).
[2] 「요단」 동부의 성읍(렘 49:3).

아이 배다 [구](출 21:22) 아이를 잉태하다.

아인〔עַיִן=샘〕[지](민 34:11)
[1] 약속의 땅 「가나안」의 동북의 경계가 되어 있는데, 「오론데스」 강 근원지에 가깝다(민 34:11).
[2] 「브엘세바」 동북 14km 지점에 있어 지금의 「움엘루마임」인 듯하고 또, 「엔리몬」이라고도 한다(수 15:32, 19:7, 대상 4:32, 느 11:29).
[3] 제사장 「아론」 자손에게 준 성읍으로, 70인역에는 「아샨」이라고 한다(수 21:16).

아인가림 [지](눅 1:24, 39) 「예루살렘」 서쪽 6km 지점. 「요한」의 부모 「사가랴」와 「엘리사벳」이 살던 곳을 일컫는다.

아자비 [명](레 10:4) (옛) 아저씨.

아전〔衙前;마을 아, 앞 전〕[명](대하 24:11) 지방 관청의 과장급 직원. petty town. official.

아주 [부](레 1:17) ①더 생각할 여지도 없이. quite. ②다시는 없도록. entirely. [감] 잘하는 체 하는 남의 행동을 비웃는 말. pshaw.

아직 [부](마 15:16) ①그 때가 오지 않은 뜻. yet. ②과거에 있었던 그대로의 뜻. still.

아첨〔阿諂;아첨할 아, 아첨할 첨〕(욥 32:22) 남에게 잘 보이기 위하여 사리 분별도 없이 비위를 맞추어 알랑거림. ㊒아부(阿附). flatter.

아침 [명](창 1:5) 날이 새어 밥을 먹을 때까지의 동안. morning.

아침 빛 [명](아 6:10) 어두움을 밝혀 주는 아침 햇빛. 여명.

아켈라오〔Αρχέλαος=지배자, 치민〕[인](마 2:22-23) 「헤롯

아켈라오」「헤롯」 대왕의 아들. 「유대」, 「사마리아」, 「이두매」 분봉왕(주전 4-주후 6). 다른 형제와 마찬가지로 「로마」에서 교육을 받았다. 그에게는 왕의 칭호가 주어지지 않고 분봉왕으로서 치리했으나, 악정으로 인하여 「유대」인의 불평을 초래하여 드디어 「로마」 정부로부터 파면을 받았다. 「요셉」과 「마리아」가 「아켈라오」를 피해 「애굽」으로 갔다.

아킴〔*Αχίμ*＝지혜〕인(마 1:14) 예수님의 족보 중 한 사람.

아킵보〔*Αρχιππος*＝마부〕인 (골 4:17) 「골로새」에 있는 교인으로, 「바울」이 권면하기를 주 안에서 받은 직분을 삼가 진력하라고 하였다.

아프다 형(삼상 4:19) 몸이나 마음이 견디기에 거북하게 몹시 괴롭다. painful.

아하라〔אַחְרַח＝형제를 따라〕 인(대상 8:1) 「베냐민」의 셋째 아들.

아하수에로〔אֲחַשְׁוֵרוֹשׁ＝위대한 사람〕인

1 「바사」 왕(주전 485-405) 「다리우스 히스다스페스」의 아들. 「바사」 왕 「석세스」 1세(주전 485-405). ①성전 공사에 반대한 「느헤미야」의 원수들이 그에게 상소했다 (스 4:6). ②구약에서는 「에스더」를 왕후로 하여 그녀의 청을 듣고 「하만」의 「유대」인 살인 음모를 좌절시켰다 (에 1:1-16, 2:21, 3:12).

2 「메대」 왕 「다리오」의 아들 「아하수에로」(단 9:1).

아하스〔אָחָז＝소유자〕인(왕하 15:38) 「유다」 왕(주전 735-715). 부친 「요담」의 뒤를 이어 20세에 왕위에 올랐다. ① 그는 「호세아」, 「미가」, 「이사야」의 예언을 들으면서도 「앗수르」의 우상을 섬기고 아들을 제물로 드렸다. ②그는 「수리아」, 「에브라임」 전쟁에서 「예루살렘」이 연합군에 둘러쌓이자, 「이사야」의 말을 듣지 않고 「앗수르」의 「디글랏빌레셀」 왕과 신전을 위한 보물을 보내어 원병을 청했다(사 7:1). ③이교의 제단을 수입했기 때문에 오랫동안 그 피해를 입었다(왕하 16:, 대하 28:).

아하스베〔אֲחַסְבַּי＝만발한, 빛나는〕(삼하 23:34) 「다윗」의 30용사 중 한 사람.

아하시야〔אֲחַזְיָה＝여호와의 소유〕인(왕상 22:40)

1 북 「이스라엘」의 왕(주전 880-849) 부친 「아합」 왕의 왕위를 계승. ①양친과 마찬가지로 하나님 대신에 바알신을 숭배하였다. 그는 왕궁 난간에서 떨어져 부상을 입

ㅇ

고 재위한지 얼마 안 되어 사망했다(왕상 22:49, 왕하 1:2, 대하 20:35-37). ②「엘리야」가 예언한 대로 죽었다(왕하 1:2).

[2] 남 「유다」 왕 「여호람」의 아들(주전 842-841). 왕위에 있은지 겨우 1년 만에 「이스라엘」 왕 「여호람」과 연합하여 「수리아」를 치다가 「예후」에게 치명상을 입고 「므깃도」로 도망, 거기서 죽었다(왕하 8:29).

아하와〔אַהֲוָא =들, 시내〕[지](스 8:15) 「바벨론」 서북방을 흐르는 강으로, 혹은 운하의 이름이다. 「에스라」가 이 강가에서 백성과 제사장을 조사하였고 또 금식을 선포하고 기도한 후, 정월 12일에 이곳에서 출발하여 「예루살렘」을 향하였다(스 8:21, 31).

아하헬〔אֲחַרְחֵל =흉벽 뒤의, 라헬의 동생〕[인](대상 4:8) 「유다」 지파의 「하룸」의 아들. 「아하헬」 족속의 선조.

아합〔אַחְאָב =아버지의 형제〕[인](왕상 16:28)

[1] 「사마리아」를 수도로 하는 「이스라엘」 왕 「오므리」의 아들(주전 869-850). 부친을 이어 왕이 되었다. ①「유다」 왕 「여호사밧」과 동시대이며 왕의 딸 「이세벨」과 결혼, 그녀의 바알 종교를 극력 지원했다. 「엘리야」가 「아합」의 배교를 꾸짖고 전국에 가뭄이 들리라고 예언했다(왕상 17:1). ② 3년 반의 가뭄이 든 후, 바알 선지와 「갈멜」 산 꼭대기에서 내기하여 이겼다(왕상 18:19-46). ③그 결과 바알 선지들은 죽임을 당했다. 그는 남 「유대」, 「여호사밧」과 동맹하여 「수리아」와 전쟁. 그러나 「라못 길르앗」에서 적의 화살에 죽어 「사마리아」에 묻히었다(왕상 22:1-36).

[2] 「예레미야」 시대의 거짓 예언자. 「바벨론」에서 백성을 속였다(렘 29:21).

아헬〔אַחֵר =따르는, 다른〕[인](대상 7:12) 「베냐민」 지파 사람 「후심」의 아버지.

아호아[1]〔אֲחוֹחַ =형제적〕[인](대상 8:4) 「베냐민」의 맏아들 「벨라」의 아들.

아호아[2]〔אֲחוֹחַ =형제적인〕[지](삼하 23:28) 「다윗」의 30용사 중 한 사람인 「살몬」의 고향.

아효〔אַחְיוֹ =그의 형제〕[인](삼하 6:3) 「웃사」의 형제. 「아비나답」의 아들. 「아히요」와 같은 사람.

아후매〔אֲחוּמַי =~의 형제〕[인](대상 4:2) 「유다」 지파 「야핫」의 아들.

아훗삼〔אֲחֻזָּם =그들의 소유물〕[인](대상 4:6) 「유다」 사람

「아스훌」의 아들 「헤스론」의 가족.

아훗삿〔אֲחֻזַּת = 소유물〕[인](창 26:26) 「이삭」 시대 「그랄」 왕 「아비멜렉」의 친구.

아흐새〔אַחְזַי = 여호와는 잡히셨다〕[인](느 11:13) 「아사렐」의 아들. 「바벨론」에서 돌아온 때의 제사장.

아히〔אֲחִי = 내 형제〕[인]

[1] 「압디엘」의 아들이며, 족장(대상 5:15).

[2] 「아셀」 자손 「소벨」의 맏아들(대상 7:34).

아히감〔אֲחִיקָם = 내 형제가 흥함〕[인](왕하 22:12-20) ①대제사장 「힐기야」가 성전에서 발견한 율법책의 말씀을 묻기 위하여 「요시야」 왕이 여선지 「훌다」에게 파견한 5인의 사신 중의 하나. ②「여호야김」이 즉위 초에 「예레미야」가 국가의 죄를 공격하매 제사장과 선지자들이 「예레미야」를 「유대」 방백 앞에 문책할 때에 그가 「예레미야」를 보호하였다(렘 26:24). ③그의 아들 「그다랴」가 「갈대아」 왕 「느부갓네살」의 명령으로 「유대」 방백이 되었을 때에, 「예레미야」를 구출하여 자기 집에 유하게 하였다(렘 39:14, 40:5).

아히나답〔אֲחִינָדָב = 자유로운 형제〕[인](왕상 4:14) 「솔로몬」 치하에서 「마하나임」 성읍을 주관한 관장 「잇도」의 아들.

아히노암〔אֲחִינֹעַם = 내 형제는 아름답다〕[인](삼상 14:50)

[1] 「이스라엘」의 제1대 왕 「사울」의 처이며, 「아히마아스」의 딸이다(삼상 14:50).

[2] 「다윗」의 처. ①「이스라엘」 여자로 「암논」을 낳았다(삼상 25:43, 삼하 3:2). ②「다윗」이 「가드」 왕 「아기스」에게 피신할 때, 처와 「아비가일」이 함께 하였다(삼상 27:3).

아히도벨〔אֲחִיתֹפֶל = 무지의 형제〕[인](삼하 15:12) ①「다윗」의 모사로서 지략이 있어 매우 중히 여기더니, 「압살롬」이 고문으로 청빙하였다. ②첫번 베푼 모략이 부왕의 후궁들을 간통하는 일이었다(삼하 16:20-23). ③그 다음 좋은 모략을 베풀었으나 시행되지 않음을 보고서 고향에 돌아가 자살하였다(삼하 17:23). ④그는 「우리아」의 처 「밧세바」의 조부인 듯하다(삼하 11:3, 23:34 비교).

아히둡〔אֲחִטוּב = 내 형제가 선함〕[인](삼상 14:3)

[1] 제사장 「엘리」의 손자(삼상 14:3, 22:9-12).

[2] 제사장 「아사랴」의 5대 조부. ①「사독」의 조부(대상

9:11, 느 11:11). ②「사독」은 「다윗」 때 대제사장이다(삼하 8:17, 대상 6:7).
[3] 다른 「사독」의 부친(대상 6:8).

아히라〔אֲחִירַע = 악의 형제〕[인](민 1:15, 2:29, 7:78, 10, 27) 「납달리」 족속의 두령(민 2:29).

아히람〔אֲחִירָם = 고귀한 형제〕[인](민 26:38) 「베냐민」 자손의 이름. 「아히라」와 같은 사람.

아히마아스〔אֲחִימַעַץ = 내 형제가 분노함〕[인](삼상 14:50)
[1] 「사울」 왕의 처 「아히노암」의 부친(삼상 15:50).
[2] ①제사장 「사독」의 아들로서 「아비아달」의 아들 「요나단」과 함께 「압살롬」 반란시에 「다윗」의 스파이로 활약함(삼하 15:27-28). ②「압살롬」의 사자가 추격하여 올 때에 도망하여 「바후림」에 이르자 한 여자가 우물 속에 숨겨 주어 화를 면하고, 적정을 「다윗」에게 보고하였다(삼하 17:15-21).
[3] 「솔로몬」 왕의 사위로 왕의 식사를 맡은 관원이 되었다(왕상 4:15).

아히마하스 [인](삼하 17:20) 「아히마아스」와 같은 사람.

아히만〔אֲחִימָן = 선물의 형제〕[인](민 13:22)
[1] 「헤브론」에 사는 거인 「아낙」 자손(수 15:14, 삿 1:10).
[2] 「레위」 사람. 성전 문지기(대상 9:10).

아히멜렉〔אֲחִימֶלֶךְ = 왕의 형제〕[인](삼상 21:1)
[1] 「엘리」의 자손 「아히둡」의 아들. ①「놉」 땅의 제사장(삼상 22:9, 14:3, 대상 24:3). ②그가 「다윗」에게 성막안의 진설병과 「골리앗」의 검을 준 까닭에, 「사울」이 그의 온 가족과 제사장 85인을 죽였다. 그 독수에서 벗어난 자는 오직 「아비아달」 뿐이었다(삼상 22:9-20).
[2] 「헷」 사람으로, 「아비새」와 함께 「다윗」을 따라 「사울」의 진중에 이르러 「사울」이 자는 것을 본 「아비새」가 죽이자고 하는 것을 「다윗」이 금하였다(삼상 26:6-9).
[3] 「다윗」 시대의 제사장(삼하 8:17, 대상 24:36).

아히못〔אֲחִימוֹת = 내 형제는 죽음〕[인](대상 6:25) 「레위」 지파 「고핫」 사람 「엘가나」의 아들. 「아마새」의 형제.

아히사막〔אֲחִיסָמָךְ = 공급의 형제〕[인](출 31:6, 35:34) 「단」 지파 사람. 「모세」 시대 성전 기구를 만든 사람 「오홀리압」의 아버지.

아히사할〔אֲחִישַׁחַר = 여명의 형제〕[인](대상 7:10) 「베냐민」

지파의 족장, 「빌한」의 아들.

아히살〔אֲחִישָׁר =노래 부르는 자의 형제〕㉢(왕상 4:6) 「솔로몬」 시대 궁내 대신.

아히안〔אַחְיָן =형제적인〕㉢(대상 7:19) 「므낫세」의 자손. 「스미다」의 아들.

아히암〔אֲחִיאָם =어머니의 형제〕㉢(삼하 23:33) 「아랄」인 「사랄」의 아들로, 「다윗」의 30용사 중 한 사람(대상 11:35).

아히야〔אֲחִיָּה =여호와는 형제〕㉢(삼상 14:3)

1 「사울」 왕 시대의 제사장, 「아히멜렉」 같은 사람이거나 형제. 「둡」의 아들(삼상 14:3, 18).

2 「실로」에 있는 선지자. ① 「여로보암」에 대하여 두 가지 예언을 하였다. 하나는 「솔로몬」이 우상을 섬김으로, 앞으로 나라를 열 둘로 나누어 그 중에 10을 「여로보암」에게 주시겠다 하였다(왕상 11:29-33). ②또 하나는 「여로보암」 역시 우상을 섬김으로 그 나라가 망할 것과 그 아들 「아비야」가 죽을 것을 예언하였다(왕상 14:1-16).

3 「솔로몬」 시대의 서기관(왕상 4:3).

4 「유다」 자손 「헤스론」의 맏아들 「여라무엘」의 아들(대상 2:25).

5 「이스라엘」 왕 「바아사」의 부친(왕상 15:27).

6 「베냐민」 사람의 족장(대상 8:4) 「아호아」와 같은 사람(대상 8:7).

7 「다윗」의 용사 「스블론」 사람(대상 11:36).

8 「다윗」 시대 성전 곳간을 맡은 「레위」 사람(대상 26:20).

9 「느헤미야」 시대 「레위」 사람(느 10:26).

아히에셀〔אֲחִיעֶזֶר =내 형제가 도움〕㉢(민 1:12)

1 「모세」 때 「단」 지파의 두령(민 2:25, 7:66, 10:25).

2 「다윗」이 「사울」을 피하여 다닐 때 함께 한 한 용사요, 겸하여 궁사(弓士)(대상 12:3) 「기브아」 사람.

아히오〔אַחְיוֹ =그의 형제〕㉢(대상 8:31)

1 「아비나답」의 아들 중 하나로, 「다윗」이 그의 집에 있는 법궤를 옮길 때에, 그 형제가 법궤 실은 수레를 몰고 가다가 소가 뛰매 그 형 「웃사」가 법궤를 붙들었다가 여호와께서 치심으로 「웃사」는 죽고 그는 죽지 않은 듯하다(삼하 6:3). 「아효」와 같은 사람.

2 「베냐민」 사람 「기스」의 형제(대상 8:31, 9:37).

아히요〔אֲחִיוֹ = 그의 형제〕[인] (대상 8:14) 「가드」인을 쫓아낸 자로, 「브리아」의 아들이다(대상 8:14).

아히훗[1]〔אֲחִיהוּד = 형제, 유대인의 친구〕[인](민 34:27) 「아셀」 지파의 족장 「슬로미」의 아들.

아히훗[2]〔אֲחִיהוּד = 비밀형제〕[인] (대상 8:7) 「베냐민」 사람 「에훗」의 아들. 「웃사」의 형제. 「빌라」의 손자.

아힐룻〔אחילוד = 한 탯줄의 형제〕[인](삼하 8:16)

[1]「다윗」과 「솔로몬」 시대의 사관(史官) 「여호사밧」의 아버지(삼하 20:24, 왕상 4:3, 대상 18:5).

[2]「솔로몬」의 관장(官長) 「바아사」의 아버지(왕상 4:12).

악〔惡; 악할 악〕[명](창 6:5) ①바르지 못함. evil. ②착하지 못함. wickedness. ③하나님을 믿지 아니하는 행위.

악감〔惡感; 악할 악, 느낄 감〕[명] (행 14:2) ①좋지 않게 생각하는 감정. ill-feeling. ②분하고 원통한 감정. unfavorable impression.

악갓〔אַכַּד = 요새, 성곽〕[지](창 10:10) 「니므롯」이 「시날」 땅에 건설한 4대 도시 중의 하나로서 후에 「사르곤」 1세가 도성을 쌓았던 「아갓」이요, 현재의 「에델」인 듯하다. 「싯발」 동북 9.6km에 있다.

악고〔עַכּוֹ = 무더운 모래〕[지](삿 1:31) ①「베니게」의 항구로서 「갈멜」 산 북 6km 지점 「지중해」에 접하였다. 「여호수아」가 「아셀」 지파에게 주었다. ②사도 시대에는 「돌레마이」라 하여 「바울」이 최후 「예루살렘」에 올라갈 때 이 곳에서 1일간 유숙하였다(행 21:7).

악굽〔עַקּוּב = 교활한〕[인](대상 3:24)

[1]「다윗」의 자손 「엘료에네」의 아들(대상 3:24).

[2]「바벨론」에서 돌아온 가족의 장. ㉠(스 2:42 ㉡45).

[3]이 외 「레위」 사람이 셋 있다(대상 9:17, 느 11:19, 12:25).

악귀〔惡鬼; 악할 악, 귀신 귀〕[명] (눅 7:21) 아주 몹쓸 귀신. demon.

악기〔樂器; 음악 악, 그릇 기〕[명] (삼하 6:5) 〈악〉 음악을 할 때 쓰는 제기구. musical instrument.

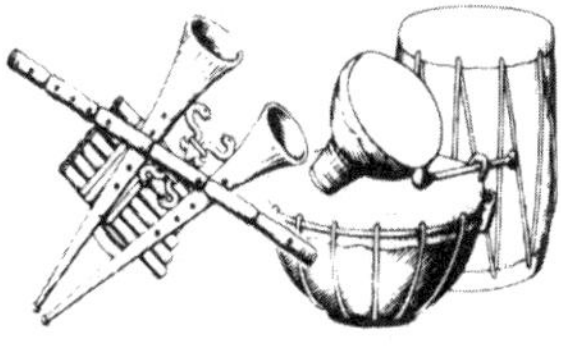

악념〔惡念; 악할 악, 생각 념〕[명]

(신 15:9) 모진 생각, 나쁜 마음. evil intention.

악담〔惡談;악할 악, 말씀 담〕명 (시 41:5) 남을 못되도록 저주하는 나쁜 말. curse.

악독〔惡毒;악할 악, 독할 독〕명 (신 32:33) 마음이 흉악하고 독살스러움. atrocity. 부 악독히.

악령〔惡靈;악할 악, 신령 령〕명 (고전 2:6-8, 갈 4:8-10) 원한을 품고 재앙을 내린다는 영혼. 귀신. evil spirit. 그리스도의 십자가 부활은 이 악령을 깨뜨렸다.

악메다〔אַחְמְתָא = 모이는 곳〕지 (스 6:2) 「메대」의 수도. 현재의 「이란」의 수도 「테헤란」의 서쪽 300km 지점.

악볼〔עַכְבּוֹר = 쥐〕인 (창 36:38)

1 「에돔」 왕 「바알하난」의 부친(대상 1:49).

2 제사장 「힐기야」가 성전에서 발견한 율법책에 기록된 국가의 죄에 대하여 묻기 위하여 여선지 「훌다」에게 보낸 「요시아」 왕의 심복으로 「미가야」의 아들이며 「엘라단」의 아버지. 왕하 22:8-14, 대하 34:20에는 「압돈」이라 되어 있다.

악사〔עַכְסָה = 발목걸이〕인 (삿 1:11-15) 「애굽」에서 나와 「가나안」에 들어간 사람 중 하나인 「갈렙」의 딸. 「갈렙」이 「기럇베셀」을 쳐서 취하는 자에게 그를 아내로 주겠다고 선포하였더니, 숙부의 아들 「옷니엘」이 취하여 그에게 주고 또 윗샘과 아랫샘을 주었다.

악사[1]〔樂師;음악 악, 스승 사〕명 (시 68:25) 주악에 종사하던 한 벼슬.

악사[2]〔樂士;음악 악, 선비 사〕명 (시 68:25) 악기와 음악을 연주하는 사람. musician.

악삽〔אַכְשָׁף = 헌신〕지 (수 19:25) 「아셀」 땅 「아구레」 평원에 있었는데, 현재 「텔게이」산이라 한다. 이곳 왕은 「하솔」 왕과 동맹하여 「이스라 엘」 침략을 대비하고 있었다(수 11:~12:20).

악성〔惡性;악할 악, 성품 성〕명 (레 13:51) 모질고도 악독한 성질. malignancy.

악수〔握手;잡을 악, 손 수〕명 (애 5:6) ①두 사람이 서로 손을 마주 잡아 흔듦. shaking hands. ②서로 교제를 맺음. having connection with.

악신〔惡神;악할 악, 귀신 신〕명 (삼상 16:14) 정법(正法)을 어지럽게 하는 나쁜 신. devil.

악심〔惡心;악할 악, 마음 심〕명 (히 3:12) ①악한 마음. evil. intention. ②남을 해치려는 마음.

악십〔אַכְזִיב =속임〕지(수 15:44)
1「아셀」지파가 점령한「악고」의 북 14km 지점. 해안에 있는 지방으로,「엘십」이라고도 한다(삿 1:31, 수 19:29).
2「유다」의 저지인「라기스」의 남 14km의「아윤굿사베」인 듯한데, 창 4:22의「구십」과 대상 4:22의「고세바」는 이「악십」과 같은 땅이다(수 15:44, 미 1:14).

악어〔鰐魚;악어 악, 고기 어〕명 (레 11:30)〈동〉 악목(鰐目) 파충류의 총칭. 도마뱀과 비슷한 모습으로 매우 큰 파충류. crocodile.〈육지 악어〉

악업〔惡業;악할 악, 업 업〕명 (사 1:16) 나쁜 짓, 나쁜 직업. evil.

악의〔惡意;악할 악, 뜻 의〕명 (롬 1:29) 남을 해치려는 나쁜 마음. ill will.

악인〔惡人;악할 악, 사람 인〕 (창 18:23) 성질이 악한 사람. bad man.

악질〔惡疾;악할 악, 병 질〕명 (출 9:3) 고치기 어려운 병. terrible disease.

악창〔惡瘡;악할 악, 부스럼 창〕명(욥 2:7) 고치기 어려운 악성의 부스럼. bad boil.

악취〔惡臭;악할 악, 냄새 취〕명 (출 7:18) ①흉악한 냄새. nasty smell. ②건물이 썩는 냄새. putrid smell.

악특〔惡慝;악할 악, 사특할 특〕명(신 26:10) 악하고 간사함. evil.

악평〔惡評;악할 악, 평할 평〕명 (민 13:32) 남을 나쁘게 말하는 비평. 좋지 않은 평판. bad reputation.

악한 눈명(신 15:9) ①세상에 유혹되는 눈. ②긍휼을 피하는 마음(마 20:15).

악한 말명(마 5:11) ①저주하는 말. ②불신앙의 말.

악한 병명(시 41:8) 잘 낫지·아니하는 병.

악한 사욕명(미 7:3) 악한 사사로운 욕심.

악한 생각명(욥 15:35) 바르지 못하고 착하지 아니한 생각.

악한 신명(삿 9:23)「사단」의

부림을 받는 귀신.

악한 여인 명(대하 24:7) 행실이 고약하고 나쁜 여자.

악한 일 명(욥 11:11) 믿음으로 하지 아니하는 일.

악한 자 명(욥 3:17) 하나님을 대적하여 범죄한 자. ①사단, 마귀. ②선을 행치 않는 자(딤전 5:8).

악한 정욕 명(골 3:5) 바르지 못한 마음에 생기는 여러 가지 욕심, 탐심.

악행〔惡行;악할 악, 행할 행〕명(레 18:17) 몹시 그릇된 행실. misconduct.

악형〔惡刑;악할 악, 형벌 형〕명(히 11:35) 참혹하고 잔인한 형벌. severe punishment.

안 명(창 9:21) 둘러쌓인 가에서 가운데로 향한 곳이나 쪽. inside.

안개 명(창 2:6) 연기처럼 피어올라 땅 가까운 대기 속에 널리 떠 있는 수증기.

안기다 지(사 60:4) 남의 품속에 들다. be embraced. 타 안도록 시키다. let hold in the arms.

안나〔*Aννα*=은혜〕인(눅 2:36)

1「아셀」지파「바누엘」의 딸인데, 결혼 9년 후에 남편이 죽고 즉시 성전에 들어가서 84년간 봉사하고 있는 중에 아기 예수를 보고 크게 기뻐하였다(눅 2:36-38). 신약성경에서 가장 오래 장수하였다.

2 예수의 모친「마리아」의 모친「성안나」는 전설에 의하면「베들레헴」사람이며, 제사장「마단」의 딸이다. 딸 형제를 두었는데 그중 하나는「엘리사벳」의 어머니 곧 세례「요한」의 할머니다. 희랍교회에서는 4세기 경부터「안나」숭배가 시작되었다.

안나스〔*Aννας*=여호와의 은사〕인(눅 3:2) 주후 7-33년까지「유대」제사장으로 있던 자인데 그 사위「가야바」와 함께 대제사장이 된 듯하다. ①예수께서 잡히시던 밤에 먼저「안나스」에게 가셨다(요 18:13, 24). ②사도들이 관원과 장로와 서기관 앞에서 심문 당할 때에「안나스」도 거기 참여하였다(행 4:5-6).

안녕〔安寧;편안 안, 편안할 녕〕명(창 43:27) ①탈없이 무사함. ②서로 인사할 때 쓰는 말. tranquillity.

안다 타(창 29:13) ①두 팔로 끼어서 가슴에 품다. embrace. ②날짐승이 알을 품다. sit on. ③남의 일을 책임지고 맡다. answer for.

안도디야〔עֲנְתֹתִיָּה=여호와의 응답〕인(대상 8:24)「베냐민」 사람. 「사삭」의 아들.

안돈〔安頓;편안 안, 조아릴 돈〕 명(민 13:30) 사물을 매만져 바로 잡음. management.

안드레〔Ανδρέας=남성적〕인 (요 1:40-42) 「요한」(구역에는 요나)의 아들이요, 「베드로」의 형제다. ①「갈릴리」 해변 「벳새다」의 어부로서 세례 「요한」의 제자가 되었다가 선생으로부터 예수의 일을 듣고 예수를 따랐다. ② 함께 12사도 중에 참여하여 일생을 봉사하였다(마 10:2). 예수께서 승천하신 후에 「소아시아」와 「헬라」에서 복음을 전하다가 십자가에 달려 죽었다 한다.

안드로니고〔Ανδρôνικος=승리자〕인(롬 16:7) 「유대」인이며 「바울」의 친척으로, 「바울」과 함께 「로마」 옥에 갇혔던 사람.

안뜰 명(왕상 6:36) 안채에 있는 뜰. inner court.

안디바〔Αντιπᾶς=반대자〕인 (계 2:13)

1「버가모」 교인으로 「요한」의 신실한 증인인데, 주의 도리를 위하여 죽임을 당했다(계 2:13).

2「헤롯 안디바」이니, 「헤롯」 항을 보라.

안디바드리〔Αντιπατρίς=아버지 같이 대하라〕지(행 23:31) 「예루살렘」에서 「가이사랴」까지의 군용 도로 중간에 있는 곳으로, 「예루살렘」에서 40마일이다. 「유대」인들이 「바울」을 죽이고자 하매 「로마」병이 「바울」을 데리고 밤에 「가이사랴」로 갈 때에 이곳을 통과하였다. 이 성은 대 「헤롯」이 건설하고 그 부친 「안디바터」를 기념하기 위하여 이 땅 이름을 삼은 것인데, 지금은 성터만 있다.

안디옥〔'Αντιôχεια=병거, 혹은 전사(戰士)〕지

1「수리아」에 있는 「안디옥」. ①주전 300년경에 「수리아」 왕 「셀고스니가돌」이 건설하고 국도로 정하였는데, 당시는 세계 제일의 화려한 도시였다. ②예수 당시에는 「로마」 제3도시였다. 「스데반」이 순교를 당할 때에 신도가 사방으로 흩어져 이 성으로 들어온 사람들이 교회를 설립하였으니, 이것이 곧 이방 교회의 시초가 되었다. 이 소문을 들은 「예루살렘」 교회는 「바울」과 「바나바」를 선교사로 보냈다(행 11:20-23). ③「바울」이 이 성에서 처음으로 그리스도인이라는 칭호를 받았다(행 11:26). ④이 교회에서 구제 사업을 창시함(행 11:29-30). ⑤이

교회에서 전도 사업에 알려진 유명한 교역자는 「니골라」, 「아가보」, 「바나바」, 「니게르」, 「시므온」, 「루기오」, 「마나엔」, 「사울」(바울) 등인데, 그 중에서 「바나바」와 「바울」을 선발하여 파송하니 이것이 곧 선교 사업의 시초요, 제1대 선교사이다(행 6:5, 11:28, 행 13:1-4). ⑥선교사로 파송받은 「바나바」와 「바울」은 「구브로」를 경유하여 「아세아」, 「마게도냐」, 「헬라」, 「로마」에까지 이르러 복음을 전파하여 교회를 많이 설립한 것이 전세계 복음을 전파하게 된 원동력이 되었다. 주후 110년경에 「요한」의 제자로 유명한 「익나시우스」는 이 성에서 40년간 복음 운동에 충성하다가 순교를 당하였다.

안디옥의 수로

[2]「소아시아」, 「비시디아」도에 있는 성으로, 사도 시대에는 광대한 성전과 회당과 연극장이 있었다. 「바울」이 제1차 선교 여행시에 이 성에 들어가 전도할 때 이방인이 많이 따르는 것을 보고 「유대」인들이 시기하여 「이고니온」과 「루스드라」 성까지 축출하였으나 귀로에 다시 이 성에 들어와 제자들의 마음을 신앙으로 견고케 했다(행 13:14, 50, 딤후 3:10, 11, 행 14:21-22). 지금은 빈터 위에 수도의 유적이 남아 있을 뿐이다.

안락〔安樂;편안 안, 즐길 락〕[명](레 12:1) 마음이 편안하고 즐거움. comfort.

안력〔眼力;눈 안, 힘 력〕[명](창 29:17) 눈으로 보는 힘. strength of vision.

안목〔眼目;눈 안, 눈 목〕[명](시 11:4) 사물을 분별하는 힘. discernment.

안방 [명](창 43:30) 주부가 쓰는 방, 내실. boudoir.

안부〔安否;편안 안, 아닐 부〕[명](창 43:27) 편안한지 어떤 연고가 있는지 소식을 묻는 것. one's state of health.

안색〔顔色;얼굴 안, 빛 색〕[명](창 4:5) 얼굴의 기색. look.

안수〔按手;어루만질 안, 손 수〕[명](출 29:10) 머리에 손을 얹는 것으로 ①하나님께 바치기로 성별하는 행위(민 27:18, 신 34:9). ②병을 고칠 때(막 6:5, 눅 13:13). ③사역자를 세울 때(행 6:1-6,

13:1-13). ④세례를 베풀 때 행하였다. position of hands.

안식〔安息;평안 안, 쉴 식〕명 (창 2:2) 편안하게 쉼. rest the sabbath.

안식년〔安息年;~해 년〕명(레 25:5) 「유대」인이 6년간 일하고 1년 동안 쉬던 해. year of complete rest. sabbatical.

안식시〔安息時;~때 시〕명(레 26:35) 편안하게 쉴 때. while the rest.

안식일〔安息日;~날 일〕명(출 16:23) ①하나님께서 창조를 마치신 날(창 2:2). ②하나님께서 복주시고 거룩하게 하신 날. ③「이스라엘」 민족이 노동에서 쉬는 날. 금요일 해질 때부터 토요일 해질 때까지. 이 날은 성일로 지켰다. 신약 시대의 기독교 교인들은 주님이 부활하신 안식일 다음날 즉, 이레 중 첫날을 주의 날(주일)로 예배한다(계 1:10). 주일을 지키는 법은 예배와 성경 공부, 구제와 주의 이름으로 봉사할 것이며, 부득이한 일과 생명을 구하는 일 외에는 모두 쉬어야 하고 6일 동안은 부지런히 일해야 한다.

안식 후〔安息後;~뒤 후〕명(마 28:1) 안식하고 난 뒤. 안식일 뒤. after the sabbath.

안심〔安心;평안 안, 마음 심〕명 (창 43:23) 근심 걱정 없어 마음을 놓음. peace of mind.

안약〔眼藥;눈 안, 약 약〕명(계 3:18) 눈병, 안질에 쓰이는 약. eyelotion.

안연〔晏然;늦을 안, 그럴 연〕명 (삿 8:11) 마음이 편안하고 침착함. calmness.

안온〔安穩;평안 안, 평온할 온〕명(욥 3:26) 조용하고 편안함. peace. 부 안온히.

안위〔安慰;평안 안, 위로할 위〕명(창 5:29) 마음과 몸을 편안하게 하고서 조용히 위로함. consolation.

안위자〔安慰者;~놈 자〕명(욥 16:2) 몸을 편안하게 하고 마음을 위로하는 사람. comforter.

안일〔安逸;편안 안, 평안 일〕명 (욥 21:23) 썩 편안하고 한가함. indolence.

안장[1]〔安葬;편안 안, 장사 장〕명(사 14:20) 편하게 장사 지냄. burial.

안장[2]〔鞍裝;안장 안, 꾸밀 장〕명(창 22:3) ①말의 등에 얹어서 사람이 타게 만든 제구. saddle. ②자전거 같은 것에 앉아서 타게 된 자리. saddle.

안전〔安全;편안 안, 온전 전〕명 (창 12:13) 편안하고 온전하여 걱정이 없음. safety.

안전 지대〔安全地帶;편안 안,

ㅇ

온전 전, 땅 지, 띠 대〕[명](시 12:5) 평안하고 온전한 곳.

안정〔安靜;편안 안, 고요할 정〕[명](대상 4:40) 정신과 마음이 고요하고 편안함. repose.

안쪽[명](출 28:26) 안으로 향한 쪽. inside.

안존〔安存;편안 안, 있을 존〕(잠 17:27) ①사람됨이 얌전하고 조용함. gentleness. ②편안하게 있음. peacefulness.

안찰〔按察;어루만질 안, 살필 찰〕[명](왕하 13:16) 자세히 살피어 조사함. close inspection.

안통[명](겔 40:6) ①그릇 따위의 속의 넓이. inside width of a bowl. ②마음속을 속되게 이르는 말.

안팎[명](창 6:14) 안과 밖. inside and outside.

앉다[지](창 18:1) ①엉덩이를 바닥에 붙이고 상반신(上半身)을 편하게 세우다. sit down. 앉아.

앉은뱅이[명](마 11:5) 앉기는 해도 일어서지 못하는 불구. cripple.

않다[조동](출 5:18) 아니하다의 준말.

알[1] [명](신 22:6) ①새·물고기·벌레 따위의 자성 생식 세포. spawn. ②달걀. egg. ③열매 따위의 낱개. grain. ④작고 둥근 물건의 낱개. ball.

알[2]〔עָר=성읍〕[지](사 15:1) 「모압」의 성읍. 「아르」와 같은 곳.

알가〔עַרְקִי=도망자〕[지](창 10:17) 「트리폴리」 북쪽 20km 지점의 「베니게」 마을.

알갱이[명](사 48:19) 열매 따위의 낱개. piece.

알곡〔~穀;곡식 곡〕[명](마 3:12) ①낟알로 된 곡식. cereals. ②쭉정이나 기타 잡것을 모두 골라 낸 곡식.
* 구속받은 성도.

알다[타](창 3:5) ①모르던 것을 깨닫다. know. ②인식하다. comprehend. ③분별하다. discern. ④경험하다. experience. ⑤경험한 것을 기억하다. remember.

알라스렛[명] 시편 제57, 58, 59, 65편 제목.

알라못[명](대상 15:20) 음악 용어로서, 리듬의 이름(소프라노 女唱).

알람멜렉〔אַלַּמֶּלֶךְ=왕의 상수리나무〕[지](수 19:26) 「아셀」 지파의 성읍. 「나사렛」 북방 「붓다우프」의 평원에서 시작하여 「기손」 강과 합류하는 「와디 엘 멜렉」은 이 지명에서 따른 것이다.

알랍〔אַחְלָב=열매 풍성한 땅〕[지](삿 1:31) 「아셀」에 속한 고을이었는데, 그들은 「가나안」인을 쫓아내지 못하였다. 「두로」 남쪽 13km 지점에 있는 「라스엘 아비야르」와 같은 곳으로 추측된다.

알래〔אַחְלַי=그렇게 되었으면〕인(대상 2:31)

1「유다」 지파 「세산」의 딸(대상 2:31).

2「다윗」의 용사 「사밧」의 아버지(대상 11:41).

알랴〔עַלְיָן=장엄〕인(대상 1:51) 「에서」의 자손 「에돔」의 족장. 「알와」와 같은 사람.

알랸〔אַלְיָן=장엄한〕인(대상 1:40) 「호리」 사람 「세일」의 자손 「소발」의 아들. 「알완」과 같은 사람(대상 1:40).

알레멧[1]〔עָלֶמֶת=은신처, 덮음〕인(대상 7:8)

1「베겔」의 아들(대상 7:8).

2「사울」의 자손 「야호앗다」의 아들(대상 8:36, 9:42).

알레멧[1]〔עָלֶמֶת=숨은 곳〕지(대상 6:60) 「베냐민」의 성읍.

알렉산더〔'Αλέξανδρος=인간의 옹호자〕인

1「구레네」 「시몬」의 아들(막 15:21) 그 동생 「루포」와 함께 잘 알려진 사람.

2 대제사장 가족 중의 하나(행 4:6).

3「바울」에게 많은 해를 끼친 구리 장색(딤후 4:14).

4「에베소」의 「데메드리오」 선동에 「유대」인 대변자(행 19:33).

5「바울」이 사탄에게 내어준 사람(딤전 1:19).

3 4 5는 동일인이라는 설도 있다.

알렉산드리아〔'Αλεξανδρεύς=돕는 자〕지(행 18:24) 주전 332년에 「알렉산더」 대왕이 세운 「애굽」의 도시 「나일」 하구에서 서쪽으로 23km 지점의 지중 해안. 왕의 이름을 따서 붙여진 명칭이다.

알론〔אַלּוֹן=떡갈나무〕인(대상 4:37) 「시므온」 지파의 족장으로서, 「여다야」의 아들.

알론바굿〔אַלּוֹן=애곡의 상수리나무〕지(창 35:8) 「리브가」의 유모 「드보라」를 안장. 여기에 당시 50만권의 「파피루스」 도서를 가진 도서관이 있었고 학문과 문화의 중심지였다. 구약 성서의 「희랍」어 역인 70인역도 주전 3세기경에 여기서 완성되었다. 이 곳에는 「희랍」어를 쓰는 「유대」인이 많이 살고 있었으며, 또한 「클레멘트」와 「오리게네스」가 여기서 초기의 신약 본문을 편집했었다. ①「아볼로」의 출신지. ②또한 통상의 요지였고, 여기서 「로마」로 곡물이 수출되었다. 「바울」이 「로마」로 호송될 때 수출 선박에 편승한 일이 있었다

ㅇ

(행 27:6, 28:11).

알루스〔אָלוּשׁ=사람들의 무리〕 지(민 33:13) 「이스라엘」이 진을 쳤던 곳.

알리다 타(창 45:1) 알게 하다. 통지하다. inform.

알맞다 형(행 1:12) 정도에 지나치거나 모자라지 않고 적당하다. suitable.

알모니〔אַרְמֹנִי=궁전에 속한 자〕인(삼하 21:8) 「사울」 왕이 「미스바」에게서 낳은 아들.

알모닷〔אַלְמוֹדָד=선동자〕인(창 10:26, 대상 1:20) 「욕단」의 장자이며, 남 「아라비아」의 부족.

알몬〔עַלְמוֹן=은신처〕지(수 21:18) 「예루살렘」 동북 6km 지점에 있는 현재의 「쿨벳알버트」로서 당시 「레위」 지파의 성읍.

알몬 디블라다임〔עַלְמֹן דִּבְלָתָיְמָה=두 종려과자의 이정표〕지(민 33:46-47) 「이스라엘」 백성이 「모압」에서 머물렀던 곳.

알와〔עַלְוָה=불법〕인(창 36:40) 「에돔」 족속의 족장으로서, 「에서」의 자손. 대상 1:51에는 「알랴」로 기록되었다.

알완〔עַלְוָן=불의함〕인(창 36:23) 「호리」 족속 「소발」의 맏아들. 대상 1:40에는 「알랸」으로 되어 있다.

알지 못하는 신 명(행 17:22-23) 「헬라」 사람들이 많은 신을 만들어 섬기는 가운데 이런 이름도 있었다.

알파〔ἄλθα〕명(계 1:8) 「헬라」어 알파벳 첫 글자. 시작을 뜻한다.

알패오〔Ἀλφαιος=선두자, 두목〕인(마 10:3)
1 사도 「야고보」의 아버지(마 10:3, 막 3:18, 눅 29:15).
2 사도가 된 세리 「레위」(마태)의 아버지로 추측(막 15:40).

앓는 소리 명(욥 3:34) 병에 걸려 고통하며 신음할 때 내는 소리.

앓다 자타(레 15:33) 병에 걸려 괴롭게 지내다. suffer from.

암 명(창 6:19) 암컷. female.

암논〔אַמְנוֹן=성실한〕인
1 「이스라엘」 여자 「아히노암」에게서 낳은 「다윗」의 장자로서, 이복 누이 「다말」을 강간하고 그의 오빠 「압살롬」에게 피살되었다(삼하 3:2, 13:28-29, 대상 3:1).
2 「유다」 지파 「시몬」의 아들(대상 4:20).

암마〔אַמָּה=앞 팔〕지(삼하 2:24) 「기브온」에서 「요단」으로 통하는 「기아」 맞은편에 있는 산(언덕).

ㅇ

암몬[1]〔עַמּוֹן=나의 친족의 아들〕인(창 19:38) 「롯」과 그의 딸 사이에 낳은 아들. 또 그에게서 나온 자손을 말하며, 「얍복」 강과 「아르논」 사이 「요단」 건너 지방에 거주했다(민 21:24, 삼상 11:11).

암몬[2]〔עַמּוֹן=같은 촌사람〕지(삼하 11:1) 겔 25:5, 암 1:14) ①「요단」의 동편 「모압」의 북편으로, 그 수부는 「랍바」이다. ②주민은 「롯」의 자손(창 19:38). ③주민의 성격이 잔인 무도하여 싸움을 좋아하고, 원수의 눈을 빼는 일과 잉태한 여인의 배 가르는 일을 하였다(삼상 11:2, 암 1:13). ④「유대」인들은 두 가지 사건으로 이 족속을 미워한다. Ⓐ「이스라엘」 백성의 통과할 도로를 빌려주지 않았다. Ⓑ「발람」에게 뇌물을 주어 「이스라엘」을 저주하려고 하였다(신 23:4). ⑤「솔로몬」 왕의 처 가운데 「르호보암」의 어머니 「나아마」는 「암몬」 여인이었다(왕상 14:21). ⑥이 족속은 「일곱」 신을 숭상한다(왕 11:5).

암미〔עַמִּי=내 백성〕인(호 2:1) 구원의 날에 「이스라엘」에게 붙여지게 될 새 이름. 「로암미」(내 백성이 아니다)와 반대되는 이름(호 1:9).

암미나답〔עַמִּינָדָב=고귀한 내 혈족〕인(출 6:23)
1 「유다」의 5대 손으로, 「아미나답」과 같은 사람(대상 2:10).
2 「아론」의 장인(민 1:7).

암미사밧〔עַמִּיזָבָד=자애롭게 주는 자의 친족〕인(대상 27:6) 「다윗」의 용사요, 삼월 군대의 셋째 장관인 「브나야」의 아들이다. 그 아버지의 군대에 속하였다.

암미삿대〔עַמִּישַׁדַּי=권능자의 종〕인(민 1:12) 「아히에셀」의 아버지(민 2:25, 7:66, 10:25).

암미엘〔עַמִּיאֵל=하나님은 나의 친족〕인(민 13:12)
1 「가나안」을 정탐하기 위하여 12인을 보내는 중 「단」 지파의 대표(민 13:12).
2 「압살롬」 반란 때에 「다윗」이 「마하나임」으로 피해 갈 때 여러 가지 좋은 음식을 가지고 나와 영접한 「마길」의 부친(삼하 17:27).
3 「다윗」의 처 「밧세바」의 부친(대상 3:5).
4 성전 문을 지키는 자 중의 한 사람(대상 26:5).

암미훌〔עַמִּיחוּר=고귀한 혈족〕지(삼하 13:37) 「그술」 왕 「달매」의 아버지.

암미홋〔עַמִּיהוּד=유다의 시민〕인(민 1:10) ①「시내」 광야

에서 제1차 인구 조사시 「에브레임」 지파를 대표하여 「모세」를 도운 「엘리사마」의 아버지(삼하 13:37).

[2]「시므온」 지파의 족장 「스므엘」의 아버지(민 34:20).

[3]「브다헬」의 아버지(민 34:28).

[4]「그술」 왕 「달매」의 부친이다(삼하 13:37).

[5]「유다」의 아들 「베레스」 자손 「우대」의 아버지(대상 9:4).

암불리아〔*'Αμπλιᾶτος*＝확장〕[인](롬 16:8) 「로마」에 있는 신도로서 「바울」과 친함.

암비볼리〔*'Αμφίπολις*＝성 주위〕[지](행 17:1) 「마게도냐」의 「빌립보」와 「데살로니가」 중간에 있는 성으로, 「스드루몬」 강이 둘려 있으므로 이 이름을 가지게 되었다. 「바울」이 제2차 선교 여행 시에 이 성을 통과하였는데, 오랫동안 「터키」 국에 속하여 있다가 지금은 「헬라」 국에 속한다.

암살〔暗殺;어두울 암, 죽일 살〕[명](신 27:24) 사람을 남몰래 죽임. assassination.

암수[명](창 6:19) 암컷과 수컷. male and female.

암시〔אַמְצִי＝강한〕[인](느 11:12)

[1]「므라리」 자손 「레위」 사람으로, 「바니」의 아들이며 「힐기야」의 부친이다. 궁전 가수 「에단」의 조상이다(대상 6:46).

[2]「말기야」의 자손으로 「스기랴」의 아들이며, 제사장이다.

암초〔暗礁;어두울 암, 주춧돌 초〕[명](행 27:29) 물 속에 보이지 않는 바위. reef.

암콤[명](왕하 2:24) 곰의 암컷.

암혈〔巖穴;바위 암, 구멍 혈〕[명](사 2:19) 바위 굴. cave.

암흑〔暗黑;어두울 암, 검을 흑〕(출 20:21) 어둡고 캄캄함. darkness.

압논〔אֲמִינוֹן〕[인](대상 3:1) 「다윗」의 아들 「암논」과 같은 사람.

압다〔עַבְדָּא＝하나님의 종〕[인](왕상 4:6)

[1]「아도니람」의 아버지(왕상 4:6).

[2]「삼우아」의 아들(느 11:17).

압돈〔עַבְדָּא＝예배하는 곳〕[인](수 21:30).

[1]12사사 중의 한 사람으로 「비라돈」 사람 「힐렐」의 아들이다. 그는 아들 40과 손자 40이 있으며, 8년간 사사직에 있었다(삿 12:13-15).

[2]「요시야」 왕 때 「미가」의 아들로, 그의 사적은 「아히감」 항과 「악볼」 항을 보라

(대상 8:23, 30),.

압돈〔עַבְדוֹן=예배하는 곳〕[지](수 21:30, 대상 6:74)「아셀」지파가 취득한 성읍으로, 「게르손」자손에게 양여하였다.「아글에」평원을 내려다보는 산 위에 있다.

압디〔עַבְדִּי=여호와의 종〕[인](대상 6:44)

[1]「므라리」자손「기시」의 부친(대상 29:12).

[2]「엘람」자손으로,「바벨론」포로에서 귀환 후 이방인 아내와 이혼한 사람이다(스 10:26).

압디엘〔עַבְדְּאֵל=하나님의 종〕[인](대상 5:15)

[1]「예레미야」선지자와「바룩」서기관을 체포하라는 명령을「여호야김」왕으로부터 받은「셀레미야」의 부친(렘 36:26).

[2]「갓」자손의 족장「아히」의 아버지이며,「구니」의 아들(대상 5:11, 15).

압바임〔אַפַּיִם=얼굴들〕[인](대상 2:30-31)「나답」의 아들이며,「이시」의 아버지.

압박〔壓迫=누룰 압, 핍박할 박〕[명](민 10:9) 세력으로 누르고 짓밟음. oppression.

압박자〔壓迫者; ~놈 자〕[명](시 119:121) 세력으로 누르고 구박하는 사람.

압비아〔'Aπφία=풍부〕[인](몬 2)「골로새」교회의 여성도.

압비오〔'Aππίου=시장〕[지](행 28:15)「로마」시의 동남 40마일에 있는 유명한 역인데 아직까지도 이 성 표식이 보존되어 있다.「바울」이「로마」에 갈 때「로마」형제들이 이곳까지 출영하였다.

압살롬〔אַבְשָׁלוֹם=내 아버지는 화평〕[인](삼하 3:3) ①「다윗」이「헤브론」에서 낳은 제3자로「그술」왕「달매」의 딸「마아가」의 소생이다. ② 발바닥부터 정수리까지 흠이 없는「이스라엘」중 제일의 미남자이다(삼하 14:25). ③ 성질이 과격하여 복수형이요, 반역형이다. 미모의 누이「다말」을 강간한 장형「암논」을 죽였다(삼하 13:28-29). ④부왕을 두려워하여「그술」외가에 가서 3년간 있다가「요압」의 주선으로 돌아왔으나 2년간 부왕을 대면치 못하였다(삼하 13:37, 14:1-3, 21:28). ⑤그후 반란을 일으켜 부왕을 곤경에 빠지게 하고 스스로 왕이라 자칭하였다. 부왕의 군대와 싸우고 삼림 속으로 패주하다가 가지에 걸려 매달려 있는 것을 요압이 죽였다(삼하 15:7-12, 18:6-15). ⑥그는 불효 막심한 자식이나「다윗」은 그를 사랑하였다(삼하

13:37-39, 18:5). ⑦「다윗」은 그가 죽은 소식을 듣고, 내 아들 「압살롬」아 내 아들 「압살롬」아 부르며 슬퍼하였다(삼하 18:18-38).

압제〔壓制;누를 압, 억제할 제〕명(창 49:15) 강제로 빼앗고 핍박함. 압박하고 억제함. oppression.

압제자〔壓制者;~놈 자〕명(사 9:4) 압박하고 억제하는 사람. oppressor.

앗나〔עַדְנָא=즐거운〕인(스 10:30) 「바핫모압」의 자손, 포로에서 귀환 후 이방인 아내와 이혼한 사람.

앗단[1]〔אַדָּן=강한 곳〕인(스 2:59) 「스룹바벨」과 함께 「바벨론」에서 귀환한 사람.

앗단[2]〔אַדָּן=강한 곳〕지(스 2:59) 「바벨론」의 지방, 혈통이 분명치 않은 족속이 거하는 땅이나 「스룹바벨」이 「예루살렘」에 귀환케 했다. 「앗돈」이라고도 한다(느 7:6).

앗달[1]〔אַדָּר=명예〕인(대상 8:3) 「베냐민」 사람 「벨라」의 아들(대상 8:3) 「아롯」과 같은 사람.

앗달[2]〔אַדָּר=영광스러운 타작마당〕지(수 15:3) 「유다」의 성읍. 「하사아달」과 같은 곳. 현재 「브엘세바」 남쪽 30km 지점 「에제페」로 여긴다.

앗달리바〔'Ἀτταλεία=고상〕지(행 14:25) 「소아시아」 남쪽 해안 「밤빌리아」(provincia pamphylia)도에 있던 고대 도시로서, 「소아시아」에서 「애굽」에 왕래하는 길목이었다. 아름다운 항구 도시로 원래 「버가모」 왕 「앗달로」가 「수리아」와 「애굽」으로 통상하기 위하여 창건한 성읍이다. 「바울」과 「바나바」가 1차 선교 여행 시에 이 곳에서 배를 타고 「안디옥」에 돌아왔다.

앗대〔עַתַּי=기회〕인(대상 2:35)

1「유다」 자손으로, 아버지는 「애굽」인 종 「야르하」이며, 어머니는 「여라므엘」의 자손 「세산」의 딸이다(대상 2:34, 35).

2「사울」로 인해 「시글락」에 피신해 있던 「다윗」에게 귀순해 온 「갓」 사람 용사이다(대상 12:11).

3「르호보암」의 아들로, 「압

살롬」의 딸 「마아가」의 소생이다(대하 11:20).

앗돈〔אַדּוֹן = 강한〕㉠(느 7:61) 「바벨론」의 한 지방.

앗디〔'Αδδί = 붙들다〕㊀(눅 3:28) 「스룹바벨」의 5대 조부로, 예수님의 족보 중 한 사람.

앗브엘〔אַדְבְּאֵל = 하나님의 이적〕㊀(창 25:13) 「이스마엘」의 아들.

앗사리온 ㊔(마 10:29) 「로마」의 화폐 단위로서, 소액 동전을 나타냄. 16분의 1 데나리온(눅 12:6).

앗산〔אַזָּן = 강함〕㊀(민 34:26) 「모세」 시대의 「잇사갈」 자손의 족장 「발리엘」의 아버지.

앗소〔'Ασσος = 확실〕㉠(행 20:13-14) 「소아시아」 「무시아」 도에 있는 고래의 항도였으나, 지금은 「터키」 국의 「바이람칼레시」라는 작은 촌락으로 떨어졌다. 「바울」이 3차 선교 여행의 귀로에 「드로아」에서 「바울」은 육로로, 일행은 수로로 이 촌에 이르러 배를 타고 「미둘레네」로 갔다.

앗수르[1]〔אַשּׁוּר = 평원〕㊀(창 10:22) 「노아」의 손자. 「셈」의 아들.

앗수르[2]〔אַשּׁוּר = 평원〕㉠(창 10:11-13) ①「노아」의 손자 중에 「앗수르」가 출생하였고 그 자손들이 살고 있었는데, 그 후 「함」의 손자 「니므롯」이 들어가서 6성읍을 건축하였다. ②그들이 만든 우상의 이름도 「앗수르」라 하였고, 건국시에 국명도 「앗수르」라 하였다. ③얼마 후 남방 「바벨론」에 속하였다가 주전 1430년경에 다시 독립하고 「살만에셀」(주전 1280-1261)이 수도를 「가라」로 옮겼다. ④「디글랏빌레셀」 1세(주전 1115-1103) 대에는 그 판도가 「지중해」에까지 달하였고 그 후 2세기를 지나 「아술라지발」 2세(주전 884-860)는 수도를 「니느웨」로 옮겼는데, 그때의 판도는 서는 「지중해」, 동은 「바사」까지 이르렀다. ⑤북조 「이스라엘」의 왕 「므나헴」 때 「디글랏빌레셀」 3세가 쳐들어와 조공을 받아들였다(왕하 15:29). ⑥주전 701년에 「예루살렘」을 포위하였으나 「히스기야」 왕은 「이사야」와 함께 하나님께 기도하여 그를 물리쳤다(대하 32:1-22). ⑦주전 612

년 「니느웨」 함락 후 수도를 「하란」에 옮기고 명맥을 겨우 보존하다가, 주전 610년 「앗수르」 대제국은 멸망하고 말았다. 이것은 여러 선지자의 예언이 응함이다(사 10:5-19, 겔 31:3-17, 나 3:18-19, 습 21:13-15).

앗술〔עַזּוּר = 돕는 자〕[인]
[1]「예레미야」 시대의 거짓 선지자 「하나냐」의 아비(렘 28:1).
[2]「에스겔」 시대의 방백 「야아사냐」의 부친(겔 11:1).
[3]「느헤미야」와 같이 「바벨론」 포로에서 귀환 후 맹약에 날인한 사람(느 10:17).

앗실〔אַסִּיר = 포로〕[인](출 6:24) 「레위」 지파 「애굽」에서 태어난 「고라」의 아들.

앙망〔仰望; 우러러볼 앙, 바랄 망〕[명](시 25:15) ①우러러봄. looking up. ②우러러서 바람. expectation. ③사모하여 바라봄(사 40:35). ④의지하여 바라봄. ⑤믿고 바라봄.

앙모〔仰慕; 우러러볼 앙, 사모할 모〕[명](출 33:7) 우러러 사모함. 마음을 바쳐 사모함. adoration.

앙장〔仰帳; 우러러볼 앙, 휘장 장〕[명](출 26:1) 천장이나 상여 따위에 치는 휘장.

앙화〔殃禍; 재앙 앙, 재화 화〕[명](잠 12:21) 죄의 앙갚음으로 받는 온갖 재앙. 보복을 당함. calamity.

앞 [명](창 7:1) ①뒤의 반대되는 곳. 곧 얼굴이 향하는 쪽. front. ②장래. future. ③이전. 지난 적. past. ④차례에 먼저 있는 편. the former. ⑤전면. fore part.

앞니 [명](잠 30:14) 앞쪽의 아래위 네 개의 이. front tooth.

앞서다 [자](창 24:7) 남보다 먼저 나아가다. go before.

앞잡이 [명](창 33:12) ①앞에서 이끌어 주는 사람. guide. ②

앗수르인의 우상 여신과 번개신

남의 시킴을 받고 움직이는 사람.

앞치마 명(행 19:12) 취사 따위를 할 때 몸 앞에 걸쳐 입는 겉치마. ㈜ 행주치마. apron.

애가〔哀歌;슬플 애, 노래 가〕명(삼하 3:33) ①슬픈 마음을 읊조린 노래. elegy. ②사람의 죽음을 슬퍼하는 노래. funeral song.

애걸〔哀乞;슬플 애, 벌 걸〕명(창 42:21) 슬프게 하소연하는 것. supplication.

애곡〔哀哭;슬플 애, 울 곡〕명(창 50:10) 슬퍼 흐느끼는 울음. lamentation.

애곡성〔哀哭聲;～소리 성〕명(욥 30:31) 슬퍼 흐느껴 우는 소리.

애굽〔מִצְרַיִם=검은 땅〕지(창 10:6)「나일강」유역, 특히 하류의 삼각주에 번영한 세계 최고의 문명 발상지.「희랍」어로는「아이굽토스」에서 왔고,「아랍」어로는「킵트」,「히브리」사람들은「미스라임」이라고 했는데, 동쪽이라는 뜻이다. 동은「홍해」, 서는「아라비아」사막, 북은「지중해」, 남은 협곡으로 비교적 고립된 지대이다. ①기근이 들자「아브라함」은 곡식이 풍부한「애굽」으로 갔었다(창 12:10). ②또 그의 아내의 시중을 든「하갈」은「애굽」의 여인이었다(창 16:1). ③주전 18세기경,「애굽」을 정복한「힉소스」의 수령 가운데는「히브리」사람의 이름이 나와 있고「히브리」인의 거주가 나와 있다(창 37-50:). ④출 1:8에「요셉」을 알지 못하는 왕이란「바로 아모시스」왕이다. ⑤출「애굽」의 기록이「애굽」측 역사에는 나와 있지 않으나,「이스라엘」이 여호와의 백성이라는 것과 구원한 하나님에 대한 감사는 구약 최고의 신앙고백으로 알려져 있다. ⑥신 26:5-10은 예언자의 발언 가운데 반영되어 있다(렘 2:1-3, 호 2:14-16, 암 2:10-12). ⑦「이스라엘」백성들이 여호와께 간구할 때, 여호와께서「모세」와「아론」을「바로」에게 보내어「이스라엘」을 해방하여 줄 것을 교섭하였으나 듣지 아니하므로 10재앙을 내리시니, 그때에야 허락하여 60만 백성을 인솔하고 430년간의 노예 생활에서 해방되어 출「애굽」하였다(출 7:20-13:30, 12:40). ⑧「솔로몬」왕은「바로」왕의 딸을 아내로 취하였다(왕상 3:1). ⑨「르호보암」왕 때에는「예루살렘」을 쳐서 조공을 받아 갔다(왕상 14:25-26). ⑩예수께서「헤롯」의 독

▲ 애굽인의 우상

수에서 피하여 「애굽」으로 내려갔다가 오셨다(마 2:14-15, 19:24).
※ 세계적 명물인 "피라미드 돌무덤"이 있는데, 높이 746척, 광이 746척, 면적이 15,800평이다.

애굽 강〔מִצְרַיִם〕[지](창 15:18) 여호와께서 「아브라함」에게 이 강으로부터 「유브라데」강 까지의 땅을 네 자손에게 주겠다고 허락하셨다.

애논〔Αἰνών=샘의 근원〕[지](요 3:23) 「요한」이 세례를 베풀었던 곳으로, 「요단」 강에서 서쪽으로 9마일이요, 「예루살렘」에서 동북 6마일인데 지금도 그 근처에 샘이 많다.

애니아〔Αἰνέας=칭찬, 난산〕[인](행 9:33-35) 「룻다」인으로, 중풍으로 8년간 고생하다가 「베드로」에게 고침을 받았다.

애매〔曖昧;희미할 애, 어두울 매〕[명](벧전 2:19) 희미하여 분명치 못함. vagueness.

애석〔哀惜;슬플 애, 아낄 석〕[명](신 13:8) 슬프고 아까움. missing something.

애쓰다 [자](잠 16:26) 어떠한 일을 이룩하기 위하여 마음과 힘을 다하여 움직이다. make an effort.

애찬〔愛餐;사랑 애, 밥 찬〕[명](유 12) 초대 교회에서 성찬식이 끝난 뒤, 한 자리에 모여 회식하던 잔치. fellow-ship meals.

애타다 [자](고후 11:29) 마음의 근심이 커서 속이 타는 듯하다. be much worried.

애통〔哀痛;슬플 애, 아플 통〕[명](창 23:2) 매우 슬퍼함. deep lamentation.

애통성〔哀痛聲; ~소리 성〕[명](욥 30:31) 매우 슬퍼하는 소리.

애호〔哀呼;슬플 애, 부를 호〕[명](사 22:12) 슬피 하소연함. appeal.

애호〔愛護;사랑 애, 보호할 호〕[명](렘 3:4) 사랑하고 보호함. protection.

애호자〔愛護者; ~놈 자〕[명](렘 3:4) 사랑하고 보호하는 사람. protector.

액수〔額數;이마 액, 셀 수〕[명](왕하 23:35) ①돈의 머릿

수. sum. ②사람의 수효. number of person.

액체〔液體；진 액, 몸 체〕명(출 30:23) 일정한 부피는 있으나, 일정한 모양이 없이 유동하는 물질. 물. 기름 따위. liquid.

야간〔יַעְכָּן = 괴로운〕인(대상 5:13) 「바산」에 거주한 「사밤」의 일곱 형제 중 하나.

야게〔יָקֶה = 경건한〕인(잠 30:1) 「맛사」 사람 「아굴」의 아버지.

야경〔夜更；밤 야, 지날 경〕명(시 119:148) 저녁 7시부터 익일 새벽 3시까지. all night time.

야고보〔Ἰάκωβος = 발 뒤축을 잡음〕인

1 12사도 중 큰 「야고보」로 부친은 「세베대」 모친은 「살로매」다. ①그 동생 「요한」과 함께 「갈릴리」 해변에서 어부 생활을 하다가 「베드로」의 형제와 함께 예수의 부르심을 받았다(마 4:21). ②그 성격이 급하여 어떤 날 주님과 함께 「사마리아」를 지나다가 유숙하고자 하나 허락지 않을 때에 그 형제가 주님께 와서 그 곳에 천벌을 내려 멸하기를 청하였다. 그때에 예수께서 "우뢰의 자식"이라는 별명을 주셨다(눅 9:54, 막 3:17). ③「베드로」와 같이 그 형제는 주의 특별하신 교훈을 받고 또 다른 사도들이 보지 못하는 이적을 여러 번 보았다. Ⓐ산상 변화(마 17:1). Ⓑ「야이로」의 딸을 살리실 때(막 5:37). Ⓒ「베드로」의 장모의 열병을 고치실 때(막 1:29-31). Ⓓ「감람」산에서 성전을 향하여 앉으셨을 때(막 13:3-14). Ⓔ「겟세마네」 동산에서 기도하실 때(막 14:32-35). ④주후 44년에 「헤롯」 왕에게 참살 당함(행 12:1-2).

※ 이는 사도 중 제1차 순교자가 되었다. 이때에 「알렉산드리아」에 있는 「클레멘트」가 전한 말에 의하면 그가 참형 당할 때 한 관리는 그의 성실하고 용감함에 감동되어 그 자리에서 신도가 되었다 한다.

2 12사도 중 작은 「야고보」. 그 부친은 「알패오」, 모친은 「마리아」, 형제는 「요세」이다(마 10:3, 막 5:40).

3 예수의 동생(막 6:3). ①그는 예수의 부활 때부터 믿기 시작하여 「예루살렘」 교회의 큰 기둥이 되었다(갈 2:9). ②「예루살렘」 공회의 회장(행 15:13). ③「야고보」서 저술(약 1:1). 전설에 주후 62년에 돌에 맞아 죽었다고도 하고, 혹은 69년에 「유

대」 관리들이 죽였다고도 한다.

4 사도 중 한 사람인 「다대오」의 부친(눅 6:16).

야고보서 명(약) 신약 제20권째 성경. 「야고보」의 기록으로 참된 신앙이란, 그 결과가 생활 속에 경건과 선한 생활을 영위하여야 함을 보여 주는 데 목적이 있다. 참 믿음은 역사한다. 그러므로 믿음을 반대하여 말하는 것이 아니라, 오히려 믿음을 위하여 논리적으로 말하고 있다. 참 신앙인을 그 행함의 열매, 하나님의 뜻에 의한 생활을 수반한다고 말한다.

야곱〔יַעֲקֹב = 발 뒤축을 잡음. 거짓말쟁이〕인(창 25:26) 믿음의 조상 「아브라함」의 손자요, 부친은 「이삭」, 모친은 「리브가」이다. ①주전 1836년 곧 「이삭」의 나이 60세에 쌍둥이 동생으로 나면서 그 형 「에서」의 발뒤축을 잡은 고로, 이 이름을 가지게 되었다. ②그 형 「에서」는 성질이 용맹하고 사상이 천박하며 들에서 사냥을 잘하나, 「야곱」은 대조적으로 위인이 유순하고 지혜가 예민하며 집에 있어 양을 치니, 「이삭」은 사냥한 고기를 좋아하므로 「에서」를 사랑하였고, 「리브가」는 여성적인 「야곱」을 편애하였다(창 25:27-28). ③어느 날 형 「에서」가 사냥에서 돌아올 때 주린 기색을 알고 팥죽 한 그릇으로 장자의 명분을 샀다(창 25:20-34). ④그 후 「이삭」이 「에서」를 불러, "네 사냥한 고기로 별미를 만들어 오면 먹고 축복하여 주겠다" 하는 말을 듣고, 그 모친 「리브가」가 「야곱」을 「에서」의 모양으로 꾸며 진미를 만들어 가지고 들어가서 눈이 어두워 잘 보이지 않는 부친을 속여 형이 받을 축복을 대신 받았다. 축복을 빼앗은 원한과 분노를 형으로부터 받고 해침을 받을까 두려워 부모를 이별하고, 1천 8백리 되는 「하란」에 있는 외가로 피하여 가게 되었다(창 27:).

⑤가는 도중 「벧엘」에서 돌베게를 베고 잘 때, 꿈에 천사가 높은 사다리를 오르락내

리락 함을 보고 또 여호와께서 나타나사 "네 자손이 티끌같이 많게 되고 모든 족속이 네 자손으로 인하여 복을 받으리라"는 축복을 하시니 베게하였던 돌을 세우고 그곳 이름을 「벧엘」이라 하였다(창 28:10-19). ⑥외삼촌 「라반」의 집에 이르러 22년간 외삼촌 집에서 목축하는 일로 봉사하고 그의 두 딸 「레아」와 「라헬」로 아내를 삼고, 그 종 「실바」와 「빌하」를 첩으로 삼아 열한 아들과 한 딸을 낳고 생축이 번성하자, 부모와 고향이 그리워 처자 비목 생축을 거느리고 출발하였다. 떠나올 때 욕심 많은 외숙은 자기에게 알리지 않고 몰래 떠났다고 분노하여 따라와 책망할 때, 「야곱」이 지혜롭게 진정시켜 돌려보냈다(창 29:-31:). ⑦「얍복」 강에 이르러 밤에 천사를 만나 씨름하여 이기고 축복하여 주기를 간청하여 「이스라엘」이라는 이름을 얻었다(창 32:22-28). ⑧또 진행하다가 형 「에서」를 만나 반가히 인사하고 예물을 주었다(창 33:3-11). ⑨이와 같이 장인을 만나는 일이나 형을 만나는 두 가지 일에 평화롭게 해결됨은 하나님께서 섭리하여 주심이다(창 31:24, 32:2). ⑩「가나안」 땅 「세겜」에 거하더니 그 딸 「디나」가 그곳 추장 「세겜」에게 욕을 당하였으므로 「시므온」과 「레위」가 그 족속을 다 죽이자, 「야곱」은 그 후환을 두려워 다시 「벧엘」에 가서 거하며 제단을 쌓고 제사하니 여호와께서 나타나사 축복하셨다(창 35:6-13). ⑪그 후 「벧엘」을 떠나 「베들레헴」에 이르니 「라헬」이 「베냐민」을 낳고 별세한 후 「헤브론」에 가서 그 부친 「이삭」의 별세함을 보았다(창 35:16-19). ⑫말년에 큰 비애가 발생하였으니, 곧 가장 사랑하는 아들 「요셉」을 그 형들이 죽이려다가 「애굽」으로 가는 대상들에게 팔고 짐승이 찢어 죽였다고 하여 오랫동안 눈물로 세월을 보내었다(창 37:).

⑬얼마 후에 「가나안」에 흉년이 들어 기근으로 고난을 당하다가 「야곱」이 「애굽」에 곡식이 많이 있다는 말을 듣고

열 아들을 보냈더니 돌아와서 「요셉」이 「애굽」의 총리 대신이 되었다는 소문을 듣고 크게 기뻐하여 가족 70명을 거느리고 「애굽」으로 내려가서 「요셉」을 반가히 만나 보았다(창 42-46). ⑭17년간 안락하게 지내다가 자기 12아들에게 축복하고, 147세에 별세하니(주전 1689) 「요셉」의 권력으로 그 선산 「가나안」 「막벨라」 굴에 안장하였다(창 48:8-50:14). ⑮「야곱」의 일생을 평가하면 그가 여호와를 신봉함은 후세인의 귀감이 되었다(롬 9:13, 히 11:21).

야곱의 우물 [지](창 33:19) ①「사마리아」 도 「수가」 성 「아스갈」 촌에서 서남 반마일 지점. ②「세겜」에서 동쪽으로 1마일 지점에 있다. 「야곱」이 「하몰」의 아들에게서 산밭을 판 우물로, 광이 9척, 깊이 75척이다(요 4:5). ③예수께서 「갈릴리」를 가시는 길에 「사마리아」 도를 통과하시다가 우물 곁에서 한 여인을 만나 영원히 목마르지 않는 생수의 원리를 가르치셨다(요 4:13-14). 얼마 전, 우물 곁에 한 교회를 세웠다고 전해진다.

야굴〔יָגוּר = 거주하는〕[지](수 15:21) 「유다」 지파의 성읍.

야긴[1]〔יָכִין = 확립〕[인](출 6:15) 「시므온」의 아들로서 족장 중 한 사람. 그 밖에 한 사람이 있다(느 11:10).

야긴[2] [명](왕상 7:21, 대하 3:17) 「솔로몬」 성전의 현관에 세워진 두 기둥 중 오른편 기둥의 이름. "그는 존재한다"라는 뜻이다.

야김〔יָקִים = 하나님은 두셨다〕[인](대상 8:19, 24:12) 「시므이」의 아들.

야내〔יַעְנַי = 여호와께서 응답하심〕[인](대상 5:12) 「갓」의 자손.

야노아〔יָנוֹחַ = 휴식〕[지](왕하 15:29)

[1]「납달리」 지파의 분깃 중의 한 성읍으로, 주전 734년에 이 성읍 사람들은 「앗수르」에 납치되었다(왕하 15:29).

[2]「에브라임」 지경에 있던 성읍.

야님〔יָנִים = 잠〕[지](수 15:53) 「유다」 지파의 성읍 「헤르본」 부근 산지에 있음.

야다〔יָדָע = 현명한〕[인](대상 2:28, 32) 「유다」 자손 「오남」의 아들.

야대〔יָהְדַּי = 여호와께서 인도하

심]인(대상 2:47) 「갈렙」의 자손.

야도[יַחְדּוֹ=연합]인(대상 5:14) 「아비하일」의 6대 조부.

야돈[יָדוֹן=심판자]인(느 3:7) 「메로놋」 사람.

야드니엘[יַתְנִיאֵל=하나님이 주심]인(대상 26:2) 「므셀레마」의 넷째 아들.

야등[野藤;들 야, 등나무 등]명(왕하 4:39) 들 오이.

야디엘[יַחְדִּיאֵל=하나님이 기쁘게 하심]인(대상 5:24) 「므낫세」 반지파의 족장. 큰 용사.

야라[יַעְרָה=꿀벌의 집]인(대상 9:42) 「아하스」의 아들.

야레오르김[יַעֲרֵי אֹרְגִים=산림지 거주자들]인(삼상 21:19) 「골리앗」의 형제를 죽인 「베들레헴」 출신 「엘하단」의 아버지.

야렙[יָרֵב=도전자]인(호 5:13, 10:6) 「이스라엘」의 조공을 받던 「앗수르」 왕. 「디글랏빌레셀」 3세.

야렛[יֶרֶד=내려감]인(창 5:18, 눅 3:37) 「아담」의 6대 손. 「에녹」의 아버지.

야로아[יָרוֹחַ=부드러운, 새달]인(대상 5:14) 「갓」 자손 후리의 아버지. 「아비하일」의 할아버지.

야료[惹鬧;이끌 야, 시끄러울 료]명(삼상 18:10) ①까닭없이 트집을 부리고 마구 떠들어대는 짓. provoking a trouble. 준 야기요단.

야르못[יַרְמוּת=언덕]지(수 10:3)

1「가드」의 동북 10km 지점. ①「유다」의 한 도시(수 10:3, 5, 12). ②「바벨론」에서 귀환 후 다시 거하였다(느 11:29). 현재 이름은 「엘야르목」.

2「잇사갈」의 한 성읍. ①「게르손」 자손에게 주었다(수 21:29). ②「레멧」, 「라못」이라 한다(수 19:21, 대상 6:73).

야르하[יַרְחָע]인(대상 2:34, 35) 「애굽」인으로, 「세산」의 종이 되었다가 데릴 사위가 되어 「세산」의 계대(繼代)가 되었다.

야립[יָרִיב=원수]인(대상 4:24).

1「시므온」의 아들(대상 4:24).→「야긴」.

2「에스라」가 성전 봉역자로 모집해 온 한 족장이다(스 8:16).

3「바벨론」 포로에서 귀환 후 이방인 아내를 이혼한 제사장의 한 사람(스 10:18).

야만[野蠻;들 야, 오랑캐 만]명(롬 1:14) ①지능이 미개하여 문화가 유치한 상태. 또는 그러한 종족. savagery. ②도의심이 없는 사람. uncivilized man.

야매〔יַחְמַי =여호와께서 호위하심〕인(대상 7:2) 「돌라」의 아들로서 족장.

야믈렉〔יַמְלֵךְ =하나님께서 다스리게 하심〕인(대상 4:34) 「시므온」 지파의 인도자.

야민〔יָמִין =오른손〕인(출 6:15) 「시므온」의 아들이며, 족장 중 한 사람.

야발〔יָבָל =움직임〕인(창 4:20) 「레멕」과 「아다」의 아들이며, 목축업의 창시자.

야베스[1]〔יָבֵשׁ =수고하여 낳음〕인(대상 4:9-10) 「유대」인 중의 명성 있는 사람으로서 하나님께 기도하며 부귀와 평안을 누린 사람.

야베스[2]〔יָבֵשׁ =수고하여 낳음〕지(대상 2:55)

1 서기관, 학자들이 거주하는 「유다」의 한 성읍이다(대상 2:55).

2 「요단」 강 동편에 있는 「길르앗」에 있는 성읍. ① 「이스라엘」이 「베냐민」을 칠 때, 그 주민이 참가하지 않았으므로 그 성을 도륙하고 처녀 4백 명을 잡아다가 「베냐민」 자손에게 주어 아내를 삼게 하였다(삿 21:8-14). ② 「사울」이 이 성을 위하여 「암몬」인을 공격하여 주었으므로 그 주민은 그 은혜를 기억하고 「사울」이 죽은 후 「사울」과 그 세 아들을 정성껏 장사하여 주었다(삼상 11:1-11, 31 :11-13, 삼하 2:4-5, 21:12, 대상 10:11). ③ 「다윗」은 왕이 된 후에 「사울」을 장사한 일을 칭찬하고 사자를 보내 축복하였다(삼하 2:5-7). 그 이름이 오늘까지 전하여 지금도 「와디야베스」 강가의 「야베스」 지방이 있다.

야베스 길르앗〔יָבֵשׁ גִּלְעָד〕지 「길르앗」의 성읍. 「야베스」 2와 같은 곳.

야벳〔יֶפֶת =확장〕인(창 5:32) ① 「노아」의 차자(6:10, 7:13, 9:18, 10:1, 대상 1:4). ② 그 자손이 「팔레스틴」 서북방에 거주하여 「아리안」 인종의 조상이 되었다(창 10:2-5, 21). ③ 「노아」가 취하여 나체로 잘 때, 합당하게 행하였으므로 축복을 받아 광대한 판도를 가지고 자유를 누리게 되었다(창 9:20-27). 「유럽」인은 그의 자손이라 한다.

야브네〔יַבְנֵה =그는 세우심〕지(대하 26:6) 「유대」의 서해안에 가까운 성읍으로, 「웃시야」가 「블레셋」에게서 빼앗았다. 후에 「헬라」 이름으로 「얍니바」라 부르게 되었다. 「욥바」의 남 20km 해안에서

6km에 있는 지금의 「엘나」라고 본다. 주후 90년에 이곳에서 개최되었던 「얍디야」회의에서 구약 성경이 결정되었다.

야블렛〔יַפְלֵט = 하나님은 자유하시다〕인(대상 7:32-33) 「헤벨」의 아들.

야비아(야비야)〔יָפִיעַ = 빛나는〕인(수 10:3)
1 「여호수아」 시대의 「라기스」 왕(수 10:3).
2 「다윗」이 「예루살렘」에서 낳은 아들 중 하나(삼하 5:13-15, 대상 3:7).

야비아〔יָפִיעַ = 높은〕지(수 19:12) 「스불론」 자손의 한 성읍. 「나사렛」 남방 3km 지점의 지금의 「야바」이다.

야빈〔יָבִין = 깊이 생각함〕인(수 11:1)
1 「가나안」의 「하솔」 왕으로, 「에돔」 강 부근에서 「여호수아」에게 패하는 동시에 살해당하였다(수 11:1-15).
2 역시 「하솔」 왕으로 그가 20년간 「이스라엘」을 압제하다가 「바락」과 「드보라」의 두 사사와 「다볼」 산 아래서 그 대장 「시스라」가 싸우다가 대패하였다(삿 4:2-24). 어떤 성경 학자는 1 2가 동일한 이야기의 이문(異文)이 아닌가 한다.

야사〔יַהְצָה = 탈곡장〕지(대상 6:78) 「모압」의 성읍. 후에 「레위」인의 성읍(렘 48:21).

야살〔יָשָׁר = 정직〕인(수 10:13) 수 10:13, 삼하 1:18의 두 곳에는 「야살」의 책이라 하고, 민 21:14에는 여호와의 전쟁이라 하였다. 그 내용과 유래는 확실치 않으나, 「유대」국민의 가곡집으로서 호걸들의 용감한 행사를 기록한 것으로 추측한다.

야세라〔יַחְזֵרָה = 하나님께서 데려오심〕인(대상 9:12) 「미아세」의 조부.

야센〔יָשֵׁן = 잠, 빛남〕인(삼하 23:32) 「다윗」의 용사 명단에 있는 자로서(삼하 23:32) 대상 11:34에는 「기손」 사람 「하셈」이라고 기록되어 있다.

야셀[1]〔יַעְזֵר = 하나님께서 나누어 주심〕인(민 26:48) 「납달리」의 아들. 창 46:24에는 「야스엘」 대상 7:13에는 「야시엘」이라고 표기되었다.

야셀[2]〔יַעְזֵר〕지(민 21:32) ① 「암몬」 경계에 있는 「아몰」인의 성읍으로, 「이스라엘」이 점령하여 「갓」 지파의 땅이 되었다(수 13:25, 삼하 24:5, 대상 26:31). ②견고한 요새지로 수축하였다(민 32:35). ③또 목축에 적당한 토지이며 포도주의 산지이다

(민 32:1-2, 사 18, 8-9, 렘 48:32). 그 후 「모압」인의 소유가 되었는데, 「헤스본」의 북 3.7km의 「굴벳살」의 폐허가 곧 그곳이다.

야소브암〔יָשָׁבְעָם = 백성은 돌아오라〕인(대상 12:6) ①「삽디엘」의 아들로서, 「다윗」의 30용사 중 두령. ②그가 단번에 3백인을 죽이므로 그 용맹이 드러났다(대상 11:11).

야손〔*Iάσων* = 구원, 치료〕인

1「데살로니가」 인으로, 「바울」과 「실라」가 두 번째 선교여행시에 그의 집에서 유숙하였다. 「바울」과 「실라」를 잡지 못한 「유대」인들이 그를 대신 잡아 가지고 가서 관장에게 송사하였으나 즉시 석방되었다(행 17:1-9).

2「바울」의 친척으로, 「바울」을 따라 「고린도」에 가서 전도하였다(롬 16:21). 이 두 사람은 동일인이라는 설도 있다.

야수비네헴〔יָשֻׁבִי לֶחֶם = 베들레헴에 돌아옴〕인(대상 4:22) 「모압」을 다스리던 사람.

야숩〔יָשׁוּב = 그는 돌아오심〕인 (민 26:24, 대상 7:1)

1「잇사갈」의 넷째 아들. 창 46:13에는 「욥」, 민 26 :24에는 「야숩」 사람.

2 포로에서 돌아온 이방 여인과 혼인한 사람(스 10:29).

야스야〔יַחְזְיָה = 여호와께서 보심〕인(스 10:14-15) 「에스라」가 이방 여인을 취한 자들에게 이혼을 강요할 때, 그 일을 반대한 4인 중의 한 사람 「야하시야」로 고쳐 읽어야 한다.

야스엘〔יַחְצְאֵל = 하나님께서 나누어 주신다〕인(창 46:24) 「납달리」의 아들, 「야셀」.

야시스〔יָזִיז = 하나님께서 생명과 운동을 주신다〕인(대상 27:30) 「다윗」의 양떼를 맡아 관리한 「하갈」 사람.

야시엘〔יַחְצִיאֵל = 여호와는 분배하심〕인 「납달리」의 아들. 「야스엘」, 「야셀」과 같은 사람.

야아간〔יַעֲקָן = 현명한〕인(대상 1:42) 「호리」 족속 「세일」 자손 「에셀」의 아들.

야아고바〔יַעֲקֹבָה = 친구, 우애〕인(대상 4:36) 「시므온」 지파의 한 족장.

야아레시야〔יַעֲרֶשְׁיָה = 여호와께서 부양하심〕인(대상 8:27) 「베냐민」 자손 「여로함」의 아들.

야아사냐〔יַאֲזַנְיָה = 여호와께서 들으심〕(렘 35:3)

1「레갑」 사람 「예레미야」의 아들(렘 35:3).

2「앗술」의 아들로 방백(겔 11:1).

[3]「이스라엘」의 장로「사반」의 아들(겔 8:11).

야아사니야〔יַאֲזַנְיָה = 여호와께서 들으심〕[인](왕하 25:23)

[1]「바벨론」왕「느부갓네살」이「유대」인 포로 후에「유다」에 남겨둔 군대의 장관「유다」총독「그달리야」를 도운「마아가」사람(왕하 25:23, 렘 40:8).「야하사니야」의 도장이「비스바」에서 발견되었다.

[2]「레갑」사람「예레미야」(예언자 예레미야가 아님)의 아들.「유대」인의 모범이 되었다(렘 35:3).

[3] 그 밖에 2인이 있다(겔 8:11, 11:1).

야아수〔יַעֲשָׂי = 여호와께서 만드심〕[인](스 10:37) 이방인과 혼인한「바니」의 자손.

야아시야〔יַעֲזִיָּהוּ = 여호와께서 위로하심〕[인](대상 24:26-27)「레위」사람「므라리」자손「브노」의 아버지.

야아시엘〔יַעֲשִׂיאֵל = 하나님께서 위로하심〕[인](대상 15:18)

[1]「다윗」시대의 제2급의「레위」사람.「다윗」이 법궤를 모셔올 때, 악사로 봉사했다. 대상 15:20에는「아시엘」, 대상 16:5에는「여이엘」, 대상 23:19에는「야하시엘」로 되어 있다.

[2]「다윗」의 대장(대상 11:47).

야알라〔יַעֲלָה = 암염소〕[인](스 2:56)「솔로몬」왕 신복의 자손(스 7:58).

야엘〔יָעֵל = 산양〕[인](삿 4:17) ①「겐」사람「헤벨」의 처. ②「이스라엘」과의 전쟁에서 패주하여 온「시스라」를 자기 장막 중에서 죽임으로 이스라엘 측의 칭찬을 받았다(삿 5:24). ③그 전말은 산문(散文)과 운문(韻文)으로 기록되어 있다(삿 4:17-22, 5:24-27).

야완[1]〔יָוָן = 헬라 사람〕[인](창 10:2-4, 대상 1:5-7) ①「야벳」의 자손. ②「희랍」인 특히「소아시아」연안의「이오니아」사람을 대표한다(사 66:19). ③그들은 통상적 국민 또는 노예 매매 자라고 불린다(겔 27:13, 욜 3:6). ④「다니엘」서의 인용에는「야완」이「헬라」라고 번역되어「알렉산더」대왕의 제국을 가리키고 있다(단 8:21, 10:20, 11:2).

야완[2]〔יָוָן = 거품이 일어남〕[지](사 66:19)「야벳」의 자손「야완」이 살며 이룬 나라 → 헬라.「두로」와 더불어 무역을 하였다(겔 27:13).

야웨 [명] ☞ 여호와.

야이로〔Ἰάϊρος = 별됨〕[인](막

5:22) 「갈릴리」 지방의 회당장. ①그의 12세 된 딸이, 예수에 의해서 죽음으로부터 소생하였다. ②마태복음에는 병행 기사가 있으나, 「야이로」의 이름은 나타나 있지 않다(마 9:18-19, 23-26).

야인〔野人;들 야, 사람 인〕명 (골 3:11) ①시골 사람. rustic. ②예절을 분별하지 못하는 사람. boorish person. ③벼슬을 하지 않은 사람. civilian.

야일〔יָאִיר = 하나님께서 교화시킴〕인(민 32:41)

1「므낫세」의 아들로서 「얍복」 강의 이북 「아모리」인의 영토를 점령하고, 「하봇야일」이라고 이름하였다(신 3:41).

2「이스라엘」의 사사가 되어 35년간 치리하였는데, 그는 아들 30명이 있어 30성읍을 가지고 역시 「하봇야일」이라 하였다(삿 10:3-5).

3「가드」인 「골리앗」의 아우, 「라호미」를 죽인 「엘하난」의 부친(대상 20:5).

4「에스더」의 삼촌 곧 「모르드개」의 부친(스 2:5).

야하스〔יַהְצָה = 탈곡장〕지(민 21:23, 신 2:32, 삿 11:20-21) ①「아모리」 왕 「시혼」의 성읍인데, 「시혼」이 이 성에서 「이스라엘」 백성에게 살해를 당하였다. ②「헤스본」에서 남방에 통하는 가도에 있어 처음에는 「르우벤」 지파에게, 후에는 「레위」 지파 「므라리」 자손에게 주었다(수 13:18, 4:36, 렘 48:21, 대상 6:78 야사).

야하시엘〔יַחֲזִיאֵל = 하나님께서 지켜주심〕인(대상 12:4)

1「다윗」이 「시글락」에 숨어 있을 때, 함께 한 용사 중의 한 사람(대상 12:4).

2「다윗」 때 「브나야」와 함께 재상이 되어 언약궤 앞에서 나팔 부는 자다(대상 16:6).

3「고핫」 자손의 족장이다(대상 23:19).

4「레위」인으로 「여호사밧」과 그 군대가 위험 중에 있을 때, 그가 여호와의 감동함을 받아 격려하며 「여호사밧」이 경배하고 「레위」인은 찬송하였다(대하 20:14-19).

5「에스라」와 동반하여 「바벨론」에서 귀환한 한 족속의 두령이다(스 8:5).

야핫〔יַחַת = 회복, 부흥〕인(대상 4:2) ①「기랴여아림」 부근에 거주하는 「유다」 족속이다(대상 2:52-54). ②「레위」의 자손 중에 이 이름의 네 분파가 있다(대상 6:20, 43, 23:10-11, 24:22, 대하 34:12).

약[1]〔藥; 약 약〕명(렘 30:13) 병·상처를 고치려고 먹거나 바르거나 주사하는 물건. medicine.

약[2]〔約; 약속할 약〕관(막 8:9) 어느 수량에 거의 가까운 정도를 나타내는 말. 대강. about.

약간〔若干; 같을 약, 방패 간〕명(수 11:22) ①얼마 안 됨. few. little. ②얼마쯤. some.

약대 명(창 12:16)〈동〉 낙타를 일컫는 말. camel. 사막 여행에 쓰임. 옛부터 중요한 재산이 되었음(욥 1:3). 「다윗」 시대 약대 사육 감독자를 두었고(대상 27:30), 「바벨론」 포로에서 돌아온 때에도 몰고 왔다(스 2:67). 약대는 식용으로 금지된 동물이다(레 11:4, 신 14:7).

약속〔約束; 약속할 약, 묶을 속〕명(마 20:2) ①장래의 일에 대하여 상대자와 서로 결정하여 둠. promising. ②모아서 묶음.

약전〔略傳; 간략할 략, 전할 전〕명(창 37:2) 대강 추려서 적은 전기. brief-life.

약점〔弱點; 약할 약, 점 점〕명(롬 15:1) 불충분한 점. 모자라서 남에게 뒤떨어지는 점. weak point.

약정〔約定; 약속할 약, 정할 정〕명(삼상 21:2) 남과 어떤 일을 약속하여 작정함. promise.

약조〔約條; 약속할 약, 가지 조〕명(수 9:6) 조건을 붙여 약속함. 또는 약속된 조문. agreement.

약조물〔約條物; ~만물 물〕명(창 38:17) 조건을 붙여 약속한 물건. pledge.

약탈〔掠奪; 노략할 략, 빼앗을 탈〕명(삼상 14:48) 폭력을 써서 강제로 빼앗음. plunder.

약탈자〔掠奪者; ~놈 자〕명(나 2:2) 폭력을 써서 억지로 빼앗는 사람. plunderer.

약하다〔弱~; 약할 약〕형(창 30:42) ①튼튼하지 않다. weak. ②연하고 무르다. frail.

약혼〔約婚; 약속할 약, 혼인할 혼〕명(신 20:7) 결혼하기로 약속함. engagement.

얀나〔 'Ιανναί = 고통〕인(눅 3:24) 예수님의 족보 중 한 사람으로, 「요셉」의 6대 조부이다.

얀네〔 'Ιάννης = 조롱〕인(딤후 3:8) 「애굽」의 술객으로, 「얌브레」와 함께 모세를 대

ㅇ

적하였다(참고 출 7:11).

얄람〔יַעְלָם=지체함〕인(창 36:5, 대상 1:35) 「에서」의 아들로서 「에돔」의 족장(대상 1:35). 어머니는 「오홀리바마」이다.

얄론〔יָלוֹן=밤을 보냄〕인(대상 4:17) 「유다」 자손 「에스라」의 아들.

얄르엘〔יַחְלְאֵל=하나님께서 기다리심〕인(창 46:14) 「스불론」의 아들.

얇다 형(출 39:3) ①두께가 두껍지 않다. thin. ②빛이 진하지 않다. ③사람의 하는 짓이 빤히 들여다 보이다. shallow.

얌브레〔Ἰαμβρῆς=지혜로운 자〕인(댐후 3:8) 「애굽」의 술객으로 「얀네」와 함께 모세를 대적한 사람(출 7:11).

얍느엘〔יַבְנְאֵל=하나님이 세우심〕지(수 15:11)

1 「마알라」 산과 바다 가까운 「유다」 북쪽 변경 동네. 대하 26:6에는 「아브네」, 「마카비」 이후는 「얍니아」라 불리었다. 「유대」 전쟁 후 율법 연구의 중심지가 되어 특히 「유대」교 정경(구약) 결정의 회의가 여기에서 열리어 유명하게 되었다.

2 「납달리」 북쪽 경계, 「다볼」 산과 「갈릴리」 바다 사이에 있던 곳(수 19:33).

얍복강〔יַבֹּק=흐르는 강〕지(민 21:24) ①「길르앗」 동편 고원에서 발원하여 「아모리」 땅의 북편을 흐르며 국경선을 지었다(신 3:16). ②그 남안에서 「야곱」이 천사로 더불어 씨름하였고 또, 형 「에서」를 만났다(창 32:24-25, 33:3-4).

얏두아〔יַדּוּעַ=하나님께서 알고 계심〕인(느 10:21)

1 「느헤미야」와 함께 서약에 날인한 자(느 10:21).

2 「바사」 국 마지막 왕 「다리오」 때와 「알렉산더」 대왕 때(주전 332), 곧 구약에 최후로 기록된 대제사장 명단에 있는 이름이다(느 12:11, 22).

얏딜〔יַתִּיר=폭넓은〕지(수 15:48) ①「유대」 남방에 있는 「레위」 자손의 성읍(수 21:14, 대상 6:57). ②「다윗」이 「아말렉」을 이기고 탈취물을 이 성에 선물로 보냈다(삼상 30:27). 「헤브론」의 서남 21 km 지점. 현재의 「굴벳앗딜」이다.

양[1]〔兩;두 양〕명(막 7:33) ①둘, two. ②두께가 상대되는 한 짝. both.

양[2]〔羊;양 양〕명(창 4:2)〈동〉①우제목 소과의 반추 동물. sheep. ②기독교에서 신자를 비유하는 말.

양[3]〔樣;모양 양〕명(행 23:15) 모양. form.

양[4]〔量;분량 량〕명(마 23:32) ①분량·국량·식량(준말). ② 수량·무게·부피의 정도. weight, quantity.

양각〔羊角;양 양, 뿔 각〕명(수 6:4) ①양의 뿔. 한방 약재로 씀. horns of a sheep. ②회오리바람.

양각 나팔〔羊角~;양 양, 뿔 각〕명(수 6:4) 양의 뿔로 만든 나팔.

양군〔兩軍;둘 량, 군사 군〕명(삼상 17:21) ①양편의 군사. both armies. ②운동 경기에서 양편 팀.

양금〔洋琴;큰바다 양, 거문고 금〕명(삼하 6:5) ①피아노. piano. ②악기의 한 가지. 오동나무로 만든 바탕에 놋쇠로 만든 현(絃)이 있음. kind of harp.

양떼 명(창 26:14) 양의 무리.

양면〔兩面;둘 량, 낯 면〕명(출 32:15) ①앞면과 뒷면. both faces. ②두 면. both faces. ③두 가지 방면. two directions.

양문〔羊門;양 양, 문 문〕명(느 3:1) 「예루살렘」 성전 북편 문. 「베냐민」 문이라고도 함. 제물로 쓸 동물들이 문으로 지나 성전 구내에 들어가게 하였다. 가까이 「함메아」 망대가 있다.

양방〔兩方;둘 량, 모 방〕명(신 19:17) 이쪽과 저쪽. 이편과 저편 두 편 쌍방. the two.

양방간〔兩方間; ~ 사이 간〕명(신 1:16) 이쪽 저쪽 사이.

양부〔養父;기를 양, 아비 부〕명(사 49:23) 양가의 아버지. 양아버지. foster father.

양새끼 명(삼하 12:4) 양의 어린 것.

양선〔良善~;어질 량, 착할 선〕명(갈 5:22) 어질고 착하다. good.

양순〔良順;어질 량, 순할 순〕명(약 3:17) 성격과 몸가짐이 어질고 순함. meekness.

양식〔糧食;양식 량, 밥 식〕명(창 14:11) 먹고 사는 곡식. 먹고 살 거리. food stuff.

양식값 명(창 44:2) 양식의 대금.

양심〔良心;어질 량, 마음 심〕명(요 8:9) ①사물의 선악, 정사를 판단하고 명령하는 의식 능력. 도덕적 의식. conscience. ②자기 언행에 대하여 선악, 정사를 판단할 수 있는 자각 능력.

* 인류가 범죄함으로 바른

양심을 가지지 못하게 되었다.

양약〔良藥;어질 량, 약 약〕명 (잠 3:8) 매우 효험이 있는 약. good medicine.

양우리 명(시 68:13) 양을 먹여 기르는 우리, 양사(羊舍).

양육〔養育;기를 양, 기를 육〕명 (창 50:23) ①길러 자라게 함. ②부양하여 기름. bringing up.

양육자〔養育者;~놈 자〕명(룻 4:16) 부양하여 기르는 사람. 양을 치는 자. 목동, 목자(왕하 3:4).

양자〔養子;기를 양, 아들 자〕명 (롬 8:15) 아들 없는 집에서 대(代)를 잇기 위하여 동성 동본인 친족 남자를 데려다 기르는 양아들. adopted heir.

양척〔兩隻:둘 량, 외짝 척〕명 (욥 9:33) 〈법〉원고와 피고. the accuser and the defendant.

양친〔兩親:둘 량, 친할 친〕명 (눅 2:50) 어버이. 아버지와 어머니. parents.

양털 명(창 31:19) 양의 털, 양모(羊毛).

양편〔兩便;둘 량, 편할 편〕명 (출 18:16) 두 편. both sides.

양푼 명(출 24:6) 음식을 담고 또는 데우는 데 쓰는 놋그릇. brass basin.

양피〔陽皮;볕 양, 가죽 피〕명 (창 17:11) 사내의 생식기의 껍질.

얕다 형(레 13:20) ①깊지 않다. shallow. ②빛깔이 연하다.

어깨 명(창 9:23) 팔이 몸에 붙은 자리에서 목까지 사이의 부분. shoulders.

어깨 고기 명(겔 24:4) 잡은 짐승의 목 아래쪽의 살.

어거〔禦拒;막을 어, 막을 거〕명 (약 3:3) ①소나 말을 바르게 몰다. drive. ②거느리어서 바르게 나가게 하다.

어구 명(삿 3:3) 입구.

어귀 명(민 13:21) 드나드는 길목의 첫머리.

어그러지다 자(시 22:14) ①제 자리를 벗나가 틀어지다. slip out of joint. ②생각과는 맞지 않다. be contrary to.

어금니 명(욥 29:17) 〈생〉포유류의 상하 양턱의 안쪽에 있는 이. 사람에는 상하 각 다섯 쌍이 있음. molar.

어긋맞다 자(창 33:4) 이쪽 저쪽 서로 어긋나게 마주 있다. facing each other crosswise.

어기다 타(출 1:17) ①약속, 시간 등을 지키기 아니하다. break. ②틀리게 하다. act against.

어눌〔語訥; 말씀 어, 말더듬을 눌〕명(사 32:4) 말을 더듬어 잘하지 못하다. stammer.

어두움 명(창 1:4) 어둠, 어두운 상태, 어둡고 캄캄함.

어둑캄캄하다 형(삼하 22:10) '어둑' - 크게, 많이란 말과 '캄캄하다' - 몹시 어둡다. 희망의 빛이 없어 까마득하다란 말이 합한 말로, 몹시 어두움을 뜻하는 말. gloomy.

어둡다 형(창 15:17) 빛이 없다. 환하지 않다. dark.

어렵다 형(출 18:26) ①하기에 힘이 들거나 괴롭다. hard↔쉽다. ②살기에 고생이 되다. needy.

어루러기 명(레 13:39) 땀이 잘 나는 사람의 온몸에 사상균의 기생으로 생기는 피부병의 한 가지. leucoderma.

어루만지다 타(왕상 19:5) ①가볍게 쓰다듬어 주다. caress. ②위로하여 마음이 좋도록 하여 주다. soothe.

어룽지다 자(눅 6:3) 어룽어룽한 무늬가 생기다. become spotted. 형어룽어룽한 무늬가 있다.

어른 명(민 3:32) ①다 성장한 사람. adult. ②나이·지위·항렬이 자기보다 위인 사람. superior.

어리다 형(창 8:21) ①나이가 적다. very young. ②경험이 적거나 수준이 낮다. immature.

어리석다 형(창 31:28) ①꾀가 적다. unwise. ②슬기롭지 못하고 못생기다. foolish.

어린 갑〔魚鱗甲; 고기 어, 비늘 린, 갑옷 갑〕명(삼상 17:5) 쇠비늘 갑옷.

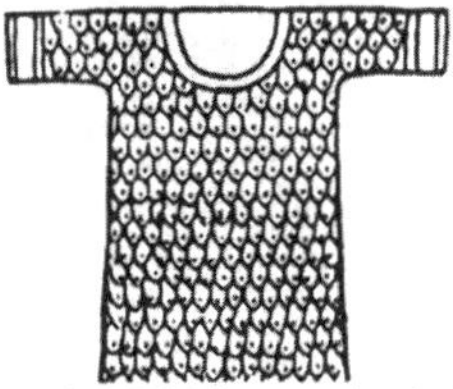

어린 아이 명(욥 19:18) 하나님의 선물(기업)로 주신 자식. 그들의 순수한 마음이 천국을 가리킨다(마 18:19:).

어린 양〔~羊; 양 양〕명(창 22:7) ①새끼 양으로, 하나님께 드리는 제물로 사용하였다. lamb. ②인간의 죄를 구속하기 위하여 드린 예수 그리스도(요 1:29).

어린 염소 명(민 15:11) 새끼 염소로, 하나님께 드리는 제물로 쓰였다.

어머니 명(창 43:29) 자기를 낳은 여성. mother.

어문〔魚門; 고기 어, 문 문〕명(느 3:3) 「예루살렘」 북방문, 현재의 「다메섹」 문. 「예루살렘」 성문으로는 가장 아름답다.

어미 [명](창 3:20) ①어머니의 낮춤말로 쓰인다. ②동물의 새끼와 관련지은 암컷.

어부〔漁夫;고기잡을 어, 지아비 부〕[명](욥 41:6) 물고기를 잡는 일을 업으로 하는 사람. fisher.

어여쁘다 [형](아 4:7) '예쁘다'의 옛스러운 말. pretty.

어응〔魚鷹;고기 어, 매 응〕[명](레 11:13)〈조〉 매목(目) 물수리과의 새 물수리. 날개 길이는 45cm 정도. 물고기를 잡아먹고 산다.

어인〔御印;모실 어, 도장 인〕[명](단 6:8) 임금의 도장. king's seal.

어전[1]〔御殿;모실 어, 대궐 전〕[명](에 5:1) 임금이 사는 대궐. imperial palace.

어전[2]〔御前;모실 어, 앞 전〕[명](에 1:10) 임금의 앞. presence of a king.

어족〔魚族;고기 어, 겨레 족〕[명](신 4:18) 물고기 종류에 딸리는 것의 총칭. ㉧ 어류. fishes.

어제 [명](출 5:14) 어저께, 전날.

어주〔御酒;모실 어, 술 주〕[명](에 1:7) 임금이 내린 술. imperial gift wine.

어지럽다 [형](신 32:11) ①눈앞이 아물아물하고 정신이 흐리고 얼떨떨하다. dizzy. ②모든 것이 제자리에 있지 못하고 어수선하여 정신을 차릴 수 없다. disturbed.

어질다 [형](왕하 10:3) 마음이 너그럽고 부드러우며 착하다. humane.

억류〔抑留;누를 억, 머무를 류〕[명](창 43:18) ①억지로 머무르게 함. detention. ②억지로 자유를 구속함. seizure.

억압〔抑壓;누를 억, 누를 압〕[명](사 14:6) 남의 자유를 힘으로 억누름. suppression.

억울〔抑鬱;누를 억, 답답할 울〕[명](창 30:6) ①억제를 당하여 답답함. feeling pent-up. ②원통하여 가슴이 답답함. mortification. ③잘못이 없는 누명을 쓰는 일. suffering.

억제〔抑制;누를 억, 억제할 제〕[명](창 43:31) ①억눌려서 일어나지 못하게 함. suppression. ②억지로 못하게 함.

restraint.

억지〔臆志; 가슴 억, 뜻 지〕명 (창 31:31) 무리한 생각이나 행동을 고집하는 일. obstinacy.

억탈〔抑奪; 누를 억, 빼앗을 탈〕명(겔 18:7) 억지로 빼앗음. extortion.

억탈물〔抑奪物; ~만물 물〕명 (겔 33:15) 억지로 빼앗은 물건. stolen goods.

언감님〔עֵין גַּנִּים = 동산의 샘〕지(수 19:21) 「잇사갈」의 성읍. 「아넴」과 같은 곳으로, 「레위」 사람에게 주었다 (수 21:29). 〈엔간님〉

언덕 명(출 15:8) 땅이 좀 높고 비탈진 곳. 나지막한 산. 구릉. hill.

언덕길 명(삼하 13:34) 언덕에 산 길.

언도〔言渡; 말씀 언, 건널 도〕명 (눅 23:24) 재판의 결과를 말로 알리는 선언. sentence.

언사〔言辭; 말씀 언, 말씀 사〕명 (창 37:4) 말. 말솜씨. speech.

언약〔言約; 말씀 언, 약속할 약〕명(창 9:9) ①말로 약속하는 일. 그 약속. covenant. ②성경.

* 하나님의 언약은 일방적인 확약의 통보이다. 하나님 스스로가 정하여 사람에게 알려 그것을 꼭 이루셨다.

언약궤〔言約櫃; ~함 궤〕명(민 10:33) 하나님께서 인간에게 주신 십계명 두 돌판을 간직해 둔 궤. the Lord's covenant box. 법궤. 만나와 「아론」의 싹난 지팡이도 같이 들어 있다.

언약서〔言約書; ~글 서〕명(출 24:7) 언약의 내용을 기록한 글.

언약책〔言約冊; ~책 책〕명(왕하 23:2) 율법책. 성경. 두루마리. the book of the covenant.

언어〔言語; 말씀 언, 말씀 어〕명 (창 11:1) 인류가 음성 또는 문자로서 사상, 감정을 나타내어 전달하는 활동. language.

언쟁〔言爭; 말씀 언, 다툴 쟁〕명 (딤전 6:4) 말다툼. quarrel.

언제든지 부(레 25:32) 어느 때든지, 아무 때고.

얹다 타(창 48:14) ①물건을 다른 물건의 위에 올려놓다. put upon. ②윷놀이에서 한 말을 다른 말과 합치다.

얻다 타(창 12:16) ①주는 것을 받아 가지다. receive. ②자기의 것으로 만들다. obtain.

얼〔孽;재앙 얼〕명(시 106:32) 남에게서 당하는 해. damage.

얼굴 명(창 3:19) ①목 위, 머리의 앞쪽. 곧 이마와 턱과 두 귀와의 둘레 안. face. ②용모. countenance. ③물건의 표면. surface. ④체면. honour.

얼다 지(욥 37:10) ①액체나 물기 있는 물체가 찬 기운으로 굳어지다. freeze. ②술 취한 것을 조롱하는 말. be a bit drunk.

ㅇ

얼룩 명(호 7:9) 본 바닥에 다른 빛이 묻어 얼룩얼룩한 점이 박힌 무늬. stain.

얼룩 무늬 명(창 30:35) 물건에 얼룩얼룩하게 박힌 무늬.

얼른 부(왕상 20:33) 속히, 빨리의 뜻으로 쓰이는 말.

얼마 명(사 44:16) ①어떠한 수효의 분량이나 정도. how many much. ②밝혀서 말할 수 없는 수효나 정도. some. ③어떠한 비율. what number qantity.

얼마든지 부(삼하 24:3) 어떠한 수효의 분량이나 정도나 값이라도 좋다. as many (much) as on likes.

얼음 명(욥 6:16) 물이 얼어서 단단하게 된 모양. ice.

얽다 지(욥 18:8) ①줄로 이리저리 걸어서 묶다. bind. ②엮어 맞추어 짜다. compose.

얽매다 타(롬 7:6) ①얽어매다. bind up. ②일에 몸과 마음을 기울이다. devote.

얽히다 지(욥 36:8) 얽어 감기다. be entangled.

엄금〔嚴禁;엄할 엄, 금할 금〕명(행 5:28) 엄중하게 금지함. strict prohibition.

엄마 명(사 8:4) 어머니를 부르는 어린 아이의 말.

엄몰〔淹沒;담글 엄, 빠질 몰〕명(시 42:7) 물속에 가라앉음. 침몰. sinking.

엄습〔掩襲;가릴 엄, 덮을 습〕명(창 34:25) 뜻밖에 엄습함. surprise attack.

엄위〔嚴威;엄할 엄, 위험 위〕명(시 47:2). 엄격한 위풍.

엄장〔嚴壯;엄할 엄, 장사 장〕명(단 8:23) 몸을 가지는 태도가 장대함. majesty.

엄중〔嚴重;엄할 엄, 무거울 중〕명(렘 23:33) 엄격하고 신중함. strictness. 부엄중히.

엄지 명(출 29:20) 손가락·발가락 가운데서 가장 굵은 가락. 엄지 가락. thumb. a big toe.

엄하다〔嚴～;엄할 엄〕형(창 42:7) ①틀지고 바르다. austere. ②잡도리가 심하다. strict. ③엄숙하다. solemn. ④무섭다. stern.

업〔業;업 업〕명(창 15:7) 일. 직업. accupation.

업다 타(출 19:4) ①물건이나 사람을 등에 지고, 잡거나 동여매어 붙어 있게 하다. carry on one's back. ②남을 이용하려고 끌고 들어가다. implicate.

업신여기다 타(삼상 17:42) 제 잘난 체하고, 남을 낮추어 생각하고 내려다 보다. look down upon.

업을 삼다 부(창 15:8) 차지하다. 소유하다, 점유하다, 성공하다, 상속하다, 뜻이 있는 히브리 어의 번역말.

없다 형(암 6:10) ①있지 않다. do not exist. ②가지지 않다. have not.

엉겅퀴 명(창 3:18) 〈식〉 엉거시과의 다년생 풀. 산이나 들

에 저절로 남. 잎은 빳빳하며 센 가시털이 있음. 가을에 작은 가지가 자라서 그 끝에 자홍색 꽃이 피고, 열매는 수과이며 잎은 식용한다. thistle.

엉기다 자(출 15:8) ①한데 뭉치어 붙다. 엉키다. congeal. ②매우 힘들게 겨우 기어가다. go on all fours. ③일이 잘 풀리지 않다. be tardy.

엉긴 젖 명(삿 5:25) 우유나 양유가 굳은 상태. 요구르트, 버터, 치즈.

엉크러지다 자(나 1:10) 엉클어지다의 잘못 옮긴 말. 일이나 물건이 서로 얽히게 되다. get entangled.

엎다 타(창 19:25) ①밑바닥이 위로 가도록 뒤집어 놓다. turn over. ②망쳐 버리다. spoil. ③못일어나게 덮쳐 누르다. knock down.

엎드리다 자(창 4:7) ①몸의 앞 부분을 땅에 가깝게 대거나 붙이다. bend. ②몸의 앞 전체를 땅에 대다. 부복(俯伏)하다. lie flat. ㊟ 엎디다.

에겔〔עֵקֶר = 뿌리〕인(대상 2:27) 「유다」 자손 「여므라」의 손자, 「람」의 아들.

에그론〔עֶקְרוֹן = 불모의 땅〕지(수 13:3) 「블레셋」의 5대 도시 중 하나인데, 「지중해」 연안에서 동쪽 14km 지점에 있다고 하다. ①「여호수아」

는 이 성을 「유다」 지파에게 주었으나 후에 「단」 지파의 소유가 되었다(수 15:45, 19:43). ②「스바냐」는 「에글론」이 뽑히우리라고 예언한 것이 응하여, 지금은 그 흔적을 찾아볼 수 없게 되었다(습 2:4).

에글라〔עֶגְלָה=암 송아지〕인(삼하 3:5) 「다윗」의 아내, 「이드르암」의 어머니.

에글라임〔אֶגְלַיִם=두 저수지〕지(사 15:8) 「모압」의 성읍.

에글랏 셀리시야 지(렘 48:34) 에글랏 슬리시야와 같은 곳.

에글랏 슬리시야 지(사 15:5) 「모압」의 성읍. 렘 48:34에는 「에글라 셀리시야」로 표기하였다.

에글론[1]〔עֶגְלוֹן=송아지의 고향〕인(삿 313-15) 「모압」 왕으로 18년간 「이스라엘」을 지배하며 조공을 받았는데, 「에훗」이 조공을 바치러 가서 그를 암살하고 그 통치에서 벗어났다.

에글론[2]〔עֶגְלוֹן=송아지의 고향〕지(수 10:3) ①「가나안」의 중요한 「아모리」 사람들의 도시이다. 이 도시의 왕 「드빌」은 다섯 도시의 왕과 동맹하여 「여호수아」를 대적하였다. ②그러나 그는 「여호수아」에게 붙잡혀 살해되고, 그 성은 「유다」 지파에게 분배되었다(수 10:16-27).

에나임〔עֵינַיִם=두 개의 샘〕지(창 38:14) 「딤나」에 가던 길에 「유다」가 실수하여 자기 며느리 「다말」의 정조를 범한 곳이다.

에난〔עֵינָן=샘, 수원〕인(민 1:15) 「모세」 시대 「납달리」 지파의 족장. 「아히라」의 아버지(민 2:29).

에남〔עֵינָם=두 샘〕지(수 15:34) 「유다」 지파에 있는 성읍 「에나임」과 같은 곳.

에네글라임〔עֵין עֶגְלַיִם=두 송아지의 샘〕지(겔 47:10) 「사해」의 서해안 북쪽에 있던 마을로서, 지금의 「아인 엘페슈가」.

에노스〔אֱנוֹשׁ=사람〕인(창 4:26, 대상 1:1, 눅 3:38) 「아담」의 손자. 「셋」의 아들.

에녹〔חֲנוֹךְ=바친다〕인(창 4:17)

1「셋」의 계보. ①「아담」의 7대 손에 해당. 「므두셀라」의 아버지(창 5:18-24). ②그는 하나님과 동행하였다(창 5:24). ③죽지 않고 승천했다(히 11:5).

2「가인」의 아들(창 4:17).

에느로겔〔עֵין רֹגֵל=표백자의 샘〕지 「유다」와 「베냐민」 경계의 「엔 로겔」과 같은 샘.

에느림몬〔עֵין רִמּוֹן=석류의 샘〕지(느 11:29) 「브엘세

바」의 북 14km인데, 「유다」 자손이 「바벨론」에서 돌아와 거주한 촌 중의 하나다. 수 15:32, 19:7, 대상 4:32의 「아인림몬」과 동일시되며, 지금의 「굴벳움엘루마인」으로 추측된다.

에다님 명(왕상 8:2) 「유대」력 7월의 이름. 태양력의 9~10월에 해당됨.

에단〔אֵיתָן = 영구적〕인(왕상 4:31)

1「세라」의 한 아들로, 「솔로몬」의 지혜의 특출한 것을 보기 위하여 비교에 인용한 사람이다(대상 2:6, 왕상 4:30-31).

2「레위」 지파의 「게르손」 자손으로, 찬양 대원이다(대상 6:42). 일명 「여두둔」이라 하며 시편 89편 저작자이다(대상 15:19, 25:1).

3「레위」 지파의 「므라리」 자손으로 성전의 찬양대 지휘자요, 특히 놋제금을 치는 자이다(대상 6:44, 15:17-19).

에담[1]〔אֵתָם = 성벽〕지(출 13:20) 「애굽」에서 나온 「이스라엘」 백성의 제2 유숙지. 「애굽」 광야의 끝. 동방 국경. 「수에즈」 운하 부근(민 33:6-8).

에담[2]〔אֵתָם = 들짐승의 굴〕지(삿 15:8)

1「르호보암」이 재건하고 요새화 한 동네(대하 11:6). 지금의 「아인아다」이다. 「베들레헴」 남부의 성읍.

2「삼손」이 피난한 「유다」 서부의 바위틈(삿 15:8)과 「소라」 동편 산 위에 있는 「벧아답」 촌과 같다고 한다. 「예루살렘」 서남서에 있다.

3「시므온」 지파의 동네(대상 4:32).

에덴[1]〔עֵדֶן = 즐거움, 쾌락〕인(대하 29:12)

1「게르손」 사람 「요아」의 아들(대하 29:12).

2「히스기야」 시대의 「레위」사람.

에덴[2]〔עֵדֶן = 쾌락〕지(창 2:8)

1 여호와께서 인류의 시조 「아담」과 「하와」를 두시기 위하여 건설하신 동산이다. 이 이름이 언어학적으로는 「스멜」 어의 에딘(Edin)과 「앗수르」 어의 에디누(Edinu)와 관련되며 평원을 가리킨 뜻이다. 이 동산 가운데에는 보기에 아름답고 먹기에 좋은 나무들이 많이 있는 중 생명 나무와 선악과 나무가 있었다. 이 동산에서 발원한 4대 강이 있으니, 「비손」, 「기혼」, 「힛데겔」, 「유브라데」이다(창 2:). ①인류의 시조 「아담」과 「하와」가 살던 곳이다(창 2:2, 15, 3:23,

24). ②하나님의 동산(겔 28:13, 31, 9). ③여호와의 동산(사 51:3). ④신약에서는 낙원이라고 썼다(눅 23:43, 고후 12:4, 계 2:7). ⑤하나님께서 「아담」「하와」에게 동산 실과를 다 따먹으나 선악과는 먹지 말라 하신 것을 먹으므로, 「에덴」에서 쫓겨나 고생과 수고의 생활을 하게 되었다(창 2:16-17, 3:6, 17-24).

[2]「앗수르」 왕이 점령한 「두로」의 무역 시장이다(왕하 19:12, 사 37:12, 겔 27:23).

에델[1]〔עֵדֶר = 짐승의 떼〕[인](대상 8:15)

[1]「베냐민」 지파 「에훗」의 자손 「브리아」의 아들(대상 8:15).

[2]「레위」 족속 「무시」의 아들이다(대상 23:23, 24:30).

에델[2]〔עֵדֶר = 짐승의 떼〕[지](창 35:21)

[1]「야곱」이 「밧단아람」 처가에서 떠나 이 「에델」 망대를 지나 「헤브론」에 돌아왔다(창 35:21). 이 망대는 「베들레헴」과 「헤브론」 사이에 있어 목자들의 짐승을 지키는 망대도 되고 행인들의 휴식처도 되고 여름 피서지도 된다.

[2]「유다」의 남방 「에돔」 경계에 접근한 성읍이다(수 15:21).

에델[3]〔עֶתֶר〕[지](수 15:42)

[1]「유다」 평지 「시므온」의 성읍. 「라기스」의 북동에 위치(수 15:42).

[2]「유다」 남부 「에느림몬」의 성읍(수 19:7).

에돔[1]〔אֱדֹם = 붉다〕[인](창 25:30)

[1]「에서」의 다른 이름(창 25:25).

[2]「에돔」의 후손(애 4:21).

에돔[2]〔אֱדוֹם = 붉다〕[지](민 20:14) 「사해」에서 「홍해」 동북편 「아가바」 만에 미치는 산악 지대로서 「세일」 산이라고도 부른다. 이곳 주민은 「에서」의 자손이었다. 후에 「호리」 족속이 입주하는 것을 주전 13세기에 「에돔」인이 그를 멸하고, 그곳에 나라를 세웠다는 사실이 최근에 고고학적 발견으로 밝혀졌다. ①「이스라엘」과는 혈통 관계가 있으나, 출「애굽」 시에 그 국내 통과를 불허함(민 21:4). ②「다윗」 때에 한 번 정복되었다(왕하 14:7). ③다시 반역할 때 「아마샤」가 정복하였다(왕하 14:7). ④「예루살렘」 멸망시에는 적에게 가담하여 「유대」의 성읍들을 점령하였다(애 4:21, 겔 36:). ⑤선지자들은 그들의 「이스라엘」에 대한 지독한 복수심을 엄히 책망하고 예언하였다(사 34:5-15, 63:1-6, 렘 49:7-12, 겔 25:14, 욜 3:19, 암 1:11-12). 지금의 「트란스욜단」국이다.

에돔의 왕실묘

에드난〔אֶתְנַן = 땅의 소잔〕[인] (대상 4:7) 「유다」 지파 「헤스론」의 자손 「헬라」의 아들.

에드니〔אֶתְנִי = 인자한〕[인](대상 6:41) 「레위」 지파 「게르손」 자손. 「말기야」의 아버지이며 「세라」의 아들.

에드레이〔אֶדְרֶעִי = 강하다〕[지]

[1]「바산」 왕 「옥」의 크고 견고한 성읍으로, 「이스라엘」은 이곳에서 「바산」을 쳐서 멸한 후에 「므낫세」 반 지파에게 죽었다(민 21:33, 신 3:1-10, 수 13:29-31).

[2]「납달리」 지파가 받은 견고한 성읍 중의 하나다(수 19:37).

에디오피아〔Αἰθιοπία = 살빛이 검다〕[지](행 8:27) 「아프리카」 동부 중앙에 있는 나라. 옛날 이름은 「구스」.

에라스도〔Ἔραστος = 사랑하는 자〕[인](행 19:22) 「바울」의 동역자가 된 「고린도」 성의 곡간을 맡은 자. ①예수를 믿은 후, 「바울」과 함께 「에베소」에서 전도함. ②「디모데」와 함께 「마게도냐」에서 전도함(행 19:22). ③그 후는 「고린도」에 돌아와 있었다(딤후 4:20).

에란〔עֵרָן = 파수꾼〕[인](민 26:36) 「에브라임」 족속 「수델라」 자손.

에랴다〔אֶלְעָדַע = 하나님은 아신다〕[인](삼하 5:16)

[1]「예루살렘」에서 출생한 「다윗」의 아들. 대상 3:8, 대상 14:7에는 「브엘랴다」로 되어 있다.

[2]「솔로몬」에게 대적한 「르손」의 아버지(왕상 11:23).

ㅇ

[3]「베냐민」 사람으로, 「유대」왕 「여호사밧」의 군대 장관(대하 17:17).

에랴십〔עֶרַשִׁיב = 하나님은 회복하심〕[인](스 10:36) 이방인 아내를 얻어 「바벨론」에서 돌아온 「바니」 자손, 뒤에 이혼하였다.

에렉〔אֶרֶךְ = 길이, 크기〕[지](창 10:10) ①「니므롯」이 「시날」 땅에 세운 4성 중의 하나. ②이 성 사람들이 「아닥사스다」 왕에게 「이스라엘」 백성을 고소하였다(스 4:7-10). 「유브라데」 강 하류 지방에 있어 「앗수르」 왕의 장지인데, 현재 이름은 「와르가」이다.

에료에내〔אֶלְיוֹעֵינַי = 나의 눈은 여호와를 향한다〕[인](대상 3:23, 24) 「다윗」의 자손. 「느아랴」의 아들. 〈엘료에내〉

에르〔עֵר = 간수자〕[인](대상 4:21) 〈→ 엘〉

[1]「야곱」의 손자 「셀라」의 자손. 「레가」의 아버지(대상 4:21).

[2] 예수님의 족보 중의 한 사람(눅 3:28).

에리〔עֵרִי = 여호와를 예배함〕[인](창 46:16) 〈→ 엘리〉

[1]「갓」의 아들(창 46:16).

[2]「실로」의 제사장 「엘리」에게서 나온 가족(민 26:16). 「에리」 가족.

에멕 그시스〔עֵמֶק קְצִיץ = 골짜기, 가장자리〕[지](수 18:21) 「여리고」 가까운 「요단」 골짜기의 「베냐민」 마을.

에밈〔אֵימִים = 무서운〕[인](신 2:11) 「모압」 지방의 원주민.

에바^1 [명](출 16:36) 「유대」 용량의 한 단위 약 22ℓ 무게일 때는 약 22.7kg.

에바^2〔עֵיפָה = 어두움〕[인](창 25:4)

[1]「미디안」의 아들이며, 「아브라함」의 손자(대상 1:33).

[2]「갈렙」의 첩(대상 2:46).

[3]「유다」 자손 「야대」의 아들(대상 2:47).

에바다 [명](막 7:34) 「아람」 어 「에파다」의 소리글로 '열리라'는 뜻. 예수님께서 귀먹고 말더듬이를 고치실 때 사용하셨다.

에바브라〔Ἐβαφράς = 사랑스러운, 물거품〕[인](골 1:7) ①「골로새」인으로, 「바울」의 전도로 예수를 믿고 열심히 전도하여 교회를 설립하였다. 「바울」과 함께 「로마」 옥에 갇힌 일도 있다(몬 23). ②「바울」은 그를 가리켜 사랑하는 동역자라, 그리스도 예수의 종이라 하였다(골 4:12, 몬 23).

에바브로디도〔Ἐπαφρόδιτος = 매력있는 아담한〕[인](빌 2:25) ①「빌립보」 교회의 교우로서, 「바울」이 「로마」 옥에 갇혔을 때에 본 교회의 대표로 「바울」에게 비용을 가지고 갔던 자(빌 4:18). ② 「바울」은 그를 가리켜 "우리의 형제" "우리와 함께 고생한 자" "함께 군사된 자" "그리스도를 위하여 자기 목숨을 아끼지 않는 자"라 하고, 이제 너희에게 보내니 기쁨으로 영접하고 공경하라 하였다(빌 4:18).

에발〔עֵיבָל = 벌거벗은〕인(창 36:23)

1 「호리」 족속 「소발」의 아들(대상 1:40).

2 「요단」의 아들. 「오발」과 같은 사람(대상 1:22).

에발 산〔עֵיבָל = 벗은 산〕지(신 11:29) 「세겜」 성에 「그리심」 산과 맞보고 있는 산. ① 「에발」 산은 벗은 산이요, 「그리심」 산은 수목이 무성하다(삿 9:7-8). ②율법을 거역한 자에게 저주를 하게 하고 여호와께 큰 제단을 쌓고 제사하였다(신 11:29, 27:2-13, 수 8:30-31). 일명 "저주산"이며 높이 940m. 현재의 이름은 「나물루스」 산이다.

에배〔עֵיפַי = 새〕인(렘 40:8) 「베들레헴」 가까운 「느도바」에 사는 사람으로, 그의 아들들은 「유다」 총독 「그다랴」의 부하 군인이 되었다.

에베네도〔Ἐπαίνετος = 송한다〕인(롬 16:5) 「아시아」에서 맨 처음 기독교 교인이 된 사람으로 「바울」의 친구.

에베소〔Ἐπέσιος = 인〕지(행 18:24) 「소아시아」의 수도. 「게스터」 강구에서 약 8km 상류에 있는 산유지다. 「로마」 국의 행정상, 교통상의 중심지이며, 「아시아」 7교회 중의 하나이다. 이곳은 천하 7대 기관 중 하나인 여신 「아데미」의 신상이 있다. 그 전각은 장이 425척, 광이 220척이며, 내부는 각종 도화와 초상으로 장식하였다. 신상은 목각인데, 흉부에는 수다한 유방이 있다. 이것은 뭇백성을 양육한다는 표시다. 연회장은 5만 명을 수용할 만하며, 경마, 격검, 씨름, 죄수 사형장으로 사용하였다. ① 「바울」이 2차 선교 여행 시에 이 성에서 전도하였다. ② 3차 여행시에 이곳에서 세례를 주고 안수할 때, 성령이 강림하여 방언과 예언을 하여 놀라운 일들이 많이 일어나 이것을 본 요술객들이 가지고 있던 술서 은 5만 어치를 소각하고 신종하였다(행 19:1-20). ③ 「바울」이 「마게도냐」 선교에서 귀로 시에 「밀레도」에 이르러 「에베소」 장로들을 청하여 "너희는 깨어 내가 3년이나 쉬지 않고 눈물로 훈계한 것을 기억하라"고 권면하였다(행 20:17-31). ④사도「요한」이 이 성에 오랫동안 감독으로 있었으며, 요한복음과 세 서신을 발송하고「밧모」섬에서 계시를 받아 이곳 교회에 보냈다(엡 1:1). ⑤「디모데」,「아굴라」,「브리스길라」,「아볼로」,「두기고」등이 이곳 교회의 교역자였다(딤전 1:3, 행 18:18, 19, 24, 20:4, 21 :29, 딤후 4:12). ⑥세례「요한」의 제자「오네시모」그리고「알렉산더」,「데메드리오」,「스게와」의 아들「후메내오」,「부겔로」,「허모게네」등의 고향이다(행 19:3, 14, 24, 딤후 1:15-18, 4:14, 딤전 1:20).

에베소서 명(엡) 신약 제10권째 성경이다. 사도「바울」이 3년 이상 노동을 하면서 자비량 사역을 한「에베소」교회에 보낸 기록으로, 그리스도의 죽음으로 말미암아 한 몸된 거룩한 성도들의 성스러운 지위와 이 지위에 합당한 일상 생활을 살아가도록 믿음 안에서 성도들이 강하여지기를 원하고 있다. 그리스도 안에 있는 성도들은 주를 찬송하므로 하나님을 영화롭게 하며 하늘에 속한 모든 신령한 복을 받게 된다는 교훈이 있다.

에베스〔אֶבֶץ = 빛나는〕지(수 19:20)「잇사갈」족속의 성읍.

에베스담밈〔אֶפֶס דַּמִּים = 피의 곳〕(삼상 17:1)「다윗」이「블레셋」대장「골리앗」을 죽일 때,「블레셋」군이 진쳤던 곳.

에벤에셀〔אֶבֶן עֵזֶר = 도움의 돌〕지(삼상 7:12)「이스라엘」과「블레셋」이 싸울 때 하나님께서「이스라엘」을 도와 이긴 기념으로,「사무엘」선지가「미스바」와「센」사이에 세운 비석으로, 후에 지명이 되었다. 이 싸움에서 패한「블레셋」은「사무엘」이 생존 중 다시 침범치 못하였다.

에벨〔עֵבֶר = 맞은 편〕인
1「셈」의 증손이며「셀라」의 아들,「아브라함」의 7대

조부(창 10:21, 11:14-26).
[2]「아브라함」의 후처가 낳은 「미디안」의 아들. 이 밖에 4인이 있다(대상 5:13, 8:12, 22, 느 12:20).

에벳〔עֶבֶד = 종〕[인](삿 9:26)
[1] 사사가 되려고 「아비멜렉」과 싸우다가 패한 「가알」의 부친(삿 9:28).
[2]「에스라」와 함께 「예루살렘」에 귀환한 「아딘」 자손의 족장(스 8:6).

에벳멜렉〔עֶבֶד־מֶלֶךְ = 왕의 종〕[인](렘 38:7) 「유대」왕 「시드기야」의 환관 「구스」 지방 출신으로, 「예레미야」가 구덩이에서 죽게 된 것을 구출해 주었다(렘 39:15-18).

에봇[1] [명](삿 8:27) 「기드온」이 금으로 만든 신상. 주민들이 음란하게 섬겼다.

에봇[2]〔אֵפֹד = 신탁(계시)〕[인](민 34:23) 「모세」 시대에 「므낫세」자손, 「한니엘」의 아버지.

에봇[3] [명](출 28:4) 구약 시대 대제사장 의복. 흉패 아래 앞치마 같은 것으로, 하나님의 뜻을 알기 위한 도구로(삼상 23:6,9) 사용된 때도 있다.

에브라다[1]〔אֶפְרָתִי = 곡물의 땅, 풍요〕[인](대상 2:50) 「갈렙」의 둘째 아내(대상 2:50, 4:4). 〈→에브랏〉

에봇 3

에브라다[2]〔אֶפְרָתִי = 곡물의 땅〕[지](미 5:2)
[1]「베들레헴」의 옛 이름(미 5:1-2).
[2]「기럇여아림」 부근의 땅(시 132:6).

에브라임[1]〔אֶפְרַיִם = 풍성한 땅〕[인]
[1]「애굽」에서 출생한 「요셉」의 차자(창 41:51-52).
[2]「야곱」이 12지파에 참여시키기 위하여 축복할 때, 그의 형 「므낫세」보다 앞세우려고 오른손을 「에브라임」의 머리에, 왼손을 「므낫세」의 머리에 얹고 축복하였다(창 48:13).
[3]「여호수아」「드보라」「압돈」이 모두 「에브라임」의 후손들이다(민 13:8, 16, 삿 4:5, 12:15, 삼상 1:1).

에브라임[2]〔אֶפְרַיִם = 풍성함〕[지]

(수 17:15) ①「요셉」의 차자「에브라임」후손의 거주지로서 비옥한 땅(수 19:, 20:7). ②「가나안」에 들어간 후, 하나님의 언약궤와 성막이 있어 종교의 중심지가 되었던「실로」가 그곳에 있다(삼상 1:3, 4:3). ③「요단」강가에는「다윗」의 군대와「압살롬」의 군대가 접전한「에브라임」수풀이 있다(삼상 14:26, 삼하 18:6, 왕하 2:24). ④북국「이스라엘」의 국도가 이곳에 있는「세겜」과「디르사」,「사마리아」이다(왕상 12:25, 15:33, 16:24). ⑤예수 당시에는「사마리아」도에 편입되어 있었으며, 예수께서「나사로」를 살리신 후「유대」인을 피하여「에브라임」곁에 가서 유하셨다. 현재는「이스라엘」영토 안에 들어 있다.

에브랏〔אֶפְרָת = 곡물의 땅〕[지](창 35:16) ①「베들레헴」의 옛 이름으로,「야곱」의 애처「라헬」이「베냐민」을 낳고 죽은 후 이곳에 장사하였다. ②「보아스」가「룻」을 취하여 아내를 삼았을 때 이 성의 장로와 백성들이 축복하였다(룻 4:11). 〈에브라다〉.

에브론[1]〔עֶפְרוֹן = 영양, 유력함〕[인](창 23:6-17)「헤브론」에 거주하는「헷」족속으로,「아브라함」이 이 사람에게서「막벨라」굴을 샀다.

에브론[2]〔עֶבְרֹן = 나루터〕[지](수 19:28)「악고」북동,「아셀」에 있던「레위」사람의 성읍.

에브론[3]〔עֶפְרוֹן = 영양(羚羊)〕[지](수 15:9)
[1]「유다」와「베냐민」사이에 있는 산(수 15:9).
[2]「벧엘」북동의 성읍.「오브라」와 같은 곳(대하 13:19).「아비야」가「여로보암」에게서 빼앗은 고을.

에블랄〔אֶפְלָל = 심판〕[인](대상 2:37)「유다」사람「여라므엘」자손.「사밧」의 아들.

에비구레오〔*Ἐπικούρειος* = 도움〕[인](행 17:18) 주전 250년에 죽은「희랍」의「에피큐러스」가 세운 유수한 철학파로서 4세기까지 지속되었다. 그의 윤리는 감각으로 선악의 표준을 삼았다. 개인의 감각적 쾌락을 최고의 선으로 하여, 행복의 실제적 탐구에 종사했다. 그러나 진정한 쾌락은 안정한 심적 상태라고 보고 욕망 억제의 필요를 제창했다. 이 파에서는 학문이나 덕이나 모두를 쾌락주의 수단으로 보았다.「에비구레오」파는「바울」에게 반대적 태도를 표명했었다.

에비아삽〔אֲבִיאָסָף = 모임의 아버지〕[인](대상 6:23)「아비아삽」과 같은 사람. 「고라」의 자손.

에산〔אֶשְׁעָן = 버팀, 비탈〕[지](수 15:52) 「유다」 남부의 성읍. 「길벳사무아」와 같은 곳. 「헤브론」 서남 18km 지점.

에살핫돈〔אֵסַר־חַדֹּן = 앗수르의 신이 한 아우를 줌〕[인](왕하 19:37) ①「산헤립」이 사랑하는 아들. ②부왕이 살해되자 원수를 갚고, 주전 681년에 왕이 되었다(왕하 19:37, 사 37:38).

에서〔עֵשָׂו = 털이 많다〕[인](창 25:24-34) 「이삭」의 처 「리브가」가 낳은 쌍둥이 중의 큰 아들로서, 그 별명은 「에돔」이다. 그는 어려서부터 사냥을 좋아하여 그 사냥한 고기로 부친 「이삭」을 기쁘게 하였다. ①사냥에서 배고파 돌아올 때 장자의 명분을 소홀히 여겨 팥죽 한 그릇에 동생 「야곱」에게 팔았다. ②부친 「이삭」이 축복하여 주려는 장자의 복을 「야곱」에게 빼앗기고 분노하여 「야곱」을 죽이려 하였으나, 「야곱」이 알고 도망하여 죽이지 못하였다(창 27:41-44). ③20년 만에 만나 화해하고 「세일」산 부근에 이주하여 그 자손이 크게 번창하니, 곧 「에돔」족속이다(창 35:5).

에섹[1]〔עֵשֶׁק = 억압〕[명](대상 8:29) 「베냐민」 사람 「엘르아사」의 아들 「아셀」의 동생.

에섹[2]〔עֵשֶׂק = 다툼〕[지](창 26:20) 「이삭」이 「그랄」에서 우물을 팠는데, 「그랄」 목자와 「이삭」의 목자가 다투었다 하여 이 이름을 가졌다.

에센〔עֶצֶן〕[인](삼하 23:8) 「아리노」 출신 「다윗」의 군장.

에셀〔אֵצֶר = 연합, 도움〕[인](창 36:21)

[1]「호리」 족속 「세일」의 여섯째 아들(대상 1:38).

[2]「유다」 자손 「후사」의 아버지(대상 4:4).

[3]「갓」 사람으로, 「시글락」에서 「다윗」을 도운 군인(대상 12:9).

[4]「예수아」의 아들로, 「미스바」를 다스린 자(느 3:19).

[5]「가드」 토인에게 살해된 「에브라임」 자손(대상 7:21).

[6]「느헤미야」 시대의 제사장(느 12:42).

에셀나무[명](창 21:33) <식>성

경에 세 번 기록되었다. 「예레미야」에서는 떨기나무라 했다. 「요단」 골짜기에 많이 서식하며, 봄이면 아름다운 가지에 꽃이 핀다. '거룩한 나무'라 하여 성소, 분묘, 회의소 같은 곳에 심었다(삼상 22:6, 31:13).

에셀 바위 명(삼상 20:19) 「요나단」이 「다윗」을 그곳에 있게 하고 부친 「사울」왕이 죽이려는지 여부를 활로 신호하겠다고 약속한 바위 이름이다.

에셈〔עֶצֶם = 뼈〕지(수 15:29) 「유대」 남부의 성읍으로, 「시므온」의 영역이다(대상 4:29).

에스겔[1]〔יְחֶזְקֵאל = 하나님께서 강하게 하심〕인(겔 1:1-3) ①「부시」의 아들로서 「유대」인의 제사장이며 4대 선지 중의 한 사람이다. 「유대」왕 「여호야긴」과 함께 포로가 되어 「갈대아」 땅 「그발」 하숫가에 거주하는 중 하나님의 계시를 받아 「에스겔」서를 기록하였다. ②그 글에서 그의 비범한 인물됨을 발견할 수 있고 기개를 나타냈으니, 곧 목이 곧고 마음이 강퍅한 그 백성들이 우상을 숭배하고 악을 행함을 담대히 공격한 기록에서 대선지로서 적임자임을 보여 주었으며, 종신토록(20년간) 선지의 직무에 진력한 것은 일대 특색이다. ③「예레미야」 선지가 정신적 종교가임에 반하여, 「에스겔」은 의식적, 형식적 방면에 중대한 관심을 보였다. ④그의 예언의 요지는 「예루살렘」의 망할 것과 장래의 구원으로 본국이 회복될 것으로 포로된 동포를 위로하였다. ⑤그의 죽은 시기는 알 수 없으나 「바벨론」에서 같은 지도자에게 피살된 것으로 추측된다. 지금의 「이락」의 수도 「바그닷드」 근처의 한 건물을 가리켜 「에스겔」의 분묘라고 말하는 사람도 있다.

에스겔[2] 명(겔) 구약 제26권째 성경이다. 「에스겔」서는 「이스라엘」 자손이 포로되어 장차 올 그들의 영광스러운 회복에 관한 예언이다. 1~24장까지는 「예루살렘」의 멸망 전에 외친 예언으로, 하나님의 심판이 임한 이유를 설명하고 있다. 이방 민족들의 필연적인 멸망도 아울러 예언하고 있다. 25장 이하에는 「이스라엘」의 회복과 「예루살렘」의 영광스러운 날이 올 것을 상세히 예언하였다.

에스골[1]〔אֶשְׁכּוֹל = 포도송이〕인(창 14:13-24) 「아모리」 족속 「아넬」과 「마므레」의 형제로, 저희 3형제가 「아브라함」을 도와 포로된 「롯」을 구하고 노략물을 분배.

에스골[2] 〔אֶשְׁכּוֹל = 포도송이〕[지] (민 13:23) 「가나안」 남방 「헤브론」에 가까우며, 비옥한 골짜기다. 「모세」가 광야에서 12명의 정탐꾼을 「가나안」에 보내매 그들이 가서 정탐하고 돌아올 때, 이곳의 포도 한 송이를 취하여 두 사람이 메고 돌아와 이곳의 비옥함을 보여 주었다(민 13:24, 32:9, 신 1:24).

에스다올 〔אֶשְׁתָּאוֹל〕[지] (수 15:33) 「예루살렘」의 서쪽 19 km 지점. 「유다」와 「단」 경계에 있는 촌. ①「삼손」의 고향 「마하네단」의 근처이다(삿 13:25). ②「삼손」을 이곳에 장사하였다(삿 16:31). ③기업지를 얻지 못한 「단」 지파의 600명이 이곳을 떠나 「기랏여아림」으로 올라가 진을 쳤다(삿 18:2, 11).

에스더[1] 〔אֶסְתֵּר = 별, 소녀〕[인] (에 2:7) 본명이 「하닷사」(天人花)인 것을, 황후의 위에 오를 때 「에스더」라 고쳤다. ①「아비하일」의 딸로서 어렸을 때 조실 부모하고 4촌 오빠인 「모르드개」의 양육을 받아 오던 중, 왕후 「와스디」가 폐출당한 뒤 전국에서 모여온 수많은 아릿다운 처녀 중에서 내시 「헤개」의 추천으로 「아하수에로」 왕에게 간택되어 왕후가 되었다(에 2: 7, 9:16-18). ②총리 「하만」이 자기에게 경의를 표하지 않는 「모르드개」에게 분노하여 전 「유대」 민족을 죽이려는 계획을 세웠다. 「모르드개」가 이것을 알고 「에스더」에게 편지하니, 「에스더」가 왕에게 고하여 그 일을 뒤엎고 전날 왕을 암살하려던 자를 알려 주었다. 화를 면케 한 공로가 있는 「모르드개」로 총리를 삼고 「유대」인을 진멸하려던 칙명을 취소하는 동시에 「유대」인에게 자유권을 주고, 적대 행동을 하려던 자들을 다 죽였다(에 3:5, 6, 4:1, 7:-8:). ③위기일발의 함정에서 구출되어 평화로운 생활의 새 출발을 하게 된 「유대」인들은 「모르드개」와 「에스더」의 뜻을 따

라 127도에 흩어져 있는 민족 전체가 아달월(12월) 14, 15 양일(유월절 한달 전)을 죽음에서 구원받은 것을 기념하는 절기로 정하여 이것을 영원히 지키라 하니, 이것이 곧 부림절이다(에 9:20-23).

※ 지금도 유대 민족은 이 절기를 지키며, 「에스더」 서를 낭독하다가 「하만」이라는 이름만 나와도 소름이 치게 저주하고, 「에스더」와 「모르드개」의 이름이 나올 때는 애국심이 솟아난다고 한다.

에스더[2] [명](스) 구약 제17권째 성경이다. 기록한 사람은 밝혀져 있지 않으나 「모르드개」로 여기는 학자들이 많다. 하나님의 백성이 흩어져 사는 동안 많은 환난을 당한 때마다 하나님의 섭리로 보호하여 주심을 보여 준다. 「바사」 제국의 지배를 받던 「이스라엘」 백성들이 「하만」의 흉계로 멸망하게 되었을 때 「에스더」와 「모르드개」를 통하여 구원받게 된 부림절의 기원을 보여 주는 역사서이다. 「에스더」에는 "하나님"이나 "여호와"란 단어가 나오지 않지만, 하나님의 섭리의 역사가 기록되어 있다.

에스돈〔אֶשְׁתּוֹן = 애처가, 여자다운〕[인](대상 4:11-12) 「유다」 자손. 「모힐」의 아들. 「드힌나」의 아버지.

에스드모〔אֶשְׁתְּמֹה = 신의 음성이 들리는 장소〕[지](수 15:50) ①「유다」 산지에 있는 제사장의 거주지(수 21:14, 대상 6:57). ②「다윗」이 「시글락」을 치고 탈취물을 이 성 사람들에게도 분배하였다(삼상 30:28). 「헤브론」의 남쪽 14km 지점에 있다.

에스드모아〔אֶשְׁתְּמוֹעַ = 신의 소리가 들리는 곳〕[지](수 21:14) 「에스드모」와 같은 곳.

에스라[1]〔עֶזְרָא = 여호와께서 도우신다〕[인](스 7:5)

[1] ①「레위」 자손 「아론」의 16대손. ②「시드기야」 왕 때 대제사장이던 「스라야」의 아들로서, 제사장이며 「모세」의 율법에 능한 서기관이다(왕하 18:21, 스 7:1, 6). ③그는 비록 포로된 땅 「바벨론」에서 출생하였을지라도 율법에 정통하고 유전을 많이 들어 애국 애족의 정신과 성전에 대한 관념을 깊이 새겨서 「예루살렘」에 귀환하여 부패한 도덕과 종교를 개혁하게 되었다. ④그가 「바사」 왕 「고레스」에게서 「예루살렘」에 귀환할 허락을 받고 또 성전 건축할 물자와 금전을 얻어가지고 지원자 1,800명을 거느리고 출발하여(주전

548) 「아하와」 강변에서 하나님께 도중에 보호하여 주시기를 금식 기도한 후 4개월 만에 무사히 「예루살렘」에 도착하였다(스 8:21-23, 7:6-9). ⑤제1차 사업으로 성전 재건을 착수하여 주전 515년에 마치고 봉헌식을 거행하였다(스 6:15, 17). ⑥유월절을 지키고, 「느헤미야」와 함께 초막절을 성대히 지키며 율법책을 가르쳤다(스 6:19-22, 느 8:13-18). ⑦이방 여자와 결혼한 사람을 이혼하게 하였다(스 10:10-12). 마지막으로 구약 성경을 취집하고, 자기가 친히 몇 책을 기록하였으며 또 회당을 창설하였다. 그는 「이스라엘」의 부패한 풍속, 도덕, 종교 개혁을 단행하여 그 당시의 「이스라엘」을 성결케 할 뿐 아니라, 후세에 전하여 준 성경과 회당은 영원히 불멸할 사업이며 공헌했다. 「에스라」 서는 주전 5백년경에 에스라가 기록한 것으로, 그 내용은 「바벨론」에 포로된 「이스라엘」이 「바사」 왕 「고레스」에게 허락을 받고 귀국하여 성전을 재건함과 「에스라」가 「예루살렘」에서 종교 개혁을 단행한 것을 기록하였다.

[2] 「스룹바벨」과 「예수아」와 같이 「바벨론」에서 돌아온 제사장, 족장(느 12:1, 13).

[3] 「레위」 사람의 가장(느 12:33).

[4] 「유다」의 자손(대상 4:17).

[5] 「에단」, 「헤만」의 조상(왕상 4:31) 시편 88편과 89편의 제목에 기록되었다.

에스라[2] [명](에) 구약 제15권째 성경이다. 기록한 이는 불명하나, 제사장이요, 학사(신약 율법사)인 「에스라」로 여긴다. 「유대」인들이 「바벨론」 포로에서 본국으로 돌아와 성전을 재건한 기록으로, 「고레스」 왕이 포로된 「유대」인들의 해방을 공포한 때부터 약 80년 동안의 역사를 기록하였다. 1장~6장까지는 첫번째 귀환과 성전 재건의 기록이요, 7장~10장까지는 두번째 귀환과 이방 여인을 아내로 취한 사람들에게 헤어질 것을 권하고 있다.

에스리〔עֶזְרִי = 나의 도움〕[인](대상 27:26) 「다윗」의 농경지를 감독한 사람으로, 「글룹」의 아들.

에스바알〔אֶשְׁבַּעַל = 바알의 사람〕[인](대상 8:33) 「사울」의 넷째 아들로서, 「이스보셋」 「리스위」와 같은 사람. 그 밖에 두 사람이 있다(느 12:1, 대상 4:17, 9:39).

에스반〔אֶשְׁבָּן〕[인](창 36:26) 「호리」 족속 「디손」의 아들이며 족장.

에스배〔אֶזְבַּי = 빛나는〕[인](대상 11:37) 「다윗」의 용사 「나아래」의 아버지.

에스본〔אֶצְבּוֹן = 빛남〕[인]
[1] 「갓」의 아들(창 46:16) 「야곱」의 손자.
[2] 「벨자」의 아들(대상 7:7).

에슬리〔Ἐσλί = 나를 가까이함〕[인](눅 3:25) 예수님의 족보 중 한 사람.

에시온게벨〔עֶצְיוֹן גֶּבֶר = 거인의 등〕[지](민 33:35, 36) ①「아가바」 만 위에 있는 에돔에 속한 성읍으로, 「애굽」에서 나온 이스라엘 백성이 진을 친 곳(신 2:8). ②「솔로몬」은 이곳을 항구로 개발하여 통상을 하였다(왕상 9:26, 대하 8:17). 그곳에 금 제련소를 두었다. ③일시 황폐하였으나 「여호사밧」이 부흥시켰다. 배를 건조하였으나 하나님께서 파선토록 하셨다(대하 20:36, 왕상 22:48).

에우다 [타](삼하 20:15) ①둘레를 빙 둘러서 막다. encircle. ②딴 길로 돌리다. ③포위하다. ④공격, 장악하다.

에워싸다 [타](창 19:4) 둘레를 둘러싸다. surround. 포위하다.

에위〔אֱוִי = 욕망〕[인](민 31:8) 「미디안」 다섯 왕의 하나(수 13:21).

에윌므로닥〔אֱוִיל מְרֹדַךְ = 므로닥 사람〕[인](왕하 25:27-31) 「느브갓네살」 2세의 아들로 그 부친의 위를 계승하여 새 「바벨론」 제국의 군왕이 되어(주전 562-590) 포로로 구금되어 있는 「유대」왕 「여호야긴」을 석방하여 다른 노예 군왕의 상석에 두고 우대하였다. 그러나 재위 겨우 2년에 의형제 「네갈사레셀」에게 암살을 당하였다.

에훗〔אֵהוּד = 강한〕[인](삿 3:15)
[1] 「게라」의 아들로 왼손잡이다. 「이스라엘」의 제2대 사사가 되어 「이스라엘」이 18년간 「모압」의 압제를 받는 중, 「에훗」이 조공을 바치러 가서 「에글론」 왕을 조용히 만나 이야기하다가 준비하여 가지고 간 검으로 찔러 죽였다. 「에브라임」 산으로 돌아와 「모압」인 1만명을 죽이고 항복을 받은 후, 사사가 되어 80년간 「이스라엘」을 태평하게 하였다(삿 3:15-30).
[2] 「베냐민」 자손 「빌한」의 아들(대상 7:10).
[3] 「베냐민」의 손자로, 「게바」 거민의 족장(대상 8:6, 7).

에히〔אֵחִי = 단일, 유일〕[인](창 46:21) 「베냐민」의 아들이며, 「애굽」에 내려간 「야곱」의 가족.

엔간님〔עֵין־גַּנִּים = 동산 우물〕 지〈→ 언간님〉

[1] 「유다」 평지에 있는 한 성읍(수 15:34).

[2] 「잇사갈」의 「에스도라엘론」 평원에 있는데, 「세겜」에서 북 20km. 지금의 「여닌」이라 하는 부요한 동네이다. 큰 강이 동리 중앙을 흐르고 주위에 점포가 많으므로 이 이름을 가지게 되었다(수 19: 21 언간님).

엔게디〔עֵין גְּדִי = 염소의 우물〕 지(수 15:62) ①「사해」 서안 중앙부에 있는 샘으로, 구명은 「하사손다말」이요, 지금의 이름은 「아인게데」라 부른다(수 15:62, 대하 20: 2). ②주위에 종려나무와 포도원의 고벨화가 유명하다(아 1:14). ③「모압」인과

엔게디 윗못

「암몬」 인이 이 곳에 와서 「여호사밧」을 치려다가 「세일산」 인을 친 후, 피차 살육하여 한 사람도 남지 않았다(대하 20:1, 2). ④이곳에서 「예루살렘」에 가려면 「시스」 고개를 넘는다(대하 20:16). ⑤「에스겔」 선지는 이곳에서부터 「엔에글라임」까지 그물치는 곳이 되겠다 하였다(겔 47:10).

엔답부아〔עֵי־תַּפּוּחַ = 사과의 샘〕 지(수 17:7) 「므낫세」의 성읍 「답부아」.

엔돌〔עֵין דֹּאר = 주거의 샘〕 지(삼상 28:7-19) ①「다볼」산 남방에 있는 「므낫세」 지파의 성읍(수 17:11). ②「사울」이 「길보아」 전쟁에 출전하기 전에 이 성 무녀에게 변장하고 가서 「사무엘」의 혼령을 불러 대화한 일이 있다. ③사사 「드보라」와 「바락」이 이곳에서 「시스라」를 이겼다(시 83:10). 지금까지 그 이름을 가지고 있다.

엔로겔〔עֵין רֹגֵל = 표백자의 샘〕 지(수 15:7) ①「예루살렘」 정남 「힌놈」과 「기드론」의 합치는, 남쪽에 남아 있는 샘(수 18:16). ②「요나단」과 「아히마아스」가 「압살롬」을 피하여 잠시 이 곳에 머물렀다가 「바후림」 우물 속에 숨었다(삼하 17:17-18). ③

「아도니아」는 반역을 도모하기 위하여 이 근방에서 큰 잔치를 베풀었다(왕상 1:9). 이 샘은 지금의 「빌에욥」이라는데, 그 깊이는 38m이다. 〈→ 에느로겔〉

엔로겔 우물터

엔미스밧〔עֵין מִשְׁפָּט = 심판의 샘〕[지](창 14:7) 「신」 광야에 있던 「가데스바네아」.

엔세메스〔עֵין שֶׁמֶשׁ = 태양의 샘〕[지](수 15:7, 18:17) 「유대」와 「베냐민」 사이에 경계표 되는 샘. 「예루살렘」과 「감람」 산 동편 「여리고」로 가는 길 옆에 있다(수 18:17). 현재의 「아인호드」이다.

엔하솔〔עֵין הַזּוֹר = 마을의 우물〕[지](수 19:37) 북부 「갈릴리」에 있던 「납달리」의 성읍.

엔학고레〔עֵין קֹרֵא = 부르짖는 자의 샘〕[지](삿 15:19). 사사 「삼손」이 나귀 턱뼈로 「블레셋」인 1천명을 죽이고 목말라 애쓸 때, 하나님이 샘을 터쳐 마시우시니 그 샘 이름을 「엔학고레」라 하였다.

엔핫다〔עֵין חַדָּה = 예리함의 샘〕[지](수 19:21) 「잇사갈」 지파의 성읍.

엘〔עֵר = 간수자〕[인](창 38:3) 〈→ 에르〉

[1] 「유다」의 아내. 「가나안」 사람 「수아」의 딸이 낳은 아들이다(창 38:3-7). 「엘슨다말」에게 장가들었으나 벌을 받고 죽었다. 「에르」와 같은 사람.

[2] 「셀라」의 아들(대상 4:21).

[3] 예수 조상의 한 사람(눅 3:28).

엘가나〔אֶלְקָנָה = 하나님은 소유하신다〕[인]

[1] 「사무엘」의 부친으로, 두 아내를 두었다. 한 사람은 「사무엘」의 모친 「한나」요, 또 한 사람은 「브닌나」이다(삼상 1:1, 21, 대상 6:27, 34).

[2] 「다윗」이 법궤를 둔 성막의 출입구를 지키는 사람(대상 15:23).

[3] 「아하스」 왕의 총리 대신으로, 「베가」가 「예루살렘」을 칠 때 「에브라임」의 용사 「시그리」에게 피살되었다(대하 28:7).

④ 이 이름은 「레위」 지파 중에 많은데, 그 밖에 7인이 있다(출 6:24, 대상 6:23, 25, 26, 9:16, 12:6, 15:23).

엘고스〔אֶלְקֹשִׁי〕지(나 1:1) 선지자 「나훔」의 고향으로, 「유다」 남부에 있었다고 추측하기도 하고 혹은 「갈릴리」의 한 동리인 듯하다고 한다.

엘다아〔אֶלְדָּעָה = 하나님이 부르심, 바라심〕인(창 25:4) 「미디안」 한 부족의 조상으로서, 「아라비아」 지방의 유목민인 듯하다(대상 1:33).

엘닷〔אֶלְדָּד = 하나님은 친구〕인(민 11:26-27) 「모세」를 돕기 위해 선택된 70장로 중의 한 사람. 「엘닷」과 「세닷」의 예언에 당황한 「여호수아」에게 「모세」는 그의 관대성을 보여 "여호와께서 그 신을 모든 백성에게 주시사 선지가 되게 하시기를 원하노라"고 했다.

엘돌랏〔אֶלְתּוֹלַד = 하나님께서 낳으신 이〕지(수 19:4) 「시므온」에게 준 「유다」 남쪽 마을(수 15:30). 혹 「돌닷」인 듯(대상 4:26).

엘드게〔אֶלְתְּקֵא = 만남의 장소〕지(수 19:44) ①「단」 지파 중에 있던 동리. ②「레위」인이 살았다(수 21:33). ③「앗수리아」 비문에는 「알타쿠」(Altaqu)라고 써져 있다. 「산헤립」이 이 근방에서 「팔레스틴」과 「애굽」의 연합군을 쳐부수고 「엘드게」와 「딤나」까지도 침략하였다(왕하 18:13, 19:8).

엘드곤〔אֶלְתְּקֹן = 하나님께서 기초이시다〕지(수 15:59) 「유다」 지파 서부의 성읍.

엘라〔אֵלָא = 상수리나무〕인(삼상 17:2)

① 「베냐민」 지파 「시므이」의 부친으로, 「솔로몬」의 식료품을 감독하는 장관이다(왕상 4:7, 18).

② 「이스라엘」 왕으로, 그가 궁내 대신 「아르사」의 집에서 마시고 취하였을 때 신하 「시므리」에게 피살되었다(왕상 16:8-9).

③ 「이스라엘」 최후의 왕 「호세아」의 부친이다(왕하 15:30).

④ 「갈렙」의 자손(대상 4:15).

⑤ 그 밖에 2인이 있다(창 36:41, 대상 9:8).

엘라 골짜기〔הָאֵלָה = 상수리나무 골짜기〕지(삼상 17:2-19) 「다윗」과 「골리앗」이 단판 싸움을 한 곳(삼상 21:10). 「예루살렘」의 서남 25km 지점에 있어 양편에는 50m 이상의 산이 솟아 있고, 골짜기 너비는 400m 가량이다.

엘라단〔אֶלְנָתָן = 하나님은 주심〕[인](왕하 24:8)

[1]「유다」왕「여호야김」의 외조부(왕하 24:8). 「느후스다」의 아버지.

[2]「에스라」 시대「레위」 사람(스 8:16).

[3] 예언자「우리야」를 죽이기 위하여「애굽」으로 보내었던「악볼」의 아들「엘라단」과 같은 사람으로 여김(렘 26:22, 36:12).

엘라사〔אֶלְעָשָׂה = 하나님께서 지으심〕[인]

[1]「에스라」 때에 이방 여자를 취한 한 제사장(스 10:22).

[2]「시드기야」 왕이「느부갓네살」에게 그와「그마랴」를 보내어 포로된「이스라엘」백성에게 서신을 전하도록 하였다(렘 29:8).

엘라살〔אֶלָּסָר〕[지](창 14:1)「유브라데」 강 북안에 있는 성읍으로, 「아브라함」 때에「시날」, 「엘람」, 「고이」의 세 성과 연합하여「팔레스틴」을 쳐서「소돔」과「고모라」의 모든 재물과 양식을 빼앗고 또「아브라함」의 조카「롯」을 사로 잡아갔다(창 14:1-9).

엘라암〔אֶלְנַעַם = 하나님의 기쁨과 즐거움〕[인](대상 11:46)「다윗」의 용사 중 한 사람으로, 「여리배」와「요사위야」의 아버지.

엘람[1]〔עֵילָם = 높은 곳〕[인]

[1]「셈」의 장자. ①그의 자손이「수리아」 남방과「바사」 동편 지방에 거주하므로 그 지방 이름을「엘람」이라 하고, 그 지방의 시조가 되었다(창 10:22). ②신약 사도 시대 오순절에 이 지방에 거주하는「유대」인들이 참예하였다가 성령 강림을 목도하였다(행 2:9).

[2]「바벨론」에서 귀환할 때의「엘람」. ①그의 자손 중 1,254인은「스룹바벨」의 인솔하에 그 후 71인은「에스라」의 인솔한 중 몇 사람은 이방 여자를 취하였다가 버렸다(스 2:7, 10:26). ②그 중 한 사람은「느헤미야」와의 맹약에 날인하였다(느 10:14).

[3]「스룹바벨」과 동반 귀환한 다른「엘람」이다(스 2:31).

[4]「예루살렘」 성 중수를 필한 후, 봉헌식에 협찬한 한 제사장이다(느 12:42).

[5] 그 밖에 2인이 있다(대상 8:24, 26:3).

엘람[2]〔עֵילָם = 오래 참음〕[지](창 10:22) ①「셈」의 장자「엘람」의 처음 주거지(창 14:1). ②오순절에 이 지방에 사는 「유대」인들이 참예하였다가 성령 강림을 보았다(행 2:9).

엘랏〔אֵילַת = 상수리나무〕[지](신 2:8) ①「아카바」 만의 중심부에 있던 「에돔」인들의 항구. 「이스라엘」이 광야에서 머문 곳. ②「에시온」 게벨과 병기하고 있지만, 한 도성을 가리킨다. 「솔로몬」이 여기에서 무역선을 만들었다(왕상 9:26).

엘렙〔אֶלֶף = 황소〕[지](수 18:28) 「베냐민」 지파의 성읍.

엘론[1]〔אֵילוֹן = 참나무〕[인](창 26:34)

[1]「헷」 사람 「에서」의 아내 「바스맛」의 아버지(창 26:34).

[2]「스불론」의 아들(창 46:14).

[3]「입산」의 뒤를 이어 사사가 된 사람(삿 12:11-12).

엘론[2]〔אֵילוֹן = 참나무〕[지](수 19:43) 「단」 지파의 성읍. 「엘론 벧하난」과 같은 곳으로 여김.

엘론 벧하난〔אֵילוֹן בֵּית חָנָן = 은혜의 집〕[지](왕상 4:9) 「단」 지파의 성읍으로, 「솔로몬」의 행정 구역 제2 구역에 있던 동네.

엘롯〔אֵילוֹת = 떡갈나무〕[지](왕상 9:26) 홍해 연안, 에돔의 항구 「엘랏」과 같은 곳. 「엘랏」과 같은 곳으로, 「솔로몬」이 건설하였다(대하 8:17, 26:2).

엘료에내〔אֶלְאֹנַי = 내 눈은 하나님을 향함〕[인](대상 3:23)

[1]「다윗」의 자손 「느아랴」의 아들. 「호다위야」의 아버지(대상 3:24).

[2]「시므온」 자손 「요시비야」의 아들(대상 4:36).

[3]「베냐민」 자손. 「베겔」의 아들(대상 7:8).

[4]「에스라」 시대 이방 여인을 취한 제사장(스 10:22, 느 12:41).

[5] 이방 여인을 취한 삿두의 자손(스 10:27).

엘루마〔'Ελύμας = 지혜〕[인](행 13:8) 「구브로」 섬의 마술사 「바보」에 있으면서 「바울」과 「바나바」를 대적하다가 소역이 된 자.

엘루세〔אֶלְעוּזַי = 하나님께서는 나의 피난처〕[인](대상 12:5) 「다윗」의 용사 중 한 사람.

엘룰[명](느 6:14) 「유대」력 6월, 태양력 8~9월.

엘르아다〔אֶלְעָדָה = 하나님이 장식하심(입히심)〕[인](대상 7:20) 「에브라임」 자손의 가장.

엘르아사〔אֶלְעָשָׂה = 하나님이 만드심〕[인](대상 2:39)

[1]「유다」 지파 「여라무엘」 자손 「헬레스」의 아들(대상

ㅇ

2:40).

[2]「베냐민」 지파 「사울」과 「요나단」의 자손(대상 8:37, 94:43).

엘르아살〔אֶלְעָזָר = 하나님의 도움〕[인](출 6:23)

[1]「아론」의 셋째 아들(출 9:24). ①두 형 제사장이 하나님의 진노로 죽은 후 그 동생 「이다말」과 함께 대신 제사장이 되었다(레 10:1-7, 민 3:1-4). ②하나님을 봉사하다가 「모세」를 따라 「호르」 산에 올라가니 「모세」가 그의 부친 「아론」의 옷을 벗겨 입혀 준 후, 「아론」이 별세하자 그가 대신하여 대제사장이 되었다(민 20:22-23). ③「여호수아」에게 안수하여 「모세」를 대신해 「이스라엘」의 지도자가 되게 하였다(민 27:22-23). ④그의 아들 「비느하스」가 「미디안」을 쳐서 이기고 노략물을 많이 가져오매, 반은 싸움에 나갔던 군인에게 나눠주고 반은 회중에게 주었다(민 31:25-27). ⑤「가나안」 땅에 들어가서 「여호수아」가 12지파에게 땅 분배하는 일을 마치고 죽은 후에 「엘르아살」도 죽으니 「에브라임」에 장사하였다(수 24:29-33).

[2]「아비나답」의 아들인데 「블레셋」에서 법궤를 옮겨오다가 이 사람의 집에 임시로 두었다(삼상 7:1).

[3]「다윗」 왕의 3용사 중 한 사람이다(삼하 23:9).

[4] 예수의 육신의 조부(마 1:15).

[5]「예루살렘」 성을 중수하고 봉헌식에 협조한 한 제사장이다(느 12:42).

[6] 그 밖에 3인이 있다(대상 23:21, 스 8:33, 10:25).

엘르알레〔אֶלְעָלֵא = 하나님의 오르심〕[지](민 32:3) 「르우벤」 지파의 성읍 「헤스본」에서 1.7km 떨어져 있다.

엘르앗〔אֶלְעָד = 하나님께서 칭찬하시는 자〕[인](대상 7:21) 「에브라임」의 아들.

엘리[1]〔עֵלִי = 고상함〕[인](삼상 1:8) 사사 시대 말기의 대제사장. ①「사무엘」을 맡아 기르는 데는 성공하였으나 자기 아들을 교육시키는 데는 실패하였다(삼상 2:11-12). ②하나님의 견책을 받고 더욱이 「블레셋」과의 전쟁에서 대패하여 언약궤를 빼앗기고 두 아들은 전사하였다(삼상 4:17). ③두 아들이 죽은 비보를 듣고 「엘리」는 의자에서 넘어져 목이 부러져 죽고, 그의 며느리도 모든 소식을 듣고 놀라 이미 잉태하였던 아이를 해산하고 죽으니 멸문의 화를 당하는 중에서 오직 이 때에 생산한 아들 고아 「이가봇」이 있을 뿐이다(삼상 4:18-22). ④그의 자손은 「솔로몬」 왕에게 쫓겨난 「아비아달」을 최후로 제사장 직에서 물러났다(왕상 2:27).

엘리[2] [명](마 27:46) 예수님께서 십자가 상에서 하신 일곱 말씀 중, 네 번째 하신 말씀. 뜻은 '나의 하나님'이다.

엘리가〔אֱלִתְקָא = 거절하시는 하나님〕[인](삼하 23:25) 「하룻」 사람으로, 「다윗」의 30 용사 중 하나.

엘리닷〔אֱלִידָד = 사랑하신 하나님〕[인](민 34:21) 「베냐민」 지파의 지도자로, 「기술론」의 아들.

엘리멜렉〔אלימֶלֶךְ = 하나님은 왕이심〕[지](룻 1:2) 「베들레헴」 사람. 「나오미」의 남편이며 「룻」의 시아버지(룻 1:3, 2:1-3).

엘리바스〔אֱלִיפַז = 하나님은 정금이심〕[인](창 36:4)

[1] 「엘론」의 딸 「아다」가 낳은 「에서」의 아들이다(창 36:10, 대상 1:35).

[2] 「욥」의 세 친구 중 가장 연장자로서 「데만」인이다. 그는 지혜로운 자로서 가장 정당하게 「욥」을 권면하였다(욥 2:11, 4:).

엘리발〔אֱלִיפָל = 하나님은 심판이심〕[인](대상 11:35) 「하랄」 사람 「울」의 아들.

엘리벨렛〔אֱלִיפָלֶט 하나님은 심판하심〕[인](삼하 5:16)

[1] 「다윗」의 아들, 「엘벨렛」과 같은 사람(대상 3:6-8, 14:7).

[2] 「다윗」의 용사, 「엘리발」과 같은 사람(삼하 23:34).

[3] 「베냐민」 사람, 「에섹」의 아들(대상 8:39).

[4] 「에스라」와 함께 돌아온 「아도니감」 자손(스 8:13).

[5] 이방 여인을 취한 「하숨」 자손(스 10:33).

엘리블레후〔אֱלִיפְלֵהוּ = 하나님께서 특별히 해 주심〕[인](대상 15:18) 「레위」 사람으로 「다윗」 시대의 성전 악사(대상 15:21).

엘리사[1]〔אֱלִישָׁה = 하나님은 구원이심〕[인](창 10:4)

[1] 「야완」의 아들이요, 「야벳」의 손자(대상 1:7).

[2] 「엘리야」의 후계자. 「사밧」의 아들.

소명 : ① 「아벨므홀라」인 「사밧」의 아들로 소 12겨리로 밭을 갈고 있을 때, 「엘리야」가 지나가다가 겉옷을 벗어 던지며 부르니 농구를 불살라 소 한 겨리를 잡아서 삶아 백성에게 주어 먹이고, 「엘리야」를 따라가 제자가 되었다(왕상 19:16-21). ②8년 후 「엘리야」가 승천하려

할 때에 세 번이나 작별 인사를 하여도 듣지 않고 끝까지 따르매 "네 요구가 무엇이냐"고 물은 즉, 당신의 영감을 배나 달라고 구하여 받아 가지고 또 「엘리야」의 몸에서 떨어진 겉옷을 주워 가지고 돌아와서 선지자의 직분을 행하였다.

이적 : 「이스라엘」 왕 「여호람」부터 「요아스」 왕의 시대까지 그가 행한 이적은 다음과 같다. ①「엘리야」에게서 떨어진 겉옷으로 「요단」 강 물을 쳐서 갈라지게 하고 건너왔다(왕하 2:13-14). ②불결한 물에 소금을 넣어 음료수를 만들었다(왕하 2:20). ③「벧엘」로 가는 길에서 아이들이 대머리라고 조롱할 때 여호와의 이름으로 저주하여 암곰 두 마리가 숲 속에서 나와 42명의 아이들을 찢었다(왕하 2:23-24). ④「유대」와 「에돔」이 동맹하여 「모압」 왕과 싸울 때 물이 없어 고생하는 것을 보고 물을 내어 그 지경에 가득하게 하였다(왕하 3:20). ⑤선지자의 생도의 아내에게 기름을 만들어 주어 빚을 갚게 하였다(왕하 4:7). ⑥「사렙」 지방 여인에게 아들을 낳게 하고 그 아들이 죽은 것을 다시 살렸다(왕하 4:17, 35). ⑦국솥의 독을 제거하였다(왕하 4:41). ⑧「바알살리사」에서 보리떡 20개로 100명을 먹이고 남았다(왕하 4:40-44). ⑨「나아만」의 문둥병을 고쳐 주었다(왕하 5:14, 눅 4:27). ⑩자기 종 「게하시」에게 문둥병을 주었다(왕하 5:27). ⑪물에 빠진 도끼를 떠오르게 하였다(왕하 6:6). ⑫자기 사환의 눈을 밝게 하고, 불말과 불병거가 산에 가득하여 「엘리사」를 호위한 것을 보여 주었다(왕하 6:17). ⑬「아람」 군사의 눈을 어둡게 하여 「사마리아」로 인도하고 그 눈을 다시 밝게 하여 「사마리아」 성 중에 있는 것을 보게 하였다(왕하 6:18-20). ⑭「엘리사」가 죽은 다음 해에 어떤 사람이 죽은 시체를 「엘리사」의 무덤에 던져 놓았더니 그 시체가 「엘리사」의 뼈에 닿는 순간 다시 살아났다(왕하 13:2-21).

예언 : ①「아람」 군사가 「사마리아」를 포위했을 때 물가가 폭등하고 배가 고파서 자식을 잡아먹는 자가 생겼다(왕하 6:24-29). ②「엘리사」가 곡가가 폭락할 것을 예언하였더니, 주께서 「아람」 군대에게 병거와 병마의 소리와 군대의 큰 소리를 들리게 하시니 그 소리에 놀라 다

도망가니 예언대로 곡가가 폭락하였다(왕하 7:1-7, 16). ③「하사엘」이 「아람」 왕이 되어 「이스라엘」 자손에게 행할 것을 예언하였다(왕하 8:1-15). ④선지자의 생도 중 한 명을 불러 「길르앗 라못」에 가서 「예후」에게 기름을 부어 「이스라엘」의 왕 될 것을 예언하게 하였다(왕하 9:1-10). ⑤임종에 이르러서도 「이스라엘」 왕 「요아스」에게 「아람」을 세 번 쳐서 이길 것을 예언한 후 별세하였다(왕하 13:18-30). 그는 천성이 청렴 강직했고(왕하 5:15-16), 「엘리야」는 왕가의 핍박을 받으면서 지냈으나 그는 「예후」에게 기름을 부어 왕이 되게 한 관계로 왕가로부터 특별 대우를 받았다. 그가 「엘리야」를 따른 것은 「베드로」와 비슷하고, 이적을 많이 행한 것은 예수님의 모형으로 비교할 수 있다.

엘리사[2]〔אֱלִישָׁע = 하나님은 구원이심〕지(대상 1:7) 「노아」의 증손이요, 「야완」의 아들, 그의 후손의 거주지. 자색 염료의 산지로 두로에 수출하였다(겔 27:7). 엘리사 섬은 「구브로」 섬을 가리킨다고 한다.

엘리사마〔אֱלִישָׁמָע = 하나님은 응답하심〕인(민 1:10)

1 「이스라엘」 백성이 「시내」 광야에서 첫번 인구를 조사할 때, 「에브라임」 지파의 두령이다(민 1:10).

2 「다윗」 왕이 「예루살렘」에서 낳은 아들 중의 한 사람이다(삼하 5:16).

3 「유다」 지파 「헤스론」의 자손(대상 2:41).

4 「유대」국 「아사」 왕 때에 여호와의 율법책을 가지고 지방을 순행하며 가르친 제사장이다(대하 17:8-9).

5 「이스라엘」 백성을 「모세」의 후임이 되어 「가나안」에 인도한 「여호수아」의 조부(대상 7:26-27).

6 「유대」국이 망한 후에 「바벨론」 왕 「느부갓네살」이 총독으로 임명한 「그다랴」를 쳐 죽인 「이스마엘」의 조부이다(왕하 25:25, 렘 41:1).

엘리사반〔אֱלִיצָפָן = 하나님이 보호하심〕인(민 30:30)

1 「레위」 지파 「고핫」 자손

의 족장(대상 15:8, 대하 29:13). 「엘사반」과 같은 사람. ② 「스불론」 자손의 족장 「바르낙」의 아들(민 34:25).

엘리사밧〔אֱלִישָׁפָט = 하나님은 심판하심〕(대하 23:1) 「시글리」의 아들로 「유다」 여왕 「아달랴」 폐위 운동을 위하여 대제사장 「여호야다」에 가담한 사람.

엘리사벳〔Ἐλισάβετ = 하나님의 맹약〕인(눅 1:5) ①「아론」의 후예로서 제사장 「사가랴」의 아내인데, 그가 늙도록 수태를 못하고 있다가 하나님의 은혜로 수태하여 세례 「요한」을 낳았다(눅 1:57). ②해산하기 몇 달 전에 「마리아」가 찾아와서 문안을 드리니 아이가 복중에서 뛰논다고 성신이 충만하여 축복하고 찬송하였다(눅 1:41-45).

엘리사 섬 지(겔 27:7) 「지중해」 근방인 듯하며 천막재료인 청색, 자색실의 생산지로 알려져 있다. 「구브로」 섬을 가리키기도 하다.

엘리세바〔אֱלִישֶׁבַע = 하나님께서 서약하심〕인(출 6:23) 대제사장 「아론」의 아내이며 「유다」 지파 「아미나답」의 딸이요, 「나손」의 누이.

엘리수아〔אֱלִישׁוּעַ = 하나님은 구원이시다〕인(삼하 5:15) 「다윗」의 아들(대상 14:5).

엘리술〔אֱלִיצוּר = 하나님은 반석이시다〕인(민 1:5) 「이스라엘」 백성이 출 「애굽」 시 「르우벤」 지파의 족장이며, 「스데울」의 아들이다.

엘리아김〔אֶלְיָקִים = 하나님은 확립하심〕인

① 「히스기야」 왕의 궁내 대신 「엘리야김」과 같은 사람(사 22:20).

② 「바로」에 의해 왕이 된 「요시야」의 아들(왕하 23:34).

③ 「느헤미야」 시대의 제사장(느 12:41).

④ 예수님의 족보 중 한 사람(마 1:13, 눅 3:30).

엘리아다〔אֶלְיָדָע = 하나님은 아심〕인

① 「다윗」이 「예루살렘」으로 천도 후 낳은 아들(대상 3:8).

② 「소바」 인으로, 「솔로몬」을 대적한 「르손」의 부친이다(왕상 11:23).

③ 「여호사밧」 왕을 호위하기 위하여 자기 지파 20만 명을 거느리고 있는 큰 용사이다(대하 17:17).

엘리아바〔אֶלְיַחְבָּא = 하나님은 지키심〕인(삼하 23:32) 「사알본」 사람으로서 「다윗」의 30용사 중 한 사람.

엘리아삽〔אֶלְיָסָף = 하나님은

더하게 하심〕[인](민 1:14) 출「애굽」 때「갓」 지파의 족장이며,「드우엘」의 아들.

엘리아십〔אֶלְיָשִׁיב = 하나님이 회복케 하심〕[인]

[1] ①대제사장으로 성벽 중수시에 협조하였으나「암몬」 사람「도비야」를 위하여 성전 뜰 방을 사사로이 사용하므로「느헤미야」가 격노하여「도비야」를 축출하였다(느 3:1, 13:7-9). ②그의 손자「요야다」의 한 아들이「호론」 사람「산발랏」의 사위가 되었으므로,「느헤미야」가 퇴거시켰다(느 13:28).

[2] 그 밖에 6인이 있다(대상 3:24, 24:12, 스 10:6, 24, 27, 26).

엘리암〔אֱלִיעָם = 하나님은 친척이심〕[인](삼하 23:34)「다윗」의 30용사 중 한 사람으로서,「길로」 사람「아히도벨」의 아들.

엘리압〔אֱלִיאָב = 하나님께서 아버지되심〕[인]

[1]「헬론」의 아들로서「시내」 광야에서 인수를 조사할 때「스부론」 지파의 인도자이다(민 1:9, 10:16).

[2]「발루」의 아들로서「다단」과「아비람」의 부친이며「르우벤」 지파의 한 족장이다. 그 아들은「모세」를 대적한 250인의 인도자이다(민 26:8, 16:1-12, 신 11:6).

[3]「이새」의 장자. ①「다윗」의 장형이다(삼상 16:6, 대상 27:18 엘리후). ②그의 딸「아비하일」은「르호보암」의 아내이다(대하 11:18).

[4]「갓」 지파의 인도자이며 용사로서,「다윗」이「사울」을 피하여 광야를 도망할 때 함께 한 자이다(대상 12:9).

[5]「레위」 지파「나핫」의 아들로서「사무엘」의 조상이다(대상 6:27).

[6]「레위」 자손으로「다윗」 시대의 문지기 겸 음악 대원이다(대상 15:18, 16:5).

엘리야〔אֵלִיָּהוּ = 여호와는 하나님〕[인]

[1]「이스라엘」의 예언자 중 가장 무시무시한 예언자. 북왕국 아합 왕(주전 876-854)과「아하시야」 왕 시대에 걸쳐 사역하였다. ①「디셉」 사람(왕상 17:1). ②「아합」 왕에게 예언하기를 내 말이 없으면 수년 동안 비가 내리지 않으리라 하고,「그릿」 시냇가에 숨어 있을 때 여호와께서 까마귀를 시켜 조석으로 식물을 날라다 주게 했다(왕상 17:1-7). ③「사르밧」 과부집에 유숙하는 중에 한줌의 보릿가루와 적은 기름으로 여러 날을 먹었어도 없어지지 않게 하고, 그 과부의

아들이 죽은 것을 다시 살려 주었다(왕상 17:8-24, 눅 4:26). ④「아합」 왕 때에 왕과 백성이 「바알」 우상과 「아세라」 우상을 숭배하므로 견책하고 「아합」 왕에게 참신과 거짓신을 가려내자 하여 「바알」 선지 400명과 「아세라」의 선지 450명을 데리고 「갈멜」 산에 올라가 송아지로 제물을 삼고 각기 자기의 신에게 기도하여 불로 응답함을 보자 하여 먼저 「바알」과 「아세라」선지 850명이 정오가 지나도록 외쳤으나 응답이 없고 「엘리야」가 여호와께 부르짖을 때 불이 내려와 재물과 도랑의 물까지 모두 태워버렸다. 즉시 백성들을 시켜 「바알」과 「아세라」의 선지 850명을 「기손」 시내로 끌고 내려가 모두 죽였다(왕상 18:19-40).

⑤왕후 「이세벨」이 이 소식을 듣고 「엘리야」를 죽이려 하므로 도망하여 「로뎀」 나무 아래 있을 때에, 주의 천사가 어루만지고 식물을 주었다. 「호렙」 산굴에 있을 때는 여호와께서 강한 바람과 지진과 작은 소리의 세 가지로 보이시고 명령하시기를, 「하사엘」에게 기름을 부어 「아람」 왕이 되게 하고, 「예후」에게 기름을 부어 네 대신 선지자가 되게 하라 하셨다(왕상 19:1-6). ⑥농부 「엘리사」가 경작하고 있을 때 자기 겉옷을 던져 따라오게 하였다(왕상 19:19-21). ⑦「아합」이 「나봇」을 돌로 쳐 죽이고 포도원을 빼앗을 때, 왕 앞에 나타나서 개들이 「나봇」의 피를 핥는 곳에서 네 피를 핥으리라 하였다(왕상 21:17-19). ⑧「이스라엘」 왕 「아하시야」가 사자를 50명씩 두 번 보내어 오라 하는 것을 천화로 사르게 하고 세 번째에야 가서 왕이 죽을 것을 예언했다(왕하 1:9-16). ⑨승천하게 되어 「엘리사」에게 세 번이나 작별 인사를 하였으나 떠나지 않으므로 무엇을 구하느냐 물으니, 당신의 영감을 배나 원한다 하므로 내가 승천하는 것을 보면 성취하리라 하고 겉옷을

떨어뜨리고 홀연히 불수레와 불말이 두 사람을 갈라놓고, 「엘리야」는 회오리 바람을 타고 승천하였다(왕하 2:1-11). ⑩그의 심정과 재능이 세례 「요한」과 비슷하다 하였다(눅 1:17). ⑪예수께서 변화하실 때에 「모세」와 함께 나타나서 주님과 말씀하셨다(마 17:3). ⑫「야고보」는 간절히 기도하면 주신다고, 「엘리야」를 비유로 권면하였다(약 5:17).

※ 그는 험상한 모습과 탈속한 옷차림, 비호같이 빠른 걸음, 기근도 걱정하질 않을 정도의 건장한 모습, 굴에서도 살 수 있는 억센 습관이 그의 특색이었다. 여호와 신을 예배한 절대적인 선지자였고 국가 운명에 대하여 예민한 통찰과 염려를 한 애국적인 인물이었으며, 구약 선지의 대표적인 인물이다.

2「베냐민」 지파 「여로함」의 아들로 족장(대상 8:27).

3「에스라」 시대의 제사장(스 10:21).

4「엘람」 자손, 이방 여인을 취하고 이혼하였다(스 10:26).

엘리야김〔אֶלְיָקִים = 하나님이 세우심〕인〈엘리아김〉

1「힐기야」의 아들로 「히스기야」 왕 때의 궁내 대신이다. 「예루살렘」 백성과 「유다」집의 아버지라 일컬음을 받는데, 「앗수르」 군이 「예루살렘」을 공격할 때 적장 「랍사게」에게 사자를 보냈다(왕하 18:18, 26, 37, 사 22:10-25, 36:3).

2「느헤미야」 시대의 제사장(느 12:41).

3「유대」국의 21대 왕으로 25세에 즉위하여(애굽의 바로느고가 여호야김이라 고침) 11년간 치리하는 동안, 여호와 보시기에 악을 행하였다(왕하 23:36-37).

4「바벨론」에서 돌아온 「스룹바벨」의 손자(마 1:13).

엘리에네〔אֱלְקְעֵינַי = 내 눈은 하나님께 향한다〕인(대상 8:20) 「베냐민」 사람 「시므이」의 아들.

엘리에서〔Ἐλίεζερ = 하나님은 도움이심〕인(눅 3:29) 예수

ㅇ

님의 족보 중 한 사람.

엘리에셀〔אֱלִיעֶזֶר = 하나님은 도우시는 이〕인(창 15:2)
1「아브라함」의 상속 후보자였던 「다메섹」 사람(창 15:2). 청지기.
2「모세」의 둘째 아들(출 18:4, 대상 23:15).
3「도라와후」의 아들로서 「여호사밧」 시대의 예언자(대하 20:37).
4「베냐민」 지파의 한 가장(대상 7:8).
5 법궤를 「예루살렘」에 모실 때의 제사장의 한 사람(대상 15:24).
6「르우벤」 지파의 한 방백(대상 27:16).
7「에스라」의 사자(스 8:16).

엘리엘〔אֱלִיאֵל =「엘」은 하나님이시다〕인
1「므낫셋」 자손의 족장 중 한 사람(대상 5:24).
2「레위」 사람 「도아」의 아들이며 「여로함」의 부친(대상 6:34).
3「베냐민」 사람 「시므이」의 아들(대상 8:20, 28).
4「베냐민」 사람 「시삭」의 아들(대상 8:22).
5「다윗」의 용사 중 한 사람이며, 「마하위」 사람(대상 11:46).
6 그 외 4인이 있다(대상 11:47, 대상 12:11, 대상 15:9, 대하 31:13).

엘리 엘리 라마 사박다니 구(마 27:46) 십자가 상에서 예수님이 하신 일곱 말씀 중 하나로, 아람어. 뜻은 "나의 하나님 나의 하나님, 어찌하여 나를 버리시나이까"이다(막 15:34).

엘리웃〔Ἐλιούδ = 하나님은 나의 찬송〕인(마 1:14, 15) 예수님의 족보 중 한 사람, 「요셉」의 5대 조부. 「아킴」의 아들.

엘리호렙〔אֱלִיחֹרֶף = 하나님은 보상하신다〕인(왕상 4:3) 「시사」의 아들. 「솔로몬」의 서기관.

엘리후〔אֱלִיהוּ = 나의 하나님〕인
1「사무엘」의 증조부(삼상 1:1).
2「다윗」의 형(대상 27:18).
3「욥」의 친구(욥 32-37:).
4「므낫세」 사람(대상 12:20).

엘림〔אֵילִם = 큰 나무〕지(출 15:27) 「이스라엘」 백성이 「홍해」를 건넌 후 두 번째로 진을 쳤던 곳인데, 12샘과 70주의 종려나무가 있다(민 33:9). 지금의 「오아시스」인 듯하다.

엘마담〔Ἐλμαδάμ = 광대〕인

(눅 3:28) 「예수」의 족보 중 한 사람.

엘바란〔אֵילפָּרָן = 바란의 상수리 나무〕지(창 14:6) 「바란」 광야의 동편 「아가바」 만의 「엘랏」.

엘바알〔אֶלְפַּעַל = 하나님은 일하심〕인(대상 8:11) 「에훗」이 「후심」에게서 낳은 아들 (대상 12:18).

엘벧엘〔אֵל בֵּית־אֵל = 벧엘의 하나님〕지(창 35:7) 「야곱」이 「밧단아람」에서 돌아오다가 계시를 받은 곳에 붙인 이름.

엘벨렛〔אֶלְפֶּלֶט = 실판하시는 하나님〕인(대상 14:5) 「다윗」의 아들 「엘리벨렛」과 같은 사람.

엘브릿〔אֵל בְּרִית = 계약의 신〕명(삿 9:46) 「세겜」에서 예배한 신의 이름.

엘사반〔אֶלְצָפָן = 보호하시는 하나님〕인(출 6:22) 「모세」와 「아론」의 아저씨 「웃시엘」의 아들, 그는 죽은 아론의 아들을 메고 나갔다.

엘사밧〔אֶלְזָבָד = 하나님이 주신 자〕인

1「스마야」의 아들(대상 26:7).

2「갓」 자손으로, 전쟁에 능한 용사(대상 12:12).

엘샤다이 명(창 17:1) 전능하신 하나님의 명칭(창 28:3, 출 6:3).

엘 엘로헤 이스라엘 지(창 33:20) 「야곱」이 「가나안 땅」 「세겜」에 무사히 돌아와 「하몰」의 아들에게서 은 100개를 주고 산 땅. 장막을 치고 제단을 쌓은 후, 지은 이름.

엘 여호에내〔אֶלְיְהוֹעֵינַי = 내 눈은 여호와께 향한다〕인

1「고라」 사람 「므세례마」의 아들. 성전 문지기(대상 26:3).

2「바벨론」에서 돌아온 「바핫 모압」 자손의 지도자(스 8:4) 「스라히야」의 아들.

엘하난〔אֶלְחָנָן = 은혜로우신 하나님〕인

1「야레오르김」의 아들로 「골리앗」의 아우 「라호미」를 죽였다 한다(삼하 21:19).

2「베들레헴」 사람 「도도」의 아들로, 「다윗」의 30용사 중의 한 사람이다(삼하 23:24, 대상 11:26).

엠〔אֵימִים = 무서운〕지(창 14:5) 옛날 「요단」 강 동편에 있어 「그돌라오멜」에게 공격을 받음. 「아낙」인들은 「에임」이라 부른다(신 2:10-11).

엠마오〔*Ἐμμαοῦς* = 온천〕지(눅 24:13) 「예루살렘」에서 약 10km 가량 되는 마을. 예수께서 이 동리로 가는 두 제자에게 나타나서 이야기하셨다.

엣〔עֵד = 여호와께서 하나님이

되시는 증거〕지(수 22:34) 두 지파 반이 「가나안」에서 전쟁이 끝나고 토지 분배를 필한 후에, 「요단」 강을 건너가서 세운 제단의 이름.

엣가신〔עֵתקָצִין=심판의 때〕지(수 19:13) 「스불론」 지파의 성읍.

엣바알〔אֶתְבַּעַל=바알의 사람〕인(왕상 16:31) 「시돈」의 왕이며 「아합」의 처 「이세벨」의 부친이다. 본래 「아세라」 신의 제사장이며, 이름이 「이도발」이었다. 후에 「두로」 왕 「벨레스」를 죽이고 왕위에 올라 32년간 「시돈」을 통치하였다.

여가마〔יְקַמְיָה=여호와는 세우신다〕인

1 「유다」 사람 「살룸」의 아들(대상 2:41).

2 「다윗」 왕통의 자손 「여고냐」의 아들(대상 3:18).

여가므암〔יְקַמְעָם=백성을 모으신 자〕인(대상 23:19, 24:23) 「헤브론」의 넷째 아들.

여간〔如干;같을 여, 방패 간〕부(잠 15:17) 보통으로, 어지간하게. fairly.

여갈사하루다〔יְגַרשָׂהֲדוּתָא=증거의 언덕〕지(창 31:47) 「길르앗」을 「라반」이 이 이름으로 불렀다.

여갑스엘〔יְקַבְצְאֵל=하나님이 모으신다〕지(느 11:25) 「유대」 남쪽에 있는 성읍. 「갑스엘」과 같은 곳.

여고냐〔יְכָנְיָה=여호와의 맡긴 자〕인(대상 3:16) 「유대」국의 22대왕 「여호야긴」의 구명.

여고니야인(렘 27:20) 「여고냐」와 같은 사람.

여골리아〔יְכָלְיָה=여호와는 행하심〕인(왕하 15:2, 대하 26:3) 「유대」왕 「웃시야」의 모친.

여골리야인(왕하 15:2) 「여골리아」와 같은 사람.

여관〔旅館;나그네 려, 집 관〕명(눅 2:7). 길손을 묵게 하는 집 inn.

여리고길의 여관터

여구디엘〔יְקוּתִיאֵל=여호와께서 기르심〕인(대상 4:18) 「에렛」의 아들이며, 「여후디야」의 소생.

여기다타(창 15:6) 마음 속으로 그렇게 인정하거나 생각하다. regard.

여년〔餘年;남을 여, 해 년〕명(사 38:10) 살아 있을 때까지의 남은 해. 여생(餘生). one's remaining years.

여다야〔יְדָעְיָה = 여호와는 찬송이시다〕[인]
[1]「시므온」의 손자(대상 4:37).
[2]「다윗」 왕 당시에 제사장 반열 중 제2반의 수령(대상 9:10, 24:7).
[3]「예루살렘」 성 중수 시에 협조한 자(느 3:10).

여델〔יֶתֶר = 풍부〕[인](삿 8:18-20) 「기드온」의 장자인데, 「미디안」 왕 「세바」와 「살문나」를 잡아온 후 그더러 죽이라 하였으나, 어린 소년이므로 무서워서 죽이지 못하였다.

여뎃[1]〔יְתֵת = 정복, 못〕[인](창 36:40) 「에서」의 자손으로 족장.

여뎃[2]〔יְתֵת = 정복, 못〕[지](창 36:40) 「에돔」에 있는 성읍.

여두둔〔יְדוּתוּן = 찬송〕[인](대상 16:38) 「므라리」자손으로, 성전에서 봉사하는 3대 악사 중의 한 사람. 시편 39, 62, 77편의 저작자이다.

여두르〔יְטוּר = 울안〕[인](대상 5:19) 「이스마엘」의 자손.

여둘〔יְטוּר = 울안〕[인](창 25:15, 대상 1:31, 5:19 – 여두르). 「이스마엘」의 아들. 그 자손은 「사울」 왕 시대에 강 동편의 족속과 싸웠다.

여드레 [명](요 20:26) 여덟째 날. eight days.

여디다〔יְדִידָה = 사랑을 받은 자〕[인](왕하 22:1) 「유다」 왕 「요시야」의 어머니.

여디디야〔יְדִידְיָה = 여호와의 사랑하는 자〕[인](삼하 12:25) 하나님의 보내심을 받은 「나단」이 지어준 「솔로몬」의 이름.

여디아엘〔יְדִיעֲאֵל = 하나님이 아신 자〕[인]
[1]「베냐민」의 아들(대상 7:6).
[2]「시므리」의 아들로서 「므낫세」의 천부장이더니, 「다윗」에게 돌아와 30용사 중의 한 사람이 되었다(대상 11:45, 12:20, 22).

여디야엘 [인](대상 26:2) 「여디아엘」과 같은 사람.

여라므엘[1]〔יְרַחְמְאֵל = 하나님이여 불쌍히 여기소서〕[인]
[1]「헤스론」의 아들 그의 자손 「여라므엘」 족속은 「유대」남방에 거주하며 「다윗」과 친교를 맺었다(대상 2:9, 삼상 27:10, 30:29).
[2]「레위」 지파 「므라리」의 자손으로, 「다윗」이 하나님을 경배하는 반을 조직할 때에 「기스」의 가족을 대표한 자(대상 24:29).
[3]「함멜렉」의 아들 「여호야김」 왕이 그를 명하여 「예레미야」와 「바룩」을 체포하라 하였다(렘 36:26).

여라므엘[2]〔יְרַחְמְאֵל = 하나님의

ㅇ

긍휼] 지 (삼상 27:10) 「다윗」이 「가드」 왕 「아기스」에게 얻은 「시글락」에서 1년 4개월을 있다가 나가 싸워 침노한 성읍.

여러 관 (창 1:22) 물건의 수가 많은. many.

여러분 대 (행 7:2) '여러'의 높임말.

여레매 [יְרֵמַי = 높은 곳에 사는] 인 (스 10:33) 「하숨」의 자손이며, 이혼한 사람.

여레못 [יְרֵמוֹת = 높은] 인

1 「베겔」의 아들로서, 족장이며 용사다(대상 7:8).

2 「베냐민」 사람 「브리아」의 아들(대상 8:14).

3 「엘람」 자손이며, 이방 아내와 이혼했다(스 10:26).

4 「삿두」 자손이며, 이방 아내와 이혼했다(스 10:27).

5 「바니」 자손이며, 이방 아내와 이혼했다(스 10:29).

여로보암 [יָרָבְעָם = 많은 백성] 인

1 「이스라엘」 초대 왕. ① 「에브라임」 족속 「스레다」 사람 「느밧」의 아들로 모친은 「스루아」이다(왕상 11:26). ② 「솔로몬」이 「밀로」를 건축할 때에 역사 감독이 되었다가 「솔로몬」의 가혹한 정치를 보고 나올 때에 선지자 「아히야」를 만났다. 「아히야」의 예언이 "네가 장차 「이스라엘」 10지파의 왕이 되리라"하였다. 「솔로몬」이 이것을 알고 죽이려 하므로 「애굽」으로 도망하여 「시삭」 왕에게 의탁하였다(왕상 11:27-40). ③ 「솔로몬」이 죽은 소식을 듣고 돌아와서, 「르호보암」의 어리석은 기회를 타서 북방 10지파의 지지를 받아 왕위에 올랐다(왕상 12:20). 백성들이 여호와를 섬기기 위하여 「예루살렘」 성전으로 가는 것은 장차 자기를 배반할 염려가 있다 하여 금송아지 두 개를 만들었다. 하나는 북방 「단」에 두고, 하나는 남방 「벧엘」에 두고 그것을 섬기게 하고, 「예루살렘」 성전에 올라가지 못하게 하여 국가의 분립에 따라 종교까지 분립하게 했다. 이것은 자신이 하나님을 배반하는 죄가 될 뿐 아니라, 백성들을 죄에 빠뜨리는 행동이 되었다(왕상 12:25-33). ④여호와께서 그 죄악의 보응으로 그 집을 쳐서 그 아들 「아비야」를 죽이셨다. 「여로보암」은 재위 22년에 죽고, 그 아들 「나답」이 계위하였으나 재위 2년에 죽는 동시에 그 왕조는 「아히야」 선지의 예언대로 망하고 말았다(왕상 14:17-20, 15:25-28).

2 「여로보암」 2세. ① 「이스

라엘」 왕「요아스」의 아들로서「예후」 왕조의 제4대 왕이다(왕하 15:25). ②「이스라엘」은 이 왕의 통치 때에 가장 전성기를 보였다.「수리아」가「앗수르」의 침략으로 쇠약하여지는 틈을 타서「하맛」에서부터 「아라바」까지의 실지(失地)를 회복하였다(왕하 14:25). ③선지자「아모스」는 그 전승과 번영의 이면에 있는 우상 숭배, 사치 방탕 등의 종교적, 도덕적으로 부패하는 사회악을 공격하고 불원(不遠)한 장래에 멸망할 것을 예언하였다(암 2:6, 5:27, 6 :14). ④「호세아」는 하나님의 긍휼로, 다시 구원할 것을 예언하였다(호 1:1, 7, 3:).

여로함〔יְרֹחָם = 그가 긍휼히 여기시기를〕[인]
[1]「엘가나」의 아버지(삼상 1:1)이며, 선지자「사무엘」의 조부(대상 6:27, 34).
[2]「베냐민」 사람으로,「삼스래」,「스하랴」,「아달랴」,「야아레시야」,「엘리야」,「시그리」의 부친이다. 이 아들들은 족장으로서「예루살렘」에 살았다(대상 8:27, 28).
[3]「베냐민」 사람 「이브느야」의 부친(대상 9:8).
[4]그 외 4인이 있다(느 11:12, 대상 12:7, 대상 27:22, 대하 23:1).

여루사〔יְרוּשָׁא = 남편에 의해 소유됨〕[인](왕하 15:33)「요람」 왕의 어머니(대하 27:1).

여루엘〔יְרוּאֵל = 하나님이 놓으신 기초〕[지](대하 20:16)「암몬」,「모압」,「세일」 사람이「유대」를 치러 올 때「여호사밧」 왕이 두려워하며 여호와께 간구하였더니, 여호와께서 「야하시엘」 선지를 보내어 위로하시고「여루엘」들 앞에서 만나리라 하였다.

여룹바알〔יְרֻבַּעַל = 바알과 다툼〕[인](삿 6:32) 사사「기드온」이「바알」의 제단을 파괴한 후,「기드온」의 아버지가 지어준 별명.

여룹베셋〔יְרֻבֶּשֶׁת = 치욕(우상)과 다툼〕[인](삼하 11:21)「기드온」을 「여룹바알」이라 하였는데, 그「바알」이라는 어구(語句)를 싫어하는 사람들이 다시 지어준 이름이다. 사사기에는 기록되지 않았으나, 전설로 내려온 듯하다.「다윗」 왕이 인용하였다.

여름 [명](창 8:22) 사계절 중 하나. 봄과 가을의 중간 계절.「팔레스틴」의 여름은 건조기(4월 하순부터 10월 중순까지)이다. 몹시 덥다(시 32:4). summer.

여리고〔יְרֵחוֹ = 향기〕[지](민 22:

1) 「요단」 골짜기 남단에 있던 큰 도시. 구약 시대의 「여리고」와 신약 시대의 「여리고」가 있다.
[1] 구약 시대의 「여리고」, 「델에스술탄」으로, 「엘리사」의 샘(쓴 물을 달게 해 준)이 오늘날에도 솟아나고 있다. ①「길갈」에서 서북쪽으로 3km 지점, 출 「애굽」 시의 「이스라엘」이 「요단」 강을 건너서 첫번째로 함락시킨 비옥한 도시(수 5:8-10). ②후에 「베냐민」 족속의 소유지가 되었다(수 18:21). ③사사 시대에 「모압」 왕 「에글론」은 이곳을 점령하였다(삿 3:13). ④「유대」 최후의 왕인 「시드기야」는 「느부갓네살」에게 쫓겨 이곳까지 왔었으나, 여기서 잡혀 「바벨론」으로 연행되어 갔다(왕하 25:5, 렘 39:5).

무너진 여리고 성터

[2] 신약 시대의 「여리고」는 구약 시대의 「여리고」보다 남쪽 「툴룰 아브엘 알라익」이라고 불리우는 폐허 지역이다. ①예수께서 「예루살렘」으로 올라가는 길에 여러 번 이곳을 지났다. 특히 「삭개오」를 만난 곳이다(눅 19:1). ②선한 「사마리아」 사람의 비유 무대로 되어 있다(눅 10:30).
[3] 현재의 「여리고」는 「예루살렘」에서 「암만」에 이르는 도로변에 있다.

여리못〔יְרִמוֹת = 죽음 터, 높이〕 [인]
[1] 「베냐민」 사람 「벨라」의 아들(대상 7:7).
[2] 「그둘」 사람. 「다윗」을 도운 용사(대상 12:5).
[3] 「레위」 사람. 「므시」의 아들 「여레못」과 같은 사람(대상 24:30).
[4] 「헤만」의 아들. 성전 음악인(대상 25:4).
[5] 「다윗」의 아들(대하 11:18).
[6] 「히스기야」 시대 「레위」 사람(대상 31:13).

여리배〔יְרִיבַי = 하나님은 다투심〕 [인](대상 11:46) 「엘라암」의 아들. 「다윗」의 30용사 중 하나.

여리야〔יְרִיָּה = 여호와께서 보심〕 [인](대상 23:19) 「헤브론」의 맏아들이며 족장.

여리엘〔יְרִיאֵל = 하나님의 백성, 보심〕[인](대상 7:2) 「잇사갈」의 손자, 「돌라」의 아들.

여리옷〔יְרִיעוֹת = 휘장들〕[인](대상 2:18) 「갈렙」의 아내.

여망〔餘望;남을 여, 바랄 망〕[명](행 27:20) ①아직 남은 희망. faint gleam of hope. ②장래의 희망. future hope.

여명〔餘名;남을 여, 이름 명〕[명](욘 4:11) 정수에서 약간 더 되는 수효를 나타내는 말. 어림수. 10여 명, 100여 명 등으로 쓰임.

여무엘〔יְמוּאֵל = 하나님의 날〕[인](창 46:10) 「시므온」의 맏아들 「스무엘」과 같은 사람. 족장(민 26:12).

여미마〔יְמִימָה = 비둘기〕[인](욥 42:14-15) 「욥」이 환난 후에 얻은 첫째 딸인데, 전국에서 가장 아리따운 여자였다. 「욥」은 저에게도 아들과 같이 산업을 주었다.

여베레기야〔יְבֶרֶכְיָהוּ = 여호와께서 축복하심〕[인](사 8:2) 「스가랴」의 아버지.

여부〔與否;줄 여, 아닐 부〕[명](창 8:8) 그렇고 그렇지 아니한 분간. yes or no.

여부스[1]〔יְבוּס = 평강의 집〕[인](창 10:16) 「가나안」의 아들이며, 「여부스」 인의 조상(창 15:21).

여부스[2]〔יְבוּס = 짓밟힌〕[지](창 15:21) ①「예루살렘」의 옛 이름인 동시에 「가나안」 7족 중의 한 족속의 이름이기도 하다(수 3:10, 삿 19:11, 삼하 5:6). ②「여호수아」가 그 왕 「아도니세덱」을 죽였으나, 그 땅은 빼앗지 못하였다. 그 후 「다윗」 왕이 비로소 「요압」으로 하여금 이 성을 공취(攻取)했다(대상 11:6). ③이 성을 도읍으로 정하고, 33년간 왕노릇 하였다(삼하 5:4-5). ④「솔로몬」과 또 그 자손들이 계승하여 「시드기야」 왕까지 이 성에서 나라를 다스렸다. 「솔로몬」은 많은 성을 건축할 때 이 족속의 자손들을 노예로 사용하였다(왕상 9:20-21).

여분네〔יְפֻנֶּה = 출현〕[인]

[1]「여호수아」와 함께 「이스라엘」 백성을 거느리고 「가나안」 복지에 들어간 「갈렙」의 부친(민 14:20-30, 수 14:6).

[2]「아셀」 지파 「예델」의 아들이다(대상 7:38).

여브스[지](삿 3:5) 「예루살렘」의 옛 이름. 원문은 「여부스」와 같다.

여사나〔יְשָׁנָה = 오랜, 늙은〕[지](대하 13:19) 「유다」 지파의 성읍.

여사냐〔יְזַנְיָהוּ = 들으심〕[인](렘

40:8) 「마아가」 사람. 「호사야」의 아들.

여사렐라〔יְשַׂרְאֵלָה = 하나님 앞에 의로움〕[인](대상 25:14) 「아삽」의 아들. 「아사렐라」와 같은 사람.

여사야〔יְשַׁעְיָה = 하나님의 구원〕[인]
[1]「하나냐」의 아들(대상 3:21).
[2]「여두둔」의 아들로 수금을 잡고 신령한 노래를 불렀다(대상 25:3, 15).
[3]「모세」의 자손 「르하바」의 아들(대상 26:25). 이 외 여럿이 있음.

여상〔如常;같은 여, 항상 상〕[명](출 4:7) 늘 같음. being as usual.

여선지〔女先知;계집 녀, 먼저 선, 알 지〕[명](삿 4:4) 여자 선지자. prophetess.

여선지자〔女先知者;～놈 자〕[명](대하 34:22) 여자 선지자. prophetess.

여소하야〔יְשׁוֹחָיָה = 여호와께서 낮추심〕[인](대상 4:36) 「시므온」 족속의 종통(宗統)의 족장.

여손〔女孫;계집 녀, 손자 손〕[명](수 17:6) 손녀. grand daughter.

여수〔如數;같을 여, 셀 수〕[명](출 5:18) 같은 수. same number. [부]여수히.

여수룬〔יְשֻׁרוּן = 옳은 자〕[지](신 32:15, 신 33:5, 26) 「모세」가 「이스라엘」 총회에서 읽은 노래와 축복 중에 있는 명칭인데, 「이스라엘」의 대명사로 사용한 듯하다.

여시미엘〔יְשִׂימִאֵל = 하나님이 창조하시다〕[인](대상 4:36) 「시므온」 자손의 한 족장.

여시새〔יְשִׁישַׁי = 노인에서 계승되어 내려온〕[인](대상 5:14) 「갓」 자손 「야도」의 아들.

여시엘〔יַעֲוִאֵל = 하나님의 모임〕[인](대상 13:2) 「이스마웨」의 아들. 「베냐민」 사람으로 「다윗」의 용사.

여신〔女神;계집 녀, 귀신 신〕[명](왕상 11:5) 여성의 신. goddess. 「아스다롯」.

여아〔女兒;계집 녀, 아이 아〕[명](마 14:11) ①계집 아이. young girl. ②딸. daughter.

여아드레〔יְאָתְרַי = 확신〕[인](대상 6:21) 「레위」 사람 「게르손」 자손, 「에드니」와 같은 사람.

여아림 산〔יְעָרִים = 우거진 산〕[지](수 15:10) 「유대」의 「그살론」 산이다. 「예루살렘」 서쪽 16km 지점.

여왕〔女王;계집 녀, 임금 왕〕[명](왕상 10:1) ①여자 임금. queen. ②꿀벌·개미 등의 암놈. queen bee and ant.

여우 명(삿 15:4)〈동〉 ①개과 짐승. 모양은 개와 비슷하나 몸은 홀쭉하고 다리가 가늘고 짧음. fox.

여우스[1]〔יְעוּץ=상담자〕인(대상 8:10) 「사하라임」이 「호데스」에게서 낳은 아들.

여우스[2]〔יְעוּשׁ=수집자〕인
1 「에서」와 「오홀리바」의 아들(창 36:5).
2 「베냐민」 사람. ①「빌한」의 아들(대상 7:10). ②「에셀」의 아들(대상 8:39).
3 「레위」 사람 「게르손」 자손 「시므이」의 아들(대상 23:10).
4 「르호보암」과 「아비하일」의 아들(대하 11:19).

여우엘〔יְעוּאֵל=하나님의 자취를 없이 하다〕인
1 「레위」 사람 엘리사반의 자손(대하 29:13) 「히스기야」와 같이 개혁 운동을 하였다.
2 「유다」 사람. 「세라」의 자손(대상 9:6).
3 「에스라」와 함께 「바벨론」에서 돌아온 「아도니감」의 자손(스 8:13).

여이엘〔יְעִיאֵל=하나님의 보화〕인
1 「르우벤」 지파의 족장(대상 5:7).
2 「기브온」을 세운 사람(대상 9:35).
3 「웃시야」 왕의 서기관(대하 26:11).

여인〔女人;계집 녀, 사람 인〕명(창 12:11) 여자. 여편네. 부인. woman.

여자〔女子;계집 녀, 아들 자〕명(창 1:27) 계집. woman.

여짜오되 타(출 32:31) 여쭈어 묻기를.

여전〔如前;같을 여, 앞 전〕명(창 29:3) 전과 다름이 없음. being as before.

여제자〔女弟子;계집 녀, 아우 제, 아들 자〕명(행 9:36) 가르침을 받는 여자.

여종〔女~;계집 녀〕명(창 16:1) 종노릇하는 여자. 계집종. woman servant.

여주인〔女主人;계집 녀, 주인 주, 사람 인〕(창 16:4) 여자 주인. hostess.

여쭙다 타(삿 6:36) 여쭈다.

여차〔如此;같을 여, 이 차〕명(수 7:20) 이러함. 이와 같음. being like this.

여차여차〔如此如此;같을 여, 이 차, 같을 여, 이 차〕명(수 7:20) 이러이러함.

여창〔女唱;계집 녀, 노래 창〕명

(대상 15:20) 남자가 여자의 음조로 노래를 부르는 일. sing the woman's part.

여출 일구〔如出一口;같을 여, 날 출, 한 일, 입 구〕명(왕상 22:13) 이구 동성. 여러 사람이 다 같은 말을 함. unanimous voice.

여할렐렐〔יְהַלֶּלְאֵל=하나님을 찬미하라〕인

1「유다」 사람 그 일족의 선조(대상 4:16).

2「레위」 사람 「므라리」 자손 「아사랴」의 아버지(대하 29:12).

여행〔旅行;나그네 려, 행할 행〕명(민 9:10) 볼 일이나 유람을 목적으로 먼 길이나 외국에 가는 일. travel.

여헤스겔〔יְחֶזְקֵאל=하나님은 강하게 하심〕인(대상 24:16). 「아론」의 자손으로, 「다윗」 시대의 여호와의 전에서 수종드는 제20조 제사장.

여호나단〔יְהוֹנָתָן=여호와께서 주심〕인

1「여호사밧」이 율법을 가르치기 위해 「유대」 각 고을에 파견한 사람(대하 17:8).

2「요야김」 때 「스마야」 제사 가족의 어른(느 12:18).

여호나답〔יְהוֹנָדָב=여호와는 강대하심〕인

1「레갑」의 아들. 포도주를 마시지 말라고 자손에게 언명했다(왕하 10:15, 렘 35:6).

2「요나답」과 동일인(삼하 13:5). →「요나답」.

여호람〔יְהוֹרָם=여호와는 존귀하심〕인

1「유대」왕. ①「여호사밧」의 장자로 왕위를 계승하였다(왕하 8:16). ②「아합」 왕의 딸 「아달랴」를 취하여 아내를 삼더니, 그가 우상을 숭배하는 일과 여러 가지 죄악을 범하게 하고 그 동생을 죽였다. 그 모든 죄의 보응으로 「립나」와 「에돔」이 배반하였다(왕하 8:20, 21, 대하 21:8-10). ③「블레셋」과 「아라비아」인이 침입하여 왕궁의 재물과 처자를 탈취하므로 「여호아하스」만 남겨놓고 자신은 불치의 병으로 죽었다. 백성들은 분향도 하지 아니하고 열왕의 묘실에 장사하지도 않았다(대하 21:16-20).

2「아합」의 아들로서(요람이라고도 부른다) 그 형제 「아하시아」의 왕위를 계승한 후, 「유대」왕 「여호사밧」과 화친하고 「에돔」과 함께 「모압」을 대항하여 싸우려고 진군할 때 음료수가 없어 고생하다가 선지 「엘리사」에게 구하여 많은 물을 얻고 「모압」을 진격하여 승리하였다.

①다시 타락하여 우상을 섬기므로 「엘리사」가 책망하매 그것을 받아 회개하는 것이 아니라 도리어 죽이려고 하였다(왕하 6:30-33). ②하나님의 권능과 은혜를 깨닫지 못하고 다시 「아람」왕과 싸우다가 상하여 「이스라엘」에서 치료하고 있는 중 「예후」가 여호와의 명령을 따라 그를 죽이고 그 시체를 「나봇」의 밭에 던지니 여호와의 말씀이 응하였다(왕하 8:28, 29, 9:7, 24-26).

[3] 「유대」왕 「여호사밧」이 백성을 가르치기 위하여 파견한 선지자 중의 한 사람이다(대하 17:8).

여호사닥〔יְהוֹצָדָק = 여호와는 의로우심〕[인](대상 6:14-15) ①대제사장 「스라야」의 아들. ②「바벨론」에 포로되어 있는 동안에 사망한 듯하다(스 3:2, 느 12:26). 「요사닥」, 「요세덱」이라고도 한다.

여호사바드〔יְהוֹזָבָד = 여호와께서 주심〕[인](왕하 12:21) 「유다」왕 「요아스」의 신복으로, 「요아스」를 살해한 사람. 「여호사밧」[8]과 같은 사람(왕하 12:22).

여호사밧〔יְהוֹשָׁפָט = 여호와는 심판하심〕[인]

[1] 「유대」왕. ①「유대」국 제7대 왕(왕상 15:24, 마 1:8). ②그 부친 「아사」 왕을 본받아 정치를 여호와 보시기에 정직하게 하여 부귀와 영화를 누렸으나 「이스라엘」 왕 「아합」과 친하여 혼인하였다(대하 18:1). ③「아합」과 함께 「길르앗 라못」을 치다가 실패하였다(왕상 22:29-36). ④「모압」, 「암몬」, 「세일」인이 동행하여 공격해 올 때 여호와께 간구하니, 자기들끼리 피차 살육하여 한 사람도 남지 않고 모두 죽었다(대하 20:1, 23: 24). ⑤그는 35세에 즉위하여 25년간 「유대」국을 치리하였다(대하 20:31).

[2] 「오벳에돔」의 차자로서 「다윗」 왕 때, 성전 문지기(대상 26:4).

[3] 「솔로몬」 왕 때의 사관으로 「아힐롯」의 아들이다(왕상 4:3).

[4] 「솔로몬」 왕 때, 「잇사갈」 지방의 장관으로 「바루아」의 아들이다(왕상 4:17).

[5] 「이스라엘」국의 제10대 왕 「예후」의 부친(왕하 9:2).

[6] 「다윗」 정부의 사관(史官)(삼하 8:1-16).

[7] 「여호사밧」 왕이 「베냐민」지파에서 얻은 대장 중의 한 사람으로, 군사 18만 명을 인솔하고 있다(대하 17:18).

[8] 「요아스」 왕을 살해한 사

람(대하 24:26).

여호사밧 골짜기 지(욜 3:2, 12) ①「기드론」의 옛 이름인 듯한데, 「요엘」 선지가 심판의 고아경을 가리킨 기호로 사용한 명칭이다. ②「유대」인과 회교인은 말세 심판을 이곳에서 한다 하여 이곳을 매장지로 사용한다(왕하 23:6).

여호사브앗〔יְהֹשַׁבְאַת = 여호와는 서약을 이루심〕인(대하 22:11) 「유대」국 「여호람」의 딸이요, 「아하시야」 왕의 누이로서 대제사장 「여호야다」의 아내가 되었다. 「아하시야」의 아들들을 죽이는 중에서 「요아스」를 빼내어 6년간 성전에 숨겨 두고 양육하였다.

여호세바〔יְהוֹשֶׁבַע = 여호와는 완전하심〕인(왕하 11:2) 대제사장 「여호야다」의 아내. 「여호사브앗」과 같은 사람.

여호수아[1]〔יְהוֹשֻׁעַ = 여호와의 구원〕인(출 17:9)

1 사사 「여호수아」. ①「에브라임」 지파 「눈」의 아들로서 본명은 「호세아」다(민 13:8). ②「모세」의 수종자가 되어 항상 회막 곁에 있었다(출 33:11). ③「가나안」에 보낸 12정탐꾼 중의 한 사람으로, 10지파의 정탐을 할 때에 민중을 낙담케 하고 「모세」와 「아론」을 원망하였다. 「여호수아」는 「갈렙」과 함께 강경히 말하기를 "그들은 우리의 밥이다 그들의 신은 그들에게서 떠났고 여호와는 반드시 우리에게 승리를 주실 것이니 두려워 말고 쳐들어가자"고 하였다(민 13:1-14:10). ④그래서 여호와께서는 20세 이상된 자로 여호와를 원망한 자를 모두 광야에서 죽게 하고, 오직 「여호수아」와 「갈렙」만이 「가나안」에 들어가리라 하셨다(민 14:26-32). ⑤여호와의 명령으로, 제사장 「엘르아살」이 회중의 목전에서 「여호수아」에게 안수하여 「모세」의 후계자를 삼았다(민 27:18-23). ⑥여호와께서 「여호수아」에게 "너는 「이스라엘」을 인도하여 「가나안」으로 들어가게 하리니 강하고 담대하라 내가 너와 함께 있으리라"

요단 강 돌로 제단을 쌓음

하셨다(신 31:23).
⑦「모세」가 죽은 후에 「싯딤」에서 두 사람의 정탐꾼을 「여리고」에 보냈다(수 2:1).
⑧「요단」 강을 육지 같이 건너서 「길갈」에 진치고 「여리고」 평지에서 유월절을 지킨 후, 여호와의 군대를 보고 「여리고」 성을 쳐서 취하는 동시에 전일 2인의 정탐꾼을 숨겼다가 돌려 보내준 기생 「라합」을 구원하였다(수 3:11-17, 5:10-15, 6:20-27).
⑨「아이」 성을 치다가 패하자 그 장본인 「아간」을 잡아 「아골」 골짜기에서 돌로 쳐 죽인 후, 「아이」 성을 다시 쳐서 불살라 황폐케 하였다(수 7:4-29). ⑩계속 「가나안」 7족을 멸하여 「이스라엘」 12지파에게 분배하고 자기는 「에브라임」 산지 「딤낫세라」를 받아 그 성읍을 중건

해를 머물게 한 기도

하고 거기 거하였다(수 19:49-51).
⑪살인한 자를 위하여 「요단」 강 동편과 서편에 도피성을 셋씩 건설하고, 임종시에 백성을 「세겜」에 모아 성실과 진정으로 여호와를 경외하라고 권면한 후 별세하니 110세였다. 「딤낫세라」에 장사하였다(수 19:, 수 20:, 24:1, 14, 19, 20, 행 7:45).
2「벳세메스」인 「여호수아」 「블레셋」이 여호와의 법궤를 빼앗아가 있는 동안에 많은 재앙이 있으므로 젖뗀 암소 두 마리에 메워 보냈더니 「여호수아」의 집에 이르렀다. 그곳 사람들이 그 궤를 들여다 보다가 여호와의 치심을 받아 5만 7십 인이 죽은 고로, 무서워서 그 궤를 「기럇여아림」으로 보냈다(삼상 6:7-21).
3「유대」왕 「요시아」 때에 「예루살렘」 통치자 「여호수아」였다(왕하 23:8).
4「여호사닥」의 아들로서 대제사장이다(학 1:1). 여호와께서 「스가랴」에게 명하여 「스바냐」의 아들 「요시아」에게서 은과 금을 취하여 면류관을 만들어 「여호수아」의 머리에 씌우라 하였다(슥 6:9-12).

여호수아[2] 명(수) 구약 제6권째

성경이다. 전통적 「유대」인의 대부분이 「여호수아」의 기록으로 생각한다. 하나님께서 「아브라함」 때부터 약속한 「가나안」 땅을 출애굽한 「이스라엘」 백성들이 점령해 가는 모든 과정을 보여주는 데 목적이 있다. 「가나안」 땅의 정복 과정에서 일어난 일로 인생 삶을 교훈하고 있으며, 「가나안」 정복 후 각 지파에게 기업(63회나 사용)으로 땅을 분배한 기록이 있다.

여호아하스〔יְהוֹאָחָז = 여호와께서 붙드심, ~지탱하심〕[인]
[1] 「예후」의 아들로 「이스라엘」 왕이 되어 17년간 재위 중, 여호와 앞에 범죄하므로 「아람」 왕 「하사엘」이 침입하여 백성을 진멸하고 군대를 축소시켰다(왕하 13:1-7).
[2] ①「유다」왕 「요시야」의 아들. 그 부친의 왕위를 이어 3개월간 재위하였다. 「애굽」 왕 「느고」에게 잡혀 「애굽」으로 끌려가서 있다가 그곳에서 죽었다(왕하 23:30-34). ②별명은 「아하시야」 또는 「살룸」이라 한다(대하 22:1, 렘 22:11).
[3] 「요시야」 왕이 성전 수리를 위하여 보낸 서기관 「요아」의 부친 「요아하스」인데, 첫자 「오」는 「여호」와 같은 뜻이다(대하 21:17, 22:1).

여호앗다〔יְהוֹעַדָּה = 여호와께서 치장하심〕[인](대상 8:36) 「아하스」의 아들. 「사울」의 자손 「아리」와 같은 사람.

여호앗단〔יְהוֹעַדָּן = 여호와는 기쁨을 주심〕[인](왕하 14:2) 「유다」왕 「아마샤」의 어머니(대하 25:1).

여호야긴〔יְהוֹיָכִין = 여호와가 세우심〕[인](왕하 24:6) 「여호야김」의 아들로, 「유다」 18대 왕 「느부갓네살」이 「여호야김」의 반란을 벌하려고 진군해 올 때, 8세에 왕위에 올랐다(대하 36:8, 9). 「여고냐」(대상 3:16) 「여고니야」(렘 27:20)로도 불렀다. ② 그는 주전 598년에 즉위했었으나 3개월만에 「느부갓네살」에게 「예루살렘」이 함락당하고 「바벨론」 제1회 포로가 되었다(왕하 24:8-16). ③「에스겔」은 그를 위하여 애가를 지어 정당한 「유다」 왕으로 존경을 아끼지 않았다(겔 19:1).

여호야김〔יְהוֹיָקִים = 여호와께서 높이심〕[인](대상 13:15) 「유다」왕(주후 609-598). ① 「요시아」왕의 둘째 아들. ② 「유다」 왕 「여호아하스」를 「바로느고」가 「애굽」으로 잡아가고 그 대신으로 추대되었는데, 본명은 「엘리아김」이었다. 그는 25세에 즉위하여 국민에게 중세를 과하고, 「애굽」 왕 「느고」에게 조공을 바쳤다(왕하 23:31-36). ③그 후 「바벨론」 왕 「느부갓네살」이 「느고」를 격파한 후에는 「바벨론」 왕에게 조공을 바쳤다(왕하 24:1). ④「예레미야」는 이것을 신랄하게 비난하였다. 「예레미야」는 서기관 「바룩」을 시켜 모든 예언을 기록하게 하고 백성 앞에서 읽었으나, 「여호야김」은 이 두루마리를 빼앗아 불살랐다(렘 36:0-31).

여호야다〔יְהוֹיָדָע = 여호와는 아심〕인 〈→ 요야다〉

1 ①「브나야」의 부친(삼하 8:18). ②「시글락」에서 「다윗」과 회합한 3천 7백 명을 거느린 「아론」의 집 족장이다(대상 12:27).

2 제사장 「여호야다」. ①「아하시야」가 죽을 때의 성전 제사장(왕하 11:4). ②역대기는 왕녀 「여호사브앗」의 남편이라고 했다(대하 22:11). ③「여호세바」는 그 조카 「요아스」를 「아달랴」 학살에서 구해내 6년간 감추었다가 「여호야다」의 쿠데타로 왕위에 올랐다(왕하 11:17-19, 대하 24:2-16).

3 「예루살렘」 성문을 중수한 자 중의 한 사람(느 3:6).

여호야립〔יְהוֹיָרִיב = 여호와가 다투심〕인(대상 9:10)

1 「다윗」 시대의 제사장 24반차 중 첫번째로 제비 뽑혔다(대상 24:7).

2 「스룹바벨」 시대 제17반차 제사장(느 12:6).

여호와〔יְהוָֹה = 나는 스스로 있는 자〕명(창 2:4) 하나님의 칭호. 이 칭호는 창 2:4에 처음으로 기록된 이래 단독으로 「여호와」로 기재되고, 「여호와 하나님」 또는 「하나님 여호와」라 기재되었다. ①「모세」가 여호와라는 뜻을 물을 때, 하나님께서 대답하시기를 "나는 스스로 있는 자니라"하시고, 계속해 말씀하시기를 "너희 조상의 하나님 곧 「아브라함」의 하나님이요, 「이삭」의 하나님이요, 「야곱」의 하나님 여호와라. 이는 나의 영원한 이름이요, 대대로 기억할 나의 표니라"

하셨다(출 3:14-15). ②「히브리」 원어에는 「야하웨」 「야웨」라 읽게 되니, 그 뜻은 전에도 계시고, 지금도 계시고, 장래에도 계시사 완전하고 무궁한 생명을 가르침이다(계 1:4).

여호와닛시〔יְהוָה נִסִּי =주는 나의 기〕[지](출 17:15) 「모세」가 「아말렉」을 이기고 쌓은 단의 이름. 주께서 거의 백성을 소집하는 표징이 되신다는 뜻이다.

여호와살롬〔יְהוָה שָׁלוֹם =주는 평강이심〕[지](삿 6:24) 「기드온」이 「미디안」을 이기고 「오브라」에 쌓은 단의 이름이니, 주와 자기 사이에 모든 일이 화평하게 된 것을 기념함이다.

여호와삼마〔יְהוָה שָׁמָּה =주님이 저 곳에 거하심〕[지](겔 48:35) 「에스겔」이 「예루살렘」과 성전의 재건을 예언한 후 「예루살렘」에 부여한 이름.

여호와이레〔יְהוָה יִרְאֶה =주께서 준비해 주심〕[지](창 22:14) 「아브라함」이 「이삭」으로 번제하려고 할 때, 「이삭」 대신으로 여호와께서 짐승을 예배하여 주심으로 「아브라함」이 그 곳을 「여호와이레」라 하였다.

여호하난〔יְהוֹחָנָן =여호와는 은혜로우심〕[인](여호난)

[1]「고라」 족속. 「아삽」의 자손 제6반차의 사람(대상 16:1-3).

[2]「예루살렘」에 용맹한 군사 28만을 거느린 장관(대하 17:13-15).

[3]「요아스」 왕 때 「여호야다」의 세력 하에 있는 백부장 「이스마엘」의 부친(대하 23:1).

[4] 이방 여자를 아내로 취한 자 중의 한 사람(스 10:28).

[5]「요야김」 때의 「아말랴」 족속의 제사장의 족장(느 12:12-13).

[6]「예루살렘」 성 낙성식 때 성 위에 올라가 감사 찬송을 부른 자 중의 한 사람(느 12:42).

여황〔女皇; 계집 녀, 임금 황〕[명](계 18:7) 여자 황제. empress.

여후갈〔יְהוּכַל =여호와는 가능하심〕[인](렘 37:3) 「셀레먀」의 아들이며 「유다」의 방백.

여후디〔יְהוּדִי =유대인〕[인](렘 36:14) 「유다」왕 「여호야김」의 관리. 「구시」의 증손, 「느다냐」의 아들. 「예레미야」의 예언을 「바룩」과 같이 읽는 사람.

여후디야〔יְהוּדִיָּה =유대 여인〕[인](대상 4:18) 「갈렙」 자손, 「에스라」의 아내.

여후엘〔יְחִוּאֵל =하나님께서 보

존하신다]인(대하 29:14)「헤만」의 자손.「히스기야」의 종교 개혁을 도운 사람.

여훗〔יְהֻד=찬미〕지(수 19:45)「단」 지파의 마을「욥바」동 13km 지점에 있음.

여히스기야〔יְחִזְקִיָּהוּ=여호와께서 강하게 하심〕인(대하 28:12)「히스기야」와 같은 이름이다.「살룸」의 아들이요,「에브라임」자손의 두목 중 한 사람이다.「이스라엘」왕「베가」가「유대」왕「아하스」를 전승하고 많은 사람을 사로잡고 물건을 노략하여 가지고「사마리아」로 돌아오는 것을 보고,「아사랴」,「베레갸」,「아마사」로 더불어 담대히 왕께 간하여 동족「유대」인을 포로함이 불가하다 하여 전부 식물을 주어 돌려 보내었다.

여히야〔יְחִיָּה=여호와께서 사신다〕인(대상 15:24) 하나님의 궤 앞에서 문을 지키던 자.

여히엘〔יְחִיאֵל=하나님은 살아계심〕인(대상 15:18)

1「여호사밧」아들(대하 21:2).

2「다윗」이 법궤를「오벧에돔」집에서 모셔올 때 악대에 속하여 봉사한 자(대상 23:8).

3「학모니」의 아들로,「다윗」시대에 왕자들의 배종(陪從)이었다(대상 27:32).

4 그 외에 5인이 있다(대하 31:13, 35:8, 스 8:9, 10:2, 10:21).

여히엘리〔יְחִיאֵלִי〕인(대상 26:21)「게르손」사람의 족장.

역군〔役軍;역사 역, 군사 군〕명(왕상 5:13) ①토목·건축 따위의 공사 터에서 삯일을 하는 사람. coolie. ②일꾼. able-hand.

역대〔歷代;지낼 력, 대신할 대〕명(신 32:7) 차례차례 서로 전하여 내려오는 대. successive generations.

역대 상명(대상) 구약 제13권째 성경이다.「사울」의 죽음에서부터「솔로몬」왕의 통치가 시작될 때까지 약 40년 동안의 역사서로「에스라」의 기록으로 본다.「이스라엘」의 왕위와 정치적인 역사에 관한 것으로「다윗」왕의 통치와 성전 건축을 위한 준비에 관하여 주제를 삼고 있다.「아담」부터의 족보가 기록된 것은 시대를 통하여 하나님이 특별히 선택하여 주심을 계시하는 것이다.

역대 하명(대하) 구약 제14권째 성경이다. 본래는 역대상과 한 권의 성경이다.「솔로몬」왕의 통치에서부터 성전 재건을 위한「고래스」왕의 공포까지「유대」「예루살렘」

의 역사이다. 9장까지는 「솔로몬」 왕의 통치와 성전건축과 제사(예배)에 관한 기록이며, 10장부터는 나라가 갈라지고 성전과 예배를 떠난 백성들의 생활상과 비극, 나라의 멸망과 포로된 70년 후의 「바사」의 「고래스」 왕이 해방을 명령하기까지의 역사이다.

역대 지략〔歷代志略;지낼 력, 대신 대, 뜻 지, 간략할 략〕명 (왕상 14:19) 지난 여러 대를 간략하게 적은 기록. the History of Israel Kings.

역량〔力量;힘 력, 분량 량〕명 (스 2:69) 어떤 일을 하여 낼 수 있는 힘. 또는 힘의 정도. ability.

역리〔逆理;거스릴 역, 이치 리〕명(롬 1:26) ①사리에 어그러짐. ②도리를 어김. irrationality.

역사[1]〔力士;힘 력, 선비 사〕명 (삿 3:29) 보통보다 뛰어나게 힘이 센 사람. 장사. strong man.

역사[2]〔役事;역사 역, 일 사〕명 (출 1:13) ①국가나 민족 또는 공공을 위한 큰 일. public undertaking. ②토목·건축 따위의 공사. construction work. ③기적. miracle.

역시〔亦是;또 역, 이 시〕명 ①또한. too. ②전에 생각했던 대로(느 5:10).

역졸〔驛卒;역말 역, 군사 졸〕명 (에 3:13) 〈제〉역에서 부리던 심부름꾼. employees of a post station.

역청〔瀝青;거를 력, 푸를 청〕명 (창 6:14) 〈화〉천연산의 고체·반 고체·액체 또는 기체의 탄화수소 화합물의 총칭. 도로 포장, 방부, 방루 등의 재료로 쓰임. pitch. 「유브라데」강변 '힐' 역청광은 오늘날도 생산하고 있다.

엮다 타(창 3:7) ①노끈이나 새끼로 이리저리 여러 가닥으로 어긋매껴 묶다. plait. ②물건을 얼기설기 맞추어 매다. bind together. ③어떤 사실을 체계적으로 이야기하거나 글로 적다. describe. ④책을 편찬하다. compile.

연[1]〔蓮;연꽃 련〕명(욥 40:21) 연꽃과의 다년생 풀. 인도·이집트가 원산. 여름에 꽃이 핌. lotus.

연[2]〔鉛;납 연〕명(욥 19:24) 납. 무르고 청백색의 금속 원소. 연필·활자 합금·땜납 등에 쓰임.

연[3]〔輦;손수레 련〕명(아 3:7) 임금이 타던 덩 모양의 가마. 높 옥련(玉輦). royal carriage.

연갑자〔年甲者;해 년, 갑옷 갑, 놈 자〕명(갈 1:14) 서로 비

ㅇ

슷한 나이의 사람.

연결〔聯結;잇달을 련, 맺을 결〕 명(엡 2:21) 서로 이어서 맺음. 결연.

연고〔緣故;인연 연, 연고 고〕명(창 12:17) ①사유. ②혈통상이나 법률상의 관계. 인연을 이르는 말. 인연. relation.

연구〔硏究;갈 연, 궁구할 구〕명(출 31:4) 어떤 일이나 사물에 대하여 조사하고 생각함. research.

연극장〔演劇場;넓힐 연, 심할 극, 마당 장〕명(행 19:29) 연극을 할 수 있도록 베풀어 놓은 곳. theatre.

연기[1]〔煙氣;연기 연, 기운 기〕 명(창 15:17) 어떤 물건이 탈 때 일어나는 흐릿한 기체. smoke.

연기[2]〔延期;끌 연, 기약할 기〕 명(행 24:22) 정한 기한을 물림. 퇴기. 퇴한. postponement.

연년〔年年;해 년, 해 년〕명(출 13:10) 해마다. every year. 부 연년(年年)이.

연단〔鍊鍛;쇠부릴 련, 쇠부릴 단〕명(욥 28:1) ①쇠붙이를 불에 달구어 두드림. temper. ②몸과 마음을 닦아 익숙하게 함. discipline. ③배운 것을 익힘. practicing.

* 성도의 믿음은 불에 연단한 금과 같다.

▲고대 대장간 풀무 모습

연달〔鍊達;쇠부릴 련, 통달할 달〕명(히 12:11) 단련하여 통달함. skill.

연대〔年代;해 년, 대신할 대〕명(신 32:7) 햇수나 대수. era.

연락[1]〔連絡;이을 련, 연락 락〕 명(겔 37:7) ①이어 댐. contact. ②서로 연고를 맺음. connection. ③서로 사정을 알림. communication.

연락[2]〔聯絡;이을 련, 연락 락〕 명(출 26:4) 서로 이어 댐. contact.

연락[3]〔宴樂;잔치 연, 즐길 락〕 명(신 16:14) 잔치를 베풀고 즐김. merry making.

연련〔戀戀;사모할 련, 사모할 련〕명(창 34:3) 그립고 애틋하여 잊지 못함. 연연. being ardently attached to.

연로〔年老;해 년, 늙을 로〕명 (욥 15:10) 나이가 많아서 늙음. old age.

연마〔鍊磨;쇠부릴 련, 갈 마〕명 (시 64:3) ①갈고 닦음. grinding and polishing. ②노력을 거듭하여 정신이나 기술을 닦음. hard training. ③학문이나 기술을 연구하여 닦음. study.

연말〔年末;해 년, 끝 말〕명(삼하 14:26) 한 해의 마지막 때. 세말. 세밑. year-end.

연명〔延命;끌 연, 목숨 명〕명 (출 21:21) ①목숨을 겨우 이어 살아감. prolongation of life. ②〈제〉감사나 수령이 부임할 때 궐패 앞에서 왕명을 선포하던 의식.

연모〔戀慕;사모할 련, 사모할 모〕명(잠 5:19) 사랑하여 그리워함. love.

연보〔捐補;줄 연, 기울 보〕명 (대하 34:9) 교회 사업을 돕기 위하여 돈이나 물건을 내는 일. 헌금. 헌물. offering. 성도의 의무금.

연보궤〔捐補櫃;~함 궤〕명(막 12:41) 연보할 때 그것을 넣는 함. box of offering.

연부년〔年復年;해 년, 다시 부, 해 년〕부(삼하 21:1) 해마

다.

연사〔年事;해 년, 일 사〕명(시 65:1) 농사가 되어가는 형편. agricultural conditions.

연석〔宴席;잔치 연, 자리 석〕명 (마 14:6) 연회를 베푸는 자리. banquet hall.

연세〔年歲;해 년, 해 세〕명(창 47:8) 높 나이. age.

연소〔年少;해 년, 적을 소〕명 (룻 3:10) 나이가 젊음. 나이가 어림. youth.

연속〔連續;이을 련, 이을 속〕명 (욥 41:3) 연달아 계속됨. continuity.

연수〔年數;해 년, 셀 수〕명(레 25:15) 나이. age. 햇수. number of year.

연숙〔練熟;익힐 련, 익힐 숙〕명 (렘 50:9) 단련이 잘 되어 썩 익숙함. expertness.

연습〔練習;익힐 련, 익힐 습〕명 (창 14:14, 사 2:4) 자꾸 되풀이하여 익힘. practice.

연안〔沿岸;물 따라 내려갈 연,

언덕 안〕명(삿 11:26) 강물이나 바닷가의 일대. coast.

연애〔戀愛;사모할 련, 사랑 애〕명(창 29:18) 남녀간에 서로 사모하는 사랑. 곧 사랑하는 이성과 일체가 되려고 하는 애정. love.

연약〔軟弱;연할 연, 약할 약〕명(신 28:54) 연하고 약함. weakness.

연인〔戀人;사모할 련, 사람 인〕명(렘 4:30) 그리워하고 사모하는 상대편의 사람. 애인. lover.

연자 맷돌〔硏子~;갈 연, 아들 자〕명(마 18:6) 마소를 부리어서 곡식을 찧는 큰 맷돌. large millstone worked by horse or ox.

연장 명(민 35:16) 물건을 만드는데 쓰는 기구. tool.

연접〔連接;이을 련, 댈 접〕명(왕상 6:5) 서로 잇닿음. conjunction.

연종〔年終;해 년, 마칠 종〕명(출 23:16) 한 해의 마지막 때. year-end.

연주〔演奏;넓힐 연, 연주할 주〕명(시 33:3) 여러 사람 앞에서 악기를 써서 음악을 들려줌. musical performance.

연줄기 명(욥 40:21) 연꽃이 피는 연의 대. lotus.

연치〔年齒;해 년, 이 치〕명(출 6:16) 나이의 높임말. age.

연하다[1]〔軟~;연할 연〕형(신 32:2) ①무르고 부드럽다. soft. ②색깔이 엷고 산뜻하다. light.

연하다[2]〔連~;이을 련〕타(출 25:19) 이어 대다. 잇닿다. connect.

연한〔年限;해 년, 한정 한〕명(창 1:14) 작정된 햇수. term.

연합[1]〔連合;이을 련, 합할 합〕명(겔 37:17) 이어서 합함.

연합[2]〔聯合;이을 련, 합할 합〕명(창 2:24) 두 가지 이상의 사물이 서로 합함. 또는 서로 합하게 함. union.

연합국〔聯合國;~나라 국〕명(렘 50:9) 주의, 사상을 같이하여 행동을 같이 하는 나라들. allies.

연혼〔連婚;이을 련, 혼인할 혼〕명(대하 18:1) 혼인으로써 연고 관계가 생김.

연회〔宴會;잔치 연, 모을 회〕명(삿 9:27) 축하·위로·환영·석별 등을 위하여 여러 사람이 모여 베푸는 잔치. banquet.

연회장〔宴會長;~길 장〕명(요

2:8) 연회의 주최자. man in charge of the feast.

연휼〔연휼;불쌍히 여길 련, 구제할 휼〕명(시 102:14) 불쌍히 여겨 물품을 내어 줌. relief.

열 수(창 24:22) 아홉에 하나 더한 수.

열국〔列國;벌일 렬, 나라 국〕명(창 10:32) 여러 나라. the nations.

열기〔더울 열, 기운 기〕명(욥 30:30) ①열이 높은 기세. hot air. ②뜨거운 기운. heat. ③높은 체온. fever. ④흥분한 의기. fiery spirit.

열납〔悅納;기쁠 열, 들일 납〕명(창 4:4) 기쁘게 받아들임.

열다[1] 자(눅 13:9) 열매가 맺히다. bear fruit.

열다[2] 자(창 8:6) ①닫힌 창이나 문 따위를 트다. open. ②뚜껑이나 덮개 따위를 벗기다. take off.

열두 사도 명(마 10:2) 열두 제자. 사도행전 6:2에는 「가룟 유다」 대신 「맛디아」가 포함된다.

열두 지파〔~支派;지탱할 지, 물갈래 파〕명(출 29:14) 「이스라엘」의 열두 아들을 기점으로 내려가는 가계. the twelve tribes of Israel.

열렬〔熱烈;더울 열, 매울 렬〕명(신 29:24) 주의·주장·애정·실행 등이 매우 맹렬함. ardour.

열매 명(창 1:7) ①꽃이 수정하여서 그 씨방이 발육한 것. 과실. fruit. ②노력에 의한 성과.

열방〔列邦;벌일 렬, 나라 방〕명(출 15:14) 여러 나라. 열국. many countries.

열방인〔列邦人;~사람 인〕명(렘 10:2) 다른 나라 사람. 이교도. 불신자.

열병〔熱病;더울 열, 병들 병〕명(레 26:16) 몸의 열이 대단히 나는 병. febrile disease.

열성〔熱誠;더울 열, 정성 성〕명(시 69:9) 열렬한 정성. earnestness.

열쇠 명(삿 3:25) ①자물쇠를 여는 쇠. key. ②어떤 문제를 성취하는 가장 요긴한 해결책을 비유하여 이르는 말. due.

열심〔熱心;더울 열, 마음 심〕명(삼하 21:2) 어떤 일에 골똘히 힘씀. 또는 그런 마음. zeal.

열심당〔熱心黨;~무리 당〕명(눅 6:15) 주전 6년 「로마」 총독 「구레뇨」가 국세 조사를 실시했을 때, 이에 반대하여 조직한 국수주의적 「유대」인의 집당(행 1:13, 5:37). 외국인의 통치와 권력을 부정하고 배척하였다. 「갈릴리」가 활동 무대의 중심지였고, 주후 70년 「예루살렘」이 망하기까지 지속되었으며 「베드로」도 그 당원이었다고 한다. 「셀롯」이라고 함. 난외주.

열왕〔列王;벌일 렬, 임금 왕〕명 (창 17:16) 여러 왕. kings.

열왕기〔列王記;~기록할 기〕명 (대상 9:1) 임금의 행정에 관한 기록. the book of kings.

열왕기 상 명(왕상) 구약 제11권째 성경이다. 기록자에 대하여 알 수 없으나 탈무드에 의하면 「예레미야」가 본서의 기록자라고 한다. 「이스라엘」 민족의 가장 흥왕했던 시대로부터 점점 쇠퇴하여져서 멸망할 때까지의 약 126년 동안의 역사이다. 연약한 사람이 자기 자신을 어떻게 지배할 수 있는가를 보여 주는 윤리적인 목적도 있으며, 선지자의 직무와 악한 왕에 대한 종말을 아울러 기록하였다.

열왕기 하 명(왕하) 구약 제12권째 성경이다. 본래는 열왕기 상과 한 권의 성경이다. 「아합」의 아들인 「아하시야」가 「이스라엘」을 통치할 때부터 「바벨론」 포로가 될 때까지의 약 270년 동안의 역사이다. 「엘리야」의 후계자인 「엘리사」의 활동이 13장까지 기록되었고, 14장에서 17장까지는 「엘리사」의 사망에서부터 포로 되기까지의 북쪽 왕국에 대한 기록이다. 18장에서 25장까지는 남쪽 「유다」가 포로 되기까지의 역사이다.

열정〔熱情;더울 렬, 뜻 정〕명 (렘 51:39) ①어떤 일에 열중하는 마음. passion. ②열렬한 애정. ardent love.

열조〔列祖;벌일 렬, 할아비 조〕명(창 25:8) 훈공이 있는 조상.

열족〔列族;벌일 렬, 겨레 족〕명 (사 66:18) 여러 족속. the people of all the nations.

열파〔裂破;찢을 렬, 깨뜨릴 파〕명(렘 4:20) 깨어져 갈라짐. 파열. explosion.

열흘갈이 명(사 5:10) 십일동안 논밭을 가는 일.

엷다 형(레 13:6) ①두께가 두껍지 않다. thin. ②빛이 진하지 않다. light. ③하는 짓이 빤히 들여다보이다. shallow. ④밀도가 빽빽하지 않고 좀 성기다. loose.

염〔鹽;소금 염〕명(시 107:34) 소금. salt.

염곡〔鹽谷;소금 염, 굴 곡〕지 (삼하 8:13) 사해 남부. 「베드라」 근처에 있는 한 골짜기인데, 「다윗」, 「아마샤」 두 군주가 많은 「에돔」인을 살육한 곳이다(왕하 14:7, 대상 18:12, 대하 25:11). 시 60편의 제목.

염려〔念慮;생각 념, 생각 려〕명(창 38:11) ①마음을 놓지 못함. anxiety. ②걱정하는 마음. worry.

염밭〔鹽~;소금 염〕명(시 107:34) 소금기가 있는 밭으로 농사를 지을 수 없다. salty wasteland.

염병〔染病;물들일 염, 병들 병〕명(레 26:25) 장티푸스. 장티푸스 균이 장에 침입하여 일어나는 급성 전염병. typhoid.

염성〔鹽城;소금 염, 재 성〕지(수 15:62) 사해 근처 「유다」광야의 성읍.

염소 명(창 27:9)〈동〉 소과 양아과(羊亞科)에 속하는 동물. 면양과 비슷하나 턱수염이 있고 성질이 거칠다. goat.

염습〔殮襲;염할 염, 덮을 습〕명(렘 25:33) 죽은 이의 몸을 씻긴 후에 옷을 입히는 일. 준 염(殮). shouding.

염증〔厭症;싫을 염, 병증세 증〕명(욥 4:2) 몸의 어느 한 부분이 세균이나 약품의 작용으로, 발적·종창·동통·발열 등을 일으키는 증세. inflammation.

염치〔廉恥;청렴할 렴, 부끄러울 치〕명(삼하 6:20) 조촐하고 깨끗하여 부끄러움을 아는 마음. 비 염통머리. sense of shame.

염통 명(왕하 9:24) 〈생〉심근의 수축과 판막의 작용에 의하여 정맥에서 혈액을 받아 동맥을 통해 몸의 각 기관에 혈액을 보내는 순환 기관의 한 중추 부분. 심장. heart.

염해 지(창 14:3) 「사해」라고 부르고 있는 소금의 바다이다. 성경에서는 「염해」(민 34:3) 「아라바」의 바다(신 3:17, 수 14:8) 「동해」(겔 47:8, 욜 2:20, 슥 14:8) 또는 바다(겔 47:8, 암 8:12, 미 7:12)라고 불리어진다. 「지중해」 면보다 392m나 낮아서 세계에서 가장 낮은 곳으로, 물이 흘러들어가기만 하고 흘러나오지 못한다. 매일 수위 1cm 가량 증발한다고 한다. 이 호수는 남북으로 길게 생겼는데, 남북 약 85km, 동서 약 15km, 면적은 945 km^2, 평균 수심 360m, 가장 깊은 곳은 400m가 된다. 염분 함유량은 25%로서 보통 다른 바다의 5배가 넘는다. 그래서 물고기가 살 수 없고 계란이 뜨며, 사람의 몸도 뜨나 머리가 잠기려는 경향이 있어 수영은 곤란하다. 옛날 「소돔」과 「고모라」는 「사해」 남단 물 속에 잠겼다. 현재 「아라비아」 말로는 「롯」의 바다라고 불리어지며, 「사해」라는 이름은 2세기경 「헬라」인들이 만든 이름이다.

엿보다[타](창 42:9) ①몰래 가만히 보다. look furtively at. ②때를 노리어 기다리다. watch and wait.

영[1]〔營;경영할 영〕[명](대상 9:18) 영문(營門)의 준말. the gate to the camps.

영[2]〔嶺;재 령〕[명](사 10:29) 높은 메의 고개. ridge.

영[3]〔令;명령할 령〕[명](왕상 5:6) 하도록 내리는 명령. 지시.

영[4]〔靈;신령 령〕[명](출 28:3) 신령. 영혼의 준말.

영감〔靈感;신령 령, 느낄 감〕[명](왕하 2:9) ①신의 영묘스러운 감응(感應). ②심령이 미묘한 작용으로 얻어지는 감정. inspiration.

영걸〔英傑;꽃부리 영, 뛰어날 걸〕[명](창 10:8) ①영웅과 호걸. ②뛰어난 인물. great man.

영광〔榮光;영화 영, 빛 광〕[명](창 49:6) 빛나는 영예. 이름을 빛내는 것. glory.

* 성도는 하나님의 영광을 위하여 부름 받은 자이다.

영구〔永久;길 영, 오래 구〕[명](신 29:29) 길고 오램. eternity.

영락〔零落;떨어질 령, 떨어질 락〕[명](스 6:9) ①잎이 말라서 떨어짐. ruin. ②세력이나 사람이 아주 보잘 것 없이 됨.

영락없다〔零落~;떨어질 령, 떨어질 락〕[형](스 6:9) 조금도 틀리지 아니하고 꼭 들어맞다. sure.

영문〔營門;경영할 영, 문 문〕[명](삼상 10:5) ①군영(軍營)의 문. camp gate. ②감사가 직무를 행하던 관청 이름.

영벌〔永罰;길 영, 벌줄 벌〕[명](마 25:46) 지옥에서 죄인이 받는 영원한 벌. eternal punishment.

영생〔永生;길 영, 날 생〕[명](창

3:22) ①영원 무궁한 생명. immortality. ②하나님의 거룩한 뜻을 알고 행함으로써 천국의 복락을 길이 누리는 생활. eternal life.

영솔〔領率;거느릴 영, 거느릴 솔〕명(민 10:14) 부하를 거느려 이끎. command.

영아〔嬰兒;어릴 영, 아이 아〕명(렘 48:4) 젖먹이. infant.

영양〔羚羊;영양 영, 양 양〕명(사 51:20) 소과의 짐승. 염소 비슷하나 몸이 크고 살진 편임. 몸에 긴 털이 있고 검은 회색 또는 회갈색임. antelope. 산양.

영업〔營業;경영할 영, 업 업〕명(시 107:23) 삶과 수입을 위하여 계속하여 사업을 해 나감. business.

영영〔永永;길 영, 길 영〕명(창 44:32) 영원히, 언제까지나. forever.

영예〔榮譽;영화 영, 기릴 예〕명(대상 16:35) 빛나는 자랑. honour.

영웅〔英雄;꽃부릴 영, 수컷 웅〕명(출 15:15) 아는 것, 재능 또는 담력, 용맹 등이 남달리 뛰어남. hero.

영원〔永遠;길 영, 멀 원〕명(창 6:3) 끝없이 오랜 때. eternity.

영원 무궁〔永遠無窮;길 영, 멀 원, 없을 무, 다할 궁〕명(출 15:18) 다함이 없이 오래고 오램. 때의 끝이 없음. 영세 무궁. eternity.

영장[1]〔營長;경영할 영, 길 장〕명(대하 26:11) 감독관 또는 집행관, 감독자, 지배자, 집단의 장.

영장[2]〔伶長;영리할 영, 길 장〕명(합 3:19) 노래하는 자의 우두머리. 악장(樂長). music director.

영적〔靈的;신령 령, 적실할 적〕명(고전 2:14) ①영감(靈感)에 속하거나 영감을 통한 것. spiritual. ②신령스러운 것. mysterious.

영적 예배 명(롬 12:1) 참 예배, 성도의 전체를 드리는 제사. 일상 생활.

영접〔迎接;맞이할 영, 댈 접〕명(창 14:17) 손님을 맞아 대접함. reception.

영존〔永存;길 영, 있을 존〕명(시 49:9) 영구하게 존재함. permanence.

영지〔領地;거느릴 령, 땅 지〕명(대상 6:66)〈법〉 토지(土地)로 성립되는 국가의 영역. 곧 한나라의 통치권이 미치는 지역. territory.

영채〔營寨;경영할 영, 나무우리 채〕명(삼하 11:11) 진영. 울타리.

영토〔領土;거느릴 령, 흙 토〕명(시 114:2) 국토. land of a

country.

영향〔影響;그림자 영, 울릴 향〕명(욥 35:6) 그림자가 형상을 좇고, 울림이 소리에 응함과 같이, 한 가지 사물로 인하여 다른 사물에 작용이 미치는 결과. influence.

영혼〔靈魂;신령 령, 넋 혼〕명(삿 5:21) 육체를 떠나서도 존재하며, 인간 활동의 근원으로 생각되는 정신적 실체. 넋. soul.

영화〔榮華;영화 영, 빛날 화〕명(창 45:13) 몸이 귀하게 되어서 이름이 남. prosperity.

옆 명(창 6:16) 양쪽 곁. sides.

옆걸음 명(사 28:7) ①옆으로 걷는 걸음. ②비틀거리며 걷는 걸음. stagger.

옆구리 명(민 33:55) 몸의 양쪽 갈비가 있는 부분. flank.

예[1] 명(왕상 21:25) 오래 전. 옛적. old times.

예[2] 감(행 5:8) 존대하는 자리에 대답하는 말. yes.

예[3]〔禮;예도 례〕명(행 28:10) ①예법. manners. ②사람이 마땅히 지켜야 할 의칙. 인사. politeness.

예[4]〔例;본보기 례〕명(요 16:2) ①본보기로써 족한 것. example. ②세상에 흔한 것. common thing.

예고〔豫告;미리 예, 알릴 고〕명(행 7:52) 미리 알림. advance notice.

예델〔יֶתֶר = 풍부, 뛰어남〕인

[1]「압살롬」의 대장으로 있다가「다윗」에게 귀순한「아마사」의 부친이요,「다윗」의 누이「아비가일」의 남편이다(왕상 2:5, 32, 대상 2:17).「이드라」라고도 부른다(삼하 17:25).

[2] 그 밖에 4인이 있다(삿 8:20, 대상 2:32, 4:17, 7:38).

예드야〔יֶהְדִּיָה = 여호와는 기뻐하심〕인

[1]「레위」 사람「아므람」의 손자(대상 24:20).

[2]「다윗」의 나귀를 맡았던「메르놋」 사람(대상 27:30).

예라[1]〔יֶרַח = 달(月)〕인(창 10:26)「욕단」의 아들「아라비아」의 일족.

예라[2]〔יֶרַח = 달〕지(창 10:26)「아라비아」의 성읍「욕단」 자손의 거주지.

예레미야[1]〔יִרְמְיָה = 여호와는 건설하심〕인「베냐민」 땅「아

나돗」 제사장 「힐기야」의 아들로서, 4대 선지 중의 한 사람이다. ①「유대」왕 「요시아」 13년부터 「시드기야」 왕 11년까지 42년간(주전 628-586)의 선지자이다(렘 1:1-3).
②그는 정열적인 애국 지사로 백성들이 여호와를 배반하고 국가와 민족을 좀먹는 행동을 일삼는 관민을 볼 때에 통분하여 크게 책망하나 목이 곧은 민중은 듣지 않고 도리어 죽이려고까지 하였다(렘 36:19). ③「유대」왕 「여호야김」 4년에 여호와께서 「예레미야」에게 두루마리 책에 이르신 말씀을 기록하라 하시므로, 그대로 기록하여 모든 백성에게 낭독하고 또 왕 앞에서 낭독하매 「여호야김」이 그 낭독하는 데로 칼로 베어서 화로에 던져 태웠다(렘 36:1-23). ④여호와께서 「예레미야」에게 명하사 다른 두루마리에 이전 말을 그대로 다시 기록하고 「여호야김」 왕에 대하여는 「바벨론」 왕이 이 땅을 멸하리라고 예언하라 하시매, 그대로 행하였다(렘 36:27-32). ⑤그 후에 「갈대아」 인에게 항복하라고 권고하자 잡아 토굴에 가두었다(렘 39:13-16). ⑥그 후 다시 백성의 평안은 구하지 않고 군사와 백성의 사기를 저하시킨다고 물없는 진흙 구덩이에 던져 넣은 것을 「구스」 사람 「에비멜렉」이 왕에게 청하여 끌어내었다. 「시드기야」 왕이 비밀히 와서 다시 물으매, 「바벨론」 왕에게 항복하면 살고 항복하지 않으면 죽는다고 대답하였다(렘 38:7-13, 38:16-18). ⑦「예레미야」의 예언대로 「바벨론」 왕 「느부갓네살」이 「예루살렘」을 2년 만에 함락시키고 왕을 사로잡아 그 목전에서 그 아들들과 귀인들을 죽이고 왕의 눈을 빼고 「바벨론」으로 옮겼다(렘 39:1-9). ⑧「예레미야」는 사로잡혀 「바벨론」으로 가다가 중도에서 놓여 「미스바」로 돌아와 있었고, 사로 잡혀가고 남아 있는 백성들이 「바벨론」 왕을 배반하고 「애굽」으로 도망하려는 것을 견책하였으나 듣지 않고 가므로 부득이 그들을 지도하기 위하여 따라가서 「다바네스」에 있으면서 「애굽」 땅에 내려간 자들이 멸망할 것과 「애굽」 왕 「바로」를 그의 원수에게 붙일 것을 예언했다(렘 40:1-6, 41:2, 3, 16, 18, 43:1-7, 44:12-30). ⑨「블레셋」, 「모압」, 「암몬」, 「에돔」, 「다메섹」, 「바벨론」이 망할 것을

예언하였다(렘 47:4, 48:4, 49:2, 20, 27, 50:2). ⑩그의 저서는 「예레미야」 서와 「예레미야애가」인데, 예수께서 어려서 「애굽」으로 피난하셨다가 돌아오신 일에 대하여 「예레미야」 31:15을 인용하였다(마 2:17). 그는 동족 비행을 책하고 다니다가 돌에 맞아 죽었다는 말이 있다.

예레미야[2] 명(렘) 구약 제24권째 성경이다. 제사장 집안에서 부름받은 「예레미야」 선지자가 선한 「요시야」 왕이 다스린지 13년에 예언하기 시작하여, 마지막 왕인 「시드기야」 왕까지 예언한 기록이다. 「이스라엘」의 멸망의 원인이 하나님을 떠나 우상 숭배를 한 데 있으며, 「이스라엘」 집과 「유다」 집에 세운 하나님의 놀라운 새 언약을 전하였다.

예레미야 애가 명(애) 구약 제25권째 성경이다. 기록자의 이름이 밝혀져 있지 않으나 70인 역에는 선지자 「예레미야」의 기록이라고 한다. 「예루살렘」의 멸망과 황폐함을 슬퍼하는 애가는 하나님의 백성들이 지은 죄와 반항 때문에 당한 고통과 불행, 「시온」의 심판, 선지자의 고통 「예루살렘」성을 보시고 수신 그리스도의 모형, 시온의 영광과 황폐, 하나님께 구원의 자비를 구하는 최후의 기도가 기록되어 있다.

예렛〔יֶרֶד = 봉사자〕인(대상 4:18) 「유다」사람 「그돌」의 아버지.

예로부터 명(스 4:15) 옛날부터. 오래 전부터.

예루살렘〔יְרוּשָׁלַיִם = 평화의 터전〕지(수 10:1) 「유다」와 「베냐민」 두 지파의 경계선상에 있으며 「지중해」, 「헤브론」, 「요단 강」, 「사마리아」로 접경을 삼고 있다. 이 명칭은 수 10:1에 처음 기재되었으나 오래 전부터 있어 옛 이름이 「살렘」, 「우루살렘」이라 하나 확증이 없고 확실한 것은 「여부스」이다(삿 19:10-11). 별명으로 「오홀리바」라 하고(겔 23:4), 「시온」 산의 이름을 따라 「시온」 성, 「다윗」 왕의 도성인고로 「다윗」의 자손은 하나님의 성이라 하고, 하나님의 성전이 있는 고로 거룩한 성이라 하였다(삼하 5:7, 5:9, 눅 2:11, 시 46:4, 느 11:1, 마 4:5). 이로부터 「유대」인들은 이 「예루살렘」을 극히 존중히 여기고 경모(景慕)하였다(시 122:6, 137:5-6, 왕상 8;38, 사 62:1, 7, 단 6:10, 마 5:35). 「스가랴」 선지는 많은 백성과 강대한 나라들이 「예루살렘」으로 와서 만군의 여호와를 찾고 여호와를 구하리라고 예언하였고(슥 8:22-23), 사도들은 한층 더 고상하게 위에 있는 「예루살렘」을 자유성이라 하였다(갈 4:26). 너희가 이를 곳은 「시온」 산과 하나님의 도서인 하늘의 「예루살렘」이라 하였고(히 12:22), 내 하나님께로부터 내려오는 새 「예루살렘」의 이름과 나의 새 이름이 그의 위에 기록하리라 하고(계 3:12) 또, 내가 보매 거룩한 성 새 「예루살렘」이 하나님께로부터 내려오니 그 예비한 것이 신부가 신랑을 위하여 단장한 것 같다고 하였다(계 21:2).

① 역사적, 종교적 중요성.

「예루살렘」은 고대 「가나안」 사람의 수도였으나 주전 1,000년경 「다윗」 왕이 점령하였다. 「아모스」와 「호세아」를 제외한 모든 선지자들의 활동 무대였으며, 구약 성경 대부분이 여기서 기록되었다. 주전 586년 「느부갓네살」이 점령하였고 포로에서 돌아온 후 다시 재건하였으며, 「파사」, 「희랍」, 「로마」 시대를 통하여 그의 신성을 점점 더하였다. 예수의 사역, 죽음, 부활, 승천의 무대였다. 주후 70년 「타이러스」가 「예루살렘」을 함락시켰고, 136년 「하도리안」 황제 때 재건되었다가 637년 칼리프 오말(Calif Omar)에게 점령되었고 회회교의 중심지가 되었다. 1099년 십자군이 점령하였고, 1517년 「터키」 사람이 점령하였다. 1917년 알렌비(Allenby) 장군의 연합군이 점령하기까지 「터키」 사람의 수중에 있었다. 1920년 국제연맹의 결의로써 「영국」의 위임 통치로 되었다가 제2차 대전 이후에 독립하였다.

② 위치와 기후.

고대 문헌을 참고해 볼 때, 현재의 「예루살렘」은 고대 「예루살렘」의 터 위에 건설된 것이 확실하다. 기후는 「이탈리아」의 북부와 비슷하며, 겨울에는 영하 2℃쯤 되고 눈도 내리지만 오래 쌓여 있지 않는다. 여름철에는 평균 최고 30℃를 넘지 않는다.

③ 성전의 위치.

「솔로몬」의 성전은 주전 586년 「느부갓네살」의 손에 부서지기까지 존속하였고, 포로 기간 중에도 그 위치를 잊어버리지 않았다(렘 41:5, 학 2:3, 스 3:12). 주전 516년 「스룹바벨」이 그 자리에서 다시 지었다(스 6:15). 「요세퍼스」에 의하면 「헤롯」의 성전은 그것을 확장 미화

한 데 불과하다고 한다.

④ 지세.

ⓐ「기드론」 골짜기 : 이 골짜기는 「예루살렘」 동쪽 「와디 싯티 마리암」(Wady Siti Maryam)일 것이다. 요 18:1과 막 14:26을 보면, 예수가 「감람」 산에 가실 때 이 골짜기를 건너셨다.

ⓑ힌놈 골짜기 : 이 골짜기는 「예루살렘」 서남쪽을 에워싼 넓은 골짜기로서 「와디 엘라바비」(Wady er-rababi)일 것이다.

ⓒ엔 로겔(En-rogel) : 골짜기와 관계가 있는 것은 샘과 못이다. 왕상 1:을 보면 「아도니야」는 「엔로겔」에서 대관식을 거행하였으며, 「솔로몬」은 「기혼」에서 행하였다.

ⓓ베데스다(Bethesda) : 38년된 병자가 일어난 곳이다(요 5:). 「예루살렘」 부근에는 「기혼」(처녀의 샘)이 유일한 간헐천(間歇泉)이다. 아마 이것이 「베데스다」 못의 유적일 것이다.

ⓔ「실로암」(Siloam) : 지금은 「아인(Ain泉)」이라고 부르는데, 실상은 샘이 아니라 처녀의 샘의 물을 바위를 뚫어서 급수(給水)한 것이었다고 한다.

⑤ 시대적 증거.

ⓐ「솔로몬」 시대에는 「예루살렘」. 성전, 왕궁, 「바로」의 딸의 집이 계속해 있으며 주위는 성벽을 쌓았다. 왕궁은 남쪽에 있었으리라 본다. 왜냐하면 「다윗」 궁보다는 높고 성전보다는 낮다고 하였다(왕상 6:36, 7:8, 12, 사 1:26, 왕상 8:1, 9:24, 10:5, 왕하 11:19, 렘 22:1, 26:10, 왕상 7:8, 9:24, 3:1, 9:15).

ⓑ「히스기야」 시대의 「예루살렘」. 「히스기야」 왕은 「산헤립」의 침입을 예상하여 「기혼」의 물을 「다윗」 성 서

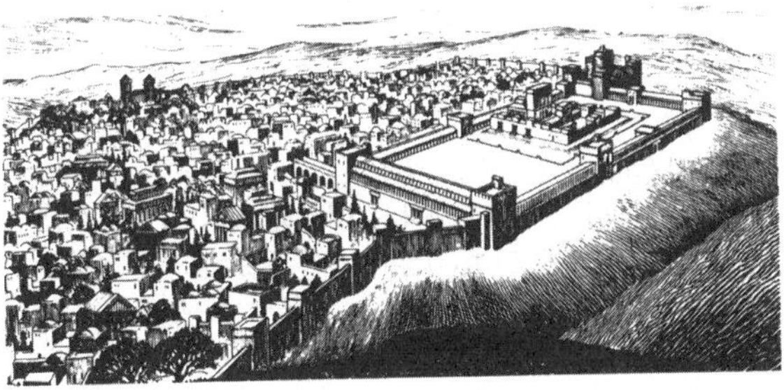

쪽에 끌어들이는 수로의 기록이 있다(왕하 20:20, 대하 32:4, 30, 7:3, 사 22:9-11). 이것은 바위를 뚫은 굴인데, 이 굴의 안벽에는 옛날 「히브리」 어의 비문이 조각되어 있다. 이것이 소위 「실로암」 비문(Siloam inscription)이다.

ⓒ신약 시대의 「예루살렘」. 신약 시대에 있어서는 예수의 「예루살렘」 방문이 가장 큰 사건이다. 예수께서 처음 세 번 「예루살렘」을 방문하신 것은, 성전과 관계가 있었다(눅 2:22-39, 41-50, 요 2:13-22). 네 번째는 「베데스다」 못(요 5:). 여섯 번째는 「실로암」 못과 관계가 있다(요 9:). 일곱 번째는 「예루살렘」에 올라가서 수난 주일 동안 일, 월, 화요일에 성전에서 가르치셨다(막 11:-16:). 목요일에는 다락방에서 만찬을 잡수셨다(막 14:15). 이 다락방은 「마가」의 어머니 「마리아」의 집이었을 것이다. 이곳은 예수께서 승천하신 후에 초대 교회의 집회 장소가 되었다. 전설에 의하면 「욥바」의 문 곁에 「빌라도」의 집이 있었다고 하며, 「헤롯」 궁전과 같이 있었을 것이라 한다. 십자가와 무덤의 장소인 「골고다」에는 현재의 성묘 교회(聖墓敎會)가 서 있다고 한다. 옹기쟁이의 밭 '아겔다마'는 나그네의 매장지였다(행 1:18).

예리〔銳利;날카로울 예, 이로울 리〕명(히 4:12) ①칼날 따위가 날카로워 잘 듦. sharpness. ②두뇌나 판단력이 날카롭고 정확함. keenness.

예물〔禮物;예도 례, 만물 물〕명(창 32:13) ①사례의 뜻으로 주는 물건. present. ②혼인 때 시부모가 며느리에게 주는 물건. ③결혼식장에서 신랑, 신부가 정표로 주고 받는 물건.

예배〔禮拜;예의 예, 절 배〕명(요 4:20) 겸손한 마음으로 경배하는 일. worship.

예법〔禮法;예도 례, 법 법〕명(히 9:1) 예의나 몸가짐의 법칙. ㊅ 예(禮). manners.

예복〔禮服;예도 례, 옷 복〕명(레 21:10) 예식 때 입는 옷. 예절을 특별히 차릴 때에 입는 옷. ceremonial dress.

예비〔豫備;미리 예, 갖출 비〕명(창 24:31) ①미리 준비함. 또는 그 준비. ②〈법〉 형법에서 범죄에 필요한 준비 행위. preparation.

예비일〔豫備日;~날 일〕명(마 27:62) ①미리 준비하는 날. ②안식일 하루 전날. 즉 금요일을 말한다(유대인의 안식일은 토요일이다).

예산〔豫算; 미리 예, 셈할 셈〕[명] (눅 14:28) 미리 필요한 금액 따위를 계산함. 또는 그 계산. estimate.

예선〔豫選; 미리 예, 가릴 선〕[명] (삼상 16:1) 정식으로 뽑기 전에 미리 뽑음. provisional selection.

예세브압〔יֶשֶׁבְאָב = 아버지의 자리〕[인] (대상 24:13) 「아론」 자손으로 제사장. 「다윗」 시대의 성전 봉사 14반차로 뽑힌 족장.

예셀[1]〔יֵשֶׁר = 올바른〕[인] (대상 2:18) 「헤스론」의 자손, 「갈렙」의 아들.

예셀[2]〔יֵצֶר = 납모양〕[인] (창 46:24) 「야곱」의 손자 「납달리」의 아들(창 46:24).

예수〔'Ιησους = 구세주〕[인]

[1] 구주 예수 그리스도(마 1:1)→「예수 그리스도」.

[2] 그리스도의 족보 중 한 사람으로, 「엘리에서」의 아들(눅 3:29).

[3] 「바울」의 동역자이며 「유대」 사람으로, 「유스도」라고도 한다(골 4:11).

예수 그리스도〔'Ιησους Χρίστô〕 [인] (마 1:1) 구세주의 이름을 뜻하는 '예수'와 그의 칭호를 나타내는 '그리스도'를 합하여 부르는 이름. 인간으로 오신 예수께서 그의 직분 선지자요, 왕이요, 제사장의 직분을 완수하심을 나타내는 말. 그는 혈통으로 「다윗」의 후손이요, 직분상으로는 창세 전에 계신 자요, 하나님이시며 창조주이시고 구원자이시다(요 1:1). 「로마」 황제 「아구스도」가 호적령을 내릴 때 「유다」, 「베들레헴」 마굿간에서 탄생하셨다. 「헤롯」이 아기를 해하려 할 때, 「애굽」에 갔다가 「헤롯」이 죽은 후에 「나사렛」에 돌아와 사셨다. 그러므로 「나사렛」 사람이라고 일컫는다. 「요한」에게 세례를 받고 광야에서 금식 기도하며 마귀의 시험을 물리치고 공생애를 시작하셨다. 많은 교훈과 이적을 행하시고 「빌라도」의 정치 재판의 사형 선고를 받고 구속 사역(세상 죄를 지고 달리신 어린 양)을 이루셨다. 장사된 지 3일만에 다시 살아나시어 하나님 되심을 보이시고, 40일을 세상에 계셨으며 11번 보이시고 승천하셨다(눅 24:50). 그의 대표적인 칭호는 하나님의 아들, 인자, 중보자,

말씀, 거룩한 자, 여호와의 종 등이며, 자신을 떡, 길, 진리, 생명 등으로 나타내셨다.

예수아[1]〔יֵשׁוּעַ=여호와께서 구원하심〕[인]

[1]「다윗」왕 시대의「아론」의 자손으로, 제9반차의 제사장(대상 24:11).

[2]「레위」인으로「히스기야」왕 때에 제사장들에게 십일조를 나눠준 자(대하 31:15).

[3] 제사장「예수아」. ①대제사장「여호사닥」의 아들로 그 역시 제사장이 되어「이스라엘」백성이「바벨론」에서 귀환 시에 인솔자 중의 한 사람이다.「예루살렘」성 중수에 협력하고「유대」국 재건에 큰 지능을 발휘하고 성전에 제사드리는 데 많은 노력을 하였다(느 7:7, 스 2:2, 3:9). ②그는 경건하고 고상한 인격자로 동족을 본국에 귀환케 한 역사는,「모세」와 방불하다. 그러나「에스라」나「느헤미야」는 알되, 이「예수아」는 아는 사람이 많지 않은 숨은 공로자이다.

예수아[2] [지](느 11:26)「바벨론」포로에서 돌아온「유대」인들이 살던 한 마을.

예스라〔אֶזְרָחִי〕[인](왕상 4:31)「에단」,「헤만」출신 부족.

예스라히야〔יִזְרַחְיָה=여호와는 빛남〕[인](느 12:42)「예루살렘」성곽 낙성식 때 성가대 감독.「이스라히야」와 같은 사람.

예식〔禮式; 예도 례, 법 식〕[명](출 12:25) 예법에 의하여 행하는 의식. established form.

예언〔豫言; 미리 예, 말씀 언〕[명](민 11:25) ①앞에 올 일을 미리 추측하여 하는 말. prediction. ②〈기〉하나님의 계시에 의하여 장래에 나타날 일을 미리 말함. 또는 그 말. prophesy.

예언자〔豫言者; ~놈 자〕[명](렘 28:9) 예언을 하는 사람. 선지자.

예절〔禮節; 예도 례, 마디 절〕[명](롬 16:2) 예의 범절. etiquette.

예정〔豫定; 미리 예, 정할 정〕[명](사 30:32) 일에 앞서 작정함. prearrangement.

* 성도는 하나님의 예정 가운데 부름을 받은 자이다.

예조〔豫兆; 미리 예, 억조 조〕[명](왕상 13:3) 미리 보인 징조.

예표〔豫表; 미리 예, 겉 표〕[명](사 8:18) 미리 알려주는 표징.

예후〔יֵהוּא=그가 여호와이시다〕[인]

[1]「아나돗」의「베냐민」사람으로,「다윗」을 도와 싸우

다가 전사(대상 12:3).

2 그리스도 예언자. 그는 북 왕국의 예언자였다. ①「이스라엘」 왕 「바아사」(주전 900-877)를 꾸짖고 멸망을 예언하였다(왕상 16:1-7). ②또한 「유다」왕 「여호사밧」이 하나님을 믿지 않고 악인을 도운 행위를 비난했다(대하 19:2).

3 북 「이스라엘」의 왕(주전 842-815 재위). 제4 오아조의 창시자이다. ①그는 본래 「아람」 왕을 따랐으나 「이스라엘」 군대장이 되어 「기르앗 라못」에서 「수리아」와 싸웠다(왕하 9:25-). ②이때 「여호람」이 부상을 입고 「엘리사」의 기름부음을 받아 왕이 되었으나, 「예후」는 신앙적 인물이 아니었고 「수리아」에 대항코자 친 「앗수르」 정책을 취했다. 그러나 「수리아」의 「이스라엘」 침공으로, 「예후」는 실의의 죽음을 했다(왕하 10:35).

옛 명(수 14:15) 지나간 때의. old.

옛 사람 명(마 5:21) ①옛날 사람. ancients. ②죽은 사람. the dead. ③하나님을 알지 못하고 죄를 짓던 사람. 믿기 전 성도의 모습.

옛적 명(신 2:10) ①썩 오래된 시대. ancient. ②세태·물정이 판이하게 다른 때. old days.

오그란〔עָכְרָן = 괴로운〕인(민 1:13, 2:27) 「바기엘」의 아버지.

오난〔אוֹנָן = 힘, 강함〕인(창 38:1-10) 「야곱」의 손자이며 「유다」의 아들이다. 그 형 「엘」이 죽은 후에 그의 처 「다말」을 취하여 형의 후사를 이어주는 일을 거부하므로, 여호와께서 그를 쳐 죽이셨다.

오남〔אוֹנָם = 힘, 강함〕인

1 「소발」의 자녀(창 36:23).

2 「아다라」의 자녀(대상 2:26).

오네시모〔Ὀνήσιμος = 이익〕인(골 4:7-9) ①「골로새」인 「빌레몬」의 종으로, 일찍이 주인에게 죄를 짓고 「로마」에 도망하여 있던 중, 「바울」에게서 복음을 듣고 회개하여 신자가 되었다. 「바울」이 「골로새」 서를 써서 「두기고」와 「오네시모」 편에 보내었다. ②「바울」이 그를 전 주인에게 권하여 보내며 「빌레몬」 서를 붙여 그 신덕을 증거하고, 또 그 죄를 사하여 형제같이 사랑하라 하였다(골 4:9, 몬 10-12).

오네시보로〔Ὀνη σίφορος = 이익을 취함〕인(딤후 1:16-

18) 「에베소」 교회의 늙은 교우로, 「바울」이 그 곳에 있을 때에 여러 번 위로하고 또 「로마」에 갇혔을 때에도 찾아가서 위로하였다.

오노〔אוֹנוֹ = 부(富)〕지(대상 8:12) ①「베냐민」 지파 「세멘」이 세운 성(스 2:3, 느 7:32). ②「바벨론」에서 귀환 후, 「베냐민」 자손이 거주하였다(느 11:31-35). 「룻다」의 서북 8km에 있는데, 지금의 이름은 「궤훌아나」이다.

오늘명(창 4:14) 이 날, 금일(今日). today.

오다자(창 8:9) ①가까이 오다. come. ②도달하다. come to hand.

오뎃〔עוֹדֵד = 회복자〕인

1 「유대」국 선지 「아사랴」의 부친(대하 15:1).

2 「사마리아」에 있는 선지자로, 「이스라엘」 왕 「베가」가 「유대」와 싸워 이기고 20만 명을 포로하였을 때, 동족이니 돌려보내는 것이 마땅하다고 「베가」 왕에게 간하여 돌려보낸 자 중의 한 사람이다(대하 28:9).

오드니〔עָתְנִי = 여호와의 사자〕인(대상 26:7) 「레위」 사람 「스마야」의 아들로 문지기.

오라기명(사 1:31) 실 올의 동강이. 오락지. piece.

오라버니명(창 27:43) 오빠, 여자의 같은 항렬의 손위의 사내. 높오라버님. elder brother.

오라비명(창 20:5) ①오라버니의 낮춘 말. ②여자가 자기의 사내 동생을 일컫는 말.

오락〔娛樂; 즐길 오, 즐길 락〕명(사 58:3) ①즐겨 노는 놀이. recreation. ②환락.

오락가락부(욥 38:41) ①왔다 갔다하기를 되풀이하는 모양. to and fro. ②비나 눈이 내리다 그쳤다 하는 모양.

오래부(창 26:8) 긴 동안. long.

오렌〔אֹרֶן = 백향목, 소나무〕인(대상 2:25) 「유다」 자손 「여라므엘」의 아들.

오렙〔עֹרֵב = 큰 까마귀〕인(삿 7:25) 「미디안」 왕으로 「스엡」과 함께 「이스라엘」에 침입하였다가 「기드온」에게 대패한 후, 「에브라임」에게 피살되어 그 머리는 「기드온」에게 가져왔다(삿 8:3).

오로지부(대하 11:16) 오로지. 한마음으로. 전혀. solely.

오르난〔אָרְנָן = 강한〕인(대상 21:15-18) ①「다윗」이 국세 조사한 것으로 인하여 여호와께서 보이신 3종 재앙 중의 하나인 3일 간의 온역으로, 7만 명을 죽인 후, 그 사자가 그의 타작 마당에 선 것을 보고「다윗」이 그 땅을 사서 제단을 쌓고 번제와 화목제를 드리니 재앙이 그쳤다(대상 21:15-25). ②별명은「아라우나」이다.

오르다 자(창 7:20) ①높게 솟다. rise. 『해가~. 비행기가~. ②높은 곳으로 자리를 옮기다. mount. 『산에~. ③뭍으로 옮다. 상륙하다. land. 『육지에~. ④탈 것에 타다. get on.

오르락내리락 부(창 28:12) 오르고 내리기를 자꾸 하는 모양. going up and down.

오르바〔עָרְפָּה = 암사슴〕인(룻 1:4, 14)「모압」여인,「나오미」의 며느리,「룻」의 동서인데 그 남편이 죽은 후 시모의 권고에 의하여 친가로 돌아갔고,「룻」은 시모를 따라갔다.

오른 형(출 29:20) 바른. right.

오른손 명(출 15:6) 바른 손. 성경에서는 오른손이 특별한 의미를 지니고 있다. ①능력. ②축복(삿 3:15, 삼하 20:9). ③힘의 상징(욥 30:12, 시 91:7). ④위엄과 영광의 자리(왕상 2:19, 시 45:9). ⑤그리스도의 권능과 영광(막 12:36, 행 2:34-35) 등으로 나타낸다.

오리〔五里;다섯 오, 마을 리〕명(마 5:41) 일천 걸음(1마일) 10리의 절반.

오리다 명(출 39:3) 칼이나 가위로 조각을 베어 내다. cut off.

오만〔傲慢;거만할 오, 교만할 만〕명(삼상 2:3) 태도가 거만함. 또는 그 태도. haughtiness.

오만한 자 명(시 1:1) 하나님이 없다고 하는 자. 하나님을 조롱하는 자. 어리석은 자. 비웃는 자.

오말〔אוֹמָר = 웅변〕인(창 36:11)「에서」의 자손,「엘리바스」의 둘째 아들(창 36:15, 대상 1:36).

오메가 명(계 1:8)「헬라」어(히랍, 그리스) 알파벳의 끝 글자. Ω. 그리스도의 존재를 나타내는 칭호(계 22:13). 하나님께도 사용되었다(계 21:6).

오멜〔עֹמֶר = 보리 묶음〕명(출 16:16) 구약 시대 고체 양의 단위. 약 2.3kg.

오목〔烏木;까마귀 오, 나무 목〕명(겔 27:15) 감나무과의 상록 교목. 흑단(黑檀)의 심재(心材). ebony. 매우 단단함(검은 색).

오묘〔奧妙;속 오, 묘할 묘〕명(신 29:19) 심오하고 미묘함. profound.

오므리〔עָמְרִי = 여호와를 숭배하는 자〕인

1「이스라엘」 왕(주전 888-876) 「엘라」의 군대 장관이었다. 「엘라」가 「디르사」에서 「시므리」에게 살해당하였을 때, 「깁브돈」에서 군대를 지휘하고 있었다. 군대는 반역 「시므리」를 묵과할 수 없어 「오므리」를 세워 왕으로 삼았다. 그가 군대를 거느리고 「디르사」에 기습하였으므로, 「시므리」는 이미 사태가 기울어짐을 깨닫고 자결하므로써 불과 7일 천하로 끝났다. 그러나 「디브니」와 그 형제 「요람」이 지휘한 도당은 「시므리」 도당보다 훨씬 거센 존재였다. 4년간의 전쟁 끝에 끝내 「디브니」 당의 패배와 살해로써 끝맺었다. 궁전은 「시므리」에 의해 불사름 되었으나, 「오므리」는 잠시 「디르사」에 머물렀다. ① 수도로써 경치가 좋고 요새가 견고한 「사마리아」를 정하였다(왕상 16:16). ②「사마리아」에 있어서 그들의 특권은 인정하지 않을 수 없게 되었다(왕상 20:34). ③그는 자기의 지위를 강화하기 위하여 아들 「아합」을 「두로」 왕의 딸 「이세벨」과 결혼시킴으로써 동맹을 맺었다. ④「모압」을 정복하여 「메시야」의 치세에까지 다시 일어설 수 없도록 만들었다(왕하 3:4).

2「베냐민」 사람 「베겔」의 아들(대상 7:8).

3「베레스」의 자손, 「유다」 사람(대상 9:4).

4「다윗」 치세 때의 「잇사갈」의 방백(대상 27:18).

오바댜[1] 〔עֹבַדְיָה=주의 종〕 인

1 예언자(오바댜 서).

2「아합」의 궁내 대신. 「이세벨」이 「바알」을 숭배하고 여호와의 선지자를 멸할 때에 「엘리야」 등 선지자를 보호한 사람이다. 「갈멜」 산 대결의 기회를 이 사람이 만들었다(왕상 18:3-16).

3「잇사갈」 족속의 어른(대상 7:3).

4「스룹바벨」의 손자(대상 3:21).

5「에스라」와 함께 돌아온 족장(스 8:9).

6「느헤미야」와 동시대 제사장(느 10:5).

7 문지기 가족의 장(느 12:25).

8「시글락」에서 「다윗」을 따른 「갓」 사람(대상 12:9).

9「이스마야」의 아버지(대상 27:19).

10「레위」 족 「므라미」 사람(대하 34:12)

11「스마야」의 아들(대상 9:16).

12「여호사밧」의 관리(대하

17:7).

오바댜[2] 명(옵) 구약 제31권째 성경이다. 선지자 「오바댜」의 「에돔」에 대한 예언으로, 구약에서는 가장 짧은 성경이다. 「예루살렘」의 멸망으로 인하여 고통을 당할 때에 「야곱」의 형 「에서」의 후예 「에돔」의 교만함과 포악한 행위로 곧, 하나님의 심판이 임할 것을 경고한다. 1절부터 9절까지는 「에돔」이 멸망할 것을, 10절에서 16절까지는 「에돔」이 멸망할 원인에 관하여, 17절에서 21절까지는 장래 「시온」에 대한 하나님의 은총이 예언되었다.

오발[1] [עוֹבָל = 벗은, 노출된] 인 (창 10:28) 「욕단」 자손의 「아라비아」인 「에발」과 같은 사람.

오발[2] [עוֹבָל = 벗겨진] 지 (대상 1:22) 「욕단」 자손이 세운 나라.

오벧에돔 [עֹבֵד אֱדֹם = 에돔의 종] 인

1 「가드」 사람. 하나님의 법궤를 「기브아」 사람 「아비나답」의 집에서 「다윗」 성으로 옮겨오다가 재앙이 돌발하여 3개월간 그의 집에 안치하여 있는 동안, 하나님께서 그 집에 많은 복을 주셨다(삼하 6:3-11, 대상 13:13-12).

2 「레위」 자손 「여두둔」의 아들인데, 「다윗」이 악대를 조직 그는 비파와 수금을 타고 겸하여 문지기로 봉사하였다(대상 15:18-24, 16:5).

3 「유대」국 「아마샤」 왕 때에 성전 기명을 간수하는 자인데, 그때에 「이스라엘」 왕 「요아스」가 올라와 성전 기명을 약탈하여 가고 백성을 포로하여 갔다(대하 25:21-24).

오벨성 [עֹבֶל = 높은 곳] 지 (대하 27:3) 「예루살렘」 동남부 골짜기에 끼어 있는 견고한 요새(느 3:26) 「기드론」 골짜기와 지금 매워진 「지레베온」 골짜기를 끼고 있는 견고한 요새지로 「여부스」가 건설하고, 「요담」 왕이 많이 증축하였다(대하 27:3, 33:11). 「느헤미야」 때는 「느디님」 사람이 이 성에 살고 있었다.

오벳 [עוֹבֵד = 종] 인

1 「모압」 여인 「룻」이 「보아스」에게 낳아 준 아들 곧, 「다윗」의 조부(룻 4:21, 마 1:5).

2 「다윗」 왕 때 성전 문지기 중 한 사람으로, 「오벳에돔」의 장자 「스마야」의 셋째 아들(대상 26:7).

3 「다윗」 왕의 용사 중 한 사람이다(대상 11:47).

4 「여라므엘」의 후손 「에볼

랄」의 아들이요, 「예후」의 아버지(대상 2:37, 38).
[5] 제사장 「여호야다」를 도와 여왕 「아달야」를 죽이고, 어린 「요아스」를 왕위에 올린 「아사랴」의 부친이다(대하 23:1-15, 24:1).

오봇〔אוֹבוֹת = 그릇들〕[지](민 21:10) 광야에서 「이스라엘」 민족이 머문 곳. 「모압」 동부 「아라비아」의 진지.

오브니〔עָפְנִי = 구릉〕[지](수 18:24) 「베냐민」 지파에 있는 성읍.

오브라[1]〔עָפְרָה = 작은 마을〕[인](대상 4:14) 「유다」 사람 「웃니엘」의 손자 「므오노대」의 아들.

오브라[2]〔עָפְרָה = 작은 마을〕[지]
[1] 「벧엘」 동쪽 10km에 있는 「베냐민」의 산업지(수 18:23, 삼상 13:17). 「에브론」과 같은 곳.
[2] 「요단」 강 서편에 있는데, 「므낫세」의 성읍 「기드온」의 거주지요, 겸하여 죽어 장사지낸 곳이며 또, 그가 천사를 보고 제단을 쌓고 「여호와살롬」이라 이름하였다(삿 6:11-24, 8:23, 32, 9:5).

오빌[1]〔אוֹפִיר = 운전자〕[지](왕상 9:28) ①금의 명산지인데 「솔로몬」 왕이 「히람」의 배로 이 곳의 금과 백향목과 보석을 많이 운반하여 성전과 왕궁을 건축하는데 쓰고 악기를 만들었다(왕상 10:11-12). ②그 후 「여호사밧」 왕이 이 곳의 금을 가져오라고 「다시스」의 배로 출항하여 가다가 「에시연게벨」에서 파선하여 실패하였다(왕상 22:48-49). ③이 「오빌」의 금에 대하여는 성경 여러 곳에 기재되어 있다(욥 22:24, 28:16, 시 45:9, 사 13:12). 지금 그 소재를 확실히 밝힐 수는 없으나, 「아라비아」의 서남안으로 추측되며 「다시스」에서 편도 항해에 18개월을 요한다고 한다.

오빌[2]〔אוֹפִיר = 낙타몰이〕[인]
[1] 「셈」의 자손 「욕단」의 아들(창 10:29, 대상 1:23).
[2] 「이스마엘」 사람으로, 「다윗」의 약대 사육 감독(대상 27:30).

오살〔誤殺; 그릇 오, 죽일 살〕[명](신 4:42) 살의도 없이 잘못하여 사람을 죽임. accidental homicide. 과실사.

오셈〔אֹצֶם = 강함〕[인]
[1] 「이새」 아들이며, 「다윗」의 형(대상 2:15).
[2] 「여라므엘」의 아들(대상 2:25).

오순절〔五旬節; 다섯 오, 열흘 순, 마디 절〕[명](행 2:1) 유월절의 제2일에서 50일째의 날, 유대교 제일 농경의 축하제. 맥추절(출 23:16). 성령강림절. Pentecost. 칠칠절(출 34:22)이라고도 한다. 율법을 받은 기념일이기도 하다.

오스납발〔אָסְנַפַּר〕인(스 4:10) 「사마리아」에 식민한 「앗수르」 왕 「앗슈류 바니팔」(주전 669~631까지 재위). 「니느웨」 도서관에 있는 설형 문자에 의해 문화 탐구의 광명을 주었다.

오스니〔אָזְנִי＝주는 들으심, 내 귀〕인(민 26:16) 「갓」 자손 「에스본」과 같은 사람(창 46:16).

오십간〔五十間;다섯 오, 열 십, 사이 간〕명 약 90m의 거리. 1간은 6尺(자). 미터법이 나기 전의 길이의 단위.

오십 부장〔五十夫長;다섯 오, 열 십, 지아비 부, 길 장〕명(출 18:21) 오십명의 부하를 거느린 사람. leader of fifties.

오예물〔汚穢物;더러울 오, 더러울 예, 만물 물〕명(겔 7:19) 더럽고 지저분한 물건.

오정〔午正;낮 오, 바를 정〕명(창 18:1) 낮 12시. noon.

오지명(렘 19:1) 오지 그릇의 준말. pottery. 질그릇.

오지병〔~甁;병 병〕명(렘 19:1) 붉은 진흙으로 구워 만든 병. clay jar.

오직부(창 14:24) 다만. 여럿 중에서 단 하나만. 단지. 오로지. only.

오찬〔午餐;낮 오, 밥 찬〕명(마 22:4) 낮에 대접하는 음식. lunch.

오핫〔אֹהַד＝강한〕인(창 46:10) 「야곱」의 손자이며 「시므온」의 아들로서, 그 지파 족장(출 6:15).

오해〔誤解;그릇 오, 풀 해〕명(신 32:27) ①뜻을 잘못 해석함. ②뜻을 그릇되게 함. misunderstanding.

오헬〔אֹהֶל＝장막〕인(대상 3:20) 「다윗」 자손 「스룹바벨」의 아들.

오호라〔嗚呼;탄식할 오, 부를 호〕감(삼하 1:19) 슬프다. 애달프다. alas.

오홀라〔אָהֳלָה＝천막을 소유한 여인〕인(겔 23:4) 「오홀리바」와 음녀(창녀)의 자매 「에

ㅇ

스겔」이 「사마리아」의 악을 나타내기 위하여 쓴 상징적 이름.

오홀리바〔אָהֳלִיבָמָה = 그녀 안에 있는 내장막〕인(겔 23:4) 「오홀라」와 음녀 자매. 「예루살렘」의 악을 나타내기 위한 상징적인 이름.

오홀리바마〔אָהֳלִיבָמָה = 지극히 높은 곳의 장막〕인(창 36:2) 「히위」 족속 「시므온」의 딸 「아나」의 소생으로 「에서」의 아내 중 하나.

오홀리압〔אָהֳלִיאָב = 아버지의 천막〕인(출 31:6) 「단」 지파 「아히사막」의 아들. 저는 하나님께서 직조와 자수와 조각의 재능과 지혜를 주사, 「브사렐」과 함께 성막을 짓는데 그 부분을 맡아 봉사하였다(출 31:1-11, 35:34-35, 36:16).

오히려부(창 43:6) ①아직도 좀. 그보다. ②생각과는 달리. 차라리. 도리어. rather.

옥[1]〔獄;감옥 옥〕명(창 39:20) 죄인을 가두는 곳. prison.

옥[2]〔עוֹג = 긴 목을 가진〕인(사 3:11) ①「요단」 강 동편 「바산」 왕이니, 신장이 장대하여 9규빗의 철침상을 가진 자이다. 그가 60여 성을 통치하였다(수 13:12). ②「에드레이」 전쟁에서 전멸되고 그 국토는 「르우벤」, 「갓」, 「므낫세」 반지파에게 주었다(민 21:33-35, 32:33, 신 1:4, 3:1-13, 4:47, 수 13:12, 시 135:11, 136:20).

옥문〔獄門;감옥 옥, 문 문〕명(행 5:19) 감옥으로 드나드는 문. prison gate.

옥석〔玉石;구슬 옥, 돌 석〕명(계 18:12) ①가공하지 아니한 옥. 옥에 들어 있는 돌. jade. ②좋은 것과 나쁜 것. wheat and chaff.

옥수〔玉髓;구슬 옥, 골수 수〕명(계 21:19)〈광〉 은미정질(隱微晶質)의 치밀한 석영으로 겉면은 콩팥 꼴, 포도상, 돌 고드름 꼴임. agate.

옥졸〔獄卒;감옥 옥, 마칠 졸〕명(마 18:34) 갇히어 있는 사람을 지키는 사령. 옥사장이. jailer.

옥중〔獄中;감옥 옥, 가운데 중〕명(행 12:7) 옥 속. 감옥의 안. in prison.

옥토〔沃土;기름질 옥, 흙 토〕명(신 8:10) 기름진 땅. fertile land.

옥합〔玉盒;구슬 옥, 합 합〕명(마 26:27) 옥으로 만든 뚜껑이 있는 작은 그릇. round jade tray.

온[1]〔אוֹן = 태양〕인(민 16:1) 「르우벤」 사람 「벨렛」의 아들. 「고라」에 가담하여 반역하였다.

온[2]〔אוֹן = 태양성〕지(창 41:45) 일명 「헬리오폴리」. 「요셉」의 장인이 제사장된 곳(창 46:20). 전설에 「마리아」와 「요셉」이 아기 예수를 데리고 「헤롯」을 피하여 거하던 곳이라 한다.

온갖 관(왕상 9:4) 모든 종류. 여러 가지. all kinds.

온기〔溫氣;따뜻할 온, 기운 기〕명(시 19:6) 따뜻한 기운. warmth.

온량〔溫良;따뜻할 온, 어질 량〕명(잠 15:4) 성질이 온화하고 착함. gentle.

온순〔溫順;따뜻할 온, 순할 순〕명(사 40:11) 성질이 온화하고 순함. gentle.

온역〔瘟疫;병 온, 염병 역〕명(출 5:3) 전염병, 돌림병.

온유〔溫柔;따뜻할 온, 부드러울 유〕명(민 12:3) 온화하고 부드러움. gentleness.

온유한 자 명(마 5:5) 외모로는 유순하나, 죄·불의에 대하여는 강경한 사람. 땅을 기업으로 받을 그리스도인.

온전〔穩全;평온할 온, 온전 전〕명(창 20:5) 결점이 없고 완전함. intactness.

온천〔溫泉;따뜻할 온, 샘 천〕명(창 36:24)〈지〉 더운 물이 솟구쳐 나오는 샘. hot spring.

온통 부(딛 1:11) 전부. 몰수히. 모조리. wholly.

올라가다 자(창 13:1) ①높은 데로 향하여 가다. ascend. ②높이 솟아오르다. rise.

올름바〔 'Ολυμπας = 하늘〕인(롬 16:15) 「로마」에 있는 여성도.

올리다 타(삼상 2:6) 올라가게 하다. raise.

올무 명(출 23:33) 새나 짐승을 잡는데 쓰는 올가미. snare.

올빼미 명(레 11:17)〈조〉 올빼미과의 새. 부엉이와 비슷하나 모양이 다름. owl.

올응〔兀鷹;우뚝할 올, 매 응〕명(레 11:18)〈조〉 독수리의 일종. griffon.

옮기다 타(창 11:2) ①자리를 바꾸다. transfer. ②병 따위를 전염시키다. infect. ③말을 여기저기 전하다. spread.

옳다 형(창 16:5) ①바르다. correct. ②좋다. 그렇다. 가하다. right.

옴 명(레 13:30) 〈병〉옴벌레가 기생하여 생기는 전염성 피부병의 하나. 개창. itch.

옷 명(창 9:23) 사람의 몸에 입는 물건. 의복(衣服). 피복. clothes.

옷깃 명(욥 30:18) 저고리나 웃옷의 목에 둘러대어 앞으로 여미는 부분. ㊟ 깃. collar.

옷니엘〔עָתְנִיאֵל=하나님은 힘이시다〕인(삿 3:8-11) ① 최초의 사사로, 「기럇세벨」을 탈취한 상급으로 「갈렙」의 딸을 아내로 맞았다(수 15:16, 삿 1:13). ② 「메소포타미아」 왕 「구산리사다임」과 싸워 「이스라엘」을 해방하고 40년간 사사로 활약했다.

옷단 명(렘 2:34) 옷의 자락이나 끝 가장자리를 접어 넣어 붙이거나 감친 부분. hem.

옷단 귀 명(민 15:38) 옷단의 모퉁이 끝부분. the corners of garments.

옷술 명(마 23:5) 옷에 장식으로 다는 여러 가닥의 실. tassel.

옷자락 명(룻 3:9) 두루마기, 치마, 저고리 등의 앞뒤로 드리는 부분. ㊟ 자락. skirt.

옹기장이〔甕器匠~;독 옹, 그릇 기, 장인 장〕명(대상 4:23) 오지그릇을 만드는 사람. potter.

옹기점〔甕器店;~가게 점〕명(창 19:28) 질그릇을 파는 가게.

옹위[1]〔擁圍;안을 옹, 둘레 위〕명(아 3:7) 둘레를 호위함. guard.

옹위[2]〔擁衛;안을 옹, 호위할 위〕명(사 66:15) 부축하여 좌우로 호위함. escort.

와냐〔וַנְיָה〕인(스 10:36) 이방 여인을 취한 「바니」의 자손 이름.

와륵〔瓦礫;기와 와, 조약돌 륵〕명(욥 41:30) ①기와와 조약돌. tiles and pebbles. ② 하찮은 것의 비유. trash. ㊊ 와력.

와스디〔וַשְׁתִּי=가장 좋은 것〕인(에 1:9) 「에스더」 서에 나오는 「아하수에로」 왕의 왕비. 이 왕비가 폐위되므로 「에스더」 서의 이야기가 시작된다.

와헙〔וָהֵב〕지(민 21:14) 「모압」의 「아르논」 강 가까운 「아모리」 지경에 있던 지방.

완강〔頑强;완고할 완, 굳셀 강〕명(출 7:14) 태도가 거칠고 굳셈. doggedness.

완고〔頑固;완고할 완, 굳셀 고〕명(삼상 15:23) 성질이 검질기게 굳고 고집이 셈. obstinacy.

완력〔腕力;팔목 완, 힘 력〕명(욥 30:21) ①주먹심. ②육체적으로 억누르는 힘. physical strength.

완비〔完備; 완전할 완, 갖출 비〕명(대하 8:16) 빠짐없이 완전히 갖추어짐. 또는 갖춤. completion.

완성〔完成; 완전할 완, 이룰 성〕명(롬 13:10) 다 이룸. completion.

완악〔頑惡; 완고할 완, 악할 악〕명(신 21:18) 성질이 검질겨 거만하고 모질. wickedness.

완연〔宛然; 완연할 완, 그를 연〕명(고전 6:7) ①분명하게 나타남. clearness. ②모양이 서로 비슷함. resemblance.

완전〔完全; 완절할 완, 온전 전〕명(창 6:9) ①부족함이 없음. perfection. ②흠이 없음. faultlessness.

완패〔頑悖; 완고할 완, 거스를 패〕명(잠 7:11) 언행이 완악하고 행동이 패악함. obstinate and knavish.

왕〔王; 임금 왕〕명(창 14:1) ①임금. 높 전하. king. ②어른.

왕곡〔王谷; 임금 왕, 골짜기 곡〕지(창 14:17) 「예루살렘」 부근 「살렘」 왕 「멜기세덱」이 전승하고 돌아온 「아브라함」을 맞이하여 축복한 장소. 왕의 골짜기 「사웨」 골짜기.

왕골명(욥 8:11) 〈식〉사초과의 일년생 풀. 논에 심음. 줄기는 삼각형. rush.

왕관〔王冠; 임금 왕, 갓 관〕명(에 6:8) 임금의 머리에 쓰는 관. crown.

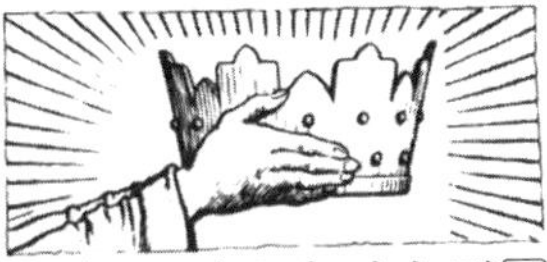

왕국〔王國; 임금 왕, 나라 국〕명(시 46:6) 군주국의 통속적 일컬음. kingdom.

왕궁〔王宮; 임금 왕, 집 궁〕명(출 8:9) 임금이 기거하는 궁전. Royal palace.

왕권〔王權; 임금 왕, 권세 권〕명(마 16:28) 임금의 권력. sovereign powers.

왕노릇명(눅 1:33) 왕이 되어 다스림. 그리스도의 본직. 성도의 영원한 생활.

왕도〔王都; 임금 왕, 도읍 도〕명(수 10:2) 임금의 도성(都城). capital.

왕래〔往來; 갈 왕, 올 래〕명(창 8:7) ①가고 옴. coming and going. ②편지 따위를 주고받거나 소식을 전함. correspondence. ③교제함. intercourse.

왕명〔王命; 임금 왕, 목숨 명〕명(에 1:12) ①왕의 명령. royal order. ②임금의 목숨.

왕벌〔王~; 임금 왕〕명(출 23:28) 〈동〉①호박벌. ②말벌.

왕복〔王服; 임금 왕, 옷 복〕명

(왕상 22:10) 왕의 옷. royal robe.

왕비〔王妃;임금 왕, 비 비〕명(왕상 11:3) 임금의 아내. 높 전하. empress.

왕성[1]〔旺盛;왕성할 왕, 성할 성〕명(창 26:13) 잘 되어 한창 성함. vigorous. 부 왕성히.

왕성[2]〔王城;임금 왕, 재 성〕명(삼하 12:26) 임금의 도성. capital of kingdom.

왕실〔王室;임금 왕, 집 실〕명(삼상 22:14) 임금의 집안. 왕가. royal family.

왕위〔王位;임금 왕, 자리 위〕명(신 17:18) 왕의 자리. throne.

왕의 못 명(느 2:14) 「예루살렘」 동남 끝, 실로암의 못을 가리킴.

왕자〔王子;임금 왕, 아들 자〕명(삿 8:18) 왕의 아들. prince.

왕족〔王族;임금 왕, 겨레 족〕명(왕하 25:25) 임금의 일가. royal family.

왕좌〔王座;임금 왕, 자리 좌〕명(단 7:9) 임금이 앉는 용상이 있는 자리. throne.

왕후[1]〔王侯;임금 왕, 제후 후〕명(욥 21:28) 제왕과 제후. princess and peers.

왕후[2]〔王后;임금 왕, 왕후 후〕명(느 2:6) 임금의 아내. 왕비. queen.

왜 부(창 18:13) 무슨 까닭으로, 어째서 의문을 나타낼 때 쓰는 말. for what.

왜사다〔וַיְזָתָא=대기의 아들〕인(에 9:9) 「하만」의 열 아들 중 한 사람.

외[1] 명(민 11:5) 〈식〉박과의 일년생 만초. 원 오이. cucumber.

외[2]〔外;바깥 외〕명(창 19:12) ①바깥. 겉. out side. ②표면. surface. ③객관적 세계. 초월적 세계. externality. 접 밖. except.

외국〔外國;밖 외, 나라 국〕명(행 26:11) 딴 나라. 외방(外邦). 유 해외(海外). foreign country.

외국인〔外國人;~사람 인〕명(레 22:10)〈법〉①다른 나라의 사람. ②그 나라의 국적을 가지지 않은 사람. foreigner.

외딸 명(아 6:9) ①아들이 없이 하나 뿐인 딸. ②딸로는 하나 뿐인 딸. only daughter.

외롭다 형(시 10:8) ①의지할 곳이 없다. helpless. ②고독하다. solitary.

외면〔外面;밖 외, 낯 면〕명(왕상 7:9) ①거죽. outward appearance. ②대하기를 꺼려 얼굴을 돌려 버림. turning away one's face.

외모〔外貌;밖 외, 모양 모〕명(신 1:17) 거죽 모양. appearance.

외방〔外邦;밖 외, 나라 방〕명

(히 11:9) 다른 나라, 외국.

외방인〔外邦人;～사람 인〕명 (레 22:25) 다른 나라 사람. 외국인. foreigner.

외삼촌〔外三寸;밖 외, 석 삼, 마디 촌〕명(창 28:2) 어머니의 남자 형제. 외숙부. maternal uncle.

외성〔外城;밖 외, 재 성〕명(대하 32:5) 밖에 있는 성. outworks.

외소〔外所;밖 외, 바 소〕명(왕상 6:17) 밖의 장소. 곧 옛날 유대인들의 성전의 바깥쪽. 성소. Holy Place.

외손녀〔外孫女;밖 외, 손자 손, 계집 녀〕명(레 18:10) 딸이 낳은 딸. granddaughter by a daughter.

외식〔外飾;밖 외, 꾸밀 식〕명 (마 6:2) 외면치레. 겉만 꾸밈. show-off.

외아들 명(잠 4:3) 형제가 없는 단 하나 뿐인 아들. 독자. only son.

외우다 타(행 13:27) 외다. 암송하다. recite.

외양간〔喂養間;기를 외, 기를 양, 사이 간〕명(왕상 4:26) 마소가 자고 먹는 곳. stable. cowshed. 준 외양(喂養)

외인〔外人;밖 외, 사람 인〕명 (창 31:15) ①집안 식구 이외의 사람. unrelated person. ②외국인. foreigner. ③동아리 밖의 사람. ④어느 일에 무관계한 사람. outsider.

외전〔外殿;밖 외, 대궐 전〕명 (겔 41:15) 성전의 바깥 장소. 성소. 향단, 떡상, 촛대가 놓여 있는 곳. Holy Place.

외조모〔外祖母;밖 외, 할아비 조, 어미 모〕명(딤후 1:5) 어머니의 친정 어머니. 외할머니. grandmother on one's mother's side.

외조부〔外祖父;밖 외, 할아비 조, 아비 부〕명(창 28:2) 어머니의 친정 아버지. 외할아버지. grandfather on one's mother's side.

외치다 자타(레 13:45) 소리를 지르다. shout.

외투〔外套;밖 외, 덮개 투〕명 (수 7:21) 겨울에 양복 위에 입는 겉옷. overcoat.

왼발 명(계 10:2) 왼쪽의 발, 좌족(左足).

왼손 명(삿 3:21) 왼쪽의 손, 좌수(左手).

왼손잡이 명(삿 3:15) 왼손을 오른손보다 낫게 쓰는 사람. left-handed person.

왼편 명(욥 23:9) 왼쪽 좌편(左便). left side.

요[1]〔料;헤아릴 료〕명(눅 3:14) <제>①여러 벼슬아치에게 급료로 주는 곡식·무명·베·돈을 통틀어 일컫는 말. wages

ㅇ

in kind. ②하인들에게 주는 곡식.

요[2]〔褥;요 요〕명(시 6:6) 방바닥에 까는 침구의 한 가지. mattress.

요게벳〔יוֹכֶבֶד=여호와는 영광이시다〕인(출 2:1-10) 「레위」의 딸이요, 「모세」의 어머니다. 「애굽」 왕녀에게 양자로 간 「모세」의 유모로 들어가, 「모세」를 신앙으로 길러내며 애국 애족의 정신으로 길러 내어 위대한 지도자의 밑거름이 되었다(민 20:59, 히 10:23). 성경상에 나타난 3대 현모(賢母) 곧, 예수님의 모친 「마리아」와 「사무엘」의 모친 「한나」와 함께 그 이름이 빛나 있다.

요구〔要求;구할 요, 구할 구〕명(신 10:12) ①달라고 청함. request. ②〈법〉 어떠한 행위의 청구. claim.

요글리〔יָגְלִי=포로로 잡힌 자〕인(민 34:22) 「단」 자손의 족장. 「복기」의 아버지.

요긴〔要緊;구할 요, 굳게 얽을 긴〕명(행 15:28) 꼭 필요함. 긴요. burning necessity.

요김〔יוֹקִים=여호와는 세우심〕인(대상 4:22) 「유다」 사람 「셀라」의 아들 옹기장이.

요나[1]〔יוֹנָה=비둘기〕인

1 「스불론」 땅 「갓헤벨」 사람 「아밋대」의 아들로서, 12 소선지 중의 한 사람이요, 「요나」 서의 주인공이다. ① 주전 825년에 「여로보암」 2세 때 하나님께서 「요나」를 명하사, 「앗수르」의 도성 「니느웨」로 가서 그 죄악을 책하고 장차 멸망할 것을 예언하라, 하였으나 「니느웨」 사람과 감정이 좋지 않으므로 「다시스」로 도망가다가 폭풍을 만나 죄인 하나를 제비 뽑아 물속에 던지는 그 제비에 뽑혀 바다에 던져졌다. 이때에 여호와께서 큰 물고기를 예비하여 「요나」를 삼키게 하여 고기 뱃속에서 3주야를 지내게 되었다(욘 1:). ② 「요나」가 그 가운데서 자복하고 기도할 때에 고기는 「요나」를 육지에 토하여 냈다(욘 2:). ③「요나」가 「니느웨」로 가서 3일간 선포하자, 그 성 주민들이 회개하였다(욘 3:). ④「요나」가 성 밖에 나가서 어느 박넝쿨을 죽여 말라 버리는지라, 「요나」가 심히 안타까와 할 때 여호와의 말씀이 "네가 하루 났다가 시들어지는, 박 넝쿨도 그렇게 아끼거든 내가 이 큰 성읍 「니느웨」의 12만명을 아끼지 않겠느냐"고 일깨워 주셨다(욘 4:9-11). ⑤예수께서 죽었다가 사흘 만에 살아나실 것을 「요나」를 들어

말씀하셨다(마 12:39). 「헬라」인과 「로마」인은 이 사실을 모두 확증하였다.

[2] 「베드로」의 아버지(마 16:17, 요 21:15).

요나[2] [명](욘) 구약 제32권째 성경이다. 선지자 「요나」의 기록으로, 「이스라엘」 뿐만 아니라 이방 민족까지도 하나님께서 사랑하시고 역사하신다는 사실과 이방 민족이(니느웨) 구원받는 요건이 회개에 있음을 보여준다. 마지막 날에 유대인들처럼 남은 자들이 있을 것을 상징적으로 보여줄 뿐만 아니라, 순종하지 아니하는 선지자에 대하여 하나님께서 어떻게 하시는가를 교훈하고 있다.

요나단〔יְהוֹנָתָן=여호와께서 주심〕[인]

[1] 「모세」의 후예로서, 「미가」의 집 우상의 제사장(삿 18:30).

[2] 「사울」 왕의 장자. ①부왕을 도와 「이스라엘」을 「블레셋」의 침략에서 해방하였다(삼상 13:). ②부왕이 죽이려고 하는 「다윗」이 하나님의 사람인줄 알고 여러 번 위험에서 건져주었고, 가정과 국민에 대한 애정이 넘치는 사람이다(삼상 18:1-4, 19:1-7, 20:12-17, 42, 23:17-18). ③「다윗」이 왕이 되면 버금이 되겠다고 하던 뜻을 이루지 못하고, 「블레셋」 전쟁으로 「길보아」 산에서 부자 형제 함께 전사하고 말았다(삼상 31:1-2). ④이 소식을 들은 「다윗」은 슬픈 노래로 「사울」과 「요나단」을 조상하였으니 곧, 「활노래」인데 「야살」의 책에까지 기록되었다(삼하 1:18-27). ⑤「다윗」이 왕된 후에 「요나단」을 생각하고 그 가족을 찾아내어 그 아들 「므비보셋」에게 그의 조부모의 재산을 돌려주고 그는 「다윗」의 상에서 먹게 하였으니, 이것은 친구 「요나단」의 우의를 깊이 생각하고 그와 맺은 맹약을 지킴이다(삼상 31: 삼하 4:4, 9:). 「요나단」의 이름은 「다윗」과의 지극한 우정으로 모든 사람에게 감명을 주고 있다.

[3] 「다윗」의 형 「시므이」의 아들이니, 「가드」의 장수로

키가 장대하고 손·발에 6가락씩 가진 자를 죽였다(삼하 21:21, 대상 20:7).

4「다윗」의 숙부인데, 모사이며 서기관이다(대상 27:32).

5「압살롬」의 반란 때에 「다윗」의 연락원으로 「아히마아스」와 함께 중책을 역임했고, 「아도니야」 반란 때는 「다윗」이 「솔로몬」으로 왕을 삼았다는 소식을 전하여 「아도니야」로 낙심하여 도망하게 하였다(삼하 15:27, 36, 17:17, 20, 왕상 1:42-43).

6「유대」국 「시드기야」 왕 때의 서기관으로 방백들이 「예레미야」를 때려 그의 집에 가두었다(렘 37:15).

7「아사헬」의 아들로 제사장인데, 이방 여자와의 결혼을 금지한 사람이다(스 10:15).

8그 밖에 7인이 있다(삼하 23:32, 대상 2:32-33, 렘 40:8, 스 8:6, 10:15, 느 12:14-35).

요나답〔יוֹנָדָב=여호와는 관대하심〕인

1「시므아」의 아들로 「다윗」의 조카인데, 「다윗」의 아들 「암논」과 친하여 「암논」이 「압살롬」의 누이 「다말」에 대한 연고로 발병하였을 때 간교한 계교를 가르쳐 주었다(삼하 13:3-5).

2「겐」 족속 「레갑」의 아들(대상 2:55, 렘 35:5-19). ① 「모세」의 장인 「이드로」의 후예인 듯하다(삿 1:16). ② 그는 「이스라엘」 왕 「예후」 당시에 「레갑」 족속의 족장으로 지혜가 있고 경건하여 극히 존경함을 받았다(왕하 10:15-16). ③「예후」가 「바알」 숭배자들을 진멸할 때 협조하였다(왕하 10:23). ④ 자기 자손에게 절제 생활에 대하여 훈계한 것을, 거의 3백년을 내려오도록 엄수함을 칭찬하는 동시에, 「이스라엘」 백성들이 여호와의 율법을 준수하지 않은 것을 책망하고 「요나답」을 축복하였다(렘 35:).

요남〔Ἰωνάμ=여호와는 은혜로우심〕인(눅 3:30) 예수님의 족보에 있는 사람.

요낫엘렘르호김 명(시 56:1)

시편 제56편의 제목.

요다〔Ἰωσά〕인(눅 3:26) 예수님의 족보에 있는 사람.

요단〔יַרְדֵּן=여호와는 완전〕인(대상 2:47) 「유다」 사람 「갈렙」 자손 「야다」의 아들.

요단 강〔יַרְדֵּן=급한 여울〕지(마 3:6) 「팔레스틴」의 가장 큰 강. 북쪽 「레바논」 산 「헐몬산」을 수원으로 하여 「팔레스틴」을 세로로 갈라 남쪽 「사해」로 흐른다. 시발점에서 「사해」까지 약 900m나 낮아지므로, 중간에 급류가 많아 폭포 비슷한 급류가 27개소나 된다. 강 양편 「요단」 계곡은 무성한 수목으로 경치가 아름답다. 성서 가운데는 「요단」 강에 대한 기사가 많다. ①「여호수아」가 「이스라엘」 백성을 이끌고 「요단」 강을 건넌 일(수 3:7-4:14). ②「엘리야」 「엘리사」의 사건(왕하 2:7-8). ③「나아만」이 나병을 고친 일(왕하 5:10-14). ④「세례 요한」의 활동과 예수께서 세례 받으신 일(마 3:6-) 등이 있다.

갈릴리 호수에서 요단 강으로

요담〔יוֹתָם=여호와는 완전하심〕인

1「유대」왕 「웃시아」의 아들로, 부왕이 문둥병으로 정무를 살피지 못하여 대리로 얼마 동안 섭정하다가 죽은 후 25세 때(주전 758), 계승 즉위하여 16년간의 치세를 공의롭게 하고 만년에 「다마섹」 왕 「베가」에게 위협을 받았다. 이 시대의 선지자는 「이사야」이다(왕하 15:).

2「기드온」의 막내 아들로, 「오브라」에서 그의 형들 70인을 「아비멜렉」이 죽이고 왕 될 때에 그가 나무들이 왕을 택하는 유명한 비유로, 「세겜」 인을 경고하고, 「브엘」로 피한 후 종적을 감추었다(삿 9:5-5-21).

3「갈렙」의 후예(대상 2:48).

요동〔搖動;들릴 요, 움직일 동〕명(삿 9:9) 흔들리어 움직임. shake.

요라〔יוֹרָה〕인(스 2:18) 「바벨론」 포로에서 귀환한 「이스라엘」 자손의 한 족장 「하룹」과 같은 사람.

요란〔擾亂;어지러울 요, 어지러울 란〕명(신 7:23) 시끄럽고 떠들썩함. disturbance.

요람〔יוֹרָם=여호와는 높으심〕인
1「유대」왕. ①「여호사밧」의 아들로 부왕의 생존 중에 8년간 다스렸다(왕하 8:16-17, 마 1:8). ②그는「아합」의 사위가 되어 그 집의 악풍을 받아들였다(왕하 8:18). ③자기보다 착한 동생을 죽이므로 여호와께서 그의 속령으로 있던「에돔」과「립나」로서 배반케 하고, 그 백성과 자녀와 아내와 재물에 재앙을 내렸다. 그는 창자가 빠져 죽게 하시겠다고 하신 것이, 그대로 응하여 죽으므로 열왕의 묘실에 들어가지 못하였다(대하 22:).
2「이스라엘」왕으로 부친은「아합」이요, 모친은「이세벨」이다. 그 형「아하시야」에 이어 12년간 재위 중「수리아」왕「하사엘」과 싸우다가 패하여 부상한 것을「예후」가 활로 쏘아 죽였다(왕하 9:24).

요래〔יוֹרַי=여호와께서 가르치심〕인(대상 5:13)「바산」에 거한「갓」자손의 족장.

요르그암[1]〔יָרְקְעָם=퍼져 있는 백성〕인(대상 2:44)「유다」지파「갈렙」자손「라합」의 아들「요르그」.

요르그암[2]〔יָרְקְעָם=퍼져 있는 백성〕지(대상 2:44)「유다」의 성읍.「갈렙」자손의 거주지.

요리〔料理;헤아릴 료, 이치 리〕명(창 18:7) ①맛난 음식을 만듦. 또는 맛난 음식. cooking. ②일을 적당히 요량하여 처리함. management.

요리인〔料理人;~사람 인〕명(삼상 9:23) 전문으로 요리를 만드는 사람. 요리사. cooker.

요림〔Ιωρίμ=하나님의 칭찬〕인(눅 3:29) 예수님의 족보에 있는 사람.

요밥〔יוֹבָב=소리 높여 외침〕인
1「셈」의 6대 손자인「요단」의 한 아들이다(창 10:29, 대상 1:33).
2「에돔」의 제 2대 왕이며,「세라」의 아들(창 36:33).
3「베냐민」자손 중의 2인이 있다(대상 8:9, 18).
4 북부「마돈」왕(수 11:1).

요사〔יוֹשָׁה=여호와는 은사이심〕인(대상 4:34)「시므온」자손「아미시야」의 아들.

요사갈〔יוֹזָכָר=여호와께서 기억하심〕인(왕하 12:19-21) ①「시므앗」의 한 아들로,「요아스」왕을 죽인 자 중 한 사람이다. ②「사밧」이라고도 부른다(대하 24:26). ③「요아스」왕을 죽인 이유는,「여호야다」의 아들들의 피를 인함이라 하였다. 그 후「아마샤」에게 피살되었다(대하 25:2-3).

요사닥〔יְהוֹצָדָק=여호와는 의로우시다〕[인](스 3:2) 「사독」의 혈통에 속한 제사장으로 「스룹바벨」과 함께 「바벨론」에서 귀환한 대제사장 「여호수아」의 부친이다(느 12:26). 「여호사닥」과 동일인이다.

요사밧〔יוֹזָבָד=여호와께서 주셨다〕[인]

[1] 「그데라」 사람으로, 「다윗」이 「시글락」에 숨어 있을 때 귀순한 용사이다(대상 12:4).

[2] 「므낫세」의 천부장으로 「다윗」의 용사가 되었다(대상 12:20).

[3] 그 외 4인이 있다(대하 31:13, 대하 35:9, 대상 26:29, 스 8:33, 스 10:22).

요사위야〔יוֹשַׁוְיָה=여호와께서 올리신다〕[인](대상 11:46) 「엘리암」의 아들로, 다윗의 용사.

요새〔要塞;구할 요, 변방 새〕[명](삼상 22:4) ①국방상 중요한 지점에 평시부터 구축해 놓은 견고한 군사적 방어 시설. fortress. ②국방상 중요한 변방. strategic border.

요세〔'Ιωσης=여호와는 더해 주심〕[인]

[1] 「요셉」의 단축형(短縮形)이며 "증가한다"는 뜻. 「알바요」의 아내 「마리아」의 아들이며, 작은 「야곱」의 형제이다(막 15:40-47, 마 27:56).

[2] 예수님의 육친의 형제 중 한 사람(막 6:3, 마 13;55 요셉).

요섹〔'Ιωσήχ=그는 더하심〕[인](눅 3:26) 예수님의 족보 중 한 사람. 영어 성경에는 「요셉」이요, 일본 성경에는 우리말과 같이 「요섹」으로 번역하였다.

요셉〔יוֹסֵף=그는 이긴다. 여호와께서 더해 주심〕[인]

[1] 「야곱」의 12아들 중 11째 아들. 어머니는 「라헬」로서 동복 형제는 아우 「베냐민」이 있다. 「야곱」이 노년에 얻은 아들로서, 「야곱」의 특별한 사랑을 받았고 재질이 뛰어났다. 하나님 섬기기를 한결같이 하여 형제 중에 가장 뛰어난 인품을 보였다. 그 때문에 형들로부터 미움을 받

아 「애굽」 노예 상인에게 팔려갔으나, 후에 「애굽」 총리대신이 되어 전국적인 기근에 정사를 잘하였으며, 양식을 구하러 온 형들을 만나 아버지와 함께 그 곳에 살게 했다(창 37:45).

[2]「모세」가 「가나안」을 정탐하기 위해 보낸 사람 중의 한 사람으로, 「잇사갈」 지파 사람(민 13:7).

[3]「아삽」의 아들(대상 25:2).

[4] 외국 여인에게 장가든 「버니」의 아들(스 10:42).

[5] 제사장(느 12:14).

[6] 예수의 선조 중의 두 사람(눅 3:24, 25, 30).

[7] 예수의 어머니 「마리아」의 남편(마눅 1:16, 3:23). ①「마리아」가 결혼하기 전에 잉태한 것을 안 「요셉」은 의로운 사람이었으므로 소문내지 않고 비밀리에 관계를 끊고자 했으나, 천사가 그 아들이 성령으로 잉태된 것을 알려주므로 그를 맞았다(마 1:18-25). ②그는 「다윗」의 자손으로서, 호적하기 위해 「베들레헴」에 갔는데 거기서 예수가 탄생했다(눅 2:4, 16). ③그는 「나사렛」의 목수였다(막 6:3). ④예수의 전도 초기까지 살았던 것 같다(마 13:55).

[8] 예수의 형제 중, 한 사람(마 13:55).

[9]「아리마대」 출신의 「유대」인 그는 「산헤드린」 공회의 의원으로서, 하나님의 나라를 대망하고 있었다. 예수께서 십자가에 처형 당하신 후, 「빌라도」를 찾아가 시체를 줄 것을 요구하여 자기 집 안의 새 무덤에 장사하였다(막 15:42-43, 마 27:57-60, 눅 23:50-53, 요 19:38).

[10]「바나바」의 개인 이름(행 4:36).

요셉밧세벳〔יֹשֵׁב בַּשֶּׁבֶת = 평온히 거하는〕[인](삼하 23:8) 「다윗」의 용사로서, 「다그몬」 사람.

요술〔妖術; 요망할 요, 꾀 술〕[명](신 18:10) 사람의 눈을 어리게 하는 야릇한 술법. 마술. witchcraft.

요술객〔妖術客; ~손 객〕[명](사 19:3) 요술하는 재주를 가진 사람. 마술사. conjurer.

요술자〔妖術者; ~놈 자〕[명](사 3:3) 요술객. conjurer.

요스브가사〔יָשְׁבְּקָשָׁה = 단단한 곳〕[인](대상 25:4) 「헤만」의 아들 성전 악사.

요시뱌〔יוֹסִפְיָה = 여호와께서 더 하심〕[인](스 8:10) 「에스라」와 함께 포로에서 돌아온 「슬로밋」의 아버지.

요시비야〔יוֹשִׁבְיָה = 하나님이

거처를 주신다〕인(대상 4:35) 「시므온」 자손, 「예후」의 아버지.

요시아〔יֹאשִׁיָּהוּ = 여호와는 고치심〕인(슥 6:10)

1 「스가랴」와 같은 시대의 「스바냐」의 아들.

2 「유다」와 「요시야」와 같은 사람(습 1:1).

요시야〔יֹאשִׁיָּהוּ = 여호와는 구원이심〕인

1 남국 「유다」의 왕. ①부왕이 살해 당한 후, 8세에 왕위에 올라 30여 년 통치했다(주전 640-609). ②그의 치세 중 특기할 것은 성전을 수리하다가 발견한 율법책(신명기)에 의하여 종교 개혁을 단행한 것이었다(왕하 22:3, 8. 대하 34:8). ③이 개혁은 「유다」 뿐 아니라 북국 「이스라엘」에 까지 미쳤는데, 이는 당시 「이스라엘」과 「유다」를 압제하고 있는 「앗수르」의 세력을 배제하는 운동을 기도하였다. ④주전 612년 「앗수르」는 멸망했으나 그는 「바벨론」과 「애굽」과의 싸움에 휩쓸려 「므깃도」에서 전사했다. ⑤선왕의 행하던 악정을 개혁하고, 국민이 숭배하는 모든 우상을 훼파하고, 모두 유월절을 지키니 「요시야」 왕같이 마음과 성품과 힘을 다하여 여호와의 율법을 준행한 자가 전무 후무하였다(왕하 22:-23:). ⑥그 후 「애굽」 왕 「바로 느고」가 「앗수르」 왕을 치려고 「유대」국을 통과하는 것을 막다가 「므깃도」에서 죽으니 전국민이 슬퍼하고, 「예레미야」는 애가를 지어 불렀다(대하 35:24-25).

2 예수님의 족보 중의 한 사람(마 1:10).

요아〔יוֹאָח = 여호와는 형제이심〕인

1 「유대」왕 「히스기야」 때의 사관 「아삽」의 아들이다. 「앗수르」 왕이 「예루살렘」 윗못 수도 곁에서 왕을 부르매 그가 궁내 대신 「엘리야김」과 서기관 「셉나」와 함께 나가 맞으니 「앗수르」 대장 「랍사게」가 「유대」와 여호와를 모독하였다. 「히스기야」 왕에게 옷을 찢으며 보고 하니, 「히스기야」도 역시 옷을 찢으며 여호와께 간절히 기도하였다. 여호와의 사자가 그 밤에 나와서 「앗수르」 군

사 18만 5천을 전멸시켰다(왕하 18:13-37).

[2]「히스기야」 왕 때에 성전을 깨끗하게 한 자 중의 한 사람(대하 29:12).

[3]「유대」국 「요시야」 때에 서기관으로 성전을 수리하기 위하여 돈을 거두어 대제사장 「힐기야」에게 전한 자 중의 한 사람(대하 34:8, 9).

[4]그 밖에 2인이 있다(대상 6:21, 26:4).

요아난〔*Ἰωάνα*〕[인](눅 3:27) 예수님의 족보 중 한 사람 곧, 「스룹바벨」의 손자인데, 영어 성경에는 「요안나」라 하고 일어 성경에는 「요한나」라 한다.

요아스〔יוֹעָשׁ = 여호와의 도우심, 여호와는 강하심〕[인]

[1]남국 「유다」왕. 「아하시야」의 아들(주전 837-800). ①「아하시야」의 모친 「아달랴」가 왕의 혈통을 전멸할 때 어린 「요아스」는 고모 「여호세바」에게 구원을 받아 6년간 성전에서 숨어 자랐다(대하 22:11). ②그 후 왕이 되자, 「아달랴」와 바알의 제사장 「맛단」은 죽음을 당하였다. ③바알 신전을 파괴하고 여호와의 성전이 수축되었다. 그러나 대제사장 「여호야다」가 죽은 후 타락하여 진언하는 「스가랴」(여호야다의 아들)를 성전에서 돌로 쳐 죽였다(대하 24:20-22). ④「요아스」의 신하들은 제사장 「여호야다」의 아들의 피를 갚으려고 도당을 만들어 그를 죽였는데, 그의 시체는 왕들의 묘소에 묻히지 못했다(왕하 12:1-21, 대하 24:23-25).

[2]북국 「이스라엘」 왕(주전 801-786). 「여호아하스」의 아들. 「수리아」를 격파하고 「에돔」을 정복하였으며, 그 여세로 「유다」왕 「아마샤」와 싸워 「예루살렘」을 파괴했다(왕하 14:8-14).

[3]북국 「이스라엘」의 「아합」 왕의 아들(왕상 22:26).

[4]「기드온」의 부친(삿 6:11).

[5]그 밖에 6인이 있다(대상 7:8, 27:8, 삿 6:31, 왕상 22:26, 대상 4:22, 12:3).

요아하스〔יוֹאָחָז = 여호와께서 붙드심〕[인]

[1]「이스라엘」 11대 왕 「여호아하스」와 같은 사람(대하 25:25).

[2]「요시야」 왕의 사관 「요하」의 아버지(대하 34:8, 참조 왕하 18:18).

요안나〔*Ἰωαννά* = 하나님은 은혜로우심. ~의 은사〕[인](눅 8:3) ①「헤롯 안디바」의 청지기 「구사」의 아내. ②그는 물질로 주님을 도왔고 십자가에 달리신 후에는 그 시체에 바를 향품과 향유를 준비하고 무덤을 찾아간 여인 중의 하나였다(눅 24:10).

요압〔יוֹאָב=여호와는 아버지 되심〕인

1「다윗」의 장군. ①「다윗」의 누이 「스루야」의 아들로서, 「아비새」와 「아사헬」의 형이다(삼하 2:13, 18). ②「다윗」의 가장 유명한 용사 중의 한 사람으로, 「다윗」이 「유대」만 영토를 가지고 있을 때 「여부스」 족을 쳐 이기고 총사령관이 되어 군사상에 다대한 공이 있을 뿐 아니라 정치적으로도 「다윗」 다음 가는 지위에 있었다(대상 11:6). ③「다윗」에게 귀순한 용사 「아브넬」을 자기 동생 「아사헬」을 죽인 원한으로 공의를 무시하고 살해하였다(삼하 3:27, 31). ④「압살놈」이 「암논」을 죽이고 도망하였을 때, 잘 변호하여 부자를 화목케 하는데 성공하였다(삼하 14:1-20). ⑤「압살롬」 반역 시에 적은 군사로 「압살롬」의 대군을 격파하고 「다윗」의 의사를 거슬려 「압살롬」을 죽였다. 왕은 자기의 종제 「아마샤」로 군대 장관을 삼으니, 불만을 품고 있다가 「아마샤」를 죽였다(삼하 18:2-15, 19:5-7, 20:4-10). ⑥「아도니야」 반역에 참가하다가 「솔로몬」에게 피살되고 말았다(왕상 2:28-34).

2「갈렙」의 후손 「홀」의 아들(대상 2:54).

3「그나스」의 손자(대상 4:14).

4「스룹바벨」과 함께 귀국한 「이스라엘」 사람(스 2:6, 느 7:11).

5「에스라」와 함께 귀국한 사람(스 8:9).

요야김〔יוֹיָקִים=여호와께서 세우심〕인(느 12:10-16) 제1회 귀환민의 지도자. 「스룹바벨」과 협력한 유명한 대제사장 「예수아」의 아들이다. 그는 아버지의 뒤를 이어 대제사장이 되었다.

요야다〔יוֹיָדָע=여호와께서 인정하심〕인

1「바세아」의 아들로서, 「예루살렘」 성 중수자 중의 한 사람(느 3:6).

2「엘리아십」의 아들로 제사장인데 「느헤미야」와 동시대 사람이요, 그의 아들 하나는 「호론」 사람 「산발랏」의 사위가 되었으므로 「느헤미야」가 축출하였다(느 12:10, 22, 13:28).

요야립〔יוֹיָרִיב=여호와는 다투심〕인

1「유다」 지파 「마아세야」

의 자손 「스가랴」의 아들(느 11:5).
2 제사장 「여호야립」과 같은 사람(느 11:10, 12:6, 19).
3 「에스라」 시대의 학자(스 8:16).

요에셀〔יוֹעֶזֶר=그의 도움은 여호와시다〕인(대상 12:6) 「고라」의 사람으로, 「다윗」의 용사.

요엘[1]〔יוֹאֵל=여호와는 하나님〕인
1 「브두엘」의 아들로 소선지서 「요엘」의 기록자. 언제 어디서 예언하였는지 미상하나, 「요엘」 서를 상고하면 주전 800년경 「유다」왕 「웃시아」의 시대인 듯하다. 그 글 중에 나타난 네 가지 해충은, 하나님께서 장차 「바벨론」, 「페르샤」, 「헬라」, 「로마」의 네 나라가 연이어 「예루살렘」을 공격할 것을 예언하게 하였다(욜 1:1, 2:28-32, 행 2:16-21).
2 「사무엘」의 장자로, 사사가 되어 이익을 따라 뇌물을 취하고 판결을 바르게 하지 못하므로, 장로들의 배척을 받았다(삼상 8:2-3).
3 「다윗」 왕 때 「레위」인의 족장으로서, 「오벧에돔」의 집에 있는 법궤를 옮겨 온 자 중의 한 사람이다. 「헤만」은 노래하며 놋제금을 치는 자이다(대상 15:11, 17-19).
4 「히스기야」 왕의 명령에 의하여 성전을 깨끗하게 한 「레위」인이다(대하 29:12, 15).
5 이방 여자와 사는 자(스 10:43).

요엘[2] 명(욜) 구약 제29권째 성경이다. 「브두엘」의 아들 선지자 「요엘」의 예언으로, 무서운 재앙은 하나님의 심판을 의미하는 것이다. 「이스라엘」 민족이 장차 이방 민족들에게 멸망하고 마지막 회복되는 은혜를 받을 때 "여호와의 날"이 임할 것이라는 중요한 상징적인 예언을 보여 준다. 현재는 인간의 날(고전 4:3을 문자적으로 보면)이나 그리스도의 재림과 동시에 마지막 천년 왕국을 통치하는 여호와의 날을 예언한다.

요엘라〔יוֹעֵאלָה=그가 돕는다〕인(대상 12:7) 「그돌」 사람 「여로함」의 아들. 「다윗」의 용사.

요엣〔יוֹעֵד=여호와께서 증인이시라〕인(느 11:7) 「브라야」의 아들.

요제〔搖祭;흔들 요, 제사 제〕명(출 29:24) 유태인들이 하나님께 드리던 제사의 한 가지. 제물을 흔들어 제사 지내는 특징이 있다.

요제물〔搖祭物; ~만물 물〕명 (출 29:27) 요제를 드릴 때의 제물.

요통〔腰痛; 허리 요, 아플 통〕(사 21:3) 허리가 아픈 병. lumbago.

요하〔יוֹחָא = 여호와께서 소생시키셨다〕인
1 「브리아」의 아들(대상 8:16).
2 「시므리」의 아들로서, 「다윗」의 용사(대상 11:45).

요하난〔יוֹחָנָן = 여호와는 인자하심〕인 〈→ 여호하난〉
1 「유대」국 「요시야」 왕의 장자요, 「여호야김」, 「시드기야」, 「살룸」의 만형이다(대상 3:15).
2 「갓」 사람으로 「다윗」에게 돌아온 자인데, 산의 사슴같이 빠른 용사 중 여덟째 사람이다(대상 12:8-12).
3 「느헤미야」가 「예루살렘」 성을 수축할 때 방해하던 「도비야」의 아들이며, 「므술람」의 사위이다(느 6:14, 18).
4 그 밖에 8인이 있다(대상 3:24, 6:9, 12:4, 대하 28:12, 렘 41:11-16, 스 8:12, 10:6, 느 12:22).

요한〔Ἰωάννης = 여호와께서 사랑하는 자〕인
1 「세례 요한」. ①그리스도의 선구자로서 제사장 「사가랴」와 「엘리사벳」 사이에서 난 아들이다. 예수와 친척 관계이며 예수보다 6개월 먼저 출생했다(눅 1:-2:). ②30세 경 「디벨리우스」 황제(주후 26) 때 「유대」 광야 「요단」 강변에 나타나 복음을 외쳤다(눅 3:2). ③그 선교의 내용은 하나님의 나라가 가까웠으니 회개하고 복음을 믿으라는 것이다. 그는 회개의 표시로 세례를 베풀었으며, 예수도 「요단」 강에서 「요한」에게 세례를 받으셨다(마 3:15, 막 1:9, 눅 3:21). ④구약 선지자의 최후의 인물이라 여겨졌으며, 예수로부터 칭찬을 받았다(마 11:11-13). ⑤그는 분봉왕 「헤롯 안디바」의 불의한 결혼을 비난하여 목 베임을 당하였다(막 6:17-29, 마 14:3-12, 28년경).
2 사도 「요한」. 예수의 12제자 중의 한 사람으로 「야고보」와 형제이다. ①"보아너

게"(우뢰의 아들)란 별명을 가졌는데, 이것은 그의 과격한 성격 때문인 듯하다(막 3:17, 9: 38, 눅 9:54-55). ②그는 「베드로」, 「야고보」와 더불어 예수의 측근자였으며, 중요한 일이 있을 때마다 예수와 동반하였다(막 5:37, 9:2, 14:33). ③예수의 특별한 사랑을 받던 제자다(요 21:20). ④「요한」 복음과 「요한」 서신을 썼으며, 말년에는 「밧모」 섬에 유배되어 「요한」 계시록을 썼다.

3 「마가 요한」(막 14:51-52, 행 12:12).

4 「베드로」의 아버지(요 1:42, 21:15).

5 「산헤드린」 공회 의원(행 4:6).

요한계시록 명(계) 신약 제27권째 맨 끝의 성경이다. 예수님이 가장 사랑하시던 제자 「요한」이 받은 말세에 대한 하나님의 계시로, 이미 나타나신 그리스도에 관한 마지막 진리를 주는 데 목적이 있을 뿐만 아니라, 교회에 대한 교훈과 권고 그리고 책망으로 그리스도의 날을 기다리게 하고 마지막 날의 심판과 구원받은 성도가 거할 새 하늘과 새 땅, 새 「예루살렘」에 대한 계시이다.

요한복음 명(요) 신약 제4권째 성경이다. 「요한」은 창세 전에 계신 하나님(예수님)께서 창조하신 세상에 보이는 하나님으로 오신 기록으로 시작하여, 예수님이 ①생명의 떡, ②세상의 빛, ③문, ④참 목자, ⑤부활과 생명, ⑥길, 진리, 생명, ⑦참 포도나무이심을 밝혔고 참 사랑을 보이셨으며, 새 계명을 따르게 하였다. 공관 복음처럼 예수님의 생애에 대한 기록은 많지 않으나, 물과 성령으로 거듭나 믿음으로 구원받는 도리를 밝히고 있다.

요한 이서 명(요이) 신약 제24권째 성경이다. 사도 「요한」이 택하심을 입은 성도들(특히 부녀)에게 그의 자녀들과 함께 믿음(진리) 안에서 살도록 권고하는 기록이다. 미혹하는 거짓 교사들을 삼가 속임 당함을 피하는 방법에 관하여 알려 준다. 진리 가운데 거하고(1-4), 서로 사랑하여 미혹하는 자를 받아들이지 말고 성도의 교제 가운데 즐거움을 찾으라고 권면한다.

요한 일서 명(요일) 신약 제23권째 성경이다. 기록자 「요한」은 흩어져 있는 교회들에게와 그리스도를 믿는 자들에게 확신을 주고 주와 밀접한 교제 가운데 행할 수 있는 방법을 보여 주어, 생명이 있는 하나님의 가족으로 사랑 안에서 확신을 가지고 살아가도록 권면하는데 목적이 있다. ①빛 되신 하나님, ②사랑이신 하나님, ③생명이신 하나님에 대하여 예리한 대용법을 사용하여 가르치고 있다.

요한 삼서 명(요삼) 신약 제25권째 성경이다. 사랑하는 「가이오」에게 보낸 「요한」의 기록으로, 참 성도를 영접하도록 하는 권면이다. 사도들은 교회를 이끌어갈 하나님의 사역자들을 보내었으나 교회의 지도자인 「디오드레베」는 교역자를 배척하고 교역자와 교제하는 성도들을 출교하려 하였다. 이에 대하여 참된 신앙인과 교역자들과의 교제하기를 거절하는 일에 대하여 경고하고 있다. 8절이 요절이다.

요해처〔要害處; 구할 요, 해할 해, 곳 처〕명(삼하 5:17) ①지세가 험준하며 적을 방비하기에 편리한 곳. 요충지. stronghold. ②신체의 중요한 부분. vital part of body. ㊜ 요해(要害).

욕〔辱; 욕될 욕〕명(창 16:5) ①치욕. 욕설. ②불명예스러운 일. disgrace.

욕느암〔יָקְנְעָם = 백성의 지속〕지〈→욕므암〉

1「므깃도」 북쪽의 성읍 「욕므암」과 같은 곳(왕상 4:12).

2 ①「가나안」의 한 성읍(수 12:22). ②「여호수아」가 취하여 「스불론」 지파에게 주었고 「레위」인의 거주지로 양여하였다(수 19:11, 21:34). 지금의 「렐엘가문」이라 한다.

욕단〔יָקְטָן = 무자비하게 침〕인(창 10:21-30, 대상 1:17-23) 「셈」의 증손자이며 「에벨」의 차자로서, 남 「아라비아」 13족속의 조상(대상 1:17-23).

욕드암〔יָקְדְעָם = 백성의 분노〕지(수 15:56) 「유다」 지파의 성읍.

욕드엘〔יָקְתְאֵל = 하나님은 멸하심〕지

1「유다」 평지에 있는 성읍(수 15:38).

2「유대」왕 「아마샤」가 정복한 「에돔」의 성읍으로, 이전 이름은 「셀라」이다(왕하 14:7, 대하 25:11). 혹은 「에돔」의 수도 「베드라」와 동일시한다.

욕망〔慾望; 하고자할 욕, 바랄 망〕명(사 5:14) 무엇을 하거나 가지고자 바람. 또는 그러한 마음. 부족을 채우고자 하는 마음. desire.

욕므암〔יָקְמְעָם =백성의 지속〕지(대상 6:68) 「에브라임」 산지에 있는 「레위」 자손의 성읍으로, 병행 기사(竝行記事) 수 12:22에는 「욕느암」이라 하였다. 「벧엘」 근처에 있는 「벧엘가부스」와 동일시 하는 학자도 있다.

욕브하〔יָגְבְּהָה =높은 곳, 산당〕지(민 32:35) 「갓」 지파의 성읍으로 견고한 요새지다(삿 8:11). 「요단」 강 동편 「굴벳 아브지핫」일 것이라 한다.

욕산〔יָקְשָׁן =새 사냥군〕인(창 25:2) 「아브라함」의 후처 「그두라」에게서 낳은 둘째 아들. 「스바」와 「드단」의 선조.

욕심〔慾心; 욕심 욕, 마음 심〕명(민 15:39) ①자기에게만 이롭게 하고자 하는 마음. selfishness. ②탐내는 마음. desire. ③분수에 지나치게 하고자 하는 마음. greediness.

욥〔אִיּוֹב =사랑 입은 자〕인(욥 1:1) ①「아라비아 우스」에 사는 의인으로 큰 재산가요, 자녀가 많은 중에도 여호와를 경외하였다. ②여호와께서 「사단」에게 「욥」을 칭찬하셨더니 「사단」이 말하기를, 그가 재산이 많고 자녀가 많아 행복된 생활 중에 있기 때문에 하나님을 거역할 이유가 없다고 대답했다. 여호와께서 「사단」에게 「욥」의 생명을 해하지 말고 무엇이든지 시험해 보라 하여 재산과 자녀를 다 잃고 자신의 몸에는 창질이 나고 세 친구로부터 여러 가지 유혹을 받았으나 하나님을 경외하는 마음에 변함이 없었다(욥 1:8-22, 4:1, 8:1, 11:1, 7:4-16, 42:6). ③그러므로 여호와께서 전보다 배의 축복을 하셨다(욥 42:12-15). ④시험 후 140세를 살며 자손 4대를 보고 별세하였다(욥 42:16). ⑤「욥」기를 보면, 홍수 시대는 기록되어 있고 「소돔」, 「고모라」의 멸망사는 기록되

▼ 고난 당하는 욥을 세 친구가 위로함

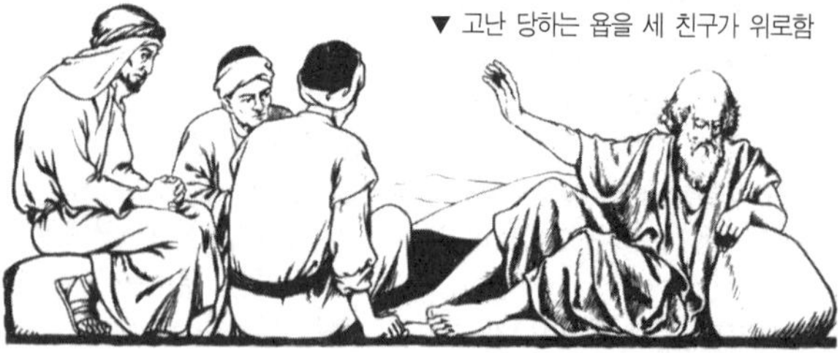

ㅇ

지 않은 것으로 보아 「아브라함」 시대의 사람인 듯하다. 저작자는 「모세」라 하는 이도 있고 「다윗」이라 하는 이도 있으며, 소설이라고 말하는 이도 있었으나 「에스겔」 14:14을 보아 소설이 아닌 것을 증명할 수 있다. ⑥「욥」이 우리에게 보여 준 것이 있으니 Ⓐ심한 고난 중에서도 하나님을 원망하지 않고, Ⓑ낙심하지 않고, Ⓒ유혹을 받지 않고, Ⓓ스스로 위로 받고, Ⓔ끝까지 인내함이다(약 5:11).

욥기 명 (욥) 구약 제18권째 성경이다. 기록한 사람이 밝혀져 있지 않으나, 「욥」 자신이라고 여긴다. 「욥」은 실제 역사적인 인물로, 그 연대는 「아브라함」 시대나 약간 이전 시대로 본다. 신앙이 깊은 사람이 당하는 고통을 하나님의 공의와 사랑이 어떻게 조화되는가를 다루고 있다. 성도의 재난은 죄의 결과만이 아니라, 하나님의 주권과 지혜 그리고 인간의 믿음 없는 것을 보여 주기 위한 것이라고 하나님은 말씀하신다.

욥바 〔יָפוֹ=아름다운〕 지 (수 19:46, 행 10:5-8) 「예루살렘」 서북쪽 약 55km 지점, 「지중해」 안에 있는 항구 도시. ①「솔로몬」이 성전 건축에 쓰인 「레바논」의 백향목은 뗏목으로 이 항구에 운반되었다(대하 2:16, 스 3:7). ②「요나」가 이 항구에서 「다시스」로 가는 배를 탔다(욘 1:3). ③기독교가 「예루살렘」에서 사방으로 퍼지자, 「욥바」는 기독교의 중요한 중심지가 되었다. 「베드로」가 이곳에서 이방인 전도를 시작하여 「도르가」를 살렸다(행 9:36-42). ④또 피장이 「시몬」의 집에 있을 때 「고넬료」의 하인들이 찾아왔다(행 10:5-8). 「지중해」 동쪽에 돌출한 160척인 고지대에 건설된 성읍으로, 「단」 지파에게 분배되었던 땅이며 「예루살렘」에서 서쪽 27마일 지점이다. 현재의 「쟈파」(Jaffa)로서 「예루살렘」에서 이곳까지 철로가 부설되어 있다.

욧바 〔יָטְבָה=강이 많은〕 지 (왕하 21:19) 「유대」왕 「아몬」의 모친 「므슬레멧」의 출생지.

욧바다 〔יָטְבָתָה=강이 많은〕 지 (신 10:7-8) 「이스라엘」 백성이 광야에서 진쳤던 곳 중의 하나이니, 이곳에는 시내가 많이 있다. 여호와께서 「레위」 지파를 성별하여 이곳에서 여호와의 법궤를 메이고 그 앞에서 그를 섬기며 또, 그 이름으로 축복하셨다.

용〔龍;용 용〕[명](욥 7:12) 큰 구렁이 같고 발톱과 뿔이 있다는 전설 상의 동물. dragon. 마귀를 일컬음.

용감〔勇敢;날랠 용, 구태여 감〕[명](민 24:18) 씩씩하고 겁이 없으며 기운참. bravery.

용기〔勇氣;날랠 용, 기운 기〕[명](삼상 30:6) 씩씩하고 굳센 기운. courage.

용납〔容納;얼굴 용, 들일 납〕[명](창 13:6) 남의 말이나 행동을 너그러운 마음으로 들어주거나 받아들임. approval.

용도〔用度;쓸 용, 법도 도〕[명](고후 11:9) 필요로 하는 비용. 씀씀이. expenditure.

용량〔容量;얼굴 용, 분량 량〕[명](겔 45:11) 약제의 사용 분량. dosage.

용력〔勇力;날랠 용, 힘 력〕[명](왕하 18:20) 씩씩한 힘. undaunted power.

용맹〔勇猛;날랠 용, 사나울 맹〕[명](삿 18:2) 날래고 사나움. valour.

용모〔容貌;얼굴 용, 모양 모〕[명](창 39:6) 사람의 얼굴 모양. countenance.

용사〔勇士;날랠 용, 선비 사〕[명](창 6:4) 용기 있는 남자. brave man.

용서〔容恕;얼굴 용, 용서할 서〕[명](창 18:24) 잘못이나 죄를 꾸짖거나 벌하지 않음. pardon.

용신〔容身;얼굴 용, 몸 신〕[명](막 2:2) ①몸을 놀림. moving. ②세상에서 살아감. living.

용인〔容認;얼굴 용, 인정할 인〕[명](사 57:6) 용납하여 인정함. admission.

용정[1]〔龍井;용 룡, 우물 정〕[지](느 2:13) 「예루살렘」 동남쪽 「기드론」 골짜기에 있던 우물. 삼하 17:17의 「에느로겔」과 같은 곳.

용정[2]〔舂精;찧을 용, 정할 정〕[명](대하 2:10) 곡식을 찧음. milling.

우〔右;오른 우〕[명](창 13:9) 오른쪽. right.

우갈〔אֻכָל〕[인](잠 30:1) 「아굴」이 잠언을 가르친 자녀. 제자.

우거〔寓居;붙여 살 우, 살 거〕[명](창 12:10) ①남의 집에 임시로 삶. lodging. ②타향에 임시로 삶. temporary abode.

우겨싸다 [타](고후 4:8) '욱여싸다'의 오기. 한가운데로 모아들여서 둘러싸다. 가엣 것을 우기어 속에 것을 싸다.

우고〔憂苦;근심 우, 쓸 고〕명 (출 3:7) 근심하고 괴로워함. suffering.

우대〔עוּתַי=하나님은 구원이심〕인
1「유다」 사람.「아다야」와 같은 사람(대상 9:4).
2 포로에서 돌아온「유다」 지파「비그왜」 자손(스 8:14).

우둔〔愚鈍;어리석을 우, 둔할 둔〕명(시 19:7) 어리석고 둔함. silliness.

우러러보다 타(욥 36:25) ①위를 쳐다보다. look up. ②앙망하다. respect.

우렁차다 형(욥 40:9) ①소리가 굉장하다. resounding. ②으리으리하다. magnificent.

우로〔雨露;비 우, 이슬 로〕명 (삼하 1:21) 비와 이슬. rain and dew.

우뢰〔雨雷;비 우, 천둥 뢰〕명 (출 19:16) 공중에서 전기가 흘러 부딪쳐 일어나는 소리. 천둥. thunder.

우르〔אוּר=빛, 빛남〕지(창 11:28)「메소포타미아」,「갈대아」 인의 성읍.「아브라함」이 일시 이곳에서 살다가 여호와의 지시를 받고 정처없이 떠났다(창 31, 15:7, 느 9:7, 행 7:4, 히 11:8). 고대에는 번영한 도시로 달의 신「신」의 신당이 있었다.「바벨론」의 동남 225km 지점.「유브라데」 강의 서쪽, 현재의「텔 엘므갓알」이다.

지구라트 신전 복원도

우르바노〔*Ουρβανοδ*=도시〕인 (롬 16:7)「로마」에 있는 신자이며「바울」의 동역자.

우리[1] 대(창 1:26) 자기나 자기 무리를 대표하여 스스로 일컫는 말. we.

우리[2] 명(창 49:14) 짐승을 가두어 두는 곳. cage.

우리[3]〔אוּרִי=불같은〕인
1「브사렐」의 아버지(출 31:2, 35:30, 38:22, 대상 2:20).
2「게벨」의 아버지(왕상 4:19).
3 문지기(스 10:24).

우리아(야)〔אוּרִיָּה=여호와는 빛〕인
1「헷」 족속의 사람으로「다윗」의 충성된 군인이요, 미인「밧세바」의 남편이다. 그가「랍바」에 출정 중「다윗」 왕이 그 처를 간통하고 그 죄의 자취를 감추려고 그를 소환하여 집에 가서 편히 쉬라 하였으나 전쟁 중에 있는 동료들을 생각하고 불응하였다.

ㅇ

부득이 전쟁에 다시 보내며 대장 「요압」에게 편지하여, 「우리아」를 맹렬한 싸움의 제일 앞에 세워 죽게 하였다. 마침내 그는 전사하였다. 그 아내 「밧세바」는 「다윗」 왕의 왕비가 되었다(삼하 11:, 마 1:6).

② 「유대」국 「아하스」 왕 때의 제사장으로, 「아하스」 왕이 「다메섹」에 가서 보낸 우상의 제단 도형을 받아 그대로 만들어 왕으로 제사하게 하였다(왕하 16:10-16).

③ 「예레미야」 선지와 동시대의 선지로서 「여호야김」과 나라에 대하여 예언을 하였더니 그를 잡아 죽이려 하는 고로 「애굽」으로 도망하였다(렘 26:20-21).

우리엘〔אוּרִיאֵל = 하나님은 빛〕[인]

① 「그핫」 자손 중의 한 족장(대상 6:24, 15:5).

② 「미가야」의 부친이며 「기브아」 사람(대하 13:2).

우림[명](출 28:30) 하나님의 뜻을 묻기 위하여 쓰는 도구. 제사장의 흉패 속에 둠밈과 같이 넣어 두고 하나를 꺼내어 하나님의 뜻을 가름한다. 그 모양과 색과 어느 것이 가(可)인지는 알려져 있지 않다.

우릿간[명](창 33:17) 우리로 사용하는 간. cage.

우매〔愚昧; 어리석을 우, 어두울 매〕[명](민 12:11) 어리석고 몽매함. stupidity.

우매 무지〔愚昧無知; 어리석을 우, 어두울 매, 없을 무, 알 지〕[명](신 32:6) 어리석고 몽매하여 지혜가 없음. foolishness and senselessness.

우매자〔愚昧者; ~놈 자〕[명](전 2:14) 어리석고 몽매한 사람. stupid.

우맹〔愚氓; 어리석을 우, 백성 맹〕[명](마 23:17) 어리석은 국민. 미욱한 백성. ignorant people.

우묵하다[형](레 13:3) 가운데가 조금 둥글고 깊숙하다. sunken in.

우물[명](창 21:25) 땅을 파고 샘물을 괴게 하여 물을 얻게 하는 설비. well.

우바르신[동](단 5:25) 「벨사살」 왕이 성전의 그릇으로 술을 마실 때 벽에 나타난 글의 마지막 마디로, 그 뜻은 '그리고 나누었다'이다.

우바스〔אוּפָז〕[지](렘 10:9) 「아라비아」에 있던 금을 생산한 곳(단 10:5).

우박〔雨雹;비 우, 우박 박〕명 (출 9:18) 봄·여름 또는 가을에 기상 급변으로 오는 싸라기. 눈보다 크고 탄탄한 덩이 눈. hail.

우살〔אוּזָל〕인(창 10:27) 「욕단」 자손에게서 나온 「아라비아」 13족의 하나(대상 1:21, 겔 27:19).

우상〔偶像;허수아비 우, 형상 상〕명(출 20:4) ①목석 또는 쇠붙이 따위로 만든 형상. image. ②형태가 없는 신(神)을 형상으로 나타낸 것. idol. ③하나님보다 더 사랑하는 모든 것.

우상 숭배〔偶像崇拜;~높을 숭, 절 배〕명(고전 5:10) 나무나 돌 또는 쇠붙이로 만든 것이나, 보이지 않는 것이나, 보이는 것을 신으로 섬기는 일. 미신 행위. 완고한 것. 하나님보다 더 사랑하는 모든 일.

우상 숭배자명(엡 5:5) 우상을 섬기는 사람.

우새〔אוּזַי=강건한〕인(느 3:25) 「예루살렘」 성벽을 수리한 「발랄」의 아버지.

우센세에라〔אֻזֵּן שֶׁאֱרָה=귀〕지 (대상 7:24) 「에브라임」의 딸 「세에라」에 의해 건축된 벧호론 부근의 작은 성읍.

우수〔右手;오른 우, 손 수〕명 (창 48:13) 오른손. right hand.

우스[1]〔עוּץ=견고〕인
[1] 「셈」의 자손, 「아람」의 아들(창 10:23).
[2] 「셈」의 아들(대상 1:17).
[3] 「아브라함」의 형제 「나홀」과 「밀가」의 아들(창 22:21).
[4] 「에돔」에 거한 「호리」 족속 「디산」의 아들(창 36:28, 대상 1:42).

우스[2]〔עוּץ=견고〕지(욥 1:1) ①「아라비아」 북방 「에돔」과의 사이의 한 지방으로, 「욥」의 옛 이름인 듯하다(애 4:21). ②「애굽」과 「블레셋」의 중간 곧, 「팔레스틴」의 동남인 듯하나 지금 그 정확한 위치는 알 수 없다(렘 25:20).

우슬초〔牛膝草;소 우, 무릎 슬, 풀 초〕명(출 12:22) 〈식〉구약 시대 불제 의식(不除儀式)에 사용한 식물. 물을 적셔 뿌림으로 깨끗하게 하였다. 이는 그리스도의 속죄의 상징이다. hyssop(레 14:4, 히 9:19).

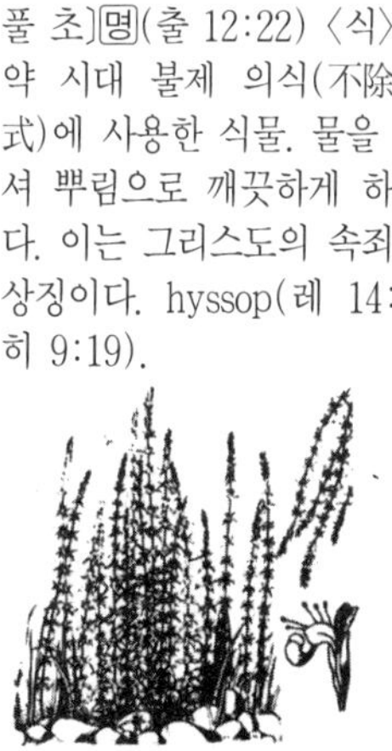

우습다 형(욥 41:29) ①웃음이 나올 만하다. ②하찮다. 가소롭다.

우승〔優勝;넉넉할 우, 이길 승〕명(신 7:14) ①가장 뛰어남. predominance. ②첫째로 이김. victory championship.

우시〔עֻזִּי =힘〕인〈→웃시〉
1「아삽」의 자손으로,「예루살렘」에 거하는 레위인의 감독이 되어 성전을 관리하고 왕의 명령을 따라 찬양 대원 보급원이었다(느 11:22-23).
2그 밖에 6인이 있다(대상 6:5, 7:2, 7, 9:8 등).

우심〔尤甚;더욱 우, 심할 심〕명(사 28:22) 더욱 심함. extreme.

우애〔友愛;벗 우, 사랑 애〕명(롬 12:10) ①형제 사이의 정애(情愛). brotherly love. ②벗 사이의 정분. friendship.

우양〔牛羊;소 우, 양 양〕명(창 24:35) 소와 양.

우엘〔אוּאֵל =하나님의 뜻〕인(스 10:34)「유다」지파「바니」자손. 이방인 아내와 헤어진 사람.

우연〔偶然;허수아비 우, 그럴 연〕명(민 35:22) ①뜻하지 않은 일. accident. ②원인을 모르는 일. unexpectedness.

우열〔優劣;넉넉할 우, 용렬할 렬〕명(레 27:33) 우수함과 저열함. superiority or inferiority.

우열간〔優劣間;~사이 간〕부(레 27:10) 좋거나 못하거나.

우유〔牛乳;소 우, 젖 유〕명(창 18:8) 소의 젖. milk.

우유 기름 명(시 55:21) 버터. 치즈. 엉긴 젖.

우의〔友誼;벗 우, 옳을 의〕명(렘 2:2) 친구간의 정의. 우정. friendship.

우정〔友情;벗 우, 뜻 정〕명(욥 29:4) 우의(友誼). friendship.

우주〔宇宙;집 우, 집 주〕명(행 17:24) ①천지 사방과 고금(古今). heaven and earth. ②세계. 천지. world. ③천체 그 밖의 만물을 포용하는 공간. universe. ④질서 있는 통일체로서의 세계. cosmos.

우준〔愚蠢;어리석을 우, 꿈틀거릴 준〕명(신 32:21) 어리석고 재빠르지 못함. stupidity. 부 우준히.

우택〔雨澤;비 우, 못 택〕명(시 104:16) 비의 혜택. seasonable rainfall.

우편〔右便;오른쪽 우, 편할 편〕명(출 29:22) 오른편. right side. 좋은 쪽.

우향〔右向;오른쪽 우, 향할 향〕명(겔 21:16) 오른쪽으로 향함.

우환〔憂患;근심 우, 근심 환〕명(시 107:39) ①근심이나 걱정이 되어 해로운 일. worry. ②질병. illness.

운노〔עֻנּוֹ〕인(느 12:9) 「바벨론」 포로에서 돌아온 「레위」 사람.

운니〔עֻנִּי=억눌린〕인(대상 15:18) 「레위」 사람으로, 「다윗」시대에 비파를 탔다(대상 15:20).

운동〔運動;운전할 운, 움직일 동〕명(마 14:2) ①몸을 놀려 움직임. physical exercise. ②어떤 일의 주선을 위하여 힘씀. endeavor. ③물체가 시간의 경과와 함께 어떤 기준 물체에 대하여 위치를 바꾸는 현상. motion. ④물질의 온갖 변화와 발전.

운동력〔運動力; ~ 힘 력〕명(히 4:12) 몸을 움직이는 힘.

운동장〔運動場; ~ 마당 장〕명(고전 9: 24) 운동 경기를 하는 마당. play ground.

운명[1]〔殞命;죽을 운, 목숨 명〕명(막 15:37) 죽음. 명이 끊어짐. death.

운명[2]〔運命;운전할 운, 목숨 명〕명(사 65:11) ①사람에게 닥쳐오는 모든 길흉. fortune. ②사람의 행동을 지배한다고 하는 큰 힘. destiny. ③숙명적인 관념에서 하늘에서부터 이미 타고난 목숨이나 처지. one's lot. 〈운명의 세 여신〉

운명신〔運命神;~귀신 신〕명(사 65:11) 운명의 신격화한 것. Destiny. 〈운명의 세 여신〉

운모석〔雲母石;구름 운, 어미 모, 돌 석〕명(메 1:6) 〈광〉 화강암의 한 성분을 이룬 돌. 유리의 대용. mica.

운무〔雲霧;구름 운, 안개 무〕명(사 18:4) ①구름과 안개. cloud and mist. ②내막을 알 수 없는 의심스러운 일을 비유하여 이르는 말. being in a mist.

운반〔運搬;운전할 운, 운반할 반〕명(민 1:50) 물건 또는 사람을 옮겨 나름. conveyance.

▲고대 운반 수단

운수〔運數;운전할 운, 셀 수〕명(사 65:11) 숙명론적으로 이미 정하여져서 사람의 힘으로서는 어떻게도 할 수 없는, 사람에게 돌아오는 길흉과 화복. fortune.〈운명의 여신〉

운수신〔運數神;~귀신 신〕명(사 65:11) 운수의 신격화

한 것. Fortune.〈운명의 여신〉

운전〔運轉; 운전할 운, 구를 전〕명(약 3:4) ①차. 배 따위를 조종하여 달리게 함. driving. ②기계 따위를 움직여 돌림. ③자금 따위를 운용함. operation.

운제〔雲梯; 구름 운, 사닥다리 제〕명(겔 4:2) 높은 사닥다리. high ladder. (왕하 25:1). 성을 에워싸고 공격할 때 사용한다(렘 52:4).

운하〔運河; 움직일 운, 물 하〕명(출 7:19) 육지를 파서 강을 내고 배가 다니게 한 수로. canal.

운행〔運行; 옮길 운, 행할 행〕명(창 1:2) ①운전하여 다님. operation. ②〈천〉천체가 그 궤도를 따라 운동함. revolution.

운향〔蕓香; 향풀 운, 향기 향〕명(눅 11:42)〈식〉 궁궁이. 산형과의 여러해살이풀로, 약초로 씀. rue. 높이는 1미터 정도이며 강한 향기를 뿜는다. 바리새인은 이것의 십일조도 드렸다.

울[1] 명(스 9:9) ①울타리. ②속이 비고 위가 트인 물건의 가를 둘러싼 부분. fence. ③이 편의 힘이 될 일가나 친척. relatives.

울[2]〔אוּר = 빛〕인(대상 11:35) 「다윗」의 30용사 「엘리발」의 아버지.

울다 자(창 27:38) 소리내면서 눈물을 흘리다. weep.

울라〔עֻלָּא = 무거운 짐, 멍에〕인(대상 7:39) 「아셀」의 자손, 뽑힌 큰 용사, 두목.

울람〔אוּלָם = 앞에〕인

1 「세레스」의 아들(대상 7:16).

2 「에섹」의 아들(대상 8:39).

울리다 자(민 10:5) 소리가 나게 하다. sound.

울분〔鬱憤; 답답할 울, 분할 분〕명(잠 22:24) 분한 마음이 가슴에 가득히 쌓여 있음. resentment.

울음 명(욥 16:16) 우는 소리. 우는 일. cry.

울음꾼 명(암 5:16) 우는 것을 전문으로 하는 사람. 울음을 울어 주고 그 대가를 받는 사람. those who are paid to mourn.

울타리 명(시 62:3) 담 대신에 풀·나무 따위를 얽어서 집을 둘러막은 물건. ㉾ 울. fence.

움[1] 명(민 17:8) 나무를 베어 낸 뿌리에서 다시 나오는 싹. sprouts.

움[2] 명 땅을 파고 거적으로 위를 덮어 비바람이나 추위를 막게 하여 채소나 화초를 저장하는 곳. cellar.

움마〔עֻמָּה=연합 교제〕지(수 19:30) 「아셀」 지파에 있는 성읍.

움막〔~幕;휘장 막〕명(잠 25:24) 땅을 파고 지은 땅굴집.

움직이다 자타(창 1:21) ①자리를 옮기다. change it's location. ②몸짓을 하거나 흔들다. move. ③감동시키다. stir. 열변으로 청중을 ~. ④마음이 흔들리다. be moved.

움켜쥐다 타(신 15:7) ①큰 손가락을 오므리어 힘있게 움키어서 쥐다. grip. ②일이나 물건을 수중에 넣고 마음대로 다루다. have in one's power.

움키다 타(창 49:9) ①손가락을 우그려 물건을 놓치지 않도록 힘있게 잡다. grasp. ②새나 짐승 따위가 무엇을 발가락으로 힘있게 잡다. clasp. ㉶ 옴키다.

움큼 명(출 9:8) 손으로 한 줌 쥔 분량 만큼의 단위. handful.

웃다 자(창 17:17) ①마음의 기쁨을 얼굴에 나타내다. smile. ②입을 벌리고 소리내어 기뻐하다. laugh. ③꽃이 피다. bloom. ④조롱하다. jeer.

웃사〔עֻזָּא=힘, 능력〕인

1 「아비나답」의 아들로서 하나님의 법궤를 우차에 싣고 「예루살렘」으로 올라갈 때에, 소가 뛰므로 그가 손을 들어 붙든 것이 죄가 되어 여호와께서 치시므로 즉사하였다(삼하 6:3-11, 대상 13:7-14).

2 「유대」왕 「므낫세」가 죽으니, 이 사람의 동산에 장사하였다(왕하 21:18).

3 그 밖에 3인이 있다(대상 6:29, 8:7, 스 2:49).

웃시〔עֻזִּי=힘, 능력〕인

1 「아삽」의 자손으로 「예루살렘」에 거하는 「레위」인의 감독이 되어 성전을 관리하고, 왕의 명령을 따라 찬양대원 보급원이었다(느 11:22-23).

2 그 밖에 6인이 있다(대상 6:5, 7:2, 7, 9:8, 12:19, 42).

웃시야〔עֻזִּיָּה=여호와 나의 힘〕인(왕하 15:13) ①「유대」왕 「아마샤」의 아들인데, 「아사랴」라고도 부른다(마 1:8). ②16세에 즉위하여 52년간 재위 중, 보필자 「스가랴」가 살아 있는 동안 「다윗」 왕과 같이 이 여호와를 섬겼다. 어떤 강적이라도 다 이기고 무기를 많이 발명하여 「예루살렘」 성을 견고하게 하니, 그의 명성이 원근에 높아지자 마음이 교만하여져서 성전에 들어가 사사로이 분향한 죄로 문둥병에 걸려 종신토록 별궁에 있다가 주전 756년에 별세하여 열왕의 묘실 곁에 장사하였다. 병중에는 그의 아들 「요담」이 섭정하였다(대하 26:).

웃시엘〔עֻזִּיאֵל=하나님은 강하심〕인

1「레위」 지파 「고핫」의 아들로서 한 족속의 조상이다(출 6:18, 22, 민 3:19, 27, 30). ①「아론」의 친족(레 10:4). ②그의 자손의 족장 「아미나답」과 그 형제 112인이 법궤를 「다윗」 성으로 옮겼다(대상 15:10).

2「히스기야」 왕 때에 「세일」 산에서 「아말렉」 인을 격파한 「시므온」의 장군이다(대상 4:41-43).

3「히스기야」 왕의 개혁 사업에 조력한 「레위」 지파 「여두둔」의 아들이다(대하 29:14).

4그 밖에 4인이 있다(대상 7:7, 25:4, 스 7:4, 느 3:8).

웃옷명(아 5:7) ①위에나 거죽에 입는 옷. coat. ②출입할 때에 입는 옷. 표의(表衣). one's best clothes.

웃음명(욥 8:21) 웃는 소리. 웃는 일. laugh.

웅거〔雄據;수컷 웅, 의지할 거〕명(왕상 11:24) 어떤 땅에 자리잡고 굳세게 막아 지킴. holding one's own ground.

웅덩이명(레 11:36) 늪보다 작게 물이 괸 곳. puddle.

웅장〔雄壯;수컷 웅, 씩씩할 장〕명(시 68:33) 으리으리하게 크고도 굉장함. 우람하고 굉장함. grandeur.

웅크리다타(창 49:9) 춥거나 겁이 날 때 몸을 움츠러들다.

워단〔וְדָן=판관〕지(겔 27:19) 「두로」와 길쌈하는 실(糸)을 무역한 지방.

원[1]〔寃;원통할 원〕명(렘 50:34) 원통함. bitter feeling.

원[2]〔元;으뜸 원〕명(롬 11:21) 줄기. 가지가 붙어 있는 몸체.

원[3]〔願;원할 원〕명(출 35:5) 바람. 바라는 바. 소원.

원가지〔元~;으뜸 원〕명(롬

11:21) 원줄기에서 직접 붙어 있는 굵은.

원거인〔原居人;근원 원, 살 거, 사람 인〕명(창 36:20) 그 지방에서 오래 전부터 살던 사람. a native.

원고〔原告;근본 원, 알릴 고〕명(잠 18:17) 송사를 하는 장본인. 법원에 민사·형사 또는 행정 소송을 제기한 당사자. plaintiff accuser.

원근〔遠近;멀 원, 가까울 근〕명(신 21:2) 멀고 가까움. far and near.

원년〔元年;으뜸 원, 해 년〕명(왕하 25:27) ①연호를 정하였을 때의 첫 해. first year ②건국된 첫 해.

원돌감람나무명(롬 11:24) 버려진 상태의 인간의 본성. 죄지은 인간의 원상태.

원두밭명(사 1:8) 원두 놓은 밭. 참외·수박·포도 등 과일을 심어 놓은 밭. melon patch.

원래〔元來;으뜸 원, 올 래〕부(느 13:5) ①본디. originally. ②날 때부터. by nature. ③처음부터. from the first. ④사실은. properly speaking.

원로〔元老;으뜸 원, 늙을 로〕명(행 5:21) ①관위·연령·덕망이 높은 공신. elder statesman. ②오래 그 일에 종사해 공로가 있는 사람. veteran.

원만〔圓滿;둥글 원, 찰 만〕명(잠 4:18) ①모난 데가 없이 둥글둥글하고 복스러움. all round. ②서로 의좋게 지냄. peace and happiness. ③마음에 흡족하게 여김. perfection.

원망〔怨望;원망할 원, 바랄 망〕명(출 15:24) ①남을 못마땅하게 여기고 탓함. resentment. ②지나간 일을 불만스럽게 여김. hatred.

원방〔遠方;멀 원, 모 방〕명(신 28:40) ①먼 지방. distant place. ②먼 쪽.

원수〔怨讐;원망할 원, 원수 수〕명(창 3:15) ①자기 또는 자기 나라에 해를 끼친 사람. enemy. ②전쟁의 상대. opponent. ③원한의 대상이 되는 그것. foe. ④해를 끼치는 것. harm.

원시[1]〔遠視;멀 원, 볼 시〕명(벧후 1:9) 먼 곳을 바라봄. longsightedness.

원시[2]〔元始;으뜸 원, 비로소 시〕명(렘 17:12) ①처음. 근본. beginning. ②자연 그대로 있음. promitive.

원욕〔願慾;원할 원, 하고자 할 욕〕명(전 12:5) 소원과 욕망. wish and desire.

원정〔寃情;원통할 원, 뜻 정〕명(렘 11:20) ①억울한 죄의 정상. ②억울한 죄를 입었던 고통스러운 생각.

원죄 [명](롬 5:12-21) 온 인류를 타락시킨 아담의 범죄. 첫 언약을 어긴 죄의 유전.

원천〔源泉;근원 원, 샘 천〕[명](창 49:25) ①물이 솟아나는 근원. fountain head. ②사물의 근원. origin.

원컨대〔願~;원할 원〕[명](창 12:13) 바라건데. 청컨대. (원) 원하건데. I pray.

원통〔冤痛;원통할 원, 아플 통〕[명](삼상 1:16) ①분하고 억울함. mortification. ②몹시 원망스러움. bitter feeling.

원하다〔願~;원할 원〕[타](창 9:25) ①바라다. hope. ②부러워하다. desire. ③하고자 하다. intend.

원한[1]〔怨恨;원망할 원, 원한 한〕[명](민 35:21) ①원통한 생각. grudge. ②뉘우치는 생각. regret. (준) 원(怨).

원한[2]〔冤恨;원통할 원, 원한 한〕[명](호 9:7) 원통한 생각.

원혐〔怨嫌;원망할 원, 싫어할 혐〕[명](신 4:42) ①원망스러움과 혐의. grudge and hatred. ②원망하고 미워함. detesting.

월〔月;달 월〕[명](계 9:15) ①달. moon. month. ②월요일. Monday.

월경〔月經;달 월, 글 경〕[명](겔 18:6) 성숙기 여자의 자궁에서 대개 28일 간격을 두고 규칙적으로 일어나는 자궁 출혈. 경도. 경수. menses.

월망〔月望;달 월, 바랄 망〕[명](시 81:3) 보름. full moon.

월삭〔月朔;달 월, 초하루 삭〕[명](민 10:10) 그 달의 초하룻날. first day of a month.

웝시〔וָפְסִי=부유한〕[인](민 13:14) 「납달리」 지파 「나비」의 아버지. 「가나안」 정탐한 대표.

위[1]〔位;자리 위〕[명](출 11:5) ①지위. 직위. ②차례 또는 사물의 등급을 나타냄.

위[2]〔胃;밥통 위〕[명](신 18:3) 〈생〉 내장 기관의 하나. 위액.

위[3] [명](창 1:2) ①중간의 이상이 되는 곳. upper part. ②꼭대기. top. ③거죽. surface. ④높은 지위. superiority. ↔ 아래.

위경〔危境;위태할 위, 지경 경〕[명](시 107:20) 위태로운 고비. crisis.

위골〔違骨;어길 위, 뼈 골〕[명](창 32:25) 뼈가 어그러짐. straining of bones.

위광〔威光;위엄 위, 빛 광〕[명](창 49:3) 높은 지위에 있어서 감히 범할 수 없는 권위. authority.

위급〔危急;위태할 위, 급할 급〕[명](삼상 13:6) 위태하고 급함. 위난이 절박함. emergency.

위대〔偉大;위대할 위, 큰 대〕명(시 93:4) 국량이 매우 큼. 대단히 거룩하고 훌륭함. greatness.

위력〔威力;위엄 위, 힘 력〕명(사 8:7) ①으르대는 힘. ②권위에 찬 힘. power.

위령〔威令;위엄 위, 명령할 령〕명(합 1:7) ①위엄을 담는 명령. authoritative order (습 3:4). ②위령과 명령.

위로〔慰勞;위로할 위, 수고로울 로〕명(창 24:67) ①어루만져 괴로움을 잊게 함. comfort. ②마음을 즐겁게 하고 수고를 치사함. recognition another's service.

위로자〔慰勞者;~놈 자〕명(전 4:1) 수고한 것을 어루만져 주고 괴로움을 잊게 하며, 칭찬해 주는 사람. comforter. * 참 위로자는 그리스도시다.

위문〔慰問;위로할 위, 물을 문〕명(요 11:19) 위로하여 문안함. consolation.

위반〔違反;어길 위, 돌이킬 반〕명(겔 44:7) 법률·명령·약속 등을 어기거나 지키지 아니함. unlawfulness.

위법〔違法;어길 위, 법 법〕명(행 10:28) 법을 위반함. illegality.

위선[1]〔爲先;하 위, 먼저 선〕명(레 23:10) 조상을 위함. 또는 그 일. 원위선사(爲先事) 무엇보다도 먼저. 우선(于先). first of all.

위선[2]〔緯線;씨 위, 줄 선〕명(삿 16:13) ①베를 짜는 씨줄. ②지구 위의 적도에 평행하게 그린 가상선. 곧 위도를 나타낸 선. 씨줄. latitude.

위세〔威勢;위엄 위, 권세 세〕명(사 66:15) ①위엄이 있는 기세. authority. ②맹렬한 기세.

위소〔衛所;호위할 위, 바 소〕명(왕상 16:18) 왕궁을 지키는 곳. 시위소. 성체. 높은 곳.

위안〔慰安;위로할 위, 평안 안〕명(시 94:19) 위로하여 안심시킴. consolation.

위엄〔威嚴;위엄 위, 엄할 엄〕명(출 15:7) 의젓하고 엄숙함. dignity.

위의〔威儀;위엄 위, 거동 의〕명(행 25:23) 위엄이 있는 의용. 몸가짐. majesty.

위인〔爲人;하 위, 사람 인〕명(느 7:2) 사람된 품. character.

위임〔委任;맡길 위, 맡길 임〕명(창 39:4) 어떤 일을 지워 맡김. 또는 그 맡은 책임. mandate.

위임식〔委任式;~법 식〕명(출 29:22) 어떤 일을 지워 맡길 때의 의식. ceremony of

ㅇ

mandate. ordination.

위임제〔委任祭; ~제사 제〕명 (레 7:37) 제사장직을 위임할 때 드리는 제사. ordination offerings.

위중〔危重; 위태할 위, 무거울 중〕명 (왕상 17:17) 병세가 대단함. seriousness.

위증〔僞證; 거짓 위, 증명할 증〕명 (신 19:16) ①거짓의 증거. false evidense. ②〈법〉법원에서 호출된 증인이 거짓으로 진술함. perjury.

위증인〔僞證人; ~사람 인〕명 (신 19:18) 거짓 증인. false witness.

위증자〔僞證者; ~놈 자〕명 (시 27:12) 위증인. false witness.

위치〔位置; 자리 위, 둘 치〕명 (민 2:17) ①차지한 자리. 처해 있는 신분. position. ②있는 장소. ③자리잡고 있음.

위탁〔委託; 맡길 위, 부탁할 탁〕명 (렘 29:3, 민 27:19) 남에게 사물의 책임을 맡김. trust.

위태하다〔危殆~; 위태할 위, 위태로울 태〕형 (대상 12:19) ①형세가 매우 어렵다. dangerous. ②마음을 놓을 수가 없다. unsteady. ③위험하다. dangerous.

위풍〔威風; 위엄 위, 바람 풍〕명 (잠 30:29) 위엄이 서리는 풍채. majestic air.

위하다〔爲~; 위할 위〕타 (창 2:18) ①잘 되도록 관계해 주다. wish well. ②이롭게 하다. profit. ③공경하다. respect. ④소중하게 알다. value.

위한〔爲限; 하 위, 한정 한〕명 (삿 11:38) 기한이나 한도를 정함. fixing a term.

위험〔危險; 위태할 위, 험할 험〕명 (신 8:15) ①위태함. danger. ②안전하지 못함. unconstitution.

위협〔威脅; 위엄 위, 위협할 협〕명 (시 10:18) 위력으로 으르고 협박함. threat.

윗 관 (출 28:27) 위의, 위에 있는.

윗못 명 (왕하 18:17) 실로암 못.

유갈〔יְהוּכַל〕인 (렘 38:1) 「시드기야」 왕의 신복.

유교물〔有酵物; 있을 유, 술괼 교, 만물 물〕명 (출 12:19) 누룩을 넣어서 만든 음식물.

유교병〔有酵餠; 있을 유, 술괼 교, 떡 병〕명 (출 12:15) 누룩을 넣어서 만든 떡.

유구 무언〔有口無言; 있을 유, 입 구, 없을 무, 말씀 언〕명 (마 22:12) 아무 소리도 못함. 곧 변명할 말이 없다는 뜻임. no excuse to offer.

유기〔鍮器; 놋쇠 유, 그릇 기〕명

(레 6:28) 놋그릇. brassware.

유년〔幼年:어릴 유, 해 년〕명 (민 30:16) 어린 나이. 어린 사람. infancy.

유니게〔Ἐυνίχη=유명한 정복자〕인(딤후 1:5) ①「디모데」의 모친으로 「유대」인이요, 그 남편은 「헬라」인이다. ②그 어머니 「로이스」의 교훈을 이어 그 아들 「디모데」를 잘 가르쳤다(행 16:1).

유니아〔יְהוּדָה〕인(롬 16:7) 「바울」과 함께 갇혔던 청년으로 「바울」의 친척인데, 사도들에게도 높임을 받는 자이다.

유다[1]〔Ἰουσαια=찬송〕인

1 「야곱」의 넷째 아들(창 29:35, 마 1:2). ①「레아」가 「하란」에서 낳았다. 여러 형제가 어린 동생 「요셉」을 죽이려고 하는 것을 「미디안」 상인에게 팔게 했다(창 37:26-27). ②흉년에 양식을 사러 「애굽」에 갔을 때, 「요셉」이 「베냐민」을 가두려 하는 고로 애걸하였다(창 44:18-34). ③그 후 온 가족이 「애굽」에 내려갈 때는 세 아들을 데리고 갔다(창 36:12). ④출「애굽」 시에 12지파 중 이 지파의 자손 수가 가장 많고 세력도 가장 강하여 광야에 있을 때나 「가나안」에 들어갈 때 늘 선봉이 되었다(민 1:27, 2:9). ⑤그 본영의 기호는 사자(Lion)이다(창 49:9, 계 5:5). ⑥그 기업지는 「가나안」 남방인데, 다른 지파보다 광대하고 「예루살렘」 「시온」산, 성전, 왕궁들이 다 이 지방에 있다. 국명도 「유다」라 하고 왕통도 「다윗」으로부터 23대 「시드기야」 왕까지 계승하였으며 만왕의 왕 예수께서도 이 지파에서 탄생하셨으니, 「야곱」의 축복이 응하였다(창 49:10). ⑦여러 가지 미덕이 있었으나 크게 실수한 것은, 그 자부 「다말」에게 실수하였는데 그 아들 쌍둥이가 「베레스」와 「세라」로서 그 중에 「베레스」는 「다윗」의 10대조이다(창 38:, 마 1:3-6).

2 사도 중 한 사람으로, 일명 「다대오」라고도 하고(요 14: 22, 마 10:3) 「야고보」의 형제인데 「유다」 서를 쓴 사람이다(유 1).

3 예수의 동생이다(마 13:55).

4 「가룟」인 「유다」로서 돈주머니를 맡았던 제자로서 은 30에 은사 예수를 팔고 자살하였다(마 26:14-51, 27:5, 행 1:18).

5 「바사바」라 하는 「유다」로서 「예루살렘」 교회의 유력자로 공회의 결의안을 가

지고 「실라」와 함께 회신사가 되어 「안디옥」 교회에 갔다(행 15:22).

[6] 「갈릴리」 「유다」로서 주후 6년에 호적할 때 백성을 꾀어 모반하다가 패망하였다(행 5:37).

[7] 「다메섹」 성 「직가」에 사는 「유다」로 그는 「유대」인이었다. 「바울」이 회심하던 날 그 집에 유숙하였다(행 9:11).

[8] 그 밖에 2인이 있다 (느 11 :9, 눅 3:30).

유다[2] [Ἰουσαια = 찬양] [지] ①이 땅은 「여호수가」가 「가나안」에 들어가 12지파에게 토지를 분배할 때 「유다」 지파에게 준 지방을 「유다」라 이름하였다. 당시의 경계는 동으로 「사해」, 서는 「지중해」, 남은 「시므온」 땅, 북은 「베냐민」과 「단」인데 이 성에 7만 6천 5백 명의 인구가 살고 있었다(수 15:, 민 26:22). ② 「솔로몬」 왕이 죽은 후, 그 아들 「르호보암」에 이르러는 국가가 분열되어 북방의 10 지파는 「여로보암」을 왕으로 추대하고 국호를 「이스라엘」이라 하였다(왕상 12:20). ③남방 「유대」 「베냐민」 중 양 지파가 「유다」국이라 하여 「르호보암」이 왕이 되었다(왕상 12:23). ④20대에 390년을 지나는 동안 「악사」, 「여호사밧」, 「요아스」, 「히스기야」, 「요시아」 등의 명군이 시시로 일어나 여호와의 율법에 의하여 선정을 하였으나, 말년에 4대가 여호와를 진노케 하여 마침내 「바벨론」 왕 「느부갓네살」에게 망하였다. 그 다음에 「메대」 「파사」에 속하여 있는 동안 「고레스」 왕 원년에 「스룹바벨」의 인도로 「유대」인 5만 명이 「예루살렘」에 돌아와 성곽과 성전을 개축하였다 (스 2:2, 64-65, 6:15, 느 12:27). ⑤주전 332년 : 「마게도냐」의 속국. 주전 200년 : 「수리아」. 주전 163년 : 「마카비」 시대. 주전 63년 : 「로마」에 침몰. 주후 614년 : 「터키」. 주후 636년 : 회회교도 「오말」에게 침공 당하여 회회교의 도성이 됨. 주후 1099년 : 십자군에 의하여 해방. 주후 1187년 : 「애굽」에 침몰. 주후 1291년 : 「터키」 재차 침공으로 제1차 세계 대전까지 이름. ⑥예수님 당시에 「로마」에 속한 영토로서 「로마」는 「유대」 전토를 3도로 나누어 「갈릴리」 「사마리아」 「유대」라 하였으니 「유대」 도는 옛날 「에브라임」, 「단」, 「베냐민」, 「유다」, 「시므온」 지방으로, 「사마리아」와 함께 「로마」국 총독이 관할하고 「갈릴리」 도는 「갓」, 「르우벤」 지파의 땅을 합하여 「헤롯 안디바」가 관할하였다. ⑦「유대」 광야라 한 곳은 「예루살렘」 동남에 있어 세례 「요한」이 전도하고 예수께서 시험받으신 곳인 듯하다(마 2:1, 3:1). ⑧중앙은 산악 지대로 길이 험준하나 직선이므로 예수께서 「갈릴리」 도에 내왕하실 때는 이 길을 택하여 「사마리아」 도를 통과하셨다(요 4:3-4). ⑨토지는 암석과 모래가 많아 아주 척박하나 일부 비옥한 땅이 있어 양백과 대소두(大小豆) 등을 외국에 수출하였다. 포도, 감람, 석류, 무화과 등을 가장 많이 생산하는 고장이요, 「헤브론」 포도는 매우 유명하여 「모세」의 정탐꾼이 한 송이를 2인이 메고 왔다 하였다(민 13:23). 생업은 목축, 농업, 상업이 가장 중요하고, 그 중에 「유대」인의 상업술은 세계에서 손꼽을 만하다.

유다서 명(유) 신약 제26권째 성경. 「야고보」의 형제인 「유다」의 기록으로, 구원에 관하여 언급할 뿐만 아니라 가만히 들어온 거짓 교사들로 인하여 큰 위협을 당하고 있는 성도들에게 엄숙하게 경고함으로 그 정도의 절박함을 보여 준다. 사단(마귀)의 정체가 무엇인지 밝히고 있으며, 참된 그리스도인들에게 믿음을 위한 싸움을 싸우도록 권한다.

유다인 명(에 2:5) 「유다」 지파, 「유다」 족속, 「유다」의 후손, 「유대」인.

유대교 명(행 2:10) 구약 시대로부터 지금까지 「유대」인의 종교. 구약을 믿고 오실 「메시야」를 기다리며 「이스라엘」의 회복을 고대한다. judaism.

유덕〔有德;있을 유, 큰 덕〕명(잠 11:16) 덕행이 있음. virtuousness.

유두고〔*Εὔτυχος*=복되다〕인(행 20:9-10) 「바울」이 「드로아」에서 강론하는 좌석에 참예하여 깊이 졸다가 3층에서 떨어져 죽으니 「바울」이 곧 다시 살려 주었다.

유딧〔יְהוּדִית=유대인 여성형〕인(창 26:34, 36:2) 「에서」의 아내로서, 「헷」 사람 「브에리」의 딸.

유라굴로 명(행 27:14) 헬라어 유라굴론에서 온 것. 지중해 북부 「그레데」 해안에 봄에 부는 강한 북동풍의 이름.

유력〔有力;있을 유, 힘 력〕명(룻 2:1) ①세력이 있음. powerful. ②목적에 달할 가능성이 많음. highly probable.

유력자〔有力者;～놈 자〕명(전 9:11) 세력이 있는 사람.

유령〔幽靈;그윽할 유, 영혼 령〕명(마 14:26) ①죽은 사람의 영혼. departed spirit. ②죽은 사람의 영혼이 나타나는 형상. ghost. ③실제로 없고 헛된 것.

유리[1]〔流離;흐를 류, 떠날 리〕명(창 4:12) 정한 직업이 없이 이리저리 돌아다니는 일. 원 유리표박(流離漂泊). wandering.

유리[2]〔琉璃;유리 류, 유리 리〕명(욥 28:17) 〈화〉단단하나 깨어지기 쉬우며 투명한 물질. 초자. glass.

유리 바다명(계 4:6) 수정과 같이 맑고 투명하고 동요 없는 성전의 특성을 나타낸 말. 그리스도의 의와 성결을 나타낸다.

유린〔蹂躪;밟을 유, 짓밟을 린〕명(사 63:18) ①폭력으로 남의 권리를 침해함. overriding. ②짓밟음. treading down.

유명[1]〔有名;있을 유, 이름 명〕명(창 6:4) ①이름이 있음. fame. ②이름이 세상에 널리 알려져 있음. renown. ③이름이 높고 명성이 있음.

유명[2]〔幽冥;그윽할 유, 어두울 명〕명(잠 15:11) ①깊숙하고 어두움. darkness. ②저승. the world of dead.

유모〔乳母;젖 유, 어미 모〕명(창 24:59) 어머니 대신 젖을 먹여 길러 주는 여자. wet nurse.

유무〔有無;있을 유, 없을 무〕명(민 13:20) 있음과 없음. existence.

유발〔יוּבָל=음악〕인(창 4:21) 「레멕」과 「아다」의 아들이니 악기를 처음 발명한 자이다.

유방〔乳房;젖 유, 방 방〕명(욥 3:12) 유즙(乳汁)을 분비하는 기관. 젖통이. woman's breast.

유벽〔幽僻;그윽할 유, 궁벽할 벽〕명(삼상 25:20) 깊숙하고 궁벽함. seclusion.

유복〔有福;있을 유, 복 복〕명(시 89:15) 복이 있음. being fortunate.

유부녀〔有夫女;있을 유, 지아비 부, 계집 녀〕명(신 22:22) 남편이 있는 여자. another man's wife.

유브라데 강〔פְּרָת=커다란 강, 흐른다〕지(창 2:14) 「아시아」주 서부에 있는 동방 최대의 강으로, 그 발원지는 「에덴」 동산과 「알미니아」 계곡이다. 길이는 2,850km로서 하류에서 합류되는 「티그리스」 강과 더불어 「메소포타미아」의 수운(水運)과 농업 발달에 원동력이 되어 그 지역 도개 문명의 발상지가 되었다. ①「에덴」에서 발원한 4대 강 중의 하나. ②「아브라함」의 자손에게 허락한 동경 경계선(창 15:18). ③「르우벤」 지파의 동편 경계선(대상 5:9). ④「다윗」과 「솔로몬」의 점령지(삼하 8:3, 대하 9:26). ⑤「애굽」「느고」 왕 때 확장지(왕하 23:29). ⑥「바벨론」 왕 「느부갓네살」이 탈취(왕하 24:7). ⑦「예레미야」가 요대를 이 강변에 감추었다(렘 13:4-5). ⑧계시록에는 큰 강 「유브라데」에 결박한 네 천사를 해방하라 하였다(계 9:14).

유사〔有司;있을 유, 맡을 사〕명(출 22:28) 일반적인 뜻은 단체의 일을 맡아 보는 사람. manager. ①구약 「이스라엘」 백성의 종족에 따라 세워 지도하던 사람. leader of the people. ②감독 교회의 직분(일반적으로는 집사). diaconate.

유사장〔有司長;~길 장〕명(렘 20:1) 유사의 우두머리.

유삽헤셋〔יוּשַׁב חֶסֶד=그의 사랑은 돌아온다〕인(대상 3:20) 「스룹바벨」의 아들.

유숙〔留宿;머무를 류, 잘 숙〕명(창 24:23) 남의 집이나 여관에서 묵고 있음. lodging.

유순〔柔順;부드러울 유, 순할 순〕명(신 28:54) 성질이 부드럽고 온순함. obedience.

유스도〔*Ιουστος*=정직〕인(행 1:33) 「유다」의 뒤를 이어 사도를 뽑는데 추천되었던 사람.

유식〔有識;있을 유, 알 식〕명(사 29:11) 지식이 있음. 아는 것이 많음. intelligence.

유실물〔遺失物;잃을 유, 잃을 실, 만물 물〕명(레 6:4) 잃어 버린 물건. lost articles.

유심[1]〔有心;있을 유, 마음 심〕명(사 21:7) ①주의를 기울임. attention. ②뜻이 있음. intention.

유심[2]〔留心;머무를 류, 마음 심〕명(전 7:2) 마음에 둠. 유의. attention.

유아〔幼兒;어릴 유, 아이 아〕명(출 12:37) 어린 아이. children.

유암〔幽暗·幽闇;그윽할 유, 어두울 암〕명(신 4:11, 욥 3:5) 그윽하고 어둠침침함. obscurity.

유약〔幼弱;어릴 유, 약할 약〕명(창 33:13) 잔약하고 어림. being young and weak.

유언〔遺言;남길 유, 말씀 언〕명(대상 23:27) ①임종 때에 자손들에게 부탁하는 말.

one's last words. ②생시에 자기가 죽은 뒤에 법률상의 효력을 낼 목적으로 한 의사 표시. will.

유업〔遺業;끼칠 유, 업 업〕[인](창 28:4) 선대로부터 이어 내려오는 사업. business left by the deceased.

유업을 이을 자[구](갈 3:29) 대를 이을 아들. 소유자가 됨.

유여하다[1]〔有餘~;있을 유, 남을 여〕[형](말 2:15) 남음이 있다. 넉넉하다. plentiful.

유여하다[2]〔裕餘~;넉넉할 유, 남을 여〕[형](고후 8:14) 유여하다(有餘~). 넉넉하다. plentiful.

유예〔猶豫;오히려 유, 미리 예〕[명](삼상 11:3) ①우물쭈물하고 결정하지 않음. postponement.

유오디아〔*Ευοδία*=꽃다운 향기〕[인](빌 4:2) 「빌립보」 교회 여성도.

유월절〔逾越節;넘을 유, 넘을 월, 마디 절〕[명](출 12:11) 하나님께서 「이스라엘」 백성을 「애굽」에서 인도하여 내실 때, 악한 「바로」 왕에게 열 가지 재앙을 내리셨다. 마지막 장자를 죽이는 재앙을 내리실 때 양의 피를 문설주에 바르게 하여 하나님을 믿고 의지하는 것임을 표시하였다. 이 표시는 보고 넘어가 장자를 쳤다. 이 날을 기념하여 지키는 절이다. 이 절기는 「유대」력 니산월 10일에 처음 난 어린 수양을 잡아 피는 문설주에 바르고 고기는 구워서 먹는다. 다음 날부터 1주일 동안은 누룩 없는 떡을 먹는다. 지금까지 「이스라엘」 사람들은 지키고 있다(출 12:1-27, 레 23:4-14).

유위 부족〔猶爲不足;오히려 유, 하 위, 아닐 가 부, 발 족〕[명](요삼 1:10) 오히려 모자람. 싫증이 나지 않음. not enough.

유의〔留意;머물를 류, 뜻 의〕[명](욥 1:8) 유심(留心). intention.

유익〔有益;있을 유, 더할 익〕[명](창 25:30) 이익이 있음. 외로움. being profitable.

유인〔誘引;꾈 유, 끌 인〕[명](수 8:6) 남을 꾀어 냄. temptation.

유일〔唯一;오직 유, 한 일〕명(시 22:20) 오직 하나임. the only.

유전〔遺傳;남을 유, 전할 전〕명(창 7:3) ①끼쳐 내려옴. 구전(口傳)으로 전해지는 것. inheritance. ②조상의 몸의 형태나 성질이 자손에게 전하여지는 일. heredity.

유조〔有助;있을 유, 도울 조〕명(욥 15:3) 도움이 있음. helpfulness.

유족〔裕足;넉넉할 유, 진칠 진〕명(삼상 2:5) 모자람이 없이 넉넉함. plenty.

유진〔留陣;머무를 류, 발 족〕명(민 9:18) 행군하던 군대를 잠시 머무르게 하는 일.

유질 몰락〔流質沒藥;흐를 류, 바탕 질, 빠질 몰, 약 약〕명(출 30:23) 나무에서 나와 엉긴 몰약의 향유(香油). 방향. 향수. 〈액체 몰약〉.

유출〔流出;흐를 류, 날 출〕명(레 15:13) ①흘러 나옴. outflow. ②〈경〉화폐가 외국으로 흘러 나감. ③여자의 국부로부터 부정한 것이 흐름.

유출병〔流出病;~병들 병〕명(레 15:2) 혈루증(하혈)과 냉병 등의 총칭(여자병).

유치〔幼稚;어릴 유, 어릴 치〕명(신 28:50) ①나이가 어림. infancy. ②학문이나 기술 따위가 미숙한 일. early stage. 유 치졸.

유쾌〔愉快;즐거울 유, 쾌활할 쾌〕명(잠 23:16) 마음이 즐겁고 상쾌함. pleasure.

유하다[1]〔柔~;부드러울 유〕형(사 1:6) ①부드럽다. soft. ②아무런 걱정이 없다. at ease.

유하다[2]〔留~;머물를 류〕자(창 26:3) ①머무르다. stay. ②자다. sleep.

유행〔流行;흐를 류, 행할 행〕명(신 29:22) 세상에 널리 크게 행하여짐. fashion.

유향[1]〔乳香;젖 유, 향기 향〕명(창 37:25) 감람과의 유향수(乳香樹)에서 짜낸 즙액. 향료. frankincense.

유향[1]〔油香;기름 유, 향기 향〕명(대상 9:29) 향의 일종. incense. 유향목에서 진액을 짜낸 고급 향료. 주산지는 「스바」나 「길르앗」이다(창 37:25, 사 60:6).

유향목〔乳香木;젖 유, 향기 향,

ㅇ

나무 목]명(아 4:14) 〈식〉감람과의 유향수(乳香樹). 유향을 짜내는 나무. frankincense tree.

유혹〔誘惑;꾈 유, 미혹할 혹]명(민 25:18) ①남을 꾀어서 정신을 어지럽게 함. ②그릇된 길로 꾀임. temptation.

유혼〔幽魂;그윽할 유, 넋 혼]명(시 88:10) 영혼. 숨은 혼. 저승 혼. 죽은 자를 뜻함. soul.

유황〔硫黃;유황 류, 누를 황]명(창 19:24) 〈화〉주기율표 제6족 산소족에 속해 있는 비금속 원소의 하나. 성냥의 원료 및 약용·표백용으로 씀. sulfur, sulphur.

육〔肉;살 육]명(요 3:6) ①짐승의 고기. meat. ②살. flesh.

육개월〔六個月;여섯 육, 낱 개, 달 월]명(대상 3:4) 여섯 달. 180일. six month.

육계〔肉桂;살 육, 계수나무 계]명(출 30:24) 〈한〉계수나무의 두꺼운 껍질. cinnamon (출 30:23). 성소에서 사용한 향품이었다.

육백승〔六百乘;여섯 육, 일백 백, 탈 승]명(출 14:7) 병거(兵車) 600대.

육선〔肉饍;살 육, 반찬 선]명(잠 17:1) 고기로 만든 반찬. 육찬. meat dish.

육신〔肉身;살 육, 몸 신]명(신 5:26) ①산 사람의 몸. body. ②물질적인 신체.

육에 속한 자구(유 19) 새롭게 된 성도의 본성과 구별되는 말로 보다 저급하거나 야수적인 말성을 나타내는 말. 하나님을 거스리는 자. 사단의 지배를 받는 자. 불신자.

육적〔肉的;살 육, 적실할 적]명(골 2:11) 육체적. 육욕적. physical.

육정〔肉情;살 육, 뜻 정]명(요 1:13) 남녀 사이의 육체의 정욕. 성욕. 색욕. carnal desire.

육지〔陸地;뭍 륙, 땅 지]명(창 7:22) 물이 덮히지 않은 지구 위의 땅. 뭍. land.

육지악어〔陸地鰐魚;뭍 육, 땅 지, 악어 악, 고기 어]명(레 11:30) 〈동〉큰 도마뱀.

육지창〔六枝槍;여섯 육, 가지 지, 창 창〕명(사 30:24) 쇠스랑과 같은 것으로, 가축의 사료를 키질하여 정미롭게 하는 도구.

육척〔六尺;여섯 육, 자 척〕명(겔 40:5) 여섯 자. 1자는 30.03cm.

육체〔肉體;살 육, 몸 체〕명(창 6:3) 몸. 육신. body.

육체의 가시 명(고후 12:7) 가시로 찌르는 것 같은 병. 사단의 사자.

육축〔六畜;여섯 육, 가축 축〕명(창 1:24) 집에서 기르는 6가지 가축, 소·말·개·돼지·양·닭. six domestic.

윤택〔潤澤;윤택할 윤, 못 택〕명(신 32:15) ①윤기 있는 광택. gloss. ②넉넉함. rich.

율〔律;법 률〕명(마 24:51) 범죄자를 처벌하는 법.

율례〔律例;법 률, 본보기 례〕명(창 26:5) ①형벌법의 총칭. ②법률의 모범적인 정례. codes of penal laws. ③법규. laws.

율리아〔Ἰουλία=감았다〕인(롬 16:15) 「로마」에 있는 성도.

율리오〔Ἰουλίο=감았다〕인(행 27:1) 「아구사도」 영문의 백부장으로, 총독 「베스도」의 명령으로 「바울」과 기타 지인을 「로마」에 호송하는 중 「바울」을 선대하여 「시돈」에서 친구 만나는 것을 허락하고 항해 중에 군사들이 「바울」을 죽이려는 것을 힘써 구출하였다(행 27:42, 43, 3).

율법〔律法;법 률, 법 법〕명(출 13:9) ① 하나님이 정하신 법. law. ②모세오경. ③십계명. ④일반적인 용어로는 사회의 규범. commandment.

율법 문제〔律法問題; ~ 물을 문, 제목 제〕명(행 23:29) 율법에 대하여 다루게 된 사건. questions about one's own law.

율법사〔律法士; ~ 선비 사〕명(마 22:35) 율법을 잘 아는 사람. 성경을 해석하여 생활에서 지킬 세칙을 만들어 지키도록 하였다. 예수님을 반대하고 제사장과 더불어 예수님을 십자가에 못박게 하였다. teacher of the law.

율법서〔律法書;법 률, 법 법, 글 서〕명(신 17:18) 법률을 기록한 글 모세 오경. 창세기, 출애굽기, 레위기, 민수기, 신명기. 좁은 뜻으로는 십계명.

율법책〔律法册;법 률, 법 법, 책 책〕명(신 29:21) 율법을 기록한 책. book of God's laws. 모세 오경. 성경.

윳다〔יֻטָּה=물이 많음〕지(수 15:55) 「유대」 산중에 있는 성읍으로, 제사장들의 거주지로 양여하였다. 「사가랴」의 거주지 곧 세례 「요한」의 출생지라는 전설이 있다. 지금 이름도 「윷다」인데, 「헤브론」의 남 6km 지점에 있다.

으뜸 [명](민 24:20) ①첫째. first. ②두목. head. ③근본. origin.

으르렁거리다 [자](사 31:4) ①사나운 짐승이 성내어 부르짖는 모습. roar. ②부드럽지 못한 말로 다투다. quarrel.

으불로〔*Ευβουλος*=신중, 지혜로운〕[인](딤후 4:21) 「로마」에 있는 신자로서, 「바울」이 「디모데」 후서를 쓸 때에 함께 있던 사람.

은〔銀;은 은〕[명](창 20:16) 〈광〉 금보다 조금 가볍고 빛이 흰 쇠붙이. silver.

은감실〔銀龕室;은 은, 감실 감, 집 실〕[명](행 19:24) 은으로 만든 모조 신당(헬라인 여행자들이 가지고 다녔다). silver models of the temple.

은근〔慇懃;은근할 은, 은근할 근〕[명](렘 13:17) ①태도가 겸손하고 은근함. politeness. ②은밀하게 정이 깊음. 정성되고 다정함. [부] 은근히.

은금〔銀金;은 은, 쇠 금〕[명](창 13:2) 은과 금. silver and gold.

은기명〔銀器皿;은 은, 그릇 기, 그릇 명〕[명](대상 28:14) 은으로 된 그릇.

은나팔〔銀~;은 은〕[명](민 10:2) 은으로 된 나팔.

은대접〔銀大楪;은 은, 큰 대, 바래기 접〕[명](왕하 12:13) 은으로 만든 대접. silver large bowl.

은등대〔銀燈臺;은 은, 등잔 등, 집 대〕[명](대상 28:15) 은으로 만든 등대. silver lighthouse.

은물〔銀物;은 은, 만물 물〕[명](왕하 25:15) 은으로 만든 물건. everything that was made of silver.

은미〔隱微;숨을 은, 작을 미〕[명](왕상 10:3) ①작아서 알기 어려움. obscurity. ②겉으로 그리 드러나지 않음.

은밀〔隱密;숨을 은, 빽빽할 밀〕[명](민 12:8) 형적이 표면에 나타나지 아니함. being secret. [부] 은밀히.

은박〔銀箔;은 은, 금박 박〕[명](렘 10:9) 은을 종이와 같이 아주 얇게 만든 물건. silver leaf.

은반〔銀盤;은 은, 소반 반〕[명](민 7:13) ①은으로 만든 쟁반. silver plate. ②'달'을 달리 일컫는 말. ③매끄러운 얼굴. ④맑은 얼음판. skating rink.

은비〔隱秘;숨을 은, 비밀 비〕[명](사 48:6) ①숨겨 비밀로 함.

secretive. ②미묘하여 알기 어려운 진리. secret.

은사〔恩賜;은혜 은, 은혜 사〕명(렘 31:12) ①임금께서 내려줌. ②임금께서 내려주는 물건. Imperial gift. ③〈기〉 하나님께서 내려주시는 재능, 소질, 선물, God's gift.

은상〔銀床;은 은, 평상 상〕명(대상 28:16) 은으로 만든 상. silver table.

은신처〔隱身處;숨을 은, 몸 신, 곳 처〕명(시 32:7) 몸을 숨기는 곳. hiding place.

은우상〔銀偶像;은 은, 허수아비 우, 형상 상〕명(사 31:7) 은으로 만든 우상. silver sinful idol.

은은하다〔殷殷~;우뢰 소리 은, 우뢰 소리 은〕형(시 81:7) 큰 소리가 멀리서 잇달아 들려오다. bellowing.

은익〔隱匿;숨을 은, 숨길 익〕명(창 37:26) ①숨기어 감춤. 비밀로 함. concealment. ②물건의 효용을 잃게 하는 행위.

은인〔恩人;은혜 은, 사람 인〕명(눅 22:25) 은혜를 베푼 사람. benefactor.

은잔〔銀盞;은 은, 술잔 잔〕명(창 44:2) 은으로 만든 잔. 은배(銀杯). silver cup.

은장색〔銀匠色;은 은, 장인 장, 빛 색〕명(삿 17:4) 은으로 세공(細工)하는 일을 업으로 하는 사람. 은장이. silver smith.

은쟁반〔銀錚盤;은 은, 쇳소리 쟁, 소반 반〕명(잠 25:11) 은으로 만든 쟁반. silver tray.

은적〔隱跡;숨을 은, 발자취 적〕명(삼상 23:22) 종적을 감춤. covering one's traces.

은총〔恩寵;은혜 은, 사랑할 총〕명(창 32:10) ①높은 사람에게서 받는 특별한 사랑. ②하나님의 용서, 그리스도의 속죄적 사랑. favour.
* 아가페 사랑이 은총이다.

은택〔恩澤;은혜 은, 못 택〕명(시 51:18) 은혜로운 덕택. 은혜와 덕택. favour.

은폐〔隱蔽;숨을 은, 가릴 폐〕명(렘 16:17) 덮어 감추거나 가리어 숨김. concealment.

은행〔銀行;은 은, 행할 행〕명(눅 19:23) 신용을 기초로 하여 돈을 맡거나 대부하여 자본의 수요와 공급을 매개하는 구실을 하는 기관. bank.

은혜〔恩惠;은혜 은, 은혜 혜〕명(창 6:8) ①베풀어 주는 혜택. benefit. ②고마움. gratitude. ③신세. obligation.
* 참 은혜는 하나님 만이 주신다.

은혜롭다 형(출 34:6) 베풀어

주는 혜택을 입어 매우 고마움을 느끼다.
* 은혜로운 것은 말썽없이 지나는 것이 아니다. 법을 준행하는 일이다.

은휘〔隱諱;숨을 은, 꺼릴 휘〕명(시 40:10) 꺼리어 숨기고 피함. concealment.

을래강〔אוּלַי〕지(단 8:2) 「바사」국 「수산」 성 부근을 흐르는 강. 「다니엘」이 이 강변에서 수양의 이상을 보았다.

읊다 타(민 21:27) ①소리를 내어 시를 외다. recite. ②시를 흥얼거리며 짓다. compose. ③소리를 내어, 시를 운에 맞추어 읽거나 외다. chant.

음〔音;소리 음〕명(고전 14:7) 소리. voice. 음악의 곡조.

음낭〔陰囊;그늘 음, 주머니 낭〕명(신 25:11) 〈생〉 정소(精巢)를 싸고 있는 주머니처럼 생긴 부분. scrotum.

음녀〔淫女;음란할 음, 계집 녀〕명(시 73:27) ①색욕이 센 여자. lewd girl. ②음탕한 여자. 음부. harlot.

음란〔淫亂;음란할 음, 어지러울 란〕명(출 34:15) ①주색에 빠짐. ②음탕하고 난잡함. lewdness.

음령〔陰靈;그늘 음, 신령 령〕명(욥 26:5) 죽은 사람의 영.

음료〔飮料;마실 음, 헤아릴 료〕명(요 6:55) 술·차·물 따위와 같이, 마시는 액체의 총칭. drink.

음부[1]〔陰府;그늘 음, 마을 부〕명(창 37:35) ①저승. the other world. ②지옥. hell. 저승. sheol.

음부[2]〔淫婦;음란할 음, 지어미 부〕명(레 20:10) 음녀. 간음한 여인. harlot.

음성〔音聲;소리 음, 소리 성〕명(창 3:8) 사람의 발음 기관에서 생기는 음향. voice.

음식〔飮食;마실 음, 밥 식〕명(창 37:25) 먹고 마시는 것. eating and drinking.

음실〔陰室;그늘 음, 집 실〕명(렘 37:16) ①햇빛이 잘 들지 않는 음침한 방. un sunny room. ②남의 눈에 잘 띄지 않는 방. secret room.

음심〔淫心;음란할 음, 마음 심〕명(벧후 2:14) 남녀의 음행을 하고자 하는 마음. 색욕. 나쁜 욕정. sexual desire.

음악〔音樂;소리 음, 음악 악〕명(대하 34:12) 음을 일정한 방법에 의하여 조화, 결합시키어 미감(美感)을 일으키게 하는 예술. music.

음예〔陰翳;그늘 음, 가릴 예〕명(욥 28:3) 많은 구름이 하늘을 덮어 어두움. shade.

음욕〔淫慾;음란할 음, 욕심 욕〕명(사 57:5) ①행동이 음란하고 방탕함. lewd. ②주색에 빠짐.

음침하다〔陰沈~;그늘 음, 잠길 침〕형(시 23:4) ①성질이 명랑하지 못하고 의뭉스럽다. gloomy. ②날씨가 흐리고 밝지 아니하다. dark.

음탕〔淫蕩;음란할 음, 방탕할 탕〕명(시 106:39) ①행동이 음란하고 방탕함. lewd. ②주색에 빠짐.

음풍〔淫風;음란할 음, 바람 풍〕명(레 19:29) 음란하고 더러운 풍속. immoral manners.

음행〔淫行;음란할 음, 행할 행〕명(민 25:1) 음란한 행위. 외설스러운 행위. obscene act.

읍〔邑;고을 읍〕명(수 3:16) 행정 구역의 하나. 작은 도시. town.

읍내〔邑內;고을 읍, 안 내〕명(막 5:14) ①관청이 있던 부락. ②고을 안. town.

읍장〔邑長;고을 읍, 길 장〕명(행 17:6) 고을의 우두머리. 읍의 행정 사무를 통할하는 사람. mayor of a town.

응답〔應答;응할 응, 대답할 답〕명(창 35:3) 물음에 대답함. reply.

응대〔應待;응할 응, 기다릴 대〕명(호 2:15) ①만나 봄. interview. ②접대함. reception.

응득〔應得;응할 응, 얻을 득〕명(렘 13:25) 응답으로 얻은 것.

응락〔應諾;응할 응, 승낙할 락〕명(왕하 12:8) 승낙함. consent.

응식〔應食;응할 응, 밥 식〕명(레 8:29) 직무에 응하여 받는 녹. stipend.

응용〔應用;응할 응, 쓸 용〕명(전 10:19) 어떠한 원리를 실제로 이끌어 활용함. application.

응하다〔應~;응할 응〕자타(민 11:23) ①따르다. comply. ②대답하다. answer. ③하라는 대로 하다. comply with. ④반응을 나타내다. respond.

응험〔應驗;응할 응, 시험할 험〕명(겔 12:22) 드러난 조짐이 맞음. amount to pay.

의〔義;옳을 의〕명(창 15:6) ①사람이 행하여야 할 바른 도리. justice. ②옳은 행위. loyalty. ③혈연 관계가 없는 사람과 골육의 관계를 맺는 일. relation.

* 그리스도를 믿으므로 의롭게 됨.

의견〔意見;뜻 의, 볼 견〕명(창 20:10) 마음 속에 느낀 바 생각. opinion.

의논〔議論;의논할 의, 의논할 논〕명(삼하 19:43) ①어떠한 일을 서로 문의함. argu-

ㅇ

ment. ②서로 어떤 일을 꾀함. consultation.

의례〔依例;의지할 의, 본보기 례〕명(에 2:9) 전례에 따름. following precedent.

의로운 자명(출 23:7) 흠없는 사람. 거룩한 사람. 원칙적으로 그리스도의 의를 힘입어 구속받은 성도.

의뢰〔依賴;의지할 의, 힘입을 뢰〕명(레 26:26) 남에게 의지함. 또는 부탁함. request.

의리〔義理;옳을 의, 도리 리〕명(잠 10:2) ①사람으로서 지켜야 할 바른 길. justice. ②겨레붙이 아닌 사람이 겨레붙이의 관계를 맺음. contracting a relation. ③서로 사귀는 도리. relation.

의무〔義務;옳을 의, 힘쓸 무〕명(신 25:5) ①맡은 직분. responsibility. ②응당 해야 할 본분. duty. ③법률상 의사의 구속. 곧 법률로 규정하여 강제하는 행위.

의문[1]〔疑問;의심할 의, 물을 문〕명(단 5:12) 의심하여 물음. 또는 그러한 문제. question.

의문[2]〔儀文;법 의, 글 문〕(롬 2:27) 의장(儀仗)의 표. 의식에 쓰는 무기 또는 물건의 표.

의복〔衣服;옷 의, 옷 복〕명(창 24:53) 옷. 피복. clothes.

의사[1]〔醫師;의원 의, 스승 사〕명(창 50:2) 의술에 의하여 병을 진찰, 치료하는 일을 업으로 삼는 사람. doctor.

의사[2]〔議士;의논할 의, 선비 사〕명(대상 26:14) 충고자, 조언자, 상담자. man who gives good advice.

의사[3]〔意思;뜻 의, 생각 사〕명(잠 18:2) 생각. 마음. 뜻. intention. mind. will.

의수〔依數;의지할 의, 셀 수〕명(눅 6:34) 정한 수에 따름.

의심〔疑心;의심할 의, 마음 심〕명(민 5:14) ①미심쩍게 여기는 생각. suspicion. ②못 믿는 마음. doubt.

의약〔醫藥;의원 의, 약 약〕명(렘 46:11) ①의료 약품. medicine. ②의술과 약. medicine.

의원[1]〔醫員;의원 의, 관원 원〕명(대하 16:12) 의사(醫師)와 의생(醫生)의 총칭. medical staff.

의원[2]〔議員;의논할 의, 관원 원〕명(눅 23:50, 막 15:43, 행 5:34) ①〈법〉 의회에서 의결권을 가진 사람. assembly member. ②〈기〉 「유대」의 최고 의회인 산헤드린 의원을 가르킨다.

의인〔義人;옳을 의, 사람 인〕명(창 6:9) 사리에 바르고 자비와 긍휼이 있는 옳은 사람. righteous person.

* 세상에 의인은 없으나 성도는 그리스도를 믿으므로 의인이 된 자이다.

의자〔椅子; 교의 의, 아들 자〕명 (삼상 1:9) 걸터앉아 몸을 뒤로 기대게 만든 기구. chair.

의지〔依支; 의지할 의, 지탱할 지〕명(민 1:18) ①남에게 의뢰함. dependence. ②몸을 기대어 부지함. support. ③따라서 말미암음. depending upon.

의탁[1]〔依托; 의지할 의, 받칠 탁〕명(삿 3:15) 남에게 의존함. 남에게 의뢰하여 부탁함. reliance.

의탁[2]〔依託; 의지할 의, 부탁할 탁〕명(대하 14:11) 몸을 남에게 의뢰함. 남에게 의존함. reliance.

의합〔意合; 뜻 의, 합할 합〕명 (암 3:3) ①의가 좋음. amicability. ②뜻과 마음이 서로 맞음. like-mindedness.

의향〔意向; 뜻 의, 향할 향〕명 (수 9:25) ①생각. idea. ②마음. mind. ③뜻. intention. 유 의사(意思).

의혹〔疑惑; 의심할 의, 미혹할 혹〕명(요 10:24) 의심하여 분별하기 어려움. suspicion.

이[1] 명(창 49:12) 사람이나 동물의 입 안에 있어 식물을 씹는 기관. 치아. tooth.

이[2] 명(출 8:16)〈곤〉 이과의 곤충. 사람의 몸에 기생하여 발진티푸스, 재귀열 등의 전염병을 매개함. louse.

이[3]〔利; 이할 리〕명(출 18:21) ①장사하여 남긴 돈. profit. ②유익함. benefit. ③이익. gain.

이가본〔אִי־כָבוֹד = 영광이 떠남〕인(삼상 4:21) 대제사장 「엘리」의 손자요, 「비느하스」의 아들로서 그 모친이 그를 낳을 때 법궤를 빼앗겼다는 말과 시아버지와 남편이 죽었다는 소식을 듣고 놀라 사망할 때 낳은 아이에게 이름을 지어 주었다(삼상 14:3).

이간〔離間; 떠날 리, 사이 간〕명 (잠 6:19) 두 사람 사이를 서로 떨어지게 만듦. alienation.

이갈〔יִגְאָל = 내어주다〕인

1 「가나안」을 정탐한 「잇사갈」 지파 「요셉」의 아들(민 13:17).

2 「다윗」의 30용사의 하나(삼하 23:36).

3 「스룹바벨」의 자손 「스마야」의 아들(대상 3:22).

이같이 부(창 3:24) 이와 같이. 이렇게. like this.

이거〔移居; 옮길 이, 살 거〕명 (마 1:11) 집을 옮겨 삶. 이주(移住). removal.

이경〔二更;두 이, 지날 경〕명 (삿 7:19) 하오 열 시부터 자정까지의 시간.

이고니온〔Ἰκονιον=양의 가슴〕지 (행 13:51) 「소아시아」 평원 서남쪽 자두와 살구나무가 많은 오아시스 가운데 있던 옛도시로서 당시 통상 요로로 알려졌다. ①「바울」이 1차 선교 여행 시에 이 성에서 전도하여 많은 신도를 얻고 오랫동안 있어 이적과 기사를 많이 행하니 완악한 「유대」인들이 관원과 이방인을 선동하여 능욕하고 돌로 치려하여 「루가오니아」 지방으로 피하였다(행 14:1-6). ② 2차 선교 여행 시에 이 성과 「루스드라」에서 칭찬을 듣는 청년 동역자 「디모데」를 얻었다(행 16:1-2). 이때에 세웠던 교회는 주후 850년경에 회회교가 침입할 때에 없어졌으며, 지금 이름은 「코니아」인데 「터키」 국의 큰 성이다.

이끌다 타 (창 2:15) ①앞에 서서 남을 인도해 따라오게 하다. ㉾ 끌다. lead. ②보다 나은 길로 갈 수 있도록 길잡아 주다. ③마음, 시선 따위를 쏠리게 하다. attract.

이기다[1] 타 (출 1:14) ①가루 따위를 반죽하다. knead. ②잘게 썹어서 짓찧다. hash. ③ 땟국이나 약품이 잘 빠지도록 물을 묻혀 이리저리 뒤지며 두드리다. wash.

이기다[2] 타 (창 30:8) 서로 힘이나 재주를 부려 저편을 넘어뜨리다. win.

이다 자타 (왕상 20:31) ①머리 위에 얹다. carry on one's head. ②받들다. support.

이다말〔אִיתָמָר=전첩목(戰捷木)의 섬〕인 (출 6:23) ①「아론」의 막내 아들. ②그는 회막 건축 때 회계를 맡았다(출 38:21). ③그는 회막 이동 때에 「게르손」 사람 「메라리」 사람의 일을 감독하였다. 「에릴」로부터 「아비아달」에 이르기까지 대제사장은 「이다말」의 가계(家系)였다(민 3:2, 4:28, 대상 24:3-6, 스 8:1).

이단〔異端;다를 이, 끝 단〕명 (행 24:5) ①자기가 신봉하는 길과 달리 별도의 길을 이룸. heresy. ②전통이나 권위에 반항하는 것. heresy. ③하나님의 신조에 반대함. heathenism. ④전통의 길을 왜곡 해석함. heterodoxy.

* 기독교의 이단은 그리스도의 구속에 영향을 주는 그릇된 성경 해석을 하는 집단이다.

이달라〔יִדְאֲלָה = 하나님께서 보여 주신 것〕지(수 19:15) 「스불론」 지파의 성읍.

이달리야〔*Ἰταλία* = 송진〕지(행 27:1) 처음에는 「이태리」 반도의 서남 일부 지역을 가리킨 명칭이었는데, 「가이사」 시대에 「알프스」 산맥까지 이르는 전체 지역의 명칭이 되었다. 행 18:2를 보면 「이달리야」는 「로마」와 같은 명칭이었던 모양이다. 많은 「유대」인은 일찍이 세계 권력의 수도인 「이달리야」로 옮겨갔고, 그리스도교도 초기에 수입되었다(히 13:24). 현재 「이태리」의 교세는 카톨릭교가 99.6% 그 밖의 신교, 전통 유대교 등이 0.4%를 차지하고 있다.

이대〔חשן = 곁에〕인(대상 11:31) 「베냐민」 사람 「기브아」 자손 「리베」의 아들로, 「다윗」의 용사 「잇대」와 같은 사람.

이델〔יִתְרִי = 이델에 속함〕지(삼하 23:38) 「다윗」의 30용사 중 「가렙」의 고향.

이동〔移動;옮길 이, 움직일 동〕명(신 19:14) ①옮겨 움직임. 자리를 바꿈. movement. ②권리 따위를 넘김.

이두〔二頭;두 이, 머리 두〕명(민 31:38) 두 마리.

이두래〔*Ἰτουραία* = 취하다〕지(눅 3:1) ①「유대」국의 동북 곧 「갈릴리」와 「다메섹」 간에 있는 작은 도이니, 옛날 「이스라엘」의 아들 12인의 거주지다(창 25:15-16). ②「여호수아」때에 「므낫세」 지파의 영지였고 「로마」 통치 시대에는 분봉왕 「빌립」이 처리하였다.

이두매〔*Ἰδουμαία* = 에돔의 영토, 붉음〕지(막 3:8) ①「헬라」인이 「에돔」을 「이두매」라 하고, 또 「세일」 산이라 한다(창 14:6). ②「애굽」에서 나온 「이스라엘」 백성이 통로를 빌리려 할 때 거부하므로 힘으로 행케 하였으나 하나님께서 형제의 의로 대접하라 하셨다(민 20:17-18, 신 2:4-5). ③「사울」 왕은 싸우고 「다윗」 왕은 쳐서 취하였다(삼상 14:47, 삼하 8:14). ④「바벨론」 왕 「느부갓네살」이 「유대」를 침입할 때 「에돔」인의 도움이더니, 「에돔」도 그 독수에 들어가서 선지의 예언이 응하였다(왕하

24:2, 렘 49:7-22).

이드라〔יִתְרָא =우수, 탁월〕인 (삼하 17:25) 「마아사」의 아버지 「예델」과 같은 사람. 「압살롬」의 군장. 「아비가일」의 남편. 「다윗」의 누이.

이드란〔יִתְרָן =우수한〕인
1 「디손」의 자녀(창 36:26, 대상 1:41).
2 「아셀」 자손 「소바」의 아들(대상 7:37).

이드로〔יִתְרוֹ =유명하다〕인(출 3:1) ①「시내」 반도 동편 「아가바」 만 서안에 거주하는 「미디안」의 제사장으로서, 「모세」의 장인이다(출 4:18, 18:1). ②별명은 「르부엘」 혹은 「호밥」이다(출 2:18, 삿 4:11). ③그는 여호와 신을 섬기는 제사장이었다(출 18:12).

이드르암〔יִתְרְעָם =백성의 풍부함〕인(삼하 3:5, 대상 3:3) 「다윗」의 아들.

이드마〔יִתְמָה =여윈, 빼앗긴〕인 (대상 11:46) 「모압」 사람이며 「다윗」의 용사.

이들라〔יִתְלָה =높은 곳〕지(수 19:42) 「단」 지파의 성읍 「벧호론」 가까운 곳.

이들랍〔יִדְלָף =통곡〕인(창 22:22) 「나홀」의 아들, 「브두엘」의 형제.

이디엘〔אִיתִיאֵל =하나님은 나와 함께 하신다〕인
1 「우갈」과 함께 「아굴」의 제자(잠 30:1).
2 「베냐민」 자손 「여사야」의 아들(느 11:7).

이라〔עִירָא =망보는 사람〕인 「다윗」의 30용사 중 세 사람.
1 「아일」인으로 「다윗」의 대신(삼하 20:26).
2 「드고아」인 「익게스」의 아들(대상 27:9).
3 「이델」인(삼하 23:26, 38).

이람〔עִירָם =성읍에 속한〕인 (창 36:43) 「에서」의 후예. 「에돔」의 지도자.

이랏〔עִירָד =노래하는〕인(창 4:16-18) 「가인」의 손자이며, 「에녹」의 아들 「므후야엘」의 아버지.

이랑 명(욥 31:38) 한 두둑과 고랑을 합하여 가리키는 말. ridge.

이래〔以來;서 이, 올 래〕명(출 9:18) 그 뒤로. since.

이레 명(삼상 11:3) ①초 이레. seventh. ②칠일. seven days.

이론[1]〔理論;이치 리, 의논할 론〕명(고후 10:5) ①지식을 법칙적 통일적으로 인식시키기 위한 체계. theory. ②순관념적으로 조직된 논리. theory.

이론[2]〔יִרְאוֹן =공포의 장소〕지 (수 19:38) 「납달리」 성읍 「후레」 호수의 서쪽 16km

지점. 지금의 「지그룬」 지방.

이롭다 형(잠 11:17) 유리하다. 이익이 있다. 이하다. profitable.

이루〔עִירוּ = 파수군〕인(대상 4:15) 「여분네」의 아들. 「갈렙」 자손.

이루다 타(창 1:14) ①성공하다. 되게 하다. achieve. ②일을 마치다. complete.

이루어지다 자(욥 22:28) 뜻대로 되다. be achieved.

이르나하스〔עִיר נָחָשׁ = 구리의 성읍〕인(대상 4:12) 「유다」 지파 「레가」 사람. 「에스돈」의 손자. 「드힌나」의 아들.

이르다[1] 자(창 1:28) 일정한 공간, 시간, 범위에 미치다. reach. 타 알아듣게 말하다. tell.

이르다[2] 형(신 11:14) ①늦지 않다. ②더디지 않다. early.

이르다[3] 타(창 1:28) ①알아듣게 말하다. tell. ②잘못함을 깨닫게 말하다. admonish. ③일러 주다. 고자질 하다. inform.

이르브엘〔יִרְפְּאֵל = 하나님이 고치심〕지(수 18:27) 「베냐민」의 성읍.

이르세메스〔עִיר שֶׁמֶשׁ = 태양의 성읍〕지(수 19:41) 「단」의 성읍. 「벧세메스」와 같은 곳.

이른 비 명(신 11:14) 「유대」의 파종 절기(8월-양력, 11월-12월)에 내리는 비.

이름 명(창 2:11) ①사물을 말로 나타낸 일컬음. ②사람 개인의 명칭. name.

이리[1] 명(창 49:27)〈동〉 ①개과의 산짐승. 승냥이보다 큼. 개와 비슷하나 좀 파리하고 꼬리가 짧고 굽통이 굵고 굽음.

이리[2] 부(창 45:8) 이곳으로. 이쪽으로. here.

이리[3]〔עִירִי = 파수자〕인(대상 7:7) 「베냐민」의 자손. 「벨라」의 아들이다. 대상 7:12에는 「일」로 되어 있다.

이리야〔יִרְאִיָּיה = 여호와가 보신다〕인(렘 37:13) 「셀레먀」의 아들. 「예레미야」를 감시한 문지기 두목.

이마 명(출 28:38) ①눈썹 위에서부터 머리털이 난 아래 부분. forehead. ②어떤 물체에서 꼭대기의 앞이 되는 부분.

이만만〔二萬萬;두 이, 일만 만, 일만 만〕명(계 9:16) 수많은 것을 가리킴. 이만의 만배.

ㅇ

이만석〔二萬石;두 이, 일만 만, 돌 석〕명(대하 2:10) 2만섬.

이맘 때 명(출 9:18) 이만한 정도에 이를 때. about this time.

이면〔裏面;속 리, 낯 면〕명(롬 2:29) ①속. 안. inside. ②표면에 나타나지 아니하는 내부의 사실. reverse side.

이면적 형(롬 2:29) 원문상으로 감추어진, 비밀의 뜻이 있다.

이모〔姨母;이모 이, 어미 모〕명(레 18:13) 어머니의 자매. aunt.

이물 명(행 27:30) 뱃머리. 선수. bow.

이므라〔יִמְרָה = 완고한〕인(대상 7:36) 「아셀」 자손 「소바」의 아들.

이므리〔אִמְרִי = 말 잘하는〕인

1「오므리」의 아들(대상 9:4).

2「양문」을 건축할 때 일한 「삭굴」의 아들(느 3:2).

이믈라〔יִמְלָה = 하나님이 채우실 것이다〕인(왕상 22:8) 「미가야」 선지자의 아버지.

이미 부(창 43:23) 벌써. 앞서. already.

이방〔異邦;다를 이, 나라 방〕명(창 15:13) 타국. 이국(異國). foreign country. 다른 나라.

이방신〔異邦神;~귀신 신〕명(신 31:16) 하나님 외의 다른 신. pagan god. 우상. 잡신.

이방인〔異邦人;~사람 인〕명(출 12:49) ①다른 나라 사람. foreigner. ②「히브리」 사람이 이르는 다른 나라 사람. pagan.

이방중〔異邦中;~가운데 중〕명(겔 6:8) 다른 나라 가운데. in the foreign country.

이번〔~番;차례 번〕명(창 18:32) 이제 돌아온 바로 이 차례. this time.

이복〔異腹;다를 이, 배 복〕명(창 20:12) 아버지는 같고, 어머니가 다름. different mother.

이복 누이〔異腹~;다를 이, 배 복〕명(창 20:12) 아버지는 같고, 어머니가 다른 여자 형제. daughter of different mother.

이불 명(삿 4:18) 잘 때에 몸을 덮기 위하여 피륙같은 것으로 넓게 지은 침구의 하나. bed covering.

이브느야〔יִבְנְיָה = 여호와께서 세우심〕인(대상 9:8) 「여로함」의 아들.

이브니야〔יִבְנִיָּה = 여호와가 세우심〕인(대상 9:8) 「베냐민」 사람. 「르우엘」의 아버지.

이브드야〔יִפְדְיָה = 여호와가 자

유하신다]인(대상 8:25) 「베냐민」 사람 「이삭」의 아들.

이브리[יִבְרִי=파도의 나그네] 인(대상 24:27) 「레위」인 「므라리」 사람. 「야아시야」의 아들.

이블르암[יִבְלְעָם=백성의 멸망]지(수 17:11) 「므낫세」 지파에게 분배하였으나 원주민을 쫓아내지 못하고 사역하므로 동거였다. 「아하시야」가 「예후」를 피하여 도망하다가 이 근처에서 상함을 당하였다. 대상 6:70의 「빌르암」과 동일시 한다.

이사[移徙;옮길 이, 옮길 사]명 (창 20:1) 집을 옮김. house-moving.

이사야[1][יְשַׁעְיָהוּ=여호와의 구원]인(왕하 19:2) 귀족 출신인 「아모스」의 아들이며, 4대 선지 중 가장 위대한 자이다. ①아내와 두 아들로 더불어 「예루살렘」에 거하며 일생동안 험한 베옷을 입고 주전 759년부터 60년간 곧 「유대」국 「웃시아」, 「요담」, 「아하스」, 「히스기야」 4대에 걸쳐 예언하였다(사 1:1). ②그의 죽음에 대한 기록이 없고 다만 전설에 의하면, 「므낫세」 왕 때 톱으로 켜서 죽였다 한다(히 11:37). ③그는 「이사야」 서 외에 「웃시야」 왕과 「히스기야」 왕의 전기를 썼다 하나 전하여지지 않았다. ④「이사야」 서는 그 문체의 아름다움과 복음주의로, 예수께 대한 예언이 가장 많이 응함은 다른 선지서가 따르지 못할 것이다(마 3:3). ⑤1:~12:은 「유대」에 대한 예언, 13:-23:은 열국에 대한 예언, 24:-39:은 「히스기야」에 대한 예언, 40:-66:은 포로당함과 「메시야」의 구원의 법을 예언하였다.

이사야[2] 명(사) 구약 제23권째 성경이다. 선지자 「이사야」의 예언으로 「유대」왕 「아하스」가 통치하게 되자, 백성들은 우상 숭배와 도덕적 타락에 빠졌다. 이 때 「이사야」는 하나님을 경외하는 신앙심을 갖도록 경고하며 호소하였다. 미래에 메시야가 오시어 「이스라엘」을 감싸주고 세계의 가장 영광스러운 민족으로 회복하실 것과 이방 민족에게도 구원의 은혜가 임하게 될 것을 예언한 대선지서의 하나이다.

이 사이 명(욥 29:17) 이의 사이. opening between the teeth.

이삭[1] 명(창 41:5)〈식〉 ①풀의 끝에 열매가 열리는 부분. ear. ②농작물을 거둔 뒤에 땅에 흘리어 처져 흩어진 지스러기. gleaning.

이삭[2] 〔יִצְחָק = 웃음〕인(창 17:19) ①「아브라함」 100세에(주전 1890) 「사라」의 몸에서 출생한 아들(창 21:-3, 마 1:2). ②성품이 온유하고 겸손하며 정직하여, 농업에만 전심하였기 때문에 「아브라함」이나 「야곱」같이 다사한 생활을 하지 않고 평온하였다. ③어느 날 부친이 여호와의 명령을 따라 「모리아」 산에 데리고 가서 결박하려고 할 때, 효심이 극진한 그는 조금도 원망이나 반항이 없었으니, 이 광경은 흡사 예수께서 십자가에 달리실 때의 태도와 똑같은 모형이다(창 20:1-5, 22:2-13). ④40세에 외종 형「브두엘」의 딸「리브가」를 아내로 취하여 60세에 쌍둥이를 낳으니 곧, 「에서」와 「야곱」이다(창 24:67, 25:20-26). ⑤흉년을 피하여 「그랄」에 거하는 중, 그 아내를 누이라 하였다가 탄로되고 농사로 거부가 되니, 그 곳 사람들이 시기하여 우물을 메웠다. 다른 곳에 옮겨 팠더니 또 메우고 이같이 4차례나 따라다니며 메웠다. 그 다음에 파매 메우지 않는 고로, 그 우물 이름을 「르호봇」이라 하였다(창 26:1). ⑥나이 많아서 장자 「에서」에게 축복하려 하는 것을「야곱」이 알고 가장하고 들어가니, 눈이 어두운 「이삭」은 속아서 축복하였다. 「에서」가 축복을 빼앗기고 「야곱」을 죽이려 하니 「야곱」을 불러

다시 축복하고 이르기를, 「밧단 아람」에 가서 외삼촌 「라반」의 딸에게 장가들라 하여 보냈다(창 27:28:1-4). ⑦180세에 「헤브론」에서 별세하니, 「막벨라」 굴에 장사하였다(창 35:28-29).

이산〔離散;떠날 리, 흩을 산〕명(사 11:12) ①떨어져 흩어짐. ②헤어짐. scattering.

이상[1]〔以上;써 이, 위 상〕명(출 30:14) ①위치. 또는 순서상 일정한 표준부터 그 위. above. ②더 많음. more. ③더 낳음. beyond. ④이미 그렇게 된 바에는 이란 뜻. since. ⑤문서, 목록 등의 끝맺음을 나타내는 말. end. ⑥정도가 더 위임. above.

이상[2]〔異常;다를 이, 떳떳할 상〕명(창 15:1) ①보통과 다름. strangeness. ②의심스러움. uncommoneness.

이상[3]〔異像;다를 이, 형상 상〕명(창 46:2) 보통과 다른 형상. vision.

이상[4]〔異狀;다를 이, 모양 상〕명(행 28:6) 보통과는 다른 상태. 틀린 상태. abnormality.

이상중〔異像中;다를 이, 형상 상, 가운데 중〕명(욥 33:15) 보통과 다른 상태에서.

이새〔יִשַׁי=주님의 선물〕명(룻 4:17) 「유다」 지파 「헤스론」의 후손 「오벳」의 아들. ①「다윗」의 아버지(마 1:5). ②「다윗」의 8형제의 아버지(삼상 16:10, 17:12). ③「사무엘」이 「사울」을 대신할 새로운 왕을 탐색할 때, 「베들레헴」 주민이었다(삼상 10:). ④그의 이름은 「이사야」의 메시야 예언 가운데도 들어 있다(사 11:1). ⑤「마태」와 「누가」의 예수 계보 가운데도 있다(마 1:5, 눅 3:42). ⑥「바울」에 의하면, 예언에 나타난 「이새」의 뿌리가 예수에게서 완성되었다 한다(롬 15:12).

이생〔~生;날 생〕명(눅 8:14) 이 세상에 살아 있는 동안. 이승. this life.

이성〔理性;이치 리, 성품 성〕명(벧후 2:12) ①이치에 따라 사리를 분별하는 성품. reason. ②〈철〉 존재 일반을 지배하는 근본 원리. reason.

이세벨〔אִיזֶבֶל=며느리가 없는〕인(왕상 21:25) 「드보」왕 「엣바알」의 딸. ①「이스라엘」 왕 「아합」(주전 869-850)의 아내로서, 악처로 유명하다(왕상 21:25). ②바알 숭배를 장려하여 이방 종교의 부도덕한 생활을 유행시키고, 「베니게」에서 수백의 바알 선지와 제사장들을 데리고 왔다(왕상 18:19). ③ 그리고 「사마리아」에 그 제단을 쌓고 「아세라」 신상을 세웠다(왕상 16:31-33). ④ 이것을 「엘리야」가 공격하였고 여호와 대 바알 투쟁에서 바알이 참패하였다(왕상 18:-19:). ⑤그리고 「나봇」의 포도원을 강탈하기 위하여 「나봇」을 살해하는데, 국민의 분노를 야기하여 살해 당했다(왕하 9:30).

이소할〔צֹחַר = 황갈색의〕인(대상 4:7) 「유다」 사람 「헤스론」 자손 「아스훌」의 아들.

이스가〔יִסְכָּה = 하나님께서 보내심〕인(창 11:29) 「데라」의 손녀 「하란」의 딸로 「밀가」와 「롯」의 자매인데, 「유대」인의 전설에 그는 「사라」와 동일인이라고 한다.

이스글론〔אַשְׁקְלוֹן〕지(삿 14:19) 「블레셋」 다섯 도시의 하나. 「아스글론」과 같은 곳.

이스라〔יִזְרָח〕지(대상 27:8) 「다윗」의 용사 「삼훗」의 고향.

이스라엘[1]〔יִשְׂרָאֵל = 하나님께서 투쟁하심〕인(창 32:28) ① 「야곱」이 처가에서 고향에 돌아오다가 「얍복」 강가에서 천사와 씨름하여 이기고 축복으로 받은 이름(창 32 :22-28). ②그 후로부터 이 이름으로 족명, 국명(族國名)을 삼아 「이스라엘」 족속 「이스라엘」 자손이라 불렀다(출 16:31, 행 1:6, 출 1:7, 5:1).

* 이스라엘이라 할 때, (1) 야곱 (2) 국가 (3) 백성 (4) 구속받은 성도를 일컫는다.

이스라엘[2]〔יִשְׂרָאֵל = 하나님께서 투쟁하심〕지

1. 구약 : 「이스라엘」이라는 이름은 「야곱」 시대부터 유래하여(창 32:24-32), 그 어원의 해석은 호 12:3-4에 적용되어 있다. ①유목 시대와 「가나안」 정주 시기에는 12 지파로 구성된 전체를 가리켰다. ②한 임금의 지배 하에 들어간 신정 정치 시대에는 일종의 정치적, 지리적 개념으로 쓰였다. ③왕국의 실재가 사라진 후에는 종교적 의미가 회복되어 남은 백성을 지칭하였다. ④주전 586년의 「예루살렘」 함락과 「바벨론」

포로와 그 후의 귀환으로 신앙의 종교적 공동체에 적용하여 사용되었다.
2. **복음서** : 복음서에서 예수의 선교 대상은 「유대」인이 아니라, 「이스라엘」이었다. 「마태」와 「누가」는 옛 전통을 충실히 해석하고 있으나, 「마가」는 이러한데 무관심했고, 제4 복음서는 다섯 구절만이 「이스라엘」에 관련하고 있다. ①예수 자신은 잃어버린 「이스라엘」 집의 양에게 온 것을 알고 있었다(마 15:24). ②그러나 위임된 선교를 「이스라엘」에만 국한하고 「사마리아」와 이방은 제외하였다(마 10:5). ③하지만 신약 전체에 있어서 「이스라엘」은 하나님의 백성의 이름이며, 세계 여러 민족 가운데서 택하고 구별한 백성을 의미한다.
[3] 바울 서신 : ①「바울」에게 있어서 「이스라엘」은 중요한 위치를 차지하고 있다(롬 11:11). ②「바울」의 말에 의하면 「이스라엘」에서 난 자가 모두 「이스라엘」에 속한 것이 아니라고 지적했다(롬 9:6). ③혈육의 「이스라엘」은 예수 그리스도 안에서 주어진 하나님의 의로 인하여 실족했다(롬 9:3-10:4). 그러나 위의 두 경우를 대립시킨 것이 아니고, 하나님의 의를 따르는 자는 혈육이든 혈육이 아니든 믿음 안에서 「이스라엘」에 속한다고 보았다.

이스라히야〔יִזְרַחְיָה = 여호와가 비추셨다〕[인](대상 7:3) 「웃시」의 아들.

이스르엘[1]〔יִזְרְעֶאל = 하나님께서 뿌려주심〕[인]
[1] 「유다」 자손인데, 이것을 지명으로 해석하는 자도 있다(대상 4:3).
[2] 「호세아」가 자기 장자에게 지어 준 상징적 이름(호 1:4).
[3] 하나님께서 「이스라엘」에게 주신 상징적 이름(호 2:22).

이스르엘[2]〔יִזְרְעֶאל = 하나님께서 뿌려주심〕[지](수 15:56)
[1] 「갈멜」 산 북쪽에서 「요단」 강을 향하여 내려간 깊은 골짜기로, 물이 많고 비옥한 벌판이 있으며 「수리아」와 「애굽」 간의 큰 길이다. 때로는 불꽃 튀기는 격전장이기도 했다(삿 6:33, 삼상 29:1). 계 16:16은 이 평야의 일부를 「아마겟돈」이라 하며, 세계 최후의 전장으로서 기술하고 있다.
[2] 「이스르엘」 마을은 「길보아」 산에서 가깝고(삼상 31:1-5) 「나사렛」에서 「예루살

렘」에 이르는 주요 도로에 면하고 있다. 이 마을에서 「나봇」의 포도원 사건(왕상 21:1), 왕비 「이세벨」의 참사(왕하 9:30-35) 사건이 있었다.

3 「다윗」의 아내 「아히노암」을 찾은 「유다」 동네(삼상 25:43, 27:3).

이스리〔יִצְרִי=창조자〕인(대상 25:11) 「레위」 사람 「여두둔」의 아들로, 성전 악사 제4반장.

이스마〔יִשְׁמָא=높은, 황폐〕인(대상 4:3) 「유다」 자손 「에담」의 아들.

이스마갸〔יִסְמַכְיָהוּ=여호와는 붙드신다〕인(대하 31:13) 「히스기야」 시대 성전 예물 관리자.

이스마야〔יִשְׁמַעְיָה=하나님이 들으신다〕인

1 「다윗」의 용사 중 한 사람(대상 12:4). 「기브온」 사람.

2 「스불론」 부족의 관장이며, 「오바다」의 아들(대상 27:19).

이스마엘〔יִשְׁמָעֵאל=하나님이 들으신다〕인

1 「아브라함」과 「사라」의 종 「애굽」 여인 「하갈」 사이에서 낳은 아들(창 16:11). ①「이스마엘」은 13세에 할례를 받았다(창 17:25). ② 이것은 「아람」 사람들이 할례를 행하는 적령기. 그러나 「이스마엘」은 약속의 아들이 아니었다(창 17:18-21). ③ 「이삭」이 태어나자 「이스마엘」과 「하갈」은 쫓겨났다. 그러나 하나님의 돌보심을 입었다(창 21:8-21). ④그는 「애굽」 여자를 취하여 12아들과 1녀를 낳았다(창 25:13, 28:9, 36:3). ⑤「아브라함」의 장례식에 참례하였다(창 25:18). 그의 12아들은 「아라비아」, 「수리아」, 「팔레스틴」 동남부의 유목민으로, 포악하며 싸움을 좋아한다. 그의 자손 중에서 회회교의 교조 「마호멧」이 출생한 것으로 유명하다.

2 「요나단」의 자손(대상 8:38, 9:44).

3 「느다니야」의 아들(왕하 25:25).

이스므래〔יִשְׁמְרַת=여호와가 지키신다〕인(대상 8:18) 「베냐민」 자손 「엘바알」의 아들.

이스바[1]〔רִצְפָּה=굽는 돌〕인(삼하 3:7) 「사울」의 첩이며, 「아야」의 딸(삼하 21:8).

이스바[2]〔יִשְׁבַּח=칭찬, 찬양〕인(대상 4:17) 「에스드모아」의 조상. 「유다」 자손.

이스바[3]〔יִשְׁפָּה=벗겨진〕인(대상 8:16) 「베냐민」 자손 「브리아」의 아들.

이스박〔יִשְׁבָּק=버리는 자〕인

(창 25:2) 「그두라」에게서 난 「아브라함」의 아들(대상 1:32).

이스반〔יִשְׁפָּן = 벗겨진, 견고한〕 [인](대상 8:22) 「베냐민」 자손 「사삭」의 아들.

이스보셋〔אִישׁ־בֹּשֶׁת = 부끄러운 사람〕[인](삼하 2:8-10) 「사울」의 넷째 아들. ①부친 「사울」 왕이 죽은 후에 7년 동안 「이스라엘」 왕위를 「다윗」과 겨루었다. ②「다윗」이 왕위에 오르자 5년 후에 「사울」 왕에게 충성하던 「아브넬」이 「마하나임」에서 「이스보셋」을 옹립하고 나섰다. ③「아브넬」도 「이스보셋」을 떠나 죽어 버린 후, 「이스보셋」은 「레갑」과 「바아나」의 형제에게 살해당했다(삼하 4:1).

이스비브놉〔יִשְׁבּוֹ בְּנֹב = 놉에 산다〕[인](삼하 21:16) 「다윗」의 한 용사에게 살해당한 「블레셋」의 거인의 이름.

이스와〔יִשְׁוָה = 평평한〕[인](창 46:17) 「아셀」의 아들.

이스위〔יִשְׁוִי = 평평한〕[인]

[1]「아셀」의 둘째 아들(창 46:17).

[2]「이스위」 가문의 시조(민 26:44).

이스할〔יִצְהָר = 빛나는〕[인]

[1]「레위」 사람 「고핫」의 아들(출 6:18, 21 민 3:19, 16:1).

[2]「이스할」 가문의 시조의 증손(민 3:27).

이스훗〔אִישְׁהוֹד = 영광의 사람〕 [인](대상 7:18) 「므낫세」 사람 「길르앗」의 누이. 「함몰레겟」의 아들.

이슬[명](창 27:28) ①땅 위의 물기가 찬 공기에 부딪혀 어리어 물방울로 된 것. dew. ②덧없는 생명의 비유. evanescent life.

이슬리아〔יִזְלִיאָה = 하나님이 보존〕[인](대상 8:18) 「베냐민」 사람 「엘바알」의 아들.

이시〔יִשְׁעִי = 유익한, 구원, 도움〕[인]

[1]「유다」 족 「여라므엘」 자손 「압바임」의 아들(대상 2:31).

[2]「유다」 족 「소헷」과 「벤소헷」의 부친(대상 4:20).

[3]「시므온」 자손(대상 4:42).

[4]「므낫세」 반 지파 족장의 한 사람(대상 5:24).

이식〔利息; 이할 리, 쉴 식〕[명](레 25:36) 이자. 변리. interest.

* 성도는 이식을 받고 대금하지 아니한다.

이신 득구(의)〔以信得救(義); 서 이, 믿을 신, 얻을 득, 구원할 구(옳을 의)〕[명](롬 1:17) 오직 예수 그리스도를 믿음

ㅇ

으로 구원을 얻고 의롭게 됨을 일컫는 말.

이야기 명(출 33:11) ①지난 일 또는 마음 속에 품은 것을 남에게 일러 주는 말. speaking. ②현실에 있는 사실 또는, 없는 사실을 재미있게 꾸며서 하는 말. story. ③서로 말을 주고받음. conversation.

이어 부(왕상 1:14) 계속하여, 잇대어. following.

이어받다 타(겔 46:16) 선대, 선임자 등의 지위, 신분, 권리, 의무 따위를 물려받다. 계승하다. succeed.

이에셀〔יִעֶזֶר=내 아버지는 구조자〕인(민 26:30) 「길르앗」 자손.

이예아바림〔עִיֵּי הָעֲבָרִים=저쪽의 폐허〕지(민 21:11) 「모압」 남부의 성읍으로, 광야 숙영지의 하나(민 33:44). 「마하이」와 같은 곳으로 여긴다.

이와[1] 명(왕하 18:34) 「이와」 사람들이 섬기는 우상. 하늘 신.

이와[2]〔*Eŭa*=생명〕인(고후 11:3) 「아담」의 아내. 「하와」와 같은 사람.

이와[3]〔יָוָה=작은 마을〕지(사 37:13) 「안디옥」과 「아렘포」 사이의 성읍. 「아와」와 같은 곳. 「앗수르」 왕 「산헤립」이 정복한 후, 이 곳 사람을 「사마리아」로 옮겼다(왕하 17:24).

이왕〔已往;이미 이, 갈 왕〕명(창 20:18) ①이전. past. ②'이왕에'의 준말.

이왕에〔已往~;이미 이, 갈 왕〕부(창 20:18) 이미. 그렇게 된 바에. 기왕(旣往)에. 준 이왕(已往). if~at all.

이 외〔以外;써 이, 밖 외〕명(민 3:49) 어떤 범위 밖. 이 밖. 그 밖. besides.

이욕〔利慾;이할 리, 욕심낼 욕〕명(겔 33:31) 이익을 탐하는 욕심. greed.

이욘〔עִיּוֹן=폐허〕지(왕상 15:20) 「단」 부근의 성읍. ①「벤하닷」이 점령한 「팔레스타인」 북쪽의 「납달리」 산지 북쪽에 있던 동네(대하 16:4). ②후년 「디글랏빌레셀」이 이 동네를 점령하고 그 주민을 전부 잡아갔다(왕하 15:29). 오늘의 「델딥빈」으로 여긴다.

이우다 자(나 1:4) ①꽃잎들이 지기 시작하다. begin to fall. ②쇠약하여지다. decline. 원 이울다.

이웃 명(출 3:22) ①가까이 있는 곳. neighbourhood. ②가까이 사는 집. neighbouring house.

이워 주다 타(룻 3:15) 물건을

머리에 올려 주다.

이월반〔二月班;두 이, 달 월, 나눌 반〕명(대상 27:4) 이월에 해당. 혹은 담당한 반. second month.

이유〔理由;이치 리, 말미암을 유〕명(창 41:31) ①까닭. 사유. reason. ②넓은 뜻으로는, 존재의 기초 또는 진리라고 할 수 있는 조건. 좁은 뜻으로는, 추리상의 결론 또는 귀결의 전제가 되는 것. 근거.

이익〔利益;이할 리, 더할 익〕명(레 25:37) ①이가 됨. gain. ②유익하고 도움이 됨. benefit. ③기업의 결산 결과, 일체의 부채와 경비를 제하고 난 뒤에 증가된 금액. profit.

이임〔עִיִּים=폐허〕지
1「이스라엘」이 진쳤던 곳(민 33:45).
2「에돔」국경의「유다」동네(수 15:29).

이자〔利子;이할 이, 아들 자〕명(사 24:2) ①길미. 변리. 이식. interest. ②화폐 이용의 대상으로서 지불되는 금액.

이적〔異蹟;다를 이, 자취 적〕명(출 3:20) ①기이한 일. ②하나님의 권능으로 되는 불가사의한 일. miracle. ③사람의 힘으로 불가능한 일을 행하는 일.
＊마귀도 이적을 행할 수 있으므로 미혹되지 말아야 한다.

이전[1]〔以前;써 이, 앞 전〕명(창 41:31) ①오래 전. formerly. ②그 전. before.

이전[2]〔移轉;옮길 이, 구를 전〕명(렘 6:12) ①옮기어 바꿈. transfer. ②사물의 소재를 옮김. ③이사.

이제명(창 4:11) 지금 말하고 있는 바로 이 때. now. 부 바로 이 때에.

이족〔異族;다를 이, 겨레 족〕명(왕상 11:8) ①다른 혈족. different race. ②이성(異性). ③다른 민족. ④다른 종족. ⑤외국인. foreigner.

이종〔移種;옮길 이, 심을 종〕명(사 17:10) 모종을 옮겨 심음. transplantation.

이지러지다자(전 1:15) ①한쪽이 떨어지다. break. ②한쪽이 차지 않다. wane.

이질〔痢疾;이질 리, 병 질〕명(행 28:8) 똥에 곱이 생기면서 뒤가 잦고 당기는 법정 전염병의 한 가지. dysentery.

이차명(민 10:6) 두 번째.

이처럼부(삼상 19:17) 이와 같이. like this.

이층명(겔 43:14) 위층. 다락.

이치〔理致;이치 리, 이를 치〕명(욥 38:2) 사리의 정당한 조리와 도의. reason.

ㅇ

이태 [명](삼하 14:28) 두 해. 이년(二年).

이튿날 [명](창 19:34) ①다음날. following. day. ②이틀째날. ㊅ 이틀. second consecutive day.

이틀 [명](출 16:29) 두 날(二日).

이하〔以下;써 이, 아래 하〕[명](겔 8:2) 일정한 한도의 아래. less.

이한〔利~;날카로울 리〕[명](계 14:14) 날카로운. 예리한.

이해〔理解;이치 리, 풀 해〕[명](엡 5:17) ①사리를 분별하여 해석함. understanding. ②깨달아 알아들음.

이행〔履行;신 리, 행할 행〕[명](렘 26:9) 실제로 행함. 말과 같이 함. performance.

이혼〔離婚;떠날 리, 혼인할 혼〕[명](레 21:7) ①남편과 아내가 서로 갈라짐. divorce. ②법률상 부부 관계를 해제하는 행위.

이혼서〔離婚書;~글 서〕[명](사 50:1) 이혼한 것을 표시한 증명서.

◂옛날 이혼 증서

이혼 증서〔離婚證書;~증거 증, 글 서〕[명](마 19:7) 이혼서. divorce.

이후〔以後;서 이, 뒤 후〕[명](창 11:6) ①일정한 때로부터 그 뒤. since then. ②이 다음. henceforth.

익게스〔עִקֵּשׁ=왜곡된〕[인](삼하 23:26) 「다윗」의 30용사 중 「이라」의 아버지로, 「드고아」사람이다.

익다[1] [자](창 40:10) ①열매나 씨가 여물다. ripen. ②삶아지다. be boiled.

익다[2] [형](삼하 17:8) 서툴지 않다. 익숙하다. be used to.

익다랴〔יִגְדַּלְיָהוּ=여호와는 크심〕[인](렘 35:4) 하나님의 사람 「한나」의 아버지.

익숙하다 [형](창 25:27) ①여러 번 거듭하여 손에 익다. be skilled with. ②자주 보거나 들어서 눈에 환하다.

익히 [부](시 139:3) 자세히. 익숙히. 많이. well.

익히다 [사동](딤전 5:13) ①익숙하게 하다. accustom. ②열매 등을 여물게 하다. ripen. ③음식물을 익게 하다. boil.

인[1]〔人;사람 인〕[명](민 14:13) 사람. 인간. man.

인[2]〔仁;어질 인〕[명](마 23:23)

〈윤〉①자아를 기본으로 한 인도(人道)의 으뜸 미덕. perfect virtue. ②애정을 남에게 미치는 일. 어진 일. 박애. humanity.

인[3]〔印;도장 인〕명(출 28:11) 도장. seal. 구약에서 12족장 중의 하나인 「유다」가 목에 인장을 걸고 다녔다(창 38:18).

인가〔認可;인정할 인, 옳을 가〕명(출 18:23) ①인정하여 허락함. authorization. ②〈법〉 어떤 행위의 법률상의 효과를 발생시키는 행정처분. permission.

인간〔人間;사람 인, 사이 간〕명(신 32:26) ①사람. 인류. man. ②사람이 사는 곳. the world of mortals.

인간 나라명(단 4:17) 이 세상.

인구〔人口;사람 인, 입 구〕명(삼하 24:1) ①일정한 지역 안에 사는 사람의 수효. population. ②여러 사람의 입길. common talk.

인내〔忍耐;참을 인, 견딜 내〕명(눅 8:15) 참고 견딤. patience.

인도[1]〔הֹדּוּ=강, 홍수〕지(에 1:1) 구약 시대의 「인도」는 「인더스」 강이 흘러가는 지방을 가리켰다. 이 나라는 「아하수에로」 제국 동쪽에 있던 나라로 알려졌다(에 8:9).

인도[2]〔引導;끌 인, 인도할 도〕명(창 19:16) ①지도함. leading. ②길을 안내함. guidance.

인도자〔引導者;~놈 자〕명(잠 12:26) 인도하는 사람. guide.

인류〔人類;사람 인, 같을 류〕명(렘 32:19) ①사람을 다른 생물과 구별하는 말. human race. ②세계 안의 모든 사람. mankind.

인 맞은 자구(계 7:4) 표를 받은 사람. 소유권의 표시. 사단의 인을 맞은 자는 사단의 무리요, 하나님의 인을 맞은 자는 구속받은 성도이다.

인민〔人民;사람 인, 백성 민〕명(창 14:16) ①사회를 구성하는 사람. people. ②한 국가를 구성하고 있는 자연인.

인박히다자(딤전 3:8) 여러 번 되풀이하여 습관이 몸에 배다. get into a habit.

인방〔引枋;끌 인, 박달나무 방〕명(출 12:7) 기둥과의 사이

벽에 가로지른 장여 따위의 나무. plate.

인봉〔印封;도장 인, 봉할 봉〕명 (렘 32:11) 함부로 손을 대지 못하도록 봉한 물건에 도장을 찍음. sealing.

인분〔人糞;사람 인, 똥 분〕명 (겔 4:15) 사람의 똥. human excrements. 대변.

인사〔人事;사람 인, 일 사〕명 (왕하 4:29) ①안부를 묻거나 공경의 뜻을 표하기 위하여 예(禮)를 드리는 일. greeting. ②받은 은혜에 대하여 갚거나 치하하는 일. gratitute. ③서로 알지 못하던 사람끼리 성명을 통하여 자기를 소개하는 일. introduction.

인색〔吝嗇;인색할 인, 인색할 색〕명(고후 9:7) 재물을 체면 없이 아니꼽게 아낌. stinginess.

인생〔人生;사람 인, 날 생〕명 (창 11:5) ①이 세상에서의 인간 생활. ②사람의 일생. life.

인수〔人數;사람 인, 셀 수〕명 (출 12:4) 사람의 수효. the number of man.

인심〔人心;사람 인, 마음 심〕명 (삼하 15:13) ①사람의 마음. people's mind. ②인민의 마음. public feeling. ③남의 딱한 사정을 헤아려 알아주고 도와주는 마음. good heartedness.

인애〔仁愛;어질 인, 사랑 애〕명 (창 47:29) 어질고 남을 사랑하는 마음. benevolence.

인연〔姻緣;혼인할 인, 인연 연〕명(왕상 3:1) ①내력. history. ②연분. karma connection.

인자[1]〔人子;사람 인, 아들 자〕명(민 23:19) ①사람의 아들. son of man. ②예수님이 자기 자신을 일컫는 말(마 80:2). the Son of Man.

인자[2]〔仁慈;어질 인, 사랑 자〕명(창 19:16) ①인후하고 자애함. charity. ②하나님의 성품 중 하나(창 19:19, 롬 11:22).

인장〔印章;도장 인, 글 장〕명 (창 41:42) ①도장. seal. ②인발. imprint of a seal.

인장 반지〔印章斑指;도장 인, 글 장, 얼룩질 반, 손가락 지〕명(창 41:42) 인장으로 사용하는 반지 finger's ring that was engraved with a seal.

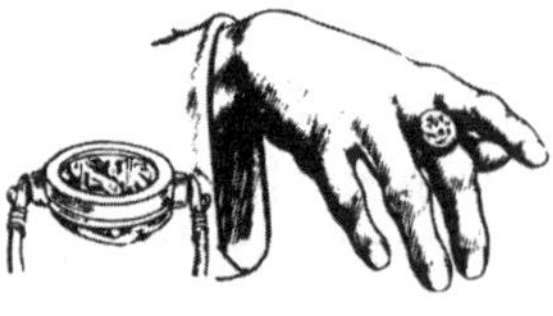

인적〔人跡;사람 인, 자취 적〕명

(출 34:3) 사람의 발자취. track.

인정[1]〔人情;사람 인, 뜻 정〕[명](욥 16:13) ①남을 동정하는 따뜻한 마음. sympathy. ②사람이 본디 가지고 있는 감정이나 심정. human nature. ③세상 사람의 마음. public mind.

인정[2]〔認定;인정할 인, 정할 정〕[명](창 30:33) 그런 줄로 알아줌. 옳다고 믿고 정함. recognition.

인종〔人種;사람 인, 심을 종〕[명](창 19:32) ①사람의 종자. race. ②사람의 용모, 골격 따위의 다름으로 구별되는 종별.

인증〔引證;끌 인, 증거 증〕[명](눅 4:23) 옛글 따위를 끌어다가 증거를 삼음. reference.

인진〔茵蔯;사철쑥 인, 약쑥 진〕[명](호 10:4)〈식〉 ①엉거시과에 속한 풀. 사철쑥. perennial artemisia. ②사철쑥의 어린 잎. 이뇨 작용(오줌을 잘 누게)이 있는 식물.

인치다〔印~;도장 인〕[자](느 9:38) 서류에 도장을 찍다. seal. 표시를 하다.

인하다〔因~;인연 인〕[자](창 3:17) ①고치지 아니하고 본디의 그대로 하다. ②말미암다. due to.

인형〔人形;사람 인, 형상 형〕[명](사 44:13) ①사람의 형상. figure. ②사람 형상의 장난감. doll.

일[1]〔日;날 일〕[명](마 4:2) 날짜를 이르거나 셀 때 쓰는 말. 한자어에서만 씀. day.

일[2] [명](창 2:2) ①무엇을 짓거나 만들어 내기 위하여 몸과 마음을 쓰는 짓. work. ②세상에 실제로 일어나는 변화나 변동. affair. ③처리하거나 해결하여야 할 바. business.

일[3]〔עִיר=성읍〕[인](대상 7:12) 「베냐민」 사람 「숩빔」과 「훕빔」의 아버지.

일가〔一家;한 일, 집 가〕[명](요 18:26) ①한 집안. family. ②동성 동본의 겨레붙이. one relation. ③학문이나 기계 따위 부문에서 독립된 유파를 이루고 있는 일. master.

일깨우다[1] [타](벧후 1:3) 타일러 깨닫게 하다. (준) 일깨다. awaken.

일깨우다[2] [타](행 20:31) 자는 사람을 일찍이 깨우다. (준) 일깨다. awaken early. 원문의 뜻에는 정신차리다. 경계하다. 주의하다.

일경〔一境;한 일, 지경 경〕[명](창 17:8) 어느 지점의 전부. in a boundary.

일광〔日光;날 일, 빛 광〕[명](욥 8:16) 햇빛. sunshine.

일구 이언〔一口二言;한 일, 입 구, 두 이, 말씀 언〕명(딤전 3:8) 같은 입으로 두 가지 말을 함. 곧 말을 이랬다저랬다 함. double-tongue.

일군명(왕하 12:15) →①'일꾼'의 오기. 품팔이하는 사람. labourer. ②어떤 일이든지 잘 처리하는 사람. ③하룻동안만 일을 시키기 위하여 데려온 사람. worker.

일기〔日記;날 일, 기록할 기〕명(에 2:23) 날마다 있던 사실 또는 느낌 같은 것을 적은 기록. diary.

일 년 중〔一年中;한 일, 해 년, 가운데 중〕명(민 28:14) 한 해 동안. a whole year.

일다자(시 41:8) ①약하거나 희미하던 것이 한창 성하거나 환하게 되다. prosper. ②없던 것이 처음으로 생기다. occur. ③불이 피어오르다. blaze.

일당백〔一當百;한 일, 마땅할 당, 일백 백〕명하나가 백을 당함. 일인당천(一人當千). match for a hundred.

일당천〔一當千;한 일, 마땅할 당, 일천 천〕명하나가 천을 당함. match for a thousand.

일락〔逸樂;편할 일, 즐길 락〕명(눅 8:14) 편하게 놀고 즐김. pleasure.

일래〔עִילַי = 가장 높은〕인(대상 11:29) 「다윗」의 용사 중 한 사람. 「아호아」 사람. 삼하 23:28에는 「살몬」이라고 되어 있다.

일러 주다타(삼상 23:11) ①알려 주다. let know. ②가르쳐 알아듣게 하다. instruct. ③미리 알리다. give notice beforehand.

일례〔一例;한 일, 본보기 례〕명(출 22:17) ①한 가지의 비유. an example. ②한결같음. uniformity. ③한날의 예. precedent.

일루리곤〔Ἰλλυριχόν = 기쁨〕지(롬 15:19) 「바울」이 전도한 지경 중, 가장 서쪽에 있는 지명이다. 「마게도냐」의 북쪽 「드라기아」의 서쪽에 해당하는 「아드리아」 바다의 동쪽 지방이다. 이 지역은 후에 「달마티아」라 불렀다.

일반〔一般;한 일, 일반 반〕명(출 9:34) ①한 모양. sameness. ②온통. 전체. generality. ③모든 것에 미침. universality.

일부러부(골 2:18) ①특히 일 삼아. specially. ②알면서 굳이. on purpose. ③짐짓. knowingly.

일부분〔一部分;한 일, 나눌 부, 나눌 분〕명(창 48:22) ①한 부분. part. ②몇 몫으로 나눈 얼마. part.

일삼다 타(시 15:2) ①그 일에 종사하다. devote oneself to. ②자기 직무로 알다. make it one's business to do….

일생〔一生;한 일, 날 생〕명(민 22:30) 나서 죽을 때까지의 동안. whole life.

일시〔一時;한 일, 때 시〕명(사 43:17) ①한 때. once. ②같은 때. simultaneously.

일시간〔一時間;한 일, 때 시, 사이 간〕부(계 18:10) ①한순간. once. ②일제히 같은 시간 동안. simultaneously.

일식간〔一息間;한 일, 쉴 식, 사이 간〕부(시 90:9) 한 번 쉬는 동안.

일심〔一心;한 일, 마음 심〕명(수 9:2) ①한 마음. one mind. ②한쪽에만 마음을 씀. whole-heartedness. ③여러 사람이 한 가지 마음을 가짐. of the same mind.

일어나다 자(창 13:17) ①누웠다가 앉거나, 앉았다가 서다. rise. ②일어나 기운이 생기기 시작하다. take place.

일어 앉다 자(눅 7:15) 누웠다가 앉다. 일어나 앉다.

일영표〔日影表;날 일, 그림자 영, 겉 표〕명(왕하 20:11) 해시계. 「아하스」왕의 일영표가 「예루살렘」에 있었다 (사 38:8).

일용〔日用;날 일, 쓸 용〕명(출 16:4) 매일 매일의 씀씀이. 또는 날마다 씀. everyday use.

일용 양식〔日用糧食;날 일, 쓸 용, 양식 양, 먹을 식〕명(겔 16:27) 그 날 하루 먹을거리. 식량.

일용품〔日用品;~물건 품〕명(에 2:9) 날마다 쓰는 물건. daily necessities.

일월〔日月;날 일, 달 월〕명(욜 2:10) 해와 달. sun and moon.

일월 성신〔日月星辰;날 일, 달 월, 별 성, 별 신〕명(신 4:19) 해와 달과 별. hosts of heaven.

일으키다 타(창 6:17) ①일어나게 하다. raise. ②없는 가운데 생기게 하다. produce. ③깨우다. wake.

일일〔一日;한 일, 날 일〕명(출 21:21) 하루.

일일분〔一日分;~나눌 분〕명(왕상 4:22) 하루에 쓰는 분량.

일일이 부(사 27:12) 하나하나, 모조리, 낱낱이.

일자〔日字;날 일, 글 자〕명(창 1:14) ①날짜. date. ②날 수. days.

일절〔一切;한 일, 끊을 절〕명(민 8:16) ①온갖 것. 모든 것. everything. 부 아주, 도무지의 뜻으로, 사물을 부인 또는 금지할 때에 쓰는 말. absolutely.

일점〔一點;한 일, 점 점〕명(마 5:18) 한 점. one point.

일정〔一定;한 일, 정할 정〕명(욥 23:12) ①정해진 모양이나 범위. certain. ②한 번 결정함. settlement.

일제히〔一齊~;한 일, 가지런할 제〕부(출 19:8) 한결같이. 함께. 한꺼번에. altogether.

일 주년〔一週年;한 일, 돌 주, 해 년〕명(대하 24:23) 한 돌.

일 주야〔一晝夜;한 일, 낮 주, 밤 야〕명(고후 11:25) 하룻밤 하루 낮. 밤낮 하루. whole day and night.

일찌기부(창 19:2) →'일찍이'의 오기. ①늦지 않게. 이르게. early. ②이왕에 또는 이전까지. 준 일찍.

일찍부(계 5:6) '일찍이'의 준말.

일차〔一次;한 일, 차례 차〕명(출 30:10) 한 차례. 한 번. once.

일천 년명(계 20:2) 천 년, 오랜 세월 무한정의 기간.

일체[1]〔一體;한 일, 몸 체〕명(레 17:4) ①한 몸. one body. ②전체. the whole body.

일체[2]〔一切;한 일, 모두 체〕명(빌 4:12) 모두, 모든 것. all.

일치〔一致;한 일, 이를 치〕명(겔 11:19) ①서로 합치함. coincidence. ②의견이 맞음. agreement.

일컫다타(창 2:19) ①무엇이라고 부르다. call. ②칭찬하다. praise. ③이름 지어 부르다. name.

일평생〔一平生;한 일, 평평할 평, 날 생〕명(왕상 11:25) 살아 있는 한 평생. whole life.

일행〔一行;한 일, 행할 행〕명(창 13:5) ①한 줄로 된 것. row. ②여행 따위의 동반자. party.

일향〔一向;한 일, 향할 향〕부(민 30:14) 한결같이. 꾸준히. consistently.

일호〔一毫;한 일, 가는 털 호〕명(렘 38:14) 몹시 가늘고 작은 털, 또는 그와 같이 작다는 뜻. 원 일호 반점. a trifle. 아무 것도.

일획〔一劃;한 일, 그을 획〕명(마 5:18) 한 획. 한 번 그음.

읽다타(신 17:19) ①책을 보다. read. ②소리 내어 경을 외다. chant.

잃다타(신 22:3) ①있던 것을 없이 하다. lose. ②놓치다. miss. ③죽게 하다. lose. ④떨어뜨리다. lose.

임군명(시 47:2) 임금. king.

임금명(신 28:36) 군주 국가에 있어서 나라를 다스리는 원수. 높 상감. king.

임나[1]〔יִמְנָע =하나님이 보존하신다〕[인](대상 7:35) 「아셀」 사람 「헬렘」의 아들.

임나[2]〔יִמְנָע =행운, 번영〕[인]
[1]「아셀」의 아들이며 족장이다(창 46:17, 민 26:44, 대상 7:30).
[2]「히스기야」 시대 「레위」 지파 「고래」의 아버지. 그는 동문지기였다(대하 31:14).

임마누엘〔עִמָּנוּ אֵל =하나님께서 우리와 함께 계시다〕[인](사 7:14) ①「이사야」가 「수리아」「에브라임」 연합군에 놀란 「아하스」에게 「임마누엘」이 나실 것을 예언. 하나님이 그 백성과 같이 계실 것을 선언했으나, 「아하스」는 믿지 않았다(사 7:1-25). ②그리고 그 아들 이름을 「임마누엘」이라고 붙였다(사 7:14, 9:8). ③「이사야」의 말을 일용하여, 신약은 예수를 「임마누엘」의 실현이라고 증거했다(마 1:18-25).

임멜〔אִמֵּר =두드러진〕[인]
[1]제사장 「아마새」의 5대 조부(대상 9:12, 스 2:37, 10:20, 느 7:40, 11:13).
[2]「예레미야」를 때리고 착고에 채웠다가 놓아 준 「바스훌」의 아버지로서 제사장이다(렘 20:1-2).
[3]「예루살렘」 성벽을 수리한 「사독」의 아버지(느 3:29).
[4]「다윗」 시대의 제사장 제16반장(대상 24:14).

임멜〔אִמֵּר =새끼 양〕[지](스 2:59) 「바벨론」의 한 지방. 포로로 잡혀간 제사장 가족이 거주하고 있던 곳(느 7:61).

임명〔任命;맡길 임, 목숨 명〕[명](왕하 8:6) 직무를 맡게 함. appointment.

임박〔臨迫;임할 임, 핍박할 박〕[명](왕상 2:1) 시기가 닥쳐옴. impending.

임산〔臨産;임할 임, 낳을 산〕[명](창 35:16) 해산할 때가 다다름. being near one's confinement.

임시[1]〔臨時;임할 임, 때 시〕[명](겔 33:22) ①일정하지 아니한 시간. extraordinary. ②시기에 당하여 행함. extempore. ③잠시 아쉬운 것을 면하는 것. temporary.

임시[2]〔נִמְשִׁי〕[인](대하 22:7) 「이스라엘」 왕 「아합」의 집을 멸하고 왕이 된 「예후」의 아버지.

임의〔任意;맡길 임. 뜻 의〕[명](창 2:16) 내키는 대로의 마음. 마음대로. option.

임자[명](창 38:25) 물건의 주인. owner.

임종〔臨終;임할 임, 마칠 종〕[명](히 11:22) ①숨이 끊일 때.

dying hour. ②부모가 돌아갈 때에 모시고 있음. ㊌ 종신. present at one's parent's death.

임종 시〔臨終時;~때 시〕[명](창 15:1) ①임종할 무렵. the dying hour. ②부모의 임종을 모시고 있을 때.

임하다〔臨~;임할 림〕[자](창 15:1) 높은 지대에서 낮은 지대를 대하다. face. ②지위가 높은 사람이 자기 밑의 사람을 대하다. present oneself. ③이르다. reach. ④일을 당하다. face.

입 [명](창 4:11) 음식을 먹거나 말을 하는 기관. mouth.

입관〔入棺;들 입, 관 관〕[명](창 50:26) 시체를 관 속에 넣는 일. putting in coffin.

입교〔入敎;들 입, 가르칠 교〕[명](행 6:5) ①종교를 믿기 시작함. conversion. ②유아 세례를 받고 만 15세가 되어 교인으로서의 권리와 의무를 수행하도록 하는 의식. entering of faith.

입구〔入口;들 입, 입 구〕[명](삿 1:24) 들어가는 어귀. 들어가는 문. entrance.

입김 [명](시 62:9) ①입에서 나오는 더운 김. ②입으로 나오는 날숨의 기운. steam of breath.

입다[1] [타](창 6:8) ①옷을 걸치다. wear. ②손해나 누명 따위를 받다. suffer. ③다른 사람의 도움을 받다. owe.

입다[2]〔יִפְתָּח=그가 여시다〕[인](삿 11:1) ①「이스라엘」 사사 중의 한 사람. ②그는 「길르앗」 기생의 아들인데, 본처의 아들에게 쫓겨 「돕」 지방에 이르러 이방인과 같이 생활했다(삿 11:1-3). ③이 때 「암몬」 사람들이 「요단」 강 동쪽 「이스라엘」 경내에 침범하여 18년 간이나 점거하고 있었다. 이를 구출하기 위하여 「입다」는 「암몬」 사람과 싸워 승리를 거두었다. 그가 전쟁에 나갈 때 만일 하나님이 이기게 해 주시면, 돌아와서 자기를 제일 먼저 맞는 자를 번제로 드릴 것을 맹세했다. 그러나 뜻밖에도 제일 먼저 맞은 자는 그의 사랑하는 무남 독녀 딸이었다(삿 11:34-39). ④그 후 「이스라엘」의 딸들은 1년에 네 번씩이 비운의 달을 위하여 곡했다. 그는 「에브라임」과 싸움에서 이겼다. 그리하여 「이스라엘」을 6년 간이나 다스렸다. 「사무엘」은 「이스라엘」

을 구하려고 하나님이 세운 충실한 자라고 「입다」를 평했다(삼상 12:11). ⑤히브리서에서는 그를 신앙의 인간으로 인용하고 있다(히 11:32).

입다[3]〔יִפְתָּח = 응답하신다〕[지] (수 15:43) 「유다」 평지의 성읍.

입다엘 골짜기〔יִפְתַּח־אֵל = 하나님이 여심〕[지](수 19:14) 「스불론」지파의 북쪽 경계지에 있는 골짜기 「아셀」과 경계를 이룬다(수 19:27).

입맞추다 [타](창 27:26) 상대방의 입, 볼, 손등에 입술을 대어 사랑과 존경의 뜻을 나타냄. kiss.

입번〔入番;들 입, 차례 번〕[명] (왕하 11:5) 숙직하는 일. 입직(入直). being on night-duty.

입법〔立法;설 립, 법 법〕[명](약 4:12) 삼권의 한 가지. 법률을 제정하는 행위. legislation.

입법자〔立法者;~놈 자〕[명](약 4:12) 법률을 제정하는 사람. lawgiver.

입산〔אִבְצָן = 화려한〕[인](삿 12:8-10) 「입다」 다음에 사사가 되어 7년간 「이스라엘」을 치리한 「블레셋」 경내의 「베들레헴」 사람. 아들 30명과 딸 30명을 가졌다.

입삼〔יִבְשָׂם = 향기, 즐거움〕[인] (대상 7:2) 「잇사갈」 자손 「돌라」의 아들.

입술[명](민 30:8) 입의 아래 위의 붙은 살. lips.

입참〔入參;들 입, 참여할 참〕[명] (민 4:23) 궁중의 경축이나 제례에 참렬하는 일. attendance.

입천장 [명](욥 29:10) 입 안 위. 구개(口蓋).

입할〔יִבְחָר = 여호와께서 택하셨다〕[인](삼하 5:15) 「다윗」의 아들.

입히다[1] [타](창 3:21) 겉에 바르다. coat.

입히다[2] [타](창 26:10) ①당하게 하다. inflict. ②입게 하다. put on.

잇꺼풀 [명](욥 19:20) ①이와 꺼풀의 합성어로, 이(치)의 꺼풀(에나밀). ②살과 지방질은 없고 가죽(꺼풀) 밖에 남지 않았다는 말. ③몹시 야윈 상태를 표시하는 말.

잇난〔יִתְנָן = 든든한 곳〕[지](수 15:23) 「유다」 지파 남쪽 「에돔」 경계에 접한 성읍.

잇다 [타](출 29:30) ①마주 붙이다. unite. ②길게 만들다. connect. ③계속하다.

잇대〔אִתַּי = 존재하다〕[인]
[1] 「블레셋」인 「잇대」. ①「가드」로부터 포로 6백 명을 거느리고 「이스라엘」에 온 「블레

셋」 인으로, 후에 「다윗」에게 충성하였다(삼하 15:19 이름이 누락되어 있다). ②그는 「압살롬」 토벌 제3분대 지휘관으로 임명되었다(삼하 18:2).

[2] 「다윗」의 한 용사(삼하 23:29, 대하 11:31).

잇도〔עִדּוֹ =사랑스러운 자〕[인] (왕상 4:14).

[1] 「솔로몬」, 「르호보암」, 「아비야」 치세의 역사를 쓴 예언자(대하 9:29, 12:15, 13:22).

[2] 「스가랴」의 조부(슥 1:1, 7, 겔 5:1, 6:14).

[3] ①「가시뱌」에 있었던 「느디님」 사람의 족장(스 8:17).

[4] 그 밖에 3인이 있다(왕상 4:14, 대상 27:21, 스 10:43).

잇바스〔יִדְבָּשׁ =꿀 바른〕[인](대상 4:3) 「유다」 사람 「에담」 조상의 자손.

잇사갈[1]〔יִשָּׂשכָר =값을 주심〕[인] (창 30:18) ①「야곱」의 아홉째 아들로서, 「레아」의 다섯째 아들이다(계 7:7). ②「야곱」은 축복하기를 「잇사갈」은 양의 무리 가운데 꿇어앉은 건장한 나귀라 하였다(창 49:14). ③「모세」는 축복하기를, 그들은 산에서 의로운 제사를 드리고 바다의 풍부한 것, 모래 속의 숨은 보배를 찾아내라 하였다(신 33:19). ④그 자손은 충의심이 많다 한다.

잇사갈[2]〔יִשָּׂשכָר =값을 주다〕[지] (수 17:10) 「잇사갈」 지파에게 분배된 「가나안」 땅. 「스불론」과 「납달리」의 남쪽. 「므낫세」의 북쪽. 「요단」 서쪽 지역.

잇시야[1]〔יִשִּׁיָּה =여호와께 기름부어 주시기를〕[인]

[1] 「잇사갈」 사람 「웃시」의 아들. 족장이다(대상 7:3).

[2] 「레위」 사람 「고핫」의 자손 「웃시엘」의 아들(대상 23:20, 24:25).

[3] 「레위」 사람 「르하뱌」의 아들이며 족장이다(대상 24:21).

잇시야[2]〔יִשִּׁיָּה =여호와가 뿌리는 자〕[인](스 10:25) 「바로스」의 자손.

잇틀 [명](시 22:15) →'이틀'의 오기. 이가 박혀 있는 아래, 위턱의 뼈. jawbone.

있다 [형](창 1:3) '유형(有形) 무형하게 자리를 차지하다'의 뜻. ①존재. exist. 방 안에 있는 모든 물건. ②소재, 위치. be situated. ③점거(占據). stand.

잉태〔孕胎; 아이밸 잉, 아이밸 태〕[명](창 3:16) 태기가 있음. 아이를 뱀. pregnancy.

잊다 타 (창 40:23) ①기억하지 못하게 되다. forget. ②알아내지 못하다. dismiss from one's mind. ③생각하지 아니하다. disregard. ④놓고 오다. leave a thing behind.

잎 명 (창 3:7)〈식〉①식물의 영양 기관의 하나. leaf. ②잎사귀.

잎사귀 명 (창 8:11) 낱낱의 잎. leaf.

ㅇ

ㅈ

자[1] 명(대상 23:29) ①척관법의 길이의 단위. ②길이를 나타내는 말. ③물건의 길이를 재는데 쓰는 기구. ruler. 약 30cm, 60cm 등 다양함.

자[2] 감(창 11:3) 행동을 재촉할 때 하는 말. 어서.

자[3]〔者;놈 자〕명(창 3:20) 사람일. 물건 등. person.

자[4]〔字;글자 자〕명(출 32:16) 글자. character.

자갈 명(왕하 19:28) ①자질구레하게 생긴 돌. gravel. ②강이나 바다의 바닥에서 오랫동안 갈리어 반들반들하게 된 잔돌. 조약돌. shingle.

자갈먹이다 타(사 37:29) 굴레를 씌우다. 재갈을 물리다.

자객〔刺客;찌를 자, 손 객〕명(행 21:38) 정치적 목적으로 사람을 몰래 찔러 죽이는 사람. 암살자.

자결〔自決;스스로 자, 결단할 결〕명(요 8:22) 스스로 자기의 목숨을 끊음. suicide. ②스스로 해결함. self-determination.

자고[1]〔自高;스스로 자, 높을 고〕명(출 9:17) 스스로 높은 체함. self-consequence.

자고[2]〔鷓鴣;자고새 자, 자고새 고〕명(렘 17:11) 〈조〉꿩과의 새. 산야에 사는데, 메추라기와 비슷하며, 날개 길이는 17cm 가량. partridge.

자고[3]〔自古;스스로 자, 옛 고〕명(렘 28:8) 예전부터. from old times.

자고이래〔自古以來;스스로 자, 옛 고, 써 이, 올 래〕부(욜 2:2) 일과 물건의 내력에 예로부터 지금까지. from the remotest days to the present.

자고한 자 명(사 2:12) 교만한 사람. 스스로 높다고 뽐내는 어리석은 사람.

자국 명(요 20:25) ①닿거나 지나간 자리. trace. ②일의 근원이 발달된 곳. origin. ③붙박이로 있어야 할 자리. 흔적.

자금〔自今;스스로 자, 이제 금〕 부(사 9:7) 지금부터. 이제부터. from now on.

자긍〔自矜;스스로 자, 자랑할 긍〕명(삿 7:2) 제스스로의 긍지. self conceit.

자기〔自己;스스로 자, 몸 기〕명 (창 1:27) ①나. I. ②막연하게 사람을 가리키는 말. one's self. 대 어떤 사람을 말할 때에 그를 도로 가리키는 말.

자녀〔子女;아들 자, 계집 녀〕명 (창 5:4) 아들과 딸. sons and daughters.

* 하나님의 자녀는 성도들이다.

자녀간〔子女間;아들 자, 계집 녀, 사이 간〕명(레 12:6) ①아들과 딸 사이. ②아들이나 딸이나.

자다 자(창 28:11) ①잠이 들다. sleep. ②움직이던 것이 멈추어 서다. calm.

자단〔自斷;스스로 자, 끊을 단〕 명(출 18:26) 스스로 완전히 결정함. self-determination.

자라나다 자(왕상 12:8) 자라서 크게 되다.

자라다 자(창 21:8) ①점점 커지거나 많아지다. grow. ②발전하거나 정도가 높아지다. develop.

자락 명(룻 3:9) ①옷자락. skirt. ②피륙 따위의 아래로 드린 넓은 조각. bottom.

자랑 명(왕상 20:11) 제 일이나 물건을 드러내서 높이 떠벌림. pride.

자료〔資料;재물 자, 헤아릴 료〕 명(사 23:18) 일의 바탕이 될 재료. materials.

자루[1] 명(창 42:25) 곡식이나 과일 따위의 물건을 담을 수 있게 헝겊으로 길고 크게 만든 주머니. sack.

자루[2] 명(신 19:5) 연장 따위의 손잡이. handle. ③가름한 물건의 낱개를 셈할 때 쓰는 말. piece.

자르다 타(삼하 10:4) ①끊어내다. cut off. ②남의 요구를 거절하다. refuse.

자리 명(창 29:3) ①서거나 앉거나 누울 곳. seat. ②무엇을 두거나 놓은 곳. 위치.

자리옷 명(신 22:17) 잠잘 때 입은 옷. night clothes.

자마〔紫馬;자줏빛 자, 말 마〕명 (슥 1:8) 몸에 자줏빛이 나는 말. brown horse.

자만〔自慢;스스로 자, 교만할

ㅈ

만]명(렘 48:26) 자기 스스로가 자기 일을 거만하게 자랑함. self-conceit.

자매[姉妹;누이 자, 누이 매]명(레 18:9) ①손위의 누이와 손아래의 누이. elder and sisters. ②여자끼리의 언니와 아우. sisters.

자물쇠명(느 3:3) 여닫는 물건을 잠그는 쇠. 자물통. lock.

자민[子民;아들 자, 백성 민]명(시 149:2) 아들과 백성.

자백[自白;스스로 자, 흰 백]명(겔 12:16) ①스스로의 죄를 고백함. confession. ②소송상 자기에게 불리한 사실을 자기가 시인함. acknowledgement.

자복[自服;스스로 자, 옷 복]명(레 5:5) 범죄 사실을 스스로 고백하고 항복함. confession.

ㅈ

자부[子婦;아들 자, 지어미 부]명(창 6:18) 며느리. daughter-in-law.

자비[慈悲;사랑 자, 슬플 비]명(출 22:27) 사랑하고 불쌍히 여김. mercy.

자비량[自備糧;스스로 자, 갖출 비, 양식 량]명(고전 9:7) 자기가 먹거나 쓸 것을 가지고 가거나 벌어서 씀.

자비롭다형(출 34:6) 자비스러운 데가 있다.

자빠지다자(삼상 4:18) 뒤로 넘어지다.

자산[赭山;붉은빛 자, 뫼 산]명(사 13:2) 나무가 없는 민둥산. bare mountain.

자색[紫色;자줏빛 자, 빛 색]명(출 25:4) 자주색 빛. purple.

자세[1][仔細;자세할 자, 가늘 세]명(창 42:29) 자디잘거나 찬찬하여 빠짐이 없이 똑똑함. 세밀함. minuteness.

자세[2][藉勢;빙자할 자, 권세 세]명(벧전 5:3) 자기나 남의 세력을 빙자하여 의지함. relying upon one's influence.

자손[子孫;아들 자, 손자 손]명(창 5:1) ①아들과 여러 대의 손자. sons and grandsons. ②몇 대가 지나간 뒤의 자식들. 후손. descendant.

자수정[紫水晶;자줏빛 자, 물 수, 수정 정]명(출 28:19) 보라색의 투명한 6각 기둥의 결정체. amethyst.

자식[子息;아들 자, 쉴 식]명(창 3:16) ①아들과 딸을 일컬음. one's child. ②남자를 욕할 때 이르는 말.

자신[自身;스스로 자, 몸 신]명(창 35:2) ①자기. 제 몸. self. ②딴 말에 붙어 어떤 것도 아니고 그 스스로임을 강조할 때 쓰는 말. 확신. oneself.

자약[自若;스스로 자, 같을 약]

명(욥 40:23) 큰 일을 당해도 당황하지 않고 기색이 평상시와 같이 침착함. self-possession. 태연자약.

자여손〔子與孫;아들 자, 손자 여, 더불 손〕명(출 34:7) 아들과 손자. son and a grandson.

자연〔自然;스스로 자, 그럴 연〕명(눅 21:30) ①인력을 더하지 않은 본래의 상태. ②조화의 힘으로 된 삼라만상. nature. 부 자연히.

자욱하다 형(출 19:18) 연기나 안개 같은 것이 잔뜩 끼어 몹시 흐릿하다. hazy.

자원〔自願;스스로 자, 원할 원〕명(출 35:21) 스스로 하고 싶어 바람. 스스로 지원함. volunteering.

자유〔自由;스스로 자, 말미암을 유〕명(출 21:2) ①남의 구속을 받지 않고 제 마음대로 함. ②법률의 범위 안에서 마음대로 하는 행위. freedom.

자유인〔自由人;~사람 인〕명(골 3: 11) ①정당한 행위에 따라서 자기의 권리를 자유로 행사할 수 있는 국민. 자유민. free people. ②종이 아닌 모든 사람. 구속함을 받은 그리스도인.

자유자〔自由者;~놈 자〕명(고전 7:22) 자유인. free people.

자유하는 여자 명(갈 4:22) 종이 아닌 여자.

자의〔自意;스스로 자, 뜻 의〕명(레 22:21) 스스로의 생각. 자기의 뜻. one's own will.

자의적〔自意的;~적실할 적〕명(골 2:23) 스스로의 생각.

자자〔刺字;찌를 자, 글자 자〕명(사 3:24) 옛날에 얼굴이나 팔뚝에 흠을 내어 죄명을 먹칠하여 넣던 일.

자자손손〔子子孫孫;아들 자, 아들 자, 손자 손, 손자 손〕명(왕하 17:41) 자손의 여러 대. generation after generation.

자정〔紫晶;자줏빛 자, 수정 정〕명(계 21:20) 자수정. amethyst.

자족〔自足;스스로 자, 발 족〕명(빌 4:11) ①스스로 넉넉함을 느낌. ②다른 곳으로부터 구함이 없이 자기가 가진 것으로써 충분함. self-sufficiency.

자존〔自尊;스스로 자, 높을 존〕명(살후 2:4) ①스스로 높여 잘난 체함. self-importance. ②자기의 품위를 스스로 지킴.

자주[1]〔自主;스스로 자, 임금 주〕명(갈 3:28) 남의 보호나 간섭을 아니 받고 독립하여 행함. independence.

자주[2]〔紫紬;자줏빛 자, 명주 주〕

명(행 16:14) 자줏빛 나는 명주. purple silk.

자주[3]〔紫朱;자줏빛 자, 붉을 주〕 명(아 7:5) 짙은 남색에 붉은 빛을 띤 색. 원 자줏빛. purple.

자주[4] 부(욥 10:17) 여러 번. 잇달아 잦게. frequently.

자주자〔自主者;스스로 자, 임금 주, 놈 자〕명(갈 3:28) 다른 사람의 간섭이나 보호를 받지 않고 스스로 개척하여 활동하는 사람. man of independance.

자주장사〔紫紬~;자줏빛 자, 명주 주〕명(행 16:14) 비단, 명주를 파는 사람. dealer in purple silk.

자책〔自責;스스로 자, 꾸짖을 책〕명(삼하 24:10) 제 잘못을 스스로 꾸짖음. self-reproach. 뉘우침.

ㅈ

자처〔自處;스스로 자, 곳 처〕명(행 13:46) ①자결. ②제 스스로가 어떠한 사람인 체함. pretension. ③자기의 일을 스스로 처리함. cope with.

자천〔自薦;스스로 자, 천거할 천〕명(고후 3:1) 자기가 자기를 추천함. self recommendation.

자청〔自請;스스로 자, 청할 청〕명(삼상 3:13) 무슨 일에 나설 것을 제 스스로가 청함. volunteering. 자원.

자체〔自體;스스로 자, 몸 체〕명(약 2:17) ①제 몸. one's body. ②그 자신. itself. ③사물의 본래. itself.

자취[1] 명(신 12:30) 지나가거나 남긴 흔적. 공적. traces.

자취[2]〔自取;스스로 자, 가질 취〕명(삼하 16:8) 잘 되고 잘못되고는 상관없이 제 스스로 만들어서 됨. bring upon oneself.

자칭〔自稱;스스로 자, 일컬을 칭〕명(렘 29:26) ①남에게 대하여 자기 스스로를 일컫는 말. first person. ②자기 스스로를 뽐내어 일컬음. self-style. ③분수없이 잘난 체함.

작다 형(창 1:16) 크지 않다.

작대기 명(사 28:27) ①무엇을 버티는데 쓰는 긴 막대기. pole. ②답안의 채점을 할 때 잘못된 곳에 내려긋는 줄. cross.

작벌〔斫伐;깎을 작, 칠 벌〕명(신 20:19) 나무를 찍어 벰. felling.

작별〔作別;지을 작, 다를 별〕명(미 1:14) 서로 헤어짐. parting.

작살 명(욥 41:7) 작대기 끝에 뾰족한 쇠를 두 개나 세 개 박아 물고기를 찔러서 잡는 기구. harpoon.

작은 딸 명(창 19:31) 맏딸 다

음으로 난 모든 딸. 막내 딸.

작은 야고보 [인](막 15:40) 「마리아」의 아들. 「요세」의 형제.

작정〔作定;지울 작, 정할 정〕[명](삼하 17:14) 일을 결정함. decision.

잔〔盞;술잔 잔〕[명](창 40:11) 술, 차, 물 등의 음료를 따라 먹는 작은 그릇. cup.

잔나비 [명](왕상 10:22) 〈동〉원숭이. monkey.

잔뜩 [부](사 56:12) ①어떤 한도에 꽉 차게. extremely. ②자라는 데까지 힘껏. with one's best. ③몹시 심하게. severely(마 14:19).

잔디 [명](막 6:39) 〈식〉포아풀과의 다년생 만초. turf.

잔멸〔殘滅;남을 잔, 멸할 멸〕[명](렘 25:38) 쇠하여서 다 없어짐. ruin.

잔인〔殘忍;해칠 잔, 참을 인〕[명](잠 11:17) 인정이 없고 매우 악독함. brutality.

잔잔하다〔潺潺~;물 흐르는 소리 잔, 물 흐르는 소리 잔〕[명](시 107:29) 물이 졸졸 스르는 소리가 약하고 가늘다. remaining.

잔치 [명](창 26:30) 경사가 있을 때에 음식을 장만하여 여러 사람이 모여 즐기는 일. banquet.

잔포〔殘暴;남을 잔, 사나울 포〕[명](단 9:27) 잔인하고 포학함. 잔학. cruelty.

잔포자〔殘暴者;~놈 자〕[명](잠 5:9) 잔인하고 포학한 사람. the cruel.

잔학〔殘虐;남을 잔, 사나울 학〕[명](렘 30:14) 잔포. cruelty.

잔해〔殘害;남을 잔, 해할 해〕[명](창 49:5) 사람에게 잔인하게 굴고 물건을 해침. (원) 잔인해물. cold-bloodedness.

잔혹〔殘酷;남을 잔, 혹독할 혹〕[명](욥 30:21) 잔인하고 혹독함. 잔학. cruelty.

잘 [부](창 27:1) ①좋게. well. ②옳고 바르게. properly. ③익숙하게, 능란하게. ④자세하게.

잠 [명](창 2:21) 눈을 감고 의식 없이 심신의 피로를 쉬는 상태. sleep.

잠간〔暫間;잠간 잠, 사이 간〕[명][부](삿 20:36) 매우 짧은 동안. 오래지 않은 사이. moment.

잠그다[1] [타](삿 3:23) 여닫는 물건을 열지 못하게 자물쇠 따위를 채우다. lock.

잠그다[2] [타](왕하 5:14) ①물 속

에 담그다. soak. ②밑천을 들이다. sink money in.

잠들다 [자](창 2:21) ①자게 되다. ②죽음의 상태에 들어가다. 죽다.

잠시〔暫時;잠깐 잠, 때 시〕[명][부](민 4:20) 오래 걸리지 않는 동안. for a while.

잠시간〔暫時間;잠깐 잠, 때 시, 사이 간〕[명][부](욥 24:24) 짧은 시간. 오래지 아니한 동안.

잠언[1]〔箴言;경계 잠, 말씀 언〕[명](왕상 4:32) 교훈이 되고 경계가 되는 말씀. 격언. admonition.

잠언[2] [명](잠) 구약 제20권째 성경이다. 본서의 대부분은 「솔로몬」 왕에 의하여 기록되었다. 예언이나 교리는 본서에 포함되어 있지 않으나, 악한 세상에서 매일매일 사는 생활의 여러 모양에 대하여 하나님의 거룩한 지혜를 갖도록 적용시키는데 목적이 있다. 불의에 대하여 경고하고 하나님께 대한 경건한 마음, 부모에 대한 순종, 부모의 의무 등에 대한 교훈이 수록된 지혜서이다.

잠잠하다〔潛潛~;잠길 잠, 잠길 잠〕[형](창 34:5) ①아무 말이 없다. silent. ②조용하다. quiet.

잡류〔雜類;섞을 잡, 같을 류〕[명](신 13:13) 점잖지 못한 사람들. 잡것들. rogues.

잡세〔雜稅;섞을 잡, 세금 세〕[명](스 4:13) 여러 가지 세금. 잡다한 세. miscellaneous local taxes.

잡수시다 [자][타](창 27:10) '먹다'의 높임말.

잡족〔雜族;섞을 잡, 겨레 족〕[명](출 12:38) 여러 족속이 섞인 겨레.

잡풀〔雜~;섞을 잡〕[명](욥 31:40) 저절로 나서 자라는 여러 가지 풀. 잡초. weeds.

잣나무 [명](창 6:14) 〈식〉소나뭇과의 상록교목. 잎은 솔잎보다 굵으며 다섯 개씩 묶음이 져서 난다. 「레바논」 지방에서 많이 난다(사 55:13).

장[1]〔長;길 장〕[명](창 6:15) 길이. length.

장[2]〔長;어른 장〕[명](삼상 18:5) 조직의 우두머리.

장[3]〔帳;휘장 장〕[명](출 26:31) 휘장. curtain.

장가 [명](창 11:29) 남자가 아내를 맞아들이는 예식. marriage.

장검〔長劍;길 장, 칼 검〕[명](잠 30:14) 허리에 띠게 만든 기다란 칼. sword.

장관[1]〔長官;길 장, 벼슬 관〕[명](창 21:22) ①한 관청의 으뜸 벼슬. ②〈법〉국무를 맡아보는 각부의 책임자. minister.

장관[2]〔將官;장수 장, 벼슬 관〕명(욥 39:25) ①장수(將帥). general. ②〈군〉장군의 총칭. generals and admirals.

장광〔長廣;길 장, 넓을 광〕명(출 28:16) 길이와 넓이. width and length.

장구〔長久;길 장, 오래 구〕명(신 5:33) 길고 오램. permanence.

장군〔將軍;장수 장, 군사 군〕명(계 6:15) 〈군〉장관 자리의 사람을 일컬음. general.

장난 명(삼하 2:14) ①어린 아이들이 재미로 하는 짓. children's play. ②이익이 없는 일. mischief. ③못된 희롱을 하는 짓.

장년[1]〔壯年;씩씩할 장, 해 년〕명(욥 30:2) 기운이 씩씩한 서른살 안팎의 나이 또는 그러한 사람. prime of manhood.

장년[2]〔長年;길 장, 해 년〕명(호 12:3) ①늙은이. the aged. ②오래 삶. long life.

장단〔長短;길 장, 짧을 단〕명 ①길고 짧음. long and short. ②장점과 단점. merits and demerits(출 26:2).

장담〔壯談;씩씩할 장, 말씀 담〕명(눅 22:59) 자신이 있는 듯이 큰소리를 함. assertion.

장대[1]〔長~;길 장〕명(민 21:8) 대나무로 된 긴 막대기. bamboo pole.

장대[2]〔長大;길 장, 큰 대〕명(민 13:32) 길고 큼. big and long.

장대[3]〔壯大;씩씩할 장, 큰 대〕명(사 18:2) 크고 훌륭함. grand.

장도리 명(렘 10:4) 못 박고 빼는데 쓰는 연장. hammer.

장래〔將來;장차 장, 올 래〕명(출 13:14) 앞날. 미래. future.

장래사〔將來事;~일 사〕명(사 41:22) 앞날의 일. events of future.

장려[1]〔壯麗;씩씩할 장, 아름다울 려〕명(대상 22:5) 장엄하고 화려함. grandness.

장려[2]〔奬勵;권면할 장, 힘쓸 려〕명(시 64:5) 권하여 힘쓰게 함. encouragement.

장례법〔葬禮法;장사 장, 예도 례, 법 법〕명(요 19:40) 장사 지내는 예정과 법도. ceremony for burial.

장로〔長老;긴 장, 늙을 노〕명(창 50:7) ①나이가 많고 덕이 높은 사람을 일컫는 말. senior. ②장로교 교직의 한 직책으로서, 안수를 받아 장립하며 당회원으로 교회의 행정, 교인의 입회 전출, 직원의 선임 예배, 교육 전도에 관한 사항을 의결 집행 감독한다. 재정은 본연의 의무는

ㅈ

아니나, 헌금의 수집 방법 사용범위를 정한다. 근래에 와서 장로교회 외에 감리회 성결교회 등에도 장로를 세운다(딤전 3:1-5).

장로의회 명(딤전 4:14) 당회, 노회, 총회.

장립〔將立;장수 장, 설 립〕명(대하 13:9) ①장군을 세움. ②안수하여 목사, 장로, 집사의 교직을 맡아보게 함.

장마 명(겔 34:26) 여러 날 계속해서 오는 비. 주로 여름철에 내린다. long rain.

장막〔帳幕;휘장 장, 장막 막〕명(창 4:20) 한데에서 별 또는 비를 막고 사람이 들어가 있도록 둘러치는 막. 준 장(帳). tent. 성경에서는 하나님의 법궤를 모셨던 거룩한 처소로서, 「모세」가 하나님의 명을 받아 지었다. 이는 광야를 여행하는 「이스라엘」 백성들이 쉽게 옮길 수 있도록 지었으며 내부는 휘장으로 성소와 지성소를 구분했고 법궤는 지성소에 안치했다. 회막(민 11:16), 여호와의 장막(왕상 2:28), 증거의 장막(막 9:15), 하나님의 집

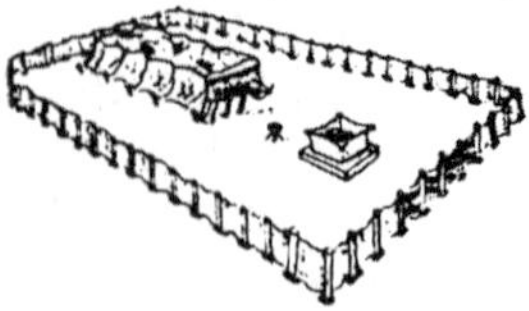

(대상 6:48) 등으로 불리웠다.

장막문〔帳幕門;~문 문〕명(창 18:1) 장막에 출입하는 문. door of tent.

장망성〔將亡城;장차 장, 망할 망, 재 성〕명(사 19:18) ①장차 망할 성의 명칭. city of the Sun. ②이 세상을 일컬음.〈일하헤레스=태양성〉

장모〔丈母;어른 장, 어미 모〕명(레 20:14) 아내의 친어머니. 빙모(聘母). mother of one's wife.

장부[1]〔丈夫;어른 장, 지아비 부〕명(사 46:8) ①장성한 씩씩한 남자. ②남자를 좋게 일컫는 말. man.

장부[2]〔臟腑;오장 장, 육부 부〕명(출 29:17) 오장 육부의 준말. ※〈오장〉폐장·심장·간장·비장·신장.〈육부〉대장·소장·위·담·방광·삼초. entrails.

장사[1] 명(느 3:8) 물건을 사서 파는 일로 생활하는 일. trade.

장사[2]〔葬事;장사 장, 일 사〕명(창 15:15) 시체를 묻거나 화장하는 일. funeral.

장사[3]〔壯士;씩씩할 장, 선비 사〕명(삼상 31:12) ①골격이 굳센 사람. a Hercules. ②뛰어나게 힘이 센 사람. strong man.

장색〔匠色;장인 장, 빛 색〕명 (신 27:15) 손으로 만드는 일을 업으로 하는 사람. 장인(匠人). craftsman.

장성〔長成;길 장, 이룰 성〕명 (창 21:20) 자라서 어른이 됨. becoming a men.

장소〔場所;마당 장, 바 소〕명 (창 26:22) ①처소. place. ②자리. 좌석. seat.

장수[1]〔長壽;길 장, 목숨 수〕명 (창 15:15) 목숨이 긺. 오래 삶. longevity.

장수[2]〔將帥;장수 장, 장수 수〕명(대상 13:1) 〈군〉군사를 거느리는 우두머리. general.

장식〔粧飾;단장할 장, 꾸밀 식〕명(삿 8:21) ①치장하는 일. 또는 그 꾸밈새. decoration. ②그릇, 가구 따위에 꾸밈새로 박는 쇠붙이. fittings.

장식품〔裝飾品;~물건 품〕명 (겔 16:17) 치레를 하는데 쓰는 물건. decorations.

장안〔帳;회장 장〕명(레 16:2) 지성소, 속죄소를 뜻함.

장애〔障碍;막힐 장, 막을 애〕명 (시 57:6) 거리끼어서 거치적거림. 막아서 거침. obstacle.

장애물〔障碍物;~만물 물〕명 (레 19:14) 장애가 되는 물건. bostacle.

장엄〔壯嚴; 씩씩할 장, 엄할 엄〕명(사 30:30) 규모가 크고 엄숙함.

장유〔長幼;길 장, 어릴 유〕명 (창 43:33) 어른과 어린이. young and old.

장인[1]〔丈人;어른 장, 사람 인〕명(출 3:1) 아내의 친아버지. 높 빙장. one's wife's father.

장인[2]〔匠人;장인 장, 사람 인〕명(삿 5:26) 물건을 만드는 것을 업으로 삼는 사람. 장색(匠色). artisan.

장자〔長子;길 장, 아들 자〕명 (창 10:15) 맏아들. eldest son.

장정〔壯丁;씩씩할 장, 고무 정〕명(출 12:37) ①나이가 젊고 기운이 좋은 남자. adult. ②부역·군역에 소집된 남자. enlisted man. ③징병 적령자인 남자. conscript.

장중〔掌中;손바닥 장, 가운데 중〕명(시 71:4) 주먹 안. 수중(手中). in one's hand.

장지〔葬地;장사 장, 땅 지〕명 (삿 16:31) 장사할 땅. 매장한 땅. burial ground.

장차〔將次;장차 장, 차례 차〕부 (창 41:35) 앞으로 미래에. in future.

장터〔場~;마당 장〕명(마 11:16) 장이 서는 장소. mart.

장형〔長兄;길 장, 맏 형〕명(삼상 17:28) 맏형. eldest brother.

잣다 자(욥 6:15) ①액체가 졸아들어 밑바닥에 깔리다.

재 명(출 9:8) 불에 타고 남은 찌꺼기. ash.

재갈 명(약 1:26) 말의 입에 물리는 쇠로 만든 물건. bit.

재갈 먹이다 타(약 1:26) 입을 놀리지 못하도록 재갈을 물리다. bit a horse.

재계〔齋戒;재계할 재, 경계할 계〕명(슥 7:3) 제사 지내는 사람이 마음을 가다듬고 심신을 깨끗이 하여 음식, 행동을 삼가며 부정을 피함. purification.

재는 법 명(대하 3:3) 물건의 길이를 자 따위로 헤아리는 법.

재난〔災難;재앙 재, 어려울 난〕명(창 42:4) 뜻밖에 일어난 불행한 일.

재능〔才能;재주 재, 능할 능〕명(출 38:23) 일을 해내는 힘. 유 재간. talent.

재덕〔才德;재주 재, 큰 덕〕명(출 18:21) 재주와 덕행. talent and virtue.

재료〔材料;재목 재, 헤아릴 료〕명(창 50:3) ①물건을 만드는 데 필요한 원료. material. ②일할 거리. ③예술적 표현의 제재(題材).

재리〔財利;재물 재, 이로울 리〕명(마 13:22) 재물과 이익. property and profit.

재림〔再臨;다시 재, 임할 임〕명(행 1:11) 성경에는 재림이라는 말을 쓰지 아니하였으나, 승천하신 예수님께서 다시 이 세상에 오실 것을 일컫는 기독교의 용어. 선과 악, 신자와 불신자를 심판하시며 영원한 천국이 임한다. 예수님의 재림 시기는 알 수 없으나 여러 가지 징조를 보아 임박해진 것을 알 수 있다(마 24:-25:, 계시록 참고).

재목〔材木;재목 재, 나무 목〕명(레 14:45) ①건축·토목 또는 기구 등의 재료로 쓰는 나무. timber. ②어떤 직위에 합당한 인물. competent man.

재무〔財務;재물 재, 힘쓸 무〕명(롬 16:23) 재정에 관한 사무. financial affairs.

재무관〔財務官;～벼슬 관〕명(단 3:2) 재정을 맡은 관리. financial. 국고를 관리하였다(스 1:8, 대상 26:20).

재물〔財物;재물 재, 만물 물〕명(창 14:11) 돈이나 그 밖의 값 나가는 물건. property.

재미 명(창 27:47) ①아기자기한 취미. good taste. ②유쾌한 맛. interest. ③형편. circumstances. ④일이 퍽 잘됨. fine. ⑤이익이 됨. profitableness.

재미롭다 형(시 55:14) 원문에

는 달콤하다.

재배〔栽培;심을 재, 북돋을 배〕명(시 107:37) 초목을 심어 기름. cultivation.

재산〔財産;재물 재, 낳을 산〕명(창 34:23) ①개인·가정·단체가 소유하는 재물. fortune. ②금전상의 가치가 있는 유형·무형의 것의 일체. property.

재삼〔再三;두 재, 석 삼〕명(욥 33:29) 두세 번. again and again. 거듭거듭.

재상〔宰相;재상 재, 서로 상〕명(잠 8:16) 국가의 높은 관리. 총리나 장관에 해당됨. minister.

재앙〔災殃;재앙 재, 재앙 앙〕명(창 12:17) 천재 지변 따위로 말마암아 불행한 일. misfortune.

* 하나님께서 회개하도록 재앙을 내리신 때가 있다. 그리고 벌로 재앙을 내리시기도 하셨다.

재정〔財政;재물 재, 정사 정〕명 ①국가 또는 공공 단체가 그 유지·발전의 목적을 달성하기 위하여 수입을 획득하여 경비를 지출하는 경제적 행위. finance. ②개인의 금융.

재조〔才操;재주 재, 잡을 조〕명(출 31:3) 교묘한 기술·재주. good idea.

재주명(출 31:3) ①무엇을 잘 할 수 있는 타고난 소질. 꾀. talent. ②교묘한 기술. 솜씨. 재질.

재차〔再次;두 재, 차례 차〕명(행 7:13) 두 번째. second time.

재채기명(왕하 4:35) 코의 신경이 간질간질하다가 기운을 내뿜는 것. sneeze.

재촉명(창 19:15) ①일을 빨리 하게 몰아침. pressing. ②남에게 받을 것이 있어서 달라고 조름.

재판〔裁判;마를 재, 판단할 판〕명(출 18:13) 옳고 그름을 살펴서 심판함. justice. 고대 「이스라엘」에서는 사사, 제사장, 왕, 선지자들이 이를 맡았다.

재판관〔裁判官;~벼슬 관〕명(삼하 15:4) 재판에 관한 사무를 맡아보는 법관. judge.

재판석〔裁判席;~자리 석〕명(사 28:6) 재판하는 사람이 앉은자리.

재판자〔裁判者;~놈 자〕명(미 5:1) 재판관. judge.

재판장〔裁判長;~길 장〕명(출 21:6) 합의제 법원에서 합의체를 대표하는 재판관. 법관. chief judge.

재해〔災害;재앙 재, 해할 해〕명(창 44:29) 재앙으로 인한 해. calamity.

재화〔災禍;재앙 재, 재화 화〕명

(삼하 12:11) 재앙과 화난(禍難). calamity.

잿물 명(민 19:12) ①도자기를 구울 때 그 몸에 덧씌우는 약. glaze. ②재에 물을 부어 걸러서 내린 물. 알카리성으로 빨래와 염색에 쓰임. lye.

잿밀 명(암 8:6) 밀이 땅에 떨어진 것의 뜻. 채에서 떨어진 쭉정이. 아모스는 이것을 빈민에게 강매하는 부자의 탐욕을 비난했다. refuse of the wheat.

쟁기 명(눅 9:62) 〈농〉논·밭을 가는 연장의 한 가지. plough.

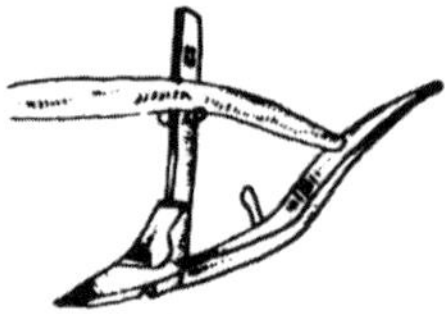

쟁론〔爭論;다툴 쟁, 의논할 론〕명(삿 6:31) 서로 서로 다투어 가며 논박함. 또는 그 이론. dispute.

쟁반〔錚盤;쇳소리 쟁, 쟁반 반〕명(미 6:2) 운두가 얕고 둥글 납작한 그릇. tray.

쟁변〔爭辯;다툴 쟁, 말잘할 변〕명(욥 9:3) 서로 다투어 변론함. 쟁론. dispute.

쟁쟁하다〔錚錚~;쇳소리 쟁, 쇳소리 쟁〕명(욥 39:23) ①여럿 가운데서 매우 뛰어나다. prominent. ②쇳소리가 맑게 울리다. clinking.

ㅈ

쟁투〔爭鬪;다툴 쟁, 싸움 투〕명(롬 13:13) 서로 다투어 가며 싸움. strife.

저 명(삼상 10:5) 〈악〉구멍이 뚫린 피리의 하나.

저녁 명(창 1:5) ①해가 지고 밤이 오는 때. evening. ②저녁밥(준말). 먹는 음식 또는 하는 일.

저물다 자(수 7:6) 해가 저서 어두워지다. get dark. ②한 해가 거의 지나게 되다. an year comes to an end. ③일정한 일이 어두워질 때까지 늦어지다.

저미다 타(사 51:9) 칼로 얇게 베어서 여러 조각을 내다. 얇게 깎아내다. mince.

저버리다 타(신 12:19) ①약속을 버리다. break. ②은혜를 모른 체하다. betray.

저상〔沮喪;막을 저, 잃을 상〕명(삼하 17:10) 기운을 잃음. depression.

저수지〔貯水池;쌓을 저, 물 수, 못 지〕명(사 22:11) 상수도나 관개용으로 둑을 쌓고 물을 모아 두는 곳. reservoir.

저술〔著述;나타날 저, 지을 술〕명(눅 1:2) 글을 지어 책을 만듦. 또는 그 책. writing a book.

저울 명(레 19:36) 물건의 무게를 달아 헤아리는 기계의 총칭. balance.

저울질[명](잠 24:12) ①저울로 무게를 달아보는 짓. weighing in the balance. ②남의 마음속을 이리저리 헤아려 봄. sounding.

저으기[부](왕하 4:18) 약간, 다소 조금.

저자[명](행 16:19) '시장'을 예스럽게 이르는 말. ①장에서 물건을 파는 가게. ②아침·저녁으로 반찬거리를 팔고 사기 위해 열리는 장. market.

저장〔貯藏;쌓을 저, 감출 장〕[명](창 41:36) 쌓아서 간직하여 둠. 갈무리. store.

저주〔詛呪;저주할 저, 저주할 주〕[명](창 3:14) 남이 못되기를 빌고 바람. curse.

저축〔貯蓄;쌓을 저, 쌓을 축〕[명](창 6:21) ①절약하여 모아 둠. saving. ②소득을 다 써 버리지 않고 아껴 모아둠.

저편[명](출 14:20) 건너쪽, 상대편.

저희〔沮戱;막을 저, 희롱할 희〕[명](스 4:5) 귀찮게 굴어서 방해함.

적〔敵;대적할 적〕[명](요일 2:18) ①전쟁의 상대. opponent. ②자기와 원수인 사이. enemy. ③경쟁의 상대. rival. ④겨눌 수 있는 사람. match.

적국〔敵國;대적할 적, 나라 국〕[명](민 24:8) 상대가 되어 싸우는 나라. enemy country.

적군〔敵軍;대적할 적, 군사 군〕[명](신 23:14) 적국의 군사. rebel army.

적 그리스도〔敵~;대적할 적〕[명](요일 2:18) 그리스도를 대적하면서도 그리스도처럼 나타나 보이나 결국은 망한다. 이단자(계 13:17).

적다[1] [타](창 34:30) 글로 쓰다. 기록하다. write down.

적다[2] [형](창 30:30) 수효나 분량이 모자라다. little or few.

적당[1]〔適當;맞을 적, 마땅할 당〕[명](민 32:1) 사리에 알맞음. suitableness.

적당[2]〔賊黨;도둑 적, 무리 당〕[명](왕하 13:20) 도둑의 떼. bandits.

적막〔寂寞;고요할 적, 고요할 막〕명(욥 3:7) 고요하고 쓸쓸함. loneliness.

적몰〔籍沒;호적 적, 빠질 몰〕명(스 7:26) 중죄인의 재산을 몰수하고 그 가족까지 벌하던 일. confiscation of one's property.

적발〔摘發;딸 적, 들출 발〕명(창 44:16) 숨어 드러나지 않은 것을 들추어냄. disclosure.

적병〔敵兵;대적할 적, 병사 병〕명(대하 13:14) 적국의 병사. enemy.

적수〔敵手;대적할 적, 손 수〕명(출 21:18) ①재주나 힘이 서로 비슷해서 상대가 되는 사람. ②재력(才力)이 어금지금한 사람. rival(출 21:8).

적시다타(창 2:6) ①물 따위에 묻혀 젖게 하다. moisten. ②정조를 더럽히다. violate.

적신〔赤身;붉을 적, 몸 신〕명(욥 1:21) 벌거벗은 몸. 알몸. stark nakedness. 아무것도 가진 것이 없다.

적실〔的實;적실할 적, 열매 실〕명(단 6:12) 틀림이 없음. 꼭 그러함. exactness.

적어도부(창 24:55) ①적게 보이기는 하여도 ②줄잡아, 어림하여. ③마음에 부족하나마.

적자〔赤子;붉은 적, 아들 자〕명(사 3:4) ①갓난아이. baby. ②임금이 백성을 일컫는 말. our subjects.

적지 아니하다형(행 9:13) 적다고는 할 수 없게 많다.

적진〔敵陣;맞을 적, 진칠 진〕명(삿 7:9) 적의 진영. enemy camp.

적축〔積蓄;쌓을 적, 쌓을 축〕명(호 13:15) 차곡차곡 쌓아 간직함. accumulation.

적치〔積置;쌓을 적, 둘 치〕명(창 41:35) 쌓아서 둠. piling up.

전[1]〔前;앞 전〕명(창 8:11) ①앞. front. ②이전. 지난 때. priority. ③먼저.

전[2]〔殿;대궐 전〕명(창 28:17) 궁궐. 성전 등의 집. palace.

전각〔殿閣;대궐 전, 누각 각〕명(렘 6:5) 임금이 거처하는 궁전. Imperial a palace.

전각지기〔殿閣~;대궐 전, 누각 각〕명(행 19:35) 임금이 거처하는 궁전을 지키며 돌보는 사람. keeper of the imperial palace.

전갈〔全蠍;온전 전, 빈대 갈〕명(신 8:15) <동>전갈과의 곤충. 길이는 6cm 정도이며 독침이 있음. scorpion. 옛날에 고문용으로 사용하였으며, 채찍 끝에 가시를 붙인 것을 전갈이라고도 했다(왕상 12:

11, 대하 10:11). 원수에게 당하는 고통에 비유하기도 한다(계 9:3, 10).

전경〔全境;온전 전, 지경 경〕명 (출 10:15) 온 지경. all the land. 그 지역 전체.

전국〔全國;온전 전, 나라 국〕명 (창 41:43) 한 나라의 전체. whole country.

전군〔前軍;앞 전, 군사 군〕명 (욜 2:20) 전방의 군대. 앞장에 서는 군대. advance guard.

전권〔全權;온전 전, 권세 권〕명 (에 9:29) 임명된 사항을 처리할 일체 권한. full power.

전능〔全能;온전 전, 능할 능〕명 (창 17:1) 모든 일을 다할 수 있는 절대의 능력. omnipotence.

* 전능하신 이는 오직 하나님이시다.

전능자〔全能者;~놈 자〕명(창 49:24) ①모든 일을 다할 수 있는 절대의 능력을 가진 자. the almighty. ②하나님의 다른 표현임. Almighty God. the Almighty.

전능하신 이 명(욥 8:3) 전능자, 주권자. 절대적인 통치자. 무소 부재자. 하나님을 가리킴.

전당〔典當;법 전, 마땅할 당〕명 (출 22:26) 재산을 담보로 하고 돈을 융통하는 일. pawn.

전당물〔典當物;~만물 물〕명 (겔 18:7) 돈을 빌기 위하여 전당 잡힌 물건. pawn.

전대〔纏袋;돌릴 전, 전대 대〕〔纏帶;돌릴 전, 띠 대〕명(마 9:4) 돈이나 물건을 넣어 몸에 지니게 된 양쪽 끝이 터진 자루. long belt sack.

전도〔傳道;전할 전, 길 도〕명 (마 11:1) 하나님과 그리스도의 교리를 전하여 믿음을 갖도록 하는 일. preach.

전도서 명(전) 구약 제21권째 성경이다. 「솔로몬」의 기록으로, 해 아래 인생의 헛됨을 지적하여 인간이 지혜를 가지고 인생의 기쁨과 선을 찾으려면 우리 인생 전체를 구석 구석까지 엄밀하게 살펴 나아가야만 온갖 궂은 일에도 만족스러운 삶을 가질 수 있음을 말해준다. 인간의 평등(죄인)과 세상의 모든 것으로는 참 행복을 가질 수 없으며, 인간을 만족시킬 수 없다는 것을 가르친다.

전도인〔傳道人;전할 전, 길 도, 사람 인〕명(딤후 4:5) 전도를 하는 사람. preacher.

전도자〔傳道者;전할 전, 길 도, 놈 자〕명(행 21:8) 전도인. 솔로몬을 가리키는 말(전 1:1).

ㅈ

전동〔箭筒;화살 전, 통〕명(욥 39:23) 화살을 넣는 통. 전통이라고도 함. quiver.

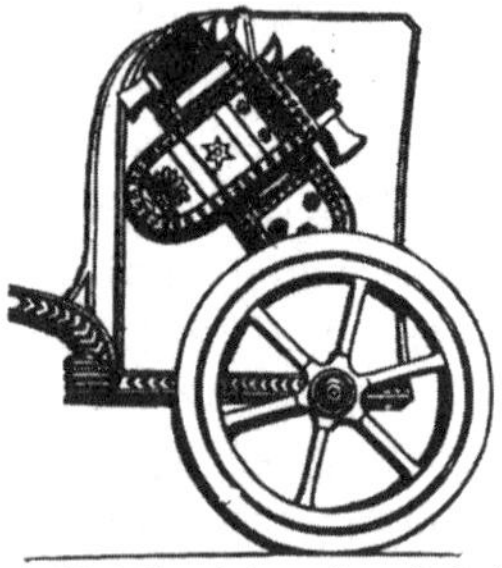

전란〔戰亂;싸울 전, 어지러울 란〕명(사 3:25) 전쟁으로 말미암은 난리. 전쟁으로 인한 국내의 혼란. disturbances.

전력〔全力;온전 전, 힘 력〕명(딤전 4:15) 모든 힘, 자신의 실력 전체. all one's power.

전례[1]〔前例;앞 전, 본보기 례〕명(룻 4:7) 이미 있었던 일과 비교하면서 진행하는 사례.

전례[2]〔傳例;전할 전, 본보기 례〕명(시 122:4) 전해오는 본보기.

전율〔戰慄;싸울전, 두려울 률〕명(합 3:6) 몹시 두려워 몸이 떨림. 전율. shivering.

전리〔田里;밭 전, 마을 리〕명(느 13:10) 자기 고향인 마을. one's native village.

전마〔戰馬;싸울 전, 말 마〕명(겔 27:41) 전쟁에서 쓰이는 말. military horse.

전면〔前面;앞 전, 낯 면〕명(출 26:9) 앞쪽. front.

전멸〔全滅;온전 전, 멸할 멸〕명(수 2:10) 죄다 없어짐. 모조리 망해 버림. annihilation.

전무〔專務;오로지 전, 힘쓸 무〕명(행 6:4) ①전문적으로 맡아보는 사무. principal business. ②전무이사.

전무 후무〔前無後無;앞 전, 없을 무, 뒤 후, 없을 무〕명(출 11:6) 과거에도 앞으로도 없음. unique.

전문〔殿門;대궐 전, 문 문〕명(왕하 12:9) 성전 문. entrance of temple.

전배〔前陪;앞 전, 따를 배〕명(삼하 15:1) 관원을 인도하던 관청 하료.

전번〔前番;앞 전, 차례 번〕명(왕하 1:14) 지난 번. last time.

전병〔煎餠;지질 전, 떡 병〕명(출 29:23) 번철에 지진 넓적하고 둥근 떡. 부꾸미. fried ricecake.

전복〔轉覆;구를 전, 뒤집을 복〕명(렘 31:28) 뒤집혀 엎어짐. overturning.

전부[1]〔全部;온전 전, 떼 부〕명(출 25:36) 온통. 전체. all. 남김없이.

전부[2]〔前夫;앞 전, 지아비 부〕명(신 24:4) 먼저 번의 남편. one's former husband.

전사[1]〔戰死;싸움 전, 죽을 사〕명(신 20:5) 싸움터에서 싸우다가 죽음. death in battle.

전사[2]〔戰士;싸움 전, 선비 사〕명(삿 20:17) ①싸우는 군사. soldier. ②어떤 일에 종사하여 분투하는 사람. champ.

전세〔戰勢;싸움 전, 권세 세〕명(왕하 3:26) 전쟁이 되어 가는 형편. war situation.

전송〔餞送;전송할 전, 보낼 송〕명(창 18:16) 전별하여 보냄. seeing off.

전신〔全身;온전 전, 몸 신〕명(창 25:25) 온 몸. whole body.

전신갑주〔全身甲冑;온전 전, 몸 신, 갑옷 갑, 투구 주〕명(엡 6:11) 온 몸의 갑옷과 투구. the whole armor.

전심〔全心;온전 전, 마음 심〕명(삼상 7:3) 온 마음. one's whole heart. 한마음.

전심전력〔全心全力;온전 전, 마음 심, 온전 전, 힘 력〕명(딤전 4:15) 온 마음과 온 힘을 다 기울임.

전언〔傳言;전할 전, 말씀 언〕명(출 18:6) ①전하여 주는 말. message. ②전설(傳說).

전염〔傳染;전할 전, 물들일 염〕명(레 15:24) ①병독이 남에게 옮음. infection. ②몹쓸 풍속이 전하여 전체에 물이 듦. being imbuement.

전염병〔傳染病;~병들 병〕명(민 14:12) 〈의〉병독이 남에게 전염하는 병. 준 염병. infection disease.

전옥〔典獄;법 전, 감옥 옥〕명(창 39:21) 교정관. 교도관의 계급의 하나. jailer.

전왕〔前王;앞 전, 임금 왕〕명(민 21:26) 전번의 임금. former king.

전원〔田園;밭 전, 동산 원〕명(출 22:6) ①논밭과 동산. fields and gardens. ②시골. 교외.

전일〔前日;앞 전, 날 일〕명(창 43:18) ①바로 앞날. previous day. ②지난 날. other day.

전장〔戰場;싸움 전, 마당 장〕명(삿 8:13) 전쟁이 일어난 곳. 싸움터. battle field.

전재〔錢財;돈 전, 재물 재〕명(겔 22:25) 돈. money.

전쟁〔戰爭;싸움 전, 다툴 쟁〕명(출 1:10) ①싸움. fight. ②무력으로 국가간에 싸우는 일. war.

전쟁기〔戰爭記; ~ 기록할 기〕

명(민 21:14) 싸움에 있었던 모든 사실의 기록. story of war.

전정〔殿庭;대궐 전, 뜰 정〕명(시 135:2) 궁전의 뜰. garden of a palace.

전제〔奠祭;정할 전, 제사 제〕명(출 29:40) 포도주 4분의 1 힌(hin)을 부어 드리는 제사의 한 가지. a drink offering.

전제물〔奠祭物;~만물 물〕명(창 35:14) 전제에 드리는 제물. wine for a drink offering.

전지〔田地;밭 전, 땅 지〕명(창 47:18) 논과 밭.

전직〔前職;앞 전, 맡을 직〕명(창 40:13) 전에 가졌던 직업. 또는 벼슬. former occupation.

전진〔前進;앞 전, 나아갈 진〕명(느 12:37) 앞으로 향하여 나아감. advance.

전집〔典執;법 전, 잡을 집〕명(신 24:6) 전당을 잡히거나 잡음. 전당. pawn.

전집물〔典執物;~만물 물〕명(신 24:10) 전집된 물건. 전당물. pawn.

전철〔煎鐵;지질 전, 쇠 철〕명(겔 4:3) 지짐질에 쓰는 솥뚜껑 모양의 기구. 번철(燔鐵). cooking plate.

전체〔全體;온전 전, 몸 체〕명(출 34:10) 온통. 전부. total.

전치〔全治;온전 전, 다스릴 치〕명(출 21:19) 병을 완전하게 고침. complete recovery.

전터〔殿~;대궐 전〕명(스 2:68) 전을 지은 자리.

전토〔田土;밭 전, 흙 토〕명(레 25:31) 논밭. fields.

전통〔箭筩;화살 전, 대통 통〕(창 27:3) 전동(箭筒). quiver.

전파〔傳播;전할 전, 씨뿌릴 파〕명(출 9:16) 널리 전하여 퍼뜨림. dissemination.

전폐〔全廢;온전 전, 폐할 폐〕명(사 6:11) 아주 없애 버림. total abolition.

전하다〔傳~;전할 전〕타(창 19:32) 소식을 알려주다. report. ②물려서 내려주다. transmit. ③이 사람이 저 사람에게 옮겨주다. hand over. ④받아서 이어가다. hand down.

전혀〔專~;오로지 전〕부(행 2:42) 오로지. only.

전후〔前後;앞 전, 뒤 후〕명(출 30:3) ①앞과 뒤. before and after. ②먼저와 나중. order. ③일정한 수나 수량의 안팎. about. ④둘 이상의 행동·상태들이 시간적으로 거의 같이 잇달림. ⑤일정한 때를 중심으로 함. before and after.

전후 좌우 명(출 30:3) 앞과 뒤 왼쪽과 오른쪽.

절 명(창 19:1) 공경의 뜻으로 남에게 몸을 굽혀 보이는 예(禮). bow.

절교〔絶交;끊을 절, 사귈 교〕명 (느 9:2) 서로 사귐을 끊음. breach of friendship.

절구 명(민 11:8) 사람의 힘으로 곡식을 찧거나 빻는데 쓰는 기구. 통나무나 돌의 속을 파내거나 쪼아내서 만듦. mortar.

절기〔節期;마디 절, 기약할 기〕명(출 5:1) 명절. gala day.

절기제〔節期祭;~제사 제〕명 (민 15:3) 절기에 드리는 제사. an offering at one's regular religious festival.

절다 자(창 32:31) 물건의 길이가 같지 아니하며 균형이 잡히지 아니하다. ②걸음을 절뚝거리며 걷다. limp. ③어떤 물건에 소금 기운이 속속들이 배어들다. be salted.

절대〔絶對;끊을 절, 대할 대〕명 (렘 11:12) ①견줄만한 다른 것이 없음. absoluteness. ②아무 것에도 제약을 받지 않음. absolute independence. ③아무 것에도 따르지 않고 모든 조건을 초월하여 독립한 실재. absolute.

절도〔竊盜;좀도둑질 절, 도둑 도〕명(요 10:1) 물건을 몰래 훔침. 또는 훔친 도둑. theft.

절뚝발이 명(레 21:8) 절뚝거리는 사람. cripple.

절로 부(레 22:8) ①제스스로. 자연의 힘으로. 원 저절로. there of itself.

절망〔絶望;끊을 절, 바랄 망〕명 (삼상 27:1) ①소망이 끊어짐. 희망을 버리고 체념하는 일. despair. ②본래의 자기 자신을 잃음.

절박〔切迫;끊을 절, 핍박할 박〕명(삼상 13:6) ①마감·시기 따위가 다가서 여유가 없음. pressure. ②일이 급하여 긴장하게 됨.

절반〔折半;꺾을 절, 반 반〕명 (출 26:9) 하나를 둘로 똑같이 나눔. halving a half.

절벽〔絶壁;끊을 절, 벽 벽〕명 (겔 38:20) ①급한 낭떠러지. precipice.

절일〔節日;마디 절, 날 일〕명 (출 32:5) 명절날이나 국경일의 통칭. public holiday festive day.

절제〔節制;마디 절, 억제할 제〕명(행 24:25) ①알맞게 조절함. moderation. ②방종하지 않도록 욕망을 제어함. 극기(克己). temperance.

절하다 자(창 19:1) ①몸을 굽히게 하여 존경의 뜻을 나타냄. ②경배하다.

* 좋은 뜻으로 겸손하게 구하다. 나쁜 뜻으로 우상에게 굴복하다.

젊다 형(출 29:1) 나이가 적고 혈기가 왕성하다. young.

젊은이 명(욥 2:28) ①나이가 젊은 사람. young man. ②혈기가 왕성한 사람. vigorous man.

점[1]〔占;점칠 점〕명(창 44:15) 팔괘(八卦), 육효(六爻), 오행(五行) 따위로 좋고 그름을 미리 판단하는 일. fortunetelling.

점[2]〔點;점 점〕명(창 30:32) 작고 둥글게 찍은 표. dot.

점고〔點考;점 점, 상고할 고〕명(수 8:10) 명부에다 일일이 점을 찍어가면서 사람의 수효를 조사하는 것. roll-call.

점괘〔占卦;점칠 점, 점괘 괘〕명(겔 13:6) 점에서 나오는 괘.

점령〔占領;차지할 점, 거느릴 령〕명(민 21:24) ①일정한 곳을 차지하여 남의 침입을 허락하지 않음. ②〈군〉한 국가나 병력으로써 나라 밖의 일정한 지역을 점유함. occupation.

점복〔占卜;점 점, 점칠 복〕명(겔 13:23) ①점을 치는 술. ②점술과 복술. false visions and misleading predictions.

점성자〔占星者;점칠 점, 별 성, 놈 자〕명 별을 보고 점을 치는 사람.

점심〔點心;점 점, 마음 심〕명(눅 11:37) 낮에 먹는 끼니. middle meal.

점장이[1]〔占匠~;점칠 점, 장인 장〕명(단 2:2) 남의 신수를 점쳐 주고 돈을 받는 일로 업을 삼는 사람. fortune teller.

점장이[2]〔店匠~;가게 점, 장인 장〕명(왕상 7:14) '점쟁이'의 오기. 물건을 만들어 파는 사람. craftsman.

점점〔漸漸;차차 점, 차차 점〕부(창 8:3) 조금씩 차차. gradually.

접경〔接境;댈 접, 지경 경〕명(슥 9:2) 두 땅이 접한 경계.

접근〔接近;댈 접, 가까울 근〕명(민 4:19) 서로 바싹 다붙음. approach.

접다 타(출 26:9) ①꺾어 겹치다. fold. ②자기 의견이나 주장을 보류하다.

접대[1]〔接待;댈 접, 기다릴 대〕명(겔 16:61) 손을 맞아 응함. reception. 대접.

접대[2]〔接對;댈 접, 대할 대〕명(대상 12:18) 접대(接待). reception.

접붙이다〔接~;댈 접〕타(롬 11:17) 나무에 접을 붙이는 일. grafting.

접전〔接戰;댈 접, 싸울 전〕명(창 14:8) 어울려 싸움. close fighting.

접족〔接足;댈 접, 발 족〕명(창 8:9) 발을 들여놓음. entering.

접촉〔接觸;댈 접, 닿을 촉〕명(출 29:37) 맞붙어서 닿음. touch. ②사귐. contact.

접치는 문 명(겔 41:24) 겹으로 된 문.

접하다〔接~;댈 접〕자타(수 12:5) ①이어서 닿다. adjoin. ②어떤 일에 부닥치다. meet. ③마주 닿아서 붙다. contact.

젓다 타(잠 30:33) ①휘둘러 섞다. stir. ②배를 움직이려고 노를 좌우로 두르다. row.

정[1]〔庭;뜰 정〕명(시 116:19) 신성한 장소. 성전의 뜰. sanctuary.

정[2]〔情;뜻 정〕명(창 43:31) ①느끼어 일어나는 마음. feeling. ②친절하고 사랑하는 마음. affection. ③애욕의 마음. amour. ④마음을 이룬 요소 중 감정적인 면. emotion.

정[3]〔釘;못 정〕명(출 20:25) 돌을 쪼아 다듬는 쇠연장. chisel.

정가〔定價;정할 정, 값 가〕명(레 27:8) ①정해 놓은 값. fixed price. ②값을 정함. fixing the price.

정강이 명(출 12:9) 〈생〉아랫다리의 앞쪽의 뼈가 원형을 이룬 부분. 정강마루. shin.

정갱이 명(레 1:9) → 정강이.

정결〔淨潔;깨끗할 정, 깨끗할 결〕명(창 7:2) 말쑥하고 깨끗함. cleanliness. 부 정결히.

정경〔情境;뜻 정. 지경 경〕명(출 23:9) ①감흥과 경치·광경. scenery. ②민망한 정상. miserable condition.

정교[1]〔情交;뜻 정, 사귈 교〕명(민 5:13) ①참된 마음으로 가까이 사귐. friendship. ②두 남녀가 몸을 허락하여 사귐. illicit intercourse.

정교[2]〔精巧;정할 정, 공교 교〕명(출 39:1) 세밀하고 교묘함. elaborateness.

정권〔政權;정사 정, 권세 권〕명(시 103:19) ①정치를 좌우하는 권력. political hegemony. ②정치에 참가하는 권리. political right.

정규[1]〔正規;바를 정, 법 규〕명(사 44:13) 바른 규정. 정당한 법. for formality.

정규[2]〔定規;정할 정, 법 규〕명(대하 8:14) ①정해진 규칙과 규약. established rule. ②

제도(製圖)에 쓰는 제구의 한 가지. ruler.

정금〔精金;정할 정, 쇠 금〕명(창 2:12) 불순물이 섞이지 않은 순금. pure gold.

정기〔定期;정할 정, 기약할 기〕명(민 9:2) 일정한 기간, 또는 시기. fixed time.

정녕〔丁寧;고무래 정, 평안할 녕〕부(창 2:17) 틀림없이. 꼭. surely.

정다이〔情~;뜻 정〕부(사 40:2) 정답게.

정당〔正當;바를 정, 마땅할 당〕명(욥 33:23) 바르고 옳음. 이치에 당연함. rightfulness.

정대〔正大;바를 정, 큰 대〕명(사 32:5) 바르고 사사로움이 없음. fairness.

정도[1]〔程度;길 정, 법도 도〕명(고후 2:5) ①알맞는 한도. proper limit. ②얼마의 분량. measure. ③고저 강약의 한도. degree. ④다른 것과 비교하여 우열의 어떠함. standard.

정도[2]〔正道;바를 정, 길 도〕명(대하 27:6) 올바른 길. right principle.

정돈〔整頓;가지런할 정, 조아릴 돈〕명(창 43:25) 가지런히 바로 잡음. arrangement.

정력〔精力;정할 정, 힘 력〕명(민 11:6) ①심신의 원기. vitality. ②활동하는 힘. energy.

정렬〔整列;정돈할 정, 벌릴 렬〕명(사 22:7) 가지런히 줄지어 섬. standing in a row.

정로〔正路;바를 정, 길 로〕명(잠 23:19) 바른 길. right path.

정리〔整理;정돈할 정, 이치 리〕명(출 30:7) ①정돈하여 가지런하게 함. arrangement. ②필요없는 일이나 인원을 줄이고 기구를 바로 잡음. adjustment.

정명〔定命;정할 정, 목숨 명〕명(나 2:7) 날 때부터 정해진 운명. fate.

정미[1]〔精美;정할 정, 아름다울 미〕명(시 18:30) ①정묘하고 아름다움. supreme beauty. ②순수하고 아름다움.

정미[2]〔精微;정할 정, 작을 미〕명(삼하 22:31) 정밀하고 자세함. minuteness.

정배〔定配;정할 정, 짝 배〕명(스 7:26) 배소를 정하고 죄인을 귀양 보냄. exile.

정복〔征服;칠 정, 옷 복〕명(창 1:28) ①정벌하여 복종시킴. conquest. ②어려움을 이겨 냄. master.

정사〔政事;정사 정, 일 사〕명(사 9:6) ①정치상의 일. political affairs. ②벼슬아치의 임명과 출척(黜陟)에 관한 일. personnel administration.

ㅈ

정성〔精誠;정할 정, 정성 성〕명 (대상 29:19) 참되어 거짓이 없는 마음. sincerity.

정세〔丁稅;고무래 정, 세금 세〕명(마 17:25) 세금을 거두어들임.

정수[1]〔定數;정할 정, 셀 수〕명 (왕하 25:30) ①정한 수효. fixed number. ②정하여진 운수. fate.

정수[2]〔精水;정할 정, 물 수〕명 (레 15:17) 〈생〉남성의 생식기에서 분비되는 액. 정액. semen.

정수리〔頂~;꼭대기 정〕명(창 49:26) 머리 위에 숨구멍이 있는 자리. crown of the head.

정숙〔靜肅;고요할 정, 엄숙할 숙〕명(느 8:11) 고요하고 엄숙함.

정식[1]〔正式;바를 정, 법 식〕명 (행 19:39) ①바른 격식. formality. ②올바른 식례. due form.

정식[2]〔定式;정할 정, 법 식〕명 (대하 4:7) 일정한 규칙과 격식 또는 의식. established. rule.

정신〔精神;정할 정, 귀신 신〕명 (신 28:65) ①마음. mind. ②물체적인 것을 초월한 실재. soul. ③근기. 기력. spirit. ④참된 목적. spirit.

정오〔正午;바를 정, 낮 오〕명 (시 37:6) 오정 때. 일오(日午) noon.

정온〔靜穩;고요할 정, 평온할 온〕명(사 14:7) 풍파가 없이 평안함. stillness.

정욕〔情慾;뜻 정, 욕심낼 욕〕명 (잠 21:25) 색정(色情)의 욕심. sexual desire.

정월〔正月;바를 정, 달 월〕명 (창 8:13) 일년 중의 첫달째. 1월. January.

정월반〔正月班; ~나눌 반〕명 (대상 27:3) 정월달에 해당하거나 담당한 반.

정을 통하는 눈 구(사 3:16) 유혹하는 눈. 눈을 깜박임. 음탕한. 음탕스럽게.

정의〔正義;바를 정, 옳을 의〕명 (대하 14:2) ①올바른 도리. justice. ②바른 의리. correct meaning.

정자〔亭子;정자 정, 아들 자〕명 (왕하 9:27) 산수가 좋은 곳에 놀기 위하여 지은 집. arbour.

정절〔貞節;곧을 정, 마디 절〕명 (딤전 2:9) 굳음 마음. 변하지 않는 외곬의 절개. fidelity. ③여자의 곧은 절개. chastity.

정제〔整齊;가지런할 정, 가지런할 제〕명(대상 12:33) 바로잡아 가지런히 함. symmetry.

정조〔貞操;곧을 정, 잡을 조〕명 (호 5:7) ①여자의 깨끗한 절개. chastity. ②이성(異性)과의 순결을 지니는 일. virtue.

정죄〔定罪;정할 정, 허물 죄〕명(신 25:1) 죄인으로 정함. guiltiness.

정지〔停止;머무를 정, 그칠 지〕명(출 36:4) ①하던 일을 중도에서 그침. stoppage. ②잠시 금하여 막음. suspension.

정직〔正直;바를 정, 곧을 직〕명(창 44:16) 마음이 바르고 곧음. honesty.

정직자〔正直者;~놈 자〕명(욥 17:8) 정직한 사람. the honest.

정처〔定處;정할 정, 곳 처〕명(삼하 15:20) 정한 곳. 일정한 곳. fixed place.

정탐〔偵探;정탐할 정, 찾을 탐〕명(창 42:9) 몰래 형편을 알아봄. spying.

정탐군〔偵探軍;~군사 군〕명(히 11:31) '정탐꾼'의 오기. 몰래 형편을 알아보는 사람. spy.

정탐자〔偵探者;~놈 자〕명(창 42:30) 정탐꾼. spy.

정하다[1]〔淨~;깨끗할 정〕형(레 10:10) ①깨끗하다. pure. ②맑고 아름답다. clear. ③쑥스럽지 않고 조촐하다. neat.

정하다[2]〔精~;정할 정〕형(마 27:59) 거칠지 않다. smooth. 아주 곱다. refined.

정하다[3]〔定~;정할 정〕타형(창 23:18) ①자리를 잡다. take. ②일을 결정하다. decide. ③뜻을 세우다. resolve. ④마음을 가라앉히다. subdue.

정형〔情形;뜻 정, 형상 형〕명(삿 20:3) ①심정이 밖에 드러난 형편. ②어렵고 딱한 형편. hardship.

정혼〔定婚;정할 정, 혼인할 혼〕명(창 19:14) 혼인을 정함. betroth.

정확〔正確;바를 정, 확실할 확〕명(에 4:7) 바르고 확실함. exactness. 부 정확히.

젖명(창 21:7) ①유즙(乳汁). milk. ②유방. breast. ③식물 줄기에서 나오는 흰 물. sap.

젖기름명(신 32:14) 젖에 있는 기름기. 유지(乳脂).

젖다자(신 29:19) ①물이 묻다. get wet. ②축축하게 되다. become dampy. ③무슨 일에 버릇이 되다. get used to.

젖동생〔~同生;같을 동, 날 생〕명(행 13:1) 자기의 유모가 낳은 아들이나 딸. 원문에는 '함께 자라다'의 뜻이 있다.

젖먹이명(애 4:4) 젖을 먹는 어린아이. 유아. baby.

제[1] 약(마 16:25) '나의, 자기의'의 낮춘 말인 '저의'의 준말.

제[2]〔第;차례 제〕관(창 14:4) 째나 차례의 뜻을 나타내는 말.

제[3]〔祭;제사 제〕명(민 15:3) 제사(祭祀). religious service.

제각기〔~各其;각각 각, 그 기〕부(전 10:15) 여럿이 다. 저마다. each.

제구〔諸具;모든 제, 갖출 구〕명(삼상 8:12) 여러 가지의 기구. various kinds of instrument.

제금〔提琴;끌 제, 거문고 금〕명(삼하 6:5) 〈악〉타악기의 한 종류로서 오늘날 심벌(cymbals)과 같다.

제단〔祭壇;제사 제, 제단 단〕명(출 28:43) 하나님께 제사드리기 위해 만든 단. altar.

제단문〔祭壇門;~문 문〕명(겔 8:5) 제단에 출입하는 문. gate of altar.

제도[1]〔製圖;법 제, 그림 도〕명(삼상 8:9) ①도면(圖面)을 제작함. drafting. ②기하학의 원리에 따라 기구를 써서 평면상에 물체의 형상의 점·선 따위로 나타내는 일. drawing.

제도[2]〔制度;법 제, 법도 도〕명(삼상 8:9) 마련한 법도. 나라의 법칙. system.

제물[1] 명(사 30:6) ①음식을 익힐 때 처음부터 부어둔 물. 또는 제 몸에서 우러난 국물. ②딴 것에 섞이지 않은 순수한 물건. unmixed thing.

제물[2]〔祭物;제사 제, 만물 물〕명(창 4:3) 제사에 쓰이는 음식. an offering.

＊진정한 제물은 나 자신이다.

제반〔諸般;모든 제, 일반 반〕명(창 39:8) 여러 가지. 모든 것. everything.

제반 사무〔諸般事務;모든 제, 일반 반, 일 사, 힘쓸 무〕명(창 39:2) 여러 일. 모든 일.

제비[1] 명(레 16:8) 종이에 적은 기호. 또는 물건으로 가려 뽑음. 차례나 몫을 정하는 방법. lot. 추첨.

제비[2] 명(시 84:3) 〈조〉제비과의 철새. swallow.

제사[1]〔祭祀;제사 제, 제사 사〕명(창 31:54) 하나님의 경배 표현. 하나님과 인간과의 인격적 표현. 오늘날의 예배.

제사[2]〔祭司;제사 제, 맡을 사〕명(출 35:19) ①하나님께 백성을 대신하여 제사(祭祀)를 드리는 사람. priest. ② 사제(司祭).

제사장〔祭司長;제사 제, 맡을 사, 길 장〕명(창 14:18) 제사(祭司)들 중의 우두머리. dean. high priest.

제사장 나라〔祭司長~;제사 제, 맡을 사, 길 장〕명(출 19:6) 하나님의 말씀(언약, 율법)을 잘 지키면 이루어지리라고 약속하신 나라.

제사직〔祭司職;제사 제, 맡을 사, 맡을 직〕명(출 31:10) 제사장의 직무.

제삼문〔第三門;차례 제, 석 삼, 문 문〕명(렘 38:14) 세 번째 문. third entrance.

ㅈ

제어〔制馭;법 제, 말부릴 어〕명(민 30:2) 통제하여 조종하는 일. control.

제육〔祭肉;제사 제, 살 육〕명(레 7:7) 제사를 드린 고기.

제일〔第一;차례 제, 한 일〕명(출 22:5) 첫째.

제자〔弟子;아우 제, 아들 자〕명(대상 25:8) ①학문 따위의 가르침을 받는 사람. disciple. ②수예 따위를 배워 익히는 사람.

제재〔制裁;억제할 제, 마를 재〕명(고전 6:12) ①잘못한 것에 대하여 나무라거나 처벌함. restraint. ②〈법〉국가의 법을 범한 자에게 벌을 줌. sanction.

제조〔製造;지을 제, 지을 조〕명(출 30:25) 지어서 만듦. manufacture.

제조품〔製造品;~물건 품〕명(겔 27:16) ①만들어 낸 물품. manufactures. ②원료품을 가공하여 만듦. finished articles.

제출〔提出;던질 제, 날 출〕명(행 25:18) 의견이나 안건을 내어놓음. presentation.

제하다 타(창 14:24) ①어떤 수에서 덜어 버리다. subtract. ②〈수〉나누다. ③없애거나 빼버리다. exclude.

제한〔制限;억제 제, 한정 한〕명(욥 14:5) ①일정한 한도. limit. ②어느 한도를 넘지 못하게 함. limitation.

조 명(겔 4:9) 〈식〉 곡식의 한 가지. 오곡의 하나. 포아풀과의 일년생 재배 식물. millet.

조각[1] 명(레 2:6) ①넓적하거나 얇은 물건에서 떼어낸 물건의 한 부분. piece. ②갈라져서 따로 떨어져 나간 부분. fragment.

조각[2]〔彫刻;새길 조, 새길 각〕 명(출 35:35) 조형 미술의 한 가지. 나무·돌·쇠붙이 따위에 글씨나 그림을 새기어 입체적 물상을 만듦. 또는 그 기술. sculpture.

조각목〔皂角木;검을 조, 뿔 각, 나무 목〕명(출 25:5) 아카시아 나무의 일종. shittim wood.

조각물〔彫刻物;새길 조, 샛길 각, 만물 물〕명(사 2:16) 조각해 놓은 물건. sculpture.

조각품〔彫刻品;~물건 품〕명(시 74:6) 조각물. sculpture.

조객〔弔客;조상할 조, 손 객〕명(삼하 10:3) 조상(弔喪) 하는 사람. caller for condolence.

조건〔條件;가지 조, 물건 건〕명(요 8:6) ①약속 따위의 개조. 규약의 조항. item. ②사물을 제약하여 규정하는 조항. ③법률 행위의 효력의 발생이나 소멸을 장래의 불확실한 사실의 여부에 따라 결정지으려는 제한. condition.

조공〔朝貢;아침 조, 바칠 공〕명(삼하 8:2) 작은 나라가 큰 나라에 물건을 바치는 일. tribute.

조금 부(창 18:4) 정도나 분량이 적게. little. 시간적으로는 짧게. 많지 않게. 약간.

조금씩 부(출 23:30) 많지 않게 여러 번 계속하여. little by little.

조급〔躁急;조급할 급, 급할 급〕명(잠 14:29) 성질이 참을성 없이 급함. hasty temper.

조롱[1]〔嘲弄;비웃음 조, 희롱할 롱〕명(출 32:25) ①비웃고 놀림. ②깔보고 희롱함. 우롱. ③마음대로 다루면서 데리고 놈. 농락. making sport of.

조롱[2]〔鳥籠;새 조, 새장 롱〕명(렘 5:27) 새를 가두어 두고 기르는 장. 새장. bird cage.

조르다 타(삿 16:16) ①단단히 죄어 매다. tie. ②무엇을 요구하다. importune. ③재촉하다. urge.

조명〔詔命;조서 조, 목숨 명〕명(에 2:8) 임금의 말을 국민에게 알릴 목적으로 적은 글. 조서. Royal edict.

조문〔弔問;조상할 조, 물을 문〕명(욥 2:11) 상주된 이를 조상하여서 위문함. 문상(問喪). call of condolence.

조문사〔弔問使;~하여금 사〕명(대상 19:3) 상주된 이를 조상하여 위문하는 사신. envoy to express condolence.

ㅈ

조문자〔弔問者;조상할 조, 물을 문, 놈 자〕명(전 12:5) 조문하는 사람. callers to express condolence.

조물〔造物;지을 조, 만물 물〕명(약 1:18) 하늘·땅의 모든 물건을 만듦. creation.

조물주〔造物主;~임금 주〕명(롬 1:25) 하나님 God. 우주의 모든 자연을 만들고 그것을 주재하시는 이. Creator.

조밀〔稠密;빽빽할 조, 빽빽할 밀〕명(시 122:3) 몹시 빽빽함. density. 촘촘함. 부 조밀히.

조반〔朝飯;아침 조, 밥 반〕명(요 21:12) 아침 밥. breakfast.

조복〔朝服;아침 조, 옷 복〕명(에 8:15) 조하(朝賀) 때에 입던 예복. court dress.

조부〔祖父;할아비 조, 아비 부〕명(창 28:13) 할아버지. grandfather.

ㅈ

조사〔調査;고를 조, 조사할 사〕명(창 30:33) 실정을 살펴 알아봄. inquiry.

조산〔助產;도울 조, 낳을 산〕명(출 1:16) ①분만을 도움. 해산 바라지. midwifery. ②산업을 조정하는 일.

조상[1]〔祖上;할아비 조, 위 상〕명(창 4:20) 돌아가신 아버지 위의 대대(代代)의 어른 선조. ancestors.

조상[2]〔弔喪;조상할 조, 잃을 상〕명(삼하 1:17) 사람의 죽음에 대하여 슬퍼하는 뜻을 표함. 문상(問喪). condolence.

조서〔詔書;조서 조, 글 서〕명(대하 36:22) 조명(詔命). royal edict.

조석〔朝夕;아침 조, 저녁 석〕명(삼상 17:16) 아침이나 저녁. morning or evening. ② 조석반(朝夕飯).

조석간〔朝夕間;~사이 간〕명(사 38:12) 아침이나 저녁. morning or evening.

조성〔造成;지을 조, 이룰 성〕명(시 90:2) 물건을 만들어서 이루어냄. manufacture.

조성물〔造成物;~만물 물〕명(시 104:24) 만들어낸 물건. 〈부요-난외주〉

조성자〔造成者;~놈 자〕명(렘 10:16) 만들어 이루어낸 사람. one who made everything.

조소〔嘲笑;비웃을 조, 웃음 소〕명(시 44:13) 조롱하는 태도로 웃는 웃음. derision.

조심〔操心;잡을 조, 마음 심〕명(신 6:12) 삼가 주의함. caution.

조약〔條約;가지 조, 약속할 약〕명(사 33:8) ①조문으로 맺은 언약. agreement. ②문서에 의한 국가간의 합의. treaty.

조약돌 명(애 3:16) 자잘하고 매끈한 돌. pebble.

조요〔照耀;비칠 조, 빛날 요〕명 (행 12:7) 밝게 비침. shining.

조조〔條條;가지 조, 가지 조〕명 (창 43:7) 조목조목. every · article.

조직〔組織;짤 조, 짤 직〕명(시 139:13) ①얽어서 만듦. formation. ②같은 형태와 기능을 가진 세포의 집단. tissue. ③단체 또는 사회를 구성하는 각 요소가 결합하여 유기적 작용을 하는 통일체가 되는 일. system.

조처〔措處;둘 조, 곳 처〕명(출 21:34) 일을 잘 살펴서 처리함. 조치. management.

조카 명(창 12:5) 형제·자매의 아들. nephew.

조화[1]〔調和;고를 조, 화목할 화〕명(고후 6:15) ①이것저것을 서로 어울리게 함. harmony. ②고르게 하여 알맞게 맞춤. ③서로 모순이나 충돌이 없이 잘 어울림.

조화[2]〔造化;지을 조, 화할 화〕명(잠 8:22) ①모든 물건을 만들어 기른다는 자연의 힘과 재주. creation. ②신통하게 된 사물. wonders of nature. ③천지·우주. universe.

조회〔朝會;아침 조, 모을 회〕명 (단 4:36) ①학교·관청 등에서 날마다 아침에 모이는 일. 조례(朝禮). morning gathering. ②백관이 조현하기 위해 모이는 일.

족대〔足臺;발 족, 집 대〕명(대하 9:18) 목기의 발 밑에 대는 널. 발등상. stand. 발을 올려 놓는 발판.

족보〔族譜;겨레 족, 계보 보〕명 (대상 5:1) 한 족속의 세계(世系)를 적은 책. genealogy.

족보책〔族譜冊;~책 책〕명(대하 12:15) 족보를 기록해 놓은 책.

족속〔族屬;겨레 족, 붙을 속〕명 (창 10:18) 같은 종문(宗門)의 겨레붙이. clan.

족장〔族長;겨레 족, 길 장〕명 (창 36:15) ①한 겨레붙이의 우두머리. tribal head. ②가족의 어른. head of family.

족하다〔足~;발 족〕형(창 24:25) ①넉넉하다. sufficient. ②양에 차다. be satisfied. ③가치가 있다.

존경〔尊敬;높을 존, 공경 경〕명 (에 1:20) 받들어 공경함. respect.

존귀〔尊貴;높을 존, 귀할 귀〕명 (창 34:19) 높고 귀함. nobility.

존대[1]〔尊大;높을 존, 큰 대〕명 (대상 29:25) 벼슬이나 학식이나 인격이 높고 큼. arrogance.

존대[2]〔尊待;높을 존, 기다릴 대〕명(시 15:4) 받들어 대접함.

ㅈ

polite treatment.

존숭〔尊崇;높을 존, 높을 숭〕명(삿 13:17) 존경하고 숭배함. reverence.

존영〔尊榮;높을 존, 영화 영〕명(대하 1:11) 지위가 높고 엄하고 영화로움. nobility and glory.

존중〔尊重;높을 존, 무거울 중〕명(삼상 2:30) 높이고 중하게 여김. respect. 부 존중히.

졸다 자(욥 33:15) ①수효나 분량이 작아지거나 적어지다. 줄다. decrease. ②몸이 피곤하여 앉아서도, 서서도 잠자는 상태로 자꾸 들어가다. doze.

졸음 명(행 20:9) 자고 싶은 느낌. drowsiness.

졸이다 타(겔 24:10) ①졸아들게 하다. 물이 줄게 하다. boil down. ②속을 태우다시피 마음을 초조하게 먹다. feel anxious about.

졸지〔猝地;갑자기 졸, 땅 지〕명(수 11:7) 갑작스러운 판. sudden.

졸하다〔拙~;못날 졸〕형(고후 11:6) ①재주가 없다. dull. ②옹졸하다. silly. ③쾌활하지 못하다. illiberal. ④서투르다. unskillful.

좀[1] 명(욥 13:28) <충>①빈대좀과의 벌레. 옷·종이 등의 풀기 있는 물건을 잘 쏢. moth. ②어떤 사물에 대하여 손해를 보이는 물건이나 사람의 비유. gangrenous evil.

좀먹다 자타(욥 13:28) ①좀이 물건을 쏠다. be moth-eaten. ②어떤 일에 좀스럽게 손해를 입히다. erode.

좁다 형(민 22:24) ①넓지 않다. narrow. ②착박하다. 협착하다. cramped. ③소견이 너그럽지 않다. 도량이 작다. narrow-minded.

좁은 길 명(민 22:24) 넓지 않은 길. 성도가 걷는 이생의 길.

좁은 문 명(마 7:13) 천국으로 이르는 문. 성도가 지나야 하는 문. 신앙의 길.

종[1] 명(창 9:25) 남의 집에서 천역에 종사하는 사람. slave.

종[2]〔縱;세로 종〕명(창 13:17) 세로. length.

종가〔宗家;마루 종, 집 가〕명(대상 24:31) 본종의 근본되는 집. 큰 집. head family.

종과 횡〔縱橫;세로 종, 가로 횡〕구(창 13:17) 세로와 가로. 앞뒤로 좌우로.

종교〔宗敎;마루 종, 가르칠 교〕명(행 25:19) 하나님을 섬기는 일. religion. 우상을 하나님으로 알고 섬기는 것은 종교가 아니다.

종교성〔宗敎性;마루 종, 가르칠 교, 성품 성〕명(행 17:22) 종교적 성품. religious.

ㅈ

종기〔腫氣;부스럼 종, 기운 기〕명(레 13:18) 커다란 부스럼. boil.

종노릇 형(롬 6:6) 성도의 믿기 전 상태.

* 성도는 죄의 종에서, 하나님의 자녀로 바뀌었다.

종려〔棕櫚;종려나무 종, 종려나무 려〕명(출 15:27) 〈식〉야자과의 상록교목. hemp-palm. 석류라고도 번역된 곳도 있다(욜 1:12). 높이는 3~10m이며, 은행나무와 같이 암수나무가 따로 있고 40년 후부터 열매를 맺기 시작해서 150년간 결실할 수 있는 장수목이다.

종류〔種類;심을 종, 같을 류〕명(창 1:11) 물건의 갈래. kind.

종말〔終末;마칠 종, 끝 말〕명(민 23:10) 끝 판. 나중의 끝. end.

종사〔從事;따를 종, 일 사〕명(민 4:37) ①어느 일에 마음과 힘을 다함. devoting oneself to an object. ②어떤 일을 일삼아서 함. engaging in. ③좇아 섬김. submission.

종시〔終是;마칠 종, 이 시〕부(마 21:32) 나중까지. 끝이 나도록. to the end.

종식〔種植;심을 종, 심을 식〕명(겔 34:29) 씨앗을 심음.

종신〔終身;마칠 종, 몸 신〕명(창 3:14) ①한평생. 죽을 때까지. whole life. ②속 임종.

종아리 명(단 2:33) 〈생〉다리. 무릎 마디 아랫 마디의 뒤쪽. calf.

종야〔終夜;마칠 종, 밤 야〕명(민 11:32) ①하룻밤 동안. all night. ② 밤새도록. through the night.

종용하다〔從容~;따를 종, 얼굴 용〕형(창 25:27) 조용하다. quiet.

종이 명(딤후 4:13) 주로 식물 섬유를 원료로 하여 펄프를 만들어서 서화·인쇄·포장 등에 쓰이도록 얇게 굳혀 낸 물건. paper.

종인 명(왕하 1:13) 종으로 부리는 사람.

종이축〔~軸;굴대 축〕명(계 6:14) 두루마리. 책.

* 이 구절에서는 종이가 두루마리처럼 말리는 것같이라고 함이 좋겠다.

종일〔終日;마칠 종, 날 일〕명

(민 11:32) 아침부터 저녁까지의 하루 동안. all day long.

종자[1]〔種子;심을 종, 아들 자〕 명(창 47:19) 씨. 시앗. seeds.

종자[2]〔鐘子;쇠북 종, 아들 자〕 명(대상 28:17) 간장·고추장 같은 것을 담아서 상에 놓는 작은 그릇. 종지. small cup.

종자[3]〔從者;따를 종, 놈 자〕명(창 24:32) ①데리고 다니는 사람. follower. ②수종하여 다니는 사람. servant.

종적〔蹤跡;자취 종, 발자취 적〕 명(시 56:6) 뒤에 드러난 형상과 흔적. traces.

종족[1]〔宗族;마루 종, 겨레 족〕 명(창 10:5) 동종(同宗)의 겨레붙이. clansmen.

종족[2]〔種族;심을 종, 겨레 족〕 명(민 3:15) ①같은 종류에 딸려있는 온갖 생물의 겨레붙이. family. ②조상이 갖고 공통의 언어·풍속·습관 등을 가지는 사회 집단. tribe.

종졸〔從卒;따를 종, 마칠 졸〕명(행 10:7) ①따라다니며 심부름을 하는 사람. servant. ②딸린 병졸. officer's servant.

종처〔腫處;부스럼 종, 곳 처〕명(레 13:19) 부스럼이 생긴 곳. boil.

종친〔宗親;마루 종, 친할 친〕명(렘 41:1) 임금의 겨레붙이. 친족. royal family.

좇다 타(창 9:19) ①뒤를 따르다. ②복종하다.

좋다 형(창 1:4) 마음의 흡족한 상태. 훌륭하다. 아름답다. 즐겁다. good.

좌〔左;왼 좌〕명(창 13:9) ①어느 말 머리에 붙어 왼쪽의 뜻을 나타내는 말. left. ②왼쪽. left. ③〈제〉관계나 직소를 나타내는 말.

좌석〔坐席;앉을 좌, 자리 석〕명(삿 3:20) ①앉은 자리. ②깔고 앉는 물건의 총칭. seat. (레 15:22).

좌수〔左手;왼 좌, 손 수〕명(창 48:13) 왼손. left hand.

좌우〔左右;왼 좌, 오른 우〕명(출 2:12) ①왼쪽과 오른쪽. right and left. ②곁. 옆. side. ③주위에서 거느리고 있는 사람. attendants.

좌우간〔左右間;~사이 간〕부(창 24:49) ①이렇든 저렇든 간에. anyhow. ②양단간.

좌우면〔左右面;~낯 면〕명(출 30:3) 왼쪽과 오른쪽으로 향한 부분의 겉바닥. both sides.

좌우편〔左右便;~편할 편〕명(왕상 10:20) 왼쪽 편과 오른쪽 편.

좌정〔座定;앉을 좌, 정할 정〕〔坐定;앉을 좌, 정할 정〕명(삼하 6:2) 앉음(단 7:9).

ㅈ

좌편〔左便;왼 좌, 편할 편〕명(창 14:15) 왼쪽. left side.

좌향〔左向;왼 좌, 향할 향〕명(겔 21:16) 왼쪽으로 향함.

죄〔罪;허물 죄〕명(창 4:7) ①도덕상으로 그릇된 짓. sin. ②법률에 위반되는 행위. crime. 하나님의 뜻을 따르지 않거나 벗어나는 행위.

죄값〔罪~;허물 죄〕명(민 5:7) 일반적으로는 속전(贖錢). 인류의 죄값은 그리스도의 피.

죄건〔罪愆;허물 죄, 허물 건〕명(출 28:38) 죄와 허물. error.

죄과〔罪過;허물 죄, 허물 과〕명(삼상 24:11) 그릇된 허물이나 과실. fault.

죄목〔罪目;허물 죄, 눈 목〕명(행 25:27) 범죄 사실의 명목. charge.

죄벌〔罪罰;허물 죄, 벌줄 벌〕명(창 4:13) 죄에 대하여 주는 형벌. punishment for a crime.

죄수〔罪囚;허물 죄, 가둘 수〕명(창 39:20) 교도소에 수감된 죄인. 수인(囚人). prisoner.

죄악〔罪惡;허물 죄, 악할 악〕명(창 6:5) 도덕상으로나 종교상으로 나쁜 일. sin.

죄얼[1]〔罪孼;허물 죄, 서자 얼〕명(레 4:3) 죄악에 대한 재앙. press.

죄얼[2]〔罪蘗;허물 죄, 움돋을 얼〕명(시 36:1) 죄의 씨. 범죄하려는 성향.

죄인〔罪人;허물 죄, 사람 인〕명(창 13:13) ①죄를 지은 사람. a criminal. ②성도의 믿기 전 상태. 믿지 않는 사람.

죄중〔罪中;허물 죄, 가운데 중〕명(민 16:26) 죄 가운데.

죄책〔罪責;허물 죄, 꾸짖을 책〕명(잠 30:10) ①범죄상의 책임. liability for a crime. ②죄벌.

죄패〔罪牌;허물 죄, 패 패〕명(마 27:37) 죄인에게 붙이던 패. the written notice of crime.

주[1]〔主;임금 주〕명(창 4:14) ①임금. king. ②임자. owner. ③주인 master. ④하나님, 예수님을 일컬음. the Lord.

주[2]〔株;그루 주〕명(민 33:9) ①산·나무의 그루. 수효를 세는 말. tree. ②주식.

주검 명(레 11:8) 죽어 있는 몸. 송장. 시체. dead body.

주관〔主管;주인 주, 거느릴 관〕명(창 1:16) 일을 맡아 주장하여 관리함. supervision.

주관자〔主管者; ~ 놈 자〕명(시 68:27) 주관하는 사람.

주권〔主權;주인 주, 권세 권〕명(대상 29:11) ①가장 중요한 권리. ②나라를 구성하는 요소인 가장 높은 독립을 주장하는 권리. sovereignty.

주권자〔主權者;~놈 자〕명(민 24:19) 〈법〉국가의 주권을 가진 사람. the sovereign. 민주국가의 주권은 국민에게 있음.

주년〔週年;주일 주, 해 년〕명(레 25:30) 돌이 돌아온 해. anniversary.

주다 타(창 1:29) ①남에게 가지게 하다. give. ②감았던 것을 풀어서 가게 하다. let out.

주둔〔駐屯;머무를 주, 모을 둔〕명(민 31:19) 군대가 어떤 지방에 거처를 마련하여 머물러 있음. stationing.

주름 명(엡 5:27) ①피부가 노쇠하여 잔줄이 진 금. wrinkles. ②치마폭 따위를 줄여 잡는 금. plait. ③종이나 헝겊 따위의 거죽에 생긴 구김살.

ㅈ

주리다 자(창 41:55) ①먹는 것을 먹지 못하여 배곯다. starve. ②바라는 것이 잘못되어 마음에 허기가 생기다. hanker after.

주막〔酒幕;술 주, 장막 막〕명(눅 10:34) 시골 길가에서 술과 밥을 팔거나 나그네를 재우는 집. inn.

주머니 명(신 25:13) ①헝겊으로 만들어 허리띠에 차고 돈 따위를 넣는 물건. purse. ②전대(纏帶).

주먹 명(출 21:18) 다섯 손가락을 꼽아서 쥔 손. a fist.

주모〔主母;주인 주, 어미 모〕명(왕상 17:17) 집안의 살림을 주장하여 다스리는 부인. house wife.

주목〔注目;뜻들 주, 눈 목〕명(창 24:21) ①자세히 살피어 눈을 쏘아 봄. watch. ②어떤 일에 주의하여 봄. notice. ③의심하고 경계하는 눈으로 봄. attention.

주무시다 자(창 19:2) '자다'의 높임말. sleep.

주민〔住民;살 주, 백성 민〕명(렘 33:10) 그 지역에 사는 사람. inhabitants.

주밀〔周密;두루 주, 빽빽할 밀〕명(왕하 4:13) 무슨 일에든지 빈구석이 없고 자세함. cautiousness.

주발〔周鉢;두루 주, 바리때 발〕명(민 4:7) 놋쇠로 만든 밥그릇. 식기. brass rice-bowl.

주뼛 부(욥 4:15) ①물건의 끝이 삐죽하게 솟은 모양. ②입술 끝을 삐죽 내미는 모양. pouting. ③두렵거나 호젓하여 머리카락이 꼿꼿하게 서는 듯한 모양. ④부끄러운 태도로 머뭇거리는 모양. timidly.

주상〔柱像;기둥 주, 형상 상〕명(출 23:24) 기둥 모양으로 만든 가나안 사람들의 우상.

sacred stone pillars.

주석[1]〔朱錫;붉을 주, 주석 석〕명(계 1:15) 금속 원소의 하나. 은백색 광택이 있고 도금 및 합금에 씀. 상납. tin.

주석[2]〔註釋;주낼 주, 풀 석〕명(대하 24:27) 본문 사이에 주(註)를 내려 뜻을 밝힘. 또는 그 글. 주해. note.

주석책〔註釋冊;~ 책 책〕명(대하 13:22) 뜻을 잘 알도록 풀이를 해서 쓴 책. a commentary.

주소〔住所;머무를 주, 바 소〕명(창 27:39) ①살고 있는 곳. address. ②〈법〉생활의 근거를 둔 곳. domicile.

주악〔奏樂;연주할 주, 음악 악〕명(삼하 6:5) 음악을 연주함. music performance.

주야〔晝夜;낮 주, 밤 야〕명(창 1:14) 밤낮. day and night.

주위〔周圍;두루 주, 둘레 위〕명(창 41:49) 어떤 지점의 바깥 둘레. surrounding.

주의〔注意;뜻들 주, 뜻 의〕명(신 23:23) ①마음을 새겨두어 조심함. notice. ②곁으로부터 충고함. advice. ③어떤 대상에 정신을 집중함. ④의신 작용을 어떤 사물에 기울임. attention.

주의 길명(겔 33:17) 구원의 길.

주의 나라명(시 145:11) 하나님이 다스리는 나라.

주의 날명(살전 5:2) ①그리스도의 재림의 날. ②주일. 성도가 예배하는 날. 이레 주의 첫날.

주의 도구(시 119:3) 십자가의 도. 구원의 도.

주의 말씀구(창 44:24) 일반적으로는, 주인의 말이나 성경을 가리킴.

주의 백성구(눅 2:32) 성도, 신자.

주의 사자구(마 1:20) 천사, 보냄을 받는 성도.

주의 신명(느 9:20) 성령.

주의 은택명(시 51:18) 주님의 구원하시는 은혜.

주의 주명(신 10:17) 모든 주인의 주인. 소유자. 하나님.

주인〔主人;주인 주, 사람 인〕명(창 18:12) ①한 집안의 어른. householder. ②물건 임자. owner. ③손님을 상대하는 주장이 되는 사람. host. ④남편을 달리 이르는 말. husband. ⑤나그네를 치르는 사람. host. ⑥고용자를 고용하는 사람. master.

주장[1]〔主張;주인 주, 베풀 장〕명(스 10:4) ①자기의 주의나 의견. opinion. ②〈법〉자기에게 유리한 법률적 효과 또는 사실을 진술하는 일. allegation.

주장[2]〔主掌;주인 주, 손바닥 장〕

ㅈ

명(대상 15:22) 목대 잡아서 맡아 행함. 또는 그 사람. charge. 장악.

주재〔主宰;임금 주, 재상 재〕명(창 14:19) ①주장하여서 처리함. superintendence. ②임금과 재상.

주저〔躊躇;머뭇거릴 주, 머뭇거릴 저〕명(신 1:21) 망설여 머뭇거리고 나아가지 못함. hesitation.

주초〔柱礎;기둥 주, 주추 초〕명(욥 38:6) 기둥 밑에 괴어 놓는 돌 따위. ㉯ 주추. footing stone of a pillar.

주택〔住宅;머무를 주, 집 택〕명(렘 9:19) 사람이 사는 집. dwelling house.

주홍〔朱紅;붉을 주, 붉을 홍〕명(사 1:18) 누른 빛과 붉은 빛의 중간 빛. 주홍색 red.

주흥〔酒興;술 주, 일 흥〕명(에 1:10) ①술을 마신 뒤의 흥취. conviviality. ②술을 마시고 싶은 생각. merry-making.

죽〔粥;죽 죽〕명(창 25:29) 곡식을 물에 묽게 끓여서 먹는 음식. gruel.

죽음 명(출 10:17) 죽는 일. 목숨이 끊어짐. death.

죽이다 타(창 4:8) 생물의 목숨을 빼앗다. kill. wither.

준가〔準價;법도 준, 값 가〕명(창 23:9) 제 값어치에 찬 값.

준공〔竣工;일마칠 준, 장인 공〕명(출 39:32) 공사를 끝냄. completion.

준령〔峻嶺;높을 준, 재 령〕명(사 30:25) 높고 가파른 고개. high and steep peak.

준마〔駿馬;준마 준, 말 마〕명(왕상 4:28) 잘 달리는 말. swift horse.

준비〔準備;법도 준, 갖출 비〕명(창 22:8) 미리 필요한 것을 마련하여서 갖춤. preparation.

준수〔俊秀;준걸 준, 빼어날 수〕명(창 39:6) 재주, 슬기, 풍채 등이 빼어남. superior talent and elegance.

준승〔準繩;법도 준, 노 승〕명(욥 38:5) ①평면을 헤아리기 위하여 치는 먹줄. plumb. line. ②일정한 법식. rule.

준종〔遵從;좇을 준, 따를 종〕명(렘 35:18) 순종하여 따라감.

준행〔遵行;좇을 준, 행할 행〕명(창 6:22) 그대로 따라 행함. observance.

준행자〔遵行者; ~ 놈 자〕명(약 4:11) 준행하는 사람. observant.

줄 명(출 28:17) ①새끼·노끈 등의 총칭. cord. ②사람 또는 물건의 늘어선 열을 세는 말. line(출 28:17). ③쇠붙이를 깎는 강철로 된 연장. file.

줄기[명](창 41:5) ①〈식〉나무의 등걸이 되는 부분. trunk. ②물이 흐르는 선. stream. ③산이 갈라져 나간 갈래. range. ④소나기의 한 차례. shower.

줄다[자](욥 14:11) 작아지거나 적어지다. diminish.

줌[명](레 2:2) ①한 줌으로 쥘 만한 분량. handful. ②무엇을 쥘 때 손가락 구부리어 주먹을 지은 것. 주먹. 줌통.

줍다[타](출 5:7) ①떨어진 것을 도로 손에 집다. pick up. ②흩어진 것을 거두다. gather.

중〔中;가운데 중〕[명](창 2:23) ①안. inside. ②가운데. centre. ③잘하지도 못하지도 않음. medium.

중간〔中間;가운데 중, 사이 간〕[명](창 15:10) ①두 사람의 사이. 서로 상대되는 일이나 물건의 거리 또는 간격. middle. ②사물의 아직 끝이 나지 않은 장소 또는 시간. midway.

중건〔重建;무거울 중, 세울 건〕[명](수 19:50) 건물 특히 왕궁, 성전 등을 개축하는 일. repairing.

중년〔中年;가운데 중, 해 년〕[명](시 102:24) 청년과 노인의 중간되는 나이. 40세 전후. middle age.

중다〔衆多;무리 중, 많을 다〕[명](창 17:20) 수효가 많음. multitude.

중대〔重大;무거울 중, 큰 대〕[명](대하 24:27) ①예사가 아니고 매우 중요함. serious. ②썩 중요하여 업신여길 수가 없음. important.

중도〔中途;가운데 중, 길 도〕[명](시 102:23) ①일이 되어 가는 동안. halfway. ②중로(中路).

중동볼기[명](삼하 10:4) 〈생〉엉덩이 중간 부분. middle part of hips.

중량〔重量;무거울 중, 분량 량〕[명](삼하 12:30) 무게. weight.

중로〔中路;가운데 중, 길 로〕[명](출 33:3) ①길의 중간. half-way. ②시골서 노명(奴名)이 없거나 천역(賤役)이 없는 계급. ③일을 하여 나가거나 되어 가는 중간. mid-way.

중매〔仲媒;버금 중, 중매할 매〕[명](고후 11:2) 남자 쪽과 여자 쪽의 사이에서 혼인이 되게 하는 일. matchmaking.

중문〔中門;가운데 중, 문 문〕[명](렘 39:3) 가운데 문. center gate.

중벌〔重罰;무거울 중, 벌줄 벌〕[명](렘 23:36) 무거운 형벌. heavy punishment.

중병〔重病;무거울 중, 병들 병〕[명](대하 21:15) 몹시 심한 병. serious illness.

중보〔中保;가운데 중, 보호할 보〕명(사 38:14) ①두 쪽 사이에서 일을 주선하는 사람. intermediary. ②하나님과 인간과의 사이에서 행하시는 예수님의 직무.

중상[1]〔中傷;가운데 중, 상할 상〕명(고후 12:20) 남의 좋지 못한 말을 만들어 그 명예를 손상시키는 일. slander.

중상[2]〔重傷;무거울 중, 상할 상〕명(삼상 31:3) ①심하게 다침. serious wound. ②사회적인 명예나 지위를 떨어지게 함. libel.

중생[1]〔衆生;무리 중, 날 생〕명(시 145:15) 많은 사람들. 인간을 비롯한 일체의 생물. all living beings.

중생[2]〔重生;무거울 중, 날 생〕명(딛 3:5) 하나님과 예수 그리스도를 믿으므로 구원을 받고, 영적(靈的)으로 다시 새 사람으로 거듭남. regeneration(요 3:1-17).

중수[1]〔重數;무거울 중, 셀 수〕명(출 30:34) 무게의 단위로 헤아려 숫자를 나타낸 수효. weight.

중수[2]〔重修;무거울 중, 닦을 수〕명(대상 11:8) 낡은 것을 다시 손대어 고침. repair.

중심〔中心;가운데 중, 마음 심〕명(창 8:21) ①한가운데. center. ②매우 중요한 지위. center. ③〈수〉 직경의 중점. center. ④마음의 가운데. 줏대. fixed principle.

중앙〔中央;가운데 중, 가운데 앙〕명(창 3:3) ①사방에서 한가운데가 되는 곳. centre. ②서울을 일컫는 말. capital.

중언부언〔重言復言;무거울 중, 말씀 언, 다시 부, 말씀 언〕명(마 6:7) 이미 한 말을 거듭 되풀이하는 말. reiteration. 순서나 목적이 없이 하는 말.

중역〔重役;무거울 중, 역사 역〕명(신 26:6) ①회사의 중임을 맡은 역원. director. ②책임이 무거운 구실. heavy responsibility.

중요〔重要;무거울 중, 중요할 요〕명(히 8:1) 매우 귀중함. importance.

중재〔仲裁;버금 중, 마를 재〕명(사 59:16) 다툼질의 화해를 붙임. arbitration.

중재자〔仲裁者;~놈 자〕명(사 59:16) 중재하는 사람. arbitrator. ※ 예수님은 하나님과 죄인의 중재자시다.

중죄〔重罪;무거울 중, 허물 죄〕명(출 32:21) 무거운 죄. felony.

중천〔中天;가운데 중, 하늘 천〕명(수 10:13) 그리 높지 않은 공중. 반공중. midair.

중층〔中層;가운데 중, 층계 층〕

ㅈ

명(왕상 6:6) 집이나 다락 따위의 가운데 층. middle story.

중풍병〔中風病;가운데 중, 바람 풍, 병들 병〕명(마 8:6) 뇌일혈로 말미암아 반신 또는 팔다리 등 몸의 한 국부가 마비되어 감각이 없어지고 부자유하게 되는 병. palsy. 반신불수.

중풍병자〔中風病者;～놈 자〕명(마 4:24) 중풍병을 앓는 환자. the palsied.

중하다〔重～;무거울 중〕형(창 4:13) ①무게가 무겁다. heavy. ②병이 대단하다. serious. ③일이 소중하다. important.

쥐 명(레 11:29) 〈동〉쥣과에 딸린 작은 짐승의 통칭. 음식 따위를 훔쳐 먹고 물건을 쏠아 뜯음. rat.

쥐엄 열매 명 〈식〉 차풀과의 쥐엄나무의 열매. 이것은 다른 과일처럼 달리는 것이 아니라, 아카시아 씨와 같은 것으로 종자를 일컫는다. 대개 돼지나 짐승의 사료로 쓰인다.

세례 「요한」의 떡나무라고 부르기도 한다(눅 15:16).

즈음 명(창 18:1) ①무렵. ②일이 되어갈 어름 때.

즉〔卽;곧 즉〕명(마 27:33) ①다름이 아니라 곧. namely. ②두말할 것 없이.

즉시〔卽時;곧 즉, 때 시〕명부(창 18:33) 그때. 그 자리에서 곧. 즉각. at once.

즉위〔卽位;곧 즉, 자리 위〕명(왕하 25:27) 왕위(王位)에 처음으로 오름. accession to the throne.

즐겁다 형(사 48:20) ①마음에 흐뭇하고 기쁘다. pleasant. ②반가운 느낌이 일어나서 좋다. joyful. 부 즐거이.

즐겨내다 형(고후 9:7) 성도의 헌금하는 태도. 억지로 하지 아니함.

즐기다 타(창 27:4) ①무엇을 좋아하여 마음을 기울이다. amuse oneself. ②마음에 즐거움을 누리다. enjoy. ③매우 행복스러워서 마음을 기쁘게 가지다. delight in.

즙〔汁;진액 즙〕명(창 40:11) 과일 따위에서 수분을 짜낸 액체. juice.

증거〔證據;증명할 증, 의거할 거〕명(창 9:12) ①어떠한 사실을 증명할 만한 근거. proof. ②〈법〉법원에 대하여 비판에 필요한 사실의 있고

ㅈ

없음을 확신시켜 주는 자료. evidence.

증거궤〔證據櫃;~함 궤〕명(출 25:22) 하나님의 10계명이 들어 있는 법궤. 언약궤. commandment box.

증거막〔證據幕;~장막 막〕명(출 38:21) 법궤가 들어 있는 장막. 성막. the tent of God's presence. 하나님이 계심과 나타내심을 보이는 곳.

증거인〔證據人;~사람 인〕명(렘 29:23) 증인. witness.

증거판〔證據板;~널 판〕명(출 16:34) 십계명이 새겨진 돌판.

증명〔證明;증명할 증, 밝을 명〕명(창 42:15) ①어떤 사물 또는 판단의 진상이나 진위를 밝히는 일. verification.

증서〔證書;증명할 증, 글 서〕명(신 24:1) 증거가 되는 서류. a certificate.

증세〔症勢;병증세 증, 권세 세〕명(왕상 17:17) 병으로 앓는 모양.

증손〔曾孫;일찍 증, 손자 손〕명(민 16:1) 손자의 아들. great-grandson.

증식〔增殖;더할 증, 번식할 식〕명(신 8:13) ①더하여 늘임. increase. ②더욱 늘어남. propagation. ③〈생〉생물 또는 세포가 생식이나 분열에 의하여 늘어남. propagation.

증왕〔曾往;일찍 증, 갈 왕〕명(잠 24:30) 이미 지나간 적. 일찍이. be gone days.

증인〔證人;증명할 증, 사람 인〕명(출 23:1) ①어떠한 일에 증거로 나서는 사람. witness. 그리스도를 증거하는 사람. 마지막 날 심판대에서 증거가 되는 성도.

증참〔證參;증거할 증, 참여할 참〕명(마 18:16) 참고가 될 만한 증거.

증축〔增築;더할 증, 쌓을 축〕명(대하 27:3) 세워있는 건축물에 덧붙여 늘여 지음. extension.

증표〔證標;증명할 증, 표 표〕명(삼상 17:18) 증거가 될만한 표. voucher.

증험〔證驗;증거할 증, 시험할 험〕명(신 18:22) 사실을 경험함. verification.

지각〔知覺;알 지, 깨달을 각〕명(욥 11:12) ①알아 깨달음. perception. ②대상을 변별하는 감각의 인식 작용. discretional.

지꺼리다[자](삿 5:11)→'지껄이다'의 오기.

지껄이다[자](욥 39:7) 조금 떠들썩한 목소리로 이야기하다. chatter.

지경〔地境;땅 지, 지경 경〕[혀](창 10:19) ①땅 사이의 경계. boundary. ②어떠한 처지. situation.

지계〔地界;땅 지, 지경 계〕[명](삿 1:36) 지경(地境). boundary.

지계석〔地界石;~돌 석〕[명](잠 22:28) 땅의 경계를 표하는 돌. landmark.

지계표〔地界標;~표 표〕[명](신 27:17) 땅과 땅 사이에 경계를 하는 표. landmark.

지공〔支供;지탱할 지, 받들 공〕[명](왕상 9:11) 음식을 이바지하여 줌.

지구〔地球;땅 지, 구슬 구〕[명](눅 21:35) 천하 사람이 살고 있는 땅덩어리. earth.

지구상〔地球上;~위 상〕[명](눅 21:35) 지구 위. on the earth.

지극〔至極;이를 지, 다할 극〕[명](창 14:18) 극진한 데까지 이름. utmost.

지극히[부](창 14:18) 더없이, 매우, 가장.

지극히 높으신 자[명](민 24:16) 하나님.

지금[1]〔只今;다만 지, 이제 금〕[명](창 7:4) 이제. 시방. [부] 이제 곧. now.

지금[2]〔至今;이를 지, 이제 금〕[부](창 14:3) 이제에 이르기까지. till now.

지나가다[자](창 18:3) ①머무르지 않고 바로 가다. go through. ②일정한 한도가 넘다. go beyond. ③거쳐서 가다. go past. ④시간이 흘러가다. elapse.

지나치다[자][타](전 7:16) ①지나가거나 오다. ②표준될 만한 정도를 넘어서다. 과하다. go too far.

지내다[자][타](창 5:4) ①살아가다. live. ②세상 일을 겪다. get along. ③~일을 치르다. hold.

지느러미[명](레 11:9) 〈동〉물고기의 헤엄치는 기관. fin.

지능〔知能;알 지, 능할 능〕[명](욥 36:5) ①지식과 지능. intelligence. ②경험을 이용하여 새로운 경우에 대처할 적당한 처리 방법을 알아내는 지적 활동의 능력. intellect. ③지적 방면을 규정하는 개인의 근본적인 성질.

지다[1] [자](신 15:17) ①해나 달이 넘어가다. set. ②꽃이나 잎이 시들어 떨어지다. fade and fall.

지다[2] [자](롬 12:21) 힘이나 재주를 겨루어 이기지 못하다. be defeated.

지다[3] [타](눅 7:41) 빚을 지다. 부채가 있다. 신세를 지게 되다. owe.

지다[4] [타](창 43:9) ①등지다. [준] ②물건을 짊어서 등에 얹다. bear on one's back.

지단〔地段;땅 지, 조각 단〕[명](삼상 14:14) 땅을 나누어서 가른 조각. piece of land.

지대[1]〔地臺;땅 지, 집 대〕[명](대하 3:3) 담·집채들의 아랫도리에 돌로 쌓은 부분. [유] 토대. foundation.

지대[2]〔地帶;땅 지, 띠 대〕[명](시 12:5) 한정된 땅의 구역. zone.

지대[3]〔址垈;터 지, 터 대〕[명](애 4:11) 토대. foundation.

지도〔指導;손가락 지, 인도할 도〕[명](시 25:9) 가리키어 이끌어 줌. guidance.

지도자〔指導者;~놈 자〕[명](삼상 9:16) 가리키어서 이끌어 주는 사람. guide.

지렁이 [명](사 14:11) 〈동〉환충류의 연형 동물의 총칭. 습한 응달에서 산다. earthworm.

지로〔指路;손가락 지, 길 로〕[명](행 1:16) 길을 가리켜 안내함. guidance.

지르다[1] [타](느 7:3) ①팔·다리나 막대기로 대상물을 힘껏 치거나 그 속에 꽂아 넣다. strike. ②한쪽과 다른 한쪽 사이나 위와 아래 사이에 막대로 줄을 건너 막거나 내리꽂다. cross.

지르다[2] [타](창 39:14) 목청을 높여 소리를 크게 내다. yell.

지면〔地面;땅 지, 낯 면〕[명](창 1:29) 땅의 표면. surface of the earth.

지명〔指名;손가락 지, 이름 명〕[명](출 31:2) 여러 사람 가운데서 이름을 지정함. nomination.

지목〔指目;손가락 지, 눈 목〕[명](살후 3:14) 사람이나 사물이 어떠하다고 가리키어 정함. spotting.

지방[1]〔地方;땅 지, 모 방〕[명](창 10:20) ①수도 이외의 시골. ②고장.

지방[2]〔脂肪;비계 지, 기름 방〕[명](시 119:70) 동물 및 식물로부터 채취할 수 있는 불휘발성의 탄수화물. 굳기름. fat.

지배〔支配;지탱할 지, 짝 배〕[명](창 42:6) 거느리어 모든 일을 처리함. rule.

지붕 [명](신 22:8) 비·이슬·바

람·눈·추위·더위를 막기 위하여 집의 위를 기와·함석·짚·슬레이트 따위로 덮어 가린 부분. roof.

지상〔地上;땅 지, 위 상〕명(신 7:6) 땅의 거죽이 되는 위. on the ground.

지선〔至善;이를 지, 착할 선〕명(스 3:11) ①〈윤〉최상의 선. highest good. ②가장 착함. being extremely good.

지성물〔至聖物;이를 지, 거룩할 성, 만물 물〕명(출 30:29) 지극히 거룩한 물건. things that is completely holy.

지성소〔至聖所;～바 소〕명(출 26:33) 하나님의 법궤를 두었던 가장 거룩한 곳. 성막(성전)의 성소 뒤에 있었다. Most Holy Place. 제사장만 피를 가지고 들어갈 수 있는 곳.

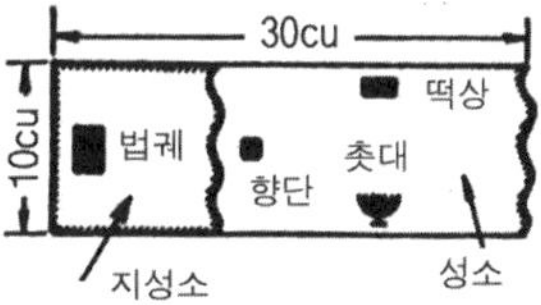

지시〔指示;손가락 지, 보일 시〕명(창 12:1) ①가리켜 보임. pointing. ②지도. guidance.

지시표〔指示標; ～표 표〕명(겔 21:19) 가리켜 보이는 표. signpost.

지식〔知識;알 지, 알 식〕명(출 31:3) ①사물을 아는 마음의 작용. understanding. ②알고 있는 내용. knowledge.

지식자〔知識者;알 지, 알 식, 놈 자〕명(단 2:21) 지식 계급의 사람. intellectuals.

지아비 명(잠 12:4) ①남편의 옛스러운 말. my husband. ②아내가 웃어른에게 자기 남편을 이르는 말. ③계집 하인의 남편을 일컫는 말.

지어내다 타(느 6:8) 없는 사실을 있는 것같이 꾸며내다. make up.

지어미 명(렘 6:11) 아내의 옛스러운 말. my wife.

지역〔地域;땅 지, 지경 역〕명(창 47:27) 땅의 갈라놓은 부분. 땅의 경계 또는 그 안의 땅. area.

지옥〔地獄;땅 지, 감옥 옥〕명(마 5:22) ①현세에서 죄악을 범한 사람이 사후(死後)에 가서 고통을 받는 환경을 형용한 말. hell.

지우다 타(창 22:3) 다른 사람에게 물건을 등에 지게 하다. make carry on one's back.

지위〔地位;땅 지, 자리 위〕명(에 3:1) ①있는 곳. 입장. position. ②신분. 자리. status. ③존재의 장소. position. ④지세. geographical features.

지음 명(욥 41:33) 만듬. 작(作).

지저귀다 자(사 10:14) ①조리 없는 말로 시끄럽게 지절거리다. chatter. ②새·짐승 따위가 시끄럽게 지껄이다. chirp.

지적〔指摘;손가락 지, 딸 적〕명(욥 17:5) ①어떠한 사물을 꼭 집어서 가리킴. indication. ②잘못을 들추어 주의시킴.

지절거리다 자(사 8:19) 여러 말로 되는 대로 잇달아서 지껄이다. chatter. 부 지절지절.

지점〔地點;땅 지, 점 점〕명(겔 43:12) 어디라고 지정한 그 곳. spot.

지정〔指定;손가락 지, 정할 정〕명(레 5:15) ①어찌하라고 가리켜 정함. appointment. ②여럿 가운데서 하나, 또는 몇 개만 가려내어 정함. nomination. ③행정관청이 법령의 정하는 바에 의하여 어떤 자격을 줌. designation.

지족〔知足;알 지, 발 족〕명(딤전 6:6) 제분수를 알아 족한 줄을 앎. contentment.

지존〔至尊;이를 지, 높을 존〕명(삼하 22:14) ①임금을 공경하는 말. His Majesty. ②더 없이 존귀함.

지존 무상〔至尊無上;이를 지, 높을 존, 없을 무, 위 상〕명(사 57:15) 더없이 귀하고 더할 수 없이 높고 좋음. the high and holy.

지존자〔至尊者;이를 지, 높을 존, 놈 자〕명(삼상 15:29) 지극히 존귀한 분. 곧 하나님. Majestic God.

지지다 타(대상 9:31) ①국물을 약간 붓고 끓이다. stew. ②녹이거나 타게 하다. sear.

지진〔地震;땅 지, 진동할 진〕명(왕상 19:11) 지각 일부의 급격한 변화로 지반이 상하·좌우로 진동하여 이 진동이 사방으로 퍼지는 현상. earthquake.

지체[1]〔肢體;팔다리 지, 몸 체〕명(레 21:18) 팔다리와 몸. body and limbs.

지체[2]〔遲滯;더딜 지, 막힐 체〕명(창 19:16) 기한에 뒤짐. 어물어물하여 늦어짐. delay.

지친〔至親;이를 지, 친할 친〕명(삼하 19:42) ①부자간이나 형제간. near relationship. ②아버지와 아들, 형과 아우의 사이와 같이 더할 수 없이 아주 친함. intimacy.

지키다 타(창 2:15) ①물건을 잃어 버리지 않도록 두루 살피다. defend. ②잡된 사람들의 출입을 금하며 감시(監視)하다. guard. ③환난(患亂)을 막으려고 주의하여 살피다. watch. ④절개를 변하지 않고 굳게 가지다. abhere to. ⑤약속이나 법률 또는 규칙 같은 것을 어기지 아니하고 그대로 행하다. keep.

지파〔支派;지탱할 지, 물갈래 파〕명(창 49:16) 종파(宗派)에서 갈라져 나간 파. a branch.

지팡이 명(창 32:10) 걸을 때에 짚는 막대기. stick.

지푸라기 명(나 1:10) 짚의 부스러기. 초개(草芥). piece of straw.

지피다 자(막 3:22) 신이 사람의 영(靈)을 내리다. be possessed. 신들리다.

지하〔地下;땅 지, 아래 하〕명(욥 28:5) ①땅속. under the ground. ②사회·정치 운동에서의 비합법적인 면.

지혜〔智慧;지혜 지, 지혜 혜〕명(창 3:6) 슬기. wisdom.

지혜의 시 명(시 47:7) 찬양의 노랫말.

지혜자〔智慧者;지혜 지, 지혜 혜, 놈 자〕명(신 16:19) 슬기로운 사람. wise man.

지환〔指環;손가락 지, 고리 환〕명(사 3:21) 가락지. ring.

지휘〔指揮;손가락 지, 휘두를 휘〕명(민 4:19) 가르쳐 보여서 일을 하도록 시킴. command.

직가〔$\epsilon\acute{\upsilon}\theta\acute{\upsilon}\varsigma$=곧은 길〕지(행 9:11)「다메섹」성 중에 있는 한 거리인데 주께서「아나니아」에게 명하기를, 이 거리에 거주하는「유다」의 집에 가서「다소」사람「사울」(바울)을 찾아 안수하여 보게 하라 하셨다.

직경〔直徑;곧을 직, 지름길 경〕명(왕상 7:23) 어떤 곡선의 중심을 지나는 선. 지름. diameter.

직고〔直告;곧을 직, 알릴 고〕명(잠 29:24) 곧이 곧대로 알리어 바침. telling the truth.

직공[1]〔織工;짤 직, 장인 공〕명(사 38:12) 베를 짜는 사람. 직조공.

직공[2]〔職工;맡을 직, 장인 공〕명(행 19:24) 공장에서 일하는 노동자. factory hand.

직무〔職務;맡을 직, 힘쓸 무〕명(민 3:7) 직업상의 주된 임무. duty.

직분〔職分;맡을 직, 나눌 분〕명(출 28:1) ①직무상의 본분. function. ②자기가 마땅히 하여야 할 본분. duty.

직원〔職員;맡을 직, 인원 원〕명(대하 23:18) 직무를 맡은 사람. 또는 그 일단. personnel.

직임〔職任;맡을 직, 맡길 임〕명(민 7:5) 직무상 맡은 바 책

ㅈ

임. duty.

직조〔織造;짤 직, 지을 조〕명(출 39:27) 피륙 따위를 기계로 짜는 일. weaving.

직조틀〔織造~;짤 직, 지을 조〕명(삿 16:14) 옷감을 짜는 기계.

직책〔職責;맡을 직, 책임 책〕명(고후 5:18) 직무상의 책임. duty.

직행〔直行;곧을 직, 행할 행〕명(행 16:11) 중도에 머물지 않고 바로 감. through running.

진[1]〔陣;진칠 진〕명(출 14:19) 〈군〉①군사가 머물러 둔을 친 곳. 원 진영. camp. ②진루(陣壘).

진[2]〔津;진액 진〕명(출 2:3) ①풀·나무 따위에서 분비되는 끈끈한 액체. resin. ②연기나 눅눅한 기운이 서려서 생기는 끈끈한 물.

ㅈ

진개〔塵芥;티끌 진, 겨자 개〕명(애 3:45) 티끌과 쓰레기. dust.

진기[1]〔陣旗;진칠 진, 기 기〕명(민 2:3) 진에 게양하는 기. flag of camp.

진기[2]〔珍奇;보배 진, 기이할 기〕명(욥 3:5) 진귀하고 기이함. rare.

진노〔震怒;진동할 진, 성낼 노〕명(출 15:7) 존엄한 사람이 성냄. rage.

진단〔診斷;진찰할 진, 끊을 단〕명(레 13:3) 의사가 환자의 병의 상태를 진찰하여 판단함. diagnosis.

진동〔震動;진동할 진, 움직일 동〕명(출 19:18) 몹시 울려서 흔들림. shock.

진력〔盡力;다할 진, 힘 력〕명(딤전 4:10) ①힘 닿는데까지 다함. endeavour. ②갖은 애를 다 씀. exertion.

진리〔眞理;참 진, 이치 리〕명(창 32:10) ①참된 도리. true reason. ②논리의 법칙에 일치하는 지식. truth. ③예수 그리스도(요 14:16). ※ 진리는 오직 하나님의 말씀.

진멸〔殄滅;끊어질 진, 멸할 멸〕명(출 32:10) 죽여 없애 버림. annihilation.

진문〔陣門;진칠 진, 문 문〕명(출 32:26) 〈군〉진중으로 드나드는 문. gate of a camp.

진미〔珍味;보배 진, 맛 미〕명(단 1:5) 음식의 썩 좋은 맛. 또는 그 요리. delicacy.

진보〔進步;나아갈 진, 걸음 보〕명(빌 1:12) 사물이 점점 발달하는 일. 사물이 차차 나아지는 일. progress.

진상〔眞相;참 진, 서로 상〕명(단 7:16) ①참된 모습. real features. ②진실한 형편. truth.

진설〔陳設;베풀 진, 베풀 설〕명 (창 18:8) 제사나 잔치 때 음식을 갖추어 상을 차려놓음. setting on table.

진설병〔陳設餠;~떡 병〕명(출 25:30) 성막(후에 성전) 성소에 차려 놓은 누룩 없는 12개의 떡. 이 떡은 안식일마다 새 것으로 바꾸어 놓는다(레 24:59, 대하 2:4).

진수〔珍羞;보배 진, 반찬 수〕명 (창 49:20) 썩 맛이 좋은 음식. 보기 드물게 잘 차린 음식. delicacy.

진술〔陳述;베풀 진, 지을 술〕명 (창 24:33) 자세히 말함. statement.

진실〔眞實;참 진, 열매 실〕명 (창 24:49) ①성정이 바르고 참됨. truth. ②헛되지 않은 참 마음.

진실로 부(창 24:49) 거짓없이. 참으로. 확실하게. 정말로. 분명한. truly.

진실 무망〔眞實無妄;참 진, 열매 실, 없을 무, 망녕될 망〕명 (출 18:21) 성정이 바르고 참되어 망령됨이 없음. truth.

진심〔眞心;참 진, 마음 심〕명 (렘 3:10) 참된 마음. one's heart.

진액〔津液;진액 진, 진 액〕명 (시 32:4) 생물의 몸 안에서 생겨나는 액체. juice.

진언〔嗔言;성낼 진, 말씀 언〕명 (왕상 18:29) 성을 내어서 꾸짖는 말. scolding.

진언자〔嗔言者;~놈 자〕명(신 18:11) 성을 내어 꾸짖는 사람.

진영[1]〔陣營;진칠 진, 경영할 영〕명(삼상 17:20) 진(陣). camp.

진영[2]〔鎭營;진압할 진, 지을 영〕명(민 13:19) 지방대(地方隊)의 주둔영으로, 각 병영·수영 밑에 두었던 직소.

진유〔眞鍮;참 진, 놋쇠 유〕명 (계 18:12) 놋쇠. brass.

진정[1]〔眞情;참 진, 뜻 정〕명(출 21:5) ①거짓없는 애틋한 마음. true heart. ②참된 사정 또는 정세. true condition.

진정[2]〔眞正;참 진, 바를 정〕명 (수 24:14) 참되고 올바름. genuineness.

진정[3]〔鎭靜;진압할 진, 고요할 정〕명(대상 22:19) ①요란하던 것이 가라앉음. appeasement. ②와자한 것을 가라앉혀서 조용하게 함.

진주〔眞珠;참 진, 구슬 주〕명 (민 11:7) 〈광〉①진주 조개의 껍질이나 살 속에 생기는 일종

ㅈ

의 구슬. pearl. ②매우 보배롭게 여기는 물건. treasure.

진중〔陣中;진칠 진, 가운데 중〕명(출 19:16) ①진의 안. camp. ②전쟁 중. battle.

진찬〔珍饌;보배 진, 음식 찬〕명(잠 23:3) 진수(珍羞). delicacy.

진찰〔診察;진찰할 진, 살필 찰〕명(레 13:3) 의사가 환자의 병을 살펴봄. medical examination.

진취〔進就;나아갈 진, 나아갈 취〕명(대하 24:13) 점점 일을 이루어감. gradual development.

진치다〔陣~;진칠 진〕자(출 18:5) 진을 베풀다. encamp.

진토〔塵土;티끌 진, 흙 토〕명(삼상 2:8) 먼지와 흙. dust and soil.

진펄 명(욥 8:11) 진창으로 된 벌. marsh.

ㅈ

진하다〔盡~;다할 진〕자(창 25:8) 다하여 없어지다. become exhausted. ②극한에 이르다. come to an end.

진행〔進行;나아갈 진, 행할 행〕명(창 32:1) ①나아감. march. ②일을 치루어감. progress.

진홍〔眞紅;참 진, 붉을 홍〕명(사 1:18) 진한 붉은 빛. crimson.

진흙 명(창 11:3) ①빛깔이 붉은 차진 흙. clay. ②물기가 많은 흙. mud.

진흥〔振興;떨질 진, 일 흥〕명(민 24:7) 떨쳐 일으킴. promotion.

질고〔疾苦;병 질, 쓸 고〕명(사 53:3) 병고(病苦). suffering from illness.

질그릇 명(레 11:33) 진흙으로 구워서 만든 그릇. unglazed earthenware.

질다 형(겔 47:11) ①반죽한 것이 물기가 너무 많다. sloppy. ②질척질척하다. boggy.

질려〔蒺藜;납가새 질, 명아주 려〕명(사 5:6) 〈식〉남가새과의 일년생 풀. 바닷가 모래땅에 나는데, 온 몸에 거센 털이 있음. 열매는 한약재로 씀. 남가새. brier.

질문〔質問;바탕 질, 물을 문〕명(렘 12:1) 모르는 것이나 의심나는 점을 물어서 밝힘. question.

질병〔疾病;병 질, 병들 병〕명(출 15:26) 모든 병. 우환. disease.

질서〔秩序;차례 질, 차례 서〕명(고전 14:40) 사물의 조리 또는 올바른 차례. order.

질시〔嫉視; 미워할 질, 볼 시〕명(신 28:54) 흘겨 봄. 밉게 봄. glancing sidelong.

질탕관〔~湯罐; 끓일 탕, 두레박 관〕명(레 11:35) 국이나 약을 끓이는 오지로 만든 그릇.

질투〔嫉妬; 미워할 질, 투기할 투〕명(출 20:5) 강샘. 시새우고 미워함. jealousy.

질투심〔嫉妬心; ~마음 심〕명(민 25:11) 시새우고 미워하는 마음. jealousy.

질항아리 명(애 4:2) 진흙으로 만든 항아리. earthen pot.

짊어지다 타(고후 4:10) ①짐을 등에 메다. carry on one's back. ②빚을 많이 지다. get into. ③책임을 맡다. take.

짐 명(창 24:32) ①지거나 실어서 나르는 물건. load. ②책임지고 치러나갈 힘든 일. burden. ③수고가 되는 것. 귀찮은 물건. 일.

짐승 명(창 1:24) ①날짐승·길짐승의 총칭. animal. ②온몸에 털이 있으며 네 발이 달린 동물. beast. ③사람을 낮게 일컫는 말. brute.

짐작〔斟酌; 헤아릴 짐, 퍼낼 작〕명(행 25:18) 어림대고 헤아림. 겉가량으로 생각함. conjecture.

짐짓 부(출 21:14) ①일부러. on purpose. 고의로. ②과연. deliberately.

집[1] 명(창 24:23) ①사람이 거처하는 건물. house. ②동물의 보금자리.

집[2] 명(삼하 17:51) 물건을 담아두거나 끼워두는 기구. case.

집[3] 명(창 7:1) 가정.

집게 명(출 25:38) 물건을 잡는 데 쓰는 끝이 두 가닥으로 갈라진 연장. tongs.

집권자〔執權者; 잡을 집, 권세 권, 놈 자〕명(마 20:25) 정권을 잡거나 권력을 가진 사람. seizure of political power.

집다 타(막 16:18) ①물건을 움켜쥐다. 주워 가지다. pick. ②물건을 끼워 들다. pinch.

집머리 명(합 3:13) 가장(家長), 우두머리, 통치자, 첫째의 책임자.

집비둘기 명(창 15:9) 〈조〉 집에서 기르는 비둘기.

집사〔執事; 잡을 집, 일 사〕명(행 21:8) ①고용되어 그 집안 일을 맡아보는 사람. steward. ②장로 교회의 교직의 하나. deacon. '섬기는 자'의 뜻으로서, 장로와 함께 교회의 제반 업무, 특히 재정을 전적으로 담당한다. 구제와 봉사하는 일로 세움을 받았다(행 6:6, 딤전 3:12).

집사람 명(창 17:23) 아내를 가리키는 말.

집 안 명(창 27:15) ①가까운

ㅈ

살붙이. family. ②집 속. in the house.

집회〔集會;모을 집, 모을 회〕명 (창 49:6) 어떠한 목적으로 여러 사람이 모임. meeting.

짓 명(창 19:8) 몸을 놀리는 일. 일을 하는 노릇. ㊐짓거리. motion. behavior.

짓다[1] 타(창 1:31) ①만들어 내다. make. ②건축하다. build. ③창작하다. compose. ④농사를 짓다. grow; raise.

짓다[2] 타(창 44:32) 죄를 범하다. commit.

짓밟다 타(왕하 14:9) ①짓이기다시피하여 마구 밟다. trample under foot. ②유린하다.

징계〔懲戒;징계할 징, 경계할 계〕명(민 26:10) ①허물을 뉘우치게 경계하고 나무람. discipline. ②공무원이 의무를 위반하였을 때 내리는 일정한 제재. disciplinary punishment.

징벌〔懲罰;징계할 징, 벌줄 벌〕명(삿 8:16) ①뒷일을 경계하는 뜻으로 벌을 줌. discipline. ②부정당한 행위에 대하여 제재를 가함. punishment.

징조〔徵兆;부를 징, 억조 조〕명 (창 1:14) 미리 보이는 조짐. signs.

징책〔懲責;징계할 징, 꾸짖을 책〕명(레 26:28) 꾸짖어 징계함. punishment.

징치〔懲治;징계할 징, 다스릴 치〕명(창 15:14) 징계하여 다스림. correction.

짖다 자(사 56:10) ①개가 소리를 내어 떠들다. bark. ②새가 지저귀다. caw.

짚 명(창 24:25) 벼·밀·보리·조 따위의 이삭을 떨어낸 줄기. straw.

짚다 타(출 21:19) ①지팡이를 들어서 그 끝을 땅 위에 대다. take a stick. ②맥 위에 손을 대어 보다. feel one's pulse. ③바닥에 손을 대고 누르다. put one's hand on.

ㅉ

짜다[1] 타(출 26:31) 실 따위를 세로와 가로로 엇결어서 피륙이나 연장 따위를 이루다. weave.

짜다[2] 형(욥 39:6) ①소금 맛 같다. salty. ②달게 마음에 들지 않다. salty.

짜다[3] 타(창 40:11) 비틀거나 눌러서 물기나 기름기를 뽑아 내다. squeeze.

짝 명(왕상 6:34) ①두 개 이상이 모여서 한 벌이 되는 물건의 낱개. pair. ②두 개가 한 벌인 때, 한 개를 나머지 한 개에 대하여 이르는 말. counterpart.

짝짓다 타(마 19:6) 짝을 이루어지게 하다.

짝하다 자타(삼상 10:24) 무슨 일에 있어서 어떤 누구와 함께 동무가 되다. 자기와 짝이 되게 하다.

짠물 명(약 3:12) ①바닷물. seawater. ②짠맛이 있는 우물. brackish water. ③간이 있는 물건에서 흐르는 물. salt water.

짧다 형(민 11:23) ①길지 못하다. short. ②동안이 가깝다. short. ③부족하다. insufficient.

쪼개다 타(창 15:10) 하나를 둘 이상 갈라지게 하다. 가르다. split.

쪼다 타(출 20:25) 뾰족한 끝으로 연달아 찍다. pick.

쪼이다 자타(출 16:21) 쬐다.

쪽발 명(레 11:3) 갈라진 짐승의 발.

쪽제비 명(레 11:29) 〈동〉쪽제비과의 짐승. 길이는 30cm정도. 털빛은 적갈색임. weasel.

쫓겨나다 자(출 10:11) 쫓기어 나다. 쫓음을 당하다. 축출되다. 내쫓다.

쫓기다 자(삿 9:40) ①남에게 쫓음을 당하다. ②일에 몹시 몰려 지내다.

쫓다 타(창 15:11) ①있는 자리에서 억지로 떠나게 하다. 또는 몰아내다. drive away. ②앞에 세우고 급히 몰다. urge on. ③급한 걸음으로 뒤를 따르다. pursue.

쫓아가다 자타(창 14:14) ①앞선 것을 뛰어서 따르려고 급히 가다. ②뒤에 바싹 붙어 따라가다.

쫓아내다 타(창 3:24) 쫓아서 밖으로 몰아내다. 추방하다.

drive out.

쫓아오다 타(수 7:5) ①뒤에서 급히 뛰어오다. come in pursuit. ②뒤에서 바싹 따라오다. follow.

쬐다 자타(삼하 4:5) ①볕이 들어서 비치다. shine. ②볕발이나 불김에 쬐거나 말리다. expose.

쬐이다 피동(사 18:4) 쬠을 당하다.

쭉정이 명(호 13:3) 껍질만 있고 속 알맹이가 없는 곡식의 열매. a blasted ear.

찌끼 명(시 75:8) ①액체 속에 가라앉아 쳐져 남은 물건. 찌꺼기. dregs. ②같은 물건 중에서 고르고 난 나머지 물건. waste. ③쓰고 남은 허접쓰레기. rubbish.

찌르다 타(민 33:55) ①날카로운 끝을 들이밀다. pierce. ②악의로 남의 비밀을 알리어 주다.

찍다[1] 타(출 34:13) ①날이 있는 연장으로 때려 쳐서 베다. chop. ②무슨 표 따위에 구멍을 뚫다.

찍다[2] 타(레 4:6) ①무슨 물건의 끝에 액체를 묻혀 내다. dip. ②무엇에 점(點)을 칠하다. dot.

찔레 명(삿 8:10) 〈식〉자임과의 낙엽 관목. 들장미. briar.

찔리다 자(삼상 24:5) ①날카로운 가시 따위에 찌름을 당하다. be stuck. ②양심에 가책을 받다. be ashamed of.

찢기다 피동(창 31:39) 찢김을 당하다. be torn.

찢다 타(창 37:29) ①잡아당기어 가르다. tear. ②이곳저곳에서 끌다. draw.

찢어지다 자(출 28:32) 찢기어서 갈라지다. be torn.

찧다 타(출 27:20) 곡식 따위를 절구에 넣고 공이로 내리치다. pound.

ㅊ

차[1][車;수레 차(거)]명(사 5:28) ①온갖 수레. vehicle(자동차, 마차, 전차, 기차 등). ②축(軸)을 중심으로 하여 돌아가는 바퀴의 총칭. wheel.

차[2][次;차례 차]명(삿 17:3) 차례의 뜻을 나타내는 말. order. 어떤 일의 기회로 다른 일까지 하게 됨을 나타내는 말. take the occasion to.

차다[1] 타(신 32:15) ①발길로 힘있게 앞으로 내밀거나 발끝으로 냅다 질러서 위로 치뜨리다. kick. ②소를 몰거나, 언짢을 때 혀끝을 입천장에 붙이고, 숨을 빨아들이며 떼어 소리를 내다. click. ③날쌔게 빼앗다. snatch up.

차다[2] 타(삼상 17:29) ①끈을 달아 몸에 걸고 늘어뜨리다. ②시계·수갑 따위를 팔목에 끼우거나 잠그다. wear.

차다[3] 자(창 25:24) ①더 들어갈 수 없이 가득하게 되다. be full. ②얼마의 수효가 모자람이 없이 들어서다. be filled with. ③정한 기한에 이르다. be up. ④이지러짐이 없이 온전하게 되다. wax.

차다[4] 형(욥 37:9) ①추운 느낌이 있다. ②기온이 낮다. ③물체의 온도가 낮다. cold.

차돌 명(출 4:25) 광석의 한 가지 순수한 것은 빛이 없고 투명하며, 다른 잡물이 섞이지 않고 아주 맑은 것을 수정(水晶)이라 함. 석영(石英). 유리 만드는 재료로 쓰인다. calcite.

차등[差等;어긋날 차, 무리 등] 명(대상 24:5) 등급의 차이가 있음. grade.

차라리 부(삿 9:28) 먼저의 것을 부인하고 이것을 택하는 뜻. 도리어. rather.

차례[次例;차례 차, 보기 례]명(에 2:12) ①순서. order. ②나아가는 번.

차리다 타(창 43:31) ①장만하여 베풀다. prepare. ②정신을 가다듬다. pull oneself together. ③해야 할 일에 준비를 갖추다. prepare.

차마 부(잠 13:24) 애틋하고 안타까운 정으로 감정을 누르고 참고자 하는 것을 뜻하는 말.

차별[差別;어긋날 차, 다를 별] 명(롬 3:22) 등급이 지게 나누어 가름. discrimination.

차서〔次序;차례 차, 차례 서〕[명] (창 43:33) 차례. 순서. order.

차일〔遮日;가릴 차, 날 일〕[명] (사 40:22) ①햇볕을 가리려고 치는 장막. blind. ②햇볕을 가림. shading from the sun. ③천막. tent.

차자〔次子;차례 차, 아들 자〕[명] (창 41:52) 둘째 아들. 차남(次男). second son.

차지다[형](왕상 7:46) 끈기가 있어서 쩍쩍 달라붙다. sticky.

차지하다[타](민 14:24) 무엇을 자기의 것으로 만들어 가지다. one's share.

차차〔次次;차례 차, 차례 차〕[부] (삼하 18:25) 어떤 일이 조금씩 되어가는 상태. 점점. gradually.

차착〔差錯;어긋날 차, 섞일 착〕[명](창 43:12) 순서가 틀리고 앞뒤가 서로 잘 맞지 않음. discordance.

차하다[형](스 1:10) 표준에 비하여 좀 모자라다. 순서, 지위, 연령, 품질 등에서 두 번째.

착고〔着錮;붙을 착, 가둘 고〕[명] (삼하 3:34) fetters.

착념〔着念;붙을 착, 생각 념〕[명] (렘 31:21) 주의깊게 생각에 둠. contemplation.

착심〔着心;이를 착, 마음 심〕[명] (잠 23:12) 마음을 정함. giving one's mind to.

착하다[형](마 5:16) 마음이 곱고 어질며, 선하다. meek.

찬란〔燦爛;빛날 찬, 빛날 란〕[명] (눅 24:4) 빛나며 밝고 아름다움. brilliancy.

착한 일[명](행 4:9) 온전한 선행, 인정을 베품. 하나님의 뜻대로 하는 일.

찬물[명](렘 18:14) 온도가 낮은 물의 총칭. 냉수. cold water.

찬미〔讚美;기릴 찬, 아름다울 미〕[명](마 21:6) 하나님께 영광을 돌리는 일. praise. 찬송.

찬성〔贊成;도울 찬, 이룰 성〕[명] (행 22:20) 도와서 함께 함. agreement.

찬송〔讚頌;기릴 찬, 칭송할 송〕[명](창 9:26) 은혜를 찬미하고 기림. glorification.

찬송가〔讚頌歌;~노래 가〕[명] (스 3:11) 하나님의 덕을 찬송하며 부르는 노래. hymn.

찬송시〔讚頌詩;~글 시〕[명](고전 14:26) 하나님의 덕을 찬송하며 지은 글.

찬양〔讚揚;기릴 찬, 날릴 양〕[명] (삼하 18:28) 아름다움을 기리고 착한 것을 드러냄. praise.

참[명](창 27:24) 겉과 속이 맞아 거짓이 없음. 진실. true.

부 까맣게 잊어버렸던 일이 문득 생각나거나 느낌이 극도에 달하였을 때 "참말로, 과연"의 뜻으로 쓰이는 말. indeed. 아~!

참가〔參加;참가할 참, 더할 가〕 명(민 4:3) 어떠한 모임이나 단체에 참여함. participation.

참과부〔~寡婦;적을 과, 지어미 부〕명(삼하 14:5) 남편이 죽고 난 뒤 다른 남자에게 시집가지 아니함은 물론, 죽은 남편을 생각하고 자녀들을 잘 양육하는 여자. true widow. 성경에는 60세가 되어 이성에 마음이 흔들리지 않을 여자를 참과부라 하였다(딤전 5:3-16).

참나무 명(호 4:13) 〈식〉①너도밤나무과의 나무의 총칭. ②상수리나무. oak.

참다 타(창 21:16) ①참고 견디다. bear. ②억지로 하지 않다. suppress. ③때를 기다리다. wait.

참담〔慘澹;참혹할 참, 담백할 담〕명(삿 11:35) ①괴롭고 슬픈 모양. sorrow. ②근심 걱정이 가득해 보임. misery. ③얼굴에 독기가 있음. viciousness. 처참한 실패.

참되다 형(신 22:20) 거짓이 없다. 진실하다. honest.

참람〔僭濫;참람할 참, 넘칠 람〕 명(마 9:3) 분수에 넘치게 함부로 함. 입에 담지 못할 행동이나 말. presumptuousness.

참말 명(행 12:15) 참되고 거짓이 없는 진실한 말. serious talk.

참빛 명(요 1:9) 그리스도 예수.

참새 명(시 84:3) 〈조〉참새과의 새의 이름. sparrow.

참석〔參席;참여할 참, 자리 석〕 명(눅 13:29) 모임의 자리에 같이 함. attendance.

참소〔讒訴;헐뜯을 참, 아뢸 소〕 명(삼하 19:27) 간악한 말로 남을 헐뜯어 없는 죄도 있는 것처럼 웃사람에게 고해 바침. 무고. false charge.

참신 명(삼하 7:22) 하나님. God.

참여〔參與;참여할 참, 더불 여〕 명(창 49:6) 무슨 일에 참가하여 관여함. participation.

참집〔參集;참여할 참, 모을 집〕 명(단 3:2) 어떠한 자리에 참여하여 모임. gathering.

참패〔慘敗;참혹할 참, 패할 패〕 명(렘 48:5) 참혹한 실패.

ㅊ

참혹하게 패함. crushing defeat.

참혹〔慘酷;참혹할 참, 혹독할 혹〕[명](삼하 2:26) 비참하고 끔찍함. misery.

창[1]〔窓;창 창〕[명](창 6:16) 창문. window.

창[2]〔槍;창 창〕[명](민 25:7) 옛날 무기의 한 가지. 가늘고 긴 나무자루 끝에 날이 선 뾰족한 쇠가 달렸음. spear.

창고〔倉庫;곳집 창, 창고 고〕[명](창 41:56) 곳간. (준) 창(倉). warehouse.

창군〔槍軍;창 창, 군사 군〕[명](행 23:23) ①〈군〉창을 쓰던 군사. spearman. ②옛날에 창을 가지고 사냥하던 사람. one who hunts with a spear.

창기〔娼妓;창녀 창, 기생 기〕[명](신 22:11) 천하게 노는 기생. 윤락 여성. prostitute.

창녀〔娼女;창녀 창, 계집 녀〕[명](창 34:1) 몸을 파는 것을 업으로 삼는 여자. 위안부. 창부. prostitute.

창대〔昌大;창성할 창, 큰 대〕[명](창 9:27) 크게 번창함. prosperity.

창문〔窓門;창 창, 문 문〕[명](수 2:21) 채광·통풍을 위하여 벽 또는 지붕이나 벽에 만든 문. (준) 창(窓). window.

창백〔蒼白;푸를 창, 흰 백〕[명](렘 30:6) 해쓱함. 얼굴에 핏기가 없이 파리함. paleness.

창살〔窓~;창 창〕[명](아 2:9) ①창짝이나 미닫이 따위에 가로 세로 지른 나무. lattice. ②비각, 종각, 대문 따위에 세로 죽죽 내리 지른 나무.

창상〔創傷;다칠 창, 상할 상〕[명](창 4:23) 칼날 따위에 다친 상처. a wound.

창설〔創設;비로소 창, 베풀 설〕[명](창 2:8) 처음으로 세움. foundation. 처음 만들다.

창성〔昌盛;창성할 창, 성할 성〕[명](창 24:35) 크게 번성하고 잘 되어 감. prosperity.

창세〔創世;비로소 창, 인간 세〕[명](만 13:35) 세상을 처음으로 만듦. 세계가 나타난 시초. creation of the world.

창세기〔創世記;~기록할 기〕[명](창) 구약성경 맨 처음에 있는 성경. 모세의 기록으로, 모세 오경 중의 하나. 만물의 기원과 순서를 서술. 우주, 물질, 인간, 가정, 죄, 속죄 제물, 국가, 정부, 예술, 직업의 기원을 밝혔다. 하나님께서 이스라엘 민족을 통한 구속 사역을 보여 주고 있다.

창세전〔創世前;~앞 전〕[명](벧전 1:20) 세상을 만들기 전. before creation of the world.

창수〔漲水;넘칠 창, 물 수〕명(삼하 22:5) 비가 많이 내려 강물이 불어서 둑 위로 넘침. overflow.

창애 명(욥 18:9) 짐승을 꾀어 잡는 틀. trap.

창옥〔蒼玉;푸를 창, 구슬 옥〕명(겔 28:13) 푸른 빛이 나는 옥. jasper.

창일〔漲溢;넘칠 창, 넘칠 일〕명(창 7:18) 물이 많이 불어서 둑에 넘침. inundate.

창자 명(민 5:22) 내장 기관의 하나. 소장과 대장으로 이루어졌다. intestiness.

창작〔創作;비로소 창, 지을 작〕명(대하 26:15) ①누구에게 묻거나 도움을 받지 않고 순전히 새로 만들어 내는 작품이나 물건. origination. 〈문〉 문예작품을 만들어 냄. 또는 그 작품. creative work.

창조〔創造;비로소 창, 지을 조〕명(창 1:1) ①처음으로 생각해 내어서 만듦. creation. ② 하나님이 우주를 처음 만듦. creation.

창조물〔創造物;~만물 물〕명(욥 40:19) 하나님께서 만드신 물건. creature.

창조시〔創造時;~ 때 시〕명(막 10:6) 하나님께서 우주를 처음 만드신 그때. at the time of creation.

창조자〔創造者;~놈 자〕명(잠 8:30) 세상을 처음 만드신 하나님. creator.

창졸간〔倉猝間;곳집 창, 갑자기 졸, 사이 간〕명(잠 3:25) 전혀 예측하지 못할 때에 갑자기. abruptly.

창질〔瘡疾;부스럼 창, 병 질〕명(딤후 2:17) 화류병(花柳病)의 하나. 매독. 준 창(瘡). pox.

창초〔創初;비로소 창, 처음 초〕명(막 13:19) 우주 창조의 초기. beginning when God created the world.

창틀〔窓~;창 창〕명(왕상 7:4) 창을 설치할 수 있도록 둘레에 짜 맞춘 틀. window.

창포〔菖蒲;창포 창, 부들 포〕명(출 30:23) 창포과의 다년생 풀. 못가나 습한 땅에 남. Acorus Calamus.

창화〔唱和;노래 부를 창, 화할 화〕명(삼상 18:7) 한쪽에서 부르고 한쪽에서 화답함. 천사들이 하나님을 향하여 창화하는 노래를 드렸다. chorus.

창황〔蒼黃;푸를 창, 누를 황〕명(욥 41:25) 어찌할 바를 모를 만큼 매우 급함. precipitation.

찾다 타(창 8:9) ①숨은 것을 뒤지어 살피다. look for. ② 물건을 돌리어 오다. get back. ③남을 만나러 찾아가다. visit. ④알아내거나 밝혀내다. inquire.

채[1] 명(출 25:13) ①가마나 수레의 앞 뒤 양옆으로 길게 댄 나무. bearing pole. ②북이나 장구를 치는 손잡이. drumstick. ③집의 수효를 세는 말. ④어떠한 대로 그냥.

채[2]〔寨;나무우리 채〕명(대하 17:12) 나무우리. 성채. fortification.

채급〔債給;빚 채, 줄 급〕명(사 24:3) 빚으로 꾸어 줌. lending.

채색〔彩色;채색 채, 빛 색〕명(창 37:2) 여러 가지의 고운 빛깔 또는 그 빛의 원료. colours.

채색옷〔彩色~;채색 채, 빛 색〕명(창 37:3) 여러 가지 색깔로 염색된 아름다운 옷. a coat of many colours.

채석〔彩石;채색 채, 돌 석〕명(대상 29:2) ①물에 뜰 정도로 가벼운 돌 부석. pumice. ②산의 바위를 채취하는 일. quarrying.

채소〔菜蔬;나물 채, 푸성귀 소〕명(창 1:11) 야채. 들에서 나는 나물. 식용 식물. vegetable.

채소밭 명(신 11:10) 남새(채소)를 심은 밭.

채식〔菜食;나물 채, 밥 식〕명(단 1:12) 푸성귀로 만든 반찬만을 먹음. vegetarian diet.

채용〔債用;빚 채, 쓸 용〕명(사 24:2) 물건이나 돈을 빌거나 꾸어 씀. borrowing.

채우다[1] 사동(창 2:21) ①모자라는 수를 보태다. make up. ②빈 구석이 없도록 하다. fill. ③흡족하도록 하다. satisfy. ④기한까지 마치도록 하다. complete.

채우다[2] 타(삼하 1:24) ①몸에 물건을 달아서 차도록 하다. let wear. 준 채다. ②자물쇠로 잠가서 열지 못하게 하다. lock. ③손이나 다리에 형구(刑具)를 차게 하다. shackle.

채전〔菜田;나물 채, 밭 전〕명(눅 13:19) 무, 배추, 오이 따위를 심어 가꾸는 야채밭.

채주〔債主;빚 채, 주인 주〕명(출 22:25) 남에게 돈을 빌려 준 사람. 채권자. creditor.

채찍 명(수 23:13) 댓가지나 나뭇가지 혹은 가죽 노끈으로 만들어 마소를 모는 데 쓰는 가늘고 긴 물건. whip.

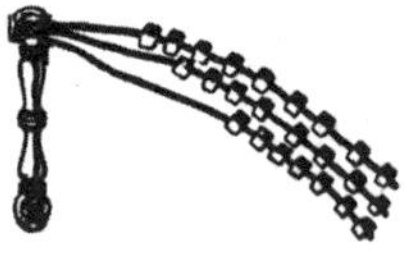

ㅊ

채찍질 명(민 22:23) 채찍으로 때리는 것. beat.

책〔冊;책 책〕명(출 17:14) 서적·장부·공책의 총칭. book.

책망〔責望;꾸짖을 책, 바랄 망〕명(창 21:25) 허물을 꾸짖음. blame.

책망자〔責望者;~놈 자〕명(겔 3:26) 허물을 꾸짖는 사람.

책벌〔責罰;꾸짖을 책, 벌줄 벌〕명(왕하 19:3) 견책과 형벌. punishment. 죄 지은 사람에게 벌을 주고 다른 사람에게는 두려워하고 조심하게 하는 일.

책상〔冊床;책 책, 평상 상〕명(왕하 4:10) 책을 올려놓거나 공부할 때 쓰는 상. desk.

책선〔責善;꾸짖을 책, 착할 선〕명(레 19:17) 친구 사이에 서로 착한 일을 하도록 권함. promotion of virtue.

책임〔責任;꾸짖을 책, 맡길 임〕명(민 1:53) ①맡아서 해야 할 임무, 또는 그 의무. responsibility. ②떼어 맡는 일.

책잡다〔責~;꾸짖을 책〕명(막 12:13) 남의 잘못된 일을 들어 나무라다.

책중〔冊中;책 책, 가운데 중〕명(막 12:26) 성경 가운데.

책하다〔責~;꾸짖을 책〕타(시 9:5) 남의 허물을 들어 꾸짖다. 책망하다. blame.

처〔妻;아내 처〕명(창 7:13) 아내. wife.

처결〔處決;곳 처, 결단할 결〕명(행 24:22) 결정하여 처분함. decision.

처녀〔處女;곳 처, 계집 녀〕명(창 24:16) 아직 시집가지 아니한 소녀기를 지난 장성한 여자. virgin.

처량하다〔凄凉~;찰 처, 서늘할 량〕형(삼하 13:20) 거칠고 쓸쓸하여 구슬프다. 딱한 처지. desolate.

처리〔處理;곳 처, 이치 리〕명(창 39:22) 일을 다스림. 일을 끝냄. disposal.

처마 명(왕상 7:9) 지붕의 도리 밖으로 내민 부분. eaves.

처벌〔處罰;곳 처, 벌줄 벌〕명(시 106:30) 과실이나 죄의 대가를 주는 벌. punishment. ②처형. execution.

처분〔處分;곳 처, 나눌 분〕명(삼하 19:27) ①명령을 내리거나 또는 명령을 받아 일을 처리함. management. ②〈법〉행정 관청 또는 사법 관청이 그 법규에 따른 권리를 설정하고 그 의무를 명하여 효과를 내는 행위. measure.

처소〔處所;곳 처, 바 소〕명(창 24:37) ①사람이 살거나 임시로 머물러 있는 곳. one's residence. ②물건이 놓여 있는 곳. place.

처음 명(창 10:8) 맨 첫 번 일의 시초. beginning.

처자〔妻子;아내 처, 아들 자〕명(창 30:26) 아내와 자식. wife and children.

처제〔妻弟;아내 처, 아우 제〕명(왕상 11:19) 아내의 여동생. wife's younger sister.

처지〔處地;곳 처, 땅 지〕명(고전 14:16) ①자기가 당하고 있는 환경. situation. ②몸을 두고 있는 곳. circumstances. ③지위 또는 신분. social position. 입장.

처처〔處處;곳 처, 곳 처〕명(시 12:8) 곳곳. various places.

처첩〔妻妾;아내 처, 첩 첩〕명(삼하 5:13) 본처와 첩. wife and concubine.

처치〔處置;곳 처, 둘 치〕명(민 15:34) ①일을 감당하여 처리함. dealing. ②물건을 다루어서 치움. disposition.

처하다〔處~;곳 처〕자타(창 10:18) ①어떠한 처지에 이르다. face. ②형벌을 주다. condemn. ③일을 처리하다. deal with.

척〔隻;외짝 척〕명(요 6:22) 배의 수효를 세는 말. number of boats.

척량〔尺量;자 척, 분량 량〕명(시 60:6) 길이를 자로 잼. measurement.

척수〔尺數;자 척, 셀 수〕명(왕상 6:25) 자로 잰 길이.

천거〔薦擧;천거할 천, 들 거〕명(롬 16:1) 인재를 어떤 자리에 쓰도록 추천함. recommendation.

천거서〔薦擧書; ~ 글 서〕명(고후 3:1) 추천서, letter of recommendation.

천국〔天國;하늘 천, 나라 국〕명(마 4:17) 하나님이 계신 하늘나라. 우리 믿는 성도들이 지향하고 있는 목적지. Kingdom of Heaven.

천군〔天軍;하늘 천, 군사 군〕명(시 103:21) 하늘나라의 군사. 천사를 가리킴.

천기〔天氣;하늘 천, 기운 기〕명(마 16:3) 천문에 나타나는 징조. astronomical phenomenon. 일기 상태.

천답〔踐踏;밟을 천, 밟을 답〕명(레 26:37) 짓밟음. tram ping down.

천년〔千年;일천 천, 해 년〕명(시 90:4) 오랜 세월을 뜻함. 인생의 천년이 주의 하루만 못함(벧후 3:8).

천대[1]〔千代;일천 천, 이을 대〕명(출 20:6) 자손의 대수가

ㅊ

천대 1대를 30년을 치면 3만 년 무궁한 세월을 가리킴. 영원.

천대[2]〔賤待;천할 천, 기다릴 대〕명(욥 16:10) ①업신여겨서 푸대접함. inhospitable treatment. ②함부로 다룸. rough handling.

천막〔天幕;하늘 천, 장막 막〕명(대하 14:15) 비·이슬·바람·볕을 가리기 위하여 천이나 가죽으로 만든 장막. tent.

천만〔千萬;일천 천, 일만 만〕명(히 12:22) 만의 천 갑절의 수. 엄청나게 많은 수. ten millions.

천부〔天父;하늘 천, 지아비 부〕명(마 6:4) 하나님 아버지. Our Heavenly Father.

천부장〔千夫長;~길 장〕명(출 18:21) 천 명의 부하를 거느린 옛날 군인 지휘관. leader of a thousand people.

천사〔天使;하늘 천, 부릴 사〕명(창 19:1) 하늘에서 하나님을 모시는 영물로서, 또 하나님의 명령을 받들어 인간 세계로 내려오는 하나님의 사자(使者). 하나님의 창조물.

천사장〔天使長;~길 장〕명(살전 4:16) 천사의 우두머리. leader of angel.

천산〔千山;일천 천, 뫼 산〕명(시 50:10) 수많은 산. thousands of hills.

천신〔薦新;드릴 천, 새 신〕명(겔 20:40) ①새로 나는 물건을 먼저 하나님에게 드리는 일. offering a new product to the God. ②〈민〉가을이나 봄에 하는 신굿. spring or autumn exorcism.

천연〔遷延;옮길 천, 이을 연〕명(단 2:8) 일을 더디게 하여 지체함. 시일을 미루어감. delay.

천은〔天銀;하늘 천, 은 은〕명(대상 29:4) 품질이 좋은 은(銀). silver of good quality.

천자〔擅恣;천단할 천, 방자할 자〕명(신 1:43) 버릇과 예의가 없이 제 마음대로 함부로 함. arbitrariness.

천장〔天障;하늘 천, 막힐 장〕명(왕상 6:15) ①〈건〉지붕의 안쪽. 보꾹. ②〈건〉반자의 겉면. 천장(天井). ceiling.

천주〔千株;일천 천, 그루 주〕명(사 7:23) 일천 그루.

천지〔天地;하늘 천, 땅 지〕명(창 1:1) ①하늘과 땅. heaven and earth. ②온 세상. world.

천지간〔天地間;~사이 간〕명(신 3:24) 하늘이나 땅이나. heaven or earth. 온 우주간.

천천〔千千;일천 천, 일천 천〕명(삼상 18:7) 수천이나 되는 많은 수. 전체라는 말의 강조.

thousands.

천천하다 형(창 33:14) 동작이나 또는 일의 진행, 변화 등이 느리고 조용하다. slow. 부 천천히.

천하〔天下;하늘 천, 아래 하〕명(창 1:9) ①하늘 아래의 온 세상. world. ②온 세상. whole country.

천하다[1]〔薦~;천거할 천〕타(행 1:23) 천거하다. 추천하다. recommend. 정중히 소개하다.

천하다[2]〔賤~;천할 천〕형(삼상 18:23) ①하는 짓이나 생긴 꼴이 고상하지 못하고 지저분하다. mean. ②귀하지 못하고 너무 흔하다. common. ③타고난 신분이 낮다. humble. ④사물이 고상한 맛이 없고 더럽다. dirty. 인격을 갖추지 못했다.

천하 만국〔天下萬國;하늘 천, 아래 하, 일만 만, 나라 국〕명(왕하 19:15) 모든 나라. whole country.

ㅊ

천하 만민〔天下萬民;하늘 천, 아래 하, 일만 만, 백성 민〕명(창 18:18) 하늘 아래에 있는 모든 백성. people of whole country. 온 인류.

철〔鐵;쇠 철〕명(레 26:19) 쇠. 금속 원소의 하나. iron.

철고랑 명(시 149:8) 쇠고랑, 수갑을 일컫는 말.

철공〔鐵工;쇠 철, 장인 공〕명(삼상 13:19) 쇠의 제련이나 쇠를 사용하여 만든 모든 것을 만드는 사람. ironworker.

철공장〔鐵工匠;~장인 장〕명(대하 24:12) 철공. ironworker.

철기〔鐵器;쇠 철, 그릇 기〕명(신 27:5) 쇠로 만든 그릇. iron ware.

철롱〔鐵籠;쇠 철, 농 롱〕명(겔 19:9) 쇠로 만든 바구니. iron basket.

철병거〔鐵兵車;쇠 철, 병사 병, 수레 거〕명(수 17:16) 쇠로 만든 옛날 전차. iron war chariot.

철병기〔鐵兵器;~그릇 기〕명(욥 20:24) 쇠로 만든 무기.

철성〔鐵城;쇠 철, 재 성〕명(겔 4:3) 뺏기 어려운 성. a wall of iron. 견고한 성벽.

철장〔鐵杖;쇠 철, 지팡이 장〕명(욥 40:18) 쇠로 만든 지팡이 막대기. iron stick. 강한 무기.

철추〔鐵椎;쇠 철, 쇠망치 추〕명(시 74:6) 병기의 하나. 쇠몽둥이. iron hammer. 내리치면 모두 가루가 되어 버리는 둥근 쇠몽둥이.

철퇴〔鐵槌;쇠 철, 던질 퇴〕명(렘 51:20) 철추(鐵鎚). iron hammer. 쇠몽둥이.

철필〔鐵筆;쇠 철, 붓 필〕명(욥 19:24) ①펜. pen. ②끝이 쇠

로 뾰족하게 된 것. stylus. 만년필. 촉.

철학〔哲學;밝을 철, 배울 학〕명(골 2:8) 자연, 인생, 지식에 관한 근본 원리를 연구하는 학문. philosophy. 여러 학파가 있음.

철학자〔哲學者;~놈 자〕명(행 17:18) 철학에 관심을 두고 연구하여 정통한 사람. philosopher.

철흉갑〔鐵胸甲;쇠 철, 가슴 흉, 갑옷 갑〕명(계 9:9) 쇠로 만들어 가슴을 가리우는 갑옷. iron breast-plate. 방패.

첨〔諂;아첨할 첨〕명(욥 11:19) 잘 보이기 위하여 시비 분별도 없이 비위만 맞추는 것. 아첨. flattery.

첨가〔添加;더할 첨, 더할 가〕명(민 36:3) 이미 있는 것에다 비슷한 것을 더 보탬. addition.

첩[1]〔妾;첩 첩〕명(창 16:3) 본처 이외의 혼인을 하지 않고 데리고 사는 여자. concubine.

첩[2]〔疊;거듭 첩〕명(학 2:15) 거듭, 중첩. 쌓이는 것. be piled up.

첩경〔捷徑;빠를 첩, 지름길 경〕명(창 49:17) ①지름길. short cut. ②어떠한 일에 이르기 쉬운 방법. royal road. 빨리 가는 길.

첩장인〔妾丈人;첩 첩, 어른 장, 사람 인〕명(삿 19:4) 첩의 친정 아버지. concubine's father.

첫계명명(엡 6:2) 제5 계명.

첫날명(출 12:15) 시작되는 날. 처음 되는 날.

첫성전〔聖殿;거룩 성, 집 전〕명(스 3:12) 솔로몬이 지은 성전.

첫소산〔所產;곳 소, 날 산〕명(민 18:12) 처음 얻어지는 것. 열매, 새끼, 곡식.

첫언약〔言約;말씀 언, 약속할 약〕명(히 8:7) 아담에게 선악과를 따먹지 못하게 한 일(창 2:16-17).

첫열매명(출 23:16) 맨 먼저 익은 열매.

※ 그리스도는 부활의 첫 열매이시다.

첫장막명(히 9:2) 성전의 성소, 지성소 들어가기 전 분향하는 장소. 떡상과 촛대가 있다.

첫째명(창 1:5) 맨 처음의 차례. the first.

청〔請;청할 청〕명(창 19:7) 청원하여 부탁함. 원 청탁. entreaty.

청결〔淸潔;맑을 청, 깨끗할 결〕명(욥 8:6) ①맑고 깨끗함. cleanliness. ②청소를 깨끗하게 함. cleaning.

청결한 자명(마 5:8) 하나님을 볼 사람. 깨끗한 사람.

청구〔請求;청할 청, 구할 구〕명(창 30:14) 달라고 요구함. demand.

청년〔靑年;푸를 청, 해 년〕명(창 24:43) 2, 30세 가량의 젊은 사람. youth.

청명〔淸明;맑을 청, 밝을 명〕명(출 24:10) ①날씨가 맑고 깨끗함. clear and bright. ②24절기 중의 하나. 춘분과 곡우 사이의 절기.

청보석〔靑寶石;푸를 청, 보배 보, 돌 석〕명(겔 28:13) 푸른 광채가 나는 보석. 청옥. sapphire.

청색〔靑色;푸를 청, 빛 색〕명(출 25:4) 푸른 빛. blue.

청옥〔靑玉;푸를 청, 구슬 옥〕명(출 24:10) 보석의 한 가지. 청보석. sapphire.

청원〔請願;청할 청, 원할 원〕명(행 25:24) ①어떤 일이 이루어지도록 간곡히 바라는 글이나 말. petition. ②국가 기관이나 지방 자치 단체에 대하여 원하는 것을 진술하는 일.

ㅊ

청종〔聽從;들을 청, 따를 종〕명(창 37:27) 시키는 대로 온순하게 순종하는 것. obedience.

청지기명(창 43:16) 고관집의 여러 가지 일을 맡아보고 시중드는 사람. servant in charge of one's house.

청청하다〔靑靑~;푸를 청, 푸를 청〕형(사 15:6) 푸른 빛깔이 썩 곱고도 산뜻하다. verdant.

청초〔靑草;푸를 청, 풀 초〕명(단 4:15) ①푸릇푸릇한 풀. verdant grass. ②풋담배.

청춘〔靑春;푸를 청, 봄 춘〕명(시 103:5) ①20세 전후의 젊은이. youth. ②만물이 푸르른 봄철. spring.

청컨대〔請~;청할 청〕준(창 19:8) 청하건대. 간청하다. 부르다.

청하다〔請~;청할 청〕명(창 19:7) ①무슨 일을 남에게 부탁하다. request. ②경의를 가지고 모시는 것. invite.

청혼〔請婚;청할 청, 혼인할 혼〕명(아 8:8) 결혼하기를 청함. proposal for marriage.

청황색〔靑黃色;푸를 청, 누를 황, 빛 색〕명(계 6:8) 푸르고 누런 색.

체 명(암 9:9) ①가루를 곱게 고르거나 액체를 거르는데 쓰는 기구로서, 판자로 만든 둥근 테 안에 구멍이 보이도록 짠 철사나 실크천을 받쳐 만든 것. sieve. ②그럴 듯하게 꾸미는 태도. 척. pretence.

체번〔替番;대신할 체, 차례 번〕명(삿 7:19) 당번을 서로 바꿈. alternation.

체부〔遞夫;갈릴 체, 지아비 부〕명(욥 9:25) 우편물을 차례차례 여러 곳을 거쳐서 주소지에 전달해 주는 사람. 체전부. 우편 집배원. mail-man.

체용〔體容;몸 체, 얼굴 용〕명 (왕상 1:6) 몸의 생긴 모습. 생김새. 체양(體樣). features.

체질[1] 명(암 9:9) 체로 밀이나 보리·쌀 등 가루를 치는 일. sifting in a sieve.

체질[2]〔體質;몸 체, 바탕 질〕명 (시 103:14) 몸의 성질과 생긴 근본 바탕. constitution.

체하다 조동(창 42:7) 사실과 그럴 듯하게 꾸미는 거짓 태도를 나타내는 말. ~양 하다.

체휼〔體恤;몸 체, 구제할 휼〕명 (히 4:15) 윗 자리에 있는 사람이 아랫 사람의 어려움을 알고 돌보고 구해 주는 일.

쳐 약(시 68:21) '치어'의 준말.

쳐다보다 타(민 21:9) '치어다보다'의 준말.

쳐들어가다 타(단 11:9) 무찔러 들어가다. raid.

쳐부수다 타(시 74:6) 무찔러 부수다. 세차게 부수다. smash.

쳐죽이다 타(창 4:8) 때려 죽이다. beat to death.

초[1]〔初;처음 초〕명(신 16:6) 처음. 근본. beginning.

초[2]〔醋;초 초〕명(민 6:3) 시고도 조금 단맛이 나는 조미료. vinegar.

초[3]〔草;풀 초〕명(아 4:13) 풀. 건초. hay.

초개〔草芥;풀 초, 겨자 개〕명 (출 15:7) 지푸라기. piece of straw.

초경〔初更;처음 초, 지날 경〕명 (애 2:19) 하룻밤을 오경으로 나눈 첫째의 경. 오후 8시~10시.

초급〔焦急;거스릴 초, 급할 급〕명(욥 19:27) 성미가 날카롭고 몹시 급함.

초달〔楚撻;종아리칠 초, 종아리칠 달〕명(잠 13:24) 회초리로 볼기나 종아리를 때리는 일. lashing. 달초.

초대〔招待;불러올 초, 기다릴 대〕명(슥 3:10) ①어떤 모임에 외부 사람을 부르는 것. invitation. ②왕명으로 불러서 오게 함.

초등[1]〔初等;처음 초, 무리 등〕명(갈 4:3) 맨 처음의 등급. 그 일에 전문성이 없는 초보자. primary.

초등[2]〔超等;뛰어넘을 초, 무리 등〕명(창 49:3) 모든 상징적인 실력을 초월한 상태.

초등 학문〔初等學問;처음 초, 무리 등, 배울 학, 문 문〕명 (갈 4:3) 가장 낮은 기초가 되는 배우고 익힐 거리. 학문의 원리. 성경의 가르침은 율법을 말하기도 한다.

초막〔草幕;풀 초, 장막 막〕명 (레 23:42) 나무와 풀을 엮어서 지은 집. 움집.

ㅊ

thatched hut.

초막절〔草幕節;풀 초, 장막 막, 마디 절〕명(레 23:34) 구약의 3대 절기 중의 하나로, 「수장절」이라고도 한다. 출애굽한 「이스라엘」 백성들이 광야에서 40년 동안 고생하던 것을 기억하며 언약을 다시 새롭게 하는 절기이다. 성막절이라고도 알려져 있다(대하 8:13) 유대력 7월(티쉬리) 15일에 시작되어 일주일간 초막에 기거하면서 광야 생활을 회상하며 하나님의 구원을 감사한다. Festival of shelters.

초망〔草網;풀 초, 그물 망〕명(합 1:15) 고기잡이 그물. 어망. fishing-net.

초모〔招募;불러올 초, 모을 모〕명(왕상 25:19) ①불러서 모음. invitation. ②의병을 일으켜 모음. levy.

초목〔草木;풀 초, 나무 목〕명(창 2:5) 풀과 나무. tree and grass.

초보〔初步;처음 초, 걸음 보〕명(히 5:12) ①첫걸음. first steps. ②학문, 기술의 가장 낮은 정도의 것. rudiments.

초본〔抄本;베낄 초, 밑 본〕명(스 4:11) 골라서 베껴내거나 발췌한 문서. abstract.

초산〔初產;처음 초, 낳을 산〕명(렘 4:31) 산모가 처음 낳은 아이. 짐승의 첫새끼.

초상〔初喪;처음 초, 복입을 상〕명(전 7:2) ①사람이 죽은 것. death. ②사람이 죽어서 장사 지내는 일까지의 동안. period of mourning.

초상집〔初喪~;처음 초, 복입을 상〕명(전 7:2) 초상난 집. house of mourning.

초실절〔初實節;처음 초, 열매 실, 마디 절〕명(출 34:22) 보리를 처음 추수하여 하나님께 드리는 절기. 맥추절. 칠칠절. 오순절. the Harvest Festival.

초월〔超越;뛰어넘을 초, 넘을 월〕명(시 97:9) ①어떠한 한계나 표준을 넘음. transcendency. ②세상의 상식을 벗어 뛰어난 상태. ③경험 가능의 범위를 넘어섬.

초인〔招引;불러올 초, 끌 인〕명(렘 14:19) 사람을 부름. invitation. ②죄인이 남을 끌어들임. dragging in.

초일일〔初一日;처음 초, 한 일, 날 일〕명(출 40:2) 첫날. 시작되는 날.

초장〔草場;풀 초, 마당 장〕명(삿 20:33) 풀밭. grass field.

초저녁 명(신 16:6) 이른 저녁. 저녁의 초기. early evening.

초췌〔憔悴;초조할 초, 파리할 췌〕명(단 1:10) 고생이나 질병으로 몹시 마르고 파리함. emaciation.

초태생〔初胎生;처음 초, 아이밸 태, 날 생〕명(출 13:2) 모태에서 처음으로 태어난 것. first-born.

초혼자〔招魂者;부를 초, 넋 혼, 놈 자〕명(신 18:11) 죽은 사람의 넋을 돌아오도록 부르는 사람. invocatory man of the spirits of a deceased. 강신술 점쟁이. 무당.

촉 명(출 26:17) ①촉살. ②긴 대에 박은 끝이 뾰족한 물건을 모두 일컫는 말. tenon.

촉급〔促急;재촉할 촉, 급할 급〕명(삼하 1:6) 기한이 가까워서 몹시 급함. 촉박. 시간적 여유가 없는 상태. urgency.

촉범〔觸犯;닿을 촉, 범할 범〕명(사 3:8) 꺼려서 피할 일을 저지름.

촌〔村;마을 촌〕명(창 25:16) 시골의 마을. 자연 부락. village.

촌락〔村落;마을 촌, 떨어질 락〕명(레 25:31) 농어촌이나 산간 여기 저기 떨어져 있는 마을. village.

촌촌〔村村;마을 촌, 마을 촌〕부(에 9:19) 마을마다. 어느 마을이나 모두. every village.

촛대〔~臺;집 대〕명(왕하 4:10) 초를 꽂아 두는 받침대. 촉대. candlestick.

촛밀〔~蜜;꿀 밀〕명(시 22:14) 촉밀. wax.

총〔寵;사랑할 총〕명(창 29:31) 특별히 귀엽게 여기어 사랑함. ㉯ 총애. favour.

총계〔總計;모두 총, 셈할 계〕명(민 1:46) 전체를 한데 모아서 계산한 수효. ㊒ 합계. grand total.

총담〔驄毯;푸를말 총, 담요 담〕명(계 6:12) ①말털로 두껍게 짠 담요. blanket of horsehair. ②어두움을 강한 인상을 주어 나타낸 말.

총독〔總督;모두 총, 감독할 독〕명(스 5:3) 식민지에 파견되어 그 곳을 다스리는 책임자. governor-general.

총리〔總理;모두 총, 다스릴 리〕명(창 41:41) 왕이나 대통령 다음 위치인 행정부 고위 책임직. superintendence. ②총리 대신. governor.

총리 대신〔總理大臣; ~큰 대, 신하 신〕명(대하 28:7) 대신들 중의 대표자. the palace administrator.

총명〔聰明;귀밝을 총, 밝을 명〕명(출 31:3) 영리하고 기억력이 좋음. sagacity.

총무〔總務;모두 총, 힘쓸 무〕명(창 39:4) 전체의 사무를 맡아보는 사람. general affairs. a manager.

총수〔總數;모두 총, 셀 수〕명(민 26:2) 전체를 합한 수효. total number.

총회〔總會;모두 총, 모을 회〕명(민 16:2) ①그 단체 전원의 모임. general assembly. ②단체 구성원 전부로써 조직되고, 그 단체의 모든 의사를 결정하는 최고 기관. general meeting.

최고〔最高;가장 최, 높을 고〕명(약 2:8) 가장 높음. 높은 위치. highest.

최후〔最後;가장 최, 뒤 후〕명(렘 31:17) ①맨 마지막. last. ②임종(臨終).

추〔錘;저울 추〕명(레 19:36) ①저울 추처럼 끈에 달려 흔들리게 된 물건의 총칭. 수직을 알아보는 데도 쓰임. a weight. ②시계추. 저울추.

추격〔追擊;쫓을 추, 칠 격〕명(창 35:5) 뒤쫓아가면서 하는 공격. pursuit. ②습진(習陣).

추돌명(잠 16:11) 돌. 작은 돌.

추수〔秋收;가을 추, 거둘 수〕명(창 45:6) 가을에 익은 곡식을 걷어들이는 일. harvest.

추수군〔秋收~;가을 추, 거둘 수〕명(마 13:30) →'추수꾼'의 오기. 익은 곡식을 걷어들이는 일. harvest workers. 말세의 추수꾼은 천사들이다.

추악〔醜惡;추할 추, 악할 악〕명(롬 1:29) 더럽고 지저분하여 아주 못생긴 얼굴. 악한 말. 행동. ugliness.

추억〔追憶;좇을 추, 생각할 억〕명(창 41:9) 지나간 일이나 가버린 사람 중, 잊을 수 없는 일들을 돌이켜 생각함. recollection.

추위명(창 8:22) 기온이 낮아 몸이 오그라지는 온도.

추장〔酋長;두목 추, 길 장〕명(창 34:2) 만족(蠻族)들이 사는 부락의 우두머리. 씨족사회에서 그들을 다스리던 대표. chieftain.

추종〔追從;좇을 추, 따를 종〕명(레 19:31) ①남이 시키는 대로 따라서 좇음. following. ②아무런 비판 없이 따르고 모방함. imitate.

추하다〔醜~;추할 추〕형(욥 30:18) ①몹시 더럽고 지저분하다. dirty. ②깨끗하지 못하고 비루하다. mean.

축〔軸;굴대 축〕명(왕상 7:33) ①굴대. axis. ②둘둘 말린 물건의 가운데 박힌 방망이.

ㅊ

roller. ③활동 또는 회전의 중심이 되는 부분. pivot.

축나다〔縮~;오그라질 축〕[자](민 31:49) 모자라게 되다. 전에 있던 것보다 양이 적어지다. being short of.

축복〔祝福;빌 축, 복 복〕[명](창 12:3) 앞날의 행복을 빎. blessing. 다른 사람을 위하여 하나님께 복을 빎.

축사〔祝謝;빌 축, 사례할 사〕[명](삼상 9:13) 축복하여 감사함.

축소〔縮小;오그라질 축, 작을 소〕[명](미 6:10) 모양이나 규모 따위를 줄여서 작게 함. reduction.

축원〔祝願;빌 축, 원할 원〕[명](잠 11:11) 하나님께 바라는 일이 잘되게 해달라는 기도. prayer.

축축하다[형](레 11:34) 물기가 있어서 젖은 듯하다. damp.

축하〔祝賀;빌 축, 하례 하〕[명](시 49:18) 기쁘고 즐거운 일을 하나님께 빌면서 하례함. congratulation.

출〔出;날 출〕[명](출 1:1) 밖으로 나감. 지출. out.

출가〔出嫁;날 출, 시집갈 가〕[명](레 21:3) 처녀가 친가를 떠나 남편이 있는 시집으로 감. marriage of a maiden. 집을 나감.

출교〔黜敎;내칠 출, 가르칠 교〕[명](요 9:22) 〈종〉도저히 고려할 수 없는 일이 생겨 교인을 교적에서 삭제하는 견책. excommunication.

출구〔出口;날 출, 입 구〕[명](겔 44:5) ①나가는 곳. exit. ②상품을 항구 밖으로 내어감.

출발〔出發;날 출, 필 발〕[명](민 10:12) ①길을 떠나감. departure. ②일을 시작함.

출번〔出番;날 출, 차례 번〕[명](왕하 11:7) 교대 당번의 나가는 차례. one's turn to be on duty. ③숙직을 하고 집으로 나감. going off duty.

출생〔出生;날 출, 날 생〕[명](창 10:21) 세상에 태어남. birth.

출생지〔出生地;~땅 지〕[명](창 31:13) 태어난 고장. land where one was born.

출애굽기〔出埃及記;날 출, 티끌 애, 미칠 급, 기록할 기〕[명](출 20:2-17) 구약 제2권째 성경으로서, 창세기 역사가 계속되는 책. 「애굽」에 억류되어 노동과 인권을 착취당하던 「이스라엘」 민족이 「모세」의 인도를 받아 「애굽」을 떠난 사실과 광야 생활이 기록되어 있다. 하나님께서는 광야 생활을 하는 이스라엘 사람들에게 하늘에서 「만나」를 내려 주셨고, 도덕법으로 십계명을 주셨다. 하나님의 언약이 이루어지는 것을 보인다.

출입〔出入;날 출, 들 입〕[명](창 34:24) ①나가고 들어오는 것. coming in and out. ②잠시 동안 집 밖으로 나갔다가 돌아옴. 나들이. going out for a visit.

출입구〔出入口; ~입 구〕[명](겔 42:11) 드나드는 문. entrance.

출전〔出戰;날 출, 싸움 전〕[명](삼하 11:1) ①싸우러 나감. departure for the front. ②경기를 하러 나감. participation.

출정〔出征;날 출, 칠 정〕[명](대하 21:9) 군에 입대하여 싸움터에 나감. departure for the front.

출진〔出陣;날 출, 진칠 진〕[명](신 23:9) 싸움터로 가서 적을 공격할 수 있는 위치에 자리잡음. going to war.

출회〔黜會;내칠 줄, 모을 회〕[명](요 12:42) 단체나 모임에서 쫓아냄. expulsion from membership.

춤[명](출 15:20) 손짓, 발짓을 하며 율동적으로 뛰노는 예술적 행동. dancing.

춤추다[자](출 15:20) 장단에 맞추거나 흥에 겨워서 우쭐거리며 율동적으로 흔들다. dance. ②남의 말을 듣고 주변없이 앞에 나와서 날뛰다.

춥다[형](잠 25:20) 기후가 차다. 찬 기운이 있다.

충〔蟲;벌레 충〕[명](행 12:33) ①벌레. insect. ②회충. round worm.

충돌〔衝突;찌를 충, 부딪칠 돌〕[명](삼하 6:8) ①서로 부딪침. collision. ②서로 의견이 맞지 않음. conflict.

충동〔衝動;찌를 충, 움직일 동〕[명](삿 9:31) 분한 마음이 들도록 흔들어 놓는 것. instigation.

충만〔充滿;찰 충, 찰 만〕[명](창 1:22) 가득하게 채워짐. repletion.

충분〔充分;찰 충, 나눌 분〕[명](나 2:12) 쓰는데 지장이 없도록 넉넉함. sufficiency. [부] 충분히.

충성〔忠誠;충성 충, 정성 성〕[명](민 12:7) 마음에서 우러나는 정성. loyalty. 나라를 위하여 바치는 마음.

충수〔充數;찰 충, 셀 수〕[명](왕상 20:25) 정한 수효를 채움. 또는 그 수. filling up the number. 충원.

충신[1]〔忠信;충성 충 믿을 신〕[명]

(계 19:11) ①충성과 신의. faithfulness. ②진심으로 거짓이 없음. sincerity.

충신[2]〔忠臣;충성 충, 신하 신〕명(요 19:2) 충성을 다하여 섬기는 신하. loyal subject.

충실[1]〔充實;찰 충, 열매 실〕명(창 41:5) ①잘 익은 열매나 속이 찬 나무. substantiality. ②몸이 굳세고 튼튼함. healthfulness. ③원만하고 성실함. faithfulness. 부 충실히.

충실[2]〔忠實;충성 충, 열매 실〕명(삼상 2:35) 충직하고 성실함. faithfulness.

충의〔忠義;충성 충, 옳을 의〕명(대하 19:9) ①충성과 절의. loyalty. ②나라를 사랑하고 바르게 살아가는 의지가 굳센 마음.

충족〔充足;찰 충, 발 족〕명(시 78:25) 분량에 흐뭇하게 차서 부족함이 없음. sufficiency.

충직〔忠直;충성 충, 곧을 직〕명(느 13:13) 성실하고 정직함. faithfulness. 부 충직히.

충천〔衝天;찌를 충, 하늘 천〕명(신 4:11) ①하늘을 찌를 듯이 높이 솟음. rising high. ②의롭거나 분한 생각이 북바쳐 오름. having a fit of. 고도로 흥분된 상태.

취리〔取利;취할 취, 이할 리〕명(느 5:7) 돈이나 곡식 따위를 빌려 주고 그 변리를 받음. usury.

취소〔取消;가질 취, 끌 소〕명(에 8:5) ①지워서 흔적을 없앰. cancellation. ②기재, 진술한 사실을 말살함. withdrawal. ③〈법〉법률 행위의 효력을 소급하여 소멸시키는 일. cancellation.

취하다[1]〔取~;가질 취〕형(창 2: 21) ①손에 가지다. take. ②쥐어잡다. take. ③돈 같은 것을 꾸어 오다. borrow. ④좇다. prefer.

취하다[2]〔娶~;장가들 취〕타(창 4:19) 장가들어 아내를 맞아들이다. marry a lady.

취하다[3]〔就~;취할 취〕자(창 9:21) ①술기운이 온 몸에 돌다. be drunk. ②배, 기차 또는 군중 안에서 기분이 나빠지다. be sick. ③고기에 중독되다. be poisoned. ④한가지 일에 열중하여서 정신을 빼앗기다. 어떤 일에 매력을 느껴 반하다. be fascinated.

측량〔測量;측량할 측, 분량 량〕명(민 35:5) ①물건의 크기, 위치, 방향을 재어서 헤아림. measurement. ②지표상 한 부분의 모양, 위치, 면적 등을 측량하는 작업. surveyor.

측은〔惻隱;슬퍼할 측, 숨을 은〕명(렘 31:20) 불쌍하고도

가엾게 생각함. sympathy.

층〔層;층계 층〕명(창 6:16) ①포개진 그 켜. 또는 격지. layer. ②〈건〉 층층대의 한 계단. stairs. ③건물의 한 켜. story.

층계〔層階;층계 층, 섬돌 계〕명(출 20:26) 〈건〉 층층이 높이 올라가게 만들어 놓은 설비. stairs.

층대〔層臺;층계 층, 집 대〕명(대하 9:11) 여러 층으로 된 대. 원 층층대. stairs.

치다[1] 타(창 14:5) ①손이나 물건을 가지고 목적물을 때리다. strike. ②적을 공격하다. attack. ③두들기다. beat. ④남을 말이나 글로 타박을 주다. speak(write) against.

치다[2] 타(레 2:13) ①적은 분량의 액체나 가루를 따르거나 뿌려 넣다. add. ②채질을 하여 고운 가루를 뽑아 내다. sieve.

치다[3] 타(창 4:2) ①짐승을 기르다. raise. ②동물이 새끼를 낳아 번식시키다. breed. ③식물이 가지를 내 뻗다. shoot. ④벌이 꿀을 모으다. gather.

치다[4] 타(창 44:15) ①점괘를 알아보다. divine. ②점이나 선을 찍거나 긋다. draw. ③가량으로 셈하거나 알아두다. estimate.

ㅊ

치다[5] 타(창 12:8) ①천막, 장막 따위를 세우다. pitch. ②발이나 막을 가리거나 늘어뜨리다. hang. ③진을 치다. camp.

치도〔治道;다스릴 치, 길 도〕명(시 78:50) ①다스리는 방법. politics. ②길을 닦음. construction of roads.

치료〔治療;다스릴 치, 병고칠 료〕명(창 20:17) 병을 잘 돌보아서 낫게 함. medical treatment.

치리〔治理;다스릴 치, 이치 리〕명(창 41:33) 나라를 다스림. 치국(治國). charge of country.

치리자〔治理者;~놈 자〕명(창 45:8) 나라를 다스리는 사람. ruler of all country.

치마명(창 3:7) ①여자의 하의로서 폭만 이어놓고 가랭이는 만들지 않은 옷. skirt. ②조복, 제복 등의 아래에 덧두르는 옷.

치밀다자(창 19:28) ①아래에서 위로 힘입게 솟아오르다. upsurge. ②아래에서 위로 힘입게 밀어 올리다. push up. ③마음에 품은 욕심, 또는 불길 따위가 확확 일어나다. flare. ④오래된 체증에서 덩어리 따위가 솟아오르다. feel sick. ⑤화가 나서 참을 수 없다.

치부〔致富;이를 치, 부자 부〕명 (창 14:23) 재물을 모아 부자가 됨. attaining wealth.

치석〔治石;다스릴 치, 돌 석〕명 (왕상 6:7) 돌을 다듬는 일. trimming stone.

치소〔嗤笑;비웃음 치, 웃음 소〕명(렘 25:18) 빈정거리며 웃는 웃음. derisive laugh.

치스명(삼상 17:18) '치즈'의 오기. 우유 중의 카세인을 뽑아 만든 식품. cheese.

치심〔置心;둘 치, 마음 심〕명 (시 62:10) 마음에 둠. 의지함. dependence.

치욕〔恥辱;부끄러울 치, 욕될 욕〕명(삼상 17:26) 씻을 수 없는 창피. 부끄러움. 욕됨. disgrace.

치우다타(삼하 5:21) ①물건을 다른 곳으로 옮기다. remove. ②흩어진 것을 잘 간수하다. put in order. ③하던 일을 다 마치지 못하고 도중에 그만두거나 일단 끝을 내다. dispose off.

치우치다자(민 20:17) 한 편, 한 쪽으로 쏠리다. lean.

치중〔輜重;짐수레 치, 무거울 중〕명(사 10:28) ①말에 실은 짐. pack on a horse. ②육군에서 군사상 옮겨 나르는 온갖 군수품. military supplies.

치질〔痔疾;치질 치, 병 질〕명 (신 28:27) 〈의〉항문 안팎에 나는 외과에 속하는 병. 피가 흐르기도 한다. hemorrhoids.

친〔親;친할 친〕명(레 21:3) 어버이 가족. 가까운 친족을 말함.

친구〔親舊;친할 친, 옛 구〕명 (창 26:26) 오래두고 정답게 사귀어 온 벗. intimate friend.

친근〔親近;친할 친, 가까울 근〕명(신 10:20) 사이가 아주 가깝고 정이 두터움. 유 친밀. intimacy.

친목〔親睦;친할 친, 화목할 목〕명(창 34:21) 서로 친하여 뜻이 맞고 정다움. friendship.

친밀〔親密;친할 친, 빽빽할 밀〕명(시 25:14) 퍽 친하여 사이가 버성기지 않음. 유 친근. intimacy.

친속〔親屬;친할 친, 겨레 속〕명 (삼상 18:18) ①촌수가 가까운 친족. ②친족. ralative.

친수〔親手;친할 친, 손 수〕명 (신 9:10) 자기 자신의 손. one's own hand.

친아버지〔親~;어버이 친〕명 (요 5:18) 아버지. father.

친우〔親友;친할 친, 벗 우〕명 (시 55:13) 친구. friend.

친절〔親切;친할 친, 끊을 절〕명 (행 27:3) 매우 정답고 고마움. kindness.

친정〔親庭;친할 친, 뜰 정〕명(레 22:13) 시집간 여자의 생가. one's parent's home.

친족〔親族;친할 친, 겨레 족〕명(창 43:7) ①촌수가 가까운 겨레붙이. ②친속. relative.

친척〔親戚;친할 친, 겨레 척〕명(창 12:1) 혈족 관계와 배우자 관계에 있는 사람들. relation.

친필〔親筆;친할 친, 붓 필〕명(고전 16:21) 자기 자신이 쓴 글씨. an autograph.

친하다〔親~;가까울 친〕형(잠 16:28) 사귀는 사이가 썩 가깝고 정이 두텁다. intimate.

친합〔親合;친할 친, 합할 합〕명(단 11:34) 서로 친하여 합함.

친히〔親~;친할 친〕부(창 22:8) 몸소, 손수, 직접. personally.

칠[1]〔七;일곱 칠〕수관(창 4:15) 일곱. seven. 완전 수.

칠[2]〔漆;옷칠할 칠〕명(렘 22:14) ①옻. lacquer. ②빛깔이나 광택을 내는 물질을 바르는 일. lacquering.

칠면 석척〔七面蜥蜴;일곱 칠, 낯 면, 도마뱀 석, 도마뱀 척〕명(레 11:30) 열대 지방에 있는 도마뱀으로 빛이 변함.

칠칠절〔七七節;일곱 칠, 일곱 칠, 마디 절〕명(출 34:22)→오순절, 맥추절.

칡명(삿 16:7) 〈식〉콩과의 다년생 덩굴진 풀. 뿌리는 약용. 잎은 사료가 됨. arrowroot.

침명(레 15:8) 입 속의 타액선에서 분비되는 끈기있는 소화액. spittle.

침궁〔寢宮;잠잘 침, 집 궁〕명(아 1:4) 임금님이 주무시는 내실. chamber.

침노〔侵擄;침노할 침, 노략질할 로〕명(삼상 23:27) 남의 나라를 침략하여 땅과 재물을 빼앗음. invasion.

침대〔寢臺;잠잘 침, 전 대〕명(행 5:15) 사람이 누워 잘 수 있도록 넓적하게 만든 상. 침상. bed.

침륜〔沈淪;잠길 침, 빠질 륜〕명(렘 51:64) 요술쟁이, 점성가, 멸망의 길을 뜻한다. 물속에 가라앉음. sinking.

침륜명(딤전 6:9) 원어상으로 폐허, 죽음, 징계의 뜻이 있다.

침륜에 빠지다구(히 10:39) 멸망의 길에 빠지다.

침망〔寢網;잠잘 침, 그물 망〕명(사 24:20) 그물 침대. 시골집. 오두막 등의 뜻이 있다.

침몰〔沈沒;잠길 침, 빠질 몰〕명(창 9:11) 물속에 가라앉음. 침륜. sinking.

침묵〔沈默;잠길 침, 잠잠할 묵〕명(시 83:1) 아무 말 없이 잠잠함. silence.

침방〔寢房;잠잘 침, 방 방〕명

ㅊ

(느 3:30) 잠자는 방. 침실. bed-room.

침범〔侵犯;침노할 침, 범할 범〕명(왕하 11:8) 침입하여 피해를 줌. invasion.

침상〔寢床;잠잘 침, 평상 상〕명(창 47:31) 누워 잘 수 있게 만든 평상. 침대. bed.

침소〔寢所;잠잘 침, 바 소〕명(눅 11:7) 사람이 자는 곳. bedroom. 침실.

침수〔寢睡;잠잘 침, 잠잘 수〕명(단 6:18) 수면. 잠든 상태. sleeping.

침실〔寢室;잠잘 침, 집 실〕명(출 8:3) 침방. 침소. bed-room.

침입〔侵入;침노할 침, 들 입〕명(눅 16:16) 허락없이 강제로 들어옴. invasion.

침침하다〔沈沈~;침침할 침, 침침할 침〕형(욥 30:6) ①어둑컴컴하거나 흐리다. gloomy. ②눈이 어두워서 또렷이 보이지 않다. dim.

침향〔沈香;잠길 침, 향기 향〕명(시 45:8) 〈식〉팥꽃나뭇과에 속하는 다년생 상록 교목으로 인도가 원산지. 나무를 땅에 묻었다가 말려 향을 피우는 데 쓴다. aloe. 정자=沈

침향목〔沈香木;잠길 침, 향기 향, 나무 목〕명(민 24:6)〈식〉 침향나무. aloestree.

칭량〔測量;측량할 측(칭), 헤아릴 량〕명(사 33:18) ①넓이, 위치를 잼. measurement. ②사정이나 형편 따위를 헤아림. calculation.

칭송〔稱頌;일컬을 칭, 칭송할 송〕명(렘 48:2) 공덕을 칭찬하여서 기림. 칭찬하여서 일컬음. praise.

칭술〔稱述;일컬을 칭, 지을 술〕명(삿 5:11) 칭찬하여 말함. praise.

칭예〔稱譽;일컬을 칭, 기릴 예〕명(렘 13:11) 칭찬하여 기림. admiration.

칭찬〔稱讚;일컬을 칭, 기릴 찬〕명(창 12:15) 좋은 점을 일컬음. 미덕을 찬송하고 기림. admiration.

칭하다〔稱~;일컬을 칭〕타(창 1:5) 일컫다. 부르다. call.

칭호[1]〔稱呼;일컬을 칭, 부를 호〕명(사 44:5) 다른 이름. 별명. call of name.

칭호[2]〔稱號;일컬을 칭, 이름 호〕명(호 12:5) ①어떠한 뜻으로 일컫는 이름. title. ②제목. title.

ㅋ

칼 명(창 22:6) 예리한 날이 있어 썰고 베고 깎는 데 쓰는 쇠로 만든 연장. knife, sword.

칼날 명(출 17:13) 칼 중에 물건을 베는 얇고 날카로운 쪽. edge.

칼자루 명(삿 3:22) ①칼의 손잡이. ②실권을 쥐고 있는 사람을 비유하는 말.

칼집 명(대상 21:27) 칼날을 보호하려고 칼의 몸을 꽂아 두는 물건.

캄캄하다 형(창 15:12) ①몹시 어둡다. 흑암. darkness. ②앞길이 아득하다. sombre. ③아무 것도 모르다. ignorant.

캐다 타(왕하 4:39) ①땅에 묻힌 것을 캐내다.－금, 쇠 등. ②사실을 알기 위하여 따지고 묻는 것. inquire into.

커지다 자(출 19:19) 크게 되다. grow.

켜 명(왕상 6:36) 층층이 포개어진 물건의 층. ply.

켜다[1] 타(출 27:20) 불을 붙이다. light.

켜다[2] 타(아상 7:9) 톱으로 나무를 세로로 썰어 쪼개다. saw off.

켜다[3] 타(암 6:7) 기지개를 켜다. straighten one's back.

켤레 명(암 2:6) 두 짝을 한 벌로 세는 단위. pair.

코 명(창 2:7) 〈인〉 오관기(五官器)의 한 가지. 얼굴 한 복판에 있는 우뚝하게 튀어 나와서 호흡을 하며 냄새를 맡음. nose.

코걸이 명(겔 16:12) 코에 거는 여자들의 장신구. nose ring.

코웃음 명(말 1:13) 비웃을 때 코로 내는 소리. sneering.

콧김 명(출 15:8) 숨이 헐떡거릴 때나 화가 났을 때 코에서 나오는 더운 김.

콧소리 명(욥 39:20) ①콧구멍에서 나오는 소리. 비음(鼻音) nasal twang. ②코가 막힌 소리.

콩 명(삼하 17:28) 〈식〉콩과(荳科)의 한해살이풀. 여름에 엽액에서 희거나 불그레한 나비 모양의 작은 꽃이 피고, 가는 털이 있는 꼬투리를 맺는데, 그 속에 씨가 들어 있음.

ㅋ

콩팥 명(출 29:13) 〈생〉 동물의 배설작용을 맡은 기관. 신장 kidney.

쾌락〔快樂; 쾌활할 쾌, 즐길 락〕 명(전 2:3) ①기분이 좋아서 즐거움. pleasure. ②만족할 때 생기는 감정. pleasure.

쾌활〔快活; 쾌할 쾌, 살 활〕 명(창 18:5) 명랑하고 활발함. cheerfulness.

크다[1] 형(창 1:16) ①부피나 길이가 많은 공간을 차지하다. big. ②범위가 넓다. vast. ③심하거나 중대하다. great.

크다[2] 자 자라서 나아가다. grow.

큰 강 지(신 1:7, 수 1:4) 넓고 긴 강. 성경에서는 「유브라데」 강을 가리킨다.

큰딸 명(창 19:31) 맏딸. 장녀.

키[1] 명(신 2:10) 사람이나 동물의 몸길이. 신장. stature.

키[2] 명(사 30:24) 바람을 일으켜 곡식의 쭉정이를 날리고 알곡을 골라내는 도구. 대나 싸리, 버들가지 등을 엮어서 만든다. winnow.

키[3] 명(약 3:4) 물에 떠 있는 배의 방향을 조종하는 장치. 배 뒤쪽에 달렸음. rudder.

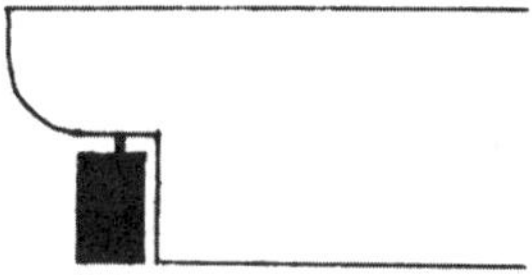

키질 명(렘 4:11) ①키로 곡식 따위를 까부르는 일. winnowing. ②감정이 상할 때 더 커지도록 부추기는 것.

킷줄 명(행 27:40) 배의 키를 조정하는 줄.

ㅌ

타격〔打擊;칠 타, 칠 격〕[명](행 27:10) ①때려 침. blow. ②손해. 손실. damage. ③갑자기 어떤 영향을 입어 꺾임. shock.

타고난 자[명](마 19:11) 허락된 자. 힘을 가지고 난 사람 등의 뜻이 있음.

타국〔他國;다를 타, 나라 국〕[명](출 2:22) 다른 나라. 이방(異邦). 외국. foreign country.

타국인〔他國人;~사람 인〕[명](출 12:19) 다른 나라 사람. 외국인. foreigner.

타다[1] [타](창 15:17) ①불이 붙어 들어가다. burn. ②몹시 뜨거워서 빛이 까맣게 되다. char. 「솥 밑이 ~.」 ③애가 씌어서 가슴 속에 불이 붙는 듯하다. burn. 「애가 ~.」

타다[2] [타](창 24:61) ①수레나 배나 짐승 따위에 몸을 싣다. ride. 「말을 ~. 기차를 ~.」 ②발 붙이기 어려운 곳을 겨우 지나가다. step on. 「줄을 ~. 나무를 ~.」 ③산등성이를 다니다. climb. 「산등성이를 ~.」

타다[3] [타](마 27:34) 많은 액체에다가 적은 액체나 가루 따위를 섞다. mix.

타다[4] [타](창 14:15) 때나 틈을 살피어 얻다. seize.

타락〔墮落;떨어질 타, 떨어질 락〕[명](렘 14:7) ①못된 구렁에 빠짐. corruption. ②죄를 범하여 불신(不信)한 생활에로 떨어짐. apostasy.

타오르다[자](왕하 23:26) ①불이 붙어 타기 시작하다. ②마음이 달다.

타인〔他人;다를 타, 사람 인〕[명](창 29:19) 남. 제가 아닌 다른 사람. others.

타작〔打作;칠 타, 지을 작〕[명](창 50:10) 곡식의 이삭을 떨어서 그 알을 거두는 일. threshing.

타작기〔打作機;~기계 기〕[명](암 1:3) 곡식의 이삭을 떨어서 그 알곡을 거두는 기계. threshing instrument.

타작 기계[명](욥 41:30) 곡식의 이삭을 떨어서 그 알곡을 거

두는 기계. 탈곡기.

타작 마당 명(창 50:10) 타작을 하는 마당.

타조〔駝鳥;곱사등이 타, 새 조〕명(레 11:16) 〈조〉타조과의 새. 한 시간에 약 42km나 달리나 날지는 못함. 사막의 모래 속에 알을 낳음. ostrich. 성경에서 가증히 여기는 새의 하나.

타처〔他處;다를 타, 곳 처〕명(창 36:6) 다른 곳. another place.

타파〔打破;칠 타, 깨질 파〕명(출 23:24) 규율이나 관례를 깨뜨려 버림. breaking down.

탁류〔濁流;흐릴 탁, 흐를 류〕명(눅 6:48) 흘러가는 흙탕물. muddy stream. ②타락한 사람들이나 불량한 무리. turbid current.

탁월〔卓越;높을 탁, 넘을 월〕명(창 49:3) 남보다 훨씬 뛰어남. excellence.

탄로〔綻露;옷터질 탄, 이슬 로〕명(출 2:14) 숨기던 일이 드러남. disclosure.

탄식〔嘆息;탄식할 탄, 쉴 식〕명(출 2:23) 한탄하는 한숨. sigh.

탄원〔嘆願;탄식한 탄, 원할 원〕명(렘 37:20) 억울한 일이 있을 때에 사정을 간곡히 알려 도움을 청하는 것. entreaty.

탄일〔誕日;낳을 탄, 날 일〕명(창 40:20) 탄생한 날. 원 탄생일. birthday. 명사의 생일을 일컫는 말.

탈 명(살전 2:5) 종이나 나무로 만든 가면. mask. ②얼굴에 뒤집어써서 가리는 물건. ③ 속뜻을 감추는 거짓스러운 꾸밈.

탈취〔奪取;빼앗을 탈, 취할 취〕명(민 21:26) 빼앗아 가짐. 강제로 빼앗는 것. capture.

탈취물〔奪取物;~만물 물〕명(출 15:9) 빼앗아 얻은 물건. spoil.

탐〔貪;탐낼 탐〕명(출 20:17) 사물에 욕심을 내는 마음. 원 탐욕. covetousness.

탐구〔探求;찾을 탐, 구할 구〕명(신 12:30) 더듬어 찾아 구함. 깊이 연구함. quest.

탐남 명(렘 6:13)→탐람.
* 구약과 신약의 한문 한글 표기만 다르며, 뜻은 같다.

탐내다〔貪~;탐낼 탐〕타(출 20:17) 제 것으로 만들고 싶은 욕심을 내다. be covetous for.

탐람〔貪婪;탐낼 탐, 탐할 람〕명

ㅌ

(고전 5:11) ①재물이나 음식을 탐냄. 탐도. covetousness. ②〈예〉칠죄종(七罪宗)의 하나. 먹고 마시기를 너무 지나치게 함.

탐리〔貪利;탐낼 탐, 이할 리〕명(시 10:3) 이익을 탐냄. covetousness. 지나친 욕심을 냄.

탐색〔貪色;탐낼 탐, 빛 색〕명(고전 6:9) 여자를 좋아함. 호색. lasciviousness.

탐식〔貪食;탐낼 탐, 밥 식〕명(잠 23:21) 음식을 탐냄. voracity. 너무 많이 먹음.

탐식자〔貪食者;~놈 자〕명(잠 23:2) 음식을 탐내는 사람. 지나치게 많이 먹는 사람.

탐스럽다 형(창 3:6) 마음이 끌리도록 보기에 소담스럽거나 좋다.

탐심〔貪心;탐낼 탐, 마음 심〕명(사 57:17) 탐내는 마음. avarice.

탐욕〔貪慾;탐낼 탐, 욕심낼 욕〕명(민 11:4) 매우 욕심이 많음. covetousness.

탐정〔探偵;찾을 탐, 정탐할 정〕명(삼상 26:4) ①비밀을 몰래 살피는 사람. spy. ②적의 비밀 사정을 살핌. detective work.

탐지〔探知;찾을 탐, 알 지〕명(민 13:2) 더듬어 살펴 앎. 또는 알아냄. detection. 감을 잡음.

탐지군〔探知軍;찾을 탐, 알 지, 군사 군〕명(왕상 20:17)→'탐지꾼'의 오기. 살펴서 알아내는 사람. spy.

탐학〔貪虐;탐낼 탐, 사나울 학〕명(전 7:7) 탐욕이 많고 포악함. avarice and violence.

탕감〔蕩減;방탕할 탕, 덜 감〕명(느 10:31) 진 빚을 없는 것으로 해 줌. remission.
＊하나님께서 우리 죄를 탕감해 주셨다.

탕패〔蕩敗;방탕할 탕, 패할 패〕명(잠 13:23) 재물을 방탕한 방법으로 다 써서 없애 버림. 탕진. squandering.

태〔胎;아이밸 태〕명(창 20:18) 뱃속의 아기를 싸고 있는 태반과 탯줄의 총칭. placenta.

태고〔太古;클 태, 옛 고〕명(시 55:19) 아주 오랜 옛날. 역사가 기록되기 이전. ancient time.

태도〔態度;태도 태, 법도 도〕명(고전 11:16) ①겉모양. posture. ②몸을 가지는 모양. attitude. 사람을 대하는 자세.

태만〔怠慢;게으를 태, 교만할 만〕명(렘 48:10) 게으르고 느림. negligence. 무슨 일이든지 뒤로 미루는 것.

태반〔太半;클 태, 반 반〕명(대상 12:29) 반수가 넘는. the greater part.

태산〔泰山;클 태, 뫼 산〕명(단

2:35) ①높고 큰 산. great mountain. ②크고 많음을 비유. mountion.

태양〔太陽;클 태, 빛 양〕명(레 26:30) ①태양계를 중심으로 이루는 항성. 해. sun. ②언제나 눈부시게 빛이 나고 만물을 육성하여 희망을 주는 것. ③정신적인 지도자.

태양상〔太陽像;~형상 상〕명(대하 14:5) ①태양의 형상. ②태양을 신으로 섬기기 위하여 만든 우상. sun idol.

태양 주상〔太陽柱像;클 태, 볕 양, 기둥 주, 형상 상〕명(레 26:30) 우상. sun idol.

태음〔太陰;클 태, 그늘 음〕명(신 33:14) 달을 지구의 위성으로 일컫는 말. moon.

태장〔笞杖;볼기칠 태, 지팡이 장〕명(고후 11:25) 매로 볼기를 치던 형벌인 태형과 곤장으로 볼기를 치던 형벌. flogging.

태중〔胎中;아이 밸 태, 가운데 중〕명(창 25:23) 아이를 밴 동안. 임신 중. period of maternity.

태초[1]〔太初;클 태, 처음 초〕명(요 1:1) 우주의 시작. beginning of the universe.

태초[2]〔太初;클 태, 처음 초〕명(요 1:1) 하나님이 스스로 계시게 된 때. 창 1:1보다 앞선 때요, 그 때는 헤아릴 수 없다.

태평[1]〔太平;클 태, 평평할 평〕명(왕상 5:4) 무사하고 평안함. perfect peace. 泰平과 같은 뜻으로 쓰임.

태평[2]〔泰平;클 태, 평평할 평〕명(삿 3:11) 몸이나 마음, 집안, 나라가 조용하고 평안함.

태평시대〔太平時代;클 태, 평안할 평, 때 시, 대신할 대〕명(왕상 2:5) 어질고 덕망 있는 임금이 잘 다스려, 온 국민이 평화스러운 시대. peace times.

태형〔笞刑;볼기칠 태, 형벌 형〕명(신 25:2) 〈제〉매로 볼기를 치던 형벌. flogging.

태후〔太后;클 태, 왕후 후〕명(왕상 15:13) 황제의 생존한 어머니. empress dawager.

택정〔擇定;가릴 택, 정할 정〕명(수 20:2) 가려서 뽑아 정함. 선정. selection.

택하다〔擇~;가릴 택〕타(창 13:11) 골라서 뽑다. select.

터[1] 명(신 32:22) ①건축이나 토목 공사를 한 일이 있던 자리. site. ②일이 이루어진 근거. 토대. foundation. ③자리, 곳의 뜻을 나타내는 말. place.

터[2] 명(삼하 8:10) 처지. 형편. case or relation.

터득〔攄得;펼 터, 얻을 득〕명(욥 8:8) 생각하여 깨달아 알아냄. 그 방면에 정통함. understanding.

터뜨리다 타(막 2:22) 터지게 하다. explode.

터럭 명(겔 5:2) 머리나 몸에 난 털. hair.

터지다 자(창 7:11) 뚫어지거나 쪼개어지다. crack. 폭발하다. burst.

턱 명(출 25:25) 〈인〉①상악골, 하악골의 총칭. jaw. ②특히 아래턱의 바깥 부분. 비 턱주가리. chin. ③평평한 곳에 갑자기 조금 두두룩한 자리. raise.

턱뼈 명(삿 15:15) 위, 아래 턱을 이룬 뼈. jawbone.

털 명(창 27:23) ①포유 동물의 피부에 나는 가느다란 실모양의 물건. hair. ②물건의 거죽에 부풀어서 일어난 실모양의 것. hairy growth. ③머리카락. hair of the head.

털사람 명(창 27:11) 온몸에 털이 많이 난 사람. 털보. hairy man.

털옷 명(레 13:47) 짐승의 털 또는 털가죽으로 만든 옷. furs.

테 명(출 25:11) ①그릇의 조각이 흩어지거나 어그러지지 아니하도록 둘러 맨 줄. hoop. ②돌아가며 죽 둘린 언저리. ③둘레의 줄. 테두리. hem.

테두리 명(왕상 20:31) 테. hoop hem.

토굴〔土窟;흙 토, 굴 굴〕명(사 2:19) ①흙을 파낸 큰 구덩이. cave. ②땅속으로 뚫린 큰 구멍. cavern.

토기〔土器;흙 토, 그릇 기〕명(레 6:28) 〈공〉진흙으로 만들어 잿물을 올리지 않고 구운 그릇. 항아리. earthen ware. 뚝배기 등.

토기장이〔土器匠~;흙 토, 그릇 기, 장인 장〕명(사 29:16) 토기 만드는 일을 전문으로 하는 사람. potter.

토끼 명(레 11:6) 〈동〉식물을 주식으로 하는 토끼과의 짐승. 야생과 가축이 있다. rabbit.

토단〔土壇;흙 토, 단 단〕명(출 20:24) 흙을 쌓아 만든 단. dirt platform.

토둔〔土屯;흙 토, 모을 둔〕명(겔 4:2) 그리 높지도 않고 크지도 않은 언덕. hillock.

토론〔討論;칠 토, 의논할 론〕명(막 9:23) 어떤 문제를 가지고 여러 사람이 각각 자기의 의견을 말하여 좋은 결론을 얻으려고 하는 논의. discussion.

토막[명](사 44:19) ①둘 이상으로 나누어진 덩어리. cut. ②잘라진 동강을 세는 말. piece.

토산〔土産;흙 토, 낳을 산〕[명](왕하 2:19) 그 땅에서 나는 산물. 그 지역의 특산물. local products.

토산물〔土産物;~만물 물〕[명](시 78:46) 그 지방이나 땅에서 특유하게 나는 산물. local products.

토색〔討索;칠 토, 찾을 색〕[명](왕하 15:20) 금품이나 재물을 억지로 달라고 졸라서 얻는 것. extortion.

토설〔吐說;토할 토, 말씀 설〕[명](사 32:3) 일의 경위를 사실대로 말함. 실토. 고자질. confession.

토성〔土城;흙 토, 재 성〕[명](삼하 20:15) ①흙으로 쌓아올린 성. mud fortification. ②〈체〉개자리 뒤에 흙을 쌓아 화살을 막던 방어 둑.

토인〔土人;흙 토, 사람 인〕[명](대상 7:21) ①지방에 대대로 살아온 사람. native. ②적도 부근의 야만인. ③흑인.

토지〔土地;흙 토, 땅 지〕[명](창 3:23) ①땅. 흙. soil. ②지면. 집터. 논. 밭. land.

토지법〔土地法;흙 토, 땅 지, 법 법〕[명](창 47:26) 토지에 관한 모든 법률. law for the land.

토하다〔吐~;토할 토〕[타](레 18:25) ①먹었던 것이나 가래, 피 따위를 뱉다. spew. ②게우다. vomit. ③부정하게 얻은 재물을 다시 내어놓다.

톱[명](왕상 7:9) 나무나 쇠붙이를 자르거나 켜는데 쓰는 날이 수십 개, 혹은 수백 개 있는 도구. saw.

톱질[명](삼하 12:31) 톱을 가지고 나무, 쇠 따위를 자르거나 켜거나 오리는 일. 톱으로 하는 작업. sawing.

통[1]〔桶;통 통〕[명](출 27:3) 물 등을 담아두는 나무 그릇. 여러 개의 나무 조각을 맞추어 테를 메워 만드는 그릇. tub.

통[2]〔筒;대통 통〕[명](왕상 7:33) ①둥글고 길고 속이 빈 물건. pipe. ②물건 속의 넓이. inside diameter.

통[3]〔通;통할 통〕[명](창 35:22) 통하다. 다니다. 알리다.

통간〔通姦;통할 통, 간사할 간〕[명](창 35:22) 배우자 있는 자가 배우자 이외의 이성과 맺은 성적 관계. 간통. adultery.

통곡〔痛哭;아플 통, 울 곡〕[명]

(신 1:45) 소리를 높여 슬피 우는 것. entawailingtion.

통과〔通過;통할 통, 지날 과〕명 (창 12:6) ①거쳐서 지나감. passing. ②회의에서 의안이 가결됨. carriage. ③제출한 원서가 허가됨. approval.

통달〔通達;통할 통, 통달할 달〕명(대하 30:22) ①알려주는 일. information. ②그 도(道)에 숙달하여 막힘이 없이 통함. thorough knowledge. ③사물에 대한 모든 지식에 숙달함. conversance. ④상급 관청이 소속 기관의 직원에게 보내는 편지. notice.

통도〔痛悼;아플 통, 슬퍼할 도〕명(사 23:5) 마음이 상하고 아파 슬퍼함. heartache.

통변〔通辯;통할 통, 말잘할 변〕명(창 43:23) 통역. interpretation.

통보〔通報;통할 통, 알릴 보〕명 (왕상 21:14) 통지하여서 소식을 전함. 알려주는 서신. report.

통분[1]〔痛忿;아플 통, 분할 분〕명(단 2:12) 몹시 원통하고 분함. 땅을 치며 원통해 하는 모습. 절통(切痛). bitter feeling.

통분[2]〔痛憤;아플 통, 분할 분〕명(왕하 3:27) 원통하고 분함. resentment.

통상〔通商;통할 통, 장사 상〕명 (겔 27:3) 외국과의 무역. 외국과의 거래. trade.

통솔〔統率;거느릴 통, 거느릴 솔〕명(왕상 16:9) 단체나 그 구성원을 다스리는 일. command.

통역〔通譯;통할 통, 통역할 역〕명(고전 12:10) 외국인의 말을 해석해서 전해주는 일. 통변. interpretation.

통용〔通用;통할 통, 쓸 용〕명 (창 23:16) ①일반적으로 쓰임. current use. ②어디에든지 쓰임. common use.

통용 문자〔通用文字;통할 통, 쓸 용, 글 문, 글 자〕명(사 8:1) 일반에게 두루 쓰이는 글.

통일〔統一;거느릴 통, 한 일〕명 (엡 1:10) ①여럿이 모아서 관계를 지어 하나로 만듦. unification. ②하나로 이루어진 의견.

통지〔通知;통할 통, 알 지〕명 (마 14:35) 기별하여 알림. notice.

통찰〔洞察;꿰뚫을 통, 살필 찰〕명(잠 24:12) 전체를 밝혀서 환하게 알고 있음. penetration.

통책〔痛責;아플 통, 꾸짖을 책〕명(잠 27:6) 엄하게 꾸짖음. 엄중한 문책. sharp rebuke.

통촉〔洞燭;꿰뚫을 통, 촛불 촉〕

명(시 5:1) 헤아려 살핌. 양찰(諒察)의 높임말. consideration.

통치〔統治;거느릴 통, 다스릴 치〕명(대상 16:31) 맡아 다스림. rule. ②국토와 국민을 지배하는 일. government.

통치자〔統治者;~놈 자〕명(시 105:20) 통치하는 사람. 다스리는 사람. ruler.

통치하〔統治下;~아래 하〕명(렘 34:1) 다스림의 아래. under the dominion.

통하다 자타(창 25:18) ①막힘이 없이 트이다. be opened. ②막힘이 없이 사귀다. have intimate relation with. ③환하게 알다. be well versed in. ④지나다. 다니다. pass.

통한〔痛恨;아플 통, 한할 한〕명(신 29:28) 매우 한탄함. 뼈저린 탄식. deep regret.

통할〔統轄;거느릴 통, 다스릴 할〕명(민 3:32) 모두 거느려서 관할함. supervision.

통행〔通行;통할 통, 행할 행〕명(민 21:22) ①길로 통하여 다님. passage. ②자유롭게 다닐 수 있는 공법상의 권리. right of way.

통행구〔通行口;~입 구〕명(겔 42:9) 길로 통하여 다니는 어구. entrance.

통혼〔通婚;통할 통, 혼인할 혼〕명(창 34:9) ①서로 혼인 관계를 맺음. contracting. marriage. ②혼인할 뜻을 전함.

통회〔痛悔;아플 통, 뉘우칠 회〕명(시 34:18) ①과오를 마음 아프게 생각하고 뉘우침. deep repentance. ②하나님께 죄를 범한 사람이 사함을 얻고자 통곡하며 자복하고 뉘우침.

퇴〔退;물러날 퇴〕명(겔 40:12) '툇마루'의 준말. verandah. 퇴간(退間).

퇴락〔頹落;무너질 퇴, 떨어질 락〕명(왕하 12:5) 무너지고 떨어짐. 세상이 문란해짐. ruin.

퇴보〔退步;물러갈 퇴, 걸음 보〕명(수 23:12) ①뒤로 물러섬. retrogression. ②지략이나 힘이 점점 줄어짐. deterioration.

퇴축〔退縮;물러갈 퇴, 오그라질 축〕명(시 44:18) 움츠리고 물러섬. shrink.

툇마루 명(겔 42:3) 원마루 밖에 좁게 달아 낸 마루. 준 퇴. verandah.

투구 명(삼상 17:5) 옛날 군인이 전쟁할 때에 쓰던 쇠모자. 지금은 철모에 해당됨. helmet.

ㅌ

투기〔妬忌:강새암할 투, 꺼릴 기〕명(창 30:1) 상대되는 이성(異性)이 다른 이성을 좋아함을 미워하는 새암. 질투. jealousy.

투쟁〔鬪爭:싸움 투, 다툴 쟁〕명(신 21:5) ①다투어 싸움. fight. ②어떤 목적을 이루기 위한 경쟁. strife.

투절〔偸竊:훔칠 투, 도둑 절〕명(호 4:2) 남의 물건을 훔침. 또는 그 사람. 투도. stealing.

투표〔投票:던질 투, 표 표〕명(행 26:10) 선거 또는 어떤 사항을 체결할 때, 유자격자가 자기의 의사를 부표(符票)로써 표시하여 일정한 장소에 넣는 일. 또는 그 표. voting.

퉁소〔洞簫:꿰뚫을 통, 퉁소 소〕명(창 4:21) 〈악〉가는대로 만든 목관 악기의 한 가지.

특별〔特別:특별할 특, 다를 별〕명(출 14:7) 일반적으로 알고 있는 것보다 뛰어남. 특수. speciality.

특심〔特甚:특별할 특, 매우 심〕명(왕상 19:10) 유난히 심한 상태. 너무나 정도에 지나침, very severity.

특이〔特異:특별할 특, 다를 이〕명(창 10:9) ①일반적으로 볼 수 없는 희귀하고도 별다른 것. peculiarity. ②훨씬 뛰어남.

튼튼하다 형(히 6:19) 됨됨이나 생김새가 굳고 실하다. tough.

틀 명(민 4:10) ①물건을 만드는 데 꼴이나 또는 판이 되는 모형. mould. ②물건을 만드는 데 팽팽하게 하기 위하여 테두리만으로 된 물건. frame. ③재봉침을 가리키는 말. sewing machine. ④기계의 속칭. machine.

틀림이 없다 형(삿 20:16) ①꼭 같다. same. ②어긋남이 없다. turue. ③의심의 여지가 없다.

틈 명(창 42:9) ①벌어져서 사이가 생긴 벽이나 바닥. opening. ②사람들 사이의 교재 관계에서 생긴 거리. ③어떤 행동을 할 만한 기회. chance.

틈타다 타(왕하 5:7) 겨를을 얻다. 기회를 얻다. get leisure.

티 명(마 7:3) ①작은 먼지의 종류. dust. ②작음 흠. defect. ③기색.

티끌 명(창 13:16) ①티와 먼지. ②만큼 또는 만하다와 결합하여 몹시 작거나 적음의 비유. dust.

ㅍ

파[1] 명(민 11:5) 〈식〉나리과의 다년생 풀. 시베리아가 원산지이며, 세계 각지에서 두루 재배됨. Allium fistulosum.

파[2]〔派;갈래 파〕명(행 6:1) 같은 종류에서 갈려나온 계통. sect. ②사상이나 행동을 같이 하는 계통. group.

파[3]〔破;깨뜨릴 파〕명(창 14:15) ①깨어지거나 상한 물건. breakage. ②사람의 결함 또는 흠절(欠節). defect.

파[4]〔罷;파할 파〕명(대하 16:5) 파하다. 마치다.

파견자〔派遣者;물갈래 파, 보낼 견, 놈 자〕명(나 2:13) 임무를 가지고 다른 곳으로 보내어진 사람. dispatcher.

파괴〔破壞;깨뜨릴 파, 무너뜨릴 괴〕명(민 15:31) ①깨뜨림. breaking. ②무너뜨림. destruction. ③힘써 만들어 놓은 것을 파손하는 것.

파기〔破器;깨뜨릴 파, 그릇 기〕명(시 31:12) 깨어진 그릇. broken vessel.

파다 타(창 21:30) ①구멍이나 구덩이 따위를 만들다. dig. ②모르는 것을 알아내거나 밝혀내기 위하여 깊이 궁리하여 들어가다. investigate.

파단행〔巴旦杏;땅이름 파, 아침 단, 은행 행〕명(창 43:11) 〈식〉살구의 일종으로 「소아시아」가 원산지이며, 높이 3~10m정도이고 그 열매는 식용으로 할 수 있다. almond. 〈살구·살구나무〉

파도〔波濤;물결 파, 큰물결 도〕명(출 15:8) 큰 물결. 바닷물이 바람에 밀려 크게 일어나는 물결.

파리 명(출 8:21) 〈충〉집파리과에 딸린 벌레. 전염병을 매개하는 해충임. fly.

파리하다 형(창 41:3) 몸이 쇠약하여 마르고 해쓱하다. edismissal.

파멸〔破滅;깨뜨릴 파, 멸할 멸〕명(민 33:52) 깨어져 멸망함. ruin.

파사(바사) 지 이란(1939년 이전)의 옛이름(스 1:1). 성경에는 「바사」라고 기록되어 있다. 성경에는 여섯 사람의 군주들이 기록되어 있다. ①「고레스」(주전 538-529, 스 1:1, 5:13, 6:3). ②「다리오」(주전 521-486, 스 4:5, 학 1:1, 슥 1:1). ③「아하수에로」(주전 486-665, 스 4:6). ④「알타크셀크세스」 1세(주전 465-425, 스 4:7, 8, 11, 느 1:1, 2:1, 5:14, 13:6-아닥사스다 왕). ⑤「알타크셀크세스」 2세(주전 405-395, 스 7:1-아닥사스 왕). ⑥「다료스」 3세(주전 336-232, 다리오 왕, 느 12:22).

파상〔破傷;깨뜨릴 파, 상할 상〕명(레 24:20) 깨어져 상함. injury.

파선〔破船;개뜨릴 파, 배 선〕명(왕상 22:48) 배가 풍파로 인하여 깨어짐. 또는 그 배. shipwreck.

파송〔派送;물갈래 파, 보낼 송〕명(마 23:37) 어떤 사람에게 임무를 주어 임지로 보내는 것. dispatch.

파쇄〔破碎;깨뜨릴 파, 부술 쇄〕명(시 74:14) 깨어져 부스러짐. 깨뜨려 부수어 버림. crushing.

파수〔把守;잡을 파, 지킬 수〕명(삼하 13:34) 경계하여 지킴 또는 그 사람. watch. 어떤 곳을 경계하여 지킴.

파수군〔把守軍;잡을 파, 지킬 수, 군사 군〕명(삼상 14:16) →'파숫꾼'의 오기. 파수보는 사람. watch man.

파종〔播種;씨뿌릴 파, 심을 종〕명(출 23:10) 논밭에 씨앗을 뿌림. sowing.

파하다[1]〔破~;깨뜨릴 파〕타(창 14:15) 적을 쳐서 이기다. defeat. 물건을 깨뜨리다. 약속을 어기다.

파하다[2]〔罷;파할 파〕자타(대하 16:5) ①어떤 모임이나 공동으로 하던 일이 시간이 끝나서 다 헤어지다. close. ②그 일을 마치거나 그만두다. 파업. make an end of.

판〔板;널 판〕명(출 24:12) 나무나 쇠붙이에 글을 쓰거나 그림을 그릴 수 있도록 판판하고 넓게 켜낸 조각. plank.

판결〔判決;판단할 판, 결단할 결〕명(출 21:22) ①시비 곡직을 결정하는 일. judgement. ②〈법〉법원이 법률을 적용하여 소송 사건을 처리하여 끝맺는 재판. decision.

판결법〔判決法;~법 법〕명(민

27:21) 시비 곡직을 가리어서 결정하는 법. law of decision.

판결자〔判決者;~놈 자〕명(욥 9:33) 시비 곡직을 결정짓는 사람. judge.

판단〔判斷;판단할 판, 끊을 단〕명(창 16:5) ①어느 사물의 진위, 선악 등을 생각하여 정함. judgement. ②사유의 근본 작용. ③길흉의 예견. fortune telling.

판단력〔判斷力;~힘 력〕명(시 72:1) 판단을 근사하게 하는 힘. 능력. judgement-power.

판명〔判明;판단할 판, 밝을 명〕명(신 19:18) 명백하게 드러남. becoming clear.

판벽〔板壁;널 판, 벽 벽〕명(학 1:4) 널판으로 만든 벽. board wall.

판이〔判異;판단할 판, 다를 이〕명(욥 21:16) 아주 다름. entirely different.

판자〔板子;널 판, 아들 자〕명(왕상 6:36) ①나무를 켜서 만든 얇고 넓은 널판. a-board. ②송판(松板).

판장〔板墻;널 판, 담 장〕명(출 38:27) 널빤지로 만든 울타리. 목재 울타리. 목판장. board fence.

팔 명(창 48:14) 〈인〉사람의 어깨와 손목 사이의 부분. 사지 중의 위 2지. 상지. arm.

팔걸이 명(왕상 10:19) 의자의 양팔을 걸치는 된 부분. elbow rest.

팔고리 명(민 31:50) 팔을 돋보이게 꾸미는 고리. 팔찌.

팔꿈치 명(겔 40:5) 팔의 위 아래가 붙어 접어지는 곳의 바깥쪽. elbow.

팔다 타(창 25:31) ①돈을 받고 물건이나 권리나 노력을 남에게 주다. sell. ②눈이나 정신을 다른 곳으로 옮기다. 반하다. betray. ③명성을 얻으려고 이름을 세상에 떨치다. win one's reputation.

팔뚝 명(겔 13:18) 팔꿈치와 손목까지의 부분. forearm.

팔레스틴 지(신 1:7) 〈이 지명은 성경에 기록되지는 아니하였다. 그러나 근대에 와서 성지를 가리켜 부르는 이름이기 때문에 설명을 가한다〉 옛날에는 「가나안」이라고 부르다가 「이스라엘」이라 불렀고, 「바벨론」에서 돌아온 후에는 「유대」라 불렀다. 기독교가 발생한 후부터 성지라는 칭호가 생겼다. 「팔레스틴」이라 부르는 땅은, 북은 「단」, 남은 「브엘세바」, 동은 「요단」 강, 서는 「지중해」로 남북이 225km, 넓이는 북방이 40km 남방이 144km, 면적 15,540km^{2}로 우리 나라의 경기도보다 조금 크다. 인구가 가장 번성하였던 「다윗」과 「솔로몬」 시대에 약 200만 내지 300만으로 추측된다. 1948년 독립 당시에 「이스라엘」 인은 겨우 65만이었다. 귀환 동포 50만과 이 나라에 잔류하고 있던 「아라비아」인 70만을 합하여 185만이 된다. 이곳은 「아시아」, 「애굽」, 「유럽」 3대륙의 고대 문화를 접촉하는 교량이 되는 특수한 위치에 있고, 「애굽」과 「메소포타미아」를 연결하는 대통로에 가깝다. 통과하는 대상과 상인에게서 당시 세계 정세를 알기 쉬운 위치였으며, 땅은 천연적으로 구분되어 있다. ①「요단 강」 유역의 저지 평원 「아라비아」 사막. ②「유대」 중앙 산맥 「할」 산지. ③산지와 연안 평원의 중간에 있는 구릉 지(丘陵地) 「쉬히라」(盆地). ④남부에 있는 건조지 「네게부」. ⑤「지중해」 연안의 「블레셋」 평원 「호후하얌」(해변). ⑥「모압」 고지와 「미숄」 평야(신 3:10) 등이다. 이 지역 내에서는 최고지가 1,219m, 북 「헤르몬」 산은 2,852m로 사계절 백설에 덮여 있고 이 산에서 발원하여 흐르는 「요단」 강은 깊은 계곡을 이루며, 「사해」는 「지중해」 수면보다 390m나 낮다.

팔리다 타(레 25:39) ①물건을 돈을 주고 가져가게 되다. be sold. ②생각이 한쪽으로 치우치다. be engrossed in.

팔목 고리 명(사 3:19) 팔목에 끼는 장식용 고리. 팔찌. bracelets.

팔쇠 명(겔 23:42) 팔찌. 팔고리 장식품. 팔 가락지. bracelets.

팟종이 명(레 11:22) 〈충〉'팥중이'의 오기. 메뚜깃과의 곤충. 송충이의 일종. palmerworm.

팥 명(창 25:34) 〈식〉콩과에 속한 일년생 풀의 열매콩보다 작고 붉은 빛을 띤 것으로, 떡고물과 죽을 쑤는데 쓰인다. red bean.

팥죽 명(창 25:34) 팥을 넣어 끓인 죽. pottage of red beans.

패〔牌;방패 패〕명(출 28:36) ①어떠한 사실을 적는데 필요한 자그마한 나무 조각. wooden slab. ②몇 사람이 모인 동아리나 무리. party.

패가〔敗家;패할 패, 집 가〕명(잠 18:9) 집과 재산이 다 없어짐. bankruptcy of a family.

패괴[1]〔悖壞;거스를 패, 무너질 괴〕명(창 6:11) 부서지고 무너짐. corruption.

패괴[2]〔悖乖;거스를 패, 어그러질 괴〕명(삿 2:19) 거스러

ㅍ

어그러짐. corruption.

패권자〔覇權者;으뜸 패, 권세 권, 놈 자〕명(사 14:5) 수령이나 승자가 가지는 권력을 가지고 사는 사람. the supreme.

패다 타(신 29:11) 도끼로 장작 따위를 찍어 쪼개다. chop up.

패려〔悖戾;거스릴 패, 어그러질 려〕명(잠 11:20) 성질이 참되지 못하고 비꼬임. crabbedness.

패리〔悖理;거스릴 패, 이치 리〕명(사 29:16) 사리에 어긋남. irrationality.

패망〔敗亡;패할 패, 망할 망〕명(대하 14:13) 싸움에 져서 망해 버림. defeat.

패멸〔敗滅;패할 패, 멸할 멸〕명(사 22:4) 패망하여 아주 없어져 버림. 유 파멸(破滅). decay.

패물〔佩物;찰 패, 만물 물〕명(창 24:53) ①금·은·동 따위로 만들어 몸에 차는 장식물. personal ornaments. ②노리개.

패역〔悖逆;거스릴 패, 거스릴 역〕명(민 5:6) 이치나 도리에 일부러 어긋나게 흉악하여서 순종하지 않고 거슬림. rebellion.

패역 부도〔悖逆不道;거스릴 패, 거스릴 역, 아니 불, 길 도〕명(삼상 20:30) 패악하고 불순하여 도덕에 어긋남. perverse rebellion.

패역자〔悖逆者;~놈 자〕명(시 68:18) 이치에 어긋나게 거슬리는 자. the rebellious.

패장〔牌長;방패 패, 길 장〕명(출 5:6) 관청이나 일터의 인부를 거느린 사람. foreman.

패전〔敗戰;패할 패, 싸움 전〕명(삼상 31:3) 전쟁에서 지는 것. lose a battle.

패하다〔敗~;패할 패〕자(출 32:18) 싸움에 지다. be defeated. ②살림이 망하다. ruin.

퍼지다 자(창 9:19) ①끝이 점점 넓적하여지다. widen. ②널리 미치다. spread. ③자손이 번성하여지다. increasing. ④초목이 번성하여지다. flourish.

퍼치다 자(욥 37:3) 퍼뜨리다. 널리 알게 하다. spread. 널리 미치게 하다.

펄 명(겔 47:11) ①바닷가나 강가의 모래톱 또는 개흙탕. silt. 원 개펄. ②진창으로 된 넓은 들. 원 진펄. 벌의 거센 말. marsh.

펴 놓다 타(단 7:10) 볼 수 있도록 펴서 놓다. open. ②숨김없이 마음 속을 나타내다. unbosom oneself.

펴다 타(창 48:14) ①접히거나 개킨 것을 젖히어 놓다. unfold. ②굽은 것이나 구겨진 것을 곧게 만들다. straighten. ③오므라진 것을 벌리다. open. ④넓게 깔다. spread out. ⑤책을 열다. open.

편[1]〔便;편할 편〕명(창 18:2) ①한쪽. side. ②인편. 편짝. ③패로 갈린 한 쪽. party.

편[2]〔篇;책 편〕명(행 13:33) ①시문이나 서적의 수효. volume. ②성질이나 형식이 다름을 나타내는 말. part. ③책자 속에서 성질이 다른 갈래를 구분하는 말. part.

편견〔偏見;치우칠 편, 볼 견〕명(딤전 5:21) 공정하지 못하고 한쪽으로 기울어진 견해. prejudice.

편급〔偏急;좁을 편, 급할 급〕명(미 2:7) 생각하는 것이 좁고 성미가 급함. narrow-minded.

편답〔遍踏;두루 편, 밟을 답〕명(시 48:12) 이곳저곳 두루 돌아다님. travels.

편당〔偏黨;치우칠 편, 무리 당〕명(고전 11:19) 한 무리의 당파. partisan-ship.

편들다〔偏~;쪽 편〕타(레 19:15) 한쪽 편에 들어서 힘을 보태다. side with.

편만〔遍滿;두루 편, 찰 만〕명(창 9:7) 널리 참. 꽉 참. 없는 곳이 없이 널려 있음. pervasion.

편벽〔偏僻;치우칠 편, 궁벽할 벽〕명(출 23:3) 한쪽으로 분별없이 기울어짐. eccentricity.

편지〔便紙;편할편, 종이 지〕명(삼하 11:14) 소식을 서로 알리는 글. letter.

편집〔編輯;엮을 편, 모을 집〕명(잠 25:1) 여러 가지 재료를 모아서 신문이나 책을 만드는 일. compilation.

편철〔片鐵;조각 편, 쇠 철〕명(민 16:38) ①늘인 넓은 쇠. ②쇳조각. piece of iron.

편하다〔便~;편할 편〕형(출 33:14) ①괴롭지 않다. ②근심이 없다. ③쉽다. comfortable.

펼치다 타(욥 39:26) 넓게 하다. 펴서 드러나게 하다. spread.

폄론〔貶論;떨어뜨릴 폄, 의논할 론〕명(골 2:16) 남을 나쁘게 하는 말. adverse criticism.

평강〔平康;평평할 평, 평안할 강〕명(민 6:26) 평안함. peace.

평균〔平均;평평할 평, 고를 균〕명(레 7:10) ①많은 사물 사이에 많고 적음이 없이 균일함. equilibrium. ②〈수〉같은 종류의 양의 중간 수치를 가

ㅍ

진 양. mean number.

평론〔評論;비평할 평, 의논할 론〕명(합 2:6) 〈문〉사물의 가치, 선악 등의 정확한 분석과 보완을 위하여 비평하여 논하는 것. criticism.

평민〔平民;평평할 평, 백성 민〕명(레 4:27) 벼슬이 없는 사람. 서민. common people.

평상〔平床;평평한 평, 평상 상〕명(막 4:21) 나무로 만든 침대의 한 가지. flat wooden bed.

평생〔平生;평평할 평, 날 생〕명(신 6:2) 사람이 태어나서 죽을 때까지. 일생. 하나님께서 세상에 있도록 정해주신 시간. one's whole life.

평시〔平時;평평할 평, 때 시〕명(삼상 20:25) 보통 때. ㊀ 평상시. ordinary times normal times.

평안〔平安;평평할 평, 편안 안〕명(창 15:15) 무사하여 마음에 걱정이 없음. 평안을 주시는 이는 하나님. peace.

* 참 평안은 하나님께서 주신다(눅 24:36).

평야〔平野;평평할 평, 들 야〕명(대상 27:28) 넓은 들. plain. open field.

평온〔平穩;평평할 평, 평온할 온〕명(왕하 11:20) 고요하고 안온함. 마음 속 깊이 자리잡은 평안. calmness.

평원〔平原;평평할 평, 근본 원〕명(신 3:10) 평탄한 넓은 들판. plain.

평일〔平日;평평할 평, 날 일〕명(삼상 18:10) 보통 날. 보통 때. 주일이 아닌 다른 요일. ordinary day.

평정〔平靜;평평할 평, 고요할 정〕명(시 89:9) 평안하고 고요함. tranquility.

평지〔平地;평평할 평, 땅 지〕명(창 11:2) 바닥이 편편한 땅. level land.

평탄〔平坦;평평할 평, 평평할 탄〕명(창 24:21) ①지면이 평평함. evenness. ②마음이 안온함. peace of mind. ③일이 순조롭게 되어 나감. smoothness.

평토장〔平土葬;평평할 평, 흙 토, 장사 장〕명(눅 11:44) 땅 위에 봉분을 만들지 않고 평평하게 하는 매장. burial without making grave mound.

평평하다〔平平~;평평할 평, 평평할 평〕형(욥 37:16) ①높고 낮은 곳이 없이 편편하다. even. ②특징이 없이 평범하다. mediocre.

평화〔平和;평안할 평, 화할 화〕명(레 26:6) ①화합하고도 고요함. harmony. ②전쟁이 없이 세상을 잘 다스려짐. peace.

폐〔弊;폐단 폐〕명(레 26:44) 남에게 괴로움을 끼침. 원 폐단. trouble.

폐다 피동(왕상 6:27) 폄을 당하다. 얽혔던 일이 제대로 되다. be come swght. 원 펴이다. be opened.

폐단〔弊端;폐단 폐, 끝 단〕명(전 5:13) ①해롭고 번거로움. bother. ②좋지 못한 해로운 점. evil.

폐물〔廢物;폐할 폐, 만물 물〕명(애 3:45) 못쓰게 되어 버리는 물건. waste.

폐백〔幣帛;폐백 폐, 비단 백〕명(삼상 18:25) ①일반 모든 예물. gift. ②신부가 처음으로 시부모를 뵈올 때, 올리는 음식물. brides present to her parents in law.

폐병〔肺病;허파 폐, 병들 병〕명(레 26:16) ①폐장에 관한 모든 질병. ②〈의〉폐에 결핵균이 침입하여 생기는 병. 원 폐결핵. pulmonary system.

폐부〔肺腑;허파 폐, 장부 부〕명(레 17:10) ①부아. lungs. ②깊은 마음 속. depth of one's heart. ③일의 요긴한 점. point.

폐쇄〔閉鎖;닫을 폐, 쇠사슬 쇄〕명(레 14:38) ①자물쇠를 꼭 채워 문을 닫음. closing. ②기능을 정지함. 길을 막음. stop.

폐일언〔蔽一言;가릴 폐, 한 일, 말씀 언〕명(히 7:7) 전체를 한 마디로 휩싸여 말함. in short.

폐하다〔廢~;폐할 폐〕명(레 26:44) ①행하지 아니하다. give up. ②쓰지 아니하다. abolish. ③있던 기관을 없애다.

폐회〔閉會;닫을 폐, 모을 회〕명(행 13:43) 집회 또는 회의를 마침. closing of a meeting.

포도〔葡萄;포도 포, 포도 도〕명(창 9:20) 〈식〉포도나무에 열리는 열매. 빛은 푸른 것,

검은 것 등의 식용. grapes.

포도나무〔葡萄~;포도 포, 포도 도〕명(창 9:20) 〈식〉포도과의 덩굴이 뻗는 낙엽관목. vine.

포도 수확〔葡萄收穫;포도 포, 포도 도, 거둘 수, 거둘 확〕명(사 32:10) 포도를 거두어들임.

포도원〔葡萄園;~동산 원〕명(출 22:5) 대규모로 가꾸는 포도밭. vineyard.

포도원지기〔葡萄園直~;~곧

을 직]명(사 27:3) 포도원을 지키는 사람. keeper of vineyard.

포도주〔葡萄酒; ~술 주〕명(창 9:21) 포도 열매의 즙을 짜내어 자연 발효시켜 알콜이 발생하도록 만든 술. wine.

포도즙〔葡萄汁; ~진액 즙〕명(창 49:11) 포도를 짜서 만든 즙액. grape juice.

포로〔捕虜; 잡을 포, 사로잡을 로〕명(민 21:29) 사로잡힌 적군이나 볼모로 잡힌 사람. prisoner of war.

포박〔捕縛; 잡을 포, 얽을 박〕명(막 15:7) 붙잡아서 줄로 결박함. arrest.

포수〔捕手; 잡을 포, 손 수〕명(렘 16:16) 사냥꾼. hunter.

포승〔捕繩; 잡을 포, 노 승〕명(전 7:26) 죄인을 결박하는 노끈. 오랏줄. policeman's rope.

포식〔飽食; 배부를 포, 밥 식〕명(잠 13:25) 배가 부르게 잔뜩 먹음. 기분좋게 많이 먹음. gluttony.

포악〔暴惡; 사나울 포, 악할 악〕명(잠 29:13) 성질이 사납고 악함. violent.

포장[1]〔布帳; 베 포, 휘장 장〕명(출 27:11) 베나 무명으로 만든 휘장. curtain.

포장[2]〔褒奬; 기릴 포, 권면할 장〕명(삼상 19:4) 칭찬하여서 장려함. commendation.

포장 말뚝명(출 35:18) 휘장 또는 천막을 칠 때 넘어지지 아니하도록 박는 나무 막대기.

포학〔暴虐; 사나울 포, 사나울 학〕명(삿 9:24) 성질이 잔인하여 도리에 어긋나는 행위를 저지른 것. tyranny.

포학자〔暴虐者; ~놈 자〕명(사 25:4) 횡포하고 사나운 사람. crue man.

포행〔暴行; 사나울 포, 갈 행〕명(행 21:35) 폭력. 폭행. violence.

포행자〔暴行者; ~놈 자〕명(딤전 1:13) 해를 끼치는 사람. 악행자.

폭〔幅; 베 폭〕명(출 26:2) ①물건의 가로의 길이. width. ②그림이나 족자 같은 것의 너비.

폭양〔暴陽; 쪼일 폭, 빛 양〕명(사 25:4) 뜨겁게 내리쬐는 볕. burning sun.

폭우〔暴雨; 사나울 폭, 비 우〕명(욥 38:25) 갑자기 많이 쏟아지는 비. pouring rain.

폭포〔瀑布; 폭포 폭, 베 포〕명(시 42:7) 흐르는 물이 수직이나 또는 그와 비슷한 경사로 떨어지는 것. 원 폭포수. water fall.

폭풍〔暴風; 사나울 폭, 바람 풍〕명(욥 9:17) ①매우 거세게 부는 바람. tempest. ②기상 용어로 쓰이는 풍력 계급의 하나. storm.

폭행〔暴行;사나울 폭, 행할 행〕명(행 21:35) ①난폭한 행동. violence. ②남에게 폭력을 가하여 상처를 입히는 것. violent conduct.(한글 성경에는 포행)

폭행자〔暴行者;~놈 자〕명(딤전 1:13) 폭행하는 사람. the injurious.(한글 성경에는 포행자)

표[1]〔表;겉 표〕대(신 22:15) ①누구나 알아볼 수 있도록 짜 그려 놓은 것. table. ②위, 겉. 겉쪽. surface. ③바깥. outside. ④표지. 규범. mark.

표[2]〔豹;표범 표〕명(아 4:8) 〈동〉표범. 괭이과의 사나운 짐승. leopard.

표[3]〔標;표 표〕명(창 4:15) ①증거로 삼는 필적. proof. ②증거될 형적. evidence. ③특별나게 나타나는 특징. characteristic. ④특징을 나타내는 어느 점. sign. ⑤증거의 표로 적은 글발의 종이. 원 표지(標紙). mark. ⑥목표로 삼는 지점의 기초.

표류〔漂流;떠다닐 표, 흐를 류〕명(삿 5:21) ①물 위에 떠서 흘러감. drifting. ②아무 정처없이 돌아다님.

표면적〔表面的;겉 표, 낯 면, 적실할 적〕명(롬 2:28) 겉으로만 드러난 면. on the outside.

표명〔表明;겉 표, 밝을 명〕명(마 26:73) 표시하여 명백히 함. expression.

표목〔標木;표 표, 나무 목〕명(렘 31:21) 표로 박아 세우는 말뚝. 푯말. pile.

표백〔漂白;뜰 표, 흰 백〕명(말 3:2) 바래서 희게 하는 일. bleaching.

표범〔豹~;표범 표〕명(아 4:8) 〈동〉고양이과의 맹수. 몸빛은 옅은 담황색이고 털은 길고 연함. 등에는 원형, 또는 난형의 검은 무늬가 있고 꼬리가 길다. leopard.

표상〔表象;겉 표, 코끼리 상〕명(롬 5:14) ①상징. symbol. ②이데아. idea. ③물체나 인물을 생각할 때, 눈앞에는 없어도 희미하게 떠오르는 것. representation.

표시〔表示;겉 표, 보일 시〕명(욥 36:33) ①나타내어 보임. indication. ②남에게 알리려고 드러내어 발표함. expression.

표적[1]〔表跡;겉 표, 발자취 적〕

명(사 19:20) 겉으로 나타난 형적. traces. 사람들의 주목의 대상.

표적[2]〔表蹟;겉 표, 자취 적〕명(출 12:13) 겉으로 나타난 흔적. mark.

표적[3]〔標的;표 표, 적실할 적〕명(시 74:4) 목표로 삼는 물건. target.

표준〔標準;표시 표, 법도 준〕명(마 2:16) ①사물의 집중되는 정도를 정하는 목표. standard. ②규격.

표증〔表證;겉 표, 증거할 증〕명(시 86:17) 겉으로 드러난 증거. proof.

표징〔表徵;겉 표, 증거할 징〕명(창 17:11) ①겉으로 드러나는 표적. sign. ②상징. symbol.

표호〔表號;겉 표, 이름 호〕명(출 3:15) 겉으로 나타낼 이름. name.

푯대〔標~;표시 표〕명(욥 36:32) 목표를 세우는 기둥. sign post.

푸다 타(왕하 4:40) 물이나 곡식을 퍼내다. dip out. scoop out.

푸르다 형(창 1:30) ①하늘빛이 청색이다. blue. ②서슬이 싱싱하다. fresh. ③풀빛과 비슷한 색깔. green.

푸주 명(잠 7:22) 쇠고기, 돼지고기 등을 파는 가게. 원어상으로는 학살을 가리킴. 도살장으로 함이 좋음.

풀 명(창 1:11) 〈식〉줄기가 연하고 나무의 성질이 되지 못한 식물을 일컫는 말. grass.

풀다 타(창 27:42) ①맨 것을 끄르다. 감긴 것이나 얽힌 것을 흩어지게 하다. untie. ②금령(禁令)을 터놓다. remove.

풀리다 자(창 27:44) ①맺히거나 뭉친 것이 끌러지다. get untied. ②구속 따위가 해제되다. be released. ③끈이나 얽힌 것이 풀어지게 되다. come loose.

풀무 명(창 15:17) 불을 피울 때 바람을 일으키는 기구를 가리키나, 성경상으로는 풀무불, 용광로, 화로 등으로 번역함이 옳다. bellows.

풀무불 명(말 4:1) 풀무를 불어서 활활 타게 하는 불. 용광로의 불. 활활 타는 화롯불. 맹렬히 타는 불. 가장 뜨거운 불.

풀밭 명(사 49:9) 풀이 많이 난 땅. 초원. plain.

풀언덕 명(아 5:13) 꽃밭, 화단. flower-bed. 밭고랑을 가리키는 원문이기도 하다.

품[1] 명(창 16:5) 안거나 안기는 것으로서의 가슴. bosom.

품[2] 명(창 30:28) 무슨 일에 드는 힘. 또는 수고. labour.

품값 명(창 31:41) 품을 낸 값, 임금. 노임. 품삯. wage.

품군〔~軍;군사 군〕명(출 12:45) →'품꾼'의 오기. 품팔이를 하여 생활해 나가는 사람. 원 품팔이꾼. wageearner.

품다 타(민 11:4) 가슴에 안거나 지니다. embrace, put in one's.

품부〔稟賦;받을 품, 부세 부〕명(대하 2:12) 선천적으로 타고남.

품삯 명(창 30:28) 품값, 임금. 노임. 노동의 대가. wage.

품하다〔稟~;여쭐 품〕타(민 27:5) 허락을 얻기 위하여 상사에게 말씀을 여쭙다. report.

품행〔品行;품격 품, 행할 행〕명(잠 20:11) 성품과 행실. conduct.

풍년〔豊年;풍성할 풍, 해 년〕명(창 41:29) 농사가 잘된 해. fruitful year.

풍랑〔風浪;바람 풍, 물결 랑〕명(행 27:18) ①바람과 물결. wind and waves. ②불어치는 바람에 따라서 일어나는 물결. rough seas.

풍류〔風流;바람 풍, 흐를 류〕명(눅 15:25) 속된 일을 떠나 풍치가 있고 멋스럽게 노는 일. elegant pursuits. ②운치가 있는 일. elegance.

풍문〔風聞;바람 풍, 들을 문〕명(왕하 19:7) 확실한 근거없이 떠도는 소문. rumour.

풍부〔豊富;풍성할 풍, 넉넉할 부〕명(창 13:2) 넉넉하고 많음. abundance.

풍비〔豊備;풍성할 풍, 갖출 비〕명(욥 36:31) 풍성하게 갖춤. 넉넉히 준비함. provision of abundance.

풍사〔諷詞;욀 풍, 말씀 사〕명(미 2:4) ①가르쳐 경계가 되는 말. 잠언. admonition. ②비유로 말함. parable.

풍설〔風說;바람 풍, 말씀 설〕명(출 23:1) 실상이 없이 떠돌아다니는 말. rumour.

풍성[1]〔豊盛;풍성할 풍, 성할 성〕명(창 27:28) 넉넉하고 많음. abundance.

풍성[2]〔風聲;바람 풍, 소리 성〕명(삼하 22:45) ①바람소리. sound of blowing wind. ②들리는 명성. reputation.

풍세〔風勢;바람 풍, 권세 세〕명(전 11:4) 바람의 세력. 곧 바람의 강약의 도수. wind force.

풍속〔風俗;바람 풍, 풍속 속〕명

(레 18:3) ①옛적부터 내려 오는 의식주 그 밖의 모든 습관 또는 그때 그곳의 버릇. manners and customs.

풍우〔風雨;바람 풍, 비 우〕명 (욥 36:33) ①바람과 비. wind and rain. ②비바람. rainstorm.

풍자〔諷刺;윌 풍, 찌를 자〕명 (합 2:6) 빗대고 비유하는 뜻으로, 남의 결점을 찌르는 말. 노래, 행동, 작품 등. satire.

풍자향〔楓子香;단풍나무 풍, 아들 자, 향기 향〕명(출 30:34) 〈식〉다년생 초본. 다년생 초본 식물. 꽃은 노란색이며 점질 고무는 뿌리쪽으로 나온다. 그 향기는 사향 비슷한 자극성의 냄새가 있다. galbanum.

* 구약 성경에서 '성결하고 거룩한 향'으로 불리는 네 가지 중의 하나.

풍재〔風災;바람 풍, 재앙 재〕명 (신 28:22) 바람으로 인하여 입은 재해. damage from wind.

풍조〔風潮;바람 풍, 조수 조〕명 (엡 4:14) ①바람에 딸려 흐르는 바닷물. lee tide. ②세상의 돌아가는 방향. trend.

풍족〔豊足;풍성할 풍, 발 족〕명 (신 28:47) 부족함이 없이 넉넉함. abundance.

풍채〔風彩;바람 풍, 빛 채〕명 (사 53:2) 위엄이 있고 남보다 드러나 보이는 사람의 겉모습. appearance.

피 명(창 4:11) ①사람 또는 동물의 혈관을 통해 몸 안을 돌며 영양을 맡은 붉은 빛의 액체. blood. ②희생, 노력 따위의 뜻. sacrifice. 〈생명〉

피값 명(창 42:22) 사람을 죽인데 대한 응당한 보응. 생명에 대한 대가.

피고〔被告;입을 피, 고할 고〕명 (잠 18:17) 민사, 형사상 소송을 당한 사람.

피곤〔疲困;피곤할 피, 곤할 곤〕명(출 17:12) 몹시 지쳐서 기운이 풀리고 몸이 나른함. fatigue.

피난〔避難;피할 피, 어려울 난〕명(사 4:2) 전쟁, 천재, 지변 따위의 재난을 피하여 있는 곳을 옮김. refuge.

피난처〔避難(亂)處;~곳 처〕명(시 14:6, 삼하 22:3) 하나님(예수 그리스도)의 품. 어려움이나 난리를 피할 만한 곳. refuge.

피다 자(왕상 6:18) ①꽃봉오리, 잎 따위가 벌어지다. bloom. ②불이 점점 일어나다. burn.

피리 명(대하 15:14) 〈악〉입으로 불어서 소리를 내는 악기. flute.

피밭 명(마 27:8) 「가룟 유다」가 예수님을 판 돈 은 30으로 제사장에게 반환한 것을 가지고 산 땅→아겔다마.

피부〔皮膚;가죽 피, 살갗 부〕명(레 13:2) 동물의 표면을 싸고 있는 기관. 살갗. skin.

피부병〔皮膚病;가죽 피, 살갗 부, 병들 병〕명(레 13:6) 살갗에 생기는 병. skin disease.

피살〔被殺;입을 피, 죽일 살〕명(신 21:1) 생각지 않던 때 다른 사람에게 죽임을 당함. being killed.

피살자〔被殺者;~놈 자〕명(신 32:42) 죽임을 당한 사람. man who is killed.

피장〔皮匠;가죽 피, 장인 장〕명(행 9:43) 짐승의 가죽을 다루어 여러 가지 물건을 만드는 일을 업으로 하는 사람. 피혁공. tanner.

피조물〔被造物;입을 피, 지을 조, 만물 물〕명(롬 1:25) 하나님께서 만드신 모든 것. 우주와 공간, 지상, 지하, 물 속에 있는 보이거나 보이지 않는 모든 것. 사람, 영물도 다 포함된다. creature.

피차〔彼此;저 피, 이 차〕명(창 31:49) ①저것과 이것. this and that. ②서로. each other.

피투성이 명(겔 16:6) 온통 피가 묻은 몸.

핏소리 명(창 4:10) 억울한 죽음을 당한 호소, 순교자의 부르짖음(마 23:35).

필객〔筆客;붓 필, 손 객〕명(시 45:1) 글을 잘 쓰는 사람. 문장가. ready writer.

필경〔畢竟;다할 필, 끝날 경〕명 부(창 3:19) 마침내는. 결국에는. after all. at last.

필역〔畢役;마침 필, 역사 역〕명(왕상 3:1) 역사(役事)를 마침. 하던 일을 마침. completion of the work.

필연〔必然;반드시 필, 그러할 연〕명(출 13:19) 꼭 그렇다고 정하여진 것. certainty.

필요〔必要;반드시 필, 구할 구〕명(잠 30:8) ①반드시 있어야 할. necessity. ②쓸모가 있음. requirement.

필하다〔畢~;마칠 필〕명(출 39:42) 일을 마치다. 끝내다. 완성하다. finish.

핍근〔逼近;가까울 핍, 가까울 근〕명(겔 24:2) 매우 가까이 닥침. coming near.

핍박〔逼迫;핍박할 핍, 핍박한 박〕명(신 30:7) ①바싹 가까이 다가와서 형편이 매우 절박함. urgency. ②괴롭게 하다.

핍절〔乏絶;모자랄 핍, 끊을 절〕명(신 28:48) 아주 없어짐. 절핍. disappearance.

ㅍ

핏빛 명(욜 2:31) 피와 같은 새빨간 빛. red as blood.

핑계 명(롬 1:20) 다른 일을 빙자하여 변명함. excuse. ② 다른 일을 방해로 내세움. pretext.

핑계하다 자(요 15:22) 변명하고 남의 탓으로 미루다.

ㅎ

하〔下;아래 하〕명(창 6:16) ①맨 아래. ②가장 못하거나 모자람. inferiority.

하가〔*Aγαρ* =도망〕인(갈 4:24) 「하갈」.

하가랴〔חֲכַלְיָה =여호와께서 막으신다〕인(느 1:1) 선지자 「느헤미야」의 부친.

하가바〔חֲגָבָה =메뚜기〕인(스 2:45) 「솔로몬」 왕의 신복의 한 조상. 그 자손들은 「스룹바벨」을 따라 「바벨론」 포로에서 귀환함.

하갈[1]〔הָגָר =도망〕인(창 16:1) [1] ①「애굽」 여자로 「아브라함」의 종인데, 「사라」가 생산치 못하므로 그 남편을 권하여 첩을 삼게 하여 「이스마엘」을 낳았다. ②「이스마엘」이 「이삭」을 조롱하므로 「사라」가 그 모자를 축출하니 「브엘세바」 들에서 방황하다가 하나님의 축복을 받고 「바란」 광야로 옮겨가 살면서 며느리를 얻었다(창 21:9-21). ③하나님의 은혜로 그 자손이 큰 민족을 이루었다(창 21:8). ④사도 「바울」은 「하갈」을 구약의 율법으로, 「사라」를 신약의 자유로 비유하여 「모세」의 율법에 속박되지 말고, 자유의 새 「예루살렘」을 바라보라고 권면하였다(갈 4:24-26).

[2] 「야시스」의 출신 부족(대상 27:30).

[3] 「아라비아」의 부족(대상 5:10).

하갈[2]〔הָגָר =도망〕지(대상 5:10) 「길르앗」 동쪽 산.

하감〔下鑑;아래 하, 거울 감〕명(신 26:7) 어른에게 글을 올려서 보기를 청함. read a infereo's letter.

하갑〔חָגָב =메뚜기〕인(스 2:46) 「솔로몬」 왕 신부의 한 조상. 「하가바」와 같은 사람.

하그돌림〔הַגְּדוֹלִים =위대한 사람〕인(느 11:14) 「삽디엘」의 아버지로서 큰 용사이며 감독.

하그리〔הַגְרִי =도망자〕인(대상 11:38, 시 83:7) 「아라비아」 사람들을 가리킨 말.

하그바〔חֲקוּפָא =꾸부린〕인(스 2:51, 느 7:53) 「스룹바벨」과 함께 「바벨론」 포로에서 귀환한 사람.

하길라〔חֲכִילָה =건조한 언덕〕지(삼상 23:19) 「유다」 남방에 있는 산인데 「다윗」의 피난처요, 「사울」이 「다윗」을 잡으려고 진을 쳤던 곳이다.

하나 [명](창 1:9) ①오직 그것뿐. only that one. ②한 쪽. one part. ③같은 것. same.

하나냐〔חֲנַנְיָה = 여호와의 자비하심〕[인](렘 28:1)
[1]「바벨론」에 포로된 「유다」 지파의 세 소년 중 한 사람으로 「느부갓네살」을 시종하기 위하여 「갈대아」 학문을 가르치려고 선택된 왕족인데, 그 이름을 「사드락」이라고 고쳤다(단 1:7, 3:12).
[2]「기브온」인 「아술」의 아들로서 거짓 선지자로 「시드기야」왕 즉위 초에 "2년 이내에 「바벨론」에 포로된 백성과 성전 기명이 돌아오리라"고 예언하매 「예레미야」가 그것을 반박하여 예언하기를 "70년간 포로지에 거할 것이요, 「하나냐」는 1년 내에 죽으리라"하였다(렘 28:).
[3] 그 밖에 12인이 있다.

하나넬〔חֲנַנְאֵל = 하나님은 은혜로우심〕[지](느 3:1) 「예루살렘」 성위 곧 양의 문과 어문(魚門) 사이에 있는 탑으로 건축사의 이름을 따라 지은 것이다(느 12:39, 렘 31:38, 슥 14:10).

하나니〔חֲנָנִי = 여호와는 은혜로움〕[인](왕상 16:1)
[1]「다윗」 왕 때 3조의 악대 중 「헤만」의 18자녀로 조직된 「헤만」 조의 한 사람. 곧 「헤만」의 한 아들이다(대상 25: 4, 25).
[2]「아사」 왕이 「아람」 왕을 의지하여 하나님은 의지하지 않는다고 책망한 선견자(대하 16:7-10).
[3]「예후」의 부친으로 「바아사」를 질책하고 또 「여호사밧」을 책망한 선견자이다(왕상 16:1, 대하 19:2, 20:34).
[4] 그 밖에 3인이 있다(스 10:20, 느 1:2, 12:36).

하나님 [명](창 1:1) 우리가 믿는 참 신. 시작과 끝이 없으시고, 아니 계시는 곳이 없으며, 알지 못하는 것이 없으시고 모든 어떤 것이든지 하실 수 있다. 우주와 인간의 창조주시며, 세상의 모든 것을 섭리하시고 다스리시며, 죄인을 구속하시기 위하여 그리스도를 보내시고 십자가를 지게 하여 구속 사역을 하시고 성도를 불러 믿게 하시며 영원한 나라의 왕이시다. 하나님의 신격에 삼 신격 즉, 성부, 성자, 성령이 계셔 삼격일신〔三格一神(삼위일체)〕이라고 한다. 자기를 계시하시고 성경을 주시어 인간에게 알게 하시고, 믿어 경배하게 하신다. God.

하나님 나라 명(마 12:28) 하나님이 다스리는 나라. 이 세상도 하나님의 나라이다. 그러나 일반적으로는 그리스도의 재림 후의 영원한 나라를 생각하게 된다. 하나님이 나를 주관하고 계속적으로 섭리하시기 때문에 하나님 나라의 시민으로 일생을 살아야 한다. kingdom of God. 천국.

하나님 아버지 명(마 6:8) 성부 하나님을 가리키는 말. 죄의 종에서 하나님의 자녀가 되게 하신 자애로우신 하나님을 나타낸다. God, the Father.

하나님 말씀 명(행 12:24) 성경. Bible.

하나님의 사람 명(신 33:1) 하나님의 쓰임을 받는 사람. 하나님이 보낸 사람.

하나님의 사자 명(창 21:17) 천사. angel.

하나님의 산 명(출 3:1) 「기브아 엘로힘」을 가리킨다.

하나님의 성령(신)명(마 12:28) 성령을 가리켜 일컫는 말.

하나님의 아들 명(창 6:2) ①예수 그리스도. ②구별된 성도.

하나님의 이름 명(시 20:7) 하나님의 속성과 사역을 나타낼 때 쓰이는 이름. ①엘(El). ②엘라(Elah). ③엘로힘(Elohim). ④여호아(Johovah). ⑤아돈(Adon). ⑥아도나이(Adonai). ⑦주(Lord). 이외에도 많이 있다.

하나님의 자녀 명(호 1:10) 구속받은 성도.

하나님의 전(집)명(창 28:17) ①성전. 성막. ②성도의 몸.

하나되다 타(엡 4:3) 뜻이 같이 되다. 서로 뭉쳐 하나가 되다. 만장 일치.

하나멜〔חֲנַמְאֵל=하나님은 은혜로우심〕인(렘 32:7-12) 「살룸」의 아들이요, 선지자 「예레미야」의 사촌이다. 「예레미야」가 그의 밭을 은 17세겔에 사고 엄정한 계약서를 받았다. 이것은 여호와께서 「바벨론」에서 귀환 후에 도리 일을 가리킴이다(렘 32:7-12).

하난〔חָנָן=자비로운〕인(대상 11:43)

1「베냐민」 사람 「사삭」의 아들(대상 8:23).

2「요나단」의 자손 「아셀」의 아들(대상 8:38).

3「마아가」의 아들이며, 「다윗」의 용사(대상 11:43).

4「삭굴」의 아들이며 십일

조 고간을 지켰다(느 13:13).

5「익다랴」의 아들이며, 선지자이다(렘 35:4). 그 외에 다섯 사람이 있다(스 2:46, 느 8:7, 10:10, 10:22, 10:26).

하네스〔חָנֵס = 수은〕지(사 30:4)「소안」과 함께 기록된「애굽」의 도시「헤라클레오 폴리스」와 같은 곳.

하녹〔חֲנוֹךְ = 헌신적인〕인(창 25:4)

1「르우벤」의 아들인데, 그 지파의 족장 중 한 사람이다(출 6:14).

2「아브라함」의 후처의 소생이다(창 25:4).

하눈〔חָנוּן = 은혜로운〕인(삼하 10:1)

1「암몬」 왕으로「다윗」이 그의 부친「나하스」의 사망함을 듣고 조문사를 보냈더니 정탐꾼이라 하여 모욕적으로 그들의 수염만을 깎고 의복만을 벤 후에 보냈다.「다윗」이 이 소식을 듣고 그들의 수염이 자라기까지「여리고」에 머무르게 하고 일방으로는 전쟁을 준비하여 가지고 나아가 대파하였다(삼하 10:2, 대상 19:2-6).

2 그 밖에 2인이 있다(느 3:13, 30).

하늘 명(창 1:8) ①해와 달과 무수한 별들이 있는 무한대의 공간·천공·태허·허공·중천·대공. sky. ②땅에서 떨어진 공중. air.

하다[1] 타(창 3:1) ①행하다. do. ②배우다. study. ③알다. know.<일컫다>

하다[2] 조(창 5:29) 형용사의 어미 아래에 붙어 그리 여김을, 또는 마땅함을 나타내는 말.

하다드림몬〔הֲדַד־רִמּוֹן = 태풍의 신〕지(슥 12:11)「무깃도」 골짜기에 있는「수리아」의 신.「스가랴」 선지가「예루살렘」에 큰 애통이 있으리니 그 애통은「무깃도」 골짜기「하다드림몬」에 있던 애통과 같은 것이라 하였다. 이것은「요시야」 왕 때를 지적한 것으로 본다(왕하 23:29, 대하 35:22).

하다사〔חֲדָשָׁה = 새로운 것〕지(수 15:37)「유다」의「세벨라」에 있던 성읍.

하닥〔הֲתָךְ = 좋은 진리〕인(에 4:5-10)「에스더」를 근시하는 내시로「에스더」와「모르드개」 사이의 진실한 연락원이다.

하달〔הֲדַר = 화신(火神), 강력한〕인(창 36:39)「바우」에 도읍한「에돔」 왕이니 그의 처는「마드렛」의 딸「므헤다벨」이다.

하닷[1]〔אֲדַד = 우뢰의 신〕인(창

25:15)

[1] 「이스마엘」의 한 아들(대상 1:30).

[2] 「에돔」 왕으로 「다윗」의 용장 「요압」이 「에돔」의 남자를 진멸할 때, 「애굽」으로 도망하여 「바로」의 은총을 입어 왕비의 아우로 아내르 삼고 안락하게 생활하다가 「다윗」과 「요압」 사후에 귀국하여 「솔로몬」의 대적이 되었다(왕상 11:14-25).

[3] 역시 「에돔」 왕으로 「아윗」에 도읍한 자이다(창 36:

하닷[2]〔חֲתַת = 공포〕[인](대상 4:13) 사사 「옷니엘」의 아들.

하닷다〔הֲדַתָּה = 두 장소 같이〕[지](수 15:25) 「유다」 지파에게 배분된 「가나안」 남방 지역의 성읍.

하닷사〔הֲדַסָּה = 천인화 - 天人花〕[인](에 2:7) 「에스더」의 「유대」말 이름.

하닷에셀〔חֲדַד עֶזֶר = 하닷(神)은 도움이 된다〕[인](삼하 8:3-12) ①「다윗」에게 정복당한 「소바」의 왕(왕상 11:23). ②그는 「암몬」 사람의 원조를 받았으나 그 군대는 「요압」에게 패하고 그는 「헬람」에서 「다윗」에게 정복당하였다(삼하 10:6-19).

하도람〔הֲדוֹרָם = 하달은 높으심〕[인](창 10:27)

[1] 「아라비아」 지방에 살았던 「욕단」의 다섯째 아들(대상 1:21).

[2] 「하맛」 왕 「도이」의 아들이다(삼하 8:9). 「하맛」 왕이 되어 「다윗」에게 축사했다(대상 18:10).

[3] 「르호보암」 왕 때 역군의 감독인데 돌에 맞아 죽었다(대하 10:18). 삼하 20:24, 왕상 12:18에는 「아도람」, 왕상 4:6, 5:14에는 「아도니람」이라고 되어 있다.

하드락〔חַדְרָךְ = 돌아옴〕[지](슥 9:1) 「아르바」와 「하맛」 사이에 있는 북 「수리아」의 한 지방.

하들래〔חַדְלַי = 느슨한, 참고 견딤〕[인](대하 28:12) 「아마사」의 아버지.

하디다〔חֲטִיטָא = 탐구〕[인](스 2:42) 성 문지기로서 「레위」 지파 사람.

하디바〔חֲטִיפָא = 붙잡은〕[인](스 2:54) 「솔로몬」 왕 신복의 한 조상.

하딜〔חַטִּיל = 요동하는〕[인](스 2:57, 스 7:59) 「솔로몬」 왕 신복의 한 조상. 그의 자손들은 「스룹바벨」과 같이 바벨론 포로에서 귀환했다(스 2:57, 느 7:59).

하딧〔חָדִיד = 날카롭다〕[지](스 2:33) 「포로」 귀환 후에 「유대」인이 식민한 도읍이다(느 7:37, 11:34). 「롯도」의 동쪽

5km. 현재의 「엘 하딧」과 같은 곳으로 여김.

하라〔הָרָא = 산지〕지(대상 5:26) 「앗수르」 왕국에 있던 한 고을.

하라다〔חֲרָדָה = 두려움〕지(민 33:24-25) 「시내」 산과 「가데스」 중간에 있는데 「이스라엘」 백성이 진을 쳤던 곳이다. 「아가바」 만 부근의 「제벨랏」 산일 것이라 하다.

하란[1]〔הָרָן = 산악의 사람〕인 1「데라」의 아들이며 「아브라함」의 형제요, 「롯」과 「밀가」와 「이스가」의 부친이다(창 11:26-31). 그는 일찍이 별세한고로 「롯」이 그 숙부 「아브라함」과 오랫동안 동거하였다.

2「갈렙」의 아들(대상 2:46).

3「레위」의 자손(대상 23:9).

하란[2]〔חָרָן = 마르다〕지(창 11:27-32) 「아브라함」의 형인 「하란」의 거주지 「밧단아람」의 한 성읍으로, 「아브라함」이 「우르」에서 옮겨 이 성에 가서 사는 동안에 「데라」가 죽었다(행 7:2). ②「야곱」이 이 성에 거주하는 외숙 「라반」의 집에서 20년간 있으면서 2처 2첩을 취하여 11남 1녀를 생산했다(창 29:30). 지금의 「씨리아」 국 「메스케네」 성 부근인 듯하다.

하랄〔הֲרָרִי = 산지의 사람〕인(삼하 23:33) 「다윗」의 30용사 중 「삼마」의 고향.

하렙〔חָרֵף = 뽑아내는, 예리한〕인(대상 2:51) 「갈렙」 자손 「벧가델」의 아버지.

하로셋〔חֲרֹשֶׁת = 이방의 직공〕지(삿 4:2, 13) 「가나안」 왕 「야빈」의 휘하 장수 「시스라」의 거주지로서 「에스드라엘론」 평원의 서단에 있어 전략상 중요한 땅이요, 지금의 이름은 「델엘할바지」이다.

하로에〔הָרֹאֶה = 찾는 자〕인(대상 2:52) 「소발」의 자손.

하롤〔הֲרוֹרִי = 산지사람〕지(대상 11:27) 「삼훗」의 고향 「솔로몬」의 5월 장관.

하롯〔חֲרֹד = 떨다〕지(삿 7:1) 「기드온」이 「미디안」을 야습하기 전에 진쳤던 곳 부근에 있는 우물의 이름(삿 7:1). 이 물은 바위틈에서 솟아나와 직경 20미터의 못(池)을 이루고 동으로 흘러 「요단」 강에 들어간다.

하루 명(창 27:45) ①일주야

(一晝夜). one day. ②하룻날. ③아침에서 밤까지. day time.

하루맙〔הֲרוּמַף = 큰 코 가진 자〕 인(느 3:10) 「여다야」의 아버지.

하루살이 명(욥 4:19) ①하루살이과의 벌레의 총칭. dayfly. ②그날 그날을 살아감.

하루스〔חָרוּץ = 부지런한〕 인(왕하 21:19) 「므낫세」 왕의 장인.

하룸〔הָרֻם = 높게 만들어진〕 인(대상 4:8) 「헬라」의 아들.

하룹〔הֲרִימִי = 가을〕 인(대상 12:5) 「하립」.

하룻길 명(민 11:31) 하룻동안 갈 수 있는 거리. distance of a day's journey.

하룻밤 명(창 40:5) 한밤. 일야. one night.

하르네벨〔דְנֶפֶר = 숨을 할딱거리다〕 인(대상 7:36) 「소바」의 아들.

하르몬〔הַרְמוֹן = 요새〕 지(암 4:3) 본문에는 기록되어 있으나 지금은 그 소재가 불명하다.

하르보나〔חַרְבוֹנָא = 마부〕 인(에 1:10) ①「아하수에로」 왕을 시위하는 7환관 중의 한 사람. ②「하만」이 「모르드개」를 달기 위하여 세운 나무에 「하만」을 달아 죽이는 것이 가하다고 왕에게 말하였다(에 7:9).

하르사〔חַרְשָׁא = 침묵, 기술자〕 인(스 2:52) 「솔로몬」 왕 신복의 한 조상(느 7:54).

하림〔חָרִם = 봉헌〕 인(대상 24:8)

1 포로된 후에 한 대가족의 조상이다(스 2:32, 10:31, 느 3:11).

2 제사장의 제3반의 조상이다(대상 24:8).

3 율법 엄수에 조약한 사람(느 10:27).

하립〔חָרִיף = 가을 소나기〕 인(느 7:24) 「스룹바벨」과 같이 포로에서 귀환한 한 족속의 조상 계약서에 날인한 백성의 두목이었다(느 10:19).

하마〔河馬;물 하, 말 마〕 명(욥 40:15) <동>하마과의 짐승 「아프리카」 남쪽의 늪에서 서식함. 낮에는 물, 밤에는 뭍에서 삶. hippopotamus amphibios.

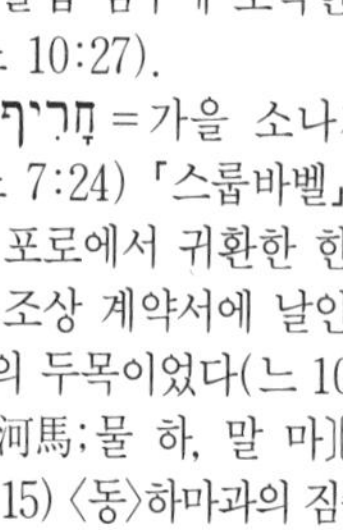

하만〔הָמָן = 의로운〕 인(에 3:1) ①「아각」사람 「하므다다」의 아들로서 「아하수에로」 왕의 총리 대신이다. ②「유대」인

ㅎ

「모르드개」가 자기를 섬기지 않는다 하여 「모르드개」는 나무에 달고 「유대」인은 전멸할 계획을 세우고 왕에게 청하여 전국에 조서를 내렸다. 그러나 일은 뒤집혀서 「모르드개」를 달려고, 하던 나무에 「하만」이 달렸고, 「유대」인을 죽이려 하던 모든 사람들은 「유대」인의 손에 죽임을 당했다(에 3:1, 5:7). 그래서 지금도 「유대」인은 일반적인 원수의 대명사를 「하만」이라 하고, 부림절에 「에스더」 서를 낭독할 때에 「하만」의 이름이 나올 때마다 발을 구르며 특별히 만든 종을 울린다. 「에스더」와 「모르드개」 항을 보라.

하맛〔חֲמָת = 성채, 요해〕[지](민 13:21) ①「여호수아」의 임종시까지 얻지 못한 동편 경계가 된 성이다. ②「모세」가 12정탐꾼을 보냈을 때, 이 성까지 가서 정탐하고 돌아왔다(민 13:21). ③「이스라엘」의 이상적 경계의 북단이라 한다(민 34:8, 암 6:14, 왕상 8:65, 왕하 14:25, 대상 13:5). ④이 지역은 「레바논」과 「안지 레바논」의 중간에 있는 「엘부가」 평원의 남부라고 생각한다. ⑤주전 10세기 경에는 「아람」 왕국에 속하였고, 그후 그 왕 「도이」는 「다윗」과 우호 관계를 맺었다(삼하 8:9-12). ⑥「솔로몬」은 이곳에 국고성을 쌓았다(대하 8:4). ⑦「여로보암」 2세는 전일 「유대」에 속하였던 이 성을 「이스라엘」에게 돌렸다(왕하 14:28). ⑧「시드기야」가 이곳에서 「느부갓네살」에게 잡혀갔다(렘 39:5). ⑨이곳 주민은 「앗수르」 왕의 식민으로 「사마리아」에 옮겼다(왕하 17:24, 18:34). 지금은 「하마」라 부르며 「다메섹」 북방 20km 「수리아」 「오론터스」 강 언덕에 있다.

하맛소바〔חֲמָת צוֹבָה = 하맛의 요해〕[지](대하 8:3, 삼상 14:47) 「소바」 항을 보라.

하모나〔הֲמוֹנָה = 많다. 군중〕[지](겔 39:16) 「하몬곡」 골짜기에 있던 성읍. 「마곡」의 대군이 장사된 데서 이 이름이 생겼다.

하몬곡〔הֲמוֹן גּוֹג = 곡의 우리들〕[지](겔 39:11, 15) 「곡」과 그 무리들을 장사할 성지 밖 골짜기에 붙인 이름.

하몰〔חֲמוֹר = 수나귀〕[인](창 33:18-19) ①야곱이 「밧단아람」에서 무사히 「가나안」에 돌아와 장막을 친 터를 판 「히위」 족 「세겜」의 아버지. ②그의 아들들은 「디나」를 욕보였기 때문에 죽임을 당했다(창 34:).

하무달〔חֲמוּטַל = 이슬의 친족〕 인(왕하 23:31) 「립나」인 「예레미야」의 딸이요, 「요시아」 왕의 한 왕비요, 「여호아하스」 왕과 「시드기야」 왕의 모친이다.

하물[1]〔荷物;짐질 하, 만물 물〕 명(행 27:10) 짐. a load.

하물[2]〔חָמוּל = 자비를 경험한 사람〕인(창 46:12, 대상 2:5) 「베레스」의 아들.

하물며 부(신 31:27) 더군다나. 그 위에. how much more.

하므란〔חַמְרָן = 붉은〕인(대상 1:41) 「에돔」 사람 「디손」의 아들. 창 36:26에는 「헴단」이라고 되어 있다.

하바라임〔חֲפָרַיִם = 두 우물〕지(수 19:19) 「잇사갈」 지파에 있는 성읍.

하바시냐〔חֲבַצִּנְיָה〕인(렘 35:3) 「레갑」 사람 「아아사냐」의 조부.

하바야〔חֲבַיָּה = 여호와는 숨기심〕인(스 2:61) 제사장의 자손인 「유다」인의 조상이다. 더럽혀진 자로서 제사장직에서 제외되었다. 느 7:63에는 「호바야」로 되어 있다.

하박국[1]〔חֲבַקּוּק = 씨름하는 자〕 인(합 1:1) 선지자 중의 한 사람이며 「하박국」 서의 저자인데, 그의 개인적인 사적은 전연 알 수 없고 동시대의 「예레미야」보다도 전대의 「이사야」에게서 영향을 받은 것으로 추측한다. 「바울」이 가장 중대한 교리의 기초로 삼은 말씀을 그의 저서에서 인용하였으니 곧 "의인은 믿음으로 말미암아 살리라"한 말씀이다.

하박국[2] 명(합) 구약 제35권째 성경임. 선지자 「하박국」의 기록으로, 「바벨론」에게 망하기 전 「유다」에 대한 예언으로 죄에 대한 징벌, 「바벨론」의 멸망, 하나님의 영광이 가득할 때가 올 것을 노래하고 마친다. 주제는 「의인은 믿음으로 살리라」이다(합 2:4).

하볼〔חָבוֹר = 결합〕지(왕하 17:6) 「유브라데」 강 상류의 지류인데, 「호세아」 왕 시대에 「이스라엘」의 포로를 이 강가로 옮겨갔다(대상 5:26). 현재의 이름은 「가불」이다.

하봇야일〔חַוֹּת יָאִיר = 야일의 장막, 동네〕지(민 32:41) ① 구명은 「바산」인데 「므낫세」의 아들 「야일」이 취하고 자기 이름으로 「하봇야일」이라 하였다. 그 후 사사 「야일」도 이곳에서 22년간 「이스라엘」을 다스리며 역시 「하봇야일」이라 하였다(신 3:14, 수 13:30, 삿 10:4). ② 「솔로몬」 시대에는 「벤게벨」이 이 땅을 주관하여 「솔로몬」 왕실에 식물을 공급하였다(왕상 4:13).

하사댜〔חֲסַדְיָה = 하나님께서 사랑하신다〕[인](대상 3:20) 「스룹바벨」의 아들.

하사뱌〔חֲשַׁבְיָה = 여호와께서 평가하신다〕[인](대상 9:14)

[1] 성전 음악대 제12조의 악장(대상 25:3).

[2] 「레위」 지파 「헤브론」 자손으로 「다윗」 때 「요단」 서편의 주관자(대상 26:30).

[3] 「레위」 사람 「므라리」 자손 「아하시아」의 아들(느 11:15).

[4] 「레위」 사람 「므라리」 자손 「분니」의 아들(대상 9:14).

[5] 「에스라」 시대의 「레위」 사람 「하삽나」와 같은 사람(스 8:19).

[6] 「느헤미야」 시대 「그일라」 반 지방을 다스리는 자(느 3:17).

[7] 「요시야」 왕 때의 「레위」 사람의 두목(대하 35:9).

하사손다말〔חַצְצוֹן תָּמָר = 모래땅〕[지](창 14:7) ①「사해」 서편에 있는 「엔게디」의 옛 이름으로 「그돌라오멜」의 동맹군에게 정복을 당한 「아모리」 족속의 거주지다. ②「여호사밧」 왕 때에 「유대」를 침공하는 동맹군이 진을 쳤던 곳(대하 20:2). ③종려나무성 「여리고」가 이 성인 듯하며, 이곳에서 「겐」사람이 「유대」 광야로 이주하였다(삿 1:16). ④「발람」이 「겐」 사람을 가리켜 말할 때에 「사해」 서안과 「겐」 사람의 견고한 거처이니 그 요새인 「에게디」를 바라보았을 것이다(민 24:21).

하사야〔חֲזָיָה = 여호와께서 감시하심〕[인](느 11:5) 「골호세」의 아들.

하사엘〔חֲזָהאֵל = 하나님께서 보심〕[인](왕상 19:15) ①「수리아」의 왕 「벤하닷」 2세를 섬긴 신하. 「엘리야」는 「하사엘」에게 기름을 부어 「수리아」의 왕을 삼도록 하나님의 명령을 받았다. ②「하사엘」은 왕을 죽이고 왕위에 올라 B. C. 845-800년까지 다스렸다(왕하 8:7-15). ③그는 같은 시대의 「이스라엘」 왕 「요람」, 「예후」, 「여호아하스」와 싸웠다(왕하 10:32).

하살갓다〔חֲצַר גַּדָּה = 행운의 성읍〕[지](수 15:27) 「유대」 남방의 성읍.

하살마웻〔חֲצַר מָוֶת = 죽음의 뜰〕[지](창 10:26) 「아라비아」에 이씨는 지방 이름. 기후는 좋지 않으나 향료, 몰약 등이 많이 난다.

하살수사〔חֲצַר סוּסָה = 말의 땅〕

지(수 19:5) 「시므온」 지파의 한 성읍으로서 말의 생산지인 듯하다.

하살수심〔חֲצַר סוּסִים = 말의 성읍〕지(대상 4:31) 「시므온」의 성읍으로서 「사루엔」 동쪽 31km 지점에 위치한 「스발랏아우수패인」과 동일시 된다.

하살수알〔חֲצַר שׁוּעָל = 여우의 마을〕지(수 15:28) 「유다」 남부의 성읍으로, 「시므온」 지파에게로 속하였다.

하살아달〔חֲצַר אַדָּר = 아달의 마을〕지(민 34:4, 수 15:3) 「가데스바네아」 부근에 있어 「가나안」의 남방 경계가 되었다(민 34:4).

하살에난(논)〔חֲצַר עֵינָן = 샘들의 둘레〕지(민 34:9-10) 「이스라엘」 북쪽 국경. 에스겔 47:18, 48:1에는 이상적 국경이라 했다.

하삽나〔חֲשַׁבְנָה = 여호와께서 평가하신다〕인(느 10:25) 「바벨론」 포로에서 귀환한 후 국민의 죄를 반성하고, 자숙과 맹약을 성문 체약하고, 「느헤미야」와 같이 그 계약서에 날인한 백성의 두목이다.

하삽느야〔חֲשַׁבְנְיָה = 여호와는 나를 생각하신다〕인(느 3:10) ①「예루살렘」 성벽을 중수한 「핫두스」의 부친이다. ②「레위」인이다. 「바벨론」 포로에서 귀환한 후 백성이 금식과 참회로 예배드릴 때에 다른 「레위」 사람들과 같이 백성을 대표하여 하나님의 은혜와 관용을 찬양하면서 국민적 참회를 드렸다(느 9:5-31).

하세롯〔חֲצֵרֹת = 마을들〕지(민 11:35) ①「이스라엘」 백성들이 「시내」 산에서 북쪽으로 둘째번 진을 쳤던 곳(민 12:16, 33:17). ②여기서 「미리암」과 「아론」이 「모세」의 아내의 일로 인해서 「모세」를 비난하다가 문둥병에 걸렸다(민 12:).

하셀핫디곤〔חָצֵר הַתִּיכוֹן = 중간 마을〕지(겔 47:16) 약속의 땅 「가나안」 동북쪽 성읍.

하셈〔הָשֵׁם = 살진, 잠〕인(대상 11:34) 「기손」 사람. 「다윗」의 30용사 중 한 사람(대상 11:34). 「야센」과 동일인이다(삼하 23:32).

하소〔חֲזוֹ = 환상, 꿈〕인(창 22:22) 「아브라함」의 동생 「나홀」의 다섯째 아들.

하소베렛〔הַסּוֹפֶרֶת = 서기(書記)〕인(스 2:55) 「솔로몬」 왕의 신복 중 한 사람. 「소베렛」과 동일인(느 7:57).

하속〔下屬; 아래 하, 붙을 속〕명(마 26:58) 하인들. servants.

하솔〔חָצוֹר = 촌락〕지

1 「팔레스틴」 북쪽에 있던

「가나안」 사람의 왕 「야빈」의 수도. ①「야빈」은 이웃 나라의 왕들과 동맹하여 스스로 맹주가 되어 「이스라엘」 백성들을 물리치려고 했으나 실패하고 그의 수도는 불타 버렸다(수 11:1-11). ②「납달리」 지파에게 분배되었으나 사사 시대에 이르러 다시 「가나안」 사람의 손에 들어갔으나 여사사 「드보라」와 사사 「바락」에 의하여 멸망되었다(삿 4:). ③후에 「솔로몬」이 여기에 요새를 만들었으나 「디글랏빌레셀」에게 빼앗겼으며, 백성들은 「앗수르」로 끌려갔다(왕상 6:15, 왕하 15:29).

[2]「유대」 남쪽 「에돔」 경계에 접한 성읍(수 15:23).

[3]「하솔하닷다」(새 하솔) 역시 「유대」 남방에 있다(수 15:25).

[4]「예루살렘」 북편에 있어 「바벨론」에서 귀환한 「베냐민」 자손의 일부가 거주하였는데 「바알하솔」과 동일시하며 지금은 「하수로」라 한다(느 11:33).

[5]「느부갓네살」이 정복한 「아라비아」의 한 지방이다(렘 49:28-33).

하솔하닷다〔חֲצַר הֲדַסָּה = 새마을〕[지](수 15:25) 「유다」의 남방 성읍. 「아랏」의 동남쪽 11km 지점에 있는 「엘후데이라」와 같은 곳으로 여김.

하수〔河水;물 하, 물 수〕[명](창 41:2) 강물. 강수. river water.

하수바〔חֲשׁוּפָא = 벌거벗긴〕[인](대상 3:20) ①「스룹바벨」의 아들이다. ②「느디님」 사람인데 「솔로몬」 왕 신복의 한 조상이다(느 2:43).

하술렐보니〔חֲצְלֶלְפּוֹנִי = 나를 돌보심〕[인](대상 4:3) 「유다」족 「에담」 조상의 자손들의 자매이다.

하숨〔חָשֻׁם = 부귀〕[인](스 2:19) ①그 자손이 「스룹바벨」과 같이 포로에서 귀환했다(스 10:33, 느 7:22). ②「바벨론」 포로에서 귀환 후 민족적 자숙과 맹약을 체결하고, 그 계약서에 날인한 족장의 한 사람이다(느 8:4, 10:18).

하스나아〔חַשְׂנָאָה = 증오〕[인](느

3:3) 그 아들들이 「예루살렘」의 어문을 세웠다(스 2:35). 느 7:38에는 정관사가 생략된 「스나아」로 되어 있다.

하스라〔חַסְרָה = 빛남〕인(대하 34:22) 「살룸」의 조부 「할하스」와 동일인이다(왕하 22:14).→「할하스」.

하스모나〔חַשְׁמֹנָה = 살짐, 옥토〕지(민 33:29) 「이스라엘」 민족이 광야에 머문 곳.

하스밧다나〔חָשְׁבַּדָּנָה = 이성, 현명한 판단〕인(느 8:4) 학사 「에스라」의 좌편에 서 있던 자 중의 한 사람.

하시드〔הַסִּיד = 질그릇 조각의 문〕지(렘 19:2) 「예루살렘」의 문 이름, 두 성벽 사이 왕의 동산 곁문(왕하 25:4), 두 담 샛문(렘 39:4) 또는 분문(糞門)과 같다(느 2:13, 3:13). dung 門.

하시엘〔חֲזָחאֵל = 하나님의 환상〕인(대상 23:9) 「시므이」의 아들이며 족장이다.

하아하스다리〔אֲחַשְׁתָּרִי = 노새몰이군〕인(대상 4:6) 「아스훌」과 「나아라」 사이에 출생한 아들.

하여간〔何如間;어찌 하, 같을 여, 사이 간〕명(고후 12:16) 어찌하였든지. 어쨌던. anyhow.

하여금부(삼하 17:1) ①으로써. ②에게. ③시키어.

하와〔חַוָּה = 산자의 어미 생명〕인(창 3:20) 「아담」의 아내로 온 인류의 첫 어머니다. ①하나님께서 「아담」을 만드시고 그 외로움을 도우려고 「아담」의 갈빗대 하나를 뽑아서 만드심은 심오(深奧)한 의미가 있다고 해석하니, 만약에 두골(頭骨)로 만들었다면 남자의 머리가 되려고 했을 것이다(창 2:22). ②또 한 가지 심장에 가까운 뼈로 만드심은 서로 사랑하게 하시려는 섭리인 것이다. ③이 「하와」가 뱀의 꼬임에 넘어감으로 인류에게 죄가 들어왔다고 정의하고 있다(고후 11:3). ④하나님의 금단의 열매를 따먹은 후에, 전에는 하나님의 명령을 받다가 이제는 남자의 주장함을 받고 해산하는 고통의 수고를 하게 되었다(창 3:3-6, 16:- 20).

하우란〔חַוְרָן = 깊은 땅〕지(겔 47:16) 「가나안」의 이상적

동편 경계로 기록되었다. 「헤르몬」 산 동남 곧, 「죠란」과 「헤지야」 사이에 가로질러 있으며 해발 609미터, 면적 271km²의 비옥한 분지(盆地)인데 현재의 「아라비아」인은 「엘하우란」이라 부른다.

하윌라[1]〔חֲוִילָה＝사막의 거친 땅〕[인](창 10:7)
[1] 「노아」의 아들 「함」의 자손으로 「욕단」의 아들(대상 1:9). 「구스」.
[2] 「노아」의 아들. 「셈」 자손으로 「욕단」의 아들(창 10:29, 대상 1:23).

하윌라[2]〔חֲוִילָה＝모래 땅〕[지](창 2:11) ①「에덴」 동산에서 발원한 「비손」 강이 둘러 있는 지방인데, 정금과 진주와 「호마노」 산지이다. ②후에 「이스마엘」 자손의 거주지가 되었다(창 25:18). ③「셈」 인종 중의 「구스」인들이나 「욕단」의 족속들이 살던 「아라비아」 지방을 지칭(대상 1:9, 23). ④그리고 「사울」 왕이 「아말렉」을 쳐 이기고 격퇴시킨 곳도 이 지방이다(삼상 15:7).

하인〔下人;아래 하, 사람 인〕[명](창 18:7) ①사내종. man-servant. ②사내종과 계집종과의 총칭. servant.

하지〔下地;아래 하, 땅 지〕[명](신 4:39) ①하늘 아래의 땅. on the earth. ②메마른 땅.

하체〔下體;아래 하, 몸 체〕[명](창 9:22) ①사람의 몸의 아랫부분. lower part of the body. ②남녀의 음부. 생식기. private parts.

하층〔下層;아래 하, 층계 층〕[명](왕상 6:6) ①아래층. 밑층. downstairs. ②아래 계급. lower class.

하히롯〔הַחִירֹת〕[지](민 33:8) 출애굽한 이스라엘 백성이 홍해를 건너기 전 마지막으로 진쳤던 곳. 「비하히롯」과 같은 곳.

학〔鶴;새 학〕[명](레 11:19) <조> 두루미. crane.

학가단〔הַקָּטָן＝적은 것〕[인](스 8:12) 「에스라」와 같이 「바벨론」 포로에서 귀환한 「요하난」의 부친이다.

학개[1]〔חַגַּי＝쾌락, 경축일〕[인](학 1:1) ①12소선지 중의 한 사람으로 「학개」 서의 저작자. ②그는 혹 어떤 축제일에 출생한 듯하다. 「스가랴」와 동시대 사람(슥 5:1, 6:

14). ③「바사」왕「다리오」 1세 제2년 주전 520년 6월에서 9월까지 예언하였다. 그의 예언 내용은「이스라엘」백성들이「바벨론」포로에서 귀환 후 의식주 생활에만 치중하고 성전 재건을 위해서는 관심이 없었기 때문에 이 사실을 책망하고 격려한 것이다. ④2:3의 말이 파괴 이전의「솔로몬」의 성전을 직접 본「학개」의 말이라면, 그가 예언 활동을 했던 시기는 노년기라고 생각할 수 있다.

학개[2] 명(학) 구약 제37권째 성경이다.「스룹바벨」과 함께「바벨론」에서 돌아온「레위」사람 선지자「학개」의 기록으로, 성전 재건을 촉구하고 백성들에게 힘과 용기를 주기 위하여, 선별에 관한 하나님의 말씀과 심판에 관한 하나님의 말씀을 대언하였다.

학고스〔הַקּוֹץ =가시나무〕인 (대상 24:10)「아론」의 자손이다. 그의 가족은「다윗」시대까지는 한 족속으로 번영하여「다윗」의 제사장 구분에서는 24반차 중 제7반차이었다. 그 자손은「스룹바벨」과 같이「바벨론」포로에서 귀환했으나 보계에 자기의 이름이 없었기 때문에 제사장직에서 제외되었다(스 2:61).

학기〔חַגִּי =즐거운 축제의〕인 (창 46:16)「갓」의 아들(민 26:15).

학기야〔חַגִּיָּה =여호와의 축제〕인(대상 6:30)「시므이」의 아들.

학깃〔חַגִּית =명절〕인(삼하 3:4)「다윗」의 넷째 아들「아도니아」의 어머니.

학대〔虐待;사나울 학, 대할 대〕명(창 16:6) 가혹한 대우. 남을 혹독하게 괴롭힘. ill treatment.

학대자〔虐待者;~놈 자〕명(사 51:13) 학대하는 사람. oppressor.

학모니〔חַכְמוֹנִי =아는 자〕인 (대상 27:32)「다윗」의 아들의 종이었던「여히엘」의 아버지.

학몬[1]〔חַכְמֹנִי =현명한〕지(대상 11:11, 27:32)「야소브암」의 고향.

학몬[2]〔חַכְמֹנִי =현명한〕지(대상 11:11)「다윗」의 용사.「학몬」사람의 아들.「야소브암」의 출신지. 사무엘하 23:8의「다그학몬」인 듯하다.

학문〔學問;배울 학, 물을 문〕명 (단 1:4) ①배우고 익힘. learning. ②체계가 서 있는 지식. knowledge.

학사〔學士;배울 학, 선비 사〕명 (스 7:6) ①대학 졸업생의 칭호. bachelor of arts science. ②학문 연구에 전념하는 사람. scholar. ③유태인의 법률, 신학 등을 연구하던 유태인 학자. scribe.

학살〔虐殺;사나울 학, 죽일 살〕명(삼하 21:5) 참혹하게 죽임. slaughter.

학술〔學術;배울 학, 꾀 술〕명(행 7:22) ①학문과 예술. art and science. ②학문과 그 응용 방법. learning.

학식〔學識;배울 학, 알 식〕명(잠 1:5) ①학문과 식견. learning. ②학문에서 얻은 식견. scholarly attainments.

학자〔學者;배울 학, 놈 자〕명(사 50:4) ①학문을 연구하거나 통달한 사람. scholar. ②학문에 능난한 사람. literary man.

학질〔瘧疾;학질 학, 병 질〕명(신 28:22) 일정한 시간이 되면 오한이 나고 발열하는 병. 병원충에 따라 열이 있음. malaria.

한[1] 관(창 1:9) ①하나의 뜻. one. ②대략의 뜻. about.

한[2]〔恨;원한 한〕명(창 27:42) 원한. 한탄. grudge.

한[3]〔限;한정 한〕명(창 41:49) ①사물의 정해 놓은 범위. 한계. limit. ②넘지 못하게 정함. 또는 이미 정하여진 정도나 범위. restriction.

한가〔閑暇;한가할 한, 한가할 가〕명(신 24:5) 별로 할 일이 없어 시간적 여유를 가짐. leisure.

한가지 명(출 11:1) 서로 같음.

한결 부(잠 20:10) 보다 더. 제법. 꽤. much more.

한결같이 부(히 4:15) 처음부터 끝까지 꼭 같게. constantly.

한계〔限界;한정 한, 지경 계〕명(잠 8:29) ①땅의 경계. boundary. ②사물의 정해놓은 범위. limit.

한나〔חַנָּה=은혜, 자비〕인(삼상 1:2) ①「엘가나」의 두 아내 중 한 사람으로 「사무엘」의 어머니. ②기도를 드려 「사무엘」을 얻어 하나님께 바침. ③삼상 2:1-10의 「한나」의 찬가는 눅 1:46-55의 「마리아」의 찬가와 비교된다.

한나돈〔חַנָּתוֹן=은혜스러운〕지(수 19:14) 「스불론」 지파에 있는 성읍.

한니엘〔חַנִּיאֵל=하나님의 총애〕인(민 34:23)
1 「므낫세」 지파의 족장으로 「가나안」 땅 분배 시에 협조한 자.
2 「아셀」 지파의 족장이며 큰 용사요, 방백의 두목이다(대상 7:39-40).

한담〔閑談;편안할 한, 말씀 담〕명(잠 11:13) 심심풀이로

ㅎ

하는 이야기.

한량〔限量; 한정 한, 분량 량〕명(사 5:14) 일정한 분량. limited amount.

한량없이〔限量~; 한정 한, 분량 량〕부(사 5:14) 그지없이, 다함이 없게, 무한정하게.

한재〔旱災; 가물 한, 재앙 재〕명(신 28:22) 가물로 인해서 생기는 재앙. 한해(旱害). drought disaster.

한적〔閒寂; 편안할 한, 고요할 적〕명(막 1:35) 한가롭고 고요함. quietude.

한정〔限定; 한정 한, 정할 정〕명(욥 13:27) ①한하여 정함. limitation. ②〈논〉개념에 속성을 붙여 그 뜻을 좁게 함. 규정. 제한.

한줌 명(레 2:2) 한 주먹. 한 주먹이 될만한 분량.

한탄〔恨嘆; 한할 한, 탄식할 탄〕명(창 6:6) 원통하거나 뉘우침이 있을 때 한숨짓는 탄식. ㊟ 한(恨). deploring.

한편〔~便; 쪽 편〕명(갈 3:30) ①목적을 함께 하는 편. on the one hand. ②서로 대립되는 편의 하나. one side.

할라〔חֲלַח〕지(왕하 17:6) 「이스라엘」 백성이 「앗수르」왕 「살만에셀」에게 사로 잡혀간 한 지방으로, 「메소포다미아」에 있는 성인 듯하다(대상 5:36).

할락산〔חָלָק = 미끄럽다〕지(수 11:17) 「여호수아」가 점령한 땅 중 최남단으로 「사해」 남방 13km 지점의 「힌」 언덕 또는 서남 60km 지점의 「제벨엘마데라」와 동일시한다.

할렐루야〔הַלְלוּ־יָהּ = 여호와를 찬양하라〕명(시 104:35) 시편의 노래에서 사용하였다. 하나님의 창조와 섭리 구원을 노래할 때 하나님을 찬양하였다(시 104). 시편 제5권(107:~150:)은 할렐루야 시이다.

할례〔割禮; 나눌 할, 예도 례〕명(창 17:10) 「이스라엘」인의 남자가 난 지 여드레 만에 생식기 끝의 껍질을 끊어내는 종교적 습관. 포경 수술. circumcision.

할례당〔割禮黨; ~무리 당〕명(엡 2:11) 할례를 받은 무리. the circumcision. 유대인을 지칭함.

할례산〔割禮山, מולת〕지(수 5:3-5) 광야에서 출생한 「이스라엘」 백성은 할례를 행치 않았으므로 「여호수아」가 여호와의 명령을 받들어 이 산에서 할례를 행하였다.

할례시〔割禮時; ~때 시〕명(롬 4:10) 할례를 받을 때. when one is in circumcision.

할례자〔割禮者; ~놈 자〕명(행 11:2) 할례받은 사람. circumcised.

할로헤스〔חַלּוֹחֵשׁ = 마술사〕인(느 3:12, 10:20:25) 「예루살렘」 지방 절반을 다스리는 「살룸」의 아버지 「할르헤스」와 같은 사람.

할리〔חֲלִי = 목걸이〕명(수 19:25) 「아셀」 지파의 땅.

할하스〔הַרְחַס = 빛남〕인(왕하 22:14) 「요시야」 왕 때의 여선지자 「훌다」의 남편 「살룸」의 조부이다. 대하 34:22에는 「하스라」로 되어 있다.

할해야〔חַרְהֲיָה = 여호와는 보호하심〕인(느 3:8) 금 세공업자 「웃시엘」의 아버지.

할훌[1]〔חַרְחֻר = 불 꽃〕인(스 2:51) 「느디님」 사람으로 「바벨론」 포로에서 귀환한 족속의 한 선조(느 7:53).

할훌[2]〔חַלְחוּל = 움푹 패인 곳이 많은 곳〕지(수 15:58) 「유다」 산지의 성읍인데, 「헤브론」 북쪽 6㎞ 지점에 있는 「한훌」과 같은 곳으로 여김.

핥다 동(삿 7:5) 혓바닥으로 물건의 겉면을 쓸어들이다. lick.

함[1]〔חָם = 검다. 덥다〕인(창 5:32) ①「노아」가 500세 이상이 되어서 낳은 막내아들(창 6:10, 9:10, 9:24). ②결혼은 하였으나 아직 자식이 없었는 듯하다(창 7:7, 벧전 3:20). ③부친이 술에 취하여 나체로 누워 있는 것을 보고 흉을 보았다. 「노아」가 깨어 그것을 알고 저주하기를 "그 형제의 종이 되기를 원하노라"하였다(창 6:1, 7: 13, 9:18-25). ④그의 자손은 「앗수르」, 「바벨론」, 「가나안」, 「시돈」, 「애굽」, 「리비아」 등지에 거주한다(창 10:6). ⑤고대에는 상당한 문명국으로 알려졌으니 그 중에 「앗수르」와 「애굽」의 문화가 가장 발달하였고 전세계를 지배하였으며, 「두로」와 「시돈」은 상업국으로 유명하였다. ⑥중세기 이후에는 쇠약하여 열등국으로서 열강의 식민지가 되어 오랫동안 압박을 받았다. ⑦시 78:51, 105:23에 「함」의 땅이라 함은 「애굽」을 가리킨 것.

함[2]〔חָם = 검다〕지(시 105:23) 「애굽」을 가리킨다. 「함」의 자손이 거주하는 현재의 「아프리카」로, 고대에는 세계 강국이었으나 현세에는 약소국으로 백인들의 속국으로 야만인의 생활을 하였다. 시

105:23과 106:22에 「함」과 「애굽」 땅에 대하여 노래한 것이 있다.

함[3]〔הָם = 온천, 다수〕지(창 14:5) 「요단」 강 동편의 성읍. 「아셀」 지경의 성읍인데, 「두로」와 「악고」의 중간에 있는 「굴벳움엘암드」라고 부르는 폐허와 동일하다고 본다(수 19:35).

함락〔陷落; 빠질 함, 떨어질 락〕명(신 20:20) ①땅이 무너져 떨어짐. falling sinking. ②적의 성이나 진지를 빼앗음. falling.

함맛〔חַמַּת = 온천〕지(수 19:35) 「납달리」 성읍으로 「디베랴」 남방에 있는 「굴벳엘할맘」과 수 21:32의 「함못돌」과 대상 6:76의 「함몬」과 동일시한다.

함메아〔חַמֵּאָה = 백의 망대〕지(느 3:1) 「예루살렘」 북벽, 성역의 북면 「하나넬」 망대의 동쪽에 있던 망대이다(느 12:33).

함몬〔הַמּוֹן = 온천〕지(수 19:28)
1 「아셀」 지파의 성읍.
2 「납달리」에 있던 「레위」인의 성읍(대상 6:76).

함몰〔陷沒; 빠질 함, 빠질 몰〕명(욥 22:16) ①빠짐. subsidence. ②재난을 당하여 멸망함. ruin(욥 22:16).

함몰레겟〔הַמֹּלֶכֶת = 여왕〕인(대상 7:18) 「므낫세」 족속의 조상이며 「길르앗」의 누이.

함못돌〔חַמֹּת דֹּאר = 주거의 온천〕지(수 21:32) 「납달리」에 있던 「레위」 자손의 성읍이다. 「함맛」(수 19:35)과 같은 곳.

함무엘〔חַמּוּאֵל = 신은 태양〕인(대 4:26) 「시므온」 자손 「미스마」의 아들.

함므다다〔הַמְּדָתָא〕인(에 3:1) 「아각」사람인데 「아하수에로」 왕의 총리대신 「하만」의 아버지.

함밉갓〔הַמִּפְקָד = 재판관의 문〕지(느 3:31) 감옥문과 동일문이며 성전 성역의 북쪽 내벽에 있던 「양문」을 들어가는 곳이 있었다.

함부로 부(잠 12:18) 되는 대로 마구. random.

함소〔含笑; 머금을 함, 웃음 소〕명(욥 29:24) ①웃음을 머금거나 띰. wearing a smile. ②꽃이 피기 시작함. beginning to bloom.

함정〔陷穽; 빠질 함, 함정 정〕명(출 10:7) ①짐승을 잡기 위하여 파놓은 구덩이 허방다리. pitfall. ②남을 해롭게 할 목적으로 스스로 속게 함.

함해〔陷害; 빠질 함, 해할 해〕명(욥 34:30) 남에게 재앙의 해를 입힘. entrapping.

합〔合;합할 합〕명(창 46:18) 여럿을 한데 모음. 또는 그 수.

합〔盒;합 합〕명(마 2:11) 둥글고 넓적하며 뚜껑이 있는 놋그릇. small round brass vessel.

합개〔蛤蚧;조개 합, 조개 개〕명(레 11:30) ①〈동〉푸르스름하고 꼬리가 새파란 도마뱀의 한 가지. ②〈한〉짠맛이 있고 독이 좀 있는데 기침, 폐, 사기(邪氣) 따위를 다스리는데 쓰는 약재.

합계〔合計;합할 합, 계산 계〕명(민 3:22) 한데 몰아서 계산함. 또는 그 수. sum total.

합당〔合當;합할 합, 마땅 당〕명(창 20:9) 꼭 알맞음. 적당. adequacy.

합동〔合同;합할 합, 한가지 동〕명(민 18:2) ①여럿이 모여 하나가 되어 함께 함. union. ②〈수〉두 개의 도형의 형상 및 크기가 서로 일치함. congruence.

합력〔合力;합할 합, 힘 력〕명(롬 8:28) ①흩어진 힘을 한데 합함. uniting efforts. ②몇 개의 힘. resultant force. ③어느 일을 하는 경우의 노력의 결합. cooperation.

합리〔合理;합할 합, 이치 리〕명(욥 35:2) 떳떳한 도리에 합당함. rationality.

합분태〔鴿糞太;집비둘기 합, 똥 분, 클 태〕명(왕하 6:25) 비둘기 똥. dove's dung.

합비세스〔הַפִּצֵּץ = 부수는 자, 흩음〕인(대상 24:15) 「아론」의 자손. 제18반열의 제사장.

합심〔合心;합할 합, 마음 심〕명(삿 20:11) 많은 사람이 마음을 한데 모음. being united.

합의〔合意;합할 합, 뜻 의〕명(출 32:32) ①서로 뜻이 같음. mutual consent. ②당사자간의 뜻이 일치함. agreement.

합의상〔合意上;~위 상〕명(고전 7:5) 서로의 뜻이 같음을 바탕으로 함. with consent.

합주〔合奏;합할 합, 연주할 주〕명(대하 20:28) 여러 가지 악기로 연주함. concert.

합창〔合瘡;합할 합, 부스럼 창〕명(욥 7:5) 부스럼이 크게 하나로 됨.

합하다〔合~;합할 합〕자(창 46:15) ①여럿이 하나로 뭉치다. be put together. ②마음에 꼭 맞다. agreeable.

합환채〔合歡菜;합할 합, 기쁠

환, 나물 채][명](창 30:14) 〈식〉일반적으로 사랑의 열매로 간주된다. 매우 희귀한 식물로 정력, 최음제의 효력이 있는 것으로 알려져 있다. mandrakes.

핫두스〔הַטּוּשׁ =경쟁자〕[인](대상 3:22)

[1]「유다」자손 「스마야」의 아들로서 한 족속의 족장. 「바벨론」 포로에서 귀환함.

[2]「하삽느야」의 아들인데, 「예루살렘」 성벽 일부를 중수했다(느 3:10).

[3]「스룹바벨」과 같이 「바벨론」 포로에서 귀환한 제사장인데 율법 준수의 계약서에 날인했다(느 10:4, 12:2).

핫딜〔חַטִּיל =수다장이〕[인](느 7:59) 「솔로몬」 신복의 한 선조 「하딜」과 같은 사람.

핫숨〔חָשׁוּם =부귀〕[인](스 2:19) 「하숨」과 같은 사람.

핫숩〔חַשּׁוּב =사려깊은〕[인](대상 9:14)

[1]「레위」 자손 「스마야」의 부친(느 11:15).

[2]「바핫모압」의 아들(느 3:11).

[3]「유대」 사람으로 「예루살렘」 성벽을 중수한 사람(느 3:23).

핫스누아〔חַשְׁנוּחַ =증오〕[인](느 11:9) 「예루살렘」 시민의 부감독이었던 「유다」의 아버지.

항거〔抗拒; 대항할 항, 막을 거〕[명](시 74:23) 대항함. 버팀. resistance.

항구〔港口; 항구 항, 입 구〕[명](시 107:30) 배가 드나들고 머무는 곳. harbour.

항렬〔行列; 갈 항, 줄 렬〕[명](느 12:31) 줄을 지어감.

항만〔港灣; 항구 항, 물구비 만〕[명](행 27:39) 배를 대고 물건 또는 사람의 오르고 내림이 편리하도록 설비해 놓은 곳. harbours.

항복[1]〔降伏; 항복할 항, 엎드릴 복〕[명](눅 10:17) 힘에 눌려서 적에게 굴복함. surrender.

항복[2]〔降服; 항복할 항, 옷 복〕[명](민 32:29) 힘에 눌려서 적에게 굴복함. surrender.

항상〔恒常; 항상 항, 항상 상〕[부](창 5:5) 늘. 일상. always at all times.

항아리[명](창 24:14) 아래 위가 좁고 배가 몹시 부른 작은 그릇의 한 가지. jar.

항오〔行伍; 항렬 항, 대오 오〕[명](출 13:18) 〈군〉군대를 편성

한 행렬. rank and file.

항용〔恒用; 항상 항, 쓸 용〕명 (삼상 21:4) ①드물거나 귀할 것 없이 보통임. common. ②늘. 항상. alway.

항해〔航海; 배 항, 바다 해〕명 (사 42:10) 배를 타고 바다를 건넘. voyage.

항해자〔航海者; ~놈 자〕명(겔 26:17) 배를 타고 바다를 건너는 사람.

해[1] 명(창 7:11) 태양계의 중심인 지구에서 가장 가까운 항성. the sun.

해[2] 명(신 31:10) ①지구가 태양을 도는 동안. year. ②낮의 길고 짧음을 일컫는 말. daytime. ③시대. times. ④나이. age.

해[3]〔害; 해할 해〕명(창 19:9) 건강, 물질, 사회적 지위 등 모든 것이 이롭지 못한 것의 총칭. harm.

해갈〔解渴; 풀 해, 목마를 갈〕명 (시 104:11) ①갈증을 풀어버림. appeasing one's thirst. ②금전의 융통이 생김. come to have a same money. ③비가 내려 가뭄을 겨우 면함. have a small rainfall.

해결〔解決; 풀 해, 결단할 결〕명 (창 20:16) 여러 가닥 꽁꽁 얽힌 일을 처리함. 어려운 문제를 풂. solution.

해고〔海股; 바다 해, 다리 고〕명 (사 11:15) 바다, 호수, 하천이 합치는 곳의 반도보다 작은 육지. tongue of sea.

해골〔骸骨; 뼈 해, 뼈 골〕명(창 50:25) ①죽은 사람의 살이 썩고 남은 뼈. skull. ②〈생〉 몸을 이루고 있는 뼈. skeleton.

해달〔海獺; 바다 해, 수달 달〕명 (출 25:5) 〈동〉 족제비과의 물짐승 바다소. 홍해에 서식. 해다리 또는 오소리. 정확하지 않음. badger. 어떤 이는 물돼지라 함.

해당〔該當; 갖출 해, 마땅 당〕명 (마 26:66) ①무엇에 들어맞음. applicability. ②무엇에 관계되는 바로 그것. pertinence.

해독〔害毒; 해할 해, 독할 독〕명 (민 5:19) 해와 독. 준 독. evil.

해로〔海路; 바다 해, 길 로〕명 (시 8:8) 배가 다니는 바다의 길. sea way.

해만〔海灣; 바다 해, 물구비 만〕명(수 15:2) 〈지〉①바닷가의 후미진 곳. gulf. ②바다와 바다와의 사이에 깊숙하게 후미진 곳. bay.

해면〔海面;바다 해, 낯 면〕명 (욥 38:30) 바닷물의 겉. 바다의 표면. surface of the sea.

해몽〔解夢;풀 해, 꿈 몽〕명(삿 7:15) 꿈의 길흉을 풀어서 판단함. interpretation of a dream.

해물〔海物;바다 해, 만물 물〕명 (약 3:7) 바다에서 나는 온갖 물건. 원 해산물. marine products.

해방〔解放;풀 해, 놓을 방〕명 (레 19:20) 압박하거나 가두었던 것을 풀어놓음. liberation.

* 지정한 해방은 죄에서 놓임이다.

해변〔海邊;바다 해, 가 변〕명 (창 49:13) 물과 바다와의 서로 맞닿은 곳. 또는 그 근처 바닷가. beach.

해빈〔海濱;바다 해, 물가 빈〕명 (삿 5:17) 해변. beach.

해산〔解產;풀 해, 낳을 산〕명 (창 25:24) 아이를 낳음. 분만. 해만. 해복. childbirth.

해석〔解釋;풀 해, 풀 석〕명(창 40:8) 알기 쉽게 설명함. interpretation.

해석자〔解釋者;~놈 자〕명(욥 33:23) 알기 쉽게 설명하는 사람. interpreter.

해안〔海岸;바다 해, 언덕 안〕명 (눅 6:17) 바닷가. 바닷가의 언덕. seashore.

해양〔海洋;바다 해, 바다 양〕명 (잠 3:20) 크고 넓은 바다.

해융〔海絨;바다 해, 융 융〕명 (마 27:48) 바다 동물의 정제된 뼈 등으로 물기 흡수용으로 만들어진 갯솜. sponge flannel. 예수님이 십자가에서 고통 당하실 때, 마취제(신포도주)를 해융으로 찍어 빨아들여 마시게 한 것을 거절하셨다.

해이〔解弛;풀 해, 늦출 이〕명 (합 1:4) 마음이나 규율이 풀려 마음이 느즈러짐. relaxation.

해자〔垓子;지경 해, 아들 자〕명 (삼하 20:15) ①능원이나 묘의 경계. boundary of graveyard. ②성 밖으로 둘러 판 호. trench outer moat.

해태〔懈怠;게으를 해, 게으를 태〕명(잠 19:15) 대단히 게으름. laziness.

해하다〔害~;해할 해〕타(창 19:9) ①해롭게 하다. injure. ②남을 상하게 하거나 죽이다. hurt.

행각〔行閣;행할 행, 대궐 각〕명 (요 5:2) ①집의 한 부분으로 전면이나 안뜰에 지었다. 예루살렘에는 「베데스다」 못가의 행각. 솔로몬 행각(요 10:23, 행 3:11, 5:12). 성전 안의 행각(겔 41:1) 등이 있

ㅎ

었다.

행객〔行客;행할 행, 손 객〕명(삿 19:17) 나그네. 길가는 사람. a traveler.

행구〔行具;행할 행, 갖출 구〕명(삼상 10:22) 여행할 때 쓰는 기구. 행장(行裝). travel gear.

행동〔行動;행할 행, 움직일 동〕명(민 24:18) ①몸을 움직여 동작함. action. ②하는 짓. behaviour.

행락〔行樂;행할 행, 즐거울 락〕명(딛 3:3) 잘 놀고 즐겁게 지냄. enjoyment.

행렬〔行列;행할 행, 벌릴 렬〕명(느 12:31) 여러 사람이 줄을 지어감. 또는 그 줄. procession.

행로〔行路;행할 행, 길 로〕명(신 1:31) ①사람이 걸어 다니는 길. road. ②인생이 세상에서 살아가는 길. course of life.

행리〔行李;행할 행, 오얏 리〕명(렘 46:19) 여행할 때 쓰는 모든 기구. baggage.

행보〔行步;행할 행, 걸음 보〕명(창 33:14) ①걸음. walking. ②어떤 곳에 장사하러 나감. going on foot.

행복〔幸福;다행 행, 복 복〕명(신 10:13) ①좋은 운수. good fortune. ②〈심〉심신 욕구가 충족되어 만족감을 느끼는 정신 상태. happiness.

* 진정한 행복은 그리스도를 믿음에 있다.

행복자〔幸福者;~놈 자〕명(신 33:29) 구원을 얻은 성도. 구약시대에는 「이스라엘」 백성.

행사〔行事;행할 행, 일 사〕명(삼상 8:8) 어떤 일을 행함. 또 그 일. an event.

행선〔行船;행할 행, 배 선〕명(눅 8:23) 배가 나감. 또는 그 배. sailing.

행순〔行巡;행할 행, 순행할 순〕명(아 3:3) 살피어 순을 돎. patrol.

행습〔行習;행할 행, 익힐 습〕명(민 22:30) 몸에 밴 버릇. habit.

행실〔行實;행할 행, 열매 실〕명(스 9:13) 실지로 드러난 행동. behaviour.

행악〔行惡;행할 행, 악할 악〕명(시 6:8) 모지고 나쁜 짓을 행함. violence.

행악자〔行惡者;~놈 자〕명(욥 31:3) 나쁜 짓을 하는 사람. the violent. 사단. 마귀.

행위〔行爲;행할 행, 하 위〕명(창 6:12) ①행하는 짓. act. ②〈법〉사람의 의사 작용에 따른 적극적인 동작.

행음〔行淫;행할 행, 음란한 음〕명(창 38:34) 부정한 남녀 관계를 행함. 도덕에 어긋난 성적 행위의 일체. illicit intercourse.

행음자〔行淫者;~놈 자〕[명](계 21:8) 부정한 남녀 관계를 행하는 자. 간음자. whoremongers.

행인〔行人;행할 행, 사람 인〕[명](삿 5:6) 길을 가는 사람. passer-by.

행장[1]〔行狀;행할 행, 문서 장〕[명](왕상 11:41) ①행동. 몸가짐. 품행. behaviour. ②사람이 죽은 뒤에 그 평생의 행적을 적은 글. brief record of one's life.

행장[2]〔行裝;행할 행, 꾸밀 장〕[명](행 21:15) 여행할 때 쓰는 모든 기구. travel gear.

행적〔行蹟;행할 행, 자취 적〕[명](왕상 14:19) 평생에 한 일. 행위에 결과가 나타난 실적. achievements.

행진[1]〔行進;행할 행, 나아갈 진〕[명](시 68:7) 줄을 지어 앞으로 걸어 나아감. march.

행진[2]〔行陣;행할 행, 진칠 진〕[명](민 4:5) 〈군〉군대가 대열을 지어 한 곳에서 다른 곳으로 옮겨가는 일. 행군. march.

행차〔行次;행할 행, 차례 차〕[명](시 68:24) 웃어른이 길을 감. honored going or coming.

향〔香;향기 향〕[명](출 25:6, 창 50:2) ①향내가 나는 물건. perfume. ②제전에 피우는 물건으로 소합향, 나감향, 유향, 풍자향 등 향나무 재료의 가루를 반죽한 것. incense.

향기〔香氣;향기 향, 기운 기〕[명](창 8:21) 향냄새. 향취. fragrance.

향기롭다[형](출 29:18) 향기로운 냄새가 나다. 성도의 바른 생활.

향기름[명](출 30:25) 감람나무의 기름. 향유. 향료.

향나무[명](사 14:8) 〈식〉 전나무, 사이프레스 나무로 알려져 있다.

향낭〔香囊;향기 향, 주머니 낭〕[명](아 1:13) 말총으로 짜, 향을 넣어 차고 다니는 주머니.

향년〔享年;누릴 향, 해 년〕[명](창 9:29) 한 평생을 누린 나이. 이 세상에 생존한 햇수. one's age.

향단〔香壇;향기 향, 제단 단〕[명](출 30:10) 하나님 앞에 향을 피우는 단. incense stand.

향로〔香爐;향기 향, 화로 화〕[명](레 10:1) 향을 피우는 데 쓰는 자그마한 화로. incense burner.

향료〔香料;향기 향, 헤아릴 표〕[명](사 39:2) ①향기를 풍기는 물품. 그윽한 향기를 품고 있는 원료. materiars for making perfume. ②향을 만드는 감.

향리〔鄕里;시골 향, 마을 리〕[명](수 15:45) 고향의 마을. 고향. one's home town.

향목〔香木;향기 향, 나무 목〕[명](계 18:12) 〈식〉소나무 목향나무과의 상록 교목. 좋은 향기가 있음. 향나무. aromatic trees.

향방〔向方;향할 향, 모 방〕[명](고전 9:26) 향하는 곳. destination.

향수〔享壽;누릴 향, 목숨 수〕[명](창 5:5) 오래 사는 복을 누림. being blessed with longevity.

향연〔香煙;향기 향, 연기 연〕[명](레 16:13) ①향을 피우는 연기. smoke an incense. ②향기로운 냄새가 나는 담배. fragrant cigarette.

향유〔香油;향기 향, 기름 유〕[명](마 26:7) ①향기로운 냄새가 나는 화장용 기름. 향수. fragrant oil. ②참기름. sesame oil.

* 예수님은 신자의 향기.

향응〔饗應;잔치할 향, 응할 응〕[명](에 2:18) 특별히 우대하는 뜻으로, 음식을 차려서 대접하거나 잔치를 베풀음. entertainment.

향재료〔香材料;향기 향, 재목 재, 헤아릴 료〕[명](대하 16:14) 향을 만드는 감. perfume kinds of spices.

향촌〔鄕村;시골 향, 마디 촌〕[명](민 32:42) 시골의 마을. 고향의 마을. village.

향취〔香臭;향기 향, 냄새 취〕[명](창 27:27) 향기. 향냄새. fragrance.

향품〔香品;향기 향, 물건 품〕[명](창 37:25) 향유, 향수나 향기나는 물건. spicery.

향하다〔向~;향할 향〕[자](창 18:16) ①바라보다. face-towards. ②마음을 기울이다. pay attention. ③마주서다. face. ④가깝게 가다. come near.

향합〔香盒;향기 향, 합 합〕[명](사 3:20) 제사 때 피우는 향을 담는 합. incense vessel.

허깨비 [명](고전 3:20) ①마음이 허하여 착각이 일어나서 무슨 물건이 다른 물건으로 보이는 일. phantom. ②생각한 것보다는 아주 무게가 가벼운 물건. thing lighter than was expected.

허공〔虛空;빌 허, 빌 공〕명(욥 26:7) ①아무 것도 없이 텅빈 공중. empty space. ②적막한 무인지경. ③모양과 빛이 없는 형태. void.

허다〔許多;허락할 허, 많을 다〕명(신 31:17) 몹시 많음. 수두룩함. multitude.

허락〔許諾;허락할 허, 승낙할 락〕명(창 16:2) 정하고 바라는 바를 들어줌. permission.

허랑방탕〔虛浪放蕩;빌 허, 결 랑, 놓을 방, 방탕할 탕〕명(눅 15:13) 됨됨이가 거짓되고 방탕함. dissoluteness. 쓸데없는 곳에 재물을 낭비함.

허리 명(창 35:11) 사람 몸의 갈빗대 아래, 골반 위, 배의 옆의 잘룩한 부분. waist.

허마〔*Ερμας*=가뭄〕인(롬 16:14) 「로마」에 있는 성도인데 고전 「허마」 목양(牧羊) 전 저자이다.

허망〔虛妄;빌 허, 망녕될 망〕명(출 23:1) 거짓이 많고 근거가 없음. falsehood.

허메〔*Ερμής*=통역자〕인 [1]「루스드라」에 있는 신의 이름인데, 「바울」과 「바나바」가 그곳에 갔을 때 「바울」의 설교와 이적을 목격하고 「허메」 신이라 하여 제사하려고 하였다(행 14:12). [2]「로마」에 있는 성도(롬 16:14).

허모게네〔*Ερμαχένης*=허메神서 난 자〕인(딤후 1:15) 「소아시아」인으로 「바울」을 좇다가 「바울」이 갇히자, 「부겔로」와 함께 「바울」을 배반하였다.

허무〔虛無;빌 허, 없을 무〕명(신 32:21) ①아무 것도 없고 텅빔. nothingness. ②마음이 비고 아무 생각도 없음. thoughtlessness. ③사물이 덧없음. uncertainty. ④터무니없는.

허물 명(창 31:36) 잘못. 그릇된 실수. 과실. 전과. fault.

허비〔虛費;빌 허, 허비할 비〕명(마 26:8) ①쓸데없는 비용을 씀. useless expenses. ②헛되게 없앰. waste.

허사〔虛事;빌 허, 일 사〕명(신 32:47) 헛된 일. 헛 일. ineffectiveness.

허영〔虛榮;빌 허, 영화 영〕명(빌 2:3) ①신분에 넘치는 외관상의 영화. vain glory. ②필요 이상으로 하는 겉치레. vanity.

허위〔虛僞;빌 허, 거짓 위〕명(사 28:15) 없는 것을 있는 것처럼 하는 속임. falsehood. 거짓된 행위.

허위다 [타](욥 39:21) 앞발로 긁거나 치거나 두드리다. paw.

허탄〔虛誕;빌 허, 낳을 탄〕[명](욥 27:12) 허황하고 망령됨. falsehood. 가능성이 없는 큰 소리.

허하다〔許~;허락할 허〕[타](삼상 20:6) ①허가하다. permit. ②청을 들어주다. accept.

허한 말 [명](딤전 6:20) 쓸데없는 말. 빈말. 잡담. 헛된 말.

헌금〔獻金;드릴 헌, 쇠 금〕[명](눅 21:1) ①돈을 바침. subscription. ②하나님께 감사하는 마음으로 바치는 물질. donation.

헌데 [명](눅 16:20) 부스럼이 나거나 피부병으로 상처가 난 곳. swelling.

헌물〔獻物;드릴 헌, 만물 물〕[명](레 23:28) 바치는 제물. 바치는 물건. offering.

헌신〔獻身;드릴 헌, 몸 신〕[명](출 32:29) 자기의 이해를 돌보지 않고 전력을 다함. self-devotion.

헐몬〔חֶרְמוֹן=거룩한 산〕[지](시 133:3) 「헤르몬」 산과 같음.

헐벗다 [타](신 28:48) 입을 만한 옷이 없다. 가난하다. poor.

험악〔險惡;험할 험, 악할 악〕[명](창 47:9) ①길이나 날씨 따위가 험난함. ruggedness. ②인상이 싸운 태세. ③좋지 않은 말이 큰 소리로 오고감.

험준〔險峻;험할 험, 높을 준〕[명](욥 39:28) 매우 높고도 가파름. steep.

험하다〔險~;험할 험〕[형](사 40:4) ①지세가 사나와서 걷기가 어렵다. steep. ②모양이 흉칙하고 무섭다. sinister. ③모든 형세가 음흉하고 위태하다. dangerous.

헛것 [명](고전 3:20) 허깨비. 사실이 아닌 것을 봄.

헛맹세〔~盟誓;맹세할 맹, 맹세할 세〕[명](마 5:33) 거짓으로 서약 또는 약속을 하는 일. 거짓 증거, 위증, 서약을 어기는 일.

헛일 [명](잠 1:17) ①실상이 없는 일. falseness. ②쓸데없는 일. 허사. vain effort. ③헛되이 하는 일.

헛되다 [형](레 26:16) ①보람이 없다. be vain. ②쓸데없다. useless. ③허황하여 믿기 어렵다. unreliable.

헛점 [명](겔 21:23) 거짓된 점괘. 상징적으로 우상 숭배.

헝겊 [명](렘 38:11) 피륙 조각. small piece of cloth.

헤개〔הֵגֵי=물 붓는 자〕[인](에 2:3-9) 「아하수에로」 왕의 내시이니, 왕이 왕후를 간택할 때 그가 「에스더」를 보고 합당히 생각하여 왕에게 천거하여 왕후가 되게 하였다.

헤나〔הֵנַע = 낮은 땅〕지(왕하 18:34) 「앗수르」군대에게 점령된 「이스라엘」의 한 성읍이다(왕하 18:34, 19:13, 사 37:13).

헤나닷〔חֵנָדָד = 하닷(神)의 은혜〕인(스 3:9, 느 3:18) 「레위」지파 한 씨족의 조상. 여호와의 전 공사 중 공장 감독.

헤들론〔חֶתְלֹן = 요해〕지(겔 47:15) 「이스라엘」의 이상적 북방 경계의 성읍인데 현재 「트리폴리」의 북에 있는 「헤데」 또는 「두로」와 「시돈」의 중간에 있는 「아도룬」과 동일시한다.

헤란〔חִילֵן〕지(대상 6:4) 「유다」지파에 있는 성읍.

헤레스〔חֶרֶשׁ = 침묵〕인(대상 9:15) 「바벨론」포로에서 돌아와 「예루살렘」에 거주한 「레위」사람.

헤레스〔חֶרֶס = 태양〕지(삿 8:13) 「요단」강 동쪽 「숙곳」 가까운 곳 「얍복」강에서 올라오는 산길. 「기드온」의 전장.

헤레스산〔הַר־חֶרֶס = 태양(빛나는 산)〕지(삿 1:35) 「아모리」 사람들이 「단」지파를 산지로 몰아넣고 거하던 산. 「요셉」 족속이 강해진 뒤 항복하였다. 「유다」와 「단」의 경계.

헤렛〔חֶרֶת = 덤불〕지(삼상 22:5) 「유대」 땅에 있는 수풀인데 「다윗」이 「사울」을 피하여 숨은 곳이다.

헤로디아〔Ἡρῳδιάς = 영웅의 딸〕인(마 14:3) 대 「헤롯」의 손녀요, 「아그립바」 1세의 누이로서 「살로메」의 어머니다. 처음에는 그 시동생 「빌립」에게 출가하였다가 버리고 그 시숙 「헤롯 안디바」의 처가 된 것을 보고 세례 「요한」이 그것은 불가하다고 간하였다. 「헤로디아」가 노하여 간계를 써서 세례 「요한」의 목을 베어 죽였다(마 14:3).

헤로디온〔Ἡρῳδίων = 거짓 영웅〕인(롬 16:11) 「로마」에 사는 「바울」의 친척.

헤롯〔Ἡρῴδης = 영웅의 아들〕인 주전 55년경부터 주후 93년경까지 「팔레스틴」과 그 인접 지역을 통치한 왕조들의 이름.

1 「헤롯」 대왕(주전 37-4) 「팔레스틴」의 통치권을 가졌던 「안디바델」(주전 55-43)의 제2자. ①「헤롯」 왕가의 창시자이며 예수 탄생 시의 왕(마 2:1-18). ②25세에 「갈릴리」의 총독을 역임하고 주전 40년에 「로마」 황제 「아구스도」에 의해 「유대」 왕으로 임명. ③「이두매」 「사마

ㅎ

리아」「갈릴리」 지방을 쳐서 주전 37년에 「예루살렘」을 함락시키고 「유대」 왕으로 군림하였다. ④성격이 강인하고 또 현명한 재질을 가졌으나 매우 잔인한 행위도 하였으니 곧 예수의 탄생을 듣고 불안을 느껴「베들레헴」의 어린 아이들을 살해한 것을 대표로 들 수 있다(마 2:16). ⑤그는 많은 공공 사업을 하고「예루살렘」 성전의 재건에 착수하였다. 그는 10인의 아내를 두고 많은 자녀를 두었다. 주전 4년에 악질에 걸려 70세로 죽었다.

[2]「헤롯 안디바」(주전 3-주후 39). ①「헤롯」 대왕의 제2자로 부왕 사후 「베뢰아」 영주가 되었다(눅 3:1). ② 세례「요한」 및 예수와 관계가 있다. 그 형제 「빌립」의 아내 「헤로디아」를 취하여 세례「요한」의 충고를 받고

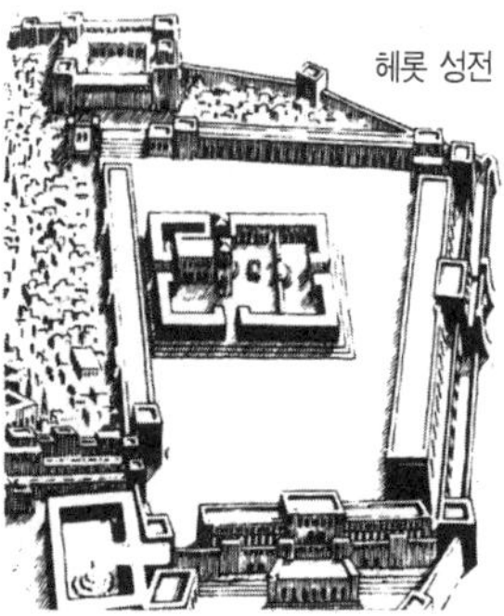

헤롯 성전

도리어 그를 체포 살해하였다(막 6:16-28, 마 4:1-12). ③또「빌라도」로부터 송치된 예수를 신문하였다(눅 23:7-12). ④성격이 교활 방종하고 미신에 깊어 예수께서도 여우라고 하였다(눅 13: 32, 막 8:15). ⑤여러 도시를 건설했으나 만년에 유형(流刑)을 당하였다.

[3]「헤롯 아켈라오」:「아켈라오」.

[4]「헤롯 빌립」 1세.「헤롯」 대왕과 대제사장 「시몬」의 딸「마리암메」 1세와의 아들.「헤로디아」의 처음 남편(막 6:17).「살로메」의 부친. 공직에 있지는 않았다.

[5]「헤롯 빌립」 2세(주전 4-주후 34). ①「헤롯」 대왕과 그의 다섯째 처와의 사이에 난 아들. ②「이두래」와 「드라고닛」 지방의 영주가 됨(눅 3:1). ③「헤롯」 가에서 가장 존경을 받은 인물. ④「헤로디아」의 딸 「살로메」와 결혼함.

[6]「헤롯 아그립바」 1세(주후 37-44).「아그립바」 왕.

[7]「헤롯 아그립바」 2세(주후 50-100).「아그립바」 왕.

헤롯당(원)[명](막 3:6) 「유대」 분봉왕 헤롯의 무리.「헤롯」의 일파.

헤르몬산〔חֶרְמוֹן = 거룩한 산〕

지(신 3:8) 「팔레스틴」의 북방 「안지레바논」 산맥의 남단에 있는 최고봉으로 높이 2,850m이다. ②「팔레스틴」 전토를 내려다 볼 수 있고 사시를 통하여 눈이 녹지 않는다. ③이 산의 면적은 남북이 30km로 중앙부에 3개의 봉우리로 나누어져 있어 시편 기자는 42:6에 「헤르몬」 산들이라고 하였다. ④북봉과 남봉은 가장 높고 서봉은 약 30m 가량 낮아 사람의 조각품처럼 선이 선명한 산이며, 동편은 급경사로 내려가다가 하부는 완경사로 「다메섹」 평원에 연하였고, 서편은 완경사로 「자우란」의 고원이 전개되었다. 산령의 저온이 대기 중의 수분을 급격히 냉각하므로 야간에는 비와 같이 충분한 이슬이 내린다. 그래서 이것을 하나님이 내리시는 은혜라고 노래하였다(시 133:3, 아 5:2). ⑤「요단」 강의 여러 지류는 이 산에서 발원하였다. 「시돈」 인은 이 산을 「시론」이라 하고 「아모리」 인은 「스닐」이라고 불렀다(신 3:9, 시 29:6). ⑥지금은 「아라비아」 어로 「제벨에시」(추장 곧 백발의 산)이라 부른다. ⑦예수께서 변화하신 산을 높은 산이라 하였으므로, 이 산으로 추측하여 변화산이라 부른다(마 17:1, 막 9:2). ⑧시 89:12에는 「헐몬」이라 하였다. ⑨고대에는 이 산에서 「베니게」의 선재를 공급하였고 또 야수도 많았다(아 4:8).

헤만〔הֵימָן = 신실함, 충실〕인 (왕상 4:31)
1 「유다」의 손자요, 「세라」의 아들이다(대상 2:6).
2 「마홀」의 아들인데 「솔로몬」의 지혜와 겨룰만 하다 하였다(왕상 4:31).
3 ①「사무엘」의 손자로 성전에서 찬송하는 자(대상 6:33). ②「다윗」 왕의 선견자요, 나팔부는 자로 그에게는 14남 3녀가 있어 다 성전의 찬양대이다(대상 25:5-6). ③그가 시 88:을 지었다.

헤맘〔הֵימָם = 맹렬함〕인(창 36:22) 「세일」 자손 「로단」의 아들. 대상 1:39에는 「호맘」으로 되어 있다.

헤매다 자(사 8:21) ①이리저리 돌아다니다. wander about. ②마음이 가라앉지 아니하다. be in a fidget. ③갈피를 잡지 못하다.

헤버〔Ἐβέρ = 과거〕인(눅 3:35) 「셈」의 5대 손자.

헤벨[1]〔חֶבֶר = 협력〕인(창 46:17)
1 「아셀」의 손자이며 「브리아」의 아들(창 46:17, 대상 7:31)로 「헤벨」 가문의 조상

ㅎ

이 된 사람(민 26:45).

[2]「호밥」의 자손 중「겐」사람으로「시스라」를 죽인「야엘」의 남편.「게데스」가까운 지방에서 살았다(삿 4:11-24).

[3]「에스라」의 손자「소고」집의 조상(대상 4:17-18).

[4]「베냐민」사람「엘바알」의 아들(대상 8:17).

[5]「유다」사람「아스훌」이「나아라」에게서 낳은 아들(대상 4:6).

[6]「므게랏」사람으로 다윗의 용사(대상 11:36).

[7]「므낫센」사람「슬로브핫」의 아버지, 헤벨 가문의 조상(민 26:32-33, 수 17:2-3).

헤벨[2]〔חֵפֶר = 굴, 우물〕[지](수 12:17)「사론」평야에 있던「가나안」사람의 성읍으로,「솔로몬」왕 12행정 구역 중 제3구의 성읍(왕상 4:10).

헤브론[1]〔חֶבְרוֹן = 친교, 동맹〕[인](출 6:18) ①「레위」의 손자이며「고핫」의 아들이다. ② 그 가족은「헤브론」인,「헤브론」자손이라 부른다(민 3:27, 대상 15:9). ③「다윗」왕의 시대에는 이 족속이 크고 유력하였다(대상 26:30-32).

헤브론[2]〔חֶבְרוֹן = 연합〕[지](민 13:22)

[1]「예루살렘」서남 30km 지점에 있는 고도. ①세계에서 제일 먼저 건설한 도시 중의 하나이며,「애굽」의 유명한「소안」보다도 7년이나 먼저 건설되었고 당시의 주민은「아낙」자손이었다(민 13: 22). ②6도피성 중의 하나요,「유대」인의 거룩한 성 중의 하나이다. 옛 이름은「기럇아르바」요, 현재는「엘칼릴」(친구)이다(수 20:7, 15:13, 삿 1:10). ③이곳에 있는「막벨라」굴은「사라」「아브라함」「이삭」「리브가」「레아」「야곱」등을 장사한 곳이다. ④족장사에 보면「이삭」에게는「브엘세바」,「아브라함」은「헤브론」이 관계가 깊다(창 13, 18:1). ⑤「여호수아」가 이 성을 취하여 일부는「갈렙」에게 일부는「레위」지파의 아들「아론」에게 주었다(수 10 :36, 15:54, 21:10-12). ⑥「다윗」은 즉위하여 이곳을「수도」로 정하고 통치하였다(삼하 2:11).

⑦「압살롬」은 이 성에서 반

헤브론 길가에 있는 도공

역의 봉화를 들었다(삼하 15:7). ⑧「르호보암」은 이곳에서 15요새 중의 하나로 건축하였다(대하 11:10). ⑨「모세」가 보낸 정탐꾼이 이 「헤브론」에 있는 「에스골」 골짜기에서 굉장한 포도 한 송이를 따서 2인이 메고 돌아왔다(민 13:23). ⑩해발 1,013m의 고지대로서 포도의 특산지이며, 「바벨론」 포로 이후에 다시 옛 이름으로 건축하였다.

[2]「아셀」 지파 경내에 있는 성인데 「압돈」이라고도 부른다(수 19:28, 21:30).

헤스래〔חֶצְרַי = 활짝 핀〕[인](삼하 23:35) 「다윗」의 30용사 중 한 사람으로서 「갈멜」 사람.

헤스론[1]〔חֶצְרוֹן = 울타리, 법정〕[인](창 46:9)

[1]「야곱」의 손자, 「르우벤」의 아들(창 46:9).

[2]「유다」의 손자, 「베레스」의 아들 예수님의 족보에 든 사람(마 1:3, 창 46:12).

헤스론[2]〔חֶצְרוֹן = 울타리, 법정〕[지](민 26:6)

[1]「유대」 남경 「가데스바네아」 서편의 성읍(수 15:3).

[2]「유대」의 남부에 있는 성읍. 곧 「그리욧 헤스론」인데(수 15:25) 「헤브론」 남쪽 15km지점 현재의 「갈랴텐」이다(수 15:3).

헤스몬〔חֶשְׁמוֹן = 비옥함, 살짐〕[지](수 15:27) 「유다」 남부의 성읍.

헤스본〔חֶשְׁבּוֹן = 요해〕[지](민 21:25) ①「아모리」 왕 「시혼」의 수도. ②「요단」 강 하류의 동편 25km, 높이 895m의 외로운 구릉 위에 있어 하부 「요단」 평원을 잘 내려다 볼 수 있다. ③「모세」가 이 성을 취하여 「르우벤」 지파에게 주니, 북방 「갓」 지파와의 경계의 요새지를 삼았다가 「레위」 자손에게 양여하였는데, 후에 「모압」인에게 빼앗겼다(민 32:37, 수 21:39, 사 15:4, 렘 48:2). ④이 옛터 동편 계곡에 있는 「못」이 아가서 노래에 올라 있다(아 7:4).

헤스본바르랍빔[지](아 7:4) 「솔로몬」이 노래한 「헤스본」의 한 성문 이름. 그 부근에 못이 있었다. 「솔로몬」이 「술람미」 여자 눈의 아름다움을 이 못에 비유하였다.

헤시온〔חֶזְיוֹן = 환상〕[인](왕상 15:18) 「다메섹」에 거한 「아람」 왕 「벤하닷」의 조부.

헤실〔חֵזִיר = 멧돼지〕[인](대상 24:15) ①「아론」의 자손인데 「다윗」 시대 17번째로 하나님의 전에 들어가 제사장의 직분을 수행한 사람이다.

②「느헤미야」 시대에 「바벨론」 포로에서 귀환한 후 율법 준수의 계약에서 날인한 백성의 두목이다(느 10:20).

헤아리다 [사동](신 16:10) 생각으로 가늠하여 따지고 살핀다. consider. ②셈하다. calculate.

헤엄 [명](사 25:11) 물속에서 몸을 뜨게 하고 손발을 놀리며 다니는 짓. 수영. swimming.

헤치다 [타](삼하 22:43) ①속에 있는 것을 파서 잡아 젖히다. turn up. ②흩어져 가게 하다. disperse. ③옷자락을 벌리다.

헨〔חֵן＝은혜, 긍휼〕[인](슥 6:1, 14) 「스바냐」의 아들.

헬갓〔חֶלְקַת＝밭〕[지](수 19:25) 「아셀」 지파의 성읍인데 「레위」 자손의 성읍이 되었다(수 21:31).

헬갓하수림〔חֶלְקַת הַצֻּרִים＝돌밭〕[지](삼하 2:16) 「요압」과 「아브넬」이 대접전을 벌인 못 가.

헬개〔חֶלְקָי＝아첨〕[인](느 12:15) 대제사장 「요아김」 시대의 제사장, 「힐기야」의 단축형.

헬대〔חֶלְדַּי＝인내〕[인]

[1]「느도바」인 「바아나」의 아들인데 「다윗」의 용사 중 한 사람으로 12월을 차지한 제 12장관이다(대상 27:15).

[2]「바벨론」에서 「예루살렘」에 귀환한 「유대」인이다(슥 6:10).

헬라[1]〔חֶלְאָה＝목걸이〕[인](대상 4:25) 「드고아」의 아버지 「아스훌」의 두 아내 중 하나. 「세렛」 형제의 어머니.

헬라[2]〔יָוָן〕[인](욜 3:6) 헬라족을 가리키는 히브리 명칭 야완과 같음. 이 족속은 무역을 하였다(겔 27:13).

헬라[3]〔יָוָן〕[지](단 8:21) 「헬라」 본토 및 그 식민지. ①「유럽」 동남부에 돌출한 큰 도시로서 본래의 이름은 「야완」이었다. 「헤리니」 족이 들어온 이후에 「헬라」로 고쳤고 「로마」인들이 「그리스」라 한 것이 지금까지 통용되고 있다. ②12국이 공수 동맹(共守同盟)으로 서로의 평화를 유지하여 평안하다가 주전 340년경 「포씨스」인의 침공으로 이웃 북린(北隣) 「마게도냐」의 왕 「빌립」이 원병으로 오게 되어 그 기회에 「빌립」의 아들 「알렉산더」 대왕이 완전히 자기 영역 내에 두었다. ③그 후 주전 150년경에 「로마」 제국이 일어나 「마게도냐」를 공취하여 「로마」 제국에 전속하게 되었고, 그 후도 많은 외침을 받다가 1829년에 다시 독립하여 오늘에 이르렀다. ④이 나라는 일찍이

「베니게」인으로부터 「애굽」과 「바벨론」의 문화를 수입하여 「유럽」 최초의 문명국이 되었을 뿐 아니라 서양 문명의 기원을 지워주는 세계적으로 유명한 문화의 발상지였다. ⑤웅변가 「데모스테네스」와 철학가 「소크라테스」「플라톤」「아리스토텔레스」와 사학가 「헤로도투스」「투키디데스」 등이 나왔다. ⑥이와 같이 「헬라」 문명이 고도로 발달함에 따라 각국에서 「헬라」어를 통용어로 쓰는 사람이 많아졌다(요 19:20). ⑦주전 250년경 「알렉삭드리아」에서 「유대」인 70인이 성경 번역회를 조직하고 「히브리」어 구약을 「헬라어」로 번역하였으니, 이것이 곧 70인역이다. ⑧성경상으로 구약에서 「유대」 자손들을 「헬라」 족속에게 팔았다 하고 또, 「헬라」가 강성할 것과 「유대」인의 대적이 될 것을 예언하였다(욘 3:6, 단 8:21-25). ⑨신약에는 「헬라」인과 관계되는 기사가 10여차 있다(요 12:20, 행 6:1, 11:20, 16:1, 19:10, 17, 20:2, 21:28, 롬 1:14, 2:9-10, 고전 1:22). ⑩「데오빌로」는 「헬라」인이며, 「바울」은 「헬라」 국내 여러 곳에 전도하는중 특히 「아덴」과 「고린도」에는 오랫동안 있으며 전도하여 많은 교회를 설립하였다(행 17:16-34).

헬라인의 우상

헬라파 유대인 명(행 6:1) 「아람」 어를 사용하는 「유대」인과 대조되는 「헬라」어를 사용하는 유대인을 일컫는다.

헬람〔חֵילָם〕지(삼하 10:16-17) 「요단」 강 동편 「수리아」의 한 성읍으로서 「다윗」이 「하닷에셀」을 멸한 곳.

헬레스〔חֶלֶץ = 힘〕인(삼하 23:26) 「발디」인으로 「다윗」의 30용사 중 한 사람.

헬렉〔חֵלֶק = 분깃〕인(민 26:30, 수 17:2) 「므낫세」 지파 「길르앗」의 아들로서 한 씨족의 조상.

헬렘〔חֵילָם = 건강〕지(삼하 10:16-17) 「헬람」과 같은 곳.

헬렙[1]〔חֵלֶב = 비만〕인(삼하 23:29) 「노도바」 사람으로 「다윗」의 30용사 중 한 사람.

헬렙[2]〔חֵלֶף = 갈대의 곳〕지(수 19:33) 「납달리」 지파의 성읍.

헬렛〔חֵלֶת = 비만〕인(대상 11:30) 「느도바」 사람 「바아나」

의 아들. 「다윗」의 37용사 중 한 사람이다.→「헬대」.

헬론〔חֵלֹון = 용감한 사람〕人(민 1:9) 「모세」 시대 「스불론」 지파의 두목이었던 「엘리암」의 아버지.

헬리〔Ἡλεὶ = 높다〕人(눅 3:23) 「예수」의 모친 「마리아」의 남편 「요셉」의 아버지.

헬바〔חֶלְבָּה = 기름기〕地(삿 1:31) 「베니게」 연안에 있던 고대의 성읍으로서, 지금은 그 위치를 알 수 없다.

헬본〔חֶלְבֹּון = 비옥〕地(겔 27:18) 「다메섹」 북방 21km 지점에 있는 포도주와 양털이 유명한 고장이다. 지금의 이름은 「할분」이다.

헴단〔חֶמְדָּן = 즐거운〕人(창 36:26) 「호리」 족속 「디손」의 맏아들. 대상 1:41의 「하므란」과 동일인.

헵시바〔חֶפְצִי־בָהּ = 내 기쁨이 이 딸에게 있음〕人(왕하 21:1) 「히스기야」 왕의 왕비 곧 「므낫세」 왕의 모친(왕하 21:1).

헷[1]〔חֵת = 공포〕人(창 10:15)

1 「가나안」의 아들(대상 1:13).

2 「헷」 족속의 조상이며 「아브라함」이 그에게서 「막벨라」 굴을 샀다(창 23:3-5, 18:18, 25:10, 49:32).

3 「에서」의 처의 조상인데 「헤브론」 근처에 거주하였다(창 27:46).

헷[2]〔חִתִּי = 두려움〕地(창 15:20) 구약 성경에서 이 민족과 역사와의 대조를 보면 ①여호와께서 「아브라함」에게 주신 「가나안」 원주민 10족속 중에 참예하였고 ②「아브라함」은 「헷」 족속에게서 「막벨라」 굴을 샀고(창 23:16-20) ③「에서」는 「헷」족속의 두 여자를 취하였으나 「야곱」은 「헷」 족속의 여자를 취하지 못하게 하였다(창 26:74, 27:46, 28:). ④그후 그들의 세력이 북퇴(北退)하여 각지에 소수로 남아있는 실태를 볼 수 있고(출 3:17, 수 3:10, 9:1, 11:3), ⑤그들이 다시 북방에서 독립의 민족으로 「수리 아」에 옮겨 세력을 유지하고 있던 시대를 반영하고(삿 1: 26, 왕상 10:29, 왕하 7:9, 대하 1:17) ⑥「헷」 족속의 온 땅이란 말은 「레바논」에서 큰강 「유브라데」에 이르러 라는 어구에서 나온 것을 삽입한 것으로 보아 역시 단시일의 세력을 말하는 것이다(수 1:4). ⑦「에스겔」선지는 「예루살렘」에 대하여 "네 아비는 「아모리」인 이요, 네 어미는 「헷」 사람이라"하였다(겔 16:3, 45). ⑧그들의 기호는 쌍두 독수리로서 금일 「가바도기아」

비석에 새긴 것을 볼 수 있으며 이것을 「터르코민」 왕공들이 사용하더니 14세기에 십자군이 「유럽」에 귀환시에 이것을 가져간 것이 「독일」 황제의 기호가 되었다. 그후 「러시아」 「오스트리아」에 전하였다. ⑨「다윗」의 장군 「우리아」의 고향이다(삼하 11:3).

혀 [명](출 4:10) 〈인〉 ①사람이나 짐승의 입안 아래쪽에 붙어 있어 맛을 깨달으며 소리를 고르는 구실을 하는 기관. tongue.

혁혁〔赫赫;빛날 혁, 빛날 혁〕[부](에 1:4) 빛나는 모양. brilliant.

현관〔玄關;가물 현, 상관할 관〕[명](삿 3:23) 집의 정면 문간. porch.

현달〔顯達;나타날 현, 통달할 달〕[명](잠 3:35) 벼슬과 명망이 높아서 세상에 드러남. eminence.

현몽〔現夢;나타날 현, 꿈 몽〕[명](창 20:3) 꿈에 죽은 사람이나 신령이 나타남. appearing one's dream.

현상〔現狀;나타날 현, 모양 상〕[명](사 64:5) 지금의 상태. 눈앞의 모습. present situation.

현손〔玄孫;가물 현, 손자 손〕[명](민 27:1) 손자의 손자.

현숙〔賢淑;어질 현, 맑을 숙〕[명](룻 3:11) 여자의 마음이 어질고 깨끗함. gracefulness.

현악〔絃樂;줄 현, 음악 악〕[명](시 45:8) 〈악〉줄을 타는 악기. string music.

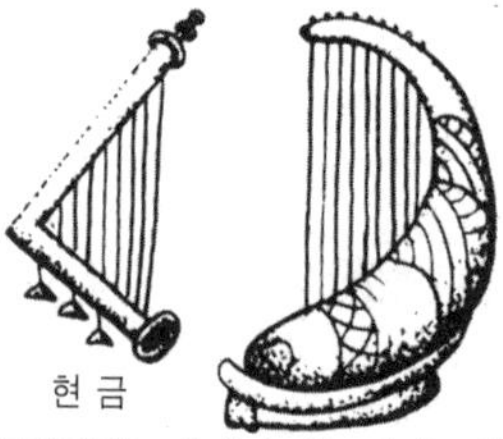
현 금

현장〔現場;나타날 현, 마당 장〕[명](요 8:4) ①사물이 현존한 곳. ②사건이 발생한 곳. scene. ③공사장. construction field.

현재〔現在;나타날 현, 있을 재〕[명](신 1:11) ①이제. 지금. present time. ②이 세상. this life.

현저〔顯著;나타날 현, 나타날 저〕[명](단 8:5) 드러나서 두드러짐. conspicuousness. [부] 현저히.

현황〔眩恍;아찔할 현, 황홀할 황〕[명](왕상 10:5) 정신이 어지럽고 황홀함. disconcert.

혈〔血;피 혈〕[명](고전 15:50) 피. blood.

혈기〔血氣;피 혈, 기운 기〕[명](창 9:15) ①목숨을 유지하는 체력. vitality. ②격동하기 쉬운 의기. hot blood.

혈루〔血漏;피 혈, 샐 루〕명(막 5:29) 음부에서 때때로 피가 나오는 병. issue of blood.

혈루증〔血漏症;~병증세 증〕명(마 9:20) 음부에서 때없이 피가 흐르는 병. 부인병. 관성 자궁 출혈증. issue of blood.

혈속〔血屬;피 혈, 붙을 속〕명(출 1:5) 혈통을 있는 족속. blood relation.

혈육〔血肉;피 혈, 살 육〕명(창 6:19) ①자기가 낳은 자녀. one's offspring. ②피와 살. blood and flesh.

혈통〔血統;피 혈, 거느릴 통〕명(요 1:13) 동성의 계통. 친족의 서로 관계가 있는 피의 계통. lineage.

혈혈 단신〔孑孑單身;외로울 혈, 외로울 혈, 홀 단, 몸 신〕명(사 51:2) 의지할 곳이 없는 홀몸. alone in the world.

혐원〔嫌怨;싫어할 혐, 원망할 원〕명(신 19:4) 미워하여 원망함. hate.

혐의〔嫌疑;싫어할 혐, 의심할 의〕명(욥 19:7) ①의심쩍음. suspicion. ②꺼리고 미워함. dislike. ③〈법〉범죄를 저지른 사실이 있으리라는 의심. accusation.

협력〔協力;합할 협, 힘 력〕명(빌 1:27) 힘을 합하여 서로 도움. joint efforts.

협박〔脅迫;위협할 협, 협박할 박〕명(잠 13:8) ①으르고 대어 듦. threat. ②〈법〉형법상 상대방에 대하여 공포심을 일으킬 목적으로 해를 끼칠 뜻을 통지하는 일. intimidation.

협착〔狹窄;좁을 협, 좁을 착〕명(애 1:3) 자리. 터전이 썩 좁음. narrowness.

형〔兄;맏 형〕명(창 10:21) 동기간 가운데서나 또는 같은 항렬 사이에 나이가 자기보다 많은 사람을 이르는 말. elder brother.

형극〔荊棘;가시 형, 가시나무 극〕명(사 5:6) ①나무의 가시. thorns. ②고난. distress (사 9:18).

형벌〔刑罰;형벌 형, 벌줄 벌〕명(출 21:10) ①국가가 범죄를 저지른 사람에게 주는 제재. penalty. ②죄를 지은 자에게 앙갚음으로 주는 고통. punishment.

형상[1]〔形像;형상 형, 형상 상〕명(창 1:26) ①물건 특유의 성질과 생긴 모양. form. ②상상의 형상. figure.

형상[2]〔形狀〕명(왕상 6:29) 물건 특유의 성질과 생긴 모양. 준 형(形). form.

형세〔形勢;형상 형, 권세 세〕명(레 27:8) ①살림살이의 경제적인 형편. condition. ②=정세. ③세상 돌아가는 모습.

형수〔兄嫂;맏 형, 형수 수〕명 (창 38:9) 형의 아내. elder brother's wife.

형용〔形容;형상 형, 얼굴 용〕명 (눅 1:22) ①생긴 모양. form. ②사물의 어떠함을 설명함. artistic description.

형적〔形跡;형상 형, 자취 적〕명 (고전 7:31) 뒤에 남은 흔적. marks.

형제〔兄弟;맏 형, 아우 제〕명 (창 9:5) ①형과 아우. brother. ②동기. 동근. ③숙백.

형제 자매〔兄弟姉妹;맏 형, 아우 제, 누이 매〕명(민 6:7) 형제와 자매. brothers and sisters. 남녀 형제들.

형질〔形質;형상 형, 바탕 질〕명 (시 139:16) ①형태와 성질. 생긴 모양과 그 바탕. shape and nature. ②〈생〉동물의 육체나 정신. character.

형체〔形體;형상 형, 몸 체〕명 (시 139:15) 물건의 생김새와 바탕되는 몸. form.

형통〔亨通;형통할 형, 통할 통〕명(창 24:42) 모든 일이 뜻과 같이 잘됨. going well.

형편〔形便;형상 형, 편할 편〕명 (삼하 14:20) ①일이 되어 가는 경로. 또는 결과. course of an event. ②살림살이의 형세. condition.

호〔好;좋을 호〕명(민 13:19) 좋음. good. 아름다움. beautiful.

호각〔號角;이름 호, 뿔 각〕명 (시 98:6) 신호용으로 쓰는 불어서 소리를 내는 물건. 호루라기. whistle.

호곡[1]〔呼哭;부를 호, 곡할 곡〕명(창 50:10) 소리를 내어 슬피 우는 울음. wailing.

호곡[2]〔號哭;이름 호, 울 곡〕명 (삼하 11:26) 소리를 내어 슬피 우는 울음. wailing.

호곡하는 애굽 여인상

호글라〔חָגְלָה = 자고새〕인(민 26:33) 「므낫세」 자손 「슬로브핫」의 다섯 딸 중의 하나. 그 부친이 아들이 없어 죽어 다섯 딸들이 상속을 요구하였다. 모세가 하나님께 기도한 후 허락하여 상속에 대한 문제가 해결되었다.

호기〔豪氣;호걸 호, 기운 기〕명 (삼상 16:18) ①장한 의기. heroic temper. ②호방한 기상. stout heart. ③쾌활하고 솔직함.

호다워아〔הוֹדַוְיָה = 여호와의 엄위하심〕인(대상 9:7) 「베냐민」 사람 「핫수누아」의 아들.

호다위야〔הוֹדַוְיָה＝여호와의 엄위하심〕[인]
[1]「다윗」의 후손「엘료에네」의 아들(대상 3:24).
[2]「요단」 동편의「므낫세」 반지파 자손들의 족장(대상 5:23-24).
[3]「바벨론」 포로에서 돌아온「레위」 사람의 한 조상(스 2:40).

호담〔חוֹתָם＝도장〕[인]
[1]「아셀」 자손「헤벨」의 아들이다(대상 7:32).
[2]「아로엘」 사람인데, 그의 두 아들은「다윗」의 용사였다(대상 11:44).

호데스〔חֹדֶשׁ＝초승달〕[인](대상 8:9)「베냐민」 지파「사하라임」의 아내.

호도〔胡桃;어찌 호, 복숭아 도〕[명](아 6:11) 원어상으로는 껍질이 단단한 열매. 밤. 도토리. 호도 등의 총칭. walnut.

호드야〔הוֹדְיָה＝하나님의 위엄〕[인](느 7:43)「바벨론」 포로에서 귀환한「레위」 사람이다.「호다위야」와 동일인.

호디야〔הוֹדִיָּה＝여호와를 찬양하라〕[인](대상 4:19)
[1]「유다」 지파 사람으로,「나함」의 매부이다.
[2]「에스라」가 기용하여 백성에게 율법을 깨닫게 하는데 협력한「레위」인이다(느 8:7).
[3]「바벨론」 포로에서 귀환한 후, 율법 준수의 맹약에 날인한 사람이다.

호딜〔הוֹתִיר＝풍부〕[인](대상 25:4, 28)「헤만」의 13째 아들인데「다윗」 시대 성전 찬양대원이었다.

호람〔הֹרָם＝높은〕[인](수 10:33, 삿1:29) ①「게셀」 왕인데「라기스」를 도우려고 출병하였다가「여호수아」에게 패망하였다(수 16:10). ②「게셀」은 그후에도「가나안」의 수중에 있었다고 한다.

호렘〔חֳרֵם＝울타리, 거룩한 장소〕[지](수 19:38)「납달리」 지파의 성읍이다(수 19:38).「갈릴리」 바다의 서북쪽 27㎞ 지점의「납달리」 산지에 있던「길벳가다문」과 동일시 된다.

호렙〔חֹרֵב＝건조〕[지](출 3:1, 17:6, 신 1:2, 6)「이스라엘」 백성이 출「애굽」 시에 있던 성산인데「시내」산과 구별된 역사적 증거가 없다. 혹자는 동일한 산으로「호렙」 또는「시내」의 두 이름을 쓰게 된

것이라고 보는데, 이 의견이 지배적이다. 신성한 것을 보이기 위하여 여호와의 산「호렙」이라 부른다 한다.「시내」산 항을 보라.

호령〔號令;이름 호, 명령할 령〕 명(욥 39:25) ①지휘하는 명령. command. ②큰 소리로 꾸짖음. shout.

호로나임〔חֹרֹנַיִם=두 개의 웅덩이〕지(사 15:5, 렘 48:3)「모압」남방「소압」부근에 있는 성읍으로, 지금의「엘그락」서남 12km지점에 있는「엘아락」으로 생각한다.

호르〔הֹר=산〕지(민 20:22)
1「에돔」땅 변경에 있는 산인데「이스라엘」백성이 진치고 있던 중,「아론」이 죽으매 백성들이 위하여 30일간 기도하고 그 아들「엘르아살」이 대신하여 제사장이 되엇다(민 33:37-41, 신 32: 50).
2「레바논」산 동북에 있는 산뿌리인데,「이스라엘」에게 허락한 한계의 땅이나 점령치는 못하였다(민 34:7-8).

호르마〔חָרְמָה=봉헌 완전〕지(민 14:45) ①「가데스」부근에 있으며「이스라엘」사람이 패배한 장소이다(신 1:44). ②후일에 이곳을 다시 점령하였을 때, 옛 이름「스밧」을「호르마」라고 고쳤다(민 21:3, 수 12:14, 삿 1:17). ③「유대」남부에 위치하여「시므온」에게 분여되었다(수 15:20, 19:4, 대상 4:30, 삼상 30:30).「아인 가데스」의 북쪽 39km, 현재의「에스바이타」와 동일시된다.

호론〔חֹרֹנִי=이중 동굴도시〕지(느 2:10)「산발랏」의 고향으로「호르나임」의 원주민.

호리[1]〔毫厘;가는 털 호, 리 리〕 명(삿 20:16) ①자의 눈 또는 저울의 눈의 호(毫)와 리(厘). ②극히 적은 분량.

호리[2]〔毫理;가는 털 호, 다스릴 리〕명(마 5:26)「로마」의 화폐 단위로 가장 낮은 동전.「유대」의 렙돈 두 개에 해당했고, 4분의 1 앗사리온이었다(막 12:42).

호리[3]〔חֹרִי=자유로운, 고귀한〕 인(창 14:6).
1「세일」산에 거주하던 옛 백성으로「에돔」족속에게 쫓겨났다(창 36:20-30).
2「호리」족속「로단」의 맏아들이다(창 36:22, 대상 1:39).
3「시므온」지파「시밧」의 아버지(민 13:5).
• 호리 족속은 후리 사람과 같이 본다.

호리다 타(잠 6:24) ①매력으로 남의 정신을 어지럽게 하여 빼앗다. bewitch. ②그럴듯한 말로 속여서 끌어내다.

lour out. ③꾀이다.

호마노〔縞瑪瑙;비단 호, 옥돌 마, 화반석 노〕명(창 2:12) 반귀금속 옥수 보석의 한 가지. 겹겹으로 여러 빛깔의 줄이 졌음. onyx stone. 대제사장의 흉배(출 25:7, 28:9), 성전 장식용(대상 29:2) 등으로 쓰였다.

호맘〔הוֹמָם =혼란〕인(대상 1:39)「세일」의 자손「로단」의 아들. 창 36:22의「헤만」과 같은 사람.

호멜〔חֹמֶר =당나귀〕명(민 11:32) 이스라엘 고체량의 제일 큰 단위. 당나귀 한 짐의 양. 10밧에 해당되고, 약 230kg의 무게이다.

호멜지기 명(레 27:16) 약 230kg의 곡식(밀, 보리)을 수확할 수 있는 땅의 크기(10에바).

호바[1]〔חֻבָּה =숨기다〕인(대상 7:34)「아셀」자손「소멜」의 아들이다.

호바[2]〔חוֹבָה =숨기다〕지(창 14:15)「다메섹」좌편에 있는 성읍.「아브라함」이 포로된 조카「롯」을 찾기 위하여 이곳까지 가서「롯」과 물건을 찾아왔다.

호바야〔חֳבַיָּה〕인(느 7:36) 포로에서 돌아온 제사장의 한 조상.

호박〔琥珀;호박 호, 호박 박〕명(출 28:19)〈광〉제3기의 솔과 식물의 송진이 땅속에 묻히어 굳어진 것. 황색 투명체로 지방 광택을 가지며 타기 쉬움. amber. 비금속 보물. 장식용에 쓰임.

호밥〔חֹבָב =사랑하는 자〕인(민 10:29) ①「미디안」인으로「모세」의 처남이다.「모세」가 동행하면 후대하겠다고 하였으나, 불응하고 고향으로 갔다. ②그를「모세」의 장인이라고도 하였다(삿 4:11).

호불호〔好不好;좋을 호, 아닐 불, 좋을 호〕명(민 13:19) 좋음과 좋지 않음. 호부(好否). likes and dislikes.

호브라〔חָפְרַע =태양의 제사장〕인(렘 44:30)「느부갓네살」과 동시대의 사람으로「애굽」왕이다.

호사[1]〔חֹסָה =도피처;逃避處〕인(대상 16:38)「레위」인으로「므라리」자손인데, 그의 아들이 13명이 있었다. 여호와의 궤가「예루살렘」에 도착한 후에는 문지기로 지냈다(대상 26:10-19).

호사[2]〔חֹסָה =피난처〕지(수 19:29)「아셀」의 서북「두로」남방에 있는 성읍.

호사마〔הוֹשָׁמָע =여호와는 응답하심〕인(대상 3:18)「유다」왕「여고냐」의 7아들 중 하나.

호사야〔הוֹשַׁעְיָה =여호와는 구원

하심]인(렘 42:1) 「예레미야」 시대의 유력자이며 「아사랴」의 아버지.

호산나[ώσαννά = 구원하소서] 명(마 21:9) 경배의 환호성. 예수님께서 나귀를 타고 「예루살렘」에 입성할 때, 군중이 환호한 말.

호상군[護喪軍; 보호할 호, 복입을 상, 군사 군]명(창 50:14) 조상에 관한 모든 일을 주선하거나 장례시에 묘지까지 상주와 동행하는 사람들. all who had gone with chief mourner for the funeral.

호새[חוֹזָי = 선지자]인(대하 33:19) 「이스라엘」 열왕의 행적을 기록한 사기(史記)의 기록자. 사관이다.

호색[好色; 좋을 호, 빛 색]명(롬 13:13) 여색(女色)을 좋아함. lasciviousness.

호세아[1][הוֹשֵׁעַ = 구원]인(민 13:8)

1 「여호수아」의 본명이니 「여호수아」 항을 보라(민 13:16).

2 「다윗」 왕 때 「에브라임」 자손의 장관(대상 27:20).

3 ①「잇사갈」 지파 사람으로 12소 선지 중의 한 사람이다. ②「웃시야」 왕 때부터 「히스기야」왕 때(주전 785-725)까지 예언하였으니, 선지 중 가장 오래 예언하였다. ③그의 저서 「호세아」 서에는 「이스라엘」 백성이 우상 숭배한 죄를 깊이 책망하고 구세주 오실 것을 신망하였다고 신약에 3차 인용하였다(마 9:13, 롬 9:25, 벧전 3:10-12).

4 「이스라엘」의 마지막 왕이요, 「엘라」의 아들이다. 「사마리아」에서 9년간 재위 중 악을 행하였으므로 여호와께서 「앗수르」 왕 「살만에셀」을 보내사 「사마리아」를 취하고 왕을 잡아다가 금고하고 백성을 사로잡아다가 여러 곳에 분산시키니, 「유대」왕 「히스기야」 6년이었다(왕하 18:9, 12).

호세아[2] 명(호) 구약 제28권째 성경이다. 「호세아」 선지자의 기록으로 「이스라엘」 민족과 하나님의 관계를 남편과 아내의 관계로 비유하였다. 하나님에 대한 부정과 우상숭배에 깊이 빠진 이스라엘 백성을 여호와 하나님께서 부정한 아내를 대가를 지불하고 사서 복의 처소(가정)로 돌아오게 하실 것을 「호세아」 선지의 개인적인 가정을 비유하여 설명하였다.

호세야〔הוֹשַׁעְיָה=여호와는 구원하심〕인(느 12:32) 「아사랴」의 아버지. 렘 42:1, 43:2에는 「호사야」로 옮겨졌다.

호소〔呼訴;부를 호, 아뢸 소〕대(창 4:10) 자기의 사정을 관부 또는 남에게 하소연함. apeal.

호송〔護送;보호할 호, 보낼 송〕명(행 23:32) 보호하여 보냄. 압송(押送). escort.

호수〔湖水;호수 호, 물 수〕명(출 7:19) 육지가 우묵하게 패이고 물이 괴어 있는 곳. 못. 늪보다 깊고 넓은 곳. lake.

호신부〔護身符;보호할 호, 몸 신, 병부 부〕명(사 3:20) 몸을 보호하기 위하여 가지는 부적, 방술 따위. charm.

호심경〔護心鏡;보호할 호, 마음 심, 거울 경〕명(사 59:17) 〈제〉갑옷의 가슴에 대는 구릿조각. breast plate.

호위〔護衛;보호할 호, 호위할 위〕명(신 32:10) 따라다니면서 보호함 또는, 그 사람. guard.

호위대〔護衛隊;~떼 대〕명(왕하 11:6) 따라다니며 지켜 보호하는 임무를 띤 군대. 경호대.

호위병〔護衛兵;~병사 병〕명(왕하 10: 25) 〈군〉호위하기 위하여 딸린 졸병. guard.

호위소〔護衛所;~바 소〕명(왕하 15:25) 호위병들의 근무하는 곳.

호의〔好意;좋을 호, 뜻 의〕명(행 25:3) 타인에게 보이는 친절한 마음. good will.

호적〔戶籍;집 호, 호적 적〕명(겔 13:9) ①호수나 식구별로 기록한 장부. ②부부를 중심으로 하여 그 집에 속한 사람의 본적지·성명 그 밖에 여러 가지 사항을 기록한 공문서. family register.

호지 않다 형(요 19:23) 트이지 아니하고 통으로 되었다.

호출〔呼出;부를 호, 날 출〕명(욥 9:19) ①불러냄. call. ②관청이 법정으로 특정한 개인을 일정한 처소에 부름. 소환. call.

호함〔הוֹהָם=여호와가 지키심〕인(수 10:3) 「헤브론」의 왕 「기브온」 공격의 동맹군에 가담하여 「여호수아」에게 패한 다섯 왕 중의 한 사람이다.

호행〔扈行;따를 호, 행할 행〕명(삼하 19:40) 길을 가는데 보호하여 따름. escort.

호화〔豪華;호걸 호, 빛날 화〕명(사 5:14) 사치스럽고 변화함. splendour.

호흡〔呼吸;숨내실 호, 빨아들 흡〕명(창 7:22) ①숨의 내쉼과 들이마심. 또는 그 숨.

breath. ②〈생〉생물이 산소를 들이마시어서 탄산 가스를 내보내는 작용. respiration.

혹[1]〔或;혹 혹〕부(창 16:2) ①만일에. 행여나. if. ②어떠한 경우. by any chance. 원 혹시.

혹[2]〔惑;미혹할 혹〕명(잠 7:21) 정도(正道)의 장해가 되는 일. temptation.

혹독〔酷毒;혹독할 혹, 독할 독〕명(창 49:7) ①정도가 몹시 심함. severity. ②성질·행위 따위가 매우 나쁨.

혹시[1]〔或是;혹 혹, 이 시〕부(창 30:33) ①만일에. 행여나. if. ②어떠한 경우. by any chance

혹시[2]〔或時;혹 혹, 때 시〕부(창 30:33) 어떠한 때. by any chance.

혹자〔或者;혹 혹, 놈 자〕명(사 49:12) 어떠한 사람. someone.

혹하다〔惑~;미혹할 혹〕자(잠 7:21) 마음에 들어서 아주 반하다. charmed.

혼〔魂;넋 혼〕명(창 35:18) 넋. 정신. 얼. spirit.

혼곤〔昏困;어두울 혼, 곤할 곤〕명(욘 4:8) 정신이 흐릿하고 기운이 까무라져서 고달픔. drowsiness.

혼기〔婚期;혼인할 혼, 기약할 기〕명(고전 7:36) 혼인을 하기에 적당한 나이. 또는 그 시기. marriageable age.

혼돈〔混沌;흐릴 혼, 흐릴 돈〕명(창 1:2) ①천지가 아직 나누어지지 않음. chaos. ②사물이 구별할 수 없이 흐리멍덩함. disorder. ③질서가 없음.

혼란〔混亂;흐릴 혼, 어지러울 란〕명(삼상 14:20) 이것 저것 뒤섞여서 질서를 잃음. disorder.

혼미〔昏迷;어두울 혼, 미혹할 미〕명(잠 5:23) ①뒤섞여 모르게 됨. confusion. ②마음이 흐리고 사리에 어두움. stupidity.

혼인〔婚姻;혼인할 혼, 혼인할 인〕명(신 7:3) ①장가들고 시집가는 일. 남녀가 부부가 되는 일. marriage. ②가정을 이루는 법적 행위.

혼인집 명(마 9:15) 혼례를 지내고 잔치를 베푸는 집. 혼가(婚家).

혼자 명부(출 18:18) 자기 혼자. 단독으로.

혼잡〔混雜;흐릴 혼, 섞을 잡〕명(창 11:7) 질서 없이 뒤엉켜서 구분할 수 없음. bustling.

혼잡물〔混雜物;~만물 물〕명(사 1:25) 뒤섞이어 분잡해진 물건. a mixture.

혼절〔魂絶;넋 혼, 끊을 절〕명(단 8:27) 정신이 아찔하여 까무러침. fainting.

혼취〔昏醉;어두울 혼, 취할 취〕명(슥 12:2) 전후 좌우를 분간 못할 정도로 정신이 없이 술에 취함. dead drunkenness.

혼합〔混合;흐릴 혼, 합할 합〕명(잠 9:2) ①뒤섞어서 한데 합함. mixture. ②〈화〉두가지 이상의 물질이 화학적인 결합을 하지 않고 섞이는 일.

홀〔笏;홀 홀〕명(창 49:10) 고대 왕들의 권력의 상징으로, 약 1.5m정도의 막대기에 장식하여 만들었다. 「바사」 왕 「아하수에로」는 금홀을 가졌다(슥 10:11, 에 4:1).

홀론〔חֹלוֹן=움푹 팬 땅〕지(수 15:51) 「유다」에 있는 제사장의 거주 성읍.

홀리다자(잠 6:25) ①아주 반하다. be charmed. ②유혹에 빠지다. be bewitched.

홀마〔חֹלמָע=완전히 멸함〕지(민 14:45) ①「가데스」 부근 「이스라엘」 백성의 한 진지(신 1:44). ②근본 「세밧」이던 것을 점령 후에 이 이름으로 고쳤다(민 21:3, 수 12:14, 삿 1:17). ③「유다」 지파에게 분배된 남방 지역이던 것을 「시므온」 지파에게 양여하였다(수 15:3, 19, 대상 4:30, 삼상 30:30). 「아인가데스」의 북 37km 지점. 현재의 「에세바이다」라고 본다.

홀연〔忽然;문득 홀, 그럴 연〕부(민 6:9) ①문득. 얼씬 나서는 모양. ②갑자기 사라지는 모양. suddenly.

홀하깃갓〔חֹר הַגִּדְגָּד=깃갓의 웅덩이〕지(민 33:32) 광야의 「이스라엘」 백성의 숙영지. 「굿고다」와 동일지(신 10:6, 7).

홉니〔חָפְנִי=손바닥〕인(삼상 1:3, 34, 3:11-18) 제사장 「엘리」의 두 아들 중 하나. 형제가 함께 사악한 언행으로 불경건하게 제사장직을 악용하였으므로 하나님께서 형제가 한 날에 죽으리라고 선고하셨다. 과연 「아벡」 전쟁에서 죽었다.

홋〔הוֹד=위엄〕인(대상 7:37) 「아셀」 사람. 「소바」의 아들.

홍마〔紅馬;붉을 홍, 말 마〕명(슥 1:18) 〈동〉 몸빛이 붉은 말. red horse.

ㅎ

홍마노〔紅瑪瑙;붉을 홍, 옥돌 마, 반석 노〕명(출 28:18) 금강석. 순수한 탄소로 된 정 팔각형의 결정체. diamond.

홍보석〔紅寶石;붉을 홍, 보배 보, 돌 석〕명(출 28:17) 〈광〉 루비. 보석의 이름. ruby.

홍사〔紅絲;붉을 홍, 실 사〕명(창 38:28) 붉은 실. scarlet thread.

홍색〔紅色;붉을 홍, 빛 색〕명(출 25:4) 붉은 색. red.

홍수〔洪水;넓을 홍, 물 수〕명(창 6:17) ①장마로 범람한 큰 물. flood. ②물이 넘쳐 흐르 듯이 사람이나 물건의 아주 많음을 가리키는 말. deluge.

홍옥〔紅玉;붉을 홍, 구슬 옥〕명(겔 28:13) 〈식〉①붉은 빛깔의 옥. ruby. ②사과의 한 종류. jonathan.

홍의〔紅衣;붉을 홍, 옷 의〕명(사 63:1) 붉은 옷. red clothes.

홍포〔紅袍;붉을 홍, 도포 포〕명(마 27:28) 임금이 입던 예복. scarlet robe.

홍해〔יַם־סוּף=紅海=갈대의 바다〕지(출 10:19) 「아시아」와 「아프리카」 사이에 있는 좁은 바다로써 성경과는 아주 인연이 많은 바다이다. 「이스라엘」은 몇 번이고 이 「홍해」를 건넌 것이 하나님의 은총이라고 회상하고 있다(수 4:23, 시 109:9). 오늘날 「수에즈」 운하와 연결되는 곳이다.

홑이불 명(막 14:51) ①한 겹으로 된 이불. sheet. ②이불 안쪽에 덧시치는 한 겹으로 된 이불. a bed sheet.

화[1]〔火;불 화〕명(시 39:3) ①불의 뜨거운 기운. 화기. heat. ②불. fire. ③몹시 언짢거나 못마땅해서 나는 병. sickness caused by resentment.

화[2]〔禍;재화 화〕명(창 34:30) 몸과 마음이나 일에 뜻밖의 변고를 당하여 받는 괴로움이나 해. disaster.

화곡〔禾穀;벼 화, 곡식 곡〕명(시 72:16) 〈식〉벼과에 속하는 곡식의 총칭. rice plant.

화관〔花冠;꽃 화, 갓 관〕명(사 3:20) 〈제〉여자의 예장(禮裝)에나 또는 나라 잔치 때 기녀(妓女), 무동(舞童)들이 쓰던 관. bonnet. ②〈식〉꽃부리. corolla.

화광〔火光;불 화, 빛 광〕명(시 78:14) 불빛. flame.

화광석〔火光石;불 화, 빛 광, 돌

석〕명(겔 28:14) 〈광〉돌의 일종. stones of fire.

화답〔和答;화할 화, 대답할 답〕명(출 15:21) 시가(詩歌)를 응답함.

화덕 명(출 8:3) ①숯불을 피워 쓰게 만든 큰 화로. brazier. ②한데에서 솥을 걸고 쓰게 흙으로 간단히 만든 물건. cooking stove.

화려〔華麗;빛날 화, 고울 려〕명(삼하 1:24) 빛나고 아름다움. splendour.

화로〔火爐;불 화, 화로 로〕명(렘 36:22) 숯불을 담아 두는 그릇. brazier.

화목[1]〔火木;불 화, 나무 목〕명(대상 21:33) 땔나무. firewood.

화목[2]〔和睦;화할 화, 화목할 목〕명(욥 22:1) 서로 뜻이 맞고 정다움. 단란하고 친목함. harmony.

화목제〔和睦祭;~제사 제〕명(출 20:24) 하나님의 은혜를 감사하거나 또 소원을 드릴 때, 흠없는 양과 염소의 피를 제단에 뿌리고 기름을 태우며 드리는 구약의 제사의 한 가지. 수은제. 감사제. fellowship offering. peace offering.

화목 제물〔和睦祭物; ~ 만물 물〕명(민 6:14) 화목제를 드릴 때 사용한 물품. present for friendship offering. * 예수님께서 화목 제물이 되셨다.

화문석〔花紋席;꽃 화, 무늬 문, 자리 석〕명(삿 5:10) 꽃무늬를 넣어 짠 자리. mat with a floral design.

화문요〔花紋褥;~요 요〕명(잠 7:16) 꽃무늬로 수놓은 아름다운 요. bed with coverings of tapestry.

화미〔華美;빛날 화, 아름다울 미〕명(욥 40:10) 빛나고 아름다움. pomp.

화반석〔花斑石;꽃 화, 얼룩질 반, 돌 석〕명(대상 29:2) 〈광〉홍백색의 무늬가 있고 바탕이 푸른 돌. 인장의 재료로 쓰임. marble stone.

화살 명(민 24:8) 가는 대의 끝에다 쇠로 만든 촉을 꽂고 위에는 세줄로 새깃을 단 활을 쏘는데 쓰는 살. (준) 살. arrow. 총알 대신 사용한 옛날 무기.

화상[1]〔火傷;불 화, 다칠 상〕명(레 13:25) 불에 덴 상처. burn.

화상[2]〔畵像:그림 화, 형상 상〕[명](막 12:16) 사람의 얼굴과 똑같이 그린 그림. portrait.

화석〔火石;불 화, 돌 석〕[명](겔 3:9) 부싯돌. flint.

화석류나무〔花石榴~;꽃 화, 돌 석, 석류 류〕[명](느 8:15) 〈식〉 나무의 일종. myrtle.

화액〔禍厄:재화 화, 재앙 액〕[명](사 57:1) 재앙과 곤란. disaster.

화염〔火焰;불 화, 불꽃 염〕[명](창 3:24) 타오르는 불꽃. sparkles.

화염검〔火焰劍; ~칼 검〕[명](창 3:24) 불꽃이나 칼의 형상으로 나타난 하나님을 일컬음. flaming sword.

화인〔火印;불 화, 도장 인〕[명](딤전 4:2) ①불에 달구어 찍는 쇠나 구리로 만든 도장. brand mark. ②씻기 어려운 좋지 못한 이름. stigma.

화장〔化粧;화할 화, 단장할 장〕[명](렘 4:30) ①분, 연지 따위로 얼굴, 머리털을 곱게 매만짐. toilet. ②옷맵시를 매만짐. dressing.

화저〔火箸;불 화, 젓가락 저〕[명](대하 4:21) 화로에 쓰는 쇠젓가락. 부젓가락. fire tongs.

화전〔火箭;불 화, 화살 전〕[명](시 7:13) 〈군〉폭발물을 장치한 화살. incendiary arrow.

화제〔火祭;불 화, 제사 제〕[명](출 29:18) 제물을 불에 태우는 제사. 즉, 번제와 소제의 총칭. burnt offering.

화제물〔火祭物; ~만물 물〕[명](레 4:35) 화제 때 바치는 제물. sacrificial thing for burnt offering.

화창〔和暢;화할 화, 화창할 창〕[명](아 1:16) 날씨나 마음이 온화하고 맑음. genial.

화친〔和親;화할 화, 친할 친〕[명](수 9:15) ①나라와 나라 사이의 좋은 교분. friendly relation. ②서로 의좋게 잘 지내는 정분. friendship.

화평〔和平;화할 화, 평평할 평〕[명](삿 4:17) 온화하고 태평함. peace.

화폐〔貨幣;재화 화, 비단 폐〕[명](스 2:69) 돈. money. 구약시대에는 금, 은의 무게로 통용하다가 포로 이후에 쓰기 시작했다. 세겔은 무게를 의미하나 화폐의 단위이다. '다락'이란 단위도 있다. 신약 시대에는 「로마」와 「헬라」의 돈을 사용하였는데, 그 가치를 「므나」, 「데나리온」, 「앗사리온」, 「고드란트」, 「렙돈」 등으로 나타내었다.

유대인의 복종을 상징하는 로마 동전

화하다〔化~;화할 화〕자(시 32:4) 익숙하게 되다. 잘 되다. be skilled. ②변하다. change. ③전문가가 되다.

화합〔和合;고를 화, 합할 합〕명(삼상 29:4) 화목하여 서로 의견이 맞음.

화해〔和解;화할 화, 풀 해〕명(눅 12:58) ①다투던 일을 풀고 사이좋게 지냄. amicable settlement. ②〈법〉소송 당사자들이 서로 양보하므로써 분쟁이 그침. composition.

화환〔花環;꽃 화, 고리 환〕명(왕상 7:29) 가화 또는 생화로, 원형으로 만들어 환영 또는 경조의 뜻을 표하는데 보내는 물건. 화륜. wreath.

확신〔確信;확실할 확, 믿을 신〕명(신 28:66) 확실히 믿음. conviction.

확실〔確實;확실할 확, 열매 실〕명(창 29:32) 틀림이 없이 실상스러움. certainty.

확언〔確言;확실할 확, 말씀 언〕명(신 26:17) 정확히 말함. assertion.

확장〔擴張;넓힐 확, 베풀 장〕명(수 19:47) 범위 또는 세력을 넓히어서 늘림. 유 확대. extension.

확정〔確定;확실할 확, 정할 정〕명(레 25:30) 틀림없이 작정함. decision.

확증〔確證;확실할 확, 증거 증〕명(행 2:40) 확실히 증명함. 또는 그 증거. corroboration.

환관〔宦官;벼슬살이 환, 벼슬 관〕명(왕하 20:18) 옛날 불알이 없는 사람을 쓰던 내시부(內侍府)의 관리. 내시. eunuch.

환관장〔宦官長;~길 장〕명(렘 39:13) 환관 중의 우두머리. captain of the eunuch.

환난〔患難;근심 환, 어려울 난〕명(창 35:3) 근심과 재난. misfortune.

환난 후〔患難後;근심 환, 어려울 난, 뒤 후〕명(막 13:24) 근심과 재난을 당한 뒤. after misfortune.

환도뼈〔還刀~;고리 환, 칼 도〕명(창 24:2) 〈인〉허리 아래 뼈. 넓적다리 뼈. hucklebone. 생존을 상징함.

환산〔換算;바꿀 환, 셈할 산〕명(민 14:34) 단위가 다른 수량으로 계산하여 고침. 또는 그 계산. change.

환상〔幻像;변할 환, 형상 상〕[명] (욥 20:8) 눈앞에 없는 사물이나 물건의 모습이 있는 것처럼 보이다가 가뭇없이 사라져 버리는 현상. vision. 성경에서 하나님의 사람, 예언자들에게 하나님으로부터 주어진 특별한 전달을 가리킨다(암 7:1-3, 호 2:14-23, 사 6:1-11, 렘 1:11-16, 눅 1:8-23, 행 10:3, 행 10-19).

환영〔歡迎;기쁠 환, 영접할 영〕[명](삿 19:3) 기쁜 마음으로 맞아 주는 것. welcome.

환자〔患者;근심 환, 놈 자〕[명] (레 13:4) 질병을 앓고 있는 사람. patient.

환처〔患處;근심 환, 곳 처〕[명] (레 13:3) 아픈 곳.

환하다 [명](잠 13:9) ①앞이 탁 틔어서 막힌 것이 없다. open. ②매우 밝다. bright. ③얼굴이 잘 생겨 보기에 시원스럽다. handsome. ④도 알 수 있다.

활 [명](창 21:20) ①나무를 반월

형으로 휘어 맨 줄의 탄력을 이용하여 살을 멀리 날려 보내던 옛날 무기. 화살을 쏘는 기구. ②목화송이를 솜으로 만드는 기구.

활동〔活動;살 활, 움직일 동〕[명] (살후 2:7) ①활발하게 움직임. activity. ②사회에 나가 업무에 힘쓰고 이름을 떨침. effective working. ③신체 또는 정신이 변하고 있는 상태. function. ④세운 목표가 이루어지도록 노력하는 것.

활발〔活潑;살 활, 활발할 발〕[명] (시 38:19) 생기가 있음. 원기가 좋음. vivacity.

활시위 [명](시 21:12) 활에 걸어서 켕기는 줄. 현(弦). 활줄. 궁현(弓弦). bow-string.

황공〔惶恐;두려울 황, 두려울 공〕[명](시 55:5) 높은 자리에 눌리어 두려움. 변명할 여지가 없을 만큼 미안함. awe.

황금〔黃金;누를 황, 쇠 금〕[명] (스 1:6) 금. 돈. 금전. money.

황급하다〔遑急~;급할 황, 급할 급〕[형](사 52:12) 마음이 몹시 급하여 허둥지둥 하다. precipitation.

황량〔荒凉;거칠 황, 서늘할 량〕[명](레 26:31) 황폐하여 처량함. 허무맹랑하고 장애물에 있는 상태. dreary.

황망〔慌忙;두려울 황, 바쁠 망〕명(시 88:15) 두렵고 바쁨. hot haste. 너무 바빠서 다른 일을 기억할 겨를이 없음.

황무〔荒蕪;거칠 황, 거칠 무〕명(출 23:29) 땅 따위를 거두지 않고 제대로 버려 두어서 거칠어짐. 황폐된 상태. wildness(욥 15:28).

황무지〔荒蕪地;거칠 황, 거칠 무, 땅 지〕명(신 32:10) 손을 대지 않고 버려두어 거칠어진 땅. barren tract.

황보석〔黃寶石;누를 홍, 보배 보, 돌 석〕명(겔 28:13) 〈광〉보석의 일종. 황색 광채가 나는 보석.

황새명(레 11:19) 〈조〉황새과의 새. 해오라기와 비슷하나 훨씬 큼. stork.

황소명(창 32:15) 〈동〉털빛이 누렇고 큰 수소. bull.

황송〔惶悚;두려울 황, 두려워할 송〕명(출 33:4) 황공(惶恐). awe. 너무 죄송함.

황야〔荒野;거칠 황, 들 야〕명(시 107:40) 거두지 아니하여 거칠게 된 들. wilderness. 잡초와 가시 덩굴만 우거진 벌판.

황양목〔黃楊木;누를 황, 버들 양, 나무 목〕명(사 41:19) 〈식〉황양목과의 상록교목. 도장을 새기거나 빗을 만듦. 화양목. 도장나무. box tree.

황옥〔黃玉;누를 황, 구슬 옥〕명(출 28:17) 〈광〉사방경계의 보통 기둥꼴의 결정. 여러 색깔이 있으나, 황색은 보석으로 쓰고 다른 것은 유리, 금속의 연마제로 씀. topaz.

황적〔荒寂;거칠 황, 고요할 적〕명(애 1:4) 못쓰게 되어 고요하고 쓸쓸함. desolation.

황제〔皇帝;임금 황, 임금 제〕명(행 25:21) 제국주의 국가의 군주의 칭호. 천자(天子). emperor.

황충〔蝗蟲;누리 황, 벌레 충〕명(왕상 8:37) 〈충〉누리. 메뚜기과의 벌레. 풀무치와 비슷하다. migratory locusts.

황폐〔荒廢;거칠 황, 폐할 폐〕명(창 47:19) 버려 두어 못쓰게 되고 거칠어진 모양. dilapidation.

황혼〔黃昏;누를 황, 어두울 혼〕명(왕하 7:5) ①해가 지고 어둑어둑할 때. dusk of evening. ②한창인 고비를 지나 쇠퇴하여 세상을 떠날 때가 이른 때. decline.

황후〔皇后;임금 황, 왕후 후〕명

(렘 7:18) ①황제의 정실. 중전. empress. ②「이스라엘」백성들이 섬기던 하늘의 여신(렘 44:18, 19).

홰 명(삿 15:4) 횃불. 횃대. torch.

횃불 명(창 15:17) 홰에 켠 불. torch light.

회[1]〔會;모일 회〕명(시 111:1) ①여럿이 무슨 일을 위하여 모인 모임. meeting. ②여럿이 어떤 일을 함께 하려고 모인 모임 또는 그 단체. society.

회[2]〔灰;재 회〕명(겔 13:12) 생석회와 소석회의 총칭. 시멘트·유리 제조용·비료 따위로 쓰임. 원 석회. lime.

회개〔悔改;뉘우칠 회, 고칠 개〕명(욥 42:6) 죄를 뉘우치고 예수를 믿음. repentance.

회계〔會計;모을 회, 셈할 계〕명(왕하 12:15) ①모아서 계산함. ②금전·물품의 출납의 계산. 또는 그 사무. ③대금의 지불. accounting.

회답〔回答;돌아올 회, 대답할 답〕명(신 20:11) 물어본 것에 대한 대답. answer.

회당〔會堂;모을 회, 집 당〕명(시 74:8) ①유대인의 집회소. 안식일을 지키며 자녀 교육장, 재판소로 사용했다. synagogue. ②예배당. church. ③모이는 집.

회당장〔會堂長;모을 회, 집 당, 길 장〕명(막 5:22) 회당의 우두머리. ruler of the synagogue.

회리바람 명(왕하 2:1) 원형으로 구르면서 불어오는 바람. whirlwind.

회막〔會幕;모을 회, 장막 막〕명(출 27:21)「이스라엘」민족들이 하나님 명령의 상징으로 항상 메고 다니던 법궤를 보관했던 장막. 성막. tabernacle of the congregation.

회막문〔會幕門;~문 문〕명(출 29:11) 회막의 문. door of the tabernacle of the congregation.

회보〔回報;돌아올 회, 갚을 보〕명(출 19:8) ①대답하는 보고. reply. ②돌아와서 여쭘. report.

회복[1]〔恢復;넓을 회, 회복할 복〕명(삼하 8:3) 쇠퇴하였던 국세·가세·병세 따위가 이전의 상태와 같이 바로 잡힘. recovery.

회복[2]〔回復;돌아올 회, 회복할 복〕명(창 40:13) 이전의 상태와 같이 됨. restoration.

회복자〔回復者;~놈 자〕명(룻 4:15) 다시 갖게 하고 일으킨 사람.

회삼물〔灰三物;재 회, 석 삼, 만

물 물〕명(사 41:25) 석회·세사·황토를 한데 섞은 물건. 진흙. 역청. mortar.

회상〔回想;돌아올 회, 생각 상〕명(애 3:21) 지나간 일을 돌이켜 생각됨. reminiscence.

회생〔回生;돌아올 회, 날 생〕명(왕하 13:21) 다시 살아남. 소생. revival.

회의〔會議;모을 회, 의논할 의〕명(렘 23:18) ①여러 사람이 모이어 의논함. meeting. ②어떤 사항을 평의하는 기관. conference.

회전〔回轉;돌 회, 구를 전〕명(약 1:17) ①빙빙 돎. ②어떤 물체가 다른 물체의 둘레를 일정한 궤도로 움직임.

회정〔回程;돌아올 회, 한도 정〕명(창 33:16) 돌아오는 길에 나타남. start on one's return trip.

회중[1]〔會中;모을 회, 가운데 중〕명(시 1:5) 회의 도중. 그들의 집단. during meeting.

회중[2]〔會衆;모을 회, 무리 중〕명(출 12:3) 관중. 모여 있는 많은 무리. congregation.

회집〔會集;모을 회, 모을 집〕명

(사 43:9) 여러 사람이 많이 모임. 또는 모음. gathering.

회칠〔灰漆;재 회, 옻칠할 칠〕명(겔 13:10) 회를 벽이나 겉에 칠함.

회향〔茴香;회양 회, 향기 향〕명(마 23:23) 〈식〉미나리과에 속하는 회향풀의 열매. 건위. 구충제로 쓰임. fennel.

획〔劃;그을 획〕명(눅 16:17) ①글씨나 그림의 붓으로 그은 줄이나 점의 총칭. stroke. ②글자를 구성하는 점획 또는 획수. strokes.

횟돌〔灰~;재 회〕명(사 27:9) 방해석(方解石)이 모이어 된 수성암. 석회를 만드는 돌. lime stone.

횡〔橫;가로 횡〕명(창 13:17) 가로. horizontal.

횡포〔橫暴;가로 횡, 사나울 포〕명(욥 35:15) 떳떳한 도리에 벗어나고 몹시 사납게 구는 행동. tyranny.

횡행〔橫行;가로 횡, 행할 행〕명(시 12:8) ①거리낌없이 함부로 돌아다님. being rampant. ②모로 감. going sideways. ③제마음대로 행동함.

효〔孝;효도 효〕명(딤전 5:4) 부모를 잘 섬기는 일. filial piety.

효력〔效力;증험할 효, 힘 력〕명(창 4:12) ①일의 좋은 보람. efficacy. ②효과·효험·보람·공로·효능을 나타내는 힘. effect. ③일한 보람. 표적.

효용〔驍勇;굳셀 효, 날랠 용〕명(삼하 23:20) 사납고 날램. valiancy.

효유〔曉喩;새벽 효, 비유할 유〕명(행 12:21) 알아듣게 일러 줌. 깨닫도록 타이름. admonition.

효험〔效驗;증험할 효, 시험할 험〕명(마 27:24) 일의 좋은 보람. ㊟ 효(效). efficacy.

후[1]〔後; 뒤 후〕명(창 4:3) ①이다음. next time. ② 뒤. future.

후[2]〔厚;두터울 후〕명(창 30:20) 두텁다. 짙다. 많다.

후견인〔後見人; 뒤 후, 볼 견, 사람 인〕명(갈 4:2) 미성년자. 무능력자. 금치산자 등의 재산 관리 등을 대신 맡아주고 돌보아 주는 사람. guardian.

후곡〔חוּקֹק=도랑〕지(대상 6:75)「아론」자손의 거할 장소를 각 지파에게 줄 때에「아셀」지파가「게르손」에게 준 성읍 중의 하나인데,「헬갓」이라고도 한다(수 21:31).

후군〔後軍; 뒤 후, 군사 군〕명(수 6:9) 〈군〉①뒤에 있는 군대. 전군을 지원, 보충, 교대하기 위하여 대기중인 군인 부대. rear guard. ②〈제〉 임금의 나들이 때 뒤를 호위하는 군대.

후궁〔後宮; 뒤 후, 집 궁〕명(삼하 15:16) ①제왕의 첩. harem. ②주되는 궁전 뒤쪽에 있는 궁전.

후대[1]〔厚待;두터울 후, 기다릴 대〕명(창 12:16) 섭섭하지 않은 대접. warm reception.

후대[2]〔後隊; 뒤 후, 떼 대〕명(민 2:31) 뒤에 있는 대오. rear ranks.

후대[3]〔後代; 뒤 후, 세대 대〕명(수 22:28) 뒤의 세대. coming generation.

후람〔חוּרָם=고상함〕인

1 열왕기에는「히람」이라 하였으나, 기사 내용을 보아 한 사람이다(대상 8:5).「히람」항을 참조(대하 2:3).

2 두로의 놋점장(대하 2:13, 4:11-16).

3「베냐민」의 손자이다(대상 8:5).

후래〔חוּרַי=고귀한〕인(대상 11:32)「가아스」시냇가 출신으로「다윗」의 용사 중 한 사람이다. 삼하 23:30에는

「힛대」로 되어 있다.

후래사〔後來事; 뒤 후, 올 래, 이 사〕명(사 41:23) 장래 일. things that are to come hereafter.

후르〔חוּר = 고귀〕인

1「미디안」의 왕이다(민 31:8). 수 13:21에는「훌」로 되어 있다.

2「느헤미야」시대에「예루살렘」성벽의 중수를 도운「르비야」의 아버지(느 3:9). 그 지방의 절반을 다스렸다.

후리〔חוּרִי = 천 만드는 자〕인(대상 5:14)「갓」자손「아비하일」의 아버지.

후리다 타(출 21:16) ①매력으로 남의 정신을 어지럽게 하여 빼앗다. bewitch. ②휘둘러 몰다. ③모난 부분을 깎아 버리다. shave. ④갑자기 차서 빼앗다. snatch.

후메네오〔Ὑμέναιος = 결혼의 노래〕인(딤전 1:20) 양심을 버린 사람인고로「바울」이 징계하기 위하여「사탄」에게 주었다고 하였다(딤후 2:17).

후박〔厚薄; 두터울 후, 엷을 박〕명(민 13:20) ①두터움과 엷음. thickness and thinness. ②후함과 박한 일. partiality. ③땅이 비옥함과 거칠음. fat and lean.

후밤〔חוּפָם = 해안의 주민 보호〕인(민 26:39)「베냐민」의 아들이며,「후밤」족속의 조상이다. 대상 8:5에는「후람」이라 되어 있다.

후부〔後夫; 뒤 후, 지아비 부〕명(신 24:3) 후살이의 남편. one's second man.

후비〔后妃; 왕후 후, 비 비〕명(왕상 11:3) 임금의 아내. 왕비. queen.

후사[1]〔後嗣; 뒤 후, 이을 사〕명(창 15:3) 대(代)를 잇는 아들. heir.

후사[2]〔חוּשָׁה = 재촉, 급함〕인(대상 4:4)「유다」사람「훌」의 자손.「에셀」의 아들.

후사[3]〔חוּשָׁה = 급함〕지(삼하 23:27)「다윗」의 30용사 중「므분내」와「십부개」의 고향.

후삼〔חוּשָׁם = 급속〕인(창 36:34, 대상 1:45)「데만」족속.「요밥」의 뒤를 이어「에돔」의 세 번째 왕이 됨.

후새〔חוּשַׁי = 급속함〕인(삼하 15:32)

1「다윗」의 친구(대상 27:33). ①「다윗」의 명령을 받고 거짓 귀순자로「압살롬」의 궁정에 들어가「아히도벨」이「압살롬」을 위하여 좋은 계획을 베푼 것을 그가 알고 파괴시킴에 성공하였다(삼하 15:33-37, 17:1-20).

2「솔로몬」의 12관장 중의

한 사람인 「바아나」의 부친이다(왕상 4:16).

후생〔後生; 뒤 후, 날 생〕명(시 78:6) 뒤에 난 사람. younger generation. ②내세(來世)에 다시 태어날 일생. life after death.

후세〔後世;뒤 후, 대 세〕명(시 49:13) ①뒤의 세상. future posterity. ②죽음 후에 오는 세상. 내세. future world.

후손〔後孫; 뒤 후, 자손 손〕명(창 3:15) 몇대가 지나간 뒤의 자손. 후예. descendant.

후시대〔後時代; 뒤 후, 때 시, 시대 대〕명(욜 1:3) 앞으로 오는 기간. next generation.

후실〔後室; 뒤 후, 집 실〕명(신 22:30) 두 번째 드는 장가 또는 그 아내의 높임말. 후취. 재취. remarriage.

후심〔חוּשִׁים=서두르게 만드는 자, 성급함〕인(창 46:23) 1「단」의 아들. 민 26:42에는 「수함」이라 되어 있다. 2「베냐민」 사람. 「아헬」의 아들(대상 7:12). 3「베냐민」 사람 「사하라임」의 두 아내 중 하나인데, 「아비둡」과 「엘바알」의 어머니(대상 8:8, 11).

후예〔後裔;뒤 후, 후손 예〕명(창 10:1) 후손. descendant.

후욕〔詬辱;꾸짖을 후, 욕될 욕〕명(시 44:16) 꾸짖고 욕설을 퍼부음. curse.

후원[1]〔後園;뒤 후, 동산 원〕명(에 1:5) 집 뒤에 있는 동산. back garden.

후원[2]〔後苑;뒤 후, 동산 원〕명(에 7:8) 대궐 안에 있는 동산. back garden in a palace. 나라 동산.

후일〔後日; 뒤 후, 날 일〕명(창 40:33) 훗날. later days.

후진〔後陣; 뒤 후, 진칠 진〕명(민 10:25) 후군(後軍). rear guard.

후처〔後妻; 뒤 후, 아내 처〕명(창 25:1) 두 번째로 맞은 아내. 후취. 재취. second wife.

후패〔朽敗;썩을 후, 패할 패〕명(욥 13:28) 썩어서 못쓰게 됨. decay.

후하다〔厚~;두터울 후〕형(창 30:20) ①인심이 두텁다. cordial. ②두께가 두껍다. thick. ③언행이 인색하지 않다. lenient. 부 후히.

후회〔後悔;뒤 후, 뉘우칠 회〕명(민 23:19) 이전의 잘못을 깨닫고 뉘우침. repentance.

훅곡〔חֻקֹּק=도랑〕지(수 19:34) 「아셀」과 「납달리」의 경계에 있는 성읍. 「디베랴」 호수의 북서쪽.

훈계〔訓戒;가르칠 훈, 경계할 계〕명(시 16:7) 타일러 경계함. admonition.

훈도〔訓導;가르칠 훈, 인도할 도〕명(롬 2:20) 선생. 교육자. elementary school teacher.

훈시〔訓示;가르칠 훈, 보일 시〕명(스 10:8) ①가르쳐 보임. instruction. ②상관이 집무상의 주의 사항을 부하 직원에게 지시함.

훌〔חוּר=고귀〕인(출 17:10)
1「모세」의 처남? ①「이스라엘」 백성이 광야에 있어 「아말렉」과 싸울 때 그가

「아론」과 함께 「모세」의 팔을 들어주어 승리하게 하였다. ②또 「모세」가 「시내」 산에 올라갈 때 「아론」과 함께 백성을 다스릴 직분을 맡았다(출 24:14). ③「유대」인의 전설에는 그는 「미리암」의 남편이라 전한다.
2「갈렙」과 「에브랏」 사이에 낳은 아들(대상 2:19, 50). 금, 은, 동, 보석으로 여러 가지 물건을 교묘하게 잘 만드는 「브사렐」의 조부(출 31:2-).
3「셈」의 손자요, 「아람」의 아들이다(창 10:23).
4그 밖에 3인이 있다(민 31:8, 왕상 4:8 벤훌, 느 3:9).

훌다〔חֻלְדָּה=두더지〕인(왕하 22:8-20) 「유대」 왕 「요시아」 시대의 여선지인데, 「예루살렘」 제2통에 사는 「살롬」의 아내이다. 왕은 성전에서 발견된 유럽책에 대하여 그 선지자에게 묻기 위하여 「힐기야」를 파견하였다. 그가 하나님의 지시를 받아 "그 책에 있는 대로 재앙을 내릴 것이로되, 왕이 이미 겸손히 옷을 찢고 통곡하였으므로 목전의 그 재앙을 면케 되리라"고 하였다. 「요시아」 왕의 종교 개혁을 도왔다(와하 22:3-20, 대하 34:8-28).

훌륭하다 형(욥 41:12) ①매우 좋다. splendid. ②칭찬할 만하다. admirable. ③퍽 아름답다. wonderful.

훔다〔חֻמְטָה=둘러싸인 장소〕지(수 15:54) 「웁다」 지파에 있는 성읍.

훔치다 타(요 12:6) 남의 물건을 몰래 슬그머니 가지다. 절도. steal.

훕〔חוּב〕인(대하 12:3)
1「애굽」 왕 「시삭」을 따라 「르호보암」을 치러 온 사람들(대하 16:8).
2「루빔」과 같은 사람(단 11:43, 나 3:9).

훕바〔חֻפָּה = 덮개〕인(대상 24:13) 「아론」의 자손으로서 「다윗」 때 제 13반차의 제사장.

훕빔[1]〔חֻפִּים = 덮개〕인(대상 24:13) 「아론」의 자손으로서 「다윗」때 제13반차의 제사장.

훕빔[2]〔חֻפִּים = 보호 덮음〕인(창 46:21)

1 「베냐민」의 아들(창 46:21).

2 「일」의 아들(대상 7:12, 15).

훤화〔喧嘩, 喧譁; 시끄러울 훤, 시끄러울 화〕명(시 65:7) 지껄여서 떠듦. clamour(행 23:9). 소란, 다툼, 싸움.

훼멸〔毁滅; 헐 훼, 멸할 멸〕명(신 29:23) ①상(喪)을 당하여 몹시 상심하여 몸이 쇠약해지고 마음이 약해짐. ②몹시 슬퍼함. ③헐고 깨뜨려 없앰. destruction.

훼방〔譭謗; 훼방할 훼, 헐뜯을 방〕명(레 24:11) ①남을 헐뜯어 꾸짖음. slander. ②남의 일을 방해함. interruption.

훼방자〔譭謗者; ~놈 자〕명(딤전 1:13) 훼방하는 사람. blasphemer.

훼상〔毁傷; 헐 훼, 상할 상〕명(삼하 12:18) 몸을 다침. injury.

훼파〔毁破; 헐 훼, 깨뜨릴 파〕명(출 23:24) 헐어서 깨뜨림. destruction.

휘두르다 타(계 14:15) ①무엇을 잡고 둥글게 휘휘 돌리다. brandish. ②정신을 차릴 수 없도록 얼을 빼다. astonish. ③남의 의사를 무시하고 제 뜻대로만 하다. command.

휘장〔揮帳; 두를 휘, 휘장 장〕명(출 27:21) 여러 폭의 천을 이어서 둘러치는 막. curtain.

휘파람 명(슥 10:8) 입술을 아주 좁고 동그랗게 오므려 그 사이로 김을 불어 소리를 내는 짓. whistle.

휙휙 부(3:2) 재빨리 돌아가는 모양. suddenly. ②바람이 한 번 세게 부는 모양. with a sweep. ③힘차게 던지는 꼴. ④갑자기 빠르게 지나가거나 떠오르거나 하는 모양. lightly and nimbly. ⑤일을 재빠르게 해치우는 모양. quickly.

휩싸다 타(창 38:14) ①휘휘 감아서 싸다. surround. ②나쁜 행실을 뒤덮어주다. protect. ③겉으로 드러나지 않게 하다. shelter.

휴식〔休息; 쉴 휴, 쉴 식〕명(출 16:23) 일의 도중에서 잠깐 쉼. rest.

흉갑〔胸甲; 가슴 흉, 갑옷 갑〕명(계 9:9) 가슴을 가리우는 갑옷. breast plate.

흉년〔凶年; 흉할 흉, 해 년〕명(창 26:1) 농작물이 잘 되지 않는 해. lean year.

흉배〔胸背;가슴 흉, 등 배〕[명] (엡 6:14) ①관복의 가슴과 등에 붙이던 수를 놓은 물건. breast plate. ②가슴과 등.

흉벽〔胸壁;가슴 흉, 벽 벽〕[명] (전 9:14) 성곽·포대 따위에 쌓는 가슴 높이만한 담. breast work parapet.

흉악〔兇惡;흉악할 흉, 악할 악〕[명](창 41:3) ①성질이 험상궂고 고약함. atrocious. ②겉 모양이 흉하고 무섭게 생김. malignant.

흉용〔洶湧;용솟음칠 흉, 솟을 용〕[명](출 15:10) 큰 물결이 세차게 일어나 출렁거림. billowing.

흉패〔胸牌;가슴 흉, 패 패〕[명] (출 25:7, 28:8-30, 레 8:8) 대제사장의 가슴에 달았던 네모진 모양. 금실과 청색, 자색, 홍색실과 가늘게 꼰 베실로 짜, 이스라엘 12지파의 이름을 새긴 보석 12개를 네 줄로 달았다.

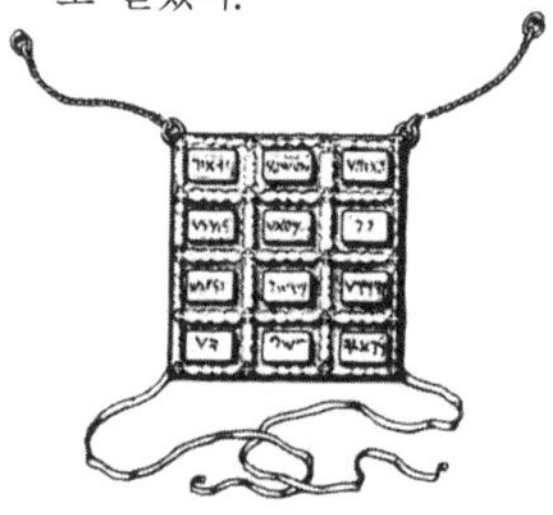

흉하다〔凶~;흉할 흉〕[형](왕상 22:8) ①좋지 않다. bad. ②불길하다. ominous. ③보기 싫을 만큼 거칠다. ugly. ④마음씨가 악하고 거칠다. evil.

흐르다[1] [자](창 2:14) ①물 따위가 낮은 곳으로 내려가다. run. ②눈물이 나다. drop. ③세월이 지나다. elapse.

흐리다[2] [형](신 34:7) ①시력. 청력 불빛이 희미하다. dim. ②분명하지 않다. vague. ③더러워지다. impure.

흐리다[3] [자](마 16:3) ①날씨가 나쁘게 되다. cloudy. ②더럽히다.

흑마〔黑馬;검을 흑, 말 마〕[명] (슥 6:2) 〈동〉몸빛이 검은 말. black horse.

흑석〔黑石;검을 흑, 돌 석〕[명] (에 1:6) 검은 대리석. black stone.

흑암〔黑暗;검을 흑, 어두울 암〕[명](창 1:2) 몹시 껌껌함. darkness.

흑운〔黑雲;검을 흑, 구름 운〕[명] (히 12:18) 검은 구름. 불행이 다가오는 예감. dark cloud.

흔단〔釁端;틈날 흔, 끝 단〕[명] (삼하 2:27) ①틈이 생기는 실마리. seed of alienation. ②서로 달라지는 시초. going of a change.

흔들다 [타](출 29:24) ①건드리어서 잇달아 움직이게 하다.

swing. ②가만히 있지 못하게 하다. shake. ③개 따위가 꼬리를 움직이다. wag.

흔연〔欣然;기쁠 흔, 그럴 연〕명 (행 8:39) 매우 기뻐하는 모양. joyfulness.

흔적〔痕跡;자취 흔, 발자취 적〕명(레 13:23) 뒤에 남은 자국. traces.

흔하다명(왕상 10:27) ①귀하지 않고 아주 많이 있다. common. ②얻기 쉽다. easy to get.

흘겨보다타(아 1:6) 눈을 가로 떠서 노려보다. 흘기는 눈으로 노려보다. stare sidelong.

흘러가다자(수 3:16) ①흐르면서 나아가다. ②흐르듯이 과거로 지나가다.

흘러나오다자(레 15:3) ①새거나 빠져서 흐르며 나오다. ②말소리나 음악 소리가 어떤 범위 밖으로 퍼져 나오다.

흘러내리다자(신 9:21) ①높은 곳에서 낮은 곳으로 흐르거나 떨어지다. ②맨 것이 풀리어 느슨하여져 아래로 미끄러지듯 내리다.

흘려내다자(욥 29:6) 원어상으로 쏟아내다. 쏟다.

흘리다타(창 9:6) ①물 따위가 쏟아지게 하다. spill. ②물건을 떨어뜨리어 잃다. lose. 만년필을 ~. ③물 위에 띄워 흐르게 하다. set adrift. ④피·땀·눈물 따위를 흐르게 하다. drop. ⑤무슨 말을 귀담아 듣지 않다. take no notice of.

흙명(창 2:7) ①지구의 외각을 이루는 토석(土石) 총칭. earth. ②바위가 부서져 가루가 된 것. soil. ③인간 창조의 자료.

흠〔欠;모자랄 흠〕명(출 12:5) ①비난을 받을 만한 점. fault. ②물건이 성하지 아니한 부분. flaw. ③완전하지 못한 곳. defect. ④결점. defect.

흠모〔欽慕;공경할 흠, 사모할 모〕명(사 53:2) 기쁜 마음으로 사모함. adoration.

흠없다형(겔 43:22) 온전하다. 완전하다. 성실하다. 건전하다. 순결하다. 올바르다.〈원어상〉

흠향〔歆饗;누릴 흠, 잔치할 향〕명(창 8:21) 하나님께서 제물(祭物)을 받으심. accept the fragrance of sacrifice. 운감(殞感).

흡수〔吸收;빨아들일 흡, 받을 수〕명(신 11:11) ①빨아들임. absorption. ②물건을 모아들임. gathering.

흡족〔洽足;젖을 흡, 발 족〕명(시 68:9) 넉넉하여 조금도 모자람이 없음. enough.

흥기〔興起;일 흥, 일 기〕명(욥

5:11) ①떨쳐 일어남. rise. ②의기가 분발하여 일어남. ③세력이 왕성하게 됨.

흥분〔興奮;일 흥, 떨칠 분〕명 (학 1:14) ①마음이 벌컥 일어나 동함. excitement. ②자극을 받아서 신경이 동작을 일으킴. ③자극에 의하여 일어나는 생명체의 기능이 상승되는 일. stimulation.

흥왕〔興旺;일 흥, 왕성할 왕〕명 (느 2:10) 성하게 일어남. 세력이 왕성함.

흥하다〔興~;일 흥〕자 (욥 22:23) ①잘되어 일어나다. rise. ②번성하게 되다. be prosperous.

흩날리다 자타 (욥 39:19) 흩어지어 날리다. blow off.

흩다 타 (창 11:8) 모였던 것을 헤쳐 각각 떨어지게 하다. scatter.

흩어지다 자 (창 10:18) ①모였던 것이 따로따로 떼어지다. be separated. ②물건이 널리 퍼져 헤어지다. be scattered.

희게하다 타 (전 9:8) 하얗게 하다. 하얗게 만들다.
※ 죄를 깨끗게 하다.

희귀〔稀貴;드물 희, 귀할 귀〕명 (삼상 3:1) 드물어서 매우 귀함. rareness.

희년〔禧年;기쁠 희, 해 년〕명 (레 25:10) 구약 시대에 50년 마다 돌아오는 복스러운 해. 종도 자유케 하고 빚도 탕감해 주었다. jubilee.

희다 형 (창 30:35) 눈빛과 같다. white.

희락〔喜樂;기쁠 희, 즐길 락〕명 (민 10:10) 기뻐하고 즐거워함. pleasure.

희롱〔戲弄;희롱할 희, 희롱할 롱〕명 (창 21:9) 장난삼아 놀리는 짓. raillry.

희망〔希望;바랄 희, 바랄 망〕명 (사 21:4) ①어떤 일을 이루고자 또는 그것을 얻으려고 바람. hope. ②〈심〉좋은 일이 오기를 기대할 때 일어나는 감정.

희미〔稀微;드물 희, 작을 미〕명 (고전 13:12) 또렷하지 못함. 똑똑하지 못함. faint.

희색〔喜色;기쁠 희, 빛 색〕명 (잠 16:15) 기쁜 듯이 보이는 얼굴 빛. 기뻐하는 얼굴빛. glad countenance.

희생〔犧牲;희생 희, 희생 생〕명 (창 46:1) ①하나님께 제사 지낼 때 쓰던 제물. 산양·소·염소 따위. sacrifice. ②어떤 목적을 이루기 위하여 몸을 바쳐 모든 것을 돌보지 않음. self-sacrifice.

희생을 드리다 구 (출 3:18) 짐승을 잡아서 제사를 드리다.

희소〔稀少;드물 희, 적을 소〕명 (느 7:4) 드물어서 적음.

rareness.

희어지다 [타](레 13:3) 하얗게 되다. 빛나다.

희한〔稀罕;드물 희, 드물 한〕[명](단 2:11) 썩 드물게 좋음. rareness.

흰떡 [명](창 40:16) 색깔이 흰 떡(빵).

흰돌 [명](계 2:17) 하얀 돌. 승리한 자에게 주는 상급. white stone.

흰머리 [명](창 44:29) 희어진 머리카락, 백발.

흰자위 [명](욥 6:6) ①새알이나 달걀의 노른자위를 싸고 있는 물질. ②눈알의 흰부분. white of eye.

히라〔חִירָה = 고상함〕[인](창 38:1, 12) 「아둘람」 사람으로 「유다」의 친구.

히람〔חִירָם = 숭고함, 형제는 높여짐〕[인]

[1] 「두로」 왕. ①「다윗」 왕과 「솔로몬」과 가장 절친한 교제를 하였다(삼하 5:11-12, 왕상 9:14, 1:22). ②「다윗」이 궁전을 지을 때와 「솔로몬」이 성전을 지을 때에 목재와 석재와 기술자를 제공하였으므로 「솔로몬」은 사례로 「갈릴리」 땅 20을 떼어주고 또, 「다시스」에 선박을 만드는 일에도 많이 협찬하고 해외 통상도 함께 하였다(왕상 9, 10, 11, 10:22). 그는 「아라비알」의 아들로 34년간 재위 53세에 별세하였는데, 그의 치세는 「베니게」 역사상의 황금시대였다.

[2] 「두로」 왕이 성전 건축하기 위하여 「솔로몬」에게 보낸 금속 장식의 직공으로 「납달리」 지파 과부의 아들이요, 그 아내는 「두로」 사람이다(왕상 9:13, 40, 45, 대하 2:13-후랍).

히브리〔עִבְרִי = 건너오다〕[지](창 39:17) 강 건너 사람 「아라비아」에서 나온 「셈」 족 중 「아람」 족속인 듯. ①「아브라함」이 「메소포타미아」에서 「유브라데」강을 건너 「가나안」에 왔다하여 「아브라함」을 「히브리」인이라 칭하였다(출 1:19). ②이로부터 그의 자손들을 자칭 「히브리」인이라 하였다(창 40:15, 출 2: 7). ③그 후 「야곱」의 새 이름 「이스라엘」에 의하여 땅 이름으로 처음 사용하기는 하나님께서 「모세」에게 너는 가서 「이스라엘」 장로들을 모우고 구출할 것을 전하라 하셨다(출 3:15-16). ④그 다음 「바벨론」에서 귀환한 후부터 「유대」인이라 칭하였다(스 4:12, 느 4:1-2). ⑤이상 3자를 다자존 칭호로 사용하는 중, 「유대」와 「이스라엘」은 국호로 완전히 사용하였으나 「히브리」는 국호로 사용한 일이 없다. 그러나 그들이 사용하는 언어는 「히브리」 방언이라 하여 「아람」방언과 병용하였다(행 21:40, 왕하 18:26-28). ⑥「아람」 방언이 근방 「메소포타미아」「수리아」「아라비아」 등에서 통용하는 관계상 「히브리」 어는 주전 722년경부터 쇠퇴하기 시작하여 예수 탄생 수년 전에 완연히 그 행적이 없어지고 「아람」 방언만 사용하게 되었다. 그 문학은 학자들만 해득할 수 있었으므로 신약 성경에 「히브리」 방언이라 함은 순전히 「유대」 풍속을 쫓는 「유대」인을 가리킴이다(요 19:13, 17, 20, 행 6:1).

히브리서 명(히) 신약 제19권째 성경이다. 기록한 사람은 확실하지 않으나 바울의 기록으로 여기는 사람이 많다. 모든 이에게 보내는 하나님의 말씀으로, 예수 그리스도께서 사람으로 오시어 하나님과 사람 사이에 가로막고 있는 죄의 담을, 속죄 제물이 되시고 단번에 죽으심으로 대제사장의 직무를 수행하므로 중보자가 되시어 하나님과 화목케 하셨다. 이 구원의 도리를 믿음으로, 구원을 받게 되는 진리를 알려주고 있으며 성도의 바른 생활이 무엇인지도 가르친다.

히스기〔חִזְקִי = 나의 힘〕인(대상 8:17) 「베냐민」 사람 「엘바알」의 아들.

히스기야〔חִזְקִיָּה = 하나님의 힘, 하나님은 강하게 하심〕인(왕하 16:20)

1 「유대」 왕(주전 722-698). ①전심으로 여호와를 경외하고 백성을 잘 다스리는 고로 열왕 중에 이만한 왕이 없었다고 말한다(마 1:9, 왕하 18:1-8). ②그는 문란하던 부왕 「아하스」의 유업을 이어받은 관계로 정치에 많은 곤란을 느끼고 또한 외세의 압력이 매우 강하여 위험을 느낀 나머지 내정보다 외적을 막는 것이 급선무라 하여 인접한 「애굽」「블레셋」「시돈」「에돔」「모압」「암몬」 등과 동맹을 맺고 자신이 맹주가 되어 강적 「앗수르」를 대적하려는 눈부신 활약을 전개하고 있었다. ③이때에 선지자 「이사야」는 그 계획이 여호와를 거역하는 무모한 짓이라고 수차 견책하였다(사 22:28, 29:1-16, 30:8-17, 32:9-14). ④또 「이사야」와 「미가」 선지가 함께 민중의 불의와 죄악을 주저함 없이 책망하였다(사 1:1-23, 미 3:1-12). ⑤그러나 「히스

기야」는 그 책망을 받아들이지 않았다. 마침내 「앗수르」 왕은 「이스라엘」을 공취하고 이어서 모반자들의 연합군을 대파하고 40성을 점령 약탈하여 가는 동시에 20만명을 포로로 잡고 막대한 배상금을 요구하니, 「히스기야」는 성전과 왕궁의 장식품과 국가의 보고를 털어 요구에 응하였다(왕하 18:13-16). ⑥그러나 「산헤립」은 그것으로 만족하지 않고 두 번째 사자를 「예루살렘」에 보내어 내어 놓으라고 공갈하였다. 「히스기야」가 하나님께 간절히 기도하였더니 「이사야」 선지를 통하여 구원할 것을 허락하시고 그 밤에 사자를 보내사 「앗수르」 군사 18만 5천과 그 왕을 전멸시켰다(왕하 19 :19, 19:35-37). ⑦「히스기야」가 병들어 죽게 되어 하나님께 기도하였더니 3일 만에 성전에 올라가겠고 15년을 더 산다 하시고 일영표로

서 징조를 보여 주니 보고 믿었다(왕하 20:1-10). ⑧이 때에 「바벨론」 왕이 사자를 보내어 문병하니, 「히스기야」 왕이 자기 보물고와 군기고와 내탕고와 왕궁의 모든 것을 보여 주고, 「이사야」 선지에게 책망을 당하였다(왕하 20:12, 18). ⑨그의 치적 중에 특기할 만한 것은 못(池)을 파고 수도를 만들어 「예루살렘」 성중으로 물을 끌어들인 것이다(왕하 20:20).

[2]「다윗」의 자손으로, 「바벨론」에 잡혀간 자 중에 「느아랴」의 아들(대상 3:23).

[3]「바사」 왕 「고레스」 원년에 「바벨론」에서 「유대」로 돌아온 자 중에 「아델」 자손(스 2:16).

[4]선지자 「스바냐」의 증조부(습 1:1).

히에라볼리〔Ιεραπολις=거룩한 성읍〕[지](골 4:13) 「소아시아」 「부르기아」도의 한 성으로 해발 1천 1백 척의 고지에 건설되었다. 「골로새」와 「라오디게아」에서 가까운 거리에 있으며, 앞이 희다 하여 솜성이라는 별명이 있다. 유명한 온천과 연회장과 큰 운동장과 고인돌의 기념비들이 있다. 그중에 교회가 있으니, 이것은 「에바부라」가 설립한

듯하다. 지금은 「밤부갈데」란 한 작은 촌락으로 전락되었다.

히엘〔חִיאֵל = 하나님은 살아계심〕[인](왕상 16:43) ①그가 「여리고」를 재건하였으니 터를 닦을 때에 장자 「아비람」을 잃고 문을 세울 때에 차차 「스굽」을 잃었다(수 6:26). ②이것은 「여호수아」가 「여리고」를 멸한 후에 그같이 예언한 것이 응하였다.

히위〔חִוִּי = 촌 사람〕[지](창 10:17) ①「가나안」 7족속 중의 하나인 「히위」 족속의 거주지. ②「야곱」이 일시 이곳에 머무는 동안에 그의 딸 「디나」가 그곳 추장 「하몰」의 아들 「세겜」에게 강간을 당한 일이 있었다(창 34:2). ③ 「여호수아」가 이 땅을 정복 점령하여 「므낫세」와 「에브라임」에게 나눠 주었다.

힉가욘[명](시 9:16) 〈악〉'셀라'와 함께 기록된 음악 기호로, '울린다'는 뜻으로 여겨진다. 휴식기호로 보는 이도 있다.

힌〔הִין = 항아리〕[명](출 29:40) 「애굽」에서 온 말로, 감람유나 포도주를 다는 액체의 용량. 바드의 6분의 1에 해당하고 약 3.8ℓ(민 15:4, 레 9:36).

힌놈〔הִנֹּם = 무료의〕[지](수 15:8) ①「예루살렘」 서쪽에서 남으로 둘러있는 넓은 골짜기. ②「유대」 왕 「요시아」는 이곳에서 자녀를 불에 태워 「몰록」에게 제사하는 것을 금하였다(왕하 23:10). ③ 「유대」 왕 「아하스」는 반대로 이곳에서 자녀를 불살하 「몰록」에게 제사하였다(대하 28:3). ④「예레미야」선지는 말하기를 이곳에 「도벳」 사당을 짓고 그 자녀를 불사르려 하니 장차 이곳을 「도벳」이라거나 「힌놈」의 아들의 골짜기라 일컫지 않고 「살육의 골짜기」라 일컬을 날이 있으리라 하였다(렘 7:31-32). 지금의 이름은 「와데이엘라바비」다.

힌놈의(아들) **골짜기** [지] → 힌놈.

힐기야〔חִלְקִיָּה = 여호와는 나의 재산〕[인](왕하 18:18)
[1]「히스기야」의 궁내 대신 「엘리야김」의 아버지(왕하 18:18, 사 36:3).
[2] 제사장 「힐기야」. ①「살룸」의 아들(대상 6:13). ② 「유대」 왕 「요시야」 때에 제사장으로, 「요시야」 왕의 종교의 대개혁 사업과 유월절을 엄숙하게 지키는 일을 협조하고 또 성전을 수리하다가 「모세」의 율법책을 그가 발견하였다(왕하 22:4, 대하 34:14).

3 「레위」 사람 「므라리」 자손 「암시」의 아들(대상 6:46).
4 「레위」 사람 「므라리」 자손 「호사」의 아들(대상 26:11).
5 「에스라」 시대의 제사장 강단 우편에 선 사람(느 8:4).
6 「그마랴」의 아버지(렘 29:3).
7 선지자 「예레미야」의 아버지(렘 1:1).
8 학자 「에스라」의 증조부(스 7:1).

힐난〔詰難; 힐난할 힐, 어려울 난〕명(막 8:11) 캐고 따져 비난함. reprimand.

힐렌〔חִלֵן = 요해〕지(대상 6:58) 「유다」 자손의 성읍. 수 15:51에는 「홀론」으로 기록되어 있다.

힐렐〔חִלֵּל = 찬양함〕인(삿 12:13) 사사 「압돈」의 아버지.

힐문〔詰問; 힐난할 힐, 물을 문〕명(창 43:7) 트집을 잡아서 따져 물음. rigid requestion.

힘 명(창 31:6) 사람이나 동물이 스스로 움직이거나 남을 움직이게 하는 작용. 기운. strength.

힘세다 형(삼하 13:14) 힘이 많다. strong.

힘쓰다 타(출 20:9) ①힘을 다하다. 노력하다. make efforts. ②애쓰다. 고심하다. take pains. ③부지런히 하여 나가다. ④남의 어려운 형편을 도와주다. help.

힘입다 자(창 49:24) 남의 도움을 받다. owe.

힘줄 명(창 32:32) 〈생〉①근육의 기초가 되는 희고 질긴 물질. string. ②혈관, 혈맥의 총칭. vessel. ③모든 물질의 섬유로 된 가는 줄. fibre.

힛대〔הִדַּי = 위엄, 우두머리〕인(삼하 23:30) 「다윗」의 30용사 중 「가아스」 사람.

힛데겔〔חִדֶּקֶל = 큰 강, 빠른〕지(창 2:14) ①「에덴」 동산에서 발원한 4대 강 중의 하나인데, 「앗수르」 동으로 흐른다. ②「헬라」어 성경에는 「티그리스」라 하였다(단 10:4). 길이 1,850km.

부 록

1. 성경 개관
2. 절 기
3. 제 사
4. 넓 이
5. 시각 환산표
6. 돈
7. 달 력
8. 이스라엘 열왕 일람표
9. 신·구약의 무게 및 신·구약의 부피
10. 이스라엘 주요 생산물 분표도
11. 가나안 인접 제국
12. 12지파로 나누어진 가나안
13. 신약 시대의 팔레스틴
14. 지중해 연안

성경 개관

내 용	계	구 약	신 약
책 수	66권	39권	27권
장 수	1,189장	929장	260장
절 수	31,173절	23,214절	7,959절
쓴 기 간	1,600년간	1,500년간	100년간
쓴 뜻	언약과 성취	언약(창3:15)	성취(요 3:16)
한 가운데 책	시편	잠언	데살로니가전서
한 가운데 장	시 118:18	욥기 29장	
한 가운데 절		대하 20:17	행 17:17
가장 긴 책	시편	시편	사도행전
가장 짧은 책	요한2서	오바댜	요한2서
가장 긴 장	시 119편	시 119편	마 26장
가장 짧은 장	시 117편	시 117편	계 15장
가장 긴 절	전 9:2	전 9:2	고후 12:20
가장 짧은 절	살전 5:16	출 20:13,14	살전 55:16

절 기

	절기 명	때
1	유월절 → 무교절	1월 14일
2	오순절 → 추수절, 칠칠절, 초실절,맥추절	유월절 후 7주
3	장막절 → 초막절, 수장절, 나팔절	7월 15일-21일
4	부림절 → 민족 구원절	12월 14일-15일
5	수전절 → 성전 수복절	9월 25일

제 사

	제사 명	성 경	때
1	번제	레 6:8	동물을 진설하여 태워 희생물로 드림
2	소제	레 2:1-2	농산물과 동물을 드림
3	속죄제	레 4:5-7	피의 제사
4	속건제	레 5:14-19	갚음의 제사
5	화목제	레 3:1-17	감격, 서원, 자의에 의해서 드림

넓 이

명 칭	면 적	참조 성구
반일경지단	2755㎡(소 한떼가 하루 풀을 뜯을 수 있는 면적)	삼상 14:14 사 5:10
세 아	일정한 양의 씨를 뿌리는데 필요한 땅	

시각 환산표

구분	시각		시간	성경
구약	밤	초경 이경 삼경(새벽)	해질 때 - 오후 10시 오후 10시 - 오전 2시 오전 2시 - 해뜰 때	애2:19 삿7:19 출14:24
	낮	아침 오정 서늘할 때 저물 때	해뜰 때 - 오전 10시 오전 10시 - 오후 3시 오후 3시 - 오후 6시 오후 6시	 창18:1 창3:8 잠7:9
	밤	저물 때 밤중 닭울 때 새벽	해질 때 - 오후 10시 오후 10시 - 오전 1시 오전 1시 - 오전 4시 오전 5시 - 해뜰 때 4시	막13:35 막13:35 막13:35 마14:35

			12시시 간 제(요 11:9~)			
			밤중기점-로마식 (요한복음)	새벽기점-유대식 (공관복음)	오전 6시	요 19:14
신약	낮 오	아침 (마16:3) 낮정 (행 22:6) 저녁 (마 16:2)	제 6 시 제 9 시 제 10 시 제 12 시 제 3 시 제 5 시 제 6 시 제 7 시	제 0 시 제 3 시 제 4 시 제 6 시 제 9 시 제 11 시 제 12 시 제 1 시	오전 6시 오전 9시 오전 10시 오전 12시 오전 3시 오전 5시 오전 6시 오전 7시	요19:14 마 20:3 요 1:39 마 20:5 마 20:5 마 20:5 요 4:6 요 4:52

돈

	명칭	가치	참고 성구
유대 화폐	세겔	금:은의 15배 은:노동자 4일 임금	대상 21:25 출 30:24; 삼하 24:24
	달란트	금:은의 15배 은:3,000세겔(무게) 6,000드라크마(가치)	대상 29:4 대상 29:4 출 38:27; 마 18:24
	베가 게라	½ 세겔 ½ 세겔	출 28:26 출 30:13
페르 시아 화폐	다릭	금:은의 20배(8.41g) 은:½세겔(5.60g)	대상 29:7 스 2:69; 8:27 느 5:15

헬라 화폐	드라크마 세겔 반세겔 렙돈	노동자 하루 임금 4드라크마 2드라크마 ½고드란트	눅 15:8 마 17:27 마17:24 막 12:42; 눅 12:59
로마 화폐	데나리온 앗사리온 호리 (고드란트) 금, 은, 동	노동자 하루 임금 1/6데나리온 1/4앗사리온 25데나리	눅 18:28 마 10:29 마 5:26 막 10:9

달력

유대 달력	양력	농사력	절기
제11월 니산월(아빕월)	3월 4월	보리 추수 (룻 1:22)	14일 유월절
제2월 이야르월(시브월)	5월	일반 추수	7주
제3월 시 완 월	6월	포도원 손질	칠칠절, 오순절
제4월 탐무즈월	7월	처음 익은 포도 (민 13:20)	
제5월 압 월	8월	한여름 더위 여름 실과	
제6월 엘룰월	9월	감람 열매 거둠 (사 32:10)	
제7월 디스리월(에담밈월)	10월	밭갈이	1일 신년, 나팔절 15-21 초막절
제8월 말케스완월(불원)	11월	이른 비 파종 (신 11:14)	
제9월 기스렙월	12월		25일 수전절
제10월 티 벳 월	1월	때로는 폭우 (스 10:9)	
제11월 스밧월	2월	겨울 무화과	
제12월 아달월	3월	늦은 비 아마 뽑기 (렙 3:3)	14-15일, 부림절

이스라엘 열왕 일람표

1. 통일 왕국

1. 사 울 주전 1020~1000
2. 다 윗 주전 1000~961년(유대왕 6년)
3. 솔로몬 주전 961~922 분열 왕국까지

2. 분열 왕국

남 왕국:유대			북 왕국:이스라엘		
대	왕 명	재위 기간	대	왕 명	재위 기간
1	르 보 보 암		1	여 로 보 암 1세	931-910
2	아 비 야	913-911	2	나 답	910-909
3	아 사	911-870	3	바 아 사	909-886
4	여 호 사 밧	870-845	4	엘 라	886-885
5	여 호 람	848-841	5	시 므 리	885
6	아 히 시 야	841	6	오 므 리	885-874
7	아 달 랴	841-835	7	아 합	874-853
8	요 아 스	835-796	8	아 하 시 야	853-852
9	요 마 샤	796-767	9	요 람(여호야)	852-841
10	웃시야(아사랴)	767-739	10	예 후	841-814
11	요 담	739-731	11	여 호 아 하 스	814-798
12	아 하 스	731-715	12	요 아 스	798-782
13	히 스 기 야	715-686	13	여 로 보 암Ⅱ세	782-753
14	므 낫 세	686-642	14	스 가 랴	753-752
15	아 몬	642-640	15	살 룸	752
16	요 시 야	640-609	16	므 나 헴	752-742
17	여 호 아 하 스	609	17	브 가 히 야	742-740
18	여 호 야 김	609-597	18	베 가	740-732
19	여 호 야 긴	597	19	호 세 야	732-723
20	시 드 기 야	597-586			
	(예루살렘 함락)	586		(사마리아 함락)	722

구약의 무게

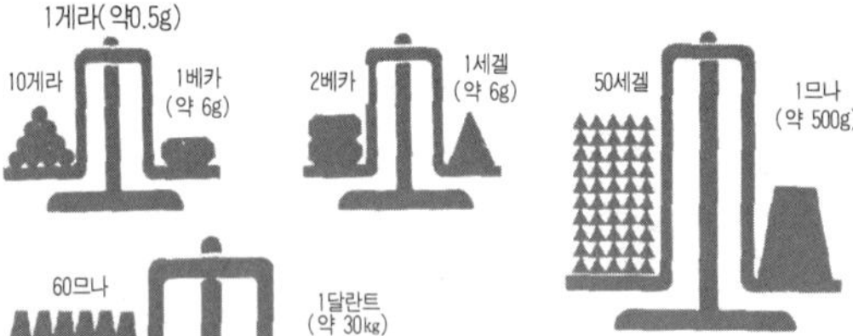

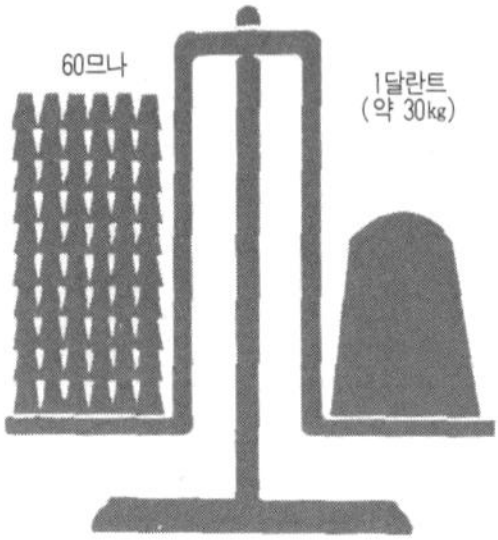

신약의 무게

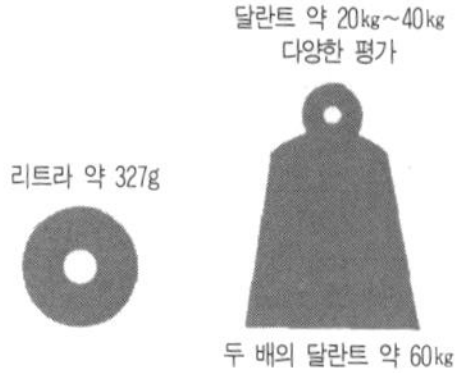

구약의 부피

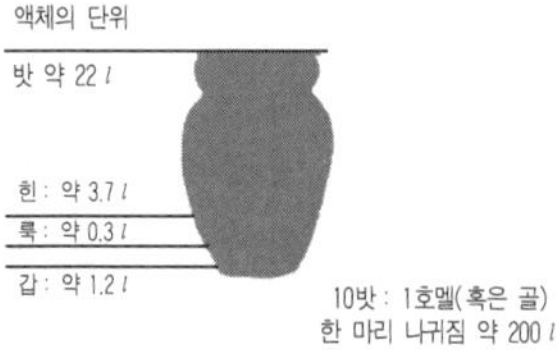

신약의 부피

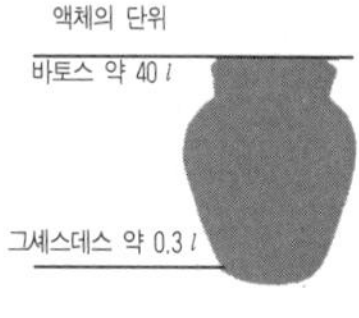

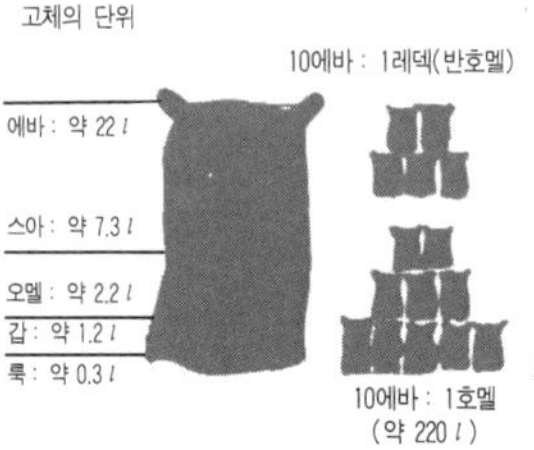

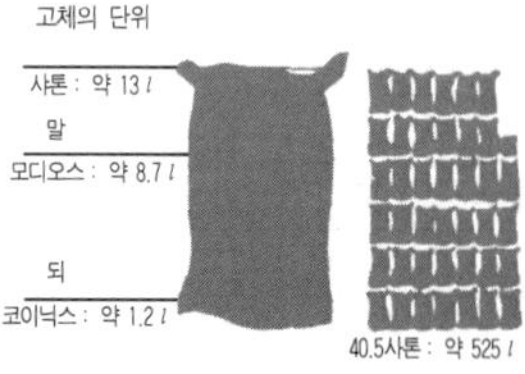

이스라엘 주요 생산물 분포도

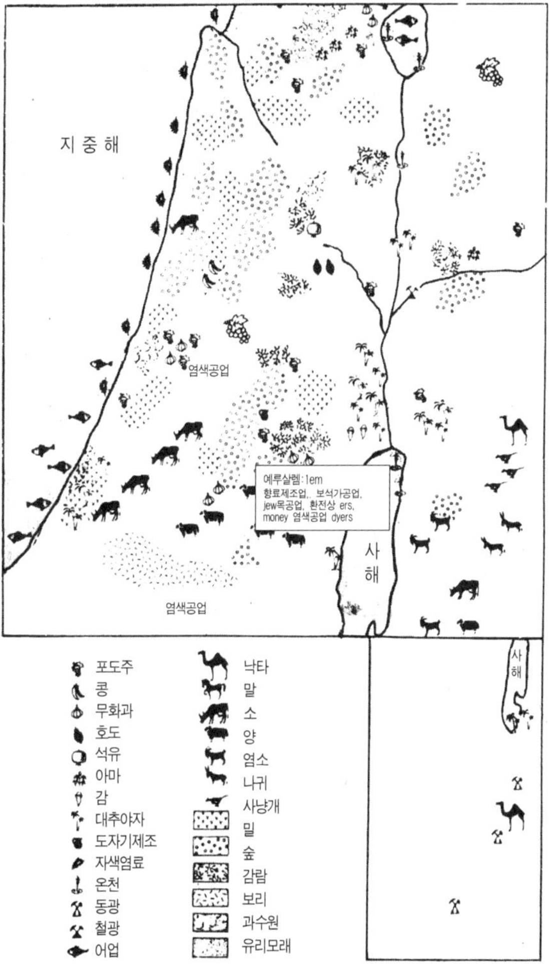

가나안 인접 제국

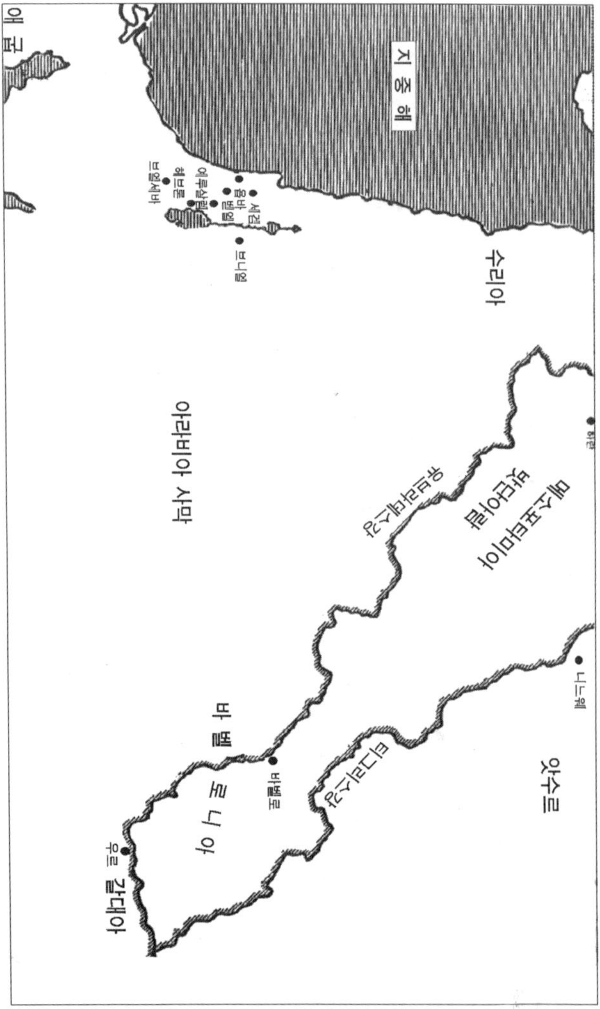
애굽
지중해
수리아
세겜
벧엘
예루살렘
헤브론
브엘세바
브니엘
아라비아 사막
하란
밧단아람
메소포타미아
유브라데스강
티그리스강
니느웨
앗수르
바벨
바벨론
바벨로니아
우르
갈대아

12지파로 나누어진 가나안

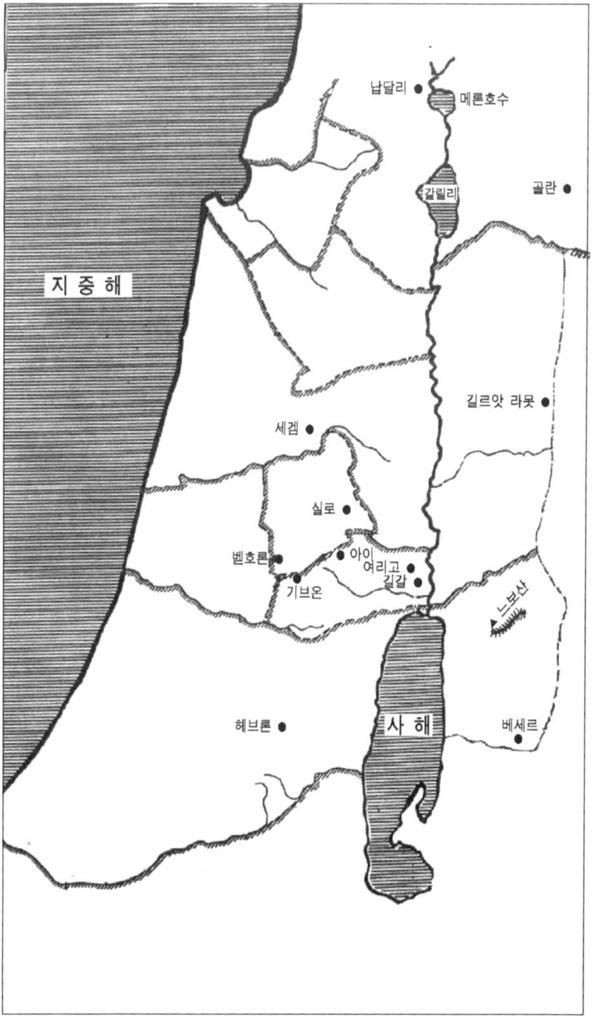

신약 시대의 팔레스틴

시돈
베니기아
헬몬산
단
가이사랴 빌립보
다메섹
두로
갈릴리
돌레마이
고라신
벳세다
가버나움
지중해
갈릴리
데베라
가나
갈멜산
나사렛
가다라
데가볼리
나인
가이사랴
베다바라
사마리아
사마리아
수가
요단강
베뢰아
욥바
룻다
엠마오
여리고
아스돗
감람산
예루살렘
베다니
베들레헴
사해
유다
브엘세바
이두매

지중해 연안

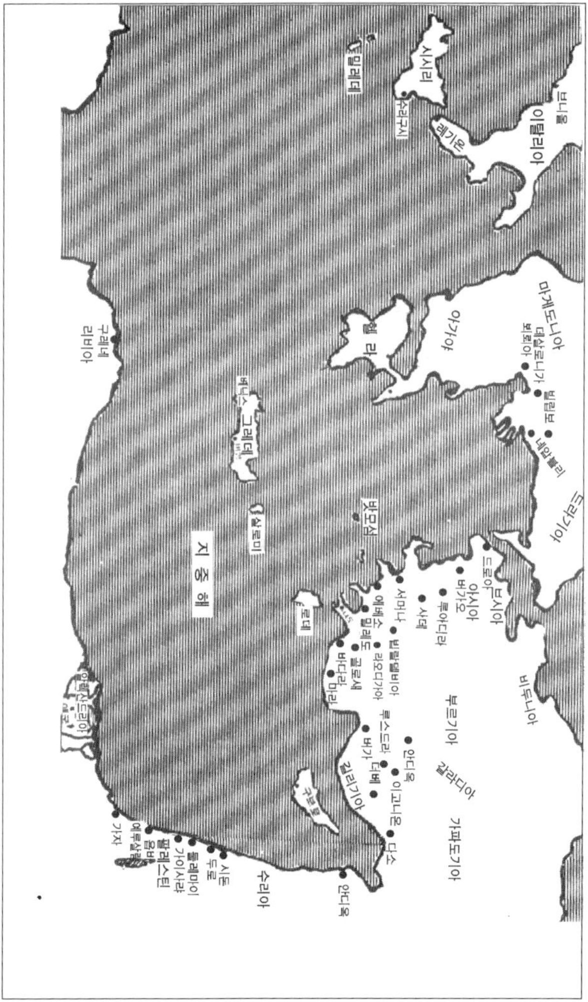
시실리
수라구사
멜리데
이탈리아
보디올
레기온
마게도니아
아가야
헬라
데살로니가
베뢰아
빌립보
네압볼리
드라기아
구레네
리비아
베닉스
그레데
살모네
밧모섬
지 중 해
드로아
무시아
아시아
버가모
두아디라
사데
서머나
에베소
밀레도
빌라델비아
라오디게아
골로새
로데
바다라
무라
비두니아
부르기아
루스드라
안디옥
버가
더베
이고니온
갈라디아
길리기아
구브로
다소
갑바도기아
알렉산드리아
가자
예루살렘
욥바
팔레스틴
가이사랴
돌레마이
두로
시돈
수리아
안디옥

최신 포켓

성경 낱말사전

1997년 9월 25일 초 판 1쇄 발행
2019년 8월 20일 수정판 17쇄 발행

엮은이 ● 정 훈 성
박 기 원
발행인 ● 김 수 관
발행처 ● 도서출판 영 문

등록/ 제 03-01016호(1997. 7. 24)
주소/ 서울시 은평구 역촌동 10-82
전화/ (02) 357-8585
FAX/ (02) 382-4411
E-mail/ kskym49@daum.net

ISBN 89-8487-131-1

값 15,000원